Deutsche Geschichte in Schlaglichtern

BROCKHAUS

Deutsche Geschichte
in Schlaglichtern

Von Dr. Helmut M. Müller
in Zusammenarbeit mit weiteren Autoren
und der Brockhaus-Redaktion

Dritte, aktualisierte Auflage

F.A. BROCKHAUS
Leipzig · Mannheim

Redaktion
Mathias Münter-Elfner

Autorinnen und Autoren
Grazyna Buchheim M. A.
Dr. Hannsjörg F. Buck
Dr. Jochen Grube
Prof. Dr. Karl Friedrich Krieger
Klaus M. Lange
Dr. Helmut M. Müller
Mathias Münter-Elfner
Horst Pötzsch
Prof. Dr. Manfred Schmidt
Ilse Spittmann-Rühle
Rüdiger Thomas
Prof. Dr. Hanna Vollrath
Jörg Weber

Herstellung
Andreas Preising

Umschlaggestaltung
Holger Jost, Edingen-Neckarhausen

Umschlagabbildungen
Gemälde Hambacher Fest, Manessische Handschrift/Ritter, Reiterstatue Karl der Große, Fugger, Luftbrücke, Adenauer/de Gaulle, Gemälde Dreißigjähriger Krieg, Karikatur Bismarck: picture-alliance/akg-images, Frankfurt;
Kohl und Gorbatschow im Kaukasus, Brandt in Warschau, Brandenburger Tor, Merkel/Rice: picture-alliance/dpa, Frankfurt;
Heinrich IV/Canossa, Gemälde Luther: aisa, Archivo iconográfico, Barcelona;
Überlebende Warschauer Aufstand: Süddeutscher Verlag Bilderdienst, München

Bibliografische Information der Deutschen Nationalbibliothek
Die Deutsche Nationalbibliothek verzeichnet diese Publikation in der Deutschen Nationalbibliografie; detaillierte bibliografische Daten sind im Internet über http://dnb.ddb.de abrufbar.

Satz
A–Z Satztechnik GmbH, Mannheim
(PageOne, alfa Media Partner GmbH)

Druck- und Bindearbeit
Druckerei Parzeller, Fulda

Printed in Germany
ISBN-13: 978-3-7653-3073-5
ISBN-10: 3-7653-3073-6

Vorwort

In der Mitte Europas gelegen, hat Deutschland so viele Nachbarn wie kaum ein anderes Land. So ist die Geschichte der Deutschen seit jeher vielfach mit der Geschichte Europas verflochten. Ihre Staatsbildungen waren immer beeinflusst, ja abhängig von europäischen Konstellationen. In besonderem Maß gilt dies für die Überwindung der deutschen Teilung im Jahr 1990, die im Konsens mit allen europäischen Staaten gelang und auf der weltpolitischen Ebene das Ende des Ost-West-Konflikts anzeigte.

Wer Politik und politische Diskussionen in Deutschland – auch in ihren europäischen und weltweiten Zusammenhängen – verfolgen und besser verstehen will, wer mehr über die geschichtliche Entwicklung Deutschlands von den Anfängen bis zur Gegenwart erfahren will, erhält mit dem vorliegenden Band »Deutsche Geschichte in Schlaglichtern« einen zuverlässigen Überblick über Ereignisse und Personen, Verläufe und Entscheidungssituationen und damit die Möglichkeit der eigenen Orientierung und Urteilsbildung.

Von anderen Gesamtdarstellungen der deutschen Geschichte unterscheidet sich der vorliegende Band grundsätzlich. Er will auf neuartige Weise die deutsche Geschichte in ihren verschiedenen Epochen und Entwicklungsphasen den Menschen unserer Tage nahe bringen: In den siebzehn Kapiteln des Buches, die jeweils einem Zeitabschnitt gewidmet sind, wird die Geschichte nicht in einer fortlaufenden Erzählung ausgebreitet, sondern durch die so genannten Schlaglichter aufgeschlüsselt, die dem geschichtlichen Ablauf entsprechend in einen Zusammenhang gebracht sind. Schlaglichter werden geworfen auf: herausragende Persönlichkeiten, die in ihrer Zeit eine führende Rolle gespielt haben; Ereignisse und Entwicklungen, die ihre Epoche geprägt haben; Begriffe, in denen sich charakteristische geistige, politische, gesellschaftliche Strömungen widerspiegeln. Über diese »Schlaglichter« kann der Leser auf einleuchtende Weise Zugang zum Verständnis geschichtlicher Vorgänge finden, ohne dass er sich durch eine Gesamtdarstellung der deutschen Geschichte durcharbeiten muss.

KAPITEL 12

Neuanfang (1945 – 1949)

KAPITEL 13

Adenauerzeit (1949–1961)

KAPITEL 14

Vom Mauerbau zum Grundlagenvertrag (1961–1972)

KAPITEL 15

Deutsch-deutsche Verantwortung (1972–1989)

▲ *Die Taufe des fränkischen Königs Chlodwig durch Remigius, den Bischof von Reims. Mittelalterliche Tafelmalerei*

deutscher Sprache abgefassten Straßburger Eide von 842 (► 1.23).

1.11 Chlodwig

Geboren um 466, wurde der Merowinger Chlodwig wohl 482 Nachfolger seines Vaters Childerich als Teilkönig der salischen Franken. Zentrum seines Herrschaftsbereichs war Tournai. Im Laufe seiner Regierung unterwarf und beseitigte er durch List und Gewalt alle anderen fränkischen Gaukönige (zuletzt um 510 den in Köln residierenden rheinfränkischen König), nachdem er bereits 486/487 durch seinen Sieg über den letzten römischen Statthalter in Gallien, Syagrius, bei Soissons den noch römischen Teil Galliens zwischen Somme und Loire gewonnen hatte. Zwischen 496 und 507 eroberte er den südwestgallischen Teil des Westgotenreichs (Aquitanien) bis auf Septimanien (um Narbonne), dazu das linksrheinische Gebiet der Alemannen. Nur das Eingreifen Theoderichs des Großen hinderte ihn an noch weiter gehender Expansion. Mit seiner Eroberungspolitik durchkreuzte Chlodwig das Konzept des Ostgotenkönigs, das auf eine Verständigung der germanischen Reiche mit gemeinsamer Gegnerschaft gegen Byzanz zielte. Dem Kaiser hingegen kam der fränkisch-ostgotische Gegensatz gelegen; 508 ließ er Chlodwig einen Königsornat überreichen und ehrte ihn mit dem Konsultitel.

Wohl 498 hatte der Frankenkönig in Reims durch Bischof Remigius die Taufe empfangen. Diese Entscheidung für das katholische Christentum, an der Chlodwigs burgundische Gemahlin Chlothilde (Chrodechilde) bedeutenden Anteil hatte, erwies sich als zukunftweisender Entschluss. Außenpolitisch wurde dadurch der Gegensatz zu den arianischen Germanenreichen vertieft, doch im Innern gewann Chlodwig die Unterstützung der galloromanischen Geistlichkeit, vor allem der Bischöfe, bei der Konsolidierung seiner Herrschaft in den neu eroberten Gebieten. Die allmählich entstehende fränkische Reichskirche wurde zu einer der wichtigsten Klammern der Reichseinheit. Der inneren Ordnung dienten auch einerseits die Übernahme des römischen Verwaltungssystems und andererseits die erste Aufzeichnung des fränkischen Volksrechts, der Lex Salica. 511 starb Chlodwig in seiner neuen Residenzstadt Paris.

1.12 Merowinger

Das Königsgeschlecht der Merowinger stammte der Überlieferung zufolge von einem Kleinkönig der salischen Franken mit Namen Merowech ab. Die Sage führte Merowechs Herkunft auf ein Meerungeheuer und damit auf halbgöttlichen Ursprung zurück. Wurden der Königssippe schon von daher magische Kräfte zugeschrieben, so steigerte sich ihr Ansehen noch, als *Chlodwig* (► 1.11) durch erfolgreiche Kriegszüge ein fränkisches Großreich errichtete und damit das »Heil« seiner Sippe glänzend bestätigte. Trotz der Taufe Chlodwigs blieben diese heidnischen Vorstellungen das tragende Element des merowingischen Königtums. Die »Geblütsheiligkeit« des Königsgeschlechts, die das Bestehen und Wohlergehen des Volkes sicherte, kam bei den Merowingern auch äußerlich zum Ausdruck, z. B. durch das lange Haar;

bezeichnenderweise wurde die Absetzung des letzten Merowingers 751 durch die symbolische Handlung des Haarscherens vollzogen.
Da das »Königsheil« sich auf alle Träger königlichen Blutes vererbte, waren beim Tode Chlodwigs 511 seine vier Söhne ohne Unterschied nachfolgeberechtigt. Das bedeutete, dass das Fränkische Reich geteilt werden musste, was jedoch nicht unbedingt eine getrennte Entwicklung der Reichsteile zur Folge hatte. Tatsächlich kam es auf dem Erbweg mehrmals zu einer Reichseinigung. Außerdem setzten Chlodwigs Söhne zunächst die Machtpolitik nach außen fort, indem sie unter anderem 531 das Thüringerreich und bis 534 das Burgunderreich eroberten. Allerdings überwogen auf die Dauer die Nachteile der Teilungspraxis beträchtlich, denn die Herrschaftsteilungen waren eine Quelle ständiger Streitigkeiten. Nach dem Tode Dagoberts I. 638/639 verlor das merowingische Königtum, in blutigen Familienfehden geschwächt, seine Macht mehr und mehr an den Adel, an dessen Spitze die Hausmeier traten. Aus den Teilungen gingen zwei weitgehend selbstständige Reichsteile hervor: im Westen Neustrien mit dem Zentrum Paris, das meist mit Burgund zusammen regiert wurde, und im Osten Austrien mit dem Königssitz Reims bzw. später Metz. Die Herausbildung eines westlichen und eines östlichen Schwerpunkts kam bei der endgültigen Teilung des Fränkischen Reiches unter den Karolingern erneut zur Geltung.
Trotz der Machtlosigkeit der Merowinger war die Grundlage ihres Königtums Mitte des 8. Jahrhunderts noch so stark, dass die Karolinger nur dadurch das Königtum von ihnen übernehmen konnten, dass sie an die Stelle des ererbten Königsheils den christlich geprägten Amtsgedanken setzten.

1.13 Winfrid-Bonifatius

Die Missionierung der noch heidnischen Germanen im fränkischen Reichsverband machte im 6. und 7. Jahrhundert nur mühsame Fortschritte. Das begann sich um 700 zu ändern, als mit Unterstützung der karolingischen Hausmeier eine Reihe von Missionaren zu den Hessen, Thüringern, Alemannen und Baiern, aber auch zu den Friesen und Sachsen gingen. Sie kamen zum Teil aus dem Fränkischen Reich, zum Teil waren sie Angelsachsen wie der Friesenmissionar Willibrord und dessen Schüler Winfrid (Wynfrith), der später als »Apostel der Deutschen« bezeichnet wurde.
Der 672/673 in Wessex geborene Mönch Winfrid verließ 716, iroschottischer und angelsächsischer Tradition folgend, England, um sich in der Form der »peregrinatio«, der Heimatlosigkeit um Christi willen, der Mission zu widmen. Bei seinem ersten Romaufenthalt beauftragte ihn der Papst am 15. Mai 719 mit der Germanenmission und verlieh ihm den Namen des Heiligen dieses Tages: Bonifatius. Bonifatius wirkte zunächst in Thüringen und Friesland, dann auch in Hessen, wo er 723/724 die berühmte

▲ *Buchmalerei aus der Zeit um 1000, die oben links Bonifatius bei der Taufe von Friesen zeigt, rechts daneben den Märtyrertod des Missionars (Göttingen, Universitätsbibliothek)*

Donareiche von Geismar fällte. Er gründete nicht nur Klöster, darunter Fritzlar und Fulda, sondern machte sich auch um die Bistumsorganisation in Bayern (Passau, Regensburg, Freising, Eichstätt), Hessen (Büraburg bzw. Fritzlar) und Thüringen (Erfurt) verdient. 722 wurde er vom Papst zum Bischof geweiht, 732 erhielt er das Pallium als Zeichen der Erzbischofswürde. Wohl 746 übernahm er das Bistum Mainz (das eigentliche Erzbistum Mainz begründete jedoch erst sein Schüler und Nachfolger Lullus). Im Alter von 80 Jahren kehrte Bonifatius zur Friesenmission zurück, während der er am 5. Juni 754 bei Dokkum den Märtyrertod fand. Seine Gebeine ruhen im Dom von Fulda.

1.14 Die ersten Karolinger

Die Karolinger sind aus einer Verbindung der austrischen Adelsgeschlechter der Arnulfinger und der Pippiniden hervorgegangen. Sie waren im Maas-Mosel-Raum begütert. Die Vormachtstellung begründete der austrische Hausmeier Pippin (der Mittlere), der 687 durch seinen Sieg über den neustrischen Hausmeier bei Tertry das Fränkische Reich wieder vereinte und anstelle des schwachen Merowingerkönigs, der weiterhin in Neustrien residierte, die Regierung führte. Pippins Sohn Karl erkämpfte sich nach seinem Tod (714) die Regentschaft über das Gesamtreich. 732 schlug er mit einem fränkischen Heer die Araber, die das Westgotenreich vernichtet hatten und nach Südgallien vorgedrungen waren, bei Poitiers und drängte sie endgültig über die Pyrenäen zurück. Dieser Sieg hatte für die weitere Geschichte Europas entscheidende Bedeutung. Man hat Karl später den Beinamen Martell (Hammer) gegeben. In zahlreichen Kämpfen stellte er – mit unterschiedlichem Erfolg – die Autorität der Reichsgewalt in den sich verselbstständigenden Reichsteilen (Aquitanien, Burgund, Provence, Alemannien, Thüringen, Bayern, Friesland) wieder her. Auch unterstützte er die angelsächsische Mission (► 1.13), in der er ebenfalls eine Stärkung der Reichsgewalt sah. Als 737 der Merowinger Theuderich IV. starb, setzte Karl Martell keinen neuen König ein, nahm selber jedoch nicht den Königstitel an. Wie ein König aber teilte er bei seinem Tod 741 das Fränkische Reich unter seine Söhne und ließ sich in Saint-Denis, der Grablege der Merowinger, beisetzen.

▲ *Diese Darstellung alttestamentarischer Krieger im »Goldenen Psalter« aus dem 9. Jh. (Sankt Gallen, Stiftsbibliothek) spiegelt das Aussehen fränkischer Panzerreiter des 8./9. Jh. in karolingischer Zeit. Zur fortschrittlichen Ausrüstung der Truppen gehören die Rüstung in Form des Schuppenpanzers, Sattel, Steigbügel und Zaumzeug.*

Karls Söhne Karlmann und Pippin (der Jüngere) regierten in Austrien und Neustrien, wobei Aquitanien und Bayern relativ selbstständige Herzogtümer blieben. 743 setzten sie wieder einen merowingischen König, Childerich III., ein. Bereits 747 zog sich Karlmann ins Kloster zurück, während sein Bruder als Alleinherrscher eine höchst bedeutsame politische Neuorientierung vollzog: 750 ließ er Papst Zacharias die Frage vorlegen, ob es gut sei, dass es im Fränkischen Reich Könige ohne königliche Gewalt gebe. Als der Papst antwortete, es sei besser, der tatsächliche Herrscher heiße König, »damit die naturgemäße Ordnung nicht gestört werde«, verbannte Pippin 751 Childerich III. ins Kloster und ließ sich von den fränkischen Großen in Soissons zum König erheben. Hinzu kam jedoch eine kirchliche Salbung, die dem neuen karolingischen Königtum eine dem germanisch geprägten Königtum der Merowinger bewusst entgegengesetzte christliche Legitimation verlieh und das für das ganze Mittelalter folgenreiche Bündnis zwischen dem Papsttum und dem fränkischen Königtum (bzw. später dem auf die deutschen Könige übergehenden Kaisertum) begründete. Für den Papst bedeutete die neue Konstellation zunächst in erster Linie einen Rückhalt gegen die *Langobarden* (► 1.15), die Pippin erfolgreich bekämpfte. Die den Langobarden abgenommenen Gebiete übertrug er dem Papst als Besitz der Kirche.

Diese so genannte *Pippinsche Schenkung* (▶ 1.16) begründete den Kirchenstaat.

1.15 Langobarden

Die Langobarden, die nach eigener Überlieferung aus Gotland oder Schonen stammten, hatten ihre Wohnsitze lange Zeit an der unteren Elbe. Ein Teil von ihnen gründete in Pannonien (Ungarn) um 166 ein erstes Reich (▶ 1.1). Um 490 besetzten die Langobarden das bisherige Gebiet der Rugier nördlich von Noricum (Ostalpen) und breiteten sich später nach Südosten aus. Trotz eines entscheidenden Sieges über die Gepiden (567) überließen sie ihr pannonisches Siedlungsgebiet den Awaren, zogen 568 unter ihrem König Alboin nach Oberitalien und gründeten ein Reich mit der Hauptstadt Pavia (in der nach ihnen benannten Lombardei). Dieses konnte sich für zwei Jahrhunderte konsolidieren, nicht zuletzt infolge des Übertritts der arianischen Langobarden zum Katholizismus (um 600). Die noch verbliebenen byzantinischen Herrschaftsgebiete gingen allmählich bis auf Reste in Istrien und Venetien, an der Südspitze Italiens sowie das Gebiet um Rom und den Exarchat Ravenna in langobardischen Besitz über. Unter den Königen Liutprand (712–744) und Aistulf (749–756) erreichte das Langobardenreich seine größte Ausdehnung. Nach der Eroberung Ravennas 751 sah sich der Papst in Rom unmittelbar bedroht, sodass er den Frankenkönig Pippin zu Hilfe rief, der den langobardischen Ausdehnungsdrang stoppte (▶ 1.16). Erneute Übergriffe der Langobarden auf päpstliches Gebiet beendete Pippins Sohn und Nachfolger *Karl der Große* (▶ 1.17) endgültig, indem er 774 die Langobarden unterwarf und sich selbst ihre Königskrone aufsetzte. Nur die langobardischen Herzogtümer Benevent und Spoleto in Süditalien konnten ihre Selbstständigkeit bis ins 11. Jahrhundert bewahren.

1.16 Pippinsche Schenkung/ Kirchenstaat

Das durch die kirchliche Sanktionierung der Königserhebung Pippins 751 angebahnte Bündnis zwischen dem Papsttum und dem Fränkischen Reich (▶ 1.14) festigte sich, als Papst Stephan II. nach seinem Hilfeersuchen gegen den Langobardenkönig Aistulf auf Einladung Pippins ins Frankenreich reiste und 754 ein feierliches Schutzversprechen des Königs erhielt. Er salbte Pippin und seine Söhne erneut und verlieh ihnen den Titel »patricius Romanorum«, während der Frankenkönig die Übergabe der von den Langobarden eroberten Gebiete in Mittelitalien an den Papst versprach. Der Umfang dieser so genannten Pippinschen Schenkung ist umstritten; nach zwei erfolgreichen Feldzügen gegen Aistulf erhielt der Papst 756 jedenfalls den Dukat von Rom und den Exarchat von Ravenna, ferner die so genannte Pentapolis, ein Gebiet in Mittelitalien um fünf Städte zwischen Rimini und Ancona. Aus diesen im Einzelnen nicht genau abgrenzbaren Gebieten ist der Kirchenstaat entstanden. Die formale Oberhoheit des byzantinischen Kaisers blieb zunächst noch bestehen, doch als tatsächlicher Schutzherr des Papsttums war der fränkische König an dessen Stelle getreten.

Karl der Große (▶ 1.17) hat die Schenkung seines Vaters 774 ausdrücklich bestätigt und den Kirchenstaat unter fränkischen Schutz gestellt. Diese Schutzverpflichtung hat die Politik der deutschen Kaiser und Könige im Mittelalter, die sich als Nachfolger des Frankenkaisers betrachteten und den Schutz des Kirchenstaates, des »Patrimonium Petri«, zu ihren vornehmsten Aufgaben zählten, entscheidend geprägt. Die *Italienpolitik* der deutschen Könige (▶ 2.7) führte jedoch im Mittelalter auch zum Zusammenstoß zwischen den beiden höchsten Gewalten der damaligen Welt, dem Kaisertum und dem Papsttum, um die Vorherrschaft in der Weltordnung.

1.17 Karl der Große

Karl wurde als Sohn des fränkischen Hausmeiers und späteren Königs Pippin des Jüngeren (▶ 1.14) im Jahre 747 geboren. Nach dem Tode seines Vaters (768) teilte er die Herrschaft mit seinem jüngeren Bruder Karlmann. Karl isolierte seinen Bruder politisch durch ein Bündnis mit dem Langobardenkönig Desiderius und stellte, als Karlmann 771 starb, die Reichseinheit wieder her. Erst als Desiderius Papst Hadrian I. zwingen wollte, die mit ihrer Mutter an den langobardischen Hof geflohenen Söhne Karlmanns zu fränkischen Königen zu salben, unternahm Karl auf Ersuchen des Papstes eine Heerfahrt nach Italien, besiegte 774 Desiderius und setzte sich selbst die Königskrone der Lan-

▲ *Reiterstatuette Karls des Großen aus dem 9. Jh. (Paris, Louvre)*

gobarden auf. Seitdem nannte er sich »rex Francorum et Langobardorum«. 778 gliederte er auch das bis dahin weitgehend selbstständige Bayern in sein Reich ein und verbannte den Stammesherzog Tassilo III. 788 in ein Kloster. Die Sachsen hingegen konnten erst in einem über dreißig Jahre dauernden Krieg unterworfen werden (▶ 1.18). Auch in andere Richtungen sicherte und erweiterte Karl sein Reich.
Anlässlich eines Aufenthaltes in Rom wurde er am Weihnachtstage 800 von Papst Leo III. zum Kaiser der Römer gekrönt (▶ 1.19). Dieser Schritt bedeutete eine Herausforderung für das byzantinische Kaisertum, dem gegenüber Karl von Anfang an die Gleichberechtigung beanspruchte.
Im Innern seines riesigen Reiches bemühte sich Karl um die Vereinheitlichung der Reichsverwaltung, die nach der Abschaffung der Stammesherzogtümer weitgehend einem Dienstadel, den Grafen, übertragen wurde. Unter diesen haben die mit Sonderrechten als militärische Befehlshaber und Gerichtsherren ausgestatteten Markgrafen besondere Bedeutung erlangt, die in den neu eingerichteten, gefährdeten Grenzmarken eingesetzt wurden. Die rechtliche Eigenständigkeit der Stämme blieb jedoch erhalten; Karl ordnete die Aufzeichnung der Stammesrechte an. Er schuf aber mit seinen Kapitularien auch eine einheitliche Reichsgesetzgebung (▶ 1.20).
Die führenden Adelsfamilien gewann er durch die Übertragung von Ämtern und Lehen (▶ 1.22), sodass man schon in dieser Zeit von einer Reichsaristokratie sprechen kann. Eine auf lange Sicht zuverlässigere Verfechterin des Reichsgedankens aber wurde die Reichskirche, die Karl durch den Ausbau der Bistumsorganisation, durch Schenkungen, Festigung des Zehntgebots und durch seine Sorge für innere Reformen des kirchlichen und klösterlichen Lebens förderte, aber auch stärker in den Dienst des Reiches stellte.
An seinem Hof versammelte Karl die bedeutendsten Gelehrten der Zeit. Die von diesem Kreis ausgehenden geistigen Impulse führten zu einem Aufschwung von Bildung, Wissenschaft und Kunstpflege; wegen der Rückgriffe auf antike und spätantik-christliche Traditionen wurde hierfür der Begriff »karolingische Renaissance« geprägt.
Karl führte auf vielen Gebieten ältere Ansätze fort. Schon seine Zeitgenossen verliehen ihm zu Recht den ehrenden Beinamen »der Große«. Seine Nachfolge regelte er 806 altem fränkischem Brauch gemäß im Sinne einer Herrschaftsteilung. Da die beiden älteren Söhne jedoch vorzeitig starben, erhob er 813 in Aachen seinen einzigen legitimen Erben Ludwig (den Frommen) zum Mitkaiser. Am 28. Januar 814 starb Karl der Große in seiner Lieblingspfalz *Aachen* (▶ 1.21).

1.18 Sachsenkriege

Über dreißig Jahre, von 772 bis 804, dauerten die kriegerischen, nach kurzen Friedenszeiten immer wieder neu ausbrechenden, blutigen Auseinandersetzungen *Karls des Großen* (▶ 1.17) mit den heidnischen Sachsen, die das weite Gebiet zwischen Nordsee und Harz, zwischen Rhein und Elbe bewohnten. Dem Stil des kirchlich geprägten Mittelalters entsprechend mussten die Sachsen als Angehörige des Fränkischen Reiches Christen werden. Dass sie jedoch zur Taufe gezwungen wurden, war ungewöhnlich und erregte Kritik. Die Zerstörung der Irminsul, eines Heiligtums der Sachsen – ein säulenartiger Holzstamm, der wohl die das Himmelsgewölbe tragende Weltsäule darstellen sollte –, rief 772 den erbitterten Widerstand des ganzen Volkes hervor. An ihrer Spitze stand der westfälische Adlige Widukind. Während nach und nach Teile des sächsischen Adels auf die fränkische Seite überwechselten und sich taufen ließen, setzte Widukind den Widerstand fort. Selbst so drakonische Strafmaßnahmen Karls wie die Hinrichtung einer großen Zahl Aufständischer 782 bei Verden an der Aller vermochten den Widerstand der Sachsen nicht zu brechen. Während Widukind 785 aufgab und zum christlichen Glauben übertrat, kam es noch bis 804 zu immer wieder aufflackernden Unruhen.

Trotz aller Brutalität des Vorgehens in der kriegerischen Auseinandersetzung suchte Karl die Versöhnung zwischen Franken und Sachsen, die in dem 802 aufgezeichneten sächsischen Volksrecht (Lex Saxonum) zum Ausdruck kam. Der Aufbau einer kirchlichen Organisation mit der Einrichtung von Bistümern in Bremen, Minden, Verden, Münster, Osnabrück und Paderborn festigte und vertiefte allmählich auch die Christianisierung des sächsischen Volkes. Wenig mehr als ein Jahrhundert später ging aus dem Stamm der Sachsen die Dynastie hervor, unter deren Herrschaft das ostfränkische Reich sich zum deutschen Reich entwickelte.

1.19 Kaiserkrönung

Den Anstoß zur Begründung des Kaisertums Karls des Großen gaben innerrömische Wirren, die den Frankenkönig zum Eingreifen zwangen: Papst Leo III. wurde 799 von einer Adelsopposition in Rom abgesetzt, doch er floh zu Karl nach Paderborn und erbat seinen Schutz. Aber auch Leos Gegner wandten sich an den König, sodass dieser in eine schwierige Lage geriet: Durfte er als Patricius Romanorum in dem Konflikt entscheiden, obwohl der daran beteiligte Papst keiner weltlichen Gerichtsbarkeit unterlag? Da Byzanz als Ordnungsmacht in Italien längst ausgefallen war und zudem Kaiserin Irene, die ihren eigenen Sohn beseitigt hatte, im Westen nicht als rechtmäßige Herrscherin galt, dürfte der Gedanke an ein neues Kaisertum nahe gelegen haben, aber wann er sich zu einem konkreten Plan verdichtete, lässt sich nicht entscheiden.

Im Herbst 800 reiste Karl nach Rom. Nachdem sich der Papst durch einen Reinigungseid von den Anklagen seiner Gegner befreit hatte, setzte er Karl während des Weihnachtsgottesdienstes in der Basilika von Sankt Peter eine Krone auf und erwies ihm nach römisch-byzantinischem Brauch die Proskynese (Kniefall), während das anwesende römische Volk durch Akklamation (Zuruf) den Krönungsakt bestätigte. Damit wurde bewusst an die römische Tradition angeknüpft (»renovatio imperii«), die Karl jedoch in einem christlich-universalen Sinne verstand.

Der fränkische Adlige Einhard, Lehrer an der Hofschule in Aachen, hat in seinem Werk über

▲ *Karl der Große wird an Weihnachten 800 in Rom von Papst Leo III. zum Kaiser gekrönt. Französische Darstellung aus der Mitte des 15. Jh. im Stil der damaligen Zeit*

das Leben Karls des Großen, »Vita Caroli Magni« – es ist die erste überlieferte Biografie eines mittelalterlichen Herrschers –, die Krönungsszene beschrieben und dazu bemerkt, Karl hätte die Kirche nicht betreten, wenn er gewusst hätte, was Papst Leo beabsichtigte. Hierüber sind viele Vermutungen angestellt worden. Die einleuchtendste Interpretation ist

wohl die, dass Karl die zentrale Rolle, die sich der Papst selbst bei der Krönung zugewiesen hatte, und das Auftreten der Römer als »Reichsvolk« nicht akzeptieren wollte.
Nach der Kaiserkrönung kehrte Karl ins Frankenreich zurück. Der Titel »Imperator« musste auf den Widerstand des byzantinischen Kaisers treffen, der sich als einziger legitimer Kaiser verstand. Karl betonte hingegen stets seine Ranggleichheit mit dem byzantinischen Kaiser, mit dem es erst 812 zum Ausgleich kam.

1.20 Das Frankenreich Karls des Großen

Als *Karl der Große* (▶ 1.17) im Jahre 814 starb, hinterließ er seinem Nachfolger ein riesiges, weitgehend gefestigtes Reich; dessen gefährdete Grenzen waren durch so genannte Grenzmarken gegen Einfälle der benachbarten kriegerischen Völker militärisch abgesichert, in denen die Markgrafen mit Sonderbefugnissen ausgestattet waren. Im Südwesten des fränkischen Herrschaftsgebietes, im Süden der Pyrenäen, war als Schutzwall gegen die Araber die »Spanische Mark« eingerichtet worden. Im Südosten hatte Karl nach Siegen über die asiatischen Awaren die »Pannonische Mark« zwischen Raab und Donau geschaffen, der sich südwestlich die bis nach Dalmatien reichende »Mark Friaul« anschloss. Weiter nördlich bildeten nach der Unterwerfung der Sachsen Elbe und Saale die Ostgrenze des Reiches gegenüber den Slawenvölkern. Hier wurde als östliches Vorfeld die »Sorbische Mark« errichtet. Gegen die immer häufiger die Küstengebiete an Nord- und Ostsee verheerenden Wikingerraubzüge (▶ 2.4) entstand an der Eidergrenze die »Dänische Mark«. Eine ähnliche Schutzfunktion übernahm an der Nordwestgrenze die »Bretonische Mark«.
Um das Riesenreich überhaupt einigermaßen verwalten zu können, wurden die schon aus der merowingischen Zeit stammenden Grafschaften auch auf die nichtfränkischen Gebiete aus-

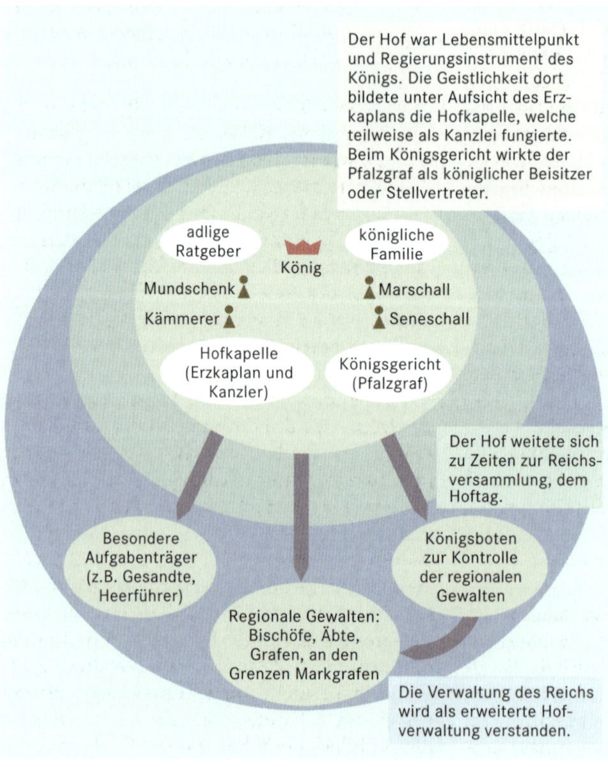

◀ *Der Hof Karls des Großen*

gedehnt. Die Grafen als vom König eingesetzte Amtsträger waren militärische Befehlshaber und Richter, sie hatten die Polizeigewalt und die Aufsicht über das Verkehrswesen und die Märkte, sie erhoben Abgaben und Bannbußen und führten die Königsgesetze, die so genannten Kapitularien, aus. Ihre Amtsführung ließ Karl von Zeit zu Zeit durch königliche Kontrolleure, die »Königsboten«, überprüfen. Doch schon unter Ludwig dem Frommen wandelte sich das Grafenamt zu einem Lehen (▶ 1.22), das bald sogar erblich wurde, sodass der gräfliche Dienstadel sich zu einem Geburtsadel entwickelte und die Grafschaften der unmittelbaren Königsherrschaft entglitten. Die Rivalität der großen Adelsfamilien untereinander und gegenüber dem Königtum, der die Karolinger selbst ihren Aufstieg verdankten, konnte also nur von starken Herrscherpersönlichkeiten wie Karl dem Großen vorübergehend zurückgedrängt werden, doch sie blieb ein beherrschendes Element der mittelalterlichen Geschichte.

Das Zentrum von Königsherrschaft und Reichsverwaltung bildete der umherziehende königliche Hof, an dem es seit langem feste Hofämter gab, vor allem die vier Hausämter Truchsess (Seneschall), Marschall, Kämmerer und Mundschenk, denen die Versorgung des Hofes, die Verwaltung der Domänen und des königlichen Schatzes sowie militärische und sonstige Aufgaben oblagen. Der Pfalzgraf war Beisitzer, dann auch Stellvertreter des Königs im Königsgericht. Die am Hof tätigen Geistlichen bildeten seit Pippin dem Jüngeren die Hofkapelle, die nicht nur religiöse, sondern auch diplomatische Aufgaben wahrnahm und die Reichskanzlei führte. Daneben hatte der König persönliche Freunde und Ratgeber in seiner Umgebung, die er auch mit politischen und diplomatischen Missionen betrauen konnte. Die Ausstrahlung und Wirksamkeit dieses Zentrums hing jedoch dem personenbezogenen Charakter der mittelalterlichen Herrschaft entsprechend von der Autorität des Königs ab.

1.21 Kaiserpfalz/Aachen

Karl der Große (▶ 1.17) besaß, wie alle mittelalterlichen Herrscher, keine feste Residenz. Er zog mit seinem Gefolge, zu dem auch die Familie gehörte, von Pfalz zu Pfalz, um seine herrscherlichen Amtshandlungen auszuführen. Diese Pfalzen waren große und leistungsstarke

▲ *Die Ende des 8. Jh. von Baumeister Odo von Metz errichtete Pfalzkapelle in Aachen, im Obergeschoss der Herrscherthron Karls des Großen*

bäuerliche Güter, königliche Musterhöfe, die den König bzw. Kaiser mit seinem gesamten Gefolge während eines kürzeren oder längeren Aufenthaltes wirtschaftlich versorgten, beherbergten und den Raum für seine Amtshandlungen, auch für Festlichkeiten und für Versammlungen der weltlichen und kirchlichen Würdenträger des Reiches zur Verfügung stellten. Hier stellte er Urkunden aus und hielt Gerichtstage ab, hier empfing er auch Gesandte fremder Mächte.

Karls Lieblingspfalz wurde Aachen. Dort war in der Mitte des 8. Jahrhunderts ein königliches Hofgut entstanden, das Karl, der seit 794/95 mit kurzen Unterbrechungen fast ständig in Aachen weilte – nicht zuletzt wegen der warmen Quellen –, mit prachtvollen Bauten ausstatten, zur Kaiserpfalz ausbauen ließ. Die weitläufige Anlage umfasste auch Wohnräume für die kaiserliche Familie und den Hofstaat sowie Versammlungsräume. Die nach dem Vorbild byzantinischer Zentralbauten gestaltete achteckige Pfalzkapelle mit dem aus Marmorplatten bestehenden Thronsitz des Kaisers im Obergeschoss bildet noch heute den Mittelpunkt des

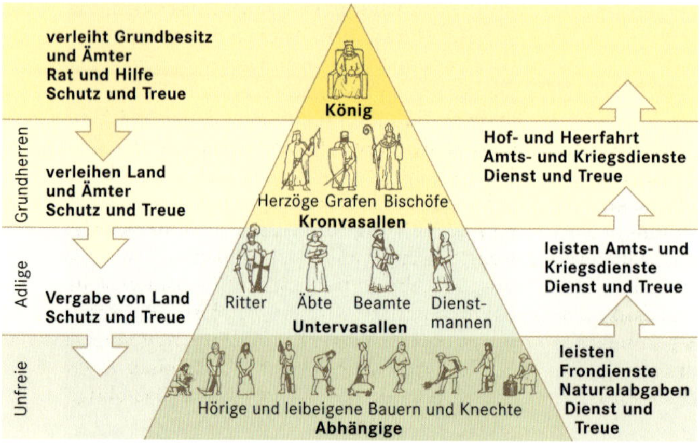

Die Lehnspyramide

altehrwürdigen Aachener Münsters, in dem Karl der Große und Otto III. beigesetzt sind. Das benachbarte Rathaus steht auf dem Fundament der alten fränkischen Königshalle.

1.22 Lehnswesen und Grundherrschaft

Das Mittelalter kannte keinen Staat im modernen, abstrakten Sinne. Der mittelalterliche »Staat« war ein »Personenverband«, er beruhte auf dem persönlichen Verhältnis zwischen dem Herrscher und dem von ihm in unterschiedlicher Weise und vielfachen Abstufungen abhängigen Volk. Mächtig war, wer Grund und Boden besaß. Im Fränkischen Reich war der mächtigste Grundherr der König. Neben ihm gab es eine dünne Führungsschicht von Grundherren, meist schwerttragende Angehörige des Hochadels; auch die stark aristokratisch geprägte Kirche besaß viele Ländereien.

Der Großgrundbesitz von König, Adel und Kirche war grundherrschaftlich organisiert. Kennzeichnend für die Grundherrschaft waren die so genannten Fronhofsverbände (Villikationen). Sie bestanden aus einem vom Grundherrn betriebenen zentralen Fronhof (manchmal auch mit Nebenhöfen) und den von Unfreien verschiedenster Abstufung selbstständig bewirtschafteten Bauerngütern. Diese Unfreien, die man zusammenfassend Hintersassen oder Grundholde nennt, waren dem Grundherrn zu Abgaben und Arbeitsleistungen (Fronen) verpflichtet und unterstanden seiner Gerichtsbarkeit.

Der König als größter Grundherr verpflichtete sich Gefolgsleute aus dem hohen Adel des Landes, indem er ihnen Landbesitz aus Königsgut zur Leihe übertrug, später auch Ämter und Rechte. So entstand das Lehnswesen aus der Verschmelzung von Landleihe und persönlicher Treue und Gefolgschaft, der so genannten Vasallität. Der Lehnsvertrag wurde auf Gegenseitigkeit abgeschlossen, meist symbolisch dadurch, dass der Lehnsmann, der Belehnte, seine gefalteten Hände in die des Lehnsherrn legte. Der Lehnsmann verpflichtete sich zu Dienst und Treue, der Lehnsherr übergab das Lehen und versprach Schutz und Treue. Der Lehnsvertrag endete erst mit dem Tod eines der Partner, doch auch Untreue des einen entband den anderen seiner Treuepflicht.

Die Großen des Reiches standen damit als königliche Vasallen in einem Abhängigkeitsverhältnis zum Herrscher, aber sie waren auch einerseits als Amtsträger, als Grafen, Markgrafen, Pfalzgrafen und Königsboten, andererseits als Besitzer eigener Grundherrschaften (Allodialgüter) mit großer Machtfülle ausgestattet. Sie selbst konnten sich durch Vergabe von Land, Rechten und Ämtern Untervasallen schaffen und damit einen eigenen Machtapparat aufbauen.

So setzte sich trotz der Bindung des Lehens an die persönlichen Elemente Treue und Vasallität seit dem 9. Jahrhundert die faktische Erblichkeit der Lehen durch. Wegen der zentralen Rolle von Grundherrschaft und Lehnswesen hat man der Gesellschaftsform des Mittelalters den Namen »Feudalismus« gegeben (Lehen heißt lateinisch feudum).

1.23 Reichsteilungen 843/870

Die fränkische Tradition der Herrschaftsteilung kam beim Tode *Karls des Großen* 814 nicht zur Geltung (▶ 1.17) und schien mit der so genannten Ordinatio Imperii (Reichsordnung) Ludwigs des Frommen von 817, die das Mitkaisertum Lothars I. und Unterkönigtümer der jüngeren Söhne vorsah, vollends dem Gedanken der Reichseinheit zu weichen, aber der Kaiser selbst löste mit der Änderung der Nachfolgeregelung zugunsten seines jüngsten Sohnes Karl (des Kahlen) Streitigkeiten aus, die schließlich doch zur Teilung des Reiches führten. Nach dem Tod des Vaters 840 verbündeten sich Ludwig der Deutsche und Karl der Kahle gegen den kaiserliche Rechte beanspruchenden Lothar; ihr in den Straßburger Eiden von 842 beschworener Beistandspakt, den der Geschichtsschreiber Nithard überliefert hat, ist als Sprachdokument berühmt geworden: Um vom Heer des Bruders verstanden zu werden, legte Karl den Eid in althochdeutscher, Ludwig in altfranzösischer Sprache ab.

Der Bruderkrieg wurde 843 mit dem Teilungsvertrag von Verdun beigelegt. Lothar I., dessen Kaiserwürde keine Oberherrschaft mehr bedeutete, erhielt Italien und ein Mittelreich, das von der Nordsee zwischen Schelde- und Wesermündung bis zur Rhône und den Ostalpen reichte und hier an das italienische Gebiet anschloss. Karl der Kahle behielt den westlichen, Ludwig der Deutsche den östlichen Teil. Die Reichseinheit blieb nominell gewahrt; ob sie sich erneut durchsetzen oder zu einer Verselbstständigung der Reichsteile führen würde, war noch längst nicht entschieden.

Vom Mittelreich löste sich rasch – zunächst als Unterkönigtum – Italien, an desse Herrscher auch der zu Anfang des 10. Jahrhunderts vorerst wieder erloschene Kaisertitel überging. Auch Burgund wurde bald selbstständig. Das übrige Mittelreich, für dessen Kerngebiet sich der Name Lotharingien (= Lothringen) einbürgerte, wurde, als kein legitimer Erbe mehr da war, 870 im Vertrag von Meerssen zwischen Karl dem Kahlen und Ludwig dem Deutschen etwa an der Linie Maas–Mosel–Saône–Genf geteilt. Karl sicherte sich 875 die Kaiserwürde, aber die beabsichtigte Vereinigung von West- und Ostfränkischem Reich gelang nur noch für kurze Zeit (885–87) unter Kaiser Karl III., dem Dicken, einem Sohn Ludwigs des Deutschen. Die in den Verträgen von Verdun und Ribemont (879/80) nach Westen verschobene Grenze zwischen den Teilreichen blieb über das Mittelalter hinaus im Wesentlichen bestehen.

Die Verträge von Verdun und Ribemont 879/880

Daten

113–101 v. Chr.	Kämpfe der Römer mit Kimbern und Teutonen
58 v. Chr.	Sieg Cäsars über den Sweben Ariovist bei Mühlhausen
12–9 v. Chr.	Germanenkriege des Drusus
4–6 n. Chr.	Germanenkriege des Tiberius
9 n. Chr.	Schlacht im Teutoburger Wald
69–70	Aufstand des Batavers Civilis
ab ca. 90	Bau des Limes
um 98	Tacitus' »Germania«
166–175; 177–180	Markomannenkriege Mark Aurels
um 260	Besetzung des Dekumatlandes durch die Alemannen
375	Hunneneinbruch (Zerstörung des Gotenreiches)
378	Schlacht bei Adrianopel
410	Plünderung Roms durch die Westgoten
419–711	Westgotenreich (bis 507 um Toulouse, dann in Spanien)
429–534	Vandalenreich in Nordafrika
443–534	Burgunderreich in den Westalpen
451	Schlacht auf den Katalaunischen Feldern
453	Tod Attilas
455	Plünderung Roms durch die Vandalen
476	Absetzung des letzten weströmischen Kaisers durch den Skiren Odoaker
482–511	Chlodwig König der Franken
486/487	Sieg Chlodwigs über den römischen Statthalter Syagrius
493–526	Theoderich der Große Ostgotenkönig in Italien
um 498	Taufe Chlodwigs
507	Verdrängung der Westgoten aus Gallien durch Chlodwig
531	Vernichtung des Thüringerreiches durch die Franken
534	Vernichtung des Burgunderreiches durch die Franken
534	Vernichtung des Vandalenreiches durch Byzanz
535–553	Ostgotenkriege Kaiser Justinians des Großen
568–774	Langobardenreich in Italien
687	Sieg Pippins des Mittleren bei Tertry
711	Vernichtung des Westgotenreiches durch die Araber
741–768	Pippin der Jüngere
751	Absetzung des letzten Merowingers
754	Pippinsche Schenkung
5. Juni 754	Märtyrertod des Bonifatius
768–814	Karl der Große
772–804	Sachsenkriege
774	Vernichtung des Langobardenreiches durch Karl den Großen
25. Dez. 800	Kaiserkrönung Karls des Großen
814–840	Kaiser Ludwig der Fromme
817	Ordinatio Imperii
842	Straßburger Eide
843	Teilungsvertrag von Verdun
843–876	Ludwig der Deutsche ostfränkischer König
870	Teilungsvertrag von Meerssen
876–887	Karl der Dicke ostfränkischer König (881 Kaiser)
879/880	Teilungsverträge von Verdun und Ribemont
887–899	Arnulf von Kärnten ostfränkischer König (896 Kaiser)
900–911	Ludwig das Kind (letzter ostfränkischer Karolinger)

Hochmittelalter (bis 1254)

2

Einführung

»Geschichte der deutschen Kaiserzeit« – unter diesem Titel stellte Wilhelm von Giesebrecht die Zeit von der Entstehung des Deutschen Reiches zu Beginn des 10. Jahrhunderts bis zum Tod des letzten Staufers auf dem deutschen Königsthron im Jahre 1254 als eigenständige Epoche der deutschen Geschichte dar. Der 1. Band von Giesebrechts Werk erschien 1855 und damit in einer Zeit, in der die Frage der deutschen Einheit und der Verwirklichung eines deutschen Nationalstaates die öffentliche Diskussion beherrschte. Giesebrecht präsentierte dem historisch interessierten Publikum die deutsche Kaiserzeit des hohen Mittelalters als eine »Periode, in welcher der Wille, das Wort und das Schwert der dem deutschen Volke entstammten Kaiser die Geschichte des Abendlandes entschieden, in der das deutsche Kaisertum vor allem der Zeit Anstoß, Richtung und Leitung ... gab«, bis dieses starke und geeinte deutsche Reich durch den »Untergang des staufischen Hauses« dem fürstlichen kleinstaatlichen Egoismus zum Opfer fiel.

Giesebrechts Werk hat mehrere Auflagen erreicht und das deutsche Geschichtsbewusstsein stark geprägt. Die neuere Geschichtswissenschaft geht in vielem von anderen Voraussetzungen aus als Giesebrecht. Ihr ist die epochale Geschlossenheit einer »deutschen Kaiserzeit« fragwürdig geworden. Die Einsicht, dass die politische Ordnung des mittelalterlichen Reiches mit dem Begriff »Staat« nicht angemessen gekennzeichnet ist, weil die Herrscher keine nachgeordneten weisungsgebundenen Behörden zur Durchsetzung von Regierungsentscheidungen hatten, führte zur Frage, ob denn die Taten der Könige und Kaiser überhaupt für die deutsche Geschichte der Frühzeit so prägend sein können, ob es nicht vielmehr darauf ankomme, die überindividuellen Personenverbände und ihre politischen, sozialen und wirtschaftlichen Bedingungen zu erforschen und die Vorstellungswelt und Handlungsantriebe, die die Menschen damals allgemein leiteten. Bei dieser Fragestellung erscheint die Abgrenzung des genannten Zeitraumes mit der Untergliederung in die Zeit der Ottonen (919–1024), Salier (1024–1125) und Staufer (1138–1254) als eher äußerliche Einteilung.

Die Erforschung der allgemeinen Lebensordnungen lässt erkennen, dass sich seit der Mitte des 11. Jahrhunderts so grundlegende Veränderungen in Europa vollzogen, dass die Grenze zwischen Früh- und Hochmittelalter heute meistens in diese Zeit gelegt wird. Entsprechend sieht man die Zeit davor weitgehend als eine Fortsetzung der Karolingerzeit: Grundherrschaft und Lehnswesen, Eigenkirchenwesen und königliche Kirchenherrschaft, romverbundene Landeskirche und ritusbestimmte Religiosität blieben auch nach der Entstehung des Deutschen Reichs bestimmend. Auch politisch blieb das karolingische Frankenreich zunächst der vorgegebene Rahmen und das Leitbild der deutschen Könige: Vor allem Otto I., der erste deutsche Kaiser, folgte mit der Eroberung Italiens und der Kaiserkrönung in Rom dem Vorbild Karls des Großen. Diese für die Zukunft so folgenschwere Bindung des Deutschen Reiches an Italien und das Papsttum war bei Otto I. keine bewusst reflektierte politische Neuorientierung, sondern Erfüllung des karolingischen Erbes, das er als König im Ostfrankenreich als verpflichtend ansah, obwohl er selbst weder Karolinger noch Franke war.

Seit der Mitte des 11. Jahrhunderts aber wurden die in der Karolingerzeit ausgebildeten Ordnungen zunehmend verändert. Um diese Zeit setzte in Europa ein bemerkenswertes Bevölkerungswachstum ein und mit ihm eine Zeit der Rodungen und des Landesausbaus. Es wurden neue Dörfer und seit dem 12. Jahrhundert zum ersten Mal im Mittelalter auch Städte in größerer Zahl gegründet.

Etwa zur gleichen Zeit mit diesem wirtschaftlich-sozialen Aufbruch kam es zu einer religiösen Erneuerungsbewegung, die zu heftiger Kritik am bislang herrschenden religiösen Leben führte. Die ältere Geschichtsschreibung sah in den Auseinandersetzungen zwischen Kaiser und Papst im Investiturstreit ein einzigartiges Ereignis der deutschen Kaiserzeit. Heute ist man eher geneigt, die Kritik am Zustand der Kirche, die schließlich den Investiturstreit auslöste, als eines der Elemente der Periode des Aufbruchs zu sehen, in der die altüberlieferten Ordnungen allgemein ihre unbefragt-selbstverständliche Gültigkeit verloren.

Nachdem die Frontstellung des Investiturstreits zu Beginn des 12. Jahrhunderts überwunden war, brachten die geistigen Anstrengungen, die den Kampf begleitet hatten, eine erste Blütezeit des europäischen Geistes hervor, die »Renaissance des 12. Jahrhunderts«, in der Frankreich das geistige Zentrum Europas war. Viele Forscher sind der Auffassung, dass es im Europa des 12. Jahrhunderts in allen Lebensbereichen einen »Schub zur Moderne« gab, der die Gestalt Europas bis in die Neuzeit geprägt hat.

◀ *Die Insignien des deutschen Reichs: Reichskrone, Reichsschwert, Reichsapfel, Reichszepter und Reichskreuz. Heutiger Aufbewahrungsort ist die Schatzkammer in der Wiener Hofburg*

2.1 Die Entstehung des Deutschen Reiches

Seit dem frühen 10. Jahrhundert kann man von einem Deutschen Reich sprechen. Seine Entstehung hatte sich bis dahin über einen längeren Zeitraum vollzogen. Das Königreich, das man seit dem 11. Jahrhundert »Reich der Deutschen« zu nennen begann, hieß damals noch »Ostfrankenreich«. Es hieß nicht deshalb so, weil es nur von Franken bewohnt gewesen wäre, sondern weil es aus dem Frankenreich hervorgegangen war, das verschiedene Völkerschaften und Gebiete umfasste und das *Karl der Große* (▶ 1.17) zu unvergleichlicher räumlicher Größe gebracht und mit dem Kaisertum überhöht hatte. Fränkischer Brauch verlangte, dass das Reich unter die Söhne des Königs aufgeteilt wurde, und so bestand das Riesenreich Karls bald aus mehreren fränkischen Teilreichen (▶ 1.23). Ludwig, den wir heute »den Deutschen« nennen (843–876), herrschte als König über die Bayern, Schwaben, Rhein- und Mainfranken, Thüringer und Sachsen. Schon den Zeitgenossen war bewusst, dass die Bewohner von Ludwigs Ostfrankenreich sich von denen im Reich seines Bruders Karl »des Kahlen«, der König der Westfranken war, durch ihre Sprache unterschieden. Der größte Teil des Gebietes, das sie bewohnten, hatte nicht zum Römischen Reich gehört, und das Lateinische war dort nicht wie im Westen Grundlage der Landessprache geworden. So bewahrten sie ihre germanischen Sprachen, die trotz aller Unterschiede doch dieses verband: volksmäßig »theodisc« zu sein, ein Wort, das dann später zum Namen »deutsch« wurde. Fränkische Tradition aber war zur Zeit Ludwigs des Deutschen noch bestimmender als die Verwandtschaft der Sprachen, und so wurde sein Reich, fränkischem Teilungsbrauch entsprechend, wieder unter seine Söhne in drei Königreiche aufgeteilt, so wie es dann später, als es keine anderen erbberechtigten Nachkommen gab, in König Ludwig dem Kind wieder einen einzigen König hatte. Im Jahre 911 starb nun auch er, ohne Söhne zu hinterlassen. Nur im Westfrankenreich gab es noch einen König aus dem Geschlecht Karls des Großen. Die ostfränkischen Stämme entschieden sich gegen den westfränkischen Karolinger und damit für die Eigenständigkeit ihres Reichs gegenüber dem Westen: Sie wählten Konrad, den Herzog der Franken, zum König. Dass es ein ungeteilt-einiges Reich sein würde, zeigte sich dann im Jahre 936. König Heinrich I. (919–936), der Nachfolger König Konrads (911–918), hatte bei seinem Tode mehrere regierungsfähige Söhne. Aber nur der älteste Sohn, Otto (▶ 2.3), wurde König. Der fränkische Brauch, das Reich unter die Königssöhne aufzuteilen, wurde also nicht mehr befolgt. Mit dem Regierungsantritt Ottos I. war erwiesen, dass die Gebiete, die zuerst Ludwig der Deutsche zusammenfassend Ostfrankenreich genannt hatte, im Innern und nach außen eine Einheit darstellten.

2.2 Stammesherzogtümer

Bei dem Festmahl, das die feierliche Königskrönung Ottos I. (▶ 2.3) 936 in Aachen beschloss, waren für alle sichtbar vier Männer aus der Menge der anwesenden geistlichen und weltlichen Großen herausgehoben: die Herzöge der Lothringer, der Franken, der Schwaben (Alemannen) und der Bayern. Sie versahen symbolische Ehrendienste beim Krönungsmahl als Kämmerer, Truchsess, Mundschenk und Marschall; dadurch wurde gezeigt, dass die vier Herzöge die nächsten beim König waren, dass vor allem auf ihrer Hilfe das Königtum ruhte. In den Herzögen waren die Völkerschaften präsent, denen die Herzöge vorstanden. Die Sachsen waren durch den König selbst repräsentiert, da mit Ottos Vater Heinrich im Jahre 919 der Sachsenherzog zum König des Reiches gemacht worden war.

Schon bei den beiden vorangegangenen Königswahlen waren die Herzöge als Handelnde in Erscheinung getreten: Konrad I. war im Jahre 911 »von Franken, Sachsen, Alemannen und Bayern«, wie es in einer zeitgenössischen Quelle heißt, zum König gewählt worden, und bei der Wahl Heinrichs I. im Jahre 919 erschienen die Franken und Sachsen als Wähler; die süddeutschen Bayern und Alemannen mit ihren Herzögen wie auch die Lothringer zwang König Heinrich nachträglich, sein Königtum anzuerkennen. So erscheint das ostfränkisch-deutsche Reich aus den fünf Herzogtümern der Franken, Schwaben, Bayern, Sachsen und Lothringer zusammengesetzt. Die Wissenschaftssprache hat dafür im 19. Jahrhundert den Ordnungsbegriff »Stammesherzogtum« geprägt, man unterscheidet das »ältere Stammes-

Das Reich unter den Ottonen

herzogtum« der Merowingerzeit vom »jüngeren Stammesherzogtum«, das seit dem Ende des 9. Jahrhunderts in Erscheinung tritt.
Das »ältere Stammesherzogtum« (ducatus) war der Amtsbereich eines vom König eingesetzten »dux« (Heerführer, Anführer, Herzog). In den ostrheinischen Gebieten bildeten die von den Franken unterworfenen Völkerschaften, zum Beispiel die Bayern, Alemannen und Thüringer, die Grundlage für die Abgrenzung eines Dukats. Den merowingischen Königen entglitt dann zunehmend die Kontrolle über diese Herzöge, sodass die Herzöge eher Anführer des Stammes gegenüber dem König als Vertreter des Königs beim Stamm waren. Es war ein Erfolg der Zentralgewalt, die Herzöge als Zwischeninstanzen im 8. Jahrhundert wieder beseitigen zu können. Dass die Stämme als Untergliederungen des ostfränkischen Reiches gleichwohl fortbestanden, lässt sich daran erkennen, dass sie im 9. Jahrhundert oft die Teilreiche der karolingischen Königssöhne bildeten. Die Ausbildung des »jüngeren Stammesherzogtums« vollzog sich in Anlehnung an diese karolingischen Teilkönigreiche: Seit die Königsgewalt im Ostfrankenreich seit dem Jahre 882 wieder bei einem einzigen König lag, zeigte sich die fortbestehende Eigenständigkeit der Stämme daran, dass in ihnen »duces« (=Herzöge) als oberste Gewalten erscheinen. Sie werden als Herzöge der Franken, der Bayern oder Sachsen bezeichnet, und das zeigt, dass die Bewohner dieser »jüngeren Stammesherzogtümer« den Zeitgenossen als die Nachfahren völkerwanderungszeitlicher Stammesverbände galten. Aber schon die Einreihung Lothringens unter die Stammesherzogtümer macht deutlich, dass sie keineswegs natürlich gewachsene Ordnungen darstellten: Die Bezeichnung »Lotharingien« ist aus dem Namen König Lothars II. (855–869) abgeleitet, dem bei den karolingischen Teilungen des 9. Jahrhunderts das Land zwischen Rhein und Maas zugefallen war. Die Herzogtümer des 10. Jahrhunderts waren das Ergebnis einer Entwicklung, die Umfang und Gestalt der völkerwanderungszeitlichen Stämme grundlegend verändert hatte.

2.3 Ottonen

Das frühere Mittelalter kannte keine Familiennamen. Um die familienmäßige Zusammengehörigkeit von Personen erkennbar zu machen, hat die neuzeitliche Geschichtsschreibung aus familientypischen »Leitnamen« Geschlechternamen konstruiert. Der Sachsenkönig Heinrich, der im Jahre 919 ostfränkisch-deutscher König wurde, war der erste der »Ottonen« auf dem Königsthron. Der Geschlechtername ist von Heinrichs Sohn und Nachfolger Otto I. (936–973) und von dessen gleichnamigem Sohn Otto II. (973–983) und Enkel Otto III. (983–1002) abgeleitet. Als Otto III. kinderlos starb, folgte mit Heinrich II. sein nächster männlicher Verwandter als König. Mit ihm erlosch das sächsische Königsgeschlecht der Ottonen im Jahre 1024.
Der bedeutendste Ottonenherrscher war Otto I., »der Große«. Er begründete die Tradition der Verbindung von ostfränkisch-deutscher

▲ *Mit dem Königtum Ottos I., des Großen, hatte sich die neue Thronfolgeregelung, die entgegen der fränkischen Tradition die Unteilbarkeit des Reiches festlegte, durchgesetzt. Die Abbildung zeigt die Darstellung Ottos am Karlsschrein (um 1215, Aachener Münster)*

Königswürde und Kaisertum. Otto I. knüpfte bei diesem folgenschweren Schritt an das Vorbild *Karls des Großen* (▶ 2.17) an. Obwohl das Kaisertum seit Karl dem Großen seine universale Bedeutung eingebüßt hatte, war es Bestandteil der nach wie vor als verpflichtend angesehenen karolingischen Tradition. Otto I. machte das Anknüpfen an die karolingische Tradition gleich bei seinem Regierungsantritt sichtbar: Indem er Aachen als Krönungsort wählte und am Ende der Krönungszeremonie auf dem steinernen Thron Karls des Großen Platz nahm, zeigte er, dass er sich unmittelbar in der Nachfolge Karls des Großen sah. Dazu gehörte auch die Eroberung des langobardisch-italischen Reiches, die Otto im Jahre 951 mit der Königskrönung in Pavia abschloss. Sein großer Ungarnsieg in der *Schlacht auf dem Lechfeld* (▶ 2.5) erwies Otto I. als fähigen Verteidiger der lateinischen Christenheit. So war die Kaiserkrönung, die Papst Johannes XII. am 2. Februar 962 in Rom vollzog, in Ottos herrscherlichem Selbstverständnis und in seiner Politik lange vorbereitet. Seither gehören *Italienpolitik* (▶ 2.7), Romzug und Kaiserkrönung zum »Regierungsprogramm« der mittelalterlichen deutschen Könige. Wie Karl der Große sah auch Otto der Große die Heidenmission als Aufgabe des christlichen Kaisers an. Nach vielen Mühen und Rückschlägen erreichte er 968 die Gründung eines Erzbistums in Magdeburg, das als Missionserzbistum in die slawischen Gebiete hineinwirken sollte.

Ottos des Großen Sohn Otto II. führte im Wesentlichen die von seinem Vater vorgezeichnete Linie der Politik weiter. Otto III. aber wollte anderes und mehr: Erfüllt von einer schwärmerischen Begeisterung für die römische Antike, wollte er die Stadt Rom wieder zum Zentrum der Welt machen, Rom als Sitz von Papst und Kaiser, als Mittelpunkt von Christentum und Weltherrschaft, zu unvergleichlicher Größe führen. Damit ist Otto III. gescheitert. Sein Nachfolger Heinrich II. verlegte den Schwerpunkt seiner Herrschaft wieder in den ostfränkisch-deutschen Bereich nördlich der Alpen, kehrte in die Bahnen Ottos I. zurück.

2.4 Wikinger/Normannen

Wikinger bedeutet »Männer auf großer Fahrt«; »Normannen« bezeichnet die gleichen Leute als die, die aus dem Norden kommen. Beide Male sind Norweger, Dänen und Schweden gemeint, und zwar dann, wenn sie außerhalb ihrer Heimat Skandinavien in Erscheinung treten. Das wikingische Zeitalter der Beute-, Handels- und Eroberungsfahrten reicht vom Ende des 8. bis zur Mitte des 11. Jahrhunderts. Die Wikinger waren Seekrieger. Die Seetüchtigkeit ihrer Schiffe, deren massiver Kiel schnelles Kentern verhinderte und deren Segel sie weite Strecken auf dem Wasser relativ mühelos überwinden ließen, machte für sie alle Küsten und Binnengewässer Europas und der den Nordatlantik begrenzenden Länder erreichbar. Die ersten Nachrichten von wikingischen Überfällen stammen aus England: Im Jahre 793 wurde das nordhumbrische Kloster Lindisfarne an der nördlichen Ostküste Englands überfallen und ausgeplündert. In etwa der gleichen Zeit werden die ersten Wikingerüberfälle im Südwesten Englands gemeldet und wenig später in Irland und an der Atlantikküste des Frankenreiches. Die Beute an Schätzen aus Edelmetall, an Sklaven und an Lösegeld für Gefangene spornte die Wikinger an, die anfänglich vereinzelten Raubüberfälle zu intensivieren: Im 9. Jahrhundert schlugen Wikingerheere feste Standlager auf, um zu überwintern und die Länder systematisch nach Beute zu durchkämmen. Dann wurden die Lager zu Siedlungen ausgebaut; die Wikinger kamen als Einwanderer, errichteten eigene Herrschaften im Osten und Norden Englands, in Irland, im Nordwesten des Frankenreichs (der nach den Normannen benannten Normandie) und erzwangen deren Anerkennung durch die einheimischen Könige. Von der Normandie aus errichteten normannische Ritter im 11. Jahrhundert Adelsherrschaften auf dem süditalienischen Festland und auf der Insel Sizilien. Damit legten sie den Grund für das spätere normannische Königreich Sizilien. Im Osten Europas, an den großen Wasserwegen von Djnepr, Düna und Wolga, am Ilmen- und am Ladogasee gründeten schwedische Wikinger (Waräger) im 9. Jahrhundert in den slawischen Gebieten Herrschaftssitze als Handelsniederlassungen. Ihre herrschaftliche Zusammenfassung durch Rurik gilt als der Anfang des russischen Reiches. Aber es waren nicht nur die besiedelten Länder Europas, die wikingische Einwanderer anlockten. Abenteuerlust und Landsuche trieben sie über das bewohnte Land hinaus. Um 860 entstanden die ersten Wikingersiedlungen in Island, von dort aus gründeten sie um das

Jahr 980 zwei Niederlassungen in Grönland, die bis etwa 1500 bestanden, und von Grönland aus erreichten sie um das Jahr 1000 die Küsten Nordamerikas.

2.5 Die Schlacht auf dem Lechfeld

Vom 10. bis 12. August 955 kämpfte ein deutsches Heer unter König Otto I. gegen ein zahlenmäßig weit überlegenes Reiterheer der Ungarn auf dem Lechfeld südlich von Augsburg. Mit Fasten und Beten hatte sich das christliche Heer auf den Kampf mit den noch heidnischen Nomaden vorbereitet. König Otto hatte dem Tagesheiligen des 10. August, dem heiligen Laurentius, die Gründung eines Bistums in Merseburg gelobt, wenn Christus durch seine Fürbitte den Sieg gewähren würde. Unter der Fahne des Erzengels Michael zog das nach Stämmen gegliederte deutsche Heer in die Schlacht, Otto selbst trug die »Heilige Lanze«, in die man ein Stück Holz vom Kreuze Christi eingelassen glaubte. Der Sieg galt denn auch als ein Geschenk Gottes, zugleich aber als besondere Ruhmestat Ottos. Für das frühmittelalterliche Europa bedeutete der Sieg eine Wende: Das nomadische Reitervolk der Ungarn hatte seit der 2. Hälfte des 9. Jahrhunderts vom Balkan aus die Länder Europas in regelmäßigen Beutezügen heimgesucht, die bis nach Frankreich, Norditalien und Byzanz führten. Besonders war das den Ungarn nächstgelegene ostfränkisch-deutsche Reich den Überfällen ausgesetzt gewesen, bayerische und sächsische Heere waren vernichtet worden. Nach der Schlacht auf dem Lechfeld wurden die Ungarn an Theiß und mittlerer Donau sesshaft, öffneten ihr Land bald der römisch-christlichen Mission und gehörten seither zur Völkerfamilie der lateinischen Christenheit.

2.6 Die Reichskirche

Unter der »Reichskirche« versteht man die Gesamtheit der Kirchen, die im früh- und hochmittelalterlichen deutschen Reich auf dem Grundbesitz des Königs als des Herrn des Reiches errichtet waren und seiner unmittelbaren Herrschaft unterstanden.

Allgemein schloss Grundbesitz im Mittelalter Herrschaft über die auf dem Land lebenden Leute ein. So übten neben dem König auch die anderen Großgrundbesitzer Herrschaft aus. Die Grundherrschaft stellt sich als ein Wechselverhältnis von Gabe und Gegengabe dar, in das auch die Kirchen eingebunden waren. Kirchen und Klöster dienten ihren Herren durch ihre wichtigste Gabe, durch ihre Gebete und Fürbitten, und wurden dafür mit Landbesitz und Einkünften ausgestattet, die im Obereigentum des Herrn blieben. Ein geistlicher und weltlicher Großer, der auf seinem Grund und Boden eine Kirche errichtete und sie ausstattete, war der Herr dieser Kirche, sie war sein Eigen, über das er verfügen konnte; man nennt ihn deshalb Eigenkirchenherr. Entsprechend war auch der König Herr von Kirchen, nämlich von denjenigen Kirchen und Klöstern, die auf Königs- bzw. Reichsgut errichtet waren. Zur Reichskirche gehörten die Erzbistümer Köln, Mainz, Trier, Salzburg, Hamburg-Bremen und Magdeburg und so gut wie alle Bistümer, außerdem die Reichsklöster, darunter so berühmte Klosterstätten wie Fulda, Hersfeld, Quedlinburg, Lorsch und Sankt Gallen. Die zum Reich gehörenden Kirchen und Klöster waren durch Ausstattung der Könige und durch fromme Schenkungen selbst wieder Großgrundbesitzer und schuldeten dem König außer Gebeten und Fürbitten auch Panzerreiter für das königliche Heer und Beherbergung des Königshofes. Aber das aus der Grundherrschaft stammende Eigenkir-

▲ *König Otto II. setzt mit der Übergabe des Stabes Adalbert von Prag in sein Bischofsamt ein und dokumentiert mit dieser »Laieninvestitur« seinen Leitungsanspruch gegenüber der Kirche. Reliefbild an dem nach 1100 gegossenen Bronzeportal des Doms zu Gnesen*

chenwesen war nur eine der Wurzeln der königlichen Kirchenherrschaft, denn der König war mehr als ein normaler Eigenkirchenherr. Als »Gesalbter des Herrn« galt er als Beauftragter, ja Stellvertreter Gottes im christlichen Volk. Dadurch war er aus der Menge der Laien herausgehoben, galt den Kirchen als der ihnen bestellte Verteidiger vor den Gefahren der Welt. Bis zur Kirchenreform des 11. Jahrhunderts nahm man deshalb keinen Anstoß daran, dass es der König war, der die Bischöfe und Erzbischöfe des Reiches persönlich in ihre Ämter einsetzte und oft auch den Ausschlag bei der Auswahl der Reichsbischöfe gab, wobei er Mitglieder seiner Hofgeistlichkeit bevorzugte. Da die Könige aus dem Geschlecht der *Ottonen* (▶ 2.3) und *Salier* (▶ 2.8) die Verbindung zwischen Königshof und Reichskirche enger gestalteten als ihre karolingischen Vorgänger und die Herrscher der benachbarten Königreiche, wird diese Besonderheit der deutschen Entwicklung oft durch die Bezeichnung »ottonisch-salisches Reichskirchensystem« hervorgehoben.

2.7 Italienpolitik

Die Italienpolitik der ostfränkisch-deutschen Herrscher traf in Italien auf die konkurrierenden Rechtsansprüche und Interessen anderer Mächte. Diese Politik knüpfte bewusst an das Vorbild der karolingischen Frankenkönige an und hat von daher zwei Grundkomponenten: Zur Italienpolitik gehörte einmal die Beziehung zum Papsttum. Otto I. (▶ 2.3) ließ sich in Anknüpfung an das Vorbild Karls des Großen im Jahre 962 zum Kaiser krönen. Seither galten die ostfränkisch-deutschen Könige als »Verteidiger der römischen Kirche« und ihrer weltlichen Besitzungen; ein Italienzug zur Kaiserkrönung nach Rom gehörte von da an zum festen Bestandteil deutscher Königspolitik. Die zweite Komponente deutscher Italienpolitik war die Eroberung des ehemaligen Langobardenreiches durch Otto I., auch dies in Nachahmung Karls des Großen. Seither war der deutsche König zugleich »König der Langobarden«, waren also »Reichsitalien« und Deutsches Reich in Personalunion miteinander verbunden. Zu Reichsitalien gehörten vor allem die Gebiete nördlich des »Patrimonium Petri« (des Kirchenstaats). Da aber der deutsche König als König der Langobarden auch beanspruchen konnte, König der südlich vom Rom gelegenen langobardischen Fürstentümer zu sein, ergaben sich Konflikte mit den Byzantinern, die Süditalien als ihren Einflussbereich betrachteten, und seit dem 11. Jahrhundert mit den *Normannen* (▶ 2.4), die die langobardischen Fürstentümer nach und nach eroberten und Süditalien mit Sizilien zusammenschlossen. Im Jahre 1186 heiratete der deutsche König Heinrich VI. die Erbin des Königreiches Sizilien. Mit Ausnahme des Kirchenstaates unterstand damit ganz Italien dem deutschen König. Von einer effektiven Regierung konnte allerdings angesichts heftiger Widerstände keine Rede sein. Diese Widerstände kamen vor allem von den lombardischen Städten unter Führung Mailands. Die Vereinigung des größten Teils von Italien in der Hand des deutschen Königs wurde 1254 durch den Tod des letzten Königs aus dem Geschlecht der *Staufer* (▶ 2.15) beendet.

2.8 Salier

Als Heinrich II. im Jahre 1024 starb, erlosch das Königsgeschlecht der sächsischen *Ottonen* (▶ 2.3) im Mannesstamm. Bei der Wahl des neuen Königs hielten sich die geistlichen und weltlichen Großen des Reiches so nahe wie möglich an das altangestammte Königshaus: Sie wählten Konrad, den ältesten männlichen Verwandten des Ottonengeschlechts in weiblicher Abstammung. Gewohnheit und Herkommen galten in der Zeit mehr als die Suche nach dem geeignetsten Kandidaten. Konrad war Graf in der Gegend um Speyer und besaß dort Familiengut. »Salier« wurde sein Geschlecht erst seit dem späteren Mittelalter in künstlicher Erinnerung an die völkerwanderungszeitlichen Salfranken genannt. Als König folgte Konrad II. den traditionellen Linien frühmittelalterlicher Königsherrschaft: Er suchte die königlichen Rechte und Besitzungen zu wahren, wurde 1027 in Rom zum Kaiser gekrönt und zeigte sich als mildtätiger frommer König durch die Gründung des Speyerer Domes als Familiengrablege. Von den neuen Zeitströmungen einer ernsthafteren Frömmigkeit wurde erst sein Sohn Heinrich III. erfasst, der ihm 1039 im Königtum folgte und zusammen mit seiner frommen Gemahlin Agnes die mächtig einsetzenden Bestrebungen der *Kirchenreform* (▶ 2.9) förderte. Er bekämpfte im Sinne dieser Reform Priesterehe (Nikolaitismus) und Ämterkauf (Simonie), die lange weithin unbeanstandeter Brauch in der Kirche gewesen waren. Seine Verantwortung als Schutzherr der römischen Kirche ließ ihn in die Angelegenheit des Papsttums eingreifen: Die Synoden von Sutri und Rom (1046) handelten auf sein Gebot, als sie drei konkurrierende Päpste für abgesetzt erklärten. Damit und mit der späteren Wahl Leos IX. zum Papst schuf er die Voraussetzung dafür, dass die römische Kirche selbst zum Zentrum der Kirchenreform werden konnte. Heinrich III. starb im Alter von nur 39 Jahren im Jahre 1056; sein damals gerade sechsjähriger Sohn Heinrich IV. folgte ihm nach.

▲ *Der Dom zu Speyer, Grabstätte des Königsgeschlechts der Salier. Mit dem Bau des Gotteshauses war 1027, im Jahr der Kaiserkrönung Konrads II., begonnen worden*

Im Verlaufe des *Investiturstreits* (▶ 2.10) kam es zu einer Verbindung von Heinrichs kirchlichen Gegnern mit einer großen innerdeutschen Adelsopposition, die in Sachsen ihr Zentrum hatte. Heinrich IV. musste im Jahre 1077 den Bußgang nach *Canossa* (▶ 2.11) antreten, um sein Königtum zu retten. Trotzdem wählten die deutschen Fürsten den Schwabenherzog Rudolf von Rheinfelden zum Gegenkönig, dem gegenüber allerdings Heinrich auf die Dauer die Oberhand gewinnen konnte. Es war dann nicht der Kampf mit der Kirche, sondern vielmehr ein Aufstand seines Sohnes Heinrich V., der ihn 1105 sein Königtum kostete. Heinrich V., der als verschlagener Taktiker geschildert wird, gelang es, den Investiturstreit durch das *Wormser Konkordat* (▶ 2.12) von 1122 zu beenden. Als er im Jahre 1125 kinderlos starb, fand die Königsherrschaft der Salier ihr Ende.

2.9 Kirchenreform und neue Religiosität

Zunehmende Kritik an Missständen in der Kirche führte in der Mitte des 11. Jahrhunderts zu einer Reformbewegung, die so gut wie alle Länder Europas erfasste. Die Kritik richtete sich vor allem gegen die Unbildung und Verweltlichung des Klerus, der sich die Güter der Kirche aneignete, ohne seinen geistlichen Pflichten nachzukommen. Geistige Wegbereiter der Kirchenreform waren die Reformklöster, unter denen das burgundische Kloster Cluny und die vielen von Cluny aus reformierten Klöster durch streng religiöse Lebensformen, durch prächtige und feierliche Ausgestaltung der Gottesdienste, durch immer währendes Gotteslob im Gebet beispielhaft wirkten. Die umfassende Kritik am Weltklerus verdichtete sich zu zwei Schlagworten: Simonie (Ämterkauf) und Nikolaitismus (Bruch der Zölibatsvorschriften). Mit dem lothringischen Papst Leo IX. (1049–54) bestieg ein Anhänger der Kirchenreform den Stuhl Petri. Der Bischof von Rom, in dem man als Hüter der Apostelgräber schon lange eine besondere geistliche Autorität verehrt hatte, gewann mit der Kirchenreform zunehmend als einigendes juristisches Oberhaupt der lateinischen Kirche an Bedeutung. Die Verbreitung der Reformvorstellungen in der römischen Kirche schlug sich in den Vorschriften der Synoden Leos IX. und seiner Nachfolger nieder. Neben die immer wiederkehrenden Verbote von Simonie und Nikolaitismus trat bald der Kampf gegen das Eigenkirchenwesen (die Verfügung von Laien über Kirchen), in den seit Papst Gregor VII. (1073–85) auch die königliche Kirchenherrschaft über die *Reichskirche* (▶ 2.6) einbezogen wurde. Der dadurch ausgelöste *Investiturstreit* (▶ 2.10) band zunächst die religiösen Energien. Nach seiner Beendigung brachen sie sich umso kräftiger Bahn: Das gesteigerte Bemühen um christliche Glaubenswahrheiten und Lebensformen zeigte sich nicht nur in der überaus schnellen Verbreitung, die die strengen Orden der Zisterzienser, Prämonstratenser und Kartäuser im 12. Jahrhundert fanden, zu denen zu Beginn des 13. Jahrhunderts noch die *Bettelorden* (▶ 3.15) der Franziskaner und Dominikaner kamen, sondern auch in dem Zulauf, den religiöse Gemeinschaften fanden, die ohne Vermittlung der Kirche in apostolischer Armut unmittelbar dem Evangelium gemäß leben und des Heils teilhaftig werden wollten und die deshalb von der Kirche als *Ketzer* (▶ 3.16) abgelehnt und verfolgt wurden.

2.10 Investiturstreit

Der Investiturstreit ist die Auseinandersetzung zwischen dem Papsttum und den Königen Europas um das Recht der Investitur (Einsetzung) der Bischöfe, in die die deutschen Könige besonders stark verwickelt waren. Nach altüberliefertem Brauch setzte der deutsche König die Bischöfe seines Herrschaftsbereichs durch die Übergabe von Ring und Stab in ihr Amt ein, nachdem »Klerus und Volk« zuvor die Wahl vollzogen hatten. Da man aber den Kandidaten durch den Willen Gottes, den man nur nachzuvollziehen glaubte, vorherbestimmt sah, bestand kein Bedürfnis nach einer klaren Regelung des Wahlverfahrens. Das bedeutete, dass

▲ *Bekanntester Papst aus der Zeit des Investiturstreits ist Gregor VII. Die Miniatur aus dem 11./12. Jh. (Salerno, Dom) zeigt ihn als das Haupt der Kleriker und Mönche*

dem König als dem »Gesalbten des Herrn« auch eine ausschlaggebende Rolle bei der Feststellung des Willens Gottes und damit bei der Auswahl des neuen Bischofs zukam. Diese Praxis erregte lange keinen Anstoß, zumal die *Reichskirche* (▶ 2.6) nicht nur geistliche, sondern auch weltlich-herrschaftliche Funktionen im Reich wahrzunehmen hatte und beide Bereiche gedanklich nicht klar getrennt wurden. Man dachte in Personen, nicht in institutionellen Zuständigkeitsbereichen, und die Reichsbischöfe waren eben durch die königliche Einsetzung als Personen ihrem Herrn, dem König, in Treue verbunden.
Seit in der Mitte des 11. Jahrhunderts die Anhänger der *Kirchenreform* (▶ 2.9) die Vergabe von Kirchenämtern durch Laien als Missbrauch anzuprangern begannen, bezogen die wenigsten auch die königliche Investiturpraxis in diese Kritik mit ein, weil der König ja gar nicht als reiner Laie galt. Erst die Auseinandersetzungen um die Neubesetzung des Mailänder Erzbistums seit 1073, bei denen König Heinrich IV. einen Mailänder Kleriker investierte, während das Papsttum kraft apostolischer Autorität einen anderen Kandidaten zu dem von Gott gewünschten und damit rechtmäßig gewählten erklärte, machte die königliche Investitur der Bischöfe zum zentralen Thema der Kirchenreform. Papst Gregor VII. (1073–85) sprach ein allgemeines Investiturverbot aus, ohne auf die Tatsache Rücksicht zu nehmen, dass die Reichsbischöfe als Reichsfürsten ja auch weltliche Funktionen wahrnahmen und der König daher berechtigterweise den Anspruch erheben konnte, dass ihrer Verpflichtung gegen König und Reich schon bei ihrer Einsetzung Rechnung getragen wurde. Eine Lösung des Problems wurde dadurch möglich, dass man begrifflich klar zwischen geistlichem und weltlichem Bereich zu unterscheiden lernte und auf dieser Grundlage im *Wormser Konkordat* (▶ 2.12) von 1122 einen doppelten Einsetzungsakt (durch König und Papst) für die Reichsbischöfe als gültige Rechtsform anerkannte.

2.11 Canossa

Canossa, eine Burg im Apennin, war im Januar 1077 Schauplatz der Kirchenbuße König Heinrichs IV. vor Papst Gregor VII. König Heinrich erreichte dadurch die Lösung vom Kirchenbann, den der Papst zuvor über ihn verhängt hatte. »Canossa« wurde später zum Inbegriff für demütiges Zukreuzekriechen und ist als Schlagwort aus dem historischen Zusammenhang gerissen worden. Für die Zeitgenossen aber war Canossa kein symbolträchtiges Einzelereignis, sondern Glied in einer Kette beispielloser Vorkommnisse. Papsttum und Königtum hatten in Mailand (▶ 2.10) verschiedene Kandidaten für das Amt des Erzbischofs unterstützt. Um seiner Auffassung Nachdruck zu verleihen, dass sich die königliche Partei mit dem Widerstand gegen den päpstlichen Kandidaten ins Unrecht setze, hatte der Papst die verantwortlichen königlichen Räte im Frühjahr 1073 exkommuniziert. Obwohl jedem Christen der Umgang mit Exkommunizierten bei Strafe der eigenen Exkommunikation verboten war, trennte sich König Heinrich nicht von seinen Räten, gab sich aber gleichwohl in seinen Briefen an Gregor VII. verhandlungsbereit und nachgiebig und betonte seinen Gehorsam gegenüber dem Apostolischen Stuhl. Im Dezember 1075 nun forderte der Papst eine klare Entscheidung: In ultimativ-schroffer Form verlangte er von Heinrich Trennung von den Räten und Unterwerfung unter das päpstliche Urteil. Der Brief erreichte Heinrich, als er gerade seinen Sieg über die aufständischen Sachsen glanzvoll feierte. Zusammen mit seinen Bischöfen sagte er Papst Gregor von Worms aus den Gehorsam auf und forderte ihn auf, vom päpstlichen Stuhl herabzusteigen. Gregor VII., der sich als Stellvertreter des Apostelfürsten auch selbst für unfehlbar und keines Menschen Urteil unterworfen erklärt hatte, wertete das als gotteslästerliche Anmaßung und reagierte entsprechend: In einem Gebet an den Apostel Petrus setzte er seinerseits König Heinrich ab und exkommunizierte ihn. Als dieses Urteil bekannt wurde, erzitterte die Erde, schrieb ein Zeitgenosse, denn dass ein »von Gottes Gnaden« regierender König aus der Kirchengemeinschaft ausgeschlossen und abgesetzt wurde, das hatte es noch nicht gegeben. König und Papst hatten sich damit gegenseitig die Legitimität abgesprochen. Es zeigte sich bald, dass das Wort des Papstes mehr bewirkte als das des Königs: Die Anhängerschaft Heinrichs in Deutschland schmolz dahin. Heinrichs alte Gegner aus dem sächsischen Aufstand drohten mit der Wahl eines Gegenkönigs für den Fall, dass es Heinrich nicht gelänge, sich binnen Jahresfrist vom Bann zu lösen. Statt aber die Lösung vom Bann durch

▲ *Heinrich IV. mit Abt Hugo von Cluny vor Mathilde von Tuszien, der Besitzerin der Burg von Canossa, die zwischen König und Papst vermittelte. Handschrift von 1115 (Rom, Vatikanische Bibliothek)*

Verhandlungen und politische Zugeständnisse zu erreichen, wählte Heinrich einen Weg, den wohl niemand erwartet hatte: Mitten im Winter überquerte er die Alpen und erflehte im Büßergewand die Vergebung des Papstes in Canossa. Dem reuigen Büßer durfte Gregor als Seelenhirte die Absolution nicht verweigern. Heinrich war wieder in die Kirchengemeinschaft aufgenommen, die geplante Neuwahl zunächst vereitelt. Heinrich IV. hatte einen Augenblickserfolg errungen – aber zugleich der geheiligten Würde des königlichen Amtes schweren Schaden zugefügt.

2.12 Wormser Konkordat

Am 23. September 1122 schlossen Legaten im Auftrag Papst Calixts II. mit König Heinrich V. in Worms einen Vertrag, durch den der *Investiturstreit* (▶ 2.10) im Reich beendet wurde. Die königliche und die päpstliche Seite erklärten in getrennten Schriftstücken, auf was sie in Zukunft verzichten bzw. was sie der Gegenseite zugestehen wollten. Heinrich V. verzichtete auf die »Investitur mit Ring und Stab« und gestand kanonische Wahlen und freie kirchliche Weihen zu. Der Papst wiederum erkannte an, dass in Deutschland die Wahl der Reichsbischöfe und -äbte in Gegenwart des Königs stattfinden solle und dass danach der Erwählte die weltlichen Hoheits- und Besitzrechte (Regalien) durch die Übergabe eines Zepters aus der Hand des Königs empfangen und dem König das, was er ihm nach Recht schulde, leisten solle. Beide Schriftstücke zusammen enthalten die Anerkennung beider Parteien, dass ein Reichsbischof Verpflichtungen sowohl gegenüber der Kirche als auch gegenüber dem Reich hatte. Bis zur *Kirchenreform* (► 2.9) des 11. Jahrhunderts hatte der König unangefochten durch die Symbole Ring und Stab die gesamte bischöfliche Amtsgewalt übertragen. Im Zuge der Frontstellungen des Investiturstreits formulierten die päpstlichen Reformsynoden immer deutlicher die Alleinzuständigkeit der geweihten kirchlichen Amtsträger für ihre eigenen Belange, der gemäß dann die bisher übliche Einsetzung der Bischöfe durch die Könige für unrechtmäßig erklärt und verboten wurde. Dieses Investiturverbot aber ließ unberücksichtigt, dass die Bischöfe ja nicht nur geistliche, sondern als Reichsfürsten auch weltliche Herrschaftsaufgaben wahrnahmen. Voraussetzung für den Kompromiss des Wormser Konkordats war ein geistiger Klärungsprozess, durch den man an einem einzigen Menschen verschiedene Zuständigkeitsbereiche zu unterscheiden lernte.

2.13 Stadtgemeinde und Bürgerfreiheit

Gemeinde kommt von gemein, gemeinsam und entspricht dem Wort »Kommune«. Seit dem späten 11. Jahrhundert begannen die Bürger städtischer Siedlungen, im Innern ihre gemeinsamen Angelegenheiten wie Marktaufsicht, Zölle, Steuern, Mauerbau, Stadtverteidigung und Rechtsprechung durch eigene Beauftragte zu regeln und nach außen, seit dem 12. Jahrhundert dokumentiert durch ein Stadtsiegel, als rechtlich handlungsfähige Einheit aufzutreten. Alles dieses war vorher Sache des Stadtherrn gewesen. Man hat lange Zeit die Gemeindebildung als ein revolutionäres Aufbegehren der Bürger gegen den Stadtherrn gesehen, denn in einigen frühen Stadtrechten erscheint eine »coniuratio« (=Verschwörung, Schwurverband) der Bürger als Empfänger des Stadtrechts. Es wurde aber nachgewiesen, dass es auch andere Formen der Gemeindebildung gegeben hat, dass Bürgergemeinden mit Zustimmung des Stadtherrn entstanden, was natürlich einzelne Konflikte nicht ausschloss. So

▲ *Siegel der Stadt Freiburg i. Br. in seiner vierten, seit 1255 nicht mehr veränderten Form. Schon das erste, ab 1218 vorkommende Siegel wies eine symbolische Wiedergabe der ältesten Stadtbefestigung auf*

wenig wie Gemeindebildung grundsätzlich eine gegen stadtherrliche Bevormundung gerichtete Freiheitsbewegung war, so wenig war die Bürgergemeinde die Vereinigung aller Stadtbewohner auf der Grundlage von Freiheit und Gleichberechtigung. Nicht alle Stadtbewohner, sondern nur die, die Bürgerrecht besaßen, gehörten zur Gemeinde, und das Bürgerrecht war meist an Voraussetzungen gebunden. Wer Bürger sein wollte, musste wohlhabend sein. Oft war die Voraussetzung für den Bürgerstatus der Besitz von Grund und Boden in der Stadt. Die *Juden* (► 3.21) als Nichtchristen standen genauso außerhalb der Bürgerschaft wie der Klerus und die Insassen der Klöster. Der Zugang zum Rat der Stadt und zu den Magistraten war lange den ratsfähigen Familien vorbehalten, dem Patriziat der Städte, das sich aus reichen Kaufleuten, aber auch aus reich gewordenen *Ministerialen* (► 2.18) des Stadtherrn zusammensetzte. Erst in den Zunftkämpfen des

14. Jahrhunderts erlangten die Handwerker den Zugang zu Rat und städtischen Regierungsämtern. So waren die Bürgergemeinden weit davon entfernt, Freiheit und Gleichheit aller Stadtbewohner sicherzustellen. Und doch kam es in den Städten seit dem 11. Jahrhundert in großem Maße zur Überwindung gewohnheitsrechtlicher Zwänge und Bindungen, hatten die Bürger freie Verfügung über ihre Arbeitskraft ohne Behinderung durch Frondienste und Sachabgaben und genossen Freizügigkeit. Besonders weit gehend war die Festlegung von Bürgerfreiheiten in den Gründungsstädten, die von einem mächtigen Herrn planmäßig angelegt wurden und Bürger durch die Zusicherung eines besonders freiheitlichen Rechtsstandes erst gewinnen mussten. In den Gründungsstädten entstand auch der Rechtssatz, dass Stadtluft »über Jahr und Tag« frei macht: Wer vom Land in die Stadt geflohen war und sich dort ein Jahr lang unangefochten aufgehalten hatte, der galt als Bürger und damit frei von der Bindung an seinen Grundherrn und konnte mit der Verteidigung dieser seiner Freiheit durch die Bürgergemeinde rechnen.

2.14 Kreuzzüge

Die Kreuzzüge waren bewaffnete Pilgerfahrten, vor allem zur Befreiung und Sicherung der Heiligen Stätten der Christenheit in Palästina. Die Kirche gewährte dafür den Ablass (▶ 4.4). Der erste Kreuzzug nach Palästina wurde durch Papst Urban II. ausgelöst, der 1095 in einer flammenden Rede auf dem Konzil von Clermont die Bedrückung der christlichen Brüder im Osten durch die »Ungläubigen«, die islamischen Seldschuken, beklagte und Arme wie Reiche zur bewaffneten Hilfe aufrief. Spontan legten viele der Versammelten das Gelöbnis dazu ab und ließen sich ein Stoffkreuz auf die Schulter heften zum Zeichen ihrer Bereitschaft, in der Nachfolge Christi »das Kreuz auf sich zu nehmen«. Weitere Aufrufe zur Kreuzfahrt folgten, wobei zunehmend die Befreiung Jerusalems Ansporn und Ziel für das Kreuzzugsgelübde wurde. Papst Urban hatte vor allem die christliche Ritterschaft Süd- und Mittelfrankreichs, Flanderns, der Normandie und Lothringens zum Kreuzzug aufgerufen. Aber auch zusammengelaufenes Volk nahm das Kreuz und wälzte sich als wüster, undisziplinierter Haufe durch das Land, der zunächst einmal die aufgeputschten Aggressionen bei heimischen Nichtchristen, den jüdischen Gemeinden, austobte. Der erste Kreuzzug wurde von den ersten großen Judenpogromen des Mittelalters begleitet.
Die Ritterheere, die 1096 aufgebrochen waren, eroberten 1099 Jerusalem und errichteten dort das »lateinische Königreich Jerusalem«, nicht ohne vorher ein furchtbares Blutbad in der Stadt angerichtet zu haben.
Bedrängnis und Gefährdung des Königreiches Jerusalem und der anderen Kreuzfahrerstaaten in Antiochien, Edessa, Tripolis und Tiberias durch die islamischen Nachbarn führten später zu weiteren Kreuzzügen: Der Fall Edessas 1144/45 löste durch die mitreißenden Predigten des großen Zisterzienserabtes Bernhard von Clairvaux den zweiten Kreuzzug (1147–49) aus, mit dem auch der deutsche König Konrad III. ins Heilige Land zog, freilich ohne viel auszurichten. Als Jerusalem 1187 durch Sultan Saladin eingenommen wurde, leitete *Friedrich Barbarossa* (▶ 2.16) aus seiner Vorstellung einer universalen Verantwortung des Kaisers als Schutzherr der westlichen Christenheit die Verpflichtung ab, den 3. Kreuzzug (1189–92) als gesamteuropäisches Unternehmen anzuführen. Es war das größte Kreuzzugsunternehmen des Mittelalters. Nach dem Tod Friedrichs 1190 in der Osttürkei erreichte der englische König Richard Löwenherz durch Verhandlungen mit Saladin Zugeständnisse für christliche Pilger, freilich ohne Jerusalem zurückerobert zu haben.
Die Kreuzzüge des 13. Jahrhunderts, wie der 4. Kreuzzug 1202–04, bei dem das doch ebenfalls christliche Konstantinopel erobert wurde, und der Kinderkreuzzug von 1212, bei dem Tausende von Kindern durch betrügerische Machenschaften in die Sklaverei verkauft wurden, dienten immer offensichtlicher politischen Sonderinteressen. Als 1291 die letzte christliche Festung in Palästina fiel, war das Zeitalter der Kreuzzüge endgültig vorbei.

2.15 Staufer

Seit dem 12. Jahrhundert bezeugten die Angehörigen eines Adelsgeschlechts ihre Zusammengehörigkeit dadurch, dass sie ihren Taufnamen den Namen ihrer Stammburg hinzufügten. Stammburg derer »von Staufen« war die Burg Stauf auf dem Berg Hohenstaufen bei Göppingen.

Heinrich IV. hatte in den Bedrängnissen des *Investiturstreits* (▶2.10) den schwäbischen Grafen Friedrich 1079 zum Herzog von Schwaben ernannt und ihm seine Tochter Agnes zur Frau gegeben. Mit ihm beginnt die Bedeutung der Staufer in der Reichspolitik. Aus dem Streit um die Thronfolge, nachdem der letzte Salierkönig Heinrich V., der Bruder der Agnes, 1125 kinderlos gestorben war, entstand die Feindschaft zwischen den Staufern und dem schwäbischen Adelsgeschlecht der Welfen, weil die Staufer als nächste Verwandte der Salier die Königsnachfolge beanspruchten, die Fürsten aber den mit den Welfen verbündeten sächsischen Herzog Lothar von Supplinburg zum König wählten (1125–37). Bürgerkrieg war die Folge, der in verschärfter Form weiterging, als statt Lothars welfischem Schwiegersohn 1138 der Staufer Konrad zum König gewählt wurde. Der fortgesetzte Kampf gegen die Welfen und die Erfolglosigkeit des 2. Kreuzzuges, an dem er teilnahm, ließ den Zeitgenossen die Regierungszeit Konrads III. (1138–52) als besonders glücklos erscheinen, sodass sich die Regierung seines Neffen Friedrich, der als Sohn eines staufischen Vaters und einer welfischen Mutter den staufisch-welfischen Gegensatz alsbald beizulegen verstand, umso glanzvoller dagegen abhob. *Friedrich Barbarossa* (1152–90; ▶2.16) ist der wohl bekannteste mittelalterliche deutsche König. Als er auf dem Kreuzzug im Fluss Saleph in Kleinasien ertrank, ging das Königtum problemlos auf seinen bereits gekrönten Sohn Heinrich VI. (1190–97) über, der zuvor seinen Herrschaftsbereich durch Heirat um das normannische Königreich Sizilien vergrößert hatte. Bei seinem Tode brach der staufisch-welfische Gegensatz erneut auf: Mit der Doppelwahl von 1198 kam es zum *Thronstreit* (▶2.22), der schließlich durch die Königswahl Friedrichs, des Sohnes Heinrichs VI., beendet wurde. Er war in Sizilien aufgewachsen und kam 1212 als 18-Jähriger über die Alpen, um als Erbe seines Vaters die deutsche Königskrone zu erringen. Obwohl Staufer und damit Deutscher vom Vater her, war Friedrich II. (1212–50), den schon die Zeitgenossen »stupor mundi« (= Erstaunen der Welt) nannten, zeit seines Lebens in seinem Erbreich Sizilien stärker verwurzelt als in Deutschland. Nur einmal, von 1212 bis 1220, hat er sich über einen längeren Zeitraum hinweg im Deutschen Reich aufgehalten, danach lag die Reichsverweserschaft bei seinen Söhnen. Sein Sohn Konrad IV. (1250–54) war der letzte Staufer auf dem deutschen Königsthron.

▲ *Burg Trifels bei Annweiler in der Pfalz war zur Zeit der staufischen Herrscher Aufbewahrungsort der Reichskleinodien und zeitweise Staatsgefängnis. So wurde hier der englische König Richard Löwenherz nach seiner Rückkehr vom Kreuzzug von Heinrich VI. gefangen gehalten und erst nach Zahlung eines Lösegeldes und Leistung des Lehnseides freigelassen*

Die Staufer gelten als das begabteste deutsche Herrschergeschlecht, als den kulturellen Strömungen der Zeit aufgeschlossene, glanzvolle Herrscherpersönlichkeiten. Die nach ihrem Aussterben sich durchsetzende Territorialisierung lässt die Stauferzeit als die letzte Blütezeit des Reiches erscheinen. Mit dem Namen staufischer Herrscher verband sich in Notzeiten die Hoffnung des Volkes auf Besserung. Unmittelbar nach Friedrichs II. Tod entstand die Legende vom schlafenden Kaiser, der einst wiederkehren werde, um alles zum Besten zu wenden. Zu Beginn des 15. Jahrhunderts verband sich diese Legende mit dem Namen Friedrich Barbarossas, der im Kyffhäuser schlafend seine Wiederkehr erwarte, derweil sein rotblonder Bart wegen der Länge der Zeit durch den Tisch wachse.

2.16 Friedrich Barbarossa

Als Konrad III., der erste *Staufer* (▶ 2.15) auf dem deutschen Königsthron, starb, wurde entgegen geltendem Brauch nicht sein unmündiger Sohn, sondern sein Neffe Friedrich zum König gewählt, den man wegen seines rötlichblonden Bartes schon zu Lebzeiten in Italien »Barba rossa« (Rotbart) nannte. Als Sohn einer welfischen Mutter und eines staufischen Vaters brachte er die jahrzehntelangen Auseinandersetzungen zwischen Staufern und Welfen bald zu einem friedlichen Ausgleich, sodass dem Geschichtsschreiber Otto von Freising Friedrichs Königtum als der Beginn einer neuen Epoche des Friedens und der Größe des Reiches erschien. Friedrich I. (1152–90), der 1155 in Rom zum Kaiser gekrönt wurde, war ein glanzvoller, tatkräftiger Herrscher, den Idealen des *Rittertums* (▶ 2.19) und der höfischen Kultur aufgeschlossen. Sein Leben lang hat er für die »Ehre des Reiches« gekämpft. Ehre des Reiches – Honor Imperii: Das waren für ihn alle Rechte und Würden, die ihm als König von Deutschland, Burgund und Italien und als »Kaiser der Römer« von alters her zukamen, auch alle Einkünfte und Verfügungsrechte über Reichsgut. Da es kein Verzeichnis der Reichsrechte gab und auch keine königliche Verwaltung, die sie in regelmäßiger Amtsroutine eingefordert hätte, war manches außer Brauch geraten. Das traf besonders auf Italien zu, das die direkten Vorgänger Friedrichs nur selten betreten hatten. Dort setzten sich die durch Handel und Gewerbe reich und selbstbewusst gewordenen Städte gegen Friedrichs Ansprüche zur Wehr. Unter Führung des mächtigen Mailand schlossen sie sich 1167 zum Lombardenbund zusammen, gegen den Friedrich jahrzehntelang Krieg führte.

Als Kaiser sah Friedrich sich als den besonderen Schutzherrn der Römischen Kirche und des Papsttums. Als es 1159 zu einem päpstlichen Schisma (gleichzeitige Wahl zweier Kandidaten) kam, leitete Friedrich aus seiner Kaiserwürde das Recht ab, dem kaiserfreundlichen Kandidaten zur Anerkennung zu verhelfen, obwohl die meisten Länder Europas und auch ein Teil der deutschen Bischöfe sich für den stauferfeindlichen Alexander III. erklärten. Die von Friedrich betriebene Heiligsprechung Karls des Großen im Jahre 1165 gibt Aufschluss über sein Selbstverständnis: Als Erbe und Nachfolger des heiligen »Vaters Europas« sah er sich selbst, den Kaiser des »Heiligen Römischen Reiches«, von Gott unmittelbar in sein Amt eingesetzt und zur Lenkung des christlichen Weltkreises berufen. Aber weder das Papsttum, das seit dem *Investiturstreit* (▶ 2.10) seine Freiheit von weltlicher Einmischung betonte, noch die übrigen Könige wollten ihm diese Rolle zugestehen: »Wer hat denn die Deutschen zum Richter über die Nationen bestellt?« – diese bissige Frage eines englischen Zeitgenossen zeigt, dass die entstehenden nationalen Königreiche Westeuropas für ein übergeordnetes Weltkaisertum kein Verständnis hatten.

▲ *Porträtbüste des Kaisers Friedrich I. Barbarossa aus vergoldeter Bronze, entstanden um 1160 (Cappenberg, Katholische Pfarrkirche)*

Friedrich Barbarossa, der 1177 schließlich doch Alexander III. als den rechtmäßigen Papst aner-

kennen musste, hat im Kampf mit Lombardenbund und Papsttum mehr Zeit in Italien verbracht als irgendein anderer deutscher Herrscher vor ihm. Letztlich ist er dabei gescheitert, auch wenn die Vermählung seines Sohnes Heinrich mit Konstanze, der Erbin des Königreichs Sizilien (1186), die Möglichkeit eröffnete, dass nun bald ganz Italien dem deutschen König unterstehen würde.
Im Jahre 1187 fiel Jerusalem in die Hände der Muselmanen. Auf dem »Hoftag Jesu Christi« in Mainz nahm der Kaiser mit vielen anderen Rittern das Kreuz. Der Heidenkampf sollte die Krönung seines christlichen Kaisertums sein. Friedrich Barbarossa ertrank aber im Fluss Saleph in Kleinasien, bevor er das Heilige Land erreichte.

2.17 Fehdewesen und Landfrieden

Im modernen Staat ist den Bürgern eigenmächtige Gewaltanwendung bei Strafe untersagt. Niemand darf sich sein Recht auf eigene Faust nehmen oder für erlittenes Unrecht Rache üben. In einem Rechtsstreit entscheiden die staatlichen Gerichte, setzen staatliche Behörden das Urteil durch. Sie allein dürfen im Rahmen der gesetzlichen Bestimmungen Gewalt anwenden. Dieses Monopol auf legitime Gewaltanwendung unterscheidet den modernen Staat von den politischen Ordnungen des Mittelalters. Im Frühmittelalter war ein Rechtsstreit allein Sache der streitenden Parteien. Wer sich in seinen Rechten gekränkt sah, übte Rache für das erlittene Unrecht, er führte eine Fehde und mit ihm seine Verwandten und geschworenen Freunde als Fehdehelfer. Die Fehde wurde nach dem Prinzip des Schadentrachtens geführt: Alles, was der Gegner hatte, konnte zerstört werden. Zwar gab es daneben die Möglichkeit der friedlichen Einigung vor Gericht, bei der der geschädigten Partei die Rache durch eine Bußzahlung gleichsam abgekauft wurde, aber das setzte die Zustimmung aller Beteiligten voraus und kam deshalb oft nicht zustande. Die Fehden richteten ungeheuren Schaden an, zumal sich mit dem Rittertum eine Berufskriegerschicht herausbildete, die den bewaffneten Kampf als ihre Hauptaufgabe ansah und Fehdeanlässe geradezu suchte. Die Fehdehandlungen blieben nicht auf die Fehdeführenden selbst beschränkt, denn Fehdeprojekte waren auch die Grundherrschaften der Fehdegegner mit den abhängigen Bauern und den Eigenkirchen und -klöstern. Bemühungen, das Fehdewesen einzudämmen, kamen seit dem Ende des 10. Jahrhunderts vonseiten der Bischöfe. In der »Gottesfriedensbewegung« wurden nicht fehdeführende Personen und ihr Besitz, auch bestimmte fehdefreie Tage unter den Frieden der Kirche gestellt. Friedensbrecher erhielten geistliche Strafen. Diesen Gedanken des gebotenen Friedens, dessen Bruch bestraft wurde, nahmen die weltlichen Herrscher seit dem späten 11. Jahrhundert auf. Heinrich IV. war der erste deutsche König, der einen allgemeinen Landfrieden für das Deutsche Reich befahl. Er sollte vier Jahre lang gelten. Alle mussten sich durch Eid verpflichten, den Frieden zu halten, auf Friedensbruch stand die Todesstrafe. Die Staufer haben wiederholt Landfrieden erlassen und versucht, die Wahrung des Landfriedens als Königsaufgabe durchzusetzen. Als Kaiser Friedrich II. im Jahre 1235 den berühmten Mainzer Reichslandfrieden erließ, lag die Friedenswahrung aber faktisch schon in den Händen der Reichsfürsten. Gottes- und Landfrieden beruhen auf der Auffassung, dass bei Gewalttaten nicht nur der Geschädigte, sondern der Frieden aller verletzt ist, sodass die Rechtsgemeinschaft durch ihre Repräsentanten für die Aufrechterhaltung des Friedens zuständig ist. Aus der Landfriedensbewegung entwickelten sich daher die Anfänge des modernen Staates.

2.18 Ministerialen/ Dienstmannen

Das Wort »Ministeriale« ist abgeleitet von »ministerium« = Dienst und bezeichnet Menschen, die durch besondere Dienste ihre Rechtsstellung verbessert haben und gesellschaftlich aufgestiegen sind. Im Mittelalter gab es keine »Gleichheit vor dem Gesetz«; jeder Mensch hatte seinen eigenen Rechtsstand, der im frühen Mittelalter vor allem durch die Geburt bestimmt war. In den Grundherrschaften von König, Adel und Kirche lebten und arbeiteten Menschen, die von Geburt her »frei« waren, neben solchen, die von »unfreien« Eltern abstammten und deshalb auch selbst unfrei waren. Die Lebensbedingungen der Freien waren in der Regel besser als die der Unfreien, über die der Grundherr die volle Disziplinar- und Verfügungsgewalt hatte. Seit dem frühen 11. Jahrhundert gab es eine Gruppe, die sich nicht nur durch eine eigene Bezeichnung – Ministeriales – abhob, sondern auch durch ein eigenes Recht, das ihnen gegenüber anderen Angehörigen der jeweiligen Grundherrschaft besondere Vorrechte sicherte. Die Salier und Staufer haben Königs- bzw. Reichsministerialen vielfältige Aufgaben im Königsgut und im Reichsdienst übertragen und versucht, die Ministerialen als Gegengewicht gegen den stets selbstbewussten und selbstherrlichen Adel einzusetzen. Aber auch für die adligen und kirchlichen Grundherren hatten die Ministerialen so große Bedeutung, dass sie sie als Entlohnung für ihre Dienste mit einem Dienstgut, mit eigenem Grundbesitz also, ausstatteten, für das die Ministerialen im Gegensatz zu den anderen Angehörigen der Grundherrschaft keine Abgaben und keine Frondienste leisten mussten. Schon diese bevorzugte Form der Landleihe näherte die ministerialischen Dienstlehen den echten adeligen Lehen an, erlaubte den Ministerialen oft einen adeligen Lebensstil. Die Ministerialen dienten ihren Herren auf vielfältige Weise: in der Verwaltung – etwa der aufblühenden Städte –, als Kaufleute, als Boten und Gesandte mit besonderen Aufträgen und auch als berittene Krieger, als Ritter, wobei sie mit der Kampfesweise auch adelig-ritterliche Lebensform annahmen. Die Könige haben versucht, aus den Ministerialen als weisungsgebundenen Bediensteten eine Art Reichsbeamtenschaft aufzubauen. Die Schwäche des Königtums im *Thronstreit* (▶ 2.22) hat dazu beigetragen, dass dieser Versuch scheiterte. Die Ministerialen gehörten im Gesellschaftsaufbau des Spätmittelalters zum niederen Adel.

▲ *Die aufwändige Ausrüstung des mittelalterlichen Ritters wird deutlich in dieser Darstellung aus der Manessischen Handschrift (1. Hälfte des 14. Jh.; Heidelberg, Universitätsbibliothek). Sie zeigt den Ministerialen Hartmann von Aue, der um 1300 gelebt und sich als Dichter einen Namen gemacht hat*

2.19 Rittertum

Aus drei Ständen, nämlich aus Betern (oratores), Kriegern (bellatores) und körperlich Arbeitenden (laboratores) setze sich die Gesellschaft zusammen, heißt es seit dem Ende des 10. Jahrhunderts immer wieder in mittelalterlichen Traktaten. Diese Feststellung ist natürlich kein getreues Abbild der gesellschaftlichen Wirklichkeit; sie zeigt aber, dass man den Ort der Menschen in der Gesellschaftsordnung durch eine Art berufsmäßiger Tätigkeit bestimmt sah. Einer der Gründe für die Ausbildung eines Berufskriegerstandes lag in der Militärtechnik: Die Krieger (milites) kämpften zu Pferde; sie waren berittene Krieger, also Ritter, ausgerüstet mit Schild und Lanze, eisernem Kettenhemd oder gepanzerter Rüstung. Diese Art des Kampfes erforderte regelmäßiges Training und Geld für die teure Ausrüstung und überstieg die Kräfte der an die Landwirtschaft gebundenen Bauern. Die Ritter mussten von der landwirtschaftlichen Tätigkeit freigestellt sein, um dem Kriegerberuf nachgehen zu können. Das war zunächst den adeligen Grundherren möglich. Aber schon die Karolinger hatten arme Freie und auch Unfreie als Berufskrieger verpflichtet und sie für ihre militärischen Dienste mit einem Dienstgut ausgestattet, und seit dem 11. Jahrhundert kamen vor allem Krieger aus dem Ministerialenstand dazu. Die Kirche des Frühmittelalters hatte jede Form von Kampf und Kriegführen als mit der christlichen Moral unvereinbar abgelehnt. Die Laienmoral mit der den Germanen eigenen Hochschätzung von Kampfgeist und Heldenmut und die von der Kirche vertretene Moral standen unverbunden nebeneinander. Erst als sich mit der Bekämpfung der islamischen Araber in Spanien seit dem 11. Jahrhundert die Vorstellung herauszubilden begann, dass der Kampf für Christentum und Kirche ein gottgefälliges Werk sei, war die Grundlage für eine christliche Kriegerethik gelegt. Sie stellte allen denen, deren Beruf das Kämpfen war, ein christliches Ritterideal vor Augen. Ein Ritter sollte das Streben nach Ruhm und weltlicher Ehre in den Dienst höherer Ziele stellen, des Heidenkrieges vor allem. Höfisch-ritterliche Lebensformen und die Beherrschung der ritterlichen Kampfesweise musste er auf den großen Turnieren unter Beweis stellen, bei denen die Dichter ihn durch das Vergegenwärtigen der Heldentaten beispielhafter Ritter wie der legendären Artus-Runde anspornten. Ritter war man nicht durch Geburt, sondern man wurde es durch harte, zuchtvolle Arbeit an sich selbst. Die Ritterromane führten das zu erstrebende Ideal von höfischer Sitte, ritterlichem Kampfesmut und dem Einsatz des eigenen Lebens für hohe Ziele vor Augen. So grenzten sich die Krieger durch eine eigene Standesethik und -kultur von der übrigen Gesellschaft ab, auch dergestalt, dass sie nur gegenüber Standesgenossen zur »Ritterlichkeit« verpflichtet waren. Die ritterliche Erziehung war die Vorstufe des Rittertums, und erst der gehörte zum Ritterstande, der durch die Schwertleite in ihn aufgenommen worden war. Die ritterlich-höfische Kultur wurde zuerst in Frankreich seit dem Beginn des 12. Jahrhunderts ausgebildet. Aber auch im staufischen Deutschland wurde die Ritterkultur zur beherrschenden Lebensform des Hofes.

2.20 Heinrich der Löwe

Als Heinrich der Stolze aus dem schwäbischen Adelshaus der Welfen im Jahre 1139 starb, hinterließ er seinem kaum zehnjährigen einzigen Sohn Heinrich dem Löwen den Konflikt mit dem Stauferkönig Konrad III., der Heinrich kurz zuvor seine beiden Herzogtümer Bayern und Sachsen aberkannt hatte. In Sachsen war die welfische Position durch das ererbte Hausgut unangreifbar, und Konrad trug dem durch die Übertragung der Herzogswürde an Heinrich den Löwen im Jahre 1142 Rechnung. Alsbald ging dieser daran, von der Ausgangsbasis seiner ererbten Besitzungen um Braunschweig-Königslutter und um Lüneburg her eine Landesherrschaft aufzubauen. Wo immer sich die Gelegenheit bot, brachte er Rechte und Güter anderer Adelsgeschlechter an sich, schob er konkurrierende Rechtstitel beiseite, schaffte er durch Gewalt vollendete Tatsachen. Braunschweig gestaltete er mit dem Ausbau der Burg Dankwarderode und der Stiftskirche zu einer imponierenden Residenzstadt um. 1166 ließ er im Burghof das Löwendenkmal aufstellen, das zugleich Zeichen seiner hochrichterlichen Gewalt wie Verbildlichung seines Geschlechternamens und seines persönlichen Beinamens war. Heinrich der Löwe sei »der hochfahrendste und rücksichtsloseste fast aller Menschen gewesen«, so urteilt ein zeitgenössischer Geschichtsschreiber. Volle Rückendeckung für seine Macht- und Erwerbspolitik erhielt er durch *Friedrich Barbarossa* (▶ 2.16), der bald nach seiner Wahl zum König auch die Ansprüche seines Vetters Heinrich auf das Herzogtum Bayern befriedigte und damit sein eigenes Königtum an die vertrauensvolle Zusammenarbeit mit dem mächtigen Doppelherzog band. Heinrich bemühte sich besonders intensiv um den Ausbau seiner Herrschaft in Holstein und Mecklenburg. Man hat ihm, der Städte wie Lübeck und Schwerin gründete und deutsche Bauern ansiedelte (▶ 2.24), als den Begründer einer dem deutschen Nationalinteresse dienenden Ostpolitik gepriesen, während Friedrich Barbarossa derweil die Kraft des Reiches in Italien verschwendet habe. In Wirklichkeit hat Heinrich der Löwe die Italienpolitik des Kaisers voll unterstützt. Dass er ihm 1176 die Bitte nach weiterer militärischer Unterstützung gegen den Lombardenbund abschlug, hat nichts mit einer grundsätzlichen Ablehnung der Politik Barbarossas zu tun, sondern war eine Folge des selbstherrlichen Anspruchsdenkens des Löwen, der eine Gegenleistung forderte, die sich der Kaiser nicht abpressen lassen wollte. Damit war das jahrzehntelange Vertrauensverhältnis zerstört. Barbarossa nahm sich nun der Klagen der sächsischen Gegner des Löwen an, die er so lange überhört hatte. Er lud den Herzog vor sein Gericht, Heinrich erschien nicht und wurde 1179/80 wegen Missachtung des königlichen

Gerichts zum Verlust aller seiner Eigengüter und Lehen verurteilt. Heinrich der Löwe hatte sich durch sein hartes Regiment so viele Feinde geschaffen, dass Barbarossa den Urteilsspruch der Fürsten auch durchsetzen konnte. Heinrich erhielt bald einige seiner Eigengüter zurück. Sie bildeten die Grundlage des späteren Herzogtums Braunschweig-Lüneburg.

2.21 Reichsfürstenstand

Im Jahre 1188 erhob Friedrich Barbarossa in einer glanzvollen Zeremonie den Grafen Balduin von Hennegau zum Markgrafen von Namur. Über die Erhebung in den Reichsfürstenstand wurde dem Markgrafen eine kaiserliche Urkunde ausgestellt. Die Belehnung machte den Grafen zum »Fürsten des Reiches und königlichen Lehnsmann und brachte ihn in den Genuss reichsfürstlicher Vorrechte«. Die Zugehörigkeit zu den Reichsfürsten wurde also durch einen eigenen Rechtsakt begründet. Das zeigt, dass es innerhalb der Schicht des hohen Adels, zu der Balduin auch vor 1188 gehört hatte, einen eigens abgegrenzten Kreis von Personen gab, der nicht allein durch adlige Geburt und Besitz bestimmt war. Die Erhebung Balduins zum Markgrafen von Namur ist der erste überlieferte Rechtsakt dieser Art; deshalb ist anzunehmen, dass die Bildung des Reichsfürstenstandes wenig vorher zum Abschluss gekommen ist, vermutlich im Zusammenhang mit dem Sturz *Heinrichs des Löwen* (▶ 2.20) im Jahre 1180. Schon vorher hatte sich allerdings im Sprachgebrauch der staufischen Kanzlei ein verfassungsrechtlicher Wandel angedeutet: Der Titel »princeps« (Fürst) wurde zunehmend denen vorbehalten, die in einem Gebiet »staatliche« Rechte wie die Wahrung des Landfriedens und die hohe Gerichtsbarkeit innehatten. Das waren vor allem die Herzöge, die zum Teil noch den Namen der alten *Stammesherzogtümer* (▶ 2.2) in ihrem Titel führten, aber auch diejenigen, deren Herrschaftsgebiet zwar einem alten Stammesherzogtum zugehörte, bei denen aber anerkannt war, dass sie selbst und nicht mehr der Stammherzog die herzogliche Gewalt in diesem ihrem Gebiet ausübten. Das waren nicht nur große weltliche Herren wie der Markgraf von Brandenburg und der Landgraf von Thüringen, sondern auch alle Erzbischöfe und Bischöfe des Reichs sowie die Äbte und Äbtissinnen der Reichsklöster. Außer der landesherrlichen Gewalt hatten sie mit allen anderen fürstlichen Standesgenossen auch gemein, direkt vom König lehnsabhängig zu sein, was dann im *Sachsenspiegel* (▶ 2.23) und anderen Rechtsbüchern des 13. Jahrhunderts als wesentliches Kennzeichen der reichsfürstlichen Stellung erscheint. Die förmliche Erhebung in den Reichsfürstenstand von 1188, der später andere folgten, zeigt einmal, dass es von nun an ein formloses Hineinwachsen in die landesherrliche Stellung nicht mehr geben sollte; sie zeigt zum anderen, dass es der König dann, wenn es um reichsfürstliche Rechte ging, nicht mehr nur mit dem einzelnen, gerade betroffenen Fürsten zu tun haben würde, sondern mit einem geschlossenen Stand, der zu Beginn des 13. Jahrhunderts in seiner Gesamtheit als Empfänger königlicher Privilegien erscheint.

2.22 Thronstreit

Friedrich, der Sohn des Stauferkaisers Heinrich VI. und Konstanzes, der Erbin des normannischen Königreiches Sizilien, war noch nicht drei Jahre alt, als sein Vater völlig überraschend im September 1197 starb. Obwohl das Kind bereits zum deutschen König gewählt und damit die Nachfolge eigentlich entschieden war, brachte der frühe Tod des Kaisers diejenigen politischen Kräfte auf den Plan, die eine Vereinigung Süditaliens mit dem Reich und eine darauf begründete staufische Vorherrschaft ablehnten: Das waren die Kaiserwitwe Konstanze, die, wie man wusste, die Deutschen nie geliebt hatte und der es allein darum ging, ihrem Sohn ihr Erbkönigreich Sizilien zu erhalten; dann der Papst, der eine Umklammerung des Kirchenstaates fürchtete und deshalb zu verhindern suchte, dass der Erbe Siziliens zugleich deutscher König war; und schließlich eine Gruppe stauferfeindlicher Fürsten in Deutschland. Als sie hörten, dass Konstanze für ihren Sohn auf die deutsche Königswürde verzichtet hatte, bereiteten sie die Königswahl Ottos, eines Sohnes *Heinrichs des Löwen* (▶ 2.20), vor. Aber die Stauferpartei kam ihnen zuvor: Sie wählte den Bruder des verstorbenen Kaisers, Herzog Philipp von Schwaben, zum König, ohne allerdings die Königswahl Ottos dadurch verhindern zu können. Seit dem Jahre 1198 hatte das deutsche Reich mit dem Welfen Otto IV. und dem Staufer Philipp von Schwaben zwei Könige, die sich gegenseitig bekämpf-

ten. Zehn Jahre dauerten die Auseinandersetzungen, in denen Philipp von Schwaben zunehmend an Unterstützung gewann. Da wurde Philipp am 21. Juni 1208 aus Privatrache ermordet. Otto IV. erreichte weitgehende Anerkennung als König, bis er dem »Kind von Apulien«, Friedrich II., weichen musste.
Friedrich II. wurde im September 1211 in Nürnberg zum Gegenkönig gewählt, die Wahl wurde im Dezember 1212 in Frankfurt am Main wiederholt. Bei Friedrichs Erscheinen in Süddeutschland (September 1212) traten die dortigen Fürsten auf seine Seite. In der Schlacht bei Bouvines (27. Juli 1214) entschied der französische König Philipp II. August mit seinem Sieg über die Engländer und den mit ihnen verbündeten Kaiser Otto IV. den römisch-deutschen Thronstreit. Mit seinen »Fürstengesetzen«, der Confoederatio cum principibus ecclesiasticis (1220, »Bündnis mit den geistlichen Fürsten«) und dem Statutum in favorem principum (1232, »Bestimmung zugunsten der Fürsten«) ordnete Friedrich II. das Verhältnis zwischen Königtum, Fürsten und Städten und festigte die entstehenden Territorien. Auf dem Hoftag zu Mainz im August 1235 gelang mit dem Mainzer Reichslandfrieden ansatzweise die Straffung der Reichsgewalt in Deutschland, die Aussöhnung mit den Welfen vollends.
Der Thronstreit von 1198 gilt als einer der Wendepunkte der deutschen Geschichte. Seit der Mitte des 12. Jahrhunderts hatten die Herrscher der westeuropäischen Königreiche begonnen, die unabhängige Stellung des Hochadels zu beschneiden und Zentralbehörden im Dienste des Königtums zu errichten, um die königliche Politik im Lande durchzusetzen. Der Thronstreit verhinderte, dass die von *Friedrich Barbarossa* (► 2.16) geschaffenen Ansätze weiterverfolgt werden konnten. Jede der beiden Parteien versuchte, ihre Anhängerschaft im Hochadel durch die Verleihung von Privilegien zu vermehren. Dadurch wurde besonders die Stellung der Reichsfürsten (► 2.21) gestärkt. Der Thronstreit gilt als ein wichtiger Grund dafür, dass die deutschen Könige der Folgezeit nicht wie die Könige von Frankreich und England einen Einheitsstaat aufbauen konnten.

2.23 Sachsenspiegel

In der Germanenzeit war der überlieferte Rechtsbrauch Norm für das Zusammenleben der Menschen. Die Mündlichkeit des germanischen Rechtslebens blieb zunächst auch im Mittelalter bestimmend. Um zu wissen, wie »zu Recht«, also richtig und rechtgemäß, zu verfahren sei, erfragte man bei Rechtskundigen, wie früher und bislang verfahren worden war. Obwohl das »gute alte Recht« als unveränderlich galt, machte es doch Wandlungen durch, denn es war an das Gedächtnis und die Erinnerung der Menschen gebunden und damit Teil ihrer Erfahrung. Jeder Personenverband bildete einen eigenen Rechtskreis, bewahrte sein eigenes Recht, das sich gemäß lokaler Besonderheiten der Lebensbedingungen vom Recht der anderen Verbände unterschied.
Als die weitgehend einheitlich-agrarische Welt der frühmittelalterlichen Grundherrschaften mit der Aufbruchperiode des 11. Jahrhunderts

◄ *Schon zu seinen Lebzeiten galt Kaiser Friedrich II. als überragende Persönlichkeit, er wurde »stupor mundi« genannt (»der die Welt in Erstaunen versetzt«). Die Abbildung zeigt Castel del Monte, das Jagdschloss Friedrichs II. in Apulien, das etwa 1240–1250 errichtet wurde*

vielfältiger zu werden begann, wurde auch das Recht vielfältiger: In den Städten entwickelten sich Stadtrechte; Rodungsbauern und Kolonisten wurden durch Zusage besseren Rechts angeworben. Die Kirchenreformer (▶ 2.9) beriefen sich bei ihrem Kampf gegen Eigenkirchenwesen und königliche Kirchenherrschaft (▶ 2.6) auf das Recht der alten Kirche und setzten damit den Ausbau des kanonischen Rechts in Gang. Von den Juristenschulen in Italien ging eine verstärkte Beschäftigung mit dem spätrömischen Kaiserrecht aus und förderte bei den Herrschern das Verständnis für planmäßige Gesetzgebung und Schriftlichkeit im Rechtsleben. In dieser Situation setzten überall in Westeuropa Bemühungen ein, auch das bisher mündliche Gewohnheitsrecht aufzuschreiben. Wie die anderen Werke dieser Art war auch das Rechtsbuch, das der aus Ostsachsen stammende Ritter Eike von Repgow in den Jahren 1220–30 schrieb, eine Privatarbeit. Er nannte es selbst »Spiegel der Sachsen«, weil es wie ein »Spiegel von Frauen« das Gewohnheitsrecht seines Erfahrungsbereiches wiedergeben, es abbilden – »spiegeln« – sollte. Nach den beiden grundlegenden Rechtsbeziehungen, in denen die Menschen damals standen, ist es in »Landrecht« und »Lehnrecht« unterteilt. Der Sachsenspiegel ist nicht in der Sprache der Gebildeten, Latein, sondern in deutscher Sprache abgefasst. Dies verstärkt den Eindruck, als handele es sich um unverfälschtes, altüberliefertes Volksrecht. Man wird Eike von Repgow glauben, dass er wirklich nur das alte Recht widerspiegeln wollte. Man kann aber erkennen, dass die Verschriftlichung allein den Charakter des Rechts veränderte, weil Eike die Vielzahl der Einzelrechte durch die Zuordnung zu allgemeinen Rechtsgrundsätzen systematisierte. So stellt der Sachsenspiegel eine wirklich rechtsschöpferische Leistung dar, die Vorbild für andere deutsche Rechtsbücher war (Deutschenspiegel, Schwabenspiegel).

2.24 Landesausbau/ Ostsiedlung

Das frühmittelalterliche Westeuropa war äußerst dünn besiedelt. Nur ein geringer Teil der Gesamtfläche wurde landwirtschaftlich genutzt, und auch dort fehlten oft die Menschen, um bereits kultiviertes Land weiter zu bewirtschaften. Seit der Mitte des 11. Jahrhunderts aber setzte ein bemerkenswertes Bevölkerungswachstum ein, das bis in das 14. Jahrhundert hinein anhielt. In den bereits dichter besiedelten Gegenden Frankreichs und Englands stieg die Bevölkerung, so schätzt man, vom Ende des 11. bis zum Beginn des 14. Jahrhunderts auf das Dreifache, im dünner besiedelten Sachsen sogar auf das Zehnfache. Die intensivere Bodennutzung und damit die Steigerung der Ernteerträge im Altsiedelland reichte nicht aus, um die stets wachsende Zahl von Menschen zu ernähren. Es musste bislang unbewirtschaftetes Land durch Rodung dazugewonnen werden. Rodungsland waren zunächst die Waldgebiete und Gebirge in Westeuropa selbst; die Küstengebiete der Nordsee wurden eingedeicht, die Sümpfe trockengelegt. Erst allmählich zogen wagemutigere Bauern als Siedler weiter nach Osten. *Heinrich der Löwe* (▶ 2.20) warb für die Erschließung Holsteins und Mecklenburgs flämische, holländische und niederdeutsche Bauern als Siedler an. Ein knap-

▲ *Eine Seite aus der um 1350 entstandenen Dresdner Handschrift des Sachsenspiegels (Dresden, Sächsische Landesbibliothek)*

Deutsche Ostsiedlung im 12.–14. Jahrhundert

pes Jahrhundert später bemühte sich der *Deutsche Orden* (► 2.26) um deutsche Siedler für das Prussenland (Ostpreußen) und Litauen, weil die einheimische Bevölkerung zahlenmäßig nicht ausreichte, um das Land weiter zu erschließen. Aber auch polnische Fürsten suchten Bauern aus dem volkreicheren Westen in ihr Land zu ziehen. Für die Neugründung von Dörfern setzten diese Landesherren meist Lokatoren ein, Männer, die mit einer ganzen Gruppe von Siedlern den Standort eines Dorfes festlegten, die Hofstätten und Felder vermaßen und die Anfangsschwierigkeiten durch ein Startkapital überbrückten. Der Lokator selbst erhielt dann in dem neuen Dorf einen größeren Bauernhof zu besonders günstigen Bedingungen und wurde meist der »Schulze« des Dorfes, der Beauftragte des Landesherrn. Auch die Zisterziensermönche waren an der Erschließung des Landes intensiv beteiligt.

Unabhängig von der Nationalität ging es den Landesherren bei der Erschließung des Landes um den Ausbau ihrer Herrschaft, zu der der Arbeitseinsatz und die Steuern der Neusiedler beitragen sollten. Man kann deshalb die mittelalterliche deutsche Ostsiedlung nicht mit dem Kolonialismus der Neuzeit vergleichen, denn es ging nicht um die Beherrschung unterentwickelter Völker. Die Ostsiedlung war Teil des ganz Europa im Hochmittelalter erfassenden Landesausbaus, bei der Einheimische und Zugereiste in den neuen Dörfern in gleicher Weise sesshaft wurden.

2.25 Elisabeth von Thüringen

Am 11. September 1227 starb Landgraf Ludwig IV. von Thüringen auf dem Kreuzzug.

Durch seinen Tod wurde seine zwangzigjährige Witwe, die ungarische Königstochter Elisabeth, aller höfischen Verpflichtungen ledig, die sie als Frau eines der angesehensten Reichsfürsten und als Herrin des glanzvollen Fürstenhofes auf der Wartburg hatte übernehmen müssen. Jetzt konnte sie ihren religiös-asketischen Vorstellungen gemäß ein Leben in Keuschheit, selbstgewählter Armut und Dienst an den Armen und Kranken führen. Sie wünschte ihr Leben als Bettlerin von Tür zu Tür zu fristen. Das aber verhinderte Konrad von Marburg, dessen geistlicher Leitung sie sich schon zu Lebzeiten und mit Billigung ihres Mannes unterstellt hatte und der nun als Beauftragter des Papstes auch ihr Schutzherr in weltlichen Dingen wurde. Unter seinem Einfluss gründete sie in Marburg auf landgräflichem Familiengut ein Hospital, in dem sie selbst in tätiger Hingabe an die Kranken die niedrigsten Dienste verrichtete. Als Elisabeth nur drei Jahre später, am 17. November 1231, starb, stand sie im Ruf der Heiligkeit, und bald hörte man von Wundern an ihrem Grab. Die offizielle Heiligsprechung folgte 1235. Die über ihren Gebeinen errichtete Elisabethkirche wurde zum Wallfahrtsort. Es ist nicht nur das Bild der sich in religiöser Inbrunst erniedrigenden jungen Königstochter unter dem Einfluss des harten, fanatischen Ketzerverfolgers Konrad von Marburg, das das Interesse an Elisabeth von Thüringen über die Jahrhunderte wachgehalten hat. Obwohl ihr Leben sicher außergewöhnliche Züge hat, verkörperte Elisabeth religiöse Ideale und Sehnsüchte, von denen damals so viele Frauen ergriffen waren, dass man von einer religiösen Frauenbewegung spricht. Tausende von Frauen verließen ihren häuslichen Umkreis, um sich religiösen Wanderpredigern anzuschließen. Viele von ihnen fanden eine religiöse Heimstatt in neu gegründeten Frauenklöstern. Die ersehnte »Nachfolge des armen und nackten Christus« fand ihre Verwirklichung aber nicht nur im Ordensleben, sondern auch in einer einzeln unternommenen Absage an alle Güter und Annehmlichkeiten dieser Welt.

2.26 Deutscher Orden

1199 beauftragte Papst Innozenz III. die »Brüder des der heiligen Maria geweihten Hospitals der Deutschen zu Jerusalem«, die bislang im Heiligen Land kranke Pilger gepflegt hatten, zusätzlich mit dem Heidenkampf. Damit war der Deutsche Orden als Ritterorden entstanden, der wie Templer und Johanniter die traditionellen Mönchsgelübde Armut, Keuschheit und Gehorsam mit der Pflicht zu Heidenkampf und militärischem Pilgerschutz verband. Die Deutschordensritter trugen als Zeichen ihrer Ordenszugehörigkeit einen weißen Mantel mit schwarzem Kreuz. Ihr Aktionsfeld war zunächst das Heilige Land. Die Ritter kamen vor allem aus dem Deutschen Reich, wo dem Orden bald fromme Schenkungen zuflossen; die einzelnen Niederlassungen (Kommenden, denen ein Komtur vorstand) wurden gebietsweise zu Balleien zusammengefasst, die ihrerseits dem »Deutschmeister« unterstanden. Dem Gesamtorden stand der »Hochmeister« vor. Prägenden Einfluss auf die weitere Entwicklung des Ordens hatte der Hochmeister Hermann von Salza (1210–39): Durch die Goldbulle von Rimini (1226) ließ er sich von Kaiser Friedrich II. das Gebiet der heidnischen Pruzzen an der unteren Weichsel zu Heidenkampf und Mission

◄ *Blick auf die polnische Stadt Malbork (deutsch: Marienburg) an der Nogat. In der Bildmitte die nach Zerstörung im Zweiten Weltkrieg wieder aufgebaute Marienburg; sie war seit 1280 Sitz des Deutschen Ordens*

übertragen und gleichzeitig die politischen Herrschaftsrechte in dem zu erobernden Land. Der Heidenkrieg, zu dem die Ordensritter verpflichtet waren, verlagerte sich bald danach vom Heiligen Land nach Osteuropa. Als Stützpunkte im Heidenland baute der Orden Burgen; die bekannteste Ordensburg wurde die Marienburg, die 1308–1456 Sitz des Hochmeisters war. Die »Goldbulle von Rimini« diente dem Orden als rechtliche Grundlage zur Errichtung des Ordensstaates; zur Erschließung des Landes warb der Orden deutsche Bauern als Siedler an und gründete Städte. Eine der frühesten Gründungen in Preußen war die Stadt Culm. Das ihr verliehene Stadtrecht, die »Culmer Handfeste«, geht auf eine Urkunde des Jahres 1233 zurück und ist zum Vorbild für die meisten preußischen Städte geworden.

Vom östlich der Weichsel gelegenen Pruzzenland, das ihm ursprünglich übertragen worden war, griff der Orden später nach Westen (Pommerellen mit Danzig, 1308) und Nordosten aus. Durch die Expansion entstanden Konflikte mit Polen, die allerdings keine nationalen und schon gar keine rassischen Gegensätze zwischen »Deutschtum und Slawen« waren. Der Ordensstaat gehörte zu einem System territorialer Machtstaaten, die durch konkurrierende Expansionsbestrebungen aneinander gerieten. In diesem Sinne wurde auch der 2. Thorner Friede von 1466, in dem der Orden Westpreußen und das Ermland an Polen abtreten musste, als Erfolg der militärisch überlegenen Gegner gewertet, die in diesem Fall die mit dem polnischen König verbündeten preußischen Stände waren. Erst die Geschichtsschreibung des 19. Jahrhunderts hat diese Abtretung unter nationalem Vorzeichen als Auslieferung von Deutschen unter polnische Fremdherrschaft gewertet, so wie umgekehrt für die nationale polnische Geschichtsschreibung die Ordensritter nichts anderes als grausame Bösewichter waren, die unschuldige Völker unter ihr Joch gezwungen haben. Im Jahre 1525 wurde der größte Teil des säkularisierten Ordensstaates, dessen Hochmeister sich im gleichen Jahr der Reformation anschloss, zum Herzogtum Preußen unter polnischer Lehnshoheit.

Daten

911–918	Konrad I.
919–936	Heinrich I.
933	Sieg Heinrichs über die Ungarn an der Unstrut
936–973	Otto I., der Große
951–952	Italienzug Ottos und Krönung in Pavia zum »König der Langobarden«
10. Aug. 955	Schlacht auf dem Lechfeld
2. Febr. 962	Kaiserkrönung Ottos des Großen in Rom
968	Gründung des Erzbistums Magdeburg
973–983	Otto II. (967 Mitkaiser)
983–1002	Otto III. (996 Kaiser)
1002–1024	Heinrich II. (1014 Kaiser)
1024–1039	Konrad II. (1027 Kaiser)
1033	Konrad II. wird König von Burgund
1039–1056	Heinrich III. (1046 Kaiser)
1046	Synoden von Sutri und Rom
1056–1105/06	Heinrich IV. (1084 Kaiser)
1073–1085	Papst Gregor VII.
1074–1075	sächsischer Fürstenaufstand gegen Heinrich IV.
Jan./April 1076	Heinrich IV. und Gregor VII. erklaren sich gegenseitig für abgesetzt
28. Jan. 1077	Lossprechung Heinrichs IV. vom Bann in Canossa
1077–1080	Gegenkönig Rudolf von Rheinfelden
1080	Heinrich IV. läßt als Gegenpapst Clemens III. wählen
1096–1099	1. Kreuzzug
1105	Heinrich IV. von seinem Sohn Heinrich V. gefangengenommen
1105/06–1125	Heinrich V. (1111 Kaiser)
1119	Zisterzienserorden vom Papst anerkannt
23. Sept. 1122	Wormser Konkordat
1125–1137	Lothar III. von Supplinburg (1133 Kaiser)
1138–1152	Konrad III.
1147–1149	2. Kreuzzug
1152–1190	Friedrich I. Barbarossa (1155 Kaiser)
1159	Beginn des Schismas (Papst Alexander III. – Viktor IV.)
1167	Lombardenbund
1180	Sturz Heinrichs des Löwen
1189–1192	3. Kreuzzug
1190–1197	Heinrich VI. (1191 Kaiser)
1198	Doppelwahl: Philipp von Schwaben – Otto IV.
1199	Gründung des Deutschen Ordens
1202–1204	4. Kreuzzug (Kreuzfahrer erobern Konstantinopel)
1208	Ermordung Philipps von Schwaben
1209	Kaiserkrönung Ottos IV.
1212–1250	Friedrich II. (1220 Kaiser)
1214	Schlacht bei Bouvines: Entscheidung des Thronstreits
1220–1230	Sachsenspiegel
1226	Goldbulle von Rimini
1228–1229	5. Kreuzzug
17. Nov. 1231	Tod Elisabeths von Thüringen
1233	Culmer Handfeste
15. Aug. 1235	Mainzer Reichslandfriede
1248–1254	6. Kreuzzug
1250–1254	Konrad IV.

Spätmittelalter (1254–1500)

3

Einführung

Aus der Rückschau des 20. Jahrhunderts gesehen, erscheint das Spätmittelalter als eine Zeit des Umbruchs, der Übergänge – aber auch des Neubeginns.

Noch bestand die alte Ordnung der mittelalterlichen Welt, verkörpert durch ihre höchsten Repräsentanten, Papst und Kaiser, weiter; aber der letzte schwere Konflikt zwischen diesen beiden Gewalten in der Stauferzeit hatte nicht nur zu einer Umgestaltung der machtpolitischen Verhältnisse, sondern auch zu bedeutsamen Wandlungen im Bereich der Kirche wie auch im Herrschaftsgefüge des Reiches geführt.

In der Auseinandersetzung mit dem staufischen Herrscherhaus hatte das Papsttum am Ende mithilfe der französischen Anjoudynastie triumphiert und schickte sich nun an, neben der geistlichen auch die höchste weltliche Herrschaftsgewalt über die abendländische Christenheit in Anspruch zu nehmen.

Entscheidende Unterstützung erhielt dieser päpstliche »Weltherrschaftsanspruch« durch die Bettelorden, die durch ihre Missionsarbeit in den Städten eine bisher nicht gekannte religiöse Breitenwirkung bei der Masse der Bevölkerung erreichten und aus deren Reihen die bedeutendsten Gelehrten der Zeit (Bonaventura, Albertus Magnus, Thomas von Aquin) hervorgegangen sind.

Der Konflikt Papst Bonifaz' VIII. mit dem französischen Königtum, geprägt durch die Übersteigerung des päpstlichen Weltherrschaftsgedankens in der Bulle »Unam sanctam« (1302), und die daraufhin erfolgte Gefangennahme des Papstes in Anagni (1303) machten jedoch deutlich, dass das Papsttum ebenso wenig wie das Kaisertum in der Lage war, seinen universalen Herrschaftsanspruch gegenüber den aufstrebenden Nationalstaaten auf Dauer zu behaupten. Auf die Demütigung von Anagni folgte vielmehr unter Papst Clemens V. die Übersiedlung der Kurie nach Avignon in den Einflussbereich der französischen Krone. Als nach über siebzigjähriger Dauer Papst Gregor XI. versuchte, diese »babylonische Gefangenschaft der Kirche« durch die Rückkehr nach Rom zu beenden, führte diese Maßnahme nicht zum erhofften Wiederaufstieg des Papsttums, sondern zur Katastrophe der Kirchenspaltung im großen Abendländischen Schisma (1378–1415).

Wenn auch das Papsttum selbst nach dem Ende des Schismas aus dem Konflikt mit den konziliaren Strömungen der Zeit als Sieger hervorgegangen ist, so wurde hierdurch die allgemeine Krise, in die die spätmittelalterliche Kirche durch die überzogene Abgabenpolitik des Avignonenser Papsttums und die zunehmende Verweltlichung des Klerus geraten war, eher noch verschärft; denn den Zeitgenossen war klar, dass Abhilfe nur von einer grundlegenden Reform der Kirche »an Haupt und Gliedern« zu erwarten war, die aber gegen den Widerstand des erstarkten Papsttums und der Kardinäle in dieser Zeitepoche nicht mehr durchzusetzen war.

Gegenüber der Zeit des Hochmittelalters hatte sich auch die Stellung des Kaisers im Reich wie auch zu den Nachbarmächten entscheidend gewandelt. Nach dem Untergang des staufischen Hauses war der kaiserliche Universalherrschaftsanspruch in der Realität nicht mehr aufrechtzuerhalten; die anderen Königreiche Europas, vor allem Frankreich und England, traten als ebenbürtige Mächte an die Seite des Reiches. Lebendig geblieben war jedoch die Kaiseridee, die dem Träger der Kaiserkrone immer noch ein schwer fassbares »Mehr« an Autorität vermittelte, das es z. B. König Sigmund gestattete, bei der Vorbereitung und dem Verlauf des Konstanzer Konzils als höchste weltliche Autorität der Christenheit aufzutreten und den Gang der Verhandlungen entscheidend zu beeinflussen.

Der deutsche König des Spätmittelalters stand nach wie vor voll im Banne dieser Kaisertradition. Er bezeichnete sich nicht nur in seinen Urkunden, sondern er fühlte sich auch ganz als »römischer König«, der nicht nur einen Anspruch auf den Empfang der Kaiserkrone hatte, sondern der bereits nach seiner Krönung in Aachen gewillt war, kaiserliche Herrschaft im ganzen Reich, nicht nur in Deutschland, auszuüben.

Hierbei stieß er allerdings auf konkurrierende Ansprüche des Papsttums, das u.a. aus dem Recht zur Kaiserkrönung ein päpstliches Zustimmungsrecht bei der deutschen Königswahl (Approbationsrecht) ableitete und das außerdem bis zur erfolgten Kaiserkrönung die kaiserlichen Herrschaftsrechte in Reichsitalien beanspruchte (päpstliches Reichsvikariat). Unterstützt von den Kurfürsten, die eine Entwertung ihres Wahlrechts befürchteten, konnte sich das Königtum unter Ludwig dem Bayern und Karl IV. jedoch mit seiner Rechtsauffassung in der Praxis durchsetzen, was in dem berühmten Reichsgesetz der Goldenen Bulle (1356) dadurch zum Ausdruck gebracht wurde, dass die päpstlichen Ansprüche mit Stillschweigen übergangen wurden.

Gegenüber dem Hochmittelalter hatten sich auch die Herrschaftsgrundlagen des Königs im Reich entscheidend gewandelt. Während die westeuropäischen Königreiche seit dem Ende des 12. Jahrhunderts zu reinen Erbmonarchien geworden waren, hatte sich im Reich spätestens nach dem Zusammenbruch der Stauferherrschaft der Gedanke der freien Königswahl – ohne Rücksicht auf die Verwandtschaft zum königlichen Hause – durchgesetzt, wobei es bis zum Jahre 1257 einer Gruppe von Fürsten, den Kurfürsten, gelungen war, das Wahlrecht als ein ihnen allein zustehendes Recht durchzusetzen und die anderen Fürsten von der Königswahl auszuschließen. Die Folge war, dass Reichsinteresse und dynastisches Hausinteresse für den spätmittelalterlichen König nicht mehr identisch waren und daher die Versuchung groß war, in diesem Interessenkonflikt einseitig zulasten des Reiches und zugunsten des eigenen Hauses Stellung zu beziehen (Hausmachtkönigtum). Nachdem der Versuch der salisch-staufischen Könige, aus den Reichsministerialen die personelle Basis einer künftigen Reichsbeamtenschaft zu formen, gescheitert war, besaß der spätmittelalterliche König praktisch kaum mehr eine Möglichkeit, die alten lehensrechtlichen Organisationsformen durch eine leistungsfähige Reichsverwaltung zu ersetzen, die in der Lage gewesen wäre, Reichseinkünfte einzuziehen sowie die Ausführung der Reichsgesetze und Urteile des königlichen Hofgerichts zu überwachen und notfalls auch mit Gewalt durchzusetzen. Die hierdurch bedingten Missstände, die sich in allgemeiner Rechtsunsicherheit, einem zügellosen Fehdewesen und Raubrittertum sowie in weit gehender Schutzlosigkeit gegenüber äußeren Bedrohungen (Türken, Hussiten) äußerten, traten seit dem Ende des 14. Jahrhunderts immer offener zutage, sodass auch im Reich der Ruf nach einer umfassenden Reform der Reichsverfassung (Reichsreform) laut wurde. Im Gegensatz zum König sahen Kurfürsten und Fürsten die Lösung des Problems jedoch nicht in einer Stärkung der königlichen Zentralgewalt, sondern vielmehr in einer Art ständischer Mitwirkung an der Königsherrschaft, was natürlich auf eine Entmachtung des Königs hinauslief.

Obwohl die Reichsstände auf den Reichstagen des 15. Jahrhunderts immer mehr dazu übergingen, die Gewährung von Reichshilfen von Zugeständnissen des Königs in der Frage der Reichsreform abhängig zu machen, hielt das Königtum des 15. Jahrhunderts zunächst noch zäh an seinen Herrschaftsrechten fest, bis der Wormser Reichstag vom Jahre 1495 mit der Errichtung eines vom König weitgehend unabhängigen Reichskammergerichts auch hier eine neue Entwicklung einleitete.

3.1 Interregnum

Als Interregnum wird üblicherweise die Epoche zwischen dem Erlöschen des staufischen Herrscherhauses in Deutschland (1254) und der Wahl Rudolfs von Habsburg im Jahre 1273 bezeichnet. Der Begriff ist insofern missverständlich, als er die Vorstellung begünstigte, dass es sich um eine »königslose« Zeit gehandelt habe. In Wahrheit ist das Gegenteil richtig; es gab eher zu viel Könige, die die Herrschaft im Reiche beanspruchten. Bereits die Staufer mussten sich mit Gegenkönigen auseinander setzen, seit

1246 mit dem Landgrafen Heinrich Raspe von Thüringen und nach dessen Tod im Jahre 1247 mit dem Grafen Wilhelm von Holland. Nach dem Tode Konrads IV. (1254) und Wilhelms (1256) gingen aus einer zwiespältigen Wahl im Jahre 1257 wieder zwei Könige hervor: Alfons X.

▲ *Die Zeit des Interregnums gilt in der deutschen Geschichte als Übergangsphase vom Hoch- zum Spätmittalter. Die Jahre zwischen 1254 und 1273 waren politisch zwar ausgesprochen unübersichtlich, das künstlerische Schaffen stand jedoch auf hohem Niveau, wie diese Glasmalerei im Dom zu Naumburg belegt*

von Kastilien, ein Enkel Philipps von Schwaben, sowie Richard von Cornwall, ein Bruder des englischen Königs Heinrich III. und Vetter Ottos IV.

Die Doppelwahl, die insofern verfassungsrechtlich bedeutsam war, als hier erstmals die sieben Kurfürsten allein – ohne die übrigen Fürsten – wählten, zeigte bald die Folgen, die eigentlich schon vorauszusehen waren. Während Alfons von Kastilien überhaupt nie ins Reich kam, um seine Königsherrschaft anzutreten, gelang es auch Richard nicht, während seiner kurzen Aufenthalte in Deutschland, die ihn nie östlich des Rheins führten, allgemeine Anerkennung zu erlangen.

Fehlte es somit auch nicht an Königen, so fehlte es doch an einer allseitig anerkannten königlichen Autorität, die in der Lage gewesen wäre, Frieden und Recht zu gewährleisten und den hemmungslosen Interessenegoismus der Mächtigen und weniger Mächtigen in Schranken zu halten. Während die Fürsten dieser Entwicklung in ihrer Mehrzahl eher gleichgültig gegenüberstanden, hatten die rheinischen Städte bereits im Jahre 1254 zur Selbsthilfe gegriffen und zur Aufrechterhaltung des Landfriedens und zur Abwehr willkürlicher Zollforderungen einen großen Städtebund (Rheinischer Bund) geschlossen, dem bereits nach zwei Jahren über 70 Städte von Aachen bis Zürich angehörten. Die Erfolge des Bundes, der energisch gegen die Friedensbrecher vorging, veranlassten sogar die rheinischen Erzbischöfe, den Pfalzgrafen sowie mehrere Bischöfe, Grafen und Herren zum Anschluss. Als im Jahre 1255 auch König Wilhelm den Bund reichsrechtlich anerkannte, schien sich hier für das Königtum eine Möglichkeit zu bieten, die selbstbewussten Städte im Sinne der Reichspolitik zur Friedenswahrung heranzuziehen.

Wie sehr der Bund sich als Wahrer des Reichsinteresses fühlte, wird nach dem Tode Wilhelms (1256) besonders deutlich, als die Städtevertreter beschlossen, während der Thronvakanz das Reichsgut zu schützen und nur einem einhellig gewählten König die Tore zu öffnen. Dennoch konnte die Doppelwahl von 1257 nicht verhindert werden, was dann auch das Ende des Bundes bedeutete, da die meisten Städte aus handelspolitischen Gründen Richard von Cornwall anerkannten, ohne hierdurch die Lage im Reich ändern zu können.

3.2 Hausmachtkönigtum

Das spätmittelalterliche Königtum wird mitunter auch als Hausmachtkönigtum bezeichnet, womit regelmäßig die Vorstellung verbunden wird, dass der König seine Königsherrschaft in erster Linie zur Förderung seines eigenen Hauses und erst sekundär zum Wohle des Reiches eingesetzt habe. Da der deutsche König des Spätmittelalters – im Gegensatz zu den westeuropäischen Monarchen – nicht durch Erbfolge, sondern durch die Wahl der *Kurfürsten* (▶ 3.7) zur Herrschaft gelangte, war für ihn, wenn er an die Nachfolge dachte, allenfalls sicher, dass seine Dynastie im Besitz der ererbten

Stammlande, nicht aber unbedingt auch im Besitz der Königsherrschaft bleiben werde. Aus dieser Überlegung ergab sich, dass dynastisches Hausinteresse und Reichsinteresse durchaus auseinander fallen konnten und dass bei Interessenkollisionen die Versuchung groß war, dem Hausinteresse den Vorrang einzuräumen. Dazu kam, dass das Reichsgut, das noch im Hochmittelalter die eigentliche Machtbasis des Königs gebildet hatte, im Spätmittelalter durch Verschleuderungen in der Zeit der Thronkämpfe und durch eine hemmungslose königliche Ausgaben- und Verpfändungspolitik bereits soweit dezimiert war, dass es diese Aufgabe nicht mehr wahrnehmen konnte. Gerade die Könige ohne große eigene *Landesherrschaften* (▶ 3.10) mussten daher versuchen, sich anderweitig eine entsprechende Machtgrundlage aufzubauen. Hierzu bot sich vor allem dann eine Gelegenheit, wenn große Reichslehen durch das Aussterben einer Dynastie oder den Ungehorsam der Inhaber an das Reich fielen. Zwar bestand rechtlich durchaus die Möglichkeit, diese Lehen in unmittelbare Reichsverwaltung zu nehmen; in der Praxis haben es die Könige aber regelmäßig vorgezogen, die anfallenden Güter an die eigenen Söhne zu verleihen und sich auf diese Weise eine »Hausmacht« zu schaffen. So erwarben z. B. die Habsburger unter König Rudolf die Herzogtümer Österreich und Steiermark (1282), die Luxemburger unter Heinrich VII. das Königreich Böhmen (1310) und die Wittelsbacher unter Ludwig dem Bayern die Markgrafschaft Brandenburg (1323).

Eine darüber hinausgehende Hausmachtpolitik, die der Förderung des eigenen Hauses eindeutig Vorrang zulasten des Reichsinteresses einräumte, ist indessen erst seit Karl IV. nachweisbar, der als erster König auch in der Titelführung bewusst zwischen seiner Eigenschaft als römisch-deutscher König und König von Böhmen unterschieden hat.

3.3 Rudolf von Habsburg und das Haus Habsburg

Als im Jahre 1272 Richard von Cornwall starb, hatte das Reich zwar nominell in Alfons von Kastilien noch einen König, der zunächst auch keineswegs bereit war zu verzichten, der andererseits aber in den langen Jahren des Interregnums seit 1257 auch keinen einzigen Versuch gemacht hatte, seinen Herrschaftsanspruch auf deutschem Boden durchzusetzen. Der Papst, Gregor X., der sich zu dieser Zeit mit dem Gedanken eines allgemeinen Kreuzzuges unter der Autorität eines einhellig anerkannten römisch-deutschen Kaisers trug, schätzte also die Situation durchaus realistisch ein, als er die Kurfürsten zur Neuwahl drängte, mit der Drohung, im Falle längerer Verzögerung mit den Kardinälen einen Kandidaten durch einseitige Verfügung zu bestimmen.

Als am 1. Oktober 1273 die Kurfürsten in Frankfurt zur Wahlhandlung zusammentraten, fiel die Wahl auf den Grafen Rudolf von Habsburg, obwohl auch andere mächtige Kandidaten – unter ihnen der König von Frankreich und König Ottokar von Böhmen – ihr Interesse angemeldet hatten. Wenn auch die spätere böhmische Propaganda Rudolf als »armen Grafen«, dessen

▲ *Am 1. Oktober 1273 wurde Rudolf von Habsburg in Frankfurt von den erstmals als geschlossener Wahlkörper auftretenden sieben Kurfürsten zum König gewählt*

Wahl nur den Machtinteressen der Kurfürsten gedient habe, verspottete, so sah die Wirklichkeit doch etwas anders aus. Obwohl nicht dem Reichsfürstenstande angehörend, galt Rudolf, der über umfangreichen Besitz und ausgedehnte Herrschaftsrechte im Aargau, im Zürichgau sowie am Oberrhein, im Elsass und Schwarzwald verfügte, als der bedeutendste Territorialherr im Südwesten des Reiches.

Wahrscheinlich schon vor seiner Wahl hatte sich der neue König den Kurfürsten gegenüber durch Eid verpflichtet, die im Laufe des Interregnums entfremdeten Güter und Herrschaftsrechte des Reiches diesem wieder zuzuführen.

Bereits auf seinen ersten Hoftagen nahm sich Rudolf dieser Aufgabe an, die allerdings bald zu einer gefährlichen Konfrontation mit dem mächtigen Böhmenkönig Ottokar I. führte, da dieser sich nach dem Tode Kaiser Friedrichs II. ohne ausreichende Legitimation in den Besitz der Herzogtümer Österreich und Steiermark gesetzt hatte. Da Ottokar, auf seine Machtposition vertrauend, es zudem abgelehnt hatte, Rudolf als König zu huldigen, konnte Rudolf im Wege eines förmlichen Rechtsverfahrens gegen seinen Widersacher vorgehen, das mit dessen Ächtung endete (1275). Nachdem Ottokar zunächst nachgegeben und die Forderungen Rudolfs auf Herausgabe der umstrittenen Länder und die Lehnshuldigung für Böhmen und Mähren erfüllt, dann sich aber erneut aufgelehnt hatte, mussten die Waffen endgültig entscheiden. Dabei gelang es König Rudolf, seinen Gegner in der Schlacht auf dem Marchfeld bei Dürnkrut (1278) vernichtend zu schlagen; Ottokar selbst kam auf der Flucht ums Leben.

▲ *Das Grabbild Rudolfs von Habsburg im Dom zu Speyer gilt als das erste lebensechte Porträt eines deutschen Königs*

Damit war der Weg für Rudolf frei, die Herzogtümer Österreich und Steiermark zunächst unter Reichsverwaltung zu stellen, um sie dann im Jahre 1282 mit Zustimmung der Kurfürsten als erbliche Reichslehen an seine Söhne zu verleihen.

Nichts kennzeichnet den persönlichen Herrschaftsstil Rudolfs besser als der Bericht eines Zeitgenossen über die Huldigung König Ottokars für die böhmischen Lehen im Jahre 1275: Während Ottokar mit aufwendigem Gefolge und im prächtigen Krönungsornat vor dem König erschien, nahm dieser Kniefall und Treueid seines mächtigen Vasallen auf einem Holzschemel sitzend, mit einem grauen, unscheinbaren Lederwams bekleidet, entgegen. Die hier zum Ausdruck kommende persönliche Bescheidenheit wurde zudem von einer bemerkenswerten Leutseligkeit begleitet, die sich in zahlreichen Anekdoten niedergeschlagen hat.

Bei aller Popularität, die Rudolf auf diese Weise gerade bei den niederen Ständen genoss, zeigte sich die Kehrseite dieses Herrschaftsstiles doch darin, dass weite Bevölkerungskreise diesen nüchternen Mann nicht mit dem glanzvollen Charisma des staufischen Kaisertums, wie es Friedrich II. praktiziert hatte, identifizierten; nur so wird es verständlich, dass ein Betrüger mit der Behauptung, er sei der wahre Kaiser Friedrich, in Neuß und Wetzlar regelrecht Hof halten und Gesandte empfangen konnte, bis König Rudolf mit Waffengewalt dem Spuk ein Ende bereitete.

Wenn auch Rudolf weder die Kaiserkrönung in Rom noch die unmittelbare Thronfolge eines seiner Söhne erreicht hat, so hat er doch mit dem Erwerb Österreichs und der Steiermark die entscheidende Grundlage für den Aufstieg des Hauses Habsburg gelegt, das Ende des 14. Jahrhunderts über den größten Länderkomplex im Reiche verfügte. Da es den Habsburgern trotz dieser Erfolge nicht gelungen war, in den Kreis der *Kurfürsten* (► 3.7) aufzusteigen, versuchte der ehrgeizige Herzog Rudolf IV. (1358–65), durch eine Privilegienfälschung (privilegium maius) seinem Hause besondere Vorrechte, u. a. den Titel eines Erzherzogs, zu verschaffen, was allerdings erst im 15. Jahrhundert vom Reich anerkannt wurde. Nachdem Ende des 14. Jahrhunderts Teilungen und die Auseinandersetzungen mit den Eidgenossen (► 3.4) zu einer gewissen Schwächung geführt hatten, gelang es Herzog Friedrich V., der als Friedrich III. gleichzeitig römisch-deutscher Kaiser war, alle Länder wieder in seiner Hand zu vereinigen. Sein Sohn und Nachfolger Maximilian I. brachte außerdem noch Burgund in die habsburgische Ländermasse ein.

3.4 Schweizer Eidgenossenschaft

Am 1. August 1291, kurz nach dem Tode König Rudolfs von Habsburg, schlossen im Westen des Habsburger Herrschafts- und Interessengebietes die drei Landsgemeinden Uri, Schwyz und Nidwalden einen ewigen Landfriedensbund, dem sich wenig später auch Obwalden anschloss. Dieser Bund, der ein nicht näher datierbares älteres Abkommen erneuerte, unterschied sich von anderen Landfriedenseinungen vor allem durch die soziale Herkunft und Rechtsstellung seiner Mitglieder. Während sonst Fürsten und Reichsstädte derartige Bündnisse schlossen, handelte es sich hier um Landsgemeinden, die jeweils in einer gemeinsamen Wirtschafts- und Gerichtsorganisation zusammengeschlossen waren. Die Abgeschlossenheit der Täler und die Gemeinsamkeit der Lebensbedingungen verwischte die sonst üblichen Standesunterschiede zwischen Freiheit und Unfreiheit, wobei die Führungsrolle gemeinsam von einzelnen adligen Sippen und reichen Bauernfamilien übernommen wurde. Aus dem Rahmen des Üblichen fiel der Bund ferner durch den unterschiedlichen Rechtsstatus der drei Talgemeinden (ab 1309 »Waldstätte« genannt). Während Nidwalden der habsburgischen Landesherrschaft unterstand, galten Uri und Schwyz seit 1231 bzw. seit 1240 als reichsunmittelbar. Der Bund von 1291 richtete sich zunächst nicht generell gegen Habsburg, sondern sollte wohl vorrangig der Eindämmung der zahlreichen Fehden in den Tälern dienen, was vor allem mit Rücksicht auf den seit der Erschließung des Gotthardpasses im Umfange stark angestiegenen Reise- und Transportverkehr geboten erschien.

Erst seit der Intensivierung der habsburgischen Landesherrschaft unter Albrecht I. und Leopold I. geriet der Bund in zunehmenden Gegensatz zu Habsburg, was im Jahre 1315 zur ersten militärischen Konfrontation führte. In der Schlacht am Morgarten gelang es den Eidgenossen, unter Ausnutzung des Geländevorteils das österreichische Ritterheer unter Führung Herzog Leopolds vernichtend zu schlagen.

Das gestiegene Selbstbewusstsein des Bundes schlug sich zunächst in einer Erneuerung des Bundesbriefes – jetzt mit deutlicher Spitze gegen Habsburg –, aber auch in einer relativ früh einsetzenden Legendenbildung nieder; so sind bisher alle Versuche, Wilhelm Tell und den rücksichtslosen habsburgischen Landvogt Geßler sowie die berühmte »Apfelschussszene« historisch nachzuweisen, gescheitert.

Entscheidend für die Weiterentwicklung des Bundes war in der Folgezeit, dass sich die Städte Luzern (1332), Zürich (1351), Glarus und Zug (1352) sowie Bern (1353) dem Bunde anschlossen, der damit die so genannten »Acht Orte« umfasste. Einigende Klammer war nach wie vor die Gegnerschaft zu Habsburg, wobei man Rückhalt beim römisch-deutschen Königtum fand, wenigstens solange es noch nicht im Besitze der Habsburger war. Gegenüber erneuten habsburgischen Unterwerfungsversuchen konnten sich die Eidgenossen militärisch in den Schlachten von Sempach (1386) und Näfels (1388) behaupten; im 15. Jahrhundert gelang es ihnen sogar, in die Offensive zu gehen und 1415 den Aargau, 1460 den Thurgau zu erobern. Auch gegenüber den Expansionsbestrebungen des neuburgundischen Herzogtums unter Karl dem Kühnen blieben die Schweizer Eidgenossen – jetzt im Bunde mit Habsburg – am Ende siegreich. Ebenso scheiterte der Versuch König Maximilians I., die Schweizer im so genannten Schwabenkrieg zur Anerkennung der Beschlüsse des Wormser Reichstags von 1495 (▶ 3.26) zu zwingen. Mit dem Frieden von Basel (1499) schieden die Eidgenossen de facto bereits aus dem Verbund des Heiligen Römischen Reiches aus, was de jure allerdings erst im Westfälischen Friedensvertrag von 1648 bestätigt wurde.

3.5 Ludwig der Bayer

Im Jahre 1282 als Sohn des Herzogs Ludwig des Strengen von Bayern und der Margarete von Habsburg geboren, trat Ludwig nach dem Tode des Vaters im Jahre 1301 zusammen mit seinem Bruder Rudolf die Herrschaft über das wittelsbachische Erbe in der Rheinpfalz und in Oberbayern an. Im Streit um die Vormundschaft über die niederbayerischen Vettern kam es im Jahre 1313 zu einer militärischen Kraftprobe mit

Zu Beginn des Spätmittelalters wuchs die Bedeutung der Städte als Zentren für den Regional- und Fernhandel: Gesamtansicht der Stadt Bamberg (Holzschnitt von 1493)

dem Habsburger Friedrich dem Schönen, Herzog von Österreich, die Ludwig durch einen glänzenden Sieg für sich entscheiden konnte.
Durch die gewonnene Schlacht empfahl Ludwig sich der luxemburgischen Partei im Reiche, die nach dem Tode Kaiser Heinrichs VII. versuchte, das luxemburgische Hausinteresse zu wahren, als Thronkandidat. Allerdings kam es zu einer Doppelwahl, in der ein Teil der Kurfürsten Ludwig, ein anderer Teil aber Friedrich den Schönen zum König wählte. Wenn auch Ludwig über die Mehrheit der Kurstimmen verfügte, war dies damals noch ohne rechtliche Bedeutung; über die Ansprüche der beiden Kandidaten mussten daher die Waffen entscheiden. Diese Entscheidung fiel im Jahre 1322, als es Ludwig gelang, seinen Rivalen in der Schlacht bei Mühldorf entscheidend zu schlagen und gefangen zu nehmen. Um die Habsburger auf seine Seite zu ziehen, verständigte er sich im Jahre 1325 mit Friedrich dem Schönen und gestand diesem sogar die Mitregierung als König zu, die allerdings kaum mehr praktische Auswirkungen haben sollte, da Friedrich bereits im Jahre 1330 starb.
Nach seinem Sieg bei Mühldorf entschloss sich Ludwig, durch die Entsendung eines Reichsvikars in Italien einzugreifen, wodurch er allerdings einen für ihn verhängnisvollen Konflikt mit dem damals in Avignon residierenden Papsttum auslöste. Papst Johannes XXII. hatte bisher dem deutschen Thronstreit abwartend zugesehen, ohne einem der beiden Kandidaten die päpstliche Anerkennung (Approbation) zu erteilen. Da nach seiner Auffassung das Reich nach wie vor vakant war, nahm er selbst für

In der Schlacht von Mühldorf am Inn 1322 besiegte Ludwig der Bayer seinen Konkurrenten um den Königsthron, Friedrich den Schönen (Darstellung in einer 1334 entstandenen Handschrift)

seine Person in Italien die Rechte als Reichsvikar, d.h. in Stellvertretung für den künftigen König, in Anspruch. Als Ludwig sich nun anschickte, die politischen Gegner der Kurie in Italien zu unterstützen, eröffnete der Papst ein förmliches Rechtsverfahren gegen ihn, mit der Beschuldigung, sich ohne päpstliche Zustimmung die Königswürde angemaßt zu haben und offenkundige Ketzer zu unterstützen. Er verhängte 1324 auch den Kirchenbann über seinen Gegner, von dem dieser sich nie mehr lösen sollte, allerdings ohne größere Folgen: Schon zu viele Herrscher waren exkommuniziert worden. Sämtliche anderen Rechte sprach ihm der Papst 1327 nach einer Verurteilung als Ketzer ab. Ludwig wehrte sich mit Appellationen an ein allgemeines Konzil, wobei die Auseinandersetzung in der Folgezeit noch dadurch verschärft wurde, dass radikale Gegner des Papstes, wie der Magister Marsilius von Padua, Wilhelm von Ockham und Johann von Jandun, Zuflucht am Münchner Hof fanden. Ihrem Einfluss war es maßgeblich zuzuschreiben, dass sich Ludwig im Jahre 1328 in Rom von einem Laien, dem Sciarra Colonna, in Vertretung des »römischen Volkes« zum Kaiser krönen ließ und unter Berufung auf das Vorbild Ottos des Großen die Absetzung Johannes' XXII. verkündete. Der vom römischen Volk gewählte Gegenpapst Nikolaus V., von dem sich Ludwig nochmals zum Kaiser krönen ließ, sah sich allerdings bald nach dem Abzug Ludwigs aus Rom genötigt, Papst Johannes XXII. seine Unterwerfung anzubieten.

Wenn auch Ludwig noch im Jahre 1338 die Kurfürsten, die durch die päpstlichen Ansprüche ihr Wahlrecht gefährdet sahen, zu einer beeindruckenden Solidaritätserklärung veranlassen konnte (Rhenser Kurfürstenweistum), so gelang es dem Papsttum doch bald danach, diese Einheitsfront aufzubrechen, wozu Ludwig selbst durch seine überzogene Hausmachtpolitik entscheidend beitrug.

Bereits im Jahre 1323 hatte er die Gelegenheit, die sich durch das Aussterben des askanischen Herrscherhauses bot, dazu genutzt, die Markgrafschaft Brandenburg an seinen ältesten Sohn zu übertragen. Nachdem ihm im Jahre 1342 Niederbayern zugefallen war, erwarb er durch seine Ehe mit Margarete von Holland im Jahre 1345 Holland, Seeland, Friesland und Hennegau.

Als er im Jahre 1342, um in den Besitz Tirols zu gelangen, die Ehe der Tiroler Erbin Margarete Maultasch mit dem Luxemburger Johann Heinrich, dem Sohn König Johanns von Böhmen, kurzerhand für ungültig erklärte und die Prinzessin mit seinem eigenen Sohn verheiratete, rückten die Luxemburger, seine bisherigen Parteigänger, von ihm ab, sodass nunmehr der Wahl eines Gegenkönigs nichts mehr im Wege stand, die dann im Jahre 1346, nachdem man in Karl von Böhmen einen geeigneten Kandidaten gefunden hatte, auch vollzogen wurde. Es blieb Ludwig erspart, seinen Thronanspruch noch einmal mit Waffengewalt verteidigen zu müssen; bevor es zur Entscheidung kam, war er im Jahre 1347 bei Fürstenfeldbruck auf der Jagd einem Herzschlag erlegen.

3.6 Karl IV. und das Haus Luxemburg

Als ältester Sohn König Johanns von Böhmen aus dem Hause Luxemburg im Jahre 1316 in Prag geboren, wurde Karl am Hofe des französischen Königs Karl IV. erzogen und vom Vater bereits seit dem 15. Lebensjahr mit zahlreichen politischen Aufgaben betraut.

Als der Dreißigjährige im Jahre 1346 zum König gewählt wurde, konnte er gegenüber seinem Gegner, Kaiser *Ludwig dem Bayern* (▶ 3.5), vor allem zwei Trümpfe ins Feld führen: die Unterstützung des Papstes Clemens VI., seines früheren Lehrers am französischen Königshofe, und der Mehrheit der Kurfürsten, dazu aber auch eine bemerkenswerte Fähigkeit zum politisch-diplomatischen Ränkespiel. Dennoch war der Thronkampf damit noch keineswegs zugunsten Karls entschieden, da Kaiser Ludwig nach wie vor über zahlreiche Anhänger im Reiche verfügte und zudem seine militärischen Fähigkeiten in der Vergangenheit bereits deutlich unter Beweis gestellt hatte.

Die Entscheidung fiel durch den Tod Ludwigs (1347); obwohl die Söhne des Kaisers den Widerstand fortsetzten und den thüringischen Grafen Gunther von Schwarzburg als Gegenkönig gewinnen konnten, fiel es Karl nicht schwer, seine Gegner gegeneinander auszuspielen, wobei er auch keine Skrupel hatte, einen Hochstapler, der sich für den seit 1319 totgesagten askanischen Markgrafen Waldemar ausgab, gegen den ältesten Sohn des Kaisers, Markgraf Ludwig von Brandenburg, zu unterstützen. Erst als die Wittelsbacher 1349 einlenkten und ge-

gen die Bestätigung ihres Besitzstandes, einschließlich Tirols, Karl als König anerkannten, ließ dieser den »falschen Waldemar« fallen. Nachdem Karl im Jahre 1355 aus der Hand des päpstlichen Kardinallegaten in Rom die Kaiserkrone empfangen hatte, ließ er ein Jahr später auf den Reichstagen von Nürnberg und Metz ein umfassendes Reichsgesetz (*Goldene Bulle*, ▶ 3.8) verkünden, das die Königswahl und die Rechtsstellung der Kurfürsten regelte, wobei sich die diplomatische Meisterschaft Karls darin zeigte, dass – trotz der Zusagen, die er dem Papst gegenüber vor seiner Wahl abgegeben hatte – die päpstlichen Ansprüche mit Stillschweigen übergangen und damit de facto zurückgewiesen wurden.
Während Karl die kaiserliche Herrschaft in Italien und Burgund nur nominell zur Geltung

▲ *Im 13. und 14. Jh. entwickelten sich die Burgen zu oft komplexen Befestigungsanlagen und prägten vielerorts das Bild der Landschaft. Ab dem 15. Jh. verloren sie durch die Entwicklung der Waffentechnik ihre militärische Bedeutung. Das Bild zeigt die Marksburg über Braubach am Mittelrhein*

brachte, galt sein besonderes Augenmerk der Förderung seiner luxemburgischen Hausmacht durch eine gezielte Erwerbs- und Wirtschaftspolitik wie auch durch sorgfältige Verwaltungsmaßnahmen. So gelang es ihm, über seine dritte Ehe (1353) das Herzogtum Schweidnitz-Jauer und in den Jahren 1366/67 von den Wettinern die Niederlausitz zu erwerben. Diese mit der Krone Böhmen vereinigte Ländermasse wurde durch eine systematisch betriebene, vor allem nach Westen in Richtung Oberpfalz, Frankfurt und Nürnberg weisende Erwerbspolitik durch Kauf, Tausch und Pfandnahme auch kleinster Güter und Einzelrechte ergänzt. Dazu kam die planmäßige wirtschaftliche und kulturelle Förderung Böhmens und der Residenzstadt Prag, die, seit 1346 Erzbischofssitz und seit 1348 Universitätsstadt, geradezu zum geistigen Mittelpunkt des Reiches wurde.
Gekrönt wurde die kaiserliche Hausmachtpolitik im Jahre 1373 durch den Erwerb der Markgrafschaft Brandenburg von den Wittelsbachern; zuvor hatte Karl bereits durch die Verheiratung seines Sohnes Sigmund mit der ungarischen Königstochter die Grundlage für den späteren Anfall des Königreiches Ungarn (1387) geschaffen.
Nachdem Karl im Jahre 1376 noch die Wahl seines Sohnes Wenzel zum römisch-deutschen König durchgesetzt hatte, schien die Zukunft des Hauses Luxemburg gesichert, als der Kaiser im Jahre 1378 starb. Doch so wenig Karl in seinen letzten Lebensmonaten in der Lage war, das große *Abendländische Schisma* (▶ 3.22), das die Kirche für Jahrzehnte spalten sollte, zu verhindern, so wenig vermochte er durch sein Vorbild auf die Politik seiner Söhne und Neffen einzuwirken, die die von ihm beschworene Eintracht des Hauses Luxemburg durch ihren Interessenegoismus schnell zunichte machten.

3.7 Kurfürsten

Während im Hochmittelalter noch Fürsten, Adel und Volk gemeinsam den König wählten, wurde der Wählerkreis mit der Ausbildung des *Reichsfürstenstandes* (▶ 2.21) in der zweiten Hälfte des 12. Jahrhunderts auf die Reichsfürsten eingegrenzt. Im Zuge der Doppelwahl vom Jahre 1198 (▶ 2.22) erhoben dann erstmals einige Fürsten den Anspruch, dass ihnen vor anderen die Wahl des Königs zukomme und dass daher ihre Mitwirkung für die Gültigkeit der Wahl erforderlich sei. Der *Sachsenspiegel* (▶ 2.23) ging zwar grundsätzlich noch von der gemeinsamen Wahl aller Fürsten aus, wies aber den drei rheinischen Erzbischöfen (Mainz, Köln, Trier) sowie den weltlichen Fürsten, die bestimmte Erzämter innehatten, nämlich dem Pfalzgrafen bei Rhein (Truchsessenamt), dem

Herzog von Sachsen (Marschallamt) und dem Markgrafen von Brandenburg (Kämmereramt) eine bevorrechtigte Rolle im Wahlverfahren zu. Der König von Böhmen – obwohl auch Inhaber eines Erzamtes (Schenkenamt) – sollte aus dem Kreis der bevorzugten Wähler ausgeschlossen sein, da er kein Deutscher sei.

In der Folgezeit – erstmals nachweisbar in der Doppelwahl von 1257 – konnten die genannten Fürsten ihre Vorrangstellung zu einem Alleinwahlrecht ausbauen, wodurch die übrigen Fürsten von der Wahl ausgeschlossen wurden. Während im 13. Jahrhundert die siebte Kurstimme zunächst noch zwischen Böhmen und Bayern strittig war, setzte sich gegen Ende des 13. Jahrhunderts das böhmische Stimmrecht durch. Die *Goldene Bulle* vom Jahre 1356 (▶ 3.8) regelte dann endgültig die Berechtigung zur Königswahl und legte im Einzelnen die Rechtsstellung der Kurfürsten sowie das Verfahren bei der Königswahl fest. Wenn die Kurfürsten von den Empfängern königlicher Privilegien auch oft um die formelle Zustimmung in der Form so genannter »Willebriefe« gebeten wurden und wenn sie mitunter auch durch spektakuläre Aktionen in die Reichspolitik eingegriffen haben (z. B. durch die Absetzung König Wenzels im Jahre 1400), so führte dies alles nicht zu einer institutionalisierten Mitwirkung an der Reichsherrschaft, etwa in der Form eines ständigen Reichsrates. Erst im Jahre 1489 schlossen sich die Kurfürsten auf den *Reichstagen* (▶ 3.9) zu einer eigenen Kurie – unter Ausschluss der anderen Fürsten – zusammen. Im Jahre 1623 fiel die pfälzische Kurstimme an Bayern; zum Ausgleich wurde im Westfälischen Frieden von 1648 für die Pfalz eine neue achte Kur geschaffen. Bis zum Ende des Alten Reiches kamen noch folgende Kurstimmen hinzu: Braunschweig-Lüneburg (Kurhannover), Regensburg, Toskana, Salzburg (1805 an Würzburg übertragen), Württemberg, Baden und Hessen-Kassel.

3.8 Goldene Bulle

Die Goldene Bulle, benannt nach dem auch sonst in der königlichen Kanzlei verwendeten goldenen Siegel, gilt als das bedeutendste Reichsgesetz des Heiligen Römischen Reiches. Es besteht insgesamt aus 31 Kapiteln, von denen die ersten 21 auf dem Nürnberger Reichstag am 10. Januar 1356, die restlichen am 25. Dezember 1356 in Metz verkündet wurden. Das Gesetz regelte erstmals und endgültig die Modalitäten der Königswahl und die Rechtsstellung der *Kurfürsten* (▶ 3.7), wobei die Festlegung des Mehrheitsprinzips künftige Doppelwahlen verhindern sollte. Um Rechtsunsicherheiten in

▲ *Seit 1356 regelte die Goldene Bulle als »Reichsgrundgesetz« die Einsetzung des römisch-deutschen Königs. Der Name leitet sich ab von dem goldenen Siegel der königlichen Kanzlei, das allen Ausfertigungen der Urkunde angeheftet war*

Zukunft auszuschalten, wurde endgültig über bisher zwischen einzelnen Linien strittige Kurstimmen entschieden (zwischen Pfalz und Bayern zugunsten der Pfalz und zwischen Sachsen-Wittenberg und Sachsen-Lauenberg zugunsten Wittenbergs); außerdem wurden die Unteilbarkeit der Kurlande und das Prinzip der Erstgeburt (Primogenitur) bei der Nachfolge in den Kurfürstentümern festgelegt sowie Regelungen über die Vormundschaftsführung getroffen. Den Kurfürsten wurden zudem besondere Vorrechte (unbeschränkte Gerichtsbarkeit, Berg-, Salz-, Münz- und Zollregal, Judenschutz u. a.) zuerkannt. Im Sinne der Kurfürsten und anderen Landesherren war auch, dass alle Einungen und Bündnisse innerhalb und zwischen Städten untersagt wurden und dass das an die Städte gerichtete Verbot, so genannte Pfahlbürger, d. h. Personen, die sich der Stadtherrschaft unterwarfen, ohne tatsächlich in die Stadt zu ziehen, aufzunehmen, erneuert wurde. Weitere Bestimmungen befassen sich mit der Thronvakanz, dem Fehdewesen, der Ausübung der Erzämter sowie dem Hofzeremoniell bei Wahl, Krönung und auf Hoftagen. Die Ansprüche des Papsttums auf Zustimmung zur Königswahl (Approbation) und Ausübung der kaiserlichen Rechte während der Thronvakanz wurden mit Stillschweigen übergangen.

3.9 Reichstage

Schon seit den ältesten Zeiten hielt der König mit den Großen des Reiches Versammlungen am Königshofe ab (Hoftage), in denen er sich Rat und Zustimmung in wichtigen Reichsangelegenheiten holte. Da es dem König grundsätzlich freistand, wen er zu diesen Versammlungen einladen wollte, war der Teilnehmerkreis zunächst noch weitgehend offen.

Erst seit dem 15. Jahrhundert wurde die Reichsstandschaft, d.h. die Anerkennung als unmittelbarer Reichsstand, gefordert. Die Versammlungen, die jetzt erstmalig als »Reichstage« bezeichnet werden, erscheinen von nun an immer deutlicher als verfassungsrechtliche Repräsentation der Reichsstände, die hier, unter dem Vorsitz des Königs tagend, gemeinsam mit diesem über wichtige Reichsangelegenheiten, wie Reichsaufgebote und den Erlass von Reichsgesetzen, entschieden. Seit 1489 traten die Stände dabei in drei getrennten Kollegien (Kurien) auf, die auch getrennt berieten und abstimmten. Dabei handelte es sich um den Kurfürstenrat, den Fürstenrat – umfassend Fürsten, Prälaten, Grafen und Herren – sowie das Kollegium der Frei- und *Reichsstädte* (▶ 3.11). Seit 1497 wurde es üblich, die auf einem Reichstag gefassten Beschlüsse in einem förmlichen Erlass (Reichsabschied) zusammenzufassen und am Ende des Reichstages zu verkünden.

3.10 Landesherrschaft und Landstände

Das Bestreben der geistlichen und weltlichen Großen, innerhalb der von ihnen besessenen Herrschaftsgebiete ihre Herrschaftsgewalt zu intensivieren und konkurrierende Herrschaftsrechte anderer auszuschalten, führte im Laufe des Hochmittelalters zur Ausbildung der Landesherrschaft. Zum Wesen der Landesherrschaft gehörte, dass sie sich nicht mehr nur mit Herrschaft über Personen begnügte, sondern dass sie darüber hinaus auf die Beherrschung eines bestimmten geographischen Raumes abzielte (Flächenherrschaft). Da mittelalterliche »Staatlichkeit« sich nicht in einer einheitlichen Staatsgewalt, sondern in einer Vielzahl von einzelnen Herrschaftsrechten äußerte, musste es das Bestreben des Landesherrn sein, möglichst viele Herrschaftsrechte in seiner Hand zu konzentrieren und andere Herrschaftsberechtigte der eigenen (Ober-)Herrschaft zu unterwerfen. Zu den wichtigsten dieser Rechte gehörten die Grafenrechte mit dem Recht zur Ausübung der Hochgerichtsbarkeit sowie polizeilicher und militärischer Befugnisse. Daneben spielten meist aber auch noch andere Herrschaftsrechte, wie z.B. die Rechte als Grundherr über abhängige Bauern, Vogteirechte (Schutz- und Herrschaftsrechte über Kirchengut), das Geleitrecht, das Befestigungsrecht, das Forstrecht und andere nutzbare Herrschaftsrechte (Regalien), eine bedeutsame Rolle.

Wenn auch das Königtum in den Fürstengesetzen von 1220 und 1231/32 die entstehende Landesherrschaft der Fürsten legalisiert und zu deren Gunsten auf wichtige, bisher vom Reich in Anspruch genommene Regalien verzichtet hat, so wurde die Landesherrschaft dennoch keineswegs ausschließlich auf Kosten der Reichsgewalt erreicht. Die Landesherren konnten sich auch auf eigene, nicht vom König abhängige (allodiale) Herrschaftsgewalt (z.B. durch Rodung) stützen; dazu kam oft eine langfristig angelegte, systematisch betriebene Erwerbspolitik durch Heirat, Kauf, Tausch, Pfandnahme oder auch im Wege der Gewalt, die ebenfalls in der Regel nicht zulasten des Reiches, sondern der Herrschaftskonkurrenten im eigenen Territorium ging.

Gegenüber den Bestrebungen des Landesherrn zur Ausbreitung und Intensivierung seiner Herrschaftsgewalt formierten sich die Untertanen – meist der Landesadel und die Landstädte (Landsassen) – zur »Landschaft« oder zu Landständen, die auf Landtagen gemeinsam mit dem Landesherrn über wichtige Landesangelegenheiten, wie Gesetzgebung und Steuern, beschlossen. Wenn auch die Herrschaftsgewalt der meisten Landesherren bereits im Spätmittelalter ein hohes Maß an Eigenständigkeit erreicht hatte, so galt sie verfassungsrechtlich doch als ein vom König dem Landesherrn nach Lehnsrecht verliehenes Recht zur Herrschaft, das bei schwerer Pflichtverletzung auch entzogen werden konnte. Neben den Kurfürsten waren es im spätmittelalterlichen Reich vor allem die Habsburger in Österreich und der Steiermark sowie die Wittelsbacher in Bayern, die ihre Herzogtümer bereits zu relativ geschlossenen Landesherrschaften ausgebaut hatten.

3.11 Reichsstädte

Unter den Reichsstädten versteht man die Städte, die unmittelbar der Herrschaft des Königs unterstanden – im Gegensatz zu den Landstädten, die einer Landesherrschaft unterworfen waren.
Die meisten Reichsstädte sind aus ehemaligen königlichen Städten, errichtet auf Reichsgut oder dem Hausgut der einzelnen Herrscher (z. B. Aachen, Frankfurt, Nürnberg, Kaiserslautern, Boppard, Goslar, Mühlhausen u. a.) sowie auf Kirchengut (z. B. Wetzlar, Colmar, Weissenburg, Kempten, Lindau, Zürich) hervorgegangen. Daneben gab es aber auch so genannte »Freistädte«, bei denen es sich um Bischofsstädte handelte (z. B. Köln, Mainz [bis 1462], Worms, Speyer, Straßburg, Regensburg), denen es gelungen war, die bischöfliche Stadtherrschaft abzuschütteln. Da sie den König nicht als Stadtherrn, sondern lediglich als Reichsoberhaupt anerkannten, beanspruchten diese Städte, dem Reich gegenüber von Lasten

▲ *Die Ansicht von Straßburg aus der 1493 in Nürnberg erschienenen »Schedelschen Weltchronik« zeigt die für die mittelalterliche Stadt typische Silhouette aus Kirchtürmen, Bürgerhäusern und Mauern. Straßburg hatte zu dieser Zeit etwa 16 000 Einwohner*

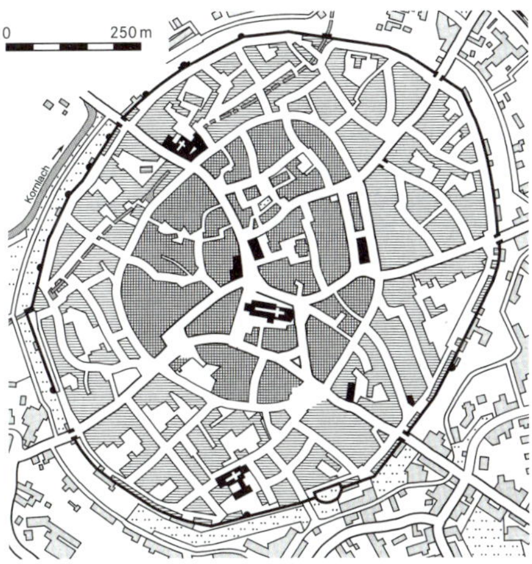

▲ *Die ehemals freie Reichstadt Nördlingen weist bis heute den für das Mittelalter charakteristischen Grundriss auf. Die im 14. Jh. entstandene Stadtmauer umschließt die um den ältesten Siedlungskern im Spätmittelalter entstandenen Stadtteile*

und Abgaben frei zu sein, während die übrigen Reichsstädte vor allem Stadtsteuern an den König als regelmäßige Abgaben entrichteten. Während es einigen Reichsstädten – vor allem Frankfurt und Nürnberg – gelang, nicht nur die volle Herrschaftsgewalt innerhalb der Stadt zu erringen, sondern darüber hinaus im Umland der Stadt ein ansehnliches städtisches Territorium aufzubauen, wurden andere Reichsstädte, vor allem im 14. Jahrhundert, vom Königtum an benachbarte Landesherrschaften verpfändet, was de facto das Ende der Reichsunmittelbarkeit bedeuten konnte, da das Königtum in der Regel nicht über die Mittel verfügte, die Pfandsummen abzulösen.

3.12 Städtebünde

Im Interesse der fürstlichen Landesherren hatte die *Goldene Bulle* (1356; ▶ 3.8) das bereits im

Mainzer Reichslandfrieden (1235) ausgesprochene Verbot der Städtebünde erneuert; dennoch schlossen sich im Laufe des Spätmittelalters immer wieder Städte zu gegenseitigen Bündnissen zusammen. Während der Rheinische Bund (1254–57) noch in erster Linie der Friedenssicherung nach dem Zusammenbruch der Stauferherrschaft gedient hatte und von König Wilhelm ausdrücklich anerkannt worden war, suchten die Reichsstädte des Spätmittelalters durch den Zusammenschluss in regionalen Städtebünden ihre Unabhängigkeit und ihre machtpolitischen Interessen gegenüber den umliegenden Territorialgewalten, wie auch gegenüber dem Königtum, zu behaupten. Die bedeutendste dieser Vereinigungen, der Schwäbische Städtebund, wurde im Jahre 1376 als Reaktion auf die Abgaben- und Verpfändungspolitik, die Kaiser Karl IV. gegenüber den Reichsstädten betrieb, gegründet. Obwohl vom Kaiser für rechtswidrig erklärt, konnte sich der Bund in der Schlacht von Reutlingen (1377) gegen den Grafen von Württemberg zunächst noch militärisch behaupten. Nachdem er sich im Jahre 1381 mit dem im gleichen Jahre gegründeten Rheinischen Städtebund vereinigt hatte, erreichte er in der »Heidelberger Stallung« (1384) die faktische Anerkennung König Wenzels.

Bereits im Jahre 1388 kam es jedoch wieder zur militärischen Konfrontation, in deren Verlauf die verbündeten Fürsten und Herren den Städteaufgeboten bei Döffingen und Pfeddersheim vernichtende Niederlagen beibrachten, worauf König Wenzel im Egerer Landfrieden (1389) das Verbot der Städtebündnisse erneut bekräftigte. Dennoch schlossen sich auch im 15. Jahrhundert noch schwäbische Städte zu einem Bündnis zusammen, das dann später im Schwäbischen Bund (gegründet 1488) aufging.

3.13 Hanse

Um keinen Städtebund im eigentlichen Sinne handelte es sich bei der Hanse. Während bei den Städtebünden die Initiative zum Zusammenschluss von einer oder mehreren Städten ausging, entstand die Hanse als eine genossenschaftliche Vereinigung von west- und niederdeutschen Fernkaufleuten, die von der Mitte des 12. bis zum 14. Jahrhundert den Nord- und Ostseebereich zu einem von ihnen beherrschten Handelsgroßraum ausbauten.

Wenn auch in England die ältesten Spuren hansischer Organisationen in Form regional begrenzter Kaufmannshansen greifbar sind und sich in Köln bereits im 11. Jahrhundert Kaufleute zusammenschlossen, so scheint doch der entscheidende Anstoß vom Ostseeraum ausgegangen zu sein, wo sich um 1160 eine Genossenschaft von westfälischen, sächsischen und lübischen Fernkaufleuten, die regelmäßig die Ostseeinsel Gotland anfuhren (Gotländische Genossenschaft), konstituierte, die ihre Mitglieder gegenüber fremden Gewalten als eigene Rechtspersönlichkeit vertrat und die auch ein eigenes Siegel führte. Das allmähliche Zusammenwachsen der einzelnen Kaufmannshansen zu einem genossenschaftlichen Großverband wurde dabei durch das Phänomen begünstigt, dass es sich bei den Trägern dieser Vereinigung, den Fernkaufleuten, um einen durch gleichen Beruf, vergleichbare soziale Herkunft und weit verzweigte verwandtschaftliche Beziehungen verbundenen Personenkreis handelte, der bei aller Überregionalität doch eine bemerkenswerte Geschlossenheit in den Zielvorstellungen und ihrer praktischen Umsetzung erkennen ließ.

Die im Zuge des aufblühenden Städtewesens und der fortschreitenden Ostsiedelung in rascher Folge entstehenden deutschen Städte an der Ostseeküste (Lübeck 1143/59, Riga 1201, Dorpat 1224, Rostock 1218/62, Wismar 1228, Reval 1230, Stralsund 1234, Danzig 1238) bildeten im Verein mit den älteren Nordseestädten wie auch mit der deutschen Siedlung in Visby auf Gotland die wirtschaftliche Operationsbasis, von der aus die Hansekaufleute zum Wettstreit vor allem mit den skandinavischen Konkurrenten im Nord- und Ostseeraum antraten. Dabei führte weniger der Einsatz eines neuen Schiffstyps (Kogge), sondern vielmehr eine überlegene Handelskonzeption, die Land- und Seehandel mit entsprechender Spezialisierung auf das Seetransportgeschäft einerseits und das kaufmännische Handelsgeschäft andererseits in sich vereinigte, dazu, dass die hansischen Kaufleute bald einen beherrschenden Marktanteil erobern konnten. Von der regionalen Obrigkeit großzügig privilegierte Handelsniederlassungen (Kontore) im russischen Nowgorod am Ilmensee im Osten, dem norwegischen Bergen im Norden sowie in Brügge und London im Westen bildeten das organisatorische Rückgrat des entstehenden Handelsimperiums.

Hanse

Als Ende des 13. Jahrhunderts die mächtig aufstrebende Reichsstadt Lübeck die Gotländische Genossenschaft aus der bisherigen Führungsrolle verdrängte und nunmehr selbst als Haupt der Hanse auftrat, war dies gleichbedeutend mit dem Beginn eines lang gestreckten Wandlungsprozesses, in dessen Verlauf die einzelnen Städte immer mehr in die Rolle der Kaufleute eintraten, sodass am Ende (gegen Mitte des 14. Jahrhunderts) aus der Kaufmannshanse eine Vereinigung von Hansestädten geworden war. Dass die Hanse mit zunehmender wirtschaftlicher Bedeutung auch ein erhebliches politisch-militärisches Machtpotenzial in sich vereinigte, wurde besonders deutlich, als die hansischen Seestädte mit anderen Bündnispartnern (Kölner Konföderation, 1367) in eine militärische Konfrontation mit Dänemark unter König Waldemar IV. Atterdag verwickelt wurden, in der sich die Verbündeten in beeindruckender Weise behaupten konnten (Friede von Stralsund, 1370).

Der beginnende Niedergang der Hanse wurde bereits im 15. Jahrhundert durch das verstärkte Eindringen der Engländer (Merchant Adventurers) und vor allem der Holländer in den Ostseeraum eingeleitet; eine zunehmende Tendenz zu national-protektionistischer Handelspolitik beschleunigte diesen Prozess, was im Jahre 1494 zur Aufhebung des Kontors in Nowgorod und im Jahre 1603 zur Schließung der Handelsniederlassung in London (Stalhof) führte. Dies bedeutete faktisch das Ende der Hanse als Wirtschaftsmarkt, wenn sie auch nominell noch bis zur Mitte des 17. Jahrhunderts fortbestanden hat.

3.14 Die Große Pest

Die Große Pest, später »schwarzer Tod« genannt, ist als die größte Katastrophe anzusehen, die die Menschheit in Europa je betroffen hat; während z. B. im Zweiten Weltkrieg 5 % der europäischen Bevölkerung ihr Leben ließen, fielen der Pest etwa 25 Millionen Menschen, ein Drittel der damaligen Bevölkerung, zum Opfer. Von Asien ausgehend über die Seidenstraße und die Krim verbreitete sich die Seuche in den Jahren 1347 bis 1351 über ganz Europa bis nach Island, wobei Deutschland vor allem 1349/50 betroffen war.

Medizinisch gesehen handelte es sich eigentlich um eine Krankheit bei Nagetieren (Ratten), die von einem Bakterium ausgelöst wird und über Flöhe auch auf Menschen übertragen werden kann. Da das Pestbakterium erst im Jahre 1894 entdeckt wurde, stand die mittelalterliche Medizin dieser Herausforderung noch mehr oder weniger hilflos gegenüber. Die Verbreitung wurde durch die in der Stadt wie auf dem Lande herrschenden hygienisch unzureichenden Wohnverhältnisse gefördert; dazu traf die Seuche noch – vor allem im Bereich der Unterschichten – auf eine durch chronische Engpässe in der Ernährung (Überbevölkerung, Missernten) in ihrer physischen Widerstandskraft geschwächte Bevölkerung. Die Auswirkungen dieser Katastrophe zeigten sich in nahezu allen Lebensbereichen. Begleitet von massenhysterischen Exzessen (Geißlerumzüge, Judenpogrome) führte das Massensterben auf dem Lande zu einer dramatischen Verknappung der menschlichen Arbeitskraft, verbunden mit einem Preisverfall beim Grund und Boden und bei den landwirtschaftlichen Erzeugnissen. Während die adligen und kirchlichen Grundherren hierdurch zum Teil empfindliche Einkommenseinbußen hinnehmen mussten, dürften andererseits die Kleinbauern, die ihre – jetzt um so mehr begehrte – Arbeitskraft einsetzen konnten, im Ergebnis von der neuen Situation profitiert haben. Die Bevölkerungsverluste führten außerdem in großem Umfange zur Aufgabe bisher landwirtschaftlich genutzten Landes (Wüstungen) sowie zu einer verstärkt einsetzenden Abwanderungsbewegung in die Städte (Landflucht), wobei hier der Gegensatz zwischen Neuankömmlingen und Alteingesessenen Spannungen heraufbeschwor.

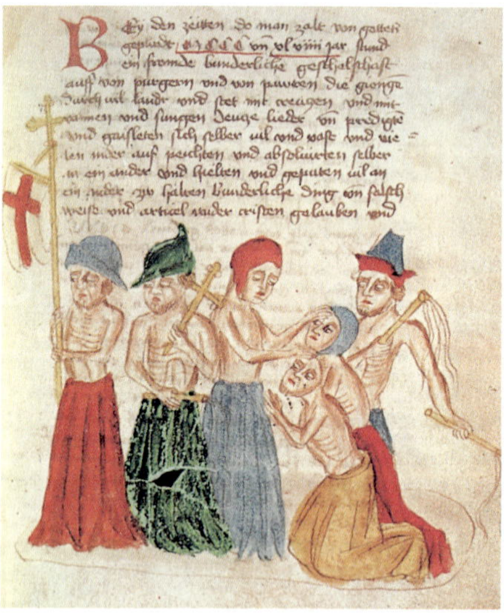

▲ *Mitte des 14. Jh. wurde ganz Europa von einer verheerenden Pestepidemie heimgesucht. Die Geißler (Flagellanten) sahen hierin eine Strafe Gottes, die durch die Bußübung der Selbstgeißelung abzuwenden sei. Ausschnitt aus einer Weltchronik, wohl Ende des 14. Jh. (München, Bayerische Staatsbibliothek)*

3.15 Bettelorden

Im 13. Jahrhundert entstanden, verkörperten die Bettelorden – zu denen vor allem die Orden der Dominikaner, Franziskaner, Augustiner-Eremiten und Karmeliten zu rechnen sind – eine völlig neue Form des Ordenslebens. Unter Berufung auf das Evangelium und im Anschluss an die hochmittelalterliche Armutsbewegung forderten ihre Mitglieder nicht nur die vollkommene individuelle Armut, sondern lehnten auch für den Orden insgesamt jeglichen weltlichen Besitz ab. Während die älteren Orden in der Regel in der klösterlichen Abgeschiedenheit wirkten, drängten die Bettelorden vor allem in die Städte, um hier durch Predigt und Erteilung des Bußsakramentes aktiv Seelsorge, Mission und Ketzerbekämpfung in einem zu betreiben, wobei der Verzicht auf Eigentum und feste Einkünfte den Bettel als Lebensunterhalt voraussetzte.

Als das Papsttum seit der Mitte des 13. Jahrhunderts dazu überging, die strengen Armutsbestimmungen, deren Beachtung z. B. noch der Gründer des Franziskanerordens, Franz von Assisi, in seinem Testament eingeschärft hatte, zu lockern, kam es zu scharfen theologischen Auseinandersetzungen, die unter Papst Johannes XXII. dazu führten, dass die vor allem von den Franziskanern verbreiteten Lehren von der vollkommenen Armut Christi und der Apostel für häretisch erklärt (1323) und ihre Anhänger als *Ketzer* (▶ 3.16) verfolgt wurden. Während die Mehrheit des Ordens sich dem päpstlichen Spruche beugte, beschuldigte eine Minderheit den Papst der Ketzerei, wobei die führenden Köpfe dieser Gruppierung (Michael von Cesena, Wilhelm von Ockham) an den Hof Kaiser *Ludwigs des Bayern* (▶ 3.5) flüchteten. Dort brachten sie ihre Argumentation in den mit juristisch-theologischen Mitteln geführten Machtkampf des Kaisers mit dem Papst ein und trugen damit wesentlich zur Polarisierung dieses Konfliktes bei.

3.16 Ketzer

Die Kirche im Mittelalter bezeichnete alle diejenigen ihrer Mitglieder, die von den als bindend formulierten Glaubenswahrheiten abwichen und eigene Lehren aufstellten, als Ketzer (Häretiker). Auf die Gefährdung durch Ketzerei reagierte die Kirche bereits seit den ältesten Zeiten mit den höchsten Kirchenstrafen (Exkommunikation). Seit den Ketzergesetzen (1220–39) Kaiser Friedrichs II. wurde die Ketzerei auch als weltliches Verbrechen mit Feuertod und Reichsacht bedroht. Nachdem das 4. Laterankonzil (1215) und das Konzil von Toulouse (1229) sich ausführlich mit dem Vorgehen gegen Ketzer befasst hatten, ordnete Papst Gregor IX. im Jahre 1231 die systematische Aufspürung und Aburteilung von Ketzern im Rahmen eines hierzu neu geschaffenen, unmittelbar der päpstlichen Aufsicht unterstehenden Rechtsverfahrens, der *Inquisition* (▶ 4.16), an.
Bereits im 13. Jahrhundert hatte die Kirche im Kampf gegen Ketzer und ihre Begünstiger zu förmlichen Kreuzzügen aufgerufen (z. B. in den Albingenserkriegen). Auf Reichsboden waren es im Spätmittelalter vor allem die böhmischen Hussiten (▶ 3.24), die elementare Lehrsätze der Kirche infrage stellten, die sich aber – trotz des gegen sie gepredigten Kreuzzuges – militärisch

▲ *Glaubensabweichler wurden im Mittelalter in ganz Europa immer wieder verfolgt und drakonisch bestraft. Oben: Ein geschorener Ketzer im Büßerhemd wird von der kirchlichen der weltlichen Obrigkeit übergeben. Unten: Der Ketzer wird verbrannt, ein Engel bringt die gerettete Seele in den Himmel. Holzschnitt aus dem 15. Jahrhundert*

gegenüber Kirche und Reichsaufgeboten behaupten konnten.

3.17 Universitäten

Die mittelalterliche Universität war in der Begriffssprache der Zeitgenossen die »universitas magistrorum et scholarium«, die Gemeinschaft (Körperschaft) der Lehrenden und Lernenden, wobei die Lehrstätte selbst auch als »studium generale« – im Gegensatz zum »studium particulare«, der lokalen oder regionalen Lehranstalt – bezeichnet wurde.
Die ersten Universitäten des Abendlandes entstanden im 12. Jahrhundert in Paris (vor allem Theologie und Philosophie), Bologna (Rechtswissenschaft) und Salerno (arabische Medizin). Es folgten bald zahlreiche weitere Neugründungen in Italien und Frankreich, die alle durch kaiserliche und päpstliche Privilegien noch im 12. Jahrhundert die Eigenschaft juristischer

Körperschaften mit dem Recht zur Verleihung des Doktorgrades (Promotionsrecht) erhielten. Gelehrt wurde die Gesamtheit der von der Kirche anerkannten Wissenschaften, wobei sich bald mehrere Wissensdisziplinen (Fakultäten) herausbildeten: Theologie, kanonisches Recht, römisches Recht, Medizin und Philosophie (»facultas artium«, Artistenfakultät). Das Studium begann in der Regel mit einer Art »Grundstudium« in Philosophie (artes liberales), das mit dem Grad des »baccalaureus« abgeschlossen wurde. Auf dieser Grundlage aufbauend folgten dann weitere Studien, die zum Erwerb des Magister- bzw. Doktorgrades führten. Universitätslehrer und Studenten waren meist Kleriker; die Studenten wohnten regelmäßig in Kollegien (unter kirchlicher Aufsicht) oder in Bursen, die von Lehrenden geleitet wurden.
Als erste Universität in Deutschland wurde von Kaiser Karl IV. (in seiner Eigenschaft als König von Böhmen) im Jahre 1348 die Universität Prag gegründet, im Jahre 1365 folgte Herzog Rudolf IV. mit der Gründung der Universität Wien. Das Abendländische Schisma, das den Anhängern des in Rom residierenden Papstes den Zugang zur Pariser Universität versperrte, führte bald zu weiteren Neugründungen im Reich: Heidelberg (1386), Köln (1388), Erfurt (1392) und Leipzig (1409). Im Jahre 1500 gab es in Deutschland bereits 16 Universitäten.

3.18 Ritter und edle Knechte

Am Ende des Mittelalters begann der soziale Abstieg des *Rittertums* (▶ 2.19). Ritter und edle Knechte (Knappen), meist aus der Ministerialität (▶ 2.18) hervorgegangen, bildeten im Spätmittelalter den Niederadel. Gemeinsames Merkmal war die Ritterbürtigkeit, d.h. die Abstammung von Eltern und Großeltern, die »rittermäßig« lebten. Diese ritterliche Lebensweise forderte die Ausübung des Ritterdienstes als ausschließlichen Beruf, was nur auf der Grundlage einer hinreichenden wirtschaftlichen Substanz möglich war. Da ritterliche Lebensweise zudem mit adliger Lebensführung identifiziert wurde, wurde vom Ritter außerdem erwartet, dass er adlige Herrschaft über Land und Leute ausübte, was wiederum eine Burg oder zumindest ein befestigtes Haus als Herrschaftsmittelpunkt sowie eine kleine Grundherrschaft mit entsprechenden Abgaben und Dienstleistungen abhängiger Bauern voraussetzte.
Für die Ritterbürtigen, die diese Voraussetzungen nicht oder noch nicht erbringen konnten, bot sich der ritterliche Dienst bei einem Ritter als Edelknecht oder Knappe an, wobei diese Übung auch bei der Zusammensetzung der Gleve, der Grundeinheit des spätmittelalterlichen Ritterheeres, fassbar wird: Eine Gleve bestand aus einem Ritter mit gepanzertem

◀ *Vorlesung des Magisters Henricus de Alemania. Miniatur aus der 2. Hälfte des 14. Jh. (Berlin, Kupferstichkabinett)*

Schlachtross sowie ein bis zwei ebenfalls berittenen, aber leichter bewaffneten Knappen.
Die förmliche Aufnahme als Ritter erfolgte meist in der Form eines Symbolaktes (Schwertleite, später Ritterschlag). Während Teile der ehemaligen Reichsministerialen nach der Stauferzeit ihre Reichsunmittelbarkeit als Reichsritter behaupten konnten, traten andere in die Dienste der fürstlichen Landesherren ein, wo sie mit den fürstlichen Dienstmannen im landsässigen Adel aufgingen. Da mit der allgemeinen Geldentwertung auch die Erträge aus dem Grundbesitz zurückgingen, führte dies dazu, dass sich die wirtschaftliche Situation der Ritter im Laufe des Spätmittelalters erheblich verschlechterte. Gegen den immer mächtiger werdenden Stand der Landesfürsten einerseits und gegen das wirtschaftlich emporstrebende Bürgertum in den Städten andererseits konnte sich der Ritterstand nur schwer halten. Dazu kam, dass die spektakulären Niederlagen, die Ritterheere gegenüber Fußkämpfern und Bogenschützen hinnehmen mussten (Schlachten von Crécy 1346, Sempach 1386, Näfels 1388, Azincourt 1415), die militärische Notwendigkeit und damit auch den elitären Führungsanspruch der Ritter innerhalb der Gesellschaft grundsätzlich infrage zu stellen begannen. Die Ritter reagierten auf die Herausforderung durch betonte Hervorkehrung ihrer Standesrechte und scharfe Abgrenzung nach unten (Forderung von mindestens acht ritterlichen Ahnen), durch Zusammenschlüsse in Ritterbünden, aber auch durch zügelloses Raubrittertum, gegen das fürstliche Landesherren und Reichsstädte gemeinsam mit aller Härte vorgingen.

3.19 Bauern

Die große Masse der spätmittelalterlichen Bevölkerung bestand aus Bauern, die – meist im Rahmen von Dorfgemeinschaften – das Land bebauten. Während der Begriff »Bauer« ursprünglich nicht unbedingt etwas über die Standesqualität aussagte – es gab freie und unfreie Bauern –, führte die Ausbildung des ritterlichen Berufskämpfertums im Laufe des Hochmittelalters dazu, dass der Bauer in der Regel nicht mehr zum Kriegsdienst herangezogen wurde, sondern sich ausschließlich der landwirtschaftlichen Tätigkeit widmen konnte.
Da der Ritterdienst in der damaligen Zeitanschauung ein wesentlich höheres Sozialprestige als die bäuerliche Erwerbsarbeit genoss, hatte die neue Entwicklung gerade für die bisher freien Bauern fatale Folgen: Während sich die Unterschiede zwischen frei und unfrei verwischten, war von nun an allen Bauern gemeinsam, dass sie vom sozial angesehenen Ritterstand und damit von der Zugehörigkeit zum Adel ohne Rücksicht auf ihren Geburtsstand ausgeschlossen waren. So untersagte der Reichslandfriede vom Jahre 1152 den Bauern das Tragen von Waffen, unterstellte sie dafür allerdings einem besonderen Friedensschutz.
In der Praxis dürften wohl zahlreiche bisher noch freie Bauern es vorgezogen haben, den Schutz adliger Grundherren zu suchen, wodurch sie allerdings im Rechtsstatus den Unfreien (Hörigen) angeglichen wurden. Im Spätmittelalter kann man jedenfalls davon ausgehen, dass, von einigen Landschaften abgesehen, wo sich ein freies Bauerntum erhalten hatte (Alpenländer, Dithmarschen), die Bauern in der Regel unfrei waren. Dies bedeutete, dass sie in der Freizügigkeit (Wegzug, Eheschließung) beschränkt waren und dem Grundherrn im Rahmen der Grundherrschaft für die Überlassung des Bodens sowie für besondere Anlässe (Erbantritt, Heirat) Abgaben und (oder) auch Arbeitsdienste zu erbringen hatten.

▲ *Drei Bauern im Gespräch. Kupferstich von Albrecht Dürer, um 1495*

3.20 Zunftwesen und Zunftkämpfe

Seit der Mitte des 13. Jahrhunderts waren die Handwerker in den Städten regelmäßig in Zünften (Innungen, Ämtern, Gaffeln) organisiert. Bei der Zunft handelte es sich um eine Zwangsgemeinschaft von Meistern, Gesellen und Lehrlingen eines oder auch mehrerer Handwerke oder Gewerbe, die wirtschaftliche Zielsetzungen mit sozialen und kultisch-religiösen Funktionen in sich vereinigte.
Dem wirtschaftlichen Interesse der Mitglieder diente der Zunftzwang, d. h. das Bestreben, alle Gewerbetreibenden eines Gewerbezweiges zu erfassen und andere, die nicht der Zunft angehörten, von der Ausübung des Gewerbes in der Stadt auszuschließen. Dabei regelte die Zunft nicht nur den Zugang zum Handwerk und die Ausbildung vom Lehrling bis zum Meister, sondern sie reglementierte auch Produktion und Absatz, griff beschränkend in den Wettbewerb ein, beaufsichtigte die einzelnen Betriebe, prüfte die gewerblichen Erzeugnisse und übte in allen Zunftangelegenheiten eine eigene Gerichtsbarkeit über ihre Mitglieder aus. Die Leitung der Zunft lag in den Händen der Zunftmeister (Altermänner); in den Zunftversammlungen (»Morgensprache«) beschlossen die Mitglieder über Zunftangelegenheiten. Kultisch-religiöse Elemente des Zunftlebens äußerten sich in der gemeinsamen Teilnahme an Gottesdiensten, Prozessionen und Begräbnissen von Zunftmitgliedern, der Pflicht zur Lichterstiftung sowie auch in der rituellen Pflege eines althergebrachten Arbeitsbrauchtums, das heute noch im Wortschatz der Umgangssprache fortwirkt (»blauer Montag«, »das Handwerk legen«, »über die Schnur hauen« u. a.).

▲ *Zur Aufbewahrung der Zunftordnung diente die so genannte Zunftlade. Hier diejenige der Osnabrücker Schuhmacher aus dem Jahr 1476*

▲ *Das Selbstbewusstsein der wohlhabenden Zünfte dokumentiert das um 1320 von der Bäckerzunft gestiftete »Bäckerfenster« im Freiburger Münster*

Das Bestreben der Zünfte, ihren Mitgliedern das örtliche Gewerbemonopol zu sichern, stand im Widerspruch zur freien Verkehrswirtschaft des Fernhandels und führte bereits im Laufe des Spätmittelalters zu Spannungen mit der Stadtobrigkeit. Wenn es auch in der zweiten Hälfte des 14. Jahrhunderts in einzelnen Städten zu erbitterten Auseinandersetzungen zwischen Handwerkern und Stadtpatriziat um die Herrschaft in der Stadt kam, so verliefen die Fronten hier in der Regel dennoch keineswegs so eindeutig, da meist nur ein Teil der Handwerkszünfte – und dazu oft verbündet mit einigen Ratsfamilien – gegen die alte Ordnung rebellierte. Ähnliches gilt auch für die sozialen Spannungen innerhalb der Zünfte, die nur sehr vereinfacht als Auseinandersetzungen zwischen Gesellen und Meistern um höhere Löhne charakterisiert werden können; in Wirklichkeit war auch hier die Frontstellung komplizierter, da meist nur ein Teil der Gesellen, unterstützt von einigen Meistern, für Neuerungen eintrat.

3.21 Juden

Eine besondere Gruppe innerhalb der städtischen Bevölkerung bildeten die Juden. Als

Nichtchristen waren sie an sich rechtlos; doch bereits seit der Karolingerzeit standen sie unter dem besonderen Schutz des Königs, der es ihnen erlaubte – gegen die Zahlung bestimmter Abgaben –, nach ihrer Glaubensüberzeugung und nach ihrem eigenen Recht zu leben. Seit dem 13. Jahrhundert gestattete das Königtum den fürstlichen Landesherren durch Einzelprivilegien wie auch im Wege der Gesetzgebung (*Goldene Bulle,* ▶ 3.8), den Judenschutz in ihren Territorien auszuüben. Der königliche Judenschutz blieb vor allem auf die Juden in den Reichsstädten, die im Spätmittelalter als »Knechte der königlichen Kammer« angesehen wurden, beschränkt.

Die Kirche trat bereits im Hochmittelalter für eine strenge Isolierung der Juden von der christlichen Bevölkerung ein. So wurden ihnen in den Städten bestimmte Wohnviertel (Ghettos) zugewiesen; seit einem Beschluss des Laterankonzils vom Jahre 1215 waren sie gehalten, eine besondere Kleidung als Kennzeichen zu tragen (spitzer Hut und gelber Fleck). Christen war es untersagt, mit Juden in Tischgemeinschaft zu leben oder als Dienstboten für sie zu arbeiten.

Da Juden vom üblichen Berufsfeld des Handwerkers und Gewerbetreibenden ausgeschlossen waren, waren sie darauf angewiesen, ihren Lebensunterhalt durch Geldgeschäfte, vor allem durch den Geldverleih gegen Faustpfänder und Zinsen, zu bestreiten. Die hierdurch bewirkte Verschuldung breiter Bevölkerungskreise verschärfte die bereits bestehenden Aversionen, die sich dann von Zeit zu Zeit in furchtbaren Judenverfolgungen (Pogromen) und -vertreibungen niederschlugen; dabei dürfte sicher sein, dass innerhalb der Motive, die zu diesen Untaten führten, die materiellen Beweggründe der Schuldner eine ganz zentrale Rolle gespielt haben.

3.22 Das Abendländische Schisma

Die große abendländische Kirchenspaltung (Schisma) entstand, als das Papsttum nach über siebzigjährigem Aufenthalt im französischen Avignon sich anschickte, wieder auf Dauer nach Rom zurückzukehren. Als Papst Gregor XI., der bereits 1376 mit der Kurie nach Rom zurückgekehrt war, im Jahre 1378 starb, wählten die anwesenden Kardinäle unter dem Druck einer bewaffneten Volksmenge, die lautstark die Wahl eines Italieners verlangte, am 9. April 1378 den Erzbischof von Bari als Urban VI. zum Papst. Trotz der tumultuarischen Umstände, die die Wahl begleitet hatten, fand der neue Papst zunächst durchaus Anerkennung. Erst als Urban seine Wähler durch sein schroffes und selbstherrliches Auftreten schockierte, kündigten ihm vor allem die nichtitalienischen Kardinäle den Gehorsam auf, erklärten die Wahl für ungültig und wählten am 20. September 1378 in Anagni den Kardinal Robert von Genf zum Papst, der sich Clemens VII. nannte.

▲ *Seit dem Laterankonzil von 1215 bestand für die Juden in Europa Kennzeichnungspflicht. Besonders markant war der auf dieser Darstellung zu erkennende spitze Judenhut (Seite eines Festgebetbuchs aus dem 14. Jh.; Leipzig, Universitätsbibliothek)*

Während der französische König Karl V. Clemens unterstützte, der, da ihm Rom verschlossen war, wieder in Avignon residierte, erklärten sich der König von England sowie der römisch-deutsche König Wenzel mit den vier rheinischen Kurfürsten (Urbansbund) für den »römischen« Papst Urban, wobei allerdings einige süddeutsche Reichsstände (vor allem Österreich) zu Clemens hielten. Das Schisma wurde auch nicht beendet, als die sich bekämpfenden Päpste starben, da in beiden Lagern jeweils neue Päpste gewählt wurden. Ebenso scheiterte der Versuch des Konzils von Pisa (1409), das Schisma durch die Absetzung der rivalisierenden Päpste und die Neuwahl eines dritten Papstes zu überwinden, vor allem daran, dass der Nachfolger des inzwischen abgesetzten Königs Wenzel, König Ruprecht, dem Konzil die Anerkennung verweigerte. Die Folge war, dass die Spaltung noch weiter vertieft wurde, da die Kirche nun sogar über drei Päpste verfügte, die sich mit ihrer jeweiligen Anhängerschaft unversöhnlich gegenüberstanden. Erst auf dem *Konstanzer Konzil* (▶ 3.23) wurde 1417 das Schisma beendet.

3.23 Konstanzer Konzil

Obwohl das Konzil von Pisa (1409) nicht zum Erfolg geführt hatte, setzte sich in der abendländischen Christenheit immer mehr die Überzeugung durch, dass das mittlerweile schon über drei Jahrzehnte dauernde Schisma nur durch ein allgemeines Generalkonzil überwunden werden könne. Dass dann auf deutschem Boden ein solches allgemein anerkanntes Konzil zustande kam, ist in erster Linie dem diplomatischen Geschick König Sigmunds zuzuschreiben, dem es gelang, den Pisaner Papst Johannes XXIII. dazu zu bewegen, das Konzil nach Konstanz einzuberufen.

Das Konzil, das vom 5. November 1414 bis zum 22. April 1418 tagte, war eine der größten Kirchenversammlungen, die das Mittelalter je gesehen hat. 600 bis 700 Theologen und ebenso viele weltliche Magnaten und Gesandte aus ganz Europa nahmen hieran teil, wobei neben der Wiederherstellung der Kircheneinheit (causa unionis) noch zwei weitere Hauptaufgaben, nämlich die von vielen erhoffte innere Reform der Kirche (causa reformationis) sowie die Auseinandersetzung mit den Lehren des *Johannes Hus* (▶ 3.24) u.a. (causa fidei) zu lösen waren.

Die schwierigste Aufgabe, die Herstellung der Kircheneinheit, schien wieder in weite Ferne gerückt, als Ende März 1415 bekannt wurde, dass der Pisaner Papst Johannes XXIII. heimlich Konstanz verlassen und sich dem Schutze des Herzogs Friedrich von Österreich-Tirol unterstellt hatte, um sich der Alternative Rücktritt oder Absetzung, vor die ihn die Konzilsmehrheit gestellt hatte, zu entziehen. Vor allem der Umsicht und Entschlossenheit König Sigmunds war es in dieser kritischen Situation zu verdanken, dass das Konzil sich nicht auflöste und so die Chance zur Beendigung des Schismas gewahrt wurde. Während der König den österreichischen Herzog durch die Verhängung der Reichsacht und die Androhung des Reichskrieges dazu zwang, seinen Schützling aufzugeben, erklärte das Konzil in einem Grundsatzbeschluss, über dem Papst zu stehen (Dekret »Haec sancta synodus« von 1415), und eröffnete gegen den inzwischen wieder ergriffenen Flüchtling ein förmliches Rechtsverfahren, das mit dessen Absetzung endete. Nachdem die

◀ *Gegen Ende des Konstanzer Konzils wurde im November 1417 im eigens hergerichteten Konstanzer »Kaufhaus« am Hafen der neue Papst gewählt*

beiden anderen Päpste, die auf dem Konzil nur durch Gesandte vertreten waren, zum Rücktritt gezwungen bzw. abgesetzt worden waren, war der Weg für eine Neuwahl frei, aus der dann Martin V. als neuer, allgemein anerkannter Papst hervorging (11. November 1417).
Bereits im Jahre 1415 hatte das Konzil auch in der Glaubensfrage entschieden. Nach einem förmlichen Prozessverfahren war *Jan Hus* (▶ 3.24) als Ketzer verurteilt und trotz des von König Sigmund zugesicherten freien Geleits auf dem Scheiterhaufen verbrannt worden.
Hatte das Konzil – wenigstens in den Augen der meisten Mitwirkenden – die beiden ersten Aufgaben zufriedenstellend gelöst, so beschränkten sich die Ergebnisse der in Aussicht gestellten Kirchenreformen auf wenige verwaltungsrechtliche Zugeständnisse des Papstes. Obwohl das Konzil den Papst durch einen förmlichen Beschluss (Dekret »Frequens«) dazu verpflichtete, auch in Zukunft in regelmäßigen Abständen Konzilien einzuberufen, hat sich in der Folgezeit (Konzil von Basel) der konziliare Gedanke einer Überordnung des Konzils über den Papst gegen den päpstlichen Primatsanspruch nicht durchgesetzt.

3.24 Jan Hus

Seit der Mitte des 14. Jahrhunderts – besonders unter dem Eindruck des großen *Abendländischen Schismas* (▶ 3.22) – begann sich eine tief greifende Missstimmung gegen die Kirche und ihre Repräsentanten breit zu machen, die sich vor allem gegen die immer hemmungsloser betriebene Abgabenpolitik der päpstlichen Kurie, aber auch ganz allgemein gegen die zunehmende Verweltlichung und sittliche Verwahrlosung großer Teile des Klerus wandte. Je deutlicher die Missstände zutage traten, desto mehr stieß die Kirche auf Kritik und Ablehnung, wobei seit dem Ende des 14. Jahrhunderts sich vor allem Böhmen zu einem Zentrum der oppositionellen Strömungen entwickelte. Hier wurden die allgemeinen Spannungen durch nationale und soziale Gegensätze zwischen Tschechen und Deutschen, die meist die höheren Stellen innerhalb des Klerus innehatten, noch zusätzlich verschärft, wobei vor allem die Prager Universität zum Austragungsort dieser Auseinandersetzungen wurde. Zum Sprachrohr der theologischen Kritik wie auch der nationalen und sozialen Ressentiments machte

▲ *Vor seiner Verbrennung wurde Jan Hus entweiht: Man nahm ihm sein Priestergewand und kleidete ihn in einen schwarzen Mantel und eine Mütze mit der Aufschrift »Ketzer«*

sich der Magister Jan Hus, der seit 1398 an der Prager Universität lehrte. Dabei griff er weitgehend auf das Gedankengut des englischen Reformators John Wyclif (etwa 1320–1384) zurück, indem er die Kirche aufforderte, zum Idealbild einer in apostolischer Armut lebenden Urkirche zurückzukehren und sich ihren eigentlichen Aufgaben, der Predigt und der Verkündigung der Heiligen Schrift, zu widmen. Während Hus sich zunächst noch im Wesentlichen auf Reformforderungen beschränkte, wurden seine Angriffe gegen Papst und Kircheninstitutionen in der Folgezeit immer radikaler, um dann in seiner 1413 erschienenen Schrift »De ecclesia« (»Von der Kirche«) darin zu gipfeln, dass er der Kirchentradition jede Autorität, die nicht ausdrücklich durch die Heilige Schrift belegt war, absprach. Obwohl Johannes XXIII. bereits im Jahre 1410 den Kirchenbann über ihn verhängt hatte und obwohl er 1412 auch Prag verlassen musste, blieb die Anziehungskraft seiner Lehren, die er mit großer Leidenschaft in seinen Predigten in tschechischer Sprache vortrug, bei weiten Kreisen seiner Landsleute ungebrochen.

Nachdem König Sigmund ihm freies Geleit gewährt hatte, entschloss sich Hus im Jahre 1414, seine Lehren vor dem *Konstanzer Konzil* (▶3.23) persönlich zu verantworten. Seine Hoffnung auf eine gelehrte Disputation vor der Konzilsöffentlichkeit ging jedoch nicht in Erfüllung; gegen den bald nach seiner Ankunft in Konstanz Festgenommenen wurde vielmehr ein förmlicher Ketzerprozess eröffnet, der mit seiner Verurteilung und Hinrichtung auf dem Scheiterhaufen endete (6. Juli 1415).

Die Nachricht von seinem Tode löste in Böhmen eine ungeheure religiöse und nationale Erregung aus, die sich, als König Sigmund nach dem Tode Wenzels sein Erbe als König von Böhmen antreten wollte, zum offenen Krieg ausweitete. In mehreren Schlachten blieben die hussitischen Heere Sieger, bis dann auf diplomatischem Wege ein Ausgleich gefunden wurde (Prager Kompaktaten von 1433, Iglauer Kompaktaten von 1436), der gegen die Anerkennung Sigmunds als König von Böhmen den Hussiten einige religiöse Zugeständnisse (Gewährung des Laienkelches) einräumte.

3.25 Nikolaus von Kues

1401 als Sohn eines Moselschiffers in Kues an der Mosel (heute Ortsteil von Bernkastel) geboren, gehört Nikolaus von Kues (auch Cusanus genannt) zu den bedeutendsten deutschen Gelehrten, die das Mittelalter hervorgebracht hat. Nach dem Studium der freien Künste in Heidelberg und des Kirchenrechts in Padua erwarb er im Jahre 1423 den Doktorgrad (doctor decretorum). Seit 1425 an der Universität Köln immatrikuliert, betrieb er neben der praktischen Arbeit als Rechtsbeistand und -gutachter ausgedehnte philosophische, theologische und rechtshistorische Forschungen, die nicht nur zu bedeutsamen Ergebnissen (z. B. Nachweis der so genannten »Konstantinischen Schenkung«, auf die sich das Papsttum in seinem Anspruch auf die Universalherrschaft stützte, als Fälschung), sondern auch zu aufsehenerregenden Handschriftenfunden (u. a. zwölf bisher nicht bekannte Komödien des Plautus) führten und die ihm bald hohes Ansehen in der damaligen Gelehrtenwelt einbrachten.

Seit 1432 nahm er am Basler Konzil teil, wo er in seiner berühmten Schrift »De concordantia catholica« (1433/34) eine gemäßigte konziliare Theorie (grundsätzliche Überordnung des Konzils über den Papst, aber päpstliches Zustimmungserfordernis für alle Grundsatzbeschlüsse des Konzils) entwickelte und Vorschläge zur Reichsreform unterbreitete. In dem sich zuspitzenden Streit zwischen dem Basler Konzil und Papst Eugen IV. lehnte er jedoch die radikalen Beschlüsse des Konzils ab und stellte sich im

▲ *Zeitgenössisches Bildnis des Nikolaus von Kues aus der Kapelle des Sankt-Nikolaus-Hospitals in Kues*

Jahre 1437 dem Papst zur Verfügung, in dessen Auftrag er zunächst nach Konstantinopel reiste, um den oströmischen Kaiser und den Patriarchen von Konstantinopel zum Unionskonzil nach Ferrara abzuholen. In der Folgezeit warb Nikolaus in zahlreichen weiteren Missionen bei den einzelnen Reichsständen und König Friedrich III. für die Interessen des Papstes. Als Anerkennung für seine Verdienste um den Abschluss der Fürstenkonkordate und des Wiener Konkordats (1448), die den Sieg des Papstes über das Basler Konzil besiegelten, wurde er noch im Jahre 1448 zum Kardinal und 1450 zum Bischof von Brixen erhoben.

In den Jahren 1450–52 reiste er im Dienste der Kirchenreform quer durch das Deutsche Reich, visitierte Klöster, reformierte Kirchenvorschriften, stellte Missstände ab und entschied über Streitfälle. Seine Bemühungen, im Bistum Brixen die bischöfliche Herrschaftsgewalt auszubauen und die Finanzen zu sanieren, führten allerdings zu schweren Spannungen mit dem Adel und dem Landesherrn, Herzog Sigmund von Österreich-Tirol, der ihn auf seiner Burg Bruneck überfiel, gefangen setzte und ihn dazu nötigte, die herzoglichen Forderungen anzuerkennen (1460). Enttäuscht zog sich Nikolaus von Kues nach seiner Freilassung aus seinem Bistum zurück und verbrachte seine letzten Lebensjahre vor allem in Rom und Orvieto. Am 11. August 1464 starb er in Todi/Umbrien.

3.26 Reichsreform

Im 15. Jahrhundert mehrten sich die Klagen der Zeitgenossen über zahlreiche Missstände im Reich (allgemeine Rechtsunsicherheit durch Mängel in der Gerichtsverfassung und das überhand nehmende Fehdewesen, Schutzlosigkeit des Reiches vor äußerer Bedrohung durch eine unzulängliche Wehrverfassung). Während das Königtum – zeitweise im Bündnis mit dem Niederadel und den Reichsstädten – auf eine Stärkung der monarchischen Zentralgewalt bestand, sahen Kurfürsten und Fürsten die Lösung eher in der Entmachtung des Kaisers zugunsten einer institutionalisierten reichsständischen Mitwirkung an der Reichsgewalt.
Obwohl die Problematik in der zeitgenössischen Publizistik (▶ 3.25) wie auch auf zahlreichen Reichstagen des 15. Jahrhunderts erörtert wurde, waren die Interessengegensätze zu groß, um zu einer gemeinsamen Lösung zu kommen.

Der Durchbruch erfolgte erst in der Regierungszeit König Maximilians I., der sich, um Unterstützung in seinen Kriegen gegen Frankreich zu erhalten, dazu verstand, den Forderungen der Reichsstände – vertreten vor allem durch den Mainzer Erzbischof Berthold von Henneberg – wenigstens teilweise entgegenzukommen. So beschloss der Wormser Reichstag vom Jahre 1495, das Fehderecht zugunsten eines »Ewigen Landfriedens« aufzuheben und das Gerichtswesen durch die Errichtung eines vom König weitgehend unabhängigen Reichskammergerichts neu zu ordnen. Zur Stärkung der Reichsfinanzen wurde eine allgemeine Reichssteuer (Gemeiner Pfennig) eingeführt, die an den König abzuführen war.
Auf dem Augsburger Reichstag vom Jahre 1500 sah König Maximilian sich außerdem genötigt, der Errichtung des Reichsregiments, einer Art ständischer Reichsregierung, an deren Zustimmung die Regierungsmaßnahmen des Königs gebunden sein sollten, zuzustimmen. Zur Durchführung der Reichsexekution gegen Landfriedensbrecher wie auch zur Vollstreckung der Reichskammergerichtsurteile wurde ferner auf den Reichstagen von Augsburg (1500) und Trier/Köln (1512) eine Reichsexekutionsordnung beschlossen, die auf einer Einteilung des Reiches in überterritoriale Verwaltungseinheiten (Reichskreise) beruhte.
Während weder das Reichsregiment noch die allgemeine Reichssteuer sich als dauerhafte Institutionen durchsetzten, wurden die übrigen Ergebnisse der Reichsreform, Ewiger Landfriede, Reichskammergericht und Reichsexekutionsordnung, auf dem Augsburger Reichstag vom Jahre 1555 – wenn auch mit einigen Modifizierungen – bestätigt, wodurch die Reichsreform zu einem gewissen Abschluss gebracht wurde.

Daten

1247–1256	Wilhelm von Holland (bis 1254 Gegenkönig)
1254	Gründung des Rheinischen Bundes/Tod Konrads IV.
1257	Doppelwahl: Richard von Cornwall – Alfons X. von Kastilien
1268	Hinrichtung Konradins/Ende der Staufer
1273–1291	Rudolf I. von Habsburg
1278	Schlacht auf dem Marchfeld bei Dürnkrut
1291	Bund von Uri, Schwyz und Nidwalden
1292–1298	Adolf von Nassau
1298–1308	Albrecht I. von Habsburg
1302	Bulle »Unam sanctam« von Papst Bonifaz VIII.
1303	Gefangennahme des Papstes in Anagni
1308–1313	Heinrich VII. von Luxemburg (1312 Kaiser)
1309–1376	Residenz der Päpste in Avignon
1314	Doppelwahl: Friedrich der Schöne – Ludwig IV., der Bayer
1315	Schlacht am Morgarten
1322	Sieg Ludwigs des Bayern bei Mühldorf am Inn
1328	Kaiserkrönung Ludwigs des Bayern
1338	Kurverein von Rhense
1339–1453	Hundertjähriger Krieg in Frankreich
1346–1378	Karl IV. (1355 Kaiser)
1347–1351	Pest in Europa
1356	Goldene Bulle
1370	Friede von Stralsund
1378–1400	Wenzel
1378–1417	Abendländisches Schisma
9. Juli 1386	Schlacht bei Sempach
1400–1410	Ruprecht von der Pfalz
1410/11–1437	Sigmund (1433 Kaiser)
1414–1418	Konzil von Konstanz
6. Juli 1415	Hinrichtung des Jan Hus
1419–1436	Hussitenkriege
1424	Binger Kurverein
1431–1449	Konzil von Basel – Ferrara – Florenz
1438–1439	Albrecht II. von Habsburg
1440–1493	Friedrich III. (1452 Kaiser)
1448	Wiener Konkordat
1453	Konstantinopel von den Türken erobert
1455–1487	Rosenkriege in England
5. Jan. 1477	Schlacht bei Nancy (Tod Karls des Kühnen von Burgund)
1488	Gründung des Schwäbischen Bundes
1492	Kolumbus entdeckt Amerika
1493–1519	Maximilian I.
1495	Reichstag zu Worms (Reichsreform)
1499	Schweizerkrieg (Schwabenkrieg)
1500	Reichstag zu Augsburg (Reichsregiment)

Reformation und Glaubenskriege (1500–1648)

4

Einführung

Lange Zeit sind die Entdeckung Amerikas 1492 und der Beginn der Reformation 1517 als Anfang der Neuzeit betrachtet worden. Der Begriff Neuzeit wurde jedoch schon von den Humanisten des 15. Jahrhunderts verwendet, denen ihre Gegenwart als neues Zeitalter erschien. Tatsächlich sind wichtige Grundzüge der Neuzeit schon vor den genannten Zeitpunkten zu erkennen, am frühesten in Italien, dem Ursprungsland von Humanismus und Renaissance. Der durch diese Bewegungen in Gang gesetzte geistige Wandlungsprozess, den der große Historiker Jacob Burckhardt als »Entdeckung der Welt und des Menschen« bezeichnet hat, beeinflusste die europäische Geschichte der Neuzeit nachhaltig. Eine entscheidende Voraussetzung für die schnelle Verbreitung der neuen Ideen war die Erfindung des Buchdrucks um 1450. Der für die Neuzeit kennzeichnende Zug der »Zweckrationalität«, d.h. der Ausrichtung des Handelns am vernunftgemäßen Abwägen von Zielen, Mitteln und Folgen des Tuns, kam in einer Fülle von zukunftsträchtigen Entwicklungen zum Ausdruck, die sich allerdings erst im 17. und 18. Jahrhundert voll entfalteten. Dazu gehörte die beginnende Befreiung des Denkens von den Bindungen der Theologie ebenso wie die Anfänge moderner Wirtschaftstechniken (Frühkapitalismus), die Entstehung des neuzeitlichen Staates und die Entwicklung neuer Staats- und Rechtstheorien. Typisch für Übergangszeiten sind jedoch nicht nur die in die Zukunft weisenden Neuansätze, sondern auch die fortwirkenden Traditionen der Vergangenheit. So ist z.B. darauf hingewiesen worden, dass die Reformation, eine der bedeutendsten von Deutschland ausgegangenen Bewegungen, wesentlich vom mittelalterlichen Denken geprägt war. Dennoch ist sie ihrem Gesamtzusammenhang und ihren geschichtlichen Wirkungen nach der Neuzeit zuzurechnen. Freilich beabsichtigte Luther mit den 95 Thesen von 1517 und noch in den folgenden Jahren keineswegs die Gründung einer neuen Kirche, sondern erst die Zurückweisung seiner Reformforderungen durch die kirchlichen Instanzen drängte ihn Schritt für Schritt dazu, die katholische Sakramentenlehre, das Messopfer, das Mönchtum, ja sogar das Papsttum abzulehnen. Damit erschütterte er die Grundpfeiler der alten Kirche, veranlasste diese aber zugleich dazu, 1545–63 in Trient das seit langem anstehende Reformkonzil durchzuführen, das die bislang so brisante Streitfrage des Vorrangs von Papst oder Konzil ausklammerte und mit seinen Lehrentscheidungen und innerkirchlichen Reformen die Grundlagen des neuzeitlichen Katholizismus schuf. Die mittelalterliche Einheit der lateinischen Christenheit, durch Kirchenspaltungen, Ketzerbewegungen und kirchlich geduldete Sonderentwicklungen längst infrage gestellt, war allerdings endgültig zerbrochen, um so mehr, als auch innerhalb der reformatorischen Bewegung keine Glaubenseinheit erreicht werden konnte.

Nicht nur für die Kirchengeschichte, sondern auch für die deutsche Geschichte bedeutete die Reformation einen tiefen Einschnitt, da sie wegen der engen Verknüpfung der weltlichen und kirchlichen Institutionen im Heiligen Römischen Reich unmittelbare politische Auswirkungen hatte: Allein drei der sieben (faktisch sechs) Kurfürsten waren geistliche Reichsfürsten, nämlich die Erzbischöfe von Mainz, Köln und Trier, und darüber hinaus gab es zahlreiche Fürstbistümer und Reichsabteien, die im Reichstag vertreten waren. Die Einführung der Reformation hatte zur Folge, dass geistliche

Fürstentümer entweder in weltliche umgewandelt und damit erblich wurden oder gänzlich weltlichen Landesherrschaften einverleibt wurden und dass Kirchengüter eingezogen und Klöster aufgehoben wurden. Durch diese so genannten Säkularisationen verschoben sich jedoch nicht nur die Machtverhältnisse im Reich, sondern die Grundlagen der Reichskirche und damit der Reichsverfassung wurden untergraben. Da einerseits Kaiser Karl V. (1519–56) die Reformation bekämpfte und auch eine Reihe von Reichsständen sich dem neuen Glauben nicht anschloss, andererseits aber alle Versuche, diesen zu unterdrücken, fehlschlugen, kam es zu einer konfessionellen Spaltung des Reiches.

In dieser Lage sah sich Ferdinand I. unter dem zusätzlichen Druck der Fürstenopposition gegen die kaiserlichen Herrschaftsansprüche gezwungen, das Augsburgische Bekenntnis von 1530, die gemeinsame Glaubensgrundlage der Lutheraner, 1555 reichsrechtlich anzuerkennen. Der Augsburger Religionsfriede, eines der wenigen »Grundgesetze« des Reiches, war kein Ausdruck religiöser Toleranz – dieser Gedanke setzte sich erst seit dem 18. Jahrhundert durch –, sondern er versuchte den religiös-politischen Konflikt durch rechtliche Bestimmungen zu entschärfen, um die Reichsverfassung zu retten und den Frieden im Reich zu erhalten.

Kaiser Karl V. dankte 1556 ab, nachdem er seine weit gespannten Ziele nicht hatte verwirklichen können. Zwar war seine Machtgrundlage dank der vom Glück begünstigten Familienpolitik seines Großvaters Maximilian I. weitaus größer als die seiner Vorgänger, aber einer Vorherrschaft des Kaisers stellten sich sowohl im Reich als auch im europäischen Umkreis unüberwindliche Hindernisse entgegen. Insbesondere der schon unter Maximilian I. (1493–1519) zutage getretene Gegensatz zwischen den Habsburgern und dem französischen Königshaus Valois (ab 1589 Bourbon) bildete bis in die Mitte des 18. Jahrhunderts einen der grundlegenden Faktoren der europäischen Politik. Frankreich schloss in dem Bestreben, die Umklammerung durch den österreichisch-burgundisch-spanischen Länderkomplex der Habsburger aufzubrechen, Bündnisse mit anderen Reichsfeinden, vor allem den Türken, und griff zunehmend in die innerdeutschen Streitigkeiten ein. Im Dreißigjährigen Krieg (1618–48) brachte diese Politik das Reich an den Rand der Auflösung. Das war allerdings nur möglich, weil der Religionskonflikt sich in einem erbitterten Bürgerkrieg entladen hatte, in dem alle Beteiligten ausländische Verbündete suchten.

Der Augsburger Religionsfriede, der als Abschluss der Reformationsepoche gilt, hatte also letztlich nicht einen dauerhaften Ausgleich zwischen den Religionsparteien herbeigeführt. Das konfessionelle Zeitalter, wie man den Zeitraum von 1517 bis 1648 nennt, wurde in der folgenden Phase vielmehr von den sich verschärfenden Konflikten um die Auslegung des Religionsfriedens bestimmt. Die Absicht des Kaisers, durch den Vertrag weitere Säkularisationen zu verhindern, wurde von den protestantischen Fürsten vielfach durchkreuzt, während die katholischen Fürsten zu einer Politik der Gegenreformation, d.h. zur Rekatholisierung evangelischer Gebiete, übergingen. Die Kaiser, anfangs um Vermittlung bemüht, griffen in ihrem eigenen Herrschaftsgebiet zunehmend zu gegenreformatorischen Maßnahmen. Dadurch wurde 1618 ein Aufstand in Böhmen ausgelöst, in den sogleich das Reich verwickelt wurde.

Im Dreißigjährigen Krieg verbanden sich religiöse und politische Gegensätze zwischen den Fürsten, ständische Interessengegensätze zwischen dem Kaiser und den Fürsten sowie europäische Machtauseinandersetzungen zu einem unentwirrbaren Konflikt. Die Religionsfrage trat allerdings nach dem Kriegseintritt Frankreichs 1635 gegenüber dem Kampf um die Vorherrschaft in Europa zurück. Der Westfälische Friede, der die Reichsverfassung von 1648 bis zum Ende des Heiligen Römischen Reiches 1806 bestimmte, versuchte ein Gleichgewicht zwischen den Konfessionen herzustellen und bestätigte die Landeshoheit der Reichsstände. Der moderne Staat der Neuzeit bildete sich somit in Deutschland künftig nicht auf der Ebene des Reiches, sondern auf der der Einzelstaaten aus, zumal die katastrophalen Folgen des Krieges die Fürsten zu gezielten Wiederaufbaumaßnahmen veranlassten.

4.1 Die Erfindung des Buchdrucks

Die Bücher des Mittelalters bestanden aus zusammengehefteten und gebundenen, von Hand beschriebenen Pergamentblättern. Anstelle des Pergaments setzte sich im ausgehenden Mittelalter allmählich das billigere Papier durch. In der Regel wurden die Bücher als einmalige Exemplare für einen Auftraggeber angefertigt, zunächst nur in Klöstern und an Königshöfen, später auch in den weltlichen Schreib-

▲ *Die Erfindung des Druckens mit beweglichen Lettern durch den Mainzer Johannes Gutenberg hatte revolutionierende Wirkung. Spalte aus der 42-zeiligen Gutenberg-Bibel mit dem Anfang des Buches Hiob*

stuben der Städte und besonders im Umkreis der Universitäten. Die Verbreitung literarischer, wissenschaftlicher und sonstiger Werke war nur durch Abschriften möglich, wobei stets die Gefahr sinnentstellender Textabweichungen bestand.

Um 1440/50 erfand Johannes Gensfleisch zur Laden, genannt Gutenberg, Sohn eines Mainzer Patriziers, die Technik der Herstellung völlig gleicher, auswechselbarer Metalltypen: Er schnitt Stahlstempel in Form von spiegelverkehrten Buchstaben und anderen Schriftzeichen und schlug sie in Kupfer; in die dadurch entstandene Gegenform (Matrize) wurde Blei gegossen, das nach dem Erkalten spiegelverkehrte Lettern ergab. Diese setzte Gutenberg zu Druckformen zusammen, färbte sie mit Druckerschwärze ein und stellte mithilfe einer ebenfalls von ihm konstruierten Druckerpresse ganze Buchseiten in der jeweils gewünschten Anzahl her. Bald wurden auch Illustrationen, Initialen und andere Schmuckformen mechanisch vervielfältigt.

Die neue Technik verbreitete sich von Mainz aus schnell über ganz Europa. Sie ermöglichte eine rasche und vergleichsweise billige Herstellung auch umfangreicher Werke in hoher Auflage; so wurde schon 1455 die berühmte Gutenberg-Bibel in lateinischer Sprache gedruckt. Damit schuf Gutenbergs Erfindung die Voraussetzung für einen intensiveren geistigen Austausch, ja allgemein für eine Steigerung des Schriftlichkeitsgrades der europäischen Kultur.

4.2 Humanismus und Renaissance

Die Begriffe Humanismus und Renaissance, als Epochenbegriffe für die Übergangszeit vom Mittelalter zur Neuzeit erst seit dem 19. Jahrhundert geläufig, werden oft in demselben Zusammenhang, zum Teil sogar gleichbedeutend gebraucht. Tatsächlich ist es unmöglich, sie klar voneinander abzugrenzen, da sie auf denselben geistigen Grundlagen beruhen; im Allgemeinen denkt man bei Humanismus an die philosophischen, philologischen und literarischen Äußerungen dieser Epoche, bei Renaissance teilweise nur an Literatur, Musik und vor allem bildende Kunst der Zeit, teilweise an eine den Humanismus mit umfassende Strömung der Kultur- und Geistesgeschichte.

Beide Bewegungen entstanden in der zweiten Hälfte des 14. Jahrhunderts in Italien, dem damals kulturell und wirtschaftlich höchstentwi-

▲ *Während im 15. Jh. in Deutschland auf geistigem Gebiet Humanismus und Renaissance Platz griffen, erreichte in der Baukunst die Spätgotik ihren Höhepunkt. Innenansicht der Kirche Sankt Martin in Amberg*

ckelten Land Europas. Dort setzte eine Rückbesinnung auf die Antike ein, zunächst auf die klassische lateinische Sprache, die römische Literatur und Wissenschaft, dann auch auf die griechische Antike. Diese »Wiedergeburt« (=Renaissance) der antiken Tradition wandte sich vor allem gegen die von der Scholastik geprägte Dogmatik der spätmittelalterlichen Kirche; aber die meisten Humanisten blieben der christlichen Lehre verpflichtet, wenn auch die Verbreitung einer von der Kirche unabhängigen Bildung eine Tendenz zur Säkularisierung (Verweltlichung) mit sich brachte.
Von Italien her strahlten Humanismus und Renaissance im 15. und 16. Jahrhundert auf Europa aus, wobei in Deutschland der Humanismus im Vordergrund stand. Kennzeichnend für den deutschen Humanismus war nicht nur der Rückgriff auf das griechisch-lateinische Bildungsgut, sondern zum Teil auch eine betont »nationale« Haltung, die den Wert der eigenen Vergangenheit hervorhob. Nicht zufällig wurde gerade in dieser Zeit *Tacitus' »Germania«* (▶ 1.5) wieder entdeckt.
Zum Teil in Verbindung mit dem nationalen Impuls trat ein anderer Grundzug des deutschen Humanismus in Erscheinung: die Kritik an der Verweltlichung von Papsttum und Geistlichkeit, an der Geldgier der Kurie, der Verflachung der Scholastik. Ihren Höhepunkt fand die Polemik im Streit um den Tübinger Rechtslehrer Johannes Reuchlin, den Begründer der hebräischen Sprachforschung, der wegen seiner Stellungnahme gegen die Vernichtung der außerbiblischen jüdischen Literatur in Konflikt mit der Inquisition geriet. Zu seiner Verteidigung veröffentlichte Reuchlin 1514 eine Auswahl seines Briefwechsels unter dem Titel »Clarorum virorum epistolae« (Briefe berühmter Männer). Daraufhin erschien anonym eine fingierte Briefsammlung mit dem Titel »Epistolae obscurorum virorum« (Dunkelmännerbriefe), eine in barbarischem Latein verfasste Satire auf die sinnentleerte Spitzfindigkeit der Spätscholastik, auf die Borniertheit, Heuchelei und Unmoral von Mönchtum und Weltklerus.
Unbestreitbar hat der Humanismus der Reformation den Weg geebnet: durch seine Kritik an den kirchlichen Missständen, durch die Förderung der Sprachstudien, ohne die Luthers Bibelübersetzung nicht möglich gewesen wäre, und durch seine Bemühungen um das Bildungswesen. Im eigentlichen theologischen Bereich freilich blieben die Humanisten ganz überwiegend auf dem Boden der alten Kirche. Der wohl berühmteste Humanist zur Zeit der Reformation, Erasmus von Rotterdam, setzte sich zwar für eine Erneuerung des Christentums ein, doch die Radikalität der lutherischen Lehre lehnte er ab.

4.3 Kirchenreform

Eine Reform der Kirche an Haupt und Gliedern – dieses Ziel hatten schon die Konzilien des 15. Jahrhunderts angestrebt. Zwar war die äußere Einheit der abendländischen Christenheit nach dem großen Schisma wieder hergestellt worden, aber eine grundlegende Neuordnung der kirchlichen Institutionen war nicht zuletzt am Widerstand des Papsttums gescheitert, das seine Autorität gegenüber den Konzilsvätern bedroht sah (▶ 3.23). Während die Renaissancepäpste mit dem Ausbau des Kirchenstaats ihre weltliche Machtstellung festigten, räumten sie in mehreren Konkordaten den europäischen Herrschern Sonderrechte in den Kirchen ihrer Länder ein. Auch mit Kaiser Friedrich III. kam 1448 ein Konkordat zustande, bei dem die Reichsfürsten allerdings Änderungen zu ihren Gunsten durchsetzten. Schon damit war der Weg zu dem später in den evangelischen Territorien eingerichteten so genannten landesherrlichen Kirchenregiment beschritten. Trotzdem blieb in Deutschland der Einfluss Roms stärker als in den westeuropäischen Ländern. Daher war man hier auch mehr als anderswo geneigt, die Kurie als Wurzel aller Übel in der Christenheit zu betrachten. Besonders erregte der steigende Geldbedarf der Päpste, bedingt durch die umfangreichen Bauvorhaben, die luxuriöse Hofhaltung und die Kosten für die Kriegführung des Kirchenstaats, allgemeines Ärgernis, da die Kurie für die Vergabe von Pfründen, für Dispense, Ablässe und anderes immer neue Gebühren und Abgaben einführte. Darüber hinaus führte man Klage über die päpstliche Verwaltungspraxis und Gerichtsbarkeit. Alle diese Kritikpunkte wurden erstmals 1456 als »Gravamina (= Beschwerden) der deutschen Nation« auf einem Kurfürstentag in Frankfurt vorgetragen und dann in ähnlicher Form immer erneut, aber vergeblich wiederholt. 1520 griff Luther die Gravamina in seiner Schrift »An den christlichen Adel deutscher Nation« auf.

Doch nicht nur diese papstfeindliche Tendenz kam schließlich in der Reformation zum Tragen, sondern allgemein ein gerade in einer Zeit gesteigerter Religiosität verbreitetes Unbehagen an der »Anstaltskirche«, in der kirchliche Ämter in erster Linie als Einnahmequelle erstrebt wurden, in der oft mehrere Pfründen in einer Hand vereinigt waren, während die geistlichen Pflichten von mangelhaft ausgebildeten und schlecht bezahlten Vikaren versehen wurden, und in der selbst die Gnadenmittel mit einem gehörigen Maß Geschäftstüchtigkeit verwaltet wurden. Nicht zufällig war der *Ablasshandel* (▶ 4.4) auslösendes Moment der Reformation.

4.4 Ablasshandel

Die Lehre der katholischen Kirche vom Ablass beruht auf der Unterscheidung von Sündenschuld und Sündenstrafen: Die Sündenschuld wird durch das Sakrament der Buße getilgt, während die zeitlichen Sündenstrafen zur Läuterung des reuigen Sünders im irdischen Leben oder im Fegefeuer abzubüßen sind. Da die Kirche über die überschüssigen Verdienste Christi und der Heiligen als »Kirchenschatz« verfügt, kann sie den Gläubigen für bestimmte Leistungen (z. B. Pilgerfahrten) Ablass der Sündenstrafen gewähren. Die spätmittelalterliche Ablasspraxis nahm einerseits aufgrund der gesteigerten Volksfrömmigkeit, andererseits infolge des wachsenden Finanzbedarfs der Kurie, die zunehmend Ablass für Geldzahlungen gewährte, immer größere Ausmaße an.

▲ *Papst Klemens VII. inmitten von Ablasshändlern. Um 1524 entstandener Holzschnitt von Hans Holbein dem Jüngeren*

1517 trat im Gebiet des Kurfürstentums Brandenburg und des Erzstifts Magdeburg der Leipziger Dominikaner Johann Tetzel als Prediger für einen Ablass auf, dessen Erlös dem Bau des Petersdoms in Rom zugute kommen sollte. Tatsächlich aber war die Hälfte des eingenommenen Geldes dazu bestimmt, die Schulden des jungen Albrecht von Brandenburg bei dem Augsburger Finanzhaus Fugger abzutragen, denn Albrecht hatte hohe Schulden auf sich nehmen müssen, um die Häufung seiner geistlichen Ämter (er war Erzbischof von Mainz und Magdeburg und Administrator des Bistums Halberstadt) bei der Kurie zu erkaufen. Die Auswüchse des Tetzelschen Ablasshandels (Ablass für die Sündenstrafen Verstorbener und sogar für eigene zukünftige Sünden gegen entsprechende Zahlung) veranlassten Luther zur Abfassung seiner berühmten 95 Thesen (▶4.6), ohne dass er allerdings etwas von den politischen Hintergründen dieses Geschäfts ahnte.

4.5 Luther

Am 10. November 1483 wurde Martin Luther im thüringischen Eisleben geboren. Sein Vater gelangte in Mansfeld als Hüttenpächter allmählich zu Wohlstand, sodass er seinem begabten Sohn das Studium ermöglichen konnte. 1505 erwarb Martin in Erfurt den Magistergrad, doch kurz nach dem Beginn des Jurastudiums trat er aufgrund eines Gelübdes, das er spontan während eines schweren Gewitters abgelegt hatte, in das Erfurter Augustiner-Eremitenkloster ein. Während seines Klosterlebens, das ihn bis zur Professur an der Universität Wittenberg (ab 1512) führte, verschärfte er seine Askese immer mehr, und dennoch fühlte er sich stets als Sünder vor Gott. In seinen Vorlesungen beschäftigte ihn insbesondere der Begriff der Gerechtigkeit Gottes, die er als den Maßstab auffasste, den Gott an die Menschen anlegt und dem diese wegen ihrer Unvollkommenheit nie genügen können. Erst nach Jahren des Ringens – der Zeitpunkt ist ungewiss – eröffnete sich Luther in dem so genannten Turmerlebnis (im Turmzimmer des Wittenberger Klosters) eine ganz neue Sichtweise: Die Gerechtigkeit wird den Menschen um ihres Glaubens willen geschenkt, d.h., sie kann nicht durch menschliche Leistung erworben werden, sondern ist allein eine Gnade Gottes.

▲ *Martin Luther. Porträt aus der Werkstadt Lucas Cranachs des Älteren (1528; Wittenberg, Lutherhalle)*

Diese Erkenntnis (später zur »Rechtfertigungslehre« erweitert) bedeutete im Grunde schon den Durchbruch zur Reformation, aber wirksam wurde sie erst durch die gegen den *Ablasshandel* (▶4.4) des Dominikanermönchs Tetzel gerichteten 95 Thesen vom 31. Oktober 1517 (▶4.6). Obwohl Luther überzeugt war, damit die Lehre der Kirche gegen ihre Feinde zu verteidigen, brach sich in der breiten Zustimmung zu den Thesen sogleich der lange angestaute Protest gegen die verweltlichte Kirche Bahn (▶4.3). Nachdem die Dominikaner in Rom den Ketzerprozess veranlasst hatten, wurde Luther im Oktober 1518 in Augsburg von Kardinal Cajetan verhört, aber er weigerte sich zu widerrufen. Während sich der Prozess wegen politischer Rücksichtnahme des Papstes auf Luthers Landesherrn, den sächsischen Kurfürsten, verzögerte, löste sich Luther von der Autorität der römischen Kirche und entwickelte seine Theologie in den »reformatorischen Hauptschriften« von 1520. Die päpstliche Bannandrohungsbulle verbrannte er im Dezember 1520 und verweigerte am 18. April 1521 auf dem Reichstag zu Worms erneut den Widerruf, wenn er nicht durch die Heilige Schrift und Vernunftgründe widerlegt werde. Das daraufhin vom Kaiser durchgesetzte Wormser Edikt verhängte über Luther die Reichsacht und forderte die Verfolgung seiner Anhänger, konnte jedoch gegen den Widerstand der lutherisch gesinnten Reichsstände nicht verwirklicht werden.

Luther übersetzte unterdessen im Schutz der Wartburg das Neue Testament ins Deutsche, um die Bibel allen Christen unmittelbar zugänglich zu machen (das Alte Testament lag erst 1534 vollständig vor). Als unter dem Einfluss radikaler reformatorischer Kräfte in Wittenberg Unruhen ausbrachen, kehrte er im März 1522 zurück und setzte den Neuerungen Grenzen. Schon diese Wirren zeigten, dass aus Luthers Forderung nach der alleinigen Autorität der Heiligen Schrift ganz andere Konsequenzen gezogen werden konnten, als er selbst es tat. So kam es zugleich mit der Abwendung vom Papsttum zur Konfessionsbildung innerhalb der evangelischen Bewegung (▶ 4.10). Überdies verband sich der religiöse Impuls 1524/25 im *Bauernkrieg* (▶ 4.11) mit sozialen Forderungen, deren Berechtigung Luther zunächst anerkannte, doch im weiteren Verlauf verurteilte er das Vorgehen der Bauern aufs Schärfste als eine Gefahr für das Evangelium. Diese Haltung kostete ihn viele Sympathien, umso mehr, als er auf dem Höhepunkt des Aufstands die ehemalige Nonne Katharina von Bora heiratete.

In Luthers Stellungnahme zum Bauernkrieg zeigte sich eine Überzeugung, die – später in der »Zweireichelehre« systematisiert – die politische Ethik des Luthertums grundlegend prägte: dass ohne obrigkeitliche Ordnung als Setzung Gottes auch die Freiheit des Evangeliums nicht möglich sei. Da alles, was in irgendeiner Form organisiert werden muss, dem weltlichen Zuständigkeitsbereich zugewiesen wurde, fiel dem Staat letztlich auch die Sorge für die äußere Ordnung der Kirche zu, was Luthers eigentlicher Absicht zuwiderlief. Das »landesherrliche Kirchenregiment« hatte allerdings schon vorreformatorische Wurzeln (▶ 4.3). Zur Neugestaltung von Gottesdienst und Lehre trug Luther selbst entscheidend bei durch seine »Deutsche Messe« (1526), den Kleinen und Großen Katechismus (1529) und die Schaffung des evangelischen Kirchenlieds. – Am 18. Februar 1546 starb er in Eisleben; er wurde in der Wittenberger Schlosskirche bestattet.

4.6 Thesenanschlag und reformatorische Hauptschriften

Die in lateinischer Sprache verfassten 95 Thesen vom 31. Oktober 1517 waren nicht für die breite Öffentlichkeit bestimmt (der Anschlag an der Tür der Wittenberger Schlosskirche wird heute vielfach bezweifelt), sondern als theologischer Diskussionsbeitrag gedacht. Sie richteten sich nicht grundsätzlich gegen den Ablass, sondern gegen die in der Ablasspredigt verkündete falsche Sicherheit des Heils, stellten aber mit ihrem Bußbegriff die kirchliche Bußpraxis infrage. Populär wurden die Thesen vor allem dadurch, dass sie den Unwillen der Laien über das Finanzgebaren der Kirche wiedergaben (▶ 4.4).

Luthers Bruch mit der mittelalterlichen Kirche spiegelt sich erst in den Schriften des Jahres 1520 in voller Schärfe wider. Besondere Bedeutung kommt zwei großen Kampfschriften zu: In »An den christlichen Adel deutscher Nation von des christlichen Standes Besserung« appellierte Luther an Kaiser und Reichsstände, angesichts des Versagens der geistlichen Autoritäten die erforderlichen kirchlichen wie sozialen Reformen in die Hand zu nehmen und das seit langem allenthalben verlangte Konzil einzuberufen. Hatte Luther schon bei der Leipziger Disputation mit dem Ingolstädter Theologen Johannes Eck 1519 erklärt, dass sich auch Konzilien irren könnten, so sprach er nun überhaupt der geistlichen Gewalt den Vorrang vor der weltlichen ab, ja er hob die Trennung zwischen beiden auf, indem er das »allgemeine Priestertum« aller getauften Christen verkündete.

Den eigentlichen Angriff auf die scholastische Theologie führte Luther in der Schrift »Von der Babylonischen Gefangenschaft der Kirche«, in der er nur Taufe, Abendmahl und – mit Einschränkungen – Buße als Sakramente gelten ließ, wobei er für das Abendmahl den Laienkelch forderte und das Verständnis des Abendmahls als Opfer ablehnte; auch hier wie in der Rechtfertigungslehre der Grundgedanke: Der Mensch kann Gott nichts geben, sondern sich nur beschenken lassen (d. h. im Abendmahl mit dem Opfer Christi).

Ohne polemischen Bezug zu den theologischen Auseinandersetzungen ist eine dritte programmatische Schrift Luthers von 1520: »Von der Freiheit eines Christenmenschen«. Darin hebt er den Widerspruch zwischen den Aussagen »Ein Christenmensch ist ein freier Herr über alle Dinge und niemand untertan« und »Ein Christenmensch ist ein dienstbarer Knecht aller Dinge und jedermann untertan« in der Bindung an Christus auf: Die durch den Glauben gewonnene letzte Sicherheit in Christus macht den Gläubigen frei zum Dienst am Mitmenschen, ohne ihn dem Zwang zu »guten Werken« zu unterwerfen. Kurz zuvor hatte Luther in dem Sermon (Predigt) »Von den guten Werken« klargestellt, dass Werke zwar keine Vorbedingung des Heils, aber selbstverständliche Früchte des Glaubens seien.

So stand Martin Luther, als der Bann gegen ihn erfolgte, tatsächlich nicht mehr auf dem Boden der alten römisch-katholischen Kirche; an eine Reformation im Sinne einer inneren Erneuerung der Kirche war nicht mehr zu denken, zumal Luther im Papsttum selbst zunehmend den Antichrist sah.

4.7 Das Weltreich der Habsburger

Die Voraussetzungen für den Aufstieg des Hauses Österreich zu europäischer Großmachtstellung schuf Kaiser Friedrich III. durch die Eheverbindung seines Sohnes Maximilian mit Maria, der Erbin Herzog Karls des Kühnen von Burgund (1477). Damit machte er sich allerdings den französischen König zum Feind, der das Erbe seines burgundischen Verwandten ebenfalls beanspruchte. Der burgundische Länderkomplex war jedoch im 14. und 15. Jahrhundert über das eigentliche Herzogtum, die Bourgogne mit dem Zentrum Dijon, weit hinausgewachsen. Sein Schwerpunkt hatte sich nach Norden in die Niederlande (einschließlich des

Das Sippenbild Bernhard Strigels von 1515 symbolisiert die Größe des habsburgischen Familienreiches. Links Kaiser Maximilian I., rechts seine zu diesem Zeitpunkt bereits verstorbene Frau Maria von Burgund, hinter ihr Maximilians Sohn Philipp der Schöne, vorne (von links) dessen Söhne Ferdinand und Karl sowie der angeheiratete Ludwig II. von Ungarn und Böhmen

heutigen Belgien) verlagert. Maximilian gelang es, das Erbe im Kampf gegen Frankreich weitgehend zu behaupten. Auch die Wiedervereinigung der österreichischen Erblande 1490 trug zur Stärkung der habsburgischen Hausmacht bei.

Als entscheidender Schritt – was freilich von vornherein nicht abzusehen war – erwies sich die Heirat von Maximilians Sohn Philipp (»dem Schönen«) mit Johanna (»der Wahnsinnigen«), einer Tochter des spanischen Königspaars Ferdinand II. von Aragonien und Isabella von Kastilien (1496). Durch den frühen Tod des mit Philipps Schwester Margarete vermählten Infanten und weiterer Erbberechtigter blieb Johanna als einzige Erbin der spanischen Reiche übrig. Da sie nach dem Tod Philipps in Schwermut verfallen und daher nicht regierungsfähig war, fiel, als 1516 Ferdinand II. starb, ihrem in Burgund regierenden Sohn Karl (V.) Spanien mitsamt dem aragonesischen Nebenland Neapel-Sizilien und dem reichen überseeischen Besitz zu. Zugleich war Karl Anwärter auf die österreichischen Erblande sowie auf die Kaiserwürde seines Großvaters Maximilian I., der 1519 starb. Eine so gewaltige Machtkonzentration rief vor allem den Widerstand des französischen Königs Franz I. hervor, der sich mit päpstlicher Unterstützung, aber vergeblich, um die Kaiserkrone bewarb. Die Gegensätze führten schließlich zu einer Reihe von Kriegen (▶ 4.9).

Eine weitere doppelte Heiratsverbindung band, wiederum nur durch dynastischen Zufall, die Interessen der Habsburger auf Dauer noch in einer anderen Richtung: Als 1526 der junge König von Ungarn und Böhmen, Ludwig II., bei Mohács im Kampf gegen die Türken fiel, wurde sein Schwager Ferdinand, der Bruder Karls V., zu seinem Nachfolger gewählt. Dadurch verstrickte sich dieser in Konflikte mit einem siebenbürgischen Rivalen, Johann Zápolya, und Österreich wurde für zwei Jahrhunderte zum Hauptträger des Abwehrkampfs gegen die Osmanen in Ungarn.

4.8 Die Fugger

Nach Anfängen in Italien entwickelte sich in der zweiten Hälfte des 15. Jahrhunderts auch in Deutschland eine neue, hauptsächlich vom städtischen Bürgertum getragene Wirtschaftsform, der so genannte Frühkapitalismus. Die bedeutendste und politisch einflussreichste deutsche Unternehmerfamilie an der Wende zur Neuzeit waren die Fugger, die innerhalb der Augsburger Weberzunft zu Geld und Ansehen gelangten, aber erst durch Metallhandel und Bankgeschäfte und vor allem durch ihre Geschäftsverbindungen mit den Habsburgern und sogar mit dem Papst zur Weltgeltung aufstiegen.

Während der Linie »Fugger vom Reh« (benannt nach ihrem Wappentier) eine große Anleihe an Erzherzog Maximilian, den späteren Kaiser, zum geschäftlichen Verhängnis wurde, wusste die Linie »Fugger von der Lilie« ihre Beziehungen geschickter zu nutzen. Zum eigentlichen kaiserlichen Bankier wurde Jakob II. mit dem Beinamen »der Reiche«, der, 1459 geboren und als jüngster Sohn Jakobs des Älteren ursprünglich zur geistlichen Laufbahn bestimmt, 1485 die Leitung der Fuggerschen Faktorei in Innsbruck übernahm. Er gewährte Erzherzog Sigmund, dem Grafen von Tirol, umfangreiche Kredite, sicherte sich dafür aber das Recht zur Ausbeutung der Kupfer- und Silberbergwerke des Landes und ließ es sich von Maximilian, dem er 1490 zur Nachfolge des bankrotten Sigmund verholfen hatte, bestätigen. Für Maximilian I., infolge seiner zahlreichen Unternehmungen selbst ständig in Geldnöten, wurde die »Gesellschaft Ulrich Fugger und Gebrüder von Augsburg« unter Jakobs Leitung als Geldgeber immer unentbehrlicher. Von ihrer Zahlungsbereitschaft hingen Erfolg oder Scheitern diplomatischer und militärischer Aktionen ebenso ab wie der Erwerb von Amt und Würden. Für die römische Kurie organisierte die Gesellschaft die Finanzierung des Pfründen- und Gebührenwesens und finanzierte den *Ablasshandel* (▶ 4.4) vor, was allerdings zu ungeahnten Verwicklungen führte. Mehrmals mischte sich Jakob Fugger bei Papstwahlen ein, wie er auch 1519 die Kaiserwahl Karls V. mit über 850 000 Dukaten Bestechungsgeldern finanzierte. Während seiner ganzen Regierungszeit blieb der Kaiser von der Finanzkraft des Hauses Fugger abhängig, während diesem – nach Jakobs Tod 1525 unter der Leitung seines Neffen Anton – die Autorität und der politische Erfolg des Herrschers Sicherheit für die gewährten Darlehen und neue wirtschaftliche Entfaltungsmöglichkeiten boten. Gegen Ende des 16. Jahrhunderts jedoch geriet das Unternehmen, vor allem durch hohe Verluste bei mehreren spanischen

▲ *Jakob Fugger mit seinem Hauptbuchhalter Schwarz im Kontor. Zeitgenössische Zeichnung (Braunschweig, Herzog-Anton-Ulrich-Museum)*

Staatsbankrotten, an den Rand des Ruins, und die Familie zog sich aus der Hochfinanz auf ihre Güter und Herrschaften zurück.

4.9 Karl V.

Der Enkel Kaiser Maximilians I. wurde am 24. Februar 1500 in Gent geboren und wuchs unter der Obhut seiner Tante Margarete, der Regentin der Niederlande, auf. Als er am 28. Juni 1519 zum Kaiser gewählt wurde, war er bereits Herr über ein ungeheuer großes, aber weit über Europa und darüber hinaus verstreutes Herrschaftsgebiet (►4.7). Doch er regierte keineswegs unumschränkt, am wenigsten im Heiligen Römischen Reich, wo ihm die Kurfürsten durch eine vertragliche Verpflichtung, die Wahlkapitulation, seine Zustimmung zur Mitwirkung der Reichsstände an der Regierung abgezwungen hatten. Aufgrund dieses Vertrages wurde 1521 ein (zweites) »Reichsregiment« (►3.26) für die Zeit der Abwesenheit des Kaisers (bis 1530) unter der Leitung seines Bruders Ferdinand I., dem auch die Regierung der österreichischen Erblande übertragen wurde, eingerichtet. 1531 wurde Ferdinand mit seiner Wahl zum Römischen König sogar der ständige Vertreter des Kaisers.

Dennoch bedeutete die Kaiserwürde für Karl weit mehr als einen Prestigegewinn; er fühlte sich vielmehr in der Nachfolge der mittelalterlichen Kaiser als vornehmster Herrscher des Abendlandes und als Verteidiger des wahren Glaubens. Von daher ist auch seine Kaiserkrönung durch den Papst in Bologna 1530 – die letzte eines deutschen Kaisers – zu verstehen. Sein Vorherrschaftsstreben, das ihn in Konflikt mit Frankreich und dem Papst brachte, und der Schutz der Christenheit gegen die Türken (►4.18) sowie die Sorge um die Einheit der Kirche – und das war für Karl seit dem Wormser Edikt von 1521 gleichbedeutend mit der Unterdrückung der *Reformation* (►4.10) – erwiesen sich allerdings schließlich als unvereinbare Ziele.

Für die politische Entwicklung in Deutschland war entscheidend, dass seine kriegerischen Verwicklungen den Kaiser immer wieder daran hinderten, energisch gegen die Ausbreitung der evangelischen Lehre vorzugehen. Während es Karl V. in vier Kriegen (1521–26, 1526–29, 1534–36 und 1542–44) gegen Franz I. von Frankreich gelang, das Ringen um Oberitalien und um das burgundische Erbe zu seinen Gunsten zu entscheiden, musste er bzw. Ferdinand den evangelischen Reichsständen mehrmals faktisch freie Hand zur Reformation ihrer Territorien geben, auch um ihre Unterstützung gegen die mit Frankreich verbündeten Türken zu gewinnen. Erst im Schmalkaldischen Krieg 1546/47 besiegte der Kaiser die Protestanten, ohne jedoch seinen Erfolg politisch nutzen zu können, denn gegen die drohende kaiserliche Übermacht regte sich auch bei den katholischen Fürsten Widerstand. Als Karl 1556 abdankte, war die konfessionelle Spaltung im *Augsburger Religionsfrieden* (►4.14) 1555 reichsrechtlich besiegelt, und in der neuen habsburgischen Herrschaftsteilung – Ferdinand I. erhielt die österreichischen Länder und die Kaiserkrone,

Karls Sohn Philipp II. Spanien und die Niederlande – kam das Scheitern der Weltreichspläne zum Ausdruck. Karl V. zog sich nach San Jerónimo de Yuste nahe Madrid zurück, wo er am 21. September 1558 starb.

4.10 Reformation

Nachdem die Forderungen nach einer umfassenden *Kirchenreform* (▶4.3) unerfüllt geblieben waren, löste *Martin Luther* (▶4.5) 1517 mit den 95 Thesen über den Ablass (▶4.6) eine Reformbewegung aus, die den Rahmen der bestehenden römisch-katholischen Kirche innerhalb weniger Jahre sprengte. Sie wurde von zahlreichen Reformatoren in alle Teile Deutschlands und darüber hinaus getragen. Allerdings zeigte die Bewegung schon früh Spaltungstendenzen.

▲ *Kaiser Karl V., porträtiert von Tizian während eines Aufenthaltes in Augsburg 1548 (München, Alte Pinakothek)*

Das bedeutendste Zentrum der Reformation neben Wittenberg wurde zunächst Zürich, wo Ulrich *Zwingli* (▶4.12) ab 1523 nicht nur die Kirchenordnung, sondern das ganze Gemeinwesen umgestaltete; nach seinem Tod wurde ab 1536 Genf unter Johannes *Calvin* (▶4.13) zum protestantischen Musterstaat. Abgesehen von den Abweichungen von Luthers Lehre trug auch die unterschiedliche Kirchenentwicklung zur Entfremdung zwischen den beiden evangelischen Konfessionen bei. Diese wog umso schwerer, als sie die ohnehin schon gelockerten Bindungen der Schweiz an das Reich weiter schwächte.

Andere reformatorische Gruppen, die aber meist nur für kurze Zeit eine Rolle spielten, waren z.B. die sozialrevolutionär orientierten Zwickauer Propheten, zu denen Thomas Müntzer gehörte, und die Täufer, die die Erwachsenentaufe praktizierten. Eine vom Täufertum beeinflusste Gruppe gründete 1534 in Münster ein kurzlebiges »Königreich«, das ein gewaltsames Ende fand.

Die rasche Ausbreitung der Reformation wurde durch politische Faktoren begünstigt: Sah sich anfangs der Papst aus außenpolitischer Rücksicht auf den sächsischen Kurfürsten zur Zurückhaltung im Ketzerprozess gegen Luther genötigt, so wurde später Kaiser *Karl V.* (▶4.9) immer wieder durch die politische Lage an der Bekämpfung der Reformation gehindert. Nachdem der Sieg der Landesherren im *Bauernkrieg* (▶4.11) 1525 ihre Stellung erheblich gestärkt hatte, nahmen die evangelischen Reichsstände den Reichstagsbeschluss von Speyer 1526 (der die Religionsfrage bis zum erwarteten Konzil der Gewissensentscheidung der Reichsfürsten überließ) zum Anlass, in ihren Gebieten eine obrigkeitliche Kirchenordnung, das »landesherrliche Kirchenregiment«, aufzubauen. Nach kursächsischem Vorbild wurden Visitationen durchgeführt, d.h., von den Landesherren eingesetzte Kommissionen prüften die Situation in den Gemeinden, veranlassten einheitliche Vorschriften für Gottesdienst, kirchliche Lehre, Schulunterricht und anderes und registrierten den Kirchenbesitz, den die Landesherren allerdings nicht immer für gemeinnützige Zwecke verwendeten.

Daneben setzte die politische Parteibildung der Konfessionen ein. Als Ferdinand I. auf dem Reichstag in Speyer 1529 den Beschluss von 1526 rückgängig zu machen versuchte, legten die Evangelischen eine »Protestation« vor, von der sie die Bezeichnung Protestanten erhielten. Im nächsten Jahr unterbreiteten die Lutheraner Karl V. in Augsburg eine Zusammenfassung ihrer Lehre, das Augsburger Bekenntnis, dem eine vom Kaiser akzeptierte »Confutatio« (= Widerlegung) entgegengestellt wurde. Da der Kaiser weiteren Widerstand in der Religionsfrage als Landfriedensbruch verurteilte, schlossen sich viele lutherische Reichsstände 1531 zur Verteidigung im Schmalkaldischen Bund unter Führung Hessens und Kursachsens zusammen. Nach mehrmaligem Aufschub – als Gegenleistung für protestantische Hilfe gegen die Türken – konnte Karl erst 1546 militärisch gegen die Schmalkaldener vorgehen, doch trotz deren vollständiger Niederlage war weder an eine Teilnahme der Protestanten an dem 1545 eröffneten allgemeinen Konzil noch an eine religiöse Kompromisslösung im Reich zu denken. Dem Herrschaftsanspruch des Kaisers widersetzten sich auch katholische Fürsten, sodass eine »Fürstenverschwörung« 1551/52 Karl zum Einlenken zwang. Der *Augsburger Religionsfriede* (▶ 4.14) bestätigte 1555 die konfessionelle Spaltung Deutschlands.

4.11 Bauernkrieg

Schon im 14. und 15. Jahrhundert hatte es in Deutschland Bauernrevolten gegeben, die allerdings regional begrenzt blieben wie die »Bundschuh«-Bewegung am Oberrhein. Der große Bauernkrieg von 1524/25 erfasste dagegen fast ganz Oberdeutschland vom Elsass bis Tirol und Steiermark und griff nach Franken, Thüringen und Sachsen über. Die sozialen Forderungen der Bauern waren größtenteils nicht neu; ihr Protest richtete sich im Allgemeinen weniger gegen übermäßige Fronen und Abgaben an die Grundherren als gegen Eingriffe der Landesherren in althergebrachte Rechte wie dörfliche Selbstverwaltung und Nutzungsrechte an Wald, Wiesen und Gewässern.
Seine Stoßkraft erhielt der Aufstand vor allem durch das Zusammentreffen mit der zweiten Massenbewegung dieser Zeit, der *Reformation* (▶ 4.10). Erstmals beriefen sich die Bauern nicht nur auf das »alte Recht«, sondern auf das Evangelium. Die im Februar 1525 zusammengestellten »Zwölf Artikel der Bauernschaft in Schwaben« begründeten z. B. die – als solche schon früher laut gewordene – Forderung nach Aufhebung der Leibeigenschaft mit der Erlösungstat Christi und verlangten unter anderem Abschaffung des kleinen Zehnten, freie Pfarrerwahl und reine Predigt. Auf diese Artikel nahmen die Bauern in der Folgezeit auch anderswo Bezug. Es gab jedoch trotz der Beteiligung kriegserfahrener Adliger wie Florian Geyer und Götz von Berlichingen keine einheitliche Führung, was sich als entscheidende Schwäche erwies. Zum Teil versuchten die Bauern, ihre Ziele auf dem Verhandlungsweg zu erreichen, andere griffen bereitwilliger zu Plünderung und Brandschatzung.
Luther (▶ 4.5), der die berechtigten Anliegen der Bauern anfangs unterstützte und die Fürsten zur Einsicht mahnte, sah in der Radikalisierung der Bewegung bald eine Gefahr für das »weltliche Regiment«. Besonders die Entwicklung in Thüringen, wo der Theologe Thomas Müntzer den Kampf gegen die Obrigkeit mit der Verwirklichung des Reiches Gottes gleichsetzte, veranlasste Luther zu dem scharfen Pamphlet »Wider die räuberischen und mörderischen Rotten der Bauern«. Wenngleich diese Parteinahme nicht der ihm vielfach vorgeworfenen Fürstenhörigkeit entsprang, sondern seiner Theologie, schadete sie sowohl seinem persönlichen Ansehen als auch der Sache der Reformation.
Unterdessen warfen die Fürsten die Erhebung gewaltsam nieder. Innerhalb weniger Wochen (Mai/Juni 1525) brach der Widerstand zusammen; die Sieger vollzogen ein grausames Strafgericht. Während das Landesfürstentum gestärkt aus den Kämpfen hervorging, waren die Bauern für Jahrhunderte kein politischer Faktor mehr.

4.12 Zwingli

Huldrych (Ulrich) Zwingli wurde am 1. Januar 1484 in Wildhaus (Grafschaft Toggenburg) geboren. Bei seinem Studium in Wien und Basel (1498–1506) lernte er den Humanismus kennen, der sein Denken stark beeinflusste. Als Leutpriester (Weltgeistlicher) in Glarus war er mehrmals Feldprediger bei den Schweizer Söldnern, die im Dienst des Papstes in Oberitalien kämpften. Nachdem er Ende 1518 eine Leutpriesterstelle am Großmünster in Zürich erhalten hatte, setzte er sich dort für Reformen im Sinne des Erasmus von Rotterdam ein. Ein reformatorischer Durchbruch in der Art von

Der Bauernkrieg

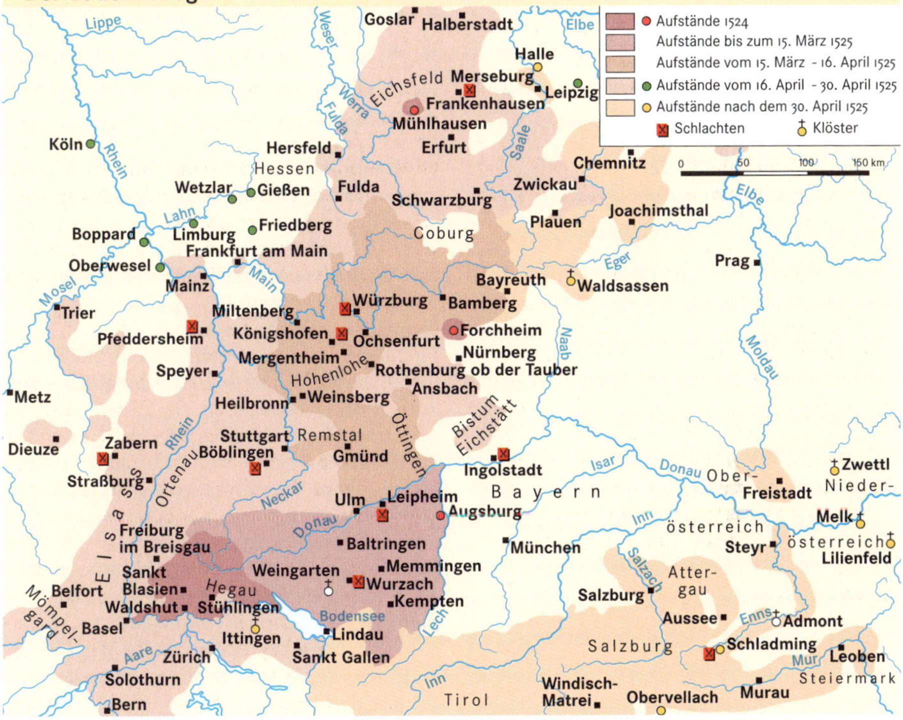

Luthers »Turmerlebnis« ist bei Zwingli nicht festzustellen.

Äußerer Anlass der Reformation in Zürich war ein Wurstessen in der Fastenzeit 1522. Zwingli verteidigte die Tat in seiner Schrift »Von Erkiesen und Freiheit der Speisen«. Nachdem der Zürcher Rat die evangelische Predigt erlaubt hatte, legte Zwingli sein Priesteramt nieder, und 1523 veröffentlichte er 67 »Schlussreden«, in denen er zahlreiche Institutionen und Lehren der katholischen Kirche als nicht schriftgemäß ablehnte. In der Folgezeit setzte er im Zusammenwirken mit dem Rat schrittweise die Abschaffung aller nicht streng biblisch begründeten Elemente des kirchlichen Lebens wie Messe, Heiligenbilder, Gemeindegesang, Prozessionen und Klöster durch und wirkte damit auf viele Reformatoren in der Schweiz und in Oberdeutschland.

Von Luther trennte ihn nicht nur die Radikalität seiner Maßnahmen, sondern auch ein tief greifender Lehrunterschied. Dennoch bemühten sich beide Seiten um einen Ausgleich, um gegen die katholischen Mächte einen Rückhalt zu finden. So kam auf Betreiben des Landgrafen Philipp von Hessen 1529 das »Marburger Religionsgespräch« zwischen Luther und seinem Freund Philipp Melanchthon einerseits sowie Zwingli und dem Baseler Reformator Johannes Oekolampad andererseits zustande. Es scheiterte jedoch an der Abendmahlsfrage: Während die Schweizer das Abendmahl nur als symbolisches »Wiedergedächtnis« der Erlösung durch Christi Tod gelten lassen wollten, beharrten die Wittenberger auf der leiblichen Gegenwart Christi (Realpräsenz). Damit war dem von Zwingli und Philipp von Hessen angestrebten antihabsburgischen Bündnis praktisch der Boden entzogen.

Auch in der Eidgenossenschaft engagierte sich Zwingli im Kampf gegen die katholisch gebliebenen Kantone Uri, Schwyz, Unterwalden, Zug und Luzern. Nachdem ein erster konfessioneller Krieg 1529 mit einem Waffenstillstand geendet hatte, arbeitete Zwingli auf eine neue Auseinandersetzung hin. In diesem Krieg fiel er als Feldprediger am 11. Oktober 1531 bei Kappel. Sein Nachfolger Heinrich Bullinger rettete sein

▲ *Johannes Calvin. Während der Verbannung aus Genf (1538–41) erarbeitete Calvin die 2. Ausgabe der »Institutio Christianae Religionis«. Durch Teilnahme an mehreren Religionsgesprächen lernte er die deutsche Reformation kennen*

Erbe und einigte sich 1549 mit dem Genfer Reformator Johannes *Calvin* (►4.13) auf ein gemeinsames Bekenntnis.

4.13 Calvin

Am 10. Juli 1509 wurde Jean Cauvin, der später dem Brauch der Humanisten gemäß die lateinische Namensform Johannes Calvinus wählte, in Noyon (Picardie) geboren. Er studierte die Rechte und widmete sich dann humanistischen Studien, die ihn auch mit reformatorischen Gedanken in Berührung brachten. Seine Entwicklung zum aktiven Bekenner des evangelischen Glaubens war jedoch ein langer Prozess. Ende 1533 floh er wegen einer der Ketzerei verdächtigten Rede seines Freundes aus Paris, denn in Frankreich wurden die Protestanten streng verfolgt. Bereits 1535 verfasste er in Basel sein später immer wieder überarbeitetes theologisches Hauptwerk »Institutio Christianae Religionis«, eine Zusammenfassung der evangelischen Lehre und zugleich eine Verteidigung seiner evangelisch gesinnten Landsleute.

Entscheidend für sein ganzes weiteres Leben wurde ein Aufenthalt in Genf 1536, wo ihn der dort wirkende Reformator Guillaume Farel bat, zu bleiben und ein kirchliches Amt zu übernehmen. Calvin fügte sich widerstrebend, aber in dem Bewusstsein, zum Werkzeug Gottes berufen zu sein. In kurzer Zeit begann er mit der reformatorischen Durchgestaltung des ganzen öffentlichen und privaten Lebens der Stadt. Sein Plan, alle Bürger auf den in seinem Genfer Katechismus formulierten Glauben zu vereidigen, traf allerdings auf massiven Widerstand. 1538 wurde Calvin (ebenso Farel) aus Genf verbannt, jedoch nach drei Jahren zurückgerufen. Nun setzte er seine Kirchenordnung, die »Ordonnances ecclésiastiques«, durch, die mit den vier Ämtern der Prediger, Lehrer, Ältesten (meist Ratsherren) und Diakone eine enge Verbindung von Kirchenleitung und Stadtregierung schuf. Das aus Ältesten und Pfarrern zusammengesetzte Konsistorium hatte den Lebenswandel aller Gemeindeglieder zu überwachen. Die strenge Lehr- und Kirchenzucht wurde mit eiserner Härte und ohne Ansehen der Person verwirklicht. Das verwickelte Calvin in zahlreiche Prozesse, als deren Höhepunkt die Ketzerverbrennung des mit Calvin bekannten Michel Servet, eines Gegners der Trinitätslehre, 1553 in Genf gilt.

Calvins unerbittliche Strenge ist nur von seiner Überzeugung her zu verstehen, dass der Ehre Gottes unter allen Umständen Geltung verschafft werden müsse. Dieser Grundzug prägte seine ganze Theologie. Damit hängt auch seine Prädestinationslehre zusammen, d.h. die Auffassung, dass Gott die Menschen nach seinem souveränen, unerforschlichen Ratschluss zum ewigen Leben oder zur ewigen Verdammnis bestimmt habe. Diese Lehre wurde von den deutschen Lutheranern nicht geteilt. Der Streitpunkt, an dem es schließlich zum Bruch zwischen den beiden Richtungen kam, war allerdings die Abendmahlslehre, in der sich Calvin den Zwinglianern angenähert hatte (►4.12). Die tief gehende Entfremdung führte dazu, dass die Anhänger Calvins im *Augsburger Religionsfrieden* (►4.14) nicht anerkannt wurden.

Außerhalb Deutschlands jedoch beeinflusste Calvin den Protestantismus entscheidend. Weit über seinen Tod (am 27. Mai 1564) hinaus gab seine Lehre dem Widerstand der französischen Hugenotten und der protestantischen Niederländer gegen ihre Unterdrückung Rückhalt.

4.14 Augsburger Religionsfriede

Trotz der Erfolge Kaiser *Karls V.* (▶4.9) gegen die lutherischen Reichsstände im Schmalkaldischen Krieg 1546/47 erwies sich die Wiederherstellung der Glaubenseinheit im Heiligen Römischen Reich als unmöglich. Nachdem Karls Bruder Ferdinand I. mit dem Führer der Fürstenopposition, Kurfürst Moritz von Sachsen, im Passauer Vertrag 1552 einen vorläufigen Kompromiss in der Glaubensfrage ausgehandelt hatte, kam auf dem von Ferdinand geleiteten Augsburger Reichstag von 1555 gegen den Willen des Kaisers ein endgültiger Ausgleich zustande. Die Anhänger des Augsburgischen Bekenntnisses von 1530, d.h. die Lutheraner, wurden als gleichberechtigt anerkannt. Die freie Wahl des Bekenntnisses blieb aber auf die Reichsstände und die Reichsritterschaft beschränkt; nach ihrem Bekenntnis hatte sich das ihrer Untertanen zu richten. Andersgläubige sollten ohne Verlust an Besitz und Ehre auswandern dürfen. Dieses Prinzip umschrieb man später mit der Formel »Cuius regio, eius religio« (wes das Land, des die Religion). Ausnahmen von diesem Grundsatz bildeten zum einen die Bestimmung, dass Reichsstädte, die die Messe wieder eingeführt hatten, sie auch weiterhin neben dem evangelischen Gottesdienst dulden mussten, und zum anderen der von den Protestanten nicht gebilligte »geistliche Vorbehalt«, der für den Fall des Konfessionswechsels geistlicher Reichsfürsten diese zum Verzicht auf ihr Amt zwang und damit die weitere Säkularisation der Bistümer verhindern sollte. Andererseits gestand Ferdinand in einer gesonderten Erklärung zu, dass lutherische Untertanen geistlicher Reichsfürsten weiterhin bei ihrem Bekenntnis bleiben durften. Die beiderseits bekräftigte Versicherung, man werde keinen Reichsstand wegen seiner Konfessionszugehörigkeit mit Krieg überziehen, bewährte sich tatsächlich für mehr als sechs Jahrzehnte. Doch die im *Dreißigjährigen Krieg* (▶4.21) gipfelnden Spannungen zeigten, dass der Konfessionskonflikt mit rechtlichen Mitteln letztlich nicht zu lösen war.

Zugleich mit der Religionsfrage kam auf dem Augsburger Reichstag die für die Verfassungsentwicklung des Reiches bedeutsame Reichsexekutionsordnung zum Abschluss. Die Wichtigkeit der Landfriedenswahrung hatte sich erst 1552/53 von neuem erwiesen, als Markgraf Albrecht Alcibiades von Brandenburg-Kulmbach Franken verwüstet hatte und schließlich von Moritz von Sachsen, der dabei den Tod fand, besiegt worden war. Daraufhin beschloss der Reichstag 1555, anknüpfend an Reformversuche des Reichsregiments von 1521, ein Verfahren zur Sicherung des Landfriedens auf der Grundlage der zehn Reichskreise (▶3.26). Die zu den jeweiligen Reichskreisen gehörigen Reichsstände hatten nun neben der Gestellung von Truppen für das Reichsheer gemäß der Reichsmatrikel auch die so genannte Reichsexekution gegen Landfriedensbrecher zu vollstrecken, zum Teil im Auftrag des Reichskammergerichts, das für den Reichslandfrieden zuständig war. Die Aufstellung der Kreistruppen oblag in jedem Reichskreis einem Kreisobersten. Ein bzw. zwei kreisausschreibende Fürsten beriefen die Kreistage ein. Die Reichskreise waren also eine von den Ständen, nicht vom Kaiser getragene Institution. Sie bewährten sich in der Landfriedenswahrung, traten aber in den Kriegen gegen äußere Feinde zunehmend gegenüber den eigenen Heeren der Reichsfürsten zurück.

4.15 Gegenreformation

Der Zeitraum vom Augsburger Religionsfrieden (1555) bis zum Westfälischen Frieden (1648) wird in der deutschen Geschichtsschreibung als Zeitalter der Gegenreformation bezeichnet. Dieser Begriff drückt aus, dass die der *Reformation* (▶4.10) folgende Epoche durch die gewaltsame Rekatholisierung protestantisch gewordener Gebiete gekennzeichnet ist. Es wurde jedoch nachgewiesen, dass der Aufschwung des Katholizismus keineswegs auf bloßer Durchsetzung »von oben« beruhte, sondern seine Wurzeln schon in den kirchlichen Reformbestrebungen des 15. Jahrhunderts hatte. Für diese innere Erneuerung setzte sich die Bezeichnung »katholische Reform« durch. Sie stand freilich in enger Wechselwirkung mit der eigentlichen Gegenreformation.

Die Reformbewegung fand ihren bedeutendsten Ausdruck im Konzil von Trient (1545–63), das den Katholizismus der Neuzeit entscheidend prägte. Es verabschiedete eine Reihe von Dekreten, die in den seit der Reformation umstrittenen theologischen Fragen (Rechtfertigung, Sakramente usw.) die katholische Lehre verbindlich formulierten, damit aber auch den Gegensatz zu den Protestanten dogmatisch festschrieben. Hinzu kamen zahlreiche Reformdekrete zur Verbesserung der Seelsorge, z. B. durch die Verpflichtung der Bischöfe, ständig in ihrem Sprengel zu wohnen, Synoden und Visitationen durchzuführen und Priesterseminare einzurichten. Die Lehrdekrete gaben der *Inquisition* (▶4.16) eine verbesserte Handhabe zum Vorgehen gegen Ketzer, wozu grundsätzlich auch die Protestanten zählten. In Deutschland verhinderte jedoch der *Augsburger Religionsfriede* (▶4.14) die völlige Gleichbehandlung von Protestanten und Ketzern.

Dass trotz der rechtlichen Pattsituation zwischen den Konfessionen seit dem Religionsfrieden und der beträchtlichen Mehrheit der evangelischen Bevölkerung der Katholizismus bald wieder in großen Teilen des Reiches vordrang, wäre allerdings ohne die Förderung durch die katholischen Reichsfürsten nicht möglich gewesen. Ausgehend von Bayern, dem die geistlichen Fürstentümer und Österreich folgten, setzten die Vorkämpfer der Gegenreformation nicht nur staatliche Zwangsmaßnahmen ein, sondern sie bedienten sich auch der Hilfe des neuen Ordens der Jesuiten, die neben den alten Mönchsgelübden ein strenges Gehorsamsversprechen gegenüber dem Papst ablegten und sich vor allem der Seelsorge und dem Schulwesen widmeten. Reichsrechtlich stützte sich die Gegenreformation auf die Bestimmung des Augsburger Religionsfriedens, nach der das Bekenntnis der Untertanen dem des Landesherrn folgen sollte. Das war aber als Recht zur Einführung der Reformation, also als Zugeständnis an die Protestanten gemeint. Dadurch kam es natürlich zu Konflikten mit den evangelischen Ständen, die jedoch ihrerseits das Augsburgische Bekenntnis in ihren Gebieten gewissermaßen zur Staatsdoktrin erhoben. So bildete die Gegenreformation nur die eine Seite der allgemeinen »Konfessionalisierung« des politischen Lebens, die vor allem seit Kaiser Rudolf II. (1576–1612) den Gegensatz zwischen den Religionsparteien unüberbrückbar machte.

4.16 Inquisition

Das aus dem Lateinischen abgeleitete Wort »Inquisition« bedeutet »Untersuchung« oder »Aufspüren«. Es bezeichnet im weiteren Sinne die Untersuchung von Straftaten vonseiten der Obrigkeit bzw. des von ihr beauftragten Gerichts, ohne dass ein Geschädigter selbst Anklage erheben muss. Am bekanntesten ist eine bestimmte Form des Inquisitionsverfahrens: die Verfolgung von *Ketzern* (▶3.16), also Anhängern von Irrlehren, durch kirchliche Instanzen. Zwar waren Kirchenstrafen wegen Abweichungen von der rechten Lehre schon in der alten Kirche praktiziert worden, aber erst im Hochmittelalter bildete sich im Zusammen-

◀ *Sorgte für neue katholische Stoßkraft: das Trienter Konzil, das von 1545 bis 1563 in drei Perioden tagte. Sitzung in der Kathedrale von Trient (zeitgenössischer Kupferstich)*

hang mit der zunehmenden Gefährdung der Glaubenseinheit die Inquisition als besondere Institution heraus. Im 13. Jahrhundert ging sie von der Zuständigkeit der Bischöfe in die des Papstes über, der als Inquisitoren vor allem Dominikaner und Franziskaner einsetzte. Besonders verhängnisvolle Folgen hatte die Verschärfung der Strafen (von Bußleistungen bis zur Gütereinziehung, Einkerkerung oder Todesstrafe, meist durch Verbrennen). Ein der Ketzerei (oder einer ebenso bewerteten Straftat) Beschuldigter, der nicht freiwillig abschwor, war in einer denkbar schlechten Rechtslage: Er erfuhr nicht, wer ihn angezeigt hatte, erhielt keinen Verteidiger und konnte durch Folter zum Geständnis gezwungen werden. Gestand er nicht oder wurde er rückfällig, verfiel er der Todesstrafe, die von der weltlichen Obrigkeit vollstreckt wurde, da einerseits die Kirche kein Blut vergießen durfte und andererseits die weltliche Gewalt selbst daran interessiert war, Feinde des Glaubens als Störer der gottgewollten Ordnung zu bestrafen.

Während die Inquisition in Südeuropa in großem Umfang zur Geltung kam und in Spanien sogar zu einer staatlichen Einrichtung wurde, konnte sie sich in Deutschland erst seit dem 15. Jahrhundert durchsetzen. Im Zusammenhang mit der *Gegenreformation* (▶ 4.15) errichtete der Papst 1542 als oberste Instanz für alle Glaubensgerichte eine Kardinalskommission, das so genannte Sanctum Officium (Heiliges Amt). Die Inquisition ging in einigen Ländern auch gegen Protestanten vor. Diese bekämpften ihrerseits Ketzer (insbesondere die Täufer), ohne dass sich bei ihnen eine damit befasste kirchliche Einrichtung ausbildete. Einen Sonderfall bildeten die *Hexenprozesse* (▶ 4.17).

4.17 Hexenprozesse

Die Verfolgung von »Hexen« steigerte sich im 16. und 17. Jahrhundert in vielen Ländern Europas zu einem regelrechten Massenwahn. Dafür gibt es zahlreiche Erklärungsversuche, von denen jedoch keiner für sich allein zu überzeugen vermag. Die einzelnen Elemente des Hexenglaubens waren sehr alt und entstammten unterschiedlichen Wurzeln. Die Kirche trat von jeher abergläubischen Vorstellungen und Praktiken entgegen, die sie vielfach als Überreste des Heidentums betrachtete. Bestraft wurde vor allem der so genannte Schadenzauber, d.h. die durch magische Mittel (z.B. Verwünschung, Zaubertrank) herbeigeführte Schädigung von Menschen. Im Spätmittelalter wurde eine systematische »Hexenlehre« entwickelt, in der sich Vorstellungen von nächtlichen Spukgestalten, die sich in Tiere verwandeln, durch die Luft reiten und bösen Zauber vollbringen können, mit anderen Elementen verbanden. Dazu gehörte insbesondere der Glaube, dass Menschen einen Pakt mit dem Teufel schließen und sich mit ihm körperlich vereinigen könnten und dass sie sich

▲ *Der 1487 verfasste »Hexenhammer« gab jahrhundertelang die Richtlinien für die Bekämpfung von Hexen vor. Der Holzschnitt aus diesem Handbuch zeigt den Höllenschlund, in dem die Hexen von Teufeln gequält werden (nach der Kölner Ausgabe von 1511)*

nachts an schaurigen Orten mit Dämonen träfen (Hexensabbat). Der Bund mit dem Teufel stellte die Hexen den Ketzern gleich, sodass die Hexenprozesse in die Zuständigkeit der *Inquisition* (▶ 4.16) fielen. Die Dominikaner Heinrich Institoris und Jakob Sprenger fassten 1487 die Hexenlehre im »Hexenhammer« zusammen, einem Handbuch, das die Hexerei überdies als typisch weibliches Verbrechen darstellte.

Eine entscheidende Voraussetzung für die sprunghafte Verbreitung der Hexenverfolgungen – allerdings mit großen regionalen und zeitlichen Schwankungen – war die Folter, durch die Geständnisse und die Nennung von Komplizen erzwungen wurden. Dadurch zog ein Hexenprozess meist weitere nach sich. Dabei wurden dann nicht selten alte Rechnungen beglichen oder bereits mit entsprechenden Gerüchten in Zusammenhang gebrachte Personen bzw. Angehörige verurteilter Hexen beschuldigt. Die Opfer der Hexenprozesse waren zum großen Teil Frauen, aber Männer und sogar Kinder fehlten darunter keineswegs. Auch eine gehobene soziale Stellung schützte nicht vor dem Scheiterhaufen, wenn es auch scheint, dass Arme und gesellschaftliche Außenseiter eher gefährdet waren. Die Gründe, weshalb jemand in den Verdacht der Hexerei geriet, waren sehr vielfältig; sie reichten von persönlichen Racheakten bis zur Suche nach »Sündenböcken« für Missernten, Viehsterben und sonstiges existenzbedrohendes Unheil.

Bedeutenden Anteil an der Überwindung des Hexenwahns hatte die 1631 anonym erschienene Schrift »Cautio criminalis oder Rechtliches Bedenken wegen der Hexenprozesse« des Jesuiten Friedrich von Spee, der als Seelsorger von zum Tode verurteilten »Hexen« zu der Erkenntnis kam, allein die Folter mache Hexen. Auch das Eintreten des Juristen Christian Thomasius, eines der bedeutendsten Vertreter der deutschen Aufklärung, für die Humanisierung der Strafprozessordnung zu Anfang des 18. Jahrhunderts trug wesentlich zur Beseitigung der Hexenprozesse und der Folter bei.

4.18 Türkenkriege

Das türkische Reich unter der muslimischen Dynastie der Osmanen hatte 1354 erstmals auf europäischem Boden Fuß gefasst und 1453 in Konstantinopel, der Hauptstadt des vernichteten Byzantinischen Reiches, ein neues Zentrum erhalten. Der Abwehrkampf gegen das sich auf dem Balkan und im östlichen Mittelmeer ausdehnende Osmanische Reich wurde zunächst vor allem von den Kreuzfahrern, dann von den Venezianern getragen. Der Sieg Sultan Sulaimans des Prächtigen über den Ungarnkönig Ludwig II. bei Mohács 1526 brachte sein Reich in unmittelbaren Kontakt zum habsburgischen Länderkomplex, da der spätere Kaiser Ferdinand I. die Nachfolge seines Schwagers Ludwig antrat. Schon bald kam mit dem Bündnis zwischen Sulaiman und Ferdinands Gegenkönig Johann Zápolya von Siebenbürgen die den Habsburgern später noch oft gefährliche Verbindung von innerer Opposition und äußeren Gegnern im Südosten zustande. Hinzu kam, dass der Sultan sich mit dem Gegner der Habsburger im Westen, dem französischen König, verbündete. Dieser außenpolitische Druck trug entscheidend zu der relativ ungehinderten Ausbreitung der Reformation in Deutschland bei.

Ein erster türkischer Vorstoß bis Wien (1529) scheiterte. In einem neuen Krieg besetzte der

▲ *Seit Anfang des 16. Jh. wurde das Vordringen der Türken in Südosteuropa bedrohlich für das Reich. Nach der Unterwerfung Ungarns drangen sie unter Süleiman I., dem Prächtigen, 1529 gegen Wien vor. Die türkische Buchmalerei von 1588 zeigt die Belagerung der Stadt*

Sultan 1541 den größten Teil Ungarns und machte Siebenbürgen zum Vasallenstaat. Auch errang seine Flotte im Mittelmeer große Erfolge gegen die im Dienst des Kaisers unter Andrea Doria kämpfenden Genuesen. 1571 jedoch vernichtete Don Juan d'Austria, der Halbbruder Philipps II. von Spanien, die Flotte des Sultans bei Lepanto am Golf von Korinth. Wenngleich dieser Sieg politisch nicht genutzt wurde, leitete er den Niedergang der osmanischen Vormacht im Mittelmeer ein. Auf dem Balkan versuchten die Habsburger vergeblich, die Osmanen im »langen Türkenkrieg« 1593–1606 zurückzudrängen. Wie schon früher wirkte sich in diesem Krieg die Opposition der mehrheitlich protestantischen Stände Ungarns und Böhmens gegen die habsburgische Politik der Gegenreformation aus. Durch ein Bündnis mit dem Sultan erzwangen die ungarischen Aufständischen 1606 die Anerkennung ihrer ständischen und religiösen Freiheiten durch Matthias, den Bruder und 1612–19 Nachfolger Kaiser Rudolfs II. In dem Machtkampf zwischen den Brüdern, in dem der menschenscheue und politisch untätige Kaiser auf die Herrschaft in den Erblanden verzichten musste, ließen sich auch die böhmischen Stände 1609 im »Majestätsbrief« ihre Rechte garantieren. Der Versuch Ferdinands II., diese Zugeständnisse rückgängig zu machen, führte zum *Prager Fenstersturz* (▶4.20), der in den *Dreißigjährigen Krieg* (▶4.21) mündete.

4.19 Landsknechte

Die Siege zu Fuß kämpfender Bürger- und Bauernheere über Ritterheere seit dem 14. Jahrhundert leiteten den Niedergang der auf dem Lehnswesen beruhenden mittelalterlichen Heeresorganisation ein. Auch die Entwicklung der Feuerwaffen, die die schweren Rüstungen durchschlagen konnten, minderte auf die Dauer den Kampfwert der Ritter, wenn auch Geschütze (die vorwiegend bei Belagerungen eingesetzt wurden) und Handfeuerwaffen wegen der Schwerfälligkeit ihrer Handhabung zunächst keine schlachtentscheidende Wirkung hatten. Den Anstoß zur Umbildung des deutschen Kriegswesens im 15. Jahrhundert gaben die Erfolge der leicht bewaffneten Schweizer Fußsoldaten seit ihrem Sieg über ein österreichisches Ritterheer am Morgarten (1315). Auf ihre Kampfführung in geschlossenen, aber beweglichen »Gevierthaufen« griff Kaiser Maximilian I. zurück, als er in den Kämpfen um Burgund deutsche Fußtruppen anwerben ließ, die als »Landsknechte« bezeichnet wurden.

Ursprünglich wurden nur freie und unbescholtene Männer angeworben. Ihre Bewaffnung – hauptsächlich langschäftige Spieße und Schwerter – mussten sie selbst stellen. Der vom Kriegsherrn beauftragte Feldhauptmann übernahm die Anwerbung und war auch Truppenführer. Die Grundeinheit bildete für die Dauer des Soldverhältnisses das Fähnlein mit etwa 400–500 Mann; mehrere Fähnlein wurden zum Regiment zusammengefasst. Neben dem Fußvolk der Landsknechte spielte die weiterhin von der Ritterschaft gestellte Reiterei eine große Rolle, nunmehr allerdings als taktischer Verband, nicht im Einzelkampf. Hinzu trat seit dem 16. Jahrhundert die neue Waffengattung der Artillerie.

Die Landsknechte erlebten als die ersten Berufssoldaten in der ersten Hälfte des 16. Jahrhunderts ihre Blütezeit. Doch die Verfallserscheinungen nahmen zu: Der große Truppenbedarf führte zur wahllosen Anwerbung undisziplinierter, am Kampfzweck nicht interessierter Landsknechthaufen, die überdies bei nicht selten ausbleibendem Sold oder nach Beendigung des Soldvertrags zur Landplage wurden. Da nicht nur der Kaiser, sondern auch die Landesherren Landsknechte in Sold nahmen, waren alle Reformbemühungen, die auf eine stärkere Bindung der Landsknechte an Kaiser und Reich zielten, zum Scheitern verurteilt. Die Söldner des Dreißigjährigen Krieges wurden nicht mehr als Landsknechte bezeichnet.

4.20 Prager Fenstersturz

Die konfessionellen Gegensätze im Reich hatten sich seit dem *Augsburger Religionsfrieden* (▶4.14) verhärtet. Die durch diese Frontstellung bedingten Streitigkeiten zwischen den Reichsständen führten zur Funktionsunfähigkeit der wichtigsten Reichsorgane, des Reichstags und des Reichskammergerichts. Als 1608 anlässlich eines Rechtsstreits um die Reichsexekution gegen die Reichsstadt Donauwörth auf Betreiben des calvinistischen Kurfürsten Friedrich IV. von der Pfalz viele evangelische Reichsstände unter Protest den Regensburger Reichstag verlassen hatten, gründeten sie unter Friedrichs Führung ein Schutzbündnis, die so

genannte Union, der sich allerdings die norddeutschen Fürsten und besonders das lutherische Kursachsen nicht anschlossen. 1609 kam ein von Herzog Maximilian I. von Bayern geführtes katholisches Gegenbündnis, die Liga, zustande. Eine erste Machtprobe zwischen den konfessionellen Parteien bildete der Streit um die Erbfolge in den vereinigten Herzogtümern Kleve, Jülich und Berg (1609–14), in dem sich beide Seiten ausländischer Unterstützung versicherten. Wenngleich der Konflikt mit der Teilung des Erbes zwischen Brandenburg und Pfalz-Neuburg beigelegt werden konnte, kündigte die darin zutage tretende Mächtekonstellation den Dreißigjährigen Krieg an.
Den Anlass zum Ausbruch des großen Krieges bildete die Auseinandersetzung zwischen den katholischen Habsburgern und den überwiegend evangelischen Ständen in Böhmen. Nachdem 1617 Erzherzog Ferdinand, der Neffe und spätere Nachfolger des Kaisers Matthias, gegen den Widerstand des Landtags zum König von Böhmen gekrönt worden war, versuchte er die Zugeständnisse des Majestätsbriefs von 1609 an die Stände (►4.18) einzuschränken. So verbot er einen nach Prag einberufenen Protestantentag. Daraufhin wurden am 23. Mai 1618 zwei kaiserliche Statthalter aus einem Fenster des Prager Hradschins in den Burggraben geworfen. Dieser »Prager Fenstersturz« löste einen Aufstand aus, in dessen Verlauf die böhmischen Stände im August 1619 den jungen Kurfürsten Friedrich V. von der Pfalz, den Führer der Union, zum König wählten. Während Maximilian I. von Bayern Kaiser Ferdinand II. die Hilfe des Ligaheers in Aussicht stellte (und sich dafür die Oberpfalz und die pfälzische Kurwürde versprechen ließ), versagte die Union Friedrich V. ihre volle Unterstützung. In der Schlacht am Weißen Berg bei Prag am 8. November 1620 besiegt und geächtet, musste Friedrich, der »Winterkönig«, fliehen; der Böhmische Aufstand brach 1621 zusammen, und die Union löste sich auf. Der konfessionelle Konflikt im Reich war damit aber keineswegs beendet, sondern er zog im Gegenteil immer weitere Kreise (►4.21).

4.21 Dreißigjähriger Krieg

Der Dreißigjährige Krieg begann als eine ständisch-religiöse Auseinandersetzung in Böhmen (►4.20) und griff mit der Königswahl Friedrichs V. von der Pfalz durch die böhmischen Stände auf das Reich über. Durch seine Niederlage am Weißen Berg (8. November 1620) verlor Friedrich nicht nur Böhmen, sondern auch die Kurpfalz. Nachdem Kaiser Ferdinand II. die Rekatholisierung und die zentralistische Umgestaltung Böhmens eingeleitet und 1623 die pfälzische Kurwürde sowie die Oberpfalz Maximilian I. von Bayern übertragen hatte, war die erste Kriegsphase, der Böhmisch-Pfälzische Krieg (1618–23), beendet. Als das Heer der katholischen Liga unter Tilly und das zusätzlich in kaiserlichen Dienst genommene Söldnerheer *Wallensteins* (►4.23) nach Norddeutschland vordrangen, griff Christian IV. von

◄ *Der Prager Fenstersturz bildete den äußeren Anlass für den Ausbruch des Dreißigjährigen Kriegs. Auf dem Kupferstich Matthäus Merians des Älteren ist der Moment dargestellt, in dem böhmische Adlige die habsburgischen Statthalter aus einem Fenster im Prager Hradschin werfen*

Die Schlacht am Weißen Berg bei Prag 1620. Das zeitgenössische Gemälde von Peter Snayers zeigt das Schlachtfeld aus Sicht der angreifenden katholischen Liga, im Hintergrund rechts die Silhouette der böhmischen Hauptstadt (Ingolstadt, Bayerisches Armeemuseum)

Dänemark angesichts der drohenden Gegenreformation und aus eigenen territorialen Interessen ein. Im Niedersächsisch-Dänischen Krieg (1625–29) erlitt der dänische König jedoch am 27. August 1626 bei Lutter am Barenberge eine schwere Niederlage, und im selben Jahr starben die übrigen Heerführer der Evangelischen. Der Vormarsch der kaiserlichen Truppen nach Jütland, Mecklenburg und Pommern rief Schweden auf den Plan, sodass der Kaiser, um ein Bündnis zwischen den verfeindeten nordischen Mächten zu verhindern, 1629 mit dem Dänenkönig den Lübecker Frieden schloss.

Ferdinands Machtstellung schien so gefestigt, dass er schon vor dem Friedensschluss das »Restitutionsedikt« erließ, das die Protestanten zur Rückgabe aller seit 1552 eingezogenen geistlichen Güter verpflichtete. Der Machtzuwachs des Kaisers erregte nun aber auch den Unwillen der katholischen Reichsstände. So erzwangen die Fürsten unter Führung Maximilians von Bayern auf dem Regensburger Kurfürstentag 1630 die Entlassung Wallensteins, der Hauptstütze des Kaisers. Gleichzeitig landete *Gustav Adolf von Schweden* (▶ 4.22) mit einem Heer auf Usedom. Damit begann die dritte Kriegsphase, der Schwedische Krieg (1630–35). Gustav Adolfs Sieg über Tilly bei Breitenfeld (17. September 1631) öffnete ihm den Weg nach Süddeutschland, und in der Schlacht am Lech (15. April 1632) fiel Tilly. Erst als der Kaiser Wallenstein zurückberief, wendete sich das Kriegsglück. Der Schwedenkönig fand in der Schlacht bei Lützen (16. November 1632) den Tod. Doch die unabhängige Politik Wallensteins führte 1634 zu seiner Ächtung und Ermordung. Nach der Niederlage der Schweden und der deutschen Protestanten bei Nördlingen (6. September 1634) kam es zum Frieden von Prag zwischen Kaiser und Reichsständen, in dem Ferdinand auf die Durchführung des Restitutionsedikts verzichtete, dafür aber den Oberbefehl über ein von den Reichsständen bereitzustellendes Heer erhielt.

Daraufhin griff Frankreich, das den Krieg von Anfang an mit diplomatischen Mitteln geschürt hatte, auch militärisch in den Konflikt ein und verbündete sich ohne Rücksicht auf den konfessionellen Gegensatz mit Schweden. In dieser

Der Dreißigjährige Krieg sah Grausamkeiten in bis dahin unbekanntem Ausmaß. Besonders die Landbevölkerung war den umherziehenden Truppen wehrlos ausgeliefert. Die zeitgenössische Radierung zeigt, wie marodierende Kavallerie Bauern überfällt (Nürnberg, Germanisches Nationalmuseum)

längsten und letzten Phase des Krieges, dem Schwedisch-Französischen Krieg (1635–48), konnte keine Seite den Kampf militärisch entscheiden. Nach zahlreichen Friedenssondierungen der kriegsmüden Parteien kam am 24. Oktober 1648 der *Westfälische Friede* (►4.24) zustande, ohne dass damit der Kampf um die Vorherrschaft in Europa beendet gewesen wäre. Bis heute gilt der Dreißigjährige Krieg als eine der schlimmsten Katastrophen der deutschen Geschichte. Hungersnöte und Seuchen folgten den Schrecken des Krieges. In den am meisten betroffenen Gebieten (Nordost-, Mittel- und Südwestdeutschland) überlebte nur etwa ein Drittel der Bevölkerung.

4.22 Gustav Adolf von Schweden

Seit 1523 regierte das Haus Wasa in Schweden. Schon Gustav I. (1523–60) hatte die Reformation eingeführt. Sein jüngster Sohn Karl IX. setzte sich bis 1600 gegen seinen katholischen Vetter Sigismund III. von Polen durch. Kühne außenpolitische Pläne brachten ihn darüber hinaus in Konflikt mit Dänemark und Russland. Als er 1611 starb, wurde sein am 19. Dezember 1594 geborener älterer Sohn vom Reichsrat für mündig erklärt und bestieg als Gustav II. Adolf den Thron. Er musste den Ständen jedoch umfassende Rechte garantieren. Mit einer Reihe innerer Reformen schuf er dennoch unter maßgeblicher Mitwirkung des Reichskanzlers Graf Oxenstierna die Grundlagen für die spätere Durchsetzung des Absolutismus. Außenpolitisch erstrebte er die schwedische Vorherrschaft im Ostseeraum, die er durch Ausgreifen nach den südlichen und östlichen Randgebieten der Ostsee sichern wollte. Nach einem Verlustfrieden mit Dänemark (1613) und einem günstigeren Frieden mit Russland (1617), der Schweden Ostkarelien und Ingermanland zusprach und Russland damit den Zugang zur Ostsee versperrte, griffen schwedische Truppen 1621 das unter polnischer Oberhoheit stehende Livland an. Die Verlegung des Kriegsschauplatzes brachte den schwedisch-polnischen Krieg 1626 in Berührung mit dem *Dreißigjährigen Krieg* (►4.21). Schon 1628 zwang das Eingreifen der Schweden in Pommern den kaiserlichen Feldherrn *Wallenstein* (►4.23), die Belagerung Stralsunds aufzuheben.

Mehrere Gründe bewogen Gustav Adolf 1630, persönlich mit einem Heer in Deutschland zu erscheinen: Der drohende vollständige Sieg der Kaiserlichen gefährdete die schwedischen Seeherrschaftspläne und Handelsinteressen im Ostseeraum und weckte die Befürchtung, dass die katholische Wasalinie in Polen mithilfe der Habsburger erneut die Herrschaft der schwedischen Wasas erschüttern könnte; außerdem kämpfte Gustav Adolf, auch wenn er sich 1631 im Vertrag von Bärwalde mit dem katholischen Frankreich, dem auf lange Sicht gefährlichsten Gegner des Hauses Habsburg, verbündete, für die Rettung des deutschen Protestantismus. In der Tat wurde er, von seinen Truppen als gottesfürchtiger Herrscher und vorbildlicher Heerführer verehrt, von der evangelischen Bevölkerung als Befreier begrüßt. Mehrere protestantische Reichsfürsten hingegen – voran Gustav Adolfs Schwager Georg Wilhelm von Brandenburg und der Kurfürst von Sachsen – schlossen sich dem Schwedenkönig aus Sorge vor Gebietsforderungen nur widerstrebend an. Durch den Sieg bei Breitenfeld (17. September 1631), seinen Zug nach Mainz und seine Hofhaltung in Frankfurt am Main gewann Gustav Adolf bestimmenden Einfluss auf die Fürsten Nord- und Mitteldeutschlands. Nach seinem Tod in der Schlacht bei Lützen (16. November 1632) leitete Oxenstierna den deutschen Protestantismus. Durch den *Westfälischen Frieden* (►4.24) wurde Schweden schließlich zur zweiten europäischen Großmacht nach Frankreich.

4.23 Wallenstein

Albrecht Wenzel Eusebius von Wallenstein (eigentlich Valdštejn) wurde am 24. September 1583 als Sohn eines Landadligen im ostböhmischen Hermanitz geboren. Von Hause aus Angehöriger der Böhmischen Brüder, trat er wohl bald nach dem Beginn seiner militärischen Laufbahn (1604) zum katholischen Glauben über. 1607 wurde er Kämmerer am Hof des späteren Kaisers Matthias. Das durch seine Ehe mit einer der reichsten Großgrundbesitzerinnen Mährens erworbene Vermögen ermöglichte es Wallenstein, als militärischer Unternehmer auf eigene Rechnung Söldner anzuwerben und sie dem Kaiser zur Verfügung zu stellen. Beim Böhmischen Aufstand 1618–21 (►4.20) kämpfte er auf kaiserlicher Seite und erhob als Militärverwalter Kontributionen aus den besetzten Gebieten zum Unterhalt der Truppen. Durch geschickte Spekulationen erwarb er riesige Besitzungen aus konfiszierten Gütern böhmischer Rebellen. Der Herzog von Friedland, wie er sich ab 1625 nennen durfte, entwickelte seinen vom Kaiser zum Fürstentum erhobenen Besitz mit gründlicher wirtschaftlicher Sachkenntnis zum Musterland.

Als sich der *Dreißigjährige Krieg* (▶ 4.21) nach Norddeutschland verlagerte, stellte er sich erneut dem Kaiser zur Verfügung. Die weit gehende Selbstständigkeit des Generalissimus, vor allem hinsichtlich der Ausweitung des Werbungsgebiets und des Kontributionssystems, ließ ihn freilich in Konkurrenz zur katholischen Liga geraten. Wallensteins militärische Erfolge stärkten zunächst nicht nur seine Position (1628 belehnte ihn Ferdinand II. mit dem Herzogtum Mecklenburg), sondern sie verhalfen auch dem Kaiser zu einer ungeahnten Machtsteigerung. Dagegen erhob sich jedoch der Widerstand der Reichsfürsten, und durch die gegenreformatorische Politik des Kaisers versteifte sich der Widerstand in den besetzten protestantischen Gebieten. Während Wallenstein ehrgeizige Pläne verfolgte (z. B. Aufbau einer kaiserlichen Flotte zur Beherrschung der Ostsee), zeichnete sich das Eingreifen *Gustav Adolfs von Schweden* (▶ 4.22) ab. In dieser Situation musste der Kaiser unter dem Druck der Fürsten auf dem Regensburger Kurfürstentag im August 1630 Wallenstein entlassen und seine Truppen reduzieren.

Der Siegeszug der Schweden durch Deutschland zwang Ferdinand jedoch bald, Wallenstein erneut um die Aufstellung einer Armee und die Übernahme des Kommandos zu bitten. Nach langem Zögern willigte dieser im April 1632 unter der Bedingung unbeschränkter Vollmachten für Kriegführung und Friedensverhandlungen ein. Nach dem Tod Gustav Adolfs bei Lützen im November 1632 gewannen Wallensteins Gegner beim Kaiser wieder die Oberhand. Die hinhaltende Kriegführung des Generalissimus und seine Verhandlungen mit Schweden und Sachsen nährten den Verdacht, er wolle sich vom Kaiser abwenden. Wallensteins wahre Absichten sind allerdings bis heute umstritten. Der ihm unterstellte Hochverrat konnte nie eindeutig bewiesen werden. Andererseits wurden seine weit schauenden politischen Ziele – Schaffung eines allgemeinen Reichsfriedens und Ausschaltung der auswärtigen Mächte – immer von taktischem Kalkül und persönlichem Ehrgeiz überschattet. Als der Kaiser ihn im Januar 1634 zum zweiten Mal absetzte und ihn überdies ächtete, fielen fast alle Offiziere trotz einer Ergebenheitserklärung (Pilsener Revers) von Wallenstein ab, und am 25. Februar wurde er in Eger ermordet.

▲ *Albrecht von Wallenstein (Ausschnitt aus einer Grisaille von Anthonis van Dyck als Vorlage für einen Kupferstich, um 1636–41)*

4.24 Westfälischer Friede

Der *Dreißigjährige Krieg* (▶ 4.21) wurde am 24. Oktober 1648 mit den Friedensschlüssen von Münster und Osnabrück zwischen dem Kaiser einerseits und Frankreich bzw. Schweden andererseits beendet; die Reichsstände schlossen sich an. Die Verträge behandelten drei Hauptkomplexe:

Die konfessionelle Frage wurde unter Abänderung des *Augsburger Religionsfriedens* (▶ 4.14) geregelt. Im Wesentlichen wurden die konfessionellen Grenzen nach dem Stand von 1624, dem so genannten Normaljahr, festgeschrieben. Damit wurde erstmals auch der Calvinismus im Reich anerkannt. Außerdem sollten die Reichsinstitutionen paritätisch besetzt werden und die Religion betreffende Fragen im Reichs-

tag nur durch Übereinstimmung zwischen den getrennt beratenden katholischen und evangelischen Reichsständen entschieden werden.
Einschneidende Änderungen brachte der Westfälische Friede für die Reichsverfassung mit sich: Während der Kaiser bei den Reichsgeschäften an die Zustimmung der Reichsstände gebunden wurde, musste er diesen für ihre Territorien die volle Landeshoheit zugestehen, d.h. Gesetzgebungsrecht, Rechtsprechung, Steuerhoheit, Bewaffnungsrecht, Bündnisrecht und Entscheidung über Krieg und Frieden. Das Heilige Römische Reich war damit zu einem recht lockeren Verband von Einzelstaaten geworden, die durch wenige gemeinsame Einrichtungen und rechtliche Bindungen zusammengehalten wurden. Bald darauf büßte der Reichstag einen Teil seiner Bedeutung ein, als er ab 1663 als »immer währender Reichstag« in Regensburg tagte, wo die Fürsten nicht mehr persönlich erschienen, sondern durch ständige Gesandte vertreten waren.
Der Friede im Reich wurde durch Gebietsabtretungen an die eigentlichen Sieger des Krieges und Garantiemächte des Friedens erkauft: Frankreich wurde im Besitz der Bistümer Metz, Toul und Verdun bestätigt und erhielt die habsburgischen Besitzungen und weitere Besitzrechte im Elsass und am Oberrhein. An Schweden mussten Vorpommern, das Erzstift Bremen, das Stift Verden und Wismar abgetreten werden; der schwedische König wurde Reichsfürst. Von eher formaler Bedeutung war dagegen das endgültige Ausscheiden der Schweiz und der Niederlande aus dem Reichsverband. Innerhalb des Reiches wurde, von Ausnahmen abgesehen, der Besitzstand von 1618 wieder hergestellt; die Kurwürde des geächteten pfälzischen Kurfürsten blieb bei Bayern, und für die Pfalz wurde eine achte Kur geschaffen. Der Westfälische Friede wurde zum ewigen Grundgesetz des Reiches erklärt, für das Frankreich und Schweden die Garantie übernahmen. Bei aller Unzulänglichkeit hatten die Friedensverträge doch für wichtige Fragen langfristige Lösungen gefunden. Trotz aller folgenden Kriege sicherten sie den Bestand des Reiches für eineinhalb Jahrhunderte.

Deutschland nach dem Dreißigjährigen Krieg

Daten

31. Okt. 1517	Thesenanschlag Luthers
1519–1556	Kaiser Karl V.
1521	Luther auf dem Reichstag zu Worms; Wormser Edikt
1521–1526	1. Krieg Karls V. gegen Franz I. von Frankreich
24. Febr. 1525	Schlacht bei Pavia (Gefangennahme Franz' I.)
1524–1525	Bauernkrieg
29. Aug. 1526	Schlacht bei Mohács
1526–1529	2. Krieg Karls V. gegen Franz I.
1527	Plünderung Roms durch Truppen Karls V. (Sacco di Roma)
1529	Protestation von Speyer; Marburger Religionsgespräch
1529	1. Belagerung Wiens durch die Türken
24. Febr. 1530	Kaiserkrönung Karls V. in Bologna
25. Juni 1530	Augsburgisches Bekenntnis
1531	Schmalkaldischer Bund
1536–1538	3. Krieg Karls V. gegen Franz I.
1542–1544	4. Krieg Karls V. gegen Franz I.
1545–1563	Konzil von Trient
18. Febr. 1546	Tod Luthers
1546–1547	Schmalkaldischer Krieg
24. April 1547	Schlacht bei Mühlberg (Gefangennahme des Kurfürsten Johann Friedrich von Sachsen durch den Kaiser)
1548	Augsburger Interim (Kompromissversuch Karls V. in der Glaubensfrage)
1551–1552	Fürstenverschwörung gegen Karl V.
2. Aug. 1552	Passauer Vertrag
25. Sept. 1555	Augsburger Religionsfriede
1556–1564	Kaiser Ferdinand I.
1564–1576	Kaiser Maximilian II.
7. Okt. 1571	Seeschlacht bei Lepanto
1576–1612	Kaiser Rudolf II.
1593–1606	langer Türkenkrieg
1608	protestantische Union
1609	katholische Liga
1609–1614	Jülich-Klevescher Erbfolgestreit
1612–1619	Kaiser Matthias
23. Mai 1618	Prager Fenstersturz
1619–1637	Kaiser Ferdinand II.
8. Nov. 1620	Schlacht am Weißen Berg
27. Aug. 1626	Schlacht bei Lutter am Barenberge
6. März 1629	Restitutionsedikt
6. Juli 1630	Landung Gustav Adolfs von Schweden auf Usedom
1630	Regensburger Kurfürstentag (Entlassung Wallensteins)
1631	Vertrag von Bärwalde
17. Sept. 1631	Schlacht bei Breitenfeld
13. April 1632	2. Berufung Wallensteins (Göllersdorfer Kapitulation)
15. April 1632	Schlacht bei Rain am Lech (Tod Tillys)
16. Nov. 1632	Schlacht bei Lützen (Tod Gustav Adolfs)
25. Febr. 1634	Ermordung Wallensteins
6. Sept. 1634	Schlacht bei Nördlingen
30. Mai 1635	Friede von Prag
1637–1657	Kaiser Ferdinand III.
24. Okt. 1648	Westfälischer Friede

Zeitalter des Absolutismus (1648–1789)

5

Einführung

Die Auflösung des alten ständischen Ordnungsgefüges im Zeitalter der Glaubenskriege verursachte ein allgemeines Verlangen nach Wiederherstellung der staatlichen Ordnungsfunktion, die in der Person des Monarchen am ehesten verbürgt schien. So kam es zur Herausbildung der absolutistischen Regierungsform, in der der Monarch als alleiniger Inhaber der Herrschaftsgewalt nicht an die bestehenden Gesetze gebunden (»legibus solutus«), wohl aber dem göttlichen Recht unterworfen war. »L'état c'est moi« (der Staat bin ich) – dieser dem französischen König Ludwig XIV. zugeschriebene Ausspruch bringt die Gleichsetzung von Staat und Herrscher auf eine knappe Formel.

Die zeitgenössischen Staatslehren lieferten dem Absolutismus die theoretische Grundlage. Bedeutsam waren vor allem die Definition der Souveränität als unteilbare, absolute Gewalt nach innen und außen und der Grundsatz der Staatsräson, der die Verwirklichung des Staatswohls sowie die Erhaltung und Erweiterung der Staatsmacht zum Maßstab des politischen Handelns erhob. Trotz der Verweltlichung der Staatsidee beriefen sich die absoluten Herrscher weiterhin auf ihre göttliche Legitimität (Gottesgnadentum).

Kennzeichnend für den absolutistischen Regierungsstil war das so genannte Kabinettssystem: Der Monarch stützte sich auf Räte, die ein von den Zentralbehörden unabhängiges Kabinett – Geheimer Rat, Staatsrat oder ähnlich genannt – bildeten. Mithilfe dieses Gremiums betrieb er eine selbstständige Diplomatie, griff in den Gang der Justiz ein, erteilte »Kabinettsordres« mit Gesetzeskraft und erklärte Kriege, die meist dynastischen Interessen oder der »Arrondierung« des Territoriums dienten. Ausdruck der souveränen Verfügungsgewalt über das Land sind auch die für das 18. Jahrhundert typischen Ländertauschprojekte und die rücksichtslose Teilungspraxis. Um ihre »Kabinettskriege« jederzeit führen zu können, schufen die Fürsten stehende Heere. Zur Verwaltung des Landes gemäß ihren Richtlinien bauten sie eine allein von ihnen abhängige Beamtenschaft auf. Immer mehr Lebensbereiche wurden als öffentliche, staatlich zu regelnde Angelegenheiten begriffen. Auch die Wirtschaft stand im Dienst des Staates. So entstand erstmals ein nicht nur den Adel erfassendes Staatsbewusstsein.

Dieser »Verstaatungsprozess«, der auch erhebliche negative Auswirkungen hatte (Bevormundung der Untertanen, Überbewertung der inneren Ordnungsfunktion und der äußeren Machtentfaltung des Staates), ging mit einer allmählichen Einebnung der ständisch gegliederten mittelalterlichen Gesellschaftsstruktur einher. Die Stände wurden politisch entmachtet, ohne dass die ständische Gesellschaftsordnung prinzipiell aufgehoben war. Adel und Geistlichkeit waren nach wie vor privilegiert, während das Bürgertum zwar wirtschaftlich gefördert wurde, aber keinen entsprechenden politischen Rang einnahm. Die sich daraus ergebenden Spannungen versuchte der so genannte aufgeklärte Absolutismus durch wohlfahrtsstaatliche Reformen aufzufangen, aber trotz seiner Anpassung an aufklärerische Ideen wurde er von den sich in der politischen Aufklärung verdichtenden Lehren der Volkssouveränität und vom Gesellschaftsvertrag zunehmend infrage gestellt. Die gesellschaftskritische Funktion der Aufklärung trat allerdings in Deutschland weniger deutlich zutage als in Frankreich.

Während der Absolutismus in Frankreich unter Ludwig XIV. (1643–1715) seine modellhafte Ausprägung fand, konnte er sich in Deutschland nur auf der Ebene der Landesfürsten (und nicht überall in gleicher Weise) durchsetzen, nachdem der Westfälische Friede 1648 die fürstliche Landeshoheit reichsrechtlich festgeschrieben hatte. Die vorrangig zu lösende Aufgabe, die verheerenden Folgen des Dreißigjährigen Krieges zu überwinden, begünstigte die Ausbildung des absolutistischen Fürstenstaats, da der Wiederaufbau nur durch intensive staatliche Planung und Lenkung zu leisten war. Die kaiserliche Gewalt blieb dagegen seit 1648 auf die formelle Lehnshoheit sowie auf einzelne Rechte beschränkt.

Nach dem Dreißigjährigen Krieg war Frankreich nicht nur die stärkste europäische Großmacht, sondern in Deutschland auch ein Vorbild für den innerstaatlichen Aufbau, sowohl in politischer als auch in kultureller Hinsicht. Diese Vormacht- und Vorbildfunktion Frankreichs bestimmte auch die Stellung des Reiches im europäischen Kräftespiel um die Wende vom 17. zum 18. Jahrhundert. In der Zeit Kaiser Leopolds I. (1658–1705) wurde das Reich durch die Wechselwirkung zwischen der Türkengefahr und der Expansionspolitik Ludwigs XIV. bedroht. Der französische König versuchte durch ein System von Bündnis- und Subsidienverträgen mit einzelnen Reichsständen – vor allem mit den Wittelsbachern in der Pfalz, in Bayern und in Köln sowie mit dem Kurfürsten von Brandenburg – eine innerdeutsche Opposition gegen den Kaiser aufzubauen und ab 1679 sein Herrschaftsgebiet durch die so genannten Reunionen – in Wirklichkeit kaum verhüllte Annexionen – nach Osten auszudehnen. Während Leopold I. nur mit Mühe und in unzureichendem Maße die Kräfte des Reiches gegen Frankreich mobilisieren konnte, das einen Teil der Reunionen, das Elsass mit Straßburg, behauptete, begründete er mit den militärischen Erfolgen im Großen Türkenkrieg (1683–99) die Großmachtposition Österreichs, wenn auch der Versuch der österreichischen Habsburger, die Nachfolge ihrer spanischen Verwandten anzutreten, im Spanischen Erbfolgekrieg (1701–13/14) scheiterte. Österreich wandte sich daher zunehmend dem Südosten Europas zu.

Neben den Habsburgern gelangten in dieser Zeit drei weitere deutsche Fürstenhäuser zu europäischer Bedeutung: Eine Linie der Welfen, die im 12. Jahrhundert als Gegenspieler der Staufer die Reichsgeschichte entscheidend mitgeprägt hatten und seit 1235 das Herzogtum Braunschweig-Lüneburg beherrschten, erreichte 1692 die Erhebung des Teilherzogtums Lüneburg zum Kurfürstentum Hannover sowie 1714 die Nachfolge der letzten Stuartkönigin Anna in Großbritannien. 1697 war der sächsische Kurfürst Friedrich August I. aus dem Haus der Wettiner als August II. (»der Starke«) mit Unterstützung des Kaisers zum König von Polen gewählt worden. Doch seine Herrschaft blieb nicht unangefochten, und auch sein Sohn konnte die Nachfolge erst nach dem Polnischen Thronfolgekrieg (1733–35/38) antreten.

Auf ganz andere Weise verschafften sich die Hohenzollern in Brandenburg-Preußen internationales Ansehen. Hier ermöglichte zunächst vor allem eine innere Entwicklung, die Militarisierung des sozialen und politischen Lebens, den Aufstieg des Staates zu führender Stellung in Norddeutschland und schließlich unter Friedrich II., dem Großen (1740–86), zur europäischen Großmacht, an die Österreich in den Schlesischen Kriegen 1740–45 eine seiner reichsten Provinzen verlor.

Behielt das habsburgische Erbhaus letztendlich durch die Kaiserwahl des Gemahls der Maria Theresia, Franz I. Stephan (1745–65), die vornehmste Stellung im Reich, so konnte es den preußisch-österreichischen Dualismus nicht mehr überwinden. Der alte habsburgisch-bourbonische Gegensatz hingegen trat im Siebenjährigen Krieg (1756–63) zurück. In diesem Ringen standen sich als Hauptgegner einerseits Preußen und Österreich, andererseits Großbritannien und Frankreich gegenüber. Auch die fünfte europäische Großmacht, Russland, war auf französisch-österreichischer Seite an dem Konflikt beteiligt. Damit war das im Wesentlichen bis zum Ersten Weltkrieg bestehende europäische Fünfmächtesystem, die so genannte Pentarchie, ausgebildet. Sie wurde als Gleichgewichtssystem angesehen, das zwar nicht den Frieden in Europa garantierte, ihn aber durch einen Interessenausgleich zwischen den wechselnden Bündnissen immer wieder herstellte.

5.1 Ludwig XIV. und die deutschen Staaten

Frankreich war als Hauptgewinner aus dem *Dreißigjährigen Krieg* (▶4.21) hervorgegangen und im *Westfälischen Frieden* (▶4.24) seinem außenpolitischen Hauptziel, der Gewinnung einer europäischen Vormachtstellung durch Schwächung der habsburgischen Macht nach außen und Unterstützung der gegen Österreich gerichteten Bestrebungen der Reichsfürsten, ein gutes Stück näher gekommen. Als 1657 Kaiser Ferdinand III. starb, versuchte die französische Diplomatie vergeblich, die Nachfolge seines Sohnes Leopold I. zu verhindern, aber dieser musste in seiner Wahlkapitulation (einem

▲ *Im Verlauf des Pfälzischen Erbfolgekrieges (1688–97) verwüsteten französische Truppen 1689 in der Kurpfalz und umliegenden Gebieten systematisch Burgen und Städte. Die französische Medaille zeigt die gedemütigte »Heidelberga« und den klagenden Flussgott Neckar vor dem brennenden Heidelberg*

mit den Fürsten vereinbarten Katalog von Wahlbedingungen) auf die Unterstützung des habsburgischen Spanien verzichten, das sich noch im Krieg mit Frankreich befand und 1659 den demütigenden Pyrenäenfrieden schließen musste. Bald nach der Kaiserwahl trat Frankreich dem so genannten ersten Rheinbund bei, der, auf Initiative des Mainzer Kurfürsten zustande gekommen, im Reich einen eigenständigen Machtfaktor gegenüber dem Kaiser schaffen sollte, aber zunehmend zum Instrument der antihabsburgischen Politik Frankreichs wurde und sich 1668 auflöste.

Inzwischen war der junge französische König Ludwig XIV. nach dem Tode Kardinal Mazarins 1661 zur selbstständigen Regierung gelangt. Er ging dazu über, die Vormachtstellung seines Landes durch Eroberungskriege auszubauen, gestützt auf Erbansprüche und weit hergeholte Rechtstitel. Damit stieß er allerdings auf wachsenden Widerstand in Europa und im Reich, ja, hier erwachte sogar ein »Reichspatriotismus«.

Den Gipfel seines Erfolgs erreichte Ludwig XIV. zwischen 1679 und 1681 mit den auf die Rheingrenze zielenden »Reunionen«: Unter Rückgriff auf mittelalterliche Lehnsvorstellungen erhob er Anspruch auf alle Gebiete, die mit den 1648 an Frankreich gefallenen Territorien in Verbindung standen. Auf diese Weise kamen weite elsässische, pfälzische und rheinische Gebiete unter französische Besatzung. Doch trotz einhelliger Empörung im Reich, insbesondere nach der Besetzung der alten Reichsstadt Straßburg 1681, kam es nicht zu einer geschlossenen Abwehrfront, vor allem wegen der von Frankreich geschürten Türkengefahr (▶ 5.4). Erst als Ludwig XIV. seine Truppen 1688 in die Pfalz einmarschieren ließ, um die im Namen seiner Schwägerin Elisabeth Charlotte (»Liselotte«) von der Pfalz geltend gemachten Ansprüche auf die Besitzungen der erloschenen pfälzischen Kurlinie durchzusetzen, wurde 1689 der Reichskrieg gegen Frankreich beschlossen. Damit konnte zwar die Verwüstung der Pfalz nicht verhindert werden, aber im Bündnis mit England und anderen antifranzösischen Mächten wurde 1697 im Frieden von Rijswijk die Rückgabe der meisten Reunionen (außer dem Elsass mit Straßburg) erreicht.

Dass die französische Vormachtstellung auf die Dauer nicht zu halten war, zeigte sich vollends im Spanischen Erbfolgekrieg (1701–13/14). Als nach dem Tod des letzten spanischen Habsburgers ein Enkel Ludwigs XIV. als Philipp V. den spanischen Thron bestieg, schloss sich wieder eine europäische Allianz gegen Frankreich zusammen. Zwar standen dieses Mal unter anderen die wittelsbachischen Kurfürsten von Bayern und von Köln auf französischer Seite (über sie wurde die Reichsacht verhängt), aber die Kriegführung des Herzogs von Marlborough und der Reichsfeldmarschälle Ludwig Wilhelm von Baden und Eugen von Savoyen erwies sich als überlegen. Kriegsentscheidend war allerdings die immer deutlicher hervortretende politische Schlüsselrolle Englands: Geleitet von dem Gedanken des Mächtegleichgewichts auf dem Kontinent, unterstützte es zunächst den österreichischen Anwärter auf den spanischen Thron. Doch nachdem dieser 1711 zum Kaiser gewählt worden war, wurde 1713 im Frieden von Utrecht ein englisch-französischer Ausgleich erzielt, dem sich Kaiser Karl VI. und die Reichsstände 1714 im Wesentlichen anschließen mussten. Der Bourbone Philipp V. wurde anerkannt, aber eine spanisch-französische Personalunion ausgeschlossen. Der Kaiser konnte seinen Einfluss im Reich nicht stärken, aber mit dem Gewinn spanischer Nebenländer die europäische Großmachtstellung Österreichs ausbauen. So hatte England das Ende der französischen Vorherrschaft erreicht und zugleich eine neue spanisch-österreichische Weltmacht verhindert. Frankreich war eine europäische Großmacht neben anderen.

5.2 Merkantilismus

Der absolutistische Staat versuchte alle Kräfte des Landes und damit auch die Wirtschaft in den Dienst des Fürsten zu stellen. Da nicht nur der steigende Aufwand des höfischen Lebens im Zeitalter des Barock, sondern auch die wachsenden Aufgaben des Staates, bedingt durch den Ausbau des Behördenapparats und die ständige Unterhaltung eines Heeres, einen großen Finanzbedarf verursachten, suchten die Fürsten nach Mitteln, um die Steuerkraft ihres Landes zu erhöhen. Dazu aber war es nötig, den Wohlstand der Untertanen zu mehren. Die wirtschaftstheoretischen Regeln und wirtschaftspolitischen Methoden, die zu diesem Zweck entwickelt wurden, nennt man Merkantilismus (von lateinisch mercari = Handel treiben). In dessen Mittelpunkt stand die Förderung von Handel und Gewerbe durch eine Reihe von Maßnahmen: Gründung von Messen und Märkten, Ausbau der Straßen und Kanäle, Förderung des Bergbaus und des Hüttenwesens, Abschaffung von Binnenzöllen, Vereinheitlichung von Maßen, Münzen und Gewichten, Lockerung der Zunftbestimmungen und insbesondere die Ansiedlung neuer Gewerbe und *Manufakturen* (▶ 5.3). Hinzu kamen Maßnahmen zur Förderung des Außenhandels, z. B. Aufbau einer Handelsflotte, Gründung von Handelsgesellschaften, Unterstützung der Warenausfuhr (außer Lebensmittel und Rohstoffe) und gleichzeitige Drosselung der Einfuhr durch Zollschranken, um die Geldzufuhr des eigenen Landes zu steigern. Der dem Merkantilismus zugrunde liegende Gedanke, dass der Reichtum an Geld die Größe und Macht eines Staates ausmache, wurde erst im 18. Jahrhundert überwunden.

In Frankreich führte der Finanzminister Ludwigs XIV., Colbert, merkantilistische Reformen durch, ohne die die kostspielige Außenpolitik nicht möglich gewesen wäre. In Deutschland herrschte eine Sonderform des Merkantilismus vor, der »Kameralismus« (benannt nach der fürstlichen Kammer, der für den Staatshaushalt zuständigen Behörde). Er wollte die Staatseinkünfte weniger durch eine aktive Handelsbilanz erhöhen als vielmehr durch die planmäßige Steigerung sowohl der gewerblichen als auch der landwirtschaftlichen Produktion. Ausschlaggebend war dafür die Notwendigkeit, die Schäden und Verwüstungen des Dreißigjährigen Krieges zu beseitigen, und deshalb legte man hier auch besonderes Gewicht auf bevölkerungspolitische Maßnahmen. Da zahlreiche Städte und Dörfer durch den Krieg entvölkert waren, begünstigten viele Fürsten die Einwanderung. Das entsprach auch der merkantilistischen Auffassung, dass der Reichtum des Staates eine hohe Bevölkerungszahl erfordere.

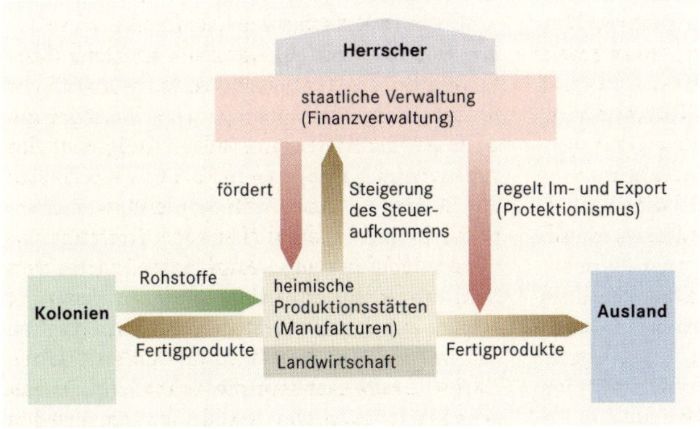

◀ *Wirtschaftsbeziehungen im Merkantilismus*

◀ *Das Bild »Die Entsatzschlacht vor Wien« zeigt im Vordergrund, wie der polnische König Johann III. Sobieski das Zelt des türkischen Heerführers Kara Mustafa stürmt. Gemälde von Frans Geffels, um 1688 (Wien, Historisches Museum der Stadt Wien)*

5.3 Manufakturen

Charakteristisch für die Zeit des *Merkantilismus* (▶ 5.2) waren gewerbliche Großbetriebe, die so genannten Manufakturen. Das Wort setzt sich zusammen aus den lateinischen Wörtern »manus« = »Hand« und »facere« = »tun«. Schon daraus wird deutlich, dass die Handwerkstechnik im Wesentlichen erhalten blieb, Einsatz von Maschinen noch die Ausnahme bildete. Manufakturen waren eine Frühform des industriellen Betriebes, also Vorläufer der Fabriken. Sie gingen ihrerseits zurück auf das schon im Spätmittelalter entstandene »Verlagssystem«, bei dem ein Unternehmer den von ihm abhängigen, in Heimarbeit produzierenden Handwerkern die benötigten Rohstoffe, oft auch Werkzeuge zur Verfügung stellte und die Abnahme der Fertigwaren garantierte. Über dieses Hausgewerbe gingen die Manufakturen hinaus, denn in ihnen war die Produktion an einem Ort zusammengefasst und zugleich arbeitsteilig organisiert. Dadurch konnte in größeren Mengen und einheitlicherer Qualität produziert werden als im herkömmlichen Zunfthandwerk. Die Manufakturarbeiter wurden so zu Lohnarbeitern. Der absolutistische Staat förderte das Manufakturwesen und unterhielt zum Teil auch selbst Manufakturen, denn das Aufblühen des Gewerbes musste ihm selbst ja wieder zugute kommen. Daneben spielten Gesichtspunkte wie Arbeitsbeschaffung oder auch bloße Prestigegründe eine Rolle. Manufakturen arbeiteten in den verschiedensten Gewerbezweigen. Schwerpunkte der Herstellung waren jedoch Luxusgüter für den Bedarf der Fürstenhöfe, später auch für wohlhabende bürgerliche Kunden – z.B. Wandteppiche (Gobelins), Möbel, Fayencen, Porzellan, Glas, kostbare Stoffe (Seide, Samt, Brokat), Kutschen –, ferner Uniformen und Waffen für die Heere sowie die ersten Massenbedarfsgüter, z.B. Woll-, Leinen- und Baumwollstoffe. Aus der manufakturmäßigen Uniformschneiderei entwickelte sich später die Maßkonfektion für bürgerliche Kleidung. Überhaupt war das Textilgewerbe technisch besonders hoch entwickelt. Neue Herstellungsverfahren und Erfindungen auf verschiedenen Gebieten regten auch die Entstehung neuer Manufakturen an. So wurden wichtige Voraussetzungen für den Übergang von der handwerklichen zur industriellen Produktion geschaffen.

5.4 Die Türken vor Wien

Das Osmanische Reich beherrschte im 17. Jahrhundert mit der Balkanhalbinsel und dem größten Teil Ungarns ganz Südosteuropa. Da ein weiteres Vordringen der islamischen Türken einen schweren Rückschlag für das Christentum bedeutet hätte, war ihre Zurückdrängung Aufgabe aller christlichen Herrscher Europas. Beim Kampf gegen die Türken fielen für den Kaiser die Interessen seines eigenen Landes, des dem Osmanischen Reich benachbarten Österreich, mit seinen kaiserlichen Pflichten als Schirmherr der Christenheit zusammen. Die französischen Könige hingegen unterhielten seit langem gute Beziehungen zu den Türken, da sie die Frankreich umschließende habsburgische Macht als ihren Hauptfeind betrachteten.

Kaiser Leopold I. hatte 1664 einen zwanzigjährigen Waffenstillstand mit dem Sultan geschlossen. Doch als im österreichischen Teil Ungarns ein Aufstand der so genannten Kuruzzen (»Kreuzfahrer«) gegen die habsburgische Herrschaft ausbrach, marschierte 1683 ein 200 000 Mann starkes türkisches Heer unter dem Großwesir Kara Mustafa fast unbehelligt bis vor Wien und belagerte die österreichische Hauptstadt, aus der der kaiserliche Hof geflohen war. Die Eingeschlossenen vermochten unter dem Stadtkommandanten Ernst Rüdiger Graf von Starhemberg der Belagerung zwei Monate lang standzuhalten, bis ein Entsatzheer heranrückte. Die akute Gefahr führte die große Mehrheit der Reichsfürsten und darüber hinaus, vor allem unter dem Einfluss des Papstes, den mit Frankreich verbündeten polnischen König Johann Sobieski an die Seite des Kaisers. Während der Kurfürst von Brandenburg vertraglich an Frankreich gebunden war, nahmen die Kurfürsten von Bayern und Sachsen persönlich am Türkenkrieg teil. Besondere Verdienste erwarb sich neben ihnen und dem mit dem Oberbefehl beauftragten König von Polen der kaiserliche Feldherr Herzog Karl V. von Lothringen. Das den Türken zahlenmäßig unterlegene Entsatzheer befreite Wien am 12. September 1683 mit dem Sieg am Kahlenberge.

Dieser Sieg führte den Wendepunkt des Krieges herbei, in dem die kaiserlichen Truppen nun ihrerseits zum Angriff übergingen und in den folgenden Jahren, trotz der gleichzeitigen Belastung durch den Pfälzischen Krieg, unter Kurfürst Max Emanuel von Bayern, Markgraf Ludwig Wilhelm von Baden und *Prinz Eugen von Savoyen* (▶ 5.5) bedeutende Siege erfochten. Im Frieden von Karlowitz mussten die Türken 1699 Siebenbürgen sowie den größten Teil des von ihnen beherrschten Ungarn an Österreich abtreten. Die Befreiung der Balkanchristen von der türkischen Herrschaft wurde fortan eines der Hauptziele der österreichischen Politik.

5.5 Prinz Eugen von Savoyen

Geboren in Paris am 18. Oktober 1663 als Sohn des Prinzen Eugen Moritz von Savoyen-Carignan und einer Nichte Kardinal Mazarins, war Eugen für die geistliche Laufbahn bestimmt worden. Sein Wunsch, in die französische Armee einzutreten, wurde ihm von Ludwig XIV. verweigert. So bot er dem Kaiser seine Dienste an, bewährte sich bereits im Großen Türkenkrieg (1683–99) und wurde 1697 zum Oberbefehlshaber über die in Ungarn operierenden Truppen ernannt. Er begründete seinen Ruhm als Feldherr in der Schlacht bei Zenta gegen eine zahlenmäßig weit überlegene türkische Armee im gleichen Jahr. Ab 1700 beeinflusste er als Mitglied des Geheimen Rates und später als

Präsident des Hofkriegsrates die Politik der Habsburger, hatte jedoch auch gegen zahlreiche Hofintrigen zu kämpfen. Während des Spanischen Erbfolgekrieges (1701–13/14) vermochte er in glänzenden Siegen, teilweise gemeinsam mit dem britischen Feldherrn Marlborough errungen, dem Vormachtstreben Ludwigs XIV. in Europa entgegenzuwirken. Nach dem Tod seines Vetters Ludwig Wilhelm von Baden (1707) zum Reichsfeldmarschall ernannt, war Prinz Eugen 1714 kaiserlicher Bevollmächtigter bei den Friedensverhandlungen in Rastatt und Baden. Einen neuen Türkenkrieg entschied er durch die Belagerung und Einnahme Belgrads 1717. Im Frieden von Passarowitz erhielt Österreich 1718 das Banat.

Prinz Eugen hat als Träger des österreichischen Staatsgedankens einen modernen, schon von der Aufklärung geprägten politischen Stil entwickelt und die Idee der Staatsräson an die Stelle dynastischer Überlegungen gestellt. Österreich wurde durch seine Siege zur europäischen Großmacht; seine Erfolge gegen Frankreich und seine Siege über die Türken trugen zum Erwachen eines nationalen Gemeinschaftsgefühls der Deutschen bei. Prinz Eugen starb am 21. April 1736 in Wien.

5.6 Brandenburg unter dem Großen Kurfürsten

Die Markgrafschaft Brandenburg war im Zuge der deutschen Ostsiedlung um die Mitte des 12. Jahrhunderts entstanden und 1417 in den Besitz der Hohenzollern gekommen. Die *Goldene Bulle* von 1356 (▶ 3.8) zählte den Markgrafen von Brandenburg zu den sieben Kurfürsten. Mit der lutherischen Kirchenordnung von 1539 vollzog das Land den entscheidenden Schritt zur Reformation. Seit 1613 waren die Kurfürsten calvinistisch, ohne dieses Bekenntnis im Land durchzusetzen. Der Gewinn der Herzogtümer Kleve und Mark mit Ravensberg (1614) und des Herzogtums Preußen als polnisches Lehen (1618) schuf eine extreme Streulage der brandenburgischen Territorien, die der »Große Kurfürst« Friedrich Wilhelm zu überwinden suchte.

Geboren in Berlin (Cölln) am 16. Februar 1620, verbrachte er einige Jahre am Hof der calvinistischen Oranier im Haag, wo er eine politische und militärische Ausbildung erhielt. 1640 trat er die Regierung in seinem durch den Dreißigjährigen Krieg verwüsteten Land an. Nachdem er im Westfälischen Frieden Hinterpommern und die säkularisierten Bistümer Cammin, Minden und Halberstadt sowie die Anwartschaft auf Magdeburg erhalten hatte, galten seine Bemühungen dem 1648 Schweden zugesprochenen Vorpommern mit dem Ostseehafen Stettin. Da er im Dreißigjährigen Krieg den Wert eines jederzeit einsatzbereiten Heeres erkannt hatte, baute er ein stehendes Heer auf. Damit griff er in die nachfolgenden Kriege ein, ohne vor rücksichtslosem Frontwechsel zurückzuschrecken, wenn er sich davon Vorteile versprach (»brandenburgisches Wechselfieber«). So gelang es ihm im ersten Nordischen Krieg (1655–60), durch einen Bündniswechsel von Schweden zu Polen die Souveränität über Preußen zu erreichen. Dagegen vernachlässigte

▲ *Bronzenes Reiterstandbild des Großen Kurfürsten von Andreas Schlüter in Berlin. 1710 schräg vor dem Portal des neuen Berliner Stadtschlosses aufgestellt, steht es heute im Ehrenhof des Schlosses Charlottenburg*

er die Reichsinteressen fast völlig. 1674 nahm er am Reichskrieg gegen Frankreich teil, musste sich aber bald gegen die in Brandenburg eingefallenen Schweden wenden und schlug sie bei Fehrbellin (28. Juni 1675). Da er 1679 auf das bereits eroberte Vorpommern verzichten musste,

schloss er sich enttäuscht Frankreich an. Als er am 9. Mai 1688 starb, war er jedoch führend an der Bildung einer europäischen Koalition gegen Ludwig XIV. beteiligt.
Im Innern hatte Friedrich Wilhelm im Sinne des Absolutismus ein relativ einheitliches Staatswesen geschaffen. Die Geldmittel für die Unterhaltung des Heeres rang er den Landständen ab, musste ihnen dafür allerdings weit gehende Herrschaftsrechte auf ihren Gütern einräumen. Um sich vom ständischen Steuerbewilligungsrecht unabhängig zu machen, führte er daneben nach niederländischem Vorbild ein indirektes Steuersystem ein. Die Verwaltungsorganisation baute er durch Errichtung besonderer Finanz- und Militärbehörden aus. Mit der Ansiedlung von über 20 000 aus Frankreich vertriebenen Hugenotten in Berlin und Brandenburg (Edikt von Potsdam, 1685) half der Kurfürst seinen Glaubensbrüdern, kurbelte aber auch im Zuge merkantilistischer Wirtschaftspolitik Industrie und Gewerbe an. Straßen- und Kanalbauten sowie Manufakturen wurden gefördert. Den Handelsinteressen diente auch die brandenburgische Kolonie Großfriedrichsburg an der Guineaküste, die brandenburgisch-afrikanische Handelsgesellschaft und der Bau einer Handelsflotte. So schuf der Große Kurfürst die Grundlagen für die spätere Großmacht Preußen.

5.7 August der Starke

Geboren am 12. Mai 1670 in Dresden, wurde der Prinz nach dem frühen Tod seines älteren Bruders 1694 als Friedrich August I. Kurfürst von Sachsen. Er war vielseitig begabt und politisch interessiert, aber unstet und leichtlebig. Als Bewunderer Ludwigs XIV. suchte er dessen prunkvollen Lebensstil nachzuahmen. Um seine fürstliche Position auszubauen, bewarb er sich um die polnische Königskrone, verschaffte sich die Unterstützung des habsburgischen Kaiserhauses durch seinen Übertritt zum Katholizismus und erreichte – auch unter Einsatz beträchtlicher Bestechungsgelder – 1697 seine Wahl zum König von Polen (als August II.). Den Beinamen »der Starke« erhielt er wegen seiner außerordentlichen Körperkräfte und wohl auch wegen seiner zahlreichen Mätressen.
Mit auf das Baltikum gerichteten Expansionsplänen nahm August an der Seite Russlands und Dänemarks am zweiten Nordischen Krieg (1700–1721) gegen Schweden teil. Doch der schwedische König Karl XII. besiegte Zar Peter den Großen 1700 bei Narwa sowie die in Livland eingefallenen sächsisch-polnischen Truppen und zwang August im Frieden von Altranstädt (1706), auf die polnische Krone zu verzichten. Erst mithilfe des Zaren, der Karl XII. 1709 bei Poltawa schlug, konnte er sie zurückgewinnen. Aber während August der Starke aus dem Krieg ohne Gewinn hervorging, gelang es Preußen und Hannover, Schweden aus seinen norddeutschen Besitzungen bis auf das westliche Vorpommern mit Stralsund zu verdrängen. Der Hauptgewinner des Nordischen Krieges war freilich Russland, das Schweden als führende Macht des Ostseeraumes ablöste und dem Ausbau der sächsischen Herrschaft in Polen entgegenwirkte.
August der Starke förderte sowohl in Sachsen als auch in Polen durch merkantilistische Maßnahmen Handel und Gewerbe, modernisierte die Armee und betrieb mit großem Eifer den künstlerischen Ausbau seiner Residenzen Dresden und Warschau, indem er die berühmtesten Baumeister der Zeit heranzog. Auch gründete er die Meißener Porzellanmanufaktur. Mit seinem aufwendigen Hofleben ruinierte er jedoch die sächsischen Finanzen. Am Widerstand der lutherisch gebliebenen sächsischen Stände scheiterte sein Versuch, eine absolutistische Zentralverwaltung zu errichten. Noch weniger konnte er absolutistische Regierungsmethoden in Polen durchsetzen. Seine unbestrittenste Leistung ist, dass in seiner Regierungszeit Dresden die führende deutsche Kunst- und Kulturmetropole des Barock wurde. Er starb am 1. Februar 1733 in Warschau. Die Verbindung Sachsens mit Polen erlosch bereits mit dem Tod seines Sohnes 1763.

5.8 Friedrich Wilhelm I., der Soldatenkönig

Friedrich Wilhelm wurde am 14. August 1688 in Berlin (Cölln) als Enkel des *Großen Kurfürsten* (► 5.6) geboren. Sein Vater hatte die Zustimmung des Kaisers zu seiner Rangerhöhung zum König erhalten. Allerdings durfte er nur für das Herzogtum Preußen, das nicht zum Reich gehörte, die Königswürde annehmen. Mit Rücksicht auf die polnischen Besitzrechte in Westpreußen nannte er sich nach der Krö-

Friedrich Wilhelm I., der »Soldatenkönig« (im Bild vorne an der Tafel), pflegte einen spartanischen Lebensstil. Zu seinen wenigen Vergnügungen gehörte die regelmäßige Zusammenkunft im Kreis seiner Vertrauten, das »Tabakskollegium«; links – unverhältnismäßig klein dargestellt – die Söhne des Königs (Potsdam, Stiftung Schlösser und Gärten)

nung in Königsberg am 18. Januar 1701 Friedrich I., König in Preußen.
Friedrich Wilhelm I., der ihm 1713 folgte, war das genaue Gegenteil seines Prunk liebenden und an Kunst und Wissenschaft interessierten Vaters. Er war nüchtern, einfach und sparsam. Auch in seinem Pflichtbewusstsein unterschied er sich von den meisten Fürsten seiner Zeit. Darin war er vom Pietismus beeinflusst, der im Gegensatz zum orthodoxen Protestantismus die persönliche Frömmigkeit des Einzelnen betonte. Friedrich Wilhelm schränkte sofort nach seinem Regierungsantritt die Ausgaben für den Hof drastisch ein und stellte einen ausgeglichenen Etat auf. Dem Aufbau des Heeres widmete er sich mit solcher Vorliebe, dass er als »Soldatenkönig« in die Geschichte einging. Unter ihm erhielt der preußische Staat seine einseitige militärische Ausrichtung. Die vom König bevorzugten »langen Kerls« wurden teilweise in Nachbarländern durch getarnt arbeitende Werber zum Militärdienst gepresst. Mit dem so genannten Kantonreglement zur Aushebung von Soldaten schuf Friedrich Wilhelm eine Vorform der allgemeinen Wehrpflicht. Die Offiziere sowie die hohen Beamten stellte der Adel, der auch erstmals durch Besteuerung zum Dienst am Staat herangezogen wurde. Offizierkorps und Beamtenschaft wurden zu äußerster Pflichterfüllung und unbedingter Königstreue angehalten. Die Zentralisierung der Behördenorganisation fand ihren Abschluss in der Schaffung des Generaldirektoriums als oberster Verwaltungsbehörde. Auch in der Provinzial- und Lokalverwaltung drängte der König den Einfluss der Stände durch nur von ihm abhängige Behörden (in den Provinzen Kriegs- und Domänenkammern, in den Städten Finanzämter, in den Kreisen Landratsämter) zurück. Die Wirtschaftspolitik betrieb er planmäßig nach merkantilistischen Grundsätzen (▶ 5.2). Er förderte den Ausbau von Manufakturen, vor allem in der Tuchindustrie. In Ostpreußen siedelte er über 17 000 aus dem Erzbistum Salzburg vertriebene Lutheraner an. Sein einziger, aber bedeutender außenpolitischer Erfolg war der Erwerb des östlichen Vorpommern mit Stettin nach dem zweiten Nordischen Krieg (1720). – Friedrich Wilhelm I. starb am 31. Mai 1740 in Potsdam.

5.9 Friedrich der Große

Friedrich II. wurde als Sohn des preußischen Königs *Friedrich Wilhelm I.* (▶ 5.8) am 24. Januar 1712 in Berlin geboren. Der musisch begabte und den geistigen Strömungen der Zeit aufgeschlossene Prinz litt unter der extrem harten Erziehung des Vaters und unternahm 1730 einen erfolglosen Fluchtversuch. In der Festung Küstrin inhaftiert, musste er der Hinrichtung seines Freundes und Fluchtgehilfen, des Leutnants von Katte, zusehen. Friedrich unterwarf sich und heiratete 1733 auf Wunsch des Vaters die braunschweigische Prinzessin Elisabeth Christine. In den letzten Jahren seiner Kronprinzenzeit konnte er auf Schloss Rheinsberg im Kreise Gleichgesinnter seinen Interessen nachgehen. Damals begann auch seine Freundschaft mit dem französischen Aufklärer Voltaire.

Kurz nach seinem Regierungsantritt 1740 nutzte Friedrich die durch den Tod Kaiser Karls VI. eingetretene Schwächung der habsburgischen Monarchie zur Eroberung Schlesiens (▶ 5.11), da die von Bayern und Sachsen angefochtene Nachfolge der Kaisertochter *Maria Theresia* (▶ 5.10) europäische Verwicklungen erwarten ließ, die Preußen eine günstige Gelegenheit zum Ausbau seiner Machtstellung boten. Es gelang Friedrich 1742, Österreich zur Abtretung Schlesiens zu zwingen und mit seiner Unterstützung für die Kaiserwahl des Wittelsbachers Karl Albrecht die Stellung der Habsburger im Reich zu schwächen. Um die eroberte Provinz zu behaupten, führte der König noch zwei weitere Angriffskriege mit wechselnden Bündnispartnern. Der dritte Krieg um Schlesien, der *Siebenjährige Krieg* (▶ 5.12), der sich durch Bündnisse der innerdeutschen Gegner mit den europäischen Kontrahenten England und Frankreich zu einem bis nach Übersee ausgreifenden Konflikt ausweitete, brachte Preußen an den Rand des Abgrunds. Friedrich errang glänzende Siege, musste aber auch bittere Niederlagen hinnehmen und konnte sich am Ende nur durch das Ausscheiden Russlands aus der gegnerischen Koalition behaupten. Mit dem Hubertusburger Frieden war Preußen 1763 endgültig in den Kreis der europäischen Großmächte eingetreten. Damit ging jedoch der noch lange fortwirkende Gegensatz zu Österreich einher. An diesem änderte auch die erste *Polnische Teilung* (▶ 5.18) von 1772 nichts, an der Preußen, Österreich und Russland beteiligt waren; Preußen sicherte sich dabei mit Westpreußen und dem Ermland die Landverbindung nach Ostpreußen. Dem Plan Kaiser Josephs II., des ältesten Sohnes Maria Theresias, die Position seines Hauses in Süddeutschland durch den Erwerb Bayerns zu stärken, trat Friedrich mit der Gründung des Fürstenbundes 1785 offensiv entgegen.

In den Friedensjahren bemühte sich Friedrich, die Folgen des Krieges zu beheben. Er erstrebte eine Zusammenfassung aller Kräfte durch ein merkantilistisches Wirtschafts- und Finanzsystem, durch den Ausbau der von seinem Vater übernommenen Verwaltung und durch Reformen im Heer-, Rechts- und Erziehungswesen sowie in der Landwirtschaft. Im Sinne des *aufgeklärten Absolutismus* (▶ 5.14) verstand er sich als erster Diener seines Staates. Sein Verantwortungsgefühl als Herrscher verband sich jedoch mit einem immer stärker zutage tretenden negativen Urteil über die menschliche Natur und zunehmender Unzugänglichkeit für Kritik an seinen Maßnahmen. Völlig vereinsamt starb der Preußenkönig, den seine Zeitgenossen den »Alten Fritz« nannten, am 17. August 1786 im Schloss Sanssouci bei Potsdam.

5.10 Maria Theresia

Geboren am 13. Mai 1717 in Wien, trat die älteste Tochter Kaiser Karls VI. 1740 die Regierung in den habsburgischen Ländern aufgrund der Prag-

◀ *Friedrich II. ließ 1745–47 nach eigenen Entwürfen Schloss Sanssouci (»Sorgenfrei«) bei Potsdam errichten. Bekannt für seine Atmosphäre aufgeklärten Geistes wurde dieser Hof zum Ziel bedeutender Männer der Zeit, unter ihnen der französische Philosoph Voltaire*

matischen Sanktion von 1713 an. Durch dieses Hausgesetz hatte der Kaiser, da er keinen männlichen Erben hatte, seinen Töchtern die Gesamtnachfolge des Hauses Österreich gesichert. Dagegen erhoben allerdings die Kurfürsten von Bayern und Sachsen, die mit Töchtern von Karls Bruder und Vorgänger Joseph I. verheiratet waren, Einspruch. Zu kriegerischen Auseinandersetzungen kam es jedoch erst durch den Einmarsch des Preußenkönigs *Friedrich des Großen* (▶ 5.9) in Schlesien. Der erste *Schlesische Krieg* (▶ 5.11) weitete sich durch das Eingreifen Frankreichs auf preußischer Seite zum Österreichischen Erbfolgekrieg aus (1740–48). Während Österreich Schlesien verlor und der bayerische Kurfürst 1742 zum Kaiser gewählt wurde, konnte Maria Theresia nach dessen Tod 1745 die Kaiserwahl ihres Mannes Franz Stephan von Lothringen durchsetzen. Der Aachener Friede bestätigte 1748 die österreichischen Gebietsverluste in Schlesien sowie in Italien, doch die Großmachtstellung Österreichs blieb gewahrt. Durch ein neues Bündnis mit dem bisherigen Gegner Frankreich 1756 in den *Siebenjährigen Krieg* (▶ 5.12) verwickelt, konnte die Kaiserin Schlesien nicht zurückgewinnen.

▲ *Maria Theresia, Erzherzogin von Österreich, Königin von Ungarn und Böhmen, inmitten ihrer großen Familie. Links ihr Mann, seit 1745 als Franz I. Kaiser des Heiligen Römischen Reiches (Wien, Kunsthistorisches Museum)*

Die außenpolitischen Fehlschläge veranlassten sie zu umfangreichen inneren Reformen. Sie betraute die Feldmarschälle Daun und Lacy mit Heeresreformen und führte eine große Staatsreform durch. Gegen den Willen der Stände, die ihre Steuerfreiheit verloren, setzte sie in Österreich und Böhmen den absolutistischen Staat mit landesfürstlicher Bürokratie und Zentralverwaltung durch. Im Sinne des Merkantilismus führte sie neue Gewerbe ein, hob die Binnenzölle auf, reformierte das Münzwesen und förderte die Erschließung des Banats und der Batschka. Hinzu kamen Reformmaßnahmen im Bildungswesen und in der Justiz (z. B. 1776 Abschaffung der Folter).

An den Reformen der späteren Jahre war schon ihr Sohn *Joseph II.* (▶ 5.16) beteiligt, der nach dem Tod seines Vaters 1765 Kaiser und Mitregent in den habsburgischen Ländern geworden war. Zwischen Maria Theresia und Joseph kam es wiederholt zu Meinungsverschiedenheiten. Nur widerwillig gab die Kaiserin ihre Zustimmung zur Annexion Galiziens 1772 bei der ersten *Polnischen Teilung* (▶ 5.18), und im Bayerischen Erbfolgekrieg 1778/79 schloss sie gegen den Willen ihres Sohnes Frieden mit Preußen. Am 29. November 1780 starb sie in Wien. Schon zu Lebzeiten bewundert, gilt sie bis heute als eine der bedeutendsten Herrscherinnen.

5.11 Schlesische Kriege

Die Pragmatische Sanktion Kaiser Karls VI. von 1713, die die Erbfolge in Österreich zugunsten seiner Töchter regelte, konnte trotz internationaler Garantien nicht verhindern, dass die Nachfolge der Kaisertochter Maria Theresia von den Kurfürsten von Bayern und Sachsen, die durch ihre habsburgischen Frauen ältere Rechte auf das Erbe geltend machten und die Kaiserwürde anstrebten, nicht anerkannt wurde. Der preußische König *Friedrich der Große* (▶ 5.9) nahm die schwierige Situation der Thronfolgerin zum Anlass, um das zu Österreich gehörende Schlesien zu besetzen. Aufgrund weit hergeholter, auch von ihm selbst nicht ernst genommener Erbrechte in schlesischen Teilgebieten erhob er Anspruch auf die reiche Provinz und bot Maria Theresia als Gegenleistung Unterstützung in dem Erbfolgestreit sowie seine

Kurstimme bei der Kaiserwahl ihres Mannes an. Doch Maria Theresia lehnte ab. Nach dem preußischen Sieg bei Mollwitz im April 1741 traten auch die europäischen Gegner Österreichs, vor allem die französischen und spanischen Bourbonen, in den Krieg ein, während Großbritannien und die Niederlande Österreich unterstützten. Im Januar 1742 wurde der bayerische Kurfürst als Karl VII. zum Kaiser gewählt. Preußen erhielt im Frieden von Berlin (Juli 1742) Niederschlesien, große Teile Oberschlesiens und die Grafschaft Glatz.

Österreichs Erfolge gegen Bayern und Frankreich veranlassten Friedrich im Frühjahr 1744 erneut zum Angriff. Er marschierte in Böhmen ein, musste aber bald angesichts überlegener österreichischer Kräfte und wachsender Versorgungsschwierigkeiten sowohl Böhmen als auch Schlesien wieder aufgeben. Die Kriegslage verschlechterte sich für ihn noch dadurch, dass Bayern nach dem plötzlichen Tod Karls VII. 1745 unter Verzicht auf die österreichischen Erbansprüche aus dem Krieg ausschied. Aber die britisch-preußische Verständigung und Friedrichs glänzende Siege von 1745 bei Hohenfriedeberg (4. Juni), Soor (30. September) und Kesselsdorf (15. Dezember) über zahlenmäßig überlegene österreichische und sächsische Kräfte zwangen Maria Theresia zum Friedensschluss, der am 24. Dezember 1745 in Dresden zustande kam. Preußen behielt Schlesien und erkannte die inzwischen erfolgte Kaiserwahl Franz' I., des Gemahls Maria Theresias, an. Preußen trat nun als gleichrangige Großmacht neben Österreich.

5.12 Siebenjähriger Krieg

Maria Theresia (▶ 5.10) war nach den beiden *Schlesischen Kriegen* (▶ 5.11) entschlossen, den Kampf um das an Preußen verlorene Schlesien wieder aufzunehmen. Die Gelegenheit kündigte sich an, als sich der Machtkampf zwischen Großbritannien und Frankreich um die Vorherrschaft in Nordamerika und Indien zuspitzte. Die Westminsterkonvention vom Januar 1756 zwischen den bisherigen Gegnern Großbritannien und Preußen, die den Vertragspartnern Rückendeckung gegen Frank-

Der Siebenjährige Krieg in Deutschland

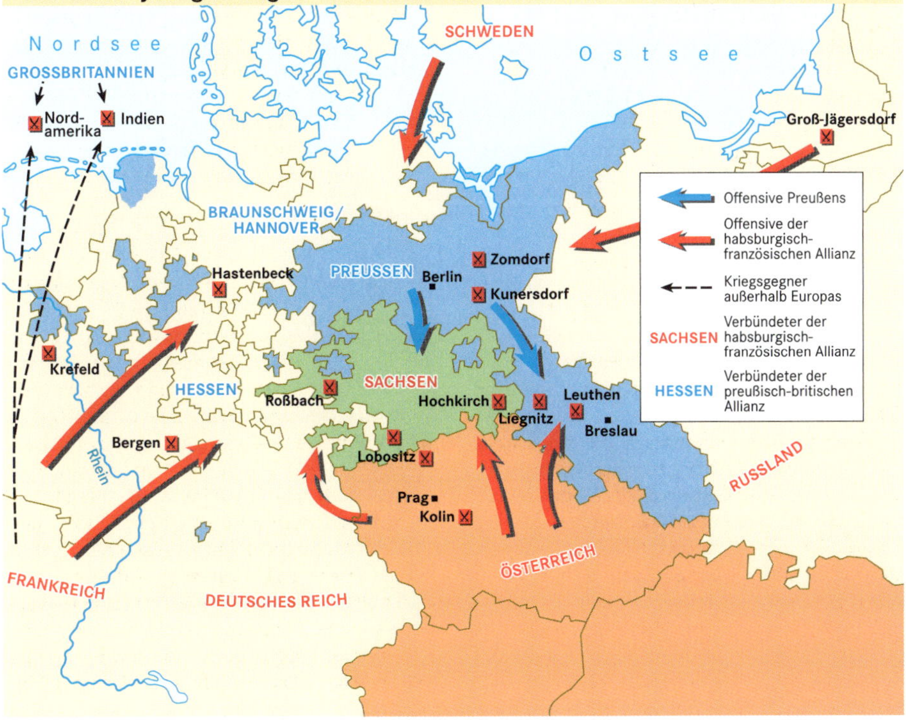

reich bzw. Russland verschaffen sollte, führte zur Verständigung zwischen Frankreich und Österreich und damit zu einem »renversement des alliances« (Umsturz der Bündnisse). Ausgelöst wurde der Krieg in Europa im August 1756 durch den Einmarsch *Friedrichs des Großen* (▶ 5.9) in Sachsen, um einem gemeinsamen Vorgehen aller Gegner Preußens zuvorzukommen. Daraufhin schloss sich neben Russland auch Schweden der antipreußischen Kriegskoalition an, die außerdem den Einsatz von Reichstruppen gegen Preußen durchsetzte.
Schon 1757 geriet Preußen in eine gefährliche Krise: Nach der Niederlage bei Kolin (18. Juni 1757) gegen den österreichischen Feldmarschall Daun musste Friedrich Böhmen räumen; in Ostpreußen, Pommern und Brandenburg fielen feindliche Armeen ein, und Frankreich erzwang die Auflösung der britischen Festlandsarmee. Durch die Siege bei Roßbach (5. November 1757) gegen Franzosen und Reichstruppen und bei Leuthen (5. Dezember 1757) gegen die Österreicher gelang es Friedrich, die drohende Niederlage abzuwenden. Im folgenden Jahr drängte er die Gegner zurück, war aber nach seiner vernichtenden Niederlage bei Kunersdorf (12. August 1759) gegen ein österreichisch-russisches Heer in einer verzweifelten Lage, die sich trotz späterer militärischer Erfolge weiter verschlechterte, da die britischen Hilfszahlungen infolge des Sturzes des Premierministers William Pitt des Älteren eingestellt wurden.
Da brachte der Tod der Zarin Elisabeth Petrowna am 5. Januar 1762 die Wende. Ihr Nachfolger Peter III. schloss einen Separatfrieden (5. Mai 1762) mit Preußen, den nach seiner Ermordung seine Witwe als Zarin Katharina II. bestätigte. Nachdem Großbritannien und Frankreich im November 1762 den See- und Kolonialkrieg beendet hatten, kam am 15. Februar 1763 der preußisch-österreichische Friede von Hubertusburg zustande. Österreich verzichtete endgültig auf Schlesien, und Friedrich sicherte seine Kurstimme für die Kaiserwahl Josephs II. zu. – Trotz des unentschiedenen Kriegsausgangs war der Preußenkönig in den Augen der Mitwelt als Sieger aus dem siebenjährigen Ringen hervorgegangen, denn seine Armee hatte einer weit überlegenen Koalition widerstanden. Fortan war Preußen neben Großbritannien, Frankreich, Österreich und Russland eine europäische Großmacht.

5.13 Aufklärung

Der im 18. Jahrhundert aufgekommene Begriff »Aufklärung« bezeichnete die in dieser Zeit in Europa vorherrschende geistige Strömung, in der die seit der Renaissance zu beobachtenden Ansätze zur Überwindung des christlich geprägten mittelalterlichen Weltbildes zum Durchbruch kamen. Nicht die biblisch offenbarte Wahrheit war jetzt Richtschnur der Erkenntnis und des Handelns, sondern die menschliche Vernunft. Diese stellt alle nur auf Tradition oder Autorität gegründeten Meinungen, Normen, Institutionen usw. infrage. Dabei ist zur Kritik und Gegenkritik Meinungsfreiheit und Toleranz gegenüber anderen Meinungen unerlässlich. So führte der Kampf gegen Vorurteile und unbefragte Autoritäten zur Gesellschaftskritik und zu politischen Forderungen, die an den Grundfesten des absolutistischen Staates rüttelten. Das Vertrauen auf eine fast unbegrenzte Erkenntnisfähigkeit des Menschen, das durch den eindrucksvollen Aufschwung der Naturwissenschaften gestützt wurde, begründete einen bis weit in unser Jahrhundert wirkenden Fortschrittsglauben. Auf

▲ *Der Philosoph Immanuel Kant. Porträt aus dem Jahr 1791 (Duisburg, Museum der Stadt Königsberg)*

dieser Überzeugung, dass der Mensch imstande sei, seine Verhältnisse zunehmend zu vervollkommnen und einem Zustand irdischer Glückseligkeit anzunähern, beruhte das starke Interesse der Aufklärung an Erziehung und Bildung. Zur Entwicklung der Aufklärungsbewegung trugen die Glaubenskämpfe zwischen den Konfessionen und die innerkonfessionellen Streitigkeiten entscheidend bei. Neben dem Autoritätsverlust der gespaltenen Kirche waren aber auch positive geistige Impulse maßgebend: Das moderne Naturrecht, das von der Vorstellung unveränderlicher, den geltenden Gesetzen übergeordneter »natürlicher« Rechte aller Menschen ausging, führte Herrschaft, Regierungsformen und Gesellschaftsstrukturen nicht auf göttlichen Ursprung zurück, sondern auf einen von freien und gleichen Menschen geschlossenen Gesellschaftsvertrag. In Verbindung mit den Lehren der Volkssouveränität und des Widerstandsrechts gegen ungerechte Herrschaft bot diese Theorie den Gleichheitsforderungen des aufstrebenden Bürgertums eine wirksame Rechtfertigung.

Zu den geistigen Grundlagen der Aufklärung gehört auch der Umbruch in den Naturwissenschaften, der ein neues Welt- und Menschenbild entstehen ließ: Die Physik erforschte den durch Naturgesetze bestimmten Aufbau der Welt; die Astronomie erkannte, dass die Erde nicht das Zentrum des Weltalls ist; die Medizin betrachtete den Menschen als Teil der Natur neben anderen Lebewesen. Damit wurde einerseits die religiöse Vorstellung von der Einzigartigkeit des Menschen als Krone der Schöpfung erschüttert, andererseits verlieh die Vernunft dem Menschen nicht nur die Fähigkeit, die Welt immer vollkommener zu erkennen, sondern sie auch zu beherrschen.

In Deutschland setzte die Aufklärungsbewegung gegenüber Großbritannien und Frankreich mit zeitlicher Verzögerung ein. Auch ging sie in ihren Forderungen nicht so weit. Kennzeichnend war die Ausbildung des so genannten *aufgeklärten Absolutismus* (▶ 5.14). Die profilierteste Auslegung erhielt die deutsche Aufklärung durch den Königsberger Philosophen Immanuel Kant, der sie in einem 1783 veröffentlichten Aufsatz als »Ausgang des Menschen aus seiner selbstverschuldeten Unmündigkeit« definierte und daran die Aufforderung anschloss: »Habe Mut, dich deines eigenen Verstandes zu bedienen!«

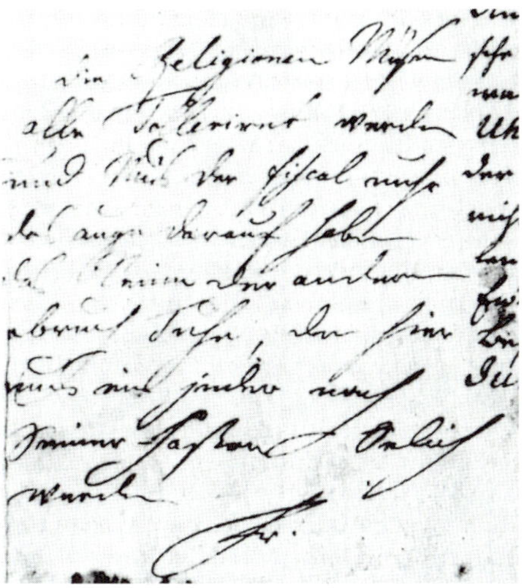

▲ *Exemplarisch für den aufgeklärten Absolutismus ist der Toleranzgrundsatz Friedrichs des Großen: »die Religionen müssen alle Tollerieret werden ..., da hieraus ein jeder nach seiner fasson selich werde« (Randnotiz vom 22. 6. 1740). – Die Gewährung freier Religionsausübung war im übrigen Voraussetzung für die Anwerbung von Einwanderern im Rahmen des Landesausbaus in kaum besiedelten Gebieten*

5.14 Aufgeklärter Absolutismus

Eine späte Erscheinungsform der absoluten Monarchie, die sich vornehmlich in den deutschen Staaten ausbildete, war der »aufgeklärte Absolutismus«. Als seine bedeutendsten Vertreter gelten der Preußenkönig *Friedrich der Große* (▶ 5.9) und Kaiser *Joseph II.* (▶ 5.16) als Regent in den habsburgischen Ländern. Charakteristisch für das Selbstverständnis und den Regierungsstil dieser Monarchen war, dass sie an ihrer alleinigen und uneingeschränkten Herrschaftsgewalt festhielten, dabei aber Gedanken der *Aufklärung* (▶ 5.13) aufnahmen. So bezeichnete sich Friedrich II. von Preußen selbst als »erster Diener« des Staates. Als Sachwalter des Gemeinwohls führte er wohlfahrtsstaatliche Reformen durch, die die größten sozialen Missstände beseitigen sollten: Aufhebung der Folter und Ansätze zu einer rechtsstaatlichen Entwicklung, Verbesserung der Lage der Bauern, Einrichtung eines staatlichen Schulwesens. Auch Friedrichs Einstellung zu den verschiedenen Konfessionen in seinem Staat ist vom Toleranzgrundsatz der Aufklärung geprägt (jeder soll »nach seiner Façon selig werden«). Die merkantilistische Wirtschaftspolitik sollte ebenso wie die innere Kolonisation dem Gemeinwohl dienen. In ähnlicher Weise – allerdings ohne dem Geist der Aufklärung verpflichtet zu sein – fühlte sich Kaiserin *Maria Theresia* (▶ 5.10) für das Wohl ihrer Untertanen verantwortlich und leitete Reformen ein, die ihr Sohn Kaiser Joseph II. in verstärktem Maße fortsetzte.

Mit der beginnenden Auflösung der alten Gesellschaftsstrukturen, der Aktivierung des Einzelnen im Dienste des Gemeinwohls, der Vereinheitlichung des Rechts und der Hebung des Wissensstandes breiter Volksschichten durch die allgemeine Schulpflicht schuf der aufgeklärte Absolutismus wesentliche Voraussetzungen für die spätere Demokratisierung des bürgerlichen Staates. Verwirklichen ließ sich die Demokratie freilich erst nach der Überwindung des aufgeklärten Absolutismus, dessen fürstlicher Herrschaftsanspruch mit dem aufklärerischen Gedanken des autonomen, mündigen Individuums nicht in Einklang zu bringen war.

5.15 Landesausbau

Als Landesausbau bezeichnet man alle Tätigkeiten, die auf eine Erweiterung der landwirtschaftlichen Nutzfläche und auf Bodenverbesserung (Melioration) zielen. Dazu gehören z.B. Rodung, Kultivierung von Ödland, Trockenlegung von Mooren und Seen, Flussregulierungen und Eindeichungen. War im 16. Jahrhundert der Landesausbau durch das Bevölkerungswachstum bedingt, so veranlasste später die durch den Dreißigjährigen Krieg und andere Katastrophen verursachte Verödung von Dörfern und Landstrichen viele deutsche Fürsten zu einer aktiven »Peuplierungspolitik«, d.h. zur Wiederbesiedlung entvölkerter Gebiete, verbunden mit weiteren Maßnahmen der Rekultivierung und Neulandgewinnung. Dazu musste die Bevölkerungszahl gesteigert werden, zum einen durch familienpolitische Maßnahmen, zum anderen durch Förderung der Einwanderung. Ein großer Teil der Einwanderer war aus Glaubensgründen aus der Heimat geflohen oder vertrieben worden, aber auch aus wirtschaftlicher Not suchten viele Menschen neue Existenzmöglichkeiten. Führende Einwanderungsländer waren Preußen und später Österreich, die nicht nur von Kriegen und Seuchen betroffene oder unerschlossene Gebiete wirtschaftlich nutzbar machen, sondern auch neu gewonnene Grenzprovinzen erschließen wollten. Allerdings geschah die Besiedlung und Kultivierung nur teilweise durch Zuwanderer aus anderen Staaten, während umgekehrt längst nicht alle Einwanderer als Kolonisten angesiedelt wurden; so zogen z.B. die ab 1685 in Brandenburg aufgenommenen Hugenotten überwiegend in die Städte, um ihre erlernten Berufe auszuüben.

Am Landesausbau beteiligten sich viele Bauern aus eigener Initiative, zum Teil mithilfe staatlicher Zuschüsse und Kredite. Großprojekte konnten jedoch nur vom Staat geplant und finanziert werden. Bekannt ist vor allem die Entwässerung und Urbarmachung des Oderbruchs, des Warthe-Netze-Bruchs und anderer Flussniederungen unter Friedrich II. von Preußen. Dadurch wurden viele Tausend Hektar Wiesen- und Ackerland gewonnen, das teils den umliegenden Dörfern und Gütern, teils neuen Siedlern zugewiesen wurde. Die Kolonisten erhielten Vergünstigungen wie mehrjährige Steuerbefreiung, Geld- und Materialbeihilfen sowie Befreiung vom Militärdienst. Um den Bodenertrag zu steigern, wurden überdies neue Anbaumethoden erprobt und neue Feldfrüchte eingeführt (z.B. die Kartoffel), zunächst insbesondere auf den königlichen Gütern, den Domänen. Alle diese Maßnahmen sollten letztlich die Wirtschaftskraft des Staates stärken. Insofern ist der Landesausbau des 17. und 18. Jahrhunderts im Zusammenhang mit der Wirtschaftspolitik des *Merkantilismus* (▶ 5.2) zu sehen.

5.16 Joseph II.

Der am 13. März 1741 in Wien geborene älteste Sohn der Kaiserin *Maria Theresia* (▶ 5.10) wurde im Geiste der katholischen Aufklärung erzogen. 1765 wurde er Nachfolger seines Vaters Franz I. als Kaiser und Mitregent seiner Mutter in den Ländern der habsburgischen Monarchie. Durch seine extremen Reformpläne geriet er in Gegensatz zu Maria Theresia, deren maßvolle Politik nicht seinem Konzept eines zentralistischen österreichischen Gesamtstaates entsprach. Gegen ihren Willen erwarb er für Österreich bei der ersten *Polnischen Teilung* 1772 (▶ 5.18) Galizien. 1775 musste das Osmanische Reich die Bukowina an Österreich abtreten. Josephs Plan, seine Hausmacht im Reich durch den Erwerb Bayerns zu vergrößern und dem Kurfürsten Karl Theodor von der Pfalz, der Bayern geerbt hatte, im Tausch die österreichischen Niederlande anzubieten, scheiterte jedoch im Bayerischen Erbfolgekrieg 1778/79 am Widerstand Friedrichs II. von Preußen, der 1785 gegen die österreichischen Ausdehnungsbestrebungen den deutschen Fürstenbund ins Leben rief. Nur das Innviertel wurde Österreich 1779 im Frieden von Teschen zugesprochen.

Joseph II. konnte erst nach dem Tod seiner Mutter (1780) seine Reformpläne systematisch verwirklichen. Im Rahmen seiner Staatskirchenpolitik erließ er 1781 ein Toleranzpatent, das den nicht katholischen Christen die private Religionsausübung gestattete und ihnen die bürgerlichen Rechte zugestand. Er hob die nicht sozial tätigen Orden auf und stellte die Priesterausbildung und andere kirchliche Angelegenheiten unter staatliche Aufsicht. Er reformierte die Rechtspflege und verbesserte die Rechtsstellung der Juden. Die Bauern wurden 1781 von der Leibeigenschaft befreit. Bäuerliche Einwanderer, vornehmlich aus Schwaben, wurden in Siebenbürgen und im Banat angesiedelt. Auch auf den Gebieten des Schul- und Bildungswesens, der sozialen Einrichtungen, der Wirtschaft und der Verwaltung suchte Joseph in kurzer Zeit tief greifende Reformen durchzusetzen. Gegen die zentralistischen, auch auf die Vorrechte des Adels keine Rücksicht nehmenden Maßnahmen des Kaisers verstärkte sich der Widerstand der Stände und der nicht deutschen Nationalitäten – ein Aufstand des ungarischen Adels und der Abfall der Niederlande stürzten die habsburgische Monarchie in eine schwere Krise –, sodass Joseph kurz vor seinem Tod einen großen Teil seiner wegweisenden, doch überstürzt durchgeführten Reformen zurücknehmen musste. Er starb am 20. Februar 1790 in Wien.

5.17 Residenzstädte

Im Zeitalter des Absolutismus führte das Bestreben der Herrscher, ihre in der Auseinandersetzung mit den Ständen errungene fürstliche Macht auch äußerlich sichtbar darzustellen, zu einer Bautätigkeit größten Ausmaßes, an der sich auch die großen und kleinen deutschen Landesfürsten beteiligten. Vorbild für sie alle war der französische König Ludwig XIV., den seine Bewunderer den »Sonnenkönig« nannten und dessen prunkvolle Hofhaltung in seinem Prachtschloss Versailles sie nachzuahmen suchten. Bei den unbedeutenden »Duodezfürsten« stand die Großartigkeit der Bauprojekte allerdings oft in keinem Verhältnis zu den finanziellen Möglichkeiten der Bauherren.

Mit ihren umfangreichen Aufträgen an die großen Baumeister der Zeit zur Aus- und Neugestaltung ihrer Residenzen veränderten die Fürsten mehr und mehr das Erscheinungsbild ihrer Landeshauptstädte, schufen sie die von weltlichen und kirchlichen Prachtbauten geprägte, mit Parkanlagen und Alleen großzügig gestaltete, repräsentative Residenzstadt des absolutistischen Zeitalters. Darin kam aber nicht allein der Machtwille der Fürsten zum Ausdruck, sondern ein auch den Adel und breite Schichten des Bürgertums erfassendes optimistisches Lebensgefühl, das sich in einem neuen europäischen Gesamtstil, dem Barock, ausdrückte. Die höfische Prachtentfaltung führte zu einem Aufschwung der Luxusgewerbe und des Dienstleistungssektors. Die Förderung von Kunst und Wissenschaft machte ebenso wie der Ausbau von Militär und Verwaltung die Residenzstädte zu Brennpunkten des öffentlichen Lebens.

So verwandelte sich nach der Überwindung der Türkengefahr das mittelalterliche Wien in eine glanzvolle Kaiserstadt mit großartigen Schlössern, Adelspalais und Kirchen. Schloss Schönbrunn vor den Toren der Stadt, der Lieblingsaufenthalt der Kaiserin Maria Theresia, ist mit Recht das »Versailles Österreichs« genannt worden. Der Glanz des kaiserlichen Hofes und das überaus reiche geistig-kulturelle Leben machten Wien zur führenden Kunst- und Kulturmetropole. Unter dem ersten Preußenkönig, dem Sohn des Großen Kurfürsten, entwickelte sich Berlin zur Residenzstadt der Hohenzollern. Dresden erhielt unter der Regie des sächsischen Kurfürsten und polnischen Königs August des Starken sein neues Gesicht als eine der bedeutendsten Barockstädte; die Wittelsbacher ließen München als ihre Residenzstadt ausbauen. Auch andere landesfürstliche Haupt- und Residenzstädte wären hier zu erwähnen, z.B. Hannover, Kassel, Düsseldorf, Bonn,

Mainz, Würzburg, Mannheim und Karlsruhe. Mannheim wurde erst nach 1720 im Zusammenhang mit dem Bau des kurfürstlichen Schlosses (eines der größten Barockschlösser) als Stadtanlage grundsätzlich neu gestaltet. Karlsruhe entstand sogar erst mit dem Entschluss des Markgrafen von Baden-Durlach, sich eine neue Residenz zu bauen. Der fächerförmige Stadtgrundriss sollte symbolisch die Sonnenstrahlen andeuten, die von der fürstlichen Residenz ausgingen.

5.18 Polnische Teilungen

Nach dem Aussterben der Jagellonen im Mannesstamm (1572) entwickelte sich Polen zu einer »Adelsrepublik«, d.h. zu einer Wahlmonarchie mit einem weitgehend entmachteten König an der Spitze, auf dessen Wahl zunehmend ausländische Mächte Einfluss nahmen. Im Innern lähmte die schrankenlose Freiheit der Magnaten (des Hochadels und der höchsten Würdenträger) und des übrigen Adels das Staatsleben, da nach dem erstmals 1652 praktizierten Grundsatz der Einstimmigkeit (Liberum Veto) der polnische Reichstag (Sejm) meist beschlussunfähig auseinander ging und sich das Gegenmittel der Adelskonföderationen immer häufiger als Instrument der am Zerfall Polens interessierten Nachbarmächte erwies. Der 1764 unter russischem Druck zum König gewählte Adlige Stanislaus August Poniatowski versuchte, obgleich ein Günstling der Zarin Katharina II., eine Verfassungsreform durchzuführen. Doch der daraufhin 1768 ausbrechende Bürgerkrieg bot Russland und dann auch Preußen und Österreich die Gelegenheit, militärisch einzugreifen. Mit der Besetzung der ehemals an Polen verpfändeten, von Ungarn bewohnten Städte in der Zips schuf Kaiser Joseph II. 1770 die Voraussetzung für den russisch-preußischen und den russisch-österreichischen Teilungsvertrag von 1772. In dieser ersten Polnischen Teilung verlor Polen fast 30 % seines Gebietes und 35 % seiner Einwohner. Österreich erhielt mit Galizien ein von Polen und Ruthenen bewohntes Gebiet; Russland, das sich bis zur Düna und zum Dnjepr nach Westen vorschob, gewann hauptsächlich russische und lettische Bevölkerungsteile hinzu; Preußen annektierte mit dem Ermland und Westpreußen (ohne Danzig und Thorn), die die Landverbindung zwischen Pommern und Ostpreußen herstellten, zu etwa zwei Fünfteln von Deutschen besiedelte Gebiete.

Russland und Preußen nutzten 1793 die Einführung einer modernen, an den Ideen der Französischen Revolution orientierten Verfassung in Polen (1791) zu einer zweiten Polnischen Teilung, die Russland das Gebiet östlich der Linie Dünaburg-Chocim und Preußen ganz Großpolen bis zur Pilica sowie Danzig und Thorn einbrachte. Die nationale Erhebung unter Führung von Tadeusz Kościuszko gegen diesen Teilungsvertrag nahmen Russland, Österreich und Preußen zum Anlass, 1795 in einem dritten Teilungsabkommen der polnischen Eigenstaatlichkeit ein Ende zu setzen. Preußen erhielt mit dem Gebiet zwischen Weichsel, Bug und Memel mit der Hauptstadt Warschau Land mit ausschließlich polnischer Bevölkerung; Russland verlegte seine Westgrenze bis zum Bug und zur Memel; Österreich sicherte sich das Land zwischen Pilica und Bug mit Krakau und Lublin.

Mit der Auflösung des Staates Polen konnten die Teilungsmächte die polnische Nation nicht auslöschen. Vielmehr belasteten die Teilungen im Zeitalter des Nationalismus zunehmend das Verhältnis zwischen den Völkern im östlichen Mitteleuropa.

Daten

1640–1688	Friedrich Wilhelm von Brandenburg, der »Große Kurfürst«
1643–1715	Ludwig XIV. von Frankreich
1655–1660	1. Nordischer Krieg
1658–1705	Kaiser Leopold I.
1658–1668	1. Rheinbund
28. Juni 1675	Schlacht bei Fehrbellin
1678/79	Friedensschlüsse von Nimwegen
30. Sept. 1681	französische Besetzung Straßburgs
1683–1699	Großer Türkenkrieg
12. Sept. 1683	Schlacht am Kahlenberge
29. Okt. 1685	Edikt von Potsdam
1688–1697	Pfälzischer Krieg
1697–1733	August der Starke (1706–1709 abgesetzt)
20./30. Sept. 1697	Friedensschlüsse von Rijswijk
26. Jan. 1699	Friede von Karlowitz
1700–1721	2. Nordischer Krieg
1701–1713	Friedrich I. erster König »in Preußen«
1701–1713/14	Spanischer Erbfolgekrieg
1705–1711	Kaiser Joseph I.
24. Sept. 1706	Friede von Altranstädt
1711–1740	Kaiser Karl VI.
1713–1740	Friedrich Wilhelm I. von Preußen
1713/14/15	Friedensschlüsse von Utrecht
19. April 1713	Pragmatische Sanktion
1714	Friedensschlüsse von Rastatt und Baden
1716–1718	Türkenkrieg
1717	Einnahme Belgrads durch den Prinzen Eugen
21. Juli 1718	Friede von Passarowitz
1740–1786	Friedrich II., der Große
1740–1780	Maria Theresia
1740–1742	1. Schlesischer Krieg
1740–1748	Österreichischer Erbfolgekrieg
10. April 1741	Schlacht bei Mollwitz
1742–1745	Kaiser Karl VII. Albrecht
1744/45	2. Schlesischer Krieg
4. Juni 1745	Schlacht bei Hohenfriedeberg
1745–1765	Kaiser Franz I. Stephan
15. Dez. 1745	Schlacht bei Kesselsdorf
24. Dez. 1745	Friede von Dresden
1756–1763	Siebenjähriger Krieg
16. Jan. 1756	Westminsterkonvention
18. Juni 1757	Schlacht bei Kolin
5. Nov. 1757	Schlacht bei Roßbach
5. Dez. 1757	Schlacht bei Leuthen
12. Aug. 1759	Schlacht bei Kunersdorf
15. Febr. 1763	Friede von Hubertusburg
1765–1790	Kaiser Joseph II.
1772/93/95	Polnische Teilungen
1778–1779	Bayerischer Erbfolgekrieg
13. Okt. 1781	Toleranzpatent Josephs II.
1785	deutscher Fürstenbund

Napoleonische Zeit (1789–1815)

6

Einführung

Die 25 Jahre deutscher Geschichte dieses Kapitels sind im Wesentlichen geprägt durch Einflüsse und Einwirkungen von außen. Dieser Zeitabschnitt wird von der Französischen Revolution eingeleitet. Sie brach aus, als sich in Frankreich die seit einem Jahrhundert gewachsene Spannung zwischen der in ihrer Leistungsfähigkeit erlahmten absolutistischen Monarchie und dem nach sozialer und politischer Emanzipation strebenden Bürgertum zur fundamentalen Staatskrise verdichtete; die wichtigsten Antriebskräfte waren dabei die Aufklärung und die politische Theorie des Liberalismus. In ihrem Verlauf sind zum ersten Mal in der Geschichte alle Merkmale einer Revolution, d.h. einer grundlegenden gesellschaftlichen und politischen Umgestaltung, nachweisbar, weshalb ihr weltgeschichtliche Bedeutung beigemessen wird.

Zu einer der Französischen Revolution vergleichbaren Umwälzung ist es in Deutschland nicht gekommen, weil dafür die Voraussetzungen fehlten. Dennoch sind die Ereignisse der französischen Geschichte ab 1789 an Deutschland nicht spurlos vorübergegangen. Der militärische Zusammenstoß zwischen dem neuen Frankreich, das in den Revolutions- und in den napoleonischen Kriegen Sieg auf Sieg erringen konnte und sich schließlich unter Napoleon zum Herrn über halb Europa aufschwang, und dem alten Deutschland mit seinen aufgeklärt-absolutistischen Großmächten Preußen und Österreich und den noch in der ständisch gegliederten feudalen Verfassung verharrenden übrigen Ländern des Reiches führte in Deutschland – wie im gesamten Europa – zu einer völligen Umgestaltung der territorialen und politischen Verhältnisse. Der Kaiser und Reich von Napoleon diktierte Friede von Lunéville (1801) leitete mit dem Eingriff in die territoriale Integrität des Reiches durch die Abtretung des linken Rheinufers dessen Auflösung und zugleich die durch Napoleon bestimmte Neuordnung der staatlichen Gliederung Deutschlands ein. Diese nahm im Reichsdeputationshauptschluss von 1803 und den folgenden territorialen Flurbereinigungen Gestalt an: Die alte Zerstückelung des Reichsgebiets wurde weitgehend beseitigt, die gestärkten Mittelstaaten bildeten ein »Drittes Deutschland«, das sich unter Napoleons Protektorat 1806 zum Rheinbund zusammenschloss. Diese Veränderungen waren Voraussetzungen für die Errichtung moderner Staaten und beschleunigten den Niedergang des alten Reiches: Die Säkularisation und das Ende der alten Reichskirche 1803 erschütterten dessen Verfassung ebenso wie der Austritt der Rheinbundstaaten aus dem Reichsverband 1806 und die Annahme des Titels eines Kaisers von Österreich durch Franz II. 1804. Als dieser 1806 schließlich die Reichskrone niederlegte und das Reich für aufgelöst erklärte, war das lediglich der Endpunkt einer langen Entwicklung.

Die Kriege der europäischen Koalitionen gegen Napoleon führten 1806/07 zum Zusammenbruch Preußens, das im Frieden von Tilsit 1807 ebenso wie Österreich im Frieden von Schönbrunn 1809 zu einer von Napoleon abhängigen Macht zweiten Ranges herabsank. Während Deutschland politisch daniederlag, Napoleons Regimenter in Wien und Berlin paradierten, erlangten deutsche Dichter und Denker Weltruhm und begründeten die große Geistesepoche der Klassik.

Die katastrophalen Niederlagen durch das französische Volksheer erwiesen, dass in Deutschland die veralteten Staats-, Heeres- und Sozialverfassungen erneuert werden, dass freie und gleichberechtigte Bürger im Sinne der Französischen Revolution am Gemeinwesen beteiligt werden mussten, wenn die Rheinbundstaaten ihre staatliche Souveränität wahren wollten, wenn Preußen sich von der französischen Besetzung befreien wollte. So kam es in der napoleonischen Zeit vor allem in diesen Gebieten zu einer Reihe von inneren Reformen, wobei besonders die Rheinbundstaaten vom französischen Vorbild beeinflusst wurden: Die Vorrechte des Adels wurden vielfach eingeschränkt oder aufgehoben; die Bauernbefreiung wurde begonnen, womit die feudalen Zwischengewalten beseitigt und allgemeine Freiheit und Gleichheit hergestellt wurden. In diesem Zusammenhang ist auch die Judenemanzipation zu erwähnen. Die obersten Staatsbehörden wurden neu organisiert; die Verwaltung wurde effektiver gestaltet, wobei die süddeutschen Staaten die alten Kernstaaten mit den neu gewonnenen Gebieten durch den Aufbau einer modernen, zentralistisch organisierten Verwaltung zusammenzuschweißen suchten, während in Preußen durch die Provinzeneinteilung die Verwaltung Elemente einer Dezentralisation aufwies; überdies wurde hier vom Freiherrn vom Stein die Selbstverwaltung auf kommunaler Ebene eingeführt. Die Staatseinnahmen wurden auf eine neue Grundlage gestellt, indem die Gleichheit der Besteuerung durchgesetzt oder angestrebt wurde. Die Reform der Heeresverfassungen, vor allem die allgemeine Volksbewaffnung durch Einführung der allgemeinen Wehrpflicht, wurde in Angriff genommen. Die teilweise oder völlige Befreiung des Handwerks von den Fesseln des Zunftzwangs bereitete der Industrialisierung den Weg. Schließlich sollte durch Erneuerung des Bildungswesens die Gesellschaft zum Wohle des Staatsganzen aktiviert werden. – Hauptträger dieser Reformen war ein modernes, leistungsfähiges Beamtentum, das sich nach dem Ausleseprinzip von Prüfung und Leistung rekrutierte und dessen höchste Positionen ebenso wie die militärischen jetzt auch Bürgerlichen offen standen. Die Neuerungen bereiteten den Übergang zum Verfassungsstaat des 19. Jahrhunderts vor.

Alle diese Reformprogramme waren noch unvollendet, als im Winter 1812/13 die von einer nationalen und liberalen Bewegung getragenen Befreiungskriege ausbrachen, nachdem Napoleons Offensive gegen Russland 1812 gescheitert war. Er wurde 1813 von einer Koalition aus den Großmächten des Kontinents und Großbritannien geschlagen; das Rheinbundsystem brach zusammen. Napoleon musste im April 1814 abdanken und in die Verbannung gehen; er konnte auch nach seiner Rückkehr im März 1815 seine alte Machtposition nicht wiedergewinnen und starb 1821 in der Verbannung. In den Pariser Friedensschlüssen 1814/15 wurde Frankreich auf die Grenzen von 1792 zurückgeworfen. Die territoriale Neuordnung des übrigen Europa wurde auf dem Wiener Kongress 1814/15 geregelt: Das vorrevolutionäre Gleichgewicht der europäischen Mächte wurde wieder hergestellt; jedoch auch die im Zuge der napoleonischen Herrschaft erfolgten Veränderungen blieben zum Teil erhalten: Die territorialen Verschiebungen, von denen fast sämtliche europäischen Staaten durch Napoleons Eroberungen betroffen waren, wurden größtenteils rückgängig gemacht. Andererseits wurde das alte deutsche Reich nicht wieder hergestellt; die deutschen Mittelstaaten behielten ihre Souveränität. Auch die inneren Reformen konnten nicht gänzlich ungeschehen gemacht werden. Im Zeichen der europäischen Gleichgewichtspolitik wurden die beiden deutschen Großmächte Preußen und Österreich wieder hergestellt. Durch die wiedergewonnenen Gebiete einerseits und die Gebietsabtretungen andererseits verlagerte sich der territoriale Schwerpunkt Österreichs nach Süden und Südosten; es verlor seine Stellung als zentraleuropäische Macht. Dagegen gewann Preußen im Westen Land hinzu. Diese auf dem Wiener Kongress vorgenommenen Weichenstellungen sollten sich bei der Entscheidung der deutschen Frage als folgenreich erweisen, die hier für alle, die mit nationalen Hoffnungen in die Befreiungskriege gezogen waren, mit der Schaffung des Deutschen Bundes, eines losen Zusammenschlusses aller deutschen Fürsten, nicht befriedigend gelöst worden war. Der Ruf nach dem einigen deutschen Vaterland sollte sich verbinden mit der Forderung nach bürgerlichen Freiheitsrechten.

6.1 Die Französische Revolution und die Deutschen

Belastet durch das Erbe der Großmachtpolitik Ludwigs XIV. (▶ 5.1), schien das Frankreich Ludwigs XVI. vielen von der *Aufklärung*

(▶ 5.13) beflügelten Zeitgenossen der Reform zu bedürfen; vor allem musste der drohende Staatsbankrott abgewendet werden. Deshalb wurden am 5. Mai 1789 zum ersten Mal seit 1614 wieder die Generalstände einberufen. Die Abgeordneten des dritten Standes (die Vertreter der Bürger, Handwerker und Bauern) erklärten sich zur Nationalversammlung; liberale Vertreter der ersten beiden Stände (Adel und Geistlichkeit) schlossen sich an. Die Erstürmung der Bastille, des alten Stadtgefängnisses, am 14. Juli 1789 durch das Volk von Paris löste schließlich Volksaufstände im ganzen Lande aus. Die Nationalversammlung beschloss die Beseitigung der Privilegien der beiden ersten Stände und die Aufhebung der Frondienste, verabschiedete am 26. August 1789 eine Erklärung der Menschen- und Bürgerrechte nach amerikanischem Vorbild und verkündete 1791 eine Verfassung, die eine konstitutionelle Monarchie vorsah, der Prototyp der bürgerlich-liberalen Verfassungen Europas im 19. Jahrhundert. – Um von der instabilen innenpolitischen Lage abzulenken, erklärte die Volksvertretung auf Betreiben der Girondisten, liberaler Abgeordneter aus dem Departement Gironde, Österreich im April 1792 den Krieg. Die radikalen Republikaner unter Robespierre (Bergpartei und Teile des Jakobinerklubs) verwarfen den Krieg und boten gegen den offen gegenrevolutionären König, der im Juni 1791 einen erfolglosen Fluchtversuch unternommen hatte, die Girondisten und das Volk von Paris auf (Sturm auf die Tuilerien). Der von der Bergpartei beherrschte Konvent proklamierte die Republik (neue Verfassung 1793). Die Girondisten, die 1793 die Hinrichtung des Königs und die Errichtung des Pariser Revolutionstribunals nicht verhindern konnten, wurden von Robespierre liquidiert. Bei der folgenden Schreckensherrschaft (»Terreur«) der Jakobiner fielen der Guillotine nun die Radikalen zum Opfer, ohne dass Robespierre die Gemäßigten gewinnen konnte, die ihn im Juli 1794 hinrichten ließen. Nach der 1795 verkündeten Verfassung bildete sich ein zunächst fünf-, dann dreiköpfiges Direktorium, das sich zunehmend in Abhängigkeit von Napoleon Bonaparte, dem siegreichen Oberbefehlshaber im Oberitalienfeldzug 1796/97, begab. Bei Abukir in Oberägypten durch den britischen Admiral Nelson zum ersten Mal besiegt, landete er am 9. Oktober 1799 in Frankreich und führte am 9. November 1799 einen Staatsstreich durch; die Revolution war, wie er selbst verkündete, beendet.

Im Gegensatz zu Frankreich waren in Deutschland reformerische Gedanken und Entwicklungen wesentlich vom *aufgeklärten Absolutismus* (▶ 5.16) des Preußenkönigs *Friedrich des Großen* (▶ 5.9) und des Habsburgers *Joseph II.* (▶ 5.16) ausgegangen; Preußen und Österreich galten als Beispiele des Fortschritts. Außerdem fehlte in dem in eine Vielzahl von Territorien aufgeteilten Deutschland eine zentrale Hauptstadt wie Paris, in der sich das revolutionäre Geschehen abspielte. Überdies war das Bürgertum schwächer als in Frankreich. Die sozialen Gegensätze waren weniger ausgeprägt, die deutschen Staaten nicht in so hohem Maß verschuldet. So haben die Pariser Ereignisse in Deutschland keine ähnlichen revolutionären Ausbrüche ausgelöst, wenn es auch kurzfristig zu regionalen und lokalen Unruhen und zur Bildung von Jakobinerklubs kam und republikanische Bestrebungen sich regten. Die hervorragendsten Vertreter des deutschen Geisteslebens der Zeit, wie Schiller, Kant, Schlegel, Schelling, Wieland und andere, begeisterten sich für die Ideen der Revolution von 1789, wenn auch bei vielen die Radikalisierung der Revolution Ernüchterung bewirkte. Unabhängig davon haben die Ideale von 1789 aber auch in Deutschland weitergewirkt und den Reformen der napoleonischen Zeit den Boden bereitet.

6.2 Revolutionskriege

Angesichts der politisch-sozialen Bedrohung durch die Französische Revolution trat der preußisch-österreichische Gegensatz zurück. 1791 vereinbarten Kaiser Leopold II., ein Bruder der französischen Königin Marie Antoinette, und der preußische König Friedrich Wilhelm II. die Pillnitzer Konvention, die zur Intervention in Frankreich aufrief und der französischen Volksvertretung 1792 den Vorwand zur Kriegserklärung lieferte. Mit der *Kanonade von Valmy* (▶ 6.3) und dem preußisch-österreichischen Rückzug im September 1792 erzielten die französischen Truppen erste Erfolge. 1793 bildete sich unter dem Eindruck der Hinrichtung Ludwigs XVI. eine europäische Koalition gegen Frankreich. Den französischen Revolutionsführern gelang es, mit einem militärischen Massenaufgebot (»Levée en masse«) alle Kräfte des Volkes im nationalen Verteidigungskrieg zu mobilisieren; französische Siege führten zur Besetzung der österreichischen Niederlande und linksrheinischer Reichsgebiete. Im Basler Frieden von 1795 konnte Frankreich das bereits mit der 3. *Polnischen Teilung* (▶ 5.18) befasste Preußen neutralisieren. Kaiser Franz II., der sich ebenfalls einen Teil des polnischen Gebietes sicherte, und die deutschen Reichsstände wurden zwei Jahre später durch die Siege Napoleon Bonapartes in Oberitalien und den französischen Vormarsch in die österreichischen Erblande zum Frieden von Campoformio gezwungen, in dem der Kaiser auf die österreichischen Niederlande, Mailand, Modena, Mantua und den Breisgau verzichtete, in Geheimartikeln der Abtretung des linken Rheinufers von Basel bis Andernach zustimmte und dafür die venezianischen Besitzungen erhielt. Der Rastatter Kongress (1797–99) über die Ausführung dieser Beschlüsse wurde jäh abgebrochen, als der Krieg einer zweiten, zwischen Österreich, Russland und Großbritannien geschlossenen Koalition gegen Frankreich ausbrach. Nach dem Rückzug Russlands aus dem Bündnis errang Napoleon Bonaparte, seit Ende 1799 Erster Konsul, 1800 Siege in Italien (Marengo) und in Süddeutschland (Hohenlinden), die 1801 zum Frieden von Lunéville führten: Der Kaiser erkannte die Abtretung des linken Rheinufers an.

6.3 Kanonade von Valmy

Das revolutionäre Frankreich erklärte im April 1792 Österreich den Krieg, das daraufhin mit Preußen eine gemeinsame Interventionsarmee unter dem Oberbefehl des Herzogs von Braunschweig aufstellte. Dieser nahm Longwy und Verdun und marschierte auf Paris zu, dem er in einem Manifest für den Fall einer Beleidigung der königlichen Familie den Untergang angedroht hatte. Während sein Vormarsch in der Champagne ins Stocken geriet, gelang es dem auf der Gegenseite kommandierenden General Dumouriez, sich in den Argonnen einer Umfassung zu entziehen und durch Vereinigung mit der Gruppe des Generals Kellermann Rücken und Flanke der Eindringlinge zu bedrohen. Am 20. September 1792 trafen die Heere bei Valmy nordöstlich von Châlons-sur-Marne aufeinander. Nach stundenlangem ergebnislosem Artillerieduell (»Kanonade«) brach der Herzog von Braunschweig das Gefecht ab, ohne dass die in breiter Schlachtordnung aufmarschierten preußischen Regimenter zum Einsatz gekommen waren, und gab den Befehl zum Rückzug, der durch Unwetter und grassierende Seuchen zur Katastrophe wurde. Dieser Rückzug sicherte in Paris die Revolutionsregierung und wendete das Kriegsglück zugunsten der Freiwilligen der Revolutionsarmeen. Johann Wolfgang von Goethe, der im Gefolge des Herzogs von Weimar den Feldzug miterlebte, erahnte die historische Bedeutung dieses Tages, als er am selben Abend zu seiner Umgebung sagte: »Von hier und heute geht eine neue Epoche der Weltgeschichte aus, und Ihr könnt sagen, Ihr seid dabei gewesen.«

6.4 Die Neuordnung Deutschlands durch Napoleon

Nach dem Verzicht Preußens und Österreichs auf die linksrheinischen Reichsteile in den Friedensschlüssen von Basel, Campoformio und Lunéville (▶ 6.2) war eine Neuordnung des Reichsgebiets notwendig geworden, da die von den Abtretungen betroffenen weltlichen Fürsten für ihre Verluste entschädigt werden sollten. 1803 wurde im so genannten *Reichsdeputationshauptschluss* (▶ 6.5) die Zahl der reichsunmittelbaren Territorien vor allem zugunsten

◀ *Mit der Kanonade von Valmy 1792 endete der Vormarsch der preußischen Truppen gegen Frankreich. Gemälde eines französischen Historienmalers aus dem Jahr 1831*

der süddeutschen Staaten und Preußens, die große Gebietsgewinne erzielten, stark reduziert. Diese Regelung war entscheidend unter Napoleons Mitwirkung zustande gekommen, der sich mit einer Stärkung der Mittelstaaten als »Drittes Deutschland« eine Ausgangsbasis für seine Machtpolitik gegenüber Österreich und Preußen aufzubauen gedachte. In diese Richtung zielten auch weitere territoriale Flurbereinigungen und die Rangerhöhungen der aufseiten Frankreichs kämpfenden süddeutschen Staaten im Frieden von Pressburg nach der österreichischen Niederlage im 3. Koalitionskrieg 1805 sowie die Errichtung des unter Napoleons Protektorat stehenden *Rheinbunds* (►6.6)

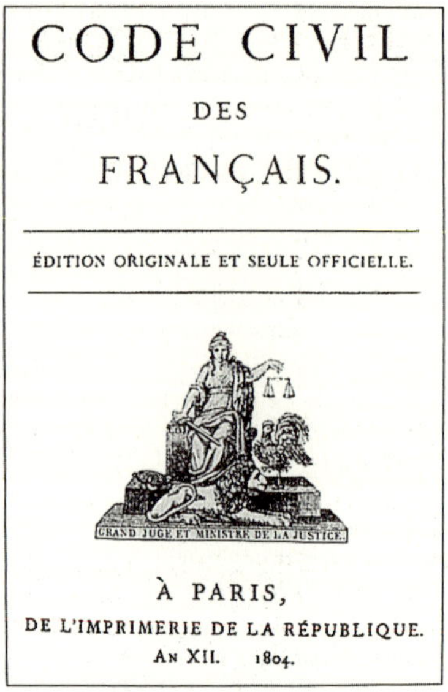
CODE CIVIL

DES

FRANÇAIS.

ÉDITION ORIGINALE ET SEULE OFFICIELLE.

À PARIS,

DE L'IMPRIMERIE DE LA RÉPUBLIQUE.

AN XII. 1804.

▲ *Das auf Veranlassung Napoleons erarbeitete und 1804 in Kraft gesetzte französische Zivilgesetzbuch, der Code Civil, erlangte auch in Deutschland erheblichen Einfluss auf Gesetzgebung und Rechtspraxis. Das Bild zeigt die Titelseite der Originalausgabe von 1804*

1806. Diese territorialen Veränderungen beseitigten die Zersplitterung des Reichsgebietes weitgehend und ermöglichten damit die Entstehung des modernen Nationalstaats; im Gebiet des Rheinbunds kam es durch Reformen nach französischem Vorbild zu einer gewissen Vereinheitlichung in Verwaltung, Gesellschaft, Wirtschaft und Finanzen. Die Reichsverfassung war durch die politischen Veränderungen der letzten Jahre bereits ausgehöhlt, als Kaiser Franz II., der 1804 den erblichen Titel eines Kaisers von Österreich angenommen hatte, 1806 auf ein Ultimatum Napoleons hin die deutsche Kaiserkrone niederlegte und das Reich für aufgelöst erklärte (►6.8).

Während Preußen seit 1795 die militärische Auseinandersetzung mit Frankreich mied, war Österreich Hauptträger des Kampfes der 3. antifranzösischen Koalition, die es mit Großbritannien und Russland gebildet hatte. 1805 nahm Napoleon Ulm und besetzte Wien. Zwar gelang dem britischen Admiral Nelson ein umfassender Seesieg bei Trafalgar, doch schlug Napoleon die Verbündeten entscheidend in der Dreikaiserschlacht bei Austerlitz und diktierte Österreich den Frieden von Pressburg, in dem dieses auf seine italienischen Besitzungen verzichtete, Tirol und Vorarlberg an Bayern und die restlichen vorderösterreichischen Lande an Bayern, Baden und Württemberg abtrat sowie einer Rangerhöhung dieser Staaten zustimmte (►6.5). Nach dem 4. Koalitionskrieg, der für Preußen mit einer Katastrophe endete (►6.9), sah sich der Großteil Deutschlands der europäischen Hegemonie des französischen Empires unterworfen.

6.5 Reichsdeputationshauptschluss

Durch den Frieden von Lunéville 1801 hatten Kaiser und Reich das linke Rheinufer an Frankreich abgetreten und zugleich einer Entschädigung der durch diesen Gebietsverlust betroffenen weltlichen Fürsten im Reich selbst zugestimmt. Frankreich kam es darauf an, in Deutschland neben Österreich und Preußen eine von Paris abhängige dritte Kraft zu schaffen. Die Aufstellung eines Entschädigungsplanes wurde vom Reichstag einem außerordentlichen Ausschuss, einer so genannten Reichsdeputation, übertragen. Der von ihr 1803 angenommene Entwurf (Reichsdeputationshauptschluss) sah die Aufhebung der Hoheits- und Eigentumsrechte der meisten geistlichen Fürstentümer vor (»Säkularisation«). Die Enteignungen betrafen insgesamt 25 Fürstbistümer, darunter die Kurfürstentümer Köln und Trier, und 44 Reichsabteien; kleinere weltliche Reichsstände und fast alle Reichsstädte wurden Landesherren unterstellt (»mediatisiert«). Den größten Gewinn bei dieser Neuordnung erzielten Preußen, das seine Macht in Nordwestdeutschland wesentlich verstärkte, und die Mittelstaaten: vor allem Baden, das unter anderem die rechtsrheinische Pfalz erhielt, Württemberg, das mit dem Hauptteil des Schwäbischen Reichskreises entschädigt wurde, und Bayern, das Gebiete vor allem in Franken und Schwaben erlangte. Diese süddeutschen Staaten erfuhren durch den französisch-österreichischen Frieden von Pressburg 1805 auf Kosten Österreichs eine weitere Vergrößerung ihres Territoriums (▶ 6.4); überdies wurden Bayern und Württemberg zu Königreichen, Baden zum Großherzogtum erhoben. Den Abschluss der Mediatisierungen brachte die Rheinbundsakte 1806 (▶ 6.6). Bei diesen Operationen war die Zahl der ehemals reichsunmittelbaren Territorien von über 1000 auf etwas über 30 Territorien reduziert worden. – Der Reichsdeputationshauptschluss veränderte durch die teilweise Neuverteilung bzw. die Neuschaffung von Kurstimmen, die endgültige Aufhebung der Reichskirche und die Beendigung des katholischen Übergewichts in wichtigen Reichstagsgremien die Reichsverfassung grundlegend und kündigte damit das Ende des *Heiligen Römischen Reiches* (▶ 6.8) an.

6.6 Rheinbund

Auf Betreiben Frankreichs hatte der *Reichsdeputationshauptschluss* von 1803 (▶ 6.5) neben Preußen vor allem den süddeutschen Staaten Bayern, Baden und Württemberg Gebietsgewinne gebracht. Diese hatten sich im 3. Koalitionskrieg 1805 (▶ 6.4) auf die Seite Frankreichs gestellt und waren im Frieden von Pressburg auf Kosten Österreichs mit Landgewinn und Rangerhöhungen belohnt worden. Napoleons Bemühungen, die süddeutschen Staaten beziehungsweise alle deutschen Mittelstaaten stärker an Frankreich zu binden, führten im Juli 1806 zur Errichtung des Rheinbunds. 16 süd- und westdeutsche Reichsstände unter Führung der Könige von Bayern und Württemberg sowie des Großherzogs von Baden und des Mainzer Kurfürsten Karl Theodor von Dalberg, der zum Fürstprimas des Rheinbunds erhoben

▲ *Der Kupferstich zeigt die Unterzeichnung der Rheinbundakte im Juli 1806. Die Unterzeichnung geschah durch die Unterhändler, die mit dem Rücken zum Betrachter dargestellt sind. Die ihnen gegenübersitzenden deutschen Fürsten waren in Wirklichkeit bei dem Vorgang nicht anwesend*

wurde, unterzeichneten mit Napoleon die Rheinbundsakte, durch die sie sich von Kaiser und Reich lossagten, ihre Souveränität erklärten und sich dem Protektorat des französischen Kaisers unterstellten. Die zentrale Bestimmung der Rheinbundsakte war die Errichtung einer Offensiv- und Defensivallianz, wonach Napoleon für seine Feldzüge auf die Truppen der Rheinbundstaaten zurückgreifen konnte. Diese wiederum profitierten von der nun weitergeführten Mediatisierung (▶ 6.5) vor allem der Territorien der Reichsritterschaft; zahlreiche Fürsten erhielten Standeserhöhungen. Im August 1806 erklärten die Rheinbundstaaten ihren Austritt aus dem Heiligen Römischen Reich, das kurz darauf mit der Niederlegung der Kaiserwürde durch Franz II. und dessen Erklärung der Auflösung des Reiches sein förmliches Ende fand (▶ 6.8). Nach der Niederlage Preußens 1807 (▶ 6.9) traten bis 1808 zahlreiche weitere Staaten dem Rheinbund bei, darunter das zum Königreich erhobene Sachsen und das neu entstandene Königreich Westfalen (unter der Herrschaft von Napoleons Bruder Jérome).
Innenpolitisch führte die Gründung des Rheinbunds nach dem Vorbild Frankreichs zur Zurückdrängung ständischer, provinzialer, lokaler

und feudaler Sonderrechte und zu Reformen im Bereich von Verfassung und Verwaltung, Wirtschaft und Finanzen. Als »Revolution von oben« erfolgte eine – regional allerdings höchst unterschiedlich ausgeprägte – Modernisierung der deutschen Staaten. Der Rheinbund fand im Oktober 1813 durch den Anschluss der meisten Mitgliedstaaten an das preußisch-russisch-österreichische Bündnis in den *Befreiungskriegen* (▶ 6.15) sein Ende.

6.7 Der Aufstieg Bayerns unter Montgelas

Seit dem Westfälischen Frieden von 1648 war die Politik der wittelsbachischen Kurfürsten von Bayern in traditioneller Rivalität zu Österreich vom Streben nach einer europäischen Großmachtstellung geprägt, was den Mittelstaat wiederholt an die Seite Frankreichs geführt hatte. Auch der 1799 beim Regierungsantritt des Kurfürsten Maximilian IV. Joseph zum leitenden Minister berufene Maximilian von Montgelas betrieb die Annäherung an Frankreich. Der *Reichsdeputationshauptschluss* (▶ 6.5) von 1803 entschädigte Bayern für seine 1801 erlittenen linksrheinischen Gebietsverluste; nach dem Frieden von Pressburg (▶ 6.4) 1805 grenzte es im Norden an Thüringen, im Südwesten an den Bodensee. Es hatte sich erst jetzt auf Franken und Schwaben ausgedehnt und mit dieser »überstammesmäßigen« Struktur die Basis für seinen Aufstieg zu einer dritten deutschen Macht errungen. Von 1805 bis 1814/15 wurden auch die österreichischen Gebiete Vorarlberg und Tirol, von 1809/10 bis 1815/16 Salzburg, das Inn- und das Hausruckviertel Bayern zugeteilt. 1815/16 erhielt es unter anderem die linksrheinische Pfalz. 1806 hatte der Kurfürst als Maximilian I. Joseph den Königstitel angenommen. 1806 sah sich Bayern zum Eintritt in den *Rheinbund* (▶ 6.6) veranlasst, dessen Ausgestaltung als lose Allianz souveräner Staaten es wesentlich mitbestimmte; 1813 gab es mit dem Anschluss an das preußisch-russisch-österreichische Bündnis der *Befreiungskriege* (▶ 6.15) – im Vertrag von Ried, in dem es sich die 1806 erreichte volle Souveränität und die Wahrung seines Besitzstandes zusichern ließ – den Anstoß zur Auflösung des Rheinbunds. Auf dem Wiener Kongress verhinderte maßgeblich die bayerische Opposition die Errichtung einer deutschen Zentralgewalt.

Die heterogenen Gebietserwerbungen der napoleonischen Zeit suchte Montgelas im Geiste des aufgeklärten Absolutismus und der unbeschränkten Staatssouveränität durch vielfältige innere Reformen nach französischem Vorbild mit dem bayerischen Kerngebiet zu einem Staat zu verschmelzen. An die Spitze des Staates stellte er ein in Ressorts eingeteiltes Ministerium und unterwarf das Land einer zentralistischen Verwaltungsorganisation. 1808 erging eine Verfassung, deren Bestimmungen über eine Volksvertretung zwar nie in Kraft traten, aber als Vorläufer der Verfassung von 1818 angesehen werden können, da sie das ständische Prinzip überwanden. Ein weiteres zukunftsweisendes Element war die verfassungsmäßige Sicherung der Grundrechte. Der Adel verlor alle Privilegien; die Bauernbefreiung wurde begonnen. Die Gleichberechtigung der drei christlichen Konfessionen wurde hergestellt, die Emanzipation der Juden durchgesetzt. Das Bildungswesen erhielt eine zeitgemäße Form. Eine schlagkräftige Armee entstand. Das Recht wurde reformiert. Ähnliche »Revolutionen von oben« erfolgten auch in den Mittelstaaten Baden, Württemberg und Hessen.

6.8 Das Ende des Heiligen Römischen Reiches deutscher Nation

Das Heilige Römische Reich deutscher Nation, wie sein Titel seit dem 15. Jahrhundert lautete, war seit dem *Westfälischen Frieden* von 1648 (▶ 4.24) nicht mehr die Ebene, auf der der Fortgang der deutschen Geschichte erfolgte; diese wurde vielmehr zunehmend bestimmt durch die deutschen Territorialstaaten, deren Machtpolitik sich der Einwirkung durch das Reich mehr und mehr entzog. Die Friedensschlüsse mit Frankreich in Basel, Campoformio und Lunéville (▶ 6.2) sowie der *Reichsdeputationshauptschluss* (▶ 6.5) leiteten ab 1795 die endgültige Auflösung des Reiches ein. Diese Entwicklung, vor allem aber die Annahme der erblichen Würde eines Kaisers der Franzosen durch Napoleon 1804, verstärkte in Österreich Tendenzen, die österreichischen Länder, die bisher nur durch die Person des Staatsoberhaupts zusammengehalten wurden, zu einer staatsrechtlichen Einheit zusammenzufassen. Daher nahm Kaiser Franz II. im August 1804 neben der Würde des gewählten Römischen Kaisers den neuen Titel eines erblichen Kaisers von Österreich an. Diese eigenmächtige Rangerhöhung war ein weiterer entscheidender Schritt zur Auflösung der Verfassung des alten Reiches, in dem es nur eine Kaiserwürde geben konnte, und sie bereitete den im Frieden von Pressburg (▶ 6.5) anerkannten Rangerhöhungen der süddeutschen Fürsten und ihrer vollen Souveränität den Boden. In der Rheinbundsakte (▶ 6.6) schließlich erklärten 16 süd- und westdeutsche Fürsten zum 1. August 1806 ihre Trennung vom Reich. Anschließend entzog Frankreich dem Reich die völkerrechtliche Anerkennung; Napoleon forderte von Franz II. ultimativ die Niederlegung der Reichskrone, was dieser noch im selben Monat tat. Gleichzeitig erklärte er das Heilige Römische Reich für aufgelöst, um zu verhindern, dass die Reichskrone von anderen Fürsten in Anspruch genommen werden konnte. So endete die Geschichte des 900-jährigen Heiligen Römischen Reiches deutscher Nation und mit ihm die universalistische Kaiseridee des Mittelalters. Den meisten Zeitgenossen war die verfassungsgeschichtliche Bedeutung dieses Ereignisses allerdings gar nicht bewusst.

6.9 Der Friede von Tilsit

Bereits 1795 hatte Preußen nach dem ersten, unbefriedigenden Waffengang mit dem revolutionären Frankreich (▶ 6.2; ▶ 6.3) in Basel einen Sonderfrieden geschlossen und seitdem den militärischen Auseinandersetzungen zwischen den europäischen Mächten und Frankreich untätig zugesehen. Preußen hatte auf seine linksrheinischen Besitzungen zugunsten Frankreichs verzichtet und war dafür im *Reichsdeputationshauptschluss* (▶ 6.5) 1803 mit reichem Gebietsgewinn in Nordwestdeutschland entschädigt worden. Die Politik Preußens zielte darauf ab, seine Neutralität zu wahren und in Zusammenarbeit mit Napoleon die Hegemonie über ganz Norddeutschland zu erhalten. Dieses Ziel schien erreicht, als Napoleon ihm im Schönbrunner Vertrag 1805 die Annexion Hannovers gestattete. Als der französische Kaiser jedoch 1806 Großbritannien die Rückgabe Hannovers anbot, fühlte sich Preußen hintergangen und reagierte mit der Mobilmachung und dem Erlass eines Kriegsmanifests im Oktober 1806. Es geriet somit, nur von Kursachsen, Sachsen-Weimar und Braunschweig unterstützt, in eine kriegerische Auseinandersetzung mit Frankreich. In der Doppelschlacht von Jena und Auerstedt am 14. Oktober 1806 unterlag die friderizianische Armee dem revolutionären Volksheer Napoleons, der in Berlin einzog. Im Winter 1806/07 lieferten

▲ *Der im Juli 1807 geschlossene Friedensvertrag von Tilsit, durch den Preußen mehr als die Hälfte seines bisherigen Territoriums verlor, wird von Friedrich Wilhelm III., Napoleon I. und dem russischen Zaren Alexander I. per Handschlag besiegelt (zeitgenössischer Kupferstich)*

Reste preußischer zusammen mit russischen Truppen den über Oder und Weichsel vorgedrungenen französischen Heeren noch einmal schwere Gefechte, vor allem in der unentschiedenen Schlacht von Preußisch-Eylau in Ostpreußen am 7./8. Februar 1807. Kurz darauf schlossen Preußen und Russland ein verspätetes Bündnis (4. Koalition), das jedoch Napoleons Entscheidungssieg über die Russen bei

Friedland in Ostpreußen am 14. Juni nicht mehr verhindern konnte. Am 7. Juli 1807 schlossen Zar Alexander I. und Napoleon den Frieden von Tilsit, dem am 9. Juli der Friedensvertrag zwischen Preußen und Frankreich folgte. Napoleon gab seinen Plan, den preußischen Staat ganz aufzulösen, mit Rücksicht auf den Zaren auf. Aber Preußen verlor trotz eines Bittgangs der Königin Luise zum Kaiser der Franzosen sämtliche Gebiete westlich der Elbe, die Teil des neu gebildeten Königreichs Westfalen wurden, und alle Neuerwerbungen aus den *Polnischen Teilungen* (▶ 5.18), die zum Herzogtum Warschau zusammengefasst wurden; Danzig wurde Freie Stadt; Sachsen erhielt den preußischen Kreis Cottbus. Der preußische Reststaat blieb besetzt, wurde mit unerschwinglichen Kontributionen belastet und musste sich der *Kontinentalsperre* (▶ 6.10) anschließen.

6.10 Kontinentalsperre

Großbritannien hatte bereits 1793, als es in den Krieg gegen das revolutionäre Frankreich eintrat, eine Blockade über die französische Küste verhängt, Frankreich die Einfuhr britischer Waren verboten, was aber zunächst keine großen Wirkungen zeigte. Mit fortschreitender Eroberung des europäischen Kontinents konnte Napoleon jedoch immer mehr europäische Häfen für den Handel mit Großbritannien schließen. Als der britische Sieg in der Seeschlacht von Trafalgar 1805 seine Invasionspläne gegen die britische Insel endgültig zunichte machte, wollte er Großbritannien in einem Wirtschaftskrieg niederringen. Von Berlin aus erließ er nach der Niederwerfung Preußens 1806 ein Dekret über die Kontinentalsperre gegen Großbritannien; danach war jeder kontinentale Hafen für Schiffe gesperrt, die aus Großbritannien kamen oder britische Waren geladen hatten. Großbritannien verbot seinerseits 1807 unter Ausnutzung seiner Seeherrschaft allen neutralen Schiffen das Anlaufen französischer Häfen. Diese totale Abschnürung ruinierte die festländischen Häfen im französischen Machtbereich und fügte vielen Wirtschaftszweigen, z. B. der Leinenindustrie in Westfrankreich, Flandern, Holland, Westfalen, Sachsen und Schlesien oder dem preußischen Getreideexport, schweren Schaden zu. Andererseits gelang verhältnismäßig rasch der Aufbau mechanischer Baumwollspinnereien in Frankreich, Belgien, der Schweiz, in Österreich, Sachsen und Thüringen. In Sachsen nahm überdies der Maschinenbau einen gewaltigen Aufschwung. Im Ruhrgebiet entwickelte sich die Eisenindustrie. In Frankreich selbst ergab sich trotz der Verödung seiner Häfen insgesamt ein Vorteil durch die Kontinentalsperre, da die französische Wirtschaft von Napoleon auf Kosten der Verbündeten stark gefördert wurde. Der Handelskrieg gegen Großbritannien hatte allerdings nicht die gewünschten Folgen. Ein großer Teil des britischen Exports ging nach Übersee. Überdies konnte Großbritannien trotz der Blockade 1809 seine Ausfuhr auf das europäische Festland steigern, da die Kontinentalsperre durch Lizenzen vielfach durchbrochen wurde und an sämtlichen Küstengebieten der Schmuggel blühte. Um die Lücken in seinem System abzudichten, annektierte Napoleon 1810 Holland, Nordwestdeutschland vom Niederrhein bis nach Lübeck sowie die südlichen Kantone der Schweiz. Auch die Rheinbundstaaten mussten sich dem französischen Wirtschaftskrieg anschließen. Die damit eintretende Verschlechterung der wirtschaftlichen Lage in diesen Ländern trug zum Umschwung der Stimmung gegen Frankreich und damit letztlich zum Niedergang der napoleonischen Herrschaft bei.

6.11 Preußische Reformen

Gerade der durch den *Frieden von Tilsit* (▶ 6.9) verstümmelte und gedemütigte preußische Staat zog Verwaltungsbeamte, Staatsmänner, Offiziere und Gelehrte an, die im Geiste des erwachenden deutschen Nationalgefühls und in selbstständiger Weiterentwicklung der Ideen der Französischen Revolution eine grundlegende Erneuerung des Staates anstrebten, in der sie die Vorbedingung für einen Wiederaufbau und die Befreiung des Landes von der Fremdherrschaft sahen. Stärkste Kräfte in dieser Reformbewegung waren die Minister Stein, dessen Nassauer Denkschrift vom Juni 1807 das große Manifest der Reform wurde, und Hardenberg (▶ 6.13). Die von ihnen durchgesetzten Neuerungen betrafen verschiedene Gebiete: In der Staatsverwaltung wurde die nicht verantwortliche Kabinettsregierung durch die fünf klassischen Ministerien für Inneres, Finanzen, Auswärtiges, Krieg und Justiz mit dem Staatskanzler als Vorsitzendem des Ministerrats (1808/10) ersetzt, ein erster Schritt vom absoluten zum konstitutionellen Königtum. – In der steinschen Städteordnung von 1808 wurde das Prinzip der Selbstverwaltung auf kommunaler Ebene eingeführt. Danach war die Stadtverordnetenversammlung Träger gemeindlicher Rechtssetzung und Verwaltung; der von ihr gewählte Magistrat stand als abhängiges Vollzugsorgan an der Spitze der Stadtverwaltung. Die Städte erlangten die volle Finanzgewalt. Die städtischen Bürger wurden ein in sich gleichberechtigter, staatsunmittelbarer Stand, dessen Mitwirkung an der Selbstverwaltung aber an Besitz und Bildung gebunden blieb. Das Selbstverwaltungsgesetz wirkt noch heute in den Gemeindeordnungen der Bundesländer nach. – Die größte Breitenwirkung erzielte die 1807 eingeleitete, aber erst 1850 abgeschlossene *Bauernbefreiung* (▶ 6.12), die einen freien Bauernstand schaffen und einen Aufschwung der Landwirtschaft bewirken sollte; diese Ziele sind – wenn auch mit vielfachen Einschränkungen – im Wesentlichen erreicht worden. Eine weitere Voraussetzung für den wirtschaftlichen Aufstieg Preußens war die Aufhebung der Zunftordnungen zugunsten der Gewerbefreiheit 1810/11; sie ermöglichte die spätere Industrialisierung. Wirtschaftliche Folgen hatte auch die bürgerliche Gleichstellung der Juden 1812.

Hand in Hand mit diesen Reformen ging seit 1807 die Erneuerung des Heerwesens durch die Generale Gneisenau und Scharnhorst sowie den Kriegsminister Boyen. Das Adelsprivileg für die Offizierslaufbahn wurde aufgehoben, die Militärstrafen gemildert; neben dem stehenden Heer wurde eine milizartige Reservearmee, die so genannte Landwehr, geschaffen, 1813/14 die allgemeine Wehrpflicht eingeführt. Diese Maßnahmen schufen ein »Volk in Waffen« und bereiteten die Befreiung Preußens von der französischen Vorherrschaft vor, wofür auch die Schaffung eines modernen Generalstabs entscheidend war.

Zur geistigen Erneuerung trug wesentlich die von Ideen Fichtes, Schleiermachers und Pestalozzis beeinflusste Erziehungs- und Bildungsreform bei, die eine Erziehung zu Selbstständigkeit und Nationalbewusstsein im humanistischen Sinne erreichen wollte. Ihr maßgeblicher Gestalter war Wilhelm von Humboldt, der seit 1809 die Leitung der preußischen Kultus- und Unterrichtsverwaltung übernommen hatte. Unter seiner Regie wurde das Bildungswesen verstaatlicht, die allgemeine Schulpflicht durchgesetzt, das Unterrichtswesen neu gestaltet. Die von ihm 1810 gegründete Berliner Universität wurde zum geistigen Mittelpunkt der sich nun in Preußen immer stärker regenden Freiheitsbewegung.

6.12 Bauernbefreiung

Der Begriff Bauernbefreiung bezeichnete die Agrarreformen des 18. und 19. Jahrhunderts, die in weiten Teilen Europas die bäuerlichen Erbuntertänigkeitsverhältnisse beendeten. Die Bauernbefreiung umfasste die Beseitigung der persönlichen Unfreiheit und der damit verbundenen persönlichen und dinglichen Lasten, die Übertragung des von den Bauern bewirtschafteten Bodens in ihr volles Eigentum (meist bei Entschädigung der Grundherren), die Aufhebung der grund- und gutsherrlichen Gerichtsbarkeit sowie die Aufteilung der gemeinschaftlich genutzten Allmenden und die Beseitigung des Flurzwangs, der die Bauern einer Gemarkung zu gleichem Fruchtbau und gleichzeitiger Feldbestellung verpflichtete. Damit wurden die Bauern zu gleichberechtigten Staatsbürgern. – In den deutschen Territorialstaaten vollzog sich die Bauernbefreiung auf dem Weg staatlicher Reformen bis zur Mitte des 19. Jahrhunderts, beeinflusst durch die Aufklärung, die Konfrontation mit Frankreich und zugleich aus wirtschaftlichen, staats- und finanzpolitischen Erwägungen. – In Preußen wurde die Gutsuntertänigkeit 1807 im Rahmen der *preußischen Reformen* (▶ 6.11) für alle Bauern beseitigt; doch führte die bis zur abschließenden Gesetzgebung von 1850 uneinheitlich geregelte Ablösungspflicht der Bauern zur Vermehrung des Großgrundbesitzes und zur Entstehung einer Schicht besitzloser Landarbeiter, da die meisten Bauern einen großen Teil ihres Hoflandes als Entschädigung an die Gutsbesitzer abtreten mussten und dadurch vielfach die Existenzgrundlage verloren. – Im Gegensatz zu Preußen wurde in den Gebieten westlich der Elbe und in Süddeutschland durch die Bauernbefreiung das Bauernland nicht vermindert; hier hat die Bauernbefreiung den Bauern lediglich zum vollen Eigentum über ihre Höfe verholfen. – In Österreich wurde die Leibeigenschaft durch Joseph II. 1781 aufgehoben; die wirtschaftliche Befreiung durch völlige Aufhebung der Erbuntertänigkeit erfolgte aber erst 1848.

6.13 Der Reichsfreiherr vom Stein und der Fürst von Hardenberg

Heinrich Friedrich Karl Reichsfreiherr vom und zum Stein wurde am 26. Oktober 1757 in Nassau geboren. Aus einem reichsritterlichen Geschlecht stammend, trat er 1780 in den preußischen Staatsdienst ein. 1804 wurde er zum preußischen Finanz- und Wirtschaftsminister ernannt. Er suchte den Staat für die Auseinandersetzung mit dem Frankreich Napoleons vorzubereiten, scheiterte jedoch schließlich mit Reformplänen, die die Staatsverwaltung betrafen, und wurde im Januar 1807 von König Friedrich Wilhelm III. entlassen. – Auf seinem Stammsitz verfasste Stein 1807 die »Nassauer Denkschrift«, in der er sein Programm einer Erneuerung des preußischen Staates darlegte. Nach dem *Frieden von Tilsit* (▶ 6.9) wurde Stein auf Betreiben Napoleons leitender Minister. Unter ihm wurden die *preußischen Reformen* (▶ 6.11) durchgesetzt. Er leitete 1807 die *Bauernbefreiung* (▶ 6.12) ein, erneuerte 1808 die Staatsverwaltung durch Einführung von verantwortlichen Ressortministern und verwirklichte in der Städteordnung

Bauernbefreiung in Europa

desselben Jahres die Selbstverwaltung der Städte. Gegen weiter gehende Reformpläne versteifte sich der altpreußische Widerstand; Napoleon drängte auf seine Entlassung, da Stein die Vorbereitung für eine Erhebung in Norddeutschland zu unvorsichtig betrieben hatte. Seit 1812 politischer Berater Zar Alexanders I., bestärkte er diesen nach dem Rückzug der Franzosen im *Russlandfeldzug* (▶ 6.14), den Krieg mit dem Ziel der Befreiung Europas fortzusetzen. Im Frühjahr 1813 vermittelte er den preußisch-russischen Bündnisvertrag von Kalisch; die Verwaltung der in den *Befreiungskriegen* (▶ 6.15) durch die verbündeten Truppen besetzten Gebiete wurde ihm unterstellt. Am *Wiener Kongress* (▶ 6.18) nahm er als Mitglied der russischen Delegation teil. Er versuchte, den Gedanken eines deutschen Bundesstaates zu verwirklichen und kämpfte gegen die Wiederherstellung der alten politischen Verhältnisse. Seit 1818 lebte er in Westfalen, wo er die ehemalige Abtei Cappenberg erworben hatte. 1819 regte er die Gründung der »Gesellschaft für ältere deutsche Geschichtskunde« an, die die Monumenta Germaniae Historica herauszugeben begann. Am 29. Juni 1831 starb er in Cappenberg.

Sein Nachfolger in der Leitung des preußischen Staates war Karl August Fürst von Hardenberg, der am 31. Mai 1750 in Essenrode bei Gifhorn geboren wurde. Der anfänglich im hannoverschen Staatsdienst tätige Jurist kam über ein Ministeramt in Ansbach-Bayreuth 1790 in den preußischen Staatsdienst. 1804–1806 war er preußischer Außenminister, 1807 leitender Minister. Auf Geheiß Napoleons wurde er nach dem Frieden von Tilsit entlassen. 1810 übernahm er wieder, jetzt als Staatskanzler, die Regierungsgeschäfte. Er setzte die steinschen Reformen fort, baute 1810/11 die städtische Zunftverfassung zugunsten der Gewerbefreiheit ab und führte die Verwaltungsreform fort. Mit dem Regulierungsedikt von 1811 brachte er die Bauernbefreiung zu einem gewissen Abschluss; er setzte 1812 auch die Judenemanzipation durch. Hardenbergs Rang als europäischer Staatsmann wurde durch seine abwägende, die Niederlage Napoleons in Russland und die Konvention von Tauroggen (▶ 6.15) klug nutzende Koalitionspolitik in den Befreiungskriegen begründet. Auf dem Wiener Kongress sicherte er Preußen bedeutenden Gebietszuwachs. Seitdem unterstützte er die Restaurationspolitik Metternichs, behielt aber im Innern den gemäßigten Reformkurs bei. Er starb am 26. November 1822 in Genua.

6.14 Russlandfeldzug

1808 brach mit dem spanischen Unabhängigkeitskrieg, den er nicht siegreich beenden konnte, das »Zeitalter der Erhebung der Völker« gegen Napoleon an. Dieser Krieg hatte Signalwirkung vor allem für die deutsche Erhebung, die 1809 gleichzeitig in Österreich, Tirol und Norddeutschland begann. Beim Angriff auf die österreichische Hauptarmee erlitt Napoleon am 21. und 22. Mai bei Aspern und Eßling seine erste Niederlage, die er aber bei Wagram am 5. und 6. Juli ausgleichen konnte. Da Preußen passiv blieb und die norddeutschen Freikorps scheiterten, musste Österreich im Oktober den Frieden von Schönbrunn schließen, in dem es Teile Galiziens an das Herzogtum Warschau und an Russland verlor, Salzburg, Berchtesgaden und das Hausruck- und Innviertel an Bayern sowie das so genannte Illyrien (Westkärnten, Osttirol, Teile Kroatiens mit Istrien und Dalmatien) an Frankreich abtreten musste; es wurde damit eine von Frankreich abhängige Macht zweiten Ranges. Der Tiroler Freiheitskampf unter Andreas Hofer endete mit einer Niederlage der Tiroler.

Die Entscheidung über seine Kontinentalherrschaft suchte Napoleon 1812 im Russlandfeldzug, nachdem sein im *Frieden von Tilsit* (▶ 6.9) geschlossenes Bündnis mit Zar Alexander I. 1809 zerbrochen war: einerseits durch Napoleons vielfachen Einbruch in russische Interessensphären, andererseits durch Alexanders Missachtung der *Kontinentalsperre* (▶ 6.10) seit 1811 und seine Bündnisse mit Großbritannien (1810) und Schweden (1812).

Im Frühjahr 1812 begann der Aufmarsch der rund 700 000 Mann starken Großen Armee, zu der 20 Nationen Truppenkontingente zu stellen hatten. Am 24. Juni überschritt sie die russische Grenze. Die russische Armee konnte sich in die Weite des russischen Raumes zurückziehen, wobei sie nach der Taktik der »verbrannten Erde« sämtliche Vorräte vernichtete. Auf diese Weise gelangte Napoleon bis nach Moskau, das aber von sämtlichen Bewohnern geräumt, am 14. September 1812 über den Köpfen der Großen Armee angezündet wurde. Nach vergeblichem Warten auf ein russisches Friedensangebot zwang der Wintereinbruch Napoleon im Oktober zum Rückzug; dieser führte in die Niederlage von Smolensk (16./17. November). Beim Übergang über die Beresina (26.–29. November) verlor er 96 % der Truppen und kehrte allein nach Paris zurück, während die preußisch-russische Konvention von Tauroggen die *Befreiungskriege* (▶ 6.15) einleitete.

6.15 Befreiungskriege

Nach dem Fehlschlagen der deutschen Erhebungen von 1809 (▶ 6.14) schuf erst die vernichtende Niederlage der französischen Großen Armee im Russlandfeldzug 1812 günstigere Voraussetzungen für einen nationalen Befreiungskampf gegen Napoleon. Im Dezember 1812 schloss General Graf Yorck von Wartenburg, der Befehlshaber des preußischen Hilfskorps der Großen Armee, mit einem russischen General eigenmächtig die Konvention von Tauroggen, der die Erhebung Preußens folgte. Im Frühjahr 1813 kam es zwischen Friedrich Wilhelm III., der der nationalen Stimmung erst nach langem Zögern mit dem Aufruf »An mein Volk« im März 1813 nachgab, und Alexander I. zu Allianzabsprachen.

Napoleon führte im Frühjahr 1813 erneut ein den preußischen und russischen Armeen zahlenmäßig überlegenes Heer nach Deutschland und zwang die Alliierten zum Rückzug nach Schlesien. Im August erklärte auch Österreich Frankreich den Krieg. Doch der alliierte Vorstoß gegen die napoleonische Hauptarmee scheiterte Ende August in Dresden. Der Beitritt Bayerns zur Koalition leitete die Auflösung des *Rheinbunds* (▶ 6.6) ein.

Ende September ergriff die Schlesische Armee unter Blücher die Initiative. In der *Völkerschlacht bei Leipzig* (▶ 6.16) siegte im Oktober das Koalitionsheer; Napoleon entkam, doch seine Herrschaft in Deutschland brach zusammen. 1814 marschierten die Alliierten in Frankreich ein. Nach der Einnahme von Paris im März musste Napoleon abdanken und wurde auf die italienische Insel Elba verbannt. Im Mai 1814 schlossen die Verbündeten mit dem nach Frankreich zurückgekehrten Bourbonenkönig Ludwig XVIII. den 1. Pariser Frieden, der Frankreich im Wesentlichen die Grenzen von 1792 zugestand. Die abschließende europäische Friedensregelung wurde jedoch auf den *Wiener Kongress* (▶ 6.18) verwiesen.

Die Rückkehr Napoleons im März 1815 vereinigte die Siegermächte zu sofortiger Gegenaktion. Napoleon wurde trotz anfänglicher Erfolge im Juni bei *Waterloo* (▶ 6.17) besiegt und nunmehr auf die britische südatlantische Besitzung Sankt Helena verbannt, wo er 1821 starb. Der 2. Pariser Friede vom November 1815 sicherte Frankreich lediglich die Grenzen von 1790.

▲ *Nachdem die Befreiungskriege mit der Besetzung von Paris durch die Alliierten am 31. März 1814 praktisch beendet waren, dankte Napoleon I. am 6. April 1814 in Fontainebleau ab*

6.16 Völkerschlacht bei Leipzig

Im Herbstfeldzug 1813 der *Befreiungskriege* (▶ 6.15) ermöglichte die Schlesische Armee unter dem preußischen Generalfeldmarschall Blücher Anfang Oktober den Verbündeten unter dem österreichischen Feldmarschall Schwarzenberg bei Wartenburg den Elbübergang, um nun gemeinsam die Entscheidungsschlacht einzuleiten. Bei Leipzig standen sich am 16. Oktober 205 000 Mann der Alliierten und 190 000 Mann der Armee Napoleons gegenüber, weshalb man von einer »Völkerschlacht« spricht. Zunächst konnten sich beide Seiten in einem hartnäckigen Kampf trotz hoher Verluste halten und während der Nacht zum 17. Oktober ihre Truppen verstärken. Am 18. Oktober wurde Napoleon jedoch besiegt und nach Leipzig hineingedrängt, wo sich die Franzosen von ihren rückwärtigen Verbindungen weitgehend abgeschnitten sahen und sich in der Nacht zum 19. Oktober in westlicher Richtung zurückzogen. Napoleon entkam, aber der Kampf um die Vorherrschaft in Europa war entschieden; Napoleon musste Deutschland räumen.

6.17 Waterloo

Während in Wien die führenden Staatsmänner der in den *Befreiungskriegen* (► 6.15) siegreichen Mächte über die Neuordnung Europas berieten, kehrte Napoleon im März 1815 überraschend nach Frankreich zurück. Der Bourbonenkönig Ludwig XVIII. floh ins Ausland. Die Alliierten erneuerten sofort ihr Bündnis, erklärten Napoleon für geächtet und setzten ihre Truppen nach Frankreich in Marsch. Im Frühsommer 1815 sollte ihre unter dem britischen Feldmarschall, dem Herzog von Wellington, und dem preußischen Generalfeldmarschall Blücher nach Nordfrankreich vorrückende Nordarmee im heutigen Belgien konzentriert werden. Um dies zu verhindern, warf sich Napoleon zunächst den Preußen entgegen und schlug sie am 16. Juni bei Ligny. Während er die Preußen auf dem Rückzug vermutete, wandte er sich gegen den bei Waterloo südlich von Brüssel stehenden Wellington, mit dem er sich am 18. Juni ein erbittertes Gefecht lieferte. Nur noch mit Mühe hielten die Truppen Wellingtons dem ständigen Ansturm der Franzosen stand. »Ich wollte, es würde Nacht oder die Preußen kämen«, soll Wellington ausgerufen haben. Da eilte Blücher ihm mit seinen Truppen zu Hilfe und griff völlig unerwartet die Flanke der französischen Linien an. Napoleon wurde geschlagen, die von Blüchers Generalquartiermeister Gneisenau geleitete Verfolgung hatte die Auflösung seines Heeres zur Folge. Die Schlacht bei Waterloo, von Blücher nach einem nahe gelegenen Gehöft Belle-Alliance genannt, war bei einem Gesamtverlust von 53 000 Toten neben der *Völkerschlacht bei Leipzig* (► 6.16) die entscheidende Schlacht der Befreiungskriege.

6.18 Der Wiener Kongress

Nach dem Sturz Napoleons kamen im Herbst 1814 in Wien die europäischen Monarchen und Staatsmänner zusammen, um die politische Neuordnung Europas zu regeln. Der Wiener Kongress erarbeitete – eine verhandlungstechnische Neuheit – seine Ergebnisse in Kommissionen und trat formell erst durch seinen Schlussakt ins Leben. Eine herausragende Rolle spielten neben dem österreichischen Staatskanzler Fürst *Metternich* (► 7.7), der den Vorsitz innehatte, der russische Zar Alexander I., der britische Außenminister Viscount Castlereagh, der preußische Staatskanzler Fürst von Hardenberg (► 6.13) und der französische Vertreter Talleyrand, dessen diplomatisches Geschick seinem Land eine nahezu gleichberechtigte Position zurückgewann. Im Zentrum der durch die Rückkehr Napoleons von Elba im März 1815 schließlich beschleunigten Verhandlungen

Die zeitgenössische Darstellung vom Wiener Kongress zeigt die Vertreter der Großmächte, die am Pariser Frieden von 1814 beteiligt waren

stand, nachdem die französische Frage bereits im 1. Pariser Frieden geregelt worden war (▶ 6.15), die territoriale Neuordnung des übrigen Europa, insbesondere der russische Anspruch auf Polen und die preußische Forderung nach Annexion Sachsens.

Man einigte sich schließlich auf einen Kompromiss: Russland erhielt den größten Teil des Herzogtums Warschau als Königreich in Personalunion, das so genannte Kongresspolen; Preußen bekam die Nordhälfte Sachsens, die Rheinlande, Westfalen, das restliche, bisher schwedische Vorpommern sowie aus seinen Erwerbungen von 1793/95 (▶ 5.18) Danzig, Thorn und Posen zugesprochen. Auch die in ihrer Souveränität belassenen deutschen Mittelstaaten machten erhebliche Territorialgewinne. Das neue Königreich Hannover blieb mit Großbritannien in Personalunion verbunden. Österreich wurde im Umfang von 1797 (▶ 6.2) bzw. 1803/05 (▶ 6.4; 6.5) wieder hergestellt; es verzichtete auf den Breisgau sowie die österreichischen Niederlande, die dem neu gebildeten Königreich der Vereinigten Niederlande angeschlossen wurden. Die Schweiz erhielt mit dem Wallis, Neuenburg und Genf drei neue Kantone und die Garantie ihrer immer währenden Neutralität. An die Stelle des 1806 aufgelösten *Heiligen Römischen Reiches* (▶ 6.8) trat der *Deutsche Bund* (▶ 7.1), dessen Bundesakte Bestandteil der Wiener Kongressakte vom 9. Juni 1815 wurde.

Insgesamt stellte der Wiener Kongress, nicht zuletzt auf Betreiben Großbritanniens, das Gleichgewicht der europäischen Mächte und damit vorrevolutionäre Zustände wieder her, musste andererseits aber auch den politischen Veränderungen im Gefolge der napoleonischen Herrschaft Rechnung tragen. Sein Werk ist in seinen restaurativen Zügen schon früh heftiger nationaler und liberaler Kritik ausgesetzt gewesen; jedoch ist auch nicht zu übersehen, dass es ihm gelang, eine europäische Friedensordnung zu errichten, die sich in ihren Grundzügen bis zum 1. Weltkrieg behauptete.

Europa nach dem Wiener Kongress

Daten

1774–1792	Ludwig XVI. von Frankreich
1786–1797	Friedrich Wilhelm II. von Preußen
14. Juli 1789	Sturm auf die Bastille in Paris
1790–1792	Kaiser Leopold II.
27. Aug. 1791	Pillnitzer Konvention
April 1792	Ausbruch der Revolutionskriege
1792–1806	Kaiser Franz II. (1804–1835 als Franz I. Kaiser von Österreich)
20. Sept. 1792	Kanonade von Valmy
21. Jan. 1793	Hinrichtung Ludwigs XVI.
Febr. 1793	1. antifranzösische Koalition
27./28. Juli 1794	Sturz und Hinrichtung Robespierres
1795	Basler Friedensschlüsse
17. Okt. 1797	Friede von Campoformio
1797–1840	Friedrich Wilhelm III. von Preußen
1798/99	2. antifranzösische Koalition
9. Nov. 1799	Staatsstreich Napoleons
3. Dez. 1800	Schlacht bei Hohenlinden
9. Febr. 1801	Friede von Lunéville (Anerkennung der Rheingrenze)
25. Febr. 1803	Reichsdeputationshauptschluss
2. Dez. 1804	Kaiserkrönung Napoleons
1805	3. antifranzösische Koalition
2. Dez. 1805	Dreikaiserschlacht bei Austerlitz
26. Dez. 1805	Friede von Preßburg
12. Juli 1806	Gründung des Rheinbundes
6. Aug. 1806	Ende des Heiligen Römischen Reiches deutscher Nation
14. Okt. 1806	Doppelschlacht bei Jena und Auerstedt
21. Nov. 1806	Verhängung der Kontinentalsperre gegen Großbritannien
7./8. Febr. 1807	Schlacht bei Preußisch-Eylau
April 1807	4. antifranzösische Koalition
7./9. Juli 1807	Friede von Tilsit
9. Okt. 1807	Edikt zur Bauernbefreiung in Preußen
19. Nov. 1808	Städteordnung des Freiherrn vom Stein
April 1809	Erhebung Österreichs und Tirols gegen Napoleon
21./22. Mai 1809	Schlacht bei Aspern und Eßling
5./6. Juli 1809	Schlacht bei Wagram
14. Okt. 1809	Friede von Schönbrunn
24. Juni 1812	Beginn des Russlandfeldzuges Napoleons
14. Sept. 1812	Brand Moskaus
16./17. Nov. 1812	Schlacht bei Smolensk
26.–29. Nov. 1812	Übergang über die Beresina
30. Dez. 1812	Konvention von Tauroggen
17. März 1813	Friedrich Wilhelms III. Aufruf »An mein Volk«
16.–19. Okt. 1813	Völkerschlacht bei Leipzig
6. April 1814	1. Abdankung Napoleons
1814/15–1824	Ludwig XVIII. von Frankreich
30. Mai 1814	1. Friede von Paris
1814/15	Wiener Kongress (Abschluss mit Deutscher Bundesakte)
März 1815	Rückkehr Napoleons
18. Juni 1815	Schlacht bei Waterloo
22. Juni 1815	2. Abdankung Napoleons
20. Nov. 1815	2. Friede von Paris

Restauration und Revolution (1815–1850)

7

Einführung

Die 35 Jahre vom Wiener Kongress bis zum Scheitern der Revolution von 1848/49 werden im Allgemeinen das Zeitalter der Restauration und Revolution genannt. Damit sind die beiden entgegengesetzten, miteinander ringenden Hauptströmungen der Zeit bezeichnet, die die Geschichte dieser Jahre ganz wesentlich bestimmt haben. Auch sonst ist diese Zeit eine Epoche der Gegensätze, eine Zeit des Umbruchs auf zahlreichen Gebieten, in der Altes noch Bestand hat, aber Neues daneben sich immer stärker ausbildet. Es ist die Zeit der Idylle, und es ist auch die Zeit der Verdächtigungen und Verfolgungen, der Verhaftungen und Verurteilungen. Es ist die Zeit des behaglich-privaten Lebens im kleinbürgerlichen Milieu des »Biedermeier«, und es ist zugleich die Zeit, in der immer mehr Menschen politisches Bewusstsein entwickeln und von den Herrschenden die Teilhabe an der Macht fordern. Es ist noch die Zeit der Postkutschen und doch schon die der Eisenbahnen mit der ersten Bauphase eines sich schnell ausweitenden Schienennetzes: Die kommende industrielle Revolution kündigt sich bereits an.

Am Beginn dieser Epoche steht das Werk des Wiener Kongresses, steht die wieder hergestellte (»restaurierte«) europäische Ordnung nach Beseitigung der durch die Französische Revolution und die napoleonische Herrschaft verursachten Veränderungen. Es ist, soweit es Mittel- und Osteuropa betrifft, vornehmlich ein Werk der Monarchen – des russischen Zaren, des österreichischen Kaisers und des preußischen Königs – und ihrer Berater mit dem österreichischen Außenminister Fürst Metternich an der Spitze. In der von ihnen beschlossenen »Heiligen Allianz« verpflichteten sich die drei Herrscher feierlich, diese Ordnung zu garantieren und streng darüber zu wachen, dass künftig keine der mit der Französischen Revolution freigesetzten Kräfte erneut die Völker in Unruhe versetzen und die erreichte Friedensordnung infrage stellen könne. Nicht wieder hergestellt wurde das alte, 1806 aufgelöste »Heilige Römische Reich deutscher Nation«. Stattdessen entstand auf deutschem Boden aus den noch existierenden oder wieder hergestellten 35 deutschen souveränen Fürstenstaaten und den letzten vier freien Reichsstädten ein loser Staatenbund, der lediglich durch die ständig in Frankfurt am Main tagende Gesandtenkonferenz zusammengehalten wurde.

Das aber ist nicht das von den Dichtern der Freiheitskriege besungene deutsche Vaterland, für das die Freiwilligen von 1813 in den Kampf gegen Napoleon gezogen waren. Enttäuschung und Verbitterung bewegen die heimkehrenden Soldaten, vor allem die in die Hörsäle zurückgekehrten Studenten. Mit der Gründung der alle bisherigen Landsmannschaften einbeziehenden Burschenschaft geben die Studenten zu erkennen, dass sie dieses künstliche Gebilde nicht akzeptieren, dass sie vielmehr mit ihrem Bund das kommende, das wirkliche geeinte deutsche Vaterland vorwegnehmen wollen. Die nationale Bewegung, gepaart mit der liberalen in der Forderung nach einer Verfassung, die die Freiheitsrechte des Einzelnen und die Mitwirkung des Volkes am politischen Geschehen festschreibt, breitet sich rasch aus. Sie ist auch durch Verbote und Verfolgungen nicht mehr aufzuhalten. Diese nationale Bewegung ist keine auf Deutschland beschränkte Erscheinung, sie erfasst gleichzeitig nahezu ganz Kontinentaleuropa. Überall erheben sich jetzt die unterdrückten Völker zum Freiheitskampf, Polen und Ungarn, Griechen und Italiener, Tschechen und Kroaten. Die deutschen Freiheitskämpfer solidarisieren sich mit diesen Völkern. Der Polizeistaat bringt den Ruf nach Einheit und Freiheit nicht zum Schweigen.

Im Februar 1848 springt der Funke der Revolution von Frankreich auf Deutschland über und führt im März in fast allen deutschen Staaten, auch in Berlin und Wien, zu spontanen Erhebungen des Volkes, vor denen die alten Gewalten überall zurückweichen. Es kommt zur Einrichtung liberaler Ministerien und zu Zugeständnissen an die Revolutionäre, deren Führer noch weitgehend der bürgerlichen Oberschicht angehören. Metternich, der verhasste Exponent der Restaurationspolitik, muss zurücktreten. Alle Staaten stimmen schließlich der Durchführung allgemeiner und gleicher Wahlen und dem Zusammentritt einer Nationalversammlung in Frankfurt am Main zu. Mit Böllerschüssen und Glockengeläut wird der Einzug der gewählten Volksvertreter in die Paulskirche gefeiert, eine neue Zeit scheint für die Deutschen angebrochen zu sein.

Aber während noch die Abgeordneten dieses »Honoratioren«-Parlaments in der Paulskirche über die Verfassung des neuen Deutschland beraten und sich lange und leidenschaftlich über die Form und die Ausmaße des künftigen Reiches streiten, wird schnell erkennbar, dass die Fürsten der Einzelstaaten nicht gewillt sind, Macht an die Nationalversammlung und die so genannte Reichsregierung in Frankfurt abzugeben. Vor allem die beiden Großmächte Österreich und Preußen gewinnen nach dem ersten Schock im März 1848 rasch ihr Machtbewusstsein zurück und betreiben wieder Politik, ohne die Nationalversammlung in Frankfurt miteinzubeziehen. Als schließlich der preußische König die ihm von den Parlamentariern angetragene Krone des »Kaisers der Deutschen« brüsk zurückweist, ist die Nationalversammlung am Ende. Die National-Konservativen und die Liberal-Gemäßigten resignieren, ja, sie nehmen jetzt sogar aus Furcht vor der Radikalisierung der Revolution Verbindung zu den alten Mächten auf.

Die linksdemokratischen Abgeordneten allein bemühen sich, mit der Verlegung des Rumpfparlamentes nach Stuttgart die Verfassungsarbeit neu zu beleben und die Revolution doch noch zu vollenden, indem sie die Abschaffung der Monarchien fordern. Die von ihnen geförderten Aufstände radikaler Kräfte in Baden, in der Pfalz und in Sachsen aber werden mithilfe preußischer Truppen rasch niedergeschlagen. Die Reaktion hat gesiegt, die Aufbruchstimmung der Frühjahrsmonate des Jahres 1848 ist verflogen. Der Versuch, ein neues Deutschland, eine parlamentarische Monarchie zu errichten und die bisher souveränen Einzelstaaten zu bewegen, in diesem neuen Reich sich mit der ihnen in der Verfassung zugewiesenen Rolle im »Staatenhaus« zufrieden zu geben, ist gescheitert. Aber dennoch wird der alte Zustand vor der Revolution nirgends wieder hergestellt. Auch in Preußen und in Österreich werden jetzt Verfassungen eingeführt, die allerdings die Monarchen »von oben« und ohne Mitwirkung der Völker erlassen.

Die Epoche ist damit beendet, aber am Horizont kündigen sich bereits neue Verwicklungen an. Mit der Industrialisierung, die in den nächsten Jahren und Jahrzehnten die Ausmaße einer industriellen Revolution mit vielen negativen Begleiterscheinungen annehmen wird, tritt nun zunehmend die soziale Frage in den Vordergrund. Neben die Kräfte des Nationalismus und des Liberalismus, die die geschichtliche Entwicklung vom Beginn des Jahrhunderts an wesentlich geprägt haben, tritt nun der Sozialismus und meldet seine Ansprüche an. Er wird sogleich internationale Dimensionen annehmen. Das am Vorabend der Revolution von 1848 von Marx und Engels verkündete »Kommunistische Manifest« hat den Kampfruf des Sozialismus zuerst ausgesprochen: »Proletarier aller Länder, vereinigt euch!« In der 48er Revolution noch kaum beachtet, wird dieser Ruf bis weit in das 20. Jahrhundert hinein nicht mehr verstummen und die Welt in Atem halten.

7.1 Deutscher Bund

Auf dem *Wiener Kongress* (►6.18) versuchten die maßgeblichen Staatsmänner, allen voran der österreichische Außenminister Fürst *Metternich* (►7.7), Europa neu zu ordnen. Der Wunsch der deutschen Patrioten, von denen viele am Freiheitskampf gegen Napoleon teilgenommen hatten, nun einen neuen nationalen deutschen Bundesstaat zu errichten, erfüllte sich nicht. Auch das 1806 aufgelöste *Heilige Römische Reich deutscher Nation* (►6.8) wurde nicht wieder hergestellt.

Geschaffen wurde ein locker gefügter Staatenbund, der Deutsche Bund. Er setzte sich aus 35

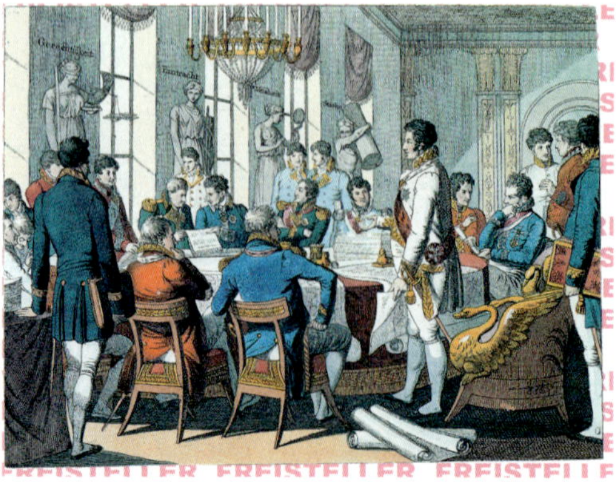

▲ *Das gemeinsame Organ des 1815 gegründeten Deutschen Bundes war die Versammlung der Gesandten aller Mitgliedstaaten in Frankfurt (Bundesversammlung, auch Bundestag genannt; Stich um 1817)*

Fürstenstaaten und vier freien Städten zusammen. Den Vorsitz in diesem Staatenbund übernahm Österreich. Das einzige Bundesorgan war die Bundesversammlung der bevollmächtigten Gesandten der Mitgliedsstaaten, die später hauptsächlich Bundestag genannt wurde; sie tagte als ständiger Kongress in Frankfurt am Main. Neben den deutschen Fürsten gehörten auch ausländische Herrscher dem Deutschen Bund an, und zwar der König von Großbritannien und Irland als König von Hannover, der König von Dänemark als Herzog von Holstein sowie der König der Niederlande als Großherzog von Luxemburg. Österreich und Preußen gehörten ihm nur mit den Gebieten an, die Bestandteile des Heiligen Römischen Reichs gewesen waren. Die am 8. Juni 1815 auf dem Wiener Kongress von den deutschen Fürsten und Bürgermeistern angenommene Verfassung, die Bundesakte, bezeichnete den Staatenbund als »unauflöslich«. Ihre endgültige Form erhielt diese Verfassung mit der am 8. Juli 1820 einstimmig von der Bundesversammlung angenommenen Wiener Schlussakte.
Zur Regel wurde es (bis 1848), dass sich Österreich vor allen wichtigen Schritten in der Bundesversammlung mit Preußen als der stärksten norddeutschen Macht absprach. Innenpolitisch wurde der Deutsche Bund mehr und mehr das Vollstreckungsorgan der Restaurationspolitik Metternichs bei der Abwehr und Eindämmung liberaldemokratischer und nationaler Bestrebungen. Den Einzelstaaten war zwar zugebilligt worden, Verfassungen zu erlassen, in denen die ständige Vertretung des Volkes gesichert werden konnte, doch nur einige Fürsten der Mittel- und Kleinstaaten, so als einer der Ersten der Großherzog von Sachsen-Weimar-Eisenach, gaben ihrem Land eine Verfassung, nicht jedoch Preußen und Österreich. So wuchs die Unzufriedenheit im Lande zunehmend an, besonders unter der studentischen Jugend.

7.2 Heilige Allianz

Zar Alexander I. von Russland hatte dem Kaiser von Österreich und dem König von Preußen ein gemeinsam zu unterzeichnendes Manifest vorgelegt, in dem die christlichen Gebote als Richtschnur für die Politik fest verankert werden sollten. In der Bearbeitung des Entwurfes durch *Metternich* (▶7.7) wurde die von den drei Monarchen am 26. September 1815 abgeschlossene Heilige Allianz ein Bündnis zur Absicherung des im *Wiener Kongress* (▶6.18) erreich-

▲ *Das zeitgenössische Aquarell zeigt die Monarchen der Heiligen Allianz beim gemeinsamen Ausritt (von links): Zar Alexander I. von Russland, Kaiser Franz I. von Österreich und König Friedrich Wilhelm III. von Preußen (Wien, Graphische Sammlung Albertina)*

ten politischen Zustandes. Alle europäischen Mächte, mit Ausnahme Großbritanniens, der Türkei und des Kirchenstaates, traten der Heiligen Allianz bei, die in ihrer christlich-konservativen Grundtendenz das Zeitalter der Restauration geprägt hat. Die Heilige Allianz ist schließlich an den sich verstärkenden Interessengegensätzen der europäischen Großmächte zerbrochen.

7.3 Deutsche Burschenschaft

Die aus den Befreiungskriegen gegen Napoleon (1813–15) in die Hörsäle der Universitäten zurückgekehrten Studenten waren tief enttäuscht von der politischen Entwicklung, die den erhofften Einheitsstaat aller Deutschen nicht gebracht hatte. Als Reaktion darauf vereinigten sich die vorher in verschiedenen Landsmannschaften organisierten Jenaer Studenten zu einer alle Studenten zusammenschließenden »Burschenschaft«. Symbolisch wollten sie mit ihrem Einheitsbund die kommende Einheit des deutschen Vaterlandes vorbereiten. Als Bundesfarben wählten sie die Farben der Uniform des ehemaligen lützowschen Freikorps, in dem viele Studenten am Krieg gegen Napoleon teilgenommen hatten: Schwarz-Rot-Gold.

Die studentische Bewegung breitete sich rasch aus. Als die Jenaer Burschenschaft zu einem Studententreffen auf der Wartburg einlud, dem *Wartburgfest* (►7.4) am 18. Oktober 1817, kamen Studentenabordnungen aus elf deutschen Universitäten. Am 18. Oktober 1818 wurde in Jena die »Allgemeine Deutsche Burschenschaft« durch Vertreter aus 14 deutschen Universitäten gegründet. Die politische Entwicklung unter den Studenten erregte mehr und mehr das Misstrauen der staatlichen Behörden, zumal sich einige Gruppen radikalisierten. Nach der Ermordung des in russischen Diensten stehenden Schriftstellers August von Kotzebue 1819 durch den Studenten Karl Ludwig Sand wurden die Burschenschaften in den *Karlsbader Beschlüssen* (►7.5) verboten. In vielen Universitätsstädten bestanden sie jedoch als Geheimbünde weiter. Viele ehemalige Burschenschaftler wurden 1848 Abgeordnete in der *Frankfurter Nationalversammlung* (►7.18).

7.4 Wartburgfest

Die Jenaer Burschenschaft hatte zur Erinnerung an die Reformation 1517 und an die *Völkerschlacht bei Leipzig* 1813 (►6.16) zu einem Treffen auf der Wartburg am 18. und 19. Oktober 1817 eingeladen. 500 Teilnehmer aus elf Universitäten folgten der Einladung. In allen Festansprachen wurde zur Einheit und Freiheit Deutschlands aufgerufen. Eine Minderheit der Studenten verbrannte im Andenken an Luthers Verbrennung der päpstlichen Bannbulle 1520 mehrere als reaktionär bezeichnete »undeutsche Schriften« sowie einige Uniformstücke, um so gegen Fürstenherrschaft und Unterdrückung zu protestieren. Besonders diese Vorgänge, die nicht im Mittelpunkt des Wartburgfestes gestanden hatten, ließen die Polizeibehörden in Preußen und Österreich aufhorchen. Der preußische König ließ Teilnehmer des Festes vernehmen und Polizeiakten anlegen.

7.5 Karlsbader Beschlüsse

Die Ermordung des Schriftstellers August von Kotzebue, der in seinem »Literarischen Wochenblatt« 1818/19 die liberale Studentenbewegung der *Deutschen Burschenschaft* (►7.3) verhöhnt hatte, durch den Burschenschaftler Karl Ludwig Sand am 23. März 1819 in Mannheim nahm Metternich zum Anlass, nun energische Maßnahmen zu ergreifen, um mit der ganzen Macht der Staaten gegen die seit langem mit Misstrauen beobachteten nationalen und liberalen Bestrebungen vorzugehen. Auf den von Metternich einberufenen Karlsbader Konferenzen vom 6. bis 31. August 1819, an denen neben Österreich und Preußen acht weitere deutsche Staaten teilnahmen, wurden Beschlüsse gefasst, die am 20. September 1819 von der Bundesversammlung einstimmig angenommen wurden.

Diese Beschlüsse enthielten das Verbot der Burschenschaft und die Einsetzung eines »außerordentlichen landesherrlichen Bevollmächtigten«, der an den Universitäten das Auftreten und Verhalten der Professoren und Studenten streng zu überwachen hatte. Alle Hochschullehrer, die »durch Missbrauch ihres rechtmäßigen Einflusses auf die Gemüter der Jugend, durch Verbreitung verderblicher, der öffentlichen Ordnung und Ruhe feindseliger oder die Grundlagen der bestehenden Staatseinrichtun-

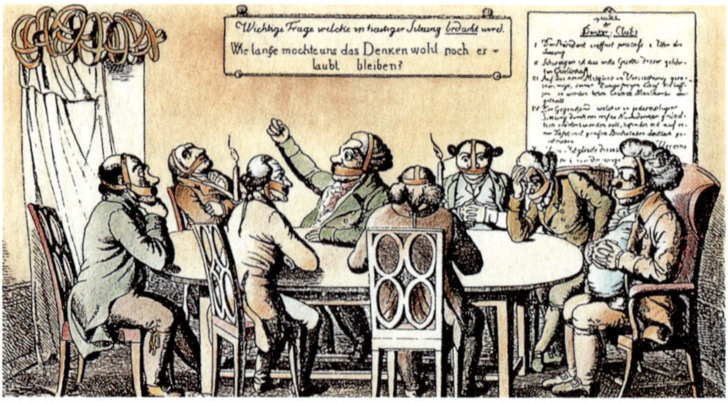

Nach den Karlsbader Beschlüssen von 1819 wurde in den deutschen Staaten eine strenge Zensur eingeführt. In dieser zeitgenössischen Karikatur tragen die Mitglieder eines politischen Klubs Maulkörbe und sinnieren gemeinsam schweigend darüber, ob bald auch die Gedankenfreiheit ein Ende habe

gen untergrabender Lehren ihre Unfähigkeit zur Verwaltung des ihnen anvertrauten wichtigen Amtes unverkennbar an den Tag gelegt haben«, sollten rigoros aus ihren Ämtern entfernt und auch in keinem anderen Bundesstaat wieder angestellt werden. Ferner wurde in den Karlsbader Beschlüssen eine staatliche Vorzensur für alle Zeitungen, Zeitschriften und sonstige Druckschriften »unter 20 Bogen im Druck« eingeführt. Eine außerordentliche Zentral-Untersuchungskommission des Bundes wurde mit Sitz in Mainz eingerichtet, die die »revolutionären Umtriebe und demagogischen Verbindungen« zu untersuchen und zu verfolgen hatte. Durch eine Exekutionsordnung wurde dem Bund das Recht zuerkannt, gegebenenfalls gegen einen Mitgliedsstaat des Bundes eine Bundesexekution durchzuführen, wenn in diesem Staat revolutionäre Entwicklungen von den regionalen Behörden nicht unterbunden werden konnten.

Die Karlsbader Beschlüsse führten bald, am stärksten in Preußen, zu den *Demagogenverfolgungen* (►7.8).

7.6 Restauration

Das Wort »Restauration« bedeutet Wiederherstellung eines früheren Zustandes. In der Geschichte der europäischen Staaten und besonders auch der deutschen Geschichte wurde der Begriff »Restauration« als Bezeichnung der geschichtlichen Periode vom Wiener Kongress bis zu den Revolutionen der Jahre 1830 und 1848/49 verwendet. In dieser Epoche stand im Vordergrund der Versuch der leitenden Staatsmänner Europas, insbesondere des österreichischen Staatskanzlers *Fürst Metternich* (►7.7), den Zustand vor dem Ausbruch der Französischen Revolution wieder herzustellen. Wie für die französische Verfassung von 1814 war auch für die Staaten des Deutschen Bundes das monarchische Prinzip verbindlich, nach dem die alleinige und einheitliche Staatsgewalt in der Hand des Monarchen liegt. Der Monarch konnte demnach seine Befugnisse durch eine Verfassung beschränken, diese aber konnte nur Begrenzung, niemals Grundlage der Staatsgewalt des Monarchen sein.

Gegen die sich überall im Lande regenden neuen Kräfte, die vor allem von Studenten und Professoren getragenen nationalen und liberalen Bewegungen, wurden mit den *Karlsbader Beschlüssen* (►7.5) alle staatlichen Machtmittel eingesetzt. Dennoch konnten die tief greifenden sozialen, rechtlichen, wirtschaftlichen und territorialen Wandlungen, die durch die napoleonische Neuordnung eingetreten waren, nicht in vollem Umfang rückgängig gemacht werden, zumal sich auch, vor allem im Rheinland und in Sachsen, zunehmend die Auswirkungen der Industrialisierung bemerkbar machten.

7.7 Metternich

Klemens Wenzel Graf Metternich (seit 1813 Fürst) wurde am 15. Mai 1773 in Koblenz geboren. Der Sohn eines kaiserlichen Diplomaten studierte Rechts- und Staatswissenschaften sowie Geschichte in Straßburg und Mainz, später Naturwissenschaften und Medizin in Wien. 1801 wurde er kaiserlicher Gesandter in Dresden, 1803 in Berlin, von 1806 bis 1809 war er österreichischer Botschafter in Paris.

Nach dem Scheitern des österreichischen Aufstandsversuches gegen Napoleon 1809 wurde Metternich österreichischer Außenminister. Er vertrat eine sich an der Realität orientierende Politik gegenüber dem Europa beherrschenden Kaiser Napoleon I., vermittelte die Heirat der österreichischen Kaisertochter Marie-Louise mit Napoleon 1810 und unterstützte mit der Stellung eines österreichischen Truppenkontingents Napoleons Pläne im Russlandfeldzug 1812. Gleichzeitig aber erhielt er während des Russlandfeldzuges auch Kontakte zum russischen Zaren Alexander I. aufrecht. Der preußisch-russischen Kriegskoalition gegen Napoleon im Frühjahr 1813 schloss sich Metternich nur zögernd an. Im 1. Pariser Frieden 1814 trat er im Sinne des Gleichgewichts der europäischen Mächte sogleich für eine Schonung Frankreichs ein. Diese Politik setzte Metternich auch während des *Wiener Kongresses* (▶6.18) fort. Als entschiedener Gegner der Revolution sorgte er bereits hier für die Rückkehr des besiegten Frankreich unter einem wieder eingesetzten bourbonischen König in den Kreis der europäischen Großmächte.

▲ *Der Name des österreichischen Staatskanzlers Fürst Metternich ist untrennbar mit der von 1815 bis 1848 andauernden Periode der Restauration verbunden. Kopie eines Gemäldes von 1818/19*

Auf dem Wiener Kongress betrieb Metternich erfolgreich die Wiederherstellung der politischen und sozialen Ordnung in Europa, die mit der von ihm mitgestalteten Heiligen Allianz der Fürsten abgesichert wurde. Seine Politik der Restauration, auch als System Metternich bezeichnet, führte in der Folgezeit zur rücksichtslosen Unterdrückung aller nationalen und liberaldemokratischen Kräfte, die er im Deutschen Bund in Zusammenarbeit mit Preußen mit den *Karlsbader Beschlüssen* (▶7.5) und den sich daraus entwickelnden *Demagogenverfolgungen* (▶7.8) mit aller Konsequenz betrieb. Da Metternich nicht bereit war, an die Volkssouveränität irgendwelche Zugeständnisse zu machen, musste er bei Ausbruch der Revolution 1848 zurücktreten und als verhasster Reaktionär ins Ausland fliehen. Erst im September 1851 kehrte er nach Wien zurück. Seine Versuche, wieder Einfluss auf die österreichische und europäische Politik zu gewinnen, blieben jedoch erfolglos. Er starb am 11. Juni 1859 in Wien.

7.8 Demagogenverfolgungen

Mit den *Karlsbader Beschlüssen* (▶7.5) vom 20. September 1819 begannen die so genannten Demagogenverfolgungen, die sich vornehmlich gegen Universitätsprofessoren und Journalisten, Schriftsteller und Studentenführer richteten. Am schärfsten ging die preußische Regierung gegen diejenigen vor, die in Veröffentlichungen, Vorlesungen und bei öffentlichen Anlässen für die nationale und liberale Bewegung eintraten. Unter den Verfolgten, die aus ihren Ämtern vertrieben und teilweise sogar zu Gefängnisstrafen verurteilt wurden, waren auch prominente Teilnehmer der Befreiungskriege wie der Dichter Ernst Moritz Arndt, der Publizist Johann Joseph von Görres und der Vater der Turnbewegung Ludwig Jahn. Selbst das Turnen wurde in Preußen verboten. Später geriet auch der mecklenburgische Dichter Fritz Reuter in den Sog der Demagogenverfolgung und wurde 1836 zu Festungshaft verurteilt (»Ut mine Festungstid«).

In diesem Zusammenhang kann auch der Schritt der »Göttinger Sieben« genannt werden. Sieben Göttinger Professoren, unter ihnen die Brüder Jakob und Wilhelm Grimm, protestierten am 18. November 1837 öffentlich gegen die

Aufhebung der Verfassung des Königreichs Hannover durch König Ernst August II. und wurden deshalb aus ihren Ämtern entlassen. In ihrem durch die Presse in ganz Deutschland bekannt gewordenen Protest beriefen sich die Professoren auf ihren Verfassungseid, durch den sie verpflichtet seien, zur Verteidigung der Verfassung der Staatsgewalt entgegenzutreten. Ihr außergewöhnliches Handeln erregte großes Aufsehen, die öffentliche Meinung nahm für die Göttinger Professoren nahezu einhellig Partei. Ihr Schritt trug wesentlich zur Ausbildung des deutschen Liberalismus bei.

7.9 Hambacher Fest

Trotz aller Unterdrückungsmaßnahmen der staatlichen Organe gegen die liberale, demokratische und nationale Bewegung war der Freiheitsdrang im Volk nicht mehr zu ersticken. Die Pariser Julirevolution 1830 hatte der deutschen Sehnsucht nach Freiheit und Einheit neuen Auftrieb gegeben.
Als zwei Publizisten zu einem Treffen aller freiheitlich gesinnten Kräfte aufriefen, kamen zu dem Hambacher Fest vom 27. bis zum 30. Mai 1832 etwa 30000 Menschen. Anders als bei dem 15 Jahre vorher veranstalteten Wartburgfest, bei dem vor allem Professoren und Studenten vertreten waren, hatten sich auf Schloss Hambach bei Neustadt an der Weinstraße auch zahlreiche Bürger, Handwerker und Arbeiter eingefunden. In den Festansprachen wurde die Forderung nach einem freien und geeinten Deutschland erhoben und die Entschlossenheit bekundet, dass das Volk selbst das Einigungswerk vollenden werde, wenn die Fürsten nicht von ihrem »Wolkenthron« herabsteigen würden. Damit war erstmalig deutlich geworden, dass die Freiheitsbewegung auch eine Lösung ohne die Fürsten in Betracht zog. Zugleich erklärte sich die Versammlung solidarisch mit den Freiheitskämpfern in anderen europäischen Staaten, vor allem mit den Franzosen und den Polen.
Metternich nahm diese Vorgänge zum Anlass, im *Deutschen Bund* (►7.1) weitere verschärfte Maßnahmen durchzusetzen; die Presse-, Vereins- und Versammlungsfreiheit wurde nun völlig unterdrückt, einige der Initiatoren des Hambacher Festes wurden verhaftet, andere flohen ins Ausland.

7.10 Liberalismus

Liberalismus bezeichnet eine weltanschauliche Richtung, in der der einzelne Mensch und sein Recht auf Freiheit im Vordergrund stehen. Es ist die Weltanschauung des aufstrebenden Bürgertums, das sich gegenüber den Vorrechten der bevorzugten (=privilegierten) Stände des Adels und der Geistlichkeit und gegenüber der Allmacht des absolutistischen Staates zu behaupten begann. Der Liberalismus tritt für freie wirtschaftliche Betätigung des Einzelnen (Unternehmers) ein und fordert die Abschaffung

◄ *Beim Treffen auf dem Hambacher Schloss bei Neustadt an der Weinstraße Ende Mai 1832 versammelten sich Menschen aus allen Gesellschaftsschichten, um im Zeichen der Farben Schwarz-Rot-Gold ein Bekenntnis für Freiheit und die Einigung Deutschlands abzulegen (zeitgenössisches Gemälde)*

des Zunftsystems und der Zollschranken. Wichtige liberale Forderungen sind Gewaltenteilung, Rechtsstaat und Pressefreiheit. Alle liberalen Bewegungen haben ihren Ursprung in der englischen »Bill of Rights« von 1689, dem englischen Staatsgrundgesetz, in dem erstmalig die Rechte des Parlaments gegenüber der Krone festgeschrieben wurden, und in den amerikanischen und französischen Erklärungen der Menschenrechte, die 1776 bzw. 1789 formuliert wurden.
In Deutschland war die vor allem in den Befreiungskriegen 1813–15 erstarkte liberale Bewegung von Anfang an eng verbunden mit der nationalen Bewegung, die für ein geeintes deutsches Vaterland angetreten war. Nach der Gründung des *Deutschen Bundes* (▶7.1), den sowohl die Liberalen wie auch die Nationalen als unvollkommene Lösung strikt ablehnten, fanden wenigstens in den süddeutschen Staaten, in denen die Landesfürsten Verfassungen gegeben hatten, die Liberalen in den Landtagen ein politisches Betätigungsfeld. In den Anfängen der Industrialisierung war die liberale Bewegung bereits früh mit konkreten wirtschaftlichen Interessen verbunden. So forderte der Tübinger Professor *Friedrich List* (▶7.12) den Wegfall der Zollschranken zugunsten eines vereinigten größeren Wirtschaftsgebietes.
Die Fürsten und die den absolutistischen Fürstenstaat tragenden Kräfte, deren herausragende Symbolfigur Metternich war, sahen in der liberalen Bewegung und ihren Forderungen Anzeichen der Auflösung und Zerstörung der alten Ordnung, die herannahende Revolution. Entsprechend wurden die Vorkämpfer der liberalen Ideen mit der ganzen Schärfe der in den *Karlsbader Beschlüssen* (▶7.5) verordneten Maßnahmen verfolgt. Aber nicht nur die Durchsetzung liberaler Forderungen, sondern auch die Verwirklichung des Nationalstaatsgedankens sollte sich als schwieriges Unterfangen erweisen.

7.11 Nationalismus

Der Begriff »Nationalismus« bezeichnet eine Ideologie, in der der moderne Nationalstaat eine zentrale Stellung einnimmt. Entstanden ist der Nationalismus in seiner modernen Ausprägung in der Französischen Revolution von 1789, als die Abgeordneten des dritten Standes gegen Adel und Geistlichkeit sich zur Nationalversammlung des französischen Volkes erklärten. Die Freiwilligen der Revolutionsarmeen, die sich mit der französischen Nation identifizierten, errangen ihre Siege über die geschulten Berufssoldaten der Österreicher, Preußen und Russen.
In Deutschland waren die Katastrophe von 1805/06 und die anschließende napoleonische Fremdherrschaft der Anlass, ein tiefes Nationalgefühl entstehen zu lassen, das anfänglich in der kleinen, aber einflussreichen Gruppe der Reformer heranwuchs, dann aber mit der Wende im Russlandfeldzug und der Aufbruchstimmung des Frühjahres 1813 nahezu alle Volksschichten erfasste und zu der sich schließlich in den Befreiungskriegen zeigenden, von namhaften Dichtern besungenen Kampf- und Opferbereitschaft führte. Die Freiwilligen von 1813 gingen in den Kampf gegen den Unterdrücker Napoleon für ein noch gar nicht existierendes Deutschland, für ein gemeinsames deutsches Vaterland. Ihre Enttäuschung war grenzenlos, als auf dem *Wiener Kongress* (▶6.18) nicht ihr Deutschland geschaffen wurde, sondern die alten Fürstenstaaten wieder erstanden.
Die nationale und die liberale Bewegung waren in den Jahrzehnten bis zur *Märzrevolution 1848* (▶7.17) nicht voneinander zu trennen. Der Ruf nach einem geeinten deutschen Vaterland war zugleich der Ruf nach einem deutschen Staatswesen, das in einer Verfassung die Grundrechte des Volkes verankern sollte.
Die nationale Bewegung war nicht auf Deutschland beschränkt. Überall in Europa und in der Welt standen unterdrückte Völker auf und suchten sich ihre nationale Freiheit zu erkämpfen, so u.a. die Griechen gegen die Türkenherrschaft, die Polen gegen die russische Staatsgewalt. Die Ausbreitung der nationalen Bewegungen musste, das sah gerade der österreichische Staatskanzler *Metternich* (▶7.7) deutlich, eines Tages für die Existenz des habsburgischen Vielvölkerstaats zu einer tödlichen Gefahr werden.

7.12 Friedrich List

Der als Sohn eines Handwerkers am 6. August 1789 in Reutlingen geborene List hatte sich aus der bescheidenen Position eines Verwaltungsbeamten zum Professor für Staatswissenschaften an der Universität Tübingen (1817) emporgearbeitet. Vertraut mit den wirtschaftlichen und politischen Verhältnissen im Lande, setzte

er sich bald als Abgeordneter im württembergischen Landtag (ab 1820) für durchgreifende demokratische Verwaltungsreformen ein sowie für die Aufhebung der Zölle innerhalb des Deutschen Bundes. Wegen seines unerschrockenen Auftretens verlor er 1820 sein Hochschulamt, 1821 wurde ihm sein Abgeordnetenmandat entzogen, 1822 wurde er wegen »demagogischer Umtriebe« zu zehn Monaten Festungshaft verurteilt. Er floh zunächst ins Ausland, trat dann aber seine Strafe auf der Festung Hohenasperg an. Weil er sich verpflichtete, in die USA auszuwandern, wurde ihm ein Teil seiner Strafe erlassen (1825).
Während seines Aufenthaltes in den Vereinigten Staaten lernte er die enormen technischen

▲ *Der schwäbische Volkswirtschaftler und Politiker Friedrich List trat unermüdlich für die Schaffung eines Zollvereins sowie den Eisenbahnbau in Deutschland ein (Lithographie aus dem Jahr 1844; Reutlinger Stadtarchiv)*

Fortschritte im Verkehrswesen durch den Ausbau des Eisenbahnnetzes kennen und kehrte 1832 als amerikanischer Konsul nach Deutschland zurück in der Absicht, seine Erfahrungen nun zum Nutzen des deutschen Vaterlandes zu verwerten. Er forderte den Bau eines ganz Deutschland umfassenden Eisenbahnnetzes als gemeinschaftliche Aufgabe und propagierte die Schaffung des *Deutschen Zollvereins* (▶ 7.13). In Abkehr von seiner früheren freihändlerischen Auffassung forderte er für den Aufbau einer deutschen Industrie in der Entwicklungsphase staatliche Schutzzölle gegen die Übermacht insbesondere der englischen Industrieerzeugnisse. List erreichte durch seine unermüdliche Tätigkeit von Leipzig aus, dass 1837 die erste größere und wirtschaftlich zu nutzende Eisenbahnstrecke zwischen Dresden und Leipzig eröffnet werden konnte.
Mit seinen Plänen und seinen Schriften, in denen er langfristige Entwicklungen aufzeigte, war List seiner Zeit weit voraus. Erst nach seinem Tod fanden seine Arbeiten die gebührende Beachtung. Enttäuscht über die geringe Resonanz seines Wirkens setzte er seinem Leben am 30. November 1846 ein Ende.

7.13 Deutscher Zollverein

Bereits seit 1818 gab es in einzelnen Staaten des Deutschen Bundes Bestrebungen, durch Aufhebung der Binnenzölle den Handelsverkehr zu erleichtern. Preußen schuf sich für seine weit auseinander liegenden Staatsteile ein einheitliches Zollgebiet und gründete 1828 mit Hessen-Darmstadt einen Zollverein, während zur gleichen Zeit im süddeutschen Raum Bayern und Württemberg eine Zollvereinbarung eingingen. Ebenfalls 1828 schlossen sich Hannover, Kurhessen, Sachsen und die thüringischen Staaten zum »Mitteldeutschen Handelsverein« zusammen.
Trotz der verbreiteten Abneigung der mittleren und kleineren Staaten gegenüber einer preußischen Vormachtstellung kam es durch Verhandlungen zwischen der norddeutschen und der süddeutschen Zollbereichsgruppe zur Gründung des Deutschen Zollvereins, dem auch die meisten Staaten des Mitteldeutschen Handelsvereins beitraten – Hannover und der von ihm geführte Steuerverein allerdings erst 1854. Die Verträge des Deutschen Zollvereins traten am 1. Januar 1834 in Kraft.
Österreich, dessen wirtschaftliche Interessen mehr nach Süden und Südosten ausgerichtet waren, gehörte dem Deutschen Zollverein nicht an. Der spätere Versuch Österreichs, seine Isolierung zu durchbrechen und einen großdeutschen Handels- und Zollverband zu errichten (1849/50), hatte keinen Erfolg. In den Vorstellungen der Deutschen, die den Zollverein

als ersten Schritt zu einem geeinten Vaterland feierten, gewann nun allmählich das Bild eines deutschen Reiches in der kleindeutschen Lösung (▶7.20) an Konturen, von dem Österreich mit seinen Sonderinteressen und fremdvölkischen Reichsteilen ausgeschlossen blieb. Die bismarcksche Reichsgründung von 1871 begann sich abzuzeichnen.

7.14 Eisenbahn

Großbritannien war seit dem Sieg über Napoleon I. die führende Weltmacht unter den Großmächten und zugleich, seit den großen technischen Erfindungen am Ende des 18. Jahrhunderts (Dampfmaschine, Spinnmaschine, mechanischer Webstuhl), die erste und modernste Industrienation der Welt. Auch die erste Schieneneisenbahn war eine britische Erfindung, die 1825 zum Einsatz kam und schnell auch auf dem Kontinent erprobt wurde, auch in Deutschland. Dem Eisenbahnbauprojekt standen in den Staaten des Deutschen Bundes viele Kritiker gegenüber. Die meisten Fürsten lehnten Schienenwege, die über ihre Landesgrenzen hinausgingen, sofort ab, Fuhrleute protestierten, Ärzte fürchteten Gesundheitsschäden durch Rauchentwicklung und hohe Geschwindigkeiten.

Einer derjenigen, die sich mit aller Kraft für einen raschen Aufbau eines bundesweiten Eisenbahnnetzes einsetzten, war der 1832 aus den USA zurückgekehrte *Friedrich List* (▶7.12). So wie er schon früh die Beseitigung der Zölle zwischen den deutschen Bundesstaaten als Voraussetzung für einen wirtschaftlichen und politischen Aufschwung erkannt hatte, so sah er aufgrund seiner in Amerika gemachten Erfahrungen die außerordentliche Bedeutung, die im Bau eines Eisenbahnnetzes für die Zukunft lag – für die nationale Einigung, für die wirtschaftliche Erstarkung und für den Aufschwung einer modernen Industrie.

▲ *»Das Lichten eines Hochwaldes« ist diese Karikatur aus der Mitte des 19. Jahrhunderts überschrieben: Zollschranken und Symbole deutscher Kleinstaaterei sind es, die diesen germanischen Recken zur Axt greifen lassen*

List hatte gefordert, den Ausbau eines weit gespannten Eisenbahnnetzes als Gemeinschaftsaufgabe der deutschen Staaten, als nationale Angelegenheit zu betrachten und entsprechend planvoll vorzugehen. Der Anfang wurde mit

◀ *Die zeitgenössische Lithographie stellt die Eröffnung der Eisenbahnlinie München–Augsburg 1839 dar (München, Stadtmuseum)*

der kurzen Strecke zwischen Nürnberg und Fürth gemacht, wo am 7. Dezember 1835 die erste Eisenbahn fuhr – mit englischer Lokomotive und englischem Lokführer. List selbst erreichte 1837 den Start der ersten längeren Eisenbahnlinie zwischen Dresden und Leipzig. Aber alle weiteren Bauprojekte, die meist mit privatem Kapital finanziert wurden, liefen völlig planlos und ohne Abstimmung mit den benachbarten Bauvorhaben ab. Lediglich in Baden wurde 1838 die erste staatliche Bahn eröffnet.

Dennoch wuchs das Schienennetz ständig, 1840 waren in Deutschland bereits Schienenstränge in einer Gesamtlänge von 549 Kilometern in Betrieb; 1850 wurden insgesamt 6 044 Kilometer befahren und 1870 schon 19 694 Kilometer. Diese Zahlen zeigen den stürmischen Ausbau des Eisenbahnnetzes, der dann planvoller betrieben wurde, als der preußische Generalstab in den Kriegen von 1864, 1866 und 1870/71 die Bedeutung der Eisenbahnen für den militärischen Sektor erkannte. Mit dem Bau der Eisenbahnen begann nun auch in Deutschland die *industrielle Revolution* (▶ 8.4). Ab 1841 hatte die Berliner Maschinenfabrik August Borsig mit der Herstellung von Lokomotiven begonnen. Borsig wurde später die größte Lokomotivfabrik auf dem europäischen Kontinent.

▲ *Der schlesische Weberaufstand von 1844 wurde in der Literatur und der bildenden Kunst immer wieder als Beispiel für die Auflehnung gegen Armut und Unterdrückung dargestellt. Hier das Blatt »Sturm« aus dem von Käthe Kollwitz 1893–98 geschaffenen Zyklus »Ein Weberaufstand«*

7.15 Weberaufstand

Die bereits in der ersten Hälfte des 19. Jahrhunderts auch in Deutschland einsetzende Industrialisierung drängte die unteren Schichten des Volkes für Jahrzehnte in einen Zustand völliger Abhängigkeit von Unternehmern und Fabrikherren ab, denen sie anfänglich hilflos ausgeliefert waren. Gesetzliche Bestimmungen gegen die Ausbeutung der Lohnarbeiter existierten nicht. Um ihre Lage zu verändern, blieb ihnen nur die Möglichkeit, sich zusammenzuschließen und sich zu wehren – obwohl Zusammenschlüsse von Arbeitern und Handwerkern verboten waren. Am 4. Juni 1844 kam es zu einem Aufstand von 3 000 schlesischen Webern gegen ihre Arbeitgeber.

Die schlesischen Weber waren Heimarbeiter, die ihre Webstühle im Handbetrieb bedienten. Sie waren abhängig von ihren Arbeitgebern, die ihnen die Rohstoffe lieferten und dann die fertigen Waren abnahmen. Die Konkurrenz einheimischer und britischer Waren, die bereits industriell produziert wurden – die britische Textilindustrie profitierte von der Anwendung der Spinnmaschine und des mechanischen Webstuhls sowie von einem für sie günstigen Zolltarif –, führte dazu, dass über Jahrzehnte hinweg die Arbeitsbedingungen und die Entlohnung der schlesischen Weber immer mehr verschlechtert wurden. Auch vermehrte Kinderarbeit und die Ausdehnung der täglichen Arbeitszeit konnten den Lohnverfall nicht ausgleichen. Die mit ihren Familien im Elend lebenden Weber taten sich zusammen und forderten höhere Löhne. Als diese abgelehnt wurden, drangen sie in die Häuser der Fabrikherren ein, zerstörten Einrichtungen und Maschinen. Ihr Aufstand wurde nach drei Tagen durch preußisches Militär blutig niedergeworfen.

Am Vorabend der Revolution von 1848 hat dieser erste größere Aufstand von verzweifelten Arbeitern, die begannen, sich ihrer Macht bewusst zu werden, überregionale Bedeutung erlangt.

7.16 Hungersnöte und Auswanderung

Die katastrophale Missernte des Jahres 1816 hatte besonders stark die bereits verarmte und hungernde Bevölkerung auf dem Lande, vor allem im Westen und Südwesten Deutschlands, getroffen. Das starke Wachstum der Gesamtbevölkerung und die Umschichtung der Bevölkerungsstruktur auf dem Lande durch die Agrarreformen führten zusätzlich zu einem raschen Anwachsen der Unterschichten, die am Rande des Existenzminimums lebten und in Notzeiten unter diese Grenze sanken. So kam es schon 1816/17 zur ersten Massenauswanderung aus Deutschland, vornehmlich aus Südwestdeutschland.

Ziel der Auswanderer war schon in dieser ersten Phase hauptsächlich Nordamerika, eine kleinere Anzahl ging nach Russland. Die Verelendung der Unterschichten infolge der sich durch den Bevölkerungsdruck ausbreitenden Massenarbeitslosigkeit ließ die Auswandererzahlen nach 1830 wieder steil ansteigen. Wenn gute Ernten die Ernährungslage verbesserten, wie Anfang der 1840er-Jahre, ebbte sofort auch die Auswanderungswelle wieder ab. Erneut erfolgte ein sprunghafter Anstieg mit Beginn der Hungersnot, die die in der Revolution von 1848 gipfelnde wirtschaftliche, soziale und politische Krise einleitete.

Betrug die Zahl der Auswanderer zwischen 1834 und 1845 jährlich etwa 20 000, so wanderten im folgenden Jahrzehnt von 1846 bis 1855 insgesamt 1,1 Millionen Menschen aus, im Jahr 1854 allein 239 000. Weiterhin war Nordamerika das bevorzugte Einwanderungsziel, erst in zweiter Linie Südamerika und Australien. Da sich infolge einer jetzt besser geregelten Organisation der Auswanderung – die Auswanderertransporte nahmen vor allem die Hansestädte Hamburg und Bremen vor – die Überfahrtkosten verbilligten, konnten auch die Ärmsten die Auswanderung anstreben, die zum Teil durch Auswanderervereine gefördert wurde. Auch Gemeindebehörden, die ihre sie stark belastenden Unterschichten loswerden wollten, unterstützten die Auswanderungsbereitschaft.

Der Anteil der politischen Emigranten war anfänglich gering, steigerte sich jedoch mit der Zunahme der *Demagogenverfolgungen* (►7.8) und schwoll nach dem Scheitern der Revolution 1848/49 deutlich an. Der Verlust an politischer Substanz war besonders Anfang der 1850er-Jahre beträchtlich. Es hat offenbar Versuche gegeben, diesen Verlust an Menschen durch die Massenauswanderung aufzuhalten oder doch den Auswandererstrom in den südosteuropäischen Raum umzulenken, wobei man wohl an eine Verstärkung des deutschen Bevölkerungsteils im Habsburgerreich (Donauraum) gedacht hat. Diese Versuche sind jedoch in Ansätzen stecken geblieben.

▲ *Gezwungen durch Hungersnöte und phasenweise auftretende Massenarbeitslosigkeit verließen im 19. Jh. Hunderttausende Menschen Deutschland. Der Stich aus dem Jahr 1874 zeigt die Einschiffung von Auswanderern im Hamburger Hafen*

Von 1830 bis 1870 sind allein nach Übersee, vornehmlich nach Nordamerika, über 2,5 Millionen Deutsche ausgewandert.

7.17 Märzrevolution

Von den französischen Revolutionsunruhen im Februar 1848, die zur Abdankung des Königs und zur Ausrufung der Republik führten, sprang der Funke der Revolution auf die Staaten des Deutschen Bundes über. Überall kam es zu Volksversammlungen und Demonstrationen, bei denen Forderungen nach der Presse- und Vereinsfreiheit, nach Volksmiliz und der Einberufung eines bundesweiten Parlamentes erhoben wurden. Einige vor allem kleinere Staaten zeigten Entgegenkommen und beriefen Vertreter der liberalen Bewegung als Minister in ihre Kabinette.

In Wien kam es bei Demonstrationen von Studenten und Arbeitern zu Straßenkämpfen, wobei immer wieder der Rücktritt *Metternichs* (►7.7) gefordert wurde, der dem Druck nachgab und nach Großbritannien floh. Der Kaiser versprach am selben Tage, dem 13. März, eine

Verfassung zu bewilligen. Überall in den Ländern der Donaumonarchie verlangten jetzt die Volksgruppen der Italiener, Tschechen, Ungarn nach einer Verfassung, die ihnen die Autonomie gewähren sollte.

Auch in Preußen hatte der König eine Verfassung angekündigt. Als aber bei einer Großkundgebung vor dem Berliner Schloss am 18. März plötzlich Schüsse fielen, entwickelten sich aus der entstandenen Panikstimmung heraus blutige Barrikadenkämpfe mit dem Militär, an deren Ende 254 Tote und viele Verwundete zurückblieben. Im Morgengrauen des 19. März ordnete der König den Abzug der Truppen an, wandte sich mit einem Aufruf »an meine lieben Berliner« und grüßte die Toten, die im Schlosshof aufgebahrt worden waren. Er bewilligte eine verfassunggebende Nationalversammlung in Preußen und verkündete: »Preußen geht fortan in Deutschland auf«.

Die Einzelstaaten des Deutschen Bundes willigten nun ein, durch allgemeine und gleiche Wahlen ein gesamtdeutsches Parlament wählen zu lassen, das in Frankfurt am Main zusammentreten und eine Verfassung ausarbeiten sollte. Ein schnell und willkürlich zusammengerufenes »Vorparlament« mit 574 Mitgliedern, das vom 31. März bis zum 3. April in Frankfurt tagte, bereitete die Einberufung der deutschen Nationalversammlung vor. Schon hier prallten die Gegensätze zwischen den Radikalen, die alle Monarchien abschaffen und eine föderative Bundesverfassung nach amerikanischem Muster mit einem frei gewählten Präsidenten an der Spitze beschließen wollten, und den Gemäßigten, die an einer monarchischen Staatsform festhielten, aufeinander.

7.18 Frankfurter Nationalversammlung/Paulskirchen-Parlament

Am 18. Mai 1848 trat das erste gesamtdeutsche Parlament in der Frankfurter Paulskirche zusammen. Im Rahmen der jeweiligen Landesverfassungen waren insgesamt 812 Abgeordnete und Stellvertreter gewählt worden. Bei einer gesetzlichen Mitgliederzahl von 649 bestand die Frankfurter Nationalversammlung aus 585 Abgeordneten, da in zahlreichen österreichischen Wahlbezirken mit nichtdeutscher Bevölkerung keine Abgeordneten gewählt worden waren. Die Volksvertreter gehörten in ihrer überwiegenden Mehrheit den führenden Schichten des gebildeten Bürgertums an und entsprachen in ihrer Zusammensetzung nicht der sozialen Gliederung des Volkes. Die meisten kamen aus akademischen Berufen, waren höhere Verwaltungsbeamte, Richter, Staatsanwälte oder Rechtsanwälte sowie Universitätsprofessoren. Nur vier Abgeordnete kamen aus dem Handwerk, Arbeiter waren überhaupt nicht vertreten. Man hat deshalb auch von einem »Professoren«- oder »Honoratioren«-Parlament gesprochen.

Das Parlament wählte am 19. Mai den hessischen Liberalen und Mitbegründer der *Burschenschaft* (►7.3), Heinrich Reichsfreiherr von Gagern, zu seinem Präsidenten. Organisierte politische Parteien gab es noch nicht, doch bildeten sich sogleich politische Gruppierungen oder Klubs (benannt nach Frankfurter Gasthöfen), aus denen dann später die Parteien entstanden sind. In der Sitzordnung des Parlaments saßen die Demokraten links, die Liberalen in der Mitte, die Konservativen rechts (vom Parlamentspräsidenten aus gesehen). Als provisorische Zentralgewalt wurde die Position des »Reichsverwesers« geschaffen, der die Reichsgeschäfte bis zur endgültigen Verabschiedung der Verfassung wahrzunehmen hatte. Die Abgeordneten einigten sich auf die Person des österreichischen Erzherzogs Johann. Der deutsche Bundestag löste sich auf. Das Parlament setzte einen Verfassungsausschuss ein, der mit der Ausarbeitung der Grundrechtsbestimmungen begann.

Es stellte sich jedoch bald heraus, dass die Nationalversammlung nicht in der Lage war, die provisorische Reichsregierung mit wirklicher politischer und militärischer Macht auszustatten, mit der allein der deutsche Nationalstaat gegen die Sonderinteressen der Einzelstaaten, insbesondere der Großmächte Österreich und Preußen, hätte durchgesetzt werden können. So nahm Preußen in dem mit Zustimmung des Paulskirchenparlaments geführten Krieg gegen Dänemark – wegen der Einverleibung Schleswigs in den dänischen Reichsverband – keine Rücksicht auf die Nationalversammlung, als es unter dem Druck Großbritanniens und Russlands am 26. August 1848 mit dem Dänenkönig den unbefriedigenden Waffenstillstand von Malmö schloss; ein Votum der Nationalversammlung gegen das Abkommen blieb wir-

Eröffnungssitzung der Frankfurter Nationalversammlung in der Paulskirche am 18. Mai 1848 (zeitgenössische Darstellung)

kungslos und musste später zurückgenommen werden. Im September musste die Nationalversammlung sogar preußische und österreichische Waffenhilfe gegen Aufständische in Frankfurt in Anspruch nehmen, die aus nationaler Empörung über den »Verrat von Malmö« die Parlamentarier zwingen wollten, ihre kompromissbereite Einstellung gegenüber den Fürsten aufzugeben und eine Republik anzustreben. Ein Aufstand radikaler Demokraten in Südbaden, die die deutsche Republik ausriefen, wurde von badischen Truppen niedergeschlagen.
In Österreich warfen kaiserliche Truppen nationale Aufstände der Ungarn, Tschechen und Italiener nieder. Bei der Niederschlagung des Wiener Oktoberaufstandes, in dessen Verlauf radikaldemokratische Studenten, Bürger und Arbeiter zeitweise die Stadt beherrschten, wurde von kaiserlichem Militär sogar der Abgeordnete der Frankfurter Nationalversammlung Robert Blum standrechtlich erschossen (9. November 1848).
Während die Parlamentarier in der Nationalversammlung noch über die Grundrechte, die schließlich am 27. Dezember 1848 verabschiedet wurden, diskutierten und bei der Ausarbeitung der *Reichsverfassung* (▶7.19) lange über die zukünftige Gestalt des Deutschen Reiches (*großdeutsch oder kleindeutsch?* ▶7.20) stritten, hatten die Bundesstaaten, vor allem die beiden Großmächte Österreich und Preußen, ihr Selbstbewusstsein wiedergewonnen, war auch die euphorische Stimmung des Frühjahrs 1848 im Lande einer Ernüchterung gewichen, nicht zuletzt wegen der Radikalisierung der Revolution und der blutigen Ausschreitungen in Frankreich.
Die Nationalversammlung entschied sich endlich mit Mehrheit für die kleindeutsche Reichslösung und für die Wahl des preußischen Königs zum Kaiser in dem neuen Reich. Als dieser aber am 3. April 1849 den Abgeordneten der Nationalversammlung, die ihm seine Wahl

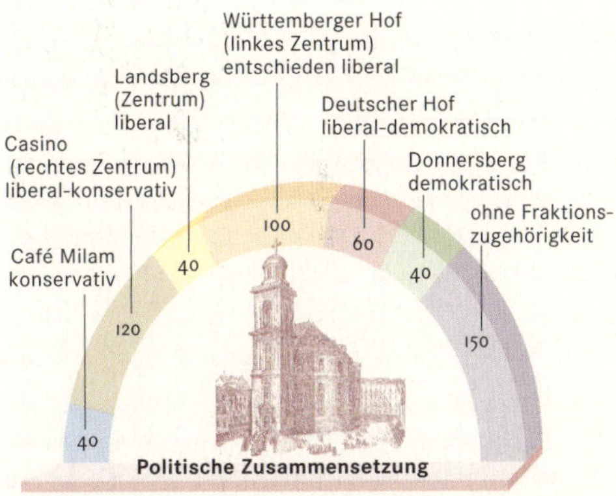

Berufe der Abgeordneten und ihrer Stellvertreter

46	Landwirte	37	mittlere Beamte
35	Kaufleute	94	Professoren
14	Fabrikanten	30	Lehrer
4	Handwerker	39	Geistliche
44	ohne Berufsangabe	106	Advokaten
18	Offiziere	23	Ärzte
11	Diplomaten	10	Bibliothekare, Verleger, Buchhändler
110	Richter/Staatsanwälte	20	Schriftsteller
115	höhere Verwaltungsbeamte	35	sonstige Akademiker
21	Bürgermeister		

▲ *Nationalversammlung in der Paulskirche*

zum »Kaiser der Deutschen« mitteilten, eine Absage gab und es ablehnte, die Kaiserkrone aus der Hand der Revolutionäre entgegenzunehmen, war die Nationalversammlung endgültig gescheitert. In den Maiaufständen in Sachsen, Baden und der Pfalz versuchten radikaldemokratische Kräfte die Annahme der Reichsverfassung doch noch zu erzwingen. Sie wurden mithilfe preußischer Truppen rasch und endgültig niedergeworfen.
Etwa hundert, vornehmlich radikaldemokratische Abgeordnete bildeten in Stuttgart ein Rumpfparlament, das freilich am 18. Juni 1849 von württembergischem Militär gewaltsam aufgelöst wurde.

7.19 Frankfurter Reichsverfassung

Am 28. März 1849 war von der Nationalversammlung in der Frankfurter Paulskirche die Reichsverfassung verabschiedet worden. Sie war ein Kompromiss zwischen den Vorstellungen der monarchisch-konservativen und denen der liberal-demokratischen Abgeordneten. Die zuvor verkündeten »Grundrechte des deutschen Volkes« (27. Dezember 1848) wurden als Bestandteil in die Reichsverfassung aufgenommen.
Mit den Grundrechten waren erstmalig in der deutschen Geschichte die Freiheitsrechte des einzelnen Bürgers formuliert und in der Verfassung verankert worden, wie sie bereits in der amerikanischen Unabhängigkeitserklärung von 1776 und in der Menschenrechtserklärung der Französischen Revolution von 1789 ausgesprochen worden waren: Freiheit der Person, Freiheit der Meinungsäußerung, Glaubens- und Gewissensfreiheit, Versammlungs- und Koalitionsfreiheit, Gleichheit aller Deutschen vor dem Gesetz, Freizügigkeit innerhalb des Reichsgebietes, Berufsfreiheit, Unverletzlichkeit des Eigentums; die Todesstrafe wurde weitgehend abgeschafft, ebenso abgeschafft wurden alle Standesvorrechte.
Die langwierigen Beratungen der Nationalversammlung drehten sich vor allem um die Frage der äußeren Gestalt und der Staatsform des neuen Reiches. Beide Verfassungsprobleme hingen voneinander ab. Die Frage *großdeutsch oder kleindeutsch?* (►7.20), bei der es im Wesentlichen um die Einbeziehung Österreichs in das neue Reich ging, wurde schließlich im Sinne der kleindeutschen Lösung entschieden. In der Frage der Staatsform stritten sich die Anhänger des konservativen, monarchistischen Flügels, die ein Erbkaisertum als oberste Spitze des Reiches wollten, mit den demokratischen und radikalen Abgeordneten, denen eine Volksregierung, eine demokratische Republik vorschwebte. Hier setzten sich die Konservativen mit Unterstützung der Mehrheit der liberalen Abgeordneten durch.
Nach dem Grundsatz der Gewaltenteilung sollte nun die Regierungsgewalt, die Exekutive, bei dem »Kaiser der Deutschen« liegen, zu dem – in der kleindeutschen Lösung – der preußische König Friedrich Wilhelm IV. gewählt wurde, und bei den von ihm ernannten verantwortlichen Ministern. Die Legislative sollte der Reichstag bilden, der aus zwei Kammern bestand: dem Volkshaus aus den nach dem allgemeinen und gleichen Männerwahlrecht gewählten Abgeordneten und dem Staatenhaus, das je zur Hälfte von den Regierungen und den Landtagen der Einzelstaaten beschickt werden sollte.
28 Einzelstaaten erkannten die Reichsverfassung an, aber die Ablehnung der Kaiserkrone durch den preußischen König ließ das gesamte Verfassungswerk scheitern. Der erste Versuch, ein neues geeintes Deutschland zu schaffen und in diesem Staatswesen auch die Rechte des Volkes fest zu verankern, war misslungen. Die Arbeit der Paulskirchen-Parlamentarier war dennoch nicht vergebens. Die liberalen und demokratischen Freiheitsbewegungen waren nicht mehr auszulöschen. Alle Bundesstaaten, auch Österreich und Preußen, sahen sich veranlasst, nun Verfassungen zu erlassen, wenngleich diese ohne Mitwirkung des Volkes zustande kamen. Die Grundrechte der Paulskirchen-Verfassung sind zum großen Teil in die *Weimarer Verfassung* 1919 (►10.7) aufgenommen worden.

7.20 Großdeutsch oder kleindeutsch?

Dies war die große Streitfrage, mit der sich die Verfassungsväter der Paulskirche 1848/49 lange beschäftigten. Sie hing mit der Frage zusammen, ob das zukünftige Staatsoberhaupt wie im alten, 1806 aufgelösten *Heiligen Römi-*

schen Reich deutscher Nation (►6.8) erneut vom Hause Habsburg, also vom österreichischen Kaiserhaus, gestellt werden sollte. Diesem Gedanken standen anfänglich viele konservative Abgeordnete nahe, vor allem auch süddeutsche Preußengegner. Auch viele der republikanisch gesinnten Demokraten traten für eine großdeutsche Lösung ein. Da Österreich jedoch die Forderung stellte, mit dem gesamten Staatsverband, also auch mit den von nichtdeutscher Bevölkerung bewohnten Gebieten, in das neu zu schaffende Reich einzutreten, gingen viele bisherige Großdeutsche zur kleindeutschen Lösung über, die die Identität des Reiches mit den im *Deutschen Bund* (►7.1) zusammengefassten deutschen Einzelstaaten unter preußischer Führung vorsah, wie sie bereits der *Deutsche Zollverein* (►7.13) vorgezeichnet hatte. Da jedoch der preußische König es ablehnte, die ihm angebotene deutsche Kaiserkrone aus der Hand der Revolutionäre entgegenzunehmen, war auch diese Lösung zum Scheitern verurteilt. Auch in der deutschen Politik der folgenden Jahre wurde über die Frage »großdeutsch oder kleindeutsch?« weiterhin gestritten, bis sie durch Bismarcks Einigungspolitik 1866–71 im Sinne des kleindeutschen Nationalstaats unter preußischer Führung entschieden wurde.

7.21 Kommunistisches Manifest

In den verarmten Unterschichten hatte sich in den Jahrzehnten vor der Revolution von 1848 (►7.17) noch kein Klassenbewusstsein entwickelt, das zur Ausbildung einer *Arbeiterbewegung* (►8.8) führen konnte. Auch in den süddeutschen Staaten, die eine Verfassung erhalten hatten, war jede Art von Zusammenschluss innerhalb der sich zum Proletariat entwickelnden Unterschichten strikt untersagt. So entstanden erste politische Vereinigungen mit bewusst sozialistischen Zielvorstellungen zwangsläufig im benachbarten Ausland, in der Schweiz, in Frankreich und in Großbritannien, überall dort, wo sich politische Emigranten zusammenfanden. Einer dieser Zusammenschlüsse war der 1837 gegründete »Bund der Gerechten« in Paris, aus dem unter dem Einfluss von *Karl Marx* (►8.6) und Friedrich Engels 1847 der »Bund der Kommunisten« entstand. Als politisches Programm dieses Bundes veröffentlichten Marx und Engels im Februar 1848 in London das »Manifest der Kommunistischen Partei«. Es enthielt bereits die wesentlichen Grundsätze der politischen Theorie des Marxismus. Mit seinen späteren Werken, vor allem dem »Kapital«, zielte Marx dann darauf, dem politischen Kampf der Arbeiterklasse eine umfassende wissenschaftliche Grundlage zu geben.

Das Kommunistische Manifest, wie es künftig meist genannt wurde, verkündete die Lehre vom Klassenkampfcharakter der ganzen bisherigen Geschichte. Der dauernde Kampf zwischen den Besitzenden und den Besitzlosen, den Freien und Sklaven, den Unterdrückern und den Unterdrückten werde erst durch den Sieg des Proletariats über die Bourgeoisie in der kommunistischen Revolution beendet werden. Sie werde der Ausbeutung der Massen durch die kleine Schicht der Herrschenden ein Ende setzen, die Diktatur des Proletariats errichten und der Bourgeoisie die Produktionsmittel entreißen. Endziel sei eine klassenlose Gesellschaft, in der die politische Gewalt des Staates überflüssig geworden sei. Der Kampfruf »Proletarier aller Länder, vereinigt Euch!«, mit dem das Manifest schloss, wies auf die internationale Zielrichtung hin. Die deutschen Proletarier wurden von Marx aufgefordert, die bevorstehende bürgerliche Revolution in Deutschland voll zu unterstützen, da sie das Vorspiel zu der kommenden proletarischen Weltrevolution sei. In der bürgerlichen Revolution 1848/49 hat das Manifest jedoch noch keine wesentliche Bedeutung gewonnen; langfristig aber übte es einen außerordentlich starken Einfluss auf die internationale *Arbeiterbewegung* (►8.8) aus.

Daten

8. Juni 1815	Deutsche Bundesakte
26. Sept. 1815	Heilige Allianz
5. Sept. 1816	Eröffnung des Bundestages in Frankfurt am Main
18./19. Okt. 1817	Wartburgfest
1818	konstitionelle Verfassungen in Bayern und Baden
18. Okt. 1818	Gründung der Deutschen Burschenschaft in Jena
23. März 1819	Ermordung Kotzebues in Mannheim
20. Sept. 1819	Karlsbader Beschlüsse
8. Juli 1820	Wiener Schlussakte
1830/31	Unruhen im Gefolge der französischen Julirevolution
27.–30. Mai 1832	Hambacher Fest
28. Juni 1832	Sechs Artikel (Bundesbeschluss gegen die liberale Opposition)
3. April 1833	Frankfurter Wachensturm
1834	Deutscher Zollverein
12. Juni 1834	Sechzig Artikel (Bundesbeschluss mit weiteren Rechtsbeschränkungen)
1835–1848	Kaiser Ferdinand I. von Österreich
7. Dez. 1835	Jungfernfahrt der 1. deutschen Eisenbahn (Nürnberg – Fürth)
1840–1861	König Friedrich Wilhelm IV. von Preußen
1844	Weberaufstand in Schlesien
Febr. 1848	Kommunistisches Manifest
13. März 1848	Beginn der Märzrevolution in Wien (Flucht Metternichs)
18. März 1848	Beginn der Märzrevolution in Berlin
20. März 1848	Abdankung König Ludwigs I. von Bayern
31. März–3. April 1848	Vorparlament in Frankfurt am Main
April 1848	1. republikanischer Aufstand in Baden (Hecker, Struve, Herwegh)
April–Aug. 1848	1. Deutsch-Dänischer Krieg
15. Mai 1848	2. Aufstand in Wien (gesamtösterreichischer Reichstag erzwungen)
18. Mai 1848	Zusammentritt der Frankfurter Nationalversammlung
19. Mai 1848	Heinrich von Gagern Präsident der Nationalversammlung
16. Juni 1848	Pfingstaufstand in Prag
29. Juni 1848	Erzherzog Johann von Österreich Reichsverweser
26. Aug. 1848	preußisch-dänischer Waffenstillstand von Malmö
18. Sept. 1848	Aufstand in Frankfurt am Main
21.–25. Sept. 1848	2. republikanischer Aufstand in Baden
6.–31. Okt. 1848	3. Aufstand in Wien
9. Nov. 1848	Erschießung Robert Blums
2. Dez. 1848	Abdankung Kaiser Ferdinands I.
1848–1918	Kaiser Franz Joseph I.
5. Dez. 1848	Verkündung der »oktroyierten Verfassung« in Preußen
27. Dez. 1848	Verabschiedung der Grundrechte
28. März 1849	Verabschiedung der Reichsverfassung
3./28. April 1849	Ablehnung der Kaiserkrone durch Friedrich Wilhelm IV.
April/Mai 1849	Aufstände für die Durchsetzung der Reichsverfassung (u. a. in Dresden)
12.–16. Mai 1849	3. republikanischer Aufstand in Baden
26. Mai 1849	Dreikönigsbündnis zwischen Preußen, Hannover und Sachsen
30. Mai 1849	preußisches Wahlgesetz (Dreiklassenwahlrecht)
6.–18. Juni 1849	Rumpfparlament in Stuttgart
10. Dez. 1849	Rücktritt des Reichsverwesers Erzherzog Johann

Reaktion und Bismarckzeit (1850–1890)

8

Einführung

Die Jahre nach dem Scheitern der Revolution von 1848 werden als »Reaktionszeit« bezeichnet, d. h. als eine Phase, die durch starres Festhalten an überholten politischen und gesellschaftlichen Verhältnissen geprägt ist. Tatsächlich schien es so, als ob das vorrevolutionäre Deutschland wieder hergestellt wäre: Die deutsche Nationalbewegung hatte mit der Erneuerung des Deutschen Bundes unter der Führung Österreichs eine schwere Schlappe erlitten; die liberale und demokratische Bewegung war mit der Beseitigung der Frankfurter Reichsverfassung und der Verfolgung aller, die revolutionärer Umtriebe verdächtig waren, mundtot gemacht. Dennoch hatte die Revolution tiefe Spuren hinterlassen. Selbst in Preußen gab es jetzt eine Verfassung und eine Volksvertretung, wenngleich die politische Ordnung und das Dreiklassenwahlrecht keineswegs demokratischen Vorstellungen entsprachen.

Als 1858 Prinz Wilhelm von Preußen die Regentschaft für seinen nicht mehr regierungsfähigen Bruder Friedrich Wilhelm IV. übernahm, erwarteten die Liberalen eine »Neue Ära«. Wilhelm berief wirklich ein liberaleres Ministerium, und der innenpolitische Druck der Verfolgungen ließ nach. Weiter gehende Hoffnungen erwiesen sich allerdings als unbegründet. Das zeigte sich in dem Verfassungskonflikt zwischen der Krone und der liberalen Mehrheit des Abgeordnetenhauses um eine Heeresreform. Im Verlauf dieser Auseinandersetzung wurde 1862 der Konservative Otto von Bismarck zum preußischen Ministerpräsidenten ernannt.

Bismarck war in den 50er-Jahren als preußischer Gesandter am Bundestag in Frankfurt am Main mit den Schwierigkeiten eines friedlichen Dualismus zwischen Preußen und Österreich vertraut geworden. Nachdem der Versuch Preußens, auf antirevolutionärem Wege eine Union deutscher Staaten unter preußischer Führung zustande zu bringen, mit der Olmützer Punktation von 1850 fehlgeschlagen war, hatte sich ein offener politischer und militärischer Gegensatz zwischen den beiden deutschen Großmächten herausgebildet. Bismarck, der ursprünglich die Partnerschaft mit Österreich aus monarchisch-absolutistischer Tradition als ein selbstverständliches Erbe ansah, entwickelte sich im diplomatischen Kampf um die Gleichberechtigung Preußens in der Führung des Deutschen Bundes zum entschiedenen Verfechter des preußisch-kleindeutschen Nationalstaatsgedankens, also einer Einigung Deutschlands unter Ausschluss des Vielvölkerstaats Österreich.

Der preußisch-österreichische Gegensatz geriet in Bewegung, als Österreich 1859 Krieg gegen Piemont-Sardinien und Frankreich führte. Während der französische Kaiser Napoleon III. als Vorkämpfer der nationalen Einheit Italiens auftrat, verteidigte Österreich in Oberitalien nicht nationale und damit vielfach als überlebt empfundene Interessen. Trotzdem gab es viele Befürworter einer militärischen Unterstützung Österreichs durch den Deutschen Bund. Aber obwohl das österreichische Heer bei Magenta und Solferino (4. und 24. Juni 1859) blutige Niederlagen erlitt, kam es nicht zu einer positiven Entscheidung, vor allem weil Preußen aus Sorge vor einer gesamteuropäischen Ausweitung des Krieges zögerte.

Für die italienischen Staaten bildete der Krieg den Auftakt zur Entstehung des Königreichs Italien. Dieser Erfolg gab auch der deutschen Nationalbewegung Auftrieb. In Österreich führte die Niederlage zu einer verfassungsmäßigen Neuordnung: Das zentralistische und innenpolitisch reaktionäre »Silvesterpatent« von 1851 wurde schrittweise durch eine liberalere Verfassung abgelöst, die auch den nichtdeutschen Nationalitäten Mitspracherechte einräumte. Nach der Niederlage Österreichs gegen Preußen kam es 1867 zur staatsrechtlichen Umwandlung der Habsburgermonarchie, die dann bis 1918/19 Österreich-Ungarn hieß.

In Preußen gab der Krieg von 1859 Anstoß zu den Heeresreformplänen, die zum Verfassungskonflikt und zum Ende der »Neuen Ära« führten. Bismarck rückte seit seiner Ernennung zum Ministerpräsidenten ganz in das Zentrum der preußischen wie der deutschen Politik, sodass man die von ihm geprägte Epoche als »Bismarckzeit« bezeichnet. Wenn es auch immer etwas fragwürdig ist, einen bestimmten Zeitabschnitt nach einer einzelnen geschichtlichen Persönlichkeit zu benennen, so erscheint dies im Falle Bismarcks doch als gerechtfertigt: Er gilt nicht nur mit Recht als der eigentliche Gründer des Deutschen Reiches, dessen Verfassung mit der starken Stellung des Reichskanzlers ganz auf ihn zugeschnitten war, sondern er übte auch auf die Entwicklung der Kräfte und Strömungen seiner Zeit, denen er innerlich völlig fern stand, beträchtlichen Einfluss aus. So bediente er sich geschickt der Unterstützung des rechten Flügels der Liberalen, der sich 1867 in der Nationalliberalen Partei zusammenschloss, bei der Einigung Deutschlands »von oben«, d.h. durch die Machtmittel des preußischen Staates, wobei das eigentliche liberale Ziel, der freiheitliche Rechtsstaat, zumindest teilweise in den Hintergrund trat.

Das deutsche Kaiserreich entstand durch drei Kriege unter preußischer Führung: 1864 – noch gemeinsam mit Österreich – gegen Dänemark um Schleswig-Holstein, 1866 gegen Österreich – woraufhin als Vorläufer des Deutschen Reiches der Norddeutsche Bund gegründet wurde – und 1870/71 gegen Frankreich. Als entscheidender Akt der Reichsgründung galt die Proklamation Wilhelms I. von Preußen zum Deutschen Kaiser am 18. Januar 1871 im Spiegelsaal des Versailler Schlosses. Nicht nur die führende Rolle Preußens bei der Reichsgründung und die Verklammerung von preußischer und deutscher Regierungsspitze, sondern auch das gebiets- und bevölkerungsmäßige Übergewicht Preußens machten dieses zum tonangebenden Bundesmitglied. Man hat – vor allem im Hinblick auf die zunehmende Verbreitung der auffallendsten preußischen Tradition, der Überbewertung militärischer Tugenden auch im zivilen Bereich – von einer »Verpreußung« Deutschlands gesprochen. Andererseits ist nicht zu verkennen, dass die Herrschaft Preußens über das Reich sein allmähliches Aufgehen im Reich einleitete.

War das Deutsche Reich auch ein Bund souveräner Fürsten, kein Zusammenschluss des deutschen Volkes, so wurde die Reichsgründung doch von der überwältigenden Mehrheit der Deutschen begrüßt. Die nationale Begeisterung ließ nur allzu leicht vergessen, dass die Machtzusammenballung in der Mitte Europas den Nachbarstaaten als Gefahr für das Mächtegleichgewicht erscheinen musste. Bismarck war sich dieser Tatsache stets bewusst, und er versuchte daher, durch eine betont maßvolle Außenpolitik und ein kunstvolles Bündnissystem das auf Revanche bedachte Frankreich zu isolieren und die europäischen Interessengegensätze nach außen, besonders in die koloniale Rivalität abzuleiten. Dem von der Öffentlichkeit geforderten Erwerb deutscher Kolonien stand er lange ablehnend gegenüber. Als ihm keine andere Wahl blieb, versuchte er die Errichtung deutscher »Schutzgebiete« durch eine Verständigung mit Großbritannien abzusichern.

In der Innenpolitik führte Bismarck weitaus weniger souverän und erfolgreich Regie. Vermutete er zuerst in der neu entstandenen katholischen Zentrumspartei den Hauptgegner des preußisch-protestantischen Kaiserreichs, den er durch den »Kulturkampf« in die Knie zwingen wollte, so war später die Sozialdemokratie mit ihren internationalen Verflechtungen der »Reichsfeind«, den er mit dem Sozialistengesetz (1878) bekämpfte. In beiden Fällen ist Bismarck gescheitert; Zentrum und sozialdemokratische Partei wurden zu tragenden Elementen der deutschen Politik. Angesichts der sozialistenfeindlichen Politik konnte es auch der weithin als vorbildlich gerühmten Sozialgesetzgebung der 80er-Jahre nicht gelingen, die Arbeiterschaft für den Bismarckstaat zu gewinnen.

8.1 Dreiklassenwahlrecht in Preußen

Nach dem Scheitern des ersten gesamtdeutschen Parlaments in Frankfurt am Main im Frühjahr 1849 setzte sich in den meisten

deutschen Staaten die Reaktion durch. Viele der in den Tagen der Märzrevolution errungenen Rechte gingen den Landtagen wieder verloren.
In Preußen hatte König Friedrich Wilhelm IV. die Tätigkeit der preußischen verfassunggebenden Nationalversammlung (22. 5. bis 5. 12. 1848), die weiter gehende Forderungen (u. a. Periodizität der Sitzungen, Steuerbewilligungsrecht) als die Frankfurter Nationalversammlung erhoben hatte, rigoros mithilfe des Militärs beendet. Am 5. Dezember 1848 erließ er ohne parlamentarische Mitwirkung eine Verfassung, die – da »von oben« aufgezwungen – als »oktroyierte« Verfassung bezeichnet wurde. Diese noch relativ liberale Verfassung wurde schon im Mai 1849 einer konservativen Revision unterzogen. Das neue Wahlgesetz vom 30. Mai 1849 legte für die Wahlen zur zweiten Kammer, die sich aus den gewählten Volksvertretern zusammensetzte, während die erste Kammer, das Herrenhaus, den Prinzen der königlichen Familie und dem Adel vorbehalten blieb, ein Dreiklassenwahlrecht fest.
Nach diesem Wahlrecht wurde die Bevölkerung nach ihrer Steuerleistung in drei Klassen eingeteilt. Jede dieser drei Steuerklassen hatte die gleiche Anzahl von Wahlmännern zu wählen, die dann die Abgeordneten wählten. In der 1. Klasse der am höchsten Besteuerten waren die Unternehmer und Fabrikherren, sie hatten 1849 nur 4,7% Anteil an der Gesamtbevölkerung, die 2. Klasse hatte 12,6%, während in der 3. Klasse, in der 82,6% der Bevölkerung stimmten, auch nicht mehr Wahlmänner aufgestellt werden konnten als in jeder der beiden anderen Klassen; 1908 stimmten in der 1. Klasse 4%, in der 2. Klasse 14% und in der 3. Klasse 82%, die ungleiche Verteilung der Stimmen hatte sich also nicht geändert. Dieses Wahlrecht entsprach den Vorstellungen des mit der Industrialisierung rasch zu Ansehen und wirtschaftlicher Macht aufgestiegenen Großbürgertums, der »Bourgeoisie«. Viele dieser Bürger, die anfänglich den Ereignissen der Revolution im Frühjahr und Sommer 1848 durchaus positiv gegenübergestanden hatten, waren jetzt aus Furcht vor den sozialen Konsequenzen der Revolution und der Parlamentarisierung eher bereit, die Maßnahmen des Königs zur Wiederherstellung der Ruhe und Ordnung im Lande zu akzeptieren. Das Wahlgesetz von 1849 war in Preußen bis 1918 gültig.

8.2 Liberales Musterland Baden

Im Gegensatz zu Preußen und Österreich und den meisten Mittel- und Kleinstaaten, in denen nach dem Scheitern der Revolution und der *Frankfurter Nationalversammlung* (▶7.18) nahezu alle liberalen Errungenschaften in der Zeit der Reaktion wieder zurückgenommen wurden, bemühte sich das Königreich Bayern zunächst mit Erfolg, die liberale Reformpolitik fortzusetzen; auch das Großherzogtum Baden vermochte einen gemäßigten liberal-konservativen Kurs aufrechtzuerhalten.
Bereits mit seiner Verfassung von 1818, die beiden Kammern weit gehende Rechte eingeräumt hatte, und mit einem für diese Zeit fortschrittlichen Wahlgesetz, einem Dreiklassenwahlrecht, war Baden für die liberale Bewegung zu einem Vorbild geworden. Das im März 1832 erlassene Pressgesetz hob sogar die Zensur für öffentliche Erörterung innenpolitischer Fragen gegen geltendes Bundesrecht auf; es galt aber nur bis Juli 1832. Damit war nun jedoch der Weg geebnet für die Ausbildung des demokratischen Radikalismus, der sich vor und während der Revolutionsjahre 1848/49 gerade in Baden durch wiederholte Aufstände bemerkbar machte und im Sommer 1849 erst durch den Einsatz preußischer Truppen endgültig niedergeschlagen werden konnte.
Diese »Auswüchse« der Revolution führten jedoch nicht zu einer nun besonders verhärteten Reaktionspolitik der Regierung in Baden. Vielmehr wurde der liberal-konservative Regierungskurs bald wieder aufgenommen. Friedrich I., Regent des Landes seit 1852 und Großherzog seit 1856, wurde zum Garanten für eine liberale Politik, die mit Reformen in Staat und Gesellschaft das Land Baden zum »liberalen Musterland« werden ließen. Verantwortlich für diese Politik war Friedrichs politischer Berater und späterer Außenminister Franz von Roggenbach, eine der stärksten Persönlichkeiten der Zeit und entschlossener Gegner der bismarckschen Innenpolitik. – Friedrich war der Kopf der liberalen Fürstengruppe, zu der auch sein Schwager, der preußische Kronprinz, gehörte. Er befürwortete die kleindeutsche Lösung unter preußischer Führung und spielte in den Verhandlungen vor der *Reichsgründung*

(►8.22) eine wichtige vermittelnde Rolle. Baden blieb der einmalige und einzigartige Fall einer beständigen Zusammenarbeit zwischen Monarchie und Liberalismus.

8.3 Preußisch-österreichischer Dualismus

Der preußische König Friedrich Wilhelm IV. hatte die ihm von einer Delegation der *Frankfurter Nationalversammlung* (►7.18) angebotene Kaiserkrone zurückgewiesen und damit das Scheitern des Paulskirchen-Parlamentes eingeleitet. Jetzt versuchte er selbst, in Absprache mit anderen Monarchen, einen kleindeutschen Bundesstaat unter preußischer Führung aufzubauen und diese »Union« in einem erweiterten Bund mit dem Kaiserstaat Österreich zusammenzuschließen. Da jedoch Österreich sich seinen Plänen widersetzte und Russland Einspruch erhob, musste er in die Wiederherstellung des *Deutschen Bundes* (►7.1) von 1815 einwilligen und sich noch dazu damit abfinden, dass Österreich, wie bisher, den alleinigen Vorsitz innehatte.

▲ *Der preußisch-österreichische Dualismus, der die deutsche Geschichte seit Mitte des 18. Jh. mitbestimmt hatte, endete schließlich mit der Vorherrschaft Preußens in Deutschland, die Pickelhaube wurde zum Symbol seiner Dominanz. Das Bild zeigt den zur Kürassieruniform Bismarcks gehörenden Helm (Berlin, Deutsches Historisches Museum)*

In Preußen wurde diese Abmachung von Olmütz, die Olmützer Punktation, 1850 als schwere diplomatische Niederlage empfunden. Fortan kam es im Deutschen Bund zu einem zähen Rivalitätskampf zwischen den beiden deutschen Großmächten, bei dem Preußen immer wieder seine durch die schnelle Industrialisierung rasch wachsende wirtschaftliche Macht, die noch durch den unter seiner Regie stehenden *Deutschen Zollverein* (►7.13) unterstrichen wurde, auszuspielen wusste.

Neben diesen beiden Mächten gab es das »Dritte Deutschland«, die Mittel- und Kleinstaaten und die vier freien Reichsstädte mit zusammen 17,5 Millionen deutscher Bürger (Preußen hatte 17 Millionen Einwohner, Österreich-Ungarn 39 Millionen).

Dieses »Dritte Deutschland« bemühte sich, im Deutschen Bund als eigenständige Kraft, als das »reine« Deutschland aufzutreten und selbstständige Politik zu machen. Aus Furcht vor einem Überhandnehmen der preußischen Militärmacht neigte diese Staatengruppe mehr zu einer Zusammenarbeit mit Österreich, andererseits forderten ihre wirtschaftlichen Interessen und die Attraktivität der wirtschaftlichen Verbindungen zur preußischen Industrie eine gemeinsame Politik mit Preußen.

Zunehmend zeigte sich, dass im Deutschen Bund der Gestaltungsraum für zwei sich so unterschiedlich entwickelnde Großmächte zu eng war, zumal der preußische Gesandte am Bundestag, *Otto von Bismarck* (►8.11), entschieden für die volle Gleichberechtigung Preußens mit dem Kaiserstaat eintrat. Nachdem er preußischer Ministerpräsident geworden war (1862), betrieb er ganz gezielt eine Politik, die zwangsläufig diesen unbefriedigenden Zustand des Dualismus über kurz oder lang beenden musste. Dabei schloss er auch eine Entscheidung auf dem Schlachtfeld nicht aus. Bei Königgrätz 1866 (*Deutscher Krieg*, ►8.14) fiel dann diese Entscheidung zugunsten Preußens.

8.4 Industrielle Revolution

Mit dem Begriff »industrielle Revolution« wird ein Entwicklungsvorgang beschrieben, der mit den bahnbrechenden Erfindungen der Dampf-

Im Verlauf der industriellen Revolution entstanden ab etwa 1830 auch in Deutschland Produktionsbetriebe in bis dahin unbekannter Größe. Das Gemälde aus dem Jahr 1847 zeigt die von August Borsig gegründete Maschinenfabrik mit Eisengießerei vor dem Oranienburger Tor in Berlin (Berlin, Verkehrsmuseum)

maschine, der Spinnmaschine und des mechanischen Webstuhls in England gegen Ende des 18. Jahrhunderts begann, in Deutschland in der ersten Hälfte des 19. Jahrhunderts seine ersten Auswirkungen zeigte und ab 1850 bis zum Ende des Jahrhunderts in immer schnellerem Tempo zu einer totalen Veränderung in nahezu allen Lebensbereichen führte. Die industrielle Revolution vollzog die Umwandlung der bisherigen Agrargesellschaft in die Industriegesellschaft unserer Zeit.

Vier Fünftel der deutschen Bevölkerung hatten noch 1830 in der Landwirtschaft ihren Lebensunterhalt gefunden. Fünfzig Jahre später war es nur noch knapp die Hälfte der Bevölkerung. Fabriken entstanden, Massenfabrikation ersetzte die frühere handwerkliche Einzelanfertigung. In Gebieten, die über gute Rohstoffvorräte verfügten, entwickelten sich Großbetriebe, die die Massen der arbeitslos gewordenen Handwerksgesellen, der verarmten und besitzlosen Kleinbauernsöhne anzogen. Aus winzigen Dörfern im Bereich der entstehenden Fabrikanlagen wuchsen in wenigen Jahren Arbeiterstädte empor, Industriereviere entstanden.

Der rasche Ausbau eines Eisenbahnnetzes und die beginnende Dampfschifffahrt revolutionierten zugleich das Verkehrswesen. Jetzt erst wurde ein lohnender, umfangreicher Gütertransport möglich. Der Eisenbahnbau führte mit dem schnellen Ausbau der Bahnverbindungen zu einem stürmischen Anstieg der Eisen- und Stahlindustrie, entsprechend entwickelte sich der Bergbau. Deutsche Großfirmen wie Krupp, Klöckner, Mannesmann im Ruhrgebiet, Borsig in Berlin errangen Weltruf. Zur Finanzierung industrieller Vorhaben, die die Möglichkeiten einzelner Unternehmer weit überstiegen, entstanden Kapitalgesellschaften, meist in der Form von Aktiengesellschaften; Großbanken wurden gegründet. Das Ruhrgebiet entwickelte sich zu einem der größten Industrieräume in Europa. Durch Erfindungen, vor allem auf dem Gebiet der Chemie, modernisierte sich auch die Landwirtschaft. Die neuen Erkenntnisse der »Agrikulturchemie« schufen mit der künstlichen Düngung wesentlich höhere Ernteerträge, sodass die Ernährung der rapide wachsenden Bevölkerung sichergestellt werden konnte. Auch die in den Anfängen der Industrialisierung und der damit verbundenen Umschichtung der Bevölkerung aufgetretene Massenarbeitslosigkeit und Massenverarmung wurde jetzt überwunden.

8.5 Die soziale Frage

Mit den durch die rasche Industrialisierung verursachten gesellschaftlichen Veränderungen, die ganze Bevölkerungsschichten aus ihren jahrhundertealten Lebenskreisen und -bindungen herausrissen, entwurzelten und in Not und Armut stürzten, entstand auch die soziale Frage. Sie stellte die Diskrepanz zwischen wirtschaftlichem Aufschwung einerseits und den krassen sozialen Missständen andererseits fest und führte zu Überlegungen und Initiativen, wie den Missständen am wirkungsvollsten und schnellsten begegnet werden könnte.

In der Phase der beginnenden Industrialisierung waren durch den gleichzeitigen Rückgang des Handwerks Tausende von Handwerksgesellen arbeitslos geworden. Sie strömten in die Fabriken und Industriestädte ebenso wie die besitzlosen Landarbeiter und verarmten Kleinbauern, mit denen zusammen sie das Industrieproletariat bildeten. Ein Teufelskreis war entstanden durch Bevölkerungsexplosion und Landflucht, die das Arbeitskräfteangebot vermehrten, was wiederum die Löhne drückte und zur Ausnutzung der billigeren Frauen- und Kinderarbeit führte. Nur die Tätigkeit mehrerer Personen konnte einer Familie das Existenzminimum sichern. Hinzu kam für die junge deutsche Industrie der ausländische, v.a. britische Konkurrenzdruck, dessen sich die Industriellen durch rigorosen Lohndruck zu erwehren suchten. Die Arbeitszeiten lagen zwischen 12 und 14 Stunden, oft noch darüber. Sicherheitsmaßnahmen am Arbeitsplatz waren völlig ungenügend, die Unfallhäufigkeit war groß. Die Folge dieser Verhältnisse waren Armut, fehlende Ausbildung, psychische und physische Schäden der Arbeiter aufgrund der mangelhaften Arbeits- und Wohnverhältnisse; die aus dem Boden schießenden, kasernenartigen Arbeiterwohnunterkünfte waren äußerst dürftig, ja menschenunwürdig.

Der Tod des Ernährers, Krankheit, Arbeitsunfähigkeit durch Unfall, kurzfristige Kündigung, Arbeitslosigkeit bei konjunkturellen Schwankungen waren Ereignisse, die die Existenz ganzer Familien bedrohten. Hinzu kamen der Verlust der sozialen Bindungen und die Umstellung auf die kapitalistische Produktionsweise.

Versuche, diesen unhaltbaren Zuständen wirkungsvoll zu begegnen, kamen zuerst von einzelnen Persönlichkeiten, vor allem aus den Kirchen. Es kam zur Bildung kirchlicher Organisationen und Hilfswerke. Nach und nach wurde auch das Verbot der Kinderarbeit durchgesetzt. Auch einzelne Unternehmer suchten in patriarchalischer Manier die Probleme zu lösen; sie hatten den Wunsch, in ihren Werken einen festen Stamm von Arbeitern zu beschäftigen, und strebten eine Art Treueverhältnis an. Unterstützungskassen bei Krankheit und Invalidität wurden eingerichtet, hier und da entstanden Werkswohnungen, Konsumanstalten und Kantinen.

Allmählich erwachten auch in der Arbeiterschaft Kräfte und Initiativen, diesen Zuständen zu begegnen. Handwerkerbünde und Arbeitervereine wurden gegründet, um zunächst im regionalen Bereich Verbesserungen der Lebens- und Arbeitsverhältnisse zu erzielen. Sie sind die Anfänge der Arbeiterbewegung.

8.6 Karl Marx

Geboren am 5. Mai 1818 in Trier als Sohn einer von Rabbinern abstammenden jüdischen Familie, die 1824 zum Protestantismus übertrat, studierte Marx 1835 in Bonn und ab 1836 in Berlin Jura, Philosophie und Geschichte und promovierte 1841 an der Universität Jena. Nach vergeblichen Bemühungen, in die Hochschullaufbahn übernommen zu werden, war er an der »Rheinischen Zeitung« in Köln tätig, musste aber bereits im März 1843 wegen seiner kritischen Artikel zur politischen und sozialen Situation ausscheiden. Die Zeitung wurde verboten.

Im Juni 1843 emigrierte er nach Paris. Hier begann seine lebenslange Freundschaft und Zusammenarbeit mit dem Fabrikantensohn Friedrich Engels. Aus Paris auf Betreiben der preußi-

Fast unmenschliche Arbeits- und Lebensbedingungen kennzeichneten besonders die frühe Phase der Industrialisierung im 19. Jh. Der Holzstich von 1844 zeigt Kinderarbeit in einem englischen Bergwerk

▲ *Karl Marx. Koloriertes Foto um 1880*

schen Regierung 1845 ausgewiesen, zog Marx nach Brüssel. Hier verfasste er zusammen mit Engels im Auftrag des Londoner Bundes der Kommunisten das im Februar 1848 veröffentlichte *Kommunistische Manifest* (►7.21).
Während der Revolutionsjahre 1848/49 nach Köln zurückgekehrt, gab er dort die »Neue Rheinische Zeitung« heraus, die dem linken Flügel der Demokraten nahe stand und in der er eine einheitliche deutsche Republik und den gemeinsamen Kampf der deutschen Staaten gegen das reaktionäre Russland forderte. Nach dem Scheitern der Revolution ging Marx im August 1849 nach London ins Exil. Hier widmete er sich seinem Hauptanliegen, einer kritischen Darstellung des Kapitalismus und der kapitalistischen Produktionsweise. Kern seines wissenschaftlichen Hauptwerkes ist die 1859 veröffentlichte »Kritik der politischen Ökonomie« (1867 nochmals im ersten Band des »Kapitals« vorgelegt), in der er die Produktionsverhältnisse einer Gesellschaft in ihren Wirkungen auf die allgemeinen gesellschaftlichen Verhältnisse genauer zu analysieren versucht.
Mit seinen zahlreichen Veröffentlichungen wurde Marx zusammen mit Engels einer der Führer der neuen Bewegung des Sozialismus. An der am 28. September 1864 in London gegründeten Internationalen Arbeiterassoziation, der Ersten Internationale, war Marx maßgeblich beteiligt.
Mit der nach 1871 sich rasch entwickelnden deutschen *Arbeiterbewegung* (►8.8) stand Marx über persönliche und briefliche Kontakte in Verbindung; die Entwicklung der ersten deutschen Arbeiterpartei zur Sozialdemokratie und ihr Gothaer Programm von 1875 kritisierte er durch seine »Randglossen« zum Gothaer Programm. Marx gab mit seinen theoretischen Arbeiten der Sozialismusbewegung eine wissenschaftliche Grundlage, die in unterschiedlicher Auslegung von den überall entstehenden sozialistischen und sozialdemokratischen Parteien als ideologisches Fundament übernommen wurde. Marx starb am 14. März 1883 in London; der größere Teil seines Hauptwerkes »Das Kapital« wurde von Friedrich Engels erst nach seinem Tod veröffentlicht.

8.7 Sozialismus

Die Lehre des Sozialismus verbreitete sich vor allem seit Beginn des 19. Jahrhunderts mit der Durchsetzung der industriellen Produktionsweise, dem sich mit ihr entfaltenden kapitalistischen Wirtschaftssystem und der sich immer dringlicher stellenden *sozialen Frage* (►8.5).
Bereits vor dem Entstehen der industriellen Gesellschaft gab es dem Sozialismus vergleichbare oder ihn vorbereitende Lehren, so vor allem im Frankreich des 18. Jahrhunderts, wo Kritik am Privateigentum geübt und u.a. durch Noël Babeuf Gesellschaftsutopien entwickelt worden waren, die durchaus als Vorläufer sozialistischer und kommunistischer Ordnungsvorstellungen anzusehen sind.
Die Kritik des Sozialismus an den bestehenden gesellschaftlichen Verhältnissen bezieht sich nicht auf die Funktionsfähigkeit einer Gesellschaft, sondern orientiert sich an den Interessen der Bevölkerungsschichten, die an der Herrschaftsausübung nicht teilhaben oder dieser Gesellschaft entfremdet sind. Der Sozialismus klagt deshalb die jeweils bestehende Ordnung an, die Armut, Unrecht, Abhängigkeit und Unterdrückung zulässt, entwickelt als Gegenmodell die Utopie einer besseren Ordnung nach dem Prinzip der sozialen Gleichheit und Gerechtigkeit und der Möglichkeit, die materiellen Bedürfnisse aller zu befriedigen, um dann den Versuch zu unternehmen, die kritisierte Ordnung – wenn nötig mit Gewalt – zu stürzen.

In dem von *Karl Marx* (▶8.6) entwickelten proletarischen Sozialismus war der Arbeiterklasse die führende Rolle im Kampf um die Verwirklichung des Sozialismus, mit dem eines Tages die klassenlose Gesellschaft erreicht werden sollte, zugewiesen worden. In der bürgerlichen Revolution von 1848/49 in Deutschland spielten sozialistische Forderungen und Ideen – ganz im Gegensatz zu Frankreich – noch keine wesentliche Rolle. Erst in der letzten Phase, als die *Frankfurter Nationalversammlung* (▶7.18) bereits gescheitert war, verstärkten sich in den verschiedenen Aufstandsversuchen sozialistische Tendenzen.

Der Sozialismus war von Anfang an international. Die soziale Gleichheit aller Menschen und aller Klassen über alle Grenzen hinweg, alle Völker und Rassen einschließend, wurde eine Grundforderung des Sozialismus, wie sie Marx und Engels schon im Kommunistischen Manifest von 1848 mit dem Aufruf zur Vereinigung der Proletarier aller Länder formuliert hatten.

8.8 Arbeiterbewegung

Die katastrophale Lage, in die große Teile der Bevölkerung in Deutschland durch den mit der Industrialisierung ausgelösten Umschichtungsprozess in der ersten Hälfte des 19. Jahrhunderts geraten waren, führte zu ersten Zusammenschlüssen der besonders Betroffenen, der lohnabhängigen Arbeiter, mit dem Ziel, die völlig unzureichenden sozialen, wirtschaftlichen und politischen Verhältnisse zu verändern und zu verbessern. Die Hungerrevolte der schlesischen Weber 1844, der so genannte Weberaufstand, hatte gezeigt, dass die verzweifelten, ausgebeuteten und am Rande des Existenzminimums dahinvegetierenden Menschen nicht mehr bereit waren, ihre Situation als gottgewollt hinzunehmen. Da die staatlichen Behörden hinter der Revolte revolutionäre Bestrebungen vermuteten und die Ordnung gestört sahen, wurde der Aufstand vom preußischen Militär blutig niedergeschlagen. Zur Vorbeugung gegen ähnliche Ereignisse verboten die Polizeibehörden jede Zusammenkunft und Vereinsbildung unter den Arbeitern. So entstanden die ersten deutschen Arbeiterorganisationen von Exilgruppen im westlichen Ausland her: in der Schweiz, in Paris und London. Einer dieser Bünde war der Bund der Kommunisten mit Sitz in London, für den *Karl Marx* (▶8.6) und Friedrich Engels das Kommunistische Manifest verfasst hatten. Nach dem Scheitern der Revolution 1848/49 wurden in der Reaktionszeit alle in Deutschland vereinzelt entstandenen Zusammenschlüsse örtlicher Arbeitergruppen sofort wieder aufgelöst, während die Exilgruppen im westlichen Ausland weiterarbeiten konnten.

In Deutschland kam es daher erst Anfang der 1860er-Jahre zur Entstehung politischer Arbeiterorganisationen. 1863 gründete Ferdinand Lassalle in Leipzig den »Allgemeinen Deutschen Arbeiterverein«, gleichzeitig entstand der liberal-demokratische »Vereinstag Deutscher Arbeitervereine«, aus dem 1869 in Eisenach unter Führung *August Bebels* (▶8.29) und Wilhelm Liebknechts die »Sozialdemokratische Arbeiterpartei« hervorging. Beide Organisationen lehnten den gewaltsamen Klassenkampf ab. Lassalle forderte das allgemeine und gleiche Wahlrecht und erhoffte sich davon die Integration der Arbeiter in den Staat und die Beseitigung der Klassengegensätze. Lassalle, der auch, jedoch ohne greifbares Ergebnis, mit dem preußischen Ministerpräsidenten *Otto von Bismarck* (▶8.11) verhandelt hatte, starb bereits 1864. Das Programm der Eisenacher bezog sich im Wesentlichen auf die Grundsätze der

▲ *Im Mai 1863 wurde in Leipzig auf Veranlassung Ferdinand Lassalles der Allgemeine Deutsche Arbeiterverein gegründet, seine Fahne wurde zum Banner der Sozialdemokratie (Fahne der Breslauer Lassalleaner; Bonn, Friedrich-Ebert-Stiftung)*

von Marx und Engels mitgegründeten Internationalen Arbeiterassoziation (Erste Internationale).
Im Mai 1875 schlossen sich beide Vereinigungen in Gotha zur »Sozialistischen Arbeiterpartei Deutschlands« (SAPD) zusammen (▶ 8.28).
Seit 1868 entwickelte sich aus zahlreichen einzelnen Gewerkvereinen heraus die deutsche Gewerkschaftsbewegung. Sie spaltete sich schnell in eine marxistisch beeinflusste sozialistische Richtung und eine politisch unabhängige Bewegung, die Hirsch-Dunckerschen Gewerkvereine. Daneben entstanden konfessionell geprägte Arbeitervereine.

8.9 Politische Parteien/ Deutsche Fortschrittspartei

In den Revolutionsjahren 1848/49 hatten sich in den politischen Gruppierungen der Konservativen, der Liberalen, der Demokraten jene Kräfte herausgebildet, aus denen sich allmählich die ersten politischen Parteien entwickelten. Hinzu kamen noch die sich vorwiegend im norddeutschen Raum und in der sich anbahnenden preußisch-protestantischen Reichsbildung als eigenständige politische Kraft sammelnden Katholiken und – im Zusammenhang mit der entstehenden *Arbeiterbewegung* (▶ 8.8) – die Sozialisten.
Verlierer der bürgerlichen Revolution von 1848/49 waren in erster Linie die Liberalen. In den Jahren der Reaktion von 1849 bis etwa 1858 standen deshalb die Konservativen im Vordergrund des politischen Geschehens.
In Preußen unterstützte innerhalb der Konservativen Partei eine hochkonservativ-reaktionäre Gruppe, die bald nach ihrer das Eiserne Kreuz als Emblem im Titelblatt tragenden Zeitung »Kreuzzeitungspartei« genannt wurde, die reaktionäre Regierungspolitik. Diese Gruppierung vertrat vor allem die Interessen der ostelbischen Großagrarier. Sie lehnte jede Bindung des Staates an eine Verfassung ab, hielt an einer Ständeordnung und der religiös begründeten Verbindung von Thron und Altar fest und sah selbst in einer nationalen Bewegung zur Einigung Deutschlands eine die gottgewollte Ordnung zerstörende Strömung. 1851 spaltete sich von der Konservativen Partei ein liberal-konservativer Flügel ab, der nach seinem Presseorgan »Preußisches Wochenblatt zur Besprechung politischer Tagesfragen« den Namen »Wochenblattpartei« annahm. Seine Vertreter hielten an der Verfassung von 1850 fest, erstrebten die Einigung Deutschlands unter preußischer Führung und bekämpften die reaktionäre Politik der ultrakonservativen Regierung. Die Partei stützte sich nicht nur auf Anhänger in der Unternehmerschaft der preußischen Westprovinzen, sondern verfügte auch über Verbindungen zum Bruder des Königs, Prinz Wilhelm. Trotz dieser Beziehungen blieb die Wochenblattpartei relativ einflusslos, als der Prinz 1858 zunächst als Regent, ab 1861 als König die Leitung des Staates übernahm. Einige ihrer Führer wurden zwar in die neue liberalere Regierung der »Neuen Ära« berufen, doch existierte die Wochenblattpartei 1858 faktisch nicht mehr.
1859 gründeten Liberale und gemäßigte Demokraten den Deutschen Nationalverein mit dem Ziel, den 1849 mit der Reichsverfassung begonnenen Weg wieder aufzunehmen und einen deutschen Bundesstaat unter preußischer Führung zu schaffen. Zwei Jahre später – am 6. Juni 1861 – gründeten viele der im Nationalverein aktiven Führungspersönlichkeiten die Deutsche Fortschrittspartei. Es war die erste Parteigründung der deutschen Geschichte mit gleichzeitig verkündetem, fest umrissenem Parteiprogramm. Ihre Arbeit war von Anfang an auf ganz Deutschland bezogen. Die Einigung Deutschlands unter preußischer Führung, Verwirklichung des Verfassungsstaates sowie die volle Verantwortlichkeit der Minister und konsequente Trennung von Kirche und Staat waren ihre Hauptziele. Einen durchorganisierten Parteiapparat nach modernem Muster besaß die junge Partei noch nicht, sie war eine Honoratiorenpartei, ihre Führer kamen aus dem kaufmännischen und industriellen Unternehmertum, dem Bildungsbürgertum und dem Kreis liberaler Großgrundbesitzer.
1862 errang die Deutsche Fortschrittspartei im preußischen Abgeordnetenhaus mit 104 Mandaten die Mehrheit der Sitze, während gleichzeitig die Konservativen erhebliche Verluste hinnehmen mussten. Sie geriet in dem sich zum *Verfassungskonflikt* (▶ 8.10) ausweitenden Streit um die vom König geforderte Budgetbewilligung für die Heeresreform in scharfen Gegensatz zu ihm und zu seinem neuen Ministerpräsidenten *Otto von Bismarck* (▶ 8.11), der das

Parlament ausschaltete und die Heeresreform trotz fehlendem Haushaltsgesetz durchsetzte.

8.10 Verfassungskonflikt in Preußen

Um Schwächen in der Heeresverfassung auszugleichen, planten der preußische König Wilhelm I. und sein Militärkabinett eine umfassende Heeresreform. Sie sah die Erweiterung der Heeresfriedensstärke sowie die Erhöhung der jährlichen Rekrutenzahl jeweils um ein Drittel vor. Das Abgeordnetenhaus, in dem die Liberalen über eine Mehrheit von fast zwei Drittel der Stimmen verfügten, forderte im Gegenzug, die dreijährige Dienstzeit in eine zweijährige zurückzuverwandeln und auf die in der Heeresreform vorgesehene Zurückdrängung der Landwehr aus dem Heer zu verzichten und vor allem das parlamentarische Budgetrecht zu verstärken. Der König empfand die Forderungen des Parlaments als Angriff auf die traditionellen Rechte der Krone und war nicht bereit nachzugeben; das Abgeordnetenhaus lehnte daher die geforderte Erhöhung des Wehretats ab.

▲ *Wilhelm I., seit 1861 König von Preußen, seit 1871 deutscher Kaiser, war der ideale politische Partner des Ministerpräsidenten und Reichskanzlers Otto von Bismarck, dem er weitgehend freie Hand ließ*

Da sich eine Kompromisslösung nicht anbahnte, berief der König, der bereits zugunsten seines Sohnes abdanken wollte, auf Anraten seines Kriegsministers, Albrecht von Roon, im September 1862 den preußischen Gesandten in Paris, *Otto von Bismarck* (▶ 8.11), zum Ministerpräsidenten. Bismarck war entschlossen, notfalls auch ohne Zustimmung der Volksvertretung zu regieren und die Heeresreform durchzuführen. Dem Machtanspruch der Liberalen suchte er durch seine Politik zu begegnen, den inneren preußischen Konflikt mit der europäischen Politik zu verquicken. Bismarck leitete damit die später so genannte Politik der Reichseinigung »von oben« ein. Für diesen Weg wollte er wenigstens einen Teil der Liberalen gewinnen, die für die Erreichung des nationalen Zieles der Einigung Deutschlands keineswegs eine militärische Auseinandersetzung von vornherein ausschlossen.

In den folgenden Jahren verhärtete sich die Spannung zwischen Regierung und Opposition, aber nachdem 1864 im Deutsch-Dänischen Krieg die Herzogtümer Schleswig und Holstein dem dänischen Zugriff entzogen worden waren und 1866 bei Königgrätz die Führungsfrage im Deutschen Bund eindeutig zugunsten Preußens entschieden wurde, brach die Opposition im Abgeordnetenhaus auseinander. Die Nationalliberalen gingen zu Bismarck über, eine ähnliche Entwicklung vollzog sich bei den Konservativen, wo nun die Freikonservativen die Politik Bismarcks unterstützten. Der Indemnitätsvorlage, mit der Bismarck die nachträgliche Billigung seines verfassungswidrigen Verhaltens vor vier Jahren beantragte, stimmte das Abgeordnetenhaus mit großer Mehrheit zu. Der Verfassungskonflikt war damit beendet.

8.11 Otto von Bismarck

Am 1. April 1815 auf dem elterlichen Gut Schönhausen in der Altmark geboren, studierte Otto von Bismarck in Göttingen und Berlin Jura. Nach der Referendarzeit in Aachen und Potsdam (1836–39) quittierte er den Staatsdienst und bewirtschaftete seine Güter. Durch seine Heirat mit Johanna von Puttkamer gewann er ein sehr enges Verhältnis zum christlichen Glauben. In dieser Zeit wandte er sich auch der Politik zu. Die revolutionären Vorgänge in Berlin 1848 verurteilte er scharf. Er wurde Mitbegründer der »Kreuzzeitungspartei«, die auf dem äußersten rechten Flügel der Konservativen stand.

Von 1851 bis 1859 vertrat er Preußen als Gesandter am Deutschen Bundestag in Frankfurt. Von Anfang an setzte er sich für die Gleichberechtigung Preußens ein und lehnte den Führungsanspruch Österreichs mit Entschiedenheit ab. Das führte zu einer Verschärfung des *Dualismus* (▶ 8.3) zwischen den beiden Großmächten. Bismarck kam schon hier zu der Überzeugung, dass im Deutschen Bund der Platz für zwei Großmächte zu eng war, dass eine von beiden eines Tages zu weichen hatte. Für ihn konnte dies nur Österreich sein.

In der Epoche der »Neuen Ära« wurde Bismarck 1859–62 als Gesandter nach Petersburg versetzt, »an der Newa kaltgestellt«, wie er diese Versetzung empfand. In dem sich allmählich verschärfenden Konflikt zwischen dem König und dem Militärkabinett einerseits und dem von einer liberalen Mehrheit beherrschten Abgeordnetenhaus um die Bewilligung eines erhöhten Wehretats zur Finanzierung der Heeresreform wurde Bismarck – nach kurzem Zwischenaufenthalt als Gesandter in Paris – vom König mit der Führung der Regierungsgeschäfte als Ministerpräsident betraut, nachdem er sich bereit erklärt hatte, die Heeresreform notfalls auch ohne Zustimmung des Parlamentes durchzusetzen.

Er überspielte den Heereskonflikt – dadurch schon seine Virtuosität in der Verquickung und Lösung außen- und innenpolitischer Krisen aufzeigend – durch eine Reihe außenpolitischer Aktionen: die Unterstützung Russlands im polnischen Aufstand 1863, den gemeinsam mit Österreich geführten Krieg gegen Dänemark 1864 wegen Schleswig-Holstein.

Bismarck wollte Deutschland unter preußischer Führung einigen. Diese Einigung aber musste nach seiner Meinung »von oben« durch gemeinsamen Beschluss der Landesfürsten zustande kommen und nicht durch die liberale und nationale Volksbewegung. Diesem Ziel stand Österreich im Wege. Konsequent verfolgte Bismarck daher seinen Plan, Österreich als Mitbewerber um die Führungsposition in diesem zukünftigen Deutschland auszuschalten. Das gelang in dem kurzen militärischen Feldzug 1866 in der Entscheidungsschlacht von Königgrätz (*Deutscher Krieg,* ▶ 8.14). Im *Norddeutschen Bund* (▶ 8.15) wurde die kommende Reichsbildung und -verfassung vorbereitet.

▲ *Otto Fürst von Bismarck*

Die geschickte Ausnutzung des nahezu alle Deutschen verbindenden Nationalgefühls beim Ausbruch des Krieges mit Frankreich 1870 bereitete die *Reichsgründung* (▶ 8.22) vor, die mit Zustimmung aller Fürsten noch während des Krieges am 18. Januar 1871 in Versailles vollzogen wurde. Bismarck wurde im neuen deutschen Kaiserreich der erste Reichskanzler. Durch eine kluge und ausgewogene Politik gelang es ihm, das neue Großreich in der Mitte Europas innerhalb der übrigen europäischen Großmächte zu etablieren und durch ein ausgeklügeltes Bündnissystem außenpolitisch abzusichern.

In der Innenpolitik übersah Bismarck in seinem konservativen Bestreben, die Monarchie mit allen Mitteln gegen jede liberale, demokratische und sozialistische Strömung abzuschirmen, die Notwendigkeit, den durch die Industrialisierung erfolgten gesellschaftlichen Veränderungen des modernen Staates Rechnung zu tragen. Im *Kulturkampf* (▶ 8.26) gegen den politischen Katholizismus musste er ebenso eine Niederlage einstecken wie in seinem Versuch, mit dem *Sozialistengesetz* (▶ 8.30) die neuen politischen

Kräfte der *Sozialdemokratie* (▶ 8.28) als Staatsfeinde einzustufen und zu vernichten.
Als Epoche machend gilt heute die Einführung der *Sozialgesetze* (▶ 8.32), die allerdings ihre werbende Wirkung auf die Arbeiterschaft infolge des Kampfes gegen die Sozialdemokratie verfehlte.
Nach dem Tod Kaiser Wilhelms I. und wenige Monate später auch nach dem Tod Kaiser Friedrichs im Jahre 1888 kam es in dem Verhältnis zwischen dem Kanzler und dem jungen Kaiser *Wilhelm II.* (▶ 9.1) zu Spannungen. Meinungsunterschiede über die politische Führungsarbeit führten im März 1890 zur Entlassung Bismarcks. Der 1871 in den Fürstenstand erhobene Altkanzler starb am 30. Juli 1898 auf seinem Gut Friedrichsruh bei Hamburg.

8.12 Frankfurter Fürstentag

Im Sommer 1863, als Preußen durch die Zuspitzung des *Verfassungskonfliktes* (▶ 8.10) in seiner Handlungsfreiheit gelähmt schien und zudem im »Dritten Deutschland«, den deutschen Mittel- und Kleinstaaten, erheblich an Sympathien verloren hatte, unternahm der österreichische Kaiserstaat, dessen Regierung seit kurzem von dem liberalen Anton von Schmerling geleitet wurde, einen diplomatischen Vorstoß und lud zu einer Fürstenversammlung nach Frankfurt ein. Hier sollte ein österreichischer Bundesreformplan besprochen und beschlossen werden.
Dem im österreichischen Bad Gastein zur Kur weilenden preußischen König Wilhelm I. überbrachte am 3. August 1863 der österreichische Kaiser Franz Joseph persönlich die Einladung zum Fürstentag in Frankfurt am 16. August. Die deutschen Bundesfürsten sollten wie 1814/15 erneut zusammentreffen, um die Verhältnisse in Mitteleuropa und im Deutschen Bund neu zu ordnen. Einzelheiten des österreichischen Reformplanes teilte der Kaiser nicht mit. Sie wurden erst am 16. August kurz vor Beginn der Verhandlungen bekannt gegeben.
Bismarck, von vornherein entschlossen, die österreichische Initiative scheitern zu lassen, erreichte nach schweren Auseinandersetzungen mit dem König, dass Wilhelm seine Teilnahme absagte.
Die österreichischen Vorschläge sahen für den Deutschen Bund ein fünfköpfiges Direktorium vor, eine neben dem Bundestag periodisch tagende Fürstenversammlung, einen Bundesrat – in beiden, Direktorium wie Bundesrat, sollte Österreich den Vorsitz innehaben –, eine alle drei Jahre zusammentretende Versammlung von Delegierten aller Landtage und ein oberstes Bundesgericht. Bismarck antwortete auf diese Programmpunkte mit drei Gegenforderungen: Er verlangte die volle Gleichberechtigung Preußens im Bundesvorsitz, ein Vetorecht der Großmächte – im Falle von Kriegserklärungen des Bundes – und eine Nationalvertretung aus allgemeinen und direkten Wahlen.
Besonders dieser dritte Punkt war für Österreich in jedem Fall unannehmbar; denn das hätte die nichtdeutschen Nationalitäten der Donaumonarchie zur Aufstellung gleicher Forderungen für sich bewogen und eine Zerreißprobe für den Vielvölkerstaat bedeutet. Bismarck wusste, dass Österreich deshalb den preußischen Gegenvorschlag ablehnen musste. So scheiterte der Frankfurter Fürstentag, da sich die Fürsten der Mittel- und Kleinstaaten nicht bereit fanden, ohne Preußen konkrete Beschlüsse zu fassen. Mit dem Fürstentag misslang auch Österreichs letzter Versuch, gestaltend auf die deutsche Entwicklung einzuwirken. Drei Jahre später musste das Habsburgerreich mit der Entscheidung auf dem Schlachtfeld von Königgrätz dann ganz aus der deutschen Staatengemeinschaft ausscheiden.

8.13 Schleswig-Holstein-Frage und Deutsch-Dänischer Krieg

Die besondere Situation der so genannten Elbherzogtümer Schleswig und Holstein hatte bereits in den Revolutionsjahren 1848/49 zum Krieg des *Deutschen Bundes* (▶ 7.1) und Preußens mit Dänemark und zu einem Aufwallen der nationalen Leidenschaften in Deutschland geführt, weil Dänemark widerrechtlich Schleswig annektiert hatte. Durch Einspruch der Großmächte Großbritannien und Russland mussten der Deutsche Bund und Preußen trotz militärischer Erfolge in eine internationale Regelung einwilligen, die den Status-quo-Zustand wieder herstellte. Die deutsche Nationalbewegung empfand dies als schwere Niederlage.
Ende 1863 stellte der dänische König die im 2. Londoner Protokoll 1852 getroffene Lösung

Die Erstürmung der von den Dänen zur Verteidigung des Alsensunds angelegten Düppeler Schanzen durch preußische Truppen am 18. April 1864 war das herausragende Ereignis im Deutsch-Dänischen Krieg

erneut infrage. Die neue dänische Verfassung bezog nämlich Schleswig in den Gesamtstaat ein und war damit eine grobe Verletzung des Londoner Protokolls. Ein Aufflammen des nationalen Protestes in Deutschland, der Liberale und Demokraten, Groß- und Kleindeutsche, miteinander verband, war die Folge. Während die Mittelstaaten die nationale Volksbewegung unterstützten und mit ihr gemeinsam den nationalen Krieg forderten, stellte Bismarck sich auf den Boden des Völkerrechts und erschien somit vor den europäischen Mächten als derjenige, der für die Wahrung des seinerzeit geschlossenen europäischen Vertrages eintrat. Auf diese Weise vermied er nicht nur die Intervention Englands und Russlands, wie sie 1848/49 gedroht hatte, sondern zwang auch Österreich zu gemeinsamen Maßnahmen mit Preußen. Die Anerkennung des Nationalitätenprinzips, wie dies die deutschen Mittelstaaten forderten, hätte für die Donaumonarchie eine Zerreißprobe bedeutet und konnte deshalb von der Wiener Regierung nicht zugelassen werden. Bismarck verlor sein Fernziel, über eine kriegerische Lösung eines Tages die Herzogtümer für Preußen zu erwerben, dabei nicht aus dem Auge. Da Holstein zum Deutschen Bund gehörte, setzten Österreich und Preußen die Bundesexekution durch, mit deren Vollzug sie auch beauftragt wurden. Nach einem relativ kurzen erfolgreichen Feldzug, bei dem vor allem der Sturm auf die Düppeler Schanzen die nationalen Leidenschaften entfachte, musste Dänemark im Friedensvertrag von Wien 1864 die Herzogtümer abtreten. Besetzung und Verwaltung wurden vorerst von den beiden Siegermächten im »Kondominium« (=gemeinsame Herrschaft) übernommen. Im Herbst 1865 wurde das Kondominium aufgegeben; Preußen erhielt die Verwaltung Schleswigs, Österreich die Holsteins. Zugestanden erhielt Preußen das Recht, einen Kanal durch holsteinisches Gebiet zu bauen. Bismarck, anfänglich in der aufgebrachten deutschen Öffentlichkeit als Verräter an der nationalen Sache angeprangert, konnte mit diesem Erfolg die öffentliche Meinung in Deutschland für sich einnehmen; man begann, seine Politik differenzierter zu betrachten.

8.14 Deutscher Krieg/ Königgrätz

Die jahrzehntelange Rivalität zwischen Preußen und Österreich im Deutschen Bund (*Preußisch-österreichischer Dualismus,* ▶8.3) hatte in der *Schleswig-Holstein-Frage* (▶8.13) und dem Krieg gegen Dänemark vorübergehend zu einer Kooperation der beiden deutschen Großmächte geführt. Der Streit um die Beute entzweite sie jedoch erneut und löste schließlich die kriegerische Auseinandersetzung von 1866 aus.

Bismarcks Ziel war es, in Norddeutschland die Hegemonie Preußens zu erreichen und in diesem Rahmen auch die Herzogtümer Schleswig und Holstein für Preußen zu annektieren. Österreich scheiterte mit seinem Vorschlag, das Kondominat bzw. die Verwaltung gegen Teile Schlesiens einzutauschen und verfolgte dann

den Plan, Schleswig-Holstein als neuen Mittelstaat unter einem angestammten Fürsten in den Deutschen Bund aufzunehmen. Dieser Lösung stimmten auch die deutschen Mittel- und Kleinstaaten zu.
Diesen Vorschlag musste Preußen ablehnen, und so wurde auf beiden Seiten der Krieg diplomatisch vorbereitet. Bismarck schloss am 8. April 1866 ein Bündnis mit Italien, das im Zuge seiner staatlichen Einigung Forderungen auf Herausgabe italienischer, von Österreich beherrschter Gebiete (Venetien u. a.) stellte. Die Mobilisierung der nationalen und liberalen Bewegung in Deutschland strebte er gleichzeitig durch den dem Bundestag eingereichten Bundesreformplan an, in dem erneut der für Österreich unannehmbare Vorschlag enthalten war, die bisher aus den Gesandten der einzelnen Regierungen bestehende Bundesversammlung durch ein aus allgemeinen und gleichen Wahlen hervorgegangenes Parlament zu ersetzen.
Eine besondere Rolle in den Kriegsvorbereitungen spielte der französische Kaiser Napoleon III., der sowohl mit Preußen wie mit Österreich zugleich verhandelte; er wollte für die Zusage der französischen Neutralität gewisse Grenzverbesserungen oder sogar Landgewinne erzielen. Während ihn Bismarck mit vagen Formulierungen hinhalten konnte, schlossen Frankreich und Österreich ein Geheimabkommen, in dem für den Fall eines österreichischen Sieges Frankreich bindende Zusagen für Gebietsveränderungen gegeben wurden.

Als Österreich am 1. Juni 1866 die Schleswig-Holstein-Frage vor den Bundestag brachte, sah Bismarck darin einen Bruch der bisherigen Vereinbarungen und ließ Truppen in das von Österreich besetzte und verwaltete Holstein einrücken. Daraufhin beantragte Österreich die Mobilisierung der nichtpreußischen Truppenteile des Bundesheeres. Diesem Antrag stimmte die überwiegende Zahl der Bundesstaaten zu, darunter Bayern, Württemberg, Hannover, Sachsen. Bismarck erklärte daraufhin den Deutschen Bund für aufgelöst und ließ sogleich zur Sicherung des Hauptaufmarsches gegen Österreich Truppen in Hannover und in Sachsen gegen die Bundesarmee einrücken.
Der Krieg dauerte nur wenige Wochen. Die Bundestruppen waren schon Ende Juni geschlagen, der Zusammenstoß zwischen der preußischen und der österreichischen Hauptstreitmacht am 3. Juli bei Königgrätz endete mit einem klaren preußischen Sieg. Es war ein Sieg der mit modernen Waffen ausgerüsteten und unter Ausnutzung der neuesten technischen Errungenschaften (Eisenbahn und Telegrafie) geführten preußischen Armee über die nach veralteten Prinzipien organisierte österreichische Streitmacht.
Weltweit war der Eindruck des preußischen Sieges außerordentlich groß. Bismarcks Ziel war es nun, diesen Erfolg und den Frieden international zu sichern. Dazu musste aber der Feldzug so rasch wie möglich beendet werden und Österreich einen schnellen und fairen Frie-

Mit dem Sieg der von Generalstabschef Helmuth von Moltke geführten preußischen Truppen in der Schlacht bei Königgrätz am 3. Juli 1866 war der Deutsche Krieg entschieden. Die 1890 entstandene Farblithographie zeigt die Erstürmung der im Zentrum der österreichischen Stellung gelegenen Ortschaft Chlum durch die preußische 1. Gardedivision

den erhalten. Österreich musste auch weiterhin Großmacht bleiben und so bald wie möglich wieder als Bündnispartner zur Verfügung stehen.
In einer Erklärung gegenüber Napoleon gab Bismarck seine Kriegsziele bekannt: Auflösung des Deutschen Bundes, Ausschluss Österreichs aus Deutschland, Errichtung des *Norddeutschen Bundes* unter preußischer Führung (▶8.15), Anerkennung des Rechtes der süddeutschen Staaten, sich in einem Südbund zusammenzuschließen. Gegen die Zusage Preußens, mit territorialen Erwerbungen nicht über die Mainlinie hinauszugehen, akzeptierte Napoleon die Veränderungen in Mitteleuropa. Dieses mit Frankreich abgestimmte Konzept konnte Bismarck aber erst nach heftigen Auseinandersetzungen innerhalb der preußischen Führung durchsetzen. König Wilhelm und seine Generale waren entschlossen, den Krieg fortzusetzen und in Wien einzumarschieren, um Österreich als Hauptschuldigen an diesem Krieg zu demütigen. Am 26. Juli 1866 kam dann der Vorfriede von Nikolsburg zustande, dem relativ schnell, am 23. August, der endgültige Friedensschluss in Prag folgte. Außer Venetien, das über Frankreich an Italien kam, brauchte Österreich keine territorialen Verluste hinzunehmen. Auf eine Teilnahme an der Neugestaltung Deutschlands verzichtete es, der Deutsche Bund war aufgelöst.
Mit der überraschend schnellen Entscheidung von Königgrätz (in Frankreich Sadowa genannt) wurde der französische Plan durchkreuzt, zwischen den Krieg führenden Parteien zu vermitteln und dafür durch Gebietsabtretungen, die Österreich zugesagt hatte, entschädigt zu werden. Die Enttäuschung über diese Fehlkalkulation war in Frankreich überaus groß und begründete den preußisch-französischen Gegensatz mit der französischen Forderung nach »Rache für Sadowa«.

8.15 Norddeutscher Bund

Als Ergebnis des *Deutschen Krieges* (▶8.14) entstand nördlich der Mainlinie mit dem Norddeutschen Bund ein Bundesstaat aus den 22 noch selbstständig gebliebenen Mittel- und Kleinstaaten sowie den Freien Städten Hamburg, Bremen und Lübeck. Im Gegensatz zu der schonenden Behandlung, die Österreich im Prager Frieden zuteil wurde, ging Bismarck gegenüber den Verbündeten Österreichs in Norddeutschland mit aller Schärfe vor. Hannover, Kurhessen, Nassau und Frankfurt am Main wurden annektiert, lediglich Sachsen blieb unangetastet, weil sowohl Frankreich wie Österreich darauf bestanden hatten. Erstmalig war damit zwischen Maas und Memel ein geschlossenes preußisches Staatsgebiet entstanden.
Der Norddeutsche Bund stellte im Prozess der deutschen Einigung eine Zwischenstufe dar, die von den europäischen Mächten, und insbesondere von Frankreich, gerade noch hingenommen wurde. Das Bundesgebiet umfasste eine Fläche von rund 415 000 km^2 mit 30 Millionen Einwohnern. Die Hegemonie Preußens war eindeutig. Der König von Preußen wurde erblicher Präsident des Bundes. Ihm zur Seite stand der Bundesrat, bestehend aus den Vertretern der einzelnen Bundesstaaten, in dem der vom Präsidenten des Bundes ernannte Kanzler den Vorsitz einnahm. Kanzler wurde der preußische Ministerpräsident Bismarck. Der Bundesrat war das eigentliche Regierungsorgan des Bundes, von den 43 Mitgliedern hatte Preußen zwar mit 17 Delegierten den Vorrang, besaß aber nicht die Mehrheit.
An der Gesetzgebung war neben dem Bundesrat der aus allgemeinen, gleichen und direkten Wahlen hervorgegangene Reichstag beteiligt. Mit der Verwirklichung dieses alten und vordringlichsten Zieles der liberalen Bewegung, der aus freien Wahlen hervorgegangenen Volksvertretung, gewann Bismarck viele der Liberalen, die bisher zu ihm in scharfer Opposition gestanden hatten. Fast gleichzeitig konnte er den seit 1862 bestehenden Konflikt mit dem preußischen Abgeordnetenhaus (*preußischer Verfassungskonflikt,* ▶8.10) um die Bewilligung des Staatshaushalts bereinigen. Mit der von ihm eingebrachten Indemnitätsvorlage gestand er den Bruch der Verfassung seit 1862 ein und erreichte die nachträgliche Billigung der Staatshaushalte durch das Parlament.
Nach langen Verhandlungen und teilweise heftigen Auseinandersetzungen wurde am 17. April 1867 mit überwältigender Mehrheit die Verfassung des Norddeutschen Bundes angenommen; am 1. Juli 1867 trat sie in Kraft. Mit den föderalistischen (Bundesrat) und liberalen Elementen (Reichstag, freie, allgemeine Wahlen) suchte Bismarck sowohl die süddeutschen Fürsten zum Beitritt zu reizen als auch die öffentliche Meinung in Deutschland für seinen

Weg der deutschen »Einigung von oben« zu gewinnen.
Die Napoleon III. gegebene Zusage, mit den Einigungsbestrebungen an der Mainlinie Halt zu machen, hintertrieb Bismarck durch die mit den süddeutschen Staaten geschlossenen geheimen Schutz- und Trutzbündnisse, die im Falle einer militärischen Auseinandersetzung mit Frankreich die süddeutschen Truppen unter das Kommando des preußischen Königs stellten. Wirtschaftlich zusammengehalten wurde Deutschland durch eine Reform des *Deutschen Zollvereins* (▶7.13) und durch das Zollparlament.

8.16 Spaltung des Liberalismus

Der Ausgang des *Deutschen Krieges* (▶8.14) und die Ergebnisse des Friedensschlusses führten in der öffentlichen Meinung zu einer Wandlung des Urteils über die bismarcksche Politik. Es war unzweifelhaft, dass durch die Kriege von 1864 und 1866 die deutsche Frage ein gutes Stück vorangekommen und Bismarck im Begriff war, die deutsche Einheit, den 1848 vergeblich erträumten Zusammenschluss, zustande zu bringen. Aus dem verhassten, reaktionären »Konfliktminister« war auch für viele führende Liberale ein Staatsmann von besonderem Format geworden, dessen Politik außerordentlich erfolgreich war. Es war zwar offensichtlich, dass Bismarck die Verwirklichung des deutschen Nationalstaates »von oben« durch den Zusammenschluss der Fürsten anstrebte, doch die Einbeziehung einer aus freien Wahlen hervorgegangenen Volksvertretung in die Verfassung des *Norddeutschen Bundes* (▶8.15) war für die liberale Bewegung ein breites Betätigungsfeld für die Mitarbeit am Staat, das genutzt werden musste. Zudem gab der preußische Ministerpräsident mit der Einbringung der Indemnitätsvorlage (▶8.15) im preußischen Abgeordnetenhaus ein weiteres Zeichen dafür, dass er gewillt war, den inneren Frieden wieder herzustellen. Aus jenen Liberalen, die sich jetzt hinter Bismarck stellten, entstand im November 1866 eine »Neue Fraktion der nationalen Partei«. Aus ihr ging im März 1867 die Nationalliberale Partei des konstituierenden Norddeutschen Reichstages unter der Führung von Rudolf von Bennigsen hervor. In sie traten auch Männer und Gruppen aus den von Preußen annektierten Gebieten (v. a. Hannover) ein.
Im Reichstag des Norddeutschen Bundes wurde die Nationalliberale Partei vor allem die Partei, auf die sich Bismarck stützen konnte, sie wurde die »Reichsgründungspartei«. Während sie ihre soziale Basis im Wesentlichen im aufstrebenden Bürgertum hatte (Industrie, Bankiers, protestantisches Bildungsbürgertum), rekrutierte sich die in der Opposition verbleibende *Deutsche Fortschrittspartei* (▶8.9) aus Teilen des Mittelstandes und des Kleinbürgertums.
Eine Spaltung vollzog sich auch bei den Konservativen. Während die Altkonservativen zwar die außenpolitischen Erfolge und militärischen Siege begrüßten, aber jede Form von Parlamentarisierung ablehnten, löste sich von ihnen anlässlich der Indemnitätsvorlage eine Gruppe gemäßigt konservativer Abgeordneter, die sich zur Freikonservativen Partei (ab 1871 unter dem Namen Deutsche Reichspartei) zusammenschlossen.

8.17 Österreichisch-ungarischer Ausgleich

Der Verlust der Vormachtstellung im Deutschen Bund nach der Niederlage von 1866 (*Deutscher Krieg,* ▶8.14), die den österreichischen Kaiserstaat aus der reichsdeutschen Entwicklung zum deutschen Nationalstaat ausgeschlossen hatte, zwang die Wiener Regierung, sich auf die Probleme des Vielvölkerstaates zu konzentrieren. Seit der Revolution von 1848 waren die nichtdeutschen Bevölkerungsteile unruhig und forderten Autonomie. Vor allem musste man mit den eine Sonderstellung einnehmenden Ungarn zu einem Ausgleich kommen. Nach verhältnismäßig kurzen Verhandlungen kam im Februar 1867 der österreichisch-ungarische Ausgleich zustande. Ungarn erhielt am 18. Februar wieder ein eigenes Ministerium, ebenso wurde am 27. Februar der ungarische Reichstag wieder hergestellt.
Mit diesem Ausgleich wurde das Kaiserreich in zwei gleichberechtigte und weitgehend selbstständige Reichsteile aufgegliedert, die nur durch die Person des Herrschers und durch die Verwaltung der gemeinsamen Angelegenheiten – Außenpolitik, Verteidigung und Finanzwesen – miteinander verbunden waren. Am 8. Juni 1867 wurde Kaiser Franz Joseph auch

Sprachgruppen im Habsburgerreich 1910

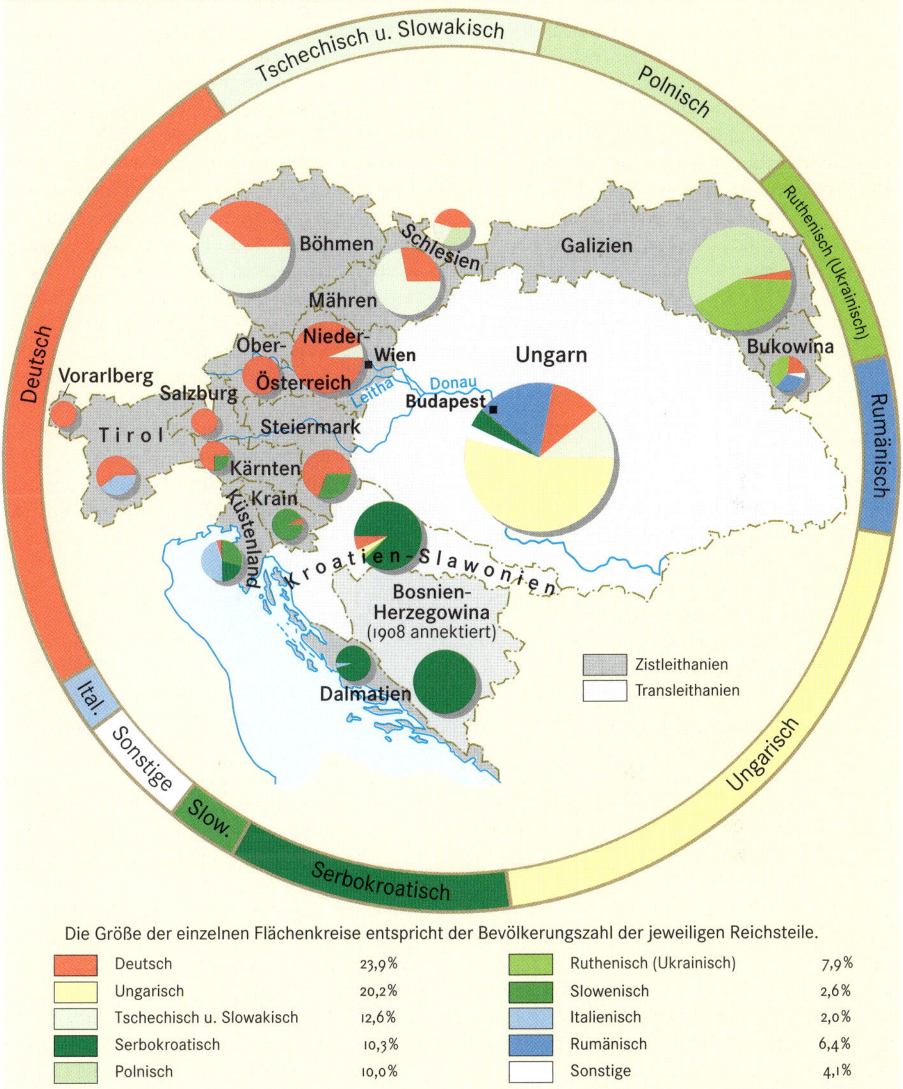

zum König von Ungarn gekrönt. Damit war aus dem habsburgischen Kaiserstaat die Doppelmonarchie Österreich-Ungarn entstanden.
Da die Grenze zwischen beiden Reichsteilen der Fluss Leitha bildete, hießen die Reichsteile Cisleithanien und Transleithanien. In Cisleithanien hatte das deutsche Element die Führung, obwohl auch Tschechen, Polen, Slowenen dazugehörten. In Transleithanien beanspruchten die Ungarn alle Vorrechte, obwohl hier ebenfalls andere, vorwiegend slawische Völker sowie Rumänen und Siebenbürgendeutsche einbezogen waren. Auf Widerstand stieß der Ausgleich vor allem bei den slawischen Völkern, denn sie fühlten sich keineswegs in ihren Interessen berücksichtigt. Bei ihnen setzte sich mehr und mehr der Gedanke des Panslawismus durch, der die Vereinigung aller Slawen zum

Ziel hatte und wesentlich von Russland beeinflusst war.
Der Reichsteil Österreich (= Cisleithanien) erhielt im Dezember 1867 eine Verfassung, die bis zum Ende der Donaumonarchie im November 1918 in Kraft blieb. Die in der Verfassung garantierte Gleichberechtigung aller Nationalitäten hätte zu einer bundesstaatlichen Entwicklung führen können, doch waren das Festhalten an Althergebrachtem und die Autonomiebestrebungen der Völker zu große Hindernisse auf diesem Weg. Am Ende des 1. Weltkrieges brach der Vielvölkerstaat auseinander, die nichtdeutschen Gebiete wurden selbstständige Staaten.

8.18 Die süddeutschen Staaten und Bismarcks Einigungspolitik

Mit der Gründung des *Norddeutschen Bundes* (▶ 8.15) hatte Bismarck die Einheit Deutschlands nördlich der Mainlinie vollzogen. Dieser Akt konnte nur eine Zwischenstufe auf dem Wege zur Einigung Gesamtdeutschlands darstellen. Aber nach dem Krieg mit Österreich besaß Preußen aufgrund seiner harten Annexionspolitik nördlich des Mains in den süddeutschen Staaten noch weniger Sympathien als vorher. Da Bismarck die süddeutschen Staaten mit den französischen Gebietsforderungen konfrontierte, gelang es ihm in Einzelverhandlungen, Schutz- und Trutzbündnisse abzuschließen (*Norddeutscher Bund,* ▶ 8.15).
Bismarck erhoffte sich von der weiteren Entwicklung ein allmähliches Zusammenwachsen des Nordens mit dem Süden, einmal wegen der Anziehungskraft der Verfassung des Norddeutschen Bundes, die starke liberale Elemente in sich aufgenommen hatte und andererseits den Einzelstaaten einen ausreichenden Freiraum im Bundesrat anbot, zum anderen vertraute er auf die verbindende Kraft der wirtschaftlichen Interessen.

Vom Norddeutschen Bund zum Deutschen Reich

Die Neuordnung des Deutschen Zollvereins im Juni 1867 mit der Einrichtung eines Zollbundesrates und eines Zollparlamentes, die durch Mehrheitsbeschlüsse die gesetzgeberische Arbeit im wirtschaftspolitischen Bereich zu vollziehen hatten, sollte die Zusammenarbeit zwischen dem Norddeutschen Bund und den Südstaaten intensivieren. In den Wahlen zum Zollparlament erlitten jedoch die die preußische Politik befürwortenden Parteien in Bayern und Württemberg empfindliche Niederlagen. In Baden siegten die den Anschluss an den Norddeutschen Bund fordernden Kräfte – auch der Großherzog hatte sich für den Eintritt in den Norddeutschen Bund ausgesprochen – nur knapp über ihre Gegner, lediglich in Hessen-Darmstadt war der Sieg der propreußischen Partei eindeutig.

Mit einer starken antipreußischen Fraktion traten die Süddeutschen in das Zollparlament ein, wo sie sich mit den norddeutschen Oppositionellen – bestehend aus Altkonservativen, hannoverschen Welfen, Katholiken und Polen – zu einer starken Oppositionsgruppe vereinigten.

Durch das Ergebnis der Zollparlamentswahlen war der Elan der deutschen Einigungsbewegung stark beeinträchtigt worden. Erst das aggressive französische Vorgehen gegenüber Preußen in der Frage der spanischen Thronkandidatur (*Emser Depesche,* ▶ 8.20) veränderte die Situation für Preußen grundlegend. Es schuf nämlich in Deutschland ein verbindendes nationales Gemeinschaftsgefühl und ließ die Bündnisverträge wirksam werden. Die von Bismarck noch während des Krieges mit Frankreich (*Deutsch-Französischer Krieg,* ▶ 8.21) in Verhandlungen mit den Fürsten der süddeutschen Staaten erreichte *Reichsgründung* (▶ 8.22) wurde von der überwiegenden Mehrheit des deutschen Volkes mitgetragen.

8.19 Gewerbefreiheit und Gewerkschaften

Der Norddeutsche Bund gewann auch bei der Vereinheitlichung der Wirtschafts- und Sozialpolitik Bedeutung. Seine Gewerbeordnung vom 21. Juni 1869 – sie wurde 1871 als Reichsgewerbeordnung für das Deutsche Reich übernommen – führte in allen Mitgliedsstaaten die Gewerbefreiheit ein. Damit hatte nun jeder Mann und jede Frau das Recht, ein Gewerbe zu betreiben, soweit nicht gesetzliche Ausnahmen oder Beschränkungen bestanden. Der Zunftzwang und die Abhängigkeit des Gewerbetreibenden von behördlicher Konzession wurden aufgehoben; eine zentrale Forderung der Liberalen wurde damit verwirklicht.

Die Gewerbeordnung für den Norddeutschen Bund hob auch alle Verbote auf, die sich gegen das Koalitionsrecht richteten. So hatte die preußische Gewerbeordnung von 1845 die Bildung von Verbindungen unter Arbeitern, Gesellen, Gehilfen oder Lehrlingen unter Geld- bzw. Gefängnisstrafe gestellt und den Streik mit Gefängnisstrafe bis zu einem Jahr bedroht. Nach der Gewerbeordnung des Norddeutschen Bundes nun hatten Unternehmer und Arbeitnehmer das Recht, zur Erlangung günstiger Lohn- und Arbeitsbedingungen Verabredungen zu treffen und Vereinigungen zu bilden.

Schon im Zusammenhang mit der Revolution von 1848/49 waren einzelne gewerkschaftliche Vereinigungen gegründet worden, die sich 1848 in der »Allgemeinen deutschen Arbeiterverbrüderung« zusammenschlossen, seit den 1850er-Jahren aber von den deutschen Bundesstaaten verfolgt wurden. Einen Neuanfang bildete die Gründung des »Allgemeinen Deutschen Zigarrenarbeitervereins« 1865 und des »Deutschen Buchdruckerverbandes« 1866. Den Buchdruckern gelang es auch, 1873 den ersten Tarifvertrag abzuschließen. Bereits Ende der 1860er-Jahre waren die deutschen Gewerkschaften politisch gespalten: Den »freien«, sozialistisch orientierten Gewerkschaften standen die nach ihren Gründern benannten Hirsch-Dunckerschen Gewerkvereine gegenüber, die bei liberaler Grundorientierung politisch unabhängig waren; Mitte der 1890er-Jahre kamen die christlichen Gewerkschaften als dritte Richtung hinzu. Durch das *Sozialistengesetz* von 1878 (▶ 8.30) wurde die legale Gewerkschaftsarbeit zunächst zerschlagen. Nach seiner Aufhebung stellten die freien Gewerkschaften ihre Organisation auf eine neue Grundlage. Sie schlossen sich 1890 in der Generalkommission der Gewerkschaften Deutschlands zusammen, deren Vorsitzender Carl Legien wurde. Die freien Gewerkschaften wurden nun Massenorganisationen; 1913 umfassten sie über 2,5 Millionen Mitglieder (christliche Gewerkschaften: 343 000; Hirsch-Dunckersche Gewerkvereine 1914: 107 000). Während die Tarifverträge ihren Einzug in Bereiche der Klein- und Mittelindustrie hielten, gelang es den Gewerkschaften bis 1918 nicht, mit Großunternehmen Tarifverträge abzuschließen. Erst im Zuge der Novemberrevolution erreichten die Gewerkschaften im Abkommen über die Zentralarbeitsgemeinschaft vom 15. November 1918 ihre Anerkennung als legitime Interessenvertreter der lohnabhängig Beschäftigten.

8.20 Emser Depesche

Die öffentliche Meinung in Frankreich hatte den raschen Sieg Preußens über Österreich 1866 bei Königgrätz-Sadowa (*Deutscher Krieg*, ▶ 8.14) wie eine französische Niederlage empfunden. Die schnell zustande gekommene Friedensregelung zwischen den beiden deutschen Großmächten hatte es Napoleon III. unmöglich gemacht, als Vermittler tätig zu werden und als »Kompensation« linksrheinische Gebiete für Frankreich zu fordern. Sein Versuch, über den

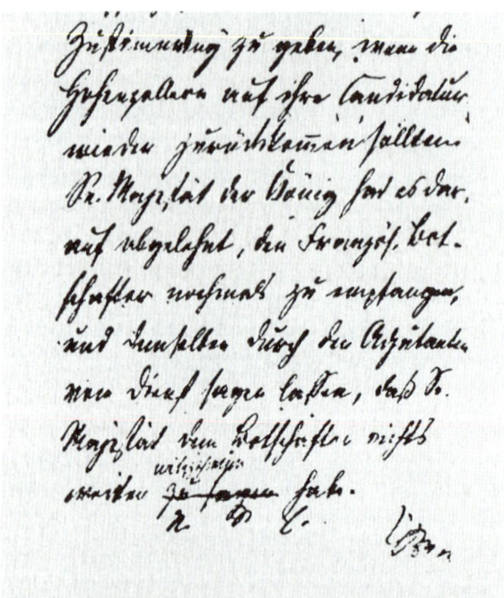
Zustimmung zu geben, wenn die
Hohenzollern auf ihre Candidatur
wieder zurückkommen sollten.
Se. Majestät der König hat es dar-
auf abgelehnt, den französ. Bot-
schafter nochmals zu empfangen,
und demselben durch den Adjutanten
vom Dienst sagen lassen, daß S.
Majestät dem Botschafter nichts
weiter mitzutheilen habe.

▲ *Mit der Veröffentlichung der von ihm redigierten, stark gestrafften »Emser Depesche« verleitete Bismarck die französische Regierung zur Kriegserklärung an Preußen. Der Schlusssatz lautete: »Seine Majestät der König hat es darauf abgelehnt, den französ(ischen) Botschafter nochmals zu empfangen, und demselben ... sagen lassen, daß S. M. dem Botschafter nichts weiter mitzuteilen habe.«*

König von Holland das Großherzogtum Luxemburg zu erhalten, scheiterte am internationalen Einspruch. Nachdem die Luxemburg-Krise eine Zeit lang den Krieg zwischen Frankreich und Preußen/Deutschland in greifbare Nähe gerückt hatte, wurde auf der Londoner Konferenz vom 7. bis 11. Mai 1867 die Unabhängigkeit und Neutralität Luxemburgs von den Großmächten gemeinsam garantiert.

Die Beziehungen zwischen Frankreich und Preußen bzw. dem Norddeutschen Bund blieben weiterhin gespannt. Frankreich suchte durch Bündnisverhandlungen mit Österreich und Italien Preußen einzukreisen. Erheblich verschärft wurde die politische Situation, als 1869 und nochmals 1870 der katholischen Linie Hohenzollern-Sigmaringen die spanische Königskrone angeboten wurde. Bismarck erkannte in dem sich zuspitzenden Konflikt eine Chance, die französisch-österreichischen Bündnisverhandlungen zu hintertreiben, und setzte die Annahme der spanischen Krone durch Erbprinz Leopold durch. Anfang Juli 1870 wurde dies bekannt und ließ die französisch-preußischen Spannungen wachsen. Um die Krise nicht weiter zu verschärfen, verzichtete die Familie Hohenzollern-Sigmaringen nach Abstimmung mit dem preußischen König schließlich auf die Thronkandidatur. Frankreich verlangte nun jedoch von König Wilhelm I. eine Garantie für den Verzicht des Hauses Hohenzollern auf die Krone Spaniens für alle Zeiten. Der preußische König wies den französischen Botschafter Benedetti ab, der ihn in Bad Ems wiederholt zu einer definitiven Aussage drängte, und verweigerte eine weitere Unterredung.

Telegrafisch teilte er diese Vorgänge Bismarck mit und überließ es ihm, die Presse »in geeigneter Form« zu unterrichten. Bismarck veröffentlichte diese »Emser Depesche« in stark verkürzter Form und stellte damit die französische Regierung mit ihren überzogenen Forderungen vor aller Welt bloß. Mit der Veröffentlichung der Emser Depesche veränderte sich die psychologische Situation in Deutschland grundlegend. Die öffentliche Meinung sah die Vorgänge nicht mehr als ein dynastisches Gerangel an, sondern als eine alle Deutschen erfassende nationale Angelegenheit. Die französische Regierung musste unter dem Druck der aufgebrachten Stimmung im eigenen Land mobilmachen und erklärte am 19. Juli 1870 Preußen den Krieg.

Aber es wurde ein Krieg gegen das ganze Deutschland, weil mit der französischen Kriegserklärung für die süddeutschen Staaten der »casus belli« gegeben war und die 1866 mit Preußen geschlossenen Bündnisverträge in Kraft traten.

8.21 Deutsch-Französischer Krieg

Mit der Veröffentlichung der von Bismarck verkürzten und damit im Ton verschärften *Emser Depesche* (▶ 8.20) und der daraufhin ausgesprochenen französischen Kriegserklärung an Preußen war das von Bismarck durchaus einkalkulierte Ereignis eingetreten, mit dem die letzte Phase des deutschen Einigungsprozesses eingeleitet werden konnte. Für die süddeutschen Staaten war der Bündnisfall aufgrund der Verträge von 1866 gegeben. Unter preußischem Oberbefehl standen jetzt nicht nur die preußisch-norddeutschen Armeen, sondern ebenso die bayerischen, württembergischen und badischen Truppen. Das nationale Solidaritätsgefühl vereinigte nicht nur die Soldaten, sondern auch die Bevölkerung.

Frankreich war international isoliert, teils durch eigenes Verschulden infolge seines aggressiven, taktisch ungeschickten Vorgehens, teils durch Bismarcks diplomatisch meisterhaftes Spiel, durch das das französische Kaiserreich in seinem Streben nach Machterweiterung vor der Welt bloßgestellt worden war. So waren die Sympathien der europäischen Völker zunächst auf preußisch-deutscher Seite; die Großmächte – beschäftigt mit eigenen inneren Problemen – blieben neutral.

Die mit der französischen Kriegserklärung vom 19. Juli 1870 begonnene militärische Auseinandersetzung verlief in zwei voneinander sehr verschiedenen Phasen ab. Die erste gipfelte nach einer Serie von teilweise verlustreichen, aber für die deutschen Armeen erfolgreichen Angriffsschlachten in der Kapitulation des Hauptteils der französischen Armee am 2. September 1870 in Sedan, bei der auch Napoleon III. in Gefangenschaft geriet. Die zweite begann mit der Ausrufung der Republik am 4. September 1870 und dem von der französischen Bevölkerung geführten Volkskrieg, der die Sympathien der neutralen Staaten für sich gewinnen konnte. Bismarck musste daher den Krieg ebenso wie 1866 möglichst schnell beenden und dies gegen den Widerstand des Militärs durchsetzen. Der französische Widerstand, der sich vor allem gegen die geforderte Abtretung des Elsass und eines Teiles von Lothringen richtete, wurde erst durch die Belagerung und Beschießung von Paris gebrochen. Am 28. Januar 1871 wurde der Waffenstillstand, am 26. Februar 1871 der Vorfriede von Versailles geschlossen. Der endgültige Friede mit den Bestimmungen über den Umfang des abzutretenden Gebietes, des zukünftigen *Reichslandes Elsass-Lothringen* (▶ 8.24), und das Ausmaß der Kriegsentschädigung – 5 Milliarden Francs – wurde am 10. Mai 1871 in Frankfurt am Main unterzeichnet.

Die französische Niederlage und vor allem der Verlust Elsass-Lothringens belasteten die Beziehungen zwischen dem neuen Deutschen Reich und Frankreich in den folgenden Jahrzehnten schwer und verhinderten die Aussöhnung zwischen den beiden Völkern.

8.22 Reichsgründung

Die französische Kriegserklärung an Preußen am 19. Juli 1870 ließ in Deutschland ein verbindendes Gefühl des gemeinsamen nationalen Schicksals entstehen, das sich im Kriegsverlauf zum Patriotismus steigerte.

Bismarck konnte nun die deutsche Nationalbewegung in seine Einigungspläne mit einbeziehen. Noch während der Kampfhandlungen nahm er Gespräche mit den süddeutschen Staaten über deren Beitritt zum *Norddeutschen Bund* (▶ 8.15) auf. Es gelang ihm, die Delegationen der süddeutschen Staaten voneinander zu isolieren und mit jedem Staat getrennt über die Gestaltung des zukünftigen Deutschen Reiches zu verhandeln, wobei er vor allem Bayern weit gehende Zugeständnisse hinsichtlich der Hoheitsrechte machte. Erst nachdem in zähen Verhandlungen Bayern und Württemberg eine Reihe von Reservatrechten (Militärhoheit im Frieden, eigene Post- und Eisenbahnverwaltung) zugesprochen worden waren, fand sich der bayerische König bereit, den offiziellen Antrag an den preußischen König zu richten, aus der Hand aller deutschen Fürsten die Kaiserkrone entgegenzunehmen.

Mit der Wiederaufnahme des Kaisertitels ging Bismarck auf die nationalen Gefühle des Bürgertums ein, das seit 1848/49 die deutsche Einheit mit dem Kaisertum verband. Gleichzeitig hatte der Titel »Deutscher Kaiser«, den der bayerische König Ludwig in seinem Brief benutzte, für Bismarck den Vorteil, dass die empfindlichen eigenstaatlichen Gefühle vor allem der Bayern geschont wurden und die preußische Vormachtstellung in dem neuen Reich verhüllt wurde. Der preußische König allerdings musste erst dazu überredet werden, die Kaiserkrone und den nach seiner Meinung nichts sagenden Titel »Deutscher Kaiser« anzunehmen. Für ihn war das preußische Königtum das gewachsene und von Gott verliehene Herrscheramt, dessen Glanz nicht durch den neuen Titel verdeckt werden sollte. Am 18. Januar 1871 fand im Spiegelsaal des Versailler Schlosses die Kaiserproklamation statt, während noch die deutschen Armeen vor Paris standen. Der Maler Anton von Werner hat das Ereignis in einem Monumentalgemälde festgehalten. Es zeigt den Augenblick der Ausrufung des preußischen Königs zum Deutschen Kaiser durch den Großherzog Friedrich von Baden, nachdem Bismarck gerade (in weißer Kürassieruniform) die Proklamation verlesen hatte. Das Bild gibt sehr deutlich den Charakter der Reichsgründung wieder. Es ist eine Versammlung von Fürsten und hohen Generalen, die ebenfalls anwesende Delegation von Abgeordneten des Norddeutschen Reichstags erscheint im Bild nicht. Bismarck hatte mit der Reichsgründung weitgehend die Wünsche der meisten national gesinnten Deutschen erfüllt, aber er vollzog diesen Akt ohne aktive Teilnahme der Volksvertretung.

8.23 Reichsverfassung

Die Reichsverfassung entsprach im Wesentlichen der Verfassung des *Norddeutschen Bundes* (► 8.15), abgesehen von einigen Änderungen, die vor allem die Sonderrechte der süddeutschen Staaten betrafen. Die preußische Führungsspitze blieb weiterhin ungeschmälert bestehen; der Kaiser, zugleich König von Preußen, führte den Vorsitz im Bundesrat. Bismarck blieb als Reichskanzler auch preußischer Ministerpräsident und Außenminister.
Die Verfassung stattete den Kaiser mit dem Recht aus, den Reichskanzler zu ernennen (und auch zu entlassen) sowie den Reichstag einzuberufen, er konnte ihn auch wieder auflösen. Außerdem war er in Kriegszeiten der Oberbefehlshaber der Streitkräfte des Reiches.
In dem ihm zur Seite stehenden Bundesrat wurde die Tradition des Bundestages des *Deutschen Bundes* (► 7.1) fortgesetzt. In ihm saßen die Vertreter der Landesfürsten und der drei Freien Städte. Dem Bundesrat nach war das neue Reich ein Fürstenbund wie der Deutsche Bund von 1815. Aber ihm gegenüber stand der aus allgemeinen und gleichen Wahlen hervorgegangene Reichstag als echte Vertretung der Gesamtheit des Volkes. Der überwiegenden

◄ *Die Proklamation Wilhelms I. zum Deutschen Kaiser am 18. Januar 1871 im Spiegelsaal des Schlosses von Versailles wurde in diesem mehrfach wiederholten Historiengemälde von Anton von Werner im offiziellen Prunkstil der Gründerzeit in Szene gesetzt (Baden-Baden, Neues Schloss)*

◀ *Die Verfassung des Deutschen Reiches 1871–1918*

Mehrheit der Bürger erschien deshalb die Reichsverfassung als ein wesentlicher Fortschritt im Vergleich mit dem bisherigen Zustand im Deutschen Bund, obwohl dem Parlament außer der Teilnahme an der Gesetzgebung durchgreifende Entscheidungsfunktionen vorenthalten blieben.
Diese monarchisch-konservative, konstitutionelle Reichsverfassung wurde bis in die letzten Wochen des 1. Weltkrieges beibehalten. Erst im Oktober 1918 (mit der so genannten Oktoberverfassung) erfolgte die Bindung des Reichskanzlers und der Staatssekretäre der Reichsämter an das Vertrauen des Parlamentes, aber diese Änderung kam zu spät, sie wurde schon wenige Wochen später durch die Revolution vom *9. November 1918* (▶ 10.1) abgelöst.

8.24 Reichsland Elsass-Lothringen

Erst im Laufe der Kampfhandlungen während des *Deutsch-Französischen Krieges* (▶ 8.21) und zunehmend mit den militärischen Erfolgen entstand in Deutschland die Forderung, im zukünftigen Frieden müsse das besiegte Frankreich Gebiete an das Deutsche Reich abtreten. Die Blicke richteten sich auf das Elsass und auf Lothringen. Die Generale führten Sicherheitsüberlegungen ins Feld, der Erwerb des elsässischen Gebietes würde die süddeutschen Grenzen sicherer machen, die nationale Bewegung verlangte die Rückkehr der erst vor rund 200 Jahren zu Frankreich gekommenen deutschsprachigen Länder.
Bismarck folgte mit der Annexion Elsass-Lothringens im Friedensvertrag 1871 in Frankfurt den strategischen Überlegungen des Militärs, dass der Besitz der rheinwärts gelegenen Höhen der Vogesen und der Festungen Metz und Straßburg künftig die Bedrohung Süddeutschlands unmöglich machen würde. Er hatte bei dieser territorialen Forderung aber auch die deutsche Nationalbewegung im Auge und versprach sich eine endgültige Überwindung der unterschwellig noch immer vorhandenen antipreußischen Einstellung in der süddeutschen Bevölkerung.
Die Elsässer und Lothringer ihrerseits wollten lieber bei Frankreich bleiben, nur wenige begrüßten die Annexion als Heimkehr in das gemeinsame Vaterland. Staatsrechtlich erhielt das Reichsland nicht die gleiche bundesstaatliche Stellung wie die deutschen Fürstenstaaten, sondern wurde zunächst wie eine preußische Provinz verwaltet. Es gelang der Verwaltung indes nicht, die Bevölkerung in ihrer Mehrheit zu integrieren, vielmehr versteifte sich die Protesthaltung der Bevölkerung zunehmend.
Außenpolitisch wurde mit der Annexion Elsass-Lothringens der Grund zu einem neuen

Krieg gelegt. Frankreich betrachtete die annektierten Gebiete als Teil der französischen Nation und vermochte den Verlust nicht zu verwinden. Sein Bestreben war es, einen neuen Waffengang vorzubereiten, dann aber mit starken Bündnispartnern an seiner Seite.

8.25 Gründerjahre

Die ersten Jahre nach der *Reichsgründung* (▶ 8.22) und der Beendigung des *Deutsch-Französischen Krieges* (▶ 8.21) waren im neu entstandenen Deutschen Reich gekennzeichnet durch einen außerordentlichen Wirtschaftsaufschwung. Ausgelöst wurde diese Entwicklung vor allem durch die nach Deutschland einströmenden fünf Milliarden Francs aus der französischen Kriegsentschädigung. In relativ kurzer Zeit bezahlt, überschwemmten die französischen Milliarden – ein Mehrfaches der in den deutschen Ländern umlaufenden Geldmenge – den deutschen Finanzmarkt. Hinzu kamen der durch die Reichsgründung gewonnene Großwirtschaftsraum, der einen weiteren Zollabbau ermöglichte, frühe Maßnahmen des neuen Staates wie einheitliche Handelsgesetzgebung, Vereinheitlichung des Münzwesens, der Maße und Gewichte und die Gründung der Reichsbank.
Diese stürmische wirtschaftliche Entwicklung der Gründerjahre beschleunigte den Ausbau der Industrie und des Eisenbahnnetzes und intensivierte den Aufschwung der Großbanken und des Handels. Eine rege Bautätigkeit setzte ein und steigerte sich rasch in ein regelrechtes »Baufieber«.
Der Geldüberhang auf dem deutschen Kapitalmarkt verursachte ein Überschäumen der Spekulation und löste ein hemmungsloses Gewinnstreben aus. In kurzer Zeit wurden über 850 neue Aktiengesellschaften neben anderen zahlreichen Firmen gegründet. Nicht wenige unter ihnen waren unsolide Unternehmungen. Schon 1873 führte eine allgemeine Weltwirtschaftskrise zu einem Kurssturz an der Börse, zum Zusammenbruch von Banken und vieler Firmengründungen. Eine mehrere Jahre anhaltende Depression löste die Hochkonjunktur der so genannten Gründerjahre ab.

8.26 Kulturkampf

Bald nach der Gründung des Deutschen Reiches kam es zum Zusammenstoß mit der katholischen Kirche, genauer mit dem politischen Katholizismus. Eine katholische Parteigruppierung hatte es bereits 1848 in der *Frankfurter Nationalversammlung* (▶ 7.18) gegeben. 1870 entstand im preußischen Abgeordnetenhaus aus der katholischen Fraktion das *Zentrum* (▶ 8.27), das 1871 als zweitstärkste Fraktion in den Reichstag einzog.
Bismarck stand der neuen konfessionellen Partei mit großem Misstrauen gegenüber. Für ihn stand sie als katholische Gruppierung von vornherein in Opposition zu dem neuen Staat und seinem evangelischen Kaisertum. In ihr sammelten sich nach seiner Meinung die »Be-

◀ *Die so genannten Gründerjahre sahen in Deutschland eine rasante wirtschaftliche Entwicklung, die sich u. a. in einer Expansion des Bankwesens und in einer nicht zu bremsenden Bautätigkeit widerspiegelte. Als Symbol hierfür kann dieses Bild des 1889/91 erstellten Neubaus der 1870 gegründeten Deutschen Bank in Berlin gelten*

siegten von 1866«, die Gegner der kleindeutschen Reichsbildung, die hannoverschen Welfen, die Polen aus den östlichen preußischen Provinzen, später auch die Elsässer. Bismarck befürchtete immer eine Verbindung der katholischen Zentrumspartei zu den katholischen Mächten Frankreich und Österreich. Im Juli 1871 wurde als erste Maßnahme die katholische Abteilung im preußischen Kultusministerium geschlossen. In dem sich allmählich verschärfenden »Kulturkampf« – diesen Begriff prägte der Führer der Fortschrittspartei, Rudolf Virchow, in einem Wahlaufruf – wurde im Dezember 1871 der so genannte Kanzelparagraph als Reichsgesetz eingeführt. Danach waren Geistliche, die bei der Ausübung ihres Amtes von der Kanzel herab staatliche Angelegenheiten »in einer den öffentlichen Frieden gefährdenden Weise« kommentierten, mit Amtsentlassung und Gefängnis bedroht. Mit dem Schulaufsichtsgesetz vom März 1872 wurde der Kirche die geistliche Aufsicht über die Schulen entzogen und in Preußen durch die staatliche Schulaufsicht ersetzt.

Bundesrat und Reichstag beschlossen 1872 das Verbot des Jesuitenordens innerhalb des Reichsgebiets. Weitere Maßnahmen dehnten das staatliche Aufsichtsrecht aus und schränkten die kirchliche Disziplinargewalt ein. Der Staat behielt sich ein Einspruchsrecht bei der Anstellung von Geistlichen vor (1873); so mussten Geistliche vor Amtsantritt z. B. ein »Kulturexamen« ablegen, das ein Studium an einer deutschen Universität voraussetzte. 1875 wurde die Zivilehe als allein gültige Ehe eingeführt und alle geistlichen Orden mit Ausnahme reiner Krankenpflegeorden verboten. Weitere Gesetze sperrten die staatlichen Geldzuwendungen an die katholische Kirche und beteiligten die Altkatholiken am kirchlichen Vermögen. Zeitweise waren ein Viertel der Pfarreien und alle Bistümer nicht besetzt, da viele Priester ihrer Ämter enthoben, verhaftet oder ins Ausland geflohen waren.

Die Absicht Bismarcks, mit diesen kirchenpolitischen Maßnahmen das Zentrum zu zerschlagen, schlug fehl. Der Kulturkampf führte im Gegenteil zu einem stärkeren Zusammenschluss der katholischen Bevölkerung mit ihrer in Not geratenen Geistlichkeit. Bei den Reichstagswahlen 1874 konnte die Zentrumspartei ihre Stimmenzahl mehr als verdoppeln. So führte der Kulturkampf zu einer schweren innenpolitischen Niederlage Bismarcks und der liberalen Bewegung. Er strebte deshalb, als 1878 Papst Pius IX. starb und sein Nachfolger Leo XIII. Anzeichen von Kompromissbereitschaft erkennen ließ, die Beendigung des Kulturkampfes an. Die meisten Maßnahmen wurden wieder aufgehoben, bestehen blieben der Kanzelparagraph (bis zu seiner Aufhebung durch den Deutschen Bundestag 1953), die Zivilehe, die staatliche Schulaufsicht und bis 1917 die Jesuitengesetze.

8.27 Zentrum

Katholische Gruppen saßen bereits in den Landtagen und im Parlament der Paulskirche 1848/49. Sie hatten ihren Platz meist in der Mitte zwischen den konservativen auf der rechten, den liberalen und demokratischen Gruppierungen auf der linken Seite. Die Notwendigkeit, sich zu einer starken und dauerhaften Partei zur Vertretung der katholischen Interessen zusammenzuschließen, wurde in dem Augenblick als besonders dringlich angesehen, als sich mit der Bildung des *Norddeutschen Bundes* (▶ 8.15) die Entstehung eines Deutschen Reiches unter der Vorherrschaft des preußischen Protestantismus ankündigte.

Das Zentrum als politische Partei bildete sich 1870 aus der katholischen Fraktion im preußischen Abgeordnetenhaus und wurde bereits bei den ersten Reichstagswahlen 1871 mit 63 Mandaten hinter den Nationalliberalen die zweitstärkste Partei. Ihr Programm beschränkte sich auf das Eintreten für die Rechte der Kirche und einen föderativen Aufbau des Reiches mit garantierten Rechten der Bundesländer. Mit diesen Punkten geriet das Zentrum zwangsläufig in Frontstellung zu Bismarck und seinen kleindeutschen Plänen. Obwohl die Partei nicht ausdrücklich die Beschränkung auf die katholischen Bevölkerungsteile betonte, wurde sie doch vorwiegend ein Sammelbecken der Katholiken in Deutschland. Da in ihr Unternehmer und Arbeiter, Gutsbesitzer, Bauern und Landarbeiter Aufnahme fanden, war sie zugleich die erste echte Volkspartei. Zu ihr stießen auch die Polen aus den östlichen preußischen Provinzen und später die Elsässer.

Ihr unumstrittener Führer wurde als brillanter Redner und Gegenspieler Bismarcks im *Kulturkampf* (▶ 8.26) und im Reichstag der frühere hannoversche Justizminister und Kronanwalt

Ludwig Windthorst, der Bismarck an Unerschrockenheit und rednerischer Begabung durchaus gewachsen war.
Aus dem Kulturkampf ging die Zentrumspartei erheblich gestärkt hervor. Sie konnte ihren Stimmenanteil in der Reichstagswahl von 1874 gegenüber 1871 beträchtlich steigern und 91 Sitze gewinnen. Sie blieb eine der bedeutendsten Parteien des Kaiserreiches und der Weimarer Republik. Nach dem Abklingen des Kulturkampfes unterstützte sie Bismarcks Schutzzollpolitik 1879 und seine Sozialgesetzgebung. Das *Sozialistengesetz* (► 8.30) lehnte das Zentrum 1878 in Erinnerung an den Kulturkampf trotz seiner antisozialistischen und antiliberalen Einstellung zunächst ab und blieb – auch nach der Zustimmung durch einen Teil der Reichstagsfraktion 1880 – später einer der heftigsten Kritiker des Gesetzes.
Nach 1890 trat die konfessionelle Ausrichtung der Zentrumspartei zurück. Verbunden mit dieser Tendenz verstärkte sich jedoch die Flügelbildung innerhalb der Partei. Ihr bestes Wahlergebnis erreichte die Partei bei den Reichstagswahlen 1907, als sie 105 Mandate gewinnen konnte. Einer kurzen Zeit der Opposition 1906–1908 folgte das Zusammengehen mit den Konservativen, das die Reichstagsmehrheit in den Jahren bis zum 1. Weltkrieg bestimmte.

8.28 Sozialdemokratie

Die politische Organisierung der Arbeiterbewegung in Deutschland begann am 23. Mai 1863 mit der Gründung des »Allgemeinen Deutschen Arbeitervereins« durch Ferdinand Lassalle in Leipzig, der die schon vorher regional entstandenen Arbeiterbildungs- und Unterstützungsvereine zusammenfasste. Lassalles Ziele waren die Gründung einer selbstständigen politischen Partei, allgemeines, gleiches und direktes Wahlrecht und die Einrichtung von Arbeiter-Produktionsgenossenschaften mit Unterstützung des Staates.
Ebenfalls 1863 entstand in Eisenach der liberaldemokratische »Vereinstag deutscher Arbeitervereine«, der zum Kern der 1869 in Eisenach gegründeten Sozialdemokratischen Arbeiterpartei wurde. Ihre Organisation war streng demokratisch aufgebaut und hatte im Programm sowohl Gedanken von *Karl Marx* (► 8.6) als auch von Ferdinand Lassalle. Sie betrachtete sich als den deutschen Zweig der Internationalen Arbeiterassoziation, der am 28. September 1864 in London gegründeten Ersten Internationalen.
Beide Organisationen vereinigten sich 1875 in Gotha zur Sozialistischen Arbeiterpartei Deutschlands (SAP). Schon in dieser frühen Phase der Parteientwicklung waren revolutionäre Strömungen marxscher Prägung und reformerische, aus dem Gedankengut Lassalles hervorgegangene Ideen nebeneinander wirksam.
Im Gegensatz zu den anderen Parteien wurde die Sozialistische Arbeiterpartei, die sich 1890

▲ *Wandteller zur Erinnerung an den Gründungskongress der Sozialistischen Arbeiterpartei Deutschlands im Mai 1875 in Gotha. Die Bilder zeigen oben August Bebel und Wilhelm Liebknecht, in den Medaillons Ferdinand Lassalle und Karl Marx, der das Gothaer Programm im Übrigen heftig kritisierte*

in Sozialdemokratische Partei Deutschlands (SPD) umbenannte, schon früh eine Massenpartei mit fester Mitgliedschaft und straffer Organisation. Die Partei, als national unzuverlässig und staatsfeindlich angesehen, wurde für die Arbeiter zur politischen Heimat und entwickelte eine eigene Subkultur als Emanzipations- und Kulturbewegung. Von großer Bedeutung für die politische Emanzipation der Arbeiter wurden die zahlreichen sozialen und kulturellen Einrichtungen, die die SPD als Partei mittrug und teilweise gemeinsam mit der Gewerkschaftsbewegung (▶ 8.19) gründete. Solche Einrichtungen waren Kindergärten, Sport- und Gesangvereine, Bestattungs- und andere Unterstützungskassen, Konsumvereine und deren Läden sowie die Spar- und Bauvereine. Die den bürgerlichen Staat ablehnenden und auf die Weltrevolution mit dem Sieg der Arbeiterklasse setzenden Kräfte innerhalb der Partei konnten sich in den Jahren der politischen Verfolgung durch das bismarcksche *Sozialistengesetz* (▶ 8.30) durchsetzen, wie das Erfurter Programm von 1891 zeigte, das freilich in seinem 2. Teil Forderungen für eine praktische Politik enthielt.

Die Tätigkeit der Reichstagsfraktion der Partei blieb während der Dauer des Sozialistengesetzes ungestört, von 1878 bis 1890 konnte die Partei trotz der Behinderungen und Verbote in den Reichstagswahlen ihre Stimmenzahl auf 1,5 Millionen fast verdreifachen. Mit etwa 20 % der Wählerstimmen wurde sie zur relativ stärksten deutschen Partei, was sich jedoch wegen des Mehrheitswahlrechts und der gegen sie gerichteten bürgerlichen Koalition nicht im gleichen Maße auf die Zahl der Mandate auswirkte.

8.29 August Bebel

Geboren am 22. Februar 1840 als Sohn eines Unteroffiziers in Köln-Deutz, erlebte Bebel nach dem frühen Tod seines Vaters bittere Jahre der Armut. Er erlernte in Wetzlar, dem Geburtsort seiner Mutter, das Drechslerhandwerk und ließ sich 1864 als Drechslermeister in Leipzig nieder. 1861 trat er dem »Leipziger gewerblichen Bildungsverein« bei, dessen Vorsitzender er 1865 wurde. Im gleichen Jahr lernte er Wilhelm Liebknecht kennen. Nach der Gründung der Sächsischen Volkspartei 1866 zusammen mit Liebknecht wurde er 1867 Vorsitzender des Verbandes Deutscher Arbeitervereine und im gleichen Jahr zum Mitglied des norddeutschen Reichstages gewählt.

Liebknecht bewog ihn, sich 1868 mit der Mehrheit des Verbandes Deutscher Arbeitervereine der Internationalen Arbeiterassoziation anzuschließen, der in London 1864 unter Mitwirkung von Karl Marx entstandenen Ersten Internationale. 1869 war Bebel gemeinsam mit Wilhelm Liebknecht in Eisenach maßgeblich an der Gründung der Sozialdemokratischen Arbeiterpartei beteiligt, deren Vorsitzender er bald darauf wurde. Nach der Reichstagswahl 1871 zog Bebel als Abgeordneter der Sozialdemokratischen Partei in den Reichstag ein. In seiner ersten Rede im Reichstag am 25. Mai 1871 wies er auf das aktuelle Ereignis, den Aufstand der Pariser Kommune gegen die bürgerliche Regierung, hin und nannte die Vorgänge »ein kleines Vorpostengefecht« im Kampf der Proletarier gegen die bestehende gesellschaftliche Ordnung, dem weitere, größere Aktionen folgen würden. Schon als Abgeordneter im Reichstag des *Norddeutschen Bundes* (▶ 8.15) hatte Bebel zusammen mit Liebknecht gegen die Bewilligung von Kriegskrediten bei Ausbruch des *Deutsch-Französischen Krieges* (▶ 8.21) gestimmt; ebenso protestierte er leidenschaftlich gegen die geplante und dann vollzogene Annexion *Elsass-Lothringens* (▶ 8.24). Das brachte ihm und seiner Partei in der allgemeinen nationalen Hochstimmung und Kriegsbegeisterung den Ruf ein, »Reichsfeinde« und national unzuverlässig zu sein.

In einem Leipziger Hochverratsprozess 1872 wurden Bebel und Liebknecht zu zwei Jahren Festungshaft verurteilt. Bebel forderte vom Staat nicht nur die Herstellung der politischen Freiheit, sondern auch »die Herstellung der ökonomischen Gleichheit«. Im Reichstag war er einer der schärfsten Kritiker der bismarckschen Politik. Besonders nach dem Erlass des Reichsgesetzes »wider die gemeingefährlichen Bestrebungen der Sozialdemokratie« 1878, dem so genannten *Sozialistengesetz* (▶ 8.30), wurde Bebel zum Hauptankläger der Regierung. Er warf ihr vor, Tausende von Sozialdemokraten lediglich ihrer Gesinnung wegen ins Gefängnis zu werfen und so ihre Existenz zu ruinieren.

Konsequent setzte Bebel sich für das allgemeine und gleiche Wahlrecht in den Bundesstaaten ein, das auch den Frauen zustehen sollte. Bebel war maßgeblich an der Ausarbeitung des Erfurter Programms der SPD 1891 beteiligt. Trotz seiner Überzeugung, dass der Sozialismus bald über die »absterbende bürgerliche Gesellschaft« siegen würde, war Bebel ein Vorkämpfer für die friedliche Durchsetzung der Ziele seiner Partei und Gegner einer revolutionären Bewegung. Diese Haltung brachte ihn später in deutlichen Gegensatz zum linken Flügel der Sozialdemokratie, wie er z. B. von Rosa Luxemburg repräsentiert wurde. Trotz aller innerparteilichen Gegensätze blieb er bis zu seinem Tod am 13. August 1913 der anerkannte Führer der Sozialdemokratischen Partei.

8.30 Sozialistengesetz

Der Zulauf, den Allgemeiner Deutscher Arbeiterverein und Sozialdemokratische Arbeiterpartei (*Sozialdemokratie,* ▶ 8.28) seit der Wirtschaftskrise 1873 zu verzeichnen hatten, ihre Vereinigung 1875 zur Sozialistischen Arbeiterpartei Deutschlands (SAP) und deren sich deutlich steigernde Wahlerfolge bei den Reichstagswahlen 1874 und 1877 beunruhigten die Reichsregierung und die bürgerlichen Parteigruppierungen im Reichstag. Bismarck konnte wegen der kompromissbereiten Haltung Papst Leos XIII. den seit Jahren geführten *Kulturkampf* (▶ 8.26) gegen die katholische Kirche und den politischen Katholizismus allmählich abbrechen und sich dieser neuen Gefahr einer herannahenden sozialistischen Revolution zuwenden.

▲ *Wie dieses baumwollene Transparent aus dem Jahr 1888 zeigt, ließen sich die Sozialdemokraten durch das im Oktober 1878 erlassene Sozialistengesetz nicht einschüchtern (Berlin, Deutsches Historisches Museum)*

Als Vorwand für sein Vorgehen gegen die Sozialistische Arbeiterpartei dienten ihm zwei Attentate auf Kaiser Wilhelm I. 1878. Beide Anschläge schlugen fehl, die Attentäter standen auch mit der Sozialdemokratie nicht in Verbindung, dennoch wurde von der Regierung ein Zusammenhang zwischen den Attentaten und den angeblichen sozialdemokratischen Umsturzplänen behauptet.

Am 21. Oktober 1878 wurde das Reichsgesetz »wider die gemeingefährlichen Bestrebungen der Sozialdemokratie« erlassen. Die sozialdemokratischen und sozialistischen Vereine wurden verboten, ebenso Veranstaltungen, Umzüge, Feste und Versammlungen, ihre Zeitungen mussten ihr Erscheinen einstellen. Personen, die die Ordnung gefährdeten, konnten ausgewiesen oder ins Gefängnis geworfen werden. Mit dem Sozialistengesetz sollten sowohl die Parteiorganisation als auch die Gewerkschaften zerschlagen werden. Das Gesetz wurde im Reichstag mit den Stimmen der Konservativen und Nationalliberalen angenommen, während das Zentrum, die Fortschrittspartei und die Fraktion der Sozialdemokraten gegen die Annahme stimmten. Es wurde gegen den Wunsch der Regierung auf zweieinhalb Jahre befristet, aber regelmäßig bis 1890 verlängert, ab 1880 auch mit den Stimmen von Teilen des *Zentrums* (▶ 8.27).

Trotz aller Verbote und Verhaftungen, Verurteilungen und Ausweisungen waren die Organisationen der Partei und der Gewerkschaften mit dem Gesetz nicht mehr zu zerstören. Die Solidarität der Arbeiter führte zu einem Anwachsen der Partei von 1878 bis 1890 von 415 000 auf 1 427 000 Wähler. 1912 wurde die SPD mit 110 Abgeordneten zur stärksten Fraktion im Reichstag.

Ab 1890 wurde das Sozialistengesetz nicht mehr verlängert. Es verhinderte nachdrücklich die seinerzeit von Ferdinand Lassalle angestrebte Versöhnung zwischen der Arbeiterschaft und dem Staat. In seinen Nachwirkungen hielt es die Integration der Sozialdemokraten in die bürgerliche Gesellschaft am Ende des Jahrhunderts auf.

8.31 Genossenschaftswesen

Mit der technischen Fortentwicklung in der *industriellen Revolution* (▶ 8.4) und der dazu parallel laufenden unbeschränkten Entfaltung des

freien Wettbewerbs war die Masse der »kleinen Leute«, der wirtschaftlich Schwachen, gegenüber dem Druck der Unternehmer, der Fabrikherren und Großgrundbesitzer, außerordentlich ins Hintertreffen geraten. Handwerker, kleine Gewerbetreibende, aber auch Bauern gehörten neben der Masse der Lohnabhängigen zu dieser Schicht.
Um dieses wirtschaftliche und soziale Ungleichgewicht einigermaßen auszugleichen, entstand um die Mitte des 19. Jahrhunderts die Genossenschaftsbewegung. Sie war der Versuch, den im Mittelalter in Städten und Dorfgemeinschaften bewährten solidarischen Genossenschaftsgedanken wieder zu beleben.
Die ersten Genossenschaften bildeten sich aus Selbsthilfeorganisationen des Handwerks und der kleinen landwirtschaftlichen Betriebe, aus Vereinskassen und Wohltätigkeitsvereinen heraus. Ihre Väter waren vor allem der Sozialpolitiker und spätere Reichstagsabgeordnete der Deutschen Fortschrittspartei Hermann Schulze-Delitzsch, Friedrich Wilhelm Raiffeisen und Wilhelm Haas. Raiffeisen und Haas bemühten sich vor allem um Hilfsvereine im ländlichen Bereich und lehnten dabei auch Finanzhilfen des Staates nicht ab. Schulze-Delitzsch dagegen setzte sich für das Kleingewerbe ein und bevorzugte das Prinzip der Selbsthilfe. 1865 bewirkte Schulze-Delitzsch die Gründung der deutschen Genossenschaftsbank und konnte 1867 das preußische Genossenschaftsgesetz veranlassen. Doch blieben die Genossenschaften zunächst relativ schwach; erst als mit dem Reichsgesetz über die Genossenschaften von 1889 eine Beschränkung der Haftpflicht eingeführt wurde, konnten sich die Genossenschaften entwickeln. Mit dem Gesetz von 1889 wurde auch die Zwangsrevision der Genossenschaften eingeführt, die über die ordnungsgemäße Geschäftsführung wachte.

8.32 Sozialgesetze/ Arbeiterversicherung

Seit der unerbittlichen Bekämpfung der *Sozialdemokratie* (▶ 8.28) und ihrer Organisationen mit den Bestimmungen des *Sozialistengesetzes* (▶ 8.30) vom Oktober 1878 plante Bismarck eine positive staatliche Sozialpolitik. Seine Absicht war es, mit konstruktiven staatlichen Maßnahmen die soziale Lage der Arbeiterschaft zu verbessern und sie damit nicht nur für den Staat zu gewinnen, sondern gleichzeitig auch ihre politische Organisation, die Sozialdemokratische Partei, zu schwächen.
In einer kaiserlichen Botschaft wurde am 17. November 1881 im Reichstag ein sozialpolitisches Programm angekündigt. Vorgesehen waren eine Versorgung der Arbeiter für Unfall, Krankheit, Invalidität und Alter. Im Juni 1883 wurde als erstes Gesetz die Krankenversicherung der Arbeiter geregelt. Die Beiträge zur Krankenversicherung sollten je zur Hälfte von den Arbeitgebern und den Arbeitern gezahlt werden. Unter der Vielzahl bereits existierender Kranken-, Innungs- und Knappschaftskassen, die weiter bestanden, wurde die genossenschaftliche Organisation der Ortskrankenkassen die typische Arbeiterkrankenkasse. Die Leistungen bestanden in freier ärztlicher Behandlung und einem Krankengeld, das vom 3. Tage an bis zu höchstens 13 Wochen gezahlt wurde.

▲ *Als positive Antwort auf die Entwicklung der Sozialdemokratie in den 1870er-Jahren begründete Bismarck in den 1880er-Jahren die staatliche Sozialpolitik in Deutschland. Abgeschlossen wurde das entsprechende Gesetzeswerk im Juni 1889 mit der Alters- und Invaliditätsversicherung. Holzschnitt »Rentenauszahlung, Hamburger Hauptpostamt« aus dem Jahr 1898*

Am 27. Juni 1884 folgte das Gesetz über die Unfallversicherung. Hier übernahm die Berufsgenossenschaft der Unternehmer die Zahlungen bei Unfall eines Arbeiters in voller Höhe – die Arbeiter brauchten keinen Anteil zu leisten –

und zahlte bei tödlichem Unfall eine Hinterbliebenenrente. Die Unfallversicherung trat nach Ablauf der Krankenversicherung, also nach der 14. Woche, ein. Sie trug auch die Kosten eines Heilverfahrens sowie für die Dauer der gesamten Zeit der Erwerbslosigkeit zwei Drittel des letzten Arbeitsverdienstes. Abgeschlossen wurde das Gesetzeswerk am 22. Juni 1889 mit der Alters- und Invaliditätsversicherung. Sie sicherte jedem Arbeiter eine Altersrente nach dem 70. Lebensjahr zu sowie eine Invalidenrente bei Arbeitsunfähigkeit, für die Arbeitgeber und Arbeitnehmer je zur Hälfte Beiträge abzuführen hatten. Hier wurde auch der Gedanke des Reichszuschusses aufgegriffen. Bismarck wollte ursprünglich, dass die Arbeiter keine eigenen Beiträge für die Versicherungen leisten mussten, da diese Beiträge das Einkommen schmälern und Unverständnis bei den Arbeitern hervorrufen mussten.

Die Wirkung, die Bismarck sich mit dieser Gesetzgebung erhofft hatte, nämlich die Arbeiter für den Staat zu gewinnen und sie der Sozialdemokratie und ihren Organisationen zu entfremden, wurde jedoch nicht erreicht. Die Arbeiterschaft scharte sich vielmehr, zumal auch die Verfolgungen durch das bis 1890 immer wieder verlängerte *Sozialistengesetz* (►8.30) weiter anhielten, solidarisch um die Führer der Sozialdemokratischen Partei, die bei den Reichstagswahlen 1890 knapp 20 % der Stimmen erhielt. Von der sozialdemokratischen Führung wurden die bismarckschen Gesetze und die sich daraus ergebenden Leistungen für die einzelnen Arbeiter als völlig unzureichend kritisiert.

Dennoch ist das Deutsche Reich mit dieser Sozialgesetzgebung allen anderen Staaten der Welt vorangeschritten und lange Zeit Vorbild gewesen.

8.33 Bismarcks Bündnispolitik

Mit der Gründung des Deutschen Reiches und dem Sieg über Frankreich hatte sich das Kräfteverhältnis im europäischen Staatensystem verschoben. Es kam nun alles darauf an, die anderen europäischen Großmächte zu überzeugen, dass die erweiterte Großmacht Preußen/

Bismarcks Bündnisgeometrie

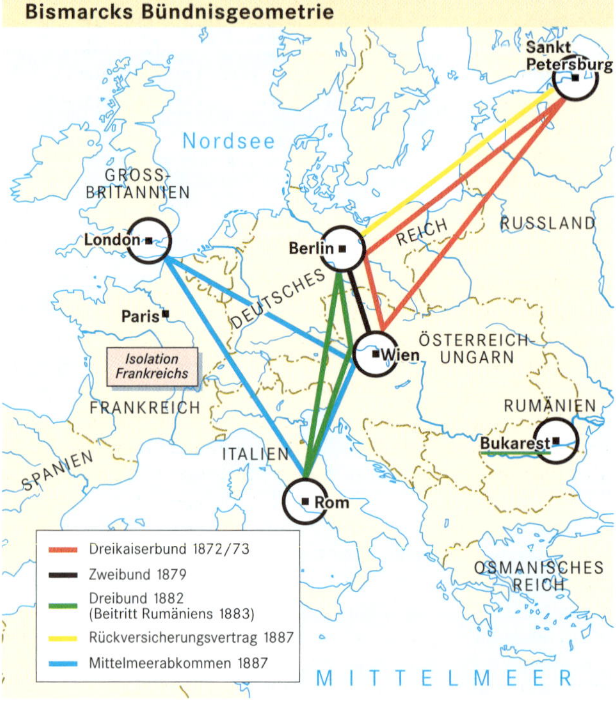

Deutschland keine Bedrohung darstellte und das neue Deutsche Reich keine Ansprüche erhob, eine europäische Vormachtstellung zu erringen. Bismarck erklärte deshalb auch bald öffentlich, dass Deutschland »saturiert« sei.
Die von Bismarck als Reichskanzler bis 1890 geleitete Außenpolitik des Deutschen Reiches wurde entscheidend bestimmt von seiner Einstellung zu Frankreich, das seine Niederlage und den Verlust *Elsass-Lothringens* (▶8.24) nicht verwinden konnte und jede sich bietende Gelegenheit nutzen würde, um gegen Deutschland einen Revanchekrieg zu führen. Bismarcks Bestreben war es deshalb, Frankreich möglichst isoliert zu halten. Zeitweise gelang es ihm, das französische Interesse auf koloniale Ziele abzulenken, wobei er gleichzeitig hoffte, dass Frankreich sich dabei die Gegnerschaft Englands zuziehen würde.
1872 wurde mit dem Abschluss des Dreikaiserabkommens zwischen Deutschland, Österreich und Russland die monarchische Tradition der *Heiligen Allianz* (▶7.2) von 1815 wieder aufgenommen. Mit dieser Verständigung der drei Monarchen – ein formeller Vertragsabschluss erfolgte nicht – setzte Bismarck die traditionelle Freundschaft zu Russland fort und erreichte durch die Einbeziehung des österreichischen Kaisers, dass die Gegensätze zwischen dem Zarenreich und Österreich-Ungarn in der Balkanpolitik noch einmal überspielt werden konnten.
1878 verhinderte der *Berliner Kongress* (▶8.34), bei dem Bismarcks Führungsrolle in der europäischen Politik deutlich wurde, einen kriegerischen Zusammenstoß zwischen Österreich-Ungarn und Russland sowie zwischen Großbritannien und Russland. Beide Länder fühlten sich in ihren Interessen bedroht, als die Russen nach dem Russisch-Türkischen Krieg von 1877/78 das Schicksal der von der türkischen Herrschaft befreiten Balkanvölker eigenmächtig in die Hand nehmen wollten.
1881 gelang es Bismarck noch einmal, ein Dreikaiserbündnis mit Russland und Österreich-Ungarn zustande zu bringen, das aber schon kurz nach seiner Verlängerung 1884 an den unüberbrückbaren Gegensätzen scheiterte.
1879 hatte das Deutsche Reich mit Österreich-Ungarn ein Bündnis geschlossen, in dem beide Mächte sich verpflichteten, bei einem Angriff Russlands einander Hilfe zu leisten, bei einem Angriff einer anderen Macht wohlwollende Neutralität zu wahren. Dieser »Zweibund« wurde in Deutschland und in Österreich-Ungarn sehr begrüßt und als teilweise Erfüllung der 1848/49 entwickelten Ideen von einem engeren Zusammenschluss der Deutschen angesehen. Dieser Bund hat bis zum 1. Weltkrieg gedauert. Bismarck hat jedoch, anders als seine Nachfolger, die Schwäche des Habsburgerreiches in seiner Eigenschaft als Vielvölkerstaat klar gesehen und immer nach weiteren Bündnispartnern Ausschau gehalten.
Italien trat am 20. Mai 1882 dem Zweibund bei, als Frankreich gerade Tunis besetzt und eigene italienische Pläne durchkreuzt hatte. Dies gab dem jetzt zum Dreibund gewordenen Bündnis eine Frontstellung gegen Frankreich und setzte voraus, dass Großbritannien dem Dreibund wohlwollend gegenüberstand. Bismarck bemühte sich stets, mit Großbritannien in gutem Einvernehmen zu bleiben, und wies deshalb den Erwerb von Kolonien von sich. Als das Dreikaiserabkommen infolge der nicht mehr zu überbrückenden Gegensätze zwischen Russland und Österreich nicht mehr aufrechterhalten werden konnte, gelang Bismarck am 18. Juni 1887 der Abschluss eines geheimen Neutralitätsabkommens mit Russland, der von ihm selbst so genannte *Rückversicherungsvertrag* (▶8.35). Mit diesem Vertrag konnte noch einmal die von Bismarck befürchtete Annäherung Frankreichs an Russland mit der dann näher rückenden Gefahr eines Zweifrontenkrieges verhindert werden.

8.34 Berliner Kongress

Der Russisch-Türkische Krieg 1877/78 hatte mit einem triumphalen Sieg der Russen über den »kranken Mann am Bosporus« geendet. In dem von Russland diktierten Frieden von San Stefano verlor das Osmanische Reich seine letzten Besitzungen auf dem Balkan. Gegen den Machtzuwachs Russlands erhoben Großbritannien und Österreich Protest. Um eine Ausweitung des Krieges zu verhindern, schaltete sich das Deutsche Reich ein und lud die Mächte zu einem europäischen Kongress nach Berlin. So kam es im Juni/Juli 1878 zu einem Treffen der europäischen Staatsmänner auf dem Berliner Kongress, auf dem Bismarck als Gastgeber auch den Vorsitz führte.
Da Deutschland auf dem Balkan nicht interessiert war, konnte Bismarck sich unparteiisch – als »ehrlicher Makler« – um einen Ausgleich der gefährlichen Gegensätze zwischen den Groß-

◀ *Auf dem Berliner Kongress regte Bismarck als »ehrlicher Makler« einen Ausgleich der Balkaninteressen unter den Großmächten an. Darstellung der Schlusssitzung in der Berliner Reichskanzlei am 13. Juli 1878 im Gemälde von Anton von Werner (Berlin, Deutsches Historisches Museum)*

mächten bemühen. Auf die meisten Eroberungen hatte Russland schon bei Vorverhandlungen in London wieder verzichten müssen. In der Berliner Kongressakte vom 13. Juli 1878 verzichtete Russland auf das Protektorat Großbulgarien, das in ein dem Osmanischen Reich tributpflichtiges unabhängiges Fürstentum und in eine osmanische Provinz Ostrumelien geteilt wurde. Russland erhielt dafür von Rumänien Teile von Bessarabien, Rumänien selbst wurde ebenso wie Serbien und Montenegro unabhängig. Österreich-Ungarn erhielt das Zugeständnis, Bosnien und die Herzegowina okkupieren zu dürfen; Großbritannien erhielt Zypern. Diese Balkanordnung führte jedoch zu neuen Spannungen; die österreichisch-russische Rivalität wurde verschärft, und die nationale Frage auf dem Balkan blieb weiterhin ungelöst.
Der Berliner Kongress war ein Triumph Bismarcks, der deutsche Reichskanzler stand auf dem Höhepunkt seines Ansehens. In Russland aber war man enttäuscht, dass Bismarck sich nicht stärker für die russischen Belange eingesetzt hatte als Dank für die neutrale Haltung Russlands 1866 und 1870/71. Eine deutliche antideutsche Stimmung breitete sich am Zarenhof und in der russischen Öffentlichkeit aus, die sich mit dem zur politischen Kraft entwickelnden Panslawismus verband.

8.35 Rückversicherungsvertrag

1881 war noch einmal ein Dreikaiserabkommen zwischen dem Deutschen Reich, Österreich-Ungarn und Russland zustande gekommen. Bismarck hatte es erreicht, die in die vielfältigen Interessen und Gegensätze der Balkanvölker unheilvoll verstrickten Großmächte Österreich-Ungarn und Russland in einem Bündnis zusammenzubringen. 1884 war der Vertrag zwar verlängert worden, aber in der Bulgarienkrise 1885/86 endgültig auseinander gebrochen.
In dieser Situation gelang Bismarck der Abschluss eines Geheimbündnisses mit Russland, das am 18. Juni 1887 unterzeichnet wurde. Mit diesem Vertrag wurde die von Bismarck seit langem befürchtete Gefahr einer Annäherung Frankreichs an Russland ausgeschaltet.
Der Rückversicherungsvertrag bestand eigentlich aus zwei Teilen: dem geheimen, defensiv ausgerichteten Hauptvertrag und einem »ganz geheimen«, offensiven Zusatzprotokoll. Er verpflichtete den Vertragspartner zur Neutralität, falls das Deutsche Reich von Frankreich oder Russland von Österreich-Ungarn unprovoziert angegriffen würde. Das Zusatzprotokoll erkannte die russischen Interessen in Bulgarien an und widersprach damit im Grunde dem deutsch-österreichischen Zweibund, dem Dreibund und den Mittelmeerabkommen. Für Bismarck hatte der Vertrag jedoch den Zweck, Russland aus seiner Isolierung in der Orientfrage zu lösen und damit Großbritannien zur Stützung der österreichischen und italienischen Orientpolitik zu zwingen.
In seiner Bedeutung wurde der Rückversicherungsvertrag oft überschätzt, weil nicht sicher war, ob Russland tatsächlich im Orient, vor allem an den Dardanellen und damit dem Zugang

zum Schwarzen Meer, aktiv werden würde. Letztlich diente der Vertrag der Erhaltung des Status quo und konnte eine französisch-russische Annäherung nicht verhindern. Als nach *Bismarcks Entlassung* 1890 (► 8.37) der Vertrag nicht verlängert wurde, kam das russisch-französische Bündnis schnell zustande.

8.36 Deutsche Kolonien/ Bismarcks Kolonialpolitik

Am 6. Dezember 1882 wurde in Frankfurt am Main der »Deutsche Kolonialverein« gegründet. Hauptziel des Vereins war es, den kolonialen Gedanken in der Öffentlichkeit zu verbreiten und populär zu machen. Anfang 1884 entstand in Berlin die »Gesellschaft für deutsche Kolonisation«; sie trat dafür ein, deutsche Kolonialgesellschaften zu unterstützen, die deutsche Auswanderung in geeignete Gebiete zu lenken und die »deutsch-nationalen Interessen zu fördern«. Beide Gesellschaften vereinigten sich 1887 zur Deutschen Kolonialgesellschaft, die sich die Aufgabe stellte, deutsche Übersee-Unternehmungen zu fördern und zu unterstützen.

Bismarck selbst stand allen Kolonialplänen lange Zeit ablehnend gegenüber. Er sah die Gefahren, die im Erwerb überseeischer Gebiete lagen. Im Konfliktfall konnten die Kolonien vom Reich nicht ausreichend geschützt werden; zudem stellten sie eine zusätzliche außenpolitische Gefährdung dar, weil es unweigerlich zu Interessenkollisionen mit Großbritannien oder auch Frankreich kommen musste. Die Lage Deutschlands in der Mitte Europas bot schon Konfliktmöglichkeiten genug.

1884 gab Bismarck dann aber doch seine Zustimmung, dass die von wagemutigen Kaufleuten (vor allem F. A. Lüderitz und K. Peters) erworbenen Besitzungen zu »Schutzgebieten« des Deutschen Reiches erklärt wurden, so Deutsch-Südwestafrika, das heutige Namibia, Togo und Kamerun, später Deutsch-Ostafrika sowie Nordost-Neuguinea und die Marshall-Inseln im Pazifik. In dieser Zeit schien sich auch eine deutsch-französische Annäherung anzubahnen. Die deutsch-französische Interessengemeinschaft bestand jedoch nur kurze Zeit; mit Großbritannien kam es nach anfänglichen Reibereien zu einem Arrangement. Großbritannien erkannte schließlich die deutschen kolonialen Erwerbungen an.

In seinen letzten Regierungsjahren kehrte Bismarck zu seiner distanzierten Einstellung gegenüber der Kolonialpolitik zurück. Einem Anhänger des kolonialen Gedankens erklärte er im Dezember 1888: »Hier liegt Russland und hier liegt Frankreich, und wir sind in der Mitte; das ist meine Karte von Afrika.«

8.37 Bismarcks Entlassung

Am 9. März 1888 starb Kaiser Wilhelm I. im einundneunzigsten Lebensjahr. Sein liberal eingestellter und mit einer Tochter der britischen Königin Victoria verheirateter Sohn, der nun als Kaiser Friedrich III. den Thron bestieg, war bereits todkrank und konnte die in ihn gesetzten Hoffnungen, er würde das Reich nach englischem Vorbild in eine parlamentarische

◄ *Nach der Reichsgründung setzten auch in Deutschland Bemühungen ein, Kolonialbesitz zu erwerben. Den Anfang machten vor allem Kaufleute wie hier Vertreter der Bremer Faktorei in Togo. Erst ab 1884 wurden die Niederlassungen unter den Schutz des Reiches gestellt*

▲ *Den erzwungenen Rücktritt Bismarcks im März 1890 fasst die englische Satirezeitschrift »Punch« in das Bild des Lotsen, der durch den jungen Kaiser Wilhelm II. von Bord des Staatsschiffs geschickt wird*

Monarchie umgestalten, nicht mehr erfüllen. Er starb am 15. Juni 1888.

Der neue Kaiser, der neunundzwanzigjährige *Wilhelm II.* (► 9.1), verehrte Bismarck als Gründer des Reiches und Gestalter der Reichspolitik. Aber da er selbstbewusst war und voller Tatendrang selbstständige Politik machen wollte, kam es bald zu Kontroversen, anfangs über Nebensächlichkeiten, dann über grundsätzliche Differenzen in der Sozial- und in der Außenpolitik. So sprach sich der Reichskanzler für eine Verlängerung des Rückversicherungsvertrages aus, um den »Draht nach Russland« nicht abreißen zu lassen, und in der sich verschärfenden Arbeiterfrage befürwortete er die Verlängerung des Sozialistengesetzes. Wilhelm II. veranlasste Bismarck schließlich, sein Rücktrittsgesuch einzureichen. Seine Entlassung erfolgte am 20. März 1890.

Seit seiner Berufung zum preußischen Ministerpräsidenten 1862 hatte Bismarck der deutschen Politik seinen Stempel aufgedrückt. Mit »Eisen und Blut«, aber auch mit diplomatischem Geschick hatte er die Gründung des Deutschen Reiches 1871 herbeigeführt, dessen innere Verfassung freilich noch ungefestigt war, wie die Auseinandersetzungen mit dem politischen Katholizismus und der Arbeiterbewegung zeigten. Die Reichsgründung hatte die Kräfteverhältnisse in Europa verschoben; die »Erbfeindschaft« mit Frankreich hatte sich verfestigt. Der gefährdeten Lage Deutschlands in der Mitte Europas trug Bismarck nach 1871 durch eine maßvolle und kluge Außenpolitik Rechnung. Seine Nachfolger zerstörten in ihrem Streben nach Weltgeltung sein Werk.

Daten

20. März–29. April 1850	Erfurter Unionsparlament
1. Sept. 1850	Wiedereröffnung des Frankfurter Bundestages
29. Nov. 1850	Ölmützer Punktation
31. Dez. 1851	Silvesterpatent (»Neoabsolutismus« in Österreich)
1853/54–1856	Krimkrieg
1858–1861	Regentschaft Wilhelms (I.) von Preußen (»Neue Ära«)
1859	Sardinisch-Französisch-Österreichischer Krieg
1861–1888	König Wilhelm I. von Preußen
1861	Gründung der Deutschen Fortschrittspartei
23. Sept. 1862	Bismarck wird preußischer Ministerpräsident
1862–1866	preußischer Verfassungskonflikt
1863	Gründung des Allgemeinen Deutschen Arbeitervereins
16. Aug. 1863	Frankfurter Fürstentag
1. Febr.–1. Aug. 1864	2. Deutsch-Dänischer Krieg
30. Okt. 1864	Friede von Wien
14. Aug. 1865	Gasteiner Konvention
15. Juni–26. Juli 1866	Deutscher Krieg
3. Juli 1866	Schlacht bei Königgrätz
23. Aug. 1866	Friede von Prag (Auflösung des Deutschen Bundes)
3. Sept. 1866	Annahme der Indemnitätsvorlage
20. Sept. 1866	preußische Annexionen (Hannover, Kurhessen, Nassau, Frankfurt)
1867	Gründung der Nationalliberalen Partei
1867	österreichisch-ungarischer Ausgleich
17. April 1867	Verfassung des Norddeutschen Bundes angenommen
1869	Gründung der Sozialdemokratischen Arbeiterpartei
13. Juli 1870	Emser Depesche
19. Juli 1870 bis 26. Febr. 1871	Deutsch-Französischer Krieg
2. Sept. 1870	Schlacht bei Sedan
18. Jan. 1871	Kaiserproklamation Wilhelms I. in Versailles
16. April 1871	Verfassung des Deutschen Reiches
10. Mai 1871	Friede von Frankfurt am Main
1873	Wirtschaftskrise (»Gründerkrach«)
1875	Gründung der Sozialistischen Arbeiterpartei Deutschlands
13. Juni–13. Juli 1878	Berliner Kongress
21. Okt. 1878	Sozialistengesetz
7. Okt. 1879	Zweibund
18. Juni 1881	Dreikaiserabkommen
20. Mai 1882	Dreibund
1883	Krankenversicherungsgesetz
1884	Unfallversicherungsgesetz
18. Juni 1887	Rückversicherungsvertrag
9. März–15. Juni 1888	Kaiser Friedrich
1888–1918	Kaiser Wilhelm II.
1889	Alters- und Invaliditätsversicherungsgesetz
20. März 1890	Entlassung Bismarcks

Wilhelminische Zeit (1890–1918)

9

Einführung

Der Zeitabschnitt von 1890, dem Jahr der Entlassung Bismarcks, bis zum Ende des Ersten Weltkrieges 1918 wird in den Geschichtsbüchern das »Zeitalter des Imperialismus« genannt. Daneben findet sich auch die Bezeichnung »Wilhelminisches Zeitalter«. Welche Formulierung man für zutreffender hält, hängt allein vom Standpunkt des Betrachters ab. Der Imperialismusbegriff erscheint aus weltgeschichtlicher Sicht zweifellos angebrachter. Er deutet auf das diese Epoche charakterisierende Streben der europäischen und der neuen, außereuropäischen Großmächte (USA, Japan) hin, im Wettlauf miteinander sich durch den Erwerb überseeischer Kolonien eine Weltmachtposition aufzubauen. Aus deutscher Sicht ist auch die mit dem Namen des Kaisers verbundene Bezeichnung gerechtfertigt.

Der letzte deutsche Kaiser, Wilhelm II., war sicher nicht die überragende Persönlichkeit wie der souverän die politische Szene beherrschende große Kanzler, der der vorhergehenden Epoche seinen Stempel aufgedrückt hatte. Aber der Lebensstil, den der Kaiser in seiner romantisch-altmodischen, spätabsolutistischen Auffassung vom Amt des Herrschers entwickelte und in seinem Auftreten, seinem Gebaren und seinen Äußerungen praktizierte, war zugleich der Lebensstil der Gesellschaft in diesem kaiserlichen Deutschland der Jahrzehnte um die Jahrhundertwende. Die Gesellschaft, das waren die alten und neuen Machteliten, die Großagrarier, Bankiers und Großindustriellen, natürlich das Offizierskorps und die höhere Beamtenschaft sowie die Mehrzahl der Hochschulprofessoren. Dazu gehörte auch die überwiegende Mehrheit des durch Wirtschaftswachstum und industrielle Entwicklung zu Wohlstand gelangten Bürgertums. Glanz und Gloria, Garderegimenter und Kaisermanöver, Stapelläufe und Flottenparaden, Galauniformen bei jedem gesellschaftlichen Ereignis: Der Nimbus deutscher Weltmachtstellung und Weltgeltung lag über allem, erzeugte ein bisher nie gekanntes Wertgefühl. Wahrhaftig, einen Aufstieg ohnegleichen hatte das Deutsche Reich in den knapp fünfundzwanzig Jahren seit seiner Gründung vollzogen! Ein Hauch dieses neuen deutschen Wertgefühls war bis in die kleinbürgerlichen Wohnstuben in den entferntesten Provinzstädten spürbar, wo das Kaiserbild den bevorzugten Platz über dem Sofa einnahm, gleich neben den Erinnerungsfotos aus der Militärzeit des Familienoberhauptes. Überhaupt beherrschte das vom Kaiser so bevorzugte Militär das Leben im damaligen Deutschland. Ebenso wie der Kaiser trugen auch die hochrangigen Beamten, alle Reichskanzler und Minister, obwohl sie Zivilisten waren, im Reichstag und bei öffentlichen Anlässen Uniform. Jeder Zivilist in gehobener Stellung, ob Beamter oder Rechtsanwalt, ob Apotheker, Lehrer oder Geschäftsmann, war in der Gesellschaft ein angesehener Mann erst, wenn er »gedient« hatte und als Reserveoffizier in das Zivilleben zurückgekehrt war. Diese Haltung führte zu grotesken und oftmals peinlichen Situationen. Der Glaube an den Kaiser, an durch Amt oder Uniform verliehene Autorität war im Preußen-Deutschland des ausgehenden 19. und beginnenden 20. Jahrhunderts so ausgeprägt wie nie zuvor.

Der Kaiser selbst, der gern sein eigener Kanzler sein wollte, war nicht die Persönlichkeit, um die Lücke auszufüllen, die mit dem Abgang Bismarcks von der politischen Bühne in der Reichsführung entstanden war. Er war oberflächlich und sprunghaft in seinen Entscheidungen. Im Grunde unsicher, ließ er sich oft von Meinungen seiner Berater und Freunde beeinflussen und zu plötzlichen und unausgereiften Entschlüssen hinreißen. Das »persönliche Regiment« des Monarchen war in Wirklichkeit eine Herrschaftsform, in der verschiedene, oft miteinander rivalisierende Mächtegruppen und Kräfte auf den Kaiser einwirkten und den Kurs der Politik bestimmten, Vertreter einflussreicher Interessenverbände oder auch einzelne starke Persönlichkeiten wie der Marinestaatssekretär von Tirpitz oder später – im Kriege – der Generalstabschef Ludendorff. Die Politik der Reichsregierung bekam auf diese Weise einen unsteten Zug, der keine klare Linie erkennen ließ, zumal auch die Kanzler der Zeit nicht das Format besaßen, um souverän gegenüber dem Monarchen einen geraden Regierungskurs zu steuern. Am Anfang sah es so aus, als könnte der Kaiser in der Innenpolitik mit dem propagierten »Neuen Kurs« tatsächlich neue Akzente setzen, indem er das brennendste Problem der Zeit, die soziale Frage, aufgriff. Aber als sich zeigte, dass die Arbeiterschaft nicht so einfach für die Regierung zu gewinnen und von der Sozialdemokratischen Partei zu trennen war, ließ er rasch seine Reformpläne fallen und kehrte zu der verhärteten Politik bismarckscher Prägung zurück. Das böse Wort von den »vaterlandslosen Gesellen« fiel, es machte seine wahre Einstellung zur Arbeiterfrage offenkundig. Er besaß in Wirklichkeit kein Gespür für die drängenden sozialen Probleme der Arbeiterschaft, wie er auch den unaufhaltsam sich vollziehenden gesellschaftlichen Wandlungsprozess, den der Übergang vom Agrar- zum Industriestaat in Gang gesetzt hatte, kaum zur Kenntnis genommen hat.

Der Aufstieg der Sozialdemokratie zur stärksten Reichstagsfraktion 1912 trotz aller Beeinträchtigungen durch den Staatsapparat, durch Polizei und Bürokratie, beunruhigte die Machteliten zutiefst und bestärkte sie in ihrem Vorhaben, durch eine betont aggressive Außenpolitik sichtbare außenpolitische Erfolge einzubringen. Auf diese Weise wollte man die innenpolitische Opposition zum Schweigen bringen, so wie seinerzeit Bismarck in der Situation des Verfassungskonflikts mit dem Erfolg seiner Einigungskriege die oppositionellen Kräfte überwunden hatte. Die Außenpolitik des Reiches in den letzten Vorkriegsjahrzehnten war weitgehend von dieser Haltung durchdrungen, die Risikobereitschaft maßgeblicher Führungskräfte in der Julikrise 1914 entstammte dieser Einstellung.

»Der Lotse verlässt das Schiff«, so hatte vieldeutig die britische Zeitung »Punch« den Sturz Bismarcks in einer berühmten Karikatur kommentiert. Die Kündigung des von Bismarck mit Russland geschlossenen Rückversicherungsvertrages und der fast gleichzeitige Abschluss des Helgoland-Sansibar-Tauschgeschäftes mit Großbritannien 1890 ließen vermuten, dass das Reich auch in der Außenpolitik neue Wege zu gehen entschlossen war. Logisch wäre es nun für die Reichspolitik gewesen, sich intensiv um eine feste Verbindung mit Großbritannien zu bemühen, um die verhängnisvollen Folgen der Vertragsaufkündigung auszugleichen; denn prompt erfolgte die Annäherung der über die deutsche Haltung enttäuschten Russen an Frankreich.

Die von Bismarck stets befürchtete, aber mit seinem kunstvollen Bündnissystem geschickt verhinderte Entwicklung war Wirklichkeit geworden. Das auf Revanche sinnende, bisher isolierte Frankreich gewann einen Bündnispartner, die Gefahr eines Zweifrontenkrieges war für das Reich nun nicht mehr auszuschließen.

Aber weder der Kaiser noch die Reichsregierung trafen Anstalten, nun auf die britische Karte zu setzen. Von der eigenen Machtposition überzeugt, glaubte man abwarten zu können; Großbritannien müsse seiner schwerwiegenden Differenzen in Übersee mit Frankreich und Russland wegen eines Tages selbst die Anlehnung an die stärkste Kontinentalmacht, das Deutsche Reich, suchen. Aber nun setzte der forcierte Ausbau der Flotte ein, vehement von Wirtschaft, Industrie und nationalen Verbänden gefordert zur Absicherung des überseeischen Besitzes; er musste die führende Seemacht Großbritannien tief beunruhigen. Wäre diese Flottenpolitik diplomatisch vorbereitet worden und im Einvernehmen mit den Briten unter Einhaltung gewisser Beschränkungen erfolgt, hätte die Trübung des Verhältnisses zu den Vettern jenseits des Kanals durchaus vermieden werden können. Aber von Anfang an erhielt der Flottenausbau, vornehmlich durch die Hauptakteure um den Admiral von Tirpitz, eine deutliche Spitze gegen Großbritannien. Der bald einsetzende ungebremste Rüstungswettlauf wurde auf beiden Seiten von einem aufwendigen Propagandafeldzug begleitet, der in der Bevölkerung beider Nationen eine emotional aufgeladene Feindstimmung hervorrief.

Der Kaiser tat das Seine dazu, durch großsprecherische und ungeschickte Äußerungen die Briten vor den Kopf zu stoßen. Das Verhalten der deutschen Delegation auf den Haager Friedenskonferenzen war vom gleichen Geist geprägt und ließ erkennen, dass der Kaiser nicht bereit war, für die Sache des Friedens und der Verständigung in seiner Flottenrüstung Konzessionen zu machen. Der Anschluss Großbritanniens an die französisch-russische Entente war die logische Folge des deutschen Fehlverhaltens.

So blieb dem Deutschen Reich als einziger Bündnispartner nur der habsburgische Vielvölkerstaat Österreich-Ungarn, aber gerade die unglückselige Verstrickung der Donaumonarchie in die hochexplosiven Balkankonflikte riss das Reich nach dem Mord von Sarajewo in die Strudel der unentwirrbaren Interessengegensätze und nationalen Leidenschaften, aus denen schließlich, von niemandem gewollt, von allen Großmächten aber einkalkuliert, der große Krieg entstand. Die Deutschen hatten zum Schlieffenplan keine Alternative entwickelt. Sie begannen den Krieg und nahmen mit der Neutralitätsverletzung Belgiens fast schon fatalistisch die Kriegserklärung Großbritanniens in Kauf. Der Kaiser, der als »Oberster Kriegsherr« eigentlich hätte führen müssen, trat mehr und mehr in den Hintergrund.

Die Begeisterung, mit der der Krieg in allen beteiligten Völkern begrüßt worden war, erlosch sehr bald im Grauen der Materialschlachten. Der von den Parteien im Reichstag verabredete Burgfrieden hielt nur bis zum Frühjahr 1916. Er zerbrach an der unterschiedlichen Einstellung zum Kriegsgeschehen und zu den heftig umstrittenen Kriegszielen. Die Rechtsgruppierungen bis in das Zentrum hinein unterstützten die diktatorisch auch in die Innenpolitik eingreifende 3. Oberste Heeresleitung Hindenburg/Ludendorff und ihre Kriegführung, auch den uneingeschränkten U-Boot-Krieg. Sie stellten immer neue, maßlos übersteigerte Kriegszielforderungen auf. Die parlamentarische Linke forderte Anstrengungen zur Beendigung des Krieges ohne Vorbedingungen und verlangte die Einlösung des Versprechens, den Parteien im Parlament Mitspracherechte zuzubilligen. Mit dem Kriegseintritt der USA und dem politisch-militärischen Zusammenbruch Russlands wurde das Jahr 1917 Krise und Wendepunkt des Ersten Weltkrieges. Der dem revolutionären Russland diktierte Friede von Brest-Litowsk brachte für die Westfront nicht die erhoffte Entlastung, ein Entscheidungssieg im Westen war nun vollends illusionär geworden. Aber erst nachdem der Versuch, mit der Frühjahrsoffensive 1918 doch noch die militärische Entscheidung zu erzwingen, gescheitert war, gab Ludendorff die Aussichtslosigkeit der Fortsetzung des Kampfes zu, verlangte jetzt plötzlich die sofortige Aufnahme von Waffenstillstandsverhandlungen und verordnete selbst die seit Kriegsbeginn überfällige Parlamentarisierung der Verfassung. Mit dieser »Revolution von oben« sollte den ungeliebten Parteien die undankbare Aufgabe zugeschoben werden, den Waffenstillstand auszuhandeln. »Diese Art von Revolution«, urteilte der Historiker Arthur Rosenberg ironisch, »ist in der ganzen Weltgeschichte ohne Beispiel.«

Aber es gab nichts mehr zu verhandeln, die Chance, einen Frieden auf der Basis der 14 Punkte des amerikanischen Präsidenten Wilson zu erhalten, war vertan. In Berlin wurde die Republik ausgerufen, der Kaiser ging ins Exil nach Holland, die Sozialdemokratie übernahm die Regierungsverantwortung, die Militärs hielten sich abwartend im Hintergrund, die Machteliten blieben. In Compiègne unterschrieb der deutsche Delegationsführer, der Zentrumspolitiker Matthias Erzberger, den Waffenstillstandsvertrag, der einer politischen und militärischen Kapitulation gleichkam. An allen Fronten schwiegen die Waffen, der mörderischste Krieg, den die Weltgeschichte bisher erlebt hatte, war zu Ende. Dass ein Politiker der Parteienkoalition, die den neuen, demokratischen Staat zu tragen bereit war, seinen Namen unter diesen Waffenstillstandsvertrag gesetzt hatte, sollte der jungen Republik, wie sich bald herausstellte, noch teuer zu stehen kommen.

9.1 Wilhelm II.

Geboren am 27. Januar 1859 als ältester Sohn des preußischen Kronprinzen Friedrich Wilhelm, des späteren Kaisers Friedrich III., kam der Prinz als Kaiser Wilhelm II. mit 29 Jahren 1888 nach dem Tode seines Großvaters Wilhelm I. und seines Vaters auf den Thron. Obwohl er als junger Mann den Gründer des Reiches und Gestalter der deutschen Politik, *Otto von Bismarck* (► 8.11), glühend verehrt hatte, führte die Zusammenarbeit des jungen und selbstbewussten

Monarchen mit dem greisen Kanzler bald zu Reibereien, die mit Bismarcks Entlassung im März 1890 endeten. Der Kaiser war entschlossen, selbst zu regieren und dem neuen Kanzler nicht mehr die Handlungsfreiheit einzuräumen, die Bismarck bei seinen Vorgängern besessen hatte. Da er jedoch im Grund unsicher war und dazu neigte, unter dem Einfluss seiner Berater spontane Entscheidungen zu treffen, ohne vorher die Meinung erfahrener Experten und Diplomaten einzuholen, erhielt die deutsche Politik bald den Anstrich des Unsteten und Unberechenbaren.

Anfänglich erschien der junge Kaiser den Zeitgenossen als ein Repräsentant einer neuen Zeit. Er war den Entwicklungen der modernen Technik gegenüber aufgeschlossen, schien von sozialen Ideen erfüllt und wandte sich zunächst engagiert der Frage des erweiterten Arbeiterschutzes zu, um die Arbeiterschaft für die Monarchie zu gewinnen. Der angekündigte *»Neue Kurs«* (▶ 9.2), mit dem die innenpolitische Stagnation der letzten Jahre überwunden werden sollte, wurde allgemein begrüßt; das *Sozialistengesetz* (▶ 8.30) wurde nicht mehr verlängert. Aber das echte Verständnis für die soziale Problematik und die Situation der Arbeiterschaft fehlte ihm dennoch.

Wilhelm II. besaß eine geradezu grotesk-altmodische, romantische Vorstellung von seiner Herrscheraufgabe, die sich bei ihm mit dem Bewusstsein paarte, anderen überlegen zu sein. Seine Vorliebe für Prunk und militärisches Gepränge, für Paraden und Manöver führte in der deutschen Gesellschaft zu einer krassen Überschätzung des Soldatentums und brachte dem Deutschen Reich den Ruf ein, eine Hochburg des *Militarismus* (▶ 9.5) zu sein. Zu dieser Einschätzung trugen das Auftreten und die forschen Reden Wilhelms II. bei, in denen oft ein kriegerischer und säbelrasselnder Ton vorherrschte, obwohl er im Grunde seines Herzens ein friedliebender Mensch war. Mit der ihm besonders am Herzen liegenden Flotte und ihrem durch Alfred von Tirpitz betriebenen, vom Kaiser gedeckten immensen Ausbau zog sich Deutschland schließlich in seiner gefährlichen Mittellage zwischen den bereits verbündeten Mächten Frankreich und Russland auch noch die Feindschaft Englands zu. In der *Julikrise 1914* (▶ 9.14) ermunterte er Österreich-Ungarn, gegen Serbien als Hort der Verschwörung mit äußerster Schärfe vorzugehen, versuchte dann aber, als sich die Ausweitung zum großen Krieg anbahnte, noch verzweifelt über die »Verwandtschaft der Throne« die Entwicklung zu stoppen.

Während des 1. Weltkrieges trat der Kaiser immer mehr in den Hintergrund, besonders seit 1916 die 3. *Oberste Heeresleitung* (▶ 9.21) von den erfolgreichen Heerführern *Paul von Hindenburg* (▶ 10.29) und *Erich Ludendorff* (▶ 9.30) übernommen worden war. Bei Ausbruch der Novemberrevolution 1918 (*9. November 1918,* ▶ 10.1) riet ihm der letzte kaiserliche Reichskanzler zurückzutreten, um die Monarchie zu retten. Aber erst als die im Hauptquartier versammelten Armeeoberbefehlshaber ihm deutlich machten, dass das Frontheer nicht mehr hinter ihm stehen würde und nicht gewillt sei, unter seinem Kommando gegen die Revolutionäre in der Heimat zu marschieren, entschloss er sich abzudanken und nach Holland ins Exil zu gehen. Hier lebte er bis zu seinem Tod am 4. Juni 1941, ohne auf die Entwicklung in Deutschland noch einmal Einfluss zu

◀ *Postkarte aus dem Ersten Weltkrieg, die Wilhelm II. (links) zusammen mit den verbündeten Monarchen zeigt. Neben dem Deutschen Kaiser Franz-Joseph I. (Österreich-Ungarn), Sultan Mohammed V. Reschad (Osmanisches Reich) und Zar Ferdinand I. (Bulgarien)*

nehmen. Auf Geheiß Hitlers wurde Wilhelm II. in Doorn mit militärischen Ehren beigesetzt.

9.2 »Neuer Kurs«

Als Wilhelm II. im März 1890 den Reichskanzler *Otto von Bismarck* (▶ 8.11) entlassen hatte, verkündete er, er werde den bewährten Kurs fortsetzen. Aber es kam dann doch sowohl in der Innen- wie in der Außenpolitik zu grundlegenden Veränderungen, die als »Neuer Kurs« bezeichnet wurden und die im Zusammenhang mit dem von *Wilhelm II.* (▶ 9.1) angestrebten »persönlichen Regiment« standen.

Ursprünglich war die Bezeichnung »Neuer Kurs« vor allem auf innenpolitische Maßnahmen bezogen, die im Gegensatz zur Innenpolitik Bismarcks neue Wege anzeigten und eine Politik der Versöhnung mit der Arbeiterschaft sowie mit anderen Gruppen der Gesellschaft anstrebten, die zu Bismarck in schroffer Opposition gestanden hatten. Das *Sozialistengesetz* (▶ 8.30) wurde nicht wieder verlängert. Mit einer umfangreichen Arbeiterschutzversicherung sollte die Masse der Industriearbeiter von der *Sozialdemokratie* (▶ 8.28), die in der Reichstagswahl vom 20. Februar 1890 soeben die stärkste Partei geworden war, getrennt und mit dem Staat versöhnt werden: generelles Verbot der Sonntagsarbeit für Kinder und der Fabrikarbeit für Kinder unter 13 Jahren, Begrenzung der Arbeitszeit für Frauen auf elf Stunden täglich, für Jugendliche unter 16 Jahren auf zehn Stunden. Gewerbegerichte sollten zukünftig betrieblichen Streit zwischen Arbeitgebern und Arbeitnehmern schlichten. Als es nicht gelang, die Arbeiterschaft der Sozialdemokratischen Partei zu entfremden und die Sozialdemokratie ihre Opposition gegen die Regierung nicht aufgab, verlor Wilhelm II. bald sein Interesse an dem sozialen Programm und ging wieder zu der repressiven Politik Bismarcks über.

Die im »Neuen Kurs« besonders von dem Nachfolger Bismarcks, Reichskanzler Graf Leo von Caprivi, betriebene Handelspolitik schuf mit der Öffnung der Auslandsmärkte für die deutsche Industrie bei gleichzeitiger Auflockerung der bisherigen Schutzzollbestimmungen die Voraussetzung für den Aufschwung der deutschen Wirtschaft, rief aber auch den heftigen Protest der Großgrundbesitzer hervor, die im 1893 gegründeten »Bund der Landwirte« eine mächtige konservative Interessenvertretung besaßen.

Verhängnisvoll wirkten sich die im »Neuen Kurs« vorgenommenen Veränderungen in der deutschen Außenpolitik aus, vor allem die Nichtverlängerung des *Rückversicherungsvertrages* (▶ 8.35) mit Russland. Die neue Regierung glaubte, der Rückversicherungsvertrag mit Russland widerspreche den mit Österreich-Ungarn geschlossenen Vereinbarungen und schütze das Deutsche Reich nicht vor einem französischen Angriff. Der Kaiser schloss sich dieser Ansicht an. Obwohl Russland zu Zugeständnissen bei der Neufassung des Vertrages bereit war, beharrte die deutsche Seite auf der Ablehnung, die zudem noch in undiplomatisch schroffer Form mitgeteilt wurde. Der fast zeitgleich ausgehandelte Tauschvertrag zwischen Deutschland und England, in dem das Deutsche Reich gegen die Abtretung ostafrikanischer Gebiete (u. a. auch die Anerkennung des englischen Einflusses auf Sansibar) die Insel Helgoland erhielt (1. Juli 1890), schien Russland ein deutlicher Beweis dafür zu sein, dass die neue deutsche Reichsregierung jetzt die britische Freundschaft der russischen vorzog. Da zwischen Russland und Großbritannien erhebliche Spannungen wegen ihrer Interessengegensätze im Vorderen Orient und in Ostasien bestanden, verstärkte Petersburg jetzt seine Kontakte zu Paris. Damit war das kunstvoll geknüpfte bismarcksche Bündnissystem zerbrochen; mit der Verbindung zwischen Russland und Frankreich war für das Deutsche Reich die Gefahr des Zweifrontenkrieges akut geworden. Dem Kaiser und der Regierung gelang es jedoch nicht, die Verbindung zu Großbritannien zu intensivieren und Großbritannien für ein Bündnis mit Deutschland zu gewinnen.

Als im Juli 1893 ein drohender Konflikt zwischen Großbritannien und Frankreich um Siam friedlich beigelegt und der Besuch eines russischen Geschwaders in Toulon im Oktober des gleichen Jahres ohne britischen Protest verlief, musste die Reichsregierung erkennen, dass ihre Außenpolitik gescheitert war. Der Versuch, sich über wirtschaftliche Zugeständnisse wieder an Russland anzunähern, scheiterte ebenfalls.

9.3 Imperialismus

Die Zeit vom letzten Drittel des 19. Jahrhunderts bis zum Ausbruch des 1. Weltkrieges wird

Die Politik der imperialistischen Mächte wurde in Deutschland auch kritisch gesehen, wie diese Karikatur der britischen Vorgehensweise zeigt. »Krieg und Kapitalismus oder die Verwandlung von Menschenblut in Gold« stand unter dem in der Zeitschrift »Der wahre Jacob« vom 5. Dezember 1899 veröffentlichten Farbdruck

allgemein als die klassische Epoche des Imperialismus bezeichnet. In dieser Zeit begannen die europäischen Großmächte, unterentwickelte, meist überseeische Gebiete als Kolonien in ihren Machtbereich einzubeziehen und auf diese Weise Weltmächte zu werden. Standen am Anfang der Kolonialpolitik wirtschaftliche Interessen im Vordergrund (durch den Erwerb von Kolonien sollten die eigene Rohstofflage verbessert und zusätzliche Absatzmärkte für die heimische Industrie gewonnen werden), so spielten in dem bald einsetzenden Wettlauf der Nationen um den »Platz an der Sonne« auch vorrangig strategische Gesichtspunkte eine entscheidende Rolle. In diesen Wettstreit griffen gegen Ende des Jahrhunderts auch die neuen Großmächte USA und Japan ein.

Die Aufteilung der Erde auf Kosten der nichtweißen Bevölkerung wurde in Europa und den USA durch pseudowissenschaftliche Thesen (v. a. den Sozialdarwinismus, der das Recht des Stärkeren vertrat) gestützt und gerechtfertigt.

Deutschland beteiligte sich ab 1890 intensiv am imperialistischen Weltmachtstreben. Allerdings konnten die in dieser Phase erworbenen Kolonien in Ostasien und im Pazifik in ihrer Bedeutung den Vergleich mit den kolonialen Erwerbungen der Bismarckzeit nicht aufnehmen. Träger der neuen deutschen Kolonialpolitik waren vor allem die Deutsche Kolonialgesellschaft, der *Alldeutsche Verband* (▶ 9.4) und der Flottenverein, die mit einem gewaltigen Propagandaaufwand die Flottenpolitik (▶ 9.6) des Kaisers und seines Marinestaatssekretärs Alfred von Tirpitz massiv unterstützten. Dass sich das Deutsche Reich mit seinem Weltmachtstreben und seiner hastigen Flottenrüstung die Feindschaft Großbritanniens zuziehen musste, wollte man nicht sehen, und so hingen sowohl der Kaiser wie die Verantwortlichen in der Reichsregierung, aber auch die Mehrheit des die imperialistische Politik mittragenden konservativen Bürgertums dem irrigen Glauben an, dass Großbritannien wegen seiner Gegnerschaft zu Russland und Frankreich das Bündnis mit Deutschland suchen müsste.

9.4 Alldeutscher Verband

Als Reaktion auf den am 1. Juli 1890 mit Großbritannien abgeschlossenen Helgoland-Sansibar-Vertrag, durch den das Deutsche Reich im Tausch gegen ostafrikanische Gebiete die Nordseeinsel Helgoland erhielt, entstand in Deutschland die überparteiliche, nationalistische Bewegung der Alldeutschen, die sich 1891 im Alldeutschen Verband eine einflussreiche Organisation schufen. Sie forderten die Stärkung des deutschen Nationalbewusstseins in enger Verbindung mit völkischen und imperialistischen Zielen, eine wesentlich aggressivere deutsche Kolonialpolitik und den raschen Ausbau der Flotte als dem Instrument, mit dem am wirkungsvollsten deutsche Weltmachtstellung demonstriert werden konnte.

Der radikal-chauvinistische Alldeutsche Verband blieb zwar in seinen Mitgliederzahlen relativ begrenzt – die höchste Mitgliederzahl betrug etwa 40 000 –, verfügte aber über einflussreiche Verbindungen zur Regierung und zu den engsten Beratern des Kaisers. Mit seiner vom Sozialdarwinismus geprägten politischen

Grundeinstellung, die dem Recht des Stärkeren über den Schwächeren absoluten Vorrang einräumte, war von Anfang an ein rassistisch begründeter Antisemitismus verbunden. Im 1. Weltkrieg waren es vor allem die Alldeutschen, die mit weit überzogenen *Kriegszielvorstellungen* (▶ 9.20) die Atmosphäre vergifteten und so von vornherein jede Möglichkeit ausschlossen, mit der Gegenseite zu einem Verständigungsfrieden zu kommen. Ihre Forderungen nach deutschem *Lebensraum* (▶ 11.30) und Zurückdrängung fremden Volkstums kehren im Programm der *Nationalsozialisten* (▶ 10.35) und in *Adolf Hitlers* (▶ 11.2) Buch »Mein Kampf« wieder.

9.5 Militarismus

Das Schlagwort »Militarismus«, entstanden in Frankreich um 1860, bedeutet eine Überbewertung militärischen Denkens auch im nicht militärischen, zivilen Lebensbereich, eine Überbetonung militärischer Formen in nahezu allen Gebieten des gesellschaftlichen Lebens, vor allem auch in der Erziehung und Ausbildung der jungen Generationen. Schließlich bezeichnet »Militarismus« die Vorherrschaft des Militärs und militärähnlicher Institutionen in einem Staatswesen im Unterschied zu zivil ausgerichteten Demokratien, in denen dem vorhandenen Militär eine begrenzte und gesetzlich verankerte Funktion zugewiesen ist.
In Preußen-Deutschland hatte das Militär schon aus langer Tradition eine bevorzugte Stellung inne. Auch in den anderen Staaten Europas, die sich jetzt im Zeitalter des ausgeprägten Nationalismus und Imperialismus um einen vorderen Platz in der Weltrangordnung bemühten, spielten das Militär, Uniformen und Paraden eine große Rolle. Aber erst Kaiser *Wilhelm II.* (▶ 9.1) verhalf durch seine Vorliebe für militärische Schauspiele jeder Art, durch die Bevorzugung militärischer Umgangsformen, durch sein persönliches Auftreten in der Öffentlichkeit in immer wieder neuen Uniformen, dem Soldatenstand zu einer Spitzenstellung in der Rangordnung der Nation, die ihresgleichen in der Welt nicht hatte. Der Militärdienst wurde zur »Schule der Nation« aufgewertet. Wer gedient hatte, galt mehr in der Gesellschaft, wer in seiner beruflichen Laufbahn vorankommen wollte, musste natürlich Reserveoffizier sein. Hinzu kam die große Leidenschaft des Kaisers, die allerdings von der überwiegenden Mehrheit des Volkes mitgetragen wurde, für die kaiserliche Marine, des Kaisers »liebstes Kind«. So hat sich bei ausländischen Besuchern und kritischen Beobachtern der Eindruck festgesetzt und in der Welt verbreitet, dass die politische Kultur des Deutschen Reiches in der Wilhelminischen Zeit – und darüber hinaus – in besonderem Maße vom Militarismus geprägt war.

9.6 Flottengesetze – Flottenbau

Der vom *»Neuen Kurs«* (▶ 9.2) der Reichsregierung unter der Regie Kaiser *Wilhelms II.* (▶ 9.1) seit 1890 betriebene Übergang der deutschen Politik zur Weltmachtpolitik und die auf weltweite Expansion zielende deutsche Handelspolitik ließen beim Kaiser, seiner Regierung und

▲ *Die Absicht Deutschlands, im Wettstreit der imperialistischen Mächte ebenfalls einen »Platz an der Sonne« zu erringen, setzte die Fähigkeit voraus, als Seemacht zu agieren. Admiral Tirpitz, auf dem Bild als Poseidon vor Helgoland karikiert, baute ab 1898 die deutsche Flotte zur zweitstärksten der Welt nach derjenigen Englands aus*

den Führern in Wirtschaft und Großindustrie bald die Überzeugung reifen, dass zur Absicherung einer angestrebten politischen und wirtschaftlichen Weltmachtstellung eine starke deutsche Kriegsflotte unerlässlich war.
Diese Überlegungen wurden zu einem konkreten Flottenbauprogramm, seit 1897 Admiral Alfred von Tirpitz Staatssekretär im Reichsmarineamt geworden war. Besessen von der Idee, als sichtbares Zeichen deutscher Weltmachtstellung eine starke Flotte aufzubauen, machte Tirpitz das Reichsmarineamt zur Propagandazentrale für seine Flottenpläne. Mit Vorträgen, Veranstaltungen und Werbeschriften wurde eine Werbekampagne gestartet, an der sich Universitätsprofessoren, Marineoffiziere und der von Tirpitz mitgegründete »Deutsche Flottenverein« beteiligten, und eine Marinebegeisterung in der Bevölkerung entfacht, die mit dazu beitrug, dass das von Tirpitz eingebrachte Flottengesetz und die zum Ausbau der Schlachtflotte benötigten erheblichen Etatgelder vom Reichstag bewilligt wurden.
Begründet wurde das Gesetz mit dem Argument, die deutschen Handelsinteressen in der Welt müssten durch eine starke Flotte geschützt werden. Für Tirpitz selbst war jedoch England der eigentliche Gegner des Deutschen Reiches, der seinem Streben nach Weltgeltung im Wege stand. Schon 1900 legte er mit dem zweiten Flottengesetz ein weiteres beträchtliches Ausbauprogramm vor. Die in dieser Zeit laufenden deutsch-britischen Verhandlungen über eine Abstimmung der Flottenstärken scheiterten vor allem an der deutschen Überheblichkeit. In der Propaganda, vor allem betrieben vom »Deutschen Flottenverein« und vom *Alldeutschen Verband* (▶ 9.4), kam jetzt zunehmend ein englandfeindlicher Ton auf. England wurde als habgierige Macht dargestellt, die eifersüchtig darauf bedacht sei, ihren Vorsprung als erste Seemacht der Welt nicht zu verlieren. Umgekehrt breitete sich in der englischen Publizistik ein hochgradiger Deutschenhass aus.
Die zur »Entente cordiale« führenden britisch-französischen Bündnisabsprachen 1904 wirkten in Deutschland wie ein Schock, da weder der Kaiser noch der Reichskanzler (von 1900 bis 1909 Fürst Bülow) eine Verständigung zwischen den beiden Mächten wegen ihrer kolonialen Gegensätze für möglich gehalten hatten. England forcierte seine Flottenrüstung mit dem Bau schneller, gepanzerter und mit schwerer Artillerie bestückter Großkampfschiffe der »Dreadnought«-Klasse (»Fürchtenichts«, benannt nach einem 1905/06 gebauten großen britischen Linienschiff). Die Deutschen zogen nach, 1906 wurden vom Reichstag weitere enorme Ausgaben für den Bau der superschweren Schlachtschiffe bewilligt, für die der Nord- und Ostsee verbindende »Kaiser-Wilhelm-Kanal« sowie der Kriegshafen Wilhelmshaven ausgebaut werden mussten.

▲ *Die deutsche Flotte war nicht nur »des Kaisers liebstes Kind«, sondern auch ein wichtiges Element in der Rivalität der Großmächte. Ihr Bau trug wesentlich zur Gegnerschaft zwischen dem Deutschen Reich und Großbritannien und damit letztlich zur Isolierung Deutschlands bei. Das Bild zeigt das 1908 vom Stapel gelaufene Linienschiff »Nassau«*

Dennoch gab es von beiden Seiten wiederholt Versuche, den Rüstungswettlauf zu beenden und eine Absprache über die Flottenstärken zu erreichen, vornehmlich seit auf deutscher Seite im Reichskanzleramt Theodor von Bethmann-Hollweg Fürst Bülow abgelöst hatte (ab 1909). Der neue Kanzler setzte in der Außenpolitik auf einen Ausgleich mit England und versuchte, seine Flottenbegrenzungspläne durchzusetzen. Von britischer Seite wurde 1912 noch einmal ein Verständigungsversuch unternommen mit dem Besuch des kompromissbereiten Kriegsministers Haldane in Berlin. Auch diese letzte Ausgleichschance wurde vertan, scheiterte am gegenseitigen Misstrauen, vor allem aber, weil der Kaiser es strikt ablehnte, über »seine Flotte« überhaupt zu verhandeln.

9.7 Bagdadbahn

Im Zuge des wirtschaftlichen *Imperialismus* (▶ 9.3) waren gegen Ende des 19. Jahrhunderts deutsche Banken in Zusammenarbeit mit der deutschen Schwerindustrie in den Eisenbahnbau im türkischen Kleinasien eingestiegen und hatten 1899 die »Anatolische Eisenbahngesellschaft« gegründet. Neben anderen Wirtschaftsaufträgen erhielt die Gesellschaft vom türkischen Sultan die Konzession zum Bau einer Eisenbahnlinie, die von Konstantinopel bis Bagdad reichen und später bis zum Persischen Golf verlängert werden sollte. Mit diesem Projekt stieß das deutsche Wirtschaftsunternehmen jedoch auf britische und russische Interessen im Vorderen Orient. Die amtliche deutsche Politik stand deshalb anfänglich dem Bau der Eisenbahnlinie zurückhaltend gegenüber und unterstützte ihn kaum.

Der im Jahre 1903 begonnene Bau der Bagdadbahn wurde dennoch zu einem Politikum. Hier aber hat die deutsche Regierung, anders als in der Flottenpolitik, erstaunliches Augenmaß bewiesen und sich erfolgreich bemüht, die unvermeidlichen Spannungen mit Russland und Großbritannien in Grenzen zu halten. Zwar hatte die Orientreise des Kaisers 1908 anfänglich den Eindruck erweckt, das Deutsche Reich sei nun im Begriff, die Schutzherrschaft über die 300 Millionen Muslime zu beanspruchen. Aber es gelang dann der um Ausgleich bemühten Politik der Reichsregierung doch, trotz des Weiterbaues der Bahn und der Betonung der traditionellen Freundschaft mit der Türkei, 1911 ein Abkommen mit Russland über den Anschluss der russischen Bahn in Persien an die Bagdadbahn zu schließen. Und mit Großbritannien wurde die in den Balkankriegen 1912/13 praktizierte Zusammenarbeit zur Friedenssicherung noch im Juni 1914 mit einem Vertragsabschluss über den Weiterbau der Bahn von Basra bis zum Golf unter britischer Regie fortgesetzt. Dieses Abkommen konnte jedoch infolge des Kriegsausbruches nicht mehr ratifiziert werden.

9.8 Schlieffenplan

Dieser von dem Chef des Generalstabes der preußischen Armee, Alfred Graf von Schlieffen, 1905 entwickelte Strategieplan für den Fall

▲ *Alfred Graf von Schlieffen, 1891–1905 Chef des preußischen Generalstabs, Schöpfer des nach ihm benannten deutschen Kriegsplans für den Fall eines Zweifrontenkrieges*

eines Krieges ging von der Annahme eines Zweifrontenkrieges aus, in den das Deutsche Reich durch die verbündeten Mächte Frankreich und Russland verwickelt werden könnte. Der Plan berücksichtigte die schwierige Situation der deutschen Mittellage, die die deutschen Militärs zwinge, mit dem Großteil der deutschen Streitkräfte in der ersten Kriegsphase durch einen überfallartigen Überraschungsschlag die Armeen Frankreichs auszuschalten, um dann die gesamte Heeresmacht dem russischen Aufmarsch entgegenwerfen zu können. Der Plan, neben dem es eine Alternative nicht gab, war militärtechnisch und strategisch genial, in seinen Auswirkungen aber fatal. Er setzte voraus, dass der deutsche Angriff so früh wie möglich erfolgte, um Frankreich gegenüber den Überraschungseffekt voll auszunutzen. Dazu kalkulierte er von vornherein die Verletzung der Neutralität Belgiens ein. Im ersteren Falle bedeutete dies, dass in der auf den Krieg zusteuernden Krisensituation die Militärs die Politiker drängen würden, den Krieg zu beginnen, noch laufende Verhandlungen abzubrechen, damit die Angriffsoperationen so früh wie möglich gestartet werden konnten. Im Falle

der Neutralitätsverletzung Belgiens aber würde Großbritannien mit Sicherheit an der Seite Frankreichs in den Krieg eintreten.
Beide negativen Auswirkungen des Planes haben sich in der *Julikrise* (▶ 9.14) vor Ausbruch des 1. Weltkrieges eingestellt: Die deutsche Politik war nicht mehr Herr ihrer Entschlüsse, weil die Generale zum Losschlagen drängten. So wurde das Reich, indem es Russland am 1. August, Frankreich am 3. August als erste Macht den Krieg erklärte, vor der Weltöffentlichkeit zum Aggressor. Die Verletzung der belgischen Neutralität löste erwartungsgemäß den Kriegseintritt Englands aus (4. August). Auch der Überraschungsschlag gelang schließlich nicht, die französischen Armeen konnten vielmehr, unterstützt durch britische Divisionen, den deutschen Vormarsch in der *Marneschlacht* (▶ 9.16) stoppen und damit zugleich das ganze Konzept des Schlieffenplanes zum Einsturz bringen.

9.9 Haager Friedenskonferenzen

Auch in den Jahrzehnten vor dem 1. Weltkrieg, die durch ein allgemeines Wettrüsten gekennzeichnet sind, gab es bereits eine internationale Friedensbewegung, die besonders in den westlichen Ländern eine breite Anhängerschaft besaß. Auf Initiative des russischen Zaren Nikolaus II. kam die erste Haager Friedenskonferenz zustande, an der 26 Staaten, darunter neben allen europäischen auch China, Japan, Siam, Mexiko und die USA, teilnahmen (18. Mai bis 29. Juli 1899). Gemessen an den hohen Erwartungen war das Ergebnis enttäuschend. Man diskutierte u. a. die Einrichtung eines ständigen internationalen Schiedsgerichtshofes, der zukünftig Streitfälle der Staaten auf dem Verhandlungswege regeln sollte, aber keine der Großmächte war bereit, sich in ihrer Souveränität durch eine neutrale Schiedsstelle einschränken zu lassen. Angenommen wurden schließlich drei Abkommen: 1. Abkommen zur friedlichen Erledigung internationaler Streitfälle, 2. Abkommen über die Gesetze und Gebräuche des Landkrieges, 3. Abkommen über die Anwendung der Grundsätze der Genfer Konvention vom 22. 8. 1864 auf den Seekrieg.
Diese Abkommen wurden auf der zweiten Haager Friedenskonferenz, an der nahezu alle Staaten der Erde (45) vom 15. Juni bis 18. Oktober 1907 teilnahmen, ergänzt. Der Versuch der britischen Regierung, die Begrenzung der Flottenrüstung auf die Tagesordnung der Konferenz setzen zu lassen, wurde in den Vorverhandlungen von der deutschen Regierung in so schroffer Form zurückgewiesen, dass sich nun der Eindruck festsetzte, dass das Deutsche Reich und vorrangig auch der Kaiser der Flotte zuliebe jede internationale Friedens- und Abrüstungsinitiative torpedieren würden – zumal sich schon auf der ersten Konferenz besonders die Deutschen in dem Widerstand gegen die geplante Schiedsstelle hervorgetan hatten. Schließlich wurden von der Konferenz 13 Abkommen angenommen, von denen aber nur zwölf auch tatsächlich ratifiziert wurden. Problematisch und umstritten blieb die Übereinkunft über die Gesetze und Gebräuche des Seekriegs, die erst 1909 in der Londoner Seerechtsdeklaration verabschiedet, aber nie ratifiziert wurde.
Den Haager Friedenskonferenzen kommt trotz ihrer geringen Erfolge eine historische Bedeutung zu: Die Staatengemeinschaft hatte begonnen, sich über gewisse Bereiche des Völkerrechts Gedanken zu machen. Die Frage der Rüstungsbeschränkung war erstmals ernsthaft angesprochen worden (durch Russland). Die Forderungen nach Abrüstung und Völkerverständigung sind seitdem nicht mehr verstummt. Die Bemühungen, zur Sicherung des Friedens in dieser Richtung Fortschritte zu erzielen, reichen von den Haager Friedenskonferenzen über den *Völkerbund* 1919 (▶ 10.27) und die Vereinten Nationen 1945 bis zu den Genfer Verhandlungen der Supermächte in unseren Tagen.

9.10 Daily-Telegraph-Affäre

Der deutsche Kaiser hatte schon mehrfach durch spontane öffentliche Äußerungen außenpolitischen Ärger und innenpolitische Verstimmung verursacht, so mit der Krüger-Depesche im Burenkrieg 1896, in der er dem Präsidenten der Südafrikanischen Republik, P. Kruger, zur Abwehr des Einfalls bewaffneter britischer Siedler gratuliert hatte und damit Großbritannien vor den Kopf stieß, oder mit der unseligen »Hunnenrede« während des so genannten Boxeraufstandes in China 1900, in der er die Soldaten des deutschen Expeditionskorps auf-

Das im Rahmen der internationalen Streitmacht zur Niederschlagung des Boxeraufstands in China eingesetzte deutsche Expeditionskorps führte nach dem Kommando »Germans to the front« einen wichtigen Entlastungsangriff durch

rief, gegen die aufständischen Chinesen grausam und rücksichtslos wie Hunnen vorzugehen. Dieser Vergleich deutscher Soldaten mit Hunnen wurde im 1. Weltkrieg von der Kriegspropaganda der Alliierten weidlich gegen die deutsche Kriegführung ausgeschlachtet.

Die Daily-Telegraph-Affäre wurde ausgelöst durch ein Interview des Kaisers, das aus Gesprächen mit einem britischen Offizier anlässlich eines privaten Urlaubs in England zusammengestellt und am 28. Oktober 1908 in der britischen Zeitung »The Daily Telegraph« veröffentlicht wurde. Sie führte in Deutschland zu einer Krise des monarchischen Systems. In dem Interview stellte der Kaiser sein ständiges Bemühen um ein freundschaftliches Verhältnis zu Großbritannien heraus, mit dem er im deutschen Volk jedoch nahezu allein dastünde. Die deutsche Flottenrüstung sei nicht gegen England gerichtet, sondern allein zum Schutz des deutschen Welthandels. England werde vielleicht noch eines Tages froh sein, sich bei seinen Unternehmungen in Ostasien auf die Hilfe der deutschen Flotte stützen zu können. Im Burenkrieg habe er einen Bund der Kontinentalmächte gegen England verhindert und für seine Großmutter, die britische Königin Viktoria, einen Feldzugsplan entworfen, der offensichtlich dem britischen General als Vorlage gedient habe.

In Großbritannien empörte man sich über die Anmaßung des Kaisers, er habe gewissermaßen den Burenkrieg entschieden, sein Liebeswerben um England wurde mit Hohn und Spott überschüttet und als unaufrichtig abgetan, da er durch seine Flottenaufrüstung Großbritannien zu übermäßig hohen Ausgaben gezwungen habe. Auch in Deutschland war die Entrüstung bei allen Parteien groß, weil sich der Kaiser als allein verantwortlicher Leiter der deutschen Politik hingestellt habe. Mit seinen naiv-offenen Enthüllungen und teilweise selbstgefälligen Taktlosigkeiten habe er dem Ansehen des Reiches und der deutschen Monarchie Schaden zugefügt. Zwei Tage, am 10. und 11. November 1908, debattierte der Reichstag über die Affäre. Der Kaiser saß gewissermaßen auf der Anklagebank. Auch die konservativen Parteien verlangten, dass sich der Kaiser in Zukunft zurückhalte und Abschied vom »persönlichen Regiment« nehme. SPD und Freisinnige Partei versuchten die Stunde der Kritik zu einer Verfassungsänderung zu nutzen, um eine Parlamentarisierung nach westeuropäischem Vorbild durchzusetzen. Aber dafür war die Zeit noch nicht reif.

9.11 Marokkokrisen/ »Panthersprung«

Die deutsche Reichsregierung war bisher in ihrer Politik davon ausgegangen, die weltpolitischen Interessengegensätze zwischen Großbritannien und Frankreich sowie zwischen Russland und Großbritannien seien so unüberwindlich, dass das Deutsche Reich jederzeit seinen jeweiligen tagespolitischen Interessen entsprechend die Akzente seines Handelns einmal in Richtung Großbritannien, einmal in Richtung Russland stärker setzen könne. Doch Großbritannien und Frankreich verständigten sich 1904 über ihre kolonialen Ansprüche. Der Abschluss dieser »Entente cordiale« (»herzliches Einvernehmen«) zerstörte jäh alle Illusionen in Berlin, man begann zu ahnen, dass Großbritannien im Begriff war, ganz in das Lager der Feinde Deutschlands überzugehen.

Marokko war im britisch-französischen Kolonialabkommen zum Interessengebiet Frankreichs erklärt worden. Auf die im Sommer 1904 begonnene »friedliche Durchdringung« des Landes durch Frankreich glaubte die deutsche Reichsregierung zur Wahrung ihrer Handelsinteressen in dieser Region reagieren zu müssen. Reichskanzler Fürst von Bülow inszenierte den Besuch des Kaisers in Tanger am 31. März 1905, um dadurch die Souveränität des Sultans von Marokko zu unterstreichen. Der Kaiserbesuch erregte beträchtliches Aufsehen. In Frankreich befürchtete man, Deutschland sei zum Krieg entschlossen, die günstige Situation ausnutzend, da Russland, der Bündnispartner Frankreichs, in dieser Zeit in Ostasien in einen Krieg mit Japan verwickelt war. Die französischen Versuche, sich mit dem Deutschen Reich über einen Interessenausgleich zu arrangieren, lehnte der Reichskanzler ab und setzte eine internationale Konferenz durch, auf der Frankreichs Ausdehnungsdrang in Marokko Schranken gesetzt werden sollten. Aber auf der im Sommer 1906 in Algeciras stattfindenden Konferenz war nicht Frankreich, sondern das Deutsche Reich mit seinem Vorhaben isoliert und musste eine diplomatische Niederlage hinnehmen. Frankreich blieb in Marokko mit Vorrechten ausgestattet, die deutschen Handels- und Wirtschaftsrechte erkannte Frankreich jedoch in einem zweiseitigen Abkommen im Februar 1909 ausdrücklich an.

Im Frühjahr 1911 nahm Frankreich Unruhen im Lande zum Anlass, mit der militärischen Besetzung Marokkos zu beginnen. Jetzt reagierte die Reichsregierung mit der Entsendung des Kanonenbootes »Panther« nach dem marokkanischen Hafen Agadir. Das war Politik hart am Rande des Krieges. Das Deutsche Reich war an sich bereit, Marokko den Franzosen zu überlassen, es forderte aber für dieses Entgegenkommen das französische Kongogebiet. Frankreich blieb jedoch unnachgiebig und lehnte die deutsche Forderung, gestützt auf die Rückendeckung durch Großbritannien, ab. Nach zähen Verhandlungen musste sich das Reich mit einem Teilgebiet des französischen Kongo zufrieden geben. In der deutschen Öffentlichkeit wurde das Ergebnis als schwere diplomatische Niederlage angesehen, im Reichstag wurde der Reichskanzler beschuldigt, eine schwächliche Haltung an den Tag gelegt und »gekniffen« zu haben.

9.12 Vielvölkerstaat Österreich-Ungarn/ Balkankriege

Der Zweibund zwischen dem Deutschen Reich und dem Habsburgerreich, das sich seit dem Ausgleich mit Ungarn 1867 (▶ 8.17) Kaiser- und Königreich Österreich-Ungarn nannte, bestand seit 1879 als Kernpunkt des bismarckschen Bündnissystems (▶ 8.33). Aber der Reichsgründer und erste Reichskanzler Bismarck hatte auch sehr deutlich die Schwierigkeiten gesehen, auf die die Doppelmonarchie in einer Zeit zuging, in der die einzelnen Nationalitäten immer lauter ihre Rechte forderten, und weitere Absicherungen für das Deutsche Reich in seiner Bündnispolitik über den Zweibund hinaus geschaffen. Dieses System war unter seinen Nachfolgern auseinander gefallen. Österreich-Ungarn war als einzige Macht ein verlässlicher Bündnispartner Deutschlands geblieben, aber es war ein Vielvölkerstaat, der sich stark im südosteuropäischen Raum engagiert hatte. Mit der Annexion der ehemaligen türkischen Provinzen Bosnien und Herzegowina 1908, nachdem bereits der *Berliner Kongress* 1878 (▶ 8.34) dem Habsburgerstaat das Recht zuerkannt hatte, die beiden slawischen Länder zu verwalten, verstrickte sich die Wiener Regierung immer tiefer in die ungelösten Probleme des Krisenherdes Balkan und stieß dort auf die russischen Interessen und den von Petersburg geschürten Panslawismus. Der Schritt Österreich-Ungarns gefährdete die südslawische Sammlungsbewegung des russischen Verbündeten Serbien, das bestrebt war, einen Zugang zur Adria zu erreichen.

In den Balkankriegen 1912 und 1913, in denen die Balkannationen weitgehend die Auflösung des europäischen Herrschaftsgebietes der Türkei erzwangen, dann aber auch übereinander herfielen, als sie sich nicht über die Aufteilung Makedoniens einigen konnten (2. Balkankrieg 1913), stand auch die Existenz der europäischen Großmacht Österreich-Ungarn auf dem Spiel. Es zeigte sich erneut mit aller Deutlichkeit, wie problematisch es für das Deutsche Reich war, mit der von inneren Nationalitätenkämpfen geschüttelten und von außen durch den Panslawismus bedrohten Donaumonarchie so eng verbündet zu sein. Die konstruktive Zusammenarbeit zwischen Berlin und London bei der Ausarbeitung von Kompromissen zum Erhalt des Friedens konnte aber den Ausbruch des großen Krieges zwischen den Bündnissystemen noch einmal verhindern.

9.13 Attentat von Sarajewo

In die über ganz Europa lastende gewitterschwüle Atmosphäre, die seit den *Balkankriegen* (▶ 9.12) durch lautstarke, kriegerische Töne anschlagende Pressekampagnen entstanden war, platzten am 28. Juni 1914 die Schüsse eines serbischen Freischärlers, die in Sarajewo den österreichischen Thronfolger, Erzherzog Franz Ferdinand, und seine Frau töteten. Politische Attentate auf führende Staatsmänner und gekrönte Häupter waren in dieser Zeit nichts Außergewöhnliches. Dieser Mord aber besaß eine besondere Brisanz, denn er brachte die zwischen dem Kaiserstaat und Serbien als dem Förderer der südslawischen Freiheitsbewegung entstandenen Spannungen zur Entladung und bedrohte damit die Donaumonarchie in ihrer Existenz. Hinter dem Attentäter stand eine slawische Geheimorganisation, deren Kommandostelle in Serbien vermutet wurde.

▲ *Zeitgenössische Darstellung des Attentats von Sarajevo, das als Auslöser des Ersten Weltkriegs gilt. Der österreichische Erzherzog Franz Ferdinand und seine Frau sinken von Pistolenkugeln getroffen im Wagen zusammen*

Erzherzog Franz Ferdinand war für die Gleichberechtigung der slawischen Völker im Habsburgerreich entsprechend dem Ausgleich mit Ungarn eingetreten. Hätte er nach seiner Thronbesteigung diese föderalistischen Pläne durchgesetzt, wäre den panslawistischen Freiheitsbestrebungen die Grundlage für ihre Agitation entzogen worden. Nach der Ermordung des Thronfolgers lag die Initiative zunächst in Wien, wo eine Kriegspartei unter dem Generalstabschef Franz Graf Conrad von Hötzendorf auf einen raschen Schlag gegen Serbien drängte. Dazu benötigte man aber die deutsche Rückendeckung gegen Russland, die die deutsche Reichsregierung dem Bündnispartner ohne Zögern bei dem für notwendig gehaltenen sofortigen und energischen Vorgehen gegen Serbien zusagte. Man ging in Berlin davon aus, dass mit einem schnellen Vergeltungsschlag gegen die in Serbien vermuteten Urheber der Verschwörung der Konflikt lokalisiert und der Ausbruch eines europäischen Krieges vermieden werden könnte. Bei energischer Unterstützung Österreich-Ungarns, so kalkulierte man in Berlin, würde Russland seinen serbischen Verbündeten nicht zu Hilfe kommen, andernfalls, so glaubte man, würden Großbritannien und Frankreich nicht wegen Serbien Krieg führen, sondern Russland im Zaum halten. Die Einbindung der einzelnen europäischen Großmächte in die beiden sich seit langem feindlich gegenüberstehenden Bündnissysteme führte dann aber in der *Julikrise* (▶ 9.14) folgerichtig in den 1. Weltkrieg, nachdem Deutschland dem österreichischen Verbündeten freie Hand gegen Serbien gegeben hatte.

9.14 Julikrise 1914/ Kriegsbeginn

Österreich-Ungarn war entschlossen, die Ermordung seines Thronfolgers, des Erzherzogs Franz Ferdinand und seiner Frau, im *Attentat von Sarajewo* (▶ 9.13) am 28. Juni 1914 schon aus Prestigegründen mit einem sofortigen, energischen Vorgehen gegen Serbien, in dessen Militär- und Geheimdienstkreisen man die Rädelsführer vermutete, zu ahnden. Kaiser Wil-

Ein Offizier verliest am 31. Juli 1914 in Berlin »Unter den Linden« die Verkündigung des »Zustands drohender Kriegsgefahr«, am 1. August erfolgt die deutsche Generalmobilmachung

helm II. und die Reichsregierung sagten am 6. Juli der österreichischen Regierung ihre volle Unterstützung zu. Diese Zusage ist als Ausstellung eines »Blankoschecks« bezeichnet und später heftig kritisiert worden. In Berlin glaubte man aber, mit einer raschen Aktion gegen Serbien könnten vollendete Tatsachen geschaffen werden und so der Konflikt lokalisiert bleiben. Man wollte im Prinzip einen größeren Krieg vermeiden, schloss ihn aber auch nicht von vornherein aus. Der Kaiser begab sich traditionsgemäß auf seine Nordlandreise, ebenso gingen die Verantwortlichen in Urlaub oder zur Kur. Die Presse erhielt Anweisung, nicht die Gefahr möglicher kriegerischer Verwicklungen herauszustellen.

Das österreichische Ultimatum wurde wegen der Anwesenheit Poincarés in Petersburg erst am 23. Juli in Belgrad übergeben. Dies war ein unnötiger Zeitverlust, doch war man in Wien unschlüssig, wie man sich verhalten solle, und hatte sich erst auf mehrfaches Drängen der deutschen Reichsregierung zu einer Aktion gegen Serbien entschlossen. Das auf 48 Stunden befristete österreichische Ultimatum stellte teilweise fast unannehmbare Forderungen; es verlangte die rigorose Strafverfolgung der Verschwörer, auch aller Hintermänner, und die Teilnahme österreichischer Dienststellen an den Nachforschungen. In Wien rechnete man mit der Ablehnung aus Belgrad, worauf dann die Kriegserklärung erfolgen sollte. Aber die Regierung in Belgrad erkannte am 25. Juli die Forderungen in weiten Teilen an. Die Welt atmete auf. Kaiser Wilhelm II. stellte erleichtert fest, dass nun jeder Kriegsgrund hinfällig geworden sei. Österreich hielt die serbische Antwort dennoch für ungenügend, brach am 25. Juli die diplomatischen Beziehungen zu Belgrad ab und begann mit der Mobilmachung; am 28. Juli wurde die Kriegserklärung ausgesprochen und am 29. Juli mit der Beschießung Belgrads begonnen.

Damit war eine entscheidende Veränderung der diplomatischen und moralischen Situation für die Mittelmächte eingetreten. Bisher hatte Großbritannien sich bemüht, den österreichisch-serbischen Konflikt vor ein internationales Schiedsgericht zu bringen, das war nun nicht mehr möglich. Der deutsche Reichskanzler Th. von Bethmann Hollweg drängte in der Nacht vom 29. zum 30. Juli die österreichische Regierung zu direkten Verhandlungen mit Russland, um eine Begrenzung des Konfliktes mit Serbien zu erreichen; doch am 30. Juli erfolgte die Mobilmachung der russischen Streitkräfte, anfangs eine Teilmobilisierung, dann aber zur Generalmobilmachung erweitert. Sie löste eine Welle von Kriegsvorbereitungen aus, die nun nicht mehr aufzuhalten war.

Zwar bewirkte der beschwörende Appell Wilhelms II. an den Zaren noch einmal für Stunden einen Stopp der Mobilisierungsmaschinerie, aber der Zar vermochte sich nicht gegenüber seinen Generalen durchzusetzen. Nachdem am 31. Juli die russische Generalmobilmachung endgültig bekannt war, drängten die deutschen Generale die Reichsregierung, schnell klare Verhältnisse zu schaffen, damit der deutsche Aufmarsch nach dem *Schlieffenplan* (▶ 9.8) in

Gang gesetzt werden konnte. So erfolgte am Abend des 1. August, nachdem von Petersburg die deutsche Forderung nach Aufhebung der Mobilmachungsorder abgelehnt worden war, die deutsche Kriegserklärung an Russland. Eine Anfrage in Paris sollte die Haltung Frankreichs klären, die an sich eindeutig war; da sich aber die Franzosen geschickt zurückhielten, erklärte die unter dem Druck des Militärs stehende Reichsregierung am 3. August Frankreich den Krieg. Mit dem Einmarsch deutscher Armeen in Belgien war nun auch für Großbritannien der Bündnisfall eingetreten, seine Kriegserklärung wurde am 4. August überreicht.

9.15 Burgfrieden

Der Ausbruch des seit langem erwarteten Krieges zwischen den beiden Bündnissystemen, den Mittelmächten Deutschland und Österreich-Ungarn auf der einen, den Ententemächten Frankreich, Russland und Großbritannien auf der anderen Seite, wurde von der Bevölkerung in allen beteiligten Ländern wie eine Befreiung von einem langen, unerträglichen Druck empfunden und mit einer Begeisterung aufgenommen, für die uns heute jedes Verständnis fehlt. Der deutschen Reichsleitung gelang es, ihre Bevölkerung davon zu überzeugen, dass der Krieg dem deutschen Volk von seinen Gegnern aufgezwungen worden war. In nationaler Aufbruchstimmung strömten jetzt die Kriegsfreiwilligen zu den Annahmestellen der Regimenter, um ihren Beitrag für die Verteidigung der Heimat zu leisten. Im Reichstag stimmten die Parteien den Kriegskrediten zu, auch die Sozialdemokraten, die angeblich »vaterlandslosen Gesellen«. Die Parteien schlossen unter sich für die Dauer des Krieges einen »Burgfrieden«, sich gegenseitig versichernd, auf die öffentliche Austragung von Meinungsverschiedenheiten untereinander und gegenüber der Reichsregierung verzichten zu wollen. Der Kaiser sprach das später oft zitierte Wort: »Ich kenne keine Parteien mehr, ich kenne nur noch Deutsche!« Die von vielen oft vermisste innere Einheit schien nun Wirklichkeit geworden zu sein. Aber sie war nur in der Stimmung des Augenblicks und oberflächlich hergestellt. Die unerwartet lange Dauer des Krieges, durch die dem Volk immer schwerere Belastungen zugemutet wurden, ließ die unterschiedlichen Standpunkte und die gravierenden sozialen Gegensätze bald wieder hervortreten. Der Burgfriede endete schließlich mit der gegen Ende des Jahres 1916 einsetzenden heftigen öffentlichen Diskussion über die Kriegsziele (▶ 9.20).

9.16 Marneschlacht

Der Aufmarsch der deutschen Armeen im Westen erfolgte nach dem *Schlieffenplan*

Die Westfront 1914–1918

Die Ostfront 1914–1918

(▶ 9.8), dem 1905 von dem damaligen Chef des deutschen Generalstabes, Graf Schlieffen, aufgestellten Kriegsplan. Er ging von einem Zweifrontenkrieg aus und sah vor, mit einem schnellen Aufmarsch im Westen und einem Vernichtungsschlag die französischen Streitkräfte auszuschalten, um sich dann im Osten mit der gesamten deutschen Streitmacht gegen Russland wenden zu können.

Die durch Belgien vorwärts stürmenden deutschen Armeen des rechten Flügels – die Neutralitätsverletzung Belgiens löste die britische Kriegserklärung an das Deutsche Reich aus – schwenkten dem Schlieffenplan folgend nach Süden ein und erreichten schon Anfang September die Marne. Hier trat ihnen zur Verteidigung von Paris eine neu formierte, zahlenmäßig überlegene französisch-britische Streitmacht entgegen. Der deutsche Vormarsch kam zum Stehen. Als sich in der viertägigen Schlacht vom 6. bis 9. September ein gefährlicher Einbruch des Gegners in die zwischen den beiden deutschen Armeen des äußersten rechten Flügels entstandene 50 km breite Lücke abzeichnete, zog Generalstabschef Helmuth von Moltke alle Armeen des rechten Flügels auf eine 80 km rückwärts gelegene Frontlinie zurück. Zögernd folgten die Franzosen nach. In Frankreich sprach man vom »Wunder an der Marne«.

Die Gründe für das Scheitern der auf dem Schlieffenplan aufgebauten deutschen Strategie sind seitdem von zahlreichen Historikern untersucht worden. Sie liegen in der Hauptsache in der Person des Generalstabschefs, der nicht das Feldherrngenie seines berühmten Onkels besaß und eher ein zögernder Charakter war. Zudem hatte der jüngere Moltke entgegen dem im Plan seines Vorgängers vorgesehenen Kräfteverhältnis dem rechten Flügel wertvolle Divisionen entzogen und der Oberrheinfront zugeteilt, die lediglich hinhaltenden Widerstand zu leisten hatte. Und er hatte weitere Divisionen schon an die Ostfront geworfen, die aber für die Abwehrschlacht bei *Tannenberg* (▶ 9.17) zu spät kamen.

9.17 Tannenberg

Gemäß der im *Schlieffenplan* (▶ 9.8) zugrunde gelegten Strategie des deutschen Generalstabes stand im Osten zum Schutz Ostpreußens lediglich eine einzige deutsche Armee, die so lange den russischen Ansturm aufzuhalten hatte, bis die im Westen frei gewordene Hauptstreitmacht zum Großangriff gegen die Russen antreten konnte. Schneller als erwartet vollzog sich der russische Aufmarsch. Die schon frühzeitig in schwere Abwehrkämpfe mit der 1. russischen Armee verwickelten deutschen Verbände mussten sich unter Preisgabe ostpreußischer Gebiete in Richtung Weichsel zurückziehen, um nicht von der von Süden nach Ostpreußen vorstoßenden 2. russischen Armee eingeschlossen zu werden. In dieser schwierigen Situation übernahm der reaktivierte General *Paul von Beneckendorff und von Hindenburg* (► 10.29) den Oberbefehl über die deutsche Armee. Ihm wurde als Generalstabschef der Generalleutnant *Erich Ludendorff* (► 9.30) zugeteilt, der sich bereits beim Vormarsch in Belgien ausgezeichnet hatte. Der neuen Armeeführung gelang es, in einer fünftägigen Schlacht Ende August 1914 bei Tannenberg mit einer kühnen Umfassungsaktion die 2. russische Armee einzuschließen und vernichtend zu schlagen. Wenige Tage später errangen die deutschen Truppen in der Schlacht an den Masurischen Seen auch über die 1. russische Armee einen entscheidenden Sieg. Mit zahlenmäßig unterlegenen Kräften und relativ geringen eigenen Verlusten war den überlegenen russischen Streitkräften eine empfindliche Niederlage beigebracht worden. Über 137 000 russische Soldaten gingen in die Gefangenschaft. Die psychologische Wirkung der eindrucksvollen Siege von Tannenberg und den Masurischen Seen auf die deutsche Bevölkerung war nach der Enttäuschung über den Ausgang der *Marneschlacht* (► 9.16) ungeheuer; der Hindenburg-Mythos entstand. Als Hindenburg und Ludendorff im Sommer 1916 die 3. *Oberste Heeresleitung* (► 9.21) übernahmen, erhoffte sich die Bevölkerung eine Wende im Kriegsgeschehen und ein baldiges siegreiches Ende des schon zu lange andauernden Krieges. 1927 errichtete die deutsche Regierung auf dem Gelände der Tannenbergschlacht ein monumentales Nationaldenkmal. Hindenburg war zu dieser Zeit Reichspräsident. Nach seinem Tode ließ *Hitler* (► 11.2) ihn dort im August 1934 in einem Staatsakt beisetzen.

9.18 Stellungskrieg und Materialschlachten

Nach der *Marneschlacht* (► 9.16) und dem gescheiterten Versuch der deutschen Truppen, in einem »Wettlauf zum Meer« mit dem Gegner die für den britischen Nachschub wichtigen Kanalhäfen einzunehmen (November 1914), standen sich die alliierten und deutschen Heere auf einer Frontlänge von rund 700 km von der belgischen Küste bis zur Schweizerischen Grenze gegenüber. Der Bewegungskrieg erstarrte zum Stellungskrieg. Ein Schützengrabensystem entstand mit Lauf- und Verbindungsgräben zu den rückwärtigen Stäben, zu Nachschub- und Versorgungsstellen und Feldlazaretten. Der Unterstand, mit Bohlen, Brettern und anderem Material notdürftig befestigte Erdlöcher, wurde der Aufenthalts- und Schutzraum der Frontsoldaten der vordersten Linien auf beiden Seiten. Niemand von ihnen ahnte in diesem ersten, noch relativ ruhigen Kriegswinter 1914/15, dass er dieses Schützengrabendasein, wenn er überlebte, mehr als drei Jahre, bis zum Frühjahr 1918, auszuhalten hatte.

Aber es kam noch viel schlimmer. Mit einem massiven Einsatz von schweren und schwersten Artilleriewaffen, der sich von Schlacht zu Schlacht immer mehr steigerte, gigantische Ausmaße annahm, versuchten die Alliierten mehrfach im Jahre 1915, an einem begrenzten Frontabschnitt das deutsche Grabensystem niederzuwalzen und für den nachfolgenden Angriff ihrer Infanterieeinheiten sturmreif zu schießen, um einen Durchbruch zu erzwingen. Jeder Versuch misslang unter ungeheuren Blutopfern an Toten und Verwundeten, die für die Angreifer aber noch ungleich größer waren als für die Verteidiger. Im Frühjahr 1916 begann eine deutsche Großoffensive auf die französische Maasfestung *Verdun* (► 9.19), den herausragenden Eckpfeiler der französischen Frontlinie. Auch dieser Angriff scheiterte nach viermonatigem mörderischem Ringen wie die vornehmlich von Briten getragene gewaltige Schlacht an der Somme von Juli bis November 1916. Ergebnis dieser Materialschlachten war auf beiden Seiten die Erkenntnis, dass trotz des unvorstellbaren Einsatzes von Menschen und Waffen die Verteidigung nicht überwunden werden konnte, sofern diese in der Lage blieb, ihre eigenen Verluste relativ schnell und annähernd gleichwertig wieder zu ersetzen. Hier aber machten sich auf deutscher Seite bereits 1916 zunehmend die materielle Unterlegenheit bemerkbar und das Fehlen frischer und gut ausgebildeter Reserven. Den 1917 von den Alliierten fortgesetzten Versuchen, an irgendeinem Frontabschnitt einen entscheidenden Durchbruch zu erzwingen, jetzt auch mit der neuen Wunderwaffe der Tanks, begegnete die

3. *Oberste Heeresleitung* (▶ 9.21) unter Generalfeldmarschall *Paul von Hindenburg* (▶ 10.29) und Generalquartiermeister *Erich Ludendorff* (▶ 9.30) mit einer elastischeren Kriegführung, bei der aus taktischen Gründen auch Gelände aufgegeben wurde, wenn dadurch in der Gesamtlinie der Front Vorteile erreicht werden konnten. So wurde auch der anfänglich durch die Tanks verursachte Schock von der Fronttruppe überwunden.

Im Osten und Südosten durchbrachen dagegen immer wieder Offensiven der Mittelmächte den Stellungskrieg, ohne jedoch kriegsentscheidende Siege erringen zu können. Erst im Frühjahr 1918, als im Osten mit dem jetzt revolutionären Russland der *Friede von Brest-Litowsk* (▶ 9.26) geschlossen war, ging die deutsche Heeresleitung mit der *Frühjahrsoffensive* (▶ 9.28) im Westen wieder zum Angriffskrieg über.

9.19 Verdun

Nachdem die Durchbruchsversuche der Alliierten in den Materialschlachten des Jahres 1915 am Widerstand der deutschen Fronttruppen gescheitert waren, setzte die deutsche Oberste Heeresleitung (OHL) am 21. Februar 1916 zum Großangriff auf die stark befestigte und durch Außenforts gesicherte französische Festung Verdun an. In einem monatelangen erbitterten Ringen wurde um jeden Meter Boden, um jede Anhöhe gekämpft, das Fort Douaumont wechselte mehrfach den Besitzer. Die Eroberung der Festung gelang nicht, auch der Plan der OHL, mit dem gewaltigen Einsatz von Menschen und Material die gegnerischen Kräfte im Sinne der Ermattungsstrategie »ausbluten« zu lassen, schlug fehl. – Nachdem im Juni 1916 wegen des britischen Großangriffs an der Somme starke deutsche Kräfte von der Verdunfront abgezogen werden mussten, gingen die geringen Geländegewinne und Fort Douaumont wieder verloren.

Die deutschen Verluste betrugen 338 000, die französischen 364 000 Tote. Die Franzosen feierten die Schlacht um Verdun als Sieg und als Beweis ihrer Widerstandskraft. Für beide Völker steht der Name Verdun als Symbol für die Materialschlachten des 1. Weltkrieges und im Zeichen der heutigen deutsch-französischen Freundschaft als ein Mahnmal für die Sinnlosigkeit des Krieges und die Notwendigkeit der Verständigung unter den Völkern.

9.20 Kriegsziele

Die Frage, wie Europa nach diesem Kriege aussehen sollte, beschäftigte die Politiker, die Militärs und die Völker in allen Krieg führenden Staaten seit Beginn des Krieges am 1. August 1914. In Deutschland war anfänglich die öffentliche Erörterung von Kriegszielen untersagt, um die bei Kriegsausbruch erzielte Einmütigkeit des Volkes nicht zu gefährden. Vor allem vom *Alldeutschen Verband* (▶ 9.4) und anderen nationalistischen Gruppen wurden schon früh überzogene annexionistische Forderungen gestellt, über die seit 1916 zunehmend auch der Reichstag debattierte. Man ging dabei ganz

◀ *Die vom 21. Februar bis Mitte Dezember 1916 andauernde Schlacht um die französische Festung Verdun wurde zum Symbol für die Schrecken der Materialschlacht in dem von der Artillerie dominierten Stellungskrieg. Zeitgenössisches Gemälde »Die Todesschlucht von Verdun« von Joseph Ferdinand Gueldry*

selbstverständlich von einem deutschen Sieg aus. Die deutschen Kriegszielvorstellungen liefen im Westen darauf hinaus, Frankreich so zu schwächen, dass es seinen Großmachtstatus verlieren würde, das Industriegebiet um das Erzbecken von Briey sollte annektiert werden; ob Frankreich zusätzlich Küstengebiete und den Westhang der Vogesen abtreten sollte, wurde der Beurteilung durch das Militär überlassen. Belgien wollte man in einen »Vasallenstaat« mit einem verselbstständigten Flandern umwandeln. Im Osten, wo es hauptsächlich um Polen ging, sollten die entsprechenden landwirtschaftlichen Nutzflächen annektiert werden, um die Ernährung der im Westen neu zu gewinnenden Gebiete sicherzustellen. Die den Osten betreffenden Kriegsziele hätten mit Österreich-Ungarn abgestimmt werden müssen, doch kam es nie zu einer verbindlichen Abmachung zwischen den verbündeten Staaten. Aus deutscher Sicht geriet die Habsburgermonarchie immer mehr in deutsche Abhängigkeit, sodass man sich über deren Wünsche teilweise hinwegsetzte.

Die Möglichkeiten eines Sonderfriedens mit Russland wurden ebenfalls diskutiert, ebenso die Revolutionierung des Zarenreiches, um eine Beendigung des Krieges im Osten zu erreichen. Durch die Proklamierung des Königreiches Polen durch die Mittelmächte wurde jedoch diese Möglichkeit verbaut. Im Zusammenhang mit den militärischen Erfolgen an der Ostfront steigerten die Alldeutschen noch ihre Ansprüche und forderten die baltischen Staaten und Galizien für das Deutsche Reich. Im Gegensatz zu diesen nationalistischen Vorstellungen hielten lediglich die Sozialdemokraten an einem Verständigungsfrieden fest, einem Frieden ohne Annexionen.

Nicht minder radikal waren die Forderungen der Franzosen. Sie verlangten nicht nur die Rückgewinnung Elsass-Lothringens und die Freigabe Belgiens, sondern auch den Erwerb des Saargebietes und teilweise sogar die Rheingrenze. Im Osten sollte der Vielvölkerstaat Österreich-Ungarn in mehrere kleine Nationen aufgelöst werden.

Großbritanniens Forderungen beschränkten sich auf die Zerstörung der deutschen Flotte und die Übernahme der deutschen Kolonien. Deutschland sollte als Kontinentalmacht erhalten bleiben. Die amerikanischen Kriegsziele legte der amerikanische Präsident Wilson in einer Botschaft an den Kongress am 8. Januar 1918 dar (*Wilsons 14 Punkte*, ► 9.27). Die meisten der alliierten Kriegsziele wurden im *Versailler Vertrag* (► 10.11) verwirklicht.

9.21 3. Oberste Heeresleitung

Der erste Oberbefehlshaber Helmuth von Moltke war nach dem Misslingen der deutschen Offensive in der *Marneschlacht* (► 9.16) abgelöst worden, sein Nachfolger General Erich von Falkenhayn nach dem Scheitern seines Konzeptes der »Abnutzungsschlacht« bei *Verdun* (► 9.19). Im Sommer 1916 bildete der Sieger von Tannenberg, Generalfeldmarschall *Paul von Hindenburg* (► 10.29), mit seinem Stabschef, dem General *Erich Ludendorff* (► 9.30), die 3. Oberste Heeresleitung (OHL).

▲ *Ab August 1916 bilden Generalfeldmarschall von Hindenburg (links) und General Erich Ludendorff als sein Stabschef die »3. Oberste Heeresleitung«, die fortan weitgehend die Politik des Deutschen Reiches bestimmte (zeitgenössische Bildpostkarte)*

Mit großen Erwartungen blickte die deutsche Bevölkerung auf diese neue Führung und erhoffte sich von ihr eine entscheidende Wende in dem schon zu lange dauernden Krieg und ein baldiges siegreiches Ende. »Oberster Kriegsherr« war der Kaiser, aber er war während des Krieges immer mehr in den Hintergrund getreten und überließ nun den beiden, bisher an der Ostfront so erfolgreichen Feldherren weitgehend die Führung. Die 3. OHL schaltete sich zunehmend auch in politische Entscheidungsprozesse ein. Hier war Ludendorff eindeutig die bestimmende Kraft; er war davon überzeugt, dass der militärischen Führung im Kriege auch die Kontrolle über die Politik, im Innern und nach außen, zustand. So setzte sich z. B. die OHL mit der Entscheidung, den uneingeschränkten *U-Boot-Krieg* (▶ 9.23) 1917 erneut anzuordnen, über den Einspruch des Reichskanzlers Theodor von Bethmann Hollweg hinweg und provozierte damit den Kriegseintritt der USA an der Seite der Alliierten. Nach dem Sturz des Reichskanzlers, an dem Ludendorff wesentlichen Anteil hatte, beherrschte die OHL praktisch das politische Geschehen. Der mit dem bolschewistischen Russland Anfang März 1918 geschlossene *Friede von Brest-Litowsk* (▶ 9.26) war ein Diktatfrieden, der die schwierige Lage der friedenswilligen Revolutionäre ausnutzte. Ludendorffs Versuch, im Frühjahr 1918 mit der Märzoffensive (▶ 9.28) im Westen die Entscheidung zu erzwingen, scheiterte nach Anfangserfolgen. Unter dem Druck der alliierten Gegenoffensiven erklärte die OHL im August die Fortführung des Krieges für aussichtslos und forderte schließlich, am 29. September, die sofortige Einleitung von Waffenstillstandsverhandlungen. Ludendorff wurde am 26. Oktober entlassen, mit seinem Nachfolger, General Wilhelm Groener, führte Hindenburg nach Abschluss des *Waffenstillstandes* (▶ 9.33) am 11. November 1918 das Frontheer in die Heimat zurück.

9.22 Kohlrübenwinter

Die deutsche Wirtschaft war auf einen langen Krieg nicht vorbereitet, die Auswirkungen der englischen Seeblockade, mit der zunehmend die Zufuhr von Rohstoffen und Lebensmitteln auf neutralen Schiffen völkerrechtswidrig unterbunden wurde, machten sich immer mehr bemerkbar. Seit 1915 waren die Lebensmittel rationiert, aber auch die in den Lebensmittelkarten regulierten Zuteilungsmengen an Brot und Kartoffeln verringerten sich ständig, da die Ernteerträge infolge fehlender Düngemittel und Mangel an landwirtschaftlichen Arbeitskräften ständig zurückgingen. Am schlimmsten traf die vor allem in den Städten bereits hungernde Bevölkerung der Kriegswinter 1916/17, nachdem die Kartoffelernte des Jahres 1916 außerordentlich schlecht ausgefallen war; sie betrug nur 50 % der Vorjahresernte. Dafür wurden als Ersatz, ebenfalls rationiert, Kohlrüben ausgegeben, teilweise auch Steckrüben genannt. Die unterschiedliche Ernährungssituation zwischen den Städtern und der Bevölkerung auf dem Lande führte zu Schwarzhandel und Wuchergeschäften. In krassem Gegensatz zu der Masse der darbenden und hungernden Bevölkerung entstand die Schicht der Kriegsgewinnler. Die in den ersten Kriegsmonaten gezeigte Einmütigkeit der Bevölkerung zerbröckelte allmählich. Insgesamt starben in den Kriegsjahren 1914–1918 über 750 000 Menschen in Deutschland an Hunger und Entbehrungen.

9.23 U-Boot-Krieg

Die deutsche Kriegsflotte, des Kaisers »liebstes Kind«, der Stolz des deutschen Volkes, war in den letzten 15 Jahren vor dem Krieg im Eiltempo und mit einem ungeheuren Kostenaufwand zur zweitgrößten Schlachtflotte nach der britischen ausgebaut worden. Seit Kriegsbeginn lagen die schweren Kreuzer und Linienschiffe untätig in den Häfen. Die Seekriegsleitung wagte nicht, mit der gesamten Flotte auszulaufen und die überlegenen britischen Kräfte zur Entscheidungsschlacht herauszufordern. Auch die Engländer hielten ihre Schlachtschiffe in den Häfen zurück, blockierten aber fernab die Nordseeausgänge, um den Nachschub an Lebensmitteln und Rohstoffen aus den neutralen skandinavischen Ländern nach Deutschland abzuschneiden. Es zeigte sich jetzt, dass der riesige finanzielle Aufwand für die Flottenrüstung eine völlige Fehlinvestition gewesen war; denn der strategische Wert der Flotte war gleich null, einige wenige deutsche Kreuzer, die sich bei Kriegsbeginn in überseeischen Gewässern aufgehalten hatten, wurden nach und nach aufgebracht und versenkt.
Die deutsche Seekriegsleitung versuchte nun, mit der neuen Waffe der Unterseeboote einen

Handelskrieg zu führen. Sie erklärte die Gewässer um England zum Kriegsgebiet mit dem Ziel, mit den wenigen, einsatzbereiten U-Booten vor Englands Küsten eine Gegenblockade zu errichten. Sehr bald aber kamen die U-Boot-Kommandanten mit dem geltenden Völkerrecht in Konflikt. Nach den auf den *Haager Friedenskonferenzen* (▶ 9.9) festgelegten Seekriegsbestimmungen durfte die Versenkung eines aufgebrachten Handelsschiffes erst erfolgen, wenn die Besatzung das Schiff in Rettungsbooten verlassen hatte. Zur Untersuchung der Schiffsladung aufgetauchte U-Boote waren aber selbst wegen ihrer geringen Panzerung gefährdet, besonders seit viele Handelsschiffe mit getarnten Schiffsgeschützen ausgerüstet waren. So ging die Seekriegsleitung zum unbeschränkten U-Boot-Krieg über; das bedeutete, dass jedes ausgemachte feindliche Kriegs- oder Handelsschiff ohne Warnung torpediert werden konnte. Dieses Vorgehen rief den heftigen Protest der neutralen Länder und insbesondere der USA hervor, die vorher mehrfach auch gegen die völkerrechtswidrige Seeblockade notwendiger Lebensmittel für die deutsche Bevölkerung Einspruch erhoben hatten. Die Versenkung des britischen Passagierdampfers »Lusitania« am 7. Mai 1915 durch ein deutsches U-Boot, bei der auch 120 amerikanische Staatsbürger ums Leben kamen, führte zu einer schweren Belastung des deutsch-amerikanischen Verhältnisses. In der Folgezeit wurde der unbeschränkte U-Boot-Krieg aus Sorge vor einer weiteren Verschärfung der Spannungen mit den USA zeitweise ganz eingestellt. Gegen die Bemühungen der Reichsregierung, das Verhältnis zu den Vereinigten Staaten nicht weiter zu verschlechtern, forderte die Seekriegsleitung und mit ihr die 3. *Oberste Heeresleitung* (▶ 9.21) jedoch immer dringender die Wiedereröffnung des unbeschränkten U-Boot-Krieges, als dessen Folge sie durch die Erhöhung der Versenkungsziffern auf 600 000 BRT monatlich die Niederlage Englands in 5 bis 6 Monaten erwartete. Mit der Unterstützung der Reichstagsmehrheit wurde am 1. Februar 1917 schließlich der uneingeschränkte U-Boot-Krieg wieder aufgenommen. Die optimistischen Voraussagen erwiesen sich bald als völlige Fehlkalkulation. Großbritannien wurde trotz weiterer Erhöhung der Versenkungsziffern (in der Zeit zwischen 1. Februar und 31. Dezember 1917 wurden 6 141 000 BRT der Alliierten und 1 127 000 BRT neutraler Staaten versenkt) nicht auf die Knie gezwungen, und die USA erklärten am 6. April 1917 dem Deutschen Reich den Krieg. Den U-Booten gelang es nicht, den Transport der amerikanischen Truppen nach Europa zu stören, geschweige denn zu verhindern. Durch Verbesserung der Abwehrwaffen erlitten sie dagegen immer größere Verluste. Bis Kriegsende verlor die deutsche Marine 178 U-Boote.

◀ *Die warnungslose Versenkung des britischen Passagierschiffs »Lusitania« durch ein deutsches U-Boot im Mai 1915, bei der 1200 Menschen ums Leben kamen (darunter 120 amerikanische Staatsbürger) im Zuge des uneingeschränkten U-Boot-Krieges. Dessen Wiederaufnahme am 1. Februar 1917 durch Deutschland führte schließlich zum Kriegseintritt der USA*

9.24 Kriegseintritt der USA

Der amerikanische Präsident Woodrow Wilson hatte ab Kriegsbeginn den Krieg führenden Parteien seine Vermittlerdienste angeboten und sich auch noch nach dem »Lusitania«-Zwischenfall vom Mai 1915, der zu einer schweren Krise der deutsch-amerikanischen Beziehungen führte, bemüht, an der strikten Neutralität der USA festzuhalten. Die öffentliche Meinung in den Vereinigten Staaten wurde wegen des unbeschränkten *U-Boot-Krieges* (▶ 9.23), durch den wiederholt amerikanische Staatsbürger ums Leben gekommen waren, zunehmend deutschfeindlicher und forderte die Parteinahme für Großbritannien und die Ententemächte. Nach seiner Wiederwahl zum Präsidenten der USA im November 1916 trat Wilson noch einmal mit einer Vermittlungsaktion an die Krieg führenden Parteien heran, die von der Entente mit einem weitreichenden Programm von Kriegszielvorstellungen beantwortet wurde. Die deutsche Reichsregierung ließ in Washington ihr von Wilson angefordertes Kriegszielprogramm Ende Januar 1917 mit der Bemerkung vorlegen, dass ab 1. Februar der unbeschränkte U-Boot-Krieg wieder eröffnet werden würde. Der amerikanische Präsident verzögerte den Kriegseintritt der USA noch bis zum 2. April 1917 und vertrat noch im Januar die Ansicht, dass nur ein Verständigungsfriede, ein »Frieden ohne Sieg«, der Welt einen dauerhaften Friedenszustand bringen könne. Auch nach dem Kriegseintritt der Vereinigten Staaten bemühte er sich, eine Vermittlerrolle beizubehalten, und bot mit seinen *»Vierzehn Punkten«* (▶ 9.27) eine Grundlage für die Friedensverhandlungen an. Der Kriegseintritt der USA auf der Seite der Ententemächte entschied endgültig den 1. Weltkrieg. Entgegen der Ansicht der deutschen Marineleitung, die Amerikaner würden wegen fehlenden Schiffsraums und wegen der deutschen U-Boote nicht in der Lage sein, nennenswerte Truppenkontingente nach Europa zu bringen, kamen rund 1 Million amerikanischer Soldaten bis zum Sommer 1918 an der Westfront zum Einsatz; die amerikanische Wirtschaftskraft vermochte schnell die britischen Verluste auszugleichen.

9.25 Friedensresolution

Schon am 12. Dezember 1916 hatte Deutschland zusammen mit seinen Verbündeten über die USA der Entente ein Friedensangebot gemacht und den Gegnern Verhandlungen angeboten. Konkrete Bedingungen enthielt die deutsche Note nicht; sie wurde von den Ententemächten abgelehnt. Die Ende 1916 aufgenommenen Vermittlungsbemühungen des amerikanischen Präsidenten Wilson scheiterten im Januar 1917 an den überzogenen Kriegszielen beider Seiten. Die Wiederaufnahme des unbeschränkten *U-Boot-Krieges* (▶ 9.23) am 1. Februar 1917 führte zum *Kriegseintritt der USA* (▶ 9.24). In Deutschland war inzwischen der *Burgfrieden* (▶ 9.15) zerbrochen und wieder Bewegung in die Parteienlandschaft gekommen. Von der SPD (▶ 8.28) hatte sich der linke Flügel der Partei als Unabhängige Sozialdemokratische Partei (USPD) abgespalten; sie forderte die sofortige Beendigung des Krieges und verweigerte neue Kriegskredite. Im Reichstag bildete sich eine neue parlamentarische Mehrheit aus Zentrum (▶ 8.27), Fortschrittspartei und SPD, von der

◀ *Reichskanzler von Bethmann Hollweg bei seiner Rede vor dem Reichstag am 12. Dezember 1916, in der er die Bereitschaft der Reichsregierung zu Friedensverhandlungen signalisiert. Das unkonkret bleibende Angebot wird von den Ententemächten abgelehnt*

Unterzeichnung des Friedensvertrages von Brest-Litowsk am 3. März 1918. Links die deutsche, rechts die russische Delegation

die Friedensfrage energisch aufgegriffen wurde, als neue Kriegskredite bewilligt werden sollten. Kopf dieser Koalition war der Führer der Zentrumsfraktion, Matthias Erzberger, der ursprünglich Anhänger eines ungebremsten Annexionismus gewesen war und nun die Wiederaufnahme des unbeschränkten U-Boot-Krieges kritisierte, nachdem er erkannt hatte, dass der U-Boot-Krieg wirkungslos sei und Deutschland sich um einen Verständigungsfrieden bemühen müsse. Mit der Friedensresolution des Reichstages vom 19. Juli 1917, die von einem Frieden der Verständigung und Versöhnung ausging, schaltete sich das deutsche Parlament in die Diskussion um die Kriegsziele und eine Beendigung des Krieges ein. Kurze Zeit nach der Veröffentlichung der Friedensresolution bot sich Papst Benedikt XV. den Krieg führenden Parteien als Vermittler an. Die päpstliche Vermittlungsaktion kam jedoch nicht in Gang, da die Ententemächte die deutsche Reaktion auf das Angebot für unbefriedigend befanden. Gegen die Friedensresolution der Reichstagsmehrheit sammelten sich die Gegner des Verständigungsfriedens in der »Vaterlandspartei« unter der Leitung des Großadmirals Tirpitz und des ostpreußischen Generallandschaftsdirektors Kapp, der später in der Weimarer Republik dem ersten rechtsradikalen Putsch (*Kapp-Putsch,* ▶ 10.15) seinen Namen gab. Sie wurden unterstützt von der Obersten Heeresleitung und der Industrie. Die Friedensresolution war der erste Schritt auf dem Wege zu einer *Parlamentarisierung* (▶ 9.31).

9.26 Russische Revolution/ Friede von Brest-Litowsk

In Russland zwang im März 1917 (nach dem russischen Kalender im Februar) eine bürgerlich-liberale Revolution den Zaren Nikolaus II. Alexandrowitsch zur Abdankung, doch wurde der Krieg gegen die Mittelmächte von der neuen Regierung fortgesetzt. Die Auflösungserscheinungen in der russischen Armee, die auch die Fronttruppen erfassten, führten zu großen Erfolgen der deutschen Sommeroffensive mit beträchtlichen Geländegewinnen. Die Randländer wie Estland, Lettland, Finnland und die Ukraine erklärten ihre Unabhängigkeit. Mit seinen Parolen »Frieden um jeden Preis« und »Alles Land den Bauern« gewann der erst kurz vorher aus seinem schweizerischen Exil mithilfe der deutschen Obersten Heeresleitung (OHL) nach Russland zurückgekehrte Revolutionär Wladimir I. Lenin die kriegsmüde und unzufriedene Bevölkerung. Mit der so genannten Oktoberrevolution (nach deutscher Zeit am 7. November, nach russischer am 25. Oktober 1917) eroberten die von Lenin geführten Bolschewisten in Petersburg und Moskau die Macht und errichteten mit der Diktatur der Arbeiter-, Bauern- und Soldatenräte (Räte russisch: Sowjet) die Sowjetrepublik.
Die Revolutionäre boten allen Krieg führenden Staaten einen Frieden ohne Annexionen auf-

grund des Selbstbestimmungsrechtes der Völker an. Es kam zum Bruch mit den bisherigen Verbündeten und zu Friedensverhandlungen mit dem Deutschen Reich ab Dezember 1917, in denen die deutsche OHL extrem hohe Forderungen stellte, in die die Russen auf Anweisung von Lenin schließlich einwilligten, da sie den Frieden benötigten, um im Innern das Sowjetsystem durchzusetzen und die zaristische Gegenrevolution niederzuwerfen. Im Frieden von Brest-Litowsk (3. März 1918) musste Russland die Unabhängigkeit der Länder Finnland, Estland, Livland, Kurland, Litauen, Polen, Ukraine, Georgien und armenischer Gebiete anerkennen, insgesamt ein Territorium von 1,42 Millionen km² mit über 60 Millionen Menschen abtreten. Die Russen verloren damit rund 75 % ihrer bisherigen Stahl- und Eisenindustrie. Der Friede von Brest-Litowsk war ein Diktatfrieden, ein Triumph der OHL, den die Sowjets nur unter Protest unterschrieben. Aber sie hofften darauf, dass der Bazillus der Revolution auf die deutschen Soldaten überspringen würde. Den Deutschen ging es in erster Linie darum, in den jetzt selbstständig gewordenen Ländern ein Übergreifen der bolschewistischen Revolution zu verhindern. So waren deutsche Truppen in Finnland, im Baltikum und in der Ukraine an der Niederwerfung bolschewistischer Umsturzversuche beteiligt. Die von deutscher Seite erhoffte Verstärkung der Westfront kam dadurch nicht zustande, was mit zum Scheitern der *Frühjahrsoffensive* (▶ 9.28) 1918 führte. Der Gewaltfriede von Brest-Litowsk wirkte sich schließlich auch auf die Haltung der Westmächte bei der Aufstellung der Friedensbedingungen im *Versailler Vertrag* (▶ 10.11) aus und verhinderte maßvollere Friedensbedingungen.

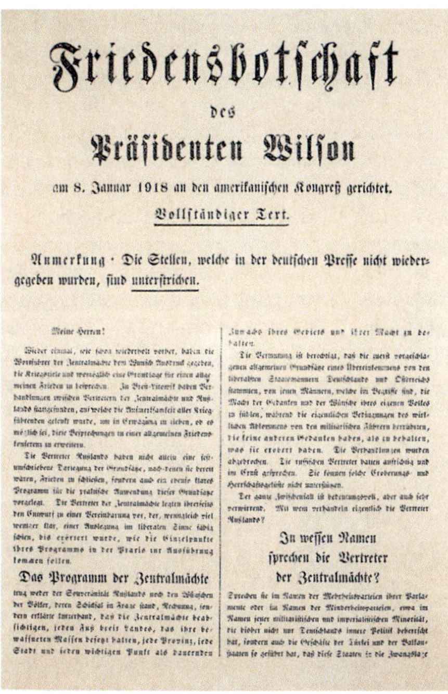

Friedensbotschaft

des

Präsidenten Wilson

am 8. Januar 1918 an den amerikanischen Kongreß gerichtet.

Vollständiger Text.

Anmerkung · Die Stellen, welche in der deutschen Presse nicht wiedergegeben wurden, sind unterstrichen.

Meine Herren!

[illegible]

Das Programm der Zentralmächte

[illegible]

In wessen Namen sprechen die Vertreter der Zentralmächte?

[illegible]

▲ *Das 14 Punkte umfassende Friedensprogramm Wilsons vom 8. Januar 1918 wurde mit amerikanischen Flugblättern auch in Deutschland bekannt gemacht*

9.27 Wilsons 14 Punkte

Der amerikanische Präsident Woodrow Wilson bemühte sich auch nach dem *Kriegseintritt der USA* (▶ 9.24) auf der Seite der Ententemächte, eine Grundlage für Friedensverhandlungen zu schaffen. Am 8. Januar 1918 legte er dem amerikanischen Kongress sein Friedensprogramm in 14 Punkten vor. Wilson forderte darin: 1. die Öffentlichkeit aller internationalen Verhandlungen, 2. die Freiheit der Meere in Krieg und Frieden, 3. die Beseitigung von Handelsschranken, 4. internationale Abrüstung und Rüstungsbegrenzung, 5. die freie und unparteiische Ordnung der kolonialen Ansprüche unter Berücksichtigung der Interessen der Kolonialvölker, 6. die Räumung der besetzten russischen Gebiete, 7. Räumung und Wiederherstellung Belgiens, 8. Räumung und Wiederherstellung Frankreichs einschließlich Elsass-Lothringens, 9. eine Berichtigung der Grenzen Italiens »gemäß den klar erkennbaren Nationalitätengrenzen«, 10. die autonome Entwicklung für die Völker der Donaumonarchie, 11. Räumung Rumäniens, Serbiens und Montenegros sowie freien Zugang zum Meer für Serbien, 12. die autonome Entwicklung für die unter türkischer Herrschaft stehenden Nationalitäten und Öffnung der Dardanellen für die internationale Schifffahrt, 13. die Errichtung eines unabhängigen polnischen Staates mit einem freien Zugang zum Meer, 14. die Bildung eines allgemeinen Verbandes der Nationen, um die gegenseitigen Garantien der politischen Unabhängigkeit und der territorialen Integrität für große und kleine Staaten gleichermaßen zu gewährleisten. Die deutsche Reichsregierung ging auf dieses Friedensprogramm des amerikanischen Präsidenten erst ein, als mit dem Scheitern der *Frühjahrsoffensive* (▶ 9.28) die letzte Hoffnung zerstoben war, den Krieg im Westen doch noch militärisch zugunsten Deutschlands zu entscheiden. In den Friedensverhandlungen nach dem Zusammenbruch Deutschlands konnte Wilson gegenüber den britischen und französischen Verhandlungsführern sein Programm nur zu einem Teil verwirklichen.

9.28 Frühjahrsoffensive

Nach dem Ende der Kämpfe an der Ostfront durch den *Frieden von Brest-Litowsk* (▶ 9.26) mit dem jetzt bolschewistischen Russland suchte die 3. *Oberste Heeresleitung* (▶ 9.21), und vornehmlich ihr führender Stratege, General Erich Ludendorff, die Entscheidung des Krieges mit einer Großoffensive im Westen herbeizuführen, bevor die Hauptmacht der frischen amerikanischen Truppen an der Westfront eingetroffen war. Am 21. März 1918 begann der deutsche Angriff in einer Breite von 70 km südlich von St. Quentin an der Nahtstelle des britischen und französischen Frontabschnittes mit dem Ziel, die englischen Truppen von den französischen zu trennen und auf die Kanalhäfen zurückzuwerfen. Der von mehr als 70 Divisionen mit massiver Artillerieunterstützung vorgetragene Angriff, bei dem auch die Fliegertruppe zum Einsatz kam, konnte trotz eines erzielten Geländegewinns von mehr als 60 km Tiefe die gesteckten Ziele nicht erreichen. Es fehlte an frischen und beweglichen Reserven, jetzt zeigte es sich, dass in den Jahren des Stellungskrieges die geforderte Motorisierung der Artillerieeinheiten nicht vorangetrieben worden war, auch eine schlagkräftige Panzerwaffe war nicht entwickelt worden. Die weiteren Offensiven vom 9. April und 27. Mai erzielten zwar erneut erhebliche Geländegewinne – Anfang Juni standen die deutschen Angriffsspitzen wieder an der Marne –, aber ab 18. Juli setzten die alliierten Truppen zum Gegenangriff an, bei dem das im Mai und Juni gewonnene Gelände wieder verloren ging. Der britische Tankangriff bei Amiens am 8. August wurde zum »schwarzen Tag« des deutschen Heeres; zum ersten Mal wurde deutlich, dass der Widerstandswille bei vielen Truppenteilen gebrochen war. Die deutsche Front wurde bis in die Ausgangsstellungen zurückgedrängt. Der Krieg war nicht mehr zu gewinnen. Als sich an den anderen Fronten der Zusammenbruch der verbündeten Mächte abzeichnete (Bulgarien bat am 25. September um einen Waffenstillstand), gestand Ludendorff die militärische Niederlage ein. Am 29. September verlangte er von den Politikern kategorisch den sofortigen Abschluss eines Waffenstillstandes. Das hatte weitreichende innenpolitische Folgen (▶ 9.31).

9.29 Waffenstillstandsangebot

Die *Frühjahrsoffensive* (▶ 9.28) an der Westfront, die nach dem Plan Ludendorffs die militärische Entscheidung bringen sollte, war gescheitert, das deutsche Heer auf seine Ausgangsstellungen zurückgedrängt. An den anderen Fronten hatte die Auflösung der verbünde-

◀ *Mit der Frühjahrsoffensive 1918 versuchte die deutsche Heeresleitung, in einer letzten Kraftanstrengung einen strategischen Durchbruch an der Westfront zu erzielen. Im Bild einer der wenigen Panzer, über die das deutsche Heer im Verhältnis zu den Gegnern verfügte*

ten Armeen begonnen. Aber erst am 29. September gab Ludendorff die Niederlage zu und forderte von der Reichsregierung sofortige Waffenstillstandsverhandlungen. Das plötzliche Eingeständnis der Niederlage, nachdem jahrelang und bis zuletzt die Oberste Heeresleitung nur Optimismus ausgestrahlt und Siegesmeldungen verbreitet hatte, löste einen schweren Schock bei den Politikern und dann in der Bevölkerung aus.

Anfang Oktober 1918 übernahm der als liberal angesehene Prinz Max von Baden als neuer Kanzler die Reichsregierung, in die auf Verlangen Ludendorffs jetzt auch Vertreter der im Reichstag die Mehrheit bildenden Parteien (Zentrum, Fortschrittspartei, SPD und Nationalliberale) aufgenommen wurden. Dies war ein erster wesentlicher Schritt zur *Parlamentarisierung* (▶ 9.31) der deutschen Reichsverfassung, durch den der Gefahr staatlicher Auflösungserscheinungen vorgebeugt werden sollte. Zugleich zielte diese Verfassungsänderung auf die Forderung des amerikanischen Präsidenten Woodrow Wilson, der erklärt hatte, dass Friedensverhandlungen nur mit vom Volk getragenen Regierungen geführt werden könnten.

In der Nacht vom 3. zum 4. Oktober 1918 ging das deutsche Waffenstillstandsangebot an den amerikanischen Präsidenten ab. Es berief sich auf dessen im Januar 1918 verkündete *Vierzehn Punkte* (▶ 9.27). In dem sich anschließenden Notenwechsel mit der amerikanischen Regierung wurde nun jedoch deutlich, dass der Verhandlungsspielraum, der dem Deutschen Reich blieb, äußerst gering war. Vor der Aufnahme von Waffenstillstandsverhandlungen sollte Deutschland den *U-Boot-Krieg* (▶ 9.23) einstellen und die besetzten Gebiete räumen. Gegen diese schon einer Kapitulation gleichkommenden Forderungen wollte Ludendorff jetzt die Wiederaufnahme der Kampfhandlungen anordnen; aber das deutsche Volk war kriegsmüde und hatte nur den Wunsch, endlich Frieden zu bekommen. Ludendorff musste am 26. Oktober auf Druck der Reichsregierung seinen Abschied nehmen.

9.30 Erich Ludendorff

Am 9. April 1865 in Kruszewnia bei Posen geboren, schlug Ludendorff ab 1881 die Offizierslaufbahn ein; er erhielt eine Generalstabsausbildung und war 1908 bis 1912 Chef der Aufmarschabteilung im Großen Generalstab. Am Beginn des 1. Weltkrieges war Ludendorff maßgeblich an der Eroberung Lüttichs beteiligt, anschließend als Chef des Generalstabes der 8. Armee zusammen mit *Paul von Hindenburg* (▶ 10.29) Sieger bei *Tannenberg* (▶ 9.17) und in der Schlacht an den Masurischen Seen über die Russen. Von diesem Zeitpunkt an arbeiteten die beiden Heerführer bis zum Kriegsende zusammen, zuerst im Oberkommando der Ostfront, ab Juli 1916 als 3. *Oberste Heeresleitung* (▶ 9.21), wobei die stärkeren Impulse von Ludendorff ausgingen. Er wirkte stark in die deutsche Politik hinein, setzte die volle wirtschaftliche Mobilmachung durch und ordnete die Wiedereröffnung des uneingeschränkten *U-Boot-Krieges* (▶ 9.22) an, die den *Kriegseintritt der USA* (▶ 9.24) zur Folge hatte. Wesentlichen Anteil hatte Ludendorff am Sturz des Reichskanzlers Theodor von Bethmann Hollweg im Juli 1917; im *Frieden von Brest-Litowsk* (▶ 9.26) mit dem bolschewistischen Russland verwirklichte er die *Kriegsziele* (▶ 9.20) der Militärs und der Alldeutschen (▶ 9.4). Nach dem Scheitern der *Frühjahrsoffensive* 1918 (▶ 9.28) forderte er überstürzt Ende September 1918 die sofortige Aufnahme von Waffenstillstandsverhandlungen (▶ 9.29), durch die vor aller Welt die militärische Niederlage des Deutschen Reiches offen gelegt wurde. Nachdem er mit seiner Forderung, die Kampfhandlungen wieder aufzunehmen, gescheitert war, wurde Ludendorff auf Drängen des Reichskanzlers, Prinz Max von Baden, am 26. Oktober 1918 verabschiedet. In der Zeit der Weimarer Republik gehörte Ludendorff als einflussloser Außenseiter völkischen Rechtsgruppen an, er verbündete sich kurzzeitig mit Adolf Hitler und war am *Hitlerputsch 1923* (▶ 10.23) beteiligt. Später wurde er, zum Teil unter dem Einfluss seiner Frau Mathilde, zum politisch-sektiererischen Außenseiter. Ludendorff starb am 20. Dezember 1937 in Tutzing.

9.31 Parlamentarisierung

Das Deutsche Reich war seiner Verfassung nach eine konstitutionelle Monarchie, die Macht des Herrschers war durch eine Verfassung eingeschränkt, die eine Volksvertretung in Form des Reichstages zugelassen hatte. Die Rechte des Reichstages waren jedoch sehr begrenzt. Die Reichsregierung (Reichskanzler und Staatssekretäre) wurde vom Kaiser ein- und abgesetzt,

◀ *Die Revolution von 1918 in Deutschland begann Anfang November mit einer Meuterei auf Schiffen der in Wilhelmshaven liegenden Hochseeflotte, schnell griffen die Unruhen auf andere Marinestandorte über. Das Bild zeigt Besatzungsmitglieder vor ihren Linienschiffen »Thüringen« und »Helgoland«*

der Reichstag hatte darauf keinen Einfluss, sondern lediglich sein Votum zu den Gesetzen abzugeben. Die Bemühungen der Parteien, vor allem der politischen Mitte und der Sozialdemokraten (► 8.28), mehr Einfluss zu erhalten, verstärkten sich seit Beginn des Krieges anlässlich der Abstimmungen über die Kriegskredite. Aber erst als General *Erich Ludendorff* (► 9.30) die militärische Niederlage eingestand und sofortige Waffenstillstandsverhandlungen forderte, wurde auf seine Veranlassung hin die Regierung auf eine parlamentarische Grundlage gestellt. Mit diesem Versuch einer »Revolution von oben« stahl sich das Militär aus der Verantwortung für das von ihm verschuldete politische und militärische Desaster. In den Augen der deutschen Öffentlichkeit hatten nun die Parteien, die in der Kaiserzeit am heftigsten bekämpft worden waren, die Verantwortung für den Waffenstillstand und die späteren Ergebnisse des Versailler Vertrages auf sich zu nehmen. Eine Hypothek, die zum Scheitern der Weimarer Republik 15 Jahre später beitrug. Reichstagsabgeordnete aus den Parteien der Mehrheitskoalition (Zentrum, Fortschrittliche Volkspartei und Sozialdemokratische Partei) traten in die von Prinz Max von Baden gebildete neue Reichsregierung ein. In der im Hinblick auf die Waffenstillstandsverhandlungen beschlossenen Verfassungsänderung vom 28. Oktober 1918 (deshalb Oktoberverfassung) wurde die Bindung des Reichskanzlers an das Vertrauen des Reichstages festgelegt. Die Oktoberverfassung hatte jedoch keine tieferen Auswirkungen mehr, da wenige Tage später die Novemberrevolution ausbrach. Sie war aber ein wichtiger Schritt auf dem Weg zur parlamentarischen Demokratie, wie sie dann in der Weimarer Republik mit ihrer Verfassung verwirklicht wurde.

9.32 Matrosenaufstand

Die 3. *Oberste Heeresleitung* (► 9.21) hatte schon Ende September 1918 der Reichsregierung eingestanden, dass der Krieg militärisch nicht mehr zu gewinnen war (*Waffenstillstandsangebot,* ► 9.29). Als die Marineleitung Ende Oktober 1918 der in den Häfen seit Jahren untätig liegenden Hochseeflotte den Befehl gab, zu einem letzten großen Einsatz gegen die britische Flotte auszulaufen, um »die Ehre der Waffengattung« zu retten, weigerten sich die Matrosen, diesem sinnlosen Befehl zu folgen. Am 5. November übernahm ein Matrosenrat im größten deutschen Flottenstützpunkt Wilhelmshaven die Macht, von hier aus sprang die Meuterei auf die anderen Hafenstädte über und erfasste bald auch die Garnisonen in den Binnenstädten (Köln 7. November) und die Arbeiterschaft in den Industriestandorten. Überall bildeten sich Arbeiter- und Soldatenräte. Der Kaiser wich den revolutionären Ereignissen in Berlin aus und ging in das Hauptquartier nach Spa in Belgien. Am 7. November wurde die Wittelsbacherdynastie in München gestürzt; am *9. November* (► 10.1) trat Reichskanzler Prinz Max von Baden unter dem Druck der Massen von seinem Amt zurück, kündigte die Abdankung des Kaisers an, die in Wirklichkeit erst spät abends stattfand, und übergab die Regierungsgeschäfte an den Führer der Mehrheitssozialdemokraten, *Friedrich Ebert* (► 10.6), dem es schließlich im Zusammenspiel mit gemäßigten Kräften und gestützt auf das Heer gelang, die parlamentarische Demokratie gegen die Bestrebungen der radikalen Linken durchzusetzen, die die Einführung des Rätesystems nach russischem Vorbild anstrebten.

9.33 Waffenstillstand

Am 4. Oktober 1918 hatte die deutsche Reichsregierung auf Drängen der Obersten Heeresleitung ein Waffenstillstandsgesuch an den amerikanischen Präsidenten Woodrow Wilson gesandt. In dem sich anschließend entwickelnden Notenwechsel war deutlich geworden, dass die Alliierten nur mit einer vom Volk getragenen Regierung die Verhandlungen führen würden. Das führte kurzfristig zur Aufnahme von Vertretern der im Reichstag die Mehrheit bildenden Parteien in die Regierung, vertiefte aber auch im Volk den Eindruck, dass der Kaiser einem kommenden Frieden im Wege stehen könnte. Am 5. November traf in Berlin die Mitteilung des amerikanischen Staatssekretärs Lansing ein, dass die Alliierten bereit seien, *Wilsons 14 Punkte* (▶ 9.27) als Verhandlungsgrundlage anzuerkennen. Ausdrücklich ausgenommen aber wurden die Punkte »Freiheit der Meere« und der Komplex der deutschen Zahlungsverpflichtungen.

Die deutsche Waffenstillstandsdelegation wurde von dem zum Staatssekretär ohne Geschäftsbereich ernannten Zentrumspolitiker Matthias Erzberger geleitet, die Militärs überließen es einem Zivilisten, den letzten Akt in diesem Kriegsgeschehen zu vollziehen. Auf der anderen Seite stand der französische Oberkommandierende, Marschall Foch, an der Spitze der alliierten Waffenstillstandskommission. Foch, so hieß es in der letzten Note des amerikanischen Staatssekretärs, sei bereit, beglaubigte Vertreter der deutschen Regierung zu empfangen und ihnen die Waffenstillstandsbedingungen mitzuteilen. Ziel der Alliierten war es zu verhindern, dass der Waffenstillstand vom Deutschen Reich als willkommene Ruhepause genutzt würde, um bei einem Scheitern der Verhandlungen erneut loszuschlagen, wie es Ludendorff ja vorgehabt hatte. Von Verhandlungen war daher nicht mehr die Rede. Die Bedingungen waren außerordentlich hart, ihre Annahme bedeutete die Unterwerfung. Verlangt wurden: die sofortige Räumung aller besetzten Gebiete im Westen sowie die Freigabe Elsass-Lothringens, die Räumung des gesamten linken Rheinufers und einer 35 km breiten rechtsrheinischen Sicherheitszone, die entmilitarisiert bleiben sollte. Die Städte Köln, Koblenz und Mainz sollten durch alliierte Truppen besetzt werden. Der Friedensvertrag von *Brest-Litowsk* (▶ 9.26) wurde annulliert. Sämtliche U-Boote und große Mengen an Waffen, Munition, Fahrzeugen und Lokomotiven waren abzuliefern. Die alliierten Kriegsgefangenen sollten freigelassen werden, während die deutschen Kriegsgefangenen noch nicht heimkehren durften. Die Blockade sollte vorerst weiter bestehen bleiben. Erzberger nahm telegrafisch Verbindung zur Obersten Heeresleitung auf, Hindenburg drahtete zurück, man solle versuchen, Milderungen zu erreichen, in jedem Falle aber unterzeichnen. Am 11. November 1918 wurde der Waffenstillstand im Salonwagen des Marschalls Foch im Wald von Compiègne unterzeichnet. Jetzt schwiegen an allen Fronten die Waffen.

◀ *Unterzeichnung des Waffenstillstands in einem Eisenbahnwaggon im Wald von Compiègne am 11. November 1918. Das Bild zeigt den deutschen Staatssekretär Matthias Erzberger und (ihm gegenüber stehend) den französischen Marschall Ferdinand Foch, den Verhandlungsführer der Alliierten*

Daten

27. März 1890	Nichtverlängerung des Rückversicherungsvertrages
1. Juli 1890	Helgoland-Sansibar-Vertrag
1890/1891	Arbeiterschutzgesetze
1890–1894	Reichskanzler Leo von Caprivi
1891	Gründung des Alldeutschen Verbandes (Name ab 1894)
21. Okt. 1891	Erfurter Programm der SPD
17. Aug. 1892	französisch-russische Militärkonvention
1894–1900	Reichskanzler Chlodwig Fürst zu Hohenlohe-Schillingsfürst
3. Jan. 1896	Krügerdepesche Wilhelms II.
1897	Kiautschou deutsche Kolonie
1898	Gründung des Deutschen Flottenvereins
1898/1900	Flottengesetze
18. Mai–29. Juli 1900	1. Haager Friedenskonferenz
1. Jan. 1900	Inkrafttreten des Bürgerlichen Gesetzbuchs
1900–1909	Reichskanzler Bernhard Fürst von Bülow
27. Juli 1900	»Hunnenrede« Wilhelms II./Boxeraufstand in China
8. April 1904	britisch-französische Entente cordiale
31. März 1905	Besuch Wilhelms II. in Tanger/1. Marokkokrise
15. Juni–18. Okt. 1907	2. Haager Friedenskonferenz
31. Aug. 1907	britisch-russischer Interessenausgleich
1908	österreichische Annexion von Bosnien und Herzegowina
28. Okt. 1908	Daily-Telegraph-Affäre
1909–1917	Reichskanzler Theobald von Bethmann Hollweg
1. Juli 1911	»Panthersprung« nach Agadir/2. Marokkokrise
12. Jan. 1912	Reichstagswahlen (SPD erstmals stärkste Fraktion)
8.–11. Febr. 1912	Mission Haldanes in Berlin
1912/1913	Balkankriege
28. Juni 1914	Attentat von Sarajewo
23. Juli 1914	österreichisches Ultimatum an Serbien
1./3. Aug. 1914	deutsche Kriegserklärung an Russland und Frankreich
23.–31. Aug. 1914	Schlacht bei Tannenberg
6.–9. Sept. 1914	Marneschlacht
7. Mai 1915	Versenkung der »Lusitania«
21. Febr.–Dez. 1916	Schlacht von Verdun
29. Aug. 1916	3. Oberste Heeresleitung (OHL; Hindenburg und Ludendorff)
1. Febr. 1917	uneingeschränkter U-Boot-Krieg
6. April 1917	Kriegseintritt der USA
19. Juli 1917	Friedensresolution des Reichstages
7. Nov. 1917	Ausbruch der Oktoberrevolution in Russland
8. Jan. 1918	Wilsons Vierzehn Punkte
3. März 1918	Friede von Brest-Litowsk
21. März 1918	Beginn der deutschen Frühjahrsoffensiven
3./4. Okt. 1918	Prinz Max von Baden wird Reichskanzler; deutsches Waffenstillstandsangebot
26. Okt. 1918	Oktoberverfassung; Entlassung Ludendorffs
29. Okt. 1918	Beginn der Matrosenaufstände
9. Nov. 1918	Abdankung des Kaisers/Ausrufung der Republik
11. Nov. 1918	Waffenstillstand

Weimarer Republik (1918–1933)

10

Einführung

Die Weimarer Republik war der erste praktizierte Versuch in der deutschen Geschichte, auf dem Boden des Deutschen Reiches eine demokratische Staatsform zu errichten. Der Versuch ist gescheitert, die junge Republik ging nach knapp vierzehn Jahren in der Hitlerdiktatur unter.

Schon die Geburtsstunde der Republik stand unter keinem guten Stern. Von Anfang an war sie mit dem Odium des verlorenen Krieges belastet. Zwar hatten die Führer der demokratischen Parteien, denen jetzt die ganze Macht im Staate in die Hände gegeben war, die Niederlage nicht zu verantworten, sondern die Generale in der Obersten Heeresleitung. Aber gerade diese Generale, die die Bevölkerung noch Wochen vorher in dem Glauben an ein siegreiches Ende des Krieges gelassen und erst jetzt zur sofortigen Aufnahme von Waffenstillstandsverhandlungen gedrängt hatten, sie setzten nicht viel später die unselige Dolchstoßlegende in Umlauf, die der Heimat die Schuld an der Niederlage zuschob und die dann die politische Atmosphäre in der Republik permanent und nachhaltig vergiftet hat.

Die Republik war gewissermaßen über Nacht gekommen, nicht als Ergebnis einer siegreichen Revolution, sondern eigentlich durch Anstoß von außen, weil die Kriegsgegner es abgelehnt hatten, mit den alten Machthabern des kaiserlichen Deutschland Friedensverhandlungen aufzunehmen. Die Sehnsucht nach Frieden und der Glaube an einen gerechten Friedensvertrag auf der Basis der vom amerikanischen Präsidenten angestrebten Versöhnung der Völker führten in dem kriegsmüden und ausgehungerten Deutschland bei den Wahlen zur Nationalversammlung Anfang des Jahres 1919 zu dem überwältigenden Wahlerfolg der Parteien, die entschlossen waren, den jungen Staat zu tragen.

Aber dann kam der furchtbare Schock, der durch die Bekanntgabe der Friedensbedingungen ausgelöst wurde. Das war kein Vertrag auf der Grundlage der Gleichberechtigung und Völkerverständigung. Er wurde den Unterlegenen diktiert, Verhandlungsmöglichkeiten waren ausgeschlossen.

Damit war die politische Situation für die Deutschen, die bereit gewesen waren, mit der neuen Staatsform auch einen neuen Anfang zu machen, entscheidend verändert. Von nun an standen diejenigen, die weiterhin bereit waren, den demokratischen Staat zu tragen, mit dem Rücken zur Wand in einem ständigen Abwehrkampf gegen die Kräfte von links und rechts, die nur das eine Ziel kannten, die Republik wieder zu zerschlagen.

Die links außen Stehenden fühlten sich von den sozialdemokratischen Führern verraten, weil sie mehr von der Revolution für die arbeitenden Massen erwartet hatten. Und auf der rechten Seite regten sich nun wieder die alten Eliten des Kaiserreiches, die alle von den jetzt regierenden Politikern der Weimarer Koalition in ihren Ämtern und Aufgabenbereichen übernommen wurden, die höhere Beamtenschaft, die Unternehmer, die Großgrundbesitzer, das Offizierskorps.

Die Geschichte der Weimarer Republik wird von den Historikern im Allgemeinen in drei Phasen eingeteilt. Die erste umfasst die Jahre von der Entstehung bis zum Ende des Jahres 1923. In diesen Jahren stand die Existenz der noch wenig stabilen Republik wiederholt auf dem Spiel. Immer wieder drohte das Gefüge des jungen Staates durch bürgerkriegsähnliche Aufstände der linken und Putschversuche der rechten Gegner der Demokratie auseinander zu brechen. Die Besetzung des Ruhrgebietes durch Frankreich löste zwar im übrigen Deutschland eine alle Parteirichtungen erfassende Welle des Solidaritätsgefühls mit den an der Ruhr passiven Widerstand leistenden Landsleuten aus, stürzte aber auch den Staat durch den totalen Zusammenbruch der Währung einerseits, die Versuche von Separatisten, unter dem Schutz der Besatzungsmacht das Rheinland aus dem Reichsverband zu lösen, die kommunistischen Aufstände in Sachsen und Thüringen und den Konflikt des Freistaates Bayern mit der Reichsregierung andererseits in seine gefährlichste Existenzkrise.

Mit dem Abbruch des Ruhrkampfes und der gelungenen Sanierung der Währung am Ende des Jahres 1923 beginnt die zweite Phase in der Geschichte der Republik, die eine Zeit der wirtschaftlichen Erholung und der relativen politischen Konsolidierung – auch im Bereich der Außenpolitik – genannt wird. Man hat diese Jahre von Ende 1923 bis Ende 1929 auch als die »Ära Stresemann« bezeichnet.

Das Reparationsproblem wurde mit der Unterstützung der Amerikaner im Dawesplan neu geregelt und mehr auf die deutschen wirtschaftlichen Möglichkeiten abgestimmt. Das Vertragswerk von Locarno führte das Deutsche Reich als gleichberechtigten Partner in den Kreis der europäischen Großmächte zurück, zugleich wurde die Aussöhnung mit dem französischen Nachbarn eingeleitet. Die Aufnahme Deutschlands in den Völkerbund war die Folge dieser maßvollen, an den Realitäten orientierten deutschen Außenpolitik. Im Bereich der Innenpolitik war der Abbau des instabilen Zustandes im Verhältnis der im Parlament vertretenen Parteien zueinander jedoch nicht erreicht worden.

Mit den Auswirkungen der Weltwirtschaftskrise auf Deutschland ab Ende Oktober 1929 endet diese Phase. Es beginnt der letzte Abschnitt der Geschichte der Republik, der gekennzeichnet ist durch die zunehmende Verschlechterung der wirtschaftlichen Situation und die sprunghaft ansteigenden Arbeitslosenzahlen auf der einen, die fortschreitende Auflösung der demokratischen Fundamente auf der anderen Seite. Die radikalen Parteien und Republikgegner auf den Flügeln erhielten starken Zulauf aus den Reihen der Arbeitslosen, der Enttäuschten und Entwurzelten.

Die Unfähigkeit des Reichstages, eine regierungsfähige Mehrheit zu bilden, führte im März 1930 dazu, dass der seit 1925 amtierende Reichspräsident und ehemalige Feldmarschall Paul von Hindenburg den Zentrumspolitiker und Finanzfachmann Heinrich Brüning zum Kanzler einer neuen Regierung ohne Bindung an Parteien und Parlament berief. Damit wurde eine Entwicklung eingeleitet, die in ihrer fortgesetzten Handhabung in den folgenden Jahren zur Ablösung des parlamentarischen Systems und zur Ausbildung eines autoritären Präsidialregimes führte. Die Entscheidung über das weitere Schicksal des deutschen Staates lag nun ausschließlich bei dem hochbetagten Reichspräsidenten, der nie einen Hehl daraus gemacht hatte, ein überzeugter Anhänger der Monarchie geblieben zu sein.

Den von ihm ausgewählten Reichskanzlern gelang es nicht, eine konstruktive Politik durchzuführen, mit der sie die Massenbewegung der Nationalsozialisten hätten stoppen oder deren Führer Hitler in die Regierung einbinden können. Die Absetzung der preußischen Regierung durch den Reichskanzler von Papen am 20. Juli 1932 traf vor allem die SPD, die allerdings nur noch symbolischen Widerstand leistete. Seit die NSDAP nach den Wahlen vom Juli 1932 die stärkste Fraktion im Reichstag stellte, forderte Hitler vom Reichspräsidenten für sich die ganze Regierungsgewalt.

Hindenburg hat lange gezögert, aus Abneigung gegen den Volkstribun, Hitler als Kandidaten für den Kanzlerposten überhaupt anzuerkennen. Erst, als sich mächtige und ihm nahe stehende konservative Interessenverbände wie Großagrarier, Großindustrie und Hochfinanz – es waren wieder, wie schon am Anfang der Republik, die alten monarchischen Eliten – bei ihm für die Kanzlerschaft Hitlers mit Nachdruck einsetzten, gab er nach und beugte sich ihren Argumenten: Hitler werde als Kanzler in einem vorwiegend konservativen Kabinett, eingerahmt von starken konservativen Ministern, zwangsläufig seine radikalen politischen Vorstellungen den Realitäten anpassen und reduzieren.

Am 30. Januar 1933 legte Hitler mit seinem Kabinett als Kanzler den Eid auf die Verfassung des Weimarer Staates ab. Aber das schon Jahre vorher praktizierte präsidiale Regierungssystem bot ihm geradezu die Chance, die er kaltblütig zu nutzen verstand.

10.1 9. November 1918

Vom Matrosenaufstand in den Hafenstädten war der Funke der Revolution in wenigen Tagen auf fast alle Städte im Reich übergesprungen. Überall bildeten sich Arbeiter- und Soldatenräte, die die sofortige Beendigung der Feindseligkeiten und die Abdankung des Kaisers und der Landesfürsten verlangten. Aller Augen richteten sich auf Berlin. Was würde der Kaiser tun?

Kaiser Wilhelm II. besprach im Großen Hauptquartier der Obersten Heeresleitung (OHL), im belgischen Kurort Spa, mit seinen Generalen die militärische Lage und die Situation im Reich, die sich von Tag zu Tag mehr zuspitzte.

In Berlin wartete der Reichskanzler Prinz Max von Baden auf die entscheidende Nachricht des Kaisers. Die Führer der SPD hatten sich ultimativ bereit erklärt, die Regierungsgewalt zu übernehmen, um zu verhindern, dass die Radikalen die Macht an sich rissen und eine *Räterepublik* (▶ 10.4) errichteten.

Als die Nachricht aus Spa ausblieb, ließ der Reichskanzler eigenmächtig die Abdankungserklärung veröffentlichen, die erst Stunden später bestätigt wurde. Kurz nach der Veröffentlichung übertrug der letzte kaiserliche Reichskanzler die Regierungsgeschäfte an *Friedrich Ebert* (▶ 10.6), den Vorsitzenden der SPD, mit den Worten: »Herr Ebert, ich lege Ihnen das Deutsche Reich ans Herz.« Ebert antwortete: »Ich habe zwei Söhne für dieses Reich verloren.«

Eberts Ziel war es, mit den Führern der USPD, der Unabhängigen Sozialdemokratischen Partei Deutschlands, die sich während des Krieges von der SPD abgespalten hatte, zu einer Vereinbarung zu kommen, um die Einheit der Arbeiterbewegung wieder herzustellen und die extremen linken Gruppen wie den *Spartakusbund* (▶ 10.3) zu isolieren.

Bis zum Zusammentritt einer so schnell wie möglich zu wählenden Nationalversammlung sollte eine Übergangsregierung mit den bisherigen Mehrheitsparteien im Reichstag (neben SPD auch Zentrum und Fortschrittliche Volkspartei) gebildet werden. Die Entscheidung über die zukünftige Staatsform (parlamentarische Republik oder Monarchie) sollte der Nationalversammlung vorbehalten bleiben. Ebert war deshalb über das eigenmächtige Vorgehen seines Parteifreundes Philipp Scheidemann ungehalten, der, um dem Spartakistenführer Karl Liebknecht zuvorzukommen, von einem Fenster des Reichstages die Republik proklamiert hatte.

Mit der USPD-Führung kam es zu einer Verständigung über die Bildung einer provisorischen Regierung, den *Rat der Volksbeauftragten* (▶ 10.2).

Berliner Blatt

mit fünf Beilagen

1. Tägliche Unterhaltungs-Beilage
2. Sonntagsblatt „Fürs Deutsche Haus"

3. Illustrierte Roman-Bibliothek
4. Spottdrossel — 5. Monatl. Rätsel-Beilage.

Ohne jede Gegenleistung erhält jeder Bezieher oder seine Erben **500** Mk. bei Ganzinvalidität oder Tod, beides durch Unfall, nach Maßgabe der in Nr. 233 vom 6. Oktober im „Berliner Blatt" veröffentlichten Bedingungen.

Nummer 263 — Sonntag, den 10. November 1918 — 22. Jahrgang

Rücktritt des Kaisers und Kronprinzen.

Einberufung einer Nationalversammlung.

Amtlich. Berlin, 9. November.

Der Kaiser und König hat sich entschlossen, dem Throne zu entsagen. Der Reichskanzler bleibt noch solange im Amte, bis die mit der Abdankung des Kaisers, dem Thronverzicht des Kronprinzen des Deutschen Reiches und von Preußen und der Einsetzung der Regentschaft verbundenen Fragen geregelt sind. Er beabsichtigt, dem Regenten die Ernennung des Abgeordneten Ebert zum Reichskanzler und die Vorlage eines Gesetzentwurfes wegen der sofortigen Ausschreibung allgemeiner Wahlen für eine verfassunggebende deutsche Nationalversammlung vorzuschlagen, der es obliegen würde, die künftige Staatsform des deutschen Volkes einschließlich der Volksteile, die ihren Eintritt in die Reichsgrenzen wünschen sollten, endgültig festzustellen.

Berlin, den 9. November 1918. — Der Reichskanzler: Max, Prinz von Baden.

▲ *Nachdem am 3. 11. 1918 mit der Meuterei von Matrosen der deutschen Hochseeflotte die »Novemberrevolution« begonnen hatte, bildeten sich binnen weniger Tage überall in Deutschland Arbeiter-und-Soldaten-Räte. Am 9. November dankte Kaiser Wilhelm II. ab und ging in die Niederlande ins Exil (Titelseite des »Berliner Blatts« vom 10. 11. 1918)*

10.2 Rat der Volksbeauftragten

Nachdem der letzte kaiserliche Reichskanzler, Prinz Max von Baden, die Regierungsgeschäfte an *Friedrich Ebert* (▶ 10.6), den Vorsitzenden der SPD, übergeben hatte, wurde am 10. November 1918 als erste provisorische Regierung der Republik der Rat der Volksbeauftragten gebildet.

Durch die rasche Vereinbarung zwischen den Führern der SPD und der USPD, der 1917 von der SPD abgespaltenen Unabhängigen Sozialdemokratischen Partei Deutschlands, konnte der am gleichen Tag zusammentretenden Versammlung der Berliner Arbeiter- und Soldatenräte schon eine Regierung präsentiert werden. Die Versammlung nahm die Nachricht von der

Die zeitgenössische Fotomontage zeigt die Mitglieder des am 10. November 1918 gebildeten Rates der Volksbeauftragen: Wilhelm Dittmann, Otto Landsberg, Hugo Haase, Friedrich Ebert, Emil Barth und Philipp Scheidemann (von links unten im Uhrzeigersinn nach rechts unten)

Einigung zwischen den beiden Arbeiterparteien mit großer Zustimmung auf und bestätigte auch die Regierungsbildung. Die von den Linksradikalen durchgesetzte Bildung eines Vollzugsrates als Kontrollorgan und »Gegenregierung« zum Rat der Volksbeauftragten hat keine Bedeutung erlangt.

Dem Rat der Volksbeauftragten gehörten die Sozialdemokraten Ebert, Scheidemann und Landsberg an sowie Haase, Dittmann und Barth von der USPD. Ebert und Haase führten gemeinsam den Vorsitz. Die drei Politiker der USPD traten jedoch unter dem Druck ihrer Partei am 29. Dezember 1918 wieder aus der Regierung aus. Sie protestierten mit diesem Schritt gegen die Vorgänge bei der Niederwerfung eines Matrosenaufstandes in Berlin in den Weihnachtstagen. Nach dem von Ebert am 10. November 1918 mit General Groener von der Obersten Heeresleitung geschlossenen Pakt konnte die Regierung reguläre und intakte Truppen zur Wiederherstellung von Ruhe und Ordnung im Lande anfordern und einsetzen. Demgemäß hatten Truppen diesen Aufstand Weihnachten 1918 niedergeworfen.

Der Rat der Volksbeauftragten wurde daraufhin durch die Sozialdemokraten Noske und Wissell ergänzt und regierte, unterstützt durch Staatssekretäre aus bürgerlichen Parteien, bis zur Übergabe der Regierungsgeschäfte an die *Nationalversammlung* (▶ 10.5) am 10. Februar 1919. Er hat mit der Ausschreibung der Wahlen für eine Nationalversammlung zum 19. Januar 1919 die Weichen für eine parlamentarische Demokratie gestellt.

10.3 Spartakusbund

Auf dem äußersten linken Flügel der SPD hatte sich 1916 eine oppositionelle Gruppe gebildet, nach ihrem illegal erscheinenden Presseorgan »Spartakusbriefe« zunächst »Spartakusgruppe« genannt, die sich nach der Abspaltung der USPD 1917 dieser Partei anschloss. Ihre Führer, Karl Liebknecht und Rosa Luxemburg, gründeten am 1. Januar 1919 zusammen mit anderen Linksradikalen die *KPD* (▶ 10.17).

Die Spartakisten wollten die Revolution vollenden und alle Macht den Räten übertragen. Nach dem Spartakusaufstand in Berlin im Januar 1919, der im Auftrag des Volksbeauftragten Noske von Freikorps blutig niedergeschlagen wurde, gerieten auch Liebknecht und Rosa Luxemburg in Gefangenschaft. Beide wurden beim Abtransport von Freikorpsoffizieren ermordet. Diese Mordtat brachte den regierenden Sozialdemokraten aus Kreisen der Arbeiterschaft den Vorwurf der Komplizenschaft mit der Reaktion ein.

Das von Rosa Luxemburg, die von der Rechtspresse als Parteigängerin Moskaus verfemt worden war, verfasste »Spartakusprogramm« unterschied sich in wesentlichen Punkten von der bolschewistischen Lehre Lenins. Es strebte zwar die Räterepublik an, doch tendierte es zu einem demokratischen Kommunismus: »Freiheit nur für die Anhänger der Regierung, nur für die Mitglieder einer Partei ... ist keine Freiheit. Freiheit ist immer nur Freiheit des anders Denkenden.«

10.4 Räterepublik

Ziel der linksradikalen Revolutionäre war die Errichtung einer Räterepublik. Alle Macht im Staate sollte auf die Arbeiter- und Soldatenräte übergehen, die sich überall im Lande gebildet hatten. Die oberste Gewalt im Staate sollte der aus den Räten zu wählende Zentralrat übernehmen, die Wirtschaft sollte vergesellschaftet werden.
Die Versammlung der Berliner Arbeiter- und Soldatenräte hatte am 10. November 1918 die von SPD und USPD vereinbarte provisorische Regierung, den Rat der Volksbeauftragten, anerkannt, ihr aber mit dem Vollzugsrat ein Kontrollorgan an die Seite gestellt, das die Mitregierung der Räte gewährleisten sollte. Diese Einrichtung hat jedoch gegenüber dem Rat der Volksbeauftragten keine spürbaren Funktionen ausüben können, da die Mehrzahl der Räte dem Plan Friedrich Eberts zuneigte, Wahlen zu einer Nationalversammlung auszuschreiben. Endgültig hat die Reichskonferenz aller Arbeiter- und Soldatenräte vom 16. bis 20. Dezember in Berlin sich für die Wahlen zur Nationalversammlung und damit für das parlamentarische System ausgesprochen.
Spätere Versuche linksextremer Gruppen, die sich v. a. in der *KPD* (▶ 10.17) zusammenschlossen, mit Streiks und der Ausrufung von Räterepubliken in verschiedenen Städten bzw. Ländern (so u. a. in Bremen, Braunschweig und in Bayern) die Revolution doch noch in ihrem Sinne zu vollenden und die Reichsregierung zu stürzen, wurden durch reguläre Reichswehreinheiten und Freikorps vereitelt, die teilweise mit brutaler Gewalt gegen die Aufständischen vorgingen und massenweise Erschießungen vornahmen.
Diese Vorgänge haben zu schweren Zerwürfnissen zwischen Teilen der Arbeiterschaft und der regierenden SPD, die dafür verantwortlich gemacht wurde, geführt und die Republik schon in ihrem Anfangsstadium erheblich belastet.

10.5 Nationalversammlung

Erstmalig in der deutschen Geschichte waren zu den vom *Rat der Volksbeauftragten* (▶ 10.2) ausgeschriebenen Wahlen zur Nationalversammlung am 19. Januar 1919 auch die Frauen zugelassen. Wahlberechtigt waren alle mindestens 20 Jahre alten Männer und Frauen. Die Wahlbeteiligung war hoch, sie betrug 83 %.
Stärkste Partei wurde die SPD. Sie errang insgesamt 165 der 423 Mandate, war aber mit den erreichten 37,9 % auf die Zusammenarbeit mit anderen Parteien angewiesen. Die Sozialdemokraten schlossen sich mit dem Zentrum, das 91 Mandate (=19,7 %) erhielt, und der aus der bisherigen Fortschrittlichen Volkspartei neu entstandenen, linksliberalen Deutschen Demokratischen Partei (DDP), die auf 75 Mandate (=18,5 %) gekommen war, zu einem Regierungsbündnis, der *Weimarer Koalition* (▶ 10.9), zusammen. Gemeinsam verfügten die drei Parteien, die schon im letzten kaiserlichen Reichstag eine Mehrheit besessen hatten, über 331 Mandate. Das waren über 78 %. Die USPD errang nur 22 Mandate (=7,6 %).
Auf dem rechten Flügel erhielten die aus der Nationalliberalen Partei hervorgegangene Deutsche Volkspartei (DVP) 19 Sitze (=4,4 %) und die aus den ehemaligen konservativen Gruppierungen entstandene Deutschnationale

◀ *Die Eröffnungssitzung der Verfassunggebenden Deutschen Nationalversammlung im Nationaltheater in Weimar am 6. Februar 1919. Die Zeichnung erschien in der Leipziger »Illustrirten Zeitung«*

Volkspartei (DNVP) 44 Sitze (=10,3 %). Beide Parteien waren als Anhänger der Monarchie Gegner des neuen Staates.
Die Nationalversammlung wählte am 11. Februar 1919 *Friedrich Ebert* (▶ 10.6), den Vorsitzenden der SPD, zum ersten *Reichspräsidenten* (▶ 10.8) der Republik und beschloss am 22. Juni 1919 mit 262 Stimmen gegen die Stimmen von DVP, DNVP und USPD die *Weimarer Verfassung* (▶ 10.7).

10.6 Friedrich Ebert

Am 4. Februar 1871 als Sohn eines Schneidermeisters in Heidelberg geboren, lernte Ebert als Sattlergeselle in Mannheim früh das soziale Elend des Proletariats kennen. Er ging in die Gewerkschaftsarbeit und wurde 1889 Mitglied der SPD, 1893 Redakteur in Bremen und 1912 Reichstagsabgeordneter. Bei Kriegsbeginn trat Ebert in der SPD-Fraktion für den *Burgfrieden* (▶ 9.15) und die Bereitschaft zur Landesverteidigung ein, war aber ein entschiedener Gegner der Annexionspolitik. Seit 1913 Vorsitzender der SPD, als Nachfolger August Bebels, setzte sich Ebert während des Krieges bald für einen Verständigungsfrieden ein. Im Januar 1918 suchte er bei Ausbruch des Berliner Munitionsarbeiterstreiks zu vermitteln und Ausweitungen zu verhindern.
Am 9. November 1918 übertrug ihm der letzte kaiserliche Reichskanzler die Regierungsgeschäfte. Im *Rat der Volksbeauftragten* (▶ 10.2) bemühte Ebert sich, die revolutionären Unruhen zu beenden und die Ausschreibung von Wahlen für eine Nationalversammlung durchzusetzen – mit dem Ziel, eine parlamentarische Demokratie zu errichten. Sein am 10. November 1918 geschlossener Pakt mit der Obersten Heeresleitung zur Wiederherstellung der Ordnung im Lande wurde ihm als Verrat an den Zielen der Arbeiterschaft und an der Revolution ausgelegt, weil er den Einsatz militärischer Verbände und *Freikorps* (▶ 10.14) gegen Arbeiteraufstände zur Folge hatte.
Am 11. Februar 1919 von der Nationalversammlung zum ersten *Reichspräsidenten* (▶ 10.8) der Republik gewählt, hat Ebert sich gewissenhaft bemüht, sein Amt mit Würde auszufüllen und stets ein Präsident für alle Schichten des Volkes zu sein. Am 24. Oktober 1922 bestätigte ihn der Reichstag mit überwältigender Mehrheit auf weitere drei Jahre in seinem Amt. Wegen der unsicheren politischen Situation hatten die Volksvertreter auf eine in der Verfassung vorgeschriebene Neuwahl durch das Volk verzichtet. Von der sich verstärkenden rechten Opposition wurde Ebert jedoch zunehmend mit Verleumdungen und Verdächtigungen verfolgt. Schließlich musste er sich gegen die Anklage des Landesverrats (wegen seiner seinerzeitigen Beteiligung an dem Munitionsarbeiterstreik) zur Wehr setzen. In dem Urteil vom Dezember 1924 wurde zwar der verantwortliche Redakteur wegen Beleidigung verurteilt, der Vorwurf des Landesverrats jedoch nicht zurückgewiesen. Ebert starb am 28. Februar 1925 an den Folgen einer in der Hetze der Prozesstage verschleppten Blinddarmentzündung.

10.7 Weimarer Verfassung

Mit der Ausarbeitung einer Reichsverfassung hatte der *Rat der Volksbeauftragten* (▶ 10.2) bereits den Staatssekretär des Innern, den Berliner Staatsrechtler Professor Hugo Preuß, beauftragt. Seine ursprüngliche Absicht, mit einer Gebietsreform aus einer Anzahl etwa gleich großer Länder einen einheitlichen, zentralisierten Staat zu schaffen, stieß auf den Protest der Länder, insbesondere Preußens, und konnte nicht verwirklicht werden, weil die Länder auch nach dem Fortfall der Dynastien ein gewisses Maß an Eigenleben beibehalten wollten.
Die Verfassungsurkunde wurde am 11. August 1919 vom Reichspräsidenten unterzeichnet. Der Text der Verfassung ist in zwei Hauptteile gegliedert: Aufbau und Aufgaben des Reiches (Artikel 1–108) und Grundrechte und Grundpflichten der Deutschen (Artikel 109–165). Übergangs- und Schlussbestimmungen sind in den Artikeln 166–181 enthalten.
Die Verfassung beruhte auf dem Grundsatz der Volkssouveränität: »Alle Macht geht vom Volke aus.« Das Volk regierte durch den in allgemeiner, gleicher, geheimer und unmittelbarer Wahl zustande gekommenen Reichstag. Die Reichsregierung war von dem Vertrauen der Mehrheit der Abgeordneten abhängig. Dem für vier Jahre gewählten Reichstag stand das Gesetzgebungsrecht zu. Er konnte zwischenzeitlich nur vom Reichspräsidenten aufgelöst werden. Neben dem Reichstag bestand der Reichsrat, das Gremium der Länderregierungen, der lediglich eine beratende Funktion und ein nur aufschiebendes Vetorecht besaß.

◀ *Die Weimarer Reichsverfassung*

Die Weimarer Reichsverfassung, in die sowohl Gedanken des Freiherrn vom Stein als auch Verfassungsentwürfe der Frankfurter Paulskirche von 1848 eingeflossen sind, sollte in ihrem toleranten Geist den Bürgerkrieg in Deutschland beenden und ein Friedensvertrag zwischen allen politischen Gruppen in dem neuen Staat sein. Sie sollte auch den abseits stehenden Kräften im deutschen Volk den Weg in ein neues, republikanisches Deutschland öffnen. Sie ist dennoch – und gerade deshalb – bald auf heftige Kritik sowohl von links wie auch von rechts gestoßen.
Besondere Rechte wurden in der Verfassung dem Amt des Reichspräsidenten zugewiesen.

10.8 Reichspräsident

Der Reichspräsident war vom Vertrauen des Reichstages unabhängig. Er wurde jeweils auf sieben Jahre und unmittelbar vom Volk gewählt. Er ernannte Reichskanzler und Reichsminister und konnte sie auch entlassen.
Er hatte das Recht, den Reichstag aufzulösen. Als Inhaber des Oberbefehls über die *Reichswehr* (▶10.16) war er berechtigt, den Belagerungszustand über das ganze Reichsgebiet zu verhängen und in Fällen des Staatsnotstandes vorübergehend Verfassungsrechte der Bürger ganz oder teilweise außer Kraft zu setzen.
Diese außerordentlichen Vollmachten des Reichspräsidenten haben dem Staatsoberhaupt Züge eines »Ersatzkaisers« gegeben. Dass diese weit reichenden Befugnisse des Artikels 48 in der Hand eines Präsidenten, der kein überzeugter Anhänger der Republik war, zu folgenschweren Verwicklungen führen konnten, haben die Verfassungsväter nicht erkannt. Schon unter dem monarchisch gesinnten zweiten Reichspräsidenten, dem ehemaligen Feldmarschall *Paul von Hindenburg* (▶10.29), war diese Situation eingetreten. Die missbräuchliche Handhabung des Artikels 48 hat unter Hindenburg Zug um Zug zur Auflösung des parlamentarischen Systems geführt und über das *Präsidialregime* (▶10.36) den nahtlosen Übergang zur nationalsozialistischen Diktatur ermöglicht.

10.9 Weimarer Koalition

Nach der Eröffnung der Nationalversammlung in Weimar bildeten die SPD, das Zentrum und die DDP (Deutsche Demokratische Partei) die erste republikanische Regierung. Gemeinsam hatten sie mit insgesamt 76 % der Stimmen die weit überwiegende Mehrheit des Volkes hinter sich. Ministerpräsident dieser Koalitionsregierung, der Weimarer Koalition, wurde der Sozialdemokrat Philipp Scheidemann. Die Voraussetzungen für ein Gelingen der parlamentarischen Arbeit schienen gegeben zu sein. Aber schon formierten sich auf den Flügeln rechts und links die Gegner der Demokratie zum Sturm auf den Staat.

Der massive Einsatz von Freikorpsformationen gegen Aufstandsversuche der Linksradikalen führte zu einer starken Entfremdung zwischen der Arbeiterschaft und der SPD. Die Unterzeichnung des *Versailler Vertrages* (▶10.11) durch zwei Minister der Koalition rief eine hemmungslose Agitation der politischen Rechten gegen die Weimarer Parteien hervor, die *Dolchstoßlegende* (▶10.13) wurde in Umlauf gesetzt. Bei den Reichstagswahlen am 6. Juni 1920 verlor die Weimarer Koalition ihre absolute Mehrheit. Sie hat sie bis zum Ende der Republik nie wieder erreicht.

Lediglich im größten Land der Republik, Preußen, bestand seit 1920 eine Regierung der Weimarer Koalition mit kurzen Unterbrechungen unter dem sozialdemokratischen Ministerpräsidenten Otto Braun bis 1932. Sie galt als stärkstes Bollwerk der Demokratie bis zu der *Reichsexekution* (▶10.37) des Reichskanzlers von Papen am 20. Juli 1932.

10.10 Parlamentarisches System – Parteien der Republik

Das parlamentarische System hatte mit der Wahl zur Nationalversammlung über die Pläne der linksradikalen Revolutionäre, die *Räterepublik* (▶10.4), die Diktatur des Proletariats durchzusetzen, den Sieg davongetragen.

Parlamentarisches System bedeutet eine Regierungsmethode, die auf dem Prinzip der Gewaltenteilung beruht. Das Parlament ist die aus den Parteien in Wahlen zustande gekommene Volksvertretung. Es übt die gesetzgebende Gewalt, die Legislative, aus. Die aus den die Mehrheit im Parlament bildenden Parteien aufgestellte Regierung besitzt die Regierungsgewalt, die Exekutive. Neben diesen beiden Institutionen steht – gleichberechtigt und unabhängig – die richterliche Gewalt, die Judikative. In einem funktionierenden parlamentarischen System sind grundsätzlich alle Parteien miteinander koalitionsfähig.

Die Parteien der Weimarer Republik zerfielen von Anfang an in zwei sich schon in ihrer Grundeinstellung extrem voneinander unterscheidende Gruppen, die den neuen Staat bejahenden und ihn tragenden Parteien und die die Republik und das parlamentarische System verneinenden und bis zur Zerstörung bekämpfenden Gruppierungen. Zwischen diesen beiden Gruppen gab es so gut wie keine Kompromissbereitschaft. Das hat die parlamentarische Arbeit der Weimarer Republik von Anbeginn an belastet und infrage gestellt.

Die in der *Weimarer Koalition* (▶10.9) zusammengeschlossenen Parteien SPD, Zentrum und DDP waren in der Nationalversammlung, abgesehen von einigen Splittergruppen, die drei großen, die junge Republik tragenden Parteien. Die USPD auf dem linken Flügel und die DVP und die DNVP auf dem rechten waren Gegner der parlamentarisch-demokratischen Republik.

Aber schon bei den ersten Reichstagswahlen am 6. Juni 1920, als die Bedingungen des *Versailler Vertrages* (▶10.11) bekannt geworden waren und die *Dolchstoßlegende* (▶10.13) in Umlauf gesetzt worden war, verloren die drei Parteien ihre Mehrheit, die sie nie wiedererlangen sollten. Dagegen errangen sowohl die USPD (ihre Mitglieder schlossen sich 1921/22 teils der KPD, teils der SPD an) als auch die beiden Rechtsparteien starke Stimmengewinne. Eine bürgerliche Minderheitsregierung kam daraufhin zustande, weil sich jetzt die DVP unter dem Einfluss ihres Vorsitzenden Gustav Stresemann zu einer den Staat mittragenden Partei gewandelt hatte.

Auch die DNVP, die der Monarchie anhing, hat sich zeitweise an Regierungsbildungen beteiligt, bis sie 1928 unter ihrem neuen Vorsitzenden Alfred Hugenberg endgültig eine extrem rechtsradikale und den Weimarer Staat verneinende Position einnahm.

Die *KPD* (▶10.17) entwickelte sich seit Mitte der 20er-Jahre zu einer unter dem Diktat Moskaus stehenden Kaderpartei, die die Weimarer Republik ebenso kompromisslos ablehnte und bekämpfte wie die rechtsradikale *NSDAP* (▶10.35), die jedoch erst am Ende der 20er-Jahre in Erscheinung trat.

Die SPD hat nur noch einmal, 1928–30, mit Hermann Müller einen Kanzler gestellt, der eine große Koalition zwischen SPD, Zentrum, Bayerischer Volkspartei, DDP und DVP bildete. Als sie an innenpolitischen Meinungsverschiedenheiten zerbrach, war das parlamentarische System praktisch am Ende. Mit der Ernennung des Zentrumspolitikers *Heinrich Brüning* (▶10.33) zum Reichskanzler durch Reichspräsident *Paul von Hindenburg* (▶10.29), ohne dass der Reichstag eingeschaltet wurde, war der Weg in das Präsidialsystem beschritten.

10.11 Versailler Vertrag

Die Pariser Friedenskonferenz tagte seit dem 18. Januar 1919 unter dem Vorsitz des französischen Ministerpräsidenten Clemenceau im Beisein von Delegierten aus 32 Staaten. Vertreter der ehemaligen Feindmächte waren nicht zugelassen.

Die Entscheidungen fielen im Wesentlichen im »Rat der Vier«, zu dem neben dem französischen Ministerpräsidenten der amerikanische mündliche Verhandlung wurde ihnen nicht zugestanden, sie konnten sich lediglich schriftlich zu den einzelnen Punkten äußern.

Die Bekanntgabe der Bedingungen rief in Deutschland über alle Parteien hinweg helle Empörung hervor. Deutschland sollte an seinen Grenzen, vornehmlich im Westen und Osten, Gebietsverluste von etwa 70 000 km² hinnehmen und sämtliche Kolonien verlieren. Neben der demütigenden Behandlung der deutschen Delegation in Versailles waren es vor allem die Entwaffnungsbestimmungen, die geforderte Auslieferung des ehemaligen Kaisers und noch zu benennender Generale und Politiker als Kriegsverbrecher sowie besonders der *Kriegsschuld-Artikel* (▶10.12), in dem Deutschland die alleinige Schuld am Krieg anerkennen und die Verantwortung für alle entstandenen Schäden übernehmen sollte – das Ausmaß der zu übernehmenden Wiedergutmachungsleistungen, der *Reparationen* (▶10.18), war noch gar nicht abzusehen –, die auf einhellige und entschiedene Ablehnung im Volk und im Parlament stießen.

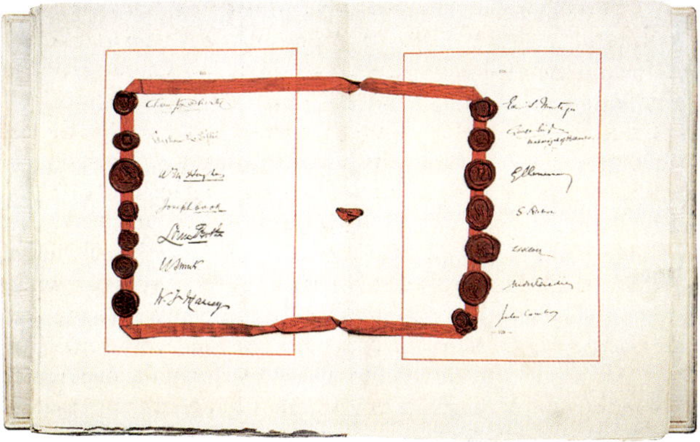

◀ *Doppelseite aus dem Versailler Vertragsdokument vom 28. Juni 1919 mit Unterschriften und Siegeln einiger Siegermächte*

Präsident Wilson, der britische Premierminister Lloyd George und der italienische Regierungschef Orlando gehörten. Über die den besiegten Völkern aufzuerlegenden Friedensbedingungen kam es wiederholt zu heftigen Auseinandersetzungen zwischen den Verbündeten, bis schließlich die Delegationen der Unterlegenen zur Entgegennahme der Vertragsbestimmungen aufgefordert wurden. Die deutschen Abgesandten unter Führung des Grafen Brockdorff-Rantzau erhielten am 7. Mai 1919 das fertig gestellte Vertragswerk ausgehändigt. Eine

Die Regierung Scheidemann trat zurück. In der Nationalversammlung wurde unter dem Druck eines Ultimatums der Alliierten, den Krieg wieder aufzunehmen und Deutschland militärisch zu besetzen, wenn nicht binnen einer gesetzten Frist der Vertrag unterschrieben werde, heftig über die Frage der Unterzeichnung gestritten. Schließlich setzte sich die Ansicht durch, dass dem entwaffneten und wehrlosen Land keine andere Möglichkeit mehr blieb, als den Vertrag zu akzeptieren. Am 28. Juni 1919 unterzeichneten die Minister Hermann Müller (SPD) und

Versailler Vertrag

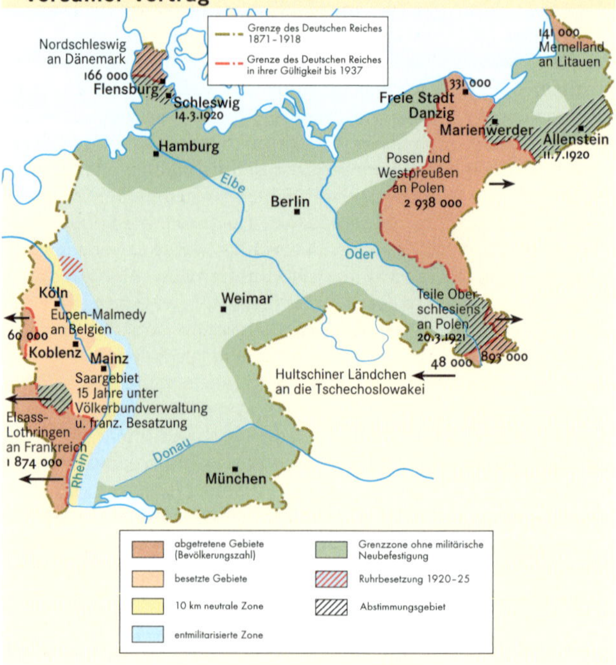

Hans Bell (Zentrum) den Vertrag. Obwohl sich alle Parteien in der Nationalversammlung vorher gegenseitig ehrenhafte Motive für ihre Einstellung zu dieser schicksalsschweren Entscheidung zugebilligt hatten, wurde dennoch die Annahme des Versailler Vertrages bald von der politischen Rechten den Parteien der Weimarer Koalition als Kapitulation und Verrat an der Nation angelastet.

Der Vertrag ist auch in Großbritannien und vor allem in den USA, die ihn nie ratifiziert haben, auf heftige Kritik gestoßen.

In der Sicht heutiger Historiker und im Rückblick der Generationen, die den totalen Zusammenbruch von 1945 erlebt haben, wird das Vertragswerk sehr viel objektiver und emotionsfreier gesehen. Zwar wird zugegeben, dass die Bestimmungen des Vertrages für die junge Demokratie eine außerordentliche Belastung bedeutet haben, zumal ihre Politiker im Glauben an die von Wilson zur Grundlage erhobene Völkerverständigung nach Versailles angereist waren. Es wird aber auch darauf hingewiesen, dass das Deutsche Reich in seinem Gefüge weitgehend erhalten blieb und in relativ kurzer Zeit, in der Ära *Stresemann* (▶10.25), wieder den Rang einer europäischen Großmacht einnehmen konnte.

10.12 Kriegsschuld-Artikel (Artikel 231)

Der Artikel 231 des Versailler Vertrages, der in Deutschland von den Rechtsparteien bis weit in die Sozialdemokratie hinein und in vielen Bevölkerungsschichten so große Emotionen ausgelöst hat, lautet:

»Die alliierten und assoziierten Regierungen erklären, und Deutschland erkennt an, dass Deutschland und seine Verbündeten als Urheber für alle Verluste und Schäden verantwortlich sind, die die alliierten und assoziierten Regierungen und ihre Staatsangehörigen infolge des ihnen durch den Angriff Deutschlands und seiner Verbündeten aufgezwungenen Krieges erlitten haben.«

Diese These von der Alleinschuld Deutschlands wurde das Fundament für alle Wiedergutmachungsforderungen der Alliierten. In den 1960er-Jahren war sie Gegenstand einer heftigen historisch-politischen Kontroverse.

10.13 Dolchstoßlegende

Die militärische Niederlage, die die Oberste Heeresleitung am 2. Oktober 1918 öffentlich vor den Parteiführern eingestand, wirkte auf die deutsche Bevölkerung wie ein furchtbarer Schock. Nach all den Siegesmeldungen, selbst noch aus den letzten Monaten, wollte man die Niederlage nicht zur Kenntnis nehmen. Schon bei der Begrüßung heimkehrender Fronttruppen in der Heimat tauchte das Wort »im Felde unbesiegt« auf.

Bald schon erschien das Wort »Dolchstoß« in der Rechtspresse, wurde die Revolution für die Niederlage verantwortlich gemacht. Die Dolchstoßlegende war geboren. Die Heimat sei der kämpfenden Front in den Rücken gefallen. Hindenburg untermauerte diese Deutung des Zusammenbruchs, indem er am 18. November 1919 vor dem Untersuchungsausschuss der Nationalversammlung sich auf die Aussage eines britischen Generals berief und erklärte, die deutsche Armee sei von hinten erdolcht worden.

Das unverändert große Ansehen, das der ehemalige Feldmarschall noch immer im deutschen Volk genoss, sorgte dafür, dass die Dolchstoßlegende – obwohl sachlich völlig unhaltbar – rasch eine außerordentlich große Verbreitung erfuhr und eine entsprechende Wirkung erzielte. Sie ist ständig von der politischen Rechten als Waffe im innenpolitischen Kampf gegen die Weimarer Parteien verwandt worden. Sie wurde schließlich in der Propaganda der Nationalsozialisten zum tödlichen Dolchstoß gegen die erste deutsche Republik.

▲ *Dolchstoßlegende. Das Wahlplakat der Deutschnationalen Volkspartei aus dem Jahr 1924 suggeriert, dass die (rote) Revolution in der Heimat 1918 das »im Felde unbesiegte« Heer von hinten gemeuchelt habe*

10.14 Freikorps

Das besiegte Deutschland musste sich im *Versailler Vertrag* (▶ 10.11) verpflichten, seine Fronttruppen zügig zu entwaffnen und ins Zivilleben zu überführen. Da viele jüngere Offiziere und Soldaten weder die Niederlage eingestehen noch sich entwaffnen lassen wollten, bildeten sich zahlreiche Freiwilligenverbände, die die noch bestehende Oberste Heeresleitung sowohl im Baltikum und den ungeschützten Grenzgebieten im Osten gegen polnische Übergriffe zum Einsatz brachte als auch im Reich zum Schutze der Regierung und zur Niederwerfung von revolutionären Unruhen und kommunistischen Aufständen einsetzte.

Diese Freiwilligenverbände waren zum größten Teil streng disziplinierte, auf eine Führerpersönlichkeit eingeschworene Männerbünde, zum Teil auch wilde Landsknechtshaufen. Obwohl Gegner des neuen republikanischen Staates, ließen sie sich dennoch von der Regierung gegen linksradikale Putschversuche einsetzen, weil sie die größte Gefahr im Sieg der Revolution und in einer Bolschewisierung Deutschlands sahen. Viele Freikorpsangehörige wurden später in die *Reichswehr* (▶ 10.16) übernommen, andere landeten in völkischen Verbänden und in der *NSDAP* (▶ 10.35).

10.15 Kapp-Putsch

Militante Rechtskreise, unterstützt durch Freikorpsführer und höhere Truppenkommandeure, hatten sich im Sommer 1919 zu einer »Nationalen Vereinigung« zusammengeschlossen mit dem Ziel, die Regierung zu stürzen und

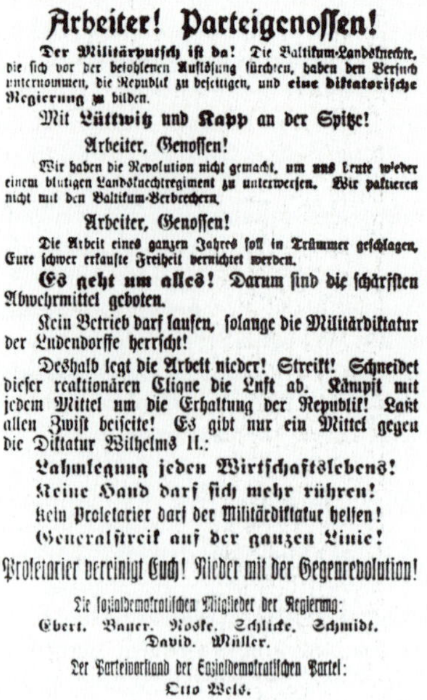

Arbeiter! Parteigenossen!

Der Militärputsch ist da! Die Baltikum-Landsknechte, die sich vor der befohlenen Auflösung fürchten, haben den Versuch unternommen, die Republik zu beseitigen, und eine diktatorische Regierung zu bilden.

Mit Lüttwitz und Kapp an der Spitze!

Arbeiter, Genossen!

Wir haben die Revolution nicht gemacht, um uns heute wieder einem blutigen Landsknechtregiment zu unterwerfen. Wir paktieren nicht mit den Baltikum-Verbrechern.

Arbeiter, Genossen!

Die Arbeit eines ganzen Jahres soll in Trümmer geschlagen, Eure schwer erkaufte Freiheit vernichtet werden.

Es geht um alles! Darum sind die schärfsten Abwehrmittel geboten.

Kein Betrieb darf laufen, solange die Militärdiktatur der Ludendorffe herrscht!

Deshalb legt die Arbeit nieder! Streikt! Schneidet dieser reaktionären Clique die Luft ab. Kämpft mit jedem Mittel um die Erhaltung der Republik! Laßt allen Zwist beiseite! Es gibt nur ein Mittel gegen die Diktatur Wilhelms II.:

Lahmlegung jeden Wirtschaftslebens!
Keine Hand darf sich mehr rühren!
Kein Proletarier darf der Militärdiktatur helfen!
Generalstreik auf der ganzen Linie!

Proletarier vereinigt Euch! Nieder mit der Gegenrevolution!

Die sozialdemokratischen Mitglieder der Regierung:
Ebert. Bauer. Noske. Schlicke. Schmidt.
David. Müller.

Der Parteivorstand der Sozialdemokratischen Partei:
Otto Wels.

▲ *Am 13.3.1920 veröffentlichter Aufruf des Reichspräsidenten Ebert, der sozialdemokratischen Regierungsmitglieder und des SPD-Parteivorstands zum Generalstreik gegen den Kapp-Putsch*

wieder die Monarchie zu errichten. Als von der Regierung die Auflösung zahlreicher noch bestehender militärischer Einheiten und *Freikorps* (▶ 10.14) angeordnet wurde, um die Weisung der Interalliierten Militärkommission zu befolgen, fürchteten viele Offiziere und Soldaten um ihre Existenz und widersetzten sich dem Befehl der Regierung.
Am 13. März 1920 besetzten Truppeneinheiten unter Führung des Generals von Lüttwitz das Berliner Regierungsviertel. Reichspräsident und Reichsregierung, die einige Tage vorher eine ultimative Rücktrittsforderung der Verschwörer abgewiesen hatten, waren nach Dresden ausgewichen. Der Kopf der Verschwörer, der ehemalige ostpreußische Generallandschaftsdirektor Wolfgang Kapp, übernahm die gesamte Gewalt als Reichskanzler. Er erklärte die bisherige Regierung für abgesetzt und die Nationalversammlung für aufgelöst.
Von Dresden aus forderte die Reichsregierung das deutsche Volk zum Widerstand und zum Ungehorsam gegen die Aufrührer auf. Die Gewerkschaften riefen den Generalstreik aus, der in ganz Deutschland von den Arbeitern und Angestellten befolgt wurde. Auch die höheren Beamten der Reichsbehörden verweigerten den Aufständischen den Gehorsam.
Nach vier Tagen sahen die Putschisten ein, dass sie verloren hatten. Kapp flüchtete ins Ausland, die Truppen zogen sich in ihre Kasernen zurück.

10.16 Reichswehr

Die dem Deutschen Reich im *Versailler Vertrag* (▶ 10.11) zugestandene Streitmacht durfte eine Truppenstärke von 100 000 Mann für das Heer und 15 000 Mann für die Marine (einschließlich der Offiziere) nicht übersteigen. Die Reichswehr wurde eine Armee von länger dienenden Freiwilligen, ein Berufsheer.
Den Oberbefehl führte nach der Weimarer Verfassung der Reichspräsident, im Frieden übte als sein Stellvertreter die Befehlsgewalt der Reichswehrminister aus. Oberste soldatische Spitze war der Chef der Heeresleitung. Diese Funktion übernahm nach dem Ende des Kapp-Putsches der General von Seeckt, obwohl dieser als Chef des Truppenamtes während des Kapp-Putsches sich geweigert hatte, Reichswehreinheiten gegen die Aufständischen vorgehen zu lassen (»Reichswehr schießt nicht auf Reichswehr«).
Seeckt machte aus der Reichswehr, indem er die Tagespolitik aus den Kasernen strikt verbannte, einen Staat im Staate. Mit dieser Abschottung sollte die Truppe gegen alle Versuche der Regierung und der Parteien, demokratische Gesinnung zu verbreiten und die Reichswehr zu einer echten Streitmacht der Republik zu machen, abgesichert werden.
Aus dieser Distanz zur Republik heraus war die Reichswehrführung unempfindlich gegenüber der dem Staat durch die Nationalsozialisten drohenden tödlichen Gefahr und ging 1933 widerstandslos zu Hitler über.

10.17 Kommunistische Partei Deutschlands (KPD)

Die Kommunistische Partei Deutschlands wurde durch den Zusammenschluss des *Spartakusbundes* (▶ 10.3) mit Bremer Linksradikalen auf einem Parteitag vom 30. Dezember 1918 bis 1. Januar 1919 in Berlin gegründet. Ihr Programm war die Vollendung der Revolution und die Errichtung einer Räterepublik Deutschland. Der Generalstreik der Arbeiter, der im März 1920 den rechtsradikalen Kapp-Putsch zum Scheitern gebracht hatte, wurde in verschiedenen Gegenden des Reiches von KPD-Funktionären mit Unterstützung sowjetrussischer Instrukteure zu Aufständen gegen die Reichsregierung ausgeweitet. In Sachsen und Thüringen gingen bewaffnete Selbstschutzverbände der Arbeiter gegen Reichswehreinheiten und Freikorps vor, im Ruhrgebiet formierte sich eine »Rote Armee«, die einige Wochen lang große Teile des Industriegebietes besetzt hielt und sich mit den von der Regierung gegen sie aufgebotenen Freikorps blutige Gefechte lieferte.

Dieses Vorgehen der sozialdemokratisch geführten Regierung gegen Arbeiter brachte der SPD bei den Reichstagswahlen vom 6. Juni 1920 erhebliche Verluste, die der USPD zugute kamen. Die KPD vermochte in dieser Wahl noch keine nennenswerten Stimmerfolge zu erzielen, sie profitierte aber von der Spaltung der USPD im Oktober 1920, deren linker Flügel sich der KPD anschloss. Erst jetzt wurde die KPD die Arbeiter-Massenpartei.

Während der durch die *Ruhrbesetzung* (▶ 10.20) und die Separatistenaktionen verursachten Notsituation des Reiches versuchte die KPD erneut, mit Rückendeckung Moskaus einen Umsturz im Reich auszulösen. Die Reichsregierung aber reagierte prompt mit der Erklärung des Ausnahmezustandes und ließ in Sachsen und Thüringen durch Reichswehreinheiten die Aufstände im Keim ersticken. In den folgenden Jahren wurde die KPD nach inneren Fraktionskämpfen zur Kaderpartei, die stark von der sowjetischen Kommunistischen Partei abhängig war. Ihr Führer, Ernst Thälmann, trat bei den Reichspräsidentenwahlen 1925 und 1932 als Kandidat der Kommunisten an.

Die KPD sah in den Sozialdemokraten ihren politischen Hauptfeind. Dabei beachtete sie die Gefahr nicht, die mit dem rapiden Anwachsen der Nationalsozialisten heraufzog. Eine geschlossene Abwehrfront der Arbeiter gegen den Faschismus kam somit nicht zustande. Nach dem Regierungsantritt Hitlers wurde die KPD schnell zerschlagen, ihre Funktionäre, Reichstags- und Landtagsabgeordneten verhaftet und in Konzentrationslager eingewiesen. Thälmann wurde nach elfeinhalbjähriger KZ-Haft im August 1944 von der SS ermordet. Trotz aller Verfolgungen gelang es den Kommunisten, im Untergrund ihre Organisation in begrenztem Umfang aufrechtzuerhalten.

10.18 Reparationen

Im *Versailler Vertrag* (▶ 10.11) war eine genaue Fixierung der Wiedergutmachungsleistungen noch nicht vorgenommen worden. Eine Reparationskommission war gebildet worden, die als Vollstreckungsorgan mit weit reichenden Kontrollfunktionen ausgestattet worden war. Sie hatte die wirtschaftliche Leistungsfähigkeit der jungen Republik ständig zu überwachen.

1921 wurde die Gesamtsumme der Reparationen mit 132 Milliarden Goldmark, zahlbar in 30 Jahren, festgelegt. Das Reparationsproblem, das Ringen um erträgliche Zahlungsbedingungen und Sachlieferungen, um zeitweiligen Zahlungsaufschub, stand in den Jahren der Weimarer Republik im Vordergrund aller außenpolitischen Verhandlungen und hat auch die Innenpolitik schwer belastet. Auch die in späteren Vereinbarungen (*Dawesplan*, ▶ 10.24, und *Youngplan*, ▶ 10.30) verbesserten Zahlungsbedingungen stießen bei der politischen Rechten in Deutschland auf wütende Ablehnung und wurden als Verknechtung von Generationen gebrandmarkt. Erst die Konferenz von Lausanne im Sommer 1932 brachte eine Beendigung der Reparationszahlungen.

▲ *Abtransport landwirtschaftlicher Maschinen aus Deutschland, die nach dem Versailler Vertrag als materielle Reparationsleistungen an Frankreich geliefert werden mussten*

10.19 Rapallo

Anlässlich einer internationalen Wirtschaftskonferenz in Genua im April/Mai 1922, zu der neben einer deutschen Delegation erstmalig auch eine sowjetrussische Abordnung eingeladen war, kam es zu Sonderverhandlungen zwischen Russen und Deutschen im benachbarten Rapallo, die am 16. April zu einem Vertragsabschluss führten. In dem Vertrag von Rapallo, der auf deutscher Seite von Reichskanzler Wirth und Reichsaußenminister Rathenau, auf russischer Seite von Außenminister Tschitscherin unterzeichnet wurde, nahmen die beiden Staaten wieder diplomatische Beziehungen auf und verzichteten auf eine Erstattung der durch den Krieg verursachten Kosten und Schäden.

Die Westmächte wurden durch diesen überraschenden Vertragsabschluss der deutschen Regierung vor vollendete Tatsachen gestellt und zeigten sich über das eigenmächtige Vorgehen der Deutschen verärgert, zumal der Vertrag ihre eigenen Pläne durchkreuzte. Die deutsche Delegation hat jedoch in Genua deutlich zu machen versucht, dass der Vertrag von ihr nicht dazu benutzt werden würde, West gegen Ost auszuspielen und dadurch die deutsche Position international zu verändern.

▲ *Deutsch-sowjetische Vertragsverhandlungen in Rapallo: Reichskanzler Joseph Wirth (links) im Gespräch mit den sowjetischen Delegierten; mit der Mappe Außenminister Tschitscherin*

Innenpolitisch hat der Vertrag zwar eine gewisse Befriedigung darüber ausgelöst, dass die Deutschen begonnen hatten, ihre Handlungsfreiheit zurückzugewinnen, aber die Träume einer Minderheit, dass Deutschland nun eine stärker ostorientierte Politik betreiben und möglicherweise zusammen mit Russland eine Revision der Grenzen gegenüber Polen anstreben würde, zerrannen schnell. Außenminister Rathenau wurde kaum einen Monat später auf der Straße von Angehörigen einer rechtsradikalen, antisemitischen Vereinigung ermordet.

10.20 Ruhrbesetzung

Der französische Ministerpräsident Poincaré beobachtete mit wachsendem Misstrauen die Bemühungen der Deutschen, unter Hinweis auf ihre zerrütteten Währungsverhältnisse Erleichterungen und Aufschübe bei der Erfüllung der *Reparationen* (▶ 10.18) zu erreichen. Als die Reparationskommission Ende 1922 einen Rückstand in Holz- und Kohlelieferungen meldete, ließ Poincaré am 11. Januar 1923 das Ruhrgebiet besetzen. Die französischen und belgischen Truppen sollten die Arbeit der gleichzeitig entsandten Kontrollkommission, die die Reparationsleistungen zu überwachen hatte, absichern.

In Deutschland erhob sich ein Sturm der Entrüstung, der alle Parteien- und Klassengegensätze in den Hintergrund treten ließ. Die Reichsregierung protestierte gegen die Unrechtmäßigkeit der Besetzung und stellte umgehend alle Reparationsleistungen an Frankreich und Belgien ein. Sie rief die Bevölkerung des besetzten Gebietes zum passiven Widerstand auf. Als Arbeiter, Angestellte und Beamte sich den Anordnungen der Besatzungsmacht widersetzten, konterte diese mit der vollständigen Abschnürung des Gebietes vom übrigen Reich. Die Reichsregierung, die die streikende Bevölkerung durch Geldzahlungen und Sachleistungen in Milliardenhöhe unterstützte, hoffte, Frankreich würde die Unsinnigkeit seines Vorgehens einsehen und einlenken.

Poincaré jedoch blieb unbeugsam, obwohl sich das Ruhrunternehmen als ein großer wirtschaftlicher Fehlschlag entpuppte und das französische Vorgehen auch in Großbritannien und in den USA heftig kritisiert wurde; die britische

▲ *Während der Ruhrbesetzung 1923 bewacht ein französischer Infanterist einen Kohlenzug (kolorierte Fotografie)*

Regierung erklärte sogar im August 1923, es widerspreche dem Versailler Vertrag.

Da die finanzielle Leistungsfähigkeit des Reiches wegen der Unterstützung des Ruhrkampfes völlig erschöpft, der Wert der Mark in immer schnellerem Tempo ins Bodenlose gesunken war, blieb der neuen deutschen Koalitionsregierung unter dem Reichskanzler *Gustav Stresemann* (▶ 10.25) nur der Abbruch des Widerstandes am 26. September. Das war zwar eine erneute Kapitulation vor Frankreich und damit eine ganz unpopuläre Maßnahme. Stresemann sah darin aber den einzigen Weg zu neuen Verhandlungen, die am Ende auch zur Aussöhnung zwischen den beiden Völkern führen könnten.

Zudem war die Einheit des Reiches gefährdet, weil Bestrebungen von Separatisten, eine selbstständige rheinische Republik auszurufen und aus dem Reichsverband zu lösen, von Frankreich unterstützt wurden.

Als aber der Ruhrkampf abgebrochen war und die Franzosen einsahen, dass die Separatisten keinen Rückhalt im Volk besaßen, gaben sie ihre weiter reichenden Pläne auf und ließen die Separatisten fallen. Als bald darauf auch die zerrüttete deutsche Währung auf eine neue Grundlage gestellt wurde, waren die Voraussetzungen für eine Stabilisierung der innenpolitischen Lage geschaffen.

10.21 Inflation

Die Entwertung der Mark hatte bereits im 1. Weltkrieg mit der durch Kredite getragenen Kriegsfinanzierung begonnen. Sie setzte sich verstärkt nach Kriegsende durch die hohen Kriegsfolgelasten (Umstellung von Kriegs- auf Friedensproduktion, Wiedereingliederung der Soldaten, Unterstützung der Arbeitslosen, der Kriegsgeschädigten, Flüchtlinge und Verwundeten) sowie durch Demontagen und Reparationsverpflichtungen fort. Während die Gold- und Devisenbestände des Reiches mehr und mehr dahinschwanden, ergab sich infolge des fortwährenden überhöhten Banknotendrucks zur Befriedigung des Devisenbedarfs ein bald unübersehbarer Geldüberhang, durch den Warenknappheit, Preistreibereien, Spekulationen und Kapitalflucht ins Ausland ausgelöst wurden. Die finanzielle Unterstützung der im Ruhrkampf passiven Widerstand leistenden Bevölkerung beschleunigte die Inflation noch zusätzlich, der Wert der Mark sank nun rapide in eine bodenlose Tiefe.

Hatte ein US-Dollar im Juli 1914 4,20 Mark und im Juli 1919 bereits 14 Mark gekostet, so mussten im Januar 1922 schon 191,80 Mark für einen Dollar bezahlt werden. Im Januar 1923 kostete

▲ *Auf dem Höhepunkt der Inflation verlor die Reichsmark so rasant an Wert, dass die Reichsbank nicht mehr in der Lage war, schnell genug Banknoten mit gültigem Wert nachzudrucken. Stattdessen stempelte man die Noten um, wie diese 1000-Mark-Note vom 15. Dezember 1922, die auf eine Milliarde Mark »verändert« wurde*

der Dollar bereits 17972 Mark, im August 1923 war die Talfahrt der Mark bei 4620455 Mark pro Dollar angekommen und endete am 15. November 1923 mit der Notierung: 1 Dollar = 4,2 Billionen Mark.

Die Besitzer von Sachwerten wurden von der Inflation kaum betroffen. Da die Reichsbank nicht nur dem Staat, sondern auch der Industrie laufend kurzfristige Kredite aus der vermehrten Banknotenausgabe gab, konnten viele Unternehmer ihren Besitz beliebig ausbauen und erweitern und ihre Schuldverpflichtungen mit dem inzwischen weiter entwerteten Geld bezahlen, sodass ihre Neuerwerbungen praktisch nur geringfügige Kosten verursacht hatten. Einige Unternehmer wie der Großindustrielle Hugo Stinnes bauten sich so mithilfe der Inflation ein riesiges Wirtschaftsimperium auf. Auf der anderen Seite wurde der gesamte Mittelstand, der keine Sachwerte, sondern nur Geldersparnisse besaß, durch die völlige Entwertung der gesamten Sparguthaben besonders betroffen und verarmte.

10.22 Rentenmark

Nach dem Abbruch des Ruhrwiderstandes gelang es der Regierung der großen Koalition unter Reichskanzler Gustav Stresemann, mit der Währungsreform im November 1923 die Talfahrt der deutschen Mark zu beenden, ohne ausländische Kapitalhilfe in Anspruch zu nehmen. Aufgrund eines Ermächtigungsgesetzes wurde durch Regierungsverordnung eine Rentenbank errichtet, die ab 15. November 1923 als neues Zahlungsmittel die Rentenmark (= 1 Billion Papiermark) herausgab. Da das Reich nicht genügend Goldvorräte besaß, wurde zur Deckung der neuen stabilen Währung der industrielle und landwirtschaftliche Grundbesitz herangezogen. Grundbesitz, Handel, Banken und Industrie wurden mit einer Hypothek im Wert von 3,2 Milliarden Rentenmark belastet. Dafür gab die Rentenbank 2,4 Milliarden Rentenmarknoten aus, die zur Hälfte an die Reichsregierung und zur Hälfte an die Reichsbank und andere Banken flossen, von denen die Wirtschaft Kredite erhielt.

Das Experiment glückte, die Staatsausgaben wurden gleichzeitig erheblich gedrosselt. Durch Sparmaßnahmen (u.a. durch Gehaltskürzungen) und Steuererhöhungen füllten sich die Staatskassen rasch wieder; auch die Wirtschaft erholte sich schnell. Man sprach vom »Wunder der Rentenmark«. Die Voraussetzungen für die Wiederaufnahme von Verhandlungen, die das Problem der *Reparationen* (▶ 10.18) neu und konstruktiver als bisher regeln konnten, waren nun geschaffen. Im Oktober 1924 wurde die endgültige Währung, die Reichsmark, eingeführt.

10.23 Hitlerputsch

In Bayern herrschten seit dem *Kapp-Putsch* (▶ 10.15) andere Verhältnisse als im übrigen Reich. Mehr als anderswo hatten sich hier so genannte Einwohnerwehren gebildet, Selbstschutzorganisationen, die verhindern wollten, dass Linksradikale eine Räterepublik errichteten. Es waren vorwiegend deutschnationale, völkische Verbände. Die Abneigung gegen das »rote« Berlin und der Wunsch, in Bayern Sonderregelungen und -interessen durchzusetzen, führten zur Bildung von rechtsgerichteten Koalitionsregierungen, die vor allem von den Deutschnationalen und der katholischen Bayerischen Volkspartei getragen wurden.

Aus einer der zahlreichen völkischen Splittergruppen hatte sich die *Nationalsozialistische Deutsche Arbeiterpartei* (*NSDAP*, ▶ 10.35) entwickelt. Ihr Führer war der aus Österreich stammende *Adolf Hitler* (▶ 11.2). Er war im übrigen Reich nahezu unbekannt, nahm aber in Bayern inzwischen eine Schlüsselstellung zwischen Landesregierung, Reichswehr und nationalen Wehrverbänden in der gemeinsamen Abwehrhaltung gegenüber der Reichsregierung in Berlin ein.

Nachdem die Reichsregierung den passiven Widerstand an der Ruhr abgebrochen hatte, verkündete die bayerische Landesregierung den Ausnahmezustand für das Land, die Führung der in Bayern stationierten Reichswehrverbände weigerte sich, Befehle der Reichsregierung auszuführen. Hitler versuchte nun, die sich immer mehr zuspitzende Situation auszunutzen und die bayerische Regierung zu zwingen, sich offen gegen die Reichsregierung auszusprechen und mit bayerischen Truppen und Wehrverbänden nach Berlin zu marschieren (nach dem Vorbild der Faschisten Mussolinis, die mit dem Marsch auf Rom 1922 die Macht in Italien übernommen hatten).

Die Landesregierung versagte sich aber schließlich diesen abenteuerlichen Plänen und ließ am

Nach dem gescheiterten Putsch vom 8./9. November 1923 wurde Adolf Hitler zu fünf Jahren Festungshaft in Landsberg am Lech verurteilt, aus der er bereits nach wenigen Monaten entlassen wurde. Das Bild zeigt ihn (links) während der Haft mit seinen ebenfalls verurteilten Anhängern, zu denen Rudolf Heß (Zweiter von rechts) gehörte

9. November 1923 den Marsch der nationalsozialistischen Kolonnen durch München, an deren Spitze neben Hitler der ehemalige kaiserliche General *Ludendorff* (▶ 9.30) marschierte, vor der Feldherrnhalle durch Polizeieinheiten stoppen und auseinander treiben.
Die NSDAP wurde verboten, Hitler und andere Parteiführer wurden verhaftet und zu Festungshaft verurteilt. Mit dem Ende des Hitlerputsches wurde auch der Konflikt zwischen der bayerischen Landesregierung und dem Reich beigelegt.

10.24 Dawesplan

Mit der Aufgabe des Ruhrkampfes und der Stabilisierung der Währung waren die Voraussetzungen für eine grundlegende Neuregelung der *Reparationen* (▶ 10.18) geschaffen. Hatten die Reparationsverhandlungen bisher noch ganz in der Atmosphäre des Gegensatzes zwischen Siegern und Besiegten stattgefunden, so änderte sich die Situation gegen Ende des Jahres 1923 merklich, nicht zuletzt dadurch, dass die USA als Hauptgläubiger ihre Politik der freiwilligen Isolation aufgaben und wieder an den europäischen Konferenzen verstärkt teilnahmen. Ein unter dem amerikanischen Finanzexperten Charles G. Dawes gebildeter Sachverständigenausschuss legte im Frühjahr 1924 einen neuen Finanzierungsplan vor, der das Reparationsproblem ausschließlich unter sachlichen Gesichtspunkten und unter Zugrundelegung des wirtschaftlich Möglichen behandelte.
Eine Gesamtsumme der deutschen Reparationsleistungen wurde auch jetzt noch nicht festgelegt, ebenso die Frage einer zeitlichen Begrenzung nicht angesprochen. Der Plan setzte aber für die nächsten 5 Jahre erträglichere Jahresleistungen fest und erkannte die Notwendigkeit einer Erholungspause für die deutsche Wirtschaft an, zu deren Wiederbelebung eine internationale Anleihe von 800 Millionen Goldmark beigesteuert wurde.
Anstelle der Reparationskommission wurde das Amt des Reparationsagenten in Berlin geschaffen, das den Transfer der deutschen Reparationszahlungen in fremde Währungen durchzuführen und Rücksicht auf die deutsche Leistungsfähigkeit und die Stabilität der Währung zu nehmen hatte. Der Dawesplan wurde von den Rechtsparteien, die seine Ausführung als »Erfüllungspolitik« denunzierten, heftig kritisiert, aber dann doch im Reichstag mit der Mehrheit der Stimmen angenommen, weil ein Teil der DNVP-Abgeordneten unter dem Einfluss der Industrie und der Landwirtschaft dafür stimmte.

10.25 Gustav Stresemann

Am 10. Mai 1878 in Berlin geboren, studierte Stresemann Nationalökonomie und wurde Syndikus in einem sächsischen Industriellenverband. Seit 1903 Angehöriger der Nationalliberalen Partei, wurde er 1907 Mitglied des Reichstages, 1917 Fraktionsvorsitzender. Im 1. Weltkrieg war Stresemann im Alldeutschen Verband ein Verfechter der Annexionspolitik.

Nach dem Sturz der Monarchie gründete Stresemann 1918 die monarchistisch gesinnte Deutsche Volkspartei (DVP), die sich von der linksliberalen Deutschen Demokratischen Partei (DDP) deutlich abgrenzte. Als Mitglied der Nationalversammlung und des Reichstages wandelte sich Stresemann vom Monarchisten zum Realpolitiker und Befürworter des Weimarer Staates. Als Kanzler der großen Koalition im Krisenjahr 1923 fand er den Mut, den aussichtslosen Widerstand gegen die *Ruhrbesetzung* (▶ 10.20) abzubrechen. Unter seiner Kanzlerschaft wurde die *Inflation* (▶ 10.21) gestoppt und die Stabilisierung der Währung erreicht.

Stresemann scheiterte als Reichskanzler am 23. November 1923 an der dem Reichstag gestellten Vertrauensfrage, er blieb aber als Außenminister vom 30. November 1923 bis zu seinem Tod am 3. Oktober 1929 in allen folgenden Kabinetten die überragende Persönlichkeit. In dieser Zeit hat er die deutsche Politik so maßgeblich geprägt, dass manche Historiker diese kurze Zeitspanne der relativen Konsolidierung der Republik auch die »Ära Stresemann« genannt haben.

Die Wiederherstellung normaler Beziehungen zu Frankreich war sein Hauptanliegen, weil er erkannt hatte, dass nur auf diesem Wege die Rückkehr Deutschlands als gleichberechtigter Partner in den Kreis der europäischen Mächte erreicht werden konnte. Dazu musste dem französischen Sicherheitsbedürfnis Rechnung getragen werden. Das Vertragswerk von *Locarno* (▶ 10.26) vom 16. Oktober 1925 schuf die Grundlagen für die von ihm und dem französischen Außenminister Aristide Briand in enger Übereinstimmung betriebene Aussöhnung der beiden ehemaligen Kriegsgegner.

Die Aufnahme Deutschlands in den *Völkerbund* (▶ 10.27) am 8. September 1926 war die Folge. In den Verhandlungen um das Zustandekommen des *Kellogg-Paktes* (▶ 10.28) im August 1928 spielte Stresemann, neben Briand, eine maßgebliche Rolle. Beiden war am 10. Dezember 1926 der Friedensnobelpreis verliehen worden.

Mit seiner sich an den Realitäten orientierenden maßvollen Revisionspolitik hat Stresemann für seine Person und für die deutsche Republik ein außerordentlich großes Vertrauenskapital in Europa und in den Vereinigten Staaten angesammelt, im innerdeutschen Bereich dagegen wurde er weiterhin von der Presse der Nationalisten als »Erfüllungspolitiker« beschimpft, selbst seine eigene Partei, die DVP, war nicht immer bereit, ihm zu folgen.

Stresemann hat sich konsequent und mit größter Energie bemüht, von den Franzosen die Zusage der sofortigen *Rheinland-Räumung* (▶ 10.31) zu erhalten. Aber auch Briand konnte ihm diese für Stresemanns innenpolitische Position so wichtige Zusage nicht geben, da er auf die in dieser Frage noch immer nicht konzessionsbereite Stimmung in der französischen Bevölkerung Rücksicht zu nehmen hatte. Als

◀ *In seiner letzten großen Rede sprach sich der deutsche Außenminister und Friedensnobelpreisträger Gustav Stresemann vor der Generalversammlung des Völkerbundes am 9. September 1929 für allgemeine Abrüstung und ein vereintes Europa aus*

dann die Rheinland-Räumung zum 30. Juni 1930 endgültig zugesagt wurde, wenn Deutschland im Gegenzug den *Youngplan* (▶ 10.30) akzeptierte, da ging dieser diplomatische Erfolg Stresemanns – das genannte Datum lag immerhin 5 Jahre vor dem im *Versailler Vertrag* (▶ 10.11) festgelegten Termin – in der zügellos-aggressiven nationalistischen Agitation gegen den Youngplan völlig unter.
Kurz vor seinem Tod hat sich Stresemann einmal bitter darüber beklagt, dass ihm seine französischen Partner nicht früher und mit Rücksicht auf seine exponierte Stellung eindrucksvollere Zugeständnisse gemacht haben, die er dem deutschen Volk als beachtliche außenpolitische Erfolge hätte präsentieren können. Das hätte ihn in die Lage versetzt, der gegen ihn gerichteten Agitation wirkungsvoller entgegenzutreten und für seine Politik die junge Generation zu gewinnen, die, wie er mit Sorge feststellte, im Begriff war, rechtsradikalen Volksverführern in die Hände zu fallen.

10.26 Locarno

Die Anregung zu der Konferenz von Locarno, die vom 5. bis 16. Oktober 1925 stattfand, hatte *Stresemann* (▶ 10.25) gegeben. Er bot den Westmächten die grundsätzliche Regelung des für Frankreich so entscheidend wichtigen Sicherheitsproblems an, indem er vorschlug, die deutsch-französische und die deutsch-belgische Grenze sollten in einem Pakt für unabänderlich erklärt und garantiert werden.
In dem am 16. Oktober abgeschlossenen Vertragswerk von Locarno verzichteten Deutschland, Frankreich und Belgien auf eine gewaltsame Veränderung ihrer gemeinsamen Grenzen. Großbritannien und Italien traten dem Abkommen als Garantiemächte bei. Die im *Versailler Vertrag* (▶ 10.11) festgelegte Westgrenze wurde somit von Deutschland endgültig anerkannt.
Das Vertragswerk fand international als Fundament für eine neue europäische Ordnung volle Anerkennung. In Deutschland dagegen liefen die Nationalisten Sturm gegen den Locarno-Vertrag und gegen Stresemann, dem sie vorwarfen, unnötig deutsche Rechtsansprüche aufgegeben zu haben.
Am Tage der Unterzeichnung der Verträge durch Reichskanzler und Außenminister in London (1. Dezember 1925) begannen die britischen Truppen mit der Räumung der 1. Zone des besetzten Rheinlandes. Aber die Hoffnungen der deutschen Regierung und aller der Verständigungspolitik Stresemanns positiv gegenüberstehenden Deutschen, dass nun nach Locarno zügig die Freigabe des gesamten, seit 1919 besetzten Gebietes erfolgen würde, wurden – vorerst – nicht erfüllt.
In den Locarno-Verträgen ging Deutschland auch so genannte Schiedsabkommen mit Polen und der Tschechoslowakei ein, in denen die Vertragspartner auf eine gewaltsame Revision ihrer gemeinsamen Grenzen verzichteten. Stresemann lehnte jedoch die Aufforderung, entsprechend dem Garantiepakt für die Westgrenzen ein ähnliches Abkommen, ein »Ostlocarno«, über die deutschen Ostgrenzen zu vereinbaren, kategorisch ab und behielt sich ausdrücklich den Anspruch auf eine spätere friedliche Revision der Verhältnisse im Osten vor.

10.27 Völkerbund

Der auf der Pariser Friedenskonferenz beschlossene Völkerbund entstammte einer Lieblingsvorstellung des amerikanischen Präsidenten Wilson, die er schon in seinen *Vierzehn Punkten* (▶ 9.27) verankert hatte. Durch einen solchen Bund aller Völker der Welt sollten zukünftig Kriegskatastrophen von vornherein unmöglich gemacht werden.
In Versailles waren 32 ehemalige Gegner Deutschlands sowie 13 Neutrale dem Völkerbund beigetreten. Deutschland und die übrigen ehemaligen Feindmächte blieben vorerst ausgeschlossen. Der Text der Völkerbundssatzung war Teil I des Versailler Vertrages.
Das Ansehen und die Durchsetzungskraft des Völkerbundes waren schon im Anfang dadurch entscheidend geschwächt, dass die USA selbst dieser Institution nicht beitraten.
Oberstes Organ des Völkerbundes waren die Bundesversammlung und der Völkerbundsrat, die beide wie auch das Generalsekretariat ihren Sitz in Genf hatten. Die Bundesversammlung, in der jedes Mitglied eine Stimme besaß, tagte einmal im Jahr, dem Völkerbundsrat gehörten als ständige Mitglieder Großbritannien, Frankreich, Italien und Japan an, später kamen Deutschland und die UdSSR hinzu, neun Ratsmitglieder wurden jeweils für einen Zeitraum von drei Jahren in den Völkerbundsrat gewählt.

Film, Schallplatte und Rundfunk prägten auch in Deutschland das Erscheinungsbild der »Goldenen Zwanzigerjahre«. In der Mitteltafel seines 1927/28 entstandenen Triptychons »Großstadt« zeichnete der Maler Otto Dix ein Bild der gegen den bürgerlichen Kulturbetrieb gerichteten Avantgarde, die Jazz hörte und Charleston tanzte (Stuttgart, Galerie der Stadt Stuttgart)

Die Aufnahme Deutschlands in den Völkerbund war in den Locarno-Verhandlungen verabredet worden; sie erfolgte am 8. September 1926, nachdem einige Probleme, u. a. wegen der möglichen, aus dem Status der Mitgliedschaft für Deutschland entstehenden Verpflichtung zur Teilnahme an Sanktionen gegen die Sowjetunion, geklärt und die gleichzeitige Anerkennung des Deutschen Reiches als ständiges Mitglied im Völkerbundsrat durchgesetzt worden waren. Stresemanns Rede vor der Bundesversammlung, in der er wie sein Vorredner Briand auf die Bedeutung des Tages hingewiesen und eine neue Ära der Völkerverständigung angekündigt hatte, fand demonstrativen Beifall. Deutschland war wieder ein voll anerkanntes, gleichberechtigtes Mitglied der Völkerfamilie. Das war hauptsächlich Stresemann zu verdanken.

Die nationalsozialistische Reichsregierung unter Hitler hat im Oktober 1933 die Mitgliedschaft Deutschlands im Völkerbund wieder aufgekündigt.

10.28 Kellogg-Pakt

Der nach dem amerikanischen Außenminister Kellogg benannte Pakt, durch den zukünftig jeder Krieg moralisch unmöglich gemacht werden sollte – deshalb auch Kriegsächtungspakt genannt –, war auf eine Initiative des französischen Außenministers Briand zustande gekommen, der ein internationales Abkommen zur Friedenssicherung vorgeschlagen hatte. Kellogg hatte den Plan weiter ausgebaut. An die Stelle der militärischen Lösung eines Streitfalles sollte die friedliche Regelung jedes Problems vor einem Schiedsgericht treten. Fortan sollte der im nationalen Interesse geführte Angriffskrieg, den die Völkerbundssatzung unter gewissen Voraussetzungen noch zugelassen hatte, als völkerrechtswidrig gelten.

Bei den diesem Vertragsabschluss vorangegangenen Verhandlungen hatte sich neben den Amerikanern und Franzosen besonders die deutsche Delegation, an ihrer Spitze der schwer erkrankte Stresemann, hervorgetan. Am 27. August 1928 wurde der Pakt in Paris von 15 Nationen unterzeichnet, 45 weitere Länder, darunter auch die Sowjetunion, haben sich dem Pakt angeschlossen. Mit Stresemann betrat zum ersten Mal nach dem Krieg wieder ein deutscher Außenminister französischen Boden. Wie sehr gerade seine Friedensarbeit jetzt auch in Frankreich anerkannt wurde, machte dieser Besuch deutlich. Überall, wo der deutsche Außenminister in der Öffentlichkeit zu sehen war und erkannt wurde, begrüßte ihn die französische Bevölkerung mit herzlichem Beifall.

10.29 Paul von Hindenburg

Paul von Beneckendorff und von Hindenburg, wie sein voller Name lautete, wurde am 2. Oktober 1847 in Posen als Sohn eines preußischen Offiziers und Gutsbesitzers geboren. Er nahm als junger Offizier am Deutsch-Französischen Krieg 1870/71 teil, wurde 1903 Kommandierender General und erhielt 1911 seinen Abschied aus der Armee.

Bei Kriegsausbruch 1914 reaktiviert, konnte er als Oberbefehlshaber der 8. Armee an der Ostfront zusammen mit seinem Generalstabschef Ludendorff die in Ostpreußen eingedrungenen russischen Armeen bei *Tannenberg* (▶ 9.17) und an den Masurischen Seen vernichtend schlagen. Seitdem mit dem Mythos des »Siegers von Tannenberg« versehen, übernahm Hindenburg Ende August 1916 zusammen mit Ludendorff (als 1. Generalquartiermeister) die *Oberste Heeresleitung* (OHL; ▶ 9.21), die unter der Regie der beiden Feldherren eine starke Machtposition gegenüber der Reichsregierung und zunehmend auch gegenüber dem Kaiser ausbaute.

Anfang November 1918 riet Hindenburg, um die Monarchie zu retten, Kaiser Wilhelm II. zur Abreise nach Holland. Zusammen mit dem Nachfolger Ludendorffs, dem General Groener, stellte er sich der neuen Regierung in Berlin zur Verfügung, um die revolutionären Unruhen im Lande zu bekämpfen und die Fronttruppen reibungslos in die Heimat zurückzuführen. Später trug er durch seine Aussage vor einem parlamentarischen Untersuchungsausschuss, der die Ursachen der Niederlage klären sollte, dazu bei, dass die *Dolchstoßlegende* (▶ 10.13) bekräftigt wurde und schwerwiegende Wirkungen erzielte.

Nach dem Tod des Reichspräsidenten Ebert wurde Hindenburg von den Rechtsparteien für den 2. Wahlgang am 26. April 1925 als Kandidat für die Nachfolge Eberts aufgestellt. Er siegte mit 14,6 Millionen Stimmen gegen den Kandidaten der Weimarer Koalition, den Zentrumspolitiker Wilhelm Marx, der 13,7 Millionen Stimmen erhielt. Hindenburg hat sich bemüht, sein Amt im Rahmen der Verfassung korrekt auszufüllen, aber nie einen Hehl daraus gemacht, dass er ein Anhänger der Monarchie geblieben war.

Als Hindenburg im März 1930 den Zentrumsführer *Heinrich Brüning* (▶ 10.33) zum Kanzler des Reiches ernannte, ohne das Parlament einzuschalten, schlug er den Weg zur Aushöhlung des parlamentarischen Systems und zur Einführung des *Präsidialregimes* (▶ 10.36) ein. Bei der Reichspräsidentenwahl im Frühjahr 1932 wurde er für eine weitere Amtsperiode wieder gewählt, jetzt allerdings mit den Stimmen der Parteien der Mitte und der Sozialdemokraten, während die Deutschnationalen und Nationalsozialisten die Kandidatur Adolf Hitlers unterstützten.

Nachdem Brüning – nicht zuletzt, weil er den Interessen der ostelbischen Großgrundbesitzer im Wege stand – von Hindenburg fallen gelassen worden war, führte der Reichspräsident die Praxis des Präsidialregimes fort und ernannte, den Ratschlägen eines kleinen Kreises seiner Umgebung folgend, zu der auch sein Sohn gehörte, am 1. Juni 1932 Franz von Papen, am 3. Dezember 1932 den General Kurt von Schleicher und schließlich am 30. Januar 1933 Adolf Hitler, den Führer der NSDAP, zum Reichskanzler.

▲ *Am 26. April 1925 wurde der bereits hoch betagte Generalfeldmarschall Paul von Hindenburg als Nachfolger Friedrich Eberts zum Reichspräsidenten gewählt. Im Bild ein für die Wahlkämpfe der Weimarer Zeit üblicher Werbeumzug mit Anhängern Hindenburgs; auf Plakaten wird dieser als »Retter« angepriesen*

Zur Legitimation des NS-Regimes bereit und unfähig, der sich abzeichnenden Gewaltherrschaft entgegenzutreten, hat der von den Entscheidungen abgedrängte Hindenburg durch die Unterzeichnung der Verordnung zum Schutz von Volk und Staat vom 28. Februar 1933 (nach dem *Reichstagsbrand;* ▶11.3) wie durch seine Mitwirkung am *»Tag von Potsdam«* (21. März 1933; ▶11.4) zur Festigung der nationalsozialistischen Herrschaft beigetragen. Nach Hindenburgs Tod am 2. August 1934 übernahm Hitler selbst das Amt des Staatsoberhaupts.

10.30 Youngplan

Unter Vorsitz des amerikanischen Finanzmanagers Owen D. Young trat im Februar 1929 in Paris eine Sachverständigenkonferenz zusammen mit dem Ziel, das Problem der deutschen *Reparationen* (▶10.18) neu zu regeln, da sich herausgestellt hatte, dass die im *Dawesplan* (▶10.24) festgelegten Jahreszahlungen von der deutschen Wirtschaft nicht aufgebracht werden konnten. Auf deutscher Seite nahmen Reichsbankpräsident Hjalmar Schacht und der Großindustrielle Albert Vögler an dieser Konferenz teil. Der dort ausgearbeitete Youngplan legte die Höhe der Reparationssumme und die Dauer der zu leistenden Zahlungen endgültig fest. 112 Milliarden Goldmark sollten in 59 Jahresraten von durchschnittlich 2 Milliarden Mark gezahlt werden. Die neu gegründete »Bank für Internationalen Zahlungsausgleich« in Basel übernahm die Verwaltung der deutschen Zahlungen.

Der neue Plan stellte in vielen Punkten eine wesentliche Verbesserung gegenüber dem Dawesplan dar. Das Deutsche Reich erhielt die alleinige Verantwortung für die Zahlungen in fremder Währung, die internationalen Kontrollen über Reichsbank und Reichsbahn entfielen. Aber die lange Dauer der Zahlungsverpflichtungen über Generationen rief Enttäuschung und Empörung in Deutschland hervor. Während die Reichsregierung und mit besonderer Eindringlichkeit Außenminister Stresemann sich für die Annahme des Planes durch den Reichstag einsetzten und darauf verwiesen, dass die Alliierten im Gegenzug zu der Ratifizierung des Youngplanes die vorzeitige Räumung des Rheinlandes zugesagt hatten, riefen die DNVP unter ihrem neuen Vorsitzenden, dem Rechtsextremisten Alfred Hugenberg, »Stahlhelm – Bund der Frontsoldaten« und die bis dahin noch weitgehend unbekannte *NSDAP* (▶10.35) zu einem Volksbegehren auf und entfachten eine wüste Hetze gegen die Politiker, die den Youngplan befürworteten und unterschrieben. Das Volksbegehren für ein »Freiheitsgesetz«, das u. a. für die Unterzeichner des Youngplans Zuchthausstrafen vorsah, erreichte knapp die erforderlichen 10 % der Stimmen, der anschließend eingeleitete Volksentscheid scheiterte indessen am 22. Dezember 1929. Die von den Rechtsparteien inszenierte Volksbewegung hat dem deutschen Ansehen im Ausland erheblichen Schaden zugefügt, erschwerend kam hinzu, dass der Garant der deutschen Zuverlässigkeit, Gustav Stresemann, im Oktober 1929 gestorben war.

◀ *Die Zeit der Weimarer Republik war trotz politischer und sozialer Erschütterungen eine ausgesprochen schöpferische Periode deutscher Kultur. Architektur, Malerei, Literatur und Filmkunst standen auf hohem Niveau. Ihr Forum war die Großstadt. Das 1925 aufgenommene Foto zeigt den im Zentrum der Metropole Berlin gelegenen Alexanderplatz*

Der deutsche Reichstag ratifizierte den Youngplan am 12. März 1930 und machte damit den Weg frei für die *Rheinland-Räumung* (▶ 10.31) bis zum 30. Juni 1930. Der Youngplan wurde indessen im Zuge der Weltwirtschaftskrise durch das Abkommen von Lausanne vom 9. Juli 1932 aufgehoben, das bei einer Restschuld von 3 Milliarden Mark die deutschen Reparationsschulden löschte.

10.31 Rheinland-Räumung

Neben der Frage der *Reparationen* (▶ 10.18) hat kein aus dem *Versailler Vertrag* (▶ 10.11) entstandener Problemkreis das deutsche Volk in den Zwanzigerjahren so permanent beschäftigt und in Unruhe versetzt wie die schmerzende Wunde des besetzten Rheinlandes und die Frage seiner vorzeitigen Räumung.

Mit In-Kraft-Treten des Versailler Vertrages am 10. Januar 1920 waren die linksrheinischen Gebiete des Deutschen Reiches und die rechtsrheinischen Brückenkopf-Städte Köln, Koblenz und Mainz von französischen und britischen Truppen besetzt worden. Der Vertrag sah eine Besatzungszeit von 15 Jahren vor, die von den Siegermächten beliebig abgekürzt, aber auch verlängert werden konnte.

Um diese Abkürzung der Besatzungszeit ging es vorrangig in allen Bemühungen des deutschen Außenministers *Stresemann* (▶ 10.25), seit er im Herbst 1923 – noch als Reichskanzler – den Kampf gegen die *Ruhrbesetzung* (▶ 10.20) abgebrochen und den Weg zu einer neuen konstruktiven Verhandlungspolitik mit dem französischen Nachbarn eingeschlagen hatte.

Noch während der Vorverhandlungen zur Konferenz von *Locarno* (▶ 10.26) war die Besetzung des Ruhrgebietes beendet worden, fast gleichzeitig erfolgte die Freigabe der seit 1921 besetzten Städte Düsseldorf, Duisburg und Ruhrort. Mit dem Abschluss des Vertragswerkes von Locarno schien nun die Zeit dafür überreif zu sein, die Frage der vorzeitigen Räumung des Rheinlandes auf den Verhandlungstisch zu legen. Die deutsche Bevölkerung erwartete, dass nach dem im Locarno-Vertrag ausgesprochenen deutschen Verzicht auf eine Revision der Westgrenzen Frankreich sich nun geneigter zeigen würde, in dieser Frage dem deutschen Verlangen entgegenzukommen.

Die erste Zone des Rheinlandes, die so genannte Kölner Zone, wurde tatsächlich noch vor Ende des Jahres 1925 geräumt, zu weiteren Zugeständnissen aber waren die französischen Politiker vorerst noch nicht bereit. Stresemann rang weiter mit allen seinen Kräften um die Freigabe des besetzten Gebietes. In dem geheimnisumwitterten Gespräch mit seinem französischen Amtskollegen Briand am 17. September 1926 in Thoiry wurde versucht, die vorzeitige Rheinlandräumung mit einer von Frankreich gewünschten vorzeitigen Ableistung der gesamten Reparationsschulden zu koordinieren. Der Plan ließ sich aus mehreren Gründen nicht verwirklichen, unter anderem auch, weil in Frankreich sich der Widerstand gegen eine vorzeitige Aufgabe der Besetzung versteifte, wozu nicht zuletzt die nationalistischen Töne der Stresemanns besonnene Politik verunglimpfenden politischen Rechten in Deutschland beitrugen.

Erst auf der Völkerbundstagung im September 1928 boten Großbritannien und Frankreich die endgültige vorzeitige Räumung des Rheinlandes an, wenn Deutschland der vorgesehenen neuen Regelung der Reparationsfrage im *Youngplan* (▶ 10.30) zustimmte. Bis zum 30. Juni 1930 sollte die Freigabe des ganzen Rheinlandes beendet sein. Stresemann, bereits von einer schweren Krankheit gezeichnet, hat deshalb auf die Unterzeichnung des Youngplans gedrängt, der erst fünf Monate nach seinem Tod, am 12. März 1930, vom deutschen Reichstag angenommen wurde.

Wie verabredet wurde das Rheinland freigegeben, fünf Jahre vor der im Versailler Vertrag gesetzten Frist. Als Reichspräsident Hindenburg und Reichskanzler Brüning auf der Feste Ehrenbreitstein bei Koblenz die Befreiung des Rheinlandes mit einem Festakt feierten, wurde in ihren Reden der Mann, der seit 1923 unermüdlich und tatsächlich bis zu seinem letzten Atemzug um die Rheinlandräumung gekämpft hatte und dem die vorzeitige Freigabe zu verdanken war, nicht einmal erwähnt.

10.32 Weltwirtschaftskrise

Die deutsche Wirtschaft hatte sich in den Jahren nach der Inflation von 1923 relativ schnell erholt. Mithilfe vor allem amerikanischer Kredite war die Investitionsbereitschaft der Unternehmer kräftig unterstützt worden. Produktionsanlagen der Industriebetriebe und der Landwirtschaft konnten modernisiert, die Produk-

▲ *Die im Oktober 1929 einsetzende Weltwirtschaftskrise traf das von amerikanischen Krediten abhängige Deutschland mit voller Wucht, weite Teile der deutschen Bevölkerung gerieten ins Elend. Die Not der Menschen begünstigte eine weitere Radikalisierung der politischen Landschaft. Wahlplakat der NSDAP aus dem Jahr 1932*

tion und die Konkurrenzfähigkeit erheblich gesteigert werden.
Die Vereinigten Staaten waren der Geldgeber der europäischen Verbündeten im Krieg ebenso wie der Finanzier des Wiederaufbaus in Europa, einschließlich Deutschlands, in der Nachkriegszeit. Mit ihrer Geldpolitik und ihrer konkurrenzlosen Vorrangstellung am Weltmarkt erlebten die USA eine lange Phase der Hochkonjunktur. Aber diese Wirtschaftsblüte führte zu übermäßigen Investitionen und Aktienkäufen. Als im Oktober 1929 das ganze Ausmaß der Überproduktion sichtbar wurde und viele Aktien verkauft wurden, sanken die Kurse rapide. Ein Börsenkrach war die Folge, der »Schwarze Freitag« am 25. Oktober 1929.
Der daraufhin schlagartig einsetzende Abzug kurzfristiger amerikanischer Kredite, auf denen im Wesentlichen der wirtschaftliche Aufbau beruht hatte, führte in Europa und besonders in Deutschland zu einer Katastrophe. Es kam zu zahlreichen Firmenzusammenbrüchen, Banken mussten ihre Schalter schließen. Massenentlassungen waren die Folge. Die Zahl der Arbeitslosen in Deutschland stieg sprunghaft an, von September 1929 bis September 1931 von 1,6 Millionen auf 4,3 Millionen. (Anfang 1933 wurden schon 6 Millionen überschritten.)
Während in den anderen europäischen Ländern die Folgen der Krise allmählich überwunden wurden, weitete sie sich in Deutschland wegen seiner instabilen innenpolitischen Verhältnisse zu einer gefährlichen Staatskrise aus. Die unversöhnlichen Gegner der Republik und des parlamentarischen Systems nutzten die allgemein verbreitete Katastrophenstimmung aus zu einer hemmungslosen Agitation gegen die vermeintlichen Verantwortlichen, Regierung, Parlament und Weimarer Parteien, denen sie vorwarfen, völlig versagt zu haben. Aus den Reihen der Entlassenen, Verarmten und Entwurzelten erhielten die Oppositionsparteien von rechts und links großen Zulauf, der sich in den folgenden Landtagswahlen und eklatant in der Reichstagswahl vom 14. September 1930 bemerkbar machte, die den Nationalsozialisten den ersten sensationellen Stimmengewinn von bisher 12 auf 107 Reichstagsmandate brachte.
Inzwischen hatte auch der Reichspräsident von Hindenburg aus der Krisenstimmung seine Konsequenzen gezogen und im März 1930, ohne das Parlament einzuschalten, den Zentrumspolitiker *Heinrich Brüning* (▶ 10.33) zum Reichskanzler ernannt. Damit war das parlamentarische System unterlaufen und der Weg zum *Präsidialregime* (▶ 10.36) beschritten.

10.33 Heinrich Brüning

Am 26. November 1885 in Münster geboren, studierte Heinrich Brüning zunächst für das höhere Lehramt, dann Volkswirtschaft; er war im Weltkrieg Frontoffizier und wurde 1920 Geschäftsführer des christlichen Deutschen Gewerkschaftsbundes, 1924 Reichstagsabgeordneter des Zentrums. Er machte sich bald einen Namen als Finanzfachmann und wurde 1929 Fraktionsvorsitzender.
Am 29. März 1930 von Reichspräsident von Hindenburg unter Ausschaltung des Parlamentes zum Reichskanzler ernannt, stellte Brüning aus

Fachexperten der bürgerlichen Parteien, die jedoch nicht an ihre Fraktionen gebunden waren, eine neue Regierungsmannschaft der Mitte auf – mit der Tendenz, auch die DNVP miteinzubeziehen. Brüning war von Anfang an bereit, in enger Anlehnung an den Reichspräsidenten auch ohne und sogar gegen den Reichstag zu regieren. Bereits im Juli 1930 kam es zu einer Kraftprobe mit der Volksvertretung. Als eine Gesetzesvorlage im Reichstag keine Mehrheit fand und das Kabinett Brüning beschloss, das Gesetz mittels einer Notverordnung des Reichspräsidenten durchzusetzen, machte das Parlament auf Antrag der SPD von seinem verfassungsmäßigen Recht Gebrauch und hob die Notverordnung wieder auf. Der Reichspräsident löste auf Vorschlag Brünings daraufhin den Reichstag auf und setzte die Notverordnung zur »Sicherung von Wirtschaft und Finanzen« in Kraft. Damit war der zweite Schritt zur Aushöhlung des Verfassungssystems durch die diktatorische Gewalt des Reichspräsidenten getan.

▲ *Reichskanzler Heinrich Brüning als letztes »Bollwerk der Freiheit und Ordnung« gegen die anstürmenden Nationalsozialisten; ein fast schon verzweifelter Appell der Zentrumspartei an die Wähler auf diesem Plakat aus dem Jahr 1932*

Es folgten die Reichstagswahlen vom 14. September 1930 mit dem sensationellen Aufstieg der *NSDAP* (▶ 10.35). Brüning regierte weiterhin durch wirtschafts- und finanzpolitische Notverordnungen mit dem Hauptziel, ein Ende der Reparationszahlungen zu erreichen, ohne vorerst auf die unaufhaltsam ansteigenden Arbeitslosenzahlen Rücksicht zu nehmen. Er konnte sich dabei auf die SPD stützen, die seinen Kurs mit Rücksicht auf die in Preußen noch regierende *Weimarer Koalition* (▶ 10.9) längere Zeit tolerierte.

Nach den Reichspräsidentenwahlen im Frühjahr 1932 kam es zu einer Vertrauenskrise zwischen dem Reichspräsidenten und Brüning. Unter anderem gab Hindenburg, der nur mit den Stimmen der bürgerlichen Mitte und der Sozialdemokraten wieder gewählt werden konnte, während seine Gesinnungsgenossen, die Deutschnationalen, der Stahlhelm und die Nationalsozialisten Hitler als Kandidaten aufgestellt hatten, Brüning die Schuld an einer Entwicklung, die zu dieser Wahl »in verkehrter Frontstellung« geführt hatte. Er ließ ihn fallen. Brüning trat mit seinem Kabinett am 30. Mai 1932 zurück.

Er blieb Fraktionsvorsitzender des Zentrums bis zu der erzwungenen Selbstauflösung der Partei im Sommer 1933, später emigrierte er in die USA, wo er am 30. März 1970 starb.

10.34 Harzburger Front

Schon beim Volksbegehren von 1929 gegen den *Youngplan* (▶ 10.30) war es zu einer Kooperation der Rechtsparteien und nationalen Verbände gekommen. Inzwischen waren die Nationalsozialisten durch ihren eklatanten Wahlsieg vom 14. September 1930 zu einem unübersehbaren Faktor auf der innenpolitischen Bühne geworden.

Zusammen mit den Deutschnationalen (DNVP), die unter ihrem Vorsitzenden Alfred Hugenberg (seit 1928), dem Chef eines mächtigen Wirtschafts- und Presseimperiums und Generaldirektor der Ufa, völlig von der – zeitweisen – Unterstützung der Republik abgerückt und zu einem kompromisslosen Konfrontationskurs gegenüber der Republik übergegangen waren, dem »Stahlhelm – Bund der Frontsoldaten« und weiteren nationalistischen Verbänden

schlossen sich die Nationalsozialisten am 11. Oktober 1931 in Bad Harzburg zu einer Aktionsgemeinschaft im Kampf gegen die Weimarer Republik zusammen, zur so genannten Harzburger Front.
Ihren Kampfeswillen und ihre Stärke demonstrierten sie mit gewaltigen Aufmärschen ihrer paramilitärischen Verbände und kriegerischen Reden ihrer Führer Hugenberg und Hitler gegen die Republik, mit denen sie Eindruck auf den Reichspräsidenten machen wollten. Aber mit ihrer Einigkeit war es wegen der zwischen den politischen Führern bestehenden Rivalitäten nicht weit her.

▲ *Mit der Fotomontage »Der Sinn des Hitlergrußes«, die 1932 auf der Titelseite der »Arbeiter-Illustrierten Zeitung« erschien, prangerte der Grafiker Helmut Herzfeld (Künstlername: John Heartfield) die Verbindung zwischen Großkapital und Nationalsozialismus an*

Nach der Machtergreifung vom 30. Januar 1933 saßen zwar Alfred Hugenberg und der Stahlhelm-Führer Franz Seldte eine Zeit lang mit im Kabinett Hitler, aber schon wenige Monate später gerieten alle nationalen Verbände, ebenso wie die DNVP, in den Sog der von Hitler schrittweise angesetzten Gleichschaltungsmaßnahmen und lösten sich auf.

10.35 Nationalsozialistische Deutsche Arbeiterpartei (NSDAP)

1919 als Deutsche Arbeiterpartei gegründet, wurde die nach dem Eintritt (September 1919) des berufslosen ehemaligen Gefreiten *Adolf Hitler* (▶ 11.2) in Nationalsozialistische Deutsche Arbeiterpartei umbenannte völkische Gruppe unter dem Einfluss Hitlers, der im Juli 1921 ihr Vorsitzender wurde, eine die Republik und die Weimarer Parteien erbittert bekämpfende rechtsradikale Partei, die sich in dem für das Entstehen antidemokratischer, völkischer und rassistischer Kampfgruppen günstigen Klima des Freistaates Bayern rasch auszudehnen vermochte.
Nach dem Scheitern des *Hitlerputsches* (▶ 10.23) am 9. November 1923 wurde die Partei verboten, aber von Hitler nach seiner vorzeitigen Entlassung aus der Festungshaft seit 1925 aus übrig gebliebenen Restgruppen wieder aufgebaut. Sie blieb aber in den Jahren der relativen Konsolidierung der Republik sowohl im Reich wie auch in den einzelnen Ländern bedeutungslos. Die Parteiorganisation wurde allerdings auf Reichsebene neu aufgebaut und in den angeschlossenen Verbänden der SA und SS sowie der Hitlerjugend straff gegliedert.
Mit dem Ansturm der Rechtsopposition im Volksbegehren gegen den *Youngplan* (▶ 10.30) und vor allem mit den Auswirkungen der *Weltwirtschaftskrise* (▶ 10.32) setzte der Massenzulauf zur NSDAP ein, deren Führer versprachen, das Programm zu haben, das allein aus Not und Elend heraus und zu neuer Größe des Vaterlandes führen könne. Mit den Reichstagswahlen vom 14. September 1930 wurden die Nationalsozialisten zweitstärkste Partei und damit ein Machtfaktor im politischen Leben, der die bisherige Parteienlandschaft völlig veränderte.
Von nun an wurde es die Taktik der Nationalsozialisten, die Tätigkeit des Parlaments, soweit es überhaupt noch unter dem jetzt herrschenden *Präsidialregime* (▶ 10.36) funktionierte, und die Regierungsarbeit zu stören.
Bei den Reichspräsidentenwahlen im Frühjahr 1932 stellten die Nationalsozialisten selbstbe-

Reichstagswahl am 6. November 1932

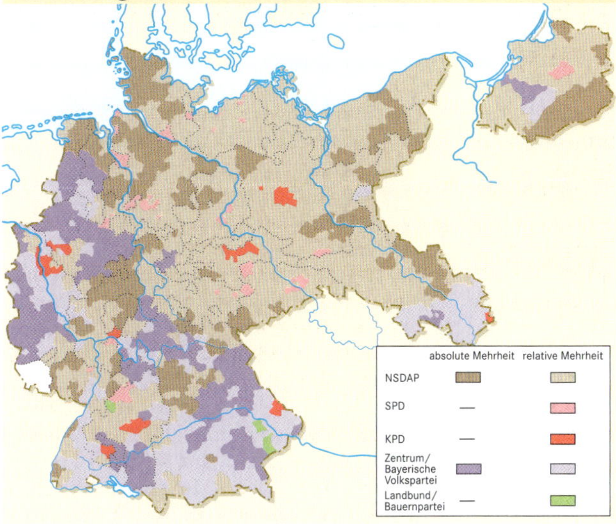

wusst ihren Führer Adolf Hitler gegen den amtierenden Präsidenten Paul von Hindenburg auf, der noch immer die Symbolfigur des kaiserlichen Deutschland war. Hitler unterlag, weil alle demokratischen Parteien von der SPD bis zur DVP sich hinter Hindenburg stellten. Mehr als die Hälfte aller Wähler entschieden sich für Hindenburg, fast zwei Drittel stimmten gegen Hitler.

Mit dem nach den Reichspräsidentenwahlen von der Regierung Brüning am 13. April 1932 erlassenen Verbot der SA und SS sollte dem zunehmenden Radikalismus auf den Straßen begegnet werden. Den weiteren Zulauf zu den Kampfverbänden der NSDAP hat diese Maßnahme, die schon kurz nach Brünings Sturz von der neuen Reichsregierung unter dem Kanzler von Papen am 16. Juni 1932 wieder aufgehoben wurde, nicht behindert. Das zeigte sich bei den Reichstagswahlen vom 31. Juli 1932, bei denen die NSDAP mit 230 Abgeordneten und 37,8 % der Stimmen die weitaus größte Fraktion im Reichstag wurde. Sie stellte nun auch mit dem ehemaligen Weltkriegsflieger Hermann Göring den Reichstagspräsidenten.

Hitlers Vorstoß bei Hindenburg, ihm nunmehr den Regierungsauftrag zu erteilen, wurde am 13. August 1932 schroff zurückgewiesen. Diese in der Presse vom Präsidialamt veröffentlichte Abfuhr, der überhand nehmende Straßenterror der SA und die ersten Anzeichen einer beginnenden wirtschaftlichen Erholung führten, zusammengenommen, bei den erneuten Reichstagswahlen vom 6. November 1932 zu einer ersten empfindlichen Niederlage der Nationalsozialisten, die rund 4 Millionen Stimmen einbüßten, aber stärkste Partei blieben (196 Abgeordnete).

Als sich gegen Jahresende 1932 in Landtags- und Kommunalwahlen die Stimmenverluste der Nationalsozialisten verstärkt fortsetzten, hoffte man im Lager der bürgerlichen Parteien, dass die nationalsozialistische Erfolgskurve ihren Höhepunkt überschritten hätte. Aber in diesem Augenblick übertrug der greise Reichspräsident auf Anraten seiner Freunde und mächtiger Interessenverbände die Regierungsgewalt dem Führer der Nationalsozialisten.

Bei den letzten freien Reichstagswahlen vom 5. März 1933, die indessen schon durch den massiven Terror der SA gegenüber den Abgeordneten der KPD und SPD beeinträchtigt waren, erhielt die NSDAP mit 43,9 % der Stimmen nicht die erhoffte Mehrheit im Reichstag. Sie war auf die Hilfe der Deutschnationalen angewiesen, die 8 % erreichten. Hitler setzte jedoch mithilfe des *Ermächtigungsgesetzes* (▶ 11.5) Zug um Zug die Zerschlagung der anderen Parteien durch. Die NSDAP wurde und blieb bis zur Kapitulation die einzige, das politische Leben fortan total beherrschende Partei des Deutschen Reiches.

10.36 Präsidialregime

Als Reichspräsident von Hindenburg am 29. März 1930 den Zentrumspolitiker und Finanzexperten *Heinrich Brüning* (▶10.33) zum Reichskanzler ernannte, ohne den Reichstag einzuschalten, und ihn beauftragte, ein Kabinett von Fachministern ohne Bindung an das Parlament und seine Fraktionen aufzustellen, war der Weg zu einem präsidialen Regierungssystem beschritten. Dieser Entscheidung lag der Gedanke zugrunde, eine Regierungsmannschaft zu bilden, die unabhängig von den jeweiligen Parlamentsmehrheiten und somit weniger störanfällig war. Dieser Weg führte in seiner weiteren Handhabung zwangsläufig zur Ablösung des parlamentarischen Systems. Ausschlaggebend für den regierenden Reichskanzler war nun das Vertrauen des Staatsoberhauptes, des Reichspräsidenten.

Brüning war bereit, in enger Anlehnung an den Reichspräsidenten notfalls auch gegen das Parlament zu regieren. Seine unpopulären finanzpolitischen Sparmaßnahmen suchte er weitgehend mithilfe des Artikels 48 der Reichsverfassung, also durch vom Reichspräsidenten verfügte Notverordnungen durchzusetzen. Er stürzte Ende Mai 1932, weil ihm der Reichspräsident das Vertrauen entzogen hatte.

Typisch für das autoritäre Präsidialsystem war, dass der Kanzlersturz ebenso wie die Ernennung des neuen Kanzlers Franz von Papen durch Intrigenspiel in der Umgebung des Präsidenten verursacht wurde. Regisseur dieser Vorgänge war der Reichswehrgeneral Kurt von Schleicher, der in dem von Papen gebildeten »Kabinett der Barone« das Reichswehrministerium übernahm. Schleicher besaß in diesem reinen Präsidialkabinett eine Schlüsselposition. Als nach der Reichstagswahl vom 31. Juli 1932 die NSDAP mit 230 Mandaten die stärkste Fraktion im Reichstag bildete und dieser dem Kabinett Papen mit 512 gegen 42 Stimmen das Misstrauen aussprach, ließ Papen den Reichstag erneut auflösen. Seinen Plan, keine Neuwahl anzuberaumen, musste er fallen lassen, weil Hindenburg diesem Schritt, der einen Verfassungsbruch bedeutet hätte, seine Zustimmung versagte.

So erhielt Schleicher selbst am 3. Dezember 1932 von Hindenburg den Auftrag, ein neues Kabinett zu bilden. Schleicher, dem schon in der Papen-Regierung der Plan vorgeschwebt hatte, Hitler und die NSDAP durch Einbindung in die Regierung zu »zähmen«, versuchte nun als Kanzler, im Rahmen eines von ihm entwickelten großen Arbeitsbeschaffungsprogramms auch die Gewerkschaften, die SPD-Führung und Teile der NSDAP unter dem sozialistisch orientierten Reichsorganisationsleiter Gregor Strasser an der Regierung zu beteiligen mit dem Ziel, die NS-Bewegung zu spalten und Hitler von der Macht fern zu halten.

Die Absicht Schleichers, mit einem umfangreichen Arbeitsbeschaffungsprogramm alle sozialreformerischen Kräfte gegen die Massenarbeitslosigkeit zu mobilisieren, rief die Interessenverbände der Unternehmer und Großgrundbesitzer auf den Plan, die bei Hindenburg gegen diese sozialistischen Ideen des »roten« Generals protestierten und sich jetzt für die Kanzlerschaft Hitlers einsetzten, wie sie auch Papen empfahl. So musste Schleicher am 28. Januar 1933 zurücktreten und Hitler den Weg ins Kanzleramt freigeben.

10.37 Reichsexekution gegen Preußen

In Preußen, dem größten Land der Weimarer Republik, hatte seit 1920 – mit kurzen Unterbrechungen – eine Regierung nach dem Muster der *Weimarer Koalition* (▶10.9) aus Sozialdemokraten, dem Zentrum und der DDP (bzw. der 1930 aus ihr hervorgegangenen Deutschen Staatspartei), zeitweise auch der DVP, bestanden unter dem sozialdemokratischen Ministerpräsidenten Otto Braun. Erst in den Landtagswahlen im April 1932 verlor sie ihre parlamentarische Mehrheit.

Am 20. Juli 1932 ließ Reichskanzler von Papen durch eine Notverordnung des Reichspräsidenten in einer staatsstreichartigen Aktion die amtierende preußische Regierung Braun für abgesetzt erklären. Papen übernahm als Reichskommissar die Regierungsgeschäfte in Preußen.

Die SPD, die mit diesem Gewaltakt ihre letzte intakte Machtposition und vor allem auch die Verfügungsgewalt über die preußische Polizei verlor, erhob zwar Protest, konnte sich aber weder zu energischem Widerstand noch – angesichts der Massenarbeitslosigkeit – zur Ausrufung eines Generalstreiks entschließen. Sie hat sich mit ihrem inaktiven Verhalten in dieser entscheidenden Situation als politische Kraft in Deutschland selbst isoliert und den Widerstandswillen ihrer Anhänger auch gegenüber dem Nationalsozialismus gelähmt.

Der von der preußischen Regierung angerufene Staatsgerichtshof verwarf zwar die Form und die Begründung der Absetzung, gestand jedoch dem Reichspräsidenten das verfassungsmäßige Recht zu, nach Ermessen Länderrechte aufzuheben und auf das Reich zu übertragen. Der Regierung Braun wurde in dem Urteil bescheinigt, weiterhin die rechtmäßige Vertretung des Landes Preußen im Reichsrat und gegenüber den Ländern zu sein. Ihre Befugnisse aber wurden nun durch den Reichskommissar von Papen und seine Beauftragten ausgeführt. Die Öffentlichkeit hat von diesem einschneidenden Schritt des Reichspräsidenten und der Reichsregierung gegen die preußische Landesregierung wenig Notiz genommen.

Daten

9. Nov. 1918	Abdankung Kaiser Wilhelms II./Ausrufung der Republik
10. Nov. 1918	Bildung des Rates der Volksbeauftragten
15. Jan. 1919	Karl Liebknecht und Rosa Luxemburg ermordet
19. Jan. 1919	Wahlen zur Nationalversammlung
6. Febr. 1919	Eröffnung der Nationalversammlung in Weimar
11. Febr. 1919	Friedrich Ebert 1. Reichspräsident
13. Febr.–20. Juni 1919	Regierung Philipp Scheidemann
21. Juni 1919	Gustav Bauer (SPD) wird Reichskanzler
28. Juni 1919	Unterzeichnung des Friedensvertrages von Versailles
11. Aug. 1919	Weimarer Reichsverfassung in Kraft
10. Jan. 1920	Versailler Vertrag in Kraft
13.–16. März 1920	Kapp-Putsch
27. März 1920	Hermann Müller (SPD) wird Reichskanzler
6. Juni 1920	1. Reichstagswahlen (Verluste der Weimarer Koalition)
25. Juni 1920	Konstantin Fehrenbach (Zentrum) wird Reichskanzler
27. April 1921	Festsetzung der Reparationen auf 132 Mrd. Goldmark
10. Mai 1921	Joseph Wirth (Zentrum) wird Reichskanzler
26. Aug. 1921	früherer Finanzminister Matthias Erzberger ermordet
16. April 1922	Vertrag von Rapallo
24. Juni 1922	Außenminister Walther Rathenau ermordet
22. Nov. 1922	Wilhelm Cuno (parteilos) wird Reichskanzler
11. Jan. 1923	Ruhrbesetzung
13. Jan.–26. Sept. 1923	passiver Widerstand
13. Aug. 1923	Gustav Stresemann (DVP) wird Reichskanzler
8./9. Nov. 1923	Hitlerputsch in München
15. Nov. 1923	Einführung der Rentenmark/Ende der Inflation
30. Nov. 1923	Wilhelm Marx (Zentrum) wird Reichskanzler
29. Aug. 1924	Dawesplan vom Reichstag angenommen
15. Jan. 1925	Hans Luther (parteilos) wird Reichskanzler
26. April 1925	Wahl Paul von Hindenburgs zum Reichspräsidenten
14. Juli 1925	Beginn der Räumung des Ruhrgebietes
16. Okt. 1925	Vertrag von Locarno
24. April 1926	deutsch-sowjetischer Freundschaftsvertrag
26. Mai 1926	Wilhelm Marx erneut Reichskanzler
8. Sept. 1926	Aufnahme Deutschlands in den Völkerbund
10. Dez. 1926	Friedensnobelpreis für Außenminister Stresemann
28. Juni 1928	Hermann Müller erneut Reichskanzler
27. Aug. 1928	Unterzeichnung des Briand-Kellogg-Paktes
25. Okt. 1929	New Yorker Börsenkrach/Beginn der Weltwirtschaftskrise
12. März 1930	Annahme des Youngplanes durch den Reichstag
29. März 1930	Heinrich Brüning (Zentrum) wird Reichskanzler
30. Juni 1930	vorzeitige Räumung des Rheinlandes beendet
14. Sept. 1930	Reichstagswahlen (NSDAP zweitstärkste Fraktion)
11. Okt. 1931	Bildung der Harzburger Front
10. April 1932	Wiederwahl Hindenburgs zum Reichspräsidenten
1. Juni 1932	Franz von Papen (Zentrum) wird Reichskanzler
9. Juli 1932	Konferenz von Lausanne (Ende der Reparationen)
6. Nov. 1932	Reichstagswahlen (Abnahme der NSDAP-Mandate)
3. Dez. 1932	General Kurt von Schleicher wird Reichskanzler

Das Dritte Reich (1933–1945)

11

Einführung

Als Reichspräsident von Hindenburg am 30. Januar 1933 den »Führer« der NSDAP, der stärksten Fraktion im Reichstag, Adolf Hitler, zum Kanzler des Deutschen Reiches ernannte, war das eine seit 1930 von ihm praktizierte präsidiale Amtshandlung, mit der die parlamentarische Verfassung umgangen wurde. Hitler war auf legalem Wege Kanzler einer Koalitionsregierung geworden. Bedenken wegen der Unberechenbarkeit des Naziführers schoben die konservativen Partner mit dem Hinweis auf ihre Überzahl im Kabinett zurück. Hitler aber überspielte sie sofort und bestimmte fortan das politische Geschehen. Er besaß klare, aus seiner »Weltanschauung« entstandene Zielvorstellungen, die er nun zielstrebig zu verwirklichen begann.

Unmittelbar nach der Machtübernahme setzte der Wahlkampf für die Reichstagswahlen am 5. März 1933 ein und damit auch die Verfolgung der politischen Gegner durch die jetzt den Polizeiapparat beherrschenden Nationalsozialisten. Der Reichstagsbrand am 27. Februar kam ihnen ungemein gelegen; sie deklarierten den Brand als Signal zu einem kommunistischen Aufstand und konnten nun mit der vom Reichspräsidenten erlassenen »Verordnung zum Schutz von Volk und Staat« ohne Rücksicht auf Verfassungsrechte gegen Kommunisten, aber auch gegen Sozialdemokraten und weitere unliebsame Kritiker vorgehen. Von diesen Vorgängen suchte die Parteipropaganda mit Parolen von der »nationalen Erhebung« abzulenken und in der Bevölkerung eine Aufbruchstimmung zu erzeugen, mit den Rührszenen des »Tages von Potsdam« an die patriotischen Gefühle zu appellieren.

Trotz der massiven Wahlbeeinträchtigung verfehlten die Nationalsozialisten deutlich die absolute Mehrheit, die nur mit den Stimmen der konservativen Partner knapp erreicht wurde. Noch immer hatten sich 48 % der Wähler für linke und bürgerliche Parteien entschieden und damit gegen Hitler. Nur mit der Hilfe des »Ermächtigungsgesetzes« vom 23. März, dem im Reichstag allein die SPD ihre Zustimmung verweigerte, vermochte Hitler, das Parlament auf unbestimmte Zeit auszuschalten und alle Macht im Staat auf die Reichsregierung zu konzentrieren. Nunmehr wurden alle demokratischen Funktionen ausgelöscht, die Länder gleichgeschaltet, alle Parteien, mit Ausnahme der NSDAP, verboten, die Gewerkschaften aufgelöst. Nach sechs Monaten war die nationalsozialistische Machtergreifung vollendet.

Zur Realisierung seiner außenpolitischen Ziele war Hitler auf die aktive Mithilfe der Reichswehr angewiesen. Bereits am 3. Februar stellte er den versammelten Generalen sein Regierungsprogramm vor. Die Militärs waren von seinen Ankündigungen – Wiederaufbau eines starken, nationalbewussten Staates, Errichtung einer modernen, aufgerüsteten Wehrmacht, Eliminierung des Versailler Vertrages – so fasziniert, dass sie auch seine auf Krieg hinauslaufenden Pläne »Eroberung von Lebensraum im Osten und dessen rücksichtslose Germanisierung« akzeptierten, ohne Widerspruch zu erheben. Die Sorge der Reichswehr vor Machtansprüchen der Parteiarmee, der SA, beschwichtigte Hitler. Als aber später Gerüchte über einen geplanten Putsch der SA erneut Unruhe auslösten, ließ Hitler am 30. Juni 1934 nahezu die gesamte SA-Führung (und andere politische Gegner) von SS-Einheiten Himmlers ermorden. Die Monopolstellung der Reichswehr als einziger Waffenträger der Nation war damit sichergestellt. Als Gegenleistung ordnete der Reichs-

wehrminister noch am Todestag Hindenburgs (2. August 1934) die Vereidigung aller Offiziere und Soldaten auf Hitler an.
In den Jahren 1933 und 1934 hielt sich Hitler, auf die Festigung seiner Machtstellung im Innern bedacht, außenpolitisch zurück – bis auf den spektakulären Austritt aus dem Völkerbund im Oktober 1933. Von 1935 an aber dienten alle Entscheidungen Hitlers mehr oder weniger durchsichtig der Kriegsvorbereitung. Im März 1935 verkündete er die Wiedereinführung der Wehrpflicht und die Aufrüstung. Im März 1936 ließ er das entmilitarisierte Rheinland durch Truppen besetzen, beide Aktionen ein eklatanter Bruch bestehender Verträge. Die Reaktion der westlichen Demokratien erschöpfte sich in Protestnoten, die Briten verhalfen Hitler sogar durch das im Juni 1935 unterzeichnete deutsch-britische Flottenabkommen zu einem Prestigegewinn. Auch die Olympischen Sommerspiele in Berlin im August 1936 erhöhten das internationale Ansehen des »Führers« beträchtlich, zumal die gigantische Inszenierung beeindruckte und die in der Propaganda als »Völkerfest des Friedens und der Versöhnung« bezeichneten Spiele eine Friedensatmosphäre vortäuschten. Bereits einen Monat später stellte der in Nürnberg verkündete Vierjahresplan unmissverständlich fest, dass in diesem Zeitraum die Rüstung beendet und die Wirtschaft kriegsbereit sein müsse. Im Oktober desselben Jahres kam mit dem faschistischen Italien die »Achse Berlin–Rom« zustande. Beide Diktaturen beschlossen, im Spanischen Bürgerkrieg General Franco militärisch zu unterstützen. Nun konnten deutsche Soldaten Kriegserfahrungen in Spanien sammeln für Hitlers geplanten »Lebensraum«-Krieg. Im November 1936 erfolgte der Abschluss des »Antikominternpaktes« mit Japan.
Den von Hitler im März 1938 in einer Blitzaktion vollzogenen »Anschluss« Österreichs an das nunmehr »Großdeutsche Reich« akzeptierte das Ausland wegen der sichtbaren Zustimmung der Österreicher als innerdeutsche Angelegenheit. Dem deutschen Plan, nun die Tschechoslowakei zu »zerschlagen«, trat der britische Premier Neville Chamberlain entgegen, der in hartnäckigen Verhandlungen Ende September 1938 das »Münchner Abkommen« – zusammen mit Frankreich und Italien – erwirkte, in dem Hitler sich mit dem Erwerb der Sudetengebiete begnügen musste. Während Chamberlain glaubte, den »Frieden für unsere Zeit« bewahrt zu haben, revidierte Hitler das für ihn unbefriedigende Ergebnis bereits im März 1939 mit der vollständigen militärischen Besetzung des tschechischen Gebietes, das nun als »Protektorat Böhmen und Mähren« dem Reich einverleibt wurde. Die Slowakei hatte ihre Unabhängigkeit erklärt und wurde ein Vasallenstaat Deutschlands.
Die Ausgrenzung der Juden, wie in Hitlers Programm vorgesehen, hatte schon am 1. April 1933 mit dem »Judenboykott« begonnen. Seitdem war sie mit unzähligen Verordnungen und Gesetzen, darunter die Nürnberger Gesetze von 1935, die die Juden ihrer Bürgerrechte beraubten, fortgesetzt worden. Am 9. November 1938 fand auf Veranlassung Goebbels im ganzen Reich eine Pogromnacht statt, in der jüdische Gotteshäuser niedergebrannt, jüdische Geschäfte zerstört, jüdische Menschen misshandelt, inhaftiert und ermordet wurden. Die bisherige Auswanderungsbewegung wurde jetzt zur Massenflucht.
Im Sommer 1939 plante Hitler den Überfall auf Polen. Im August überraschte er die Weltöffentlichkeit mit dem Abschluss eines Nichtangriffspaktes mit dem bisherigen Hauptgegner der Nationalsozialisten, der Sowjetunion. Mit dem am 1. September 1939 begonnenen Einmarsch in Polen begann der 2. Weltkrieg; am 3. September erklärten Großbritannien und Frankreich Deutschland den Krieg. Nach weniger als drei Wochen hatte die stark überlegene Wehrmacht den Westteil Polens (mit Warschau) besetzt, während sowjetische Truppen Ostpolen okkupierten. Unter Himmlers Regie begann im »Generalgouvernement für die besetzten polnischen Gebiete« eine brutale Besatzungspolitik. Spezielle »Einsatzgruppen« verfolgten und liquidierten die polnische Führungsschicht, die jüdische Bevölkerung wurde in zentral eingerichteten Ghettos zusamengetrieben.
Vor dem Angriff gegen Frankreich überfiel Deutschland im April 1940 Dänemark und Norwegen, um die für die Kriegswirtschaft wichtigen Nachschubwege aus Schweden vor britischem Zugriff zu sichern. Am 10. Mai begann der Westfeldzug. Die neutralen Staaten Belgien, Luxemburg und die Niederlande wurden überrannt und rasch zur Kapitulation gezwungen. Deutsche Panzerverbände rangen auch die britisch-französischen Streitkräfte

nieder und zogen in Paris ein. Der Waffenstillstand vom 22. Juni 1940 regelte die Besetzung des größten Teils Frankreichs durch deutsche Truppen. Im Vollgefühl seines Triumphes richtete Hitler ein »Friedensangebot« an Großbritannien, das Winston Churchill unbeachtet ließ. Der neue Premier war entschlossen, den Kampf nun allein bis zur Niederwerfung Hitlerdeutschlands fortzusetzen. Um die Briten niederzuringen, ließ Hitler eine Invasion vorbereiten. Jedoch misslang bereits die Eroberung der Luftherrschaft in der am 13. August begonnenen Luftschlacht um England. Noch im Sommer 1940 plante Hitler den Krieg gegen die Sowjetunion – den in seiner »Weltanschauung« vorgesehenen Krieg um »Lebensraum«, der gegen das »jüdisch-bolschewistische Untermenschentum« geführt werden müsse. Die Soldaten des Ostheeres wurden durch »Führerbefehle« auf eine rücksichtslose Kriegsführung verpflichtet.

Mit den Vorbereitungen zum Ostkrieg diskutierte jetzt die Parteispitze die »Endlösung der Judenfrage«. Bis in alle Details perfekt organisiert wurde nun der Ablauf der Massenvernichtung in den mit Tötungsanlagen ausgestatteten Lagern in Ostpolen (»Wannseekonferenz« im Januar 1942). Etwa sechs Millionen Angehörige des europäischen Judentums fielen bis zum Kriegsende dem nationalsozialistischen Rassenwahn zum Opfer.

Der Überfall auf die Sowjetunion begann verspätet am 22. Juni 1941, da zuvor dem italienischen Verbündeten Waffenhilfe auf dem Balkan geleistet werden musste. Nach großen Erfolgen und weiten Geländegewinnen deutscher Heeresverbände blieb im Spätherbst der deutsche Angriff kurz vor Moskau im Schlamm stecken. Der Wintereinbruch rief bei den erschöpften deutschen Soldaten, die für die extrem kalten Temperaturen völlig unzureichend ausgerüstet waren, eine schwere Krise hervor. Mit größten Anstrengungen und unter schweren Verlusten konnte in einer rückwärtigen Frontlinie der sowjetische Gegenangriff abgewehrt werden. Hitler gab den Heerführern die Schuld an der Krise und übernahm selbst den Oberbefehl des Heeres. In dieser Situation erklärte Deutschland am 11. Dezember den USA den Krieg. Hitlers Rechnung, Japan, das sich nach dem Überfall auf Pearl Harbor selbst seit vier Tagen mit den USA im Kriegszustand befand, würde nun ihm gegen die Sowjetunion zu Hilfe kommen, ging nicht auf. Der Eintritt der USA in den Krieg bedeutete die entscheidende Wende.

Der Befehl Hitlers, mit einer Großoffensive im Frühjahr 1942 gegen die Sowjetunion vorzugehen, führte zur Überforderung der Ostarmeen und endete schließlich in der Katastrophe von Stalingrad (2. Februar 1943). Jetzt ging die Initiative auf die sowjetischen Armeen über, die die deutschen Truppen in verlustreichen Rückzugskämpfen allmählich auf die Reichsgrenzen zurückdrängten. Zur gleichen Zeit eroberten die Westmächte die Luftherrschaft über Deutschland, ihre Bombenangriffe legten zahllose Städte in Trümmer.

Die Landung der Westalliierten in der Normandie im Juni 1944 leitete die Endphase des Krieges ein. In Deutschland scheiterte am 20. Juli 1944 ein Attentat auf Hitler, der blutige Rache an den Männern und Frauen des Widerstandes nahm. Seit Beginn des Jahres 1945 drangen die Armeen der Alliierten von West und Ost in Deutschland vor. In Jalta berieten die »großen drei«, Roosevelt, Churchill und Stalin, über die Zukunft Deutschlands und Europas. Sowjetische Truppen eroberten Berlin. Bevor sie das Stadtzentrum erreichten, nahm Hitler sich am 30. April 1945 das Leben. Mit der deutschen Kapitulation am 7./8. Mai 1945 endete der Krieg in Europa. Hitler hatte den Krieg um »Lebensraum« von Anfang an eingeplant. Aber weder die unmenschliche Kriegführung noch die Vernichtung des europäischen Judentums wären möglich gewesen, hätte es nicht zahllose Mittäter und Helfer gegeben: voran Hitlers verschworene Paladine Göring, Goebbels und Himmler, dann die vielen Mitverantwortlichen in Führungsstellen der Partei und des Staates, der Wirtschaft und der Wehrmacht, die Befehlsempfänger, Vollstrecker und skrupellosen Fanatiker und nicht zuletzt die vielen Tausend willfähriger und gedankenloser Mitläufer.

11.1 30. Januar 1933 – »Machtergreifung«

Am 30. Januar 1933 ernannte Reichspräsident *Paul von Hindenburg* (▶ 10.29) den Führer der Nationalsozialistischen Deutschen Arbeiterpartei, *Adolf Hitler* (▶ 11.2), zum Kanzler des Deutschen Reiches. Der neuen Regierung, die sich »Kabinett der nationalen Konzentration«

nannte, gehörten nur zwei Nationalsozialisten außer Hitler an, Wilhelm Frick als Innenminister und *Hermann Göring* (▶ 11.10) als Minister ohne Geschäftsbereich, dem aber als kommissarischem Innenminister von Preußen vom ersten Tage an der preußische Polizeiapparat unterstand. Im April 1933 übernahm Hermann Göring das Luftfahrtministerium. Gleichzeitig wurde er preußischer Ministerpräsident.

Den drei Nationalsozialisten standen acht konservative Minister gegenüber, darunter der

▲ *Am 30. Januar 1933 wurde Adolf Hitler von Reichspräsident Paul von Hindenburg zum Reichskanzler ernannt. Auch wenn außer Hitler nur noch zwei Angehörige der NSDAP dem neuen Kabinett angehörten (Frick und Göring), war damit die Zukunft Deutschlands den Nationalsozialisten ausgeliefert. Das Bild aus dem Jahr 1934 zeigt Hitler in seiner typischen Rednerpose*

DNVP-Vorsitzende und Pressekonzernchef Alfred Hugenberg als Wirtschafts- und Ernährungsminister, der frühere Reichskanzler Franz von Papen als Vizekanzler und Reichskommissar für Preußen sowie der »»Stahlhelm«-Führer Franz Seldte als Arbeitsminister. Außenminister Konstantin Freiherr von Neurath und Finanzminister Johann Ludwig Graf Schwerin von Krosigk hatten bereits dem von Papen geleiteten »Kabinett der Barone« (*Präsidialregime,* ▶ 10.36) angehört. Hindenburg ernannte General Werner von Blomberg zum Reichswehrminister.

Von Papen hatte Hindenburg, der sich lange weigerte, den »böhmischen Gefreiten« überhaupt als Kanzlerkandidaten anzuerkennen, schließlich zu dem folgenschweren Schritt überreden können, indem er ihm sein »Zähmungskonzept« glaubhaft zu machen verstand. Hitler, so argumentierte Papen, würde in diesem konservativen Kabinett, von starken Persönlichkeiten eingerahmt, seine extremen Vorstellungen nicht verwirklichen können und sich in der politischen Alltagsarbeit allmählich verschleißen. »Wir haben ihn uns engagiert«, äußerte sich Papen zuversichtlich.

Die nationalen und nationalsozialistischen Verbände in und um Berlin feierten das Ereignis am Abend des 30. Januar mit einem Fackelzug. Formal gesehen war die Ernennung Hitlers zum Reichskanzler, die von der NS-Propaganda als »Machtergreifung« gefeiert wurde, ein normaler und legaler Regierungswechsel im Präsidialregime – der jedoch rasch die endgültige Zerstörung der demokratischen und rechtsstaatlichen Weimarer Verfassungsordnung zur Folge hatte.

11.2 Adolf Hitler

Als Sohn eines österreichischen Zollbeamten am 20. April 1889 in Braunau am Inn geboren, brach Hitler nach dem Tode seines Vaters (1903) seine Realschulausbildung in Steyr 1905 ab und lebte, mit Mal- und Zeichenstudien beschäftigt, bei seiner Mutter in Linz bis zu ihrem Tod 1907. Sein Versuch, in die Wiener Kunstakademie aufgenommen zu werden, scheiterte zweimal wegen nicht ausreichender Befähigung. In Wien bewegte sich Hitler vorwiegend im Milieu der Männerwohnheime; von der Waisenrente und dem Verkauf einiger seiner Bilder lebend, begegnete er in der Vielvölkerstadt den sozialen und nationalen Problemen der Vorkriegszeit. Durch eine eklektizistische Lektüre von Zeitungen und tendenziösen Schriften und Büchern entwickelte er eine persönliche völkisch-antisemitische »Weltanschauung«, in deren Mittelpunkt der Glaube an die »germanische Herrenrasse« stand, die es vor dem tödli-

chen Bazillus des »Weltjudentums« zu beschützen gelte.
1913 siedelte er nach München über, um sich dem österreichischen Militärdienst zu entziehen, meldete sich aber als Freiwilliger bei Kriegsausbruch 1914 bei einem bayerischen Regiment und nahm am Krieg 1914–1918 als Meldegänger teil. Dabei wurde er mehrfach verwundet; er wurde mit dem Eisernen Kreuz 1. und 2. Klasse ausgezeichnet. Das Kriegsende erlebte er nach einer Gasverwundung im Lazarett Pasewalk in Vorpommern.
Nach seiner Genesung wandte sich Hitler der Politik zu. Anfangs wurde er von seinem Münchener Reichswehrkommando wegen seiner rednerischen Begabung als Schulungsredner eingesetzt; dabei kam er in Berührung mit einer neu gegründeten »Deutschen Arbeiterpartei«, der er beitrat. Bereits im Juli 1921 wurde Hitler Erster Vorsitzender mit absoluter Vollmacht. Die Partei war inzwischen in *Nationalsozialistische Deutsche Arbeiterpartei* (*NSDAP,* ▶ 10.35) umbenannt worden. In dem für völkisch-nationale und republikfeindliche Betätigungen günstigen politischen Klima in Bayern wurde Hitlers Partei rasch eine der aktivsten Gruppen, Hitler selbst zu einer Schlüsselfigur. Sein Versuch aber, die konservative bayerische Landesregierung zum Staatsstreich gegen die »rote« Reichsregierung in Berlin anzutreiben, misslang am 9. November 1923 (▷ *Hitlerputsch,* 10.23). Hitler wurde zu fünf Jahren Festungshaft verurteilt, aber bereits Ende 1924 vorzeitig aus der Haftanstalt Landsberg am Lech entlassen. Während der Haftzeit las er viel und schrieb das Buch »Mein Kampf«, in dem er seine maßlosen politischen Ziele und extremen weltanschaulichen Vorstellungen offen aussprach. Er forderte den »rassisch reinen«, »großgermanischen« Führerstaat, dem die Herrschaft über die »minderwertigen Mischrassen« und Völker zustand, und die »Ausschaltung« der Juden aus dem deutschen Volksleben sowie die Vernichtung der Marxisten bzw. Bolschewisten.
Hitlers Plan, nach dem Wiederaufbau der Partei, die während seiner Haft an Stärke verloren hatte, die Macht im Staat auf legalem Wege zu erringen, war bis 1929 kein Erfolg beschieden. Erst die Auswirkungen der *Weltwirtschaftskrise* (▶ 10.32) brachten den Durchbruch zur Massenpartei, wie er in dem Wahlerfolg vom 14. September 1930 zum Ausdruck kam. Bei den Reichspräsidentenwahlen im Frühjahr 1932 trat Hitler als Kandidat der Rechtsparteien gegen *Hindenburg* (▶ 10.29) an. Er verlor, konnte aber (im 2. Wahlgang) 36,8 % der Stimmen auf sich vereinen. Aus der Reichstagswahl vom Juli 1932 ging die NSDAP als stärkste Partei hervor. Hitlers Ziel, zum Kanzler ernannt zu werden, scheiterte jedoch an Hindenburg. Am 30. Januar 1933 waren die konservativen Kräfte zu diesem Schritt bereit.
Als Kanzler gelang es Hitler, mithilfe der Reichstagsbrandverordnung und des *Ermächtigungsgesetzes* (▶ 11.5) in wenigen Monaten alle demokratischen Einrichtungen auszuschalten und eine Diktatur zu errichten. Die Reichswehr gewann er, indem er mit dem Blutbad vom 30. Juni 1934 (*»Röhmputsch«,* ▶ 11.13) die SA als mögliche Konkurrenz ausschaltete. Nach dem Tode Hindenburgs am 2. August 1934 ließ er die Reichswehr auf seinen Namen vereidigen und vereinigte in seiner Person unter dem Titel »Führer und Reichskanzler« das Amt des Reichspräsidenten mit dem des Reichskanzlers. Vom Reichspropagandaminister *Joseph Goebbels* (▶ 11.14) inszeniert, entstand ein beispielloser Führerkult. Hitler wurde wegen seiner außenpolitischen Erfolge (Rückkehr des Saarlandes ins Reich, Flottenabkommen mit England 1935 und Anschluss Österreichs 1938) als größter deutscher Staatsmann seit Bismarck gefeiert. Mit in Abständen vorgetragenen Friedensbeteuerungen gelang es ihm, die Welt darüber zu täuschen, dass er im Begriff war, den großen Krieg vorzubereiten, in dem das deutsche Volk den angeblich benötigten *»Lebensraum«* (▶ 11.30) im Osten erobern sollte.
Seine Pläne, die Tschechoslowakei zu zerschlagen, wurden im Herbst 1938 durch das Einschreiten des britischen Premierministers Neville Chamberlain und das *Münchner Abkommen* (▶ 11.25) noch einmal vereitelt, aber im Frühjahr 1939 holte er dies mit der Besetzung der »Resttschechei« nach. Für den deutschen *Überfall auf Polen* (▶ 11.28) verschaffte Hitler sich mit dem *Hitler-Stalin-Pakt* (▶ 11.27) Rückendeckung. Großbritannien und Frankreich lösten ihre Polen gegebene Garantie ein und erklärten Deutschland den Krieg. Die beeindruckenden Blitzsiege der weit überlegenen deutschen Wehrmachtverbände in Polen, Dänemark, Norwegen und Frankreich stärkten Hitlers Position im Ansehen des deutschen Volkes und gaben der deutschen Opposition, die sich seit 1938 gebildet hatte und zur Rettung des

Friedens einen Staatsstreich plante, keine Chance, für ihr Vorhaben im Volk Verständnis zu finden.

Ein Meinungsumschwung setzte erst ein, als Hitler im Juni 1941 auch die Sowjetunion angriff und die deutschen Angriffsspitzen nach großen Anfangserfolgen im Winter 1941 vor Moskau zum Rückzug gezwungen wurden. Hitler schob die Schuld für das militärische Versagen den Generalen zu und übernahm selbst den Oberbefehl über das Heer. Aber der Nimbus von der Unbesiegbarkeit der deutschen Soldaten und der Unfehlbarkeit Hitlers war jetzt angeschlagen, er zerstob endgültig in der Katastrophe von *Stalingrad* (▶ 11.41) im Januar und Februar 1943. Mit dem auf Befehl Hitlers mit unmenschlicher Härte geführten »Weltanschauungskrieg« gegen die Sowjetunion waren auch seinen Direktiven zufolge die Aktionen zum Massenmord an den europäischen Juden in den Konzentrations- und Vernichtungslagern des Ostens angelaufen.

▲ *27. Februar 1933: das brennende Reichstagsgebäude in Berlin*

Während mit der Wende des Krieges seit 1943 die deutschen Truppen vor der Übermacht der Gegner immer weiter in Richtung auf die Reichsgrenzen zurückweichen mussten, die Briten und Amerikaner mit ihrer Landung in der Normandie im Juni 1944 (*Invasion*, ▶ 11.44) eine zweite Front im Westen gebildet hatten, versuchte die deutsche Widerstandsbewegung, durch Beseitigung Hitlers in letzter Minute noch das Schlimmste für Deutschland abzuwenden. Aber das Attentat vom *20. Juli 1944* (▶ 11.45) misslang. Vom Bunker der Reichskanzlei aus erließ Hitler im März 1945 den Befehl »Verbrannte Erde« und sprach dem deutschen Volk als dem unterlegenen das Recht ab zu überleben. Er entzog sich am 30. April 1945 der Verantwortung durch Selbstmord.

11.3 Reichstagsbrand

Am Abend des 27. Februar 1933 brannte das Reichstagsgebäude in Berlin. Es war Brandstiftung. Am Tatort wurde der Holländer Marinus van der Lubbe festgenommen. Er bestritt, Mittäter gehabt zu haben.

Die Nationalsozialisten beschuldigten sofort die Kommunisten, den Brand gelegt zu haben – als Signal zum Aufstand gegen die neuen Machthaber. Hitler nutzte die Stunde und ließ schon am 28. Februar durch den Reichspräsidenten die »Verordnung zum Schutz von Volk und Staat« herausgeben, die so genannte Reichstagsbrandverordnung. Durch sie wurden praktisch alle politischen Grundrechte der Weimarer Verfassung »bis auf weiteres« außer Kraft gesetzt. Eine Welle von Verhaftungen, vor allem kommunistischer Funktionäre und Reichstagsabgeordneter, setzte ein, die kommunistische Presse wurde verboten, zeitweise auch die sozialdemokratische.

In dem späteren Reichstagsbrandprozess konnte eine Mitschuld kommunistischer Agenten nicht nachgewiesen werden, die angeklagten Kommunistenführer mussten freigesprochen werden. Immer wieder sind Zweifel an der These der Alleintäterschaft des Holländers, der zum Tode verurteilt und hingerichtet wurde, geäußert worden. Der nahe liegende Verdacht, dass die Nationalsozialisten selbst den Brand gelegt haben könnten, um sich – vor den Reichstagswahlen – eine Handhabe zum Vorgehen gegen die KPD zu verschaffen, war unterschwellig vorhanden, konnte aber während der

Vor der feierlichen Eröffnung des neuen Reichstags in der Potsdamer Garnisonkirche am 21. März 1933 begrüßt Hitler den Reichspräsidenten von Hindenburg. Der »Tag von Potsdam« sollte die Vereinbarkeit von Nationalsozialismus und alter preußischer Tradition dokumentieren.

nationalsozialistischen Herrschaft öffentlich nicht geäußert werden. Neueren Forschungen zufolge haben die Nationalsozialisten den Reichstagsbrand nicht veranlasst, ihn aber für ihre Zwecke instrumentalisiert.

11.4 Tag von Potsdam

In der Reichstagswahl vom 5. März 1933 erreichte die NSDAP ihr Ziel einer absoluten Mehrheit nicht, obwohl sie den Wahlkampf mit größtem Propagandaaufwand und massivem Terror gegenüber den politischen Gegnern geführt hatte. Sie erlangte 43,9 % der Stimmen und war nun auf die Hilfe der Deutschnationalen Volkspartei angewiesen, die 8 % erreichte.
Am 21. März trat der neue Reichstag in der Potsdamer Garnisonkirche zur feierlichen Eröffnung zusammen. Hitler ließ hier ein großes Schauspiel abrollen, das die Welt und das deutsche Volk von seiner Friedensliebe überzeugen sollte. Zugleich sollte die Übereinstimmung zwischen dem neuen nationalsozialistischen Deutschland und der alten preußisch-deutschen Tradition vor aller Welt dokumentiert werden: Gottesdienst und feierliche Eröffnung des Reichstages in der Begräbniskirche Friedrichs des Großen, die Traditionsfahnen der alten kaiserlichen Regimenter, der Reichspräsident selbst in der Uniform des kaiserlichen Generalfeldmarschalls und ihm gegenüber der Reichskanzler in feierlich-dunklem Zivil, sich ehrfurchtsvoll vor der Heldengestalt verneigend.
Diese Bilder gingen um die Welt, sie verfehlten ihre Wirkung nicht, nicht im Ausland und schon gar nicht im deutschen Volk.

11.5 Ermächtigungsgesetz

Am 23. März 1933, zwei Tage nach dem nationalen Schauspiel von Potsdam, legte Hitler dem Reichstag das Ermächtigungsgesetz vor, das der Regierung für die Dauer von vier Jahren das

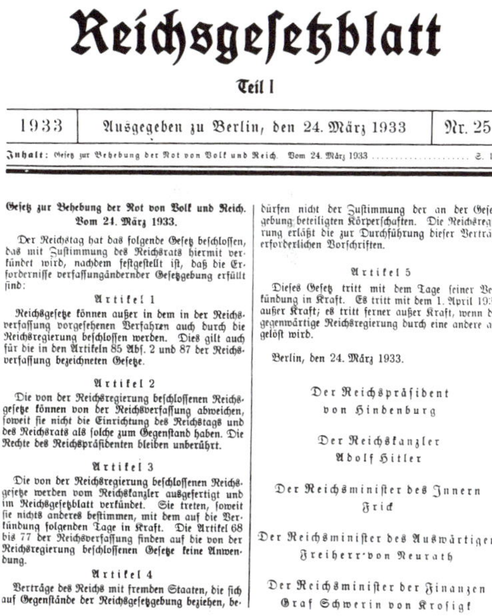

Reichsgesetzblatt

Teil I

1933	Ausgegeben zu Berlin, den 24. März 1933	Nr. 25

Inhalt: Gesetz zur Behebung der Not von Volk und Reich. Vom 24. März 1933 .... S. 141

Gesetz zur Behebung der Not von Volk und Reich. Vom 24. März 1933.

Der Reichstag hat das folgende Gesetz beschlossen, das mit Zustimmung des Reichsrats hiermit verkündet wird, nachdem festgestellt ist, daß die Erfordernisse verfassungändernder Gesetzgebung erfüllt sind:

Artikel 1

Reichsgesetze können außer in dem in der Reichsverfassung vorgesehenen Verfahren auch durch die Reichsregierung beschlossen werden. Dies gilt auch für die in den Artikeln 85 Abs. 2 und 87 der Reichsverfassung bezeichneten Gesetze.

Artikel 2

Die von der Reichsregierung beschlossenen Reichsgesetze können von der Reichsverfassung abweichen, soweit sie nicht die Einrichtung des Reichstags und des Reichsrats als solche zum Gegenstand haben. Die Rechte des Reichspräsidenten bleiben unberührt.

Artikel 3

Die von der Reichsregierung beschlossenen Reichsgesetze werden vom Reichskanzler ausgefertigt und im Reichsgesetzblatt verkündet. Sie treten, soweit sie nichts anderes bestimmen, mit dem auf die Verkündung folgenden Tage in Kraft. Die Artikel 68 bis 77 der Reichsverfassung finden auf die von der Reichsregierung beschlossenen Gesetze keine Anwendung.

Artikel 4

Verträge des Reichs mit fremden Staaten, die sich auf Gegenstände der Reichsgesetzgebung beziehen, bedürfen nicht der Zustimmung der an der Gesetzgebung beteiligten Körperschaften. Die Reichsregierung erläßt die zur Durchführung dieser Verträge erforderlichen Vorschriften.

Artikel 5

Dieses Gesetz tritt mit dem Tage seiner Verkündung in Kraft. Es tritt mit dem 1. April 1937 außer Kraft; es tritt ferner außer Kraft, wenn die gegenwärtige Reichsregierung durch eine andere abgelöst wird.

Berlin, den 24. März 1933.

Der Reichspräsident
von Hindenburg

Der Reichskanzler
Adolf Hitler

Der Reichsminister des Innern
Frick

Der Reichsminister des Auswärtigen
Freiherr von Neurath

Der Reichsminister der Finanzen
Graf Schwerin von Krosigk

Mit dem am 23. März 1933 vom Reichstag verabschiedeten »Ermächtigungsgesetz«, mit dem die NS-Diktatur legalisiert wurde, konnten sämtliche demokratischen Strukturen in Deutschland zerschlagen werden

Recht geben sollte, Gesetze – auch verfassungsändernde Gesetze – ohne Beteiligung des Reichstages und des Reichsrates zu erlassen. Zugleich wurde die Rechtssicherheit des Einzelnen aufgehoben: Die Polizei konnte ohne Gerichtsentscheid »Schutzhaft« verhängen. Hitler gelang es, mit der Zustimmung der bürgerlichen Parteien, insbesondere des Zentrums, die notwendige Zweidrittelmehrheit zu erhalten. Von den bei der Abstimmung anwesenden 538 Abgeordneten stimmten 444 mit »Ja«, alle anwesenden 94 Sozialdemokraten lehnten das Ermächtigungsgesetz ab. Die 81 kommunistischen Abgeordneten fehlten, sie waren seit dem *Reichstagsbrand* (▶ 11.3) entweder verhaftet oder untergetaucht, ebenso die fehlenden 26 Mitglieder der sozialdemokratischen Fraktion.
Der SPD-Fraktionsvorsitzende Otto Wels rechtfertigte in einer mutigen Rede die Haltung seiner Fraktion mit der Verpflichtung zur wahren Demokratie, zu Menschlichkeit und Gerechtigkeit und prangerte die von der nationalsozialistisch geführten Regierung seit der Machtübernahme begangenen und geduldeten Unrechtshandlungen an.
Das für vier Jahre vorgesehene Gesetz ist mehrfach verlängert worden; der mit ihm verhängte Ausnahmezustand ist bis zum Zusammenbruch im Mai 1945 Verfassungswirklichkeit in Deutschland gewesen.

11.6 Gleichschaltung

Mit der Besetzung des Reichsinnenministeriums durch den Nationalsozialisten Wilhelm Frick und des preußischen Innenministeriums durch *Hermann Göring* (▶ 11.10) befand sich die Befehlsgewalt über die Polizeikräfte in der Hand der Nationalsozialisten. Göring verstärkte zudem die preußische Polizei für seine Maßnahmen gegen politische Gegner, indem er 50 000 SA- und SS-Männer als Hilfspolizisten aufstellte. *Heinrich Himmler* (▶ 11.31) übernahm den Befehl über die Münchener Polizei und danach über die politische Polizei in ganz Bayern.
Dieser Prozess der Machtkonzentration wurde mit dem »Gesetz zur Gleichschaltung der Länder mit dem Reich« vom 31. März 1933 fortgesetzt – die Länderparlamente wurden ohne Neuwahlen nach dem Verhältnis der Reichstagswahl umgebildet. Mit der Einsetzung von »Reichsstatthaltern« durch das Gesetz vom 7. April 1933 wurde praktisch die Selbstständigkeit der Länder aufgehoben. Mit dem Gesetz vom 30. Januar 1934 über den Neuaufbau des Reiches wurden die Länderparlamente ganz beseitigt. Damit war an die Stelle des bundesstaatlichen Charakters des Reiches ein staatlicher Zentralismus getreten, der von der Partei kontrolliert werden sollte.
Nach der Auflösung der Gewerkschaften und ihrer Zwangsüberführung in die *Deutsche Arbeitsfront* (▶ 11.9) wurden nacheinander die Parteien verboten oder gezwungen, sich selbst aufzulösen. Am 22. Juni 1933 erfolgte das Verbot der SPD, am 27. Juni erklärten die DNVP und die DVP die Selbstauflösung ihrer Parteiorganisationen. Der Führer der DNVP, Alfred Hugenberg, trat unter Protest als Reichsminister zurück. Als Letzte der demokratischen Parteien löste sich am 5. Juli 1933 das Zentrum auf. Den Abschluss dieser Entwicklung bildete das am 14. Juli 1933 erlassene Gesetz gegen die Neubildung von Parteien, das die NSDAP als einzige politische Partei in Deutschland anerkannte und zugleich jeden Versuch einer Neubildung von Parteien mit Zuchthausstrafen bedrohte. Damit waren die letzten Reste der Demokratie beseitigt und der nationalsozialistische Einparteienstaat ohne nennenswerten Widerstand errichtet. Wo sich Widerstand regte, wurde er rücksichtslos gebrochen, wurden protestierende Parteiführer und Funktionäre in »Schutzhaft« genommen und in *Konzentrationslager* (▶ 11.39) eingewiesen.

11.7 Reichskonkordat

Ihren ersten außenpolitischen Erfolg errang die Reichsregierung mit dem Abschluss des Reichskonkordates, das am 20. Juli 1933 in Rom unterzeichnet wurde. Die Verhandlungen hatten auf deutscher Seite Vizekanzler von Papen und Prälat Kaas, der letzte Vorsitzende der Zentrumspartei, geführt, auf der Seite des Vatikans Kardinalstaatssekretär Pacelli – der spätere Papst Pius XII. Das Konkordat enthielt u. a. Bestimmungen über die öffentliche Ausübung des katholischen Bekenntnisses in Deutschland, über den Schutz katholischer nichtpolitischer Organisationen, über die Aufrechterhaltung der katholischen theologischen Fakultäten an den Hochschulen des Landes, über den Schutz des kirchlichen Eigentums, über die Beibehaltung und Neuerrichtung katholischer Bekennt-

»Reichsbischof« Ludwig Müller, Oberhaupt der regimenahen »Deutschen Christen«, wird während des Nürnberger Parteitages der NSDAP 1934 von Hitler begrüßt

nisschulen und die Erteilung des katholischen Religionsunterrichts an den Schulen. Für den nationalsozialistischen Staat war der Entpolitisierungsartikel des Konkordats, der die katholischen Geistlichen von jeder parteipolitischen Betätigung ausschloss, von großer Bedeutung.
Vor der Weltöffentlichkeit sollte der Konkordatsabschluss die Konzessionsbereitschaft Hitlers aufzeigen und den Verdacht der Kirchenfeindlichkeit des nationalsozialistischen Staates widerlegen. Als erstes völkerrechtliches Dokument bedeutete der Abschluss des Reichskonkordates für Hitler einen beträchtlichen und hochwillkommenen Prestigegewinn. Der Vatikan rechtfertigte seinen Schritt mit der offensichtlich klaren Einstellung des neuen Deutschland gegenüber dem Bolschewismus und der Gottlosenbewegung. Als sich später die Verletzungen des Konkordats in dem sich herausbildenden Kirchenkampf häuften, brandmarkte Papst Pius XI. die Übergriffe und das Vorgehen der Nationalsozialisten 1937 mit seiner Enzyklika »In brennender Sorge«. – 1957 hat das Bundesverfassungsgericht in einem Urteil die fortdauernde Gültigkeit des Reichskonkordats für die Bundesrepublik Deutschland festgestellt.

11.8 Bekennende Kirche

Im Bereich der evangelischen Kirche wurde von den Nationalsozialisten die Bewegung der »Deutschen Christen« eindeutig gefördert, die an der Volkstumsideologie und dem Führerprinzip der Partei orientiert waren und eine überkonfessionelle deutsche Nationalkirche anstrebten. Sie fanden 1933 anfänglich in der evangelischen Pfarrerschaft und vor allem unter den Universitätstheologen große Resonanz. Eine von den »Deutschen Christen« beherrschte Nationalsynode in Wittenberg wählte am 27. September 1933 den Pfarrer Ludwig Müller, Vertrauensmann Hitlers in kirchlich-evangelischen Angelegenheiten, zum »Reichsbischof«.
Gegen diese Entwicklung entstand aus dem von Pfarrer Martin Niemöller ins Leben gerufenen »Pfarrernotbund« im Frühjahr 1934 die Widerstandsbewegung der Bekennenden Kirche. Sie stellte sich auf der Barmer Bekenntnissynode Ende Mai 1934 als die bekennende und rechtmäßige evangelische Kirche dar und setzte sich in einer öffentlichen Erklärung scharf mit den Irrtümern der »Deutschen Christen« auseinander. Die Verbreitung der Barmer Erklärung wurde verboten, die Predigten der Mitglieder der Bekennenden Kirche wurden von der Gestapo überwacht, oft wurden Pfarrer von der Kanzel herab verhaftet, Schriften der Organisation beschlagnahmt. Amtsenthebungen, Verhaftungen, Ausweisungen und Verurteilungen zu langjähriger KZ-Haft waren an der Tagesordnung.
Trotz aller Drangsalierungen konnte die Organisation der Bekennenden Kirche nicht zerschlagen werden. Immer wieder erhoben Kirchenvertreter öffentlich Protest gegen Judendeportationen, gegen das von Hitler befohlene Euthanasieprogramm, gegen die Konzentrationslager. Pfarrer Martin Niemöller, einer der unerbittlichsten Gegner des Regimes, wurde am 1. Juli 1937 verhaftet und verbrachte fast acht Jahre in Konzentrationslagern. Erst gegen Kriegsende wurde er von deutschen Soldaten befreit.

11.9 Deutsche Arbeitsfront

Hitler ließ den 1. Mai, den traditionellen Kampftag der Arbeiterbewegung, zum »Tag der nationalen Arbeit« und erstmals zum gesetzlichen Feiertag erklären. Schon der 1. Mai 1933 wurde mit eindrucksvoll inszenierten Massenkundgebungen, an denen auch die zu diesem Zeitpunkt noch bestehenden Gewerkschaften teilnahmen, festlich begangen. Die Massen der Arbeiter, die bei der letzten Reichstagswahl am 5. März 1933 ihre Stimmen nicht den Nationalsozialisten, sondern der SPD oder der KPD gegeben hatten, sollten mit diesen Maifeiern für die Partei Hitlers gewonnen werden. Die Hoffnung der Gewerkschaftsführer, dass sich nun eine Zusammenarbeit zwischen ihren Organisationen und der »Nationalsozialistischen Betriebszellenorganisation« (NSBO) anbahnen würde, zerstoben bereits am folgenden Tage; denn am 2. Mai besetzten in ganz Deutschland SA- und SS-Einheiten alle Gewerkschaftshäuser. Leitende Funktionäre wurden verhaftet, das Gewerkschaftsvermögen beschlagnahmt. Wenige Tage später wurden alle Gewerkschaftsmitglieder in die neue, Arbeitgeber und Arbeitnehmer einheitlich erfassende Organisation der »Deutschen Arbeitsfront« (DAF) zwangsüberführt. Auch die christlichen Gewerkschaften wurden kurz danach aufgelöst und ihre Mitglieder in die DAF eingereiht. In der Deutschen Arbeitsfront, so verkündete die Parteipresse, sei die deutsche Volksgemeinschaft verwirklicht, seien die alten Klassengegensätze aufgehoben. Die Tarifautonomie der Sozialpartner wurde durch die neu geschaffene Institution des staatlichen »Treuhänders der Arbeit« ersetzt. Die Mitgliedschaft in der DAF war formell freiwillig, doch wurde auf die Arbeitnehmer starker Druck ausgeübt, der Organisation beizutreten (1942: ca. 25 Millionen Mitglieder). Die Deutsche Arbeitsfront war, gestützt auf ihr hohes Beitragsaufkommen und auf das Vermögen der aufgelösten Gewerkschaften, Trägerin der »Nationalsozialistischen Gemeinschaft Kraft durch Freude« (KdF; Gestaltung von Urlaub und Reisen, Durchführung der Volksbildung).

11.10 Hermann Göring

Bei der Errichtung der Diktatur in Deutschland und der rücksichtslosen Verfolgung und Ausschaltung der politischen Gegner war Hermann Göring Hitlers wichtigster Mitstreiter. In der Reichsregierung vom 30. Januar 1933 war er Minister ohne Geschäftsbereich. Als kommissarischem Innenminister (und bald als Ministerpräsident) von Preußen unterstand ihm der gesamte preußische Polizeiapparat, den er noch durch 50 000 SA- und SS-Männer verstärkte und brutal gegen alle Regimegegner einsetzte: »Ich habe kein Gewissen, mein Gewissen heißt Adolf Hitler!«

Geboren am 12. Januar 1893 in Rosenheim als Sohn eines Kolonialbeamten, im 1. Weltkrieg hoch dekorierter Jagdflieger und letzter Kommandeur des Jagdgeschwaders Richthofen, war Göring 1922 zur NSDAP gestoßen und von Hitler mit der Führung der SA beauftragt worden. Nach dem gescheiterten *Hitlerputsch* (▶ 10.23) entzog sich Göring der Verhaftung durch Flucht ins Ausland. Nach seiner Rückkehr wurde er einer der engsten Mitarbeiter Hitlers, 1932 Reichstagspräsident.

Beim so genannten *»Röhmputsch«* (▶ 11.13) war Göring einer der radikalsten Vollstrecker der Mordbefehle vom 30. Juni 1934. In der Blomberg-Fritsch-Affäre 1938 (▶ 11.23) hatte er die Hand im Spiel – in der Hoffnung, selbst Oberbefehlshaber der Wehrmacht zu werden. Als Beauftragter für den *Vierjahresplan* (▶ 11.21) ab 1936 war er der wichtigste Mann in der Wiederaufrüstung. Hitler unterstrich seine Sonderstellung in der Parteihierarchie am Tage des Überfalls auf Polen, am 1. September 1939, als er ihn öffentlich zu seinem Nachfolger bestimmte.

Als Oberbefehlshaber der Luftwaffe (seit 1935) vernachlässigte Göring den rechtzeitigen Aufbau starker Jagdgeschwader zur Verteidigung des heimatlichen Luftraumes, weil er sich der Forderung Hitlers anschloss, vorrangig Bomberverbände als Offensivwaffe aufzustellen. So kam es schon bald nach dem Scheitern der *Luftschlacht um England* (▶ 11.33) zu den ersten schweren Bombenangriffen auf deutsche Städte und schließlich zu der nahezu totalen Luftüberlegenheit der Alliierten in den letzten beiden Kriegsjahren.

Göring hat 1939 zwar versucht, über seine guten Auslandsverbindungen den Ausbruch des Krieges noch zu verhindern. Später war er mitverantwortlich für die Deportation ausländischer Zwangsarbeiter für die deutsche Rüstungsindustrie wie auch für die Vernichtungsaktionen gegen die europäischen Juden. Weil er in den letzten Kriegswochen von dem in Berlin eingeschlossenen Hitler ultimativ die Übergabe der Staatsgeschäfte forderte, entfernte Hitler ihn aus der Partei und allen seinen Ämtern. Göring geriet in amerikanische Gefangenschaft und wurde im *Nürnberger Kriegsverbrecherprozess* (▶ 12.6) am 1. Oktober 1946 zum Tode durch den Strang verurteilt, entzog sich aber seiner Hinrichtung durch Einnahme von Gift (15. Oktober 1946).

11.11 Bücherverbrennung

Joseph Goebbels (▶ 11.14), seit dem 13. März 1933 Reichsminister für Volksaufklärung und Propaganda im Kabinett Hitlers, war der Initiator der schon im Frühjahr 1933 einsetzenden Aktionen gegen missliebige, zum Teil jüdische Schriftsteller, Wissenschaftler, Künstler und Publizisten. Am 10. Mai 1933 wurden in Berlin und anderen deutschen Universitätsstädten unter großem propagandistischem Aufwand Aktionen zur »Verbrennung undeutschen Schrifttums« von nationalsozialistischen Studenten durchgeführt. Mit »Feuersprüchen« wurden als »entartet« und »undeutsch« bezeichnete Bücher vieler namhafter Autoren auf den Scheiterhaufen geworfen. Zu den von den Nazis Verfemten gehörten Heinrich Mann, Sigmund Freud, Heinrich Heine, Karl Marx, Kurt Tucholsky, Carl von Ossietzky, Erich Maria Remarque, Erich Kästner und viele andere.

Viele der Verfemten flohen oder wanderten aus, darunter fast alle deutschen Schriftsteller von Rang, einige begingen Selbstmord. In der deutschen Öffentlichkeit wurden diese Vorgänge mehr oder weniger hingenommen; Erschrecken zeigte sich nur dort, wo Angehörige oder Freunde betroffen waren. Eine der wenigen, die ihrer Empörung öffentlich Ausdruck gaben, war Ricarda Huch. Sie protestierte in einem Brief an den Präsidenten der Preußischen Akademie der Künste, als diese begann, ihre jüdischen Mitglieder auszuschließen, und erklärte ostentativ ihren Austritt aus der Akademie.

11.12 Hitler-Jugend

In ihrem Bestreben, das deutsche Volk nach ihren Vorstellungen in »nationalsozialistischem Geist« zu erziehen, setzten Hitler und die Partei auf die Jugend. Möglichst alle deutschen Jungen und Mädchen sollten zwischen dem 10. und 18. Lebensjahr in der Nachwuchsorganisation der NSDAP, der Hitler-Jugend (HJ), erfasst werden. Zu Beginn des Jahres 1933 gehörten der HJ knapp 110 000 Mitglieder an, im Sommer 1933 bereits über 3,5 Millionen und Ende 1938 etwa 8,7 Millionen. Inzwischen waren alle bündischen und konfessionellen (mit Ausnahme der katholischen) Jugendverbände und sonstigen Jugendgruppen aufgelöst und in die HJ übernommen worden.

Fahrten und Zeltlager, Geländespiele, Lagerfeuer und Heimabende vermochten viele Jugendliche in den ersten Jahren anzuziehen und zu begeistern, zumal die Ideale der bündischen Jugendbewegung größtenteils weiter zu gelten schienen. Auch der Grundsatz »Jugend muss durch Jugend geführt werden« sprach viele junge Menschen in ihrem Streben nach Selbstständigkeit und Selbstverwirklichung an.

Das Reichsgesetz vom 1. Dezember 1936 erklärte die HJ zur Staatsjugend, die Mitgliedschaft wurde somit jedem Jugendlichen zur Pflicht gemacht. Zunehmend gewann im HJ-Dienst – im Zusammenhang mit der Aufrüstung und der Kriegsvorbereitung – die vormili-

◀ *Unter der Proklamation der »zwölf Thesen wider den undeutschen Geist« fanden am 10. Mai 1933 in den deutschen Universitätsstädten Bücherverbrennungen statt. Das Bild zeigt die entsprechende Aktion vor der Berliner Staatsoper*

tärische Ausbildung und »Wehrertüchtigung« an Bedeutung. In den letzten Kriegsmonaten wurden Angehörige der HJ im Kriegsdienst eingesetzt, als Flakhelfer oder im *Volkssturm* (▶ 11.49), viele starben einen sinnlosen Tod oder gerieten in Gefangenschaft.
Aufbau: Jungvolk (10- bis 14-jährige Jungen), Hitler-Jugend (14- bis 18-jährige Jungen), Jungmädel (10- bis 14-jährige Mädchen), Bund Deutscher Mädel (14- bis 18-jährige Mädchen).

▲ *Die Hitlerjugend galt seit dem 1. Dezember 1936 per Gesetz als »Staatsjugend«, seit 1939 war die Mitgliedschaft in ihren Gliederungen für alle Jugendlichen zwischen 10 und 18 Jahren verbindlich*

11.13 »Röhmputsch«

Die von der NSDAP schon früh aufgebaute SA (Sturmabteilung), ursprünglich als Saalschutz bei Veranstaltungen gedacht, war nach der Machtübernahme durch die erheblichen Neuaufnahmen (oft verächtlich als »Märzgefallene« bezeichnet) zu einem Millionenheer angewachsen, in dem Vorstellungen von einer weitgehenden sozialen Umgestaltung Deutschlands verbreitet waren. Die Führer der SA, an der Spitze ihr Stabschef Ernst Röhm, ein ehemaliger Offizier, sahen in ihrer straff geführten Organisation den Grundstock einer neu zu bildenden Volksmiliz, in die unter ihrer Regie auch die Reichswehr eingegliedert werden sollte. Gegen derartige Pläne und wild kursierende Gerüchte von einer »zweiten Revolution« suchte sich die konservative Reichswehrführung bei Hitler abzusichern. Da Hitler die Generale für seine Aufrüstungs- und Kriegsvorbereitungspläne dringend benötigte, entschied er sich für sie und gegen die sozialrevolutionären Ideen der SA-Führer.
Von der SS geschürte Gerüchte über angebliche Putschpläne der SA-Führung nahm Hitler zum Anlass, die gesamte oberste SA-Führung anlässlich einer Führertagung am 30. Juni 1934 verhaften und ohne Gerichtsverhandlung ermorden zu lassen. Die Generale der Reichswehr, denen Hitler nun den Beweis geliefert hatte, dass die Reichswehr als Waffenträger der Nation unbestritten blieb, nahmen es widerspruchslos hin, dass im Zuge der Mordaktionen auch andere alte Widersacher Hitlers beseitigt wurden, darunter zwei Generale – einer von ihnen war Kurt von Schleicher, der letzte Reichskanzler. Zu den Ermordeten gehörten auch einige der engsten Mitarbeiter des Vizekanzlers von Papen, der ehemalige bayerische Staatskommissar von Kahr zur Zeit des *Hitlerputsches* 1923 (▶ 11.23), und innerparteiliche Rivalen (der

▲ *Am 30. Juni 1934 ließ Hitler den SA-Stabschef Ernst Röhm (in der Bildmitte) und weitere Angehörige der Führungsspitze dieser NSDAP-Gliederung ermorden. Die SA war damit als Machtfaktor ausgeschaltet*

»linke Flügel« unter Gregor Strasser, vordem Organisationsleiter der NSDAP).

Hitler ließ nachträglich durch ein vom Reichspräsidenten von Hindenburg unterzeichnetes Gesetz vom 3. Juli 1934 die Morde »als Staatsnotwehr« für »rechtens« erklären. Um vor der Öffentlichkeit der Mordaktion nachträglich eine moralische Rechtfertigung zu geben, beklagte sich Hitler in einer Reichstagsrede am 13. Juli 1934 über die homosexuellen Neigungen Röhms und anderer SA-Führer. Die SA war für immer entmachtet, aber nun begann der Aufstieg der *SS* (▶ 11.31) als Eliteformation der Partei.

11.14 Joseph Goebbels

Wichtigster und an allen Entwicklungen und Entscheidungen in Partei und Staat maßgeblich beteiligter Gefolgsmann Hitlers neben *Hermann Göring* (▶ 11.10) war Joseph Goebbels. Geboren am 29. Oktober 1897 in Rheydt als Sohn eines Buchhalters, studierte er Philosophie, Kunstgeschichte und Literaturwissenschaft und promovierte zum Dr. phil. Im Jahre 1924 kam er zur NSDAP, gehörte zunächst dem mehr sozialistisch orientierten linken Flügel der Partei unter Gregor Strasser an, schwenkte dann jedoch ganz auf die Linie Hitlers ein, der ihn 1926 zum Gauleiter von Berlin-Brandenburg machte. Hier, in den von der KPD beherrschten Arbeitervierteln, wurde Goebbels durch seine demagogischen Fähigkeiten und seine rednerische Begabung eine der bekanntesten Gestalten in der Führungsgruppe der NSDAP. 1929 machte Hitler ihn zusätzlich zum »Reichspropagandaleiter« der NSDAP.

Zusammen mit Göring hat Goebbels entscheidend dazu beigetragen, dass der durch die Wahlniederlagen der Jahreswende 1932/33 niedergeschlagene Hitler nicht resignierte. Als Reichsminister für Volksaufklärung und Propaganda (ab 13. März 1933) hat Goebbels mit psychologisch geschickten Methoden Hitlers Machtstellung auszubauen verstanden, wobei er alle verfügbaren Mittel und vorrangig die Massenmedien Rundfunk, Presse und Film für die Inszenierung eines maßlos übersteigerten Personenkultes um die Person des »Führers« einsetzte. Er hat damit eine Art »Führermythos« geschaffen. Das Schauspiel des *Tages von Potsdam* (▶ 11.4), die Massenaufmärsche zum 1. Mai und zu anderen Gedenktagen sowie die organisatorisch in höchster Perfektion gestalteten *Reichsparteitage* (▶ 11.15) waren sein Werk. Nicht nur die Deutschen sollten von der Größe und Einmaligkeit der nationalsozialistischen Bewegung überzeugt, auch das Ausland sollte von der Kraft des neuen Deutschland beeindruckt werden. So sehr wie er hat niemand zur Festigung der nationalsozialistischen Diktatur im deutschen Volk beigetragen. Goebbels hat auch die ersten antisemitischen Ausschreitungen vom 1. April 1933, die *Bücherverbrennungen* (▶ 11.11) vom Mai 1933 und später die Judenverfolgungen in der zynisch so bezeichneten

▲ *Joseph Goebbels, der Propagandachef der NSDAP, hier bei einer Rede 1931 in Berlin*

Reichskristallnacht (▶ 11.17) vom 9. November 1938 inszeniert.

Dem sich nach der Katastrophe von *Stalingrad* (▶ 11.41) abzeichnenden Stimmungsumschwung in Deutschland suchte Goebbels mit einer Fanatisierung der Massen und dem Aufruf zum *totalen Krieg* (▶ 11.42) zu begegnen. Hitler ernannte seinen treuesten Gefolgsmann in seinem *politischen Testament* (▶ 11.50) zum Reichskanzler. Goebbels aber folgte Hitler mit Frau und Kindern am 1. Mai 1945 in den Tod.

11.15 Reichsparteitage

Höhepunkte der nationalsozialistischen Propaganda, die unter der Regie von *Joseph Goebbels* (▶ 11.14) Mittel der Massenpsychologie einzusetzen wusste, waren die alljährlich mit gewaltigem Aufwand aufgezogenen Reichsparteitage. Sie fanden auf dem eigens dafür geschaffenen Reichsparteitagsgelände bei Nürnberg statt. In überdimensionalen Großveranstaltungen der Partei und ihrer Gliederungen, später auch des Arbeitsdienstes und der Wehrmacht, mit Fahnenaufmärschen und gottesdienstähnlichen Kultfeiern, deren Höhepunkt immer der Einzug des »Führers« war, sollte die völlige Übereinstimmung des deutschen Volkes mit der Partei und der Politik Hitlers vor aller Welt immer wieder zum Ausdruck gebracht werden. Die Teilnehmer an diesen Großkundgebungen sollten von der überwältigenden Größe der Nation und dem Erlebnis der unverbrüchlichen Volksgemeinschaft durchdrungen werden. Dieser Massenpsychose sind viele Menschen in diesen Jahren erlegen.

11.16 Nürnberger Gesetze

Mit dem von Goebbels organisierten Judenboykott vom 1. April 1933 gegen jüdische Geschäfte, Banken, Ärzte und Rechtsanwälte war die NSDAP erstmals nach der Machtübernahme öffentlich ihrem antisemitischen Programm entsprechend gegen jüdische Mitbürger vorgegangen. Am 7. April 1933 wurde mit dem »Gesetz zur Wiederherstellung des Berufsbeamtentums« die rechtliche Grundlage für die Entfernung »nichtarischer« Beamter aus ihren Stellungen geschaffen. Damit waren Diffamierungen und Demütigungen jüdischer Menschen Tür und Tor geöffnet. Dabei trat vor allem das in Nürnberg erscheinende Schmierblatt »Der Stürmer« des fränkischen Gauleiters Julius Streicher mit antisemitischen Hetzkampagnen in Erscheinung.

Endgültig zu Staatsbürgern minderen Rechts erklärt wurden die deutschen Juden durch die auf dem Reichsparteitag am 15. September 1935 in Nürnberg erlassenen Gesetze, das »Reichsbürgergesetz« und das »Gesetz zum Schutze des deutschen Blutes und der deutschen Ehre«. Mit dem »Reichsbürgergesetz« wurden politische Rechte und die Verleihung von Ehrenämtern vom Nachweis der »arischen Abstammung« abhängig gemacht. Den jüdischen Mitbürgern wurde das Reichsbürgerrecht vorenthalten. Das »Blutschutzgesetz« verbot unter Androhung von Zuchthausstrafen Eheschließungen und außereheliche Beziehungen zwischen Juden und »Staatsangehörigen deutschen oder artverwandten Blutes« als Rassenschande. Juden wurde außerdem untersagt, »arische« Hausangestellte unter 45 Jahren zu beschäftigen. Die Verfolgung und Diskriminierung der jüdischen Mitbürger hatte mit diesen Gesetzen, die in der ganzen Welt als Pervertierung des Rechtsstaatsgedankens verurteilt wurden, eine juristische Grundlage erhalten.

11.17 »Reichskristallnacht«

Als Ende Oktober 1938 Tausende von ehemals polnischen Juden von der Reichsregierung nach Polen abgeschoben wurden und einem ungewissen Schicksal entgegengingen, weil die polnische Regierung zunächst die Wiederaufnahme verweigerte, erschoss der 17-jährige Herschel Grynspan, dessen Eltern zu den Aus-

Ab 1938 wurden Kennkarten und Pässe von Juden im Deutschen Reich mit einem großen »J« gekennzeichnet. Außerdem mussten Juden zwangsweise den zusätzlichen Vornamen »Sara(h)« bzw. »Israel« führen

▲ *Für das in der Nacht vom 9. zum 10. November 1938 von den Nationalsozialisten inszenierte Pogrom gegen die Juden wurde in Anspielung auf die unter anderem dabei zahlreich zu Bruch gegangenen Scheiben die Bezeichnung »Reichskristallnacht« üblich. Das Bild zeigt den zerstörten Innenraum einer Synagoge*

gewiesenen gehörten, am 7. November 1938 in Paris den deutschen Diplomaten Ernst vom Rath, der selbst ein Gegner der Hitlerdiktatur war. Der Racheakt hatte den deutschen Botschafter treffen sollen.

Dieser Mord wurde der Anlass zu den von Goebbels gesteuerten Ausschreitungen gegen jüdische Bürger und Geschäfte in ganz Deutschland in der Nacht vom 9. zum 10. November 1938, bei denen überall die Synagogen in Brand gesteckt, jüdische Geschäfte und Wohnungen demoliert und jüdische Menschen, die sich zur Wehr setzten, verprügelt oder sogar ermordet wurden. Der Sachschaden belief sich auf mehrere Hundert Millionen Reichsmark. Im Laufe der Aktionen wurden über 26 000 Juden verhaftet und in *Konzentrationslager* (▶ 11.39) verschleppt.

Den geschädigten Juden wurde schließlich noch durch eine Verordnung eine Geldbuße von rund einer Milliarde Reichsmark für die entstandenen Schäden auferlegt, die an das Deutsche Reich zu entrichten war. Die jüdischen Geschäftsinhaber wurden gezwungen, ihre Firmen in »arische« Hände zu übergeben. Weitere Gesetze und Verordnungen schalteten die Juden jetzt auch aus dem Wirtschaftsleben sowie aus kulturellen und wissenschaftlichen Einrichtungen aus.

Bis zum Pogrom vom 9. November 1938 waren trotz aller Diskriminierungen bisher nur rund 170 000 jüdische Bürger, etwa ein Drittel der jüdischen Bevölkerung in Deutschland, ausgewandert. In der Führungsspitze der Nationalsozialisten, die für die Vorgänge des 9. November zynisch die Bezeichnung »Reichskristallnacht« erfanden, begannen jetzt Überlegungen über die »Lösung der Judenfrage«, wobei vorerst eine Massenausweisung (z. B. nach Madagaskar) erörtert wurde.

11.18 Rheinlandbesetzung

Am 7. März 1936 rückten auf Befehl Hitlers deutsche Truppenverbände in das gemäß dem *Versailler Vertrag* (▶ 10.11) entmilitarisierte Rheinland ein. Hitler verstieß mit dieser Aktion zugleich gegen den *Locarno-Vertrag* (▶ 10.26) von 1925, in dem für das Deutsche Reich der damalige Außenminister Gustav Stresemann ausdrücklich die Entmilitarisierung des Rheinlandes anerkannt hatte. Hitler begründete sein Vorgehen mit dem zwischen Frankreich und der Sowjetunion im Mai 1935 geschlossenen Beistandspakt, durch ihn sei der Locarno-Vertrag zuerst verletzt worden. In einer Rede vor dem Reichstag am 7. März unterstrich Hitler seine Friedensbereitschaft und kündigte die Rückkehr Deutschlands in den *Völkerbund* (▶ 10.27) an.

Die Besetzung des Rheinlandes war ein außerordentlich riskantes Unternehmen. Hätten Frankreich und Belgien mit einer militärischen Gegenaktion geantwortet, wäre Hitler gezwungen gewesen, die deutschen Verbände wieder zurückzuziehen. Die Wehrmacht wäre nicht in der Lage gewesen, einem Einmarsch der Westmächte nennenswerten Widerstand zu leisten. Hitler selbst gab später zu: »Die 48 Stunden nach dem Einmarsch ins Rheinland sind die aufregendste Zeitspanne in meinem Leben gewesen.« Aber die Franzosen marschierten nicht, da Großbritannien nicht bereit war, eine militärische Unternehmung zu unterstützen. So blieb es bei einer Protestnote und der Verurteilung Deutschlands vor dem Völkerbundsrat wegen Vertragsbruchs, über die Hitler sich unbeeindruckt hinwegsetzte. Die zurückhaltende

▲ *Italienische Propagandapostkarte aus Anlass des Stahlpakts mit dem Deutschen Reich*

Reaktion der Westmächte auf die Rheinlandbesetzung verschaffte Hitler einen beträchtlichen Prestigegewinn im deutschen Volk, und sie verstärkte seinen Eindruck, dass sich mit entschlossenem Auftreten gegenüber den »schlappen« Demokratien erfolgreiche Politik machen lasse. Die Chance, Hitler bereits zu diesem frühen Zeitpunkt und mit den besten Erfolgsaussichten in seinem ungestümen Vorwärtsdrang energisch entgegenzutreten, war vertan.

11.19 Achse Berlin–Rom

Hitler suchte für seine aggressive Außenpolitik Verbündete. Sein Wunschpartner Großbritannien blieb bei allem Verständnis für die von Hitler betriebene Revisionspolitik distanziert. So näherte er sich jetzt dem faschistischen Italien unter dem Diktator Benito Mussolini, den er wegen seiner Erfolge bewunderte und dessen theatralisch-pomphaftes Auftreten ihm wesensverwandt war. Noch 1934 war der erste Annäherungsversuch Hitlers kläglich gescheitert: Mussolini hatte durch den italienischen Truppenaufmarsch an der Südtiroler Grenze zum Misslingen des nationalsozialistischen Umsturzversuches in Österreich beigetragen und den Bestrebungen einiger österreichischer Kreise, die auf einen Anschluss an das nationalsozialistische Deutschland gerichtet waren, damit eine unmissverständliche Antwort erteilt.

Nachdem aber Deutschland sich 1936 an den europäischen Sanktionsmaßnahmen gegen Italien nicht beteiligte, das sich anschickte, Abessinien zu erobern, sondern mit dringend benötigten Rohstofflieferungen zu Hilfe kam, änderte sich Mussolinis Einstellung gegenüber Deutschland. Der Ausbruch des Spanischen Bürgerkrieges führte bald zu einer intensiven deutsch-italienischen Interventionspolitik und zu konkreter militärischer Zusammenarbeit an der Seite Francos. Am 25. Oktober 1936 wurde anlässlich des Besuches des italienischen Außenministers Graf Ciano in Berlin ein deutsch-italienisches Abkommen geschlossen, für das wenige Tage später Mussolini in einer Rede die Bezeichnung »Achse Berlin–Rom« prägte. Deutschland erkannte offiziell die italienische Annexion Abessiniens an, beide Staaten sprachen die diplomatische Anerkennung der spanischen Gegenregierung unter Franco aus. Die gemeinsame Interventionspolitik im Spanischen Bürgerkrieg wurde mit der Entschlossenheit beider Staaten zum Kampf gegen den Bolschewismus begründet.

Die Übereinkunft erhielt mit dem am 22. Mai 1939 zwischen beiden Staaten geschlossenen Stahlpakt einen festen Bündnisvertrag. Der Pakt trug einen ausgesprochen offensiven Charakter und diente der Vorbereitung des deutschen *Überfalls auf Polen* (▶ 11.28). Für Hitler waren der Abschluss des Bündnisvertrages und das gemeinsame Engagement mit dem faschistischen Italien im Spanischen Bürgerkrieg das Fundament, von dem aus er jetzt zu eigener, gewaltsamer Annexions- und Eroberungspolitik überging, während Mussolini sich sowohl in der Sudetenkrise 1938 als auch unmittelbar vor dem deutschen Überfall auf Polen 1939 bemühte, Hitler in seinem gewalttätigen, den Krieg einkalkulierenden Vorgehen aufzuhalten.

11.20 Antikominternpakt

Die antikommunistische Grundeinstellung des nationalsozialistischen Deutschland nahm die japanische Regierung, die der wachsenden chinesisch-sowjetischen Zusammenarbeit begegnen wollte, zum Anlass, die Aufnahme von Verhandlungen mit dem Deutschen Reich über eine gegen die Sowjetunion gerichtete Zusammenarbeit beider Staaten anzuregen. Am 25. November 1936 wurde in Berlin der Antikominternpakt abgeschlossen, dessen Hauptziel es war, der »kommunistischen Zersetzung« durch die Aktivitäten der Kommunistischen Internationale (Komintern) entgegenzuwirken. Dem auf fünf Jahre vereinbarten Vertrag war ein geheimes Zusatzprotokoll beigefügt, in dem sich beide Partner gegenseitige Neutralität im Falle eines nicht provozierten Angriffs oder einer Angriffsdrohung der Sowjetunion auf eines der beiden Länder versprachen und die Versicherung abgaben, keine Verträge mit der Sowjetunion abzuschließen, die gegen den Geist dieses Abkommens verstoßen würden. Italien, das sich im November 1937 dem Antikominternpakt anschloss, wurde die Existenz des geheimen Zusatzprotokolls verschwiegen. Hitler hat sich mit dem am 23. August 1939 geschlossenen *Hitler-Stalin-Pakt* (▶ 11.27) über die im Zusatzprotokoll abgegebene Versicherung hinweggesetzt.

11.21 Vierjahresplan

Auf dem Reichsparteitag in Nürnberg kündigte Hitler am 9. September 1936 einen Vierjahresplan für die Aufrüstung und die Erlangung der wirtschaftlichen Autarkie an. In einer Denkschrift hierzu ordnete er an, in vier Jahren müsse die Wehrmacht einsatzfähig und die deutsche Wirtschaft kriegsbereit sein. Die Reichsregierung verkündete den Wirtschaftsplan durch Verordnung am 18. Oktober 1936; Beauftragter für den Vierjahresplan wurde *Hermann Göring* (▶ 11.10). Mit dem Vierjahresplan ging die marktwirtschaftlich geprägte Phase relativer Autonomie zu Ende, in der die private Großindustrie seit 1933 bei grundsätzlicher Zustimmung zu Hitlers Aufrüstungsplänen gearbeitet hatte. Die Einflussnahme der Partei und die Eingriffe des Staates wurden erheblich verstärkt, wenngleich keineswegs eine Umstellung auf volle Planwirtschaft erfolgte.

Entsprechend den Zielen des Vierjahresplans wurden der Privatwirtschaft auf Schwerpunktgebieten staatliche Produktionsprogramme verordnet. In den staatlichen Planungsprozess, dessen Organisation unter Göring unübersichtlich und stark auf persönlichen Beziehungen aufgebaut war, wurden zahlreiche Vertreter der Privatwirtschaft offiziell einbezogen. Mit den »Reichswerken Hermann Göring« baute der Staat einen eigenen Konzern im Bereich der Schwerindustrie auf; die SS gründete eigene Wirtschaftsbetriebe. Der Vierjahresplan beschränkte im Interesse der schwerindustriellen Produktion den Konsum der Bevölkerung; sie

▲ *Hermann Göring (Mitte), mit Heinrich Himmler (rechts) 1936, wurde Beauftragter für den Vierjahresplan. Der »zweite Mann« hinter Hitler hatte eine Fülle von Ämtern und eine Schlüsselrolle beim Aufbau der nationalsozialistischen Gewaltherrschaft*

sollte später mit den Kriegsgewinnen aus dem angestrebten Krieg entschädigt werden.
1940 verlängert, verlor der Vierjahresplan unter den Bedingungen der Kriegswirtschaft zunehmend an Bedeutung. Rüstungsminister Albert Speer (ab 1942) übernahm als Hauptverantwortlicher die Organisation der Kriegswirtschaft, in der die staatliche Planung verstärkt und ausgedehnt wurde.

11.22 Reichsarbeitsdienst

Auf der Arbeitslagerbewegung bündischer Studenten in den Jahren nach dem 1. Weltkrieg aufbauend, hatte bereits die Regierung Brüning 1931 zur Bekämpfung der Massenarbeitslosigkeit einen freiwilligen Arbeitsdienst eingerichtet. Von der Regierung Hitler wurde diese Einrichtung übernommen. Bereits 1934 wurde die Arbeitsdienstpflicht für Studenten eingeführt, die Zulassung zum Studium davon abhängig gemacht, dass vorher der Arbeitsdienst geleistet worden war.
Am 26. Juni 1935 wurde nun für alle Männer und Frauen zwischen 18 und 25 Jahren eine halbjährige Arbeitsdienstpflicht eingeführt und hierfür die Organisation des Reichsarbeitsdienstes (RAD) geschaffen. Der Reichsarbeitsdienst hat in seinen Anfangsjahren wesentlich zur »Senkung« der immer noch hohen Arbeitslosenzahlen beigetragen. In der Vorstellung der Parteiideologen sollte er durch das gemeinsame Arbeitserlebnis der jungen Menschen aus allen Berufen das Bewusstsein der »Volksgemeinschaft« verstärken, das in den Formationen der *Hitler-Jugend* (► 11.12) begründet worden war.
Während die Frauen vorwiegend in der Landwirtschaft und in bäuerlichen Haushalten eingesetzt wurden, geriet der Arbeitsdienst der männlichen Jugend neben den Aufgaben im Straßenbau und zur Bodenkultivierung zunehmend in den Bereich militärischer Hilfsdienste und vormilitärischer Ausbildung. Zusammen mit der ebenfalls 1935 eingeführten Wehrpflicht stellte der Arbeitsdienst einen festen Abschnitt im Leben eines jeden jungen Deutschen im Dritten Reich dar.

▲ *Am 26. Juni 1935 wurde die 1931 gegründete Organisation des Freiwilligen Arbeitsdienstes in den Reichsarbeitsdienst (RAD) umgewandelt, der Eintritt in diesen Dienst für alle jungen Deutschen zwischen 18 und 25 Jahren war obligatorisch. NS-Wahlwerbeplakat aus einem früheren Wahlkampf mit dem Motiv eines (freiwillig) Arbeitsdienstleistenden*

11.23 Wehrmacht

Die *Reichswehr* (► 10.16) war zum Zeitpunkt der nationalsozialistischen Machtübernahme neben dem Reichspräsidenten die einzige noch intakte Institution im Staate, auf die die konservativen Regierungsmitglieder setzten, wenn sie glaubten, Hitler in der Regierungsarbeit »einrahmen« und »zähmen« zu können. Aber bereits am 3. Februar 1933 stimmte die versammelte Generalität dem von Hitler vorgetragenen Programm uneingeschränkt zu, in dem er neben der »Ausrottung des Marxismus« und der Beseitigung des »Krebsschadens der Demokratie« den Aufbau der Wehrmacht und die Aufrüstung ankündigte und dabei auch einen Krieg zur »Eroberung neuen Lebensraumes im Osten« nicht ausschloss. Schon hier gab er den Generalen die Versicherung, dass nur die Reichswehr der Waffenträger der Nation sei und der SA lediglich innenpolitische Aufgaben zustünden. Diese Zusage löste Hitler auf brutale Weise mit dem Blutbad vom 30. Juni 1934 im so genannten *»Röhmputsch«* (▶ 11.13) ein. Mit der Einführung der allgemeinen Wehrpflicht am 16. März 1935, mit der Hitler sich über die Bestimmung des *Versailler Vertrages* (▶ 10.11) hinwegsetzte, begann auch zugleich der zügige Ausbau der nun offiziell in »Wehrmacht« umbenannten Reichswehr mit den Teilstreitkräften Heer, Marine und Luftwaffe. Oberbefehlshaber der Wehrmacht war der Reichskriegsminister von Blomberg, Oberbefehlshaber der neu geschaffenen Luftwaffe wurde der Reichsluftfahrtminister *Hermann Göring* (▶ 11.10). Am 24. August 1936 wurde im Rahmen der Wehrpflicht die zweijährige Dienstzeit eingeführt. Fortan war die Wehrmacht auch auf den Reichsparteitagen mit imponierenden Paraden sichtbar, bei denen die wachsende Stärke der Streitkräfte und ihre Ausrüstung mit modernsten Waffen und Gerät den anwesenden Spitzen von Partei und Staat sowie dem versammelten diplomatischen Korps vorgeführt wurde. 1936–39 kämpften deutsche Truppen (die so genannte Legion Condor) auf der Seite Francos im Spanischen Bürgerkrieg. 1939 hatte das Heer ein Stärke von 2,6 Millionen, die Luftwaffe von 400 000, die Marine von 50 000 Mann.

Aber Hitlers aggressive, auf den Krieg zusteuernde Politik wurde nicht von allen Generalen bedenkenlos mitgetragen. Als von Blomberg und der Oberbefehlshaber des Heeres, Generaloberst von Fritsch, gemeinsam mit Reichsaußenminister von Neurath Hitler Anfang November 1937 ihre Bedenken gegen eine so riskante Politik vortrugen, waren sie für den Diktator als Oberbefehlshaber untragbar geworden. Von Blomberg konnte er zwingen, seinen Abschied einzureichen, als eine Polizeiakte über das Vorleben seiner Frau auftauchte, die er gerade im Januar 1938 – mit Hitler und Göring als Trauzeugen – geheiratet hatte. Auch im Fall Fritsch half nur eine schmutzige Intrige, die Göring und Himmler inszenierten, um auch dessen Rücktritt zu erzwingen. Eine zufällige Namensähnlichkeit wurde bewusst ausgenutzt, um Fritsch dem Verdacht auszusetzen, homosexuelle Neigungen zu haben (Blomberg-Fritsch-Affäre). Obwohl ein Ehrengericht das Intrigenspiel entlarvte und die absolute Integrität des Generals feststellte, wurde Fritsch dennoch nicht wieder als Oberbefehlshaber eingesetzt.

Hitler hatte sein Ziel erreicht. Er übernahm jetzt selbst die Befehlsgewalt unmittelbar und schuf sich mit dem Oberkommando der Wehrmacht (OKW) eine ihm direkt unterstellte Führungsspitze mit ihm treu ergebenen Offizieren.

11.24 Anschluss Österreichs

Nach der Auflösung des Vielvölkerstaates Österreich-Ungarn am Ende des 1. Weltkrieges hatten die Deutschösterreicher spontan den Anschluss an das Deutsche Reich beschlossen,

▲ *Der »Anschluss« Österreichs an das Deutsche Reich am 12. März 1938 wurde von vielen freudig begrüßt. Deutsche Soldaten und österreichische Grenzpolizei beseitigen gemeinsam einen Schlagbaum an der bisherigen Grenze*

der jedoch von den Siegermächten im *Versailler Vertrag* (▶ 10.11) untersagt wurde. Die nun entstandene Republik Österreich musste ihre wirtschaftlichen und sozialen Strukturen ganz neu aufbauen und war dabei auf die Hilfe der Alliierten und die Gewährung von Krediten angewiesen.

Auch in Österreich war 1933 ein autoritäres Regierungssystem unter Leitung des christlichsozialen Bundeskanzlers Engelbert Dollfuß entstanden, der das Parlament ausschaltete, die kommunistische und die nationalsozialistische Partei verbot (1934 auch die Sozialdemokratie ausschaltete) und mit einem parteiähnlichen Kampfverband, der »Vaterländischen Front«, zu regieren versuchte. Außenpolitisch wurde sein Kurs von Ungarn und dem faschistischen Italien Mussolinis gestützt.

Bei einem Putschversuch der Nationalsozialisten im Juli 1934 wurde Dollfuß ermordet. Der Putsch aber misslang, weil die von Hitler-

Deutschland erwartete Unterstützung wegen der drohenden Haltung Mussolinis unterblieb. Zwischen Deutschland und Österreich kam zwar im Juli 1936 ein Abkommen zustande, das die freundschaftlichen Beziehungen zwischen beiden Staaten wieder herstellte, aber die sich rasch verstärkende Zusammenarbeit zwischen dem nationalsozialistischen Deutschland und dem faschistischen Italien ließ die Alpenrepublik mehr und mehr in eine Außenseiterposition geraten. Als Hitler sich die Gewissheit verschafft hatte, dass Mussolini einem Anschluss Österreichs an Deutschland nicht mehr im Wege stehen werde, schlug er dem österreichischen Bundeskanzler Kurt Schuschnigg gegenüber eine andere Sprache an. Zuerst verlangte er von ihm die Aufnahme nationalsozialistischer Führer in seine Regierung, dann forderte er brüsk seinen Rücktritt und die Übergabe der Regierung an den Nationalsozialisten Arthur Seyß-Inquart. Obwohl alle Bedingungen erfüllt wurden, ließ Hitler am 12. März 1938 auf ein angebliches Ersuchen Seyß-Inquarts hin deutsche Truppen in Österreich einrücken. Er war inzwischen darüber informiert worden, dass Großbritannien ebenfalls den Anschluss Österreichs an das Deutsche Reich hinnehmen werde.

Die deutschen Soldaten wurden von der österreichischen Bevölkerung mit großem Jubel begrüßt. Unter einem Meer von Fahnen und Glockengeläut hielt Hitler Einzug in seine österreichische Heimat. Am 14. März 1938 trat das »Gesetz über die Wiedervereinigung Österreichs mit dem Deutschen Reich« in Kraft. Die nationalsozialistische Propaganda verkündete der Welt: Der »Führer« hat die »Ostmark heim ins Reich geholt!« Das »Großdeutsche Reich«, das viele erträumt hatten, war nun Wirklichkeit geworden. Die nach dem »Anschluss« Österreichs zunächst inoffizielle Bezeichnung »Großdeutschland« wurde in der Folgezeit zum offiziellen Staatsnamen.

11.25 Münchner Abkommen

Hitlers Popularität war nach dem so reibungslos verlaufenen *Anschluss Österreichs* (▶ 11.24) auf einem Höhepunkt angelangt. Die Meinung, er werde alles, was er anpacke, zu einem guten Ende führen, war allgemein verbreitet. Aber Hitler plante noch im März 1938 den nächsten Coup, die Zerschlagung der Tschechoslowakei. Indem er die seit dem Ende des 1. Weltkrieges im tschechoslowakischen Vielvölkerstaat lebenden Deutschen anstachelte, ihre Autonomieforderungen immer höher zu schrauben, sodass sie für den tschechoslowakischen Staat nicht mehr annehmbar wurden, löste er die Sudetenkrise aus. Die zwischen den 3,5 Millionen Sudetendeutschen und dem tschechoslowakischen Staat sich verschärfenden Spannungen nahm Hitler jetzt zum Anlass, die Abtretung des vorwiegend von Deutschen bewohnten Sudetenlandes an das Deutsche Reich zu fordern. Sein offen der Wehrmachtführung gegenüber geäußerter »unabänderlicher Entschluss, die Tschechoslowakei in absehbarer Zeit durch eine militärische Aktion zu zerschlagen«, veranlasste den Generalstabschef des Heeres, Gene-

◀ *Nach der Unterzeichnung des Münchener Abkommens vom 30. September 1938. Im Vordergrund von links nach rechts: Neville Chamberlain, Edouard Daladier, Adolf Hitler, Benito Mussolini; rechts außen der italienische Außenminister Galeazzo Ciano*

raloberst Ludwig Beck, gegen Hitlers unverhüllte Kriegspläne zu protestieren und von seinem Amt zurückzutreten. Um ihn und seinen Nachfolger im Amt, General Franz Halder, bildete sich jetzt eine Widerstandsgruppe, die, um den Krieg zu verhindern, zum Staatsstreich entschlossen war und der britischen Regierung signalisierte, Hitlers aggressivem Vorgehen entgegenzutreten. Der britische Premierminister Neville Chamberlain aber glaubte, mit Konzessionsbereitschaft Hitler von einem gewaltsamen Schritt gegen die Tschechoslowakei abhalten zu können (»Appeasement-Politik«). Er bot seine Vermittlungsdienste an und flog am 15. und 22. September 1938 zu Besprechungen mit Hitler nach Deutschland. Als Hitler auf dem Einmarsch der Wehrmacht in die Tschechei und auf der Abtretung des Sudetenlandes beharrte, musste Chamberlain die Hilfe Mussolinis in Anspruch nehmen, um doch noch zu einem Abkommen auf friedlichem Wege zu gelangen.

Das von Chamberlain, Mussolini, Hitler und dem französischen Ministerpräsidenten Édouard Daladier am 30. September 1938 unterzeichnete Münchner Abkommen verpflichtete die Tschechoslowakei, ab 1. Oktober die Sudetengebiete zu räumen, die gleichzeitig von deutschen Truppen besetzt wurden. Großbritannien und Frankreich garantierten der Tschechoslowakei die Existenz ihres Reststaates. Hitler und Chamberlain unterzeichneten am 30. September eine deutsch-britische Nichtangriffs- und Konsultationserklärung, in der sich beide Politiker verpflichteten, für die friedliche Regelung aller Streitfragen einzutreten. Hitler erklärte, keine weiteren territorialen Ansprüche mehr zu haben.

11.26 Protektorat Böhmen-Mähren

Der britische Premierminister Neville Chamberlain glaubte, mit dem im *Münchner Abkommen* (▶ 11.25) erzielten Ergebnis den »Frieden für unsere Zeit« gerettet zu haben. Für Hitler aber bedeutete das Abkommen von München nur eine ärgerliche Verzögerung seiner Pläne. Die »Zerschlagung der Resttschechei« als Vorbedingung für seinen Angriffskrieg gegen Polen zur Gewinnung von *Lebensraum* (▶ 11.30) für das deutsche Volk verlor er nicht aus den Augen, sie wurde schon im Frühjahr 1939 vollzogen.

Während sich die Slowakei am 14. März 1939 aus dem tschechoslowakischen Staatsverband löste, ihre Unabhängigkeit erklärte, dann aber ein Vasallenstaat Hitler-Deutschlands wurde, musste der tschechoslowakische Staatschef Emil Hacha, in einer Nachtsitzung in Berlin von Hitler und Göring unter schwersten psychischen Druck gesetzt, ein Abkommen unterzeichnen, das »das Schicksal des tschechischen Volkes und Landes vertrauensvoll in die Hände des Führers des Deutschen Reiches legt«. Noch in der Nacht zum 15. März begann die Wehrmacht, Böhmen und Mähren zu besetzen. Hitler verkündete die Errichtung des »Reichsprotektorates Böhmen und Mähren«. Die Länder wurden dem Deutschen Reich eingegliedert mit eingeschränkter Souveränität, eigenem Staatsoberhaupt und eigener Regierung, die freilich unter der strikten Oberaufsicht des Reichsprotektors stand. Erster Reichsprotektor wurde der bisherige Außenminister Konstantin Freiherr von Neurath, den Hitler anlässlich der Blomberg-Fritsch-Krise Anfang Februar 1938 durch den überzeugten Nationalsozialisten Joachim von Ribbentrop ersetzt hatte.

Hitler hatte nun aber endgültig das Vertrauen Chamberlains verloren, der am 31. März 1939 der polnischen Regierung eine Garantieerklärung für den Fall eines deutschen Angriffs auf Polen gab; Frankreich schloss sich dieser Erklärung an.

11.27 Hitler-Stalin-Pakt

Die nationalsozialistische Propaganda hatte neben dem bereits im Parteiprogramm von 1920 als Hauptfeind bezeichneten »Weltjudentum« besonders den »Weltbolschewismus« erbittert bekämpft und die von der Kommunistischen Internationale ausgehenden Bestrebungen, die westlichen Staaten zu unterwandern und die Weltrevolution vorzubereiten. Auch in dem 1936 mit Japan abgeschlossenen *Antikominternpakt* (▶ 11.20) war diese antikommunistische Frontstellung deutlich zum Ausdruck gekommen, die auch in der westlichen Welt Sympathien fand.

Die Nachricht vom Abschluss des Deutsch-Sowjetischen Nichtangriffspaktes vom 23. August 1939, zu dem der deutsche Außenminister von Ribbentrop nach Moskau gereist war,

Die für alle Welt überraschende Annäherung zwischen Deutschland und der Sowjetunion kommentierte die britische Zeitung »Evening Standard« als Abmachung der sich in heuchlerischer Weise freundlich grüßenden Todfeinde Hitler und Stalin auf Kosten Polens

wurde deshalb in Frankreich und Großbritannien, die zur gleichen Zeit mit Moskau über eine Koalition gegen Hitlerdeutschland verhandelten, als Sensation größten Ausmaßes empfunden. Auch in Deutschland löste der »Hitler-Stalin-Pakt« höchstes Erstaunen aus, auch bei hohen Parteifunktionären, da man ja ganz andere Töne aus der Parteipresse gewohnt war. Jetzt aber pries das Reichspropagandaministerium den Vertragsabschluss enthusiastisch als Hitlers Meisterstück. Hitler hatte nun freie Bahn für den Angriff auf Polen, außerdem glaubte er, Großbritannien und Frankreich würden jetzt nicht wagen, wegen Polen mit dem Deutschen Reich einen Krieg zu beginnen. In einem geheimen Zusatzprotokoll zum Vertrag waren die gegenseitigen Interessensphären abgesteckt worden. Deutschland erklärte sein Desinteresse an Finnland, Estland und Lettland, erhob aber Anspruch auf Litauen. Die Sowjetunion bekundete ihr Interesse an Bessarabien in Südosteuropa. Polen wurde erneut geteilt, die Demarkationslinie sollte durch die Flüsse Narew, Weichsel und San festgelegt werden.

11.28 Überfall auf Polen

Das Verhältnis zu Polen war in der Zeit der Weimarer Republik ständig gespannt gewesen, weil keine Reichsregierung und keine deutsche Partei die im *Versailler Vertrag* (▶ 10.11) getroffene Ostgrenzenregelung mit dem die Provinz Ostpreußen vom Reich trennenden »polnischen Korridor« und dem Sonderstatus Danzigs als »Freie Stadt« anerkannte. Ausgerechnet Hitler überraschte die Weltöffentlichkeit und das deutsche Volk mit dem Deutsch-Polni-

Mit der Beschießung der festungsartig ausgebauten Westerplatte bei Danzig durch das Linienschiff »Schleswig-Holstein« begann am 1. September 1939 um 4.45 Uhr der deutsche Überfall auf Polen (Farbpostkarte nach einem Gemälde von Claus Bergen)

schen Nichtangriffspakt vom 26. Januar 1934, der beide Partner für zehn Jahre zu einem friedlichen Interessenausgleich verpflichtete. Hitler benötigte den Vertrag, um die Friedensbereitschaft seines Regimes unter Beweis zu stellen und ungestört im Innern die nationalsozialistische Diktatur vollenden zu können. Wenige Wochen nach dem *Münchner Abkommen* (▶ 11.25) schlug Hitler der polnischen Regierung eine grundlegende Neuregelung der beiderseitigen Grenzen vor. Hauptpunkte des Vorschlages waren eine exterritoriale Autobahn durch den polnischen Korridor nach Ostpreußen und die Rückkehr Danzigs zum Reich. Hitler dachte zu diesem Zeitpunkt noch an ein Arrangement mit Polen gegen die Sowjetunion, bei dem Polen Kriegsgewinne in der Ukraine in Aussicht gestellt wurden.

Die Situation änderte sich aber, nachdem Hitler im März 1939 die Tschechoslowakei besetzt hatte und Polen im Besitz der Garantieversprechen der Westmächte war. Mit dem Abschluss des *Hitler-Stalin-Paktes* (▶ 11.27) hatte sich Hitler endgültig für ein Zusammengehen mit der Sowjetunion gegen Polen entschieden. So ließ er die noch in letzter Minute unternommenen Vermittlungsversuche Großbritanniens und Italiens scheitern und verschaffte sich mit dem von der SS inszenierten, angeblich von polnischen Freischärlern auf den Sender Gleiwitz ausgeführten Überfall vom 31. August 1939 ein unglaubwürdiges Alibi zur Eröffnung der Kriegshandlungen gegen Polen.

Die am 3. September überreichten Kriegserklärungen Großbritanniens und Frankreichs lösten, da sie nicht erwartet worden waren, in der Reichskanzlei ratlose Betroffenheit aus, die Göring, der über einen schwedischen Verbindungsmann noch letzte Friedensinitiativen versucht hatte, zu der Bemerkung veranlasste: »Wenn wir diesen Krieg verlieren, dann möge uns der Himmel gnädig sein.« Den von Norden, Westen und Süden angreifenden, an Zahl und Bewaffnung weit überlegenen deutschen Armeen waren die polnischen Truppen trotz tapferen Widerstandes nicht gewachsen. In mehreren Kesselschlachten wurde der Großteil der polnischen Streitkräfte zur Kapitulation gezwungen. Am 17. September begann auch der Einmarsch der sowjetischen Armeen. Warschau gab erst am 27. September, dem dritten Tag des von Hitler befohlenen Bombardements, auf.

Deutsche und Russen legten am 28. September die endgültige Grenzlinie am Bug fest, ganz Zentralpolen mit der Hauptstadt Warschau kam unter deutsche Militärverwaltung. Die baltischen Staaten einschließlich Litauens und das vorwiegend von Weißruthenen und Ukrainern bewohnte Ostpolen wurden in den sowjetischen Machtbereich eingegliedert.

11.29 Generalgouvernement

Die anfänglich unter Militärverwaltung gestellten besetzten polnischen Gebiete wurden am 12. Oktober 1939 zu einem »Generalgouvernement für die besetzten polnischen Gebiete« zusammengefasst und einem Hitler unmittelbar unterstellten Generalgouverneur übergeben, dem Leiter des Rechtsamts der NSDAP, Hans Frank. Er war verantwortlich für die nun einsetzende brutale Besatzungspolitik, die darauf abzielte, durch Ausschaltung und Vernichtung der polnischen Intelligenz das polnische Volk führerlos zu machen und Platz zu schaffen für den für die »germanische Herrenrasse« vorgesehenen *Lebensraum* (▶ 11.30). Ihm zur Seite stand der von Hitler zum »Reichskommissar für die Festigung deutschen Volkstums« ernannte Reichsführer SS und Chef der deutschen Polizei *Heinrich Himmler* (▶ 11.31), der mit rücksichtslosen Terrormaßnahmen Ausrottungspolitik betrieb und eine Germanisierung des Ostraumes anstrebte.

Die westlichen, zum Teil von Deutschen besiedelten polnischen Gebiete wurden am 1. November 1939 als »Warthegau« und »Reichsgau Danzig-Westpreußen« mit dem Deutschen Reich vereint. Die polnische Bevölkerung dieser Provinzen wurde in das Generalgouvernement ausgewiesen. Die ursprünglich zur Wahrnehmung sicherheitspolitischer und nachrichtendienstlicher Aufgaben aufgestellten Einsatzgruppen aus Angehörigen der Gestapo, des Sicherheitsdienstes, von SS- und Polizeieinheiten erhielten mehr und mehr »Sonderaufgaben«, womit in der Sprache der deutschen Besatzungsmacht ausgesprochene Terror- und Vernichtungsaktionen getarnt wurden.

Die jüdische Bevölkerung wurde zusammengetrieben und in mehreren Städten in Ghettos gepfercht. Das Tragen des Judensterns wurde hier erstmals angeordnet. Gleichzeitig begann Himmler mit der Umsiedlung so genannter Volksdeutscher aus den baltischen Staaten, aus der Ukraine und Weißrussland, die in diesen Gebieten seit Jahrhunderten ansässig gewesen waren. Über 900 000 Volksdeutsche wurden bis Mitte 1944 in das »Großdeutsche Reich« umgesiedelt. In der Zeit der deutschen Besatzung von 1939 bis 1945 sind mehr als 6 Millionen Polen, darunter rund 3 Millionen Juden, ums Leben gekommen.

11.30 »Lebensraum«-Politik

Schon in seinem Bekenntnisbuch »Mein Kampf« hatte Hitler 1925 als eines der wichtigsten Ziele seines außenpolitischen Programms die Gewinnung von neuem »Lebensraum« für das deutsche Volk hervorgehoben. Er dachte dabei nicht nur an die Rückgewinnung der im *Versailler Vertrag* (▶ 10.11) abgetretenen deutschen Gebiete, sondern an die Eroberung eines

Der Zweite Weltkrieg – Europa und Nordafrika 1939 bis Herbst 1942

geschlossenen Gebietes im Osten. Mehrfach hatte er dabei die Ukraine erwähnt.
Diesem Ziel dienten im Wesentlichen alle von Hitler nach der Machtübernahme getroffenen Maßnahmen, die Aufrüstung der *Wehrmacht* (▶ 11.23), der *Vierjahresplan* (▶ 11.21) und der Ausbau des »Großdeutschen Reiches«. Wiederholt hatte er auch den Spitzen der Wehrmacht dieses Ziel deutlich vorgestellt, erstmals am 3. Februar 1933, zuletzt am 23. Mai 1939: »Danzig ist nicht das Objekt, um das es geht. Es handelt sich für uns um die Erweiterung des Lebensraumes im Osten ...« Der die Welt überraschende Abschluss des *Hitler-Stalin-Pakts* (▶ 11.27) vom 23. August 1939 bedeutete nicht die Aufgabe der auf die Ukraine zielenden deutschen »Lebensraum«-Politik. Schon im September 1940 war der Überfall auf die Sowjetunion fest in Hitlers Gesamtkriegsplan einbezogen. Und mit dem Beginn des Russlandfeldzuges (*Unternehmen Barbarossa,* ▶ 11.35) setzte sogleich die psychologische Kriegführung der nationalsozialistischen Eroberungs- und Rassenpolitik ein. Die Soldaten der Ostfront wurden durch »Führerbefehle« auf die neuen Gegner eingestimmt, die als von der jüdisch-bolschewistischen Ideologie verseuchte Angehörige einer minderen Rasse hingestellt wurden, als Untermenschen, die es zu unterwerfen und unschädlich zu machen gelte. Aber gerade dieses Überlegenheitsbewusstsein und die aus ihm resultierende unmenschliche deutsche Besatzungspolitik in Osteuropa haben dazu geführt, dass sich die sowjetische Bevölkerung im Widerstand gegen die »großgermanischen« Eroberer zusammenfand und die Rote Armee schließlich die Wende des Krieges herbeiführte. Spätestens mit der Katastrophe von *Stalingrad* (▶ 11.41) im Januar 1943 war Hitlers »Lebensraum«-Politik endgültig gescheitert. Millionen Deutsche zahlten am Ende des Krieges mit dem Verlust ihrer Heimat und ihrer Vertreibung aus den deutschen Ostgebieten für den Größenwahnsinn ihres »Führers«.

11.31 Heinrich Himmler und der SS-Staat

Einer der mächtigsten Männer in der Führungsspitze des Dritten Reiches war der Reichsführer SS und Chef der deutschen Polizei Heinrich Himmler. Geboren in München am 7. Oktober 1900 als Sohn eines Gymnasialdirektors wuchs Himmler in einem gutbürgerlichen, katholischen Milieu auf, meldete sich 1917 als Kriegsfreiwilliger, kam aber nicht mehr zum Fronteinsatz. Nach dem Kriege studierte er Landwirtschaft und beendete sein Studium mit dem Diplom. Im August 1923 kam er zur NSDAP und nahm am *Hitlerputsch* (▶ 10.23) vom 9. November 1923 teil. Früh wurde er Mitglied der so genannten Schutzstaffel, der Leibwache Hitlers. Im Januar 1929 übernahm er diese aus knapp 300 Mann bestehende Einheit und baute sie zu einer Eliteformation innerhalb der SA als parteiinterne Polizeitruppe aus. Mit der Machtübernahme wurde Himmler kommissarischer Polizeipräsident in München, danach Kommandeur der politischen Polizei in Bayern; er richtete in Dachau eines der ersten *Konzentrationslager* (▶ 11.39) ein. Ihm als Leiter der politischen Polizei und der Gestapo übertrug Göring die Liquidierung der SA-Führungsspitze am 30. Juni 1934. Nach der Entmachtung der SA wurde die SS eine selbstständige Organisation. Als Reichsführer SS unterstand Himmler direkt dem »Führer«. Die KZ wurden der SS unterstellt. Seit Juni 1936 besaß Himmler auch die Kontrolle über die gesamte deutsche Polizei, baute die Gestapo reichseinheitlich aus und führte die personelle Verschmelzung von SS und Polizei durch. Unter dem einem »Blut und Boden«-Kult anhängenden Himmler wurde die SS zu einem elitären Männerorden. Mit dem Beginn des Krieges entstand neben der Wehrmacht die Waffen-SS, eine mit modernsten Waffen ausgerüstete Kampftruppe, deren Divisionen im Fronteinsatz mit den Heeresverbänden konkurrierten.
Als »Reichskommissar für die Festigung des deutschen Volkstums« führte Himmler in den besetzten Ostgebieten eine brutale Umsiedlungs- und Germanisierungspolitik durch. Er wurde durch die von ihm gesteuerten Einsatzgruppen der Organisator der Terrormaßnahmen und der Massenmorde und der Initiator der zur »Endlösung der Judenfrage« eingeleiteten Vernichtungsaktionen. Himmler baute sich mit den verschiedenen Ämtern seines SS- und Polizeiapparates eine nahezu allgegenwärtige und perfekt funktionierende Macht auf, sodass man von einem »SS-Staat« gesprochen hat. Das Reichssicherheitshauptamt (RSHA) war die zentrale Kommandostelle für die Sicherheitsdienste des Staates und der Partei.

Als die ersten Rückschläge an den Fronten die nahende Wende im Kriegsgeschehen ankündigten, wurde Himmlers Machtapparat noch weiter ausgebaut. Im August 1943 wurde er Reichsinnenminister, nach dem gescheiterten Attentat vom *20. Juli 1944* (▶11.45) ernannte Hitler ihn zum Oberbefehlshaber des Ersatzheeres und beauftragte ihn mit der gnadenlosen Verfolgung der Verschwörer. In den letzten Kriegsmonaten versuchte Himmler mit den Westalliierten in Verbindung zu treten mit dem Ziel, an der Westfront den Krieg zu beenden und aufseiten der Westmächte den Krieg gegen die Sowjetunion mit der deutschen Wehrmacht fortzusetzen. Hitler hat ihn deswegen in seinem politischen Testament aus der Partei und allen seinen Ämtern ausgestoßen. In der Verkleidung eines Feldpolizisten geriet Himmler in britische Gefangenschaft und nahm sich, als er erkannt wurde, am 23. Mai 1945 das Leben.

11.32 Frankreichfeldzug

Im Gegensatz zu führenden Generalen der Wehrmacht, die in Erinnerung an die Erfahrungen von 1914 vor einem überstürzten Angriff im Westen warnten und zugleich auf die Befestigungsanlagen der Maginotlinie hinwiesen, wollte Hitler die Siegesstimmung in der Truppe nach dem »Blitzsieg« über Polen ausnutzen und sofort den Angriffsbefehl gegen Frankreich geben. Der für Anfang November 1939 angesetzte Angriffstermin musste jedoch insgesamt 29-mal verschoben werden, zuletzt wegen der kurzfristig angeordneten Blitzfeldzüge gegen Dänemark und Norwegen am 9. April 1940, mit denen die bevorstehende Besetzung Norwegens durch britische Truppen vereitelt und der Transportweg von den schwedischen Erzlagern nach Narvik gesichert wurde. Am 10. Mai begann schließlich der deutsche Angriff im Westen, bei dem – wie schon 1914 – die Neutralität der Niederlande und Belgiens missachtet wurde. Nachdem die Niederlande nach einem Luftangriff auf Rotterdam am 15. Mai zur Aufgabe des Widerstandes gezwungen wurden und die belgische Armee am 28. Mai kapitulierte, gelang den weit überlegenen deutschen Panzerverbänden der Durchbruch durch die Ardennen und der rasche Vorstoß bis an die Kanalküste bei Abbéville (20. Mai), wodurch die alliierten Streitkräfte in zwei Teile auseinander gebrochen wurden. Die auf Dünkirchen zurückflutenden Einheiten des britischen Expeditionskorps konnten vor der drohenden Einschnürung und Gefangennahme in einer beeindruckenden Aktion, allerdings ohne schwere Waffen und Gerät, nach England übergesetzt werden – begünstigt auch dadurch, dass den deutschen Panzerdivisionen auf Anordnung Hitlers befohlen wurde, ihren zügigen Vormarsch für einige Tage anzuhalten. Mit dem Vorstoß der deutschen Armeen auf Paris am 5. Juni begann der zweite Abschnitt des Feldzuges. Schon am 14. Juni wurde Paris nahezu kampflos besetzt. Die gefürchtete Maginotlinie wurde jetzt von rückwärts aufgerollt. Am 18. Juni bat der neue französische Ministerpräsident, Marschall Pétain, im 1. Weltkrieg Verteidiger von *Verdun* (▶9.19), um einen Waffenstillstand. Am 22. Juni 1940 wurde der Waffenstillstand im Wald von Compiègne in dem gleichen Salonwagen unterzeichnet, in dem am

◀ *Der sechswöchige Westfeldzug der deutschen Wehrmacht endete mit der militärischen Niederlage Frankreichs. Der Waffenstillstand wurde am 22. Juni 1940 am selben Ort geschlossen wie der Waffenstillstand zwischen Deutschland und den Alliierten 1918: in einem Eisenbahnsalonwagen im Wald von Compiègne*

11. November 1918 die deutsche Delegation die alliierten Waffenstillstandsbedingungen entgegengenommen hatte.
Der größte Teil Frankreichs blieb von der Wehrmacht besetzt, im südlichen, unbesetzten Teil residierte die Regierung Pétain mit Sitz in Vichy. Hitler, der mit dem Befehl zum Durchbruch durch die Ardennen einen vorher schon vom Oberkommando des Heeres abgelehnten Feldzugsplan des Generals von Manstein aufgegriffen hatte, konnte jetzt den überwältigenden Sieg auf sein Konto buchen. Selbst die geschulten Generalstabsoffiziere begannen, an Hitlers »Feldherrngenie« zu glauben. Hitler selbst entwickelte ein Unfehlbarkeitsbewusstsein und hörte nicht mehr auf den Rat der Generalität.

11.33 Luftschlacht um England

Nach wie vor war es Hitlers Wunsch, so bald wie möglich den Kampf mit Großbritannien zu beenden, um sich in seinem weltpolitischen Programm mit dem Inselstaat zu arrangieren. Großbritannien sollte die deutsche Vormachtstellung auf dem Kontinent anerkennen, Deutschland würde im Gegenzug mit der britischen Führungsrolle auf den Weltmeeren, auch gegenüber den Vereinigten Staaten, einverstanden sein. In Großbritannien aber war am 10. Mai 1940 der bisherige Premierminister Neville Chamberlain, der lange an seiner Beschwichtigungspolitik (=Appeasement-Politik) festgehalten hatte, durch den sehr viel härteren Winston Churchill abgelöst worden. Mit ihm betrat der Mann die weltpolitische Bühne, der wie kein Zweiter zum unerbittlichen Widersacher des deutschen Diktators wurde und entschlossen war, auch die schwierigsten Situationen durchzustehen, um den Tyrannen zur Strecke zu bringen. Ein Friedens- und Verhandlungsangebot Hitlers nach dem Frankreichfeldzug ließ Churchill unbeachtet. So gab Hitler schließlich, wenn auch halbherzig, den Befehl, die Invasion der Insel vorzubereiten. Vorbedingung für das Gelingen dieses Unternehmens war, zuerst über dem britischen Luftraum die Luftherrschaft zu erringen.
Am 13. August 1940 begann deshalb mit einem Großangriff deutscher Luftwaffenverbände die Luftschlacht um England. In dem nun einsetzenden Luftkrieg erlitten beide Seiten schwere Verluste, die aber auf deutscher Seite weitaus stärker ins Gewicht fielen, weil mit den über Großbritannien abgeschossenen Maschinen zugleich die bestausgebildeten Besatzungen durch Tod oder Gefangenschaft verloren gingen. Die deutschen Bomberverbände, die weit in englisches Gebiet eindrangen, waren gegenüber der britischen Flugabwehr und den britischen Jägern ungenügend geschützt, weil die deutschen Jagdmaschinen den Begleitschutz

▲ *Mit der deutschen Luftoffensive gegen England sollte die Invasion der Britischen Inseln vorbereitet werden. Das Bild zeigt einen Schwarm deutscher Jagdflugzeuge vom Typ Me-109 vor der Kanalküste bei Dover*

nur begrenzt ausführen konnten und wegen Treibstoffmangels vorzeitig umkehren mussten. Das Ziel, die Luftherrschaft zu erringen, wurde nicht erreicht. Es war die erste Niederlage Hitlers. Der Invasionsplan wurde schon im Oktober 1940 wieder aufgegeben, der Luftkrieg jedoch noch bis zum Frühjahr 1941 in intensiver Form fortgesetzt. Dabei kam es zu schweren Luftangriffen auf britische Städte mit hohen Verlusten unter der Bevölkerung. Die Industriestadt Coventry wurde durch massierte Bombenangriffe am 14. November 1940 nahezu völlig zerstört.
Die deutsche Luftwaffe verlor bis Ende März 1941 2265 Maschinen. Hitler aber war nun entschlossen, die Sowjetunion anzugreifen und als möglichen Bündnispartner Großbritanniens auszuschalten.

11.34 Atlantik-Charta

In dem schweren Abwehrkampf gegen den inzwischen den Kontinent nahezu beherrschenden deutschen Diktator trat jetzt mehr und mehr diejenige Macht an die Seite Großbritanniens, die schon den 1. Weltkrieg entschieden hatte, die Vereinigten Staaten von Amerika. Ihr Präsident Franklin D. Roosevelt erhielt mit dem am 11. März 1941 beschlossenen Leih- und Pachtgesetz (Lend-Lease-Act) vom Kongress die unbeschränkte Vollmacht, mit Waffen, Ausrüstung und Lebensmitteln die Länder zu unterstützen, die nach Ansicht des Präsidenten in ihrem Kampf gegen die Diktaturen gestärkt werden mussten. Mit diesem Gesetz stellten sich die USA eindeutig an die Seite Großbritanniens.

Nach dem Beginn des deutschen Angriffs auf die Sowjetunion trafen der amerikanische Präsident und der britische Premier auf einem Schlachtschiff im Atlantik am 14. August 1941 zusammen und verkündeten die Grundzüge eines gemeinsamen Kriegs- und Nachkriegsprogramms, das unter dem Namen »Atlantik-Charta« in die Geschichte eingegangen ist. Es enthielt folgende acht Grundprinzipien: 1. Verzicht auf jede territoriale Vergrößerung; 2. territoriale Veränderungen nur mit Zustimmung der betroffenen Völker; 3. das Recht aller Völker, ihre Regierungsform selbst zu bestimmen; 4. gleichberechtigter Zugang aller Völker zum Welthandel und zu den Rohstoffen; 5. wirtschaftliche Zusammenarbeit aller Nationen zur Erlangung besserer Arbeitsbedingungen, wirtschaftlichen Ausgleichs und sozialer Sicherheit; 6. Aufbau einer alle Völker umfassenden Friedensordnung; 7. Freiheit der Meere; 8. allgemeiner Gewaltverzicht, vorher aber Entwaffnung der Aggressoren, dann Errichtung eines umfassenden Sicherheitssystems. Bis zum Kriegsende haben insgesamt 45 im Krieg gegen die Achsenmächte stehende Nationen diese Grundsätze anerkannt. Sie sind weitgehend in die Charta der Vereinten Nationen aufgenommen worden. Mit der Atlantik-Charta haben die USA für die Zeit nach dem Kriege ihren Anspruch angemeldet, in der Weltpolitik eine Führungsrolle zu übernehmen.

11.35 Unternehmen Barbarossa

Der am 23. August 1939 abgeschlossene *Hitler-Stalin-Pakt* (▶ 11.27) war für Hitler nur eine taktische Vereinbarung auf Zeit, die er mit dem Todfeind der nationalsozialistischen Weltanschauung getroffen hatte, um für sein Unternehmen gegen Polen freie Hand zu haben. Schon nach dem *Frankreichfeldzug* (▶ 11.32) im Sommer 1940 entwickelte Hitler vor den Spitzen der Wehrmacht seinen Angriffsplan gegen die Sowjetunion (»Unternehmen Barbarossa«). Nach dem Sieg, den Hitler, aber auch die Wehrmachtführung, erwarteten, würde Großbritannien, so argumentierte Hitler, verhandlungsbereiter sein, da ihm dann der letzte »Festlandsdegen« verloren gegangen wäre.

Noch während der Vorbereitungen für das Unternehmen Barbarossa überfiel die deutsche Wehrmacht Anfang April 1941 Jugoslawien und Griechenland, deren Armeen in wenigen Wochen zur Kapitulation gezwungen wurden. Nachdem auch das bereits in Griechenland ge-

◀ *Am 22. Juni 1941 begann der deutsche Überfall auf die Sowjetunion (Unternehmen »Barbarossa«). Der Zweite Weltkrieg bekam dadurch eine völlig neue Dimension. Im Bild deutsche Panzer im Anmarsch auf die deutsch-sowjetische Demarkationslinie in Polen*

landete britische Expeditionskorps vertrieben worden war, befand sich jetzt Südosteuropa mit den verbündeten Staaten Ungarn, Rumänien, Bulgarien und der Slowakei fest in deutscher Hand. Aber der Angriff gegen die Sowjetunion hatte sich dadurch bis zum 22. Juni 1941 verzögert. Dieser verspätete Angriffstermin sollte sich für die weitere deutsche Kriegführung nachteilig auswirken. Die schnellen Anfangserfolge der deutschen Armeen mit großen Geländegewinnen in den ersten Wochen und Monaten verführten die nationalsozialistische Propaganda zu der Feststellung, der endgültige Zusammenbruch des Sowjetregimes sei nur noch eine Frage von Tagen oder wenigen Wochen. Dann aber blieb der Angriff der Heeresgruppe Mitte vor Moskau zuerst im Schlamm stecken und wurde schließlich von dem einsetzenden, extrem kalten Winter gestoppt, ja, die gegen diese tiefen Temperaturen völlig unzulänglich ausgerüsteten deutschen Soldaten mussten im Kampf mit den frisch herangeführten und bestausgerüsteten sowjetischen Eliteverbänden zum ersten Mal den Rückzug antreten und schwere Verluste hinnehmen. Hitler schob die Schuld für diesen Rückschlag den Armeebefehlshabern zu, obwohl gerade sie vor dem russischen Winter gewarnt hatten, und übernahm nun selbst den Oberbefehl über das Heer. In einer Sammelaktion wurde das deutsche Volk aufgerufen, Decken, warme Winterbekleidung und Skier für die Soldaten der Ostfront zu spenden. Dass der Krieg gegen die Sowjetunion nicht in einem Blitzfeldzug zu gewinnen war, wurde mit dem schweren Rückschlag des Winters 1941/42 deutlich.

Stalin hingegen gelang es, die Völker seines Riesenreiches erfolgreich zum »Großen Vaterländischen Krieg« gegen die Eroberer aufzurufen und in erbittertem Widerstand zu einen, was nicht zuletzt auf die von Hitler angeordnete grausame Kriegsführung gegenüber den »jüdisch-bolschewistischen Untermenschen« zurückging. Anfänglich waren die deutschen Truppen, vor allem in der Ukraine, von einem Teil der sowjetischen Bevölkerung als Befreier vom stalinistischen Joch empfangen worden, doch war die Kooperationsbereitschaft infolge der unmenschlichen Besatzungspolitik der SS- und SD-Einheiten bald in Hass und entschlossenen Widerstandswillen umgeschlagen, aus dem sich der Partisanenkrieg entwickelte.

Im Sommer 1942 konnten die deutschen Verbände noch einmal zügig bis nach *Stalingrad* (▶ 11.41) und zu den Höhen des Kaukasus vorrücken, aber die von Hitler befohlene doppelte Unternehmung führte zu einer Überforderung der deutschen Kräfte. In Stalingrad gelang die Eroberung der Stadt nur teilweise, die mit dem einbrechenden zweiten Winter vorgetragene sowjetische Gegenoffensive führte zur Einschnürung der 6. Armee und zu ihrem Untergang Anfang Februar 1943. Und die bis zum Kaukasus vorgedrungenen Panzereinheiten mussten, um nicht abgeschnitten zu werden, einen schnellen Rückzug antreten. Von nun an war der Krieg im Osten von Abwehrschlachten und Rückzugsbewegungen geprägt, wobei nach und nach die deutschen Armeen auf die Reichsgrenzen zurückgedrängt wurden. Anfang Januar 1945 begann der sowjetische Großangriff auf das Reichsgebiet. Er endete mit der Einnahme Berlins am 2. Mai und der Kapitulation der deutschen Wehrmacht am 8. Mai 1945.

11.36 Hitlers Kriegserklärung an die USA

Am 7. Dezember 1941 überfiel die japanische Luftwaffe die in Pearl Harbor (Hawaii) zusammengezogene amerikanische Pazifikflotte und versenkte oder beschädigte einen Großteil der Kriegsschiffe, zerstörte die Flugplätze, Flugzeughallen und zahlreiche Flugzeuge. Das war der Beginn des Krieges in Ostasien. Am 11. Dezember erklärte Hitler den USA den Krieg, Italien schloss sich an. Hitlers europäischer Krieg war so zum Weltkrieg geworden.

Der *Antikominternpakt* (▶ 11.20) verpflichtete Hitler nicht, seines Bündnispartners wegen in den Krieg gegen die Vereinigten Staaten einzutreten. Die Japaner hatten Deutschland von ihrem Vorhaben nicht unterrichtet, sodass die deutsche Seite völlig überrascht wurde. Aber die Art und Weise des japanischen Vorgehens gegen die ahnungslosen Amerikaner imponierte Hitler, sodass er dem Überfall uneingeschränkt zustimmte. Zudem war der amerikanische Präsident F. D. Roosevelt für ihn seit langem ein erklärter Feind, den er immer wieder in seinen Reden attackierte und verhöhnte. Allerdings hatten die deutschen U-Boote bisher den

Während sich der deutsche Vormarsch in Russland vor Moskau festlief und der Ostfeldzug damit seine entscheidende Wende erfuhr, überfielen die Japaner am 7. Dezember 1941 die amerikanische Flotte in Pearl Harbor. Durch die daraufhin erfolgte Kriegserklärung Deutschlands an die USA wurde der Krieg endgültig zum »Weltkrieg«

strikten Befehl, sich amerikanischen Schiffen gegenüber zurückzuhalten, obwohl Roosevelt schon im September 1941 die US-Flotte angewiesen hatte, auf deutsche Schiffe zu schießen. Mit der Kriegserklärung wollte Hitler offensichtlich, beflügelt durch die japanische Aktion, dem erwarteten Schritt Roosevelts zuvorkommen, um der Welt zu beweisen, dass weiterhin die Initiative im Kriegsgeschehen von ihm ausging, und zugleich davon ablenken, dass sein Konzept im Russlandfeldzug gerade gescheitert war.

Dabei hat Hitler jedoch das militärische Potential der Vereinigten Staaten und ihre Eingriffsmöglichkeiten in Europa bei gleichzeitigem Krieg mit Japan falsch eingeschätzt. Auch seine Berechnung, dass nun die Japaner die Sowjetunion in Ostasien angreifen würden, erwies sich als eine Fehlspekulation. Während Japan seinen Krieg unabhängig von den Verbündeten und ohne jede Absprache allein führte, schlossen sich Großbritannien und die USA zu einer festen Kriegskoalition zusammen und knüpften jetzt auch Verbindungen zur Sowjetunion. Das Ergebnis ihrer ersten politisch-militärischen Planungsbesprechung lautete »Germany first«, und das bedeutete die Niederringung Deutschlands und die Auslöschung der Hitlerdiktatur als oberstes Ziel ihrer Kriegsanstrengungen.

11.37 Afrikafeldzug

Zur Unterstützung der in Nordafrika kämpfenden italienischen Divisionen, die durch einen britischen Großangriff ab Dezember 1940 in schwere Bedrängnis geraten waren, ordnete Hitler im Januar 1941 die Aufstellung eines deutschen Afrikakorps an, das in Tripolis im Februar 1941 an Land ging und unter seinem Befehlshaber, General Erwin Rommel, zum Angriff antrat. Nach ersten erfolgreichen Kämpfen musste Rommel gegen weit überlegenene britische Streitkräfte die deutschen und italienischen Verbände fast bis in die Ausgangsstellungen zurücknehmen, da Hitler, der den Krieg gegen die Sowjetunion vorbereitete, ihm den benötigten Nachschub an Waffen, Ausrüstung und Mannschaften versagte.

Erst im Januar 1942 konnte Rommel erneut zum Angriff übergehen, nachdem sich durch die Verlegung deutscher See- und Luftstreitkräfte an die Mittelmeerfront die Nachschublage verbessert hatte. Jetzt gelang es den Verbänden des Afrikakorps unter dem bei seinen Soldaten beliebten, auch von seinen Gegnern geschätzten Rommel, der den ehrenden Beinamen »Wüstenfuchs« erhielt, bis El Alamein (100 km vor Alexandria) vorzustoßen. Der Versuch aber, den Angriff bis zum Suezkanal voranzutragen, scheiterte an dem sich verstärkenden Widerstand, vor allem jedoch an dem erneut versiegenden Nachschub. Da die Flieger der Royal Air Force zudem nahezu den gesamten Luftraum beherrschten, trat Rommel mit seinen Verbänden Anfang November 1942 den Rückzug entlang der Küste an, obwohl Hitler den Befehl gegeben hatte, die erreichten Stellungen um jeden Preis zu halten.

Inzwischen aber war die Lage für das Afrikakorps durch die Landung amerikanischer und britischer Einheiten bei Casablanca, Oran und Algier (7. November 1942) nahezu hoffnungslos geworden. Am 13. Mai 1943 – Rommel war bereits im März 1943 zur Übernahme neuer Aufgaben versetzt worden – kapitulierten die Reste des Afrikakorps bei Tunis. 250 000 deutsche und italienische Soldaten gingen in die Gefangenschaft.

11.38 Wannseekonferenz – »Endlösung der Judenfrage«

Hitler hatte schon in seinem Bekenntnisbuch »Mein Kampf« seine Absicht kundgetan, im Falle einer Machtübernahme eines Tages das Judentum aus dem deutschen Volksleben »auszumerzen«. Nach der Machtergreifung der Nationalsozialisten hatte er wiederholt diesen Plan als unverrückbares Ziel bezeichnet. In Deutschland und nach dem Anschluss auch in Österreich war schon vor dem Krieg die Zahl der jüdischen Bürger infolge der ständigen Diffamierungen und Demütigungen nach Erlass der *Nürnberger Gesetze* (▶ 11.16), schließlich nach dem Judenpogrom des 9. November 1938, der so genannten *Reichskristallnacht* (▶ 11.17), durch Auswanderung, die sich zur Massenflucht ausweitete, um mehr als die Hälfte vermindert worden. Mit Kriegsbeginn steigerten sich die Drangsalierungen jüdischer Menschen zu brutalen Terrormaßnahmen, besonders in den besetzten Ostgebieten, wo Himmlers berüchtigte Einsatzgruppen die jüdische Bevölkerung in Ghettos zusammentrieben und durch Massenexekutionen dezimierten.

Die letzte und höchste Steigerung der unmenschlichen Barbarisierung begann mit dem Russlandfeldzug (▶ 11.35), den Hitler zum »Weltanschauungskrieg« gegen das »jüdisch-bolschewistische Untermenschentum« erklärt hatte. Jetzt wurde auch der ursprüngliche Plan, die europäischen Juden geschlossen nach Madagaskar umzusiedeln, zugunsten der Deportation in den Ostraum aufgegeben. Im Auftrage Hitlers wies Göring am 31. Juli 1941 den SS-Gruppenführer und Chef des Reichssicherheitshauptamtes (RSHA) Reinhard Heydrich, die rechte Hand Himmlers, an, eine Gesamtplanung für die »Endlösung der Judenfrage« zu erstellen. Heydrich erläuterte seinen Plan am 20. Januar 1942 den Vertretern derjenigen Reichsministerien und obersten Parteidienststellen, die in irgendeiner Form mit dieser Aktion befasst waren. Das Protokoll dieser Wannseekonferenz entstammt den Aufzeichnungen des SS-Sturmbannführers Eichmann.

Heydrich entwickelte in bürokratischer Tarnsprache sein Vorhaben. Die im Herrschaftsbereich der SS liegenden europäischen Länder sollten systematisch »gesäubert« werden, die Juden »in geeigneter Weise im Osten zum Einsatz kommen«, wobei schon einkalkuliert wurde, dass dabei »zweifellos ein Großteil durch natürliche Verminderung ausfallen wird.« Der übrig bleibende Teil »wird entsprechend behandelt werden müssen, da dieser, eine natürliche Auslese darstellend, bei Freilassung als Keimzelle eines neuen jüdischen Aufbaues anzusprechen ist.« Mit dieser grausam-nüchternen Amtssprache war eindeutig die Ausrottung, auch die der Kinder, vorprogrammiert. Schwerbeschädigte und Weltkriegsteilnehmer mit Auszeichnungen sollten von diesen Deportationen ausgenommen und in Altersghettos eingewiesen werden. Diese scheinheilige Maßnahme sollte nach Heydrichs Worten »mit einem Schlage die vielen Interventionen« ausschalten. Eichmann erhielt den Auftrag, die bürokratisch-technischen Vorarbeiten

▲ *Nachdem bereits etwa 300 000 Juden aus dem Warschauer Getto in die Vernichtungslager gebracht worden waren, suchten im Mai/Juni 1943 die verbliebenen etwa 600 000 Menschen durch einen Aufstand ihr Leben zu retten. Nach dessen brutaler Niederschlagung durch SS-Truppen wurden die Gettobewohner zum Abtransport in das Vernichtungslager Treblinka zusammengetrieben (unser Bild)*

zu leisten. Niemand von den anwesenden Behördenvertretern erhob Widerspruch. Auf der Wannseekonferenz waren damit die organisatorisch-technischen Voraussetzungen für den größten Völkermord der Weltgeschichte geschaffen worden.

11.39 Konzentrationslager

Bereits in den ersten Wochen nach der Machtübernahme waren von der SA und der SS politische Gegner in so genannte »wilde« Konzentrationslager eingewiesen worden. Eines der ersten war das von dem Münchener SS-Führer *Heinrich Himmler* (▶ 11.31) eingerichtete KZ Dachau, im Bereich der Berliner SA entstand das Lager Oranienburg. Kommunistische Funktionäre und Abgeordnete, auch Sozialdemokraten und Publizisten waren die ersten Opfer, die »in Schutzhaft« genommen wurden, wie es amtlich hieß.

Konzentrationslager waren keine Erfindung der Deutschen, aber sie wurden von den Nationalsozialisten zu einem mit höchster Perfektion funktionierenden System zur Ausschaltung der Regimegegner und aller sonstwie unliebsamen Personen entwickelt – bis zur Vernichtung ganzer Völker.

Nach der Liquidierung der SA-Führerschaft im angeblichen »Röhmputsch« wurden die Konzentrationslager geschlossen, bald aber wieder unter der Regie der SS neu eingerichtet und ausgebaut. Jetzt wurden neben den politischen Gegnern auch andere Personengruppen eingewiesen: Angehörige religiöser Sekten, Ordensgeistliche, Pfarrer beider Konfessionen, Juden, Polen, Sinti und Roma, Homosexuelle sowie »Arbeitsscheue«, und »Gewohnheitsverbrecher«.

Mit Beginn des 2. Weltkrieges wurde das KZ-System erheblich ausgebaut, zahlreiche neue Lager entstanden in den eroberten polnischen Gebieten. Unter ihnen ist das im Juni 1940 eingerichtete KZ *Auschwitz* (▶ 11.40) in seiner räumlichen Ausdehnung wie in seiner Vernichtungskapazität das größte Todeslager der Weltgeschichte geworden. Die Zahl der KZ wuchs während des Krieges auf 22 an mit 165 Außenstellen (= Arbeitslagern). In den Lagern waren die Häftlinge hilflos der brutalen Willkür der Wachmannschaften ausgesetzt. Durch die rücksichtslose Ausbeutung der Häftlinge in den

Konzentrationslager

den Lagern zugeordneten Wirtschaftsbetrieben und Rüstungswerken mit elfstündiger Arbeitszeit bei völlig unzureichender Ernährung, unter fortwährenden Schikanen, stundenlangen Ordnungsappellen und durch Seuchen war die Sterblichkeit unter den Lagerinsassen außerordentlich hoch. Seit Beginn des Krieges bestand die Mehrzahl der Inhaftierten aus Angehörigen der unterworfenen Völker, der Anteil der deutschen Häftlinge betrug bei Kriegsende nur noch 5–10 %. Die Gesamtzahl der KZ-Insassen stieg jetzt sprunghaft an, bis März 1942 waren es bereits 100 000, bis Januar 1945 sogar über 700 000, nicht mitgerechnet die unregistriert in den KZ Vergasten.

In verstärktem Maße wurden seit Beginn des Russlandfeldzuges in Konzentrationslagern Massenerschießungen durchgeführt. Auf der *Wannseekonferenz* (▶ 11.38) am 20. Januar 1942 wurde die Vernichtung des europäischen Judentums organisatorisch festgelegt. Die dort beschlossenen Transporte der europäischen Juden in den Osten gingen ausschließlich in die Vernichtungslager Bełżec, Chełmno, Lublin-Majdanek, Sobibór, Treblinka und Auschwitz-Birkenau.

Tausende von Häftlingen sind durch die an ihnen vorgenommenen medizinischen und nahrungsmittelchemischen Experimente ums Leben gekommen. Als sich die Front den osteuropäischen KZ näherte, befahl Himmler den Abtransport der Häftlinge in Richtung Westen, ließ die Vergasungen einstellen und ordnete zudem an, die bei früheren Massenerschießungen verscharrten Leichen auszugraben und zu verbrennen. Auf den Rücktransporten sind in den letzten Monaten noch einmal unzählige Häftlinge durch völlige Erschöpfung und um sich greifende Seuchen gestorben. Man schätzt die Zahl der von den Nationalsozialisten insgesamt in den KZ Inhaftierten auf 7,2 Millionen, von denen nur etwa 500 000 überlebten.

11.40 Auschwitz

Wegen der Nähe zur oberschlesischen Industrie wurde Auschwitz im Juni 1940 auf Anordnung *Himmlers* (▶ 11.31) zum größten Konzentrationslager des SS-Staates ausgebaut. Die Gesamtausdehnung einschließlich der Nebenlager betrug 40 km^2. In Erwartung billiger Arbeitskräfte errichtete die I. G. Farbenindustrie AG im Frühjahr 1941 in unmittelbarer Nähe ein Bunawerk. Diese Firma entwickelte auch das Giftgas Zyklon B, das im September 1941 erstmalig an etwa 900 sowjetischen Kriegsgefangenen »mit Erfolg erprobt« wurde. Daraufhin wurde die Massenvergasungsaktion zur Vernichtung der Juden Europas im Lager Auschwitz gemäß dem in der *Wannseekonferenz* (▶ 11.38) vorgestellten Organisationsplan angeordnet. Aus 23 europäischen Ländern rollten nun die Transporte mit den in Güterwagen eingepferchten Männern, Frauen und Kindern nach Auschwitz und in die anderen Vernichtungslager.

Bei der Ankunft in Auschwitz-Birkenau begann bereits an der Rampe unmittelbar nach dem Ausladen aus den Güterwagen die »Selektierung«. SS-Ärzte und -Offiziere untersuchten die in zwei Marschsäulen nach Geschlechtern getrennt Angetretenen auf ihre Arbeitsfähigkeit. Die halbwegs Gesunden und Arbeitsfähigen wurden aussortiert und in Arbeitslager gebracht, es waren im Durchschnitt etwa 25 % der jeweiligen Gesamtzahl, die Übrigen, meist Greise, Frauen und Kinder traten sogleich den Weg in die Gaskammern an. Die Gesamtzahl dieser sofort vergasten Juden wurde nirgends registriert. Nach den Angaben des ehemaligen Kommandanten von Auschwitz, Höss, sollen allein in diesem Vernichtungslager 1135 000 Menschen vergast worden sein. Die Gesamtzahl der in die Arbeitslager eingewiesenen registrierten Juden betrug in Auschwitz 405 000, davon etwa ein Drittel Frauen. Von diesen Häftlingen sind noch einmal rund 260 000 umgekommen.

Himmler ließ am 1. November 1944 die Vergasungen einstellen, vor dem Herannahen der Roten Armee wurden Gaskammern und Krematorien gesprengt. Mit etwa 60 000 Häftlingen trat die Wachmannschaft des KZ Auschwitz den Fußmarsch nach Westen an, ein großer Teil der Häftlinge starb unterwegs an Entkräftung oder Seuchen. 5000 zurückgebliebene, kranke Häftlinge fanden die Russen vor, als sie am 27. Januar 1945 in Auschwitz einrückten. Insgesamt sind in den Vernichtungslagern mindestens 3 Millionen Juden vergast worden.

11.41 Stalingrad

Im Sommer 1942 waren die deutschen Armeen im Süden der Ostfront erneut zu einem Großangriff angetreten, um jetzt – nach der Niederlage im Winterkrieg vor Moskau 1941/42 –

doch noch die Sowjetunion niederzuwerfen. Zwei Ziele sollten mit diesem Vormarsch erreicht werden: die Eroberung der Stadt Stalingrad, des Rüstungs- und Verkehrszentrums an der Wolga, und die Inbesitznahme der Ölfelder im Raum Baku im Kaukasus. Mit dem Entschluss, beide ehrgeizigen Ziele gleichzeitig in getrennten Operationen in Angriff zu nehmen, hatte sich Hitler gegen die Vorstellungen der Generale durchgesetzt, die den Vorstoß auf den Kaukasus erst nach der vollständigen Besetzung des Raumes um Stalingrad unternehmen wollten.

Beide Ziele wurden nicht erreicht; zwar stießen deutsche Verbände bis in den Kaukasus vor, aber dann hatte sich die Offensive festgelaufen. Auch Stalingrad konnte nicht ganz in Besitz genommen werden. In erbitterten Häuser- und Straßenkämpfen mit den Verteidigern der Stadt von August bis November 1942 erlitten die deutschen und rumänischen Verbände schwere Verluste, während die Sowjets immer neue und frische Divisionen heranführten. Sie traten am 19. November zum Gegenangriff an und konnten bereits wenige Tage später den Ring um die Stadt schließen. Der deutsche Befehlshaber, Generaloberst Paulus, beschloss, Stalingrad aufzugeben und nach Westen durchzubrechen. Aber Hitler lehnte ab und befahl, den Platz unbedingt zu halten, zumal Göring zugesichert hatte, die eingeschlossene Armee über Wochen aus der Luft mit allem Notwendigen zu versorgen. Inzwischen hatte auch der Winter mit strengem Frost eingesetzt. Grimmige Kälte und unzureichende Verpflegung zermürbten die erschöpften Soldaten, denen vorgegaukelt wurde, ein Entlastungsstoß deutscher Armeen würde sie in Kürze aus ihrer misslichen Lage befreien. Aber die zur Entlastung angesetzten Truppenverbände blieben 48 km vor dem Kessel liegen. Am 31. Januar und 2. Februar 1943 ergaben sich die Reste der in zwei Kessel auseinander gebrochenen Armee. 146 000 deutsche und rumänische Soldaten waren gefallen, 90 000 völlig erschöpfte, kranke und verwundete Männer gingen in die Gefangenschaft, nur etwa 6 000 haben überlebt und sind nach Jahren in die Heimat zurückgekehrt. Hitler, der schon in einer Rede am 8. November 1942 mit der Eroberung Stalingrads geprahlt hatte, suchte jetzt den Untergang der 6. Armee als grandioses germanisches Heldenepos hinzustellen. Aber immer mehr Menschen in Deutschland ahnten, dass mit Stalingrad eine Wende des Krieges eingetreten war.

▲ *Nach der Kapitulation der 6. Armee in Stalingrad am 31. Januar/2. Februar 1943: völlig ausgezehrte deutsche Soldaten auf dem Weg in die sowjetischen Kriegsgefangenenlager*

11.42 »Totaler Krieg«

In Deutschland breitete sich nach dem Schock, den die Katastrophe von *Stalingrad* (▶ 11.41) ausgelöst hatte, eine gedrückte Stimmung aus, zumal immer häufiger deutsche Städte das Ziel alliierter Bombenangriffe waren. Von der Siegeszuversicht der ersten Kriegsjahre war nicht mehr viel zu spüren. Um dieser Stimmung entgegenzuwirken, rief der Propagandaminister *Joseph Goebbels* (▶ 11.14) in einer Massenkundgebung im Berliner Sportpalast am 18. Februar 1943 vor eigens dafür ausgesuchten Parteimitgliedern das deutsche Volk zum entschlossenen Widerstand und zu äußerster Kraftanstrengung auf. Goebbels' Rede gipfelte in Suggestivfragen an die Versammelten, mit denen er an die Opferbereitschaft und die Treue zum »Führer« appellierte und die von den fanatisierten Massen mit Beifallsstürmen und dem Bekenntnis zur unbedingten Gefolgschaftstreue beantwortet wurden:

Der Zweite Weltkrieg – Europa und Nordafrika Herbst 1942 bis Herbst 1944

»Ich frage euch: Seid ihr und ist das deutsche Volk entschlossen, wenn der Führer es befiehlt, zehn, zwölf und, wenn nötig, vierzehn und sechzehn Stunden täglich zu arbeiten und das Letzte herzugeben für den Sieg? ... Die Engländer behaupten, das deutsche Volk wehrt sich gegen die totalen Kriegsmaßnahmen der Regierung. Es will nicht den totalen Krieg, sondern die Kapitulation.« (Zurufe: »Niemals, niemals, niemals!«). »Ich frage euch: Wollt ihr den totalen Krieg? Wollt ihr ihn, wenn nötig, totaler und radikaler, als wir ihn uns heute überhaupt noch vorstellen können?« Zehn dieser Fragen stellte Goebbels, zehnmal antwortete die Masse mit lautem »Ja«.

Mit dieser über den Rundfunk verbreiteten Kundgebung wollte Goebbels den Westmächten, die auf ihrem Gipfeltreffen in Casablanca im Januar 1943 beschlossen hatten, den Krieg bis zur bedingungslosen Kapitulation der deutschen Streitkräfte fortzusetzen, die Antwort erteilen. Die auf ihre Stunde wartenden Gruppen des deutschen *Widerstands* (►11.43) haben den Entschluss der Alliierten, von den Deutschen die bedingungslose Kapitulation zu erzwingen, bedauert, weil er eine Solidarisierung weiter Bevölkerungskreise mit dem Regime bewirkte.

11.43 Widerstand

Widerstand gegen das nationalsozialistische Regime hat es von Anfang an und in vielfältiger Form gegeben. Er begann bereits bei denjenigen – und es waren nicht wenige –, die es verstanden, sich trotz ständiger, massiver Bearbeitung durch Parteipropaganda in Presse und Rundfunk, am Arbeitsplatz, sogar im Privatleben der unmittelbaren Beeinflussung zu entziehen und der Massenpsychose nicht zu erliegen. Das schon war gefährlich, noch viel mehr, Mitmenschen zu unterstützen, die verfolgt wurden, ihr Untertauchen zu ermöglichen oder ihnen zur Flucht ins rettende Ausland zu verhelfen.

▲ *Der Widerstand gegen das nationalsozialistische Regime hatte viele Gesichter. Hier die führenden Mitglieder der Gruppe »Weiße Rose«, Hans und Sophie Scholl sowie (rechts) Christoph Probst, die am 22. Februar 1943 hingerichtet wurden*

Die mit der Reichstagsbrandverordnung vom 28. Februar 1933 gejagten Kommunisten waren die Ersten, die in den Untergrund gingen und versuchten, ihre zerschlagene Organisation wieder aufzubauen. Nach Beginn des Krieges gegen die Sowjetunion (Juni 1941) gelang der Gestapo die Zerschlagung einer Verschwörergruppe, die im Kontakt mit dem sowjetischen Geheimdienst gestanden hatte und deren führende Köpfe in mehreren Reichsministerien gesessen hatten. Die Gestapo gab ihr den Namen »Rote Kapelle«.

SPD- und Gewerkschaftsführer wie Wilhelm Leuschner und Julius Leber arbeiteten im Untergrund mit den bürgerlichen Kräften des Widerstandes zusammen, deren zentrale Gestalt der ehemalige Leipziger Oberbürgermeister Carl Friedrich Goerdeler war, und mit den oppositionellen Gruppen innerhalb der Wehrmacht. Deren maßgebliche Führungspersönlichkeit war der in der Sudetenkrise 1938 zurückgetretene Generalstabschef Ludwig Beck. Während des Krieges gewann zunehmend auch der so genannte Kreisauer Kreis um den Grafen Helmuth James von Moltke, auf dessen Gut Kreisau sich Regimegegner aller politischen Richtungen zusammenfanden, an Einfluss. Der Kreisauer Kreis befasste sich mit der erhofften sittlichen und politischen Erneuerung nach dem Sturz der NS-Herrschaft. Evangelische und katholische Geistliche gehörten von Anfang an zu den Widerstandskreisen. Immer wieder erhoben sie Protest gegen Unrechtsmaßnahmen und Gewalttaten der Machthaber und büßten dafür oft mit jahrelanger KZ-Haft oder Tod.

Solange Hitler durch seine politischen Erfolge in der Vorkriegszeit und die Blitzsiege der Wehrmacht im deutschen Volk als »größter deutscher Staatsmann« seit Bismarck und als »Feldherrngenie« ein fast unerschütterliches Ansehen genoss, erschien es den Männern und Frauen des Widerstandes so gut wie unmöglich, Hitler durch ein Attentat aus dem Wege zu räumen und diese Tat, wenn sie gelang, vor dem deutschen Volk als Rettungsaktion vor der Katastrophe zu rechtfertigen.

Erst mit der Verschlechterung der militärischen Situation und der um sich greifenden Erkenntnis, dass der Krieg nicht mehr zu gewinnen sein würde, stiegen die Chancen der Opposition. Aber alle Versuche mit den Alliierten Verbindungen aufzunehmen und von diesen Zugeständnisse für einen günstigeren Frieden anstelle der geforderten bedingungslosen Kapitulation zu erhalten, schlugen ebenso fehl wie mehrere Attentatspläne auf Hitler. Nach der Katastrophe von *Stalingrad* (►11.41) waren auch in der Bevölkerung kritische Stimmen laut geworden, vor allem an den Universitäten. Münchener Studenten verfassten Flugblätter und riefen zum Widerstand gegen die verbrecherische Politik Hitlers auf. Der Opfergang der jungen Menschen der »Weißen Rose« um die Geschwister Hans und Sophie Scholl endete mit ihrer Hinrichtung, aber er zeigte der Welt, dass es noch ein anderes Deutschland gab. Das Scheitern des Attentats vom *20. Juli 1944* (▶ 11.45) führte zur Verhaftung vieler Frauen und Männer des Widerstands, von denen die meisten nach Schauprozessen vor dem *Volksgerichtshof* (▶ 11.46) hingerichtet wurden.

11.44 Invasion

Stalin hatte seit Beginn der militärischen Zusammenarbeit mit den Westmächten diese gedrängt, zur Entlastung seiner dem Druck der deutschen Streitkräfte allein ausgesetzten Armeen in Europa eine zweite Front zu errichten. Nach dem misslungenen alliierten Landeunternehmen bei Dieppe im August 1942 gab Hitler den Befehl zum Ausbau einer gewaltigen Verteidigungslinie von den Pyrenäen bis zur niederländischen Küste, um eine erneute Landung der Alliierten von vornherein unmöglich zu machen. Der von der Parteipropaganda hoch gepriesene, unüberwindliche Atlantikwall war allerdings bis 1944 erst in Teilen fertig gestellt. Die deutsche Führung erwartete die Invasion an der Kanalküste. Als aber die alliierte Invasionsflotte unter dem Befehl des amerikanischen Generals Eisenhower sich in den ersten Stunden des 6. Juni 1944 auf die Küste der Normandie zubewegte, hatte die deutsche Luftaufklärung die gewaltige, in Südengland zusammengestellte Armada überhaupt nicht wahrgenommen, und das deutsche Oberkommando war noch, als die ersten Schiffe gesichtet wurden, davon überzeugt, es handele sich um ein Ablenkungsmanöver. So wurde versäumt, den in den Bunkerstellungen an der Küste liegenden Einheiten die dringend benötigten Verstärkungen heranzuführen, um – nach dem Plan des Feldmarschalls Rommel – den gelandeten Gegner sofort wieder ins Meer zurückwerfen zu können.

Den Alliierten gelang es mit erheblicher Luftunterstützung und unter dem Feuerschutz der gesamten Schiffsgeschütze, Brückenköpfe zu bilden und die Bunkerlinie zu überwinden. Zudem hatten noch in der Nacht Lastensegler auf einer Strandbreite von 100 km Luftlandetruppen hinter der deutschen Verteidigungslinie abgesetzt, die trotz schwerer Verluste die Verbindung zu den gelandeten Einheiten herzustellen vermochten. Allmählich konnten die Alliierten ihre Landeköpfe ausweiten.

Die erdrückende Luftüberlegenheit der Alliierten entschied schließlich den Kampf in der Normandie. Dennoch gelang erst am 30. Juli 1944 den alliierten Panzerverbänden der Durchbruch durch den deutschen Einschnürungsring bei Avranches. Jetzt konnten sich die angloamerikanischen Armeen entfalten und in zügigem Vormarsch, unterstützt von den aus dem Untergrund auftauchenden französischen Widerstandskämpfern der Résistance, tief nach Frankreich eindringen. Am 25. August rückten amerikanische und französische Einheiten in Paris ein. Damit war die letzte Phase des Krieges angebrochen, der Sturm der alliierten Armeen von Ost und West auf die Grenzen des Deutschen Reiches begann.

11.45 20. Juli 1944

Bei den Männern und Frauen des deutschen *Widerstands* (▶ 11.43) waren seit der Sudetenkrise 1938 mannigfache Überlegungen ange-

▲ *Symbolfigur des deutschen Widerstands gegen die NS-Diktatur: der Attentäter des 20. Juli 1944, Oberst Claus Schenk Graf von Stauffenberg*

stellt worden, wie man Hitler in den Weg treten könne, um die vorhersehbare Katastrophe, in die seine Politik das deutsche Volk führen musste, noch abzuwenden. Doch erst in den Kriegsjahren hatte sich in der Widerstandsbewegung die Erkenntnis allgemein durchgesetzt, dass nur der Tod des Diktators die Voraussetzung für ein Gelingen des Staatsstreiches sein konnte. Nachdem bereits mehrere Attentats-

▲ *Nach dem Attentat Stauffenbergs am 20. Juli 1944 besichtigte Reichsmarschall Hermann Göring (in der hellen Uniform) die zerstörte Lagebaracke im Führerhauptquartier »Wolfsschanze« in Ostpreußen*

pläne schon im Vorstadium gescheitert waren, ruhten jetzt, im Sommer 1944, die letzten Hoffnungen der Verschwörer auf dem jungen Oberst Claus Graf Schenk von Stauffenberg. Der nach seiner schweren Verwundung in Afrika als Stabschef zum Ersatzheer versetzte Offizier hatte als Einziger aus dem Kreis des Widerstandes direkten Zugang zu den Lagebesprechungen im Führerhauptquartier. Er war zum entschiedenen Gegner des Hitlerregimes geworden, als er im Osten Zeuge einer Massenexekution von Frauen und Kindern durch SS-Einheiten geworden war. Stauffenberg musste persönlich die von ihm eingestellte Zeitbombe in seiner Aktentasche in den Besprechungsraum bringen, aber zugleich hatte er die Aufgabe, mit der Bekanntgabe des Schlüsselwortes »Hitler ist tot« die Aktion »Walküre« auszulösen, den Staatsstreich einzuleiten, mit dem im Reich und in den besetzten Gebieten die Wehrmachtbefehlshaber sofort alle höheren SS- und Parteidienststellen besetzen, die SS entwaffnen und die SS- und Parteiführer verhaften sollten. Der Anschlag scheiterte, die Bombe explodierte zwar, aber Hitler wurde nur leicht verletzt, weil ein Teilnehmer der Besprechung die Aktentasche mit der Zeitbombe kurz vorher vom Platz des »Führers« weg und zur Seite gestellt hatte. Stauffenberg, der erst drei Stunden nach dem Attentat wieder in Berlin eintraf, glaubte, dass Hitler tot sei, und gab das Startzeichen zur Auslösung der Aktion. Doch da waren schon Nachrichten aus dem Führerhauptquartier durchgesickert, dass Hitler am Leben geblieben war. Jetzt weigerten sich einige der Armeebefehlshaber, Weisungen aus Berlin entgegenzunehmen, wenn Hitler lebte, andere distanzierten sich sogleich von jeglichen Staatsstreichsplänen, zumal jetzt aus dem Führerhauptquartier Befehle telefonisch durchgegeben wurden, den Verschwörern den Gehorsam zu verweigern. Der Kommandeur des Berliner Wachbataillons, der den Auftrag hatte, den Propagandaminister Goebbels zu verhaften, wurde von diesem persönlich mit Hitler verbunden, der ihm den Befehl gab, sofort den Aufstand niederzuschlagen. In dem Wirrwarr, der sich in den Abendstunden des 20. Juli im Gebäude des Heeresersatzamtes in der Berliner Bendlerstraße abspielte, brach der Aufstand zusammen. Stauffenberg und drei weitere Offiziere wurden noch in der Nacht im Hof der Bendlerstraße erschossen. Hitler übertrug dem Reichsführer SS Himmler das Oberkommando des Ersatzheeres und beauftragte ihn, die Verschwörer und alle Mitwisser zu verhaften. Gegen die Familienangehörigen wurde »Sippenhaft« verhängt. Durch unglückliche Umstände fiel der Gestapo Material in die Hände, aus dem die Verbindungen der militärischen Verschwörer zu zivilen Widerstandsgruppen zu erkennen waren. Insgesamt sind aus dem engeren Widerstandskreis etwa 200 Männer und Frauen vor den *Volksgerichtshof* (▶ 11.46) geschleppt und später hingerichtet worden; die Zahl der im weiteren Zusammenhang mit den Vorgängen des 20. Juli Verhafteten wird auf rund 7 000 geschätzt; bis zum Kriegsende wurden Tausende hingerichtet.
Hitler versuchte, die hinter dem Attentat stehenden Kreise verächtlich zu machen und ihre Bedeutung abzuschwächen, indem er verkündete, es habe sich um eine »ganz kleine Clique ehrgeiziger Offiziere« gehandelt. Er selbst nahm seine Errettung zum Anlass, wieder ein-

mal die »Vorsehung« zu zitieren, die ihn vor dem Tode bewahrt habe, damit er sein großes Werk vollenden könne.
Welche Chancen zur Beendigung des Krieges und zur Demokratisierung ein Gelingen des Staatsstreichs tatsächlich eröffnet hätte, bleibt allerdings ungewiss.

11.46 Volksgerichtshof

Nach dem Scheitern des Attentats vom *20. Juli 1944* (▶ 11.45) nahmen nun Hitler und Himmler, der jetzt zum Befehlshaber des Ersatzheeres ernannt wurde, die Verfolgung der dem Widerstand zugerechneten Personengruppen auf. Die Offiziere wurden aus der Wehrmacht ausgestoßen und ebenso wie die verhafteten Zivilisten zur Aburteilung dem Volksgerichtshof übergeben. Dieses 1934 eingerichtete Sondergericht, das sich mit politischen Straftaten wie »Wehrkraftzersetzung«, »Wehrdienstentziehung«, Spionage u.a. als erste und letzte Instanz befasste, unterstand seit 1942 dem Präsidenten Roland Freisler. Besonders unter der Präsidentschaft Freislers wurde der Volksgerichtshof zu einem gefürchteten Instrument nationalsozialistischer Terrorjustiz. Von den jeweils fünf Richtern der sechs Senate brauchten nur zwei, der Vorsitzende und ein Beisitzer, Juristen zu sein, die drei anderen von Hitler ernannten Laienbeisitzer kamen aus der Wehrmacht, der Polizei oder der Partei.
Die Verfahren gegen die Mitglieder der Widerstandsbewegung leitete Freisler größtenteils persönlich. Er ließ die Angeklagten unter entwürdigenden Umständen vor Gericht auftreten, schrie in seinem Verhör die Angeklagten unentwegt an und ließ sie kaum zu Wort kommen. Die ihrem sicheren Tod entgegengehenden Widerstandskämpfer haben dennoch ihre Einstellung zum Regime und zu Hitler mannhaft vertreten. Hitler ließ die Hauptverhandlungen ebenso filmen wie auch die grausame Hinrichtungsprozedur. Der Volksgerichtshof hat insgesamt bis Ende 1944 über 5200 Todesurteile gefällt, die auch vollstreckt worden sind. Freisler kam Anfang Februar 1945 bei einem Luftangriff ums Leben. Die Opfer der nationalsozialistischen Blutjustiz haben mit ihrem kompromisslosen Widerstand gegen das Unrechtsregime und mit ihrem tapferen Leiden und Sterben der Welt bewiesen, dass es auch in der dunkelsten Zeit der deutschen Geschichte noch ein anderes Deutschland gab.

11.47 Luftkrieg über Deutschland

Während in Großbritannien und in den USA der Luftwaffe von vornherein eine eigene strategische Bedeutung zugemessen wurde, sah die deutsche Führung die Aufgabe der Luftstreitkräfte mehr im Zusammenwirken mit den Bodentruppen. Das hatte zur Folge, dass in der deutschen Rüstung dem Bau von Kurzstreckenjägern und Kampfflugzeugen der Vorzug gegeben wurde, während der Schwerpunkt der

◀ *Luftkrieg über Deutschland. Die seit Anfang 1943 massiven Angriffe der alliierten Bomberflotten führten zur Zerstörung zahlreicher deutscher Städte. Die Luftaufnahme zeigt die Ruinen von Wohnblocks in Hamburg*

angloamerikanischen Rüstung auf Langstreckenbombern und entsprechenden Langstrecken-Begleitjägern lag. Bereits in der *Luftschlacht um England* 1940 (▶ 11.33) wirkte sich dies nachteilig für die deutsche Seite aus, als die deutschen Bomberverbände, deren Bombenlastkapazität ohnehin beschränkt war, ohne Begleitschutz der britischen Abwehr ausgesetzt waren. Und dennoch, der Luftkrieg mit massiven Bombenangriffen gegen Städte und die Zivilbevölkerung war von Hitler eröffnet worden. Er hatte 1940 großsprecherisch verkündet, er werde englische Städte »ausradieren«.

Voll zur Wirkung kam der Einsatz alliierter Langstreckenbomber und Begleitjäger ab Frühjahr 1942. Der erste Großangriff von tausend Bombern traf Köln am 30./31. Mai 1942. Die ab 1943 auch bei Tage einfliegenden Verbände hatten anfänglich schwere Verluste aufzuweisen, gegen die sich allmählich herausbildenden Flächenangriffe war jedoch die deutsche Luftabwehr nahezu hilflos. Ab November 1943 begann die systematische Bombardierung der Reichshauptstadt, ab Anfang 1944 hatten die Alliierten die Luftherrschaft über dem Reichsgebiet eindeutig errungen. Jetzt wurde, nahezu unbehelligt von der deutschen Abwehr, eine Stadt nach der anderen in Trümmer gelegt. Trotz furchtbarer Zerstörungen konnte aber die deutsche Kriegswirtschaft nicht entscheidend getroffen werden, das Produktionsniveau wurde sogar bis Ende 1944 noch gesteigert. Die Belastung der Zivilbevölkerung – insgesamt sind etwa 500 000 Menschen im Luftkrieg ums Leben gekommen – war ungeheuer groß, aber der Bombenkrieg bewirkte gerade, dass sich die Menschen in den Luftschutzkellern und in den Trümmern ihrer Städte mit ihrer Führung solidarisierten, dass sich ihr Wille zum Durchhalten bis zu der immer wieder angekündigten Wende des Krieges durch die angeblichen »Wunderwaffen des Führers«, die es gar nicht gab, versteifte.

Den letzten Höhepunkt der alliierten Bombenangriffe bildete die Zerstörung Dresdens am 13. und 14. Februar 1945, wo mindestens 35 000 Menschen, darunter Tausende von Flüchtlingen, ums Leben kamen. Am Ende des Krieges waren fast alle deutschen Großstädte und viele mittlere und kleine Städte durch Bombenangriffe in Trümmer gelegt, über 50 % der Verkehrs- und Industrieanlagen waren zerstört.

11.48 Konferenz von Jalta

Als sich die politischen Führer der drei Hauptalliierten, Roosevelt, Churchill und Stalin – die großen drei –, zur Konferenz auf der Krim vom 4. bis 11. Februar 1945 trafen, standen die alliierten Armeen bereits an den Grenzen des Deutschen Reiches. Aachen war am 21. Oktober 1944 als erste deutsche Stadt besetzt worden, die letzte deutsche Gegenoffensive in den Ardennen war zurückgeschlagen worden, die Rote Armee war zu ihrem Großangriff gegen Ostpreußen, Schlesien und Berlin angetreten.

Trotz der bereits in Geheimberichten auftauchenden Meinungsverschiedenheiten zwischen den Verbündeten über die Behandlung der durch die Rote Armee befreiten osteuropäischen Länder hatten die Teilnehmer der Konferenz doch den Eindruck, gemeinsam »einen ersten großen Friedenssieg gewonnen zu haben«. Die Sowjetunion versprach, in etwa zwei bis drei Monaten nach der deutschen Kapitulation in den Krieg gegen Japan einzutreten. Als Ostgrenze Polens wurde die so genannte Curzonlinie festgelegt, sie entsprach etwa der 1939 zwischen Hitler und Stalin ausgehandelten Demarkationsgrenze. Polen sollte dafür »beträchtlichen« Gebietszuwachs im Westen erhalten, die genaue Festlegung der abzutretenden deutschen Gebiete erfolgte jetzt noch nicht. Stalin sprach jedoch bereits von der Oder-Neiße-Linie. Die Entscheidung darüber wurde auf die nächste Konferenz der großen drei verschoben (*Potsdamer Konferenz,* ▶ 12.4). Die Teilnahme Frankreichs an der vorgesehenen Militärregierung in Deutschland wurde verabredet sowie die Aufteilung des Reichsgebietes in vier Besatzungszonen, ferner die Errichtung einer Kommission zur Festsetzung der deutschen Reparationen. Übereinstimmung erzielten die Konferenzteilnehmer auch über die Fragen der Entmilitarisierung und Entnazifizierung der Deutschen. Ungeklärt blieb die zukünftige wirtschaftliche Gestaltung Deutschlands, doch war Roosevelt jetzt weitgehend von dem Morgenthauplan abgerückt, nach dem Deutschland radikal in ein Agrarland zurückverwandelt werden sollte.

Weitere Beschlüsse betrafen unter anderem die Bildung einer provisorischen polnischen Regierung und den Abstimmungsmodus in der geplanten Organisation der UN.

Der Zweite Weltkrieg – Der alliierte Vormarsch in das Deutsche Reich 1944/45

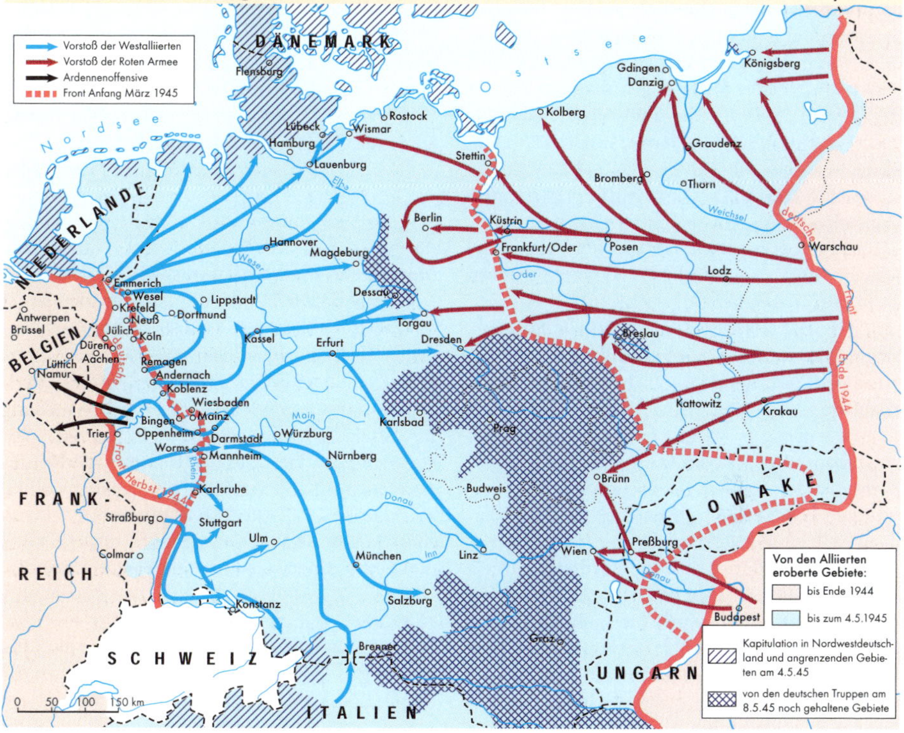

11.49 Volkssturm

Am 25. September 1944 verordnete Hitler zur Verteidigung der bedrohten Heimatgebiete die Bildung eines deutschen Volkssturms. Er sollte alle Männer zwischen 16 und 60 Jahren umfassen, die noch nicht zur Wehrmacht eingezogen worden waren, somit alle bisher ihres Berufes wegen vom Wehrdienst Freigestellten (Facharbeiter, Bauern usw.). Der Volkssturm sollte den Kampf der Wehrmacht unterstützen. Die militärische Ausrüstung, Organisation und Ausbildung übernahm als Befehlshaber des Ersatzheeres der Reichsführer SS Himmler. Die Aufstellung der Volkssturmeinheiten wurde den jeweiligen Gauleitern der Partei übertragen. Hitler erwartete, dass sein Aufruf zur Bildung des Volkssturms einen Aufstand der Massen zur Verteidigung der Heimat auslösen würde. Aber die Fanatisierung des Volkes blieb aus. Die Ausbildung der Volkssturmmänner war völlig unzureichend, ihre Bewaffnung mit Ausnahme der Panzerfaust dürftig, ihr militärischer Wert war ungenügend, wie auch die von ihnen angelegten Panzersperren weitgehend wertlos waren. Ihr Einsatz im Kampfgebiet war somit unverantwortlich und führte nur zu hohen Verlusten unter den unerfahrenen jungen und alten Männern des letzten Aufgebotes.

11.50 Hitlers politisches Testament

Im letzten Abschnitt des Krieges, als sich die Armeen der Verbündeten von West und Ost auf die Mitte des Reiches zubewegten und sich der Zusammenbruch Deutschlands immer klarer abzeichnete, erließ Hitler vom Bunker der Reichskanzlei aus immer unsinnigere Befehle, die seinen physischen und psychischen Verfall erkennen ließen. Am 19. März 1945 ordnete er an, dass beim Heranrücken des Feindes alle Industrie- und Versorgungsanlagen, Verkehrs-

und Nachrichteneinrichtungen zerstört werden sollten. Diesen »Verbrannte-Erde-Befehl«, den jedoch die meisten Truppenkommandeure nicht mehr befolgten, rechtfertigte Hitler dem Rüstungsminister Speer gegenüber, der auf die negativen Folgen für die überlebende Zivilbevölkerung hingewiesen hatte, mit der Bemerkung: »... Es ist nicht notwendig, auf die Grundlagen, die das Volk zu seinem primitivsten Weiterleben braucht, Rücksicht zu nehmen ... denn das Volk hätte sich als das schwächere erwiesen, und dem stärkeren Ostvolk gehöre dann ausschließlich die Zukunft.« Als am 12. April 1945 Hitler der Tod des amerikanischen Präsidenten Roosevelt mitgeteilt wurde, glaubte er, nun werde die unnatürliche Kriegskoalition der Gegner auseinander brechen und sich eine günstige Wende im Kriegsgeschehen einstellen, wie seinerzeit im Siebenjährigen Krieg, als der Tod der russischen Zarin Katharina den Preußenkönig Friedrich aus einer nahezu hoffnungslosen Lage befreit hatte. Aber es änderte sich nichts, der Krieg wurde auch unter dem neuen Präsidenten der USA, Harry S. Truman, fortgesetzt. Als auch die mehr in Hitlers Fantasie als in der Realität existierende Armee Wenck, die den russischen Einschließungsring um Berlin aufbrechen sollte, nicht in Erscheinung trat, fasste Hitler den Entschluss, sich das Leben zu nehmen.

In seinem am 29. April 1945 verfassten »politischen Testament« suchte er sich selbst in schwülstig-theatralischen Formulierungen von jeder Schuld am Kriege reinzuwaschen, der von jenen Staatsmännern angestiftet worden sei, »die entweder jüdischer Herkunft waren oder für jüdische Interessen arbeiteten.« Er stieß seine alten Kampfgefährten *Göring* (▶ 11.10) und *Himmler* (▶ 11.31) aus der Partei und allen Ämtern aus, weil sie hinter seinem Rücken Verhandlungen mit dem Feind aufgenommen hätten, und schloss sein Testament mit dem beschwörenden Appell an die Überlebenden »zur peinlichen Einhaltung der Rassengesetze und zum unbarmherzigen Widerstand gegen den Weltvergifter aller Völker, das internationale Judentum.«

Hitler hatte nichts hinzugelernt. Mit denselben Formulierungen hatte er am Beginn seiner politischen Laufbahn in der Nachkriegssituation nach 1918 die Massen aufzuhetzen begonnen. Er sah sich von Verrat und Treulosigkeit umgeben. Theatralisch-makaber war auch seine letzte Handlung, die Heirat mit seiner langjährigen Lebensgefährtin Eva Braun, wenige Stunden vor dem gemeinsamen Selbstmord am 30. April 1945.

11.51 Bedingungslose Kapitulation

Mit der Verkündung ihres Kriegszieles der bedingungslosen Kapitulation schon im Januar 1943 in Casablanca hatten Churchill und Roosevelt auch den Widerstandswillen des deutschen Volkes gestärkt und erreicht, dass sich große Teile der Bevölkerung mit ihrer militärischen und politischen Führung solidarisierten. Dem deutschen *Widerstand* (▶ 11.43) war damit die Möglichkeit genommen, die noch zögernden Frontbefehlshaber für den gegen Hitler geplanten Staatsstreich zu gewinnen, weil sie auch für den Fall der Beseitigung Hitlers keine Zusage von den Alliierten in Händen hatten, dann eine günstigere Friedensregelung zu erreichen.

Nun aber war der Krieg endgültig verloren, Amerikaner und Sowjets gaben sich an der Elbe bei Torgau die Hand, die von der Sowjetarmee eingeschlossene Reichshauptstadt stand vor dem Fall, Hitler hatte sich im Bunker unter der in Trümmern liegenden Reichskanzlei der Verantwortung durch Selbstmord entzogen. Es war eine Illusion zu glauben, Amerikaner und Russen würden sich schon in der Stunde des Endsieges entzweien, Amerikaner und Briten würden nun plötzlich gemeinsam mit den noch intakten deutschen Armeen die Sowjets wieder aus Mitteleuropa vertreiben. Aber viele hofften darauf, auch der von Hitler zum Nachfolger als Reichspräsident und Oberbefehlshaber der Wehrmacht ernannte Großadmiral Dönitz, der von Flensburg-Mürwik aus die Reichsgeschäfte, soweit sie noch funktionierten, weiterzuführen versuchte. Dönitz, der soeben noch dem deutschen Volk in bewusster Verfälschung der Tatsachen den »Heldentod des Führers« mitgeteilt hatte, begriff nicht, dass die Alliierten an ihrem Vorgehen gegenüber Deutschland auch nach dem Tode Hitlers bis zur bedingungslosen Kapitulation der Wehrmacht festhalten wollten. Dönitz hat aber die nun doch als unvermeidlich erkannte Gesamtkapitulation so lange hinauszuzögern versucht, bis ein möglichst großer Teil der sich nach Westen abset-

Am 7. Mai 1945 wurde in Reims die Gesamtkapitulation der deutschen Wehrmacht unterzeichnet. In der Mitte Generaloberst Alfred Jodl als Vertreter des Oberkommandos der Wehrmacht, links General Oxenius (Vertreter der Luftwaffe), rechts Admiral von Friedeburg (Marine)

zenden Truppen und der Flüchtlingsströme vor dem Zugriff der Roten Armee in Sicherheit gebracht war. So gelang es, etwa 2 bis 3 Millionen Menschen in den Bereich der Westalliierten zu überführen.

Am 2. Mai 1945 kapitulierte Berlin, am gleichen Tag trat die am 29. April unterzeichnete deutsche Teilkapitulation in Italien in Kraft, weitere Teilkapitulationen folgten am 4. Mai in Süd- und Nordwestdeutschland. Die von General Eisenhower geforderte Gesamtkapitulation des Deutschen Reichs wurde am 7. Mai im amerikanischen Hauptquartier in Reims unterzeichnet und am 8. Mai auf Wunsch Stalins im sowjetischen Hauptquartier in Berlin-Karlshorst wiederholt.

Daten

30. Jan. 1933	Hitler wird Reichskanzler (»Machtergreifung«)
27. Febr. 1933	Reichstagsbrand
5. März 1933	Reichstagswahl
23. März 1933	Ermächtigungsgesetz
2. Mai 1933	Auflösung der Gewerkschaften
22. Juni 1933	Verbot der SPD
20. Juli 1933	Konkordat zwischen dem Deutschen Reich und dem Vatikan
14. Okt. 1933	Austritt Deutschlands aus dem Völkerbund
26. Jan. 1934	Nichtangriffspakt mit Polen
30. Juni 1934	so genannter Röhmputsch
2. Aug. 1934	Hitler wird Staatsoberhaupt als »Führer und Reichskanzler«
16. März 1935	Einführung der allgemeinen Wehrpflicht und Aufbau der Wehrmacht
18. Juni 1935	Deutsch-Britisches Flottenabkommen
15. Sept. 1935	»Nürnberger Gesetze« (Entrechtung der jüdischen Bevölkerung)
7. März 1936	Besetzung der entmilitarisierten Zone des Rheinlandes
25. Okt. 1936	Achse Berlin–Rom
25. Nov. 1936	Antikominternpakt mit Japan
12. März 1938	Einmarsch deutscher Truppen in Österreich
29. Sept. 1938	Münchner Abkommen
1. Okt. 1938	Einmarsch deutscher Truppen in sudetendeutsche Gebiete
9. Nov. 1938	organisiertes Judenpogrom (»Reichskristallnacht«)
15. März 1939	Einmarsch deutscher Truppen in die Tschechoslowakei
22. Mai 1939	Militärbündnis mit Italien (»Stahlpakt«)
23. Aug. 1939	Deutsch-Sowjetischer Nichtangriffspakt (»Hitler-Stalin-Pakt«)
1. Sept. 1939	Überfall auf Polen
3. Sept. 1939	britische und französische Kriegserklärung an das Deutsche Reich
9. April 1940	Besetzung Dänemarks und Norwegens
10. Mai 1940	Beginn des Westfeldzuges
22. Juni 1940	Waffenstillstand mit Frankreich
13. Aug. 1940	Beginn der Luftschlacht gegen Großbritannien
30. März 1941	Angriff des deutschen Afrikakorps unter Rommel
6. April 1941	Beginn des Angriffs gegen Jugoslawien und Griechenland
22. Juni 1941	Beginn des Angriffs gegen die Sowjetunion
11. Dez. 1941	Kriegserklärung Hitlers an die USA
20. Jan. 1942	Wannseekonferenz (»Endlösung der Judenfrage« eingeleitet)
30./31. Mai 1942	1. Großangriff auf Köln (1 000 Bomber)
7. Nov. 1942	Landung der Alliierten in Nordafrika
19. Nov. 1942	Beginn der sowjetischen Gegenoffensive bei Stalingrad
25. Jan. 1943	Roosevelt und Churchill fordern auf der Konferenz von Casablanca »bedingungslose Kapitulation« Deutschlands
31. Jan./2. Febr. 1943	Kapitulation der 6. Armee in Stalingrad
18. Febr. 1943	Goebbels verkündet im Berliner Sportpalast den »totalen Krieg«
13. Mai 1943	Kapitulation der deutsch-italienischen Heeresgruppe Afrika
28. Nov.–1. Dez. 1943	Gipfelkonferenz der Alliierten in Teheran
6. Juni 1944	Invasion der Alliierten in der Normandie
20. Juli 1944	fehlgeschlagenes Attentat auf Hitler im Führerhauptquartier
4.–11. Febr. 1945	Gipfelkonferenz von Jalta
30. April 1945	Hitler begeht Selbstmord
7./8. Mai 1945	Kapitulation der deutschen Wehrmacht in Reims und Berlin-Karlshorst

Neuanfang (1945–1949)

12

Einführung

Mit der bedingungslosen Kapitulation der deutschen Wehrmacht am 8. Mai 1945 und der vollständigen Besetzung des Reichsgebiets durch die Truppen der alliierten Kriegsgegner wurde Deutschland nicht nur von der nationalsozialistischen Diktatur befreit, sie führte auch zur Spaltung Deutschlands. Die alliierten Siegermächte – die USA, die Sowjetunion, Großbritannien und Frankreich – übten nun die oberste Staatsgewalt auf deutschem Boden aus und teilten das Land in vier Besatzungszonen auf; auch die Reichshauptstadt Berlin wurde in vier Sektoren unterteilt und erhielt einen eigenen Viermächtestatus. Die östlichen Gebiete Deutschlands bis zur Oder-Neiße-Linie wurden abgetrennt und von Stalin zunächst eigenmächtig, schließlich mit Billigung der Westmächte, sowjetischer bzw. polnischer Verwaltung übergeben.

Diese schwierige Situation des staatlichen Zusammenbruchs und des notwendigen Neubeginns wurde im negativen wie im positiven Sinne als »Stunde null« empfunden. Für viele Deutsche bedeutete 1945 einen einschneidenden Bruch: Ideologie und System des Nationalsozialismus hatten sich als verbrecherisch und zerstörerisch erwiesen, zerbrochen schienen auch viele Traditionen und Wertvorstellungen der Deutschen. Konnten Werte wie Nation, Autorität, Fleiß und Ordnung noch Orientierung geben, nachdem sie von den Nationalsozialisten vereinnahmt worden waren? Zudem standen viele vor dem Nichts: Wohnungen, Verkehrsverbindungen und Versorgungseinrichtungen waren zerstört, die nackte Existenzsicherung stand im Vordergrund – verschärft durch den Zustrom von Millionen von Flüchtlingen und Vertriebenen aus den Ostgebieten. Das Ende des Dritten Reiches bot jedoch auch Hoffnungen, dass eine völlige Neuorientierung möglich sein könnte.

Die Alliierten fassten auf der Gipfelkonferenz von Potsdam (17. Juli bis 2. August 1945) Beschlüsse über die Behandlung des besiegten und besetzten Deutschland. Einigkeit herrschte über die vollständige Vernichtung des deutschen Rüstungspotenzials, die Aburteilung und Bestrafung der Kriegsverbrecher und die Säuberung des politischen Lebens in Deutschland vom Nationalsozialismus und vom Militarismus. Grundsätzlich einig waren sich die Siegermächte auch über einen demokratischen Neuaufbau Deutschlands, wobei sie ihre unterschiedlichen Vorstellungen über Demokratie zunächst ausklammerten. Diese traten dann allerdings in der Praxis deutlich zutage.

Der Beschluss, ganz Deutschland als wirtschaftliche Einheit zu behandeln, wurde in der Folgezeit nicht verwirklicht. Dies lag zum einen bereits in der Struktur der Besatzungsherrschaft begründet. Die vier Mächte hatten als oberste Instanz den Alliierten Kontrollrat mit Sitz in Berlin errichtet, der nur bei einstimmiger Beschlussfassung handeln konnte. Die jeweiligen Militäroberbefehlshaber verfügten jedoch eigenverantwortlich in ihren Besatzungszonen über die Entscheidungsgewalt. Darüber hinaus legten die Besatzungsmächte fest, dass sie ihre Reparationsansprüche zunächst aus ihren eigenen Besatzungszonen befriedigen sollten.

Auch wenn die Alliierten mit der Kapitulation die Macht in Deutschland übernommen hatten, konnte sich doch bald wieder politisches Leben unter den Deutschen entwickeln. Um die dringenden Aufgaben bei der Versorgung der deutschen Bevölkerung überhaupt zu bewältigen, beauftragten die alliierten Truppenbefehlshaber politisch unbelastete Deutsche und setzten sie als Bürgermeister und Landräte, bald auch als Ministerpräsidenten ein. Bereits im Sommer 1945 wurde auch die Bildung demokratischer Parteien zugelassen. Die sich neu bildenden Parteien gingen in vielem auf die Strukturen der Weimarer Republik zurück, nicht zuletzt deshalb, weil die meisten Parteigründer vor dem Dritten Reich aktive Politiker der Weimarer Zeit gewesen waren. Ausnahmen stellten die CDU und ihre bayerische Schwesterpartei CSU dar, die es zuvor nicht gegeben hatte. Sie banden u.a. die protestantischen Schichten an sich, die in der Weimarer Republik ihre politische Heimat großenteils bei den Deutschnationalen, aber auch bei den liberalen Parteien gehabt hatten. Ihr Ziel war es, eine große Volkspartei der rechten Mitte zu werden. Die liberalen Parteigründer ihrerseits waren erfolgreich, als sie die historische Spaltung in Rechts- und Linksliberale überwanden.

Die Aufteilung Deutschlands in Interessenzonen erschwerte allerdings die Neugründungen der Parteien, die sich vor allem auf der lokalen oder regionalen Ebene vollzogen. Besonders augenfällig wurde dies am Beispiel der SPD, deren Berliner Zentralausschuss unter der Aufsicht der Sowjets am 15. Juni 1945 die »organisatorische Einheit der deutschen Arbeiterklasse« forderte. Diese zum Teil auch in den Westzonen erhobene Forderung wurde von Kurt Schumacher, der die Führung der Partei in den Westzonen übernahm, strikt abgelehnt. Bereits im Oktober 1945 kam es daher auf der Reichskonferenz der SPD in Wennigsen bei Hannover zur organisatorischen Trennung der SPD: Der Zentralausschuss sollte künftig für die sowjetische Zone, Schumacher für die Westzonen zuständig sein.

Die KPD hatte am 11. Juni 1945 als erste Partei ihren Aufruf in Berlin veröffentlicht, in dem sie für Deutschland »den Weg der Aufrichtung eines antifaschistischen demokratischen Regimes, einer parlamentarisch demokratischen Republik mit allen demokratischen Rechten und Freiheiten für das Volk« forderte. Eine Vereinigung mit der SPD lehnte sie zu diesem Zeitpunkt ab. Als sie jedoch erkennen musste, dass sie weniger Anhänger gewinnen konnte als erwartet, forcierte sie ab Oktober 1945 mithilfe der sowjetischen Besatzungsmacht den Zusammenschluss mit der SPD in der sowjetischen Zone. Die unter massivem politischen Druck im April 1946 erfolgte Vereinigung von KPD und SPD zur SED ließ sozialdemokratischen Aktivitäten in der sowjetischen Zone keinen Raum mehr.

Das Bündnis der Mächte, die gemeinsam das nationalsozialistische Deutschland niedergerungen hatten, zerbrach bereits in der frühen Nachkriegszeit. Aus dem 2. Weltkrieg waren die USA und die Sowjetunion als die beiden Weltmächte hervorgegangen. Gegensätze in der inneren Struktur und in ihren weltpolitischen Zielsetzungen führten zu Konflikten an vielen Orten der Welt. Ein »heißer« Krieg zwischen den USA, die seit 1945 über die Atombombe verfügten, und der Sowjetunion wurde von beiden sorgsam vermieden. Aber seit 1946/47 entwickelte sich ein »kalter« Krieg zwischen Ost und West, der sich in unzähligen regionalen Konflikten manifestierte, die teils kriegerisch, teils mit den Mitteln diplomatischen und politischen Drucks ausgetragen wurden. Deutschland war eines der Hauptfelder dieses kalten Krieges, in dem keine Seite der anderen strategisch wertvolles Terrain in der Mitte Europas überlassen wollte. Dies hatte unmittelbare Auswirkungen auf die Politik der Besatzungsmächte in Deutschland. Frankreich spielte dabei insoweit eine Sonderrolle, als es bis etwa 1948 vordringlich einen starken deutschen (Gesamt-)Staat zu verhindern suchte.

Der Kalte Krieg sollte nicht ohne Einfluss bleiben auf die politische Diskussion der Deutschen über die Gestaltung des künftigen Deutschland. Hinsichtlich der Wirtschafts- und Gesellschaftsordnung gab es in den ersten Jahren eine breite politische Tendenz zugunsten von Sozialisierung und Mitbestimmung, die sich in allen Landesverfassungen bzw. entsprechenden Landesgesetzen niederschlug. Die USA verhinderten jedoch die Durchführung in den Ländern der Westzonen, da die Wirtschaftsordnung allein Sache des künftigen Gesamtstaates sei.

In den Sog des Ost-West-Konflikts geriet auch die Diskussion über die zukünftige außenpolitische Orientierung Deutschlands. Während für die Anlehnung an die Sowjetunion in den Westzonen nur wenige plädierten, gab es – nicht nur – in der CDU einen heftigen Streit zwischen den Anhängern einer Anbindung an den Westen, deren Wortführer Konrad Adenauer war, und den Vertretern eines »Dritten Weges« zwischen Kapitalismus und Kommu-

nismus. Diese Diskussionen verloren an Bedeutung, je deutlicher die amerikanisch-britische Politik wurde, die Bildung eines westdeutschen Teilstaates anzustreben.
Vorform hierzu wurde der unter französischem und sowjetischem Protest zum 1. Januar 1947 erfolgte Zusammenschluss der amerikanischen und der britischen Besatzungszone zur Bizone – geboren auch aus den Versorgungsschwierigkeiten des Winters 1945/1946. Unter der Aufsicht der beiden Alliierten erhielt die Bizone ein Parlament (»Wirtschaftsrat«), einen Länderrat und eine Exekutive. Nicht zuletzt im Wirtschaftsrat zeigte sich, dass die wirtschaftspolitische Diskussion in der CDU von den Sozialisierungsforderungen des Ahlener Programms (Februar 1947) sich zum Konzept der sozialen Marktwirtschaft entwickelte. Zusammen mit der FDP setzte die Unionsfraktion im Wirtschaftsrat die Berufung des parteilosen Ludwig Erhard zum Direktor der Verwaltung für Wirtschaft durch.
Die Einbeziehung der Westzonen in die Marshallplanhilfe, die die USA zum Aufbau der europäischen Wirtschaft und zur Abwehr des Kommunismus aufgelegt hatten, bildete einen weiteren Schritt im Prozess der Teilung Deutschlands. Voraussetzung für die Wirksamkeit der Marshallplanhilfe war die Neuordnung der Währungsverhältnisse. Die in allen Westzonen am 20./21. Juni 1948 durchgeführte Währungsreform brachte einen harten Schnitt für die Sparer und begünstigte die Sachwertbesitzer. Zusammen mit der weitgehenden Aufhebung der Zwangswirtschaft trug sie wesentlich zum wirtschaftlichen Aufbau der kommenden Jahre bei.
Die Sowjets führten wenige Tage später in ihrer Zone eine eigene Währungsreform durch. Die Einführung der Westzonenwährung in den Westsektoren Berlins wurde zum Auslöser der Berliner Blockade vom 24. Juni 1948 bis 12. Mai 1949. Stalin machte damit den Versuch, durch Aushungern der West-Berliner Bevölkerung und durch massiven Druck auf die Westmächte die Bildung eines gegen die Sowjetunion gerichteten westdeutschen Teilstaates zu verhindern. Der Versuch scheiterte am Widerstandswillen der West-Berliner und am entschlossenen Handeln der Amerikaner und Briten bei der Errichtung der Luftbrücke. Die Berliner Blockade, der erste Höhepunkt des Kalten Krieges, beschleunigte den Prozess der westdeutschen Staatsbildung, die zudem nun stärker als vorher unter antikommunistischem Vorzeichen stand.
Nachdem die Widerstände Frankreichs überwunden waren, beauftragten die drei westlichen Militärgouverneure die Ministerpräsidenten der Länder am 1. Juli 1948 damit, eine Verfassung ausarbeiten zu lassen. Unter Hervorhebung des provisorischen Charakters der Staatsbildung erarbeitete der von den Länderparlamenten der Westzonen gewählte Parlamentarische Rat vom September 1948 bis Mai 1949 das Grundgesetz für die Bundesrepublik Deutschland.
In der sowjetischen Zone hatte sich bereits Ende 1947 auf Betreiben der SED eine Volkskongressbewegung »für Einheit und gerechten Frieden« gebildet. Der aus ihr hervorgegangene Deutsche Volksrat hatte bis zum Oktober 1948 eine »Verfassung der Deutschen Demokratischen Republik« erarbeitet, die von der provisorischen Volkskammer der DDR am 7. Oktober 1949 in Kraft gesetzt wurde.
Auch wenn das Kriegsende als »Stunde null« betrachtet wurde, waren die Gestaltungsmöglichkeiten doch eingeengt. An Überlegungen und Diskussionen über die Zukunft Deutschlands hat es nicht gefehlt. Viele Ansätze wurden freilich verschüttet, als Deutschland zum Hauptfeld des weltpolitischen Ost-West-Gegensatzes wurde. Letztlich bestimmende Faktoren für die Entwicklung Deutschlands waren die Besatzungsmächte. In der Ostzone wurde der zunächst zugesicherte eigene deutsche Weg bald verlassen und der Wille der Sowjetunion für die Gestaltung von Politik und Gesellschaft verbindlich. In den Westzonen zeigten u. a. der abrupte Abbruch der Entnazifizierung – mit gesellschaftspolitischen Spätfolgen in der Bundesrepublik – sowie der Verlauf der Sozialisierungsdebatte, dass die USA spätestens ab 1947 die Priorität auf den raschen Aufbau eines privatwirtschaftlich verfassten, mit dem Westen verbundenen westdeutschen Staates legten.

12.1 Der Zusammenbruch

Der 2. Weltkrieg, den die Nationalsozialisten unter der Führung Hitlers begonnen hatten, um »Lebensraum« für das deutsche Volk zu erobern und ein »großgermanisches« Reich zu errichten, war mit der bedingungslosen Kapitulation der deutschen Wehrmacht am 8. Mai 1945 zu Ende gegangen. Das Dritte Reich war damit zusammengebrochen, und das von Bismarck 1871 gegründete Deutsche Reich hatte faktisch aufgehört zu bestehen. Mit der vollständigen Besetzung des deutschen Reichsgebietes durch die Armeen der Anti-Hitler-Koalition erlebten die Deutschen die bitterste Stunde in ihrer Geschichte, die totale Niederlage stand am Ende des von Goebbels fanatisch ausgerufenen »totalen Krieges«. Doch sie bedeutete auch die Befreiung von der nationalsozialistischen Terrorherrschaft, was vielen angesichts der Zerstörung erst später bewusst wurde. Denn zusammengebrochen waren nicht nur das Regime und der Staat, großenteils zusammengebrochen waren infolge des Krieges auch die lebensnotwendigen Einrichtungen: Verkehrs- und Transporteinrichtungen waren zerstört, Eisenbahn und Post waren lahmgelegt, fast alle Behörden und Dienststellen hatten sich aufgelöst. Die großen Städte, aber auch viele mittlere und kleine, lagen in Trümmern, rund 5

▲ *Das zerstörte Dresden 1945*

Millionen Wohnungen waren total oder erheblich zerstört. Die Menschen in den Städten hausten in Kellern unter Trümmern, in Barackenlagern oder notdürftig hergerichteten Behelfswohnungen. Die den Armeen nachfolgenden alliierten Militärverwaltungen hatten vorrangig die wichtigsten Transportprobleme zu lösen und die Bevölkerung mit dem Notwendigsten an Lebensmitteln, Brennstoffen und Bekleidung zu versorgen. Dazu waren sie von Anfang an auf die Mitarbeit der Deutschen angewiesen. Aus Männern und Frauen, die sie für politisch unbelastet hielten, wählten sie die Hilfskräfte aus, setzten Bürgermeister, Landräte und Ministerpräsidenten ein. Nicht wenige politische Karrieren in der späteren Bundesrepublik Deutschland nahmen hier ihren Anfang. Außerordentlich verschärft wurde die katastrophale Versorgungslage in den ersten Monaten und Jahren durch den anhaltenden Zustrom von Flüchtlingen und Vertriebenen aus dem Osten.

Man hat die damalige Situation der Deutschen als »Stunde Null« charakterisiert: Fast alles war zerstört, die materiellen und die immateriellen Werte. Die Hauptsorge der meisten Menschen galt der unmittelbaren Existenzerhaltung, doch zugleich schien die Situation Deutschlands auch im positiven Sinne völlig offen zu sein. Man hoffte, die Vergangenheit völlig hinter sich lassen und mit der Gestaltung der Zukunft bei null anfangen zu können.

12.2 Alliierter Kontrollrat

Mit den Vereinbarungen »über das Kontrollsystem in Deutschland« vom 12. September und 14. November 1944 hatte die von den USA, der Sowjetunion und Großbritannien gebildete Europäische Beratende Kommission festgelegt, dass nach dem Sieg der Alliierten die oberste Gewalt in Deutschland von den Oberbefehlshabern ihrer Streitkräfte ausgeübt werden sollte – und zwar, wie im *Potsdamer Abkommen* (▶ 12.4) vom 2. August 1945 erklärt wurde, »von jedem in seiner Besatzungszone sowie gemeinsam in ihrer Eigenschaft als Mitglieder des Kontrollrates in den Deutschland als Ganzes betreffenden Fragen«. In ihrer Berliner Erklärung vom 5. Juni 1945 kündigten die vier Oberbefehlshaber der amerikanischen, englischen, französischen und sowjetischen Streitkräfte in Deutschland die Errichtung eines Alliierten Kontrollrates an, der am 30. August 1945 erstmals an die Öffentlichkeit trat.

Der Kontrollrat, der im Gebäude des ehemaligen Berliner Kammergerichts tagte, bestand aus den Oberbefehlshabern der vier Siegermächte in Deutschland, die gleichzeitig als Militärgouverneure in ihrer jeweiligen Besatzungszone die oberste Verwaltungsbehörde darstellten. Der Kontrollrat, dessen Beschlüsse nur einstimmig gefasst werden konnten, wurde unterstützt von einem Koordinierungsausschuss, dem die Stellvertreter der vier Militärgouverneure angehörten, und einem Kontrollstab, der

◀ *Mit der Berliner Erklärung vom 5. Juni 1945 übernahmen die Siegermächte die Regierungsgewalt über das in vier Besatzungszonen geteilte Deutschland. Die Oberbefehlshaber der alliierten Truppen in Deutschland (im Bild von links Montgomery, Eisenhower, Schukow, de Lattre de Tassigny) bildeten ab August als gemeinsames Organ den »Alliierten Kontrollrat«*

aus mehreren sachlich gegliederten Direktorien bestand. Die im Potsdamer Abkommen vorgesehene Bildung zentraler deutscher Verwaltungsabteilungen unter der Leitung des Kontrollrats scheiterte am Einspruch Frankreichs.

Der Kontrollrat befasste sich zunächst v.a. mit der Aufhebung nationalsozialistischer Gesetze und Verordnungen und in Ausführung des Potsdamer Abkommens mit Entnazifizierung, Entmilitarisierung und Demontage. Er hatte allerdings keine eigene Exekutivgewalt, sondern war darauf angewiesen, dass seine Beschlüsse, die in Form von Proklamationen, Befehlen, Gesetzen und Direktiven ergingen, von den Militärgouverneuren in den jeweiligen Besatzungszonen durchgeführt wurden. Besonders bei der Herstellung der wirtschaftlichen Einheit Deutschlands, wie sie das Potsdamer Abkommen vorschrieb, konnte sich der Alliierte Kontrollrat nicht auf ein gemeinsames Vorgehen einigen.

Der beginnende *Kalte Krieg* (▶ 12.15), das Misstrauen zwischen den westlichen Alliierten und der Sowjetunion, eigene Vorstellungen Frankreichs und die unterschiedliche Entwicklung in den Besatzungszonen lähmten zunehmend die Funktionsfähigkeit des Kontrollrats. Seine Tätigkeit endete schließlich in der Sitzung vom 20. März 1948 mit einem Eklat, als der sowjetische Vertreter aus Protest gegen die Londoner Sechsmächtekonferenz, auf der sich die Westalliierten auf eine gemeinsame staatliche Ordnung für ihre Besatzungszonen einigten, den Sitzungssaal für immer verließ.

12.3 Besatzungszonen und Bildung der Länder

Die alliierten Kriegsgegner Deutschlands hatten bereits im Herbst 1944 sowie auf der Konferenz von Jalta (4.–11. 2. 1945) festgelegt, Deutschland nach der militärischen Besetzung in drei Besatzungszonen aufzuteilen, die jeweils einer der alliierten Mächte – USA, UdSSR, Großbritannien – zugewiesen werden sollten. Eine Sonderregelung für die Reichshauptstadt Berlin sah deren Aufteilung in drei Sektoren vor. Frankreich wurde nach der Konferenz von Jalta in den Kreis der Besatzungsmächte aufgenommen und erhielt aus Teilen der amerikanischen und der britischen Zone eine eigene Besatzungszone im Südwesten Deutschlands sowie einen eigenen Sektor im Nordwesten Berlins. Die britische Zone bestand aus dem nordwestlichen Deutschland, die amerikanische aus Süddeutschland sowie Bremen und Bremerhaven. Die Sowjetunion hatte aus ihrer Besatzungszone, die Mittel- und Ostdeutschland umfasste, ohne Absprache mit den Westmächten bereits das nördliche Ostpreußen unter ihre Verwaltung und das übrige Ostdeutschland bis zur Oder-Neiße-Linie unter polnische Verwaltung gestellt.

Das Land Preußen war durch die Grenzen der Besatzungszonen mehrfach zerschnitten – wie auch die Länder Baden und Württemberg. Zum

Besatzungszonen und Länderneubildung nach dem Zweiten Weltkrieg

Teil unter Beibehaltung alter Ländergrenzen bildeten die Besatzungsmächte in ihren jeweiligen Zonen Länder, deren Verwaltungen mit Deutschen besetzt wurden. In der sowjetischen Zone wurden bereits im Juli 1945 die Länder Sachsen, Sachsen-Anhalt, Thüringen, Brandenburg und Mecklenburg gebildet. Die US-Militärregierung proklamierte im September 1945 die Länder Bayern, Hessen, Württemberg-Baden und im Januar 1947 Bremen. Ab Mitte 1946 wurden in der britischen Zone die Länder Nordrhein-Westfalen, Niedersachsen, Schleswig-Holstein und Hamburg gebildet, in der französischen Zone Baden, Württemberg-Hohenzollern und Rheinland-Pfalz; das Saarland erhielt einen Sonderstatus und wurde 1946 in das französische Zollgebiet einbezogen.

12.4 Potsdamer Abkommen

Vom 17. Juli bis zum 2. August 1945 fand in Potsdam das letzte Gipfeltreffen der »großen Drei« der Anti-Hitler-Koalition statt. Die Westmächte mussten in die Verhandlungen mit neuen, außenpolitisch unerfahrenen Repräsentanten gehen. Für den am 12. April 1945 verstorbenen Präsidenten Roosevelt vertrat sein Nachfolger Truman die USA,

und der britische Premierminister Churchill wurde nach den Unterhauswahlen während der Konferenz am 28. Juli durch den Führer der siegreichen Labour Party, Attlee, abgelöst.
Schwerwiegender war, dass Stalin mit seinem eigenmächtigen Vorgehen in Ostdeutschland seine Verbündeten vor vollendete Tatsachen gestellt hatte. Er hatte der kommunistisch geführten polnischen Regierung als Entschädigung für die an die Sowjetunion abzutretenden ostpolnischen Gebiete Ostdeutschland bis zur Oder-Neiße-Linie übergeben. Hierüber kam es im Lauf der Konferenz zu harten Auseinandersetzungen mit den Westmächten, die aber schließlich im Potsdamer Abkommen vom 2. August 1945 die Oder-Neiße-Linie als Westgrenze Polens de facto anerkannten. Unter dem Vorbehalt einer endgültigen Regelung durch den Friedensvertrag stimmten sie zu, dass die ostdeutschen Gebiete bis zur Oder-Neiße-Linie aus der sowjetischen Besatzungszone Deutschlands herausgenommen und unter sowjetische bzw. polnische Verwaltung gestellt wurden. Gleichzeitig stimmten die Westmächte der »Überführung« der Deutschen aus diesen Gebieten sowie aus Polen, Ungarn und der Tschechoslowakei zu, womit die bereits in vollem Gang befindliche *Vertreibung* (▶ 12.5) legalisiert wurde. Das deutsche Auslandsvermögen wurde vom Alliierten Kontrollrat übernommen, die Kriegs- und Handelsflotte aufgeteilt.
Hinsichtlich der Behandlung Deutschlands legte das Potsdamer Abkommen politische Grundsätze fest: »Der deutsche Militarismus und Nazismus werden ausgerottet«, und es sollen alle notwendigen Maßnahmen getroffen werden, »damit Deutschland niemals mehr seine Nachbarn oder die Erhaltung des Friedens in der ganzen Welt bedrohen kann«. Es sei nicht die Absicht der Alliierten, »das deutsche Volk zu vernichten oder zu versklaven«, ihm solle vielmehr die Möglichkeit gegeben werden, »sich darauf vorzubereiten, sein Leben auf einer demokratischen und friedlichen Grundlage wieder aufzubauen«. Als ihre Ziele formulierten die Alliierten bei der Besetzung Deutschlands: völlige Abrüstung und Entmilitarisierung, Ausschaltung der gesamten für Kriegsproduktion geeigneten Industrie, völlige und endgültige Auflösung aller bewaffneten Verbände sowie der militärischen Traditions- und Kriegervereine, Auflösung der NSDAP und ihrer angeschlossenen Gliederungen, Dezentralisierung der deutschen Wirtschaft, Umgestaltung des politischen Lebens auf demokratischer Grundlage, Aufhebung nazistischer Gesetze, Verhaftung und Aburteilung der Kriegsverbrecher, Entfernung von Nationalsozialisten aus öffentlichen und halböffentlichen Ämtern sowie aus verantwortlichen Posten der Privatwirtschaft, demokratische Erneuerung des Erziehungs- und des Gerichtswesens, Dezentralisierung der Verwaltung, Wiederherstellung der lokalen Selbstverwaltung und Zulassung aller demokratischen Parteien.
Es wurde ausdrücklich festgelegt, dass die wirtschaftliche Einheit Deutschlands gewahrt werden sollte. Dieser Grundsatz wurde jedoch bereits mit der Vereinbarung entwertet, dass jede Besatzungsmacht ihre Ansprüche auf Repara-

◀ *Die »Großen Drei« auf der Potsdamer Konferenz. Vor dem Eingang von Schloss Cecilienhof stellen sich (von links) Winston Churchill, Harry S. Truman und Jossif Wissarionowitsch Stalin den Fotografen*

tionen vor allem aus ihrer Zone befriedigen solle (mit einer Ausnahmeregelung zugunsten der Sowjetunion).

12.5 Vertreibung/ Aussiedlung

Die im *Potsdamer Abkommen* (▶ 12.4) von den Westmächten akzeptierte »Überführung der deutschen Bevölkerung oder deutscher Bevölkerungselemente, die in Polen, der Tschechoslowakei und in Ungarn geblieben sind, nach Deutschland« sollte »in geregelter und menschlicher Weise« erfolgen. Die Vertreibung der Deutschen hatte jedoch schon lange vor der Konferenz von Potsdam eingesetzt und war bald auf die erste große Flüchtlingswelle der vor den Truppen der Roten Armee zusammen mit den Einheiten der deutschen Wehrmacht nach Westen fliehenden Bevölkerung gefolgt. Auch die dritte Welle, die nun organisierte Vertreibung, offiziell Aussiedlung genannt, ging für die meisten Betroffenen in einer unmenschlichen und brutalen Weise vor sich. Die Ausgewiesenen konnten meist nur das, was sie am Körper trugen, mit sich nehmen.

Insgesamt sind aus den deutschen Ostgebieten und den angrenzenden Staaten Polen, Tschechoslowakei und Ungarn etwa 12 Millionen Deutsche vertrieben worden. Die Angaben über die Menschenverluste während dieser Fluchtbewegungen und Zwangsaussiedlungen sind wegen der damaligen chaotischen Zustände nur ungenau. Übereinstimmend schätzt man heute die Zahl der Toten und Vermissten auf über zwei Millionen.

Acht Millionen Flüchtlinge und Vertriebene fanden in den Westzonen eine notdürftige Zuflucht. Die Aufnahme dieser Menschenmassen in einem vom Krieg weitgehend zerstörten Land, in dem nicht einmal für die alteingesessene und ausgebombte Bevölkerung ausreichender Wohnraum zur Verfügung stand, in dem eine katastrophale Versorgungslage herrschte, brachte für die Militärregierungen und die deutschen Verwaltungsstellen zusätzliche und kaum lösbare Probleme mit sich.

Dass nicht Verzweiflung und Resignation um sich griffen, dass es am Ende doch gelang, nach einer langen Zeit mit großer Geduld ertragener Unzulänglichkeiten die Schwierigkeiten zu meistern und den Anfang zu einem neuen menschenwürdigen Leben zu finden, dass die Heimatvertriebenen schließlich voll integriert wurden, gehört zu den großen menschlichen und politischen Leistungen der Deutschen in den ersten Jahren nach dem Krieg.

◀ *Unmittelbar nach Ende des Zweiten Weltkriegs wurden die Deutschen aus dem jetzt wieder tschechischen Sudetenland vertrieben. Das Bild zeigt Menschen, die man mit dem Zug bis zur Grenze gebracht hatte; ihr Weg endete auf deutscher Seite vorläufig in einem Durchgangslager*

12.6 Nürnberger Kriegsverbrecherprozess

Bereits während des Krieges, nämlich in der Moskauer Dreimächteerklärung vom 30. November 1943 über die »deutschen Grausamkei-

Blick in den Saal, in dem das Internationale Militärtribunal gegen die Hauptkriegsverbrecher in Nürnberg zu Gericht saß. Die Aufnahme aus dem Jahr 1946 zeigt auf den zwei hinteren Reihen die Angeklagten, davor deren Verteidiger

ten in Europa«, hatten die alliierten Gegner Deutschlands die Bestrafung von Kriegsverbrechen angekündigt. Am 8. August 1945 schlossen sie ein »Abkommen über die Verfolgung der Hauptkriegsverbrecher der europäischen Achse« und erließen ein »Statut für den Internationalen Militärgerichtshof«, der durch die vier Hauptalliierten besetzt wurde. In Nürnberg, am Ort der nationalsozialistischen Reichsparteitage, begann vor dem Internationalen Militärgerichtshof am 20. November 1945 der Prozess gegen 22 Hauptangeklagte, der am 1. Oktober 1946 mit den Urteilsverkündungen endete. Am 16. Oktober 1946 folgte die Vollstreckung von zehn Todesurteilen.

Die Berichte über die trotz einiger zeitbedingter Einschränkungen mit größter Sorgfalt durchgeführten Prozesse beschäftigten ein Jahr lang die Zeitungen in aller Welt. Die zielstrebig auf den Krieg und die Eroberung »neuen Lebensraumes« für das deutsche Volk ausgerichtete Aggressionspolitik Hitlers wurde eindeutig nachgewiesen. Das umfangreiche Beweismaterial füllte in einer 1947 vom Internationalen Militärgerichtshof herausgegebenen Dokumentensammlung 42 Bände. Das ganze Ausmaß der im Auftrage Hitlers begangenen Verbrechen, insbesondere der Völkermord an den Juden, wurde offen gelegt und rief Entsetzen in der Welt, aber auch beim deutschen Volk hervor.

Angeklagt waren neben den Mitgliedern der obersten nationalsozialistischen Führungsschicht kollektiv folgende Organisationen: NSDAP, Gestapo, Sicherheitsdienst (SD), SA, SS, die Reichsregierung und das Oberkommando der Wehrmacht (OKW). Die vier Anklagepunkte lauteten: 1. Teilnahme an der Planung oder Verschwörung zu einem Verbrechen gegen den Frieden; 2. Verbrechen gegen den Frieden, d.h. Angriffskrieg; 3. Kriegsverbrechen, d.h. Verletzung der internationalen Kriegskonventionen; 4. Verbrechen gegen die Menschlichkeit, hier vor allem Völkermord.

Drei der Hauptverantwortlichen, nämlich Hitler, Goebbels und Himmler, hatten sich einer Anklage bereits durch Selbstmord entzogen. Von den 22 Angeklagten wurden 12 zum Tode durch den Strang verurteilt, von ihnen entging Göring der Hinrichtung durch Selbstmord, gegen den Reichsleiter der NSDAP, Martin Bormann, erging das Todesurteil in Abwesenheit. Unter den zehn Hingerichteten waren der Reichsaußenminister Ribbentrop, der Chef des OKW Keitel, der Reichsinnenminister Frick und der NSDAP-Gauleiter von Franken, Julius Streicher. Sieben Angeklagte wurden zu Haftstrafen zwischen 10 Jahren und lebenslänglich verurteilt. Unter den drei Freisprüchen stießen die für Franz von Papen und für den früheren Reichsbankpräsidenten Hjalmar Schacht auf Unverständnis. Der Gerichtshof verurteilte ferner das Führerkorps der NSDAP, die Gestapo, den SD (Sicherheitsdienst) und die SS als verbrecherische Organisationen; nicht verurteilt wurden SA, Reichsregierung, Generalstab und Oberkommando der Wehrmacht.

Die zu Haftstrafen Verurteilten wurden in das eigens dafür hergerichtete Kriegsverbrechergefängnis in Berlin-Spandau gebracht, in dem Kommandos der vier Besatzungsmächte die Bewachung abwechselnd übernahmen. Alle Häftlinge wurden bis 1966, zum Teil vorzeitig, freigelassen; nur der zu lebenslänglicher Haft verurteilte Rudolf Heß blieb bis zu seinem Selbstmord 1987 im Gefängnis.

12.7 Entnazifizierung

Um die Umgestaltung des politischen Lebens in Deutschland zu verwirklichen, trafen die Siegermächte auf der Grundlage des *Potsdamer Abkommens* (▶ 12.4) Maßnahmen zur Säuberung des öffentlichen Lebens von Anhängern des Nationalsozialismus. Diese Entnazifizierung nahm in den einzelnen Besatzungszonen einen sehr unterschiedlichen Verlauf.
In der sowjetischen Zone stand sie im Zusammenhang mit den dort eingeleiteten Maßnahmen zur Umgestaltung der Wirtschafts- und Gesellschaftsstruktur (Bodenreform, Enteignungen, Verstaatlichungen) und diente in erster Linie der Ausschaltung von »Klassengegnern«. Die sowjetische Militäradministration führte die Säuberungen relativ schnell und rigoros durch, vor allem in der Justiz, in der Verwaltung und bei den Lehrern, reihte aber ebenso rasch ehemalige nominelle NSDAP-Mitglieder in die neuentstandene SED ein.
Die meisten Verfahren fanden in der US-Zone statt, dort wurde die Entnazifizierung am strengsten durchgeführt. Hier wie in den anderen Zonen mussten die Betroffenen einen Fragebogen mit 131 Fragen beantworten. Die US-Militärregierung hatte mit Deutschen besetzte Spruchkammern und Berufungskammern eingerichtet, die die Entnazifizierungsverfahren gerichtsförmig abwickelten und die Betroffenen jeweils in eine der fünf Kategorien einstuften: Hauptschuldige, Belastete, Minderbelastete, Mitläufer, Entlastete. Den in die drei ersten Kategorien Eingestuften drohten Strafen von der Einweisung in ein Arbeitslager (bis zu zehn Jahren) über Berufsverbot, Amtsverlust oder Pensionsverlust bis zur Aberkennung des aktiven und passiven Wahlrechts; für Mitläufer waren Geldbußen vorgesehen.
Die oft willkürlich erscheinenden Entscheidungen der Spruchkammern riefen Unmut in der deutschen Bevölkerung hervor, auch bei erklärten Nazigegnern. Die große Zahl der Verfahren – in Bayern etwa waren rund zwei Drittel der Bevölkerung von der Entnazifizierung berührt – führte dazu, dass zunächst die leichteren Fälle entschieden wurden, während die Verfahren gegen schwerer Belastete zurückgestellt wurden. Als dann die amerikanische Regierung im beginnenden Kalten Krieg das Interesse an einer Weiterführung der Säuberungsmaßnahmen verlor, wurde die Entnazifizierung bis zum 31. März 1948 abrupt eingestellt, ohne dass die Verfahren gegen schwerer Belastete abgeschlossen wurden. Dies führte erneut zu Kritik (»Die Kleinen hängt man, die Großen lässt man laufen«) und zu einer politischen Belastung beim Aufbau der Bundesrepublik Deutschland.
Die französischen Besatzungsbehörden nahmen die Entnazifizierung auf dem reinen Verwaltungswege und vor allem unter dem Gesichtspunkt politischer Zweckmäßigkeit vor. Die britische Militärregierung gab der Effektivität der aufzubauenden deutschen Verwaltung eindeutigen Vorrang vor der politischen Säuberung und beschäftigte zahlreiche ehemalige Beamte des Dritten Reichs. Sie behielt sich bis Mitte 1947 alle Entscheidungen über Entnazifizierungsmaßnahmen selbst vor.

▲ *Entnazifizierung: Seit dem Frühjahr 1946 kamen die von der amerikanischen Militärregierung entwickelten Fragebogen zum Einsatz. Wie auf diesem Bild wurden die riesigen Mengen ausgefüllter Bogen vielfach vor den von den Besatzungsmächten kontrollierten Polizeirevieren eingesammelt*

Nachdem in den westlichen Zonen seit 1948 die Entnazifizierung als Spruchtätigkeit im Wesentlichen abgeschlossen war, sind seit 1949 in allen Ländern der Bundesrepublik Deutschland Entnazifizierungs-Schlussgesetze erlassen worden.

12.8 Demokratisierung – Bildung der Parteien

Die Demokratisierung des politischen Lebens in Deutschland war eines der wichtigsten Ziele der Alliierten auf den großen Kriegskonferenzen – wenn auch ihre Auffassungen von Demokratie sehr unterschiedlich waren. Das *Potsdamer Abkommen* vom 2. August 1945 (▶ 12.4) sah die Dezentralisierung der politischen Struktur und eine lokale Selbstverwaltung nach demokratischen Grundsätzen vor. In ganz Deutschland sollten alle demokratischen Parteien zugelassen werden. Während Amerikaner und Briten in ihren Besatzungszonen erst im August bzw. September 1945 offiziell die Bildung von Parteien zuließen, hatten die Sowjets schnell gehandelt. Bereits am 10. Juni 1945 gaben sie in einem Befehl den Weg zur Bildung demokratischer Parteien in ihrer Besatzungszone frei – wohl auch deshalb, weil sie vor dem Einrücken der Westalliierten in Berlin (im Juli 1945) auf die in der alten Reichshauptstadt gegründeten und einen gesamtdeutschen Anspruch erhebenden Parteien Einfluss gewinnen wollten. Schon am 11. Juni 1945 – zeitlich offensichtlich mit dem sowjetischen Erlass abgestimmt – erfolgte der Aufruf des Zentralkomitees der KPD, der bewusst alle sozialistischen oder kommunistischen Forderungen vermied und sich gerade auch an bürgerliche Kräfte wandte. Einer der Unterzeichner war *Walter Ulbricht* (▶ 2.39), der kurz vor Kriegsende am 20. April als Leiter einer Gruppe deutscher Exilkommunisten aus Moskau nach Berlin eingeflogen worden war, die sofort die Parteiarbeit in Deutschland wieder aufnehmen sollte.
Am 15. Juni 1945 trat in Berlin der Zentralausschuss der SPD in seinem Aufruf mit weitgehenden Sozialisierungsvorstellungen hervor und forderte – im Gegensatz zur KPD – in »moralischer Wiedergutmachung politischer Fehler der Vergangenheit« die Vereinigung der beiden Arbeiterparteien. In Hannover hatte nach dem Einmarsch der Alliierten, aber noch vor Kriegsende der ehemalige SPD-Reichstagsabgeordnete *Kurt Schumacher* (▶ 12.11) Parteimitglieder um sich versammelt und mit dem Wiederaufbau der SPD-Organisation begonnen. Schumacher lehnte den gesamtdeutschen Führungsanspruch des Berliner Zentralausschusses der SPD ebenso ab wie dessen Forderung nach Vereinigung mit der KPD. Auf der »Reichskonferenz« der SPD in Wennigsen bei Hannover am 5./6. Oktober 1945 einigte man sich, dass der Zentralausschuss für die sowjetische Zone und Kurt Schumacher für die Westzonen zuständig sein sollte. Diese Spaltung fand ihren Abschluss in dem Zusammenschluss von KPD und SPD zur *SED* (▶ 12.12) in der sowjetischen Zone 1946.
In den Westzonen knüpften SPD und KPD an die Traditionen der Weimarer Republik an. Mit der Gründung einer liberalen Partei, die schließlich den Namen *FDP* (▶ 12.10) annahm, versuchte man demgegenüber, den seit der Bismarckzeit in zwei Parteien gespaltenen Rechts- und Linksliberalismus in einer Partei zusammenzufassen. Eine echte Neugründung war hingegen die als überkonfessionelle Volkspartei angelegte *CDU* (▶ 12.9).

12.9 CDU und CSU

Wichtigste Gründungsorte der Christlich Demokratischen Union Deutschlands (CDU) waren Berlin, Köln und Frankfurt am Main. Die CDU entstand als neue Partei aus einer christlich-bürgerlichen Sammlungsbewegung, die aus der Erfahrung des Widerstandes gegen den Nationalsozialismus in beiden großen Konfessionen eine überkonfessionelle christliche Partei anstrebte. Ehemalige katholische Zentrumspolitiker, christliche Gewerkschafter, Protestanten, die in der Weimarer Zeit der DDP, DVP oder DNVP angehört hatten, fanden sich in der neuen Partei zusammen. An der Spitze der CDU in Berlin und in der sowjetischen Zone stand seit Dezember 1945 Jakob Kaiser, dessen Programm eines »christlichen Sozialismus« auch in der CDU der Westzonen verbreitet Zustimmung erhielt. In der sowjetischen Zone schloss sich die CDU dem Block der antifaschistischen Parteien an und verlor fast völlig ihre politische Eigenständigkeit. In Köln wurde am 17. Juni 1945 die »Christlich-Demokratische Partei« gegründet, in Frankfurt am 15. September 1945 die »Christliche Demokratische Volkspartei«. Alle regionalen Gruppierungen einigten sich auf der Reichstagung vom 14. bis 16. Dezember 1945 in Bad Godesberg auf den gemeinsamen Namen »Christlich Demokratische Union«, ohne jedoch eine Gesamtorganisation zu bilden. Die am 13. Oktober 1945 gegründete »Christlich-Soziale Union in Bayern« (CSU) behielt ihren Namen wie auch ihre Selbstständigkeit bei. Die CSU war eine überkonfessionelle Parteineugründung, aber konservativer und stärker föderalistisch orientiert als die CDU.

Wichtigste Persönlichkeit der CDU wurde bald *Konrad Adenauer* (▶13.4), der Anfang 1946 den Parteivorsitz sowohl im Rheinland als auch in der britischen Zone übernahm. Erster Bundesvorsitzender wurde er 1950. Die Programmatik des »christlichen Sozialismus«, im Rheinland unter anderem von Karl Arnold verkörpert, fand Eingang in das Ahlener Programm, das die CDU der britischen Zone am 3. Februar 1947 verabschiedete. Der Einfluss der Gewerkschafter in der Partei ging in der Folgezeit freilich zurück, das Schwergewicht verlagerte sich auf den bürgerlichen und industriellen Flügel. In Abkehr vom Ahlener Programm, das jedoch nicht annulliert wurde, bekannte sich die CDU der britischen Zone in ihren Düsseldorfer Leitsätzen vom Juli 1949 zum Konzept einer privatwirtschaftlich verfassten sozialen Marktwirtschaft, wie es Professor *Ludwig Erhard* (▶14.6) vertrat.

12.10 FDP und LDPD

Die liberalen Parteigründungen nach dem Krieg wurden vor allem von ehemaligen Politikern der DDP, aber auch der DVP betrieben. Sie zielten auf eine Überwindung der alten Spaltung in rechts- und linksliberale Parteiorganisationen. In Berlin wurde am 5. Juli 1945 die Liberal-Demokratische Partei Deutschlands (LDPD) unter Wilhelm Külz gegründet, die einen gesamtdeutschen Anspruch erhob, faktisch aber auf die sowjetische Zone beschränkt blieb. Der wichtigste Schwerpunkt liberaler Parteigründungen in den Westzonen lag in Württemberg und Baden, wo *Theodor Heuss* (▶13.6) und Reinhold Maier die Demokratische Volkspartei (DVP) aufbauten. In Hamburg wurde im September 1945 die »Partei der Freien Demokraten« gegründet, die der späteren Bundespartei den Namen gab. Auf Zonenebene entstanden liberale Parteiorganisationen im Januar 1946 in der britischen, im September 1946 in der amerikanischen Zone, in der französischen Zone erst später. Bei aller programmatischen Vielfalt waren den Liberalen die Ablehnung kirchlichen Einflusses auf den Staat und das Eintreten für eine privatwirtschaftliche Ordnung gemeinsam.

Die im März 1947 gegründete lockere gesamtdeutsche Parteiorganisation brach im Januar 1948 wieder auseinander, nachdem sich die LDPD in der sowjetischen Zone am Deutschen Volkskongress (▶12.22) beteiligte und zunehmend unter den Einfluss der SED geriet. Die Landesparteien in den Westzonen schlossen sich am 11. Dezember 1948 in Heppenheim an der Bergstraße zur Freien Demokratischen Partei (FDP) zusammen. Zum ersten Bundesvorsitzenden der FDP wurde Theodor Heuss gewählt.

12.11 Kurt Schumacher

Geboren in Culm (Westpreußen) am 13. Oktober 1895, verlor Schumacher als Kriegsfreiwilliger im 1. Weltkrieg einen Arm; er studierte Jura und Nationalökonomie. 1918 wurde er Mitglied des Berliner Arbeiter- und Soldatenrates. 1920–24 war er Redakteur der sozialdemokratischen »Schwäbischen Tagwacht« in Stuttgart, 1924–31 SPD-Landtagsabgeordneter in Württemberg. Seit 1930 Mitglied des Reichstags, gehörte Schumacher zu den SPD-Politikern, die den konsequenten Kampf gegen den Nationalsozialismus mit einer geistigen und organisatorischen Erneuerung der SPD verbinden wollten. Von 1933 bis 1943 und nochmals 1944 war Schumacher in KZ-Haft.

Noch vor dem Kriegsende am 8. Mai 1945 begann er von Hannover aus mit dem Wiederaufbau der SPD und wurde rasch deren führender Politiker in den westlichen Besatzungszonen. Er widersetzte sich mit aller Schärfe der nun von vielen Sozialdemokraten gestellten Forderung nach Vereinigung mit der KPD. Im Mai 1946 wurde er zum Vorsitzenden der SPD gewählt. Trotz seiner schweren Erkrankung infolge der KZ-Haft im Dritten Reich – u.a. musste ihm ein Bein abgenommen werden – widmete sich Schumacher mit großer Energie und Leidenschaft der politischen Arbeit und wurde neben seinem erfolgreicheren Gegenspieler Konrad Adenauer der profilierteste

◀ *Kurt Schumacher bei einer Kundgebung der SPD 1947 in Frankfurt am Main*

deutsche Politiker der Nachkriegszeit. In der Wirtschaftspolitik vertrat er ein sozialistisches Konzept und bekämpfte die Wiederherstellung privatkapitalistischer Verhältnisse.
Seine Hoffnung, ja Gewissheit, dass die SPD die führende Rolle in der deutschen Nachkriegspolitik übernehmen werde, erfüllte sich aufgrund der Wahlergebnisse nicht. So wurde Schumacher 1949 der erste Oppositionsführer des Deutschen Bundestages. Er lehnte Adenauers Politik der Westintegration ab, weil er befürchtete, dass durch sie die Wiedervereinigung Deutschlands für lange Zeit verhindert werden würde. Er starb am 20. August 1952 in Bonn.

12.12 SED

»Wir sind der Auffassung, dass der Weg, Deutschland das Sowjetsystem aufzuzwingen, falsch wäre ...« war im Gründungsaufruf der KPD vom 11. Juni 1945 (► 12.8) betont worden. Der Forderung nach der Vereinigung der beiden Arbeiterparteien, die von vielen Sozialdemokraten und vom Zentralausschuss der SPD erhoben wurde, verweigerten sich die Kommunisten zunächst. Offensichtlich wollten sie zuerst die eigene Organisation festigen und in Zusammenarbeit mit der Sowjetischen Militäradministration in Deutschland (SMAD) wichtige Personalentscheidungen in der sowjetischen Zone beeinflussen. Außerdem bestand bei den KPD-Politikern wohl die Erwartung, mit ihrem antifaschistisch-demokratischen Programm eine breite Anhängerschaft gewinnen zu können. Nachdem sich jedoch herausgestellt hatte, dass die KPD einen sehr viel geringeren Zulauf als die SPD und die bürgerlichen Parteien hatte, forderte die KPD nun ab Oktober 1945 ihrerseits die Vereinigung mit der SPD. Die SPD und ihr Berliner Zentralausschuss unter Otto Grotewohl, der nun Vorbedingungen für eine Vereinigung mit der KPD stellte, gerieten unter massiven Druck der sowjetischen Besatzungsmacht; es kam auch zu Verhaftungen einzelner SPD-Funktionäre. Eine Urabstimmung unter den Parteimitgliedern über den Zusammenschluss wurde von der SMAD unterbunden. Die nur in den Westsektoren Berlins am 31. März 1946 durchgeführte Urabstimmung unter den SPD-Mitgliedern (rund 73% beteiligten sich) ergab 82,2% der Stimmen gegen eine Vereinigung mit der KPD.
Doch der Zentralausschuss der SPD gab dem Druck der Verhältnisse nach; der SPD-Parteitag der sowjetischen Zone billigte den Zusammenschluss am 19./20. April 1946, und am 21./22. April 1946 wurde dieser auf dem Vereinigungsparteitag, dem 1. Parteitag der Sozialistischen Einheitspartei Deutschlands (SED), vollzogen. Den Vorsitz der SED über nahmen gemeinsam der Kommunist Wilhelm Pieck und der Sozialdemokrat Otto Grotewohl. Die Positionen in der Partei wurden zunächst paritätisch von Sozialdemokraten und Kommunisten besetzt. Nach dem Bruch der Sowjetunion mit Jugoslawien, das unter Tito eine eigenständige Politik verfolgte, wurde die SED seit Jahresmitte 1948 in eine »Partei neuen Typus« um-

Die Fotomontage symbolisiert die (Zwangs-)Vereinigung von KPD und SPD zur SED am 21. April 1946. Links der Kommunist Wilhelm Pieck, rechts der Sozialdemokrat Otto Grotewohl

gewandelt, die sich immer stärker dem sowjetischen Vorbild anpasste. Die These vom besonderen deutschen Weg zum Sozialismus wurde ausdrücklich widerrufen, und 1949 sagte die SED-Führung dem »Sozialdemokratismus« den Kampf an.

12.13 Bizone

Das *Potsdamer Abkommen* (▶ 12.4) hatte festgelegt, dass ganz Deutschland als wirtschaftliche Einheit behandelt werden sollte. Welch negative Auswirkungen es hatte, dass dies nicht verwirklicht wurde, zeigte sich bereits bei der Versorgungskatastrophe im Winter 1945/46. Die französische Besatzungsmacht lehnte die Errichtung deutscher Zentralbehörden strikt ab. Die USA schlugen daraufhin eine gemeinsame Wirtschaftsverwaltung für die drei übrigen Zonen vor, stießen damit aber bei Briten und Sowjets auf Ablehnung. Nach den Pariser Außenministerkonferenzen forderten die USA am 20. Juli 1946 im *Alliierten Kontrollrat* (▶ 12.2) unter Bezug auf das Potsdamer Abkommen mehrseitige Verträge zwischen den Besatzungsmächten in Deutschland, um die wirtschaftlichen Probleme zu bewältigen. Während die Sowjetunion den amerikanischen Vorschlag ablehnte und Frankreich sich ausweichend verhielt, stimmten die Briten zehn Tage später zu. Die damit eingeleitete Wende in der amerikanischen und britischen Deutschlandpolitik kam am deutlichsten in der berühmt gewordenen Rede des amerikanischen Außenministers James F. Byrnes am 6. September 1946 in Stuttgart vor deutschen Politikern zum Ausdruck, in der Byrnes bei den Deutschen für die baldige Errichtung eines nichtkommunistischen deutschen Kernstaates warb.

Am 1. Januar 1947 trat der amerikanisch-britische Vertrag über die Bildung des Vereinigten Wirtschaftsgebietes der Bizone in Kraft. Die Organisation der Bizone wurde zweimal geändert; seit Februar 1948 hatte sie folgende Gestalt: Oberstes Organ war der Wirtschaftsrat, eine parlamentarische Versammlung, deren 104 Mitglieder von den Länderparlamenten entsandt wurden. Der Länderrat wurde aus je zwei Vertretern der acht Landesregierungen gebildet; die Exekutive bildeten sechs Verwaltungen (Ernährung und Landwirtschaft, Verkehr, Wirtschaft, Finanzen, Post- und Fernmeldewesen, Arbeit), deren Direktoren vom Wirtschaftsrat gewählt wurden und unter einem Oberdirektor zusammen den Verwaltungsrat bildeten. Wirtschaftlich ergänzten sich die amerikanische und die britische Zone sehr gut. Die britische Zone verfügte v. a. über Rohstoffe und Grundstoffindustrien, die amerikanische v. a. über verarbeitende Industrie; der Anteil der Landwirtschaft war in beiden Zonen etwa gleich groß. Die Bizone umfasste eine Bevölkerung von etwa 39 Millionen Menschen. Amerikaner und Briten hatten sich bei der Bildung der

Bizone ausdrücklich auf das Potsdamer Abkommen bezogen und Sowjets und Franzosen zum Beitritt ihrer Zonen aufgefordert. Trotz des Drängens der deutschen Repräsentanten in der französischen Zone vollzog Frankreich erst am 8. April 1949 den Beitritt seiner Zone zum Vereinigten Wirtschaftsgebiet, das damit zur »Trizone« wurde. Im Prozess der *Teilung Deutschlands* (▶12.15) wurden Bizone und Trizone zu Vorläufern bei der Bildung der Bundesrepublik Deutschland.

12.14 Sozialistischer oder kapitalistischer Weg?

Mit der Bildung demokratischer Parteien in den Westzonen begann bald eine lebhafte Diskussion über die künftige Wirtschaftsverfassung, bei der Forderungen nach Sozialisierung sowie nach Mitbestimmung auf Betriebs- und Unternehmensebene im Vordergrund standen. In der SPD und bei den Gewerkschaften war die Meinung vorherrschend, dass die politische Macht der Schwerindustrie, die die Machtergreifung der Nationalsozialisten ausschlaggebend unterstützt hatte, in der neu aufzubauenden Wirtschaftsstruktur durch Sozialisierung und Mitbestimmung der Arbeitnehmer gebrochen werden musste. Ganz ähnliche Vorstellungen enthielten auch die Entwürfe der Berliner Christdemokraten um Jakob Kaiser mit ihrem »christlichen Sozialismus«. Auch im Ahlener Programm der *CDU* (▶12.9) der britischen Zone vom Februar 1947 wurde festgestellt, dass »die Zeit der unumschränkten Herrschaft des privaten Kapitalismus vorbei ist«. Kohle und Eisenindustrie sollten vergesellschaftet, die Großbetriebe entflochten werden. Die Sozialisierungsforderungen fanden Eingang in die 1946/47 verabschiedeten Landesverfassungen. Am weitesten ging dabei der Artikel 41 der hessischen Verfassung: »Mit In-Kraft-Treten dieser Verfassung werden 1. in Gemeineigentum überführt: der Bergbau (Kohle, Kali, Erze), die Betriebe der Eisen- und Stahlerzeugung, die Betriebe der Energiewirtschaft und das an Schienen oder Oberleitungen gebundene Verkehrswesen.« Die amerikanische Besatzungsmacht verlangte eine gesonderte Volksabstimmung über den Artikel 41, die am 1. Dezember 1946 gleichzeitig mit der Abstimmung über den übrigen Text der Verfassung stattfand und 71 % der Stimmen für den Sozialisierungsartikel erbrachte. Daraufhin setzten die Amerikaner den Vollzug dieses Artikels aus. Die Durchführung ähnlicher Verfassungsbestimmungen oder Gesetze in den Ländern der Westzonen scheiterte am Einspruch der USA – dem sich auch die britische Besatzungsmacht beugte –, die künftige Wirtschaftsordnung sei erst von dem zu errichtenden Gesamtstaat festzulegen. Damit wurde die Umsetzung der Sozialisierungsvorstellungen verhindert.

Während sich FDP und CSU von Anfang an gegen Sozialisierung aussprachen, setzte sich in der CDU in den Jahren 1948/49 das vor allem von *Ludwig Erhard* (▶14.6) befürwortete

◀ *Der amerikanische Außenminister James F. Byrnes bei seiner am 6. September 1946 in Stuttgart gehaltenen Rede, die den entscheidenden Umschwung in der Deutschlandpolitik der USA markierte. Von da ab wurde zielstrebig die Schaffung eines westdeutschen Teilstaates betrieben*

Konzept der *sozialen Marktwirtschaft* (►13.25) durch, das auf dem Privateigentum an den Produktionsmitteln basiert und dem Staat Schutz- und Korrekturaufgaben zuweist. Eine verfassungsrechtliche Entscheidung für eine bestimmte Wirtschaftsordnung hat der Parlamentarische Rat im Grundgesetz nicht getroffen. Nach zahlreichen wirtschaftspolitischen Vorentscheidungen, u.a. der Abschaffung der Zwangswirtschaft, der *Währungsreform* (►12.19) und dem *Marshallplan* (►12.18), brachte das Ergebnis der ersten Bundestagswahl 1949 eine Gesetzgebungsmehrheit für die Verwirklichung der sozialen Marktwirtschaft.

12.15 »Kalter Krieg« und Teilung Deutschlands

Bald nach der Beendigung des 2. Weltkriegs entwickelte sich der weltpolitische Gegensatz zwischen der Sowjetunion einerseits und den USA und den anderen Westmächten andererseits. Das Vorgehen der Sowjetunion in Mittel- und Osteuropa, auch hinsichtlich der deutsch-polnischen Grenze, hatte das Misstrauen und den Unwillen der Westmächte geweckt. Bereits am 5. März 1946 beschwor Churchill in einer Rede in den USA das Bild vom »Eisernen Vorhang«, der von Stettin bis Triest über Europa niedergegangen sei. Die Sowjetunion ihrerseits fühlte sich vom expansiv auftretenden Kapitalismus der USA bedroht, der das Verlangen nach freiem Welthandel und offenen Märkten mit der politischen Forderung verband, den Grundsätzen liberaler Demokratie weltweite Geltung zu verschaffen. Von daher bemühte sich die Sowjetunion, ihre im Krieg durch die Rote Armee geschaffene Einflusssphäre durch Förderung der kommunistischen Parteien und v.a. mit polizeistaatlichen Mitteln zu konsolidieren. Amerikanisch-sowjetische Interessenkonflikte in Iran, in Griechenland und in der Türkei 1946/47 markierten den Beginn des Kalten Krieges – ein »heißer« Krieg zwischen den beiden Weltmächten wurde von beiden sorgsam vermieden. Die nun betriebene amerikanische Politik der Eindämmung (»containment«) ging von der Teilung der Welt in eine amerikanische und eine sowjetische Einflusssphäre aus, beantwortete jedoch jeden sowjetischen Versuch einer Änderung des Status quo mit militärischem Gegendruck.

Auf das besiegte und besetzte Deutschland wirkte sich der Kalte Krieg besonders stark aus. Die Sowjetunion beurteilte die von der US-Regierung vorgeschlagene wirtschaftliche Verei-

Der Eiserne Vorhang

HAMBURGER
KAMMERSPIELE
LEITUNG: IDA EHRE

Freitag, den 21. November 1947, 19 Uhr
URAUFFÜHRUNG

Draußen vor der Tür

von Wolfgang Borchert
Inszenierung: Wolfgang Liebeneiner - Bühnenbild: Helmut Koniarsky

Beckmann	Hans Quest	Ein Oberst	Gerhard Ritter	Frau Kramer	Luise Franke-Booch
Seine Frau	Gisela Borries	Seine Frau	Karin Hagemann	Der alte Mann	Willi Schweisguth
Deren Freund	Jürgen Wulf	Seine Tochter	Helga Aust	Der Beerdigungsunternehmer	Hermann Schomberg
Ein Mädchen	Käte Pontow	Deren Mann	Gerd Möllenberg	Der Andere	Hermann Lenschau
Ihr Mann	Heinz Scheider	Ein Kabarettdirektor	Erwin Geschonneck	Die Elbe	Heidi Boyes

Weitere Aufführungen siehe Wochenspielplan

Wir machen die Theaterbesucher darauf aufmerksam, daß Zuspätkommende erst nach dem 1. Akt den Zuschauerraum betreten können. - Vorverkauf 6 Tage im voraus werktags von 10 bis 13 Uhr an der Tageskasse und in den bekannten Vorverkaufsstellen - Preise von RM 4.- bis 10.- - Fahrverbindungen: Linie 18, 22, 27 bis Hallerstraße, U-Bahn bis Hallerstraße, S-Bahn bis Dammtor

HAMBURG 13 · HARTUNGSTRASSE 9

◀ *Unmittelbar nach Ende des Zweiten Weltkriegs entfaltete sich ein neues Theaterleben. Besonders das am 21. November 1947 uraufgeführte Heimkehrerdrama »Draußen vor der Tür« von Wolfgang Borchert bewegte die Menschen*

nigung der Besatzungszonen zur Verbesserung der Versorgung der Bevölkerung – ebenso wie später den Marshallplan – als gezielte Maßnahmen des »amerikanischen Wirtschaftsimperialismus«, zumal auch die von ihr immer wieder erhobene Forderung nach einer Beteiligung an der Kontrolle des Ruhrgebietes von den Briten abgelehnt wurde. Die sowjetische Deutschlandpolitik wurde von den USA entsprechend der Eindämmungsdoktrin als der Versuch angesehen, ganz Deutschland in die sowjetische Einflusssphäre einzubeziehen. Alle Aktionen der Machtstabilisierung in der sowjetisch besetzten Zone wurden unter diesem Blickwinkel betrachtet. Dabei bleibt die Frage offen, ob nicht das deutschlandpolitische Konzept Stalins weniger auf Einbeziehung Deutschlands in den eigenen Machtbereich abzielte als vielmehr darauf, den Anschluss Deutschlands an den kapitalistischen Westen zu verhindern und ein bürgerliches, neutrales, der Sowjetunion nicht feindlich gegenüberstehendes Gesamtdeutschland zu schaffen. Die amerikanische Führung jedenfalls meinte vor der Alternative zu stehen, ganz Deutschland an die Sowjetunion zu verlieren oder die Teilung Deutschlands zu akzeptieren; sie entschied sich für die Errichtung eines westdeutschen Teilstaates. Der Versuch Stalins, dies mit der *Berliner Blockade* 1948/49 (▶ 12.20), dem bis dahin schwersten Konflikt der Westmächte mit der UdSSR in der Nachkriegszeit, zu verhindern, schlug fehl. So führte die Politik der Siegermächte im Kalten Krieg zur Gründung der Bundesrepublik Deutschland und der Deutschen Demokratischen Republik im Jahre 1949.

12.16 Münchner Ministerpräsidentenkonferenz

In Ost und West waren deutsche Politiker in den ersten Nachkriegsjahren bemüht, miteinander im Gespräch zu bleiben und der drohenden Teilung Deutschlands entgegenzuwirken. Jakob Kaiser, der Vorsitzende der CDU in der Sowjetzone, hatte im März 1947 in der interzonalen Arbeitsgemeinschaft von CDU und CSU durchgesetzt, dass aus allen Zonen die Führungsgremien der Parteien eingeladen werden sollten, um in Form einer ständigen Konferenz die Vorstufe zu einer parlamentarischen Vertretung des ganzen deutschen Volkes zu schaffen. Diese Initiative wurde in den Parteien der Westzonen positiv aufgenommen, scheiterte aber am Widerstand des SPD-Vorsitzenden *Kurt Schumacher* (▶ 12.11), der eine Konferenz mit der SED ablehnte, solange die SPD in der sowjetischen Zone nicht wieder zugelassen war.

Jetzt nahmen die Ministerpräsidenten der Länder den Gedanken einer gesamtdeutschen Vertretung auf. Der bayerische Ministerpräsident Hans Ehard (CSU) lud zu einer Zusammenkunft aller Länderregierungschefs für den 6. und 7. Juni 1947 nach München ein. Nach seiner Meinung mussten sich, solange es keine Instanz für Gesamtdeutschland gab, die Ministerpräsidenten als »Treuhänder des deutschen Volkes« betrachten. Die Teilnahme der Ministerpräsidenten aus der sowjetischen Zone war zunächst unsicher. Als sie dann doch zur Vorbe-

Die Verteilung der Marshallplan-Gelder

sprechung am Abend des 5. Juni eintrafen, beanstandeten sie, dass bereits eine feste Tagesordnung vorlag. Da ihre Änderungswünsche nur zum Teil Berücksichtigung fanden, reisten sie wieder ab, bevor die Konferenz begonnen hatte.

Das Scheitern dieses einzigen Versuchs, mithilfe einer gesamtdeutschen Konferenz die Spaltung Deutschlands zu verhindern, hatte mehrere Ursachen, die alle bereits im Vorfeld des Treffens lagen: Auf Betreiben Schumachers hatten die Regierungschefs der britischen Zone sich darauf geeinigt, dass die Konferenz sich nicht mit rein politischen Themen befassen dürfe. Auch Frankreich hatte den Ministerpräsidenten seiner Zone zur Auflage gemacht, dass nur wirtschaftliche Themen behandelt werden dürften. Auf der anderen Seite waren die Ministerpräsidenten der sowjetischen Zone auf Drängen Ulbrichts mit der bindenden Weisung versehen worden, »als Tagesordnungspunkt den Antrag auf Bildung einer deutschen Zentralverwaltung durch Verständigung der demokratischen deutschen Parteien und Gewerkschaften zur Schaffung eines deutschen Einheitsstaates zu stellen und im Fall einer Ablehnung sofort die Konferenz zu verlassen«.

12.17 Schwarzmarkt

In den ersten Nachkriegsjahren war die Versorgungslage der deutschen Bevölkerung äußerst angespannt. Die in den letzten Kriegsjahren eingeführte Bewirtschaftung aller Konsumgüter wurde von den Militärregierungen beibehalten. Aber es war nicht einmal gesichert, dass man die auf den Lebensmittelkarten eingedruckten Güter auch erhielt. Da infolge der Kriegswirtschaft große Geldvorräte vorhanden waren, denen nur ein minimales Warenangebot gegenüberstand, kam es zur Ausbildung eines üppig blühenden Schwarzmarktes, vor allem in den Städten. Hier war gegen viel Geld oder im Tauschhandel Ware gegen Ware nahezu alles zu beschaffen. Eine große Rolle spielte dabei die so genannte Zigarettenwährung. Wer »Ami-Zigaretten« besaß, konnte damit Butter, Brot und andere Lebensmittel auf dem schwarzen Markt erstehen. Ein großer Teil der Bevölkerung beteiligte sich an diesen irregulären Geschäften, um zu überleben. Nach der *Währungsreform* (▶12.19) normalisierte sich das Warenangebot in den Geschäften, und der Schwarzmarkt verschwand.

12.18 Marshallplan

Die wirtschaftliche Not in den Ländern Europas, vor allem auch in den Besatzungszonen Deutschlands, war in den Augen der amerikanischen Regierung ein großes Hindernis bei der Eindämmung des Kommunismus. Die bisherigen Anleihen der USA erwiesen sich als ungenügend, weitere Kredite waren in der amerikanischen Öffentlichkeit unpopulär. So bot der neue amerikanische Außenminister George C. Marshall am 5. Juni 1947 allen europäischen Ländern ein Hilfsprogramm an. Die Sowjetunion lehnte am 2. Juli 1947 eine Teilnahme daran ab; dieser Entscheidung mussten wenige Tage später auch die in ihrem Einflussbereich liegenden Staaten folgen. Die meisten anderen europäischen Staaten sowie die Westzonen Deutschlands wurden in den Marshallplan einbezogen, der am 3. April 1948 vom amerikanischen Kongress verabschiedet wurde.

Die Hilfsleistungen wurden auf Vorschlag der neu gegründeten Organisation für europäische wirtschaftliche Zusammenarbeit (OEEC) in Paris verteilt. Die Hilfe umfasste Sachlieferungen, vor allem Geschenke von Lebensmitteln und Rohstoffen, sowie Kredite. In den europäischen Ländern wurden die Gegenwerte für die empfangenen Hilfen in inländischen Zahlungsmitteln bei der jeweiligen Zentralbank gesammelt. So entstanden in den einzelnen Ländern investierbare Fonds, die eigene wirtschaftliche Aktivitäten anregten. Der DM-Fonds bei der Bank deutscher Länder wurde vor allem für Investitionen in den Grundstoffindustrien, in der Landwirtschaft, im Verkehrswesen, in der Forschung, in der Exportförderung und im Wohnungsbau verwendet. Bis 1957 erhielten die drei Westzonen und West-Berlin bzw. die Bundesrepublik Deutschland, die dem Abkommen am 15. Dezember 1949 beigetreten war, Hilfeleistungen in Höhe von 1,7 Milliarden Dollar, die den raschen wirtschaftlichen Aufbau und das spätere »Wirtschaftswunder« ermöglichten.

12.19 Währungsreform

Eine Vorbedingung für die Einbeziehung der Westzonen in den *Marshallplan* (▶12.18) war die grundlegende Bereinigung der Währungsverhältnisse. Durch die nationalsozialistische Kriegswirtschaft war eine riesige Geldmenge entstanden, der nur ein geringes Warenangebot gegenüberstand. Nachdem am 1. März 1948 die Bank deutscher Länder gegründet worden war, wurde am 19. Juni 1948 – einem Samstag – ein Währungsgesetz der drei westlichen Militärgouverneure über Rundfunk und Extrablätter bekannt gegeben. Die Währungsreform wurde am 20./21. Juni durchgeführt. Jeder Bewohner der Westzonen erhielt im Umtausch gegen 60 Reichsmark ein so genanntes Kopfgeld von 40 Deutschen Mark, im August noch einmal 20 DM; Unternehmen erhielten für jeden beschäf-

◀ *Am 21. Juni 1948 wurde die Deutsche Mark als neue Währung in den drei Westzonen eingeführt, einige Tage später auch in den Westsektoren Berlins. Die Abbildung zeigt den neuen 50-DM-Schein*

tigten Arbeitnehmer 60 DM. Löhne, Gehälter, Pensionen, Renten, Mieten und Pachtzinsen wurden im Verhältnis 1:1 umgestellt, die meisten anderen Verbindlichkeiten 10:1. Besonders hart getroffen waren die Besitzer von Sparguthaben, weil diese im Verhältnis 100:6,5 abgewertet wurden. Demgegenüber wurden die Besitzer von Sachwerten wie Grund und Boden, Häusern, Produktionsbetrieben, Lagern begünstigt. Die Währungsreform war damit auch eine Grundentscheidung über die künftige Vermögensverteilung.

Am 20. Juni 1948 verkündete *Ludwig Erhard* (▶14.6), der Direktor für Wirtschaft in der Trizonenverwaltung, eigenmächtig – ohne Zustimmung der Besatzungsmächte – die weitgehende Aufhebung der Bewirtschaftung und Preisbindung. Über Nacht wurde nun plötzlich in den Geschäften alles, was bisher gesetzwidrig zurückgehalten worden war, angeboten; der Schwarzmarkt verschwand spurlos. Die Sowjetzonenverwaltung zog am 23. Juni 1948 mit einer eigenen Währungsreform nach, die auf ganz Berlin ausgedehnt werden sollte. Als die Westmächte die DM-Währung in den Westsektoren Berlins einführten, begannen die Sowjets mit der *Berliner Blockade* (▸12.20), die von den Westmächten mit einer Luftbrücke beantwortet wurde.

▲ *Symbol für die Berliner Blockade wurden die von den Eingeschlossenen mit Galgenhumor »Rosinenbomber« genannten alliierten Transportflugzeuge. Hier eine der Maschinen im Anflug auf den Flughafen Tempelhof*

12.20 Berliner Blockade

Die Reichshauptstadt Berlin war bei Kriegsende allein von der Sowjetarmee erobert worden, aber bereits im Protokoll der Europäischen Beratenden Kommission vom 12. September 1944 hatten die Alliierten den Dreimächtestatus (später den Viermächtestatus) der Stadt und die Einteilung in entsprechende Sektoren festgelegt. Regelungen für den Verkehr der westlichen Truppeneinheiten oder gar der Zivilbevölkerung zwischen den Westzonen und West-Berlin durch die sowjetische Zone waren nicht getroffen worden. Lediglich bezüglich des Luftverkehrs wurde Ende November 1945 vereinbart, drei Luftkorridore von Hamburg, Hannover und Frankfurt am Main nach Berlin einzurichten, ferner eine alliierte Kontrollzone über dem Stadtgebiet von Berlin.

Nachdem der *Alliierte Kontrollrat* (▶12.2) durch den Auszug der Sowjets am 20. März 1948 funktionsunfähig geworden war, kam es zu Behinderungen westalliierter Truppentransporte auf den Zufahrtswegen nach Berlin. Bereits damals richteten Amerikaner und Briten eine kleine Luftbrücke ein. Als die westlichen Alliierten die DM-Währung der Westzonen auch in den Westsektoren Berlins einführten, verhängte die Sowjetunion am 24. Juni 1948 eine totale Sperre der Schienen- und Straßenwege, einige Tage später auch der Wasserwege. Damit waren die Westsektoren auch von den Stromlieferungen aus dem Ostsektor und der Zufuhr von Frischmilch und anderen Lebensmitteln aus der sowjetischen Zone abgeschnitten. Mit dem Anspruch, Berlin liege auf dem Territorium der sowjetischen Besatzungszone, trat jetzt die Sowjetunion aggressiv gegen die im Viermächtestatus festgeschriebenen Rechte der Westmächte auf. Sie wollte durch Aushungern die West-Berliner Bevölkerung mürbe machen und die westlichen Besatzungsmächte zur Aufgabe ihrer Position in Berlin zwingen.

Auf diese Kampfansage reagierten Amerikaner und Briten mit der Einrichtung einer Luftbrücke. Initiator war der amerikanische Militärgouverneur Lucius D. Clay. In einer einmaligen organisatorischen, technischen und menschlichen Leistung wurden während der elfmonatigen Blockade in etwa 195 000 Flügen fast 1,5 Millionen Tonnen Lebensmittel, Kohle, Baumaterialien und andere Güter nach Berlin eingeflogen. Alle 2 bis 3 Minuten landete eine Maschine auf einem der drei West-Berliner Flughäfen. Zum Flug in die Stadt standen den Westalliierten acht westdeutsche Flugplätze und nur drei Luftkorridore von je 30 km Breite zur Verfügung. An die verunglückten Piloten der Luftbrücke erinnert das Luftbrückendenkmal vor dem Flughafen Berlin-Tempelhof. Zum Repräsentanten des Widerstandswillens der Bevölkerung in West-Berlin wurde Ernst Reuter (SPD), der sein Amt als Oberbürgermeister bis Dezember 1948 aufgrund eines sowjetischen Vetos nicht ausüben konnte. Mit der Berliner Blockade, die den ersten gefährlichen Höhepunkt des *Kalten Krieges* (▶12.15) bildete, strebte die Sowjetunion das politische Ziel an, die sich abzeichnende Einbindung Westdeutschlands und West-Berlins in das westliche Staatenbündnis zu verhindern. Tatsächlich hat die Blockade diesen Prozess beschleunigt, da die Zusammenarbeit zwischen den USA, Großbritannien und den deutschen Politikern in den Westzonen gestärkt wurde. Nachdem die Sowjets erkannt hatten, dass sie ihre Ziele nicht durchsetzen konnten, beendeten sie nach Geheimverhandlungen mit den USA und einem Abkommen der vier Mächte am 12. Mai 1949 die Berliner Blockade.

Während der Blockadezeit erfolgte auch die politische und verwaltungsmäßige Spaltung Berlins. Nach dem Auszug der Sowjets aus der alliierten Stadtkommandantur am 16. Juni 1948 bildeten die Westmächte im Dezember 1948 eine Drei-Mächte-Kommandantur in West-Berlin und bestätigten die Wahl Ernst Reuters zum Oberbürgermeister durch die am 5. Dezember nur in den Westsektoren gewählte Stadtverordnetenversammlung. Seit dem 20. November 1948 amtierte Friedrich Ebert (SED), der Sohn des früheren Reichspräsidenten, als Oberbürgermeister im sowjetischen Sektor Berlins, der 1949 zur Hauptstadt der DDR erklärt wurde.

12.21 Parlamentarischer Rat

Im Zuge des *Kalten Kriegs* (▶12.15) zwischen Ost und West nahmen die Überlegungen der Amerikaner und Briten zur Errichtung eines westdeutschen Teilstaates zunehmend konkrete Gestalt an. Die bis dahin bestehenden Widerstände Frankreichs konnten auf der Londoner Sechsmächtekonferenz abgebaut werden,

▲ *Der Parlamentarische Rat stimmt am 8. Mai 1949 abschließend über das Grundgesetz ab. In der ersten Reihe (von links): Max Reimann (KPD), Walter Menzel (SPD), Carlo Schmid (SPD), Theodor Heuss (FDP), Franz Blücher (FDP), Jakob Kaiser (CDU) und Thomas Dehler (FDP)*

an der vom 23. Februar bis 5. März und vom 20. April bis 1. Juni 1948 die drei westlichen Besatzungsmächte sowie die Niederlande, Belgien und Luxemburg als unmittelbare westliche Nachbarn Deutschlands teilnahmen. Die Londoner Empfehlungen bildeten die Grundlage für die »Frankfurter Dokumente«, die die Militärgouverneure den Ministerpräsidenten der westdeutschen Länder am 1. Juli 1948 übergaben. Die Ministerpräsidenten wurden darin aufgefordert, eine verfassunggebende Nationalversammlung einzuberufen, die spätestens am 1. September 1948 zusammentreten sollte. Weiterhin wurde ein *Besatzungsstatut* (▶13.7) angekündigt, das die Beziehungen zwischen einer künftigen deutschen Regierung und den Besatzungsmächten regeln sollte. Die Ministerpräsidenten, die vom 8. bis 10. Juli im Hotel »Rittersturz« in Koblenz tagten, hoben bei ihrer Stellungnahme zu den »Frankfurter Dokumenten« hervor, dass vermieden werden müsse, »die Spaltung zwischen West und Ost zu vertiefen«. Sie wehrten sich gegen den Staatscharakter des zu errichtenden Gebildes und plädierten für ein Provisorium, das einen gemeinsamen organisatorischen Rahmen für den Bereich der Westzonen bilden sollte. Dementsprechend verwarfen sie den Begriff »Verfassung« und schlugen statt dessen ein »Grundgesetz« vor – der Hamburger Bürgermeister Max Brauer hatte diesen Begriff in die Debatte eingeführt. Auch eine Volksab-

stimmung über den Verfassungsentwurf lehnten sie ab; die Länderparlamente sollten das Grundgesetz ratifizieren. In den beiden letztgenannten Punkten konnten sich die deutschen Länderregierungschefs durchsetzen; sie erreichten auch, dass das Grundgesetz nicht von einer vom Volk gewählten Nationalversammlung, sondern von einem Parlamentarischen Rat erarbeitet wurde, dessen 65 Mitglieder von den Länderparlamenten bestimmt wurden.
Ihre grundsätzlichen Bedenken gegenüber einer westdeutschen Teilstaatsbildung schoben die Ministerpräsidenten jedoch beiseite, nachdem der US-Militärgouverneur Lucius D. Clay mit Konsequenzen für das eingeschlossene Berlin gedroht und der Berliner Oberbürgermeister Ernst Reuter darauf hingewiesen hatte, dass die befürchtete Spaltung Deutschlands bereits Wirklichkeit geworden sei.
Ein von den Ministerpräsidenten berufener Verfassungskonvent erarbeitete in Herrenchiemsee vom 10. bis 23. August einen Verfassungsentwurf, und am 1. September 1948 trat in Bonn der Parlamentarische Rat zusammen. Ihm gehörten je 27 Abgeordnete der CDU/CSU und der SPD an, 5 der FDP, je 2 der KPD, der DP und des Zentrums. Hinzu kamen 5 Abgeordnete aus Berlin, die lediglich beratendes Stimmrecht besaßen. Zum Präsidenten des Parlamentarischen Rates wurde Konrad Adenauer gewählt, den Vorsitz des Hauptausschusses übernahm Carlo Schmid (SPD).
Nach langen, oft kontrovers geführten Debatten, vor allem über die Vorschläge der Militärgouverneure und über die Finanz- und Kompetenzverteilung zwischen Bund und Ländern, wurde das *Grundgesetz* für die Bundesrepublik Deutschland (▶ 13.1) am 8. Mai 1949 mit 53 gegen 12 Stimmen angenommen. Dagegen stimmten die Abgeordneten der KPD, der DP und des Zentrums sowie sechs der acht CSU-Abgeordneten. Mit Ausnahme Bayerns, dem die neue Staatsordnung zu zentralistisch angelegt war, stimmten die Landtage aller westdeutschen Länder dem Grundgesetz zu. Die drei Militärgouverneure genehmigten das Grundgesetz am 12. Mai, am 23. Mai 1949 wurde es verkündet und trat am folgenden Tag in Kraft.

12.22 Deutscher Volksrat

Am 6. und 7. Dezember 1947 trat in Berlin der »Deutsche Volkskongress für Einheit und gerechten Frieden« zusammen, dessen Delegierte auf eine Initiative der SED hin aus Parteien und Massenorganisationen der sowjetischen Zone gewählt worden waren, zum geringen Teil auch aus den Westzonen stammten. Angesichts der erkennbaren Tendenz der Amerikaner und Briten, einen westdeutschen Teilstaat zu errichten, verlangte der Kongress – dabei die sowjetische Deutschlandpolitik unterstützend – die Vorbereitung eines Friedensvertrages sowie eine gesamtdeutsche Regierung »aus Vertretern aller demokratischen Parteien« und gründete die von der SED geführte »Volkskongressbewegung für Einheit und gerechten Frieden«. Der 2. Volkskongress, der am 17. und 18. März 1948 tagte, lehnte den *Marshallplan* (▶ 12.18) ab, erkannte die Oder-Neiße-Linie an

◀ *Proklamation der Deutschen Demokratischen Republik durch den Deutschen Volksrat am 7. Oktober 1949. Am Mikrofon Wilhelm Pieck*

und beschloss ein Volksbegehren zur deutschen Einheit. Er wählte den 1. Deutschen Volksrat, der 400 Mitglieder, davon 100 aus den Westzonen, umfasste. Der Verfassungsausschuss des Volksrates unter der Leitung Otto Grotewohls erarbeitete auf der Grundlage eines SED-Entwurfs vom November 1946 den Entwurf einer »Verfassung der Deutschen Demokratischen Republik«, der vom Volksrat am 22. Oktober 1948 gebilligt und am 19. März 1949 formell beschlossen wurde. Die 1400 Delegierten aus der sowjetischen Zone, die am 3. Deutschen Volkskongress (29. und 30. Mai 1949) teilnahmen, waren von der Bevölkerung am 15. und 16. Mai aufgrund einer Einheitsliste mit vorher festgelegtem Schlüssel, der der SED die Kontrolle über den Kongress garantierte, gewählt worden. Der Protest in der Bevölkerung zeigte sich allerdings in 31,5% Nein-Stimmen sowie 6,7% ungültigen Stimmen. Aus den Westzonen nahmen 610 Delegierte am 3. Volkskongress teil, der ganz im Zeichen der Reaktion auf die Verabschiedung des Bonner Grundgesetzes stand. Der Kongress nahm die Verfassung der Deutschen Demokratischen Republik an und wählte den 2. Deutschen Volksrat, der am 7. Oktober 1949 zusammentrat, sich als provisorische Volkskammer der DDR konstituierte, ein »Manifest der Nationalen Front des demokratischen Deutschland« (in der die Volkskongressbewegung aufging) beschloss und den ehemaligen Sozialdemokraten Otto Grotewohl mit der Bildung einer Regierung beauftragte. Damit war die Gründung der *DDR* (▶ 2.9) vollzogen.

Daten

5. Juni 1945	Berliner Erklärung der vier Oberbefehlshaber
9. Juni 1945	Errichtung der Sowjetischen Militäradministration in Deutschland (SMAD)
10. Juni 1945	Zulassung demokratischer Parteien in der SBZ und in Berlin
11. Juni 1945	Gründungsaufruf der KPD in Berlin
15. Juni 1945	Gründung der SPD in Berlin
26. Juni 1945	Gründung der CDU in Berlin; Gründung der UN in San Francisco
5. Juli 1945	Gründung der LDPD in Berlin
17. Juli–2. Aug. 1945	Konferenz von Potsdam (2. Aug.: Potsdamer Abkommen)
6./9. Aug. 1945	Atombomben auf Hiroshima und Nagasaki
30. Aug. 1945	Errichtung des Alliierten Kontrollrats
19. Sept. 1945	Bildung der Länder Bayern, (Nord)Württemberg-Baden und Hessen (US-Zone)
20. Nov. 1945 bis 1. Okt. 1946	Nürnberger Hauptkriegsverbrecherprozess
21./22. April 1946	Vereinigung von KPD und SPD der SBZ zur SED
23. Aug. 1946	Bildung der Länder Schleswig-Holstein, Hannover (später Niedersachsen) und Nordrhein-Westfalen (britische Zone)
6. Sept. 1946	Stuttgarter Rede von US-Außenminister Byrnes
20. Sept. 1946	1. Berliner Magistratswahlen
2. Dez. 1946	amerikanisch-britisches Abkommen über Bizone
3. Febr. 1947	Ahlener Programm der CDU
15. Febr. 1947	Auflösung Preußens durch Kontrollratsgesetz Nr. 46
12. März 1947	Trumandoktrin
5. Juni 1947	US-Außenminister Marshall verkündet Wiederaufbauprogramm für Euopa (Marshallplan)
6.–8. Juni 1947	Münchner Ministerpräsidentenkonferenz
14. Juni 1947	Deutsche Wirtschaftskommission in der SBZ
25. Juni 1947	Konstituierung des bizonalen Wirtschaftsrates
6./7. Dez. 1947	Tagung des 1. Deutschen Volkskongresses in Ost-Berlin
20. Febr.–1. Juni 1948	Sechsmächtekonferenz in London
20. März 1948	Sowjets verlassen Alliierten Kontrollrat
16. Juni 1948	Sowjets verlassen Berliner alliierte Stadtkommandatur
20. Juni 1948	Währungsreform in den Westzonen/Aufhebung der Zwangswirtschaft
23. Juni 1948	Währungsreform in der SBZ
24. Juni 1948 bis 12. Mai 1949	Berliner Blockade
26. Juni 1948	Beginn der Luftbrücke
1. Juli 1948	Frankfurter Dokumente
10.–23. Aug. 1948	Verfassungskonvent von Herrenchiemsee
1. Sept. 1948	Konstituierung des Parlamentarischen Rates in Bonn
5. Dez. 1948	Wahl der 1. West-Berliner Stadtverordnetenversammlung
19. März 1949	Deutscher Volksrat billigt Verfassung für eine »Deutsche Demokratische Republik«
4. April 1949	Gründung der NATO in Washington
8. April 1949	Trizone
5. Mai 1949	Gründung des Europarates in London
8. Mai 1949	Annahme des Grundgesetzes
23. Mai 1949	Verkündung des Grundgesetzes
7. Okt. 1949	Gründung der Deutschen Demokratischen Republik

Adenauerzeit (1949–1961)

13

Einführung

Die Bildung eines westlich orientierten, westdeutschen Teilstaates aus den drei Westzonen ging weit mehr auf die Initiative der Westmächte zurück als auf Wünsche und Vorstellungen westdeutscher Politiker. Amerikaner und Briten gaben auf der Londoner Sechsmächtekonferenz im Frühjahr 1948 den Anstoß dazu, dass aus dem Zusammenschluss der drei Westzonen ein westdeutscher Teilstaat mit »regierungsartiger Verantwortung« entstand. Diese Pläne lehnten die Ministerpräsidenten der westdeutschen Länder anfangs ebenso ab wie die Bemühungen der Sowjetunion und der SED-Führung, mit der Volkskongressbewegung die deutsche Einheit im kommunistischen Sinne als Volksbewegung voranzutreiben.

Schon im Parlamentarischen Rat, der das Grundgesetz ausarbeitete, spielte die Persönlichkeit eine wesentliche Rolle, die nach der Konstituierung des ersten Deutschen Bundestages die junge Bundesrepublik nachhaltig prägte: Konrad Adenauer. Er verstand es, den von ihm geführten Regierungen, seiner Partei und ihrer Bundestagsfraktion seinen Stempel aufzudrücken und seinen Willen durchzusetzen. Keiner seiner Nachfolger im Amt des Bundeskanzlers hat so nachdrücklich die im Grundgesetz verankerte Richlinienkompetenz des Bundeskanzlers beansprucht wie er. Eine der vielen Adenauer-Karikaturen aus den 50er-Jahren zeigte Adenauer mit seinem »Schattenkabinett«: ihn jeweils als Minister, den eigentlichen Fachminister nur als Schlagschatten.

Adenauers großer Gegenspieler im zweiten deutschen Teilstaat, der Deutschen Demokratischen Republik, hielt sich dagegen mehr im Hintergrund und baute seine staatliche Position erst Ende der 50er-Jahre, Anfang der 60er-Jahre aus. Walter Ulbricht hatte die stalinschen Säuberungen der 30er-Jahre in Moskau als opportunistischer Emigrant überlebt. An Zähigkeit und taktischem Gespür war er den meisten seiner Gegner weit überlegen. Als 1. Sekretär der SED war er der wichtigste Mann in der neuen DDR. Die starke Stellung der SED, die er mit sowjetischer Hilfe aufgebaut hatte, erlaubte ihm diese Form der Herrschaft.

Außenpolitisch war die Epoche 1949 bis 1961 vor allem durch den Kalten Krieg gekennzeichnet, der in die deutschlandpolitischen Entscheidungen der ehemaligen Anti-Hitler-Koalition hineinspielte. Deutlich wurde dies vor allem in der Frage der Wiederbewaffnung. Unter Führung der USA wurde – vor allem nach dem Ausbruch des Koreakrieges – der Verteidigungsbeitrag der Bundesrepublik erörtert und der Aufbau der Bundeswehr psychologisch vorbereitet, auch wenn dies die meisten Deutschen zu dieser Zeit noch ablehnten. In der DDR wurden Teile der Deutschen Volkspolizei zunächst in paramilitärischen Verbänden zusammengezogen, aus denen 1952 die Kasernierte Volkspolizei und 1956 die Nationale Volksarmee entstand.

Schwerpunkt der bundesdeutschen Außenpolitik war die Westintegration der Bundesrepublik. Ziel der adenauerschen Politik war zwar die Wiedervereinigung Deutschlands, in erster Linie wollte Adenauer aber zunächst die volle Souveränität für die Bundesrepublik Deutschland erreichen. Dies schien ihm nur möglich durch die enge Anlehnung an die USA. Mit ihrer Hilfe gelang ein beispielloser wirtschaftlicher Aufschwung, der die Bundesrepublik zum geschätzten Verhandlungspartner vieler Staaten werden ließ. Mit der Anerkennung der deutschen Schuld an der Vernichtung der Juden in der Zeit des Dritten Reichs und der Bereitschaft, Wiedergutmachung zu leisten, gewann die Bundesrepublik auch wieder an moralischem Ansehen.

Heftige innenpolitische Kontroversen zwischen SPD-Opposition und Bundesregierung gab es um die Außenpolitik. Zwar war die SPD antikommunistisch eingestellt, doch verfocht sie lebhaft und nachdrücklich die Wiedervereinigung Deutschlands. Sie war bereit, dafür auch einen Status als neutrales Land in Kauf zu nehmen. Die in ihren Augen überstürzte Politik der Westintegration bedeutete für die SPD die Zementierung der deutschen Spaltung. Erst als sie mit ihrem Deutschland-Plan (1959) auch bei der Sowjetunion auf Ablehnung stieß, begann die Umorientierung. Die Hinwendung zur Marktwirtschaft im Godesberger Programm und die große deutschlandpolitische Rede Herbert Wehners 1960 im Deutschen Bundestag markierten den Wendepunkt in der Politik der SPD.

Ein Problem von vorrangiger innenpolitischer Bedeutung war die Situation der Empfänger von Sozialleistungen, die auch durch den beginnenden Wirtschaftsaufschwung nicht gebessert wurde, sondern eine umfassende Reform des gesamten Sozialwesens erforderte. Kernstück dieser Reform wurde die Rentenreform 1957, an der zwar alle Parteien gleichmäßig beteiligt waren, für die aber letztlich nur die Union unter Bundeskanzler Adenauer die Früchte einstreichen konnte, als sie die Bundestagswahl 1957 mit absoluter Mehrheit gewann. Daneben war eine der Hauptschwierigkeiten der Bundesregierung vor allem die Eingliederung der Vertriebenen und der ehemaligen Kriegsgefangenen. Für diese Gruppen mussten nicht nur Arbeitsplätze bereitgestellt werden, sondern es galt auch dafür Sorge zu tragen, dass erlittene Vermögensverluste ersetzt und Rentenansprüche geklärt wurden. Mit dem Heimkehrergesetz und dem Lastenausgleichsgesetz wurden die entscheidenden Grundlagen zu einer erfolgreichen Einbindung in die Gesellschaft der neuen Bundesrepublik gelegt.

Eine entgegengesetzte Entwicklung zeichnete sich in der DDR ab. Nachdem die SED mithilfe der sowjetischen Besatzungsmacht ihre Vormachtstellung endgültig gesichert und jede politische Opposition ausgeschaltet hatte, vollzog sie den »Übergang von einer antifaschistisch-demokratischen Ordnung« zum »Aufbau des Sozialismus«, der im Juli 1952 auch offiziell als Staatsziel verkündet wurde. Innenpolitische Gegner waren dem Terror und der Willkür staatlicher Organe und der Parteiinstanzen ausgesetzt, im Februar 1950 wurde ein Ministerium für Staatssicherheit eingerichtet.

1949 war die Planwirtschaft eingeführt worden, zwei Jahre später trat der erste Fünfjahrplan (1951–55) in Kraft. Umfangreiche Reparationsleistungen für die Sowjetunion belasteten zusätzlich die schwierige wirtschaftliche Situation. Ziel der ulbrichtschen Wirtschaftspolitik war zunächst einmal die Ankurbelung der Schwerindustrie als Grundlage des wirtschaftlichen Lebens in der DDR. Mithilfe der Planwirtschaft und rigoroser Festsetzung von Arbeitsnormen suchte man diesem Ziel näher zu kommen. Dabei scheute man auch nicht vor Täuschung zurück: Als der im Bergbau tätige Hauer Adolf Hennecke am 13. Oktober 1948 seine Arbeitsnorm mit 380 % übererfüllte und damit die »Aktivisten-Bewegung« begründete, war die Propagandaabsicht unverkennbar. Eine solche Übererfüllung der Arbeitsnorm war nur auf die gute Vorbereitung und eine gut organisierte Zuarbeit zurückzuführen; unter normalen Arbeitsbedingungen waren sie unmöglich. Der Protest gegen den wachsenden Arbeitsdruck und die Verweigerung politischer Mitspracherechte entlud sich schließlich im Aufstand vom 17. Juni 1953, der von sowjetischen Truppen niedergeschlagen wurde.

Danach versuchte die SED die ablehnende Haltung in weiten Teilen der Bevölkerung dadurch abzubauen, dass sie eine Verbesserung der Lebensbedingungen ankündigte und den politischen Druck zeitweilig lockerte. Die Entwicklung, die der sowjetische Parteichef Chruschtschow auf dem XX. Parteitag der KPdSU im Februar 1956 angekündigt hatte, zeigte in der DDR kaum Wirkung. Bereits Ende desselben Jahres wurden unter dem Eindruck des ungarischen Volksaufstandes Reformkommunisten wie Wolfgang Harich, die einen eigenen gesamtdeutschen Weg zum Sozialismus gefordert hatten, hart bestraft. Als Walter Ulbricht auf dem V. Parteitag der SED 1958 ankündigte, in kurzer Zeit solle Westdeutschland im Pro-Kopf-Verbrauch erreicht und überholt werden, wurde deutlich, wie wichtig der Vergleich der wirtschaftlichen Lebensbedingungen in der Konkurrenz zwischen Ost und West geworden war. Spätestens am Ende des Jahrzehnts war unübersehbar, dass die SED damit eine illusionäre Zielsetzung verfolgt hatte. Die Kluft zwischen Partei und Gesellschaft zeigte sich in einer anhaltenden Fluchtbewegung, die schließlich mit dem Bau der Mauer am 13. August 1961 beendet wurde.

Außenpolitisch war die DDR isoliert, sie war allein von der sowjetischen Bestandsgarantie abhängig und erlangte erst 1955 nach dem Vertrag mit der Sowjetunion innerhalb des Ostblocks einen gleichrangigen Status im Rahmen des Warschauer Paktes. Die Anerkennung durch die internationale Staatengemeinschaft blieb ihr außerhalb des kommunistischen Staatensystems versagt. Anders als die Bundesrepublik lehnte die DDR eine Wiedergutmachung an Israel ab. Ihr Standpunkt war, dass sie nicht der Rechtsnachfolger des untergegangenen Deutschen Reiches sei; mit der Gründung des »ersten deutschen Arbeiter- und Bauernstaates« sei ein neuer Staat entstanden. Seit Mitte der 50er-Jahre suchte Ulbricht seine Zweistaatentheorie durchzusetzen. Seine bedingungslose Anlehnung an die Sowjetunion sorgte für einen Abbau des sowjetischen Misstrauens und gab der DDR zu Beginn der 60er-Jahre auch außenpolitischen Spielraum.

Auch im Innern entwickelten sich die beiden deutschen Teilstaaten auseinander. In der Bundesrepublik machte sich, nachdem die Gefahr eines Krieges 1950/51 gebannt war, Zufriedenheit breit. Man arbeitete hart und lange, zog sich in Familie oder Vereine zurück und suchte – wenn meist auch unbewusst – gleichsam den Anschluss an die Vorkriegszeit, die Jahre der nationalsozialistischen Herrschaft blendete man weitgehend aus. Im Arbeitsleben gelang die stufenweise Einführung der 40-Stunden-Woche, dies wiederum machte sich auf dem Arbeitsmarkt durch Arbeitskräftemangel bemerkbar und stellte die Weichen für die Anwerbung der »Gastarbeiter« genannten ausländischen Arbeitnehmer seit den 60er-Jahren. Im Großen und Ganzen bot die Gesellschaft der Bundesrepublik ein Bild von Selbstzufriedenheit und Stabilität.

Gleichzeitig waren die 50er-Jahre gerade in der Bundesrepublik das Jahrzehnt einer stürmischen Modernisierung. Seine Energien bezog dieser Modernisierungsschub aus der Währungsreform und dem Wiederaufbau. Die Währungsreform legte die Grundlage, sie war das äußere Zeichen, dass die wirtschaftliche Entwicklung vorwärts ging. Der Wiederaufbau war zwingende Notwendigkeit, denn die Kriegszerstörungen mussten beseitigt, den Menschen Wohnungen und Arbeitsstätten gebaut werden. Für den Städtebau war dies die einmalige Chance, alte Städte völlig neu zu planen. Der Wiederaufbau der zerstörten Frankfurter Altstadt z.B. wurde erst gar nicht mehr ernsthaft erwogen, sondern es wurden teilweise völlig neue Straßenzüge angelegt. Beim Wohnungsbau knüpfte man zum Teil an die Wohnungsbauten zur Zeit der Weimarer Republik an. Im Industrie- und Verwaltungsbau ging man von dem pompösen Baustil des Dritten Reichs ab. Helle, lichtdurchflutete Gebäude entstanden, mit großen, weit geschwungenen Treppenhäusern. Auch nach außen wurde so demonstriert, dass hier eine neue, offene Gesellschaft entstand, die sich deutlich absetzen wollte gegen die nationalsozialistische Zeit. Die Bundesrepublik zeigte sich als moderner und wohlhabender Staat.

Dieses Bild hatte seinen Reiz vor allem für die Bewohner der DDR. Sie waren von der wirtschaftlichen Entwicklung des Westens abgekoppelt, durften nicht am Marshallplan teilnehmen und litten unter der Parteidiktatur der SED. Dies alles führte dazu, dass viele in der DDR die Zustände doppelt unerträglich fanden und aus ihrem Machtbereich zu entkommen suchten. Die Flüchtlingszahlen ließen den wirtschaftlichen Kollaps der DDR befürchten, denn es flohen gerade diejenigen, die die Last des wirtschaftlichen Aufbaus hätten tragen sollen: die arbeitsfähige Bevölkerung. Nur durch den Bau der Berliner Mauer 1961, der eine politische Kapitulationserklärung gegenüber der eigenen Bevölkerung darstellte, gelang es der SED-Führung, die Fluchtbewegung zu unterbinden. Damit begann für die DDR eine Phase der Konsolidierung. Bundesrepublik und DDR mussten sich nun mit dem ungeliebten anderen Staat auseinander setzen und sich miteinander arrangieren.

13.1 Grundgesetz

Das vom *Parlamentarischen Rat* (▶ 12.21) erarbeitete Grundgesetz als Verfassungsgrundlage des zu bildenden westdeutschen Teilstaates wurde am 23. Mai 1949 durch den Präsidenten des Parlamentarischen Rates, Konrad Ade-

Am 23. Mai 1949 wurde in der Pädagogischen Akademie in Bonn das Grundgesetz verkündet. Der Tag gilt seither als das eigentliche Gründungsdatum der Bundesrepublik Deutschland

nauer, verkündet und trat am 24. Mai 1949 als Verfassung der Bundesrepublik Deutschland in Kraft. Um den provisorischen Charakter dieser Staatsbildung nachdrücklich zu betonen und die deutsche Frage offen zu halten, wurde der staatsrechtliche Begriff »Verfassung« vermieden. Mit dem In-Kraft-Treten des Grundgesetzes war die *Bundesrepublik Deutschland* (▶ 13.2) als parlamentarische Demokratie entstanden.

In Erinnerung an die nationalsozialistische Diktatur legte der Parlamentarische Rat größten Wert auf die Verankerung der Grund- und Menschenrechte in der Verfassung. So beginnt das Grundgesetz in Artikel 1: »Die Würde des Menschen ist unantastbar. Sie zu achten und zu schützen ist Verpflichtung aller staatlichen Gewalt. Das Deutsche Volk bekennt sich darum zu unverletzlichen und unveräußerlichen Menschenrechten als Grundlage jeder menschlichen Gemeinschaft, des Friedens und der Gerechtigkeit in der Welt.« In der *Weimarer Verfassung* von 1919 fand sich ein solcher Artikel nicht; die Grundrechte waren hier erst im zweiten Hauptteil der Verfassung ab Artikel 109 aufgeführt. So sind die Grundrechte in der Bundesrepublik Deutschland die Basis, auf der dieser Staat aufgebaut ist. Für jeden Staatsbürger sind sie einklagbar vor den Gerichten.

Das Grundgesetz gliedert sich in 14 Abschnitte, denen eine Präambel vorangestellt wurde. In der Präambel wurde ausdrücklich auf den provisorischen Charakter dieses deutschen Teilstaates hingewiesen: »... hat das Deutsche Volk in den Ländern ..., um dem staatlichen Leben für eine Übergangszeit eine neue Ordnung zu geben, kraft seiner verfassunggebenden Gewalt dieses Grundgesetz für die Bundesrepublik Deutschland beschlossen. Es hat auch für jene Deutschen gehandelt, denen mitzuwirken versagt war. Das gesamte Deutsche Volk bleibt aufgefordert, in freier Selbstbestimmung die Einheit und Freiheit Deutschlands zu vollenden.« In Artikel 146 wurde festgelegt, dass das Grundgesetz seine Gültigkeit verliert »an dem Tage, an dem eine Verfassung in Kraft tritt, die vom Deutschen Volke in freier Entscheidung beschlossen worden ist«.

In Abschnitt I (Artikel 1–19) sind die Grundrechte niedergelegt. Abschnitt II (Artikel 20–37) enthält Regelungen über die Staatsform der Bundesrepublik Deutschland und über das Verhältnis von Bund und Ländern. Die Abschnitte III–VI (Artikel 38–69) sind den Verfassungsorganen Bundestag, Bundesrat, Gemeinsamer Ausschuss, Bundespräsident und Bundesregierung gewidmet. Abschnitt VII (Artikel 70–82) behandelt die Zuständigkeit und das Verfahren bei der Gesetzgebung. In den Abschnitten VIII und VIII a (Artikel 83–91 b) folgen Bestimmungen über die Ausführung der Bundesgesetze, die Bundesverwaltung und die Gemeinschaftsaufgaben. Der Rechtsprechung ist Abschnitt IX (Artikel 92–104) gewidmet. In Abschnitt X (Artikel 104 a–115) schließen sich Regelungen über das Finanzwesen, in Abschnitt X a (Artikel 115 a–115 l) über den Verteidigungsfall an. In Abschnitt XI (Artikel 116–146) finden sich Übergangs- und Schlussbestimmungen. Das Grundgesetz geht als Verfassungsgesetz allen anderen Rechtsnormen vor. Es kann nur durch ein Gesetz geändert werden, das den Wortlaut des Grundgesetzes ausdrücklich ändert oder ergänzt und der Zustimmung von zwei Dritteln der Mitglieder des Bundestages und zwei Dritteln der Stimmen des Bundesrates bedarf. Bestimmte elementare Verfassungsgrundsätze dürfen auch durch Verfassungsänderungen nicht beseitigt werden: Dazu zählen die Unantastbarkeit der Menschenwürde sowie als Grundlage der staatlichen Ordnung der »demokratische und soziale Bundesstaat«.

Die Alliierten genehmigten das Grundgesetz am 12. Mai 1949 mit einigen, im *Besatzungsstatut* (▶13.7) aufgeführten Vorbehalten.

13.2 Bundesrepublik Deutschland – Politisches System

Der *Parlamentarische Rat* (▶12.21) hatte dem neuen Staatsgebilde, das aus dem Zusammenschluss der drei Westzonen mit der Verkündung des *Grundgesetzes* (▶13.1) entstanden war, den neuen Namen Bundesrepublik Deutschland gegeben.

Der Begriff »Bundesrepublik« bezeichnete die Staatsform mit der den Bundesstaat kennzeichnenden Aufteilung der staatlichen Aufgaben zwischen dem Bund als Gesamtstaat und den Ländern als Gliedstaaten (Föderalismus). Die Hinzufügung »Deutschland« sollte darauf hinweisen, dass dieser Teilstaat den Anspruch erhob, für das ganze Deutschland zu sprechen. Das Volk als Souverän ist im Deutschen Bundestag repräsentativ vertreten. Der Deutsche Bundestag ist als oberstes Organ der Legislative der Mittelpunkt des politischen Lebens und von keinem anderen Verfassungsorgan abhängig; sein Präsident ist nach dem Bundespräsidenten der zweithöchste Repräsentant der Bundesrepublik.

Die Abgeordneten werden in allgemeinen, freien, gleichen und geheimen Wahlen vom Volk gewählt. In der Zusammensetzung des Bundestags spiegeln sich somit die gesellschaftlichen Gruppierungen und Kräfte wieder. Allerdings hat sich im Lauf der Jahre gezeigt, dass bestimmte Gruppen der Gesellschaft, wie z. B. die Beamten, überproportional vertreten sind, während andere, z. B. freie Unternehmer oder Handwerker, eher unterrepräsentiert sind. Bis 1990 traten zu den 496 vom Volk gewählten

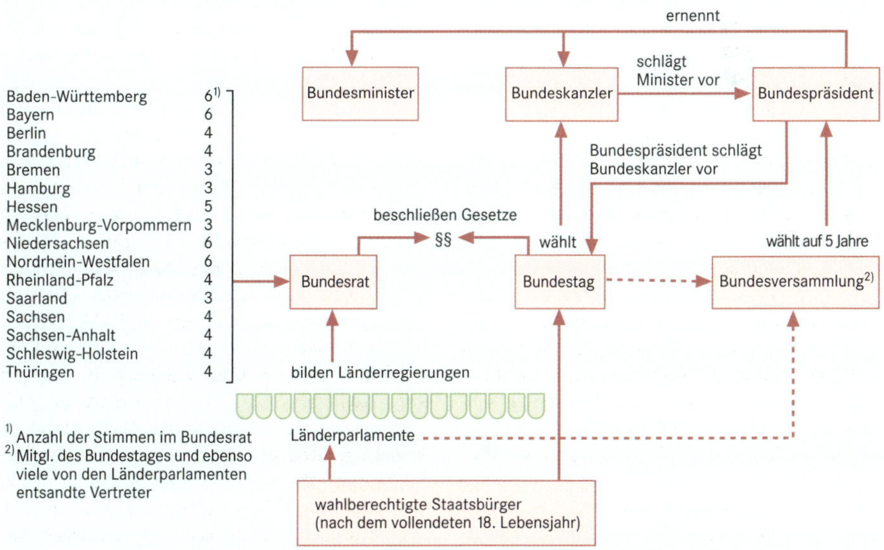

▲ *Das politische System der Bundesrepublik Deutschland*

Mitgliedern (zuzüglich möglicher Überhangmandate) 22 vom Berliner Abgeordnetenhaus gewählte Abgeordnete aus West-Berlin, die nicht voll stimmberechtigt waren. Nach der ersten gesamtdeutschen Wahl 1990 hatte der Bundestag (einschließlich 6 Überhangmandaten) 662 Abgeordnete. Kritiker bemängeln, dass mit dieser Zahl das Parlament nicht mehr richtig arbeitsfähig sei und fordern die Verkleinerung des Parlaments. Der Bundestag wählt den Bundeskanzler und kann ihn auf dem Wege des konstruktiven Misstrauensvotums (d.h., indem er mit absoluter Mehrheit einen neuen Bundeskanzler wählt) auch wieder stürzen. Der Bundeskanzler wird nach seiner Wahl vom *Bundespräsidenten* (▶ 13.3) ernannt. Er schlägt sodann die von ihm ausgewählten Minister und Staatssekretäre dem Bundespräsidenten zur Ernennung vor. Bundeskanzler und Bundesminister bilden gemeinsam die Bundesregierung (»Kabinett«), in der dem Bundeskanzler die Richtlinienkompetenz zusteht. Die Bundesregierung ist als oberstes Organ der Exekutive vom Vertrauen des Bundestages abhängig.

Der Bundesrat wurde als Vertretung der Länder neben dem Bundestag in das Regierungssystem eingebaut und fungiert quasi als zweite Kammer, obgleich dies im Grundgesetz so nicht vorgesehen ist. Durch den Bundesrat sind die Bundesländer an der Gesetzgebung des Bundes beteiligt. Jedem Bundesland stehen im Bundesrat mindestens drei Stimmen zu. Hamburg, Bremen, Mecklenburg-Vorpommern und das Saarland verfügen über drei Stimmen, die Länder mit mehr als 2 Millionen Einwohnern besitzen vier Stimmen (Berlin, Brandenburg, Rheinland-Pfalz, Sachsen, Sachsen-Anhalt, Schleswig-Holstein und Thüringen), Hessen verfügt über fünf Stimmen, Länder mit mehr als sieben Millionen Einwohnern haben sechs Stimmen (Niedersachsen, Nordrhein-Westfalen, Baden-Württemberg und Bayern). Für die Dauer eines Jahres wird im Turnus ein Ministerpräsident oder (bei den Stadtstaaten) Bürgermeister zugleich Präsident des Bundesrates und damit Stellvertreter des Bundespräsidenten. Im September 1951 wurde als weiteres oberstes Verfassungsorgan das Bundesverfassungsgericht in Karlsruhe (▶ 16.29) errichtet, das über die Einhaltung der rechtsstaatlichen Ordnung zu wachen hat. Seine Entscheidungen binden alle anderen staatlichen Organe, auch den Deutschen Bundestag.

Mit der Vereinigung Deutschlands wurde das Grundgesetz am 3. Oktober 1990 auch in den neu gebildeten Ländern der bisherigen DDR in Kraft gesetzt.

13.3 Bundespräsident und Bundesversammlung

Der Bundespräsident ist das Staatsoberhaupt der *Bundesrepublik Deutschland* (▶ 13.2). Er wird von der Bundesversammlung gewählt, die ausschließlich für die Wahl des Bundespräsidenten geschaffen wurde. Sie wird vom Präsidenten des Deutschen Bundestages einberufen und besteht aus den Abgeordneten des Bundestages und einer gleichen Anzahl von Mitgliedern, die von den Landtagen nach den Grundsätzen der Verhältniswahl delegiert werden. Die Amtszeit des Bundespräsidenten dauert fünf Jahre, seine einmalige Wiederwahl ist möglich. Der *Parlamentarische Rat* (▶ 12.21) hatte sich bemüht, die Fehler der Weimarer Verfassung von 1919 von vornherein auszuschalten, und deshalb nicht nur auf die direkte Wahl durch das Volk verzichtet, sondern auch dem Bundespräsidenten im Wesentlichen rein repräsentative Aufgaben zugewiesen. Der Bundespräsident schlägt dem Deutschen Bundestag einen Kandidaten für das Amt des Bundeskanzlers vor, ernennt und entlässt auf Ersuchen des Deutschen Bundestages den Bundeskanzler und auf dessen Vorschlag hin die Bundesminister. Der Bundespräsident vertritt die Bundesrepublik Deutschland völkerrechtlich und schließt im Namen des Bundes Verträge mit auswärtigen Staaten. Er beglaubigt und empfängt die Botschafter und Gesandten der ausländischen Staaten, mit denen diplomatische Beziehungen unterhalten werden. Außerdem werden von ihm die Bundesrichter, Bundesbeamten, Offiziere und Unteroffiziere der deutschen Bundeswehr ernannt und entlassen. Im Einzelfall übt der Bundespräsident das Begnadigungsrecht aus.

Die Befugnisse des Bundespräsidenten werden im Falle seiner Verhinderung oder bei vorzeitiger Erledigung des Amtes durch den Präsidenten des Bundesrates wahrgenommen.

Zum ersten Bundespräsidenten wählte die Bundesversammlung am 12. September 1949 den Vorsitzenden der *FDP* (▶ 12.10), Professor *Theodor Heuss* (▶ 13.6).

13.4 Konrad Adenauer

Erster Bundeskanzler der *Bundesrepublik Deutschland* (▶13.2) wurde der Präsident des *Parlamentarischen Rates* (▶12.21) und Vorsitzende der *CDU* (▶12.9) Konrad Adenauer. Geboren in Köln am 5. Januar 1876, schlug Adenauer nach juristischem und volkswirtschaftlichem Studium die Anwaltslaufbahn ein. 1906 trat er dem Zentrum bei, 1908 wurde er Beigeordneter der Stadt Köln und war dort von 1917 bis 1933 Oberbürgermeister. 1920 bis 1933 war er außerdem Mitglied und Präsident des Preußischen Staatsrates.

In der Zeit der Weimarer Republik trat er während des deutsch-französischen Konfliktes an-

▲ *Konrad Adenauer*

lässlich der Ruhrbesetzung 1923 für einen von Preußen losgelösten rheinischen Teilstaat innerhalb des Deutschen Reiches, aber in Anlehnung an Frankreich ein, um zur Entschärfung der Gegensätze beizutragen. Von den Nationalsozialisten wurde Adenauer aus allen Ämtern entlassen; nach dem 20. Juli 1944 war er für einige Monate inhaftiert.

Nach dem Krieg setzte ihn die amerikanische Militärverwaltung wieder als Kölner Oberbürgermeister ein, die britische Militärverwaltung entließ ihn aber bald wieder »wegen Unfähigkeit«. Parteipolitisch aktiv wurde Adenauer in der neu gegründeten CDU, in der er schnell Führungsfunktionen übernahm. 1946 wurde er zum Vorsitzenden der CDU der britischen Zone gewählt, 1950 bis 1966 war er Bundesvorsitzender der Partei. Am 1. September 1948 wählte ihn der Parlamentarische Rat zu seinem Präsidenten. Mit nur einer Stimme Mehrheit erreichte Adenauer am 15. September 1949 seine Wahl zum ersten Bundeskanzler, ein Amt, das er bis 1963 behielt.

Dreimal, 1953, 1957 und 1961, gewann die CDU/CSU mit ihm die Bundestagswahlen, jedes Mal mit deutlichem Abstand vor der SPD, 1957 errang sie sogar knapp die absolute Mehrheit. Adenauer hat die Politik dieser Zeit geprägt, sodass – auch wegen seiner langen Amtsperiode – von einer Adenauer-Ära gesprochen wird.

Seine herausragenden Leistungen waren vor allem die konsequent und zielstrebig betriebene Zurückgewinnung der deutschen Souveränität und die im erbitterten Kampf mit der Opposition durchgeführte Westintegration der Bundesrepublik. Die sich abzeichnende Vertiefung der Spaltung nahm Adenauer in Kauf in der Annahme, dass nur durch die Westintegration und eine Politik der Stärke gegenüber der Sowjetunion die Wiedervereinigung erreicht werden könne.

Schon früh, nämlich im März 1949 und wieder im Sommer/Herbst 1950, signalisierte Adenauer die deutsche Bereitschaft, einen Verteidigungsbeitrag im Rahmen einer europäischen Armee zu leisten. Dies geschah vor dem Hintergrund des Koreakrieges und der internationalen Diskussion um einen solchen Beitrag. Als Gegenleistung forderte das Kabinett die Souveränität für die Bundesrepublik. Ende August 1950 wurde ein entsprechendes Memorandum an den amerikanischen Hochkommissar McCloy übergeben.

Zu den großen Leistungen Adenauers gehörten auch die Wiederaufnahme der Gespräche mit Repräsentanten des neuen Staates Israel, das Bekenntnis zur Wiedergutmachung und vor allem die Aussöhnung mit Frankreich. Der am 22. Januar 1963 in Paris unterzeichnete Elysée-Vertrag (*Deutsch-Französischer Vertrag*, ▶14.2) begründete eine enge Zusammenarbeit auf allen Gebieten.

Bei seinem Besuch in Moskau im September 1955 erreichte Adenauer die Rückkehr der bisher noch festgehaltenen rund 10 000 deutschen Kriegsgefangenen und akzeptierte die von der Sowjetunion gewünschte Aufnahme diplomatischer Beziehungen. In der Mitte seiner vierten Amtsperiode trat Adenauer am 15. Oktober 1963 als Bundeskanzler zurück, starkem Druck auch in den eigenen Reihen nachgebend. Zu seinem Nachfolger wurde am 16. Oktober 1963 der erfolgreiche Wirtschaftsminister *Ludwig Erhard* (▶14.6), der »Vater der sozialen Marktwirtschaft«, vom Deutschen Bundestag gewählt. Adenauer starb am 19. April 1967 in Rhöndorf.

13.5 Erstes Kabinett Adenauer

Der 1. Deutsche Bundestag wurde am 14. August 1949 nach einem nur für diese erste Wahl gültigen Wahlgesetz gewählt. 60 % der Abgeordneten wurden als Direktkandidaten in den Wahlkreisen gewählt, die restlichen 40 % der Mandate wurden unter Anrechnung der Direktmandate über Landeslisten auf die Parteien verteilt. Die Gesamtzahl der Abgeordneten betrug 402. Die CDU/CSU erhielt 31,0 % und 139 Mandate, die SPD 29,2 % und 131 Mandate, die FDP errang 11,9 % und erhielt 52 Sitze. Ferner waren vertreten: die Deutsche Partei (DP, 17 Sitze), die Bayernpartei (17), das Zentrum (10), die KPD (15), die Wirtschaftliche Aufbauvereinigung (12), die Deutsche Reichspartei (5) und der Südschleswigsche Wählerverband (1).

Am 15. September 1949 wählte der Bundestag den Bundeskanzler. Der CDU-Vorsitzende der britischen Zone, *Konrad Adenauer* (▶13.4), erhielt 202 Stimmen und war somit mit der kleinsten Mehrheit von einer Stimme – es war seine eigene – gewählt. Am 20. September stellte Bundeskanzler Adenauer sein Koalitionskabinett vor, das von den Parteien CDU/CSU, FDP und DP gebildet wurde. Ihm gehörten 13 Ressortminister an, ein Außenministerium gab es noch nicht, da die auswärtige Politik noch den Besatzungsmächten vorbehalten war. Führer der Opposition im Bundestag wurde der SPD-Fraktionsvorsitzende *Kurt Schumacher* (▶12.11).

Dringendste Aufgaben der ersten Bundesregierung und des Parlamentes waren die soziale Eingliederung der Millionen von Flüchtlingen und Vertriebenen und die Versorgung der Kriegsopfer. Zunächst musste das staatliche Versicherungssystem finanziell wieder in Gang gebracht werden. Das Bundesversorgungsgesetz regelte bundeseinheitlich die Versorgung der Kriegsopfer, das Gesetz über Hilfsmaßnahmen für Heimkehrer kümmerte sich um die Heimkehrerentschädigung, das *Lastenausgleichsgesetz* (▶13.26) versuchte, die Verluste der Vertriebenen und Flüchtlinge zu registrieren und nach Möglichkeit auszugleichen. Der *Wohnungsbau* (▶13.14) wurde gefördert und erste Verhandlungen mit dem Staat Israel und

◀ *Wahlwerbung der Parteien vor der ersten Bundestagswahl am 14. August 1949. Das neu gewählte Parlament trat am 7. September 1949 zu seiner konstituierenden Sitzung zusammen*

jüdischen Organisationen über die zu leistende *Wiedergutmachung* (▶ 13.13) geführt.
Adenauer war von Anfang an bestrebt, den neuen Staat eng an die Westmächte anzulehnen. Er bot dabei auch schon früh einen deutschen Verteidigungsbeitrag an, um dafür Souveränitätsrechte für die Bundesrepublik zu erhalten. Er stieß mit dieser Politik auf heftigen Widerstand bei den Sozialdemokraten, die befürchteten, eine zu enge Westintegration könne die Chance der Wiedervereinigung aufs Spiel setzen, aber auch in der eigenen Partei. Innenminister Gustav Heinemann trat wegen der Wiederbewaffnung der Bundesrepublik zurück. Adenauer konnte sich schließlich durchsetzen und für seine Politik die Zustimmung der Mehrheit der Bundesbürger erhalten. Bei der Wahl zum 2. Deutschen Bundestag am 6. September 1953 erzielte die CDU/CSU beträchtliche Stimmengewinne und erreichte bei der folgenden Bundestagswahl 1957 sogar die absolute Mehrheit.

13.6 Theodor Heuss

Am 12. September 1949 wählte die erste *Bundesversammlung* (▶ 13.3) den Vorsitzenden der *Freien Demokratischen Partei* (▶ 12.10), Theodor Heuss, zum ersten Bundespräsidenten der Bundesrepublik Deutschland. Am 31. Januar 1884 in Brackenheim geboren, studierte Heuss Kunstgeschichte und Volkswirtschaft und schloss sich nach dem Studium dem Kreis um Friedrich Naumann an, der ihn in seinen politischen und sozialen Ideen entscheidend prägte. Er war 1905–12 Schriftleiter der von Naumann herausgegebenen Zeitung »Die Hilfe« und 1912–18 der »Neckarzeitung«. 1920–24 war er Studienleiter und dann bis 1933 Dozent an der Hochschule für Politik in Berlin. 1924–28 und 1930–33 wirkte Heuss als Mitglied des Reichstags in der Deutschen Demokratischen Partei, der er 1918 beigetreten war. Mit seiner Fraktion stimmte er am 23. März 1933 widerstrebend dem Ermächtigungsgesetz zu. Während des Dritten Reiches musste er seine publizistisch-politische Tätigkeit einschränken.
Nach dem Zusammenbruch wurde Heuss 1945/46 der erste Kultusminister in Württemberg-Baden und war dort 1945–49 Mitglied des Landtages für die Demokratische Volkspartei. Er setzte sich nachdrücklich für die Vereinigung der liberalen Parteien der westlichen Besatzungszonen ein und erreichte dieses Ziel 1948 mit der Gründung der Freien Demokratischen Partei, deren Vorsitzender er im gleichen Jahr wurde. Im *Parlamentarischen Rat* (▶ 12.21) arbeitete er maßgeblich am *Grundgesetz* (▶ 13.1) mit. Das Grundgesetz weist dem Bundespräsidenten in deutlicher Abkehr von der Verfassung der Weimarer Republik lediglich repräsentative Aufgaben als Staatsoberhaupt zu. Heuss war es zu verdanken, dass dieses Amt in der Öffentlichkeit zu hohem Ansehen gelangt ist. Heuss knüpfte bewusst an die demokrati-

▲ *Fünf Tage nach seiner Wahl zum Bundeskanzler stellte Konrad Adenauer am 20. September 1949 sein Kabinett vor*

▲ *Theodor Heuss wurde am 12. September 1949 von der Bundesversammlung zum ersten Präsidenten der Bundesrepublik Deutschland gewählt; das Bild zeigt ihn (rechts) bei der Vereidigung*

schen, geistigen und politischen Traditionen an, die die nationalsozialistische Herrschaft unterbrochen hatte. Das Schwergewicht seines innenpolitischen Wirkens legte er auf den Ausgleich der politischen Gegensätze. Seine Staatsbesuche trugen wesentlich zum wachsenden Ansehen der Bundesrepublik Deutschland im Ausland bei. Theodor Heuss wurde 1954 von der Bundesversammlung eindeutig in seinem Amt bestätigt. Eine dritte Amtszeit, für die das Grundgesetz hätte geändert werden müssen und die ihm 1959 angetragen worden war, lehnte er ab. 1959 wurde Theodor Heuss, der auch als vornehmlich politischer Schriftsteller hervorgetreten ist, mit dem Friedenspreis des Deutschen Buchhandels ausgezeichnet. Er starb am 12. Dezember 1963 in Stuttgart.

▲ *Die teilweise als Reparationsleistung geltende Demontage von Industriebetrieben, eine der Deutschland 1945 auferlegten Strafen, wurde in den westlichen Besatzungszonen bereits 1946 gedrosselt und im April 1951 völlig eingestellt. Das Bild zeigt die Sprengung eines Schornsteins auf dem Gelände der Essener Kruppwerke im Januar 1950*

13.7 Besatzungsstatut

Am 10. April 1949 wurde der *Parlamentarische Rat* (▶ 12.21) über das auf der Außenministerkonferenz in Washington ausgearbeitete Besatzungsstatut informiert, das nie offiziell übergeben wurde, aber am 21. September 1949 in Kraft trat.

Durch das Statut erhielten Bund und Länder die volle gesetzgebende, vollziehende und Recht sprechende Gewalt übertragen. Die Besatzungsmächte behielten sich aber bei einigen Sachgebieten die Zuständigkeit vor:

»Abrüstung und Entmilitarisierung, einschließlich der damit zusammenhängenden naturwissenschaftlichen Forschungsgebiete, der Verbote und Beschränkungen für die Industrie und die zivile Luftfahrt;

Kontrollmaßnahmen hinsichtlich der Ruhr, Rückerstattungen, Reparationen, Dekartellisierung, Entflechtung, Nicht-Diskriminierung im Geschäftsverkehr, ausländische Vermögenswerte in Deutschland und vermögensrechtliche Ansprüche gegen Deutschland;

Auswärtige Angelegenheiten ...;

Verschleppte und die Zulassung von Flüchtlingen;

Schutz, Ansehen und Sicherheit der alliierten Streitkräfte ...;

Beachtung des Grundgesetzes und der Landesverfassungen;

Kontrolle über Außenhandel und Devisenwirtschaft ...«

Die Besatzungsbehörden behielten sich jedoch auch das Recht vor, die »Ausübung der vollen Regierungsgewalt ganz oder teilweise wieder aufzunehmen, wenn sie der Ansicht sind, dass dies aus Sicherheitsgründen oder zur Aufrechterhaltung der demokratischen Regierungsform in Deutschland ... unumgänglich ist«.

Die Besatzungsmächte sprachen aber auch ihre Bereitschaft aus, nach zwölf Monaten das Statut zu überprüfen mit dem Ziel, »die Zuständigkeit der deutschen Behörden ... zu erweitern«. Seit 1951 wurden die Vorbehaltsrechte der Alliierten weiter abgebaut; am 5. Mai 1955 wurde mit In-Kraft-Treten der Pariser Verträge, in die die Bestimmungen des Deutschlandvertrages eingingen, das Besatzungsstatut aufgehoben.

13.8 Petersberger Abkommen

Bundeskanzler *Adenauer* (▶ 13.4) bemühte sich ständig, Bestimmungen des *Besatzungsstatutes* (▶ 13.7) zu revidieren und für die Bundesrepublik weitere Souveränitätsrechte zu erhalten.

Berühmt wurde das so genannte »Teppichfoto« vom Antrittsbesuch des Bundeskanzlers mit einigen seiner Minister bei der Alliierten Hohen Kommission, die ihren Sitz im Hotel auf dem Petersberg bei Königswinter hatte. Der Teppich, auf dem die Hohen Kommissare standen, sollte die Distanz zwischen den Alliierten und den Deutschen dokumentieren. Adenauer erkannte die Situation und betrat seinerseits bei der Begrüßung ebenfalls den Teppich.

Im Petersberger Abkommen vom 22. November 1949, also gerade zwei Monate nach In-Kraft-Treten des Besatzungsstatutes, erreichte Adenauer eine erste vertragliche Revision des Statutes. Die Bundesrepublik erhielt die Erlaubnis, konsularische Beziehungen zu ausländischen Mächten aufzunehmen und internationalen Organisationen beizutreten. Bestimmte Beschränkungen im Bau von Hochseeschiffen wurden aufgehoben und der teilweise oder vollständige Demontagestopp bei zahlreichen Werken im Ruhrgebiet, im Rheinland und in West-Berlin verfügt. Das Abkommen betraf auch die Gesetzgebung über die Kartellentflechtung und die Genehmigung des Marshallplanes. Die Bundesrepublik trat der Internationalen Ruhrbehörde bei und erzielte Übereinstimmung für einen Beitritt zum *Europarat* (▶ 13.11).

13.9 Deutsche Demokratische Republik – Politisches System

Parallel zur Gründung der *Bundesrepublik Deutschland* (▶ 13.2) entstand auf dem Gebiet der Sowjetischen Besatzungszone mit der Verabschiedung einer Verfassung am 7. Oktober 1949 die Deutsche Demokratische Republik. Der am 30. Mai 1949 aus der Volkskongressbewegung gebildete 2. *Deutsche Volksrat* (▶ 12.22) konstituierte sich selbst an diesem Tage als provisorische Volkskammer zum Parlament des neuen Staates. Am 10. Oktober 1949 bestimmten die fünf Länderparlamente der sowjetischen Zone eine provisorische Länderkammer aus 34 Abgeordneten. Volkskammer und Länderkammer wählten am 11. Oktober 1949 den SED-Vorsitzenden Wilhelm Pieck zum ersten Präsidenten der DDR; am 12. Oktober bestätigte die Volkskammer die erste DDR-Regierung unter dem Ministerpräsidenten Otto Grotewohl. Die ersten Wahlen zur Volkskammer fanden am 15. Oktober 1950 auf der Grundlage einer Einheitsliste der Nationalen Front statt, bei 99,7% Ja-Stimmen. Dieses Wahlsystem, das keine Alternative zuließ, wurde bis zum Ende der SED-Diktatur beibehalten.

▲ *Das am 12. Oktober 1949 von der Volkskammer bestätigte erste Kabinett der Deutschen Demokratischen Republik. In der vorderen Reihe (vierter von links) Regierungschef Otto Grotewohl, links neben ihm Walter Ulbricht, einer der beiden stellvertretenden Ministerpräsidenten*

Die erste Verfassung der DDR erinnerte noch stark an die Weimarer Verfassung. Sie bezeichnete Deutschland als eine »unteilbare demokratische Republik«, die sich auf den Ländern aufbaut. Sie garantierte die Grundrechte des Bürgers, so zum Beispiel die Rede-, Presse-, Versammlungs- und Religionsfreiheit und nannte auch das Streikrecht. Sie gewährleistete das Eigentum und bestimmte gleichzeitig: »Die Wirtschaft hat dem Wohle des ganzen Volkes und der Deckung seines Bedarfs zu dienen.« Der Staat sollte durch seine gesetzgebenden

Organe den öffentlichen Wirtschaftsplan aufstellen. Obwohl die Verfassung einen gesamtdeutschen Anspruch erhob und viele demokratische Grundsätze verkündete, wurde sie sehr bald als Instrument der politischen Unterdrückung benutzt. Der berüchtigte Artikel 6, der u.a. »Boykotthetze gegen demokratische Einrichtungen und Organisationen« als Verbrechen bezeichnete, diente als Grundlage für die politische Justiz, die rigoros gegen tatsächliche und vermeintliche Gegner des neuen Staates vorging. Schon nach kurzer Zeit wurde deutlich, dass die Verfassung nur noch wenig mit der tatsächlichen Struktur des politischen Systems übereinstimmte. 1952 ersetzte man die fünf Länder Brandenburg, Mecklenburg, Sachsen, Sachsen-Anhalt und Thüringen durch 14 Bezirke, ohne dass eine entsprechende Verfassungsänderung für nötig erachtet wurde.
Die politische Macht in der DDR wurde nicht durch den Staat und seine Organe, sondern durch die Leitungsgremien der SED ausgeübt. Das Politbüro der SED war das eigentliche Machtzentrum der DDR, der Apparat des Zentralkomitees, der mehr als 2000 Mitarbeiter umfasste, war der Staatsverwaltung übergeordnet und übte eine weit reichende Kontrolle über die Staatstätigkeit aus. Das Zentralkomitee der SED, eine Art Parteiparlament, das im Abstand von einigen Monaten tagte, diente in erster Linie zur öffentlichen Verkündigung politischer Richtlinien, es übte nur selten und in Ausnahmefällen eine gewisse Kontrollfunktion gegenüber der Parteiführung aus, die ihm satzungsgemäß zustand. Wie gering die SED die Bedeutung der Verfassung für die Staatspolitik einschätzte, zeigt die Tatsache, dass erst 1968 eine neue »sozialistische Verfassung« verabschiedet wurde, die das in der DDR entstandene politische System charakterisierte und erstmals auch offiziell den Führungsanspruch der SED als Verfassungsgrundsatz postulierte.

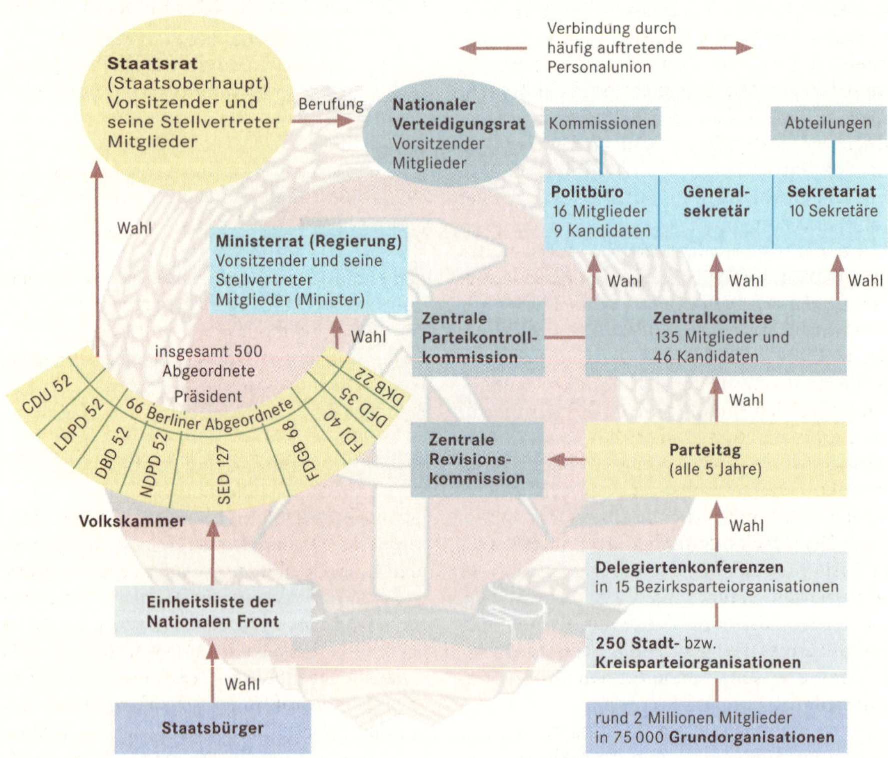

▲ *Das politische System der Deutschen Demokratischen Republik*

13.10 Schumanplan/ Montanunion

Die Forderung Frankreichs nach Internationalisierung des Ruhrgebietes war in den Nachkriegsjahren von Amerikanern und Briten ebenso zurückgewiesen worden wie die Ansprüche der Sowjetunion auf eine Beteiligung an der Kontrolle und Ausbeutung der Ruhrindustrie. Auf Drängen Frankreichs wurde dann jedoch auf der Londoner Sechsmächtekonferenz 1948 das Ruhrproblem eingehend behandelt und am 28. April 1949 im Ruhrstatut eine internationale Kontrollbehörde für die Ruhr geschaffen, an der Belgien, Frankreich, Großbritannien, Luxemburg, die Niederlande und die USA beteiligt waren. Das Ruhrgebiet blieb Bestandteil des deutschen Staatsgebietes, die wirtschaftliche Auswertung wurde jedoch der Kontrollbehörde übertragen.

Im *Petersberger Abkommen* (►13.8) vom 22. November 1949 erklärte sich die Regierung Adenauer bereit, der Ruhrbehörde beizutreten. Dieser Schritt führte zu einer heftigen Kontroverse mit dem Oppositionsführer im Deutschen Bundestag, *Kurt Schumacher* (►12.11), der die Anerkennung der Ruhrkontrolle ablehnte und Adenauer vorwarf, ein »Kanzler der Alliierten« zu sein.

Am 9. Mai 1950 erwähnte der französische Außenminister Robert Schuman in einer Regierungserklärung zum ersten Mal öffentlich die Idee einer »Fusion« der deutschen und französischen Kohle- und Stahlproduktion. Schuman erinnerte damit an die Zeit vor dem 1. Weltkrieg, als sich Ruhrkohle und lothringische Minette ergänzt hatten, und griff dabei ein vorangegangenes Angebot Adenauers auf. Dieser Produktionsgemeinschaft sollten sich weitere europäische Länder anschließen können. Schumans Ziel war eine deutsch-französische Union als Basis eines »auf föderalistischer Grundlage« organisierten Europa. Ein erster Schritt dazu war nach Auffassung des französischen Außenministers – aber auch Adenauers – die Koordination und Kooperation bei den Grundstoffindustrien.

Am 20. Juni 1950 nahmen Delegationen der Regierungen Belgiens, der Niederlande, Luxemburgs, Frankreichs, Italiens und der Bundesrepublik Deutschland über diesen »Schumanplan« Vertragsverhandlungen auf. Der Vertrag über die Gründung der Europäischen Gemeinschaft für Kohle und Stahl (EGKS) – bekannt geworden unter dem Namen »Montanunion« – wurde am 18. April 1951 in Paris unterzeichnet. Er trat am 23. Juni 1952 in Kraft. Gleichzeitig wurde das Ruhrstatut aufgehoben. Die Montanunion wurde einer der Grundpfeiler der *Europäischen Gemeinschaft* (►13.32, 15.2, 16.32).

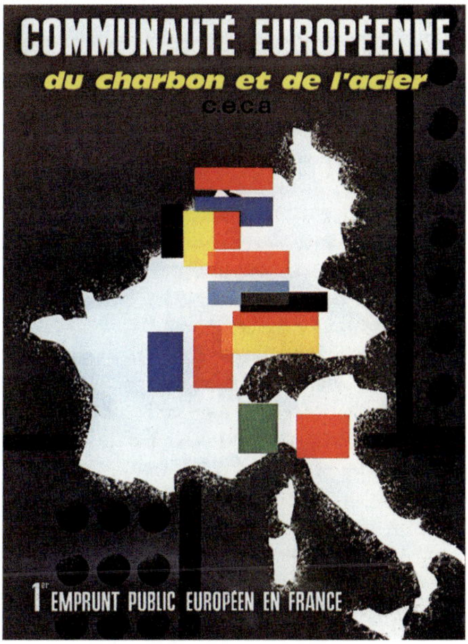

▲ *Französisches Plakat für die Europäische Gemeinschaft für Kohle und Stahl (»Montanunion«) aus dem Jahr 1951*

13.11 Europarat

Die in den ersten Nachkriegsjahren von vielen führenden Politikern europäischer Staaten angestellten Überlegungen über einen stärkeren politischen und wirtschaftlichen Zusammenschluss führten am 5. Mai 1949 zur Unterzeichnung eines Statutes durch Vertreter von zehn europäischen Staaten (Belgien, Dänemark, Frankreich, Großbritannien, Irland, Italien, Luxemburg, die Niederlande, Norwegen, Schweden), mit dem der Europarat gegründet wurde. Noch 1949 traten Griechenland und die Türkei hinzu. Die Bundesrepublik Deutschland wurde

am 31. März 1950 eingeladen, dem Europarat vorerst als assoziiertes Mitglied, ebenso wie das Saarland, beizutreten. Am 2. Mai 1951 wurde sie Vollmitglied des Europarates.
Der Europarat war die einzige europäische Organisation, in der bis zur Auflösung des Ostblocks nahezu alle nichtkommunistischen Staaten Europas vertreten waren. Seit 1990 sind auch Staaten aus dem Bereich des ehemaligen Warschauer Pakts beigetreten. Einige Länder haben Gaststatus. 1998 hat der Europarat 40 Mitglieder.
Organe des Europarats sind: 1. das Ministerkomitee (die Außenminister der Mitgliedsstaaten), 2. die Parlamentarische Versammlung (zusammengesetzt aus den von den nationalen Parlamenten entsandten Abgeordneten, deren Zahl sich nach der Größe der einzelnen Mitgliedsstaaten richtet; die Bundesrepublik Deutschland hat 18 Vertreter), 3. das Generalsekretariat, das die Sekretariatsaufgaben für die Versammlungs- und Regierungsexpertenausschüsse wahrnimmt. Der Europarat erlässt keine unmittelbar geltenden Rechtsakte; seine Organe äußern sich in der Form von Entschließungen und Empfehlungen. Wichtig sind die in Empfehlungen enthaltenen Konventionen, vor allem die Europäische Menschenrechtskonvention, gegen deren Verletzung auch von den eigenen Bürgern eines Staates das Rechtsschutzsystem dieser Konvention in Anspruch genommen werden kann.

13.12 Interzonenhandel

Mit dem später durch die Bezeichnung »innerdeutscher Handel« ersetzten Begriff »Interzonenhandel« war der Warenaustausch zwischen der Bundesrepublik Deutschland und der Deutschen Demokratischen Republik gemeint. Eine erste innerdeutsche Vereinbarung kam unmittelbar nach der Gründung der beiden deutschen Staatsgebilde am 8. Oktober 1949 im Frankfurter Abkommen zustande. Es hatte aber bereits seit 1946 verschiedene Interzonenvereinbarungen zwischen den von den westlichen Alliierten besetzten Zonen bzw. dem Vereinigten Wirtschaftsgebiet und der sowjetisch besetzten Zone gegeben.
Am 20. September 1951 wurden die Wirtschaftsbeziehungen zwischen der Bundesrepublik Deutschland einschließlich West-Berlins und der DDR einschließlich Ost-Berlins neu geregelt. Das Berliner Abkommen wurde 1968 neu gefasst und war im Wesentlichen bis 1990 gültig. Zur Überwindung der Währungsunterschiede wurde die Bezeichnung »Verrechnungseinheit« (1 DM-West = 1 DM-Ost = 1 VE) geschaffen. Alle Zahlungen wurden über zentrale Verrechnungskonten bei der Deutschen Bundesbank bzw. der Staatsbank der DDR abgewickelt. Das bilaterale Verrechnungssystem funktionierte, zusätzlich hatten beide Zentralbanken einander einen zinslosen Überziehungskredit (Swing) eingeräumt. Abwicklungsorgane waren für die Bundesrepublik die »Treuhandstelle Industrie und Handel« (bis 1981 Treuhandstelle für den Interzonenhandel) in West-Berlin, für die DDR das Ministerium für Außenhandel in Ost-Berlin.
Der innerdeutsche Handel galt nicht als Außenhandel, war andererseits aber auch kein Binnenhandel. Er musste, da er selbstständige und unterschiedliche Währungsgebiete betraf, nach besonderen Regeln abgewickelt werden. Diese Sonderstellung des Interzonenhandels ist auch bei der Gründung der *EWG* (▶ 13.32) berücksichtigt worden. Nach dieser Regelung wurde er in der EWG als Binnenhandel (innerdeutscher Handel) angesehen. Somit war die DDR als Nutznießer der EWG-Vergünstigungen ein Quasimitglied dieser Gemeinschaft.
Jährlich wurden Listen über die zu handelnden Warengruppen zusammengestellt. Die wichtigsten Warengruppen in den Lieferungen der Bundesrepublik waren Maschinen, elektrotechnische und chemische Erzeugnisse, bei den Lieferungen der DDR überwogen Textilien und Bekleidung, Land- und forstwirtschaftliche Produkte, Holzwaren und Mineralölerzeugnisse.

13.13 Wiedergutmachung

Schon auf der Konferenz von Jalta im Februar 1945 war grundsätzlich festgelegt worden, dass das Deutsche Reich nach der Kapitulation die während des Krieges und unter der Herrschaft der Nationalsozialisten angerichteten Zerstörungen in den von ihnen besetzten Ländern wieder gutzumachen hätte. Auf der *Konferenz von Potsdam* (▶ 12.4) setzten die USA das Prinzip der Reparationsentnahme auf Zonenbasis durch, d.h., jede Besatzungsmacht sollte ihre Reparationsansprüche aus der eigenen Zone abdecken. Der Sowjetunion wurden für den Wie-

Im Rahmen der Reparationsleistungen für die Sowjetunion, die auch nach Gründung der DDR dort zunächst noch fortgesetzt wurden, verfrachtete man komplette Industrieanlagen nach Osten. Im Bild der Abtransport von Maschinen aus einer Flugzeugmotorenfabrik bei Berlin

deraufbau ihres stark zerstörten Landes zusätzliche Reparationsleistungen aus den Westzonen zugestanden, die aber schon im Mai 1946 durch den auf Betreiben des amerikanischen Militärgouverneurs verhängten Demontagestopp abgeblockt wurden. Die besonders rigoros betriebene Demontage durch die sowjetische Besatzungsmacht in ihrer Zone belastete den wirtschaftlichen Normalisierungsprozess und den Wiederaufbau dort weit stärker als die Besatzungspolitik in den Westzonen. Hier wurden mit der Einrichtung des vereinigten Wirtschaftsgebietes der *Bizone* (▶ 12.13) Maßnahmen zur Verbesserung der wirtschaftlichen Situation eingeleitet.

Die Rückerstattung feststellbarer Vermögensverluste an Opfer des NS-Regimes hatten schon die alliierten Militärregierungen angeordnet. Die neu entstandene Bundesrepublik Deutschland nahm den großen Komplex der Wiedergutmachung für die Personengruppen und Völker auf, die in der NS-Zeit aus rassischen, religiösen und politischen Gründen verfolgt worden waren. Am 27. September 1951 erklärte die Bundesregierung mit einhelliger Zustimmung des Deutschen Bundestages ihre Bereitschaft zur Wiedergutmachung gegenüber Israel. Am 10. September 1952 wurde das Wiedergutmachungsabkommen mit Israel unterzeichnet. Die Bundesrepublik Deutschland verpflichtete sich, innerhalb von zwölf Jahren 3 Mrd. DM zu zahlen. Weitere Abkommen wurden mit mehreren jüdischen Organisationen für Rückerstattungsansprüche der außerhalb Israels lebenden jüdischen Flüchtlinge geschlossen. Im Gegensatz zur Bundesrepublik lehnte die DDR Wiedergutmachungsleistungen ab, da sie sich nicht als Nachfolgestaat des Dritten Reiches verstand.

Das Bundesentschädigungsgesetz vom 29. Juni 1956 definierte den Begriff des vom NS-Regime Verfolgten und regelte alle bereits laufenden Verfahren; damit wurde die Entschädigung der Opfer des Nationalsozialismus in die Wege geleitet. Entschädigungsleistungen waren u.a. Renten, Abfindungen, Kostenersatz für Heilverfahren, Kranken- und Hinterbliebenenversorgung, Darlehen und Ausbildungsbeihilfen.

13.14 Sozialer Wohnungsbau

Die katastrophale Wohnungssituation am Ende des Krieges verschärfte sich in den ersten Nachkriegsjahren durch die Millionen Vertriebenen aus den Ostgebieten (▶ 12.5), die in den Westzonen eine neue Heimat suchten. Wegen fehlender Materialien konnte eine Bautätigkeit, die fühlbare Verbesserungen hätte bringen können, vorerst nicht beginnen. In den zerstörten Städten und Stadtteilen begnügte man sich anfangs damit, die Trümmer aufzuräumen und die nur halbzerstörten Häuser und Wohnungen notdürftig als Behelfsunterkünfte wieder herzurichten. Der Wiederaufbau von Wohnungen war deshalb eine der vorrangigen sozialpolitischen Aufgaben der Bundesrepublik Deutschland. In den Jahren 1949/50 wurden 503900

Wohnungen fertig gestellt, darunter über 400 000 im Rahmen des öffentlich geförderten Wohnungsbaus.
Das erste Wohnungsbaugesetz vom 24. April 1950 regelte bundeseinheitlich den Wiederaufbau von Wohnungen, begünstigte vorwiegend jedoch den sozialen Wohnungsbau (»Bau von Wohnungen, die nach Größe, Ausstattung und Miete bzw. Belastung für die breiten Schichten des Volkes bestimmt und geeignet sind«). Das Bauvorhaben dieses 1. Wohnungsbaugesetzes sah die Errichtung von 1,8 Millionen Sozialwohnungen vor (in einem Zeitraum von sechs Jahren). In den Städten und Gemeinden teilten die Wohnungsämter die Wohnungen nach der Bedürftigkeit den jeweils Anspruchsberechtigten zu. Nach statistischen Erhebungen bestand 1950 noch ein Defizit von 4,8 Millionen Wohnungen. 1951/52 wurden über 850 000 Wohnungen gebaut, etwa 20 % davon finanzierte die öffentliche Hand. Die Aufwendungen der öffentlichen Hand, also von Bund, Ländern und Gemeinden errreichten 1952 eine Höhe von fast 2 Mrd. DM.
Durch die Neufassung vom 25. August 1953 und das 2. Wohnungsbaugesetz vom 27. Juni 1956 wurde zunehmend auch der private Eigenheimbau gefördert. Seit Mitte der 50er-Jahre ging der Anteil des sozialen Wohnungsbaus zugunsten des privaten mehr und mehr zurück, der durch das Wohnungsbauprämiengesetz von 1952 erste zusätzliche Förderung erhielt. Die Wohnungszwangswirtschaft und damit auch verbunden die Mietpreisbindung mussten jedoch bis 1960 noch beibehalten werden.

13.15 Mitbestimmung und Betriebsverfassung

Unmittelbar nach dem Zusammenbruch 1945 hatten in zahlreichen Betrieben, deren Leiter geflohen oder von den Alliierten verhaftet worden waren, Arbeiter und Angestellte unter der Führung von Betriebsräten die Produktion weitergeführt. Bald bildete sich auch wieder eine Gewerkschaftsbewegung, die sich für die Bundesrepublik Deutschland 1949 im Deutschen Gewerkschaftsbund (DGB) organisierte. Der DGB bestand aus 16 einzelnen nach Branchen unterschiedenen Industriegewerkschaften und definierte sich als parteipolitisch unabhängige Einheitsgewerkschaft – im Gegensatz zu den Richtungsgewerkschaften der Weimarer Republik und des Kaiserreiches.
In der Montanindustrie (Kohle, Eisen, Stahl) Nordrhein-Westfalens hatte nach 1945 die Gewerkschaft bei der britischen Besatzungsmacht erreicht, dass die Aufsichtsräte der unter britischer Verwaltung stehenden Unternehmen mit je fünf Vertretern der Aktionäre und der Arbeitnehmer sowie einem neutralen Aufsichtsratsmitglied besetzt wurden (»paritätische Mitbestimmung«). Den Vorständen dieser Unternehmen gehörte ein Arbeitsdirektor an, dem vor allem das Personalwesen unterstand und der im Einvernehmen mit Betriebsräten und Gewerkschaft bestellt wurde. Gegenüber Bundestag und Bundesregierung vertraten die Gewerkschaften nach 1949 ihre Forderungen nach gesetzlicher Verankerung dieser Montanmitbestimmung, ihrer Ausweitung und nach volkswirtschaftlicher Mitbestimmung der Arbeitnehmer oberhalb der Unternehmensebene. Unter dem Druck eines Streikaufrufs in der Stahl- und Eisenindustrie einigten sich am 11. Januar 1951 der DGB-Vorsitzende Hans Böckler und Bundeskanzler Adenauer auf einen Kompromiss: Die bisher praktizierte Form der Mitbestimmung wurde festgeschrieben (Gesetz vom 21. Mai 1951), blieb jedoch auf die Montanindustrie beschränkt. Die weitergehenden gewerkschaftlichen Forderungen kamen nicht zum Zuge, obwohl auch kirchliche Kreise dafür warben und sie unterstützten. Die Koalitionsparteien FDP und DP wandten sich gegen das Gesetz; es konnte nur mithilfe der SPD verabschiedet werden.
Die Mitwirkung der Arbeitnehmer und der Betriebsräte im Betrieb, die bisher nur in einem Gesetz des Alliierten Kontrollrats festgelegt war, wurde durch das Betriebsverfassungsgesetz vom 11. Oktober 1952 einheitlich geregelt. Danach waren in den Betrieben Betriebsräte zu wählen, die u. a. bei personellen Angelegenheiten, bei der Ordnung des Betriebes, der Arbeitszeit und der Urlaubsplanung mitbestimmten. In wirtschaftlichen Angelegenheiten erhielten die Betriebsräte freilich nur Informationsrechte. Die Aufsichtsräte in Kapitalgesellschaften wurden zu einem Drittel mit Arbeitnehmervertretern besetzt.
Erst in den 60er-Jahren gelang es den Gewerkschaften wieder, das Thema Mitbestimmung in die öffentliche Diskussion zu tragen, die auch

mit dem *Mitbestimmungsgesetz* von 1976 (▶ 15.15) nicht beendet wurde. Bereits 1972 hatte das neue *Betriebsverfassungsgesetz* (▶ 14.26) die Rechte der Arbeitnehmer und der Betriebsräte im Betrieb erweitert.

13.16 Deutschlandvertrag

Der Deutschlandvertrag regelte das Ende des Besatzungsregimes in der Bundesrepublik Deutschland und gab dieser die Rechte eines souveränen Staates. Er entstand im Zusammenhang mit den Bemühungen um einen deutschen Beitrag zur Verteidigung des Westens, die auf Betreiben der USA unter dem Eindruck des Koreakrieges und der wachsenden Spannungen zwischen Ost und West in Gang gekommen waren und eine Einbindung und Kontrolle der aufzustellenden deutschen Truppen in der projektierten *Europäischen Verteidigungsgemeinschaft* (EVG, ▶ 13.17) vorsahen. Da ein eigenständiger deutscher Verteidigungsbeitrag eine Ablösung des *Besatzungsstatuts* (▶ 13.7) von 1949 voraussetzte, fanden sich die drei Westmächte seit Dezember 1950 zu Verhandlungen bereit, deren Ergebnis der Deutschlandvertrag war, dessen In-Kraft-Treten jedoch gemäß Artikel 11 an das Zustandekommen der EVG gebunden war.
Durch den Deutschlandvertrag (Bonner Vertrag) wurden Besatzungsstatut und Alliierte Hohe Kommission aufgehoben und die Souveränität an die Bundesrepublik Deutschland übertragen, vorbehaltlich der Rechte und Verantwortung der drei Mächte »in Bezug auf Berlin und auf Deutschland als Ganzes einschließlich der Wiedervereinigung Deutschlands und einer friedensvertraglichen Regelung«, sowie das Recht zur Stationierung von Streitkräften und zur Regelung des Notstandes zum Schutze dieser Streitkräfte (Artikel 5, 2, erloschen seit dem Erlass der *Notstandsgesetzgebung* von 1968, ▶ 14.15). Er verpflichtete die Bundesrepublik Deutschland in ihrer Politik auf die Prinzipien der UN und die im Statut des Europarats festgelegten Ziele und alle Unterzeichner auf das gemeinsame Ziel der Wiedervereinigung Deutschlands in Freiheit und eines frei vereinbarten Friedensvertrages für ganz Deutschland (Artikel 7).
Der Deutschlandvertrag wurde durch drei weitere Verträge ergänzt: Der Truppenvertrag regelte die Rechte und Pflichten der ausländischen Streitkräfte, der Finanzvertrag legte den Beitrag der Bundesrepublik Deutschland zum Unterhalt dieser Streitkräfte fest sowie der Überleitungsvertrag zur Regelung aus Krieg und Besatzung entstandener Fragen.
Nachdem der Deutschlandvertrag noch 1952 in Großbritannien und den USA ratifiziert worden war, wurde er nach heftigen innenpolitischen und verfassungsrechtlichen Streitigkeiten in der Bundesrepublik erst 1953 ratifiziert. Die Ratifikation des EVG-Vertrages in der französischen Nationalversammlung scheiterte jedoch am 30. August 1954. Auf der Londoner Neunmächtekonferenz der sechs EVG-Staaten sowie Großbritanniens, der USA und Kanadas vom 28. September bis 3. Oktober 1954 wurde daraufhin der Beitritt der Bundesrepublik zur *NATO* (▶ 13.19), die Bildung der *Westeuropäischen Union* (▶ 13.20) sowie eine Anpassung des Deutschlandvertrages beschlossen und in den Pariser Verträgen am 23. Oktober 1954 vollzogen. Nach der Ratifizierung dieser Verträge trat der Deutschlandvertrag am 5. Mai 1955 in Kraft. Die Bundesrepublik war – mit Einschränkungen – souverän geworden.

▲ *Konrad Adenauer, in Personalunion Bundeskanzler und Außenminister, unterzeichnete am 26. Mai 1952 den Deutschlandvertrag*

13.17 Europäische Verteidigungsgemeinschaft (EVG)

Die EVG stellte den Versuch dar, im Zeichen des *Kalten Krieges* (▶ 12.15) eine effektive kontinentale Verteidigungsmacht der späteren EWG-Staaten Frankreich, Italien, Belgien, Niederlande, Luxemburg und Bundesrepublik Deutschland zu schaffen, die Risiken einer Wiederbewaffnung der Bundesrepublik durch eine supranationale Organisation aufzufangen und durch diese zugleich die europäische Einigung zu fördern. Wichtige Impulse verdankte die EVG einem Vorschlag Winston Churchills vom 11. August 1950 zur Bildung einer »Europa-Armee« und dem Plan des französischen Ministerpräsidenten René Pleven vom Oktober 1950. Die durch den Vertrag vom 27. Mai 1952 in Paris abgeschlossenen Verhandlungen der sechs Staaten sahen die Verschmelzung der nationalen Streitkräfte unter einem gemeinsamen Oberbefehl (mit Ausnahme der für die Kolonien benötigten Truppen) vor. Die Grundeinheiten bis zur Division sollten national, die höheren Einheiten, die Kommandobehörden und die Logistik supranational organisiert sein. Status, Ausrüstung, Ausbildung und Dienstzeit der Soldaten der EVG sollten gleich sein. Der EVG-Vertrag wurde von den Parlamenten der Beneluxstaaten, Italiens und der Bundesrepublik gebilligt, scheiterte jedoch 1954 an den französischen Bedenken gegen einen Souveränitätsverzicht.
Die militärpolitischen Konsequenzen des Fehlschlags der EVG wurden durch die Aufnahme der Bundesrepublik Deutschland in die *Westeuropäische Union* (▶ 13.20) und die *NATO* (▶ 13.19) aufgefangen.

▲ *Der schwarz-rot-goldene Stein schließt den Damm gegen die »rote Flut«. So sah dieses Plakat aus dem Jahr 1952 den Beitrag der Bundesrepublik Deutschland zur Verteidigung des Westens*

13.18 17. Juni 1953

Am 5. März 1953 starb der sowjetische Partei- und Regierungschef Stalin. Von seinen Nachfolgern erwartete man ein Nachlassen des innenpolitischen Terrors und eine Verbesserung des Verhältnisses zu den Westmächten. Auch die innenpolitische Situation in der DDR geriet in Bewegung. Gerüchte kursierten, dass der doktrinäre und am stalinistischen Herrschaftssystem festhaltende SED-Generalsekretär Walter Ulbricht abgelöst werden sollte. Der neu ernannte sowjetische Hohe Kommissar Wladimir Semjonow hatte angeblich entsprechende Weisungen aus Moskau mitgebracht, falls die SED-Führung den sowjetischen Wünschen nach mehr Flexibilität nicht entsprechen sollte.
Ende Mai 1953 hatte der Ministerrat der DDR noch eine allgemeine Erhöhung der Normen verkündet und damit erhebliche Unruhe hervorgerufen und die Fluchtbewegung aus der DDR verstärkt, hinzu kamen die schlechte Versorgung mit Lebensmitteln und der staatliche Terror durch willkürliche Verhaftungen. Unter sowjetischem Druck machte das SED-Politbüro wirtschaftliche Zugeständnisse und verkündete den »neuen Kurs«. Er brachte Lockerungen des Drucks, Rücknahme von Preiserhöhungen und Verbesserungen im Konsum. Die am 28. Mai beschlossene Erhöhung der Normen für Industriebetriebe und die Bauwirtschaft um 10 % wurde jedoch nicht zurückgenommen. Daraufhin streikten und demonstrierten am 16. Juni die Bauarbeiter in der Ost-Berliner Stalinallee. Da-

◀ *17. Juni 1953: Aus Streiks und Demonstrationen von Ostberliner Bauarbeitern entwickelte sich der Aufstand in der DDR. Die ins Berliner Stadtzentrum vorrückenden sowjetischen Panzer wurden vielfach von der Menge mit Steinen beworfen*

raus entwickelte sich am 17. Juni eine Volkserhebung in der gesamten DDR, in deren Verlauf es in mehr als 560 Orten, darunter alle Industriezentren, zu Streiks und Demonstrationen kam. Rund 10 % der Arbeitnehmer beteiligten sich am Aufstand. Die ursprünglich wirtschaftlichen Forderungen, die von der Rücknahme der Normenerhöhungen ausgingen, entwickelten sich schnell zu weitgehenden politischen Forderungen wie dem Rücktritt der Regierung, der Ablösung Ulbrichts, freien Wahlen.

Die SED-Führung war der Lage nicht gewachsen; sie verlor die Kontrolle und ließ den Aufstand durch sowjetische Truppen niederschlagen. Die Zahl der Todesopfer wird zwischen 25 und 300 angegeben, als Zahl der zu langjährigen Haftstrafen Verurteilten wurden rund 1400 festgestellt. Als Folge des Aufstandes konnte Ulbricht seine Machtposition festigen und wieder mit sowjetischer Rückendeckung rechnen, seine innerparteilichen Gegner wurden ausgeschaltet.

Die Westmächte hatten, um ein Kriegsrisiko zu vermeiden, auf ein von der Bevölkerung erwartetes Eingreifen in Ost-Berlin verzichtet und sich auf Proteste beschränkt.

Der 17. Juni wurde in der Bundesrepublik Deutschland am 4. August 1953 zum gesetzlichen Feiertag erklärt (bis 1990).

13.19 Nordatlantikpakt (NATO)

Am 4. April 1949 war der Nordatlantikpakt (NATO = North Atlantic Treaty Organization) vor dem Hintergrund des sich verschärfenden Ost-West-Konfliktes von Belgien, Dänemark, Frankreich, Großbritannien, Island, Italien, Kanada, Luxemburg, den Niederlanden, Norwegen, Portugal und den USA abgeschlossen worden. 1952 traten Griechenland und die Türkei, 1982 Spanien dem Bündnis bei. Nach dem Fall des Eisernen Vorhangs folgten 1999 Polen, die Tschechische Republik und Ungarn. Im Rahmen der Verhandlungen über die Pariser Verträge vom 23. Oktober 1954 nach dem Scheitern der *EVG* (▶ 13.17) wurde der Beitritt der Bundesrepublik Deutschland zur NATO vorbereitet und mit dem In-Kraft-Treten der Verträge am 5. Mai 1955 vollzogen. Die Bundesrepublik Deutschland erlangte damit wieder ihre Souveränität, die allerdings hinsichtlich der Sonderrechte der alliierten Truppen erheblichen Einschränkungen unterworfen blieb.

Der NATO-Vertrag verpflichtet die Mitglieder neben der politischen und wirtschaftlichen Zusammenarbeit zur gemeinsamen militärischen Verteidigung. Ein bewaffneter Angriff auf ein oder mehrere Mitgliedsländer bedeutet nach Artikel 5 einen Angriff auf alle, allerdings folgt daraus keine automatische militärische Beistandsverpflichtung. Vielmehr ist jedes NATO-Mitglied verpflichtet, unverzüglich und im Zusammenwirken mit den anderen Vertragspartnern die ihm geeignet erscheinenden Maßnahmen zu treffen. In der politischen Organisation ist das oberste Organ der Ständige Rat (NATO-Rat), in dem alle Mitgliedsländer Sitz und Stimme haben. Er tritt unter Vorsitz des Generalsekretärs zu Konsultationen über politische Entscheidungen der Allianz auf Botschafterebene wöchentlich, auf Ministerebene zweimal jährlich zusammen.

Zentrales militärisches Gremium ist der Militärausschuss. Ihm gehören die Stabschefs der beteiligten Länder mit Ausnahme Frankreichs an, das aus der militärischen Organisation 1966 ausgeschieden, aber Mitglied der politischen Organisation geblieben ist; Griechenland hatte 1974–80 auf die militärische Mitarbeit verzichtet. Der Militärausschuss berät den Ständigen Rat in militärstrategischen Fragen. Das Bündnisgebiet wurde in drei Kommandobereiche mit integrierten Kommandostäben eingeteilt, jeweils geleitet von einem alliierten Oberbefehlshaber: Europa (SACEUR mit dem Hauptquartier SHAPE in Casteau, Belgien), Atlantik (SACLANT in Norfolk, USA) und Ärmelkanal (CHINCHAN in Northwood, Großbritannien).

Die Streitkräfte der Mitgliedsstaaten sind teils der NATO bereits unterstellt, teils für die NATO zu irgendeinem Zeitpunkt in Friedenszeiten oder automatisch im Mobilmachungsfall vorgesehen, teils verbleiben sie unter nationalem Oberbefehl. Von den Streitkräften der deutschen *Bundeswehr* (► 13.29) sind die Verbände der Luftraumüberwachung und der Luftverteidigung auch in Friedenszeiten voll der NATO unterstellt, im Verteidigungsfall unterstehen auch das Feldheer und die Seestreitkräfte der operativen Führung der NATO.

Seit dem Ende des Ost-West-Konflikts 1989/90 sieht die NATO ihre Aufgabe nicht mehr in der Abwehr einer konkreten Bedrohung, sondern in der gemeinsamen Versicherung gegen mögliche Konfliktrisiken. Neue Mitglieder wurden 1999 Polen, Ungarn und die Tschechische Republik.

13.20 Westeuropäische Union (WEU)

Im Zuge des Ost-West-Konflikts wurde im Oktober 1954 im Rahmen der Pariser Verträge ein kollektiver Beistandspakt abgeschlossen. Der Pakt änderte die gegen ein wieder erstarkendes Deutschland gerichtete Fünfmächteallianz des Brüsseler Vertrages vom 17. März 1948, der die Benelux-Staaten, Frankreich und Großbritannien angehörten, in ein durch die Bundesrepublik Deutschland und Italien erweitertes Verteidigungssystem. Es bildete einen Ersatz für die an französischen Bedenken gescheiterte *Europäische Verteidigungsgemeinschaft* (► 13.17) und schuf mit den Bestimmungen über die Rüstungskontrolle und Rüstungsbegrenzung für die Bundesrepublik Deutschland eine Voraussetzung für deren Eintritt in die *NATO* (► 13.19).

Paktsysteme der Welt ab 1947

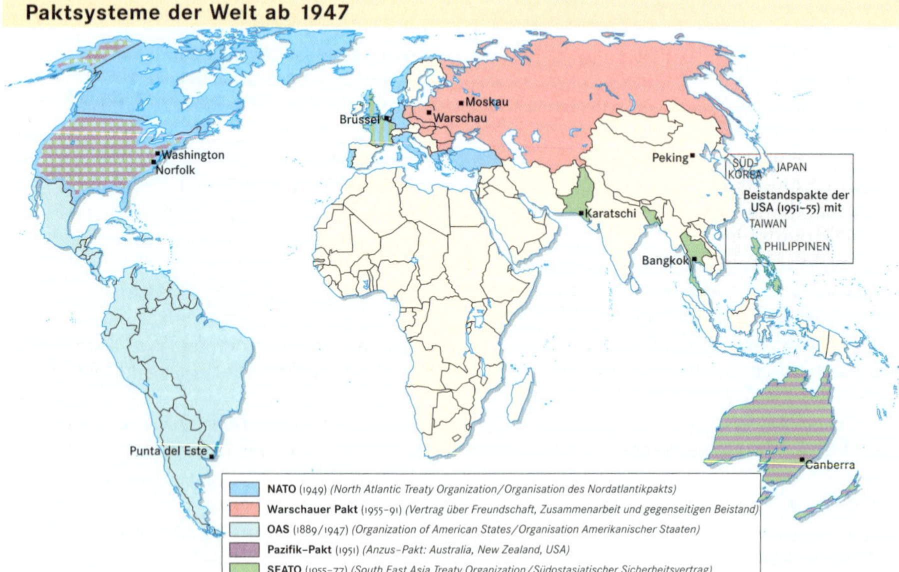

Die Organe der WEU sind: 1. Rat der WEU (Außenminister der Mitgliedsstaaten) mit dem Ständigen Rat (in London akkreditierte Botschafter) als Hilfsorgan; 2. Versammlung, zusammengesetzt aus den insgesamt 89 Vertretern der WEU-Staaten in der Beratenden Versammlung des Europarats; 3. Generalsekretariat (in London). Für die militärischen Aufgaben der WEU ist der NATO-Oberbefehlshaber zuständig.
Entgegen anfänglichen Hoffnungen wurde die WEU nicht zur Basis der politischen Einigung Westeuropas. Mit dem Ende des Ost-West-Konflikts (1989/90) spielt die WEU wieder eine Rolle bei den Versuchen, innerhalb der EG eine eigene Verteidigungspolitik zu entwickeln. Die WEU wurde 1992 durch die Maastrichter Verträge enger in den europäischen Sicherheitsverbund einbezogen.

13.21 Warschauer Pakt

Wenige Tage nach der Aufnahme der Bundesrepublik Deutschland in die NATO unterzeichneten am 14. Mai 1955 in Warschau Vertreter Albaniens, Bulgariens, der DDR, Polens, Rumäniens, der Tschechoslowakei, der UdSSR und Ungarns einen »Vertrag über Freundschaft, Zusammenarbeit und gegenseitigen Beistand«; gleichzeitig wurde ein »Vereintes Kommando der Streitkräfte« gebildet. Der Warschauer Pakt sollte ein Gegenstück zum *Nordatlantikpakt* (▶ 13.19) bilden und übernahm zum Teil dessen Vertragsformulierungen fast wörtlich.
Neben dem Rat für gegenseitige Wirtschaftshilfe wurde der Warschauer Pakt zur wichtigsten multilateralen Organisation der europäischen kommunistischen Staaten. Veranlasst durch die Mitgliedschaft der Bundesrepublik Deutschland in der NATO, dürfte die Errichtung des Warschauer Paktes auf das sowjetische Bestreben zurückzuführen sein, vertraglich gesicherte Rechte zur Stationierung ihrer Truppen in den Staaten Ostmittel- und Südosteuropas zu erhalten. Weiter sah die UdSSR den Zweck des Bündnisses vornehmlich darin, ein Gegengewicht gegen die NATO zu bilden, die Streitkräfte der europäischen kommunistischen Staaten einheitlich zusammenzufassen und diese Staaten möglichst eng an sich zu binden. Der Warschauer Pakt, der seiner Struktur nach ganz auf die Hegemonie der UdSSR zugeschnitten war, wurde durch Truppenstationierungsverträge der UdSSR mit Polen (1956), der DDR (1957), Rumänien (1957), Ungarn (1957) und der ČSSR (Oktober 1968) ergänzt.
Der Warschauer Vertrag verpflichtete zu Konsultationen in allen wichtigen Fragen der internationalen Politik, vor allem bei Gefahr für die Sicherheit eines der Vertragspartner, zu gegenseitigem militärischem Beistand bei einem bewaffneten Überfall in Europa auf einen oder mehrere Teilnehmerstaaten sowie zur Unterstellung aller (im Falle der DDR) oder von Teilen der Streitkräfte unter ein gemeinsames Oberkommando. Die Kündigung der Mitgliedschaft durch Ungarn am 1. November 1956 im Verlauf des ungarischen Volksaufstandes wurde durch die bewaffnete sowjetische Intervention unwirksam gemacht. Albanien schied 1968 aus dem Warschauer Pakt aus, die DDR 1990 – wenige Tage vor ihrem Beitritt zur Bundesrepublik Deutschland.
Als politisches Führungsorgan des Warschauer Paktes fungierte ein Politischer Beratender Ausschuss, in dem jeder Teilnehmerstaat vertreten war. 1956 wurden zwei Hilfsorgane mit Sitz in Moskau gebildet: ein Vereinigtes Sekretariat und eine Ständige Kommission, deren Kompetenz sich auf die Ausarbeitung von Empfehlungen in außenpolitischen Fragen erstreckte. Das militärische Führungsorgan des Warschauer Paktes war das Vereinte Oberkommando der Streitkräfte mit Sitz in Moskau, an dessen Spitze immer ein sowjetischer Oberbefehlshaber stand.
Die überholte Paktstruktur wurde im Gefolge der mit Gorbatschow seit 1985 einsetzenden Reformpolitik weiter geschwächt. Den 1990 geschlossenen bilateralen Abkommen über den Abzug der Sowjetarmee aus den Mitgliedsstaaten folgte am 1. Juli 1991 die Auflösung des Warschauer Paktes.

13.22 KPD-Verbot

Die *Kommunistische Partei Deutschlands* (KPD) war auch in den Westzonen neu gegründet worden. Zwischen 1945 und 1948 war sie mit Ausnahme von Schleswig-Holstein und Württemberg-Hohenzollern zumindest kurzzeitig an allen Landesregierungen beteiligt. In diesem Zeitraum verfolgte sie einen gesamtdeutschen Kurs und legte einen Schwerpunkt auf die Betriebsarbeit. Mit der SED bildete sie eine »Arbeitsgemeinschaft«, die eine einheitliche sozialistische Partei in ganz Deutschland anstrebte. Die Errichtung eines westdeutschen Teilstaates lehnte sie ab. Bei der ersten Bundestagswahl im August 1949 errang sie 5,7% der Stimmen und zog mit 15 Abgeordneten in den ersten Deutschen Bundestag ein. Bei der zweiten Wahl zum Deutschen Bundestag scheiterte sie mit nur noch 2,2% der Stimmen an der inzwischen eingeführten Fünfprozentklausel. Ab 1951 ging die Partei zu den bundesdeutschen Parteien deutlich auf Distanz und verfolgte eine revolutionäre Politik. Sie rief zum Kampf auf gegen die »Ausbeuter des deutschen Volkes« und die »Handlanger der Imperialisten«; erst ein »revolutionärer Sturz des Adenauer-Regimes« könne die deutsche Wiedervereinigung bringen. Diese Parolen gaben für die Bundesregierung den Anstoß, die Partei vom Bundesverfassungsgericht verbieten zu lassen. Ursprünglich sollte dies gleichzeitig mit dem Verbot der rechtsextremistischen Sozialistischen Reichspartei (SRP) geschehen. Beide Parteien gaben in ihrer Argumentation den Westmächten Anlass zu Besorgnis. Aber erst im November 1955 konnten im Bundesverfassungsgericht die Verhandlungen über den Verbotsantrag der Bundesregierung beginnen. Am 17. August 1956 wurde das Urteil verkündet und die KPD verboten mit der Begründung, sie stehe nicht auf dem Boden des *Grundgesetzes* (▶13.1). Als Endziel strebe sie die sozialistische Revolution an, um im Sinne des Marxismus-Leninismus die »Diktatur des Proletariats« zu errichten.

In der Öffentlichkeit und in den Debatten des Deutschen Bundestages ist lange über die Zweckmäßigkeit des Urteils diskutiert worden. Die Wahlen von 1953 und auch die folgenden Landtags- und Kommunalwahlen zeigten allerdings, dass die Partei keine beachtenswerte Rolle mehr spielte. Erst 1968 wurde sie unter leicht verändertem Namen als Deutsche Kommunistische Partei wieder neu gegründet, ihre Mitgliederzahl war auf 7500 gesunken.

13.23 Freie Deutsche Jugend (FDJ)

Die FDJ war die einzige offiziell zugelassene Jugendorganisation der DDR und nahm im System der Massenorganisationen einen wichtigen Platz ein. Sie war die Nachwuchsorganisation (Kaderreserve) der *SED* (▶12.12), deren führende Rolle sie in ihrem Statut anerkannte. Ihre Aufgaben waren die politische Organisierung der Jugend in Grundorganisationen, die ab drei Mitgliedern in Wohngebieten, Betrieben, Bildungseinrichtungen usw. gebildet wurden, die ideologische und fachliche Erziehung der Jugend und die Freizeitgestaltung. Mit der Bildung relativ kleiner Grundorganisationen verfolgte die FDJ das Ziel, möglichst viele Jugendliche in die aktive Verbandsarbeit einzubeziehen. Der FDJ angeschlossen war der Kinderverband Pionierorganisation »Ernst Thälmann«.

Die FDJ wurde am 7. März 1946 unter der Leitung des späteren Generalsekretärs der SED, Erich Honecker, als überparteiliche Jugendorganisation gegründet. Ihre Ausrichtung auf die KPD und später die SED wurde in den 50er-Jahren abgeschlossen. Seitdem war sie verpflichtet, den Marxismus-Leninismus zu verbreiten, die Beschlüsse der SED durchzuführen und sich an der vormilitärischen Ausbildung zu beteiligen.

Die FDJ hatte rund 2,2 Millionen Mitglieder; nach offiziellen Angaben besaßen etwa 70% der Jugendlichen zwischen 14 und 25 Jahren die Mitgliedschaft. Besonders hoch war der Anteil der Schüler und Studenten. Die Funktionäre der Jugendorganisation waren vielfach zugleich Mitglied der SED. Die 1. Sekretäre der FDJ gehörten meist auch dem Politbüro der SED an. Ebenso stellte sie auch eine eigene Fraktion in den Volksvertretungen. So gehörten z.B. ab 1963 40 von 500 Mitgliedern der Volkskammer (▶13.9) der FDJ-Fraktion an. Gemeinsam mit den anderen Massenorganisationen sicherte sie auf diese Weise das Übergewicht der SED in diesen Gremien.

13.24 Planwirtschaft

Im Gegensatz zu der Entwicklung in der *Bundesrepublik Deutschland* (▶13.2) wurde in der *DDR* (▶13.9) entsprechend dem zentralistischen Staatsaufbau nach dem Muster der UdSSR die staatliche Planwirtschaft eingeführt, d.h. eine zentral und nach langfristigen Plänen gelenkte, von politisch motivierten Zielsetzungen beeinflusste Wirtschaftsordnung. Der Staat dirigierte und kontrollierte zentral die gesamten wirtschaftlichen Vorgänge. Mit den ebenfalls planwirtschaftlich organisierten Ostblockländern war die DDR im Rat für gegenseitige Wirtschaftshilfe (RGW) verbunden.

▲ *In einer Plakatserie wurde in der DDR auf die Errungenschaften des ersten Fünfjahrplanes hingewiesen. Hier ein Plakat aus dem Jahr 1956 mit der 6 000-Tonnen-Schmiedepresse im Stahlwerk Gröditz*

Grundlage der wirtschaftlichen Planung waren die stark durch politische Zielsetzungen bestimmten Perspektivpläne, die stufenweise in Mehrjahresplänen (häufig Fünfjahrplänen) und schließlich in Jahresplänen verwirklicht werden sollten. Gegenstand der Planung für einen Vollzugszeitraum waren die Verteilung der Produktionsfaktoren (einschließlich der Roh-, Hilfs- und Betriebsstoffe) auf die Branchen bzw. Regionen und schließlich auf die Produktionseinheiten (Betriebe, Kombinate), die Festsetzung von Verrechnungspreisen sowie die Bestimmung der Sollwerte der Produktionsergebnisse. Der Gesamtplan wurde in verschiedene Teilpläne (Investitions-, Produktions-, Konsumtionsplan) und schließlich in Einzelpläne eingeteilt.

Der erste Fünfjahrplan der DDR (1951 bis 1955) hatte vorrangig das Ziel, die Industrieproduktion zu verdoppeln und die Folgen von Kriegszerstörung, Reparationen und rücksichtsloser sowjetischer Demontage zu beseitigen. Dementsprechend wurden Energieerzeugung, Schwerindustrie, chemische Industrie und Maschinenbau auf- und ausgebaut. Die Konsumgüterindustrie wurde dagegen weitgehend vernachlässigt. Die Planziele wurden trotz vielfältiger Schwierigkeiten – anders als bei späteren Plänen – insgesamt erreicht, die Arbeitsproduktivität konnte um 55 % gesteigert werden.

Der zweite Fünfjahrplan konnte erst 1958 in Kraft treten und wurde wegen unrealistischer Zielsetzungen wenig später abgebrochen. Er ging 1959 in einen Siebenjahrplan über. Nach dem Mauerbau 1961 wurden Wirtschaftsreformen eingeleitet, die als »Neues Ökonomisches System der Planung und Leitung der Volkswirtschaft« 1963 beschlossen wurden. Damit wollte die SED-Führung eine rentabilitätsorientierte Wirtschaftspolitik einführen, die eine verstärkte Förderung des Konsums einschloss. Der Siebenjahrplan wurde 1963 durch einen Perspektivplan bis 1970 abgelöst, der jeweils in Jahresplänen konkretisiert werden sollte.

Für die Wirtschaftsplanung ließen sich in der DDR drei Ebenen unterscheiden: An der Bestimmung der Planziele wirkten die wichtigen politischen und Verwaltungsorgane mit, vor allem das Politbüro der SED, der Ministerrat und die Staatliche Plankommission. Dies war die zentrale Ebene. Die Staatliche Plankommission war das zentrale Organ des Ministerrats für die Planung. Grundsatzfragen legte sie dem Ministerrat zur Entscheidung vor. Auf der mittleren Ebene fungierten die Bezirksplankommissionen als Organ der Bezirksräte für die Territorialplanung. Für die örtliche Planung zuständig war die Kreisplankommission, die dem Kreisrat zuarbeitete und ihm unterstellt war; zugleich war sie der Bezirksplankommission nachgeordnet.

13.25 Soziale Marktwirtschaft

Nach dem Krieg galt es, die darniederliegende Wirtschaft möglichst schnell wieder aufzubauen. Zunächst wurde in fast allen Ländern der sozialistischen Idee der zentral gelenkten Wirtschaft Vorrang eingeräumt. Zentrale Lenkung und Zuteilung – in Deutschland seit Beginn des 2. Weltkrieges praktiziert – schien die einzige Möglichkeit zu sein, den Bedarf der Menschen an Nahrungsmitteln, Kleidung, Kohlen usw. einigermaßen gleichmäßig und gerecht zu decken. Man sah dies zwar als Notmaßnahme an, doch konnte sich niemand auch auf längere Sicht andere Lösungen vorstellen, durch die der notwendigste Bedarf gedeckt werden konnte. Seinen Niederschlag fand der Gedanke der zentralen Lenkung der Wirtschaft sogar bei der *CDU* (▶ 12.9), die in ihrem Ahlener Programm von 1947 auch die Vergesellschaftung der Grundstoffindustrien nicht ausschließen mochte.

Während die britische Militärverwaltung solchen sozialistischen Vorstellungen durchaus folgen konnte, stießen diese Gedanken bei den amerikanischen Dienststellen auf Ablehnung. Vor allem General Lucius D. Clay war klar, dass die Wirtschaft nur in Schwung kommen konnte, wenn für den Wiederaufbau genügend Kredite bereitgestellt würden. Kredite für eine

▲ *Angestoßen durch Marshallplan und Währungsreform sorgte eine liberale Wirtschaftspolitik auf dem Gebiet der Bundesrepublik Deutschland für einen unerwarteten ökonomischen Aufschwung, das »Wirtschaftswunder«. Eines der Symbole hierfür war der auf diesem Plakat beworbene »Käfer« von Volkswagen, der den Bürgern ein ganz neues Mobilitätsgefühl verschaffte*

von sozialistischen Theorien beherrschte Volkswirtschaft wären aber weder vom amerikanischen Kongress noch von der amerikanischen Wirtschaft zu erhalten gewesen. So zielte Clay in der amerikanischen Besatzungszone darauf ab, ein möglichst liberales Wirtschaftssystem aufzubauen. Natürlich suchten die Vertreter der widerstreitenden Richtungen die Schlüsselpositionen in den Länderregierungen und den zentralen Organen des Vereinigten Wirtschaftsgebietes mit ihren jeweiligen Anhängern zu besetzen. Mit Viktor Agartz als Direktor des Verwaltungsamtes für Wirtschaft der Bizone gelangte ein exponierter Sozialist in eine Schlüsselposition. Die Vertreter einer liberaleren Wirtschaftspolitik – vor allem im süddeutschen Raum angesiedelt – sammelten sich um den parteilosen bayerischen Wirtschaftsminister *Ludwig Erhard* (▶ 14.6). Im März 1948 wurde Erhard zum Direktor der Verwaltung für Wirtschaft des Vereinigten Wirtschaftsgebietes gewählt. Sein Programm sah die Liberalisierung der Wirtschaft vor. Währungsreform und Marshallplanhilfe seien geeignet, den Wirtschaftsaufschwung zu sichern. Produktion und Konsum müssten mehr Freiheit haben, Wettbewerb und Leistungswille seien das Gebot der Stunde. Die soziale Marktwirtschaft bedingte nach Anlaufschwierigkeiten den wirtschaftlichen Aufstieg der Bundesrepublik. Das so genannte »Wirtschaftswunder«, ist jedoch auch im Rahmen eines fast alle europäischen Länder erfassenden Wirtschaftswachstums zu sehen.

Die soziale Marktwirtschaft sieht bei grundsätzlicher Befürwortung und Absicherung der wirtschaftlichen Freiheit eine Regulierungs- und Kontrollfunktion des Staates vor, um ein Höchstmaß an sozialer Gerechtigkeit zu gewährleisten. Der Staat hat die Aufgabe, sozial unerwünschte Entwicklungen der Marktwirtschaft rechtzeitig zu korrigieren, den freien Wettbewerb unter anderem vor der Beeinträchtigung durch Kartelle und Monopole zu schützen und die Einkommens- und Vermögensverteilung im Interesse der nicht am Wirtschaftsprozess beteiligten Bevölkerungsgruppen zu steuern. Bestimmte Bereiche der Volkswirtschaft wie z. B. Raumordnung und Strukturpolitik, die der Privatinitiative nicht überlassen werden können, werden vom Staat geregelt. Ihm obliegt es ferner, die Stabilität des Geldwertes zu sichern.

13.26 Lastenausgleich

In den Anfangsjahren der Bundesrepublik Deutschland mussten für die besonders geschädigten Bevölkerungsgruppen wie Kriegsopfer, Ausgebombte, Flüchtlinge und Vertriebene Gesetze geschaffen werden, aufgrund derer Hilfen für die dringendste Beseitigung der Not bereitgestellt werden konnten.
Im Dezember 1950 wurde das Bundesversorgungsgesetz verabschiedet, das die Versorgung der Kriegsopfer, der Kriegsbeschädigten und ihrer Hinterbliebenen bundeseinheitlich regelte. Das Gesetz über Hilfsmaßnahmen für Heimkehrer, das die ehemaligen Kriegsgefangenen und ihre Angehörigen versorgte, hatte schon im Juni den Deutschen Bundestag passiert. Von größter Bedeutung war das Lastenausgleichsgesetz vom 14. August 1952. Es sollte nach den Grundsätzen der sozialen Gerechtigkeit Schäden und Verluste der Vertriebenen und Flüchtlinge aus den ehemaligen deutschen Ostgebieten und aus der Sowjetischen Besatzungszone (bzw. aus der DDR) auszugleichen versuchen. Zur Feststellung der Schäden und Verluste sowie zur Festsetzung der Beträge der Vermögensabgabe jener Bevölkerungsteile, die durch die Kriegsereignisse nicht oder nur gering betroffen waren, wurde ein umfassendes und kompliziertes Gesetzgebungswerk und ein umfangreicher Bearbeitungsapparat in den Lastenausgleichsämtern geschaffen. Die Leistungen unterscheiden sich vor allem nach folgenden Kategorien: Hauptentschädigung zur Abgeltung von Vermögensschäden, Wohnraumhilfen, Eingliederungsdarlehen, Renten, Unterhaltshilfen, Hausratentschädigung, Entschädigung im Währungsausgleich für Sparguthaben Vertriebener und Darlehen zur Förderung der Flüchtlingsansiedlung.
Trotz aller gesetzgeberischen Bemühungen und außerordentlichen Leistungen – bis Dezember 1980 wurden rund 104 Milliarden DM für Entschädigungshilfen nach dem Lastenausgleichsgesetz ausgegeben – dauerte es Jahre, bis die größte Not gelindert war.

13.27 Dynamische Rente

1951 hatten die Sozialleistungen einen Anteil von 36,5 % am Bundeshaushalt, vier Jahre später betrug dieser Anteil sogar 42 %: rund 9,8 Mrd. DM bei einem Gesamthaushalt von 29,6 Mrd. DM. Immerhin waren 1955 rund 20 % der Bevölkerung von Sozialleistungen abhängig; die Sozial-Enquête (Untersuchungsbericht über die soziale Situation der Bevölkerung) von 1955 erfasste etwa 1 Million Haushalte, die unter der offiziellen Armutsgrenze von 130 DM Monatseinkommen lagen. Das Sozialsystem der Bundesrepublik musste also umfassend reformiert werden, und Bundeskanzler Adenauer kündigte in seiner Regierungserklärung zu Beginn seiner zweiten Amtszeit eine solche Reform auch an.
Diskussionen um eine Reform hatte es seit dem Zusammenbruch des Deutschen Reiches 1945 gegeben. Zwei grundsätzliche Richtungen standen sich in den Auseinandersetzungen gegenüber: Sozialdemokraten und Gewerkschaften fochten für eine Einheitsversicherung mit gleichen Leistungen für alle Berufsgruppen unter einheitlicher Verwaltung. Dagegen forderten die Wirtschaftsverbände eine Wiederherstellung des bisherigen gegliederten Versicherungssystems, in dem jede Gruppe eigene Versicherungen hatte. In den Diskussionen konnten sich schließlich die Befürworter des traditionellen Systems durchsetzen.
Das Konzept der Einheitsversicherung wurde von der Regierung abgelehnt, bewirkte aber, dass in den anderen Parteien und Gruppierungen intensiv nach Plänen und Lösungen gesucht wurde. Bis 1955 lagen aber keine konkreten Entwürfe vor, und es stand zu befürchten, dass die groß angekündigte Sozialreform versanden würde.
Adenauer seinerseits drängte – auch mit Blick auf die Bundestagswahl 1957 – auf die Reform. Mitte 1955 war aber auch klar, dass eine umfassende Reform im Rest der Legislaturperiode nicht mehr zu schaffen sein würde. So mussten sich Adenauer und das federführende Bundesarbeitsministerium unter Anton Storch, dem Vorsitzenden der CDU-Sozialausschüsse, mit einer Teilreform begnügen. Die Sozial-Enquête hatte deutlich gemacht, dass die Sozialrentner in der größten Not lebten. Eine Rentenreform konnte also die schlimmsten Notfälle und gleichzeitig rund die Hälfte der Sozialleistungsfälle erfassen. Als Konzept für die Reform bot sich ein Modell an, das ein Kölner Privatdozent in die Diskussion brachte. Dieses Modell bestand darin, dass die Erwerbstätigen einen Teil ihres Bruttoeinkommens in die Rentenkasse

zahlten, die den Betrag an die Rentner weitergab. Dem Beitragszahler wurden Punkte gutgeschrieben, die sich an der Höhe seines Beitrages orientierten. Aus diesen Punkten und dem jährlichen Beitrag konnte dann der Rentenwert errechnet werden. Auf diese Weise war die Rente mit dem Bruttoeinkommen der Beitragszahler gekoppelt – die dynamische Rente war erfunden (zur weiteren Entwicklung: Krise des Sozialstaats, ▶16.22). Dieses Modell eines Generationenvertrages konnte sich im nun einsetzenden Streit der Parteien und Ministerien durchsetzen. Die SPD rückte im Verlauf der Diskussionen, an denen sich auch die Öffentlichkeit lebhaft beteiligte, von der Einheitsversicherung ab und brachte einen noch weitergehenden Entwurf im Bundestag ein. Im Januar 1957 passierte die Reform in zweiter Lesung den Deutschen Bundestag. Rückwirkend zum 1. Januar wurde sie wirksam, ab Mai wurden die fälligen Nachzahlungen und Erhöhungen geleistet. In der Arbeiterversicherung stiegen die Renten um durchschnittlich 65 %, in der Angestelltenversicherung um fast 72 %. Der von Adenauer geführten CDU brachte unter anderem diese Reform bei den Bundestagswahlen im September 1957 die absolute Mehrheit.

13.28 Hallsteindoktrin

Schon kurz nach ihrer Gründung erhob die *Bundesrepublik Deutschland* (▶13.2) den Anspruch, die allein legitimierte Vertreterin der deutschen Interessen zu sein und für alle Deutschen in Ost und West zu sprechen (Alleinvertretungsanspruch). Begründet wurde dieser Anspruch damit, dass im westlichen Teil Deutschlands eine Regierung im Amt sei, die aus freien Wahlen hervorgegangen war, während in der *DDR* (▶13.9) eine Parteidiktatur herrsche. Die Sowjetunion und die übrigen Ostblockstaaten und die DDR selber hatten die so genannte Zweistaatentheorie entwickelt. Diese besagte, dass auf dem Gebiet des ehemaligen Deutschen Reichs zwei souveräne deutsche Staaten entstanden seien.

Die Bundesregierung suchte mit allen Mitteln zu verhindern, dass weitere Staaten mit der DDR diplomatische Beziehungen aufnahmen und damit die DDR als Staat anerkannten.

Bei dem Besuch Bundeskanzler *Adenauers* (▶13.4) in Moskau im September 1955 war die Aufnahme diplomatischer Beziehungen zwischen der Sowjetunion und der Bundesrepublik und damit der Austausch von Botschaftern vereinbart worden. Die Sowjetunion aber hatte bereits 1954 diplomatische Beziehungen zur DDR aufgenommen.

Begründet wurde die Aufnahme diplomatischer Beziehungen zur Sowjetunion zum einen damit, dass diese eine der vier Besatzungsmächte war, und zum anderen hoffte man, die Freilassung der noch in sowjetischen Lagern befindlichen deutschen Kriegsgefangenen zu erreichen. Bereits bei der Rückreise nach Bonn überlegte die deutsche Delegation, wie der befürchteten Flut diplomatischer Anerkennungen der DDR wirksam begegnet werden könnte. Der Leiter der Politischen Abteilung des Auswärtigen Amtes, Wilhelm Grewe, stellte dabei einen Problemkatalog auf, aus dem Grewe und Adenauers außenpolitischer Berater Walter Hallstein die so genannte »Hallsteindoktrin« entwickelten. In der Regierungserklärung vom 23. September 1955 war dieser Grundsatz der deutschen Außenpolitik dann formuliert. Die Bundesrepublik Deutschland werde – aufgrund ihres demokratisch legitimierten Alleinvertretungsanspruchs für das gesamte deutsche Volk – mit keinem Staat diplomatische Beziehungen aufnehmen oder unterhalten, der seinerseits in diplomatischen Beziehungen mit der DDR stehe oder solche eingehe.

Gestützt auf das wirtschaftliche Potenzial und die Entwicklungshilfeleistungen der Bundesrepublik, erwies sich die Hallsteindoktrin als effektives Mittel, die diplomatische Anerkennung der DDR durch nichtkommunistische Staaten zu verhindern. Sie führte zum Abbruch der diplomatischen Beziehungen mit Jugoslawien 1957 und Kuba 1963, verhinderte aber auf lange Sicht auch eine flexiblere deutsche Außenpolitik. Fragwürdig wurde die Doktrin vollends, als die Bundesrepublik 1967 diplomatische Beziehungen zu Rumänien und 1969 wieder zu Jugoslawien aufnahm. Nach der Bildung der *sozialliberalen Koalition* aus SPD und FDP (▶14.17) wandelte sich die bundesdeutsche *Ostpolitik* (▶14.20) grundlegend. Mit dem *Deutsch-Sowjetischen Vertrag* (▶14.22) 1970 und vor allem mit dem *Grundlagenvertrag* (▶14.30) von 1972, in dem die Bundesrepublik die DDR als Staat – wenngleich nicht als Ausland – anerkannte, wurde die Hallsteindoktrin endgültig gegenstandslos.

13.29 Bundeswehr

Mit der Aufnahme der *Bundesrepublik Deutschland* (▶ 13.2) in die *NATO* (▶ 13.19) war die Aufstellung westdeutscher Streitkräfte und damit die auch zu dieser Zeit noch heftig umstrittene Wiederaufrüstung verbunden. Ende 1955 wurden die ersten Einheiten der Bundeswehr aufgestellt. Vorher aber musste das Grundgesetz geändert werden. Das Gesetz zur Ergänzung des Grundgesetzes vom 26. März 1954 begründete die Wehrhoheit der Bundesrepublik, ein weiteres Ergänzungsgesetz vom 19. März 1956 bezog die Streitkräfte in die Rechtsordnung der Bundesrepublik Deutschland ein und schuf die allgemeine Wehrpflicht (21. Juli 1956). Bis dahin waren nur Freiwillige eingestellt worden.

Die Bundeswehr wurde von vornherein der Kontrolle des Deutschen Bundestages unterstellt. Ein Verteidigungsausschuss wurde eingerichtet und die Position des Wehrbeauftragten geschaffen. Dieser beobachtet im Auftrage des Deutschen Bundestages die Einhaltung der Grundrechte in der Bundeswehr. An ihn kann sich jeder Soldat wenden, wenn er seine Grundrechte verletzt sieht. Der Wehrbeauftragte hat den Beschwerden nachzugehen und jährlich dem Deutschen Bundestag zu berichten.

Die Soldaten der deutschen Bundeswehr sind entweder Wehrpflichtige, Soldaten auf Zeit oder Berufssoldaten. Die Befehls- und Kommandogewalt liegt beim Bundesminister der Verteidigung, im Verteidigungsfall geht sie jedoch auf den Bundeskanzler über. Damit ist die politische Führung der Bundeswehr sichergestellt. Oberster militärischer Berater der Bundesregierung ist der Generalinspekteur der Bundeswehr. Im Führungsstab der Streitkräfte sind die drei Teilstreitkräfte vertreten.

Die Bundeswehr ist ein Bestandteil des demokratischen Staates. Um Fehlentwicklungen zu vermeiden wie in der Weimarer Republik, als die Reichswehr bewusst zu einem »Staat im Staate«, zu einem Fremdkörper in der republikanischen Wirklichkeit, geformt worden war, entwickelte man das Konzept der Inneren Führung. Diese zielt darauf ab, den Soldaten sowohl in die Gesellschaft als auch in die Streitkräfte zu integrieren und dabei möglichst wenige Grundrechte einzuschränken. So haben alle Soldaten das aktive und passive Wahlrecht zu den parlamentarischen Gremien und das Koalitionsrecht, also das Recht, sich zusammenzuschließen. Seit 2000 haben Frauen Zugang zu allen Laufbahnen einschließlich der Kampftruppen.

◀ *Appell der ersten 1500 Freiwilligen der Bundeswehr in Andernach am 20. Januar 1956 im Beisein von Bundeskanzler Adenauer und Verteidigungsminister Theodor Blank (links)*

Das Recht auf Kriegsdienstverweigerung war bereits 1949 bei den Beratungen des Parlamentarischen Rats in den Katalog der Grundrechte aufgenommen worden. Niemand soll gegen sein Gewissen zum Dienst mit der Waffe gezwungen werden dürfen. Diese Kriegsdienstverweigerer haben jedoch einen Ersatzdienst (Zivildienst) in den Bereichen Sozialwesen oder Natur- und Umweltschutz zu leisten. Dieser Dienst darf um bis zu einem Drittel länger sein als der Wehrdienst.

Im *Souveränitätsvertrag* (▶ 16.16) vom 12. September 1990 verpflichtete sich Deutschland, seine Streitkräfte auf 370 000 Mann zu begrenzen. Die 2000 beschlossene Strukturreform sieht eine Reduzierung von 340 000 auf 277 000 Soldaten vor.

13.30 Nationale Volksarmee (NVA)

Die Nationale Volksarmee war die Armee der DDR. Sie entstand 1956 aus den seit 1952 bestehenden Verbänden der Kasernierten Volkspolizei und den seit 1950 getarnt aufgebauten See- und Luftstreitkräften. Offizielles Gründungsdatum ist der 1. März 1956, als die ersten Einheiten der Kasernierten Volkspolizei in die NVA überführt wurden. Bereits am 28. Januar 1956 hatte der *Warschauer Pakt* (▶ 13.21) beschlossen, die Einheiten der NVA in die Vereinigten Streitkräfte einzubeziehen und dem gemeinsamen Oberkommando zu unterstellen. Die NVA verstand sich als »sozialistische Armee«, die unter Führung der SED ihren revolutionären Klassenauftrag im Staat erfüllte.

Das Ministerium für Nationale Verteidigung war die oberste Kommandobehörde, sein Hauptstab war das Oberkommando des Heeres. Die Seestreitkräfte (Volksmarine) und die Luftstreitkräfte besaßen eigene Oberkommandos. Erst nach dem Mauerbau entschloss sich die SED am 24. Januar 1962, die allgemeine Wehrpflicht in der DDR einzuführen, vorher rekrutierte sich die NVA aus Freiwilligen. Um die Einheiten personell aufzufüllen, mussten SED und FDJ bis 1962 oft wenig erfolgreiche Kampagnen veranstalten, die für den Eintritt in die NVA warben. Die Gesamtstärke der NVA Anfang 1989 betrug 173 100 Mann.

Mit der Vereinigung Deutschlands am 3. Oktober 1990 wurden die Offiziere, Unteroffiziere und Soldaten der NVA zum Teil in die Bundeswehr übernommen.

13.31 Opposition in der SED

Der Arbeiteraufstand vom *17. Juni 1953* (▶ 13.18) und der anhaltende Flüchtlingsstrom in den freien Westen zeigten mit aller Deutlichkeit, dass die SED und ihre Politik nicht populär waren. Aber schon vor diesen Ereignissen 1953 gab es innerhalb der SED erkennbare oppositionelle Strömungen, die sich v.a. gegen *Walter Ulbricht* (▶ 13.39) und seine stalinistischen Herrschaftsmethoden richteten. In einer ersten Säuberungswelle wurden 1948–50 die ehemaligen SPD-Mitglieder in der SED erfasst, die bereits gegen den Zusammenschluss von KPD und SPD (▶ 12.12) votiert hatten. Sie hatten sich hauptsächlich gegen die Umformung der SED zu einer stalinistischen Partei gewandt. Auch der Arbeiteraufstand 1953 war von innerparteilichen Differenzen und oppositionellen Strömungen begleitet. Justizminister Fechner beispielsweise wurde wegen seiner Kritik an der Terrorwelle nach dem Aufstand verhaftet.

In der zweiten Hälfte der 50er-Jahre, als nach dem XX. Parteitag der KPdSU die Entstalinisierungswelle begann, wurde vor allem Kritik an der bürokratischen Wirtschaftspolitik geübt, die viel zum Scheitern der Wirtschaftspläne (▶ 13.24) beitrug. Gegen diese »revisionistischen Strömungen« ging die SED-Führung in aller Schärfe vor. Die führenden Köpfe, wie die Philosophen Wolfgang Harich und Ernst Bloch, der Chemiker Robert Havemann und andere,

◀ *Übergabe der Fahne an das erste Regiment der Nationalen Volksarmee der DDR am 2. Juni 1956 durch den Minister für Nationale Verteidigung, Willi Stoph*

die für einen »humanitären Sozialismus« eintraten, verloren ihre Positionen. Wolfgang Harich hatte mit einigen Freunden ein Konzept für eine »Erneuerung der Partei« entwickelt und forderte einen »besonderen deutschen Sozialismus« sowie einen vom »Stalinismus befreiten Marxismus-Leninismus«. Harich wurde 1957 zu zehn Jahren Haft verurteilt und kam Ende 1979 vorübergehend in die Bundesrepublik; Bloch, der als philosophischer Anreger der »Revisionisten« galt, verlor 1957 seinen Lehrstuhl an der Leipziger Universität und floh 1961; Havemann, 1964–66 aller Ämter enthoben, weigerte sich, die DDR zu verlassen, und wurde bis zu seinem Tod 1982 systematisch isoliert. Die Wirtschaftswissenschaftler Fritz Behrens und Arne Benary, die für eine »Produzentenselbstverwaltung« nach jugoslawischem Muster eintraten, wurden gemaßregelt. Innerhalb der Führung der SED, im Politbüro, verloren Karl Schirdewan und Ernst Wollweber ihre Ämter, als sie sich für eine Fortsetzung der Entstalinisierung einsetzten.

Nach dem Selbstverständnis der DDR verkörperte sich im Staat die Herrschaft des Volkes; Kritik und Opposition richteten sich demnach gegen das Volk und mussten deshalb verfolgt werden. Auf diese Weise wurde Opposition gegen das herrschende System kriminalisiert. Gleichwohl waren oppositionelle Strömungen gegen die Herrschaft der SED immer wieder zu registrieren. Aktionen wie die Aberkennung der DDR-Staatsbürgerschaft für den Lyriker und Sänger Wolf Biermann anlässlich einer Reise in die Bundesrepublik, die Verhaftung und Abschiebung Rudolf Bahros, die Übersiedlung der Lyriker Reiner Kunze und Sarah Kirsch und der Umgang der DDR-Behörden mit der Friedensbewegung in der DDR belegen dies.

13.32 Europäische Wirtschaftsgemeinschaft (EWG)

Die sechs Staaten, die sich im April 1951 in der *Montanunion* (▶ 13.10) zu einer gemeinsamen Kohle- und Stahlpolitik zusammengeschlossen hatten, wollten auf dem Weg der europäischen Integration trotz aller Rückschläge weitergehen. Am 25. März 1957 unterzeichneten die Außenminister in Rom die so genannten Römischen Verträge, die am 1. Januar 1958 in Kraft

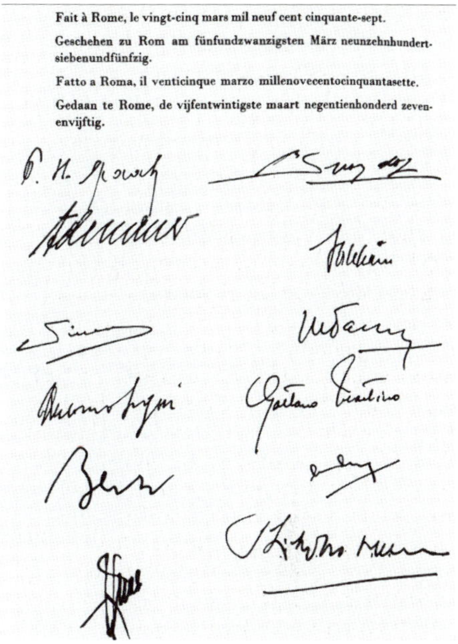
Fait à Rome, le vingt-cinq mars mil neuf cent cinquante-sept.

Geschehen zu Rom am fünfundzwanzigsten März neunzehnhundertsiebenundfünfzig.

Fatto a Roma, il venticinque marzo millenovecentocinquantasette.

Gedaan te Rome, de vijfentwintigste maart negentienhonderd zevenenvijftig.

▲ *Am 25. März 1957 wurden die Römischen Verträge unterzeichnet, am 1. Januar 1958 traten sie in Kraft. Damit waren die Europäischen Institutionen EWG und EURATOM gegründet*

traten, und gründeten damit zwei europäische Institutionen: EURATOM sollte Forschung und friedliche Anwendung der Atomenergie koordinieren und vorantreiben, mit dem Gründungsvertrag für die Europäische Wirtschaftsgemeinschaft (EWG) suchte man die Integration Europas zunächst einmal auf wirtschaftlichem Gebiet zu beschleunigen. Ziel des Zusammenschlusses war die Hebung des Lebensstandards der Bevölkerung und eine ständige harmonische Ausweitung der Wirtschaftstätigkeit. Dieses Ziel sollte durch die Errichtung des gemeinsamen Marktes und mithilfe einer abgestimmten Wirtschaftspolitik erreicht werden.

Zur Erfüllung der mit dem Integrationsprozess verbundenen Aufgaben waren einige Organe vorgesehen: Die parlamentarische Versammlung übte ein Beratungs- und Kontrollrecht aus; ihre Mitglieder waren Abgeordnete der nationalen Parlamente. Dem Ministerrat gehören die Regierungsvertreter der nationalen Regierungen an; dabei handelt es sich je nach Gegen-

Zusammenschlüsse in Europa nach dem Zweiten Weltkrieg

stand der Beratung um den zuständigen Fachminister oder seinen Stellvertreter. Der Rat hat die Entscheidungsbefugnis, wobei bei Abstimmungen zunächst das Prinzip der Einstimmigkeit galt. Als gleichsam geschäftsführendes Organ schuf man die Kommission, die aus von den Regierungen ernannten Mitgliedern bestand. Sie muss die Ratsbeschlüsse in praktische Politik umsetzen. Erstes deutsches Mitglied der EWG-Kommission und 1958–67 deren erster Präsident war Adenauers außenpolitischer Berater Walter Hallstein.

Eine Reihe weiterer Vereinbarungen sollte die Integration fördern: Die Zollunion (seit 1. Januar 1970) sieht den Abbau der Zölle untereinander vor, die gemeinsame Agrarpolitik wird finanziert durch den Europäischen Ausrichtungs- und Garantiefonds für die Landwirtschaft, im Niederlassungsrecht wurde größere Freizügigkeit versprochen. Die Europäische Investitionsbank soll durch Darlehen und Bürgschaften Projekte unterstützen, mit denen regionale Benachteiligungen ausgeglichen werden.

1967 wurden die Institutionen von Montanunion, EURATOM und EWG miteinander vereint, sodass seitdem für die drei Gemeinschaften gemeinsame Organe bestehen: Europäi-

sches Parlament, Ministerrat und Europäische Kommission. Die ersten direkten Wahlen zum Europäischen Parlament fanden 1979 statt. Die Gemeinschaften wurden 1973 um Großbritannien, Dänemark und Irland erweitert (▶ 15.2), 1981 wurde Griechenland aufgenommen, seit 1986 sind Spanien und Portugal ebenfalls EG-Mitglieder. Zum 1. Januar 1995 traten Finnland, Österreich und Schweden bei. Hinzu kommen seit 1975 zahlreiche assoziierte Mitglieder aus dem afrikanischen, karibischen und pazifischen Raum (so genannte AKP-Staaten), denen die EG in den Verträgen von Lomé Zollvergünstigungen einräumte.
Die Politische Union, die das Ziel der Römischen Verträge war, trat in den 90er-Jahren mit den Verträgen von Maastricht (▶ 17.1) und mit der Wirtschafts- und Währungsunion (▶ 17.2) in eine entscheidende Phase.

13.33 Kampf dem Atomtod

Die zum Teil sehr heftigen und lang andauernden Debatten in der Öffentlichkeit und im Deutschen Bundestag über den deutschen Wehrbeitrag und die Wiederaufstellung deutscher Streitkräfte waren kaum abgeklungen, als im Bereich der Verteidigungspolitik ein neues, politischen Sprengstoff enthaltendes Problem auf die Bundesrepublik zukam. Der amerikanische NATO-Oberbefehlshaber, General Lauris Norstad, forderte Ende Februar 1957 die Ausrüstung der Bundeswehr mit Atomwaffen. Zu diesem Zeitpunkt hatte sich bereits die Erkenntnis durchgesetzt, dass die USA und die Sowjetunion sich in ihrer Rüstung auf den Zustand des atomaren Patts hinbewegten. Die NATO entwickelte deshalb neue strategische Konzepte und bezog dabei taktische Atomwaffen mit einer Reichweite bis zu 150 km in ihre Überlegungen ein. Bundeskanzler Adenauer und Verteidigungsminister *Franz Josef Strauß* (▶ 15.26) sprachen sich für die Ausrüstung der Bundeswehr mit Atomwaffen aus, um die Gesamtverteidigung des Westens zu stärken. Adenauer forderte gleichzeitig auf der NATO-Ratstagung im Dezember 1957 einen west-östlichen Entspannungsdialog.
Gegen die NATO-Pläne erhob sich Anfang 1958 stürmischer Protest in der deutschen Öffentlichkeit und im Parlament. Schon im April 1957 hatten 18 Atomwissenschaftler im so genannten Göttinger Manifest gegen die atomare Bewaffnung Stellung genommen. Wenig später forderte die SPD in einem Antrag, dass weder die Bundeswehr mit Atomwaffen ausgerüstet werden solle noch solche Waffen auf dem Gebiet der Bundesrepublik gelagert werden dürften. Im März 1958 erließ ein überparteiliches Komitee den Aufruf »Kampf dem Atomtod«, der von der SPD und den Gewerkschaften auch organisatorisch getragen wurde.
Vor dem Hintergrund der erregten deutschen Öffentlichkeit trug der Deutsche Bundestag Ende März 1958 eine leidenschaftliche Atomdebatte aus, die mit der Resolution der Regierungsparteien CDU/CSU und DP endete, »die Bundeswehr mit den modernsten Waffen auszurüsten, wenn sich dies politisch und strategisch als notwendig erweisen sollte«. SPD und DGB suchten nun im außerparlamentarischen Raum mit Protestaktionen die Entscheidung zu revidieren. Der DGB hielt sich jedoch wegen der vielen CDU-Wähler unter seinen Mitgliedern relativ zurück; der Gedanke der SPD, ein Plebiszit zu beantragen, scheiterte am Bundesverfassungsgericht. Letztlich zerbrach die Anti-Atomtod-Bewegung aber an der prinzipiellen Haltung der NATO-Länder, die Ratsbeschlüsse durchzuführen, und am festen Führungswillen der Bundesregierung.
Nachdem die CDU die Landtagswahlen in Nordrhein-Westfalen im Juli 1958 deutlich für sich hatte entscheiden können und die Unterstützung von DGB und SPD für die Anti-Atomtod-Kampagne nachgelassen hatte, verlor diese Bewegung ihre Bedeutung.

13.34 Rapacki-Plan

Die Aufnahme der *Bundesrepublik Deutschland* (▶ 13.2) in die *NATO* (▶ 13.19) und der *DDR* (▶ 13.9) in den *Warschauer Pakt* (▶ 13.21) 1955/56 zog die Aufstellung von Streitkräften in beiden deutschen Staaten nach sich. Seitdem suchten die Politiker in Ost und West auch immer wieder nach Wegen, um die deutschen Teilstaaten aus den jeweiligen Bündnissen herauszubrechen. Damit verbunden war immer der Versuch, durch Abrüstungspläne und den Vorschlag von atomwaffenfreien Zonen in Europa von dem atomaren Patt und dem »Gleichgewicht des Schreckens« wieder wegzukommen.
In seiner Rede vor der 12. UN-Vollversammlung am 2. Oktober 1957 legte der polnische Au-

ßenminister Adam Rapacki seinen Plan vor, die Herstellung und Stationierung von Atomwaffen auf den Gebieten Polens und der Tschechoslowakei sowie der beiden Teile Deutschlands zu verbieten. Der Zeitpunkt für die Veröffentlichung dieses Planes war insofern geschickt gewählt, als zu dieser Zeit in der Bundesrepublik die Auseinandersetzungen um die atomare Bewaffnung der deutschen Bundeswehr und die Anti-Atomtod-Kampagne (► 13.33) in vollem Gang war.

Der Rapacki-Plan fand volle Unterstützung bei der Sowjetunion und der DDR. Mit detaillierten Angeboten an die drei Westmächte und die beteiligten Staaten in Mitteleuropa griff Rapacki seinen Plan am 14. Februar 1958 erneut auf. Er bezog dabei auch eine Verpflichtung der Atommächte mit ein, keinen Atomwaffeneinsatz gegen das Gebiet der vorgesehenen atomwaffenfreien Zone einzuplanen. Seitens der Westmächte wurden die Vorschläge Rapackis, die noch mehrfach in abgewandelter Form vorgetragen wurden, mit dem Argument abgelehnt, dass sich dadurch das militärische Gleichgewicht in Europa wegen der konventionellen Überlegenheit der UdSSR zugunsten des Warschauer Paktes verschieben würde.

13.35 Berlin-Ultimatum

In den Diskussionen um die Zukunft Mitteleuropas und ein Auseinanderrücken der Machtblöcke hatte sich auch die DDR zu Wort gemeldet und in mehreren Noten an die Bundesrepublik eine »Konföderation« beider deutscher Staaten auf der Basis der Gleichrangigkeit als Vorstufe einer späteren Wiedervereinigung vorgeschlagen. Diese von der Sowjetunion unterstützten Pläne wurden jedoch von der Bundesregierung im Einverständnis mit den Westmächten zurückgewiesen und als Versuch gewertet, die Bundesrepublik aus dem westlichen Bündnis herauszulösen.

Im November 1958 wurden die Deutschlandfrage und die Situation Berlins durch den sowjetischen Partei- und Regierungschef Nikita Chruschtschow erneut in den Vordergrund der Weltpolitik gerückt.

In einer Rede am 10. November 1958 betonte er, dass es ein Recht der westlichen Alliierten, in Berlin zu bleiben, nicht mehr geben könne. Am 27. November überreichte er sein Ultimatum an die drei Westmächte und forderte die Umwandlung Berlins in eine »selbstständige politische Einheit« mit dem Status einer »entmilitarisierten Freien Stadt«. Innerhalb eines halben Jahres müssten die Verhandlungen über Berlin zu dieser Lösung führen, andernfalls werde die Sowjetunion mit der Regierung der DDR eine Vereinbarung treffen, dass diese die ihr zustehenden Hoheitsrechte auszuüben habe. Dies gelte dann auch für die alliierten Militärtransporte. Schon vor dem Ultimatum hatte die DDR-Volkspolizei begonnen, amerikanische Transporte durch die DDR zu behindern und teilweise sogar zu beschlagnahmen, was wiederum das NATO-Oberkommando alarmierte, das Pläne erwog, notfalls gewaltsam gegen die DDR-Volkspolizei vorzugehen.

Die Teilnehmer der NATO-Ratstagung im Dezember 1958 lehnten die sowjetische Forderung entschieden ab. In einer Note vom 10. Januar 1959 machte Chruschtschow deutlich, dass es ihm auf eine totale Änderung der Verhältnisse in Deutschland und das Hinausdrängen der Westmächte ankam, als er den Entwurf eines Friedensvertrages vorlegte. Der Vertragsentwurf ging von zwei deutschen Staaten und einer entmilitarisierten »Freien Stadt Berlin« aus. Bundesregierung und Opposition suchten ihrerseits Gegenvorstellungen auszuarbeiten und vor allem die Westmächte zur Ablehnung des Ultimatums und zur Erneuerung der Garantien für Berlin zu bewegen.

Sowohl der so genannte »Globke-Plan« der Regierung (benannt nach dem Staatssekretär im Bundeskanzleramt Hans Globke) als auch der »Deutschland-Plan« der SPD schlossen eine Anerkennung der DDR nicht von vornherein aus. Der »Globke-Plan« lehnte jedoch eine entmilitarisierte Bundesrepublik ab, für Groß-Berlin schien eine solche Lösung möglich. Nach einer Übergangszeit sollten nach diesem Plan freie Wahlen in ganz Deutschland stattfinden und die Wiedervereinigung einleiten. Der »Deutschland-Plan« hingegen ging von der Rüstungskontrollzone des *Rapacki-Plans* (► 13.34) aus, wollte aber hinsichtlich des Status für Berlin nicht so weit wie der »Globke-Plan« gehen. Auch hier standen am Schluss Überlegungen für ein wieder vereinigtes Deutschland, die sich allerdings an den SED-Vorstellungen der »Konföderation« orientierten.

Die Politik der westlichen Regierungen und der Bundesregierung zielte jedoch darauf, die Sowjetunion zu Verhandlungen zu bewegen. Als am 11. Mai 1959 der sowjetische Außenminister Andrei Gromyko einer Konferenz der Außenminister zustimmte, war deutlich geworden, dass die Sowjetunion nicht unter allen Umständen an dem bis zum 27. Mai befristeten Ultimatum festhalten würde. Im Juni 1959 trat in Genf die Viermächtekonferenz zusammen, die die Deutschlandfrage und damit auch die Berlinfrage behandelte. Die beiden deutschen Teilstaaten wurden eingeladen, Beobachterdelegationen zu den Verhandlungen zu entsenden.

13.36 Godesberger Programm

Seit dem Tod *Kurt Schumachers* 1952 (▶ 12.11) vollzog sich in der SPD ein tief greifender Wandel, der bei den Vorstandswahlen auf dem Stuttgarter Parteitag 1958 seinen deutlichsten Ausdruck fand. Von dem 33-köpfigen Vorstand wurden elf Mitglieder neu gewählt, darunter unter anderen *Willy Brandt* (▶ 14.18), *Helmut Schmidt* (▶ 15.8) und Gustav Heinemann. Gleichzeitig wurde die innerparteiliche Diskussion um ein neues Programm verstärkt. Bislang war das Heidelberger Programm von

▲ *Das Godesberger Programm vom 15. November 1959 machte den Wandel der SPD von einer Klassen- zu einer Volkspartei sichtbar. Das Foto zeigt den Parteivorsitzenden Erich Ollenhauer (vorne) mit Herbert Wehner*

1925 gültig geblieben, das lediglich durch kurzfristige Wahl- und Aktionsprogramme ergänzt wurde. Ende Januar 1959 beschloss das SPD-Präsidium, die seit 1957 laufenden Diskussionen zu kanalisieren und im November 1959 in Bad Godesberg einen außerordentlichen Programm-Parteitag abzuhalten, auf dem das neue Parteiprogramm beraten und verabschiedet werden sollte. Maßgeblich war daran *Herbert Wehner* (▶ 14.9) beteiligt, der schließlich auch die grundsätzliche Zustimmung der SPD zur NATO- und Europapolitik Adenauers durchsetzte.

Die marxistischen Grundpositionen wurden im Godesberger Programm aufgegeben, an ihre Stelle traten Freiheit, Gerechtigkeit und Solidarität als Ziele, die die Partei anstrebte. Statt der Beseitigung der kapitalistischen Produktionsverhältnisse durch Sozialisierung und Planwirtschaft wurde die Mitbestimmung zur Kontrolle wirtschaftlicher Macht gefordert.

Entscheidend für die positive Aufnahme des Programms in der deutschen Öffentlichkeit wurde der Verzicht auf die Sozialisierung. Mit dem neuen Programm überwand die SPD den traditionellen Widerspruch von revolutionär-marxistischer Programmatik und ihrer eher sozialreformerischen Praxis. Hinzu kamen der Abbau der Frontstellung zu den Kirchen und ein klares Bekenntnis zur Landesverteidigung. Damit wurde die SPD, in der inzwischen viele Akademiker und Intellektuelle Mitglieder geworden waren und die ihre Struktur als Arbeiterpartei zu verlieren begann, auch für weite bürgerliche Schichten wählbar. Zudem orientierte der stellvertretende Parteivorsitzende Waldemar von Knoeringen die Öffentlichkeitsarbeit unter Einbeziehung von Bildung, Wissenschaft und Technik neu. Im Erscheinungsbild der SPD wich die rote Farbe mehr und mehr dem Godesberger Blau.

»Die Sozialdemokratische Partei ist von einer Partei der Arbeiter zu einer Partei des Volkes geworden. Sie will die Kräfte, die durch die industrielle Revolution und durch die Technisierung aller Lebensbereiche entbunden wurden, in den Dienst von Freiheit und Gerechtigkeit für alle stellen ...« Das neue Parteiprogramm, das auf dem Godesberger Parteitag (13.–15. November 1959) nahezu einstimmig angenommen wurde, und die damit verbundene Wandlung der Partei erschlossen der SPD neue Wählerschichten und machten sie koalitionsfähig.

13.37 Landwirtschaftliche Produktionsgenossenschaften (LPG)

Die Agrarpolitik der DDR zielte bereits seit 1952 auf eine Kollektivierung der Landwirtschaft nach sowjetischem Muster. Die Bodenreform 1945, die mit der Enteignung von landwirtschaftlichem Grundbesitz von über 100 Hektar verbunden war, hatte die Großbetriebe weitgehend beseitigt, viele Neubauern bewirtschafteten verhältnismäßig kleine Flächen ohne technische Hilfsmittel. Seit 1952 propagierte die SED die Bildung landwirtschaftlicher Produktionsgenossenschaften (LPG), denen sich die Bauern auf freiwilliger Basis, aber nur zögernd anschlossen.

Seit Herbst 1959 wurde der politische Druck verstärkt und bis April 1960 war die mit großem propagandistischem Aufwand durchgeführte Zwangskollektivierung der Einzelbauern abgeschlossen. Nach dem Grad der Vergesellschaftung und der daraus folgenden Verteilung der genossenschaftlichen Einkünfte wurden in den Musterstatuten der LPG drei Typen unterschieden: LPG-Typ I: genossenschaftliche Bewirtschaftung des Ackerlandes und, falls das jeweilige Statut dieses vorsah, auch des Grünlandes und der Waldflächen; LPG-Typ II: Aufbau einer genossenschaftlichen Viehwirtschaft auf der Grundlage eines langfristigen Perspektivplans; LPG-Typ III: Alle land- und forstwirtschaftlichen Flächen, alle Maschinen und Geräte sowie alles Vieh wurden in die LPG eingebracht; Ackerland und Vieh zur persönlichen Nutzung unterlagen Höchstbegrenzungen (z. B. 0,5 ha Ackerland je Familie).

Die Folge der Zwangskollektivierung war ein Bruch im Selbstverständnis der Bauern, die als Genossenschaftsproduzenten ihre Eigenständigkeit eingebüßt hatten. Dadurch aufgeschreckt, zogen viele Bauernfamilien die Flucht in die Bundesrepublik diesem abhängigen Status vor mit entsprechend negativen Konsequenzen für die Nahrungsmittelversorgung der DDR. Ab 1960 wurden die LPGs zu neuen Betriebsformen veranlasst, die das Ziel der überbetrieblichen Zusammenarbeit hatten. Als Konsequenz folgte daraus der Zusammenschluss zu Kooperativen mit speziellem Anbau- bzw. Zuchtauftrag.

▲ *DDR-Flüchtlinge im August 1952 vor dem Westberliner Aufnahmelager in der Kuno-Fischer-Straße*

13.38 DDR-Flüchtlinge

Seit dem Ende des Krieges gab es eine starke Fluchtbewegung der Bevölkerung aus den sowjetisch besetzten Gebieten in das westliche Deutschland. Auch nach Gründung der *DDR* (▶ 13.9) riss der Flüchtlingsstrom nicht ab. Schon im Jahre 1949 wurde in den Notaufnahmelagern in West-Berlin und in der Bundesrepublik die Zahl von fast 130 000 Flüchtlingen registriert. Sie stieg in den Fünfzigerjahren weiter an. Einen Höhepunkt von über 330 000 Flüchtlingen verzeichnete das Jahr 1953, bedingt durch den Arbeiteraufstand vom *17. Juni 1953* (▶ 13.18) und die darauf folgende Verhaftungs- und Terrorwelle.

Auch in den nächsten Jahren war die Zahl der registrierten Flüchtlinge extrem hoch. Diese »Abstimmung mit den Füßen«, wie man die Absetzbewegung auch bezeichnet hat, betraf vor allem die im arbeitsfähigen Alter stehenden

DDR-Bürger. Etwa 50 % der Flüchtlinge waren Jugendliche unter 25 Jahren, fast 60 % waren erwerbstätig, im Rentenalter standen weniger als 10 % der Flüchtlinge. Der härtere politische Kurs der SED und die Zwangskollektivierung in der Landwirtschaft führten 1960 erneut zu einem starken Anschwellen der Fluchtbewegung, die in das Jahr 1961 hinein lawinenartige Ausmaße annahm: Bis zum *13. August 1961* (▶ 13.40) kamen über 155 000 in den Westen. Nach dem 13. August waren es immer noch fast 52 000 Menschen, die teilweise unter Lebensgefahr die DDR verließen. Die meisten von ihnen kamen über die Berliner Sektorengrenzen in den Westen der Stadt, von wo sie nach Registrierung in den Flüchtlingslagern in die Bundesrepublik ausgeflogen wurden. Nachdem die DDR-Führung in den ersten Jahren erklärt hatte, dass nur die Klassenfeinde das Land verlassen würden, stellte sie sehr schnell fest, dass die DDR in eine wirtschaftliche Katastrophe geraten müsste, sollte der menschliche Aderlass in diesem Ausmaß weitergehen. 1957 wurde deshalb neben einer Verschärfung der Kontrollen auch der Reiseverkehr beschränkt und der Straftatbestand der »Republikflucht« eingeführt.

Gerüchte, dass der Fluchtweg über West-Berlin nicht mehr lange bestehen bleiben würde, ließen die Flüchtlingszahlen 1961 weiter erheblich ansteigen, bis der Bau der Berliner Mauer am 13. August 1961, mit dem die DDR alle Verbindungen zwischen dem sowjetischen Sektor und den drei Westsektoren kappte, dem Flüchtlingsstrom ein Ende setzte. Von 1949 bis zum 13. August flohen 2 686 942 Menschen in den Westen, das ist etwa ein Siebtel der Gesamtbevölkerung.

13.39 Walter Ulbricht

Geboren am 30. Juni 1893 in Leipzig als Sohn eines Schneiders, erlernte Ulbricht das Tischlerhandwerk. 1912 trat er in die *SPD* ein, war von 1915 bis 1918 Soldat und wurde 1919 Mitglied der neu gegründeten *KPD*. 1923 war Ulbricht bereits Mitglied des Zentralkomitees; 1925 war er für kurze Zeit Mitarbeiter im Exekutivkomitee der Kommunistischen Internationale (EKKI) in Moskau, 1926–28 war er Abgeordneter des sächsischen Landtags, 1928–33 Reichstagsabgeordneter der KPD. Nach der Machtübernahme der Nationalsozialisten emigrierte Ulbricht im Parteiauftrag nach Frankreich und 1938 in die Sowjetunion, wo er als Vertreter der KPD beim EKKI tätig war. 1943 war er an der Gründung der Widerstandsgruppe Nationalkomitee Freies Deutschland beteiligt. Ende April 1945 kehrte er mit einer Gruppe in Moskau ausgebildeter Parteifunktionäre, der »Gruppe Ulbricht«, nach Berlin zurück, wo er sofort die Wiedergründung der KPD betrieb.

Nach der Bildung der *SED* (▶ 12.12) wurde er deren stellvertretender Vorsitzender und Mitglied des Zentralsekretariats. 1950–53 war Ulbricht Generalsekretär der Partei, danach bis 1971 1. Sekretär, ab 1949 auch Mitglied der Volkskammer. Nach dem Tode des ersten Staatspräsidenten der DDR, Wilhelm Pieck, wurde Ulbricht Vorsitzender des 1960 neu geschaffenen Staatsrates und gleichzeitig Vorsitzender des Nationalen Verteidigungsrates.

Ulbricht bestimmte mehr als zwei Jahrzehnte lang die Entwicklung der SED und der DDR und war, als er alle seine Rivalen in der Partei ausgeschaltet hatte, der einflussreichste Politiker der DDR. Die Führungspositionen in Staat und Partei waren in ihm vereint.

Unter Ulbricht wurde die DDR zur zweitstärksten Industriemacht im Bereich des Ostblocks

▲ *Am 12. September 1960 wurde SED-Chef Walter Ulbricht Vorsitzender des neu geschaffenen Staatsrats der DDR, die Führungspositionen von Partei und Staat waren damit in seiner Hand vereint*

und zum zuverlässigsten Gefolgsmann der Sowjetunion. Nachdem er lange Jahre dogmatisch die Positionen der UdSSR vertreten hatte und zu Stalins Lebzeiten dessen eifriger Anhänger gewesen war, versuchte Ulbricht Mitte der 60er-Jahre, die Rolle der DDR aufzuwerten und eine Lockerung der sowjetischen Vorherrschaft zu erreichen. Indem er 1963 eine von der Partei kontrollierte Wirtschaftsreform einleitete, stellte er sich als Politiker dar, der in der DDR ein eigenes Sozialismus-Modell entwickelt hatte, das für moderne Industriestaaten als Vorbild dienen sollte. Diese Selbstüberschätzung musste die sowjetische Führung verstimmen, die schließlich die Forderung seiner Kritiker im Politbüro unterstützte, seine Ablösung herbeizuführen. Aus Altersgründen, vermutlich aber auch unter sowjetischem Druck, trat er am 3. Mai 1971 als 1. Sekretär der SED zurück und machte *Erich Honecker* (▶15.25) Platz. Er verlor den Vorsitz im Nationalen Verteidigungsrat und allen politischen Einfluss, obwohl er, inzwischen erkrankt, bis zu seinem Tode (er starb am 1. August 1973 in Ost-Berlin) Vorsitzender des Staatsrates blieb.

13.40 13. August 1961: Mauerbau in Berlin

Auf einer internationalen Pressekonferenz in Ost-Berlin hatte der Staatsratsvorsitzende der DDR *Walter Ulbricht* (▶13.39) am 15. Juni 1961 auf die Frage einer westdeutschen Journalistin geantwortet: »Ich verstehe Ihre Frage so, dass es in Westdeutschland Menschen gibt, die wünschen, dass wir die Bauarbeiter der Hauptstadt der DDR dazu mobilisieren, eine Mauer aufzurichten. Mir ist nicht bekannt, dass eine solche Absicht besteht. Die Bauarbeiter unserer Hauptstadt beschäftigen sich hauptsächlich mit Wohnungsbau, und ihre Arbeitskraft wird dafür voll eingesetzt. Niemand hat die Absicht, eine Mauer zu errichten!« Nach der Veröffentlichung dieses Interviews stiegen die Flüchtlingszahlen noch einmal kräftig an (*DDR-Flüchtlinge,* ▶13.38). Im August 1961 flohen 47433 Menschen aus der DDR und Ost-Berlin in den Westen.

Am Morgen des 13. August 1961 begann die SED-Führung mit dem Bau einer Mauer, die ihren Sektor gegenüber dem Westen hermetisch abriegelte. Die Bauarbeiten wurden von Volkspolizei und Nationaler Volksarmee überwacht. Alle Verkehrsverbindungen zwischen beiden Teilen Berlins waren damit unterbrochen. Gleichzeitig führte die DDR an allen Grenzen nach West-Berlin und zur Bundesrepublik scharfe Kontrollen ein.

Bundesregierung und Westmächte mussten diesen Gewaltakt hilflos hinnehmen, der Protest der westlichen Alliierten gegen den Mauerbau blieb wirkungslos. In der Bundesrepublik lief der Wahlkampf für die Bundestagswahlen im September 1961 auf Hochtouren. Entsprechend waren die Parteispitzen durch Wahlkampfveranstaltungen sehr stark beansprucht. Einig war man sich aber durchaus in dem Bemühen, den Vorfall nicht eskalieren zu lassen und die Bevölkerung von spontanen Aktionen

◀ *13. August 1961: Der Mauerbau in Berlin zementiert die jahrzehntelange Teilung Deutschlands. Ein von Grenzsoldaten bewachter Bautrupp bei der Arbeit an der Mauer*

abzuhalten. *Willy Brandt* (▸14.18), der Regierende Bürgermeister von Berlin, stellte sich einer Demonstration entgegen, deren Teilnehmer die aufgestellten Zäune und Sperreinrichtungen am liebsten niedergerissen hätten. Bundeskanzler Adenauer war ebenfalls um Abwiegelung bemüht und wirkte auf die Westmächte entsprechend ein; er setzte sein Wahlkampfprogramm fort und besuchte erst am 16. August das jetzt geteilte Berlin, ein Verhalten, das die deutsche Öffentlichkeit nicht verstand.

Die Westalliierten waren schon früh durch Geheimdienstberichte über mögliche Sperraktionen informiert worden. Bereits im Frühsommer 1961 hatten sie der Sowjetunion signalisiert, dass sie ihr im Ostsektor Berlins relativ freie Hand lassen würden. Die Sowjetunion hatte der Abriegelung der DDR schließlich zugestimmt, weil sie keine andere Möglichkeit sah, die ökonomische Lage der DDR zu stabilisieren. Sie nahm dafür den politischen Gesichtsverlust und das Risiko einer Konfliktverschärfung mit den Westmächten in Kauf.

Während die Sowjetunion nach dem Mauerbau als Maximalziel die Einbeziehung Groß-Berlins in die DDR weiterverfolgte, richtete sich das Hauptinteresse der Westmächte auf die politischen Garantien für West-Berlin und die Sicherung der Zufahrtswege. Gleichzeitig beharrten die Westmächte auf ihrem Recht, auch weiterhin den Ostsektor der Stadt ungehindert betreten zu können.

Willy Brandt, der die Gefahr sah, dass Berlin einen von der Bundesrepublik abgekoppelten neutralen Status erhalten könnte, erreichte an Bundeskanzler und Auswärtigem Amt vorbei durch eine direkte Initiative bei Präsident Kennedy eine erneute amerikanische Garantieerklärung für Berlin. Die endgültige Teilung der Stadt war aber nicht mehr rückgängig zu machen. Die DDR feierte den Bau der Mauer – in der Sprache der SED-Propaganda »antifaschistischer Schutzwall« – als Sieg des »sozialistischen Lagers« über den westlichen Imperialismus.

▲ *Während der Arbeiten an der Berliner Mauer ließen am 13. August 1961 die Amerikaner als Zeichen ihrer Verteidigungsbereitschaft Kampfpanzer an der Grenzübergangsstelle Checkpoint Charlie auffahren*

Daten

14. Aug. 1949	Wahlen zum 1. Deutschen Bundestag
7. Sept. 1949	Konstituierung von Bundestag und Bundesrat
12. Sept. 1949	Theodor Heuss wird Bundespräsident
15. Sept. 1949	Konrad Adenauer wird Bundeskanzler
21. Sept. 1949	Besatzungsstatut in Kraft
7. Okt. 1949	Gründung der DDR
13. Okt. 1949	Gründung des Deutschen Gewerkschaftsbundes
22. Nov. 1949	Petersberger Abkommen
1950–1953	Koreakrieg
18. April 1951	Europäische Gemeinschaft für Kohle und Stahl (Montanunion)
25. Mai 1951	Mitbestimmungsgesetz für die Montanindustrie
20. Sept. 1951	Interzonenabkommen
10. März 1952	Angebot Stalins zur Wiedervereinigung Deutschlands
26. Mai 1952	Deutschlandvertrag
27. Mai 1952	Vertrag über Europäische Verteidigungsgemeinschaft
23. Juli 1952	Auflösung der Länder der DDR
14. Aug. 1952	Lastenausgleichsgesetz
10. Sept. 1952	Wiedergutmachungsvertrag mit Israel
11. Okt. 1952	Betriebsverfassungsgesetz
27. Febr. 1953	Londoner Schuldenabkommen
5. März 1953	Tod Stalins
17. Juni 1953	Volksaufstand in der DDR
6. Sept. 1953	Bundestagswahl
20. Okt. 1953	2. Kabinett Adenauer
23. Okt. 1954	Pariser Verträge (Beitritt der Bundesrepublik zu NATO und WEU)
5. Mai 1955	Souveränitätserklärung der Bundesrepublik
14. Mai 1955	Unterzeichnung des Warschauer Paktes
15. Mai 1955	Österreichischer Staatsvertrag
9.–13. Sept. 1955	Staatsbesuch Adenauers in Moskau
23. Sept. 1955	Hallsteindoktrin
23. Okt. 1955	Abstimmung über das Saarstatut
12. Nov. 1955	Gründung der Bundeswehr
18. Jan. 1956	Gründung der Nationalen Volksarmee
27. Jan. 1956	Beitritt der DDR zum Warschauer Pakt
17. Aug. 1956	Verbot der KPD
23. Okt. 1956	Beginn des ungarischen Volksaufstands
29. Okt.–6. Nov. 1956	Sueskrise
1. Jan. 1957	Eingliederung des Saarlandes in die Bundesrepublik
23. Febr. 1957	Verkündung der Rentenreform (dynamische Rente)
25. März 1957	Römische Verträge (Gründung von EWG und EURATOM)
15. Sept. 1957	Bundestagswahl (absolute Mehrheit der CDU/CSU)
2. Okt. 1957	Rapacki-Plan
28. Okt. 1957	3. Kabinett Adenauer
27. Okt. 1958	Berlin-Ultimatum Chruschtschows
1. Juli 1959	Heinrich Lübke wird Bundespräsident
15. Nov. 1959	Godesberger Programm der SPD
14. April 1960	LPG-Programm in der DDR abgeschlossen
30. Juni 1960	Bundessozialhilfegesetz
12. Sept. 1960	Walter Ulbricht wird Vorsitzender des neu geschaffenen Staatsrats
13. Aug. 1961	Bau der Berliner Mauer

Vom Mauerbau zum Grundlagenvertrag (1961–1972)

14

Einführung

Die Errichtung der Berliner Mauer nach den Sperrmaßnahmen vom 13. August 1961 markierte das doppelte Scheitern bisheriger Deutschlandpolitik. In der DDR war der Versuch misslungen, eine sozialistische Gesellschaftsordnung aufzubauen, die von der Bevölkerung bejaht, ja gegenüber dem westlichen Kapitalismus als überlegen betrachtet wurde. Millionen von Menschen, darunter viele jüngere und qualifizierte Arbeitskräfte, hatten die DDR verlassen und waren in die Bundesrepublik gegangen. Um das Ausbluten des eigenen Staates zu verhindern, riegelte die DDR ihre Grenzen fast hermetisch ab. Die besondere Lage Berlins führte dabei zu dem bis dahin unvorstellbaren Vorgang, dass quer durch eine europäische Metropole eine Mauer gezogen wurde.
Aber der Mauerbau zeigte auch, dass der Versuch der Bundesregierung gescheitert war, gemeinsam mit den Westmächten durch eine »Politik der Stärke« die Sowjetunion zu veranlassen, »die Zone herauszugeben«, und so die Wiedervereinigung Deutschlands zu erreichen. Die Amerikaner griffen militärisch nicht ein, als unter sowjetischem Schutz die Berliner Mauer errichtet wurde, sie respektierten damit – wie schon am 17. Juni 1953 und beim Ungarnaufstand 1956 – die sowjetische Machtsphäre. Die Erkenntnis, dass es keinen kurzen Weg zur deutschen Einheit gab, ja dass nun sogar die Verbindungen zwischen den Menschen in beiden Teilen Deutschlands abzureißen drohten und damit die Einheit der Nation zusätzlich in Gefahr war, löste in der Bundesrepublik einen politischen Umdenkungsprozess aus.
In der DDR begann nach dem Mauerbau eine Phase der wirtschaftlichen und politischen Stabilisierung. Die DDR-Bevölkerung, der die Möglichkeit zum Überwechseln in die Bundesrepublik genommen war, begann sich mit dem Staat und den Verhältnissen stärker als früher zu arrangieren. Mit dem nach 1963 eingeführten »Neuen Ökonomischen System« der Planung und Leitung der Volkswirtschaft brachte die SED dynamische Elemente in die Planwirtschaft ein und motivierte durch materielle Anreize die Betriebe und die »Werktätigen« zu verstärktem Engagement in der Produktion. Die spürbaren wirtschaftlichen Erfolge weckten nach der Schocktherapie des Mauerbaus Hoffnungen auf eine Veränderung der Verhältnisse, und die SED-Propaganda behauptete schließlich sogar, dass die DDR einen Platz unter den zehn führenden Industrieländern erreicht hätte. In der Gesellschaft der DDR entwickelte sich ein gewisser Stolz auf die eigene Leistung, die unter schwierigen Bedingungen erreicht worden war. Viele DDR-Bürger begannen sich trotz mancher politischer Vorbehalte in ihrem Staat einzurichten.
Die DDR-Führung unter Ulbricht verstärkte seit Mitte der 60er-Jahre ihre Bemühungen um internationale Anerkennung und betonte die Eigenstaatlichkeit der DDR. Dem Gesetz über die Staatsbürgerschaft von 1967 folgte am 6. April 1968 die neue Verfassung der DDR, die nun als »sozialistischer Staat deutscher Nation« bezeichnet wurde. Walter Ulbricht, der maßgebliche Politiker der DDR seit ihrer Gründung 1949, wurde 1971 von Erich Honecker als 1. Sekretär der SED abgelöst und behielt bis zu seinem Tod 1973 nur sein Amt als Vorsitzender des Staatsrates, verlor jedoch seinen politischen Einfluss. Ulbrichts Ablösung bildet eine Zäsur in der Geschichte der DDR. Sie war mit einer innenpolitischen Neuorientierung verbunden, die sich in der Formel »Einheit von Wirtschafts- und Sozialpolitik« ausdrückte, und

führte im Zuge deutsch-deutscher Vertragspolitik zum Eintritt der DDR in die Weltpolitik.
In der Bundesrepublik Deutschland endete die Ära Adenauer acht Jahre, bevor sein langjähriger Widersacher Ulbricht die Bühne der Politik verließ. Bei der Bundestagswahl 1961 verlor die CDU/CSU ihre absolute Mehrheit, und der 85-jährige Adenauer musste in den Koalitionsverhandlungen mit der FDP, die im Wahlkampf seine Ablösung gefordert und 12,8 % der Stimmen erreicht hatte, seinen Rücktritt während der Legislaturperiode zugestehen. Der Abschluss des Deutsch-Französischen Freundschaftsvertrages und die Staatsbesuche des französischen Staatspräsidenten Charles de Gaulle und des amerikanischen Präsidenten John F. Kennedy waren noch einmal glanzvolle Höhepunkte seiner Kanzlerzeit, bevor er am 15. Oktober 1963 vereinbarungsgemäß von seinem Amt zurücktrat.
Die große Zeit seines Nachfolgers Ludwig Erhard, unumstrittener Vater des deutschen Wirtschaftswunders und die Wahllokomotive für die Kanzlerpartei in allen Bundestagswahlen, war fast schon vorbei, als er – gegen den erklärten Willen Adenauers – im Oktober 1963 die Kanzlerschaft antrat. Nach drei Jahren stürzte Erhard über die in der wirtschaftlichen Rezession 1966 entstandene Haushaltskrise.
Die Regierungskrise wurde im Dezember 1966 durch die Bildung der Großen Koalition zwischen CDU/CSU und SPD gelöst, an deren Spitze Kurt Georg Kiesinger (CDU) als Bundeskanzler und der SPD-Vorsitzende Willy Brandt als Vizekanzler und Außenminister standen. Zur raschen Überwindung des wirtschaftlichen Abschwungs trug auch die vorbildliche Zusammenarbeit zwischen dem Wirtschaftsminister Karl Schiller (SPD) und dem Finanzminister Franz Josef Strauß (CSU) bei. Mit der Bildung der Großen Koalition hatte Herbert Wehner, der führende Parteistratege der SPD, ein wichtiges Zwischenziel erreicht, nämlich durch eine Regierungsbeteiligung die Regierungsfähigkeit der SPD unter Beweis zu stellen. Die Große Koalition hat bedeutende innenpolitische Reformen verwirklicht, die der Modernisierung der westdeutschen Gesellschaft dienten. In der Außenpolitik blieb sie jedoch eher unbeweglich.
Die Bildung einer Regierung aus CDU/CSU und SPD, die von über 90 % der Bundestagsabgeordneten unterstützt wurde, hatte zur Folge, dass die innenpolitischen Konflikte im Parlament nicht mehr in der bis dahin gewohnten Weise öffentlich debattiert wurden. Das Fehlen einer wirksamen Opposition im Bundestag trug zur Entstehung der so genannten außerparlamentarischen Opposition (APO) bei. Die tieferen Wurzeln der Protestbewegung, die etwa um die gleiche Zeit in vielen westlichen Industriestaaten entstand, lagen allerdings im Aufbegehren eines Teils der Jugendlichen und jungen Erwachsenen gegen gesellschaftliche und politische Erstarrung und Verkrustung. Der Protest richtete sich keineswegs nur gegen politische Verhältnisse im engeren Sinne – etwa gegen den Vietnamkrieg oder die Notstandsgesetze –, sondern erfasste viele Lebensbereiche. Als antiautoritäre Bewegung strebte die APO eine »Kulturrevolution« an, indem sie die Machtverhältnisse in Ehe und Familie, Schulen und Universitäten, Betrieben und Verwaltung, gesellschaftlichen und politischen Organisationen kritisch »hinterfragte«, und erreichte dabei zum Teil mit großer zeitlicher Verzögerung Veränderungen, die sich am stärksten im Wandel der Wertvorstellungen, des Lebensstils und der Umgangsformen auswirkten. Die angestrebte Umwälzung der gesellschaftlichen Machtverhältnisse blieb freilich aus. Die APO war und blieb in ihrem Kern eine Studentenbewegung, hatte jedoch Ausläufer wie die Lehrlings- und Schülerbewegung sowie die Frauenbewegung und wirkte in die Parteien (vor allem SPD und FDP) und einen Teil der Gewerkschaften hinein.
Man hat gesagt, dass ohne die APO das Bundestagswahlergebnis von 1969, das die Bildung der sozialliberalen Koalition zur Folge hatte, nicht möglich gewesen wäre. Der »Machtwechsel«, der sich durch die Wahl des Sozialdemokraten Gustav Heinemann zum Bundespräsidenten im März 1969 angekündigt hatte, traf die CDU/CSU unvorbereitet und machte es ihr zunächst fast unmöglich, sich nach 20 Jahren als führende Regierungspartei in ihrer neuen Rolle als parlamentarische Opposition zurechtzufinden. Die Folge war eine fast permanente Kampfsituation im Bundestag, wobei die knappe parlamentarische Mehrheit der Regierung Brandt/Scheel bei der CDU/CSU die Hoffnung nährte, über Nacht doch wieder die Regierung übernehmen zu können. Hauptkonfliktfeld der politischen Auseinandersetzung war die neue Deutschland- und Ostpolitik der sozialliberalen Koalition. Vor allem in der SPD und in der

FDP hatte nach dem Mauerbau von 1961 das Nachdenken über eine neue Deutschland- und Ostpolitik eingesetzt. Die Vorstellungen bewegten sich dabei in beiden Parteien in eine ähnliche Richtung und bildeten die Grundlage eines neuen deutschland- und ostpolitischen Konzepts, das nun von der sozialliberalen Koalition in praktische Politik umgesetzt wurde. Ausgangspunkt war dabei die Erkenntnis, dass ohne Krieg die bestehende Lage und die Grenzen in Europa nicht verändert werden können. Nun war zu fragen: Wie kann die Bundesrepublik unter dieser Voraussetzung zu erträglichen nachbarschaftlichen Beziehungen mit den osteuropäischen Staaten gelangen, auch unter Berücksichtigung der allgemeinen Ost-West-Entspannung? Wie kann die Bundesrepublik ein geregeltes Verhältnis zur DDR herstellen, das es ermöglicht, trotz der staatlichen Teilung den Zusammenhalt der deutschen Nation v. a. durch vermehrte Kontakte zwischen den Menschen zu wahren? Wie kann die Lebensfähigkeit West-Berlins auf Dauer gesichert werden? Der Ansatz zur Lösung bestand in dem Mittel der Gewaltverzichtsverträge, die schon die Regierung Erhard 1966 den osteuropäischen Staaten angeboten hatte, die nun aber konkret auf die bestehenden Grenzen bezogen wurden und in die die DDR einbezogen wurde. Das bedeutete die Anerkennung der Oder-Neiße-Linie als Westgrenze Polens und der DDR als zweiten deutschen Staat – wenngleich nicht als Ausland.

Brandts langjähriger politischer Berater Egon Bahr, der die ostpolitische Konzeption der SPD maßgeblich bestimmt hatte, wurde – nunmehr Staatssekretär im Bundeskanzleramt – mit den Vorverhandlungen in Moskau und mit den Verhandlungen mit der DDR beauftragt. An seiner Verhandlungsführung entzündete sich die heftige Kritik der CDU/CSU, unterstützt von einigen Presseorganen, die durch Indiskretionen aus den Verhandlungen für Aufregung sorgten. Kern der Vorwürfe war, dass die Bundesregierung ohne Not Rechtspositionen räume, die von den unionsgeführten Bundesregierungen entwickelt und aufrechterhalten worden waren. Manche Kritiker erhoben gegenüber der SPD den Vorwurf nationaler Unzuverlässigkeit (»Ausverkauf Deutschlands«) und des einvernehmlichen Zusammenspiels mit den »Genossen« der kommunistischen Staatsführungen. Von den westlichen Verbündeten freilich erfuhr die Ostpolitik der Bundesregierung einhellige Zustimmung, zumal sie sich in die Politik der Ost-West-Entspannung einfügte, die von den USA unter Präsident Nixon und Außenminister Kissinger betrieben wurde.

Der Bundesregierung gelang es, die Verträge mit Moskau und Warschau wirksam werden zu lassen, auch das im politischen Zusammenhang stehende Viermächteabkommen über Berlin trat in Kraft, und der Grundlagenvertrag mit der DDR konnte paraphiert werden, bevor der Bundestag im November 1972 neu gewählt wurde. Die Konzentration der sozialliberalen Koalition auf die Ostpolitik und die damit verbundenen innenpolitischen Auseinandersetzungen führten dazu, dass die meisten der 1969 angekündigten inneren Reformen ausblieben.

Im Laufe der Legislaturperiode seit 1969 waren im Zusammenhang mit der Ostpolitik eine Reihe von Abgeordneten, vornehmlich der FDP, unter Beibehaltung ihres Bundestagsmandats zur CDU oder CSU übergetreten. Dadurch war die ohnehin knappe Koalitionsmehrheit immer mehr zusammengeschmolzen. Eigene Erfolge bei Landtagswahlen ließen in der CDU/CSU den Entschluss reifen, durch ein konstruktives Misstrauensvotum Bundeskanzler Brandt zu stürzen und durch Rainer Barzel zu ersetzen. Die Opposition rechnete bei der geheimen Abstimmung, die am 27. April 1972 stattfand, auf weitere Stimmen aus der Koalition. Der Versuch scheiterte, doch hatte auch die Regierung keine Mehrheit mehr; der Bundeshaushalt konnte nicht verabschiedet werden. Brandt erreichte daher über das Mittel der Vertrauensfrage die vorzeitige Auflösung des Bundestages und Neuwahlen am 19. November 1972, die die Koalition eindrucksvoll bestätigten.

14.1 Spiegelaffäre

Das Hamburger Nachrichtenmagazin »Der Spiegel« hatte sich in seiner Ausgabe vom 10. Oktober 1962 in einem Artikel des Redakteurs Conrad Ahlers unter dem Titel »Bedingt abwehrbereit« mit dem NATO-Manöver »Fallex 62« befasst und dabei die Bonner Verteidigungspolitik kritisiert. Am 26. Oktober 1962, kurz nach 21 Uhr, wurden die Redaktionsräume des »Spiegel« im Hamburger Pressehaus von etwa 50 Polizisten besetzt. Unter dem Verdacht des publizistischen Landesverrats, der landesverräterischen Betätigung und der aktiven Be-

In vielen Städten demonstrierten Ende Oktober 1962 Bürger gegen die Polizeiaktion beim Nachrichtenmagazin »Der Spiegel« und für Pressefreiheit. Das Bild zeigt einen Sitzstreik von Studenten vor der Frankfurter Hauptwache

stechung wurden auf Antrag der Bundesanwaltschaft der Herausgeber Rudolf Augstein und die Chefredakteure sowie – in seinem spanischen Urlaubsort – Conrad Ahlers verhaftet. Die Redaktionsräume wurden durchsucht und wochenlang besetzt gehalten, um belastendes Material aufzuspüren. Diese Polizeiaktion, an der auch Dienststellen der Bundeswehr beteiligt waren und in der, wie sich erst später herausstellte, auch der Verteidigungsminister *Strauß* (▶15.26) selbst seine Hände im Spiel hatte, führte zu einer heftigen innenpolitischen Auseinandersetzung unter starker Beteiligung der Bevölkerung und schließlich zu einer Regierungskrise, als die FDP-Minister aus Protest gegen das Verhalten des Verteidigungsministers aus der Koalitionsregierung austraten. In einer leidenschaftlich geführten Bundestagsdebatte musste sich Bundeskanzler *Adenauer* (▶13.4) gegen den Vorwurf der SPD-Opposition zur Wehr setzen, mit Mitteln des Staates gegen das Grundrecht der Pressefreiheit verstoßen zu haben. Strauß, der erst nach langem Leugnen seine Beteiligung an der Verhaftung des Redakteurs Ahlers zugab, verlor sein Ministeramt bei der notwendig gewordenen Regierungsneubildung am 14. Dezember 1962; ebenso mussten zwei beteiligte Staatssekretäre aus dem Verteidigungs- und dem Justizministerium ihre Ämter aufgeben. Der Bundesgerichtshof lehnte 1965 die Eröffnung des Hauptverfahrens gegen Augstein und Ahlers ab, weil der Inhalt des »Spiegel«-Artikels nicht der Geheimhaltung unterlag. Die Verfassungsbeschwerde des »Spiegel« scheiterte 1966 beim Bundesverfassungsgericht, weil nur vier der acht Verfassungsrichter einen Verstoß gegen die Pressefreiheit feststellten.

14.2 Deutsch-Französischer Vertrag

Die zielstrebigen Bemühungen Bundeskanzler *Adenauers* (▶13.4) um eine Aussöhnung mit Frankreich hatten schon am Beginn der 50er-Jahre zur Zusammenarbeit mit dem französischen Außenminister Robert Schuman geführt und zum Zusammenschluss der deutschen und französischen Kohle- und Stahlproduktion in der Montanunion entsprechend dem *Schumanplan* (▶13.10). Weitere Abkommen folgten (EURATOM und *EWG*, ▶13.32). Die Machtübernahme de Gaulles in Frankreich (1958) brachte anfänglich Spannungen im Verhältnis der beiden Staaten mit sich, da de Gaulle den übernationalen Zusammenschluss Europas ablehnte, stattdessen ein starkes »Europa der Vaterländer« anstrebte, in dem Frankreich die Führungsrolle zufallen sollte.
In mehreren persönlichen Begegnungen zwischen de Gaulle und Adenauer wurde jedoch die deutsch-französische Aussöhnung weiter betrieben. Am 22. Januar 1963 besiegelten die beiden Staatsmänner die deutsch-französische Freundschaft in dem so genannten Élysée-Ver-

trag. In diesem Vertrag verpflichteten sich beide Regierungen zu ständiger Konsultation und zu regelmäßigen Treffen, bei denen Fragen der Außen-, Wirtschafts-, Verteidigungs- und Kulturpolitik beraten werden sollten. Ein verstärkter deutsch-französischer Jugendaustausch wurde beschlossen, aus dem das Deutsch-Französische Jugendwerk entstanden ist. Die gemeinsamen Treffen und Konferenzen – sie finden zweimal im Jahr statt – sind seitdem von allen nachfolgenden Staats- und Regierungschefs eingehalten worden.

Der Deutsch-Französische Vertrag ist als ein epochales Ereignis gefeiert worden, weil er einen Schlussstrich setzte unter die jahrhundertelange Rivalität zwischen den beiden Nachbarvölkern. Dass dennoch Unterschiede in der Bewertung bestehender Verträge und der sich daraus ergebenden Schwerpunkte der Politik weiter bestanden, wird durch die Präambel deutlich, die auf Drängen des Deutschen Bundestages hin dem Vertrag vorangestellt wurde. In ihr wurde ausdrücklich sichergestellt, dass durch »diesen Vertrag die Rechte und Pflichten aus den von der Bundesrepublik Deutschland abgeschlossenen multilateralen Verträgen unberührt bleiben«. Während de Gaulle eine eigenständigere Politik Europas, auch gegenüber den USA, befürwortete und Frankreich 1966 aus den militärischen Bindungen an die NATO herauslöste, betonte die Bundesrepublik, allein schon mit Rücksicht auf West-Berlin, die enge Anlehnung an die Vereinigten Staaten und das atlantische Bündnis. Ungeachtet dieser Differenzen ist die deutsch-französische Freundschaft, die die beiden großen alten Männer 1963 besiegelt hatten, zu einem festen Bestandteil der europäischen Politik geworden.

▲ *Am 21. September 1963 begrüßte der französische Staatspräsident Charles de Gaulle (rechts) Bundeskanzler Konrad Adenauer bei dessen Abschiedsbesuch in Paris*

14.3 Das »Neue Ökonomische System« der DDR

In der DDR hatte sich nach dem *Mauerbau in Berlin vom 13. August 1961* (▶ 13.40) eine Wandlung vollzogen. Der ständige, die wirtschaftliche Entwicklung lähmende und sich allmählich zur wirtschaftlichen Katastrophe ausweitende Aderlass durch die Massenflucht der Bevölkerung war gestoppt worden. Die Menschen, denen nun die Möglichkeit der Flucht über die Sektorengrenzen nach West-Berlin genommen war, begannen zwangsläufig, sich mit dem Regime zu arrangieren. Andererseits warb die Parteiführung verstärkt um die Mitarbeit der Bevölkerung, indem sie eine bessere Befriedigung ihrer Wohlstandserwartungen in Aussicht stellte. Zur Reformierung des Wirtschaftssystems verordneten das Zentralkomitee der SED und der Ministerrat der DDR im Juni 1963 die Einführung des »Neuen Ökonomischen Systems der Planung und Leitung der Volkswirtschaft«.

Danach sollte die Staatliche Plankommission jeweils für fünf bis sieben Jahre einen Perspektivplan aufstellen und mit den unteren Organen entsprechende Jahrespläne ausarbeiten. Eine besondere Rolle übernahmen in diesem Planungssystem die Vereinigungen Volkseigener Betriebe (VVB), denen eine größere Handlungs- und Verantwortungsfreiheit zugebilligt wurde. Durch ein Prämiensystem wurden die Betriebe angeregt, Gewinne zu erwirtschaften, mit denen sie selbstständig Investitionsentscheidungen treffen konnten; Arbeitnehmer sollten durch leistungsabhängige Löhne und

Prämien motiviert werden; die Industriepreise wurden reformiert.
Damit wurde der Versuch unternommen, die Schwierigkeiten der zentralen Planwirtschaft durch Elemente des wirtschaftlichen Wettbewerbs zu überwinden. Mit der Einführung des Neuen Ökonomischen Systems wurde die DDR ein Vorreiter für die kommunistischen Nachbarländer auf dem Felde wirtschaftlicher Reformversuche. Das Neue Ökonomische System führte in der DDR zu einer wirtschaftlichen Stabilisierung und bildete die Ausgangsbasis für den Aufstieg der DDR zur zweitstärksten Industriemacht im Bereich des »Rates für gegenseitige Wirtschaftshilfe« (RGW). Aufgrund einer einseitigen Investitionspolitik, die sich auf »strukturbestimmende« Wirtschaftszweige konzentrierte, entstanden allerdings Disproportionen und zahlreiche Engpässe bei der Versorgung der Bevölkerung, die 1970 zu einem Abbruch der Wirtschaftsreformen führten.

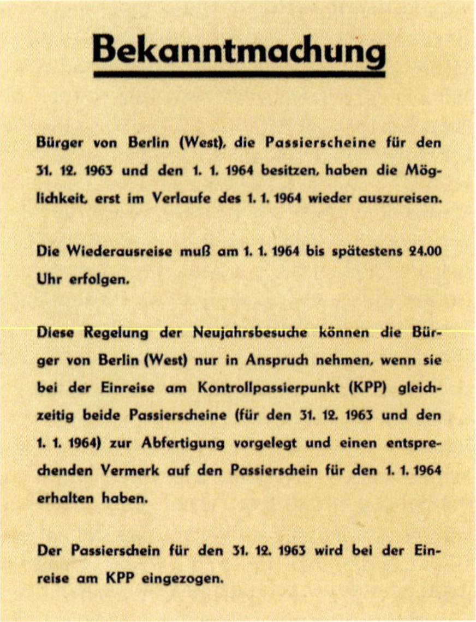

Bekanntmachung

Bürger von Berlin (West), die Passierscheine für den 31. 12. 1963 und den 1. 1. 1964 besitzen, haben die Möglichkeit, erst im Verlaufe des 1. 1. 1964 wieder auszureisen.

Die Wiederausreise muß am 1. 1. 1964 bis spätestens 24.00 Uhr erfolgen.

Diese Regelung der Neujahrsbesuche können die Bürger von Berlin (West) nur in Anspruch nehmen, wenn sie bei der Einreise am Kontrollpassierpunkt (KPP) gleichzeitig beide Passierscheine (für den 31. 12. 1963 und den 1. 1. 1964) zur Abfertigung vorgelegt und einen entsprechenden Vermerk auf den Passierschein für den 1. 1. 1964 erhalten haben.

Der Passierschein für den 31. 12. 1963 wird bei der Einreise am KPP eingezogen.

▲ *Bekanntmachung zum ersten Berliner Passierscheinabkommen im Dezember 1963*

14.4 Passierscheinabkommen

Mit dem Mauerbau vom 13. August 1961 und der damit vollzogenen Abriegelung war auch den West-Berlinern die Möglichkeit genommen, ihre Verwandten und Bekannten im Ostsektor der Stadt zu besuchen. Andererseits waren die zahlreichen Bewohner Ost-Berlins und der DDR, die in West-Berlin ihrer Beschäftigung nachgegangen waren, seit dem Mauerbau von ihren Arbeitsplätzen abgeschnitten.
Bemühungen des Senats von West-Berlin, wenigstens in der Weihnachtszeit 1963 die Mauer durchlässiger zu machen, führten schließlich in Verhandlungen mit der DDR, die mit Zustimmung der Bundesregierung direkt zwischen dem Berliner Senat und Behörden der DDR geführt wurden, zum ersten Passierscheinabkommen am 17. Dezember 1963. 28 Monate nach dem Bau der Mauer erhielten mit diesem Abkommen West-Berliner die Möglichkeit, ihre Verwandten im Ostsektor der Stadt in der Zeit zwischen dem 19. Dezember 1963 und dem 5. Januar 1964 zu besuchen. Vor den in West-Berlin eingerichteten Ausgabestellen für Passierscheine bildeten sich endlose Schlangen wartender Menschen. Insgesamt wurden 1,2 Millionen Besucher aus West-Berlin im Ostteil der Stadt gezählt. Die DDR war bemüht, dem Passierscheinabkommen den Charakter eines völkerrechtlichen Vertrages zu geben, Bundesregierung und Senat behandelten die Angelegenheit als eine verwaltungstechnische Vereinbarung. Aufgrund weiterer Passierscheinabkommen (Oktober/November 1964, zu den Jahreswechseln 1964/65 und 1965/66, zu Ostern und Pfingsten 1966) wurden von der West-Berliner Bevölkerung rund 4,3 Millionen Passierscheine für Verwandtenbesuche in Ost-Berlin in Anspruch genommen.
Nach 1966 kamen keine Passierscheinabkommen mehr zustande; erst aufgrund des *Viermächteabkommens über Berlin* (▶14.24) erfolgte 1972 im *Grundlagenvertrag* (▶14.30) eine generelle – wesentlich verbesserte – Regelung des Besucherverkehrs von West-Berlin nach Ost-Berlin.

14.5 Auschwitz-Prozess – Vergangenheitsbewältigung

In den Jahren 1963 bis 1966 fanden in Frankfurt am Main Prozesse gegen Angehörige des SS-Aufsichtspersonals im Vernichtungslager

Auschwitz (Polen) statt. Unter anderem wurde der Adjutant des Lagerkommandanten zu 14 Jahren Zuchthaus verurteilt. In der Weltöffentlichkeit lösten einzelne Freisprüche und das zum Teil niedrige Strafmaß Empörung aus. Die deutsche Öffentlichkeit wurde durch die Presseberichte aus dem Gerichtssaal erneut mit den Verbrechen konfrontiert, die deutsche Männer und Frauen an den ihnen hilflos ausgelieferten Lagerhäftlingen begangen hatten. Die Bundesbürger, die vielfach den Krieg und die Kriegsfolgen für überwunden hielten und sich mit ihrem Alltag beschäftigen wollten, mussten sich mit der Vergangenheit, die sie so gern verdrängen wollten, immer wieder auseinander setzen. Schon 1959/60 hatten zahlreiche Hakenkreuzschmierereien und Schändungen jüdischer Friedhöfe gezeigt, dass der Ungeist des Antisemitismus noch immer nicht ausgestorben war. Damals hatte man eine gründlichere politische Bildung der Jugend – die Täter waren meist ganz junge Menschen gewesen – gefordert; dafür engagierte sich insbesondere auch die Bundeszentrale für politische Bildung (1952–63 unter dem Namen Bundeszentrale für Heimatdienst).

Wieder war die Reaktion der Bevölkerung auf diese erneute Begegnung mit der jüngsten Vergangenheit ganz unterschiedlich. Viele reagierten mit aufrichtiger Bestürzung und Betroffenheit, für sie waren die Urteile des Gerichtes zum Teil viel zu milde, sie verlangten harte Bestrafung, rückhaltlose weitere Aufklärung und Strafverfolgung der noch nicht dingfest gemachten Verbrecher. Sie fanden es unerträglich, dass möglicherweise viele Menschen, die sich im Dritten Reich an Verbrechen beteiligt hatten, noch immer unerkannt und straffrei unter ihnen lebten, vielleicht sogar in angesehenen Berufen und in verantwortlichen Positionen tätig waren. Andere verlangten, man solle endlich einen Schlussstrich ziehen unter die Vorgänge der NS-Vergangenheit. Und noch andere sprachen sogar von fortwährender »Nestbeschmutzung«, die beendet werden müsse. Manche verstiegen sich zu der Behauptung, die Verbrechen an den Juden, an Sinti und Roma, an Polen und Russen, an Homosexuellen und Geisteskranken habe es gar nicht gegeben, sie seien nur eine Erfindung der Siegermächte, um das deutsche Volk demütigen und vor der Welt schuldig sprechen zu können. Das Wort von der »Auschwitz-Lüge« war geboren.

In diesen Jahren konnte die neu gegründete rechtsradikale *Nationaldemokratische Partei Deutschlands* (▶14.12) zunehmend Anhänger und Wähler gewinnen, was im Ausland aufmerksam und mit Sorge beobachtet wurde. Die Deutschen, so schien es, hatten große Mühe, ihre jüngste Vergangenheit zu bewältigen. Die Herausforderung durch den Rechtsradikalismus war unter anderem auch ein Argument für den Zusammenschluss der Parteien CDU, CSU und SPD in der *Großen Koalition* (▶14.7).

14.6 Ludwig Erhard

Erhard wurde am 4. Februar 1897 in Fürth (Bayern) geboren, studierte nach kaufmännischer Lehre und Teilnahme am 1. Weltkrieg Volks- und Betriebswirtschaft und war seit 1928 wissenschaftlich in Nürnberg tätig. 1945 wurde er Professor in München und Wirtschaftsberater der amerikanischen Militärregierung, 1945/46 war er bayerischer Minister für Handel und Gewerbe, anschließend der Leiter der Sonderstelle für Geld und Kredit. Seit März 1948 Direktor der Verwaltung für Wirtschaft des Vereinigten Wirtschaftsgebiets (*Bizone*, ▶12.13), bereitete Ludwig Erhard die *Währungsreform* (▶12.19)

▲ *Ludwig Erhard, Wahlplakat 1957*

vor und erklärte – an den Besatzungsmächten vorbei – am 20. Juni 1948 für wichtige Wirtschaftsbereiche das Ende der Zwangswirtschaft. Nach der Gründung der Bundesrepublik Deutschland trat Erhard als Bundeswirtschaftsminister in das *erste Kabinett Adenauer* (▶ 13.5) ein und blieb in diesem Amt auch in allen folgenden von Adenauer geführten Bundesregierungen bis 1963. Er hatte mit dem von ihm politisch durchgesetzten Konzept der *sozialen Marktwirtschaft* (▶ 13.25) wesentlichen Anteil am schnellen wirtschaftlichen Wiederaufstieg der Bundesrepublik Deutschland. Der erfolgreiche Wirtschaftsminister hat als »Wahllokomotive« erheblich dazu beigetragen, dass die *CDU/CSU* (▶ 12.9) unter Adenauer die Bundestagswahlen 1953, 1957 und 1961 mit deutlichem Vorsprung vor der SPD gewinnen konnte. Als daher 1961 der 85-jährige Adenauer aufgrund einer Forderung des Koalitionspartners FDP sich verpflichten musste, nach der Hälfte der neuen Legislaturperiode das Amt des Bundeskanzlers einem jüngeren Nachfolger zu übergeben, wurde ganz selbstverständlich in der Öffentlichkeit die Nominierung Erhards erwartet. Die CDU/CSU-Fraktion hat ihn schließlich zum neuen Bundeskanzler vorgeschlagen, obwohl sich Adenauer hartnäckig gegen die Kandidatur Erhards gesträubt hat.

Als Bundeskanzler (seit Oktober 1963) konnte Erhard im September 1965 erneut die Bundestagswahl mit der CDU/CSU gewinnen, aber bei der Regierungsbildung ergaben sich erhebliche Schwierigkeiten durch die starken Gegensätze zwischen der CSU und der FDP, die sich hartnäckig und erfolgreich gegen einen Eintritt des CSU-Vorsitzenden *Strauß* (▶ 15.26) in die neue Koalitionsregierung zur Wehr setzte. In der Außenpolitik versuchte Erhard, im Zuge der weltweit einsetzenden Entspannungspolitik neue Initiativen zur Normalisierung der Beziehungen zu den Staaten des Warschauer Paktes zu entwickeln. Er bot den osteuropäischen Ländern mit seiner Friedensnote vom 25. März 1966 Gewaltverzichtsabkommen an. Weil jedoch die DDR hierbei ausgeklammert wurde und die Bundesregierung unbeirrt an der *Hallsteindoktrin* (▶ 13.28) festhielt, brachte dieser Schritt keinen Erfolg. Da Erhard und sein Außenminister Gerhard Schröder als so genannte »Atlantiker« dem engen Kontakt zu den USA und dem atlantischen Bündnis den Vorrang gegenüber den Europa-Vorstellungen des französischen Staatspräsidenten de Gaulle einräumten, kühlte sich das deutsch-französische Verhältnis merklich ab. Demgegenüber setzten die so genannten »Gaullisten« in der CDU/CSU, angeführt von Franz Josef Strauß, auf eine enge Zusammenarbeit mit Frankreich.

Innenpolitisch setzte 1966 eine nicht erwartete wirtschaftliche Rezession ein, die zu Arbeitslosigkeit und zu einer sich rasch verschärfenden Haushaltskrise führte. Im Streit um den Haushaltsausgleich brach schließlich die Regierungskoalition auseinander, die FDP-Minister traten am 27. Oktober 1966 zurück. Die empfindliche Wahlniederlage der CDU im bevölkerungsreichsten Land Nordrhein-Westfalen im Juli 1966 wurde von seinen Parteifreunden dem Führungsstil Erhards angelastet. Als in den Landtagswahlen in Hessen und Bayern im November 1966 die rechtsradikale NPD überraschend viele Stimmen erhielt, begannen Spitzenpolitiker der CDU/CSU, während Erhard noch mit einem Minderheitskabinett regierte, mit der SPD Verhandlungen über die Bildung einer *großen Koalition* (▶ 14.7) und entschieden sich für *Kurt Georg Kiesinger* (▶ 14.8) als neuen Bundeskanzler. Erhard trat am 30. November 1966 zurück.

Am 23. Mai 1967 gab er auch den Parteivorsitz der CDU, den er seit März 1966 innegehabt hatte, an Kiesinger ab. Mit seiner Wahl zum Ehrenvorsitzenden der CDU hat die Parteiführung eine nachträgliche Wiedergutmachung angestrebt. Ludwig Erhard starb am 5. Mai 1977 in Bonn. Als »Vater des deutschen Wirtschaftswunders« ist er in die deutsche Nachkriegsgeschichte eingegangen.

14.7 Große Koalition

Die sich rasch verschärfende wirtschaftliche Rezession mit hohem Haushaltsdefizit und schnell ansteigenden Arbeitslosenzahlen auf der einen Seite, die Sorge um das Anwachsen des *Rechtsradikalismus* (▶ 14.12) andererseits waren die wesentlichen Motive für den Entschluss der Politiker in beiden großen Parteien, miteinander Gespräche über eine zu bildende große Koalition zu führen, die ausschließlich zur Bewältigung der Krisenpunkte gedacht war und von vornherein zeitlich begrenzt sein sollte.

Am 1. Dezember 1966 wählte der Bundestag den bisherigen Ministerpräsidenten von Ba-

Das Kabinett der Großen Koalition unter Vorsitz von Bundeskanzler Kurt Georg Kiesinger tagt im Park des Palais Schaumburg (Juli 1967)

den-Württemberg, *Kurt Georg Kiesinger* (►14.8), zum Bundeskanzler, der noch am selben Tag sein Kabinett der Großen Koalition aus CDU/CSU und SPD vorstellte. Stellvertreter des Kanzlers und Außenminister wurde der Vorsitzende der SPD und bisherige Regierende Bürgermeister von Berlin, *Willy Brandt* (►14.18). Der Koalitionswechsel innerhalb einer Wahlperiode und die Bildung einer großen Koalition bedeuteten einen Markstein in der Geschichte der Bundesrepublik, wie es auch Kiesinger in seiner Regierungserklärung zum Ausdruck brachte. Die Beseitigung des Haushaltsdefizits und die Überwindung der wirtschaftlichen Rezession, die mit steigender Arbeitslosigkeit verbunden war, lagen als unmittelbare Aufgaben vor der Koalition. Das *Stabilitätsgesetz* (►14.10) und die Einrichtung der *konzertierten Aktion* (►14.11) sollten hierzu als Instrumente dienen; sie wirkten lange darüber hinaus. Mit dem Wirtschaftsminister Karl Schiller (SPD) und dem Finanzminister Franz Josef Strauß (CSU) standen zwei Ressortchefs von hohem Sachverstand zur Verfügung, deren gute Zusammenarbeit zu den wirtschafts- und finanzpolitischen Erfolgen der Großen Koalition beitrug. In den drei Jahren ihres Bestehens hat die Große Koalition weitere wichtige Reformvorhaben zur Modernisierung von Staat und Gesellschaft verabschiedet: Die Finanzverfassungsreform regelte die Verteilung des Steueraufkommens zwischen Bund und Ländern neu und führte die »Gemeinschaftsaufgaben« ein, die von Bund und Ländern gemeinsam betrieben und finanziert werden. Auf dem Felde von Bildung und Wissenschaft erhielt der Bund erweiterte Kompetenzen; Hochschulbau, Bildungsplanung und überregionale Forschungsförderung wurden Gemeinschaftsaufgaben; die nichtschulische berufliche Bildung wurde erstmals bundeseinheitlich im Berufsbildungsgesetz geregelt. Die Strafrechtsreform brachte die Abschaffung des Zuchthauses und eine Liberalisierung unter anderem im Sexualstrafrecht. Die ursprünglich erwogene Einführung eines Mehrheitswahlrechts, das sich gegen die FDP gerichtet und zu einem Zweiparteiensystem geführt hätte, scheiterte schließlich an der SPD. In der Ostpolitik waren neue Ansätze in der Regierungserklärung nicht erkennbar. Zwar betonte Kiesinger die intensive Fortsetzung der Bemühungen um ein »zunehmendes gegenseitiges Vertrauen« zur Sowjetunion und ebenfalls zu Polen, aber auch diese Bundesregierung beharrte auf dem Standpunkt, »... die einzige deutsche Regierung (zu sein), die berechtigt ist, für das ganze deutsche Volk zu sprechen«. Die uneingeschränkte Geltung der *Hallsteindoktrin* (▶13.28) wurde freilich bereits im Januar 1967 mit der Aufnahme diplomatischer Beziehungen zu Rumänien durchbrochen. Trotz einiger vorsichtiger Sondierungsversuche, zu denen auch ein ergebnisloser Briefwechsel Kiesingers mit dem Regierungschef der Deutschen Demokratischen Republik Willi Stoph gehörte, gelang es nur in bescheidenen Ansätzen, die ost- und deutschlandpolitische Erstarrung zu überwinden.

Die Bildung der Großen Koalition wurde in weiten Kreisen der Bevölkerung zur Bewältigung der wirtschaftlichen und politischen Probleme für notwendig gehalten, von vielen Menschen aber auch sehr kritisch gesehen, weil damit das normale parlamentarische Kräftespiel zwischen Regierungspartei(en) und starker Opposition zum Erliegen kam. Die 49 Oppositionsabgeordneten der FDP konnten der überwältigenden Mehrheit der insgesamt 447 CDU/CSU- und SPD-Abgeordneten keine wirkungsvolle Kraft entgegenstellen. Dies trug mit zur Entstehung von Protestbewegungen außerhalb des Parlaments, der so genannten *außerparlamentarischen Opposition* (▶14.14), bei, die das politische und gesellschaftliche System der Bundesrepublik infrage stellten.

Schon in den Vorbereitungen zur Bundestagswahl am 28. September 1969 waren die Gemeinsamkeiten zwischen den Parteien der Großen Koalition so gut wie verbraucht. Die Wahl des sozialdemokratischen Politikers und bisherigen Justizministers Gustav W. Heinemann zum neuen Bundespräsidenten am 5. März 1969 mit den Stimmen der SPD und der FDP deutete bereits an, dass nach 20 Jahren CDU-geführter Regierungen eine neue politische Konstellation bevorstand.

14.8 Kurt Georg Kiesinger

Geboren am 6. April 1904 in Ebingen, studierte Kiesinger Jura, Geschichte und Philosophie und war 1935–39 Rechtsanwalt beim Kammergericht Berlin, 1940–45 wissenschaftlicher Hilfsarbeiter und stellvertretender Leiter der Rundfunkabteilung im Auswärtigen Amt. 1945–47 in Ludwigsburg interniert, wurde Kiesinger 1948 Landesgeschäftsführer der CDU in Südwürttemberg-Hohenzollern. 1949–58 und 1969–80 gehörte er dem Bundestag an; er hatte den Vorsitz im Vermittlungsausschuss 1950–58 und im auswärtigen Ausschuss 1954–58 inne. 1958–66 war Kiesinger Ministerpräsident von Baden-Württemberg. Am 1. Dezember 1966 vom Bundestag zum Bundeskanzler gewählt, bildete Kiesinger am gleichen Tage eine Regierung der *Großen Koalition* (▶14.7) aus CDU/CSU und SPD, die die schwierigsten, von seinem Vorgänger *Ludwig Erhard* (▶14.6) übernommenen Probleme (wirtschaftliche Rezession, Haushaltsdefizit, bedrohliches Anwachsen des Rechtsradikalismus) möglichst rasch in den Griff bekommen sollte.

In der Großen Koalition war Kiesinger in erster Linie der Moderator zwischen zwei großen konkurrierenden politischen Kräften, die sich nur widerstrebend die Machtausübung teilten. Während die Wirtschafts- und Finanzminister Schiller und Strauß trotz ihrer unterschiedlichen Parteizugehörigkeit auf überraschende Weise harmonierten, zeigte sich in der Ost- und Deutschlandpolitik, dass Kiesinger an der traditionellen Position des Alleinvertretungsanspruchs strikt festhalten wollte, während sein Außenminister Brandt nach neuen Wegen suchte und eine flexiblere Politik gegenüber Osteuropa und der DDR forderte. Als der DDR-Ministerpräsident Willi Stoph im September 1967 Verhandlungen zur Normalisierung der Beziehungen und zur Anerkennung der bestehenden Grenzen vorgeschlagen hatte, lehnte Kiesinger diese Vorschläge ab und erklärte lediglich seine Bereitschaft, Gespräche über eine Ausweitung der Kontakte zwischen den Menschen zu führen.

Die Koalition auf Zeit unter Bundeskanzler Kiesinger zerbrach nach der Bundestagswahl im September 1969. Bei dieser Wahl konnte Kiesinger zwar mit 46,1% der Stimmen gegenüber der SPD (42,7%) ein sehr beachtliches Ergebnis erreichen, da aber SPD und FDP bereits vor der Wahl angekündigt hatten, eine Koalitionsregierung bilden zu wollen, musste Kiesinger mit den Christdemokraten in die Opposition gehen. Er war Bundesvorsitzender der CDU von 1967 bis 1971, danach Ehrenvorsitzender. Kiesinger starb am 9. März 1988 in Tübingen.

14.9 Herbert Wehner

Geboren in Dresden am 11. Juli 1906 als Sohn eines Schuhmachers, trat Wehner nach Realschule und kaufmännischer Lehre 1927 in die KPD ein. 1930 wurde er stellvertretender Sekretär der KPD in Sachsen, 1930/31 war er Mitglied des sächsischen Landtages und stellvertretender Vorsitzender der KPD-Fraktion. 1932 wurde Wehner als »Technischer Sekretär« des KPD-Politbüros enger Mitarbeiter des Parteivorsitzenden Ernst Thälmann. Nach der nationalsozialistischen Machtergreifung 1933 arbeitete Wehner bis 1935 illegal in Deutschland für die verbotene KPD, unter anderem auch im Saargebiet, danach vor allem im westlichen Ausland, ab 1937 in Moskau bei der Komintern, die ihn 1941 nach Schweden schickte. Dort wurde er 1942 wegen »Gefährdung der schwedischen Freiheit und Neutralität« zu einem Jahr Haft verurteilt. Er wurde aus der KPD ausgeschlossen und vollzog den Bruch mit dem Kommunismus. 1946 kehrte er nach Deutschland zurück und trat der SPD bei; bald zählte er zum

▲ *Der kämpferische SPD-Politiker und langjährige Fraktionsvorsitzende Herbert Wehner war fast nie ohne Pfeife zu sehen. Im Bundestag sorgte er mit seinen gefürchteten Zwischenrufen für lebhafte Debatten (Aufnahme vom Dezember 1979)*

engsten Kreis um den SPD-Vorsitzenden *Kurt Schumacher* (►12.11).
Wehner gehörte dem Bundestag von 1949 bis 1983 an (1949–66 Vorsitzender des Bundestagsausschusses für gesamtdeutsche Fragen). Stellvertretender Bundesvorsitzender der SPD war Wehner von 1958 bis 1973. Als führender Parteistratege war er maßgeblich an der Gestaltung und Durchsetzung des *Godesberger Programms* (►13.36) und an der Umwandlung der SPD von einer Klassen- in eine linke Volkspartei beteiligt. Die von ihm vor allem gemeinsam mit Fritz Erler durchgesetzte Zustimmung der SPD zur Westpolitik Adenauers vertrat er am 30. Juni 1960 in einer großen außenpolitischen Rede vor dem Bundestag. Wehner setzte sich schon früh für eine große Koalition zwischen der CDU/CSU und der SPD ein, mit der die »Regierungsfähigkeit« der Sozialdemokraten unter Beweis gestellt werden sollte. In der *Großen Koalition* (►14.7) 1966–69 war Wehner Bundesminister für gesamtdeutsche Fragen. Mit Beginn der *sozialliberalen Koalition* (►14.17) übernahm Wehner den Vorsitz der SPD-Fraktion im Bundestag. Er trat mit großem Engagement für die Deutschland- und *Ostpolitik* (►14.20) der neuen Bundesregierung ein. Mit seinen kämpferischen Reden und leidenschaftlichen Zwischenrufen in hitzigen Debatten brachte Wehner Schwung und Farbe in den Bundestag. Nach dem Sturz der Regierung unter Helmut Schmidt im Oktober 1982 kandidierte Herbert Wehner bei den Wahlen im März 1983 nicht mehr zum Bundestag. Er starb am 19. Januar 1990 in Bonn.

14.10 Stabilitätsgesetz

Die Überwindung der wirtschaftlichen Rezession, die auf viele Menschen wie ein Schock gewirkt und Erinnerungen an die Weltwirtschaftskrise von 1929 und ihre unglückseligen Folgen hervorgerufen hatte, war eine Hauptaufgabe der 1966 gebildeten *Großen Koalition* (►14.7). Das »Gesetz zur Förderung der Stabilität und des Wachstums der Wirtschaft« vom 8. Juni 1967 schuf die Voraussetzungen dazu, indem mit staatlichen Maßnahmen (Auftragsprogrammen) der negativen Entwicklung, die in die Krise geführt hatte, gegengesteuert wurde. Bund und Länder, die eine mittelfristige Finanzplanung zu erstellen hatten, wurden mit dem Gesetz auf die Ziele des so genannten »ma-

gischen Vierecks« verpflichtet: Vollbeschäftigung, Geldwertstabilität, außenwirtschaftliches Gleichgewicht und wirtschaftliches Wachstum.
Durch eine Konjunkturausgleichsrücklage sollten in Zeiten des Nachfrageüberhanges Mittel eingebracht werden, die in einer Periode der Konjunkturabschwächung zur Wirtschaftsbelebung wieder freigegeben werden können. Die Bundesregierung hat seither jährlich im Januar einen Jahreswirtschaftsbericht vorzulegen, in dem die voraussichtliche wirtschaftliche Entwicklung prognostiziert und zugleich zu dem jeweils zum 15. November erstellten Gutachten des Sachverständigenrates zur gesamtwirtschaftlichen Entwicklung Stellung bezogen werden soll.

▲ *Demonstration von NPD-Anhängern*

Mit dem Stabilitätsgesetz und den darin verankerten Einrichtungen wie der *konzertierten Aktion* (▶ 14.11) und der Aufstellung eines Konjunkturrates für die öffentliche Hand vermochte die Regierung der Großen Koalition relativ rasch die Krise zu überwinden.

14.11 Konzertierte Aktion

Die vom Sachverständigenrat (nach ausländischen Vorbildern) empfohlene Einrichtung der konzertierten Aktion wurde von Bundeswirtschaftsminister Karl Schiller aufgegriffen und erstmalig am 14. Februar 1967 durchgeführt. An der Besprechung nahmen die am Wirtschaftsprozess beteiligten Gruppen und Institutionen teil: Arbeitgeberverbände und Gewerkschaften, die Gebietskörperschaften, also Vertreter des Bundes, der Länder und Gemeinden, sowie Vertreter der Landwirtschaft. Die konzertierte Aktion wurde auch im *Stabilitätsgesetz* (▶ 14.10) verankert.
Anhand so genannter »Orientierungsdaten«, die vom Bundeswirtschaftsminister über die voraussichtliche wirtschaftliche Entwicklung vorgegeben wurden, sollten alle am Wirtschaftsprozess beteiligten Institutionen und Verbände die Situation ausloten und ihr Verhalten aufeinander abstimmen. Von manchen wurde eine mögliche Verlagerung der Lohn- und Preisbildung auf die politische Ebene kritisiert; befürchtet wurde auch die Etablierung eines politischen Machtfaktors neben Regierung und Parlament. Letztlich blieb die wirtschaftspolitische Wirkung der konzertierten Aktion, die von 1967 bis 1977 eine feste Einrichtung war, begrenzt. Die Gewerkschaften zogen sich jedoch ab 1977 aus dieser Gesprächsrunde zurück, als die Arbeitgeber beim Bundesverfassungsgericht Klage gegen das *Mitbestimmungsgesetz von 1976* (▶ 15.15) erhoben hatten.

14.12 NPD und Rechtsradikalismus

Eine rechtsradikale Partei gab es bereits seit 1946, die Deutsche Reichspartei (DRP); sie konnte 1949 bei den ersten Bundestagswahlen 1,8 % der Stimmen und 5 Mandate gewinnen – eine 5 %-Klausel gibt es erst seit 1953. Von der DRP spaltete sich 1949 die Sozialistische Reichspartei (SRP) ab, die nach dem Führerprinzip organisiert war und die NS-Ideologie propagierte. Sie erreichte 1951 bei den Landtagswahlen in Niedersachsen 11 % und in Bremen 7,7 %. Vom Bundesverfassungsgericht wurde die SRP 1952 als Nachfolgeorganisation der NSDAP verboten. Ein Teil ihrer Anhänger ging zur DRP über.
1964 entstand in Hannover aus dem Zusammenschluss der DRP mit verschiedenen Rechtsgruppen die Nationaldemokratische Partei Deutschlands (NPD). Sie wurde zum Sammelbecken rechtsextremer, neofaschistischer Kräfte, und es gelang ihr in kurzer Zeit, rechtsradikale Anhängerreservate zu mobilisieren und in der Zeit der wirtschaftlichen Rezession auch andere Protestwähler zu gewinnen. Bei den hessischen Landtagswahlen am 6. November 1966 erzielte die NPD mit 7,9 % der Stimmen einen aufsehenerregenden Anfangserfolg;

insgesamt konnte sie 1966/67 in sechs Landesparlamente einziehen. Ihr bestes Ergebnis erzielte die NPD bei den Landtagswahlen in Baden-Württemberg am 28. April 1968 mit 9,8 % der Stimmen. Die aus einer Mischung von Nationalismus, Rassismus und autoritär-romantischem Staatsdenken des 19. Jahrhunderts zusammengesetzten politischen Leitbilder der NPD zielten in unrealistischer Verkennung der weltpolitischen Situation auf ein wieder vereintes, freies Deutschland in einem freien Europa. Die Rückgabe der Ostgebiete stand ebenso auf ihrem Programm wie die Forderung nach Beendigung der NS-Prozesse, die einseitig auf deutsche Kriegsverbrechen gerichtet seien.

An den Bundestagswahlen 1969 nahm die NPD teil, blieb aber mit 4,3 % der Stimmen unter der Sperrklausel. Bis 1972 verlor sie sämtliche Landtagsmandate, bei der vorgezogenen Bundestagswahl 1972 fiel ihr Stimmenanteil auf 0,6 % zurück.

Dennoch waren Rechtsextremismus und Neonazismus in der Bundesrepublik nicht tot. Seit Ende der 70er-Jahre haben neonazistische Gruppen, die zum Teil mit ausländischen Gruppen in Verbindung stehen, mit Gewaltaktionen von sich reden gemacht, u.a. so genannte Wehrsportgruppen und die 1983 verbotene »Aktionsfront Nationaler Sozialisten/Nationale Aktivisten« unter Führung des ehemaligen Bundeswehrleutnants Michael Kühnen.

Rechtsradikale Parteien wie die Republikaner, die Deutsche Volksunion und die Nationaldemokratische Partei Deutschlands konnten seit Ende der 80er-Jahre bei Landtags- und Kommunalwahlen wieder beachtliche Erfolge erzielen und in Landesparlamente und Gemeindevertretungen einziehen.

14.13 Gastarbeiter

Mit dem Wirtschaftsaufschwung um die Mitte der 50er-Jahre, der sich zu dem unerwarteten Wirtschaftswunder ausweitete, gingen die anfänglich hohen Arbeitslosenzahlen relativ rasch zurück, und es kam bald zu ersten Erscheinungen von Arbeitskräftemangel in einzelnen Sektoren wie z.B. in der Landwirtschaft und im Baugewerbe. Um diesem Zustand abzuhelfen, setzte die Anwerbung ausländischer Arbeitskräfte ein. Diese vor allem aus den südeuropäischen Mittelmeerländern, später vor allem aus der Türkei in die Bundesrepublik strömenden Arbeitnehmer wurden mit offenen Armen aufgenommen. Für sie wurde der Name »Gastarbeiter« gefunden.

Bereits im Jahre 1964 wurde der einmillionste Gastarbeiter, ein Portugiese, in der Bundesrepublik Deutschland begrüßt. Bis 1972 verdoppelte sich diese Zahl noch und stieg auf 2158551. In den ersten Jahren ging es vornehmlich darum, die ausländischen Arbeitnehmer in ihre Betriebe zu integrieren und dort rechtlich abzusichern. Dadurch, dass viele Gastarbeiter ihre Familien nachholten, gewannen Fragen der Integration in die Gesellschaft und besonders die Schul- und Berufsausbildung der ausländischen Kinder zunehmend an Gewicht. Mit der Verschlechterung der wirtschaftlichen Situation in der Bundesrepublik und dem Anwachsen der Arbeitslosenzahlen seit Mitte der 70er-Jahre veränderte sich bei vielen Menschen in Deutschland die Einstellung zu den ausländischen Mitbürgern.

Den Ausländern wurde z.T. die Schuld an der *Krise des Sozialstaats* (►16.22) zugeschoben, soziale Spannungen entluden sich in Fremden-

▲ *1964 wurde der einmillionste Gastarbeiter in der Bundesrepublik Deutschland, der Portugiese Armado Sa. Rodrigues, auf dem Bahnhof Köln-Deutz begrüßt. Als Geschenk erhielt er ein Moped*

hass, und rechtsradikale Gruppen fanden mit Hetzkampagnen und ausländerfeindlichen Gewaltaktionen neuen Nährboden und unverhohlene Sympathien (►16.18).

14.14 Studentenunruhen und außerparlamentarische Opposition (APO)

Die Studentenbewegung in den USA, die sich vor allem gegen den Krieg der Vereinigten Staaten in Vietnam richtete und die gleichen Bürgerrechte für die schwarze Bevölkerung forderte, griff ab Mitte der 60er-Jahre auch auf deutsche und andere europäische Universitätsstädte über. Zuerst erhob sich an der Freien Universität in West-Berlin der Protest der Studenten gegen die verkrusteten Hochschulverhältnisse (»Unter den Talaren der Muff von tausend Jahren«). Als nach der Bildung der *Großen Koalition* (►14.7) die Opposition im Bundestag auf die kleine FDP-Fraktion beschränkt war, weitete sich der Protest der Studenten in Verbindung mit anderen oppositionellen Gruppen in der Bundesrepublik zur so genannten außerparlamentarischen Opposition aus.

Der Protest der vorwiegend von der jungen Generation getragenen Opposition, der begleitet war vom Aufkommen eines neuen Lebensgefühls, richtete sich gegen alle überkommenen Autoritäten in Schule, Elternhaus, Gesellschaft und Staat sowie gegen diktatorische Staatsformen in der Welt. Als anlässlich des Staatsbesuches des iranischen Schahs Resa Pahlevi in der Bundesrepublik und in West-Berlin Studenten gegen das Unrechtsregime in Iran protestierten und bei einer Demonstration am 2. Juni 1967 in West-Berlin der Student Benno Ohnesorg durch eine Polizeikugel getötet wurde, kam es zur Eskalation der Protestbewegung, die nun nahezu alle Universitätsstädte erfasste.

Störungen von Universitätsveranstaltungen, Blockaden des Straßenverkehrs durch demonstrative Sitzstreiks auf belebten Plätzen und Straßen (»sit-in«) häuften sich; Brandanschläge gegen das Verlagshaus des Axel-Springer-Konzerns in West-Berlin, gegen Kaufhäuser (erstmals am 3. April 1968 in Frankfurt) als Zentren der Übermacht des »Systems« und des »Konsumterrors« zeigten den Übergang der Protestaktionen zur Gewaltanwendung. Nach einem Attentat auf den Studentenführer Rudi Dutschke am 11. April 1968 kam es in mehreren Universitätsstädten erneut zu Demonstrationen und Aktionen gegen Zeitungsbetriebe des Springer-Konzerns. Weitere Demonstrationen und ein Sternmarsch auf Bonn am 11. Mai 1968, an dem sich rund 30 000 Menschen beteiligten, richteten sich gegen die vom Bundestag diskutierte *Notstandsverfassung* (►14.15), die am 30. Mai 1968 verabschiedet wurde.

Die aus einer Vielfalt von ideologischen Wurzeln, meist aus der marxistischen Gedankenwelt, entwickelten Vorstellungen der Studentenrevolte fanden, obwohl ein Zusammenhang mit der Arbeiterbewegung stets betont wurde, keine Zustimmung in den Arbeitnehmerschichten, die den spektakulären Aktionen mit Ablehnung und Unverständnis begegneten. Lediglich beim Kampf gegen die Notstandsgesetze kam es zu einem Bündnis mit den Gewerkschaften. Mit Ausnahme einiger kleiner Gruppen, die schließlich in den *Terrorismus* (►15.10) abglitten und im Untergrund weiter agierten, verebbte die Studentenbewegung gegen Ende des Jahres 1969. Ihr bleibendes Ergebnis war eine nachhaltige Veränderung der politischen Kultur in der Bundesrepublik. Viele Anhänger der APO fanden ihre politische Heimat bei der SPD, ein kleinerer Teil auch bei FDP, andere schlossen sich radikalen Organisationen wie der DKP an oder engagierten sich in den maoistischen K-Gruppen.

14.15 Notstandsverfassung

Im *Deutschlandvertrag* (►13.16) vom 26. Mai 1952 (in der Fassung vom 23. Oktober 1954) war festgelegt worden, dass die den drei ehemaligen Besatzungsmächten Frankreich, Großbritannien und USA noch zustehenden und von ihnen ausgeübten Rechte bezüglich des Schutzes und der Sicherheit ihrer in der Bundesrepublik stationierten Streitkräfte auf deutsche Behörden übergehen sollten, sobald diese von der deutschen Gesetzgebung die entsprechenden Vollmachten erhalten haben würden, um die Sicherheit dieser Streitkräfte zu gewährleisten. Das hieß: Wollte man diese Einschränkung der Souveränität der Bundesrepublik aufheben, mussten Gesetze für jede Art von Notsituationen beschlossen und in das Grundgesetz eingebaut werden. Die Diskussion um die Not-

standsgesetze begann bereits mit dem ersten Entwurf des Bundesinnenministeriums im Jahre 1958. Dieser und die weiteren Entwürfe 1960 und 1963, die die Rechte der Exekutive sehr stark ausweiteten, fanden nicht die notwendige Mehrheit im Parlament. Die Große Koalition griff nun das Problem wieder auf und sah es als eine vordringliche und lösbare Aufgabe an, Notstandsgesetze zu beschließen und damit die alliierten Vorrechte abzulösen.
Die jetzt unter Mitarbeit der SPD neu gestalteten Notstandsgesetze wurden im Bundestag am 30. Mai 1968 mit der notwendigen Zweidrittelmehrheit – gegen die Stimmen der FDP – angenommen. Die Debatte über diese Gesetze hatte sowohl im Parlament als auch in der Öffentlichkeit zu heftigen Auseinandersetzungen geführt. Außerhalb des Parlaments waren es vor allem die Gewerkschaften und die Studenten, die Protestkundgebungen im ganzen Land durchführten und von der Annahme der Notstandsgesetze einen unerträglichen Machtzuwachs für den Staat erwarteten.
Mit der am 28. Juni 1968 in Kraft getretenen Notstandsverfassung war der Gesetzgeber bemüht, eine missbräuchliche Anwendung zu verhindern, wie sie der Artikel 48 der Weimarer Verfassung von 1919 dem Reichspräsidenten Paul von Hindenburg bei der Ausschaltung des Reichstags ermöglicht hatte. So wird die Feststellung des Verteidigungsfalls auf Antrag der Bundesregierung vom Bundestag mit Zustimmung des Bundesrates getroffen. Stehen dem rechtzeitigen Zusammentritt des Bundestages unüberwindliche Hindernisse entgegen, trifft der Gemeinsame Ausschuss die Feststellung. Dieser besteht (seit 1990) aus 16 Mitgliedern des Bundesrats (ein Vertreter je Bundesland) und 32 nach dem Stärkeverhältnis der Fraktionen bestimmten Bundestagsabgeordneten. Bestehen weiterhin unüberwindliche Hindernisse für den Zusammentritt des Bundestages, tritt der Gemeinsame Ausschuss im Verteidigungsfall an die Stelle von Bundestag und Bundesrat. Die Stellung des Bundesverfassungsgerichts darf nicht eingeschränkt werden.
Die Gesetzgebungskompetenz und die Weisungsbefugnisse des Bundes gegenüber den Ländern werden im Verteidigungsfall erweitert. In verschiedene Grundrechte kann z. T. erheblich eingegriffen werden; dies gilt auch für den inneren Notstand oder im Katastrophenfall. Einige der vorgesehenen Maßnahmen können schon vor dem Verteidigungsfall getroffen werden, wenn der Bundestag den Spannungsfall feststellt.

▲ *Demonstration gegen die Verabschiedung der Notstandsgesetze im Mai 1968*

14.16 Der »sozialistische Staat deutscher Nation«

Die Versuche der Bundesregierungen Erhard und Kiesinger, die Beziehungen zu den kommunistischen Staaten an der DDR vorbei zu verbessern, veranlassten die DDR zu verstärkten Anstrengungen, die Eigenständigkeit ihres Staates unter Beweis zu stellen.
Im Februar 1965 wurde der Staatsratsvorsitzende *Walter Ulbricht* (▶ 13.39) in Ägypten bei einem Staatsbesuch mit allen Ehren eines Staatsoberhauptes empfangen, im Juni 1965 stattete der jugoslawische Staatschef Tito der DDR seinen ersten offiziellen Besuch ab. Diese Ereignisse trugen zusammen mit der inneren Konsolidierung durch die Wirtschaftsreformen (*Neues Ökonomisches System,* ▶ 14.3) sehr dazu bei, das Selbstbewusstsein der DDR-Führung zu stärken und die Eigenständigkeit des zweiten deutschen Staates zu betonen.
Während der DDR-Ministerratsvorsitzende Stoph 1967/68 über ein Abkommen mit der Bundesrepublik verhandelte, das die Anerkennung der DDR als gleichberechtigter deutscher Staat erreichen sollte, wurden zugleich durch das »Gesetz über die Staatsbürgerschaft der DDR« vom 20. Februar 1967 Fakten geschaffen und die Abgrenzung zur Bundesrepublik damit

vorangetrieben. Im Juni 1968 verfügte die DDR-Regierung die Einführung des Pass- und Visumzwangs im Reiseverkehr zwischen der Bundesrepublik und West-Berlin einerseits und der DDR andererseits sowie im Transitverkehr zwischen der Bundesrepublik und West-Berlin; sie setzte einen Mindestumtausch von 10 DM pro Tag und Person beim Aufenthalt in der DDR und 5 DM beim Aufenthalt in Ost-Berlin fest.

Am 6. April 1968 wurde eine neue »sozialistische Verfassung« der DDR in einem Volksentscheid angenommen und damit die erste Verfassung der DDR vom 7. Oktober 1949 (▶ 13.9) abgelöst, die sich nach zwei Jahrzehnten politischer Entwicklung in weiten Teilen in einem grundlegenden Widerspruch zur politischen Realität befand. Die Wahlbeteiligung bei dem Volksentscheid, dem eine zwei Monate dauernde »Volksaussprache« vorausgegangen war, lag bei 98,05 % der Wahlberechtigten. Davon stimmten 94,49 % für die Verfassung. Bei diesem einzigen Volksentscheid in der Geschichte der DDR wurde ein Ergebnis verkündet, das hinter dem der Volkskammerwahlen deutlich zurückblieb. Auf diese Weise sollte vermutlich die Glaubwürdigkeit der Abstimmung, die von der SED als grundsätzliche Zustimmung zur sozialistischen Gesellschaftsordnung gedeutet wurde, unterstrichen werden.

Die neue Verfassung markierte grundlegende Unterschiede zum Staatsverständnis der parlamentarischen Demokratie, indem sie den politischen Führungsanspruch der SED ausdrücklich festlegte. Im Unterschied zur ersten DDR-Verfassung waren in der neuen Verfassung wichtige Grundrechte entfallen: das Widerstandsrecht, das Verbot der Pressezensur, das Auswanderungsrecht, das Streikrecht, die wirtschaftliche Freiheit des Einzelnen, das Recht auf Privateigentum am Boden, die Freiheit von Kunst, Wissenschaft und Lehre, das Recht auf freie Berufswahl. Dagegen wurde der Katalog der sozialen Grundrechte in der neuen Verfassung erheblich erweitert; dazu zählten vor allem das Recht auf Arbeit, auf Bildung, auf Freizeit und Erholung und das Recht auf Wohnraum. Im politischen System der DDR existierten zwar verschiedene Parteien und Massenorganisationen, die sich an unterschiedliche soziale Schichten und Gruppen wenden sollten, doch bestand ihre Aufgabe vornehmlich darin, für die Verwirklichung der von der SED vorgegebenen politischen Ziele zu werben. In der neuen DDR-Verfassung wurde Politik als »gemeinsames Handeln« verstanden. In diesem Rahmen galt politische Opposition als systemwidrige Erscheinung, die mit staatlichen Machtmitteln bekämpft wurde.

Aufbau und Struktur der Staatsorganisation wurden in der neuen DDR-Verfassung umfassend und detailliert beschrieben. Die Volkskammer wurde als »das oberste staatliche Machtorgan« der DDR gekennzeichnet, das über die »Grundfragen der Staatspolitik« entscheidet (Art. 48). Sie setzte sich aus insgesamt 500 Abgeordneten zusammen. Seit 1950 auf der Grundlage einer Einheitsliste der in der Nationalen Front zusammengefassten Parteien und Massenorganisationen alle vier Jahre gewählt, bestand sie in den 60er-Jahren aus neun Fraktionen. Neben der SED und den vier »Blockparteien« waren die Einheitsgewerkschaft FDGB, die »sozialistische Jugendorganisation« FDJ, der Demokratische Frauenbund und der Kulturbund vertreten. Obwohl die Volkskammer verfassungsrechtlich als höchstes staatliches Machtorgan bezeichnet wurde, war ihr politischer Einfluss minimal. Sie trat nur im Abstand von etwa zwei Monaten, meist zur Beratung und Verabschiedung von Gesetzen, für kurze Zeit zusammen und erwies sich durch eine fast ausnahmslos einstimmige Beschlussfassung als bloßes Zustimmungsorgan.

Nach dem Tode des ersten Staatspräsidenten Wilhelm Pieck war 1960 der Staatsrat eingerichtet worden. Der Vorsitzende des Staatsrats hatte die Funktion eines Staatspräsidenten, doch nahm das Gremium auch innenpolitische Aufgaben wahr. Erlasse und Beschlüsse des Staatsrats erlangten unmittelbar nach Verkündung Rechtskraft, außerdem legte er die Verfassung und die Gesetze verbindlich aus und führte die Aufsicht über die Tätigkeit des Obersten Gerichts der DDR. Der Ministerrat der DDR, die Staatsregierung, hat in der politischen Praxis vornehmlich die Funktion eines Wirtschaftskabinetts ausgeübt. Er setzte sich in der zweiten Hälfte der 60er-Jahre aus insgesamt etwa 40 Mitgliedern zusammen, von denen elf Personen einzelnen Industrieministerien vorstanden und 20 Ministerien mit Wirtschaftsproblemen im weiteren Sinne befasst waren.

Vielfältige Verflechtungen von Partei- und Staatsämtern stellten sicher, dass die Staatsorgane die politischen Grundsatzentscheidungen der SED umsetzten. Während die Mitglieder der SED bereits durch ihr Parteistatut zur Beachtung und Durchsetzung der Parteidirektiven verpflichtet waren, galten die Parteibeschlüsse darüber hinaus für den Ministerrat und seine Mitglieder sowie für alle anderen Mitglieder des Staatsapparates aufgrund gesetzlicher Bestimmungen als bindende Anweisungen. Ein solches System des »demokratischen Zentralismus« ließ kaum Spielraum für gesellschaftliche Eigeninitiative, es sicherte vor allem die umfassende Kontrolle der Bevölkerung. Die doppelte Unterstellung aller staatlichen Institutionen unter die SED und die übergeordneten Staatsorgane behinderte nachdrücklich die Effektivität der Politik, die nur schwerfällig auf neue Probleme reagieren konnte.

In ihrer neuen Verfassung bezeichnete sich die DDR als »sozialistischer Staat deutscher Nation« und hielt zunächst an der Perspektive einer künftigen Vereinigung Deutschlands auf sozialistischer Grundlage fest. Erst nach Abschluss des *Grundlagenvertrages* (▶ 14.30) änderte sich diese deutschlandpolitische Position. Die DDR vertrat nun eine Politik der »Abgrenzung«, die aus dem Gegensatz zwischen der kapitalistischen und der sozialistischen Gesellschaftsordnung in beiden deutschen Staaten begründet wurde. Am 7. Oktober 1974 wurde die »sozialistische Verfassung« in verschiedenen Punkten geändert, dabei wurde die Bezeichnung »deutsche Nation« ebenso gestrichen, wie jeder Hinweis auf eine Vereinigung der beiden deutschen Staaten entfiel.

14.17 Machtwechsel: sozialliberale Koalition

Die Große Koalition war in den Augen der meisten Unions- und SPD-Politiker von vornherein nur ein Bündnis auf Zeit gewesen. Schon bei der Bundespräsidentenwahl am 5. März 1969 in Berlin hatte der Kandidat der SPD, Bundesjustizminister Gustav W. Heinemann, im dritten Wahlgang über den (auch von der NPD unterstützten) Kandidaten der CDU/CSU, Bundesverteidigungsminister Gerhard Schröder, den Sieg davongetragen, weil ihm auch der größte Teil der FDP-Stimmen zugefallen war. Das war als deutliches Signal für eine Koalitionsbereitschaft von SPD und FDP aufgefasst worden.

Bei der Bundestagswahl vom 28. September 1969 errang die CDU/CSU 242 Parlamentssitze, die SPD 224 und die FDP 30 Mandate. Der SPD-Vorsitzende und amtierende Außenminister *Willy Brandt* (▶ 14.18) meldete unmittelbar nach der Wahl seinen Anspruch an, die Führung einer aus SPD und FDP gebildeten Bundesregierung zu übernehmen. Die FDP stimmte der Koalition zu.

▲ *Die »Architekten« der ersten sozialliberalen Koalition: Bundeskanzler Willy Brandt (SPD; links) und Vizekanzler Walter Scheel (FDP). Aufnahme vom Oktober 1970*

Zwei Tage nach seiner Wahl durch den Bundestag stellte Bundeskanzler Brandt – der erste sozialdemokratische deutsche Kanzler seit 1930 – am 22. Oktober 1969 sein Kabinett vor. Vizekanzler und Außenminister wurde der FDP-Vorsitzende *Walter Scheel* (▶ 14.19). In seiner Regierungserklärung kündigte Brandt am 28. Oktober 1969 ein sehr umfangreiches innenpolitisches Reformprogramm an mit dem Anspruch, »mehr Demokratie wagen« zu wollen. In der Deutschlandpolitik erkannte er die DDR als anderen deutschen Staat an und bot ihr Verhandlungen auf Regierungsebene an. In der Außen- und Sicherheitspolitik berief sich die neue Bundesregierung auf die Friedensnote Bundeskanzler Erhards vom März 1966 und die Regierungserklärung Bundeskanzler Kiesingers vom Dezember 1966. Sie kündigte die Unterzeichnung des Atomwaffensperrvertrags an. Mit dem Bekenntnis zum westlichen Bündnis und zu den USA verband Brandt die Absicht, auch mit der Sowjetunion und den anderen Staaten des Warschauer Pakts Verständigung herbeizuführen. Damit war die sozialliberale Regierung entschlossen, in der *Ostpolitik* (▶14.20) neue Wege zu gehen.

14.18 Willy Brandt

Willy Brandt wurde am 18. Dezember 1913 in Lübeck als Herbert Ernst Karl Frahm geboren. Er legte 1932 das Abitur ab; 1930 war er der SPD beigetreten, 1931 jedoch zu der von der SPD abgesplitterten Sozialistischen Arbeiterpartei (SAP) übergewechselt. Nach der nationalsozialistischen »Machtergreifung« 1933 musste Brandt emigrieren; in Norwegen studierte er Geschichte und war als Journalist tätig, unter anderem berichtete er 1937 für skandinavische Zeitungen vom Spanischen Bürgerkrieg. 1938 von den deutschen Behörden ausgebürgert, nahm er die norwegische Staatsbürgerschaft an und musste 1940, nach der deutschen Besetzung Norwegens, nach Schweden fliehen. 1945 kehrte er als Korrespondent skandinavischer Zeitungen nach Deutschland zurück und war 1947 Presseattaché der norwegischen Militärmission in Berlin. Nach seiner Wiedereinbürgerung unter seinem Schriftstellernamen Willy Brandt 1947 schloss er sich erneut der SPD an und wurde 1948/49 als Vertreter des SPD-Parteivorstandes nach Berlin entsandt. 1949 bis 1957 war Brandt Mitglied des Bundestages, erneut seit 1969. Seit 1950 gehörte er auch dem Berliner Abgeordnetenhaus an und war 1953 bis 1957 dessen Präsident.

Als Regierender Bürgermeister von Berlin (1957–66) wurde er weit über die Grenzen Deutschlands bekannt. In den Bundestagswahlkämpfen 1961 und 1965 als Kanzlerkandidat der SPD Adenauer bzw. Erhard unterlegen, wurde Brandt, seit 1964 Bundesvorsitzender der SPD, 1966 Vizekanzler und Außenminister der *Großen Koalition* (▶14.7). Nach der Bundestagswahl 1969 bildete Brandt als Bundeskanzler mit der FDP die *sozialliberale Koalition* (▶14.17). In der jetzt von Brandt und Außenminister Scheel (FDP) forcierten, auf neue Grundlagen gestellten *Ostpolitik* (▶14.20) kam es zu den Vertragsabschlüssen mit den kommunistischen Staaten sowie zum *Viermächteabkommen über Berlin* (▶14.24). Brandt, der für seinen Beitrag zur politischen Entspannung in Europa 1971 mit dem Friedensnobelpreis ausgezeichnet wurde, musste jeden Schritt seiner Ostpolitik in erbittertem Ringen mit der CDU/CSU-Opposition durchsetzen. Ein gegen ihn im April 1972 beantragtes *Misstrauensvotum* (▶14.27) der CDU/CSU scheiterte jedoch. In der vorgezogenen Bundestagswahl im November 1972 errang Brandt mit der SPD, die nun mit 45,8% der Stimmen stärkste Bundestagsfraktion wurde, einen klaren Sieg. Er trat jedoch im Mai 1974 wegen der *Guillaume-Affäre* (▶15.7) als Bundeskanzler zurück. Brandt blieb als Parteivorsitzender (bis 1987) die Integrationsfigur der SPD, wurde 1976 Vorsitzender der Sozialistischen Internationale und war von 1977 bis 1980 auch Vorsitzender der internationalen Nord-Süd-Kommission. Er starb am 8. Oktober 1992 in Unkel am Rhein.

14.19 Walter Scheel

Geboren am 8. Juli 1919 in Solingen, legte Scheel 1938 das Abitur ab und war von 1939 bis 1945 Soldat. 1946 trat er der FDP bei und gehörte von 1950 bis 1953 dem Landtag von Nordrhein-Westfalen an, von 1953 bis 1974 dem Bundestag. Unter den Bundeskanzlern Adenauer und Erhard war Scheel von 1961 bis 1966 Bundesminister für wirtschaftliche Zusammenarbeit. 1967 bis 1969 Vizepräsident des Bundestages, übernahm er 1968 den Parteivorsitz der FDP (bis 1974).

Nach der Bundestagswahl 1969 bildete Scheel mit dem SPD-Vorsitzenden *Willy Brandt* (▶14.18) die *sozialliberale Koalition* (▶14.17) und wurde Vizekanzler und Außenminister. Gemeinsam mit Brandt brachte er die neue *Ostpolitik* (▶14.20) in Gang und verteidigte sie in langen und heftigen Bundestagsdebatten gegen die Opposition von CDU und CSU. 1974 wurde Scheel mit den Stimmen der SPD und FDP zum Bundespräsidenten gewählt. Er siegte über den Kandidaten der CDU/CSU *Richard von Weizsäcker* (▶15.32). Seine Amtszeit endete am 30. Juni 1979; er wurde Ehrenvorsitzender der FDP.

14.20 Ostpolitik

Die Ostpolitik der Bundesrepublik Deutschland hatte eigentlich mit der Moskaureise des Bundeskanzlers Adenauer im September 1955 und der anschließenden Aufnahme diplomatischer Beziehungen zur Sowjetunion begonnen. Sie konnte sich freilich in der Folgezeit nicht entfalten, da die Bundesregierung die Anerkennung ihrer Rechtsposition verlangte: u.a. Beharren auf den Grenzen von 1937, Nichtanerkennung der DDR und der in der *Hallsteindoktrin* (▶13.28) formulierte Alleinvertretungsanspruch. Die Bemühungen des Außenministers Gerhard Schröder (1961 bis 1966), im Kontakt mit den osteuropäischen Staaten Bewegung in die Ostpolitik zu bringen, scheiterten, weil Bonn in seine Bemühungen Moskau und Ost-Berlin nicht einbezogen hatte und nicht zur Anerkennung der DDR als selbstständigen Staat bereit war.

Auch die *Große Koalition* (▶14.7) hielt noch, obwohl sie ihre Bereitschaft zu neuen Initiativen in der Deutschland- und Ostpolitik deutlich herausstellte, an den alten Grundsatzpositionen fest. Es kam zwar zu Sondierungsgesprächen mit Moskau, auch mit den übrigen Ostblockstaaten und zu einem Briefwechsel zwischen Bundeskanzler Kiesinger und dem DDR-Ministerpräsidenten Stoph, aber konkrete Ergebnisse auf Regierungsebene und Fortschritte in der Normalisierung der Beziehungen wurden nicht erzielt. Eine Ausnahme bildete Rumänien, mit dem im Januar 1967 die Aufnahme diplomatischer Beziehungen vereinbart wurde.

In der *sozialliberalen Koalition* (▶14.17) waren nun mit den Vorsitzenden von SPD und FDP, Willy Brandt und Walter Scheel, zwei Partner zusammengetroffen, die entschlossen waren, durch konsequenten Abbau der Konfrontation mit allen Ostblockstaaten einschließlich der DDR jeweils zu Verhandlungen über gegenseitigen Gewaltverzicht zu kommen und – ausgehend von der bestehenden Lage – Abmachungen zu erreichen, die zur Entspannung in Europa und zur Sicherung des Friedens beitragen konnten. Erklärtes Motiv für diese Politik war das Interesse der Bundesrepublik, den Zusammenhalt der ganzen deutschen Nation durch vermehrten Austausch zwischen den Menschen in der Bundesrepublik und in der DDR zu wahren und die Lebensfähigkeit West-Berlins zu sichern. Inzwischen hatten auch die Sowjetunion, Polen und die DDR ihre Bereitschaft zu konkreten Verhandlungen erkennen lassen. Im Zusammenhang mit den Verhandlungen über den *Moskauer Vertrag* (▶14.22), den *Warschauer Vertrag* (▶14.23) und den *Grundlagenvertrag* (▶14.30) wurde in der Bundesrepublik zwischen Regierung und Opposition eine heftige innenpolitische Auseinandersetzung um die Ostpolitik (▶14.28) geführt.

14.21 Brandt-Stoph-Treffen in Erfurt und Kassel

Die Gespräche zwischen der Bundesregierung und den Regierungen in Moskau und Warschau über den Abschluss von Verträgen waren bereits eingeleitet, als es im Januar/Februar 1970 auch zu einem Briefwechsel zwischen Bundeskanzler Brandt und DDR-Ministerpräsident Stoph und zur Vereinbarung zweier Gipfeltreffen kam: am 19. März 1970 in Erfurt und am 21. Mai 1970 in Kassel.

Die Vorverhandlungen zu diesen Treffen waren außerordentlich schwierig. Die sozialliberale Regierung war entschlossen, die Einheit der

▲ *Am 21. Mai 1970 fand in Kassel das zweite Treffen zwischen Bundeskanzler Willy Brandt und dem Ministerpräsidenten der DDR Willi Stoph (in der Bildmitte links) statt. In die deutsch-deutschen Beziehungen kam Bewegung*

deutschen Nation zu wahren und die völkerrechtliche Anerkennung der DDR, die die DDR-Vertreter forderten, zu verweigern. Brandts Formulierung zur deutsch-deutschen Situation in seiner Regierungserklärung vom 28. Oktober 1969 hatte klar festgelegt: »Auch wenn zwei Staaten in Deutschland existieren, sind sie doch füreinander nicht Ausland; ihre Beziehungen zueinander können nur von besonderer Art sein.«

Seit der gescheiterten *Münchner Ministerpräsidentenkonferenz* (▶12.16) vom Juni 1947

hatte es keine offiziellen Begegnungen zwischen Spitzenpolitikern aus West- und Ostdeutschland gegeben. So sah man in Ost und West diesem Treffen mit größter Spannung und hohen Erwartungen entgegen. Während in Erfurt die Bevölkerung die Absperrungen der Polizei durchbrach und Bundeskanzler Brandt demonstrativ spontane Sympathiebekundungen darbrachte, kam es in Kassel zu Störaktionen rechtsextremer Entspannungsgegner, die nach dem relativ harmonisch verlaufenen Erfurter Treffen die Begegnung in nüchterner, fast frostiger Atmosphäre ausklingen ließen.
Die Standpunkte waren nach den beiden Treffen unverändert geblieben. Die DDR beharrte auf der vollen völkerrechtlichen Anerkennung, während Bundeskanzler Brandt, der die Gleichberechtigung der DDR anerkannte und den Austausch von Bevollmächtigten, nicht aber von Botschaftern, vorschlug, betonte: »... Beide Staaten haben ihre Verpflichtungen zur Wahrung der Einheit der deutschen Nation.« Da in den gleichzeitig laufenden Verhandlungen in Moskau ausdrücklich die Verbesserung der Beziehungen zwischen beiden deutschen Staaten als notwendig hervorgehoben worden war, ging auch das Gespräch zwischen Bonn und Ost-Berlin trotz der vorerst festgestellten Unvereinbarkeit der jeweiligen Standpunkte auf Staatssekretärsebene weiter.
Die von Bundeskanzler Brandt beim Kasseler Treffen vorgelegten 20 Punkte als Vorentwurf für ein zwischen beiden deutschen Staaten zu schließendes Abkommen bildeten den Umriss für den am 21. Dezember 1972 unterzeichneten *Grundlagenvertrag* (▶14.30) zwischen der Bundesrepublik Deutschland und der DDR.

14.22 Moskauer Vertrag

Die Vorverhandlungen in Moskau führte ab Ende Januar 1970 der Staatssekretär im Bundeskanzleramt und enge Vertraute Willy Brandts, Egon Bahr. Sie gestalteten sich anfänglich schwierig, da die sowjetische Seite auf der völkerrechtlichen Anerkennung der DDR durch Bonn bestand, während die Bundesrepublik vorrangig ein Gewaltverzichtsabkommen anstrebte. Im Verlauf der Gespräche und nach Abstimmung mit dem amerikanischen Präsidenten Richard Nixon gab die Bundesregierung Bahr freie Hand, auch »konkrete Tatbestände« miteinzubeziehen, also auch über die Grenzen zu sprechen. Das deutsche Eingehen auf die von dem sowjetischen Außenminister Andrei Gromyko geforderten Grenzgarantien hatte auf sowjetischer Seite zur Folge, dass jetzt die völkerrechtliche Anerkennung der DDR im Zusammenhang mit dem Vertragsabschluss fallen gelassen wurde. Das vorzeitig durch eine Indiskretion in der Bundesrepublik bekannt gewordene Verhandlungsdokument – als so genanntes Bahr-Papier in einer westdeutschen Illustrierten veröffentlicht – führte zu einer heftigen innenpolitischen Auseinandersetzung, da die Opposition darin den Beweis zu erkennen glaubte, dass die Bundesregierung zu eilfertig verhandelt und unveräußerliche Rechtspositionen aufgegeben oder nicht sorgfältig genug abgesichert habe.
Die Abschlussverhandlungen in Moskau führte Bundesaußenminister Walter Scheel. Am 12. August 1970 unterzeichneten die Regierungschefs Brandt und Kossygin sowie die Außenminister Scheel und Gromyko in Moskau das Vertragswerk. Der Vertrag besteht aus vier Artikeln. Während in Artikel I beide Staaten bekunden, »die Normalisierung der Lage in Europa und die Entwicklung friedlicher Beziehungen zwischen allen europäischen Staaten zu fördern«, wird in Artikel II die Verpflichtung ausgesprochen, »sich ... in ihren gegenseitigen Beziehungen ... der Drohung mit Gewalt oder der Anwendung von Gewalt zu enthalten«. In Artikel III verpflichten sich beide Staaten, »die territoriale Integrität aller Staaten in Europa in ihren heutigen Grenzen uneingeschränkt zu achten, sie erklären, dass sie keine Gebietsansprüche gegen irgendjemand haben und solche in Zukunft auch nicht erheben werden, sie betrachten heute und künftig die Grenzen aller Staaten in Europa als unverletzlich ... einschließlich der Oder-Neiße-Linie, die die Westgrenze der Volksrepublik Polen bildet, und der Grenze zwischen der Bundesrepublik Deutschland und der Deutschen Demokratischen Republik«. Artikel IV vermerkt, dass die von beiden Staaten früher abgeschlossenen zwei- und mehrseitigen Verträge durch diesen Vertrag nicht berührt werden.
Zur unmissverständlichen Klarstellung der Position der Bundesrepublik Deutschland schrieb Bundesaußenminister Scheel an den sowjetischen Außenminister Gromyko den so genannten »Brief zur deutschen Einheit«, der von der Sowjetunion zwar ohne formelle Bestätigung,

aber auch ohne Widerspruch entgegengenommen wurde und somit nach völkerrechtlichen Gepflogenheiten Bestandteil des Vertragswerks wurde. In diesem Brief betonte Scheel, dass der »Vertrag nicht im Widerspruch zu dem politischen Ziel der Bundesrepublik Deutschland steht, auf einen Zustand des Friedens in Europa hinzuwirken, in dem das deutsche Volk in freier Selbstbestimmung seine Einheit wiedererlangt«.

14.23 Warschauer Vertrag

Seit Anfang des Jahres 1970 waren auch Vorverhandlungen über einen Vertrag zur Normalisierung der gegenseitigen Beziehungen mit Polen im Gange, die auf deutscher Seite Staatssekretär Duckwitz leitete. In der Endphase der Verhandlungen legten die beiden Außenminister den endgültigen Text fest. Der Vertrag wurde am 7. Dezember 1970 von Bundeskanzler Brandt, dem polnischen Ministerpräsidenten Cyrankiewicz sowie den Außenministern Scheel und Jędrychowski unterzeichnet.
Im Artikel I wird festgestellt, dass die durch die *Potsdamer Konferenz* (▶ 12.4) festgelegte Oder-Neiße-Linie »die westliche Staatsgrenze der Volksrepublik Polen bildet«. Beide Seiten bekräftigen die »Unverletzlichkeit ihrer bestehenden Grenzen jetzt und in der Zukunft« und verpflichten sich zur uneingeschränkten Achtung ihrer territorialen Integrität. »Sie erklären, dass sie gegeneinander keinerlei Gebietsansprüche haben und solche auch in Zukunft nicht erheben werden.« Artikel II enthält den Verzicht auf Gewaltanwendung und -androhung, Artikel III den Willen zur vollen Normalisierung (Austausch von Botschaftern) und umfassenden Entwicklung der gegenseitigen Beziehungen. In einer Anlage zum Vertragswerk sprach die polnische Regierung die Regelung humanitärer Fragen an und erklärte ihre Bereitschaft, im Zuge der Familienzusammenführung Einwohner mit unbestreitbar deutscher Volkszugehörigkeit ausreisen zu lassen. Außerdem bestätigte die polnische Regierung noch einmal ihre auf ganz Deutschland bezogene Erklärung vom 24. August 1953, mit der sie von 1954 an auf weitere Reparationsleistungen verzichtet hatte.
Bei seinem Warschauer Aufenthalt legte Bundeskanzler Brandt am 7. Dezember 1970 auch einen Kranz am Denkmal für die Opfer des jüdischen Ghettoaufstandes nieder. Protokollarisch unvorhergesehen, ehrte er dabei die Ghetto-Opfer, indem er für eine Gedenkminute niederkniete. Das Bild ging um die Welt. Die in dieser ungewöhnlichen Geste zum Ausdruck kommende Absicht, die Bitte um Versöhnung, wurde gerade im polnischen Volk mit Anteilnahme aufgenommen und verstanden.

14.24 Viermächteabkommen über Berlin

Im Zuge der allgemeinen Entspannungspolitik zwischen Ost und West begannen im März 1970 Gespräche zwischen den vier Siegermäch-

◀ *Bei seinem Besuch in Polen anlässlich der Unterzeichnung des Warschauer Vertrags ehrte Willy Brandt am 7. Dezember 1970 die Opfer des nationalsozialistischen Terrors. Das Bild des kniend vor dem Mahnmal des Warschauer Ghettos gedenkenden Bundeskanzlers ging um die Welt*

ten des 2. Weltkrieges über eine neue Berlin-Regelung. Die Botschafter der USA, Großbritanniens und Frankreichs in Bonn und der sowjetische Botschafter in der DDR trafen sich im ehemaligen alliierten Kontrollratsgebäude in West-Berlin. Nicht nur die *Berliner Blockade* 1948/49 (▶12.20) und das *Berlin-Ultimatum* Chruschtschows von 1958 (▶13.35) hatten gezeigt, wie ungesichert die Situation West-Berlins innerhalb der sowjetisch besetzten Zone bzw. der DDR war; auch nach dem *Mauerbau* 1961 (▶13.40) gab es immer wieder für die DDR-Führung Anlässe, den Verkehr zwischen der Bundesrepublik und Berlin empfindlich zu stören. Diesen unbefriedigenden und anfälligen Zustand durch eine Neuregelung endgültig zu bereinigen und damit die Lebensfähigkeit West-Berlins auf Dauer zu sichern, war das Bestreben der deutschen Bundesregierung und der westlichen Schutzmächte. Anfänglich zeichnete sich in den Botschaftergesprächen kein Fortschritt ab. Nachdem jedoch der *Moskauer Vertrag* (▶14.22) unterzeichnet war und der *Warschauer Vertrag* (▶14.23) weitgehend feststand, ließ die Bundesregierung in Absprache mit den Westmächten in Moskau verlauten, eine Ratifizierung des Moskauer Vertrages werde sich im Bundestag nicht durchsetzen lassen, wenn nicht gleichzeitig eine zufrieden stellende Berlin-Regelung abgeschlossen werde.

Die Sowjetunion wollte den Erfolg einer neuen *Ostpolitik* (▶14.20) auch deshalb nicht gefährden, weil sie eine gesamteuropäische Sicherheitskonferenz anstrebte (*Konferenz über Sicherheit und Zusammenarbeit in Europa,* ▶15.12), die eine Teilnahme beider deutscher Staaten voraussetzte. Sie leistete daher ihren Beitrag, dass das Viermächteabkommen am 3. September 1971 von den Botschaftern abgeschlossen werden konnte. Das Viermächteabkommen bestätigte die Verantwortlichkeiten und Rechte der vier Mächte unter Wahrung ihrer unterschiedlichen Rechtspositionen und legte fest, dass die bestehende Lage nicht einseitig verändert werden solle. Damit war auch die Anwesenheit der drei Westmächte in Berlin bekräftigt. Die Sowjetunion verpflichtete sich dazu, dass der »Transitverkehr von zivilen Personen und Gütern zwischen den Westsektoren Berlins und der Bundesrepublik Deutschland auf Straßen, Schienen- und Wasserwegen durch das Territorium der Deutschen Demokratischen Republik ohne Behinderungen sein wird, dass dieser Verkehr erleichtert werden wird, damit er in der einfachsten und schnellsten Weise vor sich geht, und dass er Begünstigung erfahren wird«. Mit dieser Bestimmung war der DDR das alleinige Verfügungsrecht über den Berlinverkehr, das sie zu häufigen und willkürlichen Störaktionen benutzt hatte, genommen.

Weitere wichtige Regelungen betrafen die »Bindungen zwischen den Westsektoren Berlins und der Bundesrepublik Deutschland«, die »aufrechterhalten und entwickelt werden« sollten, erhebliche Erleichterungen für West-Berliner bei Reisen in die DDR und die bestätigte und erweiterte Interessenvertretung West-Berlins durch die Bundesrepublik Deutschland im Ausland.

Eingeschränkt wurden die Bindungen West-Berlins an die Bundesrepublik mit dem Hinweis, dass »diese Sektoren so wie bisher kein Bestandteil (konstitutiver Teil) der Bundesrepublik Deutschland sind und auch weiterhin nicht von ihr regiert werden«. Die Lage in und um Berlin, das ein Vierteljahrhundert lang einer der Hauptkonfliktpunkte der Weltpolitik war, wurde durch das Viermächteabkommen von 1971 entspannt und stabilisiert.

14.25 Transitabkommen

Den deutschen Stellen in Ost und West war die Detailausführung der im *Viermächteabkommen über Berlin* (▶14.24) festgelegten Regelungen übertragen worden. Seit März 1971 liefen Gespräche zwischen dem Berliner Senat und der DDR-Regierung über eine umfangreiche Regelung des Reise- und Besucherverkehrs von West-Berlin nach Ost-Berlin und in die DDR, die am 20. Dezember 1971 zum Abschluss gebracht werden konnte. Gleichzeitig verhandelten Egon Bahr, Staatssekretär im Bundeskanzleramt, und der DDR-Staatssekretär Michael Kohl über ein Transitabkommen, das den Verkehr zwischen der Bundesrepublik Deutschland und West-Berlin regeln sollte; es wurde am 17. Dezember 1971 in Bonn unterzeichnet. Beide Abkommen traten als Ergänzungen zum Viermächteabkommen zusammen mit diesem am 3. Juni 1972 in Kraft.

Die Menschen in beiden deutschen Staaten und besonders auch die Berliner haben nach dem Abschluss dieser Vereinbarungen die deutlichen Verbesserungen dankbar empfunden und entsprechend genutzt. Die Zahl der Westdeutschen und West-Berliner, die Besuche in Ost-Berlin und in der DDR vornahmen, stieg ab 1972 sprunghaft an.

14.26 Betriebsverfassungsgesetz 1972

Zu einem der bedeutendsten innenpolitischen Reformgesetze der ersten Regierung Brandt/Scheel wurde das Betriebsverfassungsgesetz vom 15. Januar 1972, das die Vorschriften des Betriebsverfassungsgesetzes von 1952 ablöste. Bei der Bildung der sozialliberalen Koalition im Oktober 1969 war auf massiven Druck der FDP hin vereinbart worden, dass die Koalition keine Gesetzesinitiative zur Einführung der paritätischen Mitbestimmung außerhalb des Bereichs der Montanindustrie einbringen würde. Damit war der Weiterentwicklung der Mitbestimmung auf Unternehmensebene, wie sie die SPD und die Gewerkschaften seit langem anstrebten, ein Riegel vorgeschoben. Erst 1976 wurde hier ein Koalitionskompromiss erreicht (▶ 15.15). In der Frage der betrieblichen Mitbestimmung waren schon in der vorangegangenen Legislaturperiode Gesetzentwürfe zur Novellierung des Betriebsverfassungsgesetzes von 1952 eingebracht worden. Die sozialliberale Koalition führte diese Arbeiten weiter, sodass das neue Betriebsverfassungsgesetz am 10. November 1971 vom Bundestag verabschiedet werden konnte. Das neue Gesetz regelte umfassend die Stellung der Gewerkschaften im Betrieb und verschaffte ihnen ein Zugangsrecht zum Betrieb. Die Institutionen der Betriebsvertretung wurden ausgebaut (Gesamt- und Konzernbetriebsräte, Jugendvertretungen). Die Betriebsräte erhielten erweiterte Mitbestimmungs- und Mitwirkungsrechte. So wurde die Mitbestimmung unter anderem auf vorübergehende Veränderungen der betriebsüblichen Arbeitszeit, die Einführung und Anwendung technischer Einrichtungen zur Leistungsüberwachung sowie auf die Unfallverhütung ausgedehnt; bei personellen Einzelmaßnahmen verstärkten Verfahrensänderungen das Mitwirkungsrecht.
Neu aufgenommen wurden in das Gesetz eine Reihe individueller Rechte des Arbeitnehmers gegenüber dem Arbeitgeber, so das Recht, in betrieblichen Angelegenheiten, die seine Person betreffen, gehört zu werden, ein Vorschlagsrecht für die Gestaltung des Arbeitsplatzes und des Arbeitsablaufs, Einsicht in die Personalakte und ein Beschwerderecht des Arbeitnehmers.

14.27 Misstrauensvotum gegen Bundeskanzler Brandt

Die CDU/CSU vermochte die ihr durch die Bildung der *sozialliberalen Koalition* (▶ 14.17) nach der Bundestagswahl vom 28. September 1969 zugewiesene Rolle der Opposition nach 20-jähriger Regierungszeit nur schwer zu akzeptieren; sie war nicht in der Lage, den Machtverlust als einen ganz normalen Vorgang in einem funktionierenden parlamentarisch-demokratischen Staatswesen anzuerkennen. Sie setzte alles daran, die Regierungsmacht zurückzugewinnen.
Die neue *Ostpolitik* (▶ 14.20) der sozialliberalen Koalition war das Feld, auf dem die jetzige Opposition zum Sturm auf die Regierung ansetzte und wo die kontroversen Grundeinstel-

▲ *Am 27. April 1972 scheiterte das konstruktive Misstrauensvotum gegen Bundeskanzler Brandt. Das Bild zeigt Abgeordnete des Deutschen Bundestages während der Abstimmung*

lungen mit größter Heftigkeit aufeinander prallten. Dabei war es das von Anfang an angestrebte, kaum verhüllte Ziel der Opposition, die nur schwache parlamentarische Mehrheit der Regierungskoalition (254:242 Stimmen) zum Einsturz zu bringen. Das schien zu gelingen, nachdem bereits im Oktober 1970 drei Abgeordnete des konservativen Flügels der FDP, darunter der frühere FDP-Vorsitzende Erich Mende, im Januar 1972 der SPD-Abgeordnete Hupka, Vorsitzender der Landsmannschaft Schlesien, und am 23. April 1972 der FDP-Abgeordnete Helms jeweils unter Beibehaltung ihrer Mandate zur CDU/CSU gewechselt hatten.
Da zudem in den letzten Landtagswahlen die SPD meist Stimmenverluste hinnehmen musste, während die CDU zum Teil deutliche Stimmengewinne erzielte – in Baden-Württemberg erreichte sie am 23. April 1972 die absolute Mehrheit –, glaubte die Bundestagsfraktion der CDU/CSU, das im Grundgesetz vorgesehene konstruktive Misstrauensvotum gegen Bundeskanzler Brandt beantragen zu können. Sie argumentierte, dass die Bundesregierung für ihre Politik keine Mehrheit mehr im Lande besitze. Der Bundestag wurde aufgefordert, den Vorsitzenden der CDU/CSU-Bundestagsfraktion Rainer Barzel zum neuen Bundeskanzler zu wählen und den Bundespräsidenten zu ersuchen, Bundeskanzler Willy Brandt zu entlassen. Die Opposition glaubte sich ihrer Sache sicher zu sein, weil sie mit weiteren Stimmen aus der Koalition in der geheimen Abstimmung rechnete. Da die Abstimmung am 27. April 1972 für Barzel jedoch nur 247 Stimmen statt der notwendigen 249 ergab, war das konstruktive Misstrauensvotum gescheitert.
Dieser im Grundgesetz vorgesehene Vorgang des konstruktiven Misstrauensvotums ist bei einem Teil der Bevölkerung auf Ablehnung gestoßen, weil damit das Ergebnis der Bundestagswahl vom September 1969 revidiert worden wäre, ohne dass die Wähler sich dazu hätten äußern können. Gegen das Misstrauensvotum fanden in vielen Städten Demonstrationen und Arbeitsniederlegungen statt. Weil aber auch die Regierung keine Mehrheit im Bundestag mehr hatte (»parlamentarisches Patt«), stellte Bundeskanzler Brandt am 20. September 1972 die Vertrauensfrage mit der Absicht, nach dem einkalkulierten Scheitern der Vertrauensabstimmung die Auflösung des Bundestages und Neuwahlen zu erreichen. In diesen Neuwahlen zum Bundestag vom 19. November 1972 erzielten beide Regierungsparteien deutliche Stimmengewinne; die SPD wurde erstmals stärkste Bundestagsfraktion. So konnte die Regierungskoalition aus SPD und FDP nun mit einer klaren Mehrheit von 271 Abgeordneten (CDU/CSU 225 Abgeordnete) gestärkt ihre Arbeit fortsetzen.

14.28 Innenpolitischer Streit um die Ostpolitik

Die Initiativen der sozialliberalen Koalition in der Deutschland- und *Ostpolitik* (▶ 14.20) bauten auf Vorarbeiten der *Großen Koalition* (▶ 14.7) auf. Von Anfang an standen Bundeskanzler Brandt und sein Außenminister und Vizekanzler Scheel in ständiger Absprache und Übereinstimmung mit den westlichen Bündnispartnern. Das Ziel der Bundesregierung, mit dem Abschluss von Verträgen einen Beitrag zur Friedenssicherung zu leisten und die Entspannung in Europa voranzutreiben, fand die volle Zustimmung der Verbündeten und stand im Rahmen der im Bündnis gemeinsam betriebenen Entspannungspolitik gegenüber dem Osten. In der Bundesrepublik kam es jedoch zwischen Regierung und Opposition zu einer lang anhaltenden und sich im Laufe der Verhandlungen in Moskau, Warschau und Ost-Berlin ständig verschärfenden Kontroverse über die unterschiedlichen Standpunkte zur Ost- und Deutschlandpolitik und über die einzelnen Verhandlungsschritte und -ergebnisse.
Kernpunkte waren vor allem die Frage, ob die Hinnahme der bestehenden Grenzen in den Verträgen eine endgültige Anerkennung der Oder-Neiße-Linie als Westgrenze Polens bedeuten würde, und die Befürchtung, mit dem Abschluss eines Vertrages mit der DDR die völkerrechtliche Anerkennung des zweiten deutschen Staates auszusprechen. Schon Brandts Bemerkungen in seiner Regierungserklärung vom 28. Oktober 1969: »Auch wenn zwei Staaten in Deutschland existieren, sind sie doch füreinander nicht Ausland…« wurden von Rednern der Opposition scharf kritisiert und als »dunkle Stunde für dieses Haus, für unser Volk« bezeichnet. Als im Juli 1970 Unterlagen aus den Verhandlungen des Staatssekretärs Egon Bahr, das so genannte »Bahr-Papier«, in Moskau

durch eine Indiskretion vorab veröffentlicht wurden, glaubte die Opposition den Beweis für ihre Behauptung in der Hand zu haben, dass die Verhandlungen von deutscher Seite übereilt und nicht sorgfältig genug geführt und Rechtspositionen in dilettantischer Weise aufs Spiel gesetzt würden. Die Behandlung der Ostverträge im Bundesrat und im Bundestag führte im Februar 1972 zu einer mehrtägigen Redeschlacht. Nach dem Scheitern des *Misstrauensvotums gegen Bundeskanzler Brandt* (▶ 14.27) rangen sich die Bundestagsfraktionen zu einer »gemeinsamen Entschließung« (17. Mai 1972) durch, mit der der Versuch gemacht wurde, Gemeinsamkeiten für die Abstimmung über die Ostverträge und bezüglich der darin erwähnten »heute tatsächlich bestehenden Grenzen« zu formulieren. Zur Deutschlandpolitik wird in der gemeinsamen Erklärung festgestellt: »Die Politik der Bundesrepublik Deutschland, die eine friedliche Wiederherstellung der nationalen Einheit im europäischen Rahmen anstrebt, steht nicht im Widerspruch zu den Verträgen ... Mit der Forderung auf Verwirklichung des Selbstbestimmungsrechts erhebt die Bundesrepublik Deutschland keinen Gebiets- oder Grenzänderungsanspruch.«
Eine breite Mehrheit für die Ratifizierung der Verträge konnte die gemeinsame Entschließung, der 491 Abgeordnete zustimmten, gleichwohl nicht herbeiführen. Bei der Schlussabstimmung am 17. Mai 1972 stimmten dem Moskauer Vertrag 248 Abgeordnete zu, 10 stimmten mit »Nein«, 238 enthielten sich der Stimme, dem Warschauer Vertrag stimmten ebenfalls 248 Abgeordnete zu. Hier ergaben sich 17 »Nein«-Stimmen und 231 Enthaltungen. Bei Stimmenthaltung des größten Teils der CDU/CSU-Fraktion waren damit die Verträge im Bundestag angenommen. Am 19. Mai 1972 ratifizierte auch der Bundesrat – bei Stimmenthaltung der CDU/CSU-geführten Länder – die beiden Ostverträge.

14.29 Verkehrsvertrag

Am 22. September 1972 billigte der Bundestag einstimmig bei 9 Enthaltungen der CDU/CSU den von den Staatssekretären Egon Bahr und Michael Kohl ausgehandelten und am 26. Mai 1972 unterzeichneten Verkehrsvertrag. Er trat am 17. Oktober 1972 in Kraft und war der erste Vertrag zwischen den beiden Staaten in Deutschland, den diese aus eigenem Recht und nicht im Rahmen alliierter Vereinbarungen schlossen. In ihm wurden alle praktisch-technischen Fragen des Verkehrs auf der Straße, der Schiene und auf dem Wasser geregelt.
Das Vertragswerk enthielt neben dem eigentlichen Vertragstext, Protokollvermerken und einem Briefwechsel auch eine »Information der DDR zu Reiseerleichterungen«. Danach konnten mehrmals im Jahr Verwandte und Bekannte in der DDR besucht werden. Auch Reisen in die DDR aus kommerziellen, sportlichen, kulturellen und religiösen Gründen sowie Touristenreisen waren möglich. DDR-Bürger konnten bei dringenden Familienangelegenheiten in die Bundesrepublik reisen. Bisher hatte die DDR lediglich Bürgern im Rentenalter die Reise in die Bundesrepublik Deutschland gestattet.

14.30 Grundlagenvertrag

Die sozialliberale Koalition hatte schon in ihrer ersten Regierungserklärung am 28. Oktober 1969 den Anspruch vorgetragen, das Verhältnis zwischen den beiden Staaten in Deutschland grundsätzlich neu zu regeln und in eine gesicherte und normale Form zu bringen. Die von Bundeskanzler Brandt beim Kasseler Treffen mit dem DDR-Ministerratsvorsitzenden Stoph am 21. Mai 1970 (▶ 14.21) vorgelegten 20 Punkte bildeten die Vorlage für den auszuhandelnden Vertrag. Wie beim *Transitabkommen* (▶ 14.25) und beim *Verkehrsvertrag* (▶ 14.29) wurden die Verhandlungen von Staatssekretär Bahr für die Bundesrepublik Deutschland und Staatssekretär Kohl für die DDR geführt. Am 16. August 1972 begannen die offiziellen Verhandlungen über den Grundlagenvertrag (häufig auch Grundvertrag genannt), die am 8. November 1972 mit der Paraphierung in Bonn und am 21. Dezember 1972 mit der Unterzeichnung in Ost-Berlin abgeschlossen wurden.
Beide Vertragspartner verpflichteten sich, zueinander normale gutnachbarliche Beziehungen auf der Grundlage der Gleichberechtigung aufzubauen, sich von den Prinzipien der UN-Charta leiten zu lassen und gegenseitig auf Gewaltanwendung und die Drohung mit Gewalt zu verzichten. Die Unverletzlichkeit der zwischen ihnen bestehenden Grenze, die uneingeschränkte Achtung ihrer territorialen Integrität, die Beschränkung der Hoheitsgewalt jedes der beiden Staaten auf das eigene Staatsgebiet

◀ *Paraphierung des Grundlagenvertrags zwischen der Bundesrepublik Deutschland und der Deutschen Demokratischen Republik am 8. November 1972 in Bonn. Das Bild zeigt die Verhandlungsführer der beiden Staaten bei der Unterschrift, links Michael Kohl (DDR), rechts Egon Bahr*

und die Respektierung der Unabhängigkeit und Selbstständigkeit jedes der beiden Staaten in seinen inneren und äußeren Angelegenheiten wurden ausdrücklich bekräftigt. Die Vertragspartner erklärten sich darin einig, friedliche Beziehungen besonders zwischen den europäischen Staaten zu fördern und zu den Bemühungen um eine kontrollierte internationale Rüstungsbegrenzung und Abrüstung beizutragen. Beide Seiten erklärten sich bereit, praktische und humanitäre Fragen zu regeln und eine Reihe von Abkommen über Zusammenarbeit auf verschiedenen Gebieten zu schließen. Der Austausch von ständigen Vertretungen wurde ebenfalls vereinbart.

Die dem Vertrag beigefügten Protokolle, Briefe und Dokumente beziehen sich unter anderem auf Arbeitsmöglichkeiten für Journalisten, Reiseerleichterungen, Familienzusammenführung sowie auf den Eintritt beider Staaten in die UN. Wie beim Abschluss des *Moskauer Vertrages* (▶ 14.22) übergab die Bundesregierung einen Brief zur deutschen Einheit. Das Bundesverfassungsgericht lehnte am 31. Juli 1973 eine Verfassungsklage Bayerns ab und erklärte den Grundlagenvertrag für »mit dem Grundgesetz vereinbar«. Es verwies aber hinsichtlich einer künftigen friedensvertraglichen Regelung auf das Fortbestehen der Viermächteverantwortung für Deutschland als Ganzes.

Daten

17. Sept. 1961	Bundestagswahl
14. Nov. 1961	4. Kabinett Adenauer (Koalition CDU/CSU-FDP)
24. Jan. 1962	Einführung der allgemeinen Wehrpflicht in der DDR
26. Okt. 1962	Beginn der »Spiegelaffäre«
19. Nov. 1962	Rücktritt von Verteidigungsminister Franz Josef Strauß
14. Dez. 1962	5. Kabinett Adenauer (Koalition CDU/CSU-FDP)
22. Jan. 1963	Deutsch-Französischer Freundschaftsvertrag
23.–26. Juni 1963	Staatsbesuch Kennedys
15. Okt. 1963	Rücktritt Adenauers
16. Okt. 1963	Ludwig Erhard wird wird Bundeskanzler (Koalition CDU/CSU-FDP)
17. Dez. 1963	1. Passierscheinabkommen
1963–1966	Auschwitz-Prozesse
12. Juni 1964	Freundschaftsvertrag zwischen Sowjetunion und DDR
1. Juli 1964	Heinrich Lübke zum 2. Mal Bundespräsident
24. Sept. 1964	Willi Stoph Vorsitzender des DDR-Ministerrats
12. Mai 1965	Aufnahme diplomatischer Beziehungen zu Israel
19. Sept. 1965	Bundestagswahl
26. Okt. 1965	2. Kabinett Erhard
25. März 1966	Friedensnote der Regierung Erhard
1. Dez. 1966	Kurt Georg Kiesinger Bundeskanzler; Große Koalition
14. Febr. 1967	1. konzertierte Aktion
20. Febr. 1967	Gesetz über DDR-Staatsbürgerschaft
2. Juni 1967	Tod von Benno Ohnesorg
8. Juni 1967	Stabilitätsgesetz
1. Juli 1967	Vereinigung der Organe der drei Europäischen Gemeinschaften
6. April 1968	neue DDR-Verfassung
11. April 1968	Attentat auf Rudi Dutschke
30. Mai 1968	Verabschiedung der Notstandsgesetze
1. Juli 1968	Zollunion der EG
21. Aug. 1968	Einmarsch von Truppen des Warschauer Pakts in die ČSSR
5. März 1969	Wahl Gustav Heinemanns zum Bundespräsidenten
28. Sept. 1969	Bundestagswahl
20. Okt. 1969	Willy Brandt Bundeskanzler; sozialliberale Koalition
28. Nov. 1969	Unterzeichnung des Atomwaffensperrvertrags
19. März 1970	1. Treffen Brandt/Stoph in Erfurt
21. Mai 1970	2. Treffen Brandt/Stoph in Kassel
12. Aug. 1970	Moskauer Vertrag
7. Dez. 1970	Warschauer Vertrag
3. Mai 1971	Rücktritt Ulbrichts als 1. Sekretär der SED; Nachfolger Erich Honecker
3. Sept. 1971	Viermächteabkommen über Berlin
10. Dez. 1971	Friedensnobelpreis für Brandt
17./20. Dez. 1971	Transitabkommen
15. Jan. 1972	neues Betriebsverfassungsgesetz
27. April 1972	Misstrauensvotum gegen Brandt gescheitert
17. Mai 1972	Ratifizierung der Ostverträge im Bundestag
26. Mai 1972	Verkehrsvertrag
3. Juni 1972	Viermächte-Schlussprotokoll zum Abkommen über Berlin; Inkrafttreten der Ostverträge
19. Nov. 1972	Bundestagswahl
15. Dez. 1972	2. Kabinett Brandt (Koalition SPD-FDP)
21. Dez. 1972	Grundlagenvertrag

Deutsch-deutsche Verantwortung (1972–1989)

15

Einführung

Aufgrund ihres eindrucksvollen Wahlsieges vom 19. November 1972 mit einer komfortablen Mehrheit im Bundestag ausgestattet, hätte die sozialliberale Koalition nun an die zügige Verwirklichung der in der vorangegangenen Legislaturperiode angekündigten innenpolitischen Reformen gehen können. Doch in dieser Hinsicht ließ die zweite Regierung Brandt/Scheel das Jahr 1973 weitgehend ungenutzt verstreichen. Die wirtschaftspolitischen Bemühungen richteten sich darauf, die überhitzte Konjunktur und die damit einhergehenden Preissteigerungen zu dämpfen. Dem Ansehen der Bundesregierung nicht zuträglich war die öffentliche Diskussion über den so genannten »Radikalenerlass« vom Januar 1972, der »Extremisten« vom öffentlichen Dienst ausschloss.

Am 1. Januar 1973 war aus der EWG der sechs Gründerstaaten die Gemeinschaft der Neun geworden, wozu das politische Engagement der Regierung Brandt – und ihrer Vorgängerinnen – maßgeblich beigetragen hatte. Neben Dänemark und Irland trat den Europäischen Gemeinschaften auch Großbritannien bei. Von dessen langer parlamentarisch-demokratischer Tradition erwartete man auch eine innere Stärkung der Gemeinschaft – eine Hoffnung, die sich nicht erfüllen sollte. Die Vertragspolitik mit den östlichen Nachbarn der Bundesrepublik wurde im Dezember 1973 mit dem Abschluss des Deutsch-Tschechoslowakischen Vertrages fortgesetzt. Ein weiteres Ergebnis der sozialliberalen Ostpolitik bildete die Aufnahme der Bundesrepublik Deutschland und der DDR in die Organisation der Vereinten Nationen im September 1973. Wohl hatte die Bundesrepublik seit langem in den Unter- und Sonderorganisationen der UN mitgearbeitet, doch nun wurden die beiden deutschen Staaten Vollmitglieder des internationalen Zusammenschlusses, den die Siegermächte des 2. Weltkrieges 1945 gegründet hatten.

Die massive Verteuerung des Erdöls im Gefolge des 4. israelisch-arabischen Krieges (Jom-Kippur-Krieg) vom Oktober 1973 – von den arabischen Ölförderländern als politische Waffe eingesetzt und von den westlichen Ölkonzernen ausgenutzt – hob auf drastische Weise die Knappheit dieses Rohstoffs und die Abhängigkeit der Industriegesellschaften vom Öl ins allgemeine Bewusstsein. Außer der Verteuerung des Erdöls gehörte auch der Zusammenbruch des Weltwährungssystems (1973) zu den Ursachen der Wirtschaftskrise, die nun die westlichen Industriestaaten erfasste. In der Bundesrepublik stieg die Zahl der Arbeitslosen 1974 auf über eine halbe Million und betrug in den Jahren 1975–77 jeweils über eine Million.

Der Führungsstil von Bundeskanzler Brandt wurde schon seit 1973 in den eigenen Reihen kritisiert. Der Fraktionsvorsitzende der SPD Wehner hatte gar von Moskau aus an der Ostpolitik der Bundesregierung und am Bundeskanzler Kritik geübt. In diese Situation platzte Ende April 1974 die Verhaftung Günter Guillaumes, der als Referent im Kanzleramt einer der engen Mitarbeiter Brandts war, wegen des Verdachts der Spionage für die DDR. Der Bundeskanzler übernahm dafür die politische Verantwortung und erklärte am 6. Mai 1974 seinen Rücktritt.

Die SPD bestimmte Helmut Schmidt zum Nachfolger, und am 16. Mai 1974 wählte der Bundestag mit den Stimmen von SPD und FDP Schmidt zum Bundeskanzler. Am Tag zuvor hatte die Bundesversammlung den bisherigen Vizekanzler und Außenminister Walter Scheel (FDP) zum Bundespräsidenten gewählt, nachdem Gustav Heinemann auf die Kandidatur für eine zweite Amtsperiode verzichtet hatte. In dem SPD-FDP-Kabinett, das Bundeskanzler Schmidt am 17. Mai vorstellte, übernahm daher der bisherige Innenminister Hans-Dietrich Genscher die Ämter des Außenministers und des Vizekanzlers; er wurde wenig später auch Vorsitzender der FDP. Unter dem Motto »Kontinuität und Konzentration« wollte die Regierung Schmidt/Genscher die sozialliberale Politik fortführen, sich dabei allerdings in »Realismus und Nüchternheit auf das Wesentliche« konzentrieren.

Die CDU/CSU stand freilich auch zur neuen Bundesregierung in unvermindert scharfer Opposition. In der Union hatte ein Wechsel der politischen Führung stattgefunden. Rainer Barzel, der schon 1972 seine Vorstellungen zur Ostpolitik in der Fraktion nicht hatte durchsetzen können und als Kanzlerkandidat bei der Bundestagswahl 1972 eine schwere Niederlage hatte erleiden müssen, trat im Mai/Juni 1973 als Vorsitzender der CDU/ CSU-Bundestagsfraktion und als Bundesvorsitzender der CDU zurück. Ein Sonderparteitag der CDU wählte im Juni 1973 den rheinland-pfälzischen Ministerpräsidenten Helmut Kohl zum neuen Parteivorsitzenden. Kohl führte die Union dann auch als Kanzlerkandidat in die Bundestagswahl von 1976 und übernahm nach der Wahlniederlage die Führung der Unionsfraktion im Bundestag.

Die anhaltende Opposition der CDU/CSU gegen die Ostpolitik der Regierung Schmidt zeigte sich auch in den Auseinandersetzungen um den deutschen Beitrag zur Konferenz über Sicherheit und Zusammenarbeit in Europa (KSZE). In der grundsätzlichen Ablehnung der Konferenz stand die Union – zusammen mit Albanien – in Europa allein. Gewiss, viele der Absichtserklärungen, die die Staats- und Regierungschefs von 35 Staaten (einschließlich der USA und Kanadas) in der Schlussakte von Helsinki am 1. August 1975 unterzeichneten, waren angesichts des weiterbestehenden Ost-West-Konflikts zunächst rhetorischer Natur, doch wurden mit der KSZE in ganz Europa politische Prozesse in Gang gesetzt, denen sich auch die kommunistischen Staaten nicht völlig entziehen konnten. Bei fester Verankerung im westlichen Bündnis entwickelte die Regierung Schmidt/Genscher die von der Regierung Brandt/Scheel begonnene Ostpolitik weiter.

In der DDR vollzog sich der Übergang von Ulbricht zu Honecker schrittweise. Nachdem Ulbricht das politisch entscheidende Amt des Ersten Sekretärs der SED schon 1971 an Honecker abgegeben hatte, wurde nach Ulbrichts Tod 1973 zunächst der bisherige Ministerpräsident Willi Stoph Vorsitzender des Staatsrats. Dieses Amt übernahm 1976 zusätzlich Erich Honecker, der als Parteichef den Titel Generalsekretär erhalten hatte, während Stoph wieder Vorsitzender des Ministerrats wurde. Nach dem Abschluss des Grundlagenvertrages 1972 wurde die DDR von fast allen Staaten der Erde diplomatisch anerkannt und gleichzeitig mit der Bundesrepublik im September 1973 in die UN aufgenommen. Das jahrelang von der DDR-Führung beharrlich verfolgte Ziel der internationalen Anerkennung war damit erreicht. Gegenüber der Bundesrepublik betrieb die DDR ihre Politik der Abgrenzung weiter. Gerade die durch die Vertragspolitik verstärkten Kontakte zwischen den Menschen in beiden deutschen Staaten und das Beharren der Bundesrepublik auf der Einheit der deutschen Nation veranlassten die DDR-Führung, die grundsätzlichen Unterschiede im politischen und gesellschaftlichen System hervorzuheben. Für zahlreiche Institutionen und Organisationen der DDR erfolgten Namensänderungen, bei denen der Bestandteil »deutsch« oder »Deutschland« gestrichen wurde. 1974 wurde schließlich der Begriff »deutsche Nation« aus der Verfassung der DDR herausgenommen. Regimekritiker wie Robert Havemann, Rudolf Bahro oder Wolf Biermann waren Repressionen ausgesetzt, die von Hausarrest und Haft bis zu Abschiebung und Ausbürgerung reichten.

Die Bundesrepublik Deutschland erlebte im Jahr 1977 einen Höhepunkt terroristischer Aktionen der »Rote-Armee-Fraktion« (RAF) und ihrer Nachfolgeorganisationen. Im April wurden Generalbundesanwalt Siegfried Buback und zwei seiner Begleiter in Karlsruhe auf offener Straße erschossen. Im Juli folgte der Mordanschlag auf den Vorstandssprecher der Dresdner Bank, Jürgen Ponto. Und im September wurde der Präsident der Spitzenverbände der Industrie und der Arbeitgeber, Hanns-Martin Schleyer, entführt und ermordet. Durch Verschärfung des Strafrechts, speziell des Demonstrationsrechts, und besondere Maßnahmen zur »Bekämpfung des Terrorismus« versuchte man, der Gewaltaktionen Herr zu werden. Das insgesamt besonnene Handeln der Regierung, das im Einzelfall genauso ein Eingehen auf erpresserische Forderungen bedeuten konnte wie eine harte, unnachgiebige Reaktion, sowie der Einsatz von durch den Rechtsstaat abgedeckten Mitteln machten es möglich, die Provokationen des Terrorismus zu bewältigen.

Der anhaltenden Wirtschaftskrise suchte die Regierung Schmidt durch nationale und internationale Maßnahmen zu begegnen. Die staatliche Kreditaufnahme wurde ausgeweitet und der Arbeitslosigkeit mit beschäftigungswirksamen öffentlichen Programmen erfolgreich gegengesteuert. Bundeskanzler Schmidt war – auch nachdem die konzertierte Aktion 1977 geplatzt war – um einen wirtschaftspolitischen Konsens mit Gewerkschaften und Unternehmern bemüht. International suchte die Bundesregierung eine Abstimmung der Wirtschaftspolitik. Ein Ziel war die Verhinderung abgrenzender protektionistischer Maßnahmen der Einzelstaaten, die den eigenen Markt zwar schützten, aber den Handel insgesamt erschwerten. Hierzu diente auch die Teilnahme an den jährlichen Wirtschaftsgipfelkonferenzen der wichtigsten westlichen Staaten seit 1975. Die wirtschaftliche Zusammenarbeit mit den kommunistischen Staaten wurde ausgebaut. Nach der Bundestagswahl von 1980, bei der die Auseinandersetzung Schmidt–Strauß zu einem klaren Ergebnis für die sozialliberale Koalition führte, schien die Regierungspolitik ihre sozialdemokratische Prägung mehr und mehr zu verlieren. Der Abstand zwischen dem Bundeskanzler, der auf der Höhe seines Ansehens in der deutschen Bevölkerung und in der Welt stand, und seiner – nach wie vor von Willy Brandt geführten – Partei vergrößerte sich. Einschnitte im Sozialbereich lösten Proteste aus den Reihen der SPD und von den Gewerkschaften aus. Als dann die FDP zur Behebung der Krise weitere Belastungen der sozial Schwächeren bei Schonung der höheren Einkommensschichten forderte, brach die Koalition im September 1982 auseinander. Von schweren innerparteilichen Auseinandersetzungen begleitet, vollzog die FDP den Wechsel zur Koalition mit der CDU/CSU und ermöglichte die Wahl Helmut Kohls zum Bundeskanzler durch den Erfolg des konstruktiven Misstrauensvotums am 1. Oktober 1982. Die Regierung Kohl/Genscher wurde durch die vorgezogene Bundestagswahl vom 6. März 1983 eindrucksvoll bestätigt. Der im Wahlkampf versprochene Aufschwung zeigte sich in einer Belebung der Wirtschaft, allerdings stieg die Arbeitslosigkeit von 1,8 Millionen (1982) auf 2,2 Millionen (1984/85). Gegen den Widerstand einer breiten Friedensbewegung, der sich auch die SPD anschloss, setzte die Bundesregierung 1983 die Stationierung amerikanischer Mittelstreckenraketen in der Bundesrepublik durch.

Seit der Wahl von 1983 sind im Bundestag mit der Fraktion der Grünen auch die neuen sozialen Bewegungen politisch vertreten, die in den 70er-Jahren in Gestalt von Bürgerinitiativen, Frauen- und alternativer Bewegung entstanden waren. Die Etablierung der Grünen, die 1985 in Hessen erstmals eine Koalitionsregierung mit der SPD bildeten, kann als Beweis für die Erneuerungsfähigkeit des politischen Systems der Bundesrepublik gelten. Den Grünen ist es gelungen, ein vorhandenes Unbehagen an der modernen industriellen Gesellschaft zu artikulieren und die Erhaltung der natürlichen Lebensgrundlagen zu einem der vorrangigen politischen Themen in der Bundesrepublik zu machen.

Die Regierungskoalition der CDU/CSU und FDP überstand die Belastungen durch eine Reihe von Affären, in die verschiedene Bundesminister verwickelt waren. Die Flick-Affäre führte zum Rücktritt von Wirtschaftsminister Lambsdorff, der aufseiten der FDP einer der Architekten der Koalition mit der Union gewesen war. Die gehäuften Spionagefälle des Jahres 1985 blieben letztlich ohne Einfluss auf das Verhältnis zur DDR, das die Regierung Kohl, aufbauend auf der Deutschlandpolitik der sozialliberalen Koalition, weiterentwickelt hatte. Die DDR-Führung ihrerseits hatte auch nach dem Bonner Regierungswechsel an dem Bemühen festgehalten, die verschärfte weltpolitische Ost-West-Spannung möglichst wenig auf das deutsch-deutsche Verhältnis durchschlagen zu lassen.

In der Bundestagswahl vom 25. Januar 1987 erlitten die großen Volksparteien erhebliche Stimmeneinbußen, wohingegen die kleinen Parteien Gewinne verbuchten. Die CDU/CSU erzielte 44,3 % (gegenüber 48,8 % im Jahr 1983), die SPD 37,0 % (gegenüber 38,2 % 1983). Die FDP erhielt 9,1 % (7,0 % 1983), die Grünen 8,3 % (5,6 % 1983). Bei Fortführung der christlich-liberalen Koalition wurde Helmut Kohl erneut zum Kanzler gewählt. Die Wahlentscheidung der Bundesbürger hatte das Kräfteverhältnis zwischen großen und kleinen Parteien wesentlich geändert.

Der Ausgang der Bundestagswahlen von 1987 spiegelt allgemeine gesellschaftliche Tendenzen wider. Deutlich wird, dass die Großorganisationen wie Parteien, Gewerkschaften und Kirchen ihre Anhänger und Wähler nicht mehr wie gewohnt binden können. Ursache hierfür scheint der von dem amerikanischen Soziologen Inglehart konstatierte Wertewandel zu sein. Danach hat sich die Bedeutung traditioneller Werte für den Einzelnen geändert: Selbstständigkeit und freier Wille sowie Selbstverwirklichung sind der Mehrzahl der Bürger wichtiger als traditionelle Werte wie Pflicht und Ordnung. Diese Veränderung wirkt sich ihrerseits wieder auf das politische Verständnis und Verhalten aus. Distanz und Kritik an etablierter Politik drücken sich in neuen Formen des sozialen und politischen Engagements aus. Zahlreiche Bürgerbewegungen und -initiativen sind Beleg für die zunehmende Aufspaltung in Einzelinteressen, die von den großen Organisationen kaum mehr vertreten werden können. Als Folge fühlen sich viele Wähler von den Amtsinhabern und Institutionen nicht mehr vertreten. Die daraus resultierende Politikverdrossenheit wird noch durch Skandale – wie die Barschel-Affäre 1987/88 – gestützt.

Der Wertewandel ist auch in einem veränderten Verhältnis der Menschen zur Arbeit, zur Religion, zur Gesundheit, zur Wissenschaft und zu anderen Menschen wahrnehmbar.

Im Blickpunkt des öffentlichen Interesses standen in den 80er-Jahren eher die politischen Ereignisse. Der neue sowjetische Generalsekretär Michail Gorbatschow weckte mit seinen Slogans »Glasnost« und »Perestroika« die Hoffnung auf eine Öffnung und Reformierung der UdSSR sowie auf einen sichtbaren Abbau des Ost-West-Konflikts. Am 8. Dezember 1987 wurde in Washington der INF-Vertrag zwischen den USA und der UdSSR unterzeichnet. Danach sollten alle amerikanischen und sowjetischen landgestützten Mittelstreckenraketen vollständig abgebaut werden. Dieser Durchbruch bei den seit 1983 unterbrochenen Abrüstungsverhandlungen wurde bei den beiden deutschen Staaten besonders positiv verzeichnet, waren sie doch beide zugleich Ziel- und Stationierungsländer.

Mit dem Staatsbesuch Honeckers in Bonn vom 7. bis 11. September 1987 wurde auch die innerdeutsche Entspannung sichtbar. Deutliche Zeichen der Annäherung wurden auch durch die Einrichtung von Städtepartnerschaften gesetzt. Die erste war im April 1986 zwischen Saarlouis und Eisenhüttenstadt vereinbart worden. Bei der Ausrichtung der 750-Jahr-Feier Berlins wurde jedoch deutlich, dass die beiden deutschen Staaten weit davon entfernt waren, sich auf eine gemeinsame Geschichte zu beziehen. Die DDR feierte völlig unabhängig von der Bundesrepublik in Ost-Berlin und stellte dabei die Rolle Berlins als Hauptstadt der DDR besonders heraus, während bei den Feierlichkeiten im Westteil der Stadt dessen Bindung an die Bundesrepublik unterstrichen wurde. Die Staatsoberhäupter Großbritanniens, Frankreichs und der USA nahmen im Mai und Juni 1987 an den Jubiläumsfeiern in West-Berlin teil, Michail Gorbatschow besuchte Ost-Berlin anlässlich einer Konferenz des Warschauer Pakts. Allerdings war das Verhältnis der DDR zur Sowjetunion durch die ablehnende Haltung der DDR-Führung gegenüber dem Reformkurs Gorbatschows merklich abgekühlt. Forderungen nach einer »Öffnung«, wie sie in der DDR immer stärker zu vernehmen waren, wurden von der Partei- und Staatsführung mit massiver Unterdrückung beantwortet. So wurden zahlreiche Demonstranten, die sich zu einer Gegendemonstration zur offiziellen Rosa-Luxemburg-Gedenkfeier am 17. Januar 1988 zusammengefunden hatten, verhaftet. Doch der Ruf nach »Glasnost« und »Perestroika« verstummte nicht mehr. Unter dem Dach der evangelischen Kirche sammelte sich die Oppostion, in Fürbittgottesdiensten und Mahnwachen gedachte man der Verhafteten. Im November 1989 wurde der Zusammenbruch des DDR-Regimes offenkundig.

15.1 »Radikalenerlass«

Am 28. Januar 1972 beschlossen Bundeskanzler Brandt und die Ministerpräsidenten der Länder »Grundsätze über die Mitgliedschaft von Beamten in extremistischen Organisationen«, die u. a. die Überprüfung von Bewerbern für den öffentlichen Dienst regeln sollten. Der so genannte Extremistenbeschluss nahm Bezug auf die Beamtengesetze, nach denen die Angehörigen des öffentlichen Dienstes verpflichtet sind,

◀ *Der »Radikalenerlass« führte über Jahre hinweg zu Protesten und Demonstrationen, wie hier im Februar 1977 in Frankfurt am Main*

sich zur freiheitlichen demokratischen Grundordnung im Sinne des Grundgesetzes zu bekennen. In der öffentlichen Diskussion wurde diese Maßnahme als »Radikalenerlass« kritisiert. In der Tat führte seine Anwendung in Einzelfällen zu Berufsverboten. Besonders in der CDU und der CSU war die Sorge verbreitet, dass die aus den *Studentenunruhen* (▶ 14.14) der 60er-Jahre hervorgegangenen linken Gruppierungen eine Gefahr für den Staat darstellten, zumal die Wortführer der Studentenbewegung die Parole vom »langen Marsch durch die Institutionen« ausgegeben hatten.

Politiker der SPD und der FDP erhoben schon bald Bedenken gegen den Extremistenbeschluss und seine zum Teil sehr fragwürdige Praktizierung, v.a. gegen die Überprüfung Tausender von Bewerbern durch den Verfassungsschutz. Das Bundesverfassungsgericht erklärte 1975, die Entscheidung über die Eignung eines Bewerbers sei nicht von seiner Mitgliedschaft in einer als verfassungsfeindlich eingestuften, aber nicht als verfassungswidrig verbotenen Partei, sondern von seinem Verhalten und seiner Persönlichkeit abhängig zu machen. Der von der SPD-FDP-Regierung daraufhin im Bundestag eingebrachte und verabschiedete Gesetzentwurf »zur Änderung dienstrechtlicher Vorschriften« scheiterte an der CDU/CSU-Mehrheit im Bundesrat. So kam es zur Spaltung der Bundesländer in dieser Frage. Während die unionsregierten Länder am Extremistenbeschluss in der alten Form festhielten, wandten ab 1976 die von der SPD regierten Länder und der Bund die liberaleren Regelungen des gescheiterten Gesetzentwurfes an.

15.2 EG – Europa der Neun

1967 hatten *EWG* (▶ 13.32), *Montanunion* (▶ 13.10) und Europäische Atomgemeinschaft gemeinsame Organe der Europäischen Gemeinschaften (EG) gebildet: Ministerrat, Kommission, Europäisches Parlament und Europäischen Gerichtshof (der Europäische Rat als Gremium der Staats- bzw. Regierungschefs kam 1974 hinzu). Dem Drängen der übrigen fünf Mitgliedsstaaten (Bundesrepublik Deutschland, Italien, Niederlande, Belgien, Luxemburg) auf ein schnelleres Fortschreiten zur angestrebten politischen Union setzte Frankreich Widerstand entgegen. Staatspräsident de Gaulle lehnte eine Entwicklung der EG zum supranationalen Zusammenschluss ab und warb bei den Partnern für sein Konzept eines »Europa der Vaterländer«. De Gaulle widersetzte sich auch der von den übrigen EG-Mitgliedern angestrebten Erweiterung der Sechsergemeinschaft namentlich um Großbritannien, das nach de Gaulles Einschätzung eine zu enge Partnerschaft mit den USA unterhielt.

Im Gegenzug zur Gründung der EWG (1957) hatten Großbritannien, Dänemark, Norwegen, Österreich, Portugal, Schweden und die Schweiz 1960 die Europäische Freihandelsassoziation (EFTA) gebildet, die als handelspolitischer Zusammenschluss in Konkurrenz zur EWG trat, in ihren Zielsetzungen jedoch bescheidener blieb.

Die Erweiterung der EG war dennoch auf der europäischen Tagesordnung geblieben. 1969 schließlich konnte Bundeskanzler Brandt auf der Haager Gipfelkonferenz der EG seinen Vorschlag durchsetzen, erneut Beitrittsverhandlungen mit Großbritannien, Dänemark, Irland und Norwegen aufzunehmen. Die Konferenz erklärte gleichzeitig die Übergangsphase zur Errichtung eines gemeinsamen Marktes in der EWG für abgeschlossen – die Zollunion war 1968 fast vollständig verwirklicht worden – und beschloss, nunmehr eine Währungs- und Wirtschaftsunion zu errichten. Die Beitrittsverträge konnten im Januar 1972 unterzeichnet werden; am 1. Januar 1973 wurden Großbritannien, Dänemark und Irland Mitglieder der EG – in Norwegen hatte sich in einer Volksabstimmung die Mehrheit gegen den EG-Beitritt ausgesprochen. Nach vielen vergeblichen Anläufen gelang es, für 1979 die erste direkte Wahl des Europäischen Parlaments durchzusetzen. Wenngleich die Wahlbeteiligung in den neun Staaten der EG sehr unterschiedlich war, bildeten doch Wahlkampf und Wahl einen wichtigen Beitrag zum europäischen Bewusstsein der Bürger. Doch es blieb nicht beim Europa der Neun: Am 1. Januar 1981 traten Griechenland, am 1. Januar 1986 Spanien und Portugal der Europäischen Gemeinschaft bei. Weitere Länder des Mittelmeerraumes (darunter die Türkei, die die volle Mitgliedschaft anstrebt) und über 60 Staaten der Dritten Welt sind mit der EWG durch Assoziierungsverträge verbunden.

1985 wurde ein neuer Anlauf unternommen, die europäische Vereinigung voranzutreiben. Eine Regierungskonferenz erhielt den Auftrag, »konkrete Fortschritte auf dem Weg zur Europäischen Union herbeizuführen«. Sie erarbeitete die Einheitliche Europäische Akte (EEA), die nach der Ratifizierung durch die zwölf Mitgliedstaaten der Europäischen Gemeinschaft am 1. Juli 1987 in Kraft trat.

Die EEA schuf eine Reihe institutioneller Stärkungen der Gemeinschaft. So wurden Mehrheitsentscheidungen im Ministerrat erleichtert, das Europäische Parlament verstärkt an der Gesetzgebung beteiligt, für die die Entscheidungskompetenz allerdings beim Ministerrat verbleibt, und die bisher informelle Europäische Politische Zusammenarbeit (mit dem Ziel einer gemeinsamen Außenpolitik) zum Bestandteil des europäischen Vertragswerks erhoben. Das wichtigste Ziel der EEA war aber die Vereinbarung zur Vollendung des Europäischen Binnenmarktes bis zum 31. Dezember 1992.

Der Rat für gegenseitige Wirtschaftshilfe (RGW), in dem die Ostblockstaaten zusammengeschlossen waren, nahm im Juni 1988 offizielle Beziehungen zur EG auf – nachdem er 31 Jahre lang eine Politik der Nichtanerkennung gegenüber dem westeuropäischen Zusammenschluss betrieben hatte.

Seit dem 1. Januar 1993 ist der Europäische Binnenmarkt erreicht: Der freie Verkehr von Personen, Waren, Dienstleistungen und Kapital innerhalb der Gemeinschaft ist damit gewährleistet. Die EG ist mit einem Anteil am Weltimport von 25 % (1991, ohne Binnenhandel) der größte Markt der Welt, und sie ist dabei, sich auch politisch enger zusammenzuschließen, erleichtert wird dies auch durch die Einführung des *Euro* (▶ 17.2).

15.3 UN-Aufnahme beider deutscher Staaten

In einem Zusatzprotokoll zum *Grundlagenvertrag* (▶ 14.30) hatten die Bundesrepublik und die DDR 1972 miteinander verabredet, in zeitlicher Abstimmung einen Antrag auf Mitgliedschaft in den Vereinten Nationen zu stellen. Am 18. September 1973 wurden anlässlich der 28. Vollversammlung der Vereinten Nationen (UN = United Nations) in New York die DDR als 133. und die Bundesrepublik Deutschland als 134. Mitglied in die Weltorganisation aufgenommen. Bundesaußenminister Walter Scheel nannte in seiner Rede vor der UN-Vollversammlung die Prinzipien der Selbstbestimmung, der Entspannung und des Gewaltverzichtes als außenpolitische Leitlinien der Bundesregierung für ihre Mitarbeit in den Vereinten Nationen. Er versicherte den Delegierten: »Wo immer eine Schlacht um die Befreiung des Menschen von leiblicher Not, um sein Recht auf menschenwürdige Existenz geschlagen wird, dort werden Sie die Bundesrepublik Deutschland in der ersten Reihe der Kämpfer finden. Immer wieder ist die Rede von der einen, der anderen, der Dritten Welt. Ich vermag den tieferen Sinn einer solchen Unterscheidung nicht zu erkennen. Sollten wir nicht statt dessen in Solidarität den Kampf gegen die Armut führen, gemeinsam als Bürger einer Welt? Wenn eine Politik dies möglich macht, so ist es

die Politik der Entspannung. Meine Regierung hat daran mitgearbeitet. Die Entspannung soll keinen Exklusivcharakter haben, sie soll allen nützen. Der Abbau von Konfrontation kann Energien freisetzen. Sie sollen zur Überwindung wirtschaftlicher und sozialer Ungerechtigkeiten eingesetzt werden ...«
Die DDR erreichte mit der Aufnahme in die UN endlich ihr Ziel einer weltweiten Anerkennung.

15.4 Ölkrise

Im 4. israelisch-arabischen Krieg vom Oktober 1973 setzten die arabischen Staaten, auch die nicht unmittelbar am Krieg beteiligten, erstmals das Öl als politische Waffe ein. Noch während des Krieges erhöhten die arabischen Ölförderstaaten drastisch den Ölpreis und beschlossen kontinuierliche Produktionseinschränkungen. Über die USA und die Niederlande wurde wegen deren proisraelischer Haltung ein Lieferboykott verhängt, der sich auch auf die übrigen westeuropäischen Staaten auswirkte. Die OPEC (Organisation der Erdöl exportierenden Länder), der auch eine Anzahl nichtarabischer Ölförderstaaten angehört, zog mit ihrer Preispolitik nach. Der Rohölpreis, der 1970 noch 1,40 US-Dollar pro Barrel (=158,8 Liter) betragen hatte, vervierfachte sich 1973. Die westlichen Ölkonzerne verstanden es, die Verknappung des Ölangebots für sich auszunutzen, und erzielten kräftige Gewinnsteigerungen.
In der Bundesrepublik Deutschland bestand die unmittelbare Reaktion auf die Ölkrise in einer Einschränkung des Energieverbrauchs, in der Verordnung von vier autofreien Sonntagen im November/Dezember 1973 und in der zeitweisen Einführung von Geschwindigkeitsbeschränkungen (»Tempo 100« auf Autobahnen). Schlagartig wurde damit der breiten Öffentlichkeit die Abhängigkeit von den Erdölimporten und die begrenzte Verfügbarkeit des Rohstoffes Öl deutlich. Die Ölkrise war einer der auslösenden Faktoren für die schwerste *Wirtschaftskrise* (▶ 15.22) seit Kriegsende, von der ab 1973/74 die westlichen Industriestaaten betroffen waren. 1974 und in den folgenden Jahren nahm die OPEC weitere Preiserhöhungen vor. Durch die Revolution in Iran 1979 wurde eine zweite Ölkrise ausgelöst, die den Rohölpreis auf knapp 23 Dollar pro Barrel steigen ließ; den bis dahin höchsten Stand erreichte der Ölpreis im Oktober 1981 mit 34 Dollar.

15.5 Prager Vertrag

Im Rahmen der von der sozialliberalen Bundesregierung betriebenen *Ostpolitik* (▶ 14.20) wurden nach dem Abschluss des Moskauer und des Warschauer Vertrages sowie des Grundlagenvertrages mit der DDR im Mai 1973 auch Verhandlungen mit der tschechoslowakischen Regierung aufgenommen. Schon seit 1971 waren Vorgespräche geführt worden, die nur sehr mühsam vorankamen. Schwierigkeiten bereitete vor allem die Frage, ob das Münchner Abkommen von 1938, in dem die Unterzeichnerstaaten Deutschland, Italien, Großbritannien und Frankreich die Tschechoslowakei zur Abtretung der mehrheitlich von Deutschen bewohnten Sudetengebiete gezwungen hatten,

◀ *Aufgrund der Ölkrise galt an vier Sonntagen im November/Dezember 1973 ein allgemeines Fahrverbot. Hier das ungewohnt leer daliegende Autobahnkreuz Duisburg-Kaiserberg an einem der »autofreien Sonntage«*

als ungültig »von Anfang an« bezeichnet werden sollte oder nur allgemein als nicht mehr gültig. Die Tschechoslowakei bestand auf der Ungültigkeitserklärung »von Anfang an«, die Bundesregierung befürchtete, dass sich daraus unübersehbare Folgen staats- und privatrechtlicher Art ergeben könnten. In den Verhandlungen konnte im Wesentlichen der deutsche Standpunkt durchgesetzt werden, d.h., das Münchner Abkommen wurde im Vertrag als »nichtig« bezeichnet; daraus sollten nachteilige Rechtsfolgen für die Betroffenen oder materielle Ansprüche der Tschechoslowakei nicht abgeleitet werden können. Die Formulierungen über den Gewaltverzicht und die Unverletzlichkeit der Grenzen waren dem Text des Warschauer Vertrages angepasst. Am 11. Dezember 1973 unterzeichneten die Regierungschefs Brandt und Štrougal sowie die Außenminister Scheel und Chňoupek in Prag den Deutsch-Tschechoslowakischen Vertrag. Am selben Tag wurden die diplomatischen Beziehungen zwischen beiden Staaten aufgenommen.
Zehn Tage später wurde in Bonn, Sofia und Budapest mitgeteilt, dass auch zwischen Bulgarien, Ungarn und der Bundesrepublik Deutschland diplomatische Beziehungen aufgenommen wurden.

15.6 Politik der Abgrenzung in der DDR

Der Beginn der 70er-Jahre markiert in der politischen Entwicklung der DDR einen doppelten Einschnitt. 1971 erfolgte der Führungswechsel in der Staatspartei, und am Ende des folgenden Jahres wurde der Grundlagenvertrag unterzeichnet. Die vermehrten Kontakte, die mit der Verbesserung der Beziehungen zwischen beiden deutschen Staaten entstanden waren, lösten bei der DDR-Führung Befürchtungen hinsichtlich der Stabilität des eigenen Staates aus. Gegenüber der Hervorhebung der Einheit der deutschen Nation und der gemeinsamen deutschen Geschichte und Kultur durch die Bundesrepublik stellte die SED-Spitze die grundsätzlichen Unterschiede im politischen und gesellschaftlichen System zwischen beiden deutschen Staaten heraus.
Bereits einen Monat nach dem erzwungenen Rücktritt Ulbrichts hatte sein Nachfolger, Erich Honecker, auf dem VIII. Parteitag der SED die

▲ *Nachdem Walter Ulbricht entmachtet worden war, übernahm Erich Honecker im Mai 1971 das Amt des Ersten Sekretärs des Zentralkomitees der SED. In dieser Funktion trug er am 15. Juni 1971 dem VIII. Parteitag der SED den Rechenschaftsbericht des Zentralkomitees vor*

Behauptung aufgestellt, »dass der Prozess der Abgrenzung zwischen beiden Staaten in allen Bereichen des gesellschaftlichen Lebens immer tiefgehender wird«. In der DDR entwickle sich die »sozialistische Nation«, während in der Bundesrepublik die »bürgerliche Nation« fortbestehe. Furcht vor gesamtdeutschen Hoffnungen in der DDR-Bevölkerung, die bei dem enthusiastischen Empfang Willy Brandts in Erfurt (▶ 14.21) spürbar geworden waren, veranlassten die SED-Führung, am 7. Oktober 1974 weit reichende Verfassungsänderungen in Kraft zu setzen, die alle Bezüge auf eine gemeinsame deutsche Nation tilgten. In der »sozialistischen Verfassung« von 1968 (▶ 14.16) war noch von der »ganzen deutschen Nation« (Präambel) die Rede gewesen, und die »Überwindung der vom Imperialismus der deutschen Nation aufgezwungenen Spaltung Deutschlands, die schrittweise Annäherung der beiden deutschen Staaten bis zu ihrer Vereinigung auf der Grundlage der Demokratie und des Sozialismus« (Art. 8) war als Ziel der Staatspolitik bezeichnet worden. Demgegenüber wurde nur sechs Jahre später betont, dass die »DDR ein fester Bestandteil der sozialistischen Staatengemeinschaft« sei, »für immer und unwiderruflich« mit der Sowjetunion verbündet (Art. 6).

◀ *Die DDR-Politik der Abgrenzung machte auch vor Künstlern nicht Halt. Der Liedermacher Wolf Biermann wurde nach einem Konzert in Köln im November 1976 von der DDR-Regierung ausgebürgert. Das Bild zeigt ihn (2. von rechts) bei einer Pressekonferenz zusammen mit Helmut Gollwitzer (ganz rechts) und Otto Schily (ganz links)*

Angst vor unerwünschten Kontakten der Bevölkerung mit westlichen Korrespondenten führte zwischen 1974 und 1979 auch zu weiteren Verschärfungen des politischen Strafrechts. Die bloße Weitergabe von Informationen »zum Nachteil der Interessen der DDR« wurde bereits als »landesverräterische Nachrichtenübermittlung« mit Strafe bedroht, auch wenn die entsprechenden Auskünfte nicht der Geheimhaltung unterlagen. Eine exzessive Auslegung des Begriffs »Geheimnisträger«, die selbst noch den Pförtner einer Forschungseinrichtung einschloss, erlegte vielen DDR-Bürgern ein generelles Kontaktverbot gegenüber westdeutschen Besuchern auf. Die Veröffentlichung von Publikationen im Westen wurde nach einer Änderung des Devisen- und Zollgesetzes 1979 mit erheblich verschärften Strafen bedroht, wenn sie ohne Genehmigung der zuständigen Behörden erfolgte. Mit juristischen Mitteln versuchte die Partei- und Staatsführung auch die Berichterstattung über die DDR einzuschränken. Journalisten wurden strikten Arbeitsvorschriften unterworfen, die eine wesentliche Beeinträchtigung der Freiheit der Berichterstattung darstellten, indem Interviews und Befragungen jeder Art in einer Verordnung vom 11. April 1979 grundsätzlich als genehmigungspflichtig erklärt wurden. In Einzelfällen schreckte die SED auch vor der Ausweisung missliebiger Journalisten und der Schließung von Redaktionsbüros nicht zurück.

Den Vorsitz im Staatsrat und damit die Funktion des Staatsoberhaupts übernahm 1976 *Erich Honecker* (▶ 15.25), der bereits 1971 Walter Ulbricht im politisch entscheidenden Amt des Ersten Sekretärs des ZK der SED abgelöst hatte.

15.7 Guillaume-Affäre

Am 25. April 1974 gab die Bundesanwaltschaft bekannt, dass im Bundeskanzleramt ein enger Mitarbeiter des Bundeskanzlers Willy Brandt festgenommen worden sei, weil er im Verdacht stand, Spionage für die DDR betrieben zu haben. Günter Guillaume war, wie Bundesjustizminister Jahn in der Debatte des Bundestages

▲ *Kanzleramtsspion Günter Guillaume (rechts) mit Bundeskanzler Willy Brandt*

berichtete, 1956 angeblich als Flüchtling in die Bundesrepublik gekommen. Er war jedoch Mitarbeiter des Ministeriums für Staatssicherheit der DDR und Offizier der Nationalen Volksarmee. Seit diesem Zeitpunkt hatte er nachrichtendienstlich gearbeitet und war im Wesentlichen auf die Parteiarbeit der SPD angesetzt worden. 1970 war er in das Bundeskanzleramt gekommen und hatte dort seit 1972 im Kanzlerbüro die Parteitermine des Bundeskanzlers zu organisieren sowie den Schriftverkehr mit Parteigliederungen und Mitgliedern zu führen.
Während sich Bundeskanzler Brandt tief betroffen und menschlich enttäuscht zeigte, forderte die Opposition die Untersuchung des Falles und Aufklärung über die Hintergründe. Brandt übernahm am 6. Mai 1974 in einem Schreiben an Bundespräsident Gustav Heinemann persönlich die Verantwortung für die Fahrlässigkeiten im Zusammenhang mit der Guillaume-Affäre und erklärte seinen Rücktritt vom Amt des Bundeskanzlers. Die SPD nominierte den bisherigen Bundesfinanzminister *Helmut Schmidt* (▶ 15.8), der am 16. Mai 1974 vom Bundestag zum Kanzler gewählt wurde.
Guillaume und seine Frau wurden Ende 1975 wegen schweren Landesverrates zu 13 bzw. 8 Jahren Gefängnis verurteilt. Sie wurden 1981 in die DDR abgeschoben. Guillaume starb am 17. April 1995.

15.8 Helmut Schmidt

Geboren am 23. Dezember 1918 in Hamburg als Sohn eines Studienrates, nahm Schmidt als Soldat und Offizier am 2. Weltkrieg teil, studierte 1946 bis 1949 Staatswissenschaften und trat 1946 in die SPD ein. 1947/48 war Schmidt Bundesvorsitzender des Sozialistischen Deutschen Studentenbundes (SDS), von 1949 bis 1953 bei der Behörde für Wirtschaft und Verkehr in Hamburg tätig, ab 1952 Verkehrsdezernent. Von 1953 bis 1962 Mitglied des Bundestages, machte er sich einen Namen als Verteidigungsexperte. Als Innensenator in Hamburg (1961–65) wurde Schmidt durch sein energisches Eingreifen während der Sturmflutkatastrophe von 1962 weit über Hamburgs Grenzen hinaus bekannt. Seit 1965 wieder im Bundestag, wurde Schmidt 1967 Fraktionsvorsitzender der SPD, 1968–84 war er einer der beiden Stellvertreter des Parteivorsitzenden. In der sozialliberalen Koalitionsregierung wurde Schmidt 1969 Verteidigungsminister, im Juli 1972 (nach dem Rücktritt Karl Schillers) Bundesminister für Wirtschaft und Finanzen; im Dezember 1972 gab er das Wirtschaftsressort an Hans Friderichs (FDP) ab.
Nach dem Rücktritt Bundeskanzler *Brandts* im Zusammenhang mit der *Guillaume-Affäre* (▶ 15.7) wurde Schmidt mit den Stimmen von SPD und FDP zum Bundeskanzler gewählt. In seiner Regierungserklärung betonte Schmidt, die Leitworte der neuen Regierung seien »Kon-

▲ *Bundeskanzler Helmut Schmidt bei seiner Rede auf dem Parteitag der SPD im Dezember 1979 in Berlin*

tinuität und Konzentration«. Einige Reformvorhaben wurden im Hinblick auf die *Wirtschaftskrise* (▶ 15.22) zurückgestellt, die Entspannungspolitik dagegen konsequent fortgesetzt. Nach den von der SPD-FDP-Koalition gewonnenen Bundestagswahlen von 1976 und 1980 wurde Schmidt erneut zum Bundeskanzler gewählt. Bei der Abwehr des *Terrorismus* (▶ 15.10) bewies Schmidt Härte und Durchhaltevermögen, aber auch Augenmaß, sodass der

liberale Rechtsstaat letztlich ohne größere Beeinträchtigungen blieb. Wegen seiner staatsmännischen und volkswirtschaftlichen Fähigkeiten erwarb sich Schmidt hohes internationales Ansehen. Mit dem französischen Staatspräsidenten Valéry Giscard d'Estaing, mit dem ihn eine persönliche Freundschaft verband, setzte er die Vertiefung der deutsch-französischen Zusammenarbeit fort.
Die anhaltende Weltwirtschaftskrise, die wie in den anderen Industriestaaten, auch in der Bundesrepublik zu einem stetigen Ansteigen der Arbeitslosenzahlen und wachsendem Haushaltsdefizit führte, verursachte nach 1980 zunehmend Meinungsverschiedenheiten in der SPD-FDP-Koalition und schließlich deren Bruch. Helmut Schmidt, der sich zudem wachsendem Widerstand aus der eigenen Partei gegen den *NATO-Doppelbeschluss* (▶15.30) gegenübersah, wurde am 1. Oktober 1982 durch ein konstruktives Misstrauensvotum der CDU/CSU-Opposition im Bündnis mit der Mehrheit der FDP-Fraktion unter Führung Genschers gestürzt. Neuer Bundeskanzler wurde der CDU-Vorsitzende Helmut Kohl. Auch nach dem Ende seiner politischen Karriere blieb Schmidt eine gefragte und geschätzte Persönlichkeit des öffentlichen Lebens. Er nimmt vor allem publizistisch durch seine nachdenklichen Beiträge zu aktuellen Diskussionen Einfluss auf gesellschaftliche und politische Entwicklungen.

15.9 Hans-Dietrich Genscher

In Reideburg bei Halle (Saale) am 21. März 1927 geboren, studierte Genscher nach dem Abitur 1946–49 Jura in Halle und Leipzig. Er war nach 1945 zunächst Mitglied der LDPD der sowjetischen Zone. 1952 ging er in die Bundesrepublik Deutschland und arbeitete ab 1954 als Rechtsanwalt. 1959–65 war Genscher Geschäftsführer der FDP-Bundestagsfraktion, daneben 1962–64 Bundesgeschäftsführer der FDP, seit 1965 Mitglied des Bundestages, 1968–74 stellvertretender Parteivorsitzender. In der sozialliberalen Koalitionsregierung ab 1969 Bundesinnenminister, ergriff er u. a. wichtige Initiativen im Umweltschutz. In der im Mai 1974 neu gebildeten SPD-FDP-Regierung unter Helmut Schmidt wurde Genscher Außenminister und Vizekanzler, nachdem sein Vorgänger Walter Scheel zum Bundespräsidenten gewählt worden war. Auch im Parteivorsitz der FDP trat Genscher im Oktober 1974 dessen Nachfolge an.

▲ *Außenminister Hans-Dietrich Genscher auf dem FDP-Parteitag im Oktober 1974 in Hamburg, auf dem er zum Bundesvorsitzenden seiner Partei gewählt wurde*

Bereits im Sommer 1981 schrieb Genscher an seine Parteifreunde, es müsse eine »Wende« in der deutschen Politik stattfinden. 1982 vollzog er auf der Suche nach einer neuen Mehrheit den Wechsel zum Bündnis mit der Union. In der Koalitionsregierung aus CDU, CSU und FDP unter Bundeskanzler Kohl, die im Oktober 1982 gebildet und in den Bundestagswahlen 1983, 1987, 1990 und 1994 bestätigt wurde, übernahm Genscher bis 1992 erneut die Ämter des Außenministers und des Vizekanzlers. Er setzte sich erfolgreich dafür ein, die Außen- und Deutschlandpolitik der sozialliberalen Koalition auch in der neuen Bundesregierung im Wesentlichen fortzuführen. Vom Parteivorsitz trat er 1984 zurück, blieb aber der bedeutendste und populärste Politiker der FDP und wurde dienstältester Außenminister der Welt. Bedeutenden Anteil hatte er 1989/90 an der deutschen Einigung und deren Einbettung in die internationale Politik. Im Mai 1992 trat Genscher zurück.

15.10 Terrorismus

Aus einem kleinen Teil der studentischen Protestbewegung hatte sich nach 1968 eine terroristische Gruppierung unter dem Namen »Rote-Armee-Fraktion« (RAF) gebildet, die nach den Namen zweier ihrer Anführer auch Baader-Meinhof-Gruppe genannt wurde. Mit Brandanschlägen auf Kaufhäuser hatte es 1968 begonnen, später folgte eine Serie von Bombenanschlägen, vorwiegend gegen Einrichtungen der Polizei oder der amerikanischen Armee. Die terroristischen Aktivitäten der RAF standen anfangs noch unter einer sozialrevolutionären Zielsetzung, während sie später vor allem der Freipressung inhaftierter Terroristen dienten und schließlich in Gewaltausübung um der Gewalt willen übergingen. Die Terroristen arbeiteten aus dem Untergrund, sie hatten anfänglich mithilfe von Sympathisanten ein Netz von Stützpunkten aufgebaut. Durch Banküberfälle verschafften sie sich Geldmittel, durch Einbrüche in Behörden erbeuteten sie Blankoausweise und Stempel für die Anfertigung von falschen Pässen.

Am 1. Juni 1972 gelang der Polizei in Frankfurt am Main die Festnahme der führenden RAF-Mitglieder. Doch diese führten in der Haft ihren Kampf gegen die westdeutsche Gesellschaft fort. Sie riefen zu neuen terroristischen Aktionen auf und setzten das Mittel des Hungerstreiks ein. Der Häftling Holger Meins starb an den Folgen des Hungerstreiks trotz Zwangsernährung. Einen Tag später, am 10. November 1974, ermordeten RAF-Mitglieder den Berliner Kammergerichtspräsidenten Günther von Drenkmann. Mit der Entführung des Berliner CDU-Vorsitzenden Peter Lorenz am 27. Februar 1975 erpresste ein Terrorkommando der »Bewegung 2. Juni«, dass fünf inhaftierte Gesinnungsgenossen nach Südjemen ausgeflogen wurden. Der von Bundeskanzler Schmidt geleitete Krisenstab hatte beschlossen, zur Rettung eines Menschenlebens rechtsstaatliche Grundsätze auszusetzen und den Terroristen nachzugeben. Eine weitere Demütigung des Staates wollte die Bundesregierung nicht hinnehmen, sie war aber auch bemüht, nicht durch Überreaktion einen Polizeistaat herbeizuführen.

Eine neue Welle von terroristischen Brand- und Sprengstoffanschlägen erreichte in den Morden des Jahres 1977 einen Gipfelpunkt an Brutalität. Dem Mordanschlag auf den Generalbundesanwalt Siegfried Buback auf offener Straße in Karlsruhe am 7. April 1977 fielen auch zwei seiner Begleiter zum Opfer. Dem Mord an dem Vorstandssprecher der Dresdner Bank, Jürgen Ponto, am 30. Juli 1977 folgte die Entführung des Arbeitgeberpräsidenten Hanns-Martin Schleyer am 5. September 1977, dessen vier Begleiter bei dem Überfall in Köln erschossen wurden. Auch jetzt wieder wollten die Entführer die Freilassung von elf Häftlingen erpressen. Der große Krisenstab, dem unter Leitung des Bundeskanzlers auch Oppositionsvertreter angehörten, suchte Schleyers Leben zu retten, ohne der Forderung der Terroristen nachgeben zu müssen. Die seit langem bekannten internationalen Verflechtungen des Terrorismus wurden erneut deutlich, als am 13. Oktober 1977 palästinensische Luftpiraten eine Lufthansamaschine mit 91 Insassen entführten und die Frei-

▲ *Am 5. September 1977 wurde Hanns-Martin Schleyer von RAF-Terroristen entführt, seine vier Begleiter starben im Kugelhagel. Das Foto des in ihrer Gewalt befindlichen Arbeitgeberpräsidenten schickten die Terroristen – zusammen mit der Forderung an die Bundesregierung, ihre Fahndungsaktivitäten aufzugeben – an eine französische Zeitung*

lassung der elf deutschen und zweier türkischer Häftlinge forderten. Am 18. Oktober stürmte das Sonderkommando GSG 9 des Bundesgrenzschutzes das Flugzeug auf dem Flughafen von Mogadischu (Somalia) und befreite die Geiseln. Wenige Stunden später wurden die in Stuttgart-Stammheim inhaftierten RAF-Anführer Baader, Ensslin und Raspe in ihren Zellen tot aufgefunden. Das Untersuchungsergebnis lautete: Selbstmord durch Pistolenschüsse. Nicht geklärt werden konnte, wie die Waffen in die Zellen gelangt waren. Einen Tag später fand man die Leiche des ermordeten Arbeitgeberpräsidenten Schleyer im Elsass.
Auch nach zahlreichen Festnahmen und Verurteilungen war die terroristische Bedrohung nicht gebannt, wie etwa die Mordanschläge der RAF auf den Siemens-Manager Karl-Heinz Beckurts und seinen Fahrer sowie auf Gerold von Braunmühl, einen der höchsten Beamten des Auswärtigen Amtes, 1986 deutlich machten. Der am 30. November 1989 auf Alfred Herrhausen, den Vorstandssprecher der Deutschen Bank und wohl einflussreichsten deutschen Wirtschaftsmanager, verübte Mordanschlag zeigte nach Aussage der Bundesanwaltschaft, dass die RAF nach wie vor über eine funktionierende Organisation und Logistik verfügte.
Nach der Wende in der DDR wurde der lang gehegte Verdacht bestätigt, dass einige RAF-Terroristen dort Zuflucht gefunden hatten. Nach Hinweisen von Bürgern und Stasi-Mitarbeitern konnten 1990 u.a. die RAF-Aussteiger Susanne Albrecht in Ost-Berlin, Inge Viett in Magdeburg, Monika Helbing und Eckehard Freiherr von Seckendorff-Gudent in Frankfurt (Oder) verhaftet werden. Sie hatten in der DDR ein unauffälliges Leben geführt. Das Ministerium für Staatssicherheit war ihnen bei der Einbürgerung, Eingliederung, Wohnungs- und Arbeitssuche behilflich gewesen.

15.11 Stammheimer Prozesse gegen RAF-Mitglieder

»Stammheim« wurde in der Geschichte der Bundesrepublik zum Synonym für die strafrechtliche Auseinandersetzung mit dem *Terrorismus* (▶15.10) der »Rote-Armee-Fraktion« (RAF), obwohl Terroristenprozesse auch an anderen Orten stattfanden. Auf dem Gelände der Strafanstalt in Stuttgart-Stammheim war eigens ein mit aufwendigen Sicherheitseinrichtungen ausgestattetes Gerichtsgebäude errichtet worden. Hier begann am 21. Mai 1975 vor dem Oberlandesgericht Stuttgart der Prozess gegen die ersten Anführer der RAF, Andreas Baader, Ulrike Meinhof, Gudrun Ensslin und Jan-Carl Raspe. Gericht und Bundesanwaltschaft sahen sich vor die Aufgabe gestellt, mit den Mitteln des Strafrechts die kriminellen Taten von Angeklagten zu ahnden, die für sich den Status von Kriegsgefangenen und die Anwendung des Kriegsrechts reklamierten. Im Verlauf des Verfahrens stellte die Verteidigung zahlreiche Befangenheitsanträge, nach dem 85. Antrag wurde im Januar 1977 der Vorsitzende Richter von der Prozess führung entbunden; es kam zu einem zeitweiligen Prozessboykott vonseiten der Verteidiger sowie zu Hungerstreiks der Angeklagten. Die Justiz griff andererseits zu rechtsstaatlich bedenklichen Maßnahmen wie der Entpflichtung sämtlicher Wahlverteidiger bis auf einen, Fortsetzung des Verfahrens in Abwesenheit der

◀ *Das Gefängnis in Stuttgart-Stammheim, in dem die RAF-Anführer Baader, Ensslin und Raspe am 18. Oktober 1977 Selbstmord begingen.*

KSZE-Gipfelkonferenz in Helsinki (30. Juli–1. August 1975). Das Bild zeigt von links Bundeskanzler Helmut Schmidt, den SED-Chef Erich Honecker, den amerikanischen Präsidenten Gerald Ford und den österreichischen Bundeskanzler Bruno Kreisky

Angeklagten und Abhören der Gespräche zwischen Anwälten und Angeklagten.
Die Urteile wurden am 25. April 1977 verkündet. Baader, Raspe und Gudrun Ensslin erhielten lebenslängliche Haftstrafen wegen vollendeten bzw. versuchten Mordes in mehreren Fällen sowie wegen Bildung einer kriminellen Vereinigung. Ulrike Meinhof hatte im Mai 1976 Selbstmord verübt. Die Urteile erlangten indessen keine Rechtskraft, da die Verteidigung Revision einlegte, die mit dem Tod der Angeklagten im Oktober 1977 gegenstandslos wurde.
In der Auseinandersetzung mit dem Terrorismus haben Erfahrungen aus dem Stammheimer Baader-Meinhof-Prozess zu einer Reihe von Änderungen im Strafprozessrecht geführt, die allgemein die Rechte von Angeklagten und Verteidigern einschränkten.

15.12 KSZE-Konferenz in Helsinki

Die Mitgliedsstaaten des Warschauer Pakts hatten 1967 den Vorschlag einer Europäischen Sicherheitskonferenz gemacht, an der alle europäischen Staaten teilnehmen sollten. 1968 griffen die NATO-Staaten den Vorschlag auf. Doch erst nachdem im Zuge der neuen *Ostpolitik* (▶ 14.20) die Gewaltverzichtsverträge der Bundesrepublik Deutschland mit der Sowjetunion, Polen und der DDR in Kraft getreten waren und der SALT-I-Vertrag zwischen den USA und der Sowjetunion abgeschlossen war, wurde die »Konferenz über Sicherheit und Zusammenarbeit in Europa« (KSZE) am 3. Juli 1973 eröffnet. Die westlichen Staaten hatten durchsetzen können, dass auch die USA und Kanada als Vollmitglieder teilnahmen, sodass die Außenminister von 35 Staaten in Helsinki zusammentrafen. Es schloss sich eine zweite Phase der KSZE von September 1973 bis Juli 1975 in Genf an, die der Ausarbeitung der Schlussdokumente diente. Beim Gipfeltreffen in Helsinki vom 30. Juli bis zum 1. August 1975 unterzeichneten die Staats-, Regierungs- oder Parteichefs der Teilnehmerstaaten die KSZE-Schlussakte, die freilich keinen verbindlichen Vertrag darstellte, sondern lediglich gemeinsame Absichtserklärungen der beteiligten Regierungen enthielt.
Danach sollten sich die Teilnehmerstaaten von zehn Prinzipien leiten lassen: u.a. Gewaltverzicht, Unverletzlichkeit der Grenzen und territoriale Integrität der Staaten, friedliche Regelung von Streitfällen, Nichteinmischung in innere Angelegenheiten, Achtung der Menschenrechte und Grundfreiheiten, Gleichberechtigung und Selbstbestimmungsrecht der Völker, Zusammenarbeit zwischen den Staaten. Außerdem wurden vertrauensbildende Maßnahmen (wechselseitige Manöverbeobachtung, Ankündigung von größeren Manövern und Truppenbewegungen) sowie wirtschaftliche, wissenschaftliche und technische Kooperation sowie Zusammenarbeit bei der Förderung menschlicher Kontakte über die Grenzen hinweg vereinbart.
KSZE-Nachfolgekonferenzen fanden 1977/1978 in Belgrad, 1980–83 in Madrid und 1986–89 in Wien statt, 1984–86 in Stockholm

eine »Konferenz über Vertrauensbildung und Abrüstung in Europa« (KVAE).

Die dritte Nachfolgekonferenz der Konferenz über Sicherheit und Zusammenarbeit in Europa wurde von den Außenministern der 35 Teilnehmerstaaten (einschließlich der USA und Kanadas) am 4. November 1986 begonnen. Bei der Debatte über die Erfüllung der in der Schlussakte von Helsinki (1975) gemeinsam vereinbarten Grundsätze erhoben die westlichen Vertreter heftige Vorwürfe gegen die Ostblockstaaten wegen Missachtung von Menschenrechten. Dass auch auf diesem Feld die politischen Veränderungen insbesondere aufgrund der sowjetischen Politik der Perestroika sich schließlich positiv ausgewirkt haben, spiegelt das Schlussdokument der Konferenz vom 15. Januar 1989 wider. Es verzeichnet Fortschritte in Menschenrechtsfragen grundsätzlicher Art und in der humanitären Zusammenarbeit einzelner Teilnehmerstaaten. Gleichzeitig wurde beschlossen, eine Konferenz über konventionelle Streitkräfte in Europa abzuhalten.

Nach dem Zusammenbruch der kommunistischen Regime bildete die KSZE als einzige gesamteuropäische Institution den Rahmen für die Neuordnung Europas. Mit der Unterzeichnung der »Charta von Paris« im November 1990 durch die 35 KSZE-Staaten wurde der Ost-West-Konflikt nach Jahrzehnten endgültig beendet. Mit der Konferenz in Helsinki 1992 wurde die KSZE zu einer Einrichtung der UNO mit neuen Strukturen und Institutionen. Auf Beschluss der Nachfolgekonferenz in Budapest Anfang Dezember 1994 wurde die KSZE zum 1. Januar 1995 in OSZE (Organisation für Sicherheit und Zusammenarbeit in Europa) umbenannt und umfasst 53 Mitgliedsstaaten aus Europa, Mittelasien und Nordamerika. Ihr vorrangiges Ziel besteht in der Vermeidung von Konflikten und der Lösung von Krisen.

15.13 Die Wirtschaftsgipfel

Die nach dem Zusammenbruch des Weltwährungssystems und der Ölkrise 1973/74 ausgebrochene Wirtschaftskrise hatte alle Industriestaaten des Westens erfasst. Die Gefahr bestand, dass jedes Land die wirtschaftlichen Probleme auf eigene Faust zu lösen versuchte und dabei – etwa durch Zollschranken oder andere Handelsbeschränkungen – den anderen Staaten zusätzlichen Schaden zufügte, wie dies bei der Weltwirtschaftskrise ab 1929 der Fall gewesen war.

In dieser Situation lud der französische Staatspräsident Valéry Giscard d'Estaing die Staats- bzw. Regierungschefs der Bundesrepublik Deutschland, Großbritanniens, Italiens, Japans und der USA vom 15. bis zum 17. November 1975 nach Schloss Rambouillet bei Paris ein. Am nächsten Treffen im Juni 1976 in Puerto Rico nahm zusätzlich der kanadische Premierminister teil. Diese Wirtschaftsgipfel, wie sie genannt wurden, fanden nun in jedem Jahr zwischen Mai und Juli in einem der sieben Teilnehmerländer statt, 1978 und 1985 in Bonn, 1992 in München.

Das Ziel, das sich Giscard d'Estaing und der mit ihm in enger politischer Zusammenarbeit verbundene deutsche Bundeskanzler Schmidt mit diesen Zusammenkünften gesetzt hatten, nämlich eine Abstimmung der Wirtschafts- und Finanzpolitik der jeweiligen Länder sowie die Abwehr protektionistischer Maßnahmen, wurde häufig nicht erreicht. So konnten die übrigen Partner beim amerikanischen Präsidenten Ronald Reagan nicht den Abbau des riesigen Haushaltsdefizits der USA durchsetzen, dessen Auswirkungen in Form von hohen Zinsen den westeuropäischen Staaten, aber auch der Dritten Welt, großen wirtschaftlichen Schaden zufügten. Dennoch boten die Wirtschaftsgipfel wertvolle Gelegenheiten zum Meinungsaustausch und zu persönlichen Begegnungen der wichtigsten Politiker der westlichen Welt. Seit dem Treffen von Williamsburg (USA) 1983 wurde vor allem auf amerikanisches Betreiben die ursprüngliche Begrenzung auf die Wirtschafts- und Finanzpolitik aufgegeben, und es wurden allgemeinpolitische Themen mit einbezogen.

15.14 Frauenbewegung

Das Gleichberechtigungsgebot des Grundgesetzes hat zwar verfassungsrechtlich verbindlich Männer und Frauen gleichgestellt, doch die tatsächliche Diskriminierung der Frauen in der Gesellschaft wurde damit keineswegs beseitigt. In Ausbildung, beruflicher Entwicklung, Entlohnung, bei der Besetzung öffentlicher Ämter und auf vielen anderen Feldern waren die Frauen weiterhin benachteiligt, als sich Ende der 60er-Jahre – im Zusammenhang mit der Studentenbewegung und unter dem Einfluss der neuen Frauenbewegung in den USA – autonome, politisch links orientierte Frauengruppen bildeten. Die Bewegung, die zum Teil an die Frauenbewegung des 19. und frühen 20. Jahrhunderts anknüpfte, differenzierte sich bald in einen sozialistischen und einen feministischen Flügel, der vorrangig gegen die historisch überkommene Vorherrschaft der Männer in Staat und Gesellschaft (Patriarchat) kämpfte. Diese Flügelbildung wurde allerdings bald überdeckt durch den gemeinsamen Kampf der Frauenbewegung für die politisch sehr umstrittene Abschaffung der Strafvorschriften des *§218* (▶16.25).

Nach dem für die Frauenbewegung enttäuschenden Ergebnis bei der Reform des §218 (1976) zogen sich die feministischen Gruppen großenteils aus der direkten politischen Auseinandersetzung zurück und konzentrierten sich auf die Ziele der Selbstverwirklichung, Selbstbestimmung und Selbsthilfe der Frauen. Mit Frauenzentren, Frauencafés, Frauenhäusern (für misshandelte Frauen) und Frauenzeitschriften wie z. B. der 1977 von Alice Schwarzer gegründeten »Emma« etablierte sich die feministische Frauenbewegung als Initiatorin einer Frauenkultur, die anfangs nur einen Bruchteil der Frauen in der Bundesrepublik erfasste, aber zunehmend gesellschaftliche Wirkungskraft entwickelte. Die feministische Frauenbewegung wurde ein wichtiger Teil der *alternativen Bewegung* (▶15.19) und hatte Anteil an der Entstehung der Partei der *Grünen* (▶15.20), wirkte aber auch in die anderen Parteien und die Gewerkschaften hinein.

15.15 Mitbestimmung 1976

Den nach dem 2. Weltkrieg verstärkt vorgetragenen Forderungen nach Mitbestimmung der Arbeitnehmer auf der Unternehmensebene wurde mit dem Mitbestimmungsgesetz von 1951 nur für die Montanindustrie (Kohle und Stahl) Rechnung getragen. Im übrigen Bereich

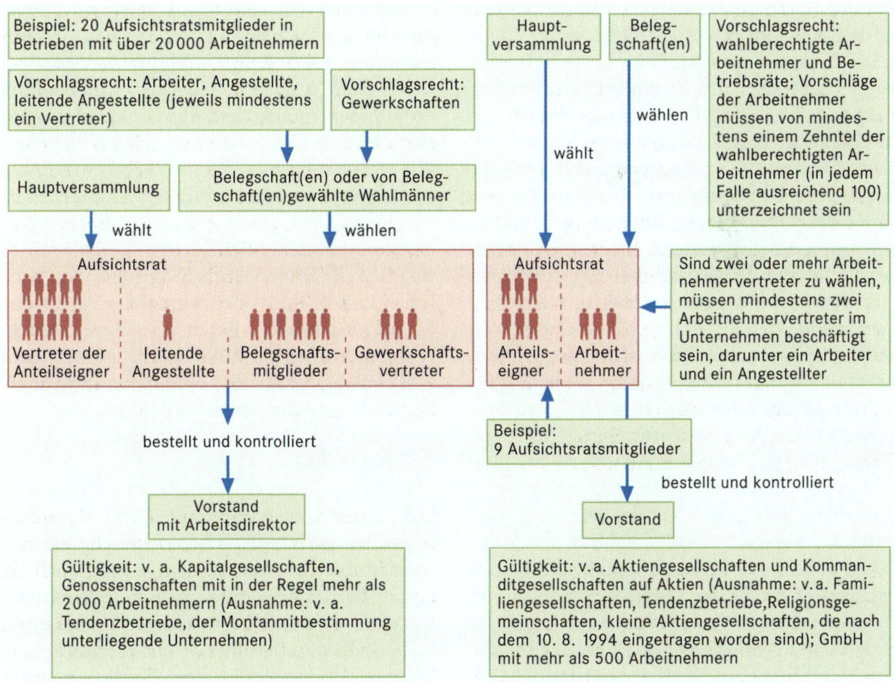

▲ *Beteiligung der Arbeitnehmer im Aufsichtsrat nach dem Mitbestimmungsgesetz von 1976 (links) und nach dem Betriebsverfassungsgesetz von 1952*

der Wirtschaft wurde für Kapitalgesellschaften im Betriebsverfassungsgesetz 1952 die Besetzung eines Drittels der Aufsichtsratssitze durch Arbeitnehmer vorgeschrieben (*Mitbestimmung und Betriebsverfassung,* ▶ 13.15). So blieb die Forderung der Gewerkschaften und der SPD bestehen, die paritätische Mitbestimmung nach dem Montanmodell auf die ganze Wirtschaft auszudehnen. Die Regierung der Großen Koalition (1966–69) beschäftigte sich mit dem Problem, bestellte aber zunächst einmal bei Professor Kurt Biedenkopf ein Gutachten, das sich dann gegen die Einführung der paritätischen Mitbestimmung aussprach. Die erste Regierung Brandt/Scheel klammerte die Frage aus und beschränkte sich erst einmal auf die Reform der betrieblichen Mitbestimmung im *Betriebsverfassungsgesetz 1972* (▶ 14.26).

Nach der Bundestagswahl von 1972 ging die sozialliberale Koalition das Problem der überbetrieblichen Mitbestimmung an. Zwischen den Koalitionspartnern bestanden zunächst unüberbrückbare Gegensätze, da die FDP die Verfügungsgewalt der Kapitalseite nicht eingeschränkt wissen wollte. Nach langem Ringen wurde schließlich ein Kompromiss gefunden, der die Grundlage des am 1. Juli 1976 in Kraft getretenen Mitbestimmungsgesetzes bildete: Danach sind die Aufsichtsräte von Unternehmen mit mehr als 2000 Beschäftigten zu gleichen Teilen mit Vertretern der Anteilseigner und der Arbeitnehmer zu besetzen. Die Gewerkschaften können mindestens zwei Arbeitnehmervertreter entsenden, die übrigen Arbeitnehmersitze werden auf Arbeiter, Angestellte und leitende Angestellte aufgeteilt. Geht im Aufsichtsrat die Abstimmung über einen Gegenstand unentschieden aus, so hat der mit dem Vertrauen der Anteilseigner ausgestattete Vorsitzende bei einer erneuten Abstimmung zwei Stimmen, mit denen er den Ausschlag geben kann. Dies gilt auch bei der Wahl der Vorstandsmitglieder.

Auch nach dem In-Kraft-Treten des Gesetzes gingen die Auseinandersetzungen weiter. Die Gewerkschaften kritisierten, dass durch Unternehmensaufspaltungen das Gesetz teilweise unterlaufen wird. Die Unternehmerverbände sahen das Recht auf Eigentum verletzt und legten Verfassungsbeschwerde ein, scheiterten damit jedoch beim Bundesverfassungsgericht.

15.16 Nord-Süd-Konflikt und deutsche Entwicklungspolitik

In den 70er-Jahren begann sich die Erkenntnis durchzusetzen, dass der Gegensatz zwischen den Industriestaaten der nördlichen Erdhalbkugel und der Dritten Welt mindestens die gleiche politische Brisanz hatte wie der Ost-West-Konflikt. Das rasche Bevölkerungswachstum in vielen Ländern der Dritten Welt führt bei einer unterentwickelten Landwirtschaft zu Ernährungsproblemen bis hin zu Hungerkatastrophen. Dem gegenüber steht die Welt der Industriestaaten in West und Ost, die für Hunderte von Milliarden Dollar jährlich eine atomare Hochrüstung unterhält und eine Überproduktion von Nahrungsmitteln aufweist.

Einen Ausgleich der Gegensätze versucht bisher mit geringem Erfolg der Nord-Süd-Dialog zu schaffen – etwa im Rahmen der Konferenz über internationale wirtschaftliche Zusammenarbeit (seit 1975). Wichtige Forderungen der Dritten Welt sind dabei die Stabilisierung der Rohstoffpreise und der Zugang zu den Märkten der Industriestaaten. 1977 konstituierte sich eine unabhängige »Nord-Süd-Kommission« unter dem Vorsitz von Willy Brandt, deren 1980 vorgelegte Vorschläge für einen partnerschaftlichen Ausgleich zwischen Nord und Süd allerdings keinen Eingang in die politische Praxis fanden. Die finanzielle Lage vieler Entwicklungsländer hat sich in den 80er-Jahren, auch aufgrund der amerikanischen Hochzinspolitik, dramatisch verschlechtert. Viele Staaten waren nicht mehr in der Lage, mit ihren Exporterlösen Zins und Tilgung für ihre Kredite zu bezahlen.

Ziel der Entwicklungspolitik der Bundesrepublik in den 70er-Jahren war »Hilfe zur Selbsthilfe«. So sollten die Lebensbedingungen verbessert, die Unterbeschäftigung und Arbeitslosigkeit bekämpft werden. Außenpolitische Interessen sollten dabei nicht im Vordergrund stehen, doch sollte die Entwicklungshilfe den Frieden sichern und »Handelspartner von morgen« gewinnen. Den »Grundlinien« der christlich-liberalen Bundesregierung zufolge ist die Entwicklungshilfe Teil weltweiter, auf Frieden, Ausgleich und Stabilität gerichteter Politik. Sie

Entwicklungshilfe oder Neokolonialismus? Mit deutscher Beteiligung wurde 1956 im indischen Bundesstaat Orissa ein Stahlwerk errichtet, um das herum eine neue Stadt entstand, Rourkela

sei nicht nur Gebot christlicher Nächstenliebe und mitmenschlicher Solidarität, sondern liege auch im Eigeninteresse der exportorientierten Bundesrepublik.

Eine gemeinsame Linie der Entwicklungshilfe verfolgen die EG-Staaten durch verschiedene Abkommen mit den inzwischen 70 AKP-Staaten (Staaten des afrikanischen, karibischen und pazifischen Raumes). So haben die AKP-Erzeugnisse, Agrarprodukte ausgenommen, freien Zugang zum EG-Markt. Die finanzielle Unterstützung ist im IV. Lomé-Abkommen von 1989 beträchtlich aufgestockt worden. Dabei werden die Mittel nicht mehr gleichmäßig verteilt, sondern vor allem in Gebiete ernster Notstände gelenkt. Im Jahr 1993 stellte die Bundesrepublik 504,5 Millionen DM für Nahrungsmittelhilfe bereit. Damit kann zwar Not gelindert werden, die Lösung der strukturellen Probleme bleibt allerdings – auch aufgrund politischer Konstellationen – ein schwieriges Unterfangen.

15.17 Bürgerinitiativen

In den Jahren 1968/69 entstanden in der Bundesrepublik die ersten Bürgerinitiativen, d.h. von politischen Parteien und sonstigen Verbänden unabhängige Zusammenschlüsse gleich gesinnter Bürger zur Durchsetzung partikularer Interessen. Den Anstoß zur Bildung von Bürgerinitiativen gaben tatsächliche – oder vermeintliche Mängel, Missstände oder Fehlplanungen vor allem auf den Gebieten von Bildung und Erziehung, Verkehr, Stadtplanung und Umweltschutz. In ihren Anfangszeiten richteten sich Bürgerinitiativen meist auf kommunale Probleme, sie waren locker organisiert und handelten laienhaft, doch nahmen im Lauf der Jahre sowohl ihr Organisationsgrad wie auch das politische Geschick ihrer Vertreter zu.

Im politischen und juristischen Kampf gegen den Bau von Kernkraftwerken erreichten sie z.B. in Whyl, Kalkar und Brokdorf mehrfach Baustopps und erzwangen neue Entscheidungsverfahren, in Gorleben beeinflussten sie die Entscheidung der niedersächsischen Landesregierung gegen eine Wiederaufbereitungsanlage. Erfolgreich wehrten sie sich gegen den Bau einer Automobil-Teststrecke bei Boxberg im Odenwald und zwangen den Daimler-Benz-Konzern, seine Pläne zu ändern. Bürgerinitiativen hatten 1983 erheblichen Anteil an der Verhinderung der Volkszählung, die nach einer Änderung des Gesetzes erst 1987 stattfand.

Die rasch zunehmende Bedeutung der Bürgerinitiativen warf die Frage auf, ob dies als Folge eines Versagens des politischen Systems zu werten sei, ob Regierungen und Verwaltungen nicht an den Interessen der betroffenen Bürger vorbei planten und entschieden, ob der tatsächliche Bürgerwille über die Parteien nicht mehr in den politischen Entscheidungsgremien zur Geltung komme. Festzustellen ist, dass die Arbeit der Bürgerinitiativen das politische System der Bundesrepublik modifiziert hat: Der Monopolanspruch der politischen Parteien bei der politischen Willensbildung wurde zurückgedrängt. Andererseits hat die wachsende Bedeutung der Bürgerinitiativen in der Arbeit der Parteien selbst – wenn auch in unterschiedlichem Maße – ihren Niederschlag gefunden, indem unter der Wirkung des äußeren Drucks bisher vernachlässigte Themen und neue politische Sichtweisen in die innerparteiliche Diskussion eingeführt wurden. An der Grundstruktur des parlamentarischen Systems haben die Bürgerinitiativen nichts ändern können. Diese Erkenntnis führte mit dazu, dass seit Ende der 70er-Jahre aus der Bürgerinitiativbewegung heraus selbst die Bildung einer politischen Partei, nämlich der *Grünen* (▶ 15.20), erfolgreich betrieben wurde.

15.18 Energiepolitik – Kernenergie

Die *Ölkrise* 1973 (▶ 15.4) hatte die Abhängigkeit der Bundesrepublik von importierten Energieträgern und den hohen Stellenwert der Energiepolitik deutlich gemacht.
Die Prognosen der 70er-Jahre gingen noch von einem stetigen Wachstum der Wirtschaft und von hohen Zuwachsraten beim Energieverbrauch aus. Die staatliche Energiepolitik zielte auf eine Verringerung des Anteils von Erdöl, dessen Bezug aus dem Ausland mit vielerlei politischen Risiken behaftet war, und auf den Ausbau der Energiegewinnung aus Erdgas, heimischer Kohle und aus Kernenergie.
Die Absicht, den Bau von Kernkraftwerken zu forcieren, stieß jedoch in der Bevölkerung auf Widerstand. Besonders im Umkreis geplanter Kraftwerksstandorte wurden massive Befürchtungen hinsichtlich mangelnder Sicherheit der Kraftwerksanlagen und möglicher Gesundheitsgefährdungen laut. Es bildeten sich lokale und regionale *Bürgerinitiativen* (▶ 15.17), die mit Demonstrationen, aber auch mit juristischen Mitteln gegen die geplanten Kernkraftwerke vorgingen. In kurzer Zeit entstand eine bundesweite Anti-Kernkraft-Bewegung. An Standorten wie Whyl (in Baden) oder Brokdorf (in Schleswig-Holstein) kam es zu Großdemonstrationen und Bauplatzbesetzungen, auch zu gewaltsamen Auseinandersetzungen zwischen Demonstranten und Polizei. Die breite öffentliche Diskussion über die Kernenergie führte mit dazu, dass die ursprünglichen Planungen revidiert wurden – der Zuwachs beim Energieverbrauch stellte sich als weit niedriger heraus – und die Zahl der geplanten Kernkraftwerke verringert wurde.
Kritiker der Kernenergie warnten vor dem »Atomstaat«, der, um die Sicherheit der atomaren Anlagen gegen Missbrauch oder terroristische Aktionen zu gewährleisten, einen riesigen Überwachungsapparat aufbauen müsste. Dies aber würde zur Zerstörung der freiheitlichen Demokratie führen.
Nicht zufriedenstellend gelöst ist nach wie vor die Frage der Entsorgung der radioaktiven Abfälle. Da die bei der Gewinnung von Kernenergie anfallenden radioaktiven Atomkerne des Urans und Plutoniums sehr hohe Halbwertszeiten haben, d.h., die Zeit, nach der sich die Radioaktivität um die Hälfte verringert, Jahrtausende dauert, bedarf es einer Endlagerung, bei der ein hundertprozentiger Schutz der Umwelt dieser und künftiger Generationen vor dem Kontakt mit diesen radioaktiven Stoffen gewährleistet ist. Im Gegensatz zur Kernenergie wurde in der Bundesrepublik die Erforschung alternativer Energien nur mit bescheidenen Mitteln gefördert. Dazu gehören u.a. die Nutzung von Sonnenenergie, Erdwärme und Windkraft, aber auch von Biogas. Das Energiesparen ist in den letzten Jahren immer mehr in den Vordergrund gerückt – auch aus Gründen des Umweltschutzes. Vielerlei Maßnahmen wurden in Angriff genommen, so die Wärmedämmung der Gebäude, die Modernisierung privater Heizungsanlagen, die Nutzung der bei der Stromerzeugung entstehenden Wärme (Kraft-Wärme-Kopplung) in Verbindung mit dem Ausbau von Fernwärmenetzen, die Rückführung von Abwärme (auch in der Industrie).

15.19 Alternative Bewegung

Seit den 70er-Jahren bildeten sich in verschiedenen westlichen Industriestaaten Gruppen meist jüngerer Menschen, die der modernen Industriegesellschaft skeptisch bis ablehnend gegenüberstehen und eigene – alternative – Formen wirtschaftlicher, gesellschaftlicher und politischer Organisation entwickeln.
Diese Gruppen kritisieren an der modernen Industriegesellschaft, dass die Lebensverhältnisse in keiner Weise mehr überschaubar seien. Alles sei im großen Maßstab organisiert, eine weit verzweigte staatliche Bürokratie, Großparteien, Großverbände, große Gewerkschaftsorganisationen beherrschten die Gesellschaft. Die

Wirtschaft sei von Großkonzernen, die Produktion von Großtechnologien geprägt. Die vorherrschende Wirtschaftsweise zerstöre zunehmend die natürlichen Lebensgrundlagen und mache die Menschen zu Sklaven der Produktion und des Konsums. Tiefes Misstrauen herrscht bei der alternativen Bewegung gegenüber den Methoden der politischen Willensbildung im parlamentarischen System, das von den Parteien dominiert wird. Die Auffassung, diesen Charakter der Gesellschaft von innen heraus nicht wirksam verändern zu können, führte zu dem Versuch, die eigenen Lebensverhältnisse wenigstens zum Teil selbst in alternativen Formen zu bestimmen.

Die alternative Bewegung in der Bundesrepublik hat sich aus *Bürgerinitiativen* (▶15.17), aus Protestgruppen (z.B. der Hausbesetzerbewegung), aus der *Frauenbewegung* (▶15.14), Arbeitsloseninitiativen usw. entwickelt. Unter den einzelnen Gruppen bestehen nur lockere Verbindungen. Im politischen Bereich gibt es Verflechtungen vor allem mit den *Grünen* (▶15.20) und der *Friedensbewegung* (▶15.29).

Neben Projekten im kulturellen und sozialen Bereich sind im Rahmen der alternativen Bewegung zahlreiche Wirtschaftsprojekte entstanden, die zumeist in genossenschaftlicher Form geführt werden. Dazu gehören Handwerksbetriebe, Druckereien, Buch- und Zeitungsverlage, Dienstleistungs- und Einzelhandelsbetriebe, alternative Buchhandlungen, Gastwirtschaften und ökologisch ausgerichtete landwirtschaftliche Betriebe. Gefördert werden solche Projekte nicht nur durch Einrichtungen innerhalb der alternativen Bewegung wie etwa den Verein »Netzwerk Selbsthilfe«, sondern auch durch öffentliche Mittel.

Kritiker haben eingewandt, die Anhänger der alternativen Bewegung hätten sich lediglich in den Nischen der Industriegesellschaft niedergelassen, ihr Wirtschaften sei mittelbar oder unmittelbar von der Existenz eben dieser Industriegesellschaft abhängig, und letztlich würden auch deren Einrichtungen wie etwa das Gesundheits- oder das Sozialversicherungssystem beansprucht.

15.20 Die Grünen

Vor allem aus den *Bürgerinitiativen* (▶15.17) der Umweltschutzbewegung entstanden bereits gegen Ende der 70er-Jahre in verschiedenen Teilen der Bundesrepublik »grüne Listen«, die sich an Kommunal- und Landtagswahlen beteiligten. Durch Zusammenschluss dieser regionalen Vereinigungen mit der »Grünen Aktion Zukunft« sowie unter Beteiligung von Gruppen der Frauen- und der alternativen Bewegung entstand Anfang 1980 auf Bundesebene die Partei »Die Grünen«, die sich zu den Grundwerten »ökologisch – sozial – basisdemokratisch – gewaltfrei« bekannte.

Es gelang den Grünen, die Erhaltung der natürlichen Lebensgrundlagen des Menschen zu einem der vorrangigen Themen der politischen Diskussion zu machen. Dabei haben die Grünen früher und nachhaltiger als andere politische Kräfte die bis dahin allgemein akzeptierte

▲ *Die Grünen brachten zu Beginn der 1980er Jahre Bewegung in die fast erstarrte westdeutsche Parteienlandschaft. Plakat aus dem Wahlkampf für die Bundestagswahl 1983, in der die ökologische und pazifistische Partei erstmals die Fünfprozentklausel überwinden und damit ins Bonner Parlament einziehen konnte*

▲ *Mit einem eigenen Zeichen, dem Umweltengel, erfolgt seit 1978 in der Bundesrepublik Deutschland die Kennzeichnung von Produkten mit vergleichsweise günstigen Umwelteigenschaften*

These infrage gestellt, dass nur ein stetiges Wirtschaftswachstum den Bestand von Gesellschaft und Demokratie in der Bundesrepublik sichern könne. Die pazifistische Grundorientierung der Grünen führte zu ihrer aktiven Mitarbeit in der *Friedensbewegung* (▶ 15.29). Sie lehnten die Militärblöcke ab und plädierten für den Austritt der Bundesrepublik Deutschland aus der NATO.

Nachdem sie bei der Bundestagswahl von 1980 nur 1,5 % der Stimmen gewonnen hatten, konnten die Grünen 1983 mit 5,6 % der Stimmen die Fünfprozentklausel überwinden. 1987 erreichten sie in der Bundestagswahl sogar 8,3 % der Stimmen, scheiterten aber bei der ersten gesamtdeutschen Wahl im Dezember 1990 an der Fünfprozenthürde. Lediglich die in den neuen Bundesländern unter Sonderbedingungen angetretene Kombination Bündnis 90/Die Grünen zog mit 8 Abgeordneten in den neuen Bundestag ein.

Die jahrelangen erbitterten Flügelkämpfe innerhalb der Partei zwischen den so genannten Fundamentalisten (»Fundis«), die jede Teilnahme an der Regierungsverantwortung strikt ablehnten, und den Realpolitikern (»Realos«), die die Beteiligung an der Macht in Koalitionen vorwiegend mit der SPD anstrebten, brachten die Grünen wiederholt an den Rand der Spaltung und lähmten die Parteiarbeit. In einer Phase allmählicher Konsolidierung gelang den Grünen der Einzug in Landtage und der Eintritt in mehrere Koalitionsregierungen: so erstmals in Hessen 1983, wo die Koalition mit der SPD allerdings 1987 wieder zerbrach. Inzwischen sind die Grünen, die sich 1993 mit dem für die Volkskammerwahl im März 1990 gebildeten Bündnis 90 zu einer Partei vereint haben, eine »etablierte« Partei geworden, die in den 90er-Jahren in einigen Landesregierungen vertreten war und ist: so von 1990 bis 1994 in Niedersachsen und Brandenburg, von 1991 bis 1995 in Bremen, von 1994 bis 1998 in Sachsen-Anhalt, seit 1995 in Nordrhein-Westfalen und seit 1996 in Schleswig-Holstein. Aus den Bundestagswahlen 1994 gingen Bündnis 90/Die Grünen als drittstärkste Partei mit 7,3 % der Stimmen hervor, 1998 erreichten sie 6,7 % und bildeten zusammen mit der SPD die Bundesregierung.

15.21 Ende des Wachstums – Umweltschutz

Als im Jahre 1972 die Wissenschaftler des Club of Rome in ihrem Bericht »Die Grenzen des Wachstums« vor der Zerstörung der Erde durch ein weiterhin ungehemmtes Wirtschaftswachstum warnten, wurden sie kaum gehört. Zu sehr war die Gesellschaft der Bundesrepublik – wie die der anderen Industriestaaten – im Wachstumsdenken befangen. Der soziale Konsens und damit die Stabilität der demokratischen Ordnung war ganz wesentlich auf dem ständigen Wachstum der Wirtschaft aufgebaut, da die Einkommens- und Vermögensumverteilung jeweils nur aus dem Zuwachs erfolgte. Nachdem die *Ölkrise* von 1973 (▶ 15.4) gezeigt hatte, dass die Energieträger ein knapper und teurer Rohstoff sind, und nachdem in der Auseinandersetzung um die *Kernenergie* (▶ 15.18) auch die Frage nach den Grenzen des Wachstums erstmals breit diskutiert worden war, setzte sich seit Ende der 70er-Jahre bei immer mehr Menschen die Erkenntnis durch, dass es nicht unbegrenzt weitergehen könne mit immer mehr Autos, immer mehr Straßen, immer mehr chemischen Produkten. Während der Anfang der 70er-Jahre begonnene staatliche Umweltschutz sich zunächst darauf konzentrierte, bereits entstandene Umweltschäden zu beseitigen, wandte sich die Umweltpolitik seit Ende des Jahrzehnts – angestoßen nicht zuletzt durch die Aktivitäten der *Bürgerinitiativen* (▶ 15.17) und der *Grünen* (▶ 15.20) – verstärkt der vorbeugenden Vermeidung von neuen Umweltbelastungen zu. So wird seither viel kritischer gefragt, ob diese oder jene Straßenbaumaßnahme, die eine weitere Versiegelung des Bodens und Abholzung des Waldes erfordert, wirklich notwendig ist. Und zahlreiche Industriebetriebe stehen unter dem Druck der Öffentlichkeit, ihre Produktionsweise umzustellen, um die Schädigung der Luft, des Wassers oder des Bodens zu reduzieren. Das rasch fortschreitende Waldsterben, das erst 1984 von der breiten Öffentlichkeit registriert wurde, erfordert schnelle Lösungen bei der Reduzierung der Schadstoffe, die durch den Autoverkehr, die Industrie und die Raumheizung in die Luft abgegeben werden.

Im Grundsatz scheint die frühere Kontroverse »Umweltschutz gegen Arbeitsplätze« überwunden zu sein, vielmehr setzt sich zunehmend die Erkenntnis durch, dass Umweltschutz, der sich unter Aufbietung aller Intelligenz der modernen Technologien bedient, Arbeitsplätze schafft. Es ist allerdings eine konsequente Umweltpolitik gefordert, die Anreize für einen präventiven Umweltschutz schafft und damit eine »nachhaltige Entwicklung« (sustainable development) erreicht. Eine solche Entwicklung ist, mit den Worten des Brundtland-Reports ausgedrückt, eine »Entwicklung, die Bedürfnisse der Gegenwart befriedigt, ohne zu riskieren, dass künftige Generationen ihre eigenen Bedürfnisse nicht befriedigen können«. Dazu wird nicht nur ein allgemeines Umdenken erforderlich sein, sondern der Einsatz auch traditioneller Politikinstrumente wie der Wirtschafts-, Geld- und Finanzpolitik.

15.22 Wirtschaftskrise und Arbeitslosigkeit

Im Gefolge der *Ölkrise* (▶ 15.4) von 1973 geriet die Bundesrepublik Deutschland wie die anderen westlichen Industriestaaten in eine Wirtschaftskrise, bei der zunächst vornehmlich die Inlandsnachfrage und die Beschäftigung zurückgingen, während die Inflation anhielt (»Stagflation«).

Neben der explosionsartigen Verteuerung des Erdöls, die Geld aus den Industriestaaten in die Ölförderländer abzog, hatte diese schwerste Wirtschaftskrise seit Kriegsende eine Reihe anderer Ursachen, so den Zusammenbruch der internationalen Währungsordnung im Jahr 1973, der durch die Schwäche des US-Dollars aufgrund der inflatorischen Finanzierung des Vietnamkrieges hervorgerufen wurde. Im Verlauf der Krise zeigten sich Schwächen in der Wirtschaftsstruktur der Bundesrepublik. Regionale Unterschiede traten verstärkt zutage: Mittlerweile spricht man von einem Süd-Nord-Gefälle, wobei die Küstenregionen besonders stark von der Arbeitslosigkeit betroffen sind – aber auch das Ruhrgebiet, das in den 50er-Jahren der Motor des »Wirtschaftswunders« gewesen war. In den »alten Industrien« wie Kohle, Stahl, Schiffbau waren belastende Überkapazitäten entstanden. Die auf den deutschen Markt drängende Konkurrenz japanischer Produkte machte der elektronischen, der optischen, aber auch der Autoindustrie der Bundesrepublik zu schaffen. Zunehmend boten auch »Billiglohnländer« der Dritten Welt ihre Produktion an, sodass z.B. die deutsche Textilindustrie in Schwierigkeiten geriet. Im Vergleich mit den meisten anderen westlichen Industriestaaten war freilich die wirtschaftliche Lage der Bundesrepublik immer noch gut. Die Regierung Schmidt suchte die Krise auf internationaler (*Wirtschaftsgipfel,* ▶ 15.13) und nationaler Ebene zu bekämpfen. 1978 gelang es, die Zahl der Arbeitslosen unter eine Million zu senken. 1979 und 1980 hatte die Bundesrepublik sogar weniger als 900 000 Arbeitslose. Allerdings erhöhten die von der Bundesregierung aufgelegten beschäftigungswirksamen Programme die Verschuldung des Staates und wirkten inflationsfördernd. Nach der Bundestagswahl von 1980 drängte in der erneuerten sozialliberalen Koalition die FDP auf eine Verringerung der staatlichen Kreditaufnahme, lehnte weitere Beschäftigungsprogramme ab und verlangte in weit stärkerem Maße als Bundeskanzler Schmidt Einschnitte im Sozialbereich. In den Jahren 1981 und 1982 verringerte sich das Bruttosozialprodukt (»Minuswachstum«) und erreichte 1982 real nur die Größe des Jahres 1979. Die Arbeitslosigkeit stieg 1981 auf 1,3 Millionen und 1982 auf 1,8 Millionen. Dieses Problem, vor dessen Hintergrund 1982 die sozialliberale Koalition zerbrach, konnte auch von der CDU/CSU-FDP-Regierung unter Bundeskanzler Kohl nicht bewältigt werden. Zwar wuchs 1983 und 1984 das Bruttosozialprodukt, konnten Inflationsrate und staatliche Kreditaufnahme gesenkt werden, doch lag die Arbeitslosigkeit auf einem Höchststand von 2,2 Millionen.

Die Gewerkschaften haben unter Hinweis darauf, dass bei weiterhin steigender Arbeitsproduktivität, aber ausbleibender Steigerung des Absatzes die Zahl der Arbeitsplätze zwangsläufig abnimmt, die Forderung nach Arbeitszeitverkürzung erhoben. Die Tarifauseinandersetzung um eine Verkürzung der Wochenarbeitszeit von 40 auf 35 Stunden führte in der Metall- und in der Druckindustrie im Frühsommer 1984 zu einem wochenlangen Arbeitskampf. Der schließlich gefundene Kompromiss (38,5 Stunden und Flexibilisierung der Arbeitszeit) wurde auch von einigen anderen Branchen übernommen.

Die Debatte um den *Standort Deutschland* (▶ 16.24) hat die Perspektive einer weiteren Reduzierung der Wochenarbeitszeit zur Erhaltung von Arbeitsplätzen – trotz anhaltend hoher Arbeitslosigkeit – verändert. Hohe Lohn- bzw. Arbeitskosten werden als Wettbewerbsnachteil von Arbeitgeberseite vorgebracht. Durch Flexibilisierung der Arbeitszeit sei eine bessere Auslastung der Maschinen und damit eine höhere Produktivität möglich. Das Angebot zur Arbeitszeitreduzierung durch Teilzeitarbeit wird verstärkt, verlagert aber einen Teil der Verantwortung für eine gleichmäßigere Verteilung von Arbeit auf den Einzelnen. Die hohe Staatsverschuldung der Bundesrepublik führt in den 90er-Jahren sogar dazu, dass durch eine Erhöhung der Wochenarbeitszeit und eine Verlängerung der Lebensarbeitszeit für Beamte der Personalbedarf bei Schonung der öffentlichen Kassen abgedeckt werden soll.

15.23 SED: »Einheit von Wirtschafts- und Sozialpolitik«

Am Ende der 60er-Jahre war deutlich geworden, dass es der SED trotz der Wirtschaftsreformen (▶ 14.3) nicht gelungen war, den ökonomischen Rückstand zur Bundesrepublik zu verringern und den Lebensstandard der Bevölkerung anzugleichen. Auf dem VIII. Parteitag der SED hatte Honecker den Glauben Ulbrichts an »außerplanmäßige Wunder« verspottet und eine Wende zum Realismus angekündigt. In den folgenden Jahren wurde ein wirtschaftspolitischer Kurswechsel vollzogen, der unter das Vorzeichen einer »Einheit von Wirtschafts- und Sozialpolitik« gestellt wurde. Dabei rückten die Sozialleistungen des SED-Staates gegenüber dem individuellen Standard in den Vordergrund der Erfolgspropaganda. Dazu zählten verschiedene Maßnahmen zur Förderung berufstätiger Mütter, die Erhöhung von Mindestrenten und Mindestlöhnen, die Verabschiedung eines Wohnungsbauprogramms, das die Lösung der Wohnungsprobleme bis 1990 versprach, sowie stabile Preise für Grundnahrungsmittel und Mieten. Der Hinweis auf diese Sozialleistungen, die als »zweite Lohntüte« bezeichnet wurden, sollte den deutlichen Rückstand im Lohn- und Rentenniveau gegenüber der Bundesrepublik überdecken.

In der ersten Hälfte der 70er-Jahre konnte zunächst ein beachtliches Wirtschaftswachstum erreicht werden. Auch die Realeinkommen der Bevölkerung stiegen zwischen 1971 und 1975 um etwa ein Drittel. Jedoch war es nicht gelungen, ein entsprechendes Warenangebot in gewünschter Qualität bereitzustellen. So sah sich die SED zu einer Konzession genötigt: Nach Verabschiedung eines neuen Devisengesetzes waren seit 1973 auch DDR-Bürger berechtigt, in den seit 1962 bestehenden Intershops für westliche Währungen Produkte aus dem »kapitalistischen Ausland« zu erwerben. Honecker beteuerte zwar, dass die Intershop-Läden »kein ständiger Wegbegleiter des Sozialismus« seien, doch zeigten sie die überlegene ökonomische Leistungsfähigkeit der westlichen Marktwirtschaft deutlich auf und ließen die D-Mark zur zweiten Währung in der DDR werden, mit der man auch schneller und besser den dringenden Bedarf an Handwerks- und anderen Dienstleistungen befriedigen konnte. Der Besitz von Devisen beeinflusste die Lebenslage und das Sozialprestige häufig stärker als die erzielten Einkommen aus regulärer Arbeit.

Seit Mitte der 70er-Jahre verschlechterte sich die ökonomische Situation der DDR. Die beiden Ölpreisschocks von 1973 und 1978 wirkten sich in der devisenschwachen DDR besonders negativ aus, es wurden immer weniger Investitionsmittel für die Modernisierung der Wirtschaft bereitgestellt. Die Staatsverschuldung stieg deutlich an, wozu auch die erheblichen Subventionen für die Sozialpolitik beitrugen. Der erste Stellvertreter des Ministerratsvorsitzenden, Werner Krolikowski, sprach in einer Aufzeichnung vom Januar 1980 vom »Pump- und Pompsozialismus« Honeckers und seines verantwortlichen Wirtschaftsberaters Mittag: »Als Breschnew 1979 zum dreißigsten Jahrestag der DDR in Berlin war – die DDR hatte damals gerade ca. 30 Milliarden Valuta-Mark Westverschuldung – schlug Breschnew vor dem gesamten Politbüro mit der Faust auf den Tisch und warf Honecker sehr ernst vor, dass er mit seiner Westverschuldung die DDR in den Bankrott führt.«

In den 80er-Jahren mehrten sich die Anzeichen, dass die DDR über ihre Verhältnisse lebte und ihre ökonomische Substanz verzehrte. Das Konzept einer sozialistischen Wohlfahrtspolitik hatte die Grenzen der Belastbarkeit erreicht. Hinter der künstlich aufrechterhaltenen Fassade einer sozialen Stabilität kündigten sich die ersten Warnsignale an, die auf den ökonomischen Niedergang in der zweiten Hälfte der 80er-Jahre vorausdeuteten.

15.24 Deutsch-deutsche Verantwortung

Der Einmarsch sowjetischer Truppen in Afghanistan Ende 1979 löste eine deutliche Verschlechterung der Ost-West-Beziehungen aus. Eine weitere Verschärfung der Ost-West-Spannungen ergab sich aus der innenpolitischen Entwicklung in Polen, wo sich im Sommer 1980 nach massenhaften Streiks die unabhängige Gewerkschaft Solidarność gebildet hatte. Im Westen schloss man ein militärisches Eingreifen der Sowjets in Polen nicht aus. Als dann der neue amerikanische Präsident Reagan (seit Januar 1981) seinerseits die politische Konfrontation mit der Sowjetunion verschärfte, war vielerorts davon die Rede, dass die am Ende der 60er-Jahre begonnene Ost-West-Entspannung beendet sei.

Das Bemerkenswerte in dieser Situation war nun, dass die Regierungen beider deutscher Staaten bemüht waren, die negativen Auswirkungen der verschärften Ost-West-Spannungen auf das deutsch-deutsche Verhältnis in Grenzen zu halten. Die Kontakte zwischen Bonn und Ost-Berlin wurden in vollem Umfang aufrechterhalten, ja sogar intensiviert. Der Bonner Regierungswechsel im Oktober 1982 stellte dabei keine Zäsur dar, zumal die Regierung Kohl die Deutschlandpolitik der sozialliberalen Koalition fortsetzte und weiterentwickelte.

Eine Reihe praktischer Fragen wurde geregelt. Nach dem Besuch Bundeskanzler Schmidts in der DDR verfügte die DDR im Februar 1982 Erleichterungen im Reiseverkehr in die Bundesrepublik. Am Zustandekommen eines Milliardenkredits westdeutscher Banken an die DDR, für den die Bundesrepublik bürgte, war 1983 maßgeblich Franz Josef Strauß beteiligt. Im Januar 1984 übernahm der Berliner Senat die S-Bahn in West-Berlin von der DDR. Über 10 000 DDR-Bürger konnten zwischen Februar und Mai 1984 auf ihren Wunsch in die Bundesrepublik ausreisen.

Im Zusammenhang mit der Debatte um die Stationierung amerikanischer Mittelstreckenraketen in der Bundesrepublik (▶ 15.30) betonten beide deutschen Regierungen, von deutschem Boden dürfe nie mehr ein Krieg ausgehen. Es wurde das Wort von der Verantwortungsgemeinschaft der beiden deutschen Staaten im Hinblick auf die Sicherung des Friedens geprägt. Nach langen Vorsondierungen kam im September 1987 der Staatsratsvorsitzende der DDR, Erich Honecker, zu einem Staatsbesuch in die Bundesrepublik, wo er als Staatsoberhaupt mit allen protokollarischen Ehren empfangen wurde (▶ 15.36).

15.25 Erich Honecker

Honecker wurde am 25. August 1912 als Sohn eines Bergmanns in Neunkirchen/Saar geboren. Er erlernte das Dachdeckerhandwerk, trat 1926 dem Kommunistischen Jugendverband Deutschlands und 1929 der KPD bei; seit 1930 war er hauptamtlicher Funktionär. Nach der Machtübernahme der Nationalsozialisten arbeitete er im Untergrund, wurde 1935 verhaftet und 1937 vom Volksgerichtshof zu 10 Jahren Zuchthaus verurteilt. 1945 wurde er aus dem Zuchthaus Brandenburg befreit und von der KPD-Führung mit dem Aufbau der Jugendorganisation *FDJ* (▶ 13.23) beauftragt, deren Vorsitzender er 1946–55 war. Seit 1946 ununterbrochen im Parteivorstand bzw. Zentralkomitee der SED, war Honecker von 1950 bis 1958 Kandidat, ab 1958 Mitglied des Politbüros und Sekretär des ZK für Sicherheitsfragen. Im Mai 1971 löste er *Ulbricht* (▶ 13.39) als Ersten Sekretär des ZK ab, wurde im Juni Vorsitzender des Nationalen Verteidigungsrates und im November 1971 Mitglied des Staatsrates. Im Oktober 1976 wurde er auch Vorsitzender des Staatsrates, nachdem seine Parteiposition im Mai 1976 in »Generalsekretär« umbenannt worden war. Damit war Honecker erster Mann in Partei und Staat. Auch unter Honecker blieben die Bezie-

▲ *Erich Honecker bei einer Rede vor der Volkskammer der DDR im Jahr 1986*

hungen zwischen beiden deutschen Staaten störanfällig, die auf Abgrenzung gegenüber der Bundesrepublik fixierte Politik der SED wurde fortgesetzt. Honecker hat sich allerdings in der Ost-West-Krise seit 1979 sichtlich bemüht, die Spannungen nicht auf das deutsch-deutsche Verhältnis durchschlagen zu lassen und negative Auswirkungen auf die innerdeutschen Verbindungen zu verhindern. In diesem Bestreben sah er sich von den Bundeskanzlern Schmidt und Kohl unterstützt. Kohl empfing ihn im September 1987 zu einem Staatsbesuch in Bonn. Im Zuge der friedlichen Revolution in der DDR 1989 wurde Honecker, der bis zuletzt an seinen reformfeindlichen Positionen festgehalten hatte, als SED-Generalsekretär und Staatsratsvorsitzender im Oktober 1989 abgelöst, später aus der SED ausgeschlossen, unter Anklage gestellt und kurzzeitig sogar in Haft genommen. 1990 stellte er sich unter den Schutz der sowjetischen Truppen und hielt sich seit 1991 in Moskau auf. Nach seiner Abschiebung durch die russische Regierung wurde Honecker in Untersuchungshaft genommen und 1992 in Berlin wegen der Schüsse an der Mauer unter Mordanklage vor Gericht gestellt. Anfang 1993 wurde er aus Gesundheitsgründen aus der Haft entlassen und konnte seiner Familie nach Chile folgen. Dort ist Honecker am 29. Mai 1994 verstorben.

▲ *Franz Josef Strauß während einer Wahlveranstaltung 1986 in München*

15.26 Franz Josef Strauß

Geboren am 6. September 1915 in München als Sohn eines Metzgermeisters, studierte Strauß nach dem Abitur Latein, Griechisch und Geschichte und war 1939–45 Soldat. Die amerikanische Besatzungsbehörde bestellte ihn 1945 zum stellvertretenden Landrat, im folgenden Jahr wurde er zum Landrat in Schongau gewählt (bis 1949). Strauß war Mitgründer der CSU und gehörte deren Landesvorstand seit 1946 an. 1949–52 war er Generalsekretär der CSU, 1952–61 stellvertretender Vorsitzender, von 1961 bis zu seinem Tod war er Vorsitzender der CSU. 1948/49 Mitglied des Wirtschaftsrates der Bizone, gehörte Strauß von 1949 bis 1978 dem Bundestag an.

Adenauer berief ihn 1953 in sein zweites Kabinett als Bundesminister für besondere Aufgaben und betraute ihn 1955 mit dem neu geschaffenen Ministerium für Atomfragen. Im Oktober 1956 übernahm Strauß das Verteidigungsministerium und leitete nun den Aufbau der Bundeswehr, deren atomare Bewaffnung er in den damaligen Debatten befürwortete. Der Vorwurf, in der *Spiegelaffäre* (▶ 14.1) den Bundestag belogen zu haben, führte Ende 1962 dazu, dass Strauß sein Ministeramt verlor. 1963–66 Vorsitzender der CSU-Landesgruppe im Bundestag, war Strauß als Finanzminister 1966–69 zusammen mit Wirtschaftsminister Karl Schiller (SPD) maßgeblich am wirtschafts- und finanzpolitischen Erfolg der *Großen Koalition* (▶ 14.7) beteiligt.

In der Opposition zählte Strauß, der 1971 finanzpolitischer Sprecher der Unionsfraktion wurde, zu den schärfsten Gegnern der Ostpolitik der sozialliberalen Koalition. Bei hervorragenden Wahlergebnissen der CSU in Bayern konnte er sich stets auf die Geschlossenheit seiner Partei stützen. Seine strategischen Überlegungen zur Wiedergewinnung der Regierungsmacht durch die Union lösten immer wieder

Konflikte mit der CDU aus. Strauß lehnte das vom CDU-Vorsitzenden Kohl verfolgte Konzept einer Koalition mit der FDP ab und setzte statt dessen auf eine absolute Mehrheit der CDU/CSU oder auf eine bundesweite »vierte Partei«, die entweder durch eine von der CSU unterstützte Neugründung oder durch Ausdehnung der CSU über Bayern hinaus entstehen sollte. Diese Überlegungen bildeten 1976 auch den Hintergrund für den kurzlebigen, in Wildbad Kreuth gefassten Beschluss der CSU-Bundestagsabgeordneten, die Fraktionsgemeinschaft mit der CDU aufzulösen und eine eigene Fraktion zu bilden.
Nach der Landtagswahl von 1978 übernahm Strauß das Amt des bayerischen Ministerpräsidenten. Als Kanzlerkandidat der CDU/CSU bei der Bundestagswahl 1980 dem amtierenden Bundeskanzler Schmidt unterlegen, blieb Strauß nach dem Regierungswechsel im Herbst 1982 außerhalb der neuen Regierung Kohl, übte aber weiterhin großen Einfluss auf die Politik der Bundesregierung aus. Er starb am 3. Oktober 1988 in Regensburg.

15.27 Die »Wende« in Bonn 1982

In der Auseinandersetzung mit der CDU/CSU unter deren Kanzlerkandidaten *Franz Josef Strauß* (▶ 15.26) hatten SPD und FDP die Bundestagswahl vom 5. Oktober 1980 gewonnen und die sozialliberale Koalition fortgesetzt. Die FDP hatte mit ihrem engagierten Kampf gegen Strauß und mit der Zusage, die Koalition mit Bundeskanzler *Helmut Schmidt* (▶ 15.8) in der kommenden Legislaturperiode weiterzuführen, ihren Stimmenanteil von 7,9 % (1976) auf 10,6 % steigern können. Die SPD hatte von 42,6 % auf 42,9 % etwas zugelegt, während die CDU/CSU von 48,6 % auf 44,5 % abgerutscht war – ihr schlechtestes Wahlergebnis seit 1949.
In der FDP-Führung, vor allem bei dem Parteivorsitzenden und Außenminister *Genscher* (▶ 15.9), begann sich die Auffassung durchzusetzen, dass die nächste Bundestagswahl von der sozialliberalen Koalition nicht mehr zu gewinnen sei. Genscher sah die Gefahr, dass der sich abzeichnende Niedergang der SPD negative Auswirkungen auf die FDP haben könnte. Seit langem in freundschaftlichem Kontakt mit dem CDU-Vorsitzenden Kohl verbunden, bereitete Genscher allmählich den Boden für den Koalitionswechsel.
Im Gegensatz zu Strauß, der ein Zusammengehen mit den Liberalen ablehnte, vertrat Kohl seit längerer Zeit das Konzept eines Bündnisses mit der FDP, da die Union kaum in der Lage sei, eine absolute Mehrheit zu gewinnen. Zudem sollte das Bündnis mit der FDP den Einfluss der CSU in der Union begrenzen.
In der SPD-FDP-Koalition ergaben sich nach 1980 bei der Bekämpfung der anhaltenden Wirtschafts- und Beschäftigungskrise (▶ 15.22) zunehmend Meinungsverschiedenheiten zwischen den Koalitionspartnern. Die FDP wollte die staatliche Kreditaufnahme stärker begrenzen, massive Einschnitte bei den Sozialausgaben vornehmen und lehnte die von der SPD beabsichtigte Ergänzungsabgabe für höhere Einkommen ab. In wesentlichen Teilen der SPD wuchs der Unmut über den Koalitionspartner, aber auch über die Sparpolitik der Regierung Schmidt insgesamt, in der man sozialdemokratische Politik nicht mehr zu erkennen glaubte. Bereits der Verabschiedung des Bundeshaushalts für das Jahr 1982 ging 1981 ein »Sommertheater« voraus, in dem Politiker der Koalition

▲ *Am 1. Oktober 1982 wurde durch ein konstruktives Misstrauensvotum gegen Helmut Schmidt der bisherige Oppositionsführer Helmut Kohl zum neuen Bundeskanzler gewählt. Das Bild zeigt ihn bei der Vereidigung durch den Bundestagspräsidenten Richard Stücklen*

mit einander widersprechenden Vorschlägen auftraten. Genscher forderte in einem Brief an die FDP-Mitglieder eine »Wende« der deutschen Politik.

Bei der Beratung des Bundeshaushalts für 1983 kam es dann zum Bruch der sozialliberalen Koalition, beschleunigt durch ein Thesenpapier des FDP-Wirtschaftsministers Otto Graf Lambsdorff, in dem dieser abweichend vom bisherigen Koalitionskurs härteste Eingriffe in den Sozialstaat forderte. Als Bundeskanzler Schmidt zu erkennen gab, dass er an die Entlassung des Wirtschaftsministers denke, traten die vier FDP-Minister Genscher, Graf Lambsdorff, Baum und Ertl am 17. September 1982 zurück. Schmidt, der selbst zusätzlich das Außenministerium übernahm, war nun Kanzler einer Minderheitsregierung. In der Partei und in der Bundestagsfraktion der FDP kam es zu schweren Auseinandersetzungen zwischen denen, die an der Koalition mit der SPD festhalten bzw. eine SPD-Minderheitsregierung dulden wollten, und den Anhängern Genschers, die das Bündnis mit der CDU/CSU anstrebten. Die Linie Genschers setzte sich durch, und nach kurzen Verhandlungen mit der CDU/CSU wurde eine Koalitionsvereinbarung abgeschlossen. Im Rahmen des konstruktiven Misstrauensvotums wählte der Bundestag am 1. Oktober 1982 den CDU-Vorsitzenden Helmut Kohl zum neuen Bundeskanzler.

15.28 Helmut Kohl

Geboren am 3. April 1930 in Ludwigshafen am Rhein, als Sohn eines Zollbeamten, studierte Kohl nach dem Abitur (1950) in Frankfurt und Heidelberg Geschichte und Staatswissenschaften und war nach seiner Promotion in der Industrie tätig. Er war 1946 Mitbegründer der Jungen Union in Ludwigshafen, schloss sich 1947 der CDU an und übernahm in der Folgezeit verschiedene Ämter in der Jungen Union und in der CDU. 1959 in den Landtag von Rheinland-Pfalz gewählt, wurde Kohl 1963 Fraktionsvorsitzender der CDU. Seit 1966 auch Landesvorsitzender der CDU (bis 1973), setzte er 1969 die Ablösung des bisherigen Regierungschefs Peter Altmeier durch und wurde selbst Ministerpräsident von Rheinland-Pfalz.

Dem Bundesvorstand der CDU gehörte Kohl seit 1964 an, dem Parteipräsidium seit 1969. Nachdem er bereits 1971 erfolglos gegen Rainer Barzel für das Amt des CDU-Vorsitzenden kandidiert hatte, wurde er nach dem Rücktritt Barzels von diesem Amt im Juni 1973 zum Vorsitzenden der CDU gewählt. Zusammen mit den Generalsekretären Biedenkopf (bis 1977) und Geißler (bis 1989) hat Kohl energisch die organisatorische Stärkung der CDU und ihre Entwicklung zu einer modernen, mitgliederstarken Volkspartei betrieben. Für den Bundestagswahlkampf 1976 wurde Kohl von CDU und CSU als Kanzlerkandidat aufgestellt. Die Union erreichte zwar mit 48,6 % der Stimmen das zweitbeste Wahlergebnis ihrer Geschichte, doch blieb die Mehrheit der sozialliberalen Koalition erhalten. Kohl gab das Amt des Ministerpräsidenten von Rheinland-Pfalz auf und ging als Vorsitzender der CDU/CSU-Fraktion nach Bonn. Für den Bundestagswahlkampf 1980 verzichtete Kohl auf die Kanzlerkandidatur, blieb aber nach der Wahl Oppositionsführer im Bundestag.

Nach der Bekanntgabe des Endergebnisses der vorgezogenen Bundestagswahl vom 6. März 1983 zeigte sich Helmut Kohl in der Bonner Parteizentrale der CDU als strahlender Wahlsieger

Seit Anfang der 1980er-Jahre gab es in der DDR eine Friedensbewegung, die unter dem Motto »Schwerter zu Pflugscharen« pazifistische Ziele verfolgte. Die Abbildung zeigt eine diesen Anspruch symbolisierende Aktion im Juni 1983 auf dem Kirchentag in Wittenberg

Im Gegensatz zu Franz Josef Strauß hatte Kohl seit langem die Strategie verfolgt, die FDP aus dem Bündnis mit der SPD herauszulösen und für eine Koalition mit der Union zu gewinnen. Nach dem Bruch der sozialliberalen Koalition ermöglichte der Koalitionswechsel der FDP die Wahl Helmut Kohls zum Bundeskanzler am 1. Oktober 1982. Bei den vorgezogenen Bundestagswahlen 1983 bestätigten die Wähler ebenso wie 1987, bei der ersten gesamtdeutschen Wahl 1990 und erneut im »Superwahljahr« 1994 (▶16.31) Kohls Koalitionsregierung. Kohl, der sich große Verdienste um die deutsche Vereinigung erworben hat (»Kanzler der Einheit«), trat auch bei der Bundestagswahl 1998 als Spitzenkandidat an. Nach der Wahlniederlage der Union gab er den Vorsitz der CDU auf. Wegen seines Verhaltens in der *Spendenaffäre der CDU* (▶17.9) – entgegen der Vorschrift des Grundgesetzes weigerte er sich, die Namen von Spendern zu nennen – erfuhr er auch in der eigenen Partei heftige Kritik.

15.29 Friedensbewegung

Anfang der 80er-Jahre entstand in der Bevölkerung westlicher Staaten eine politische Massenbewegung, die angesichts der weltweiten nuklearen Aufrüstung die Regierungen zur Friedenssicherung durch Rüstungsstopp, Rüstungskontrolle und Abrüstung drängte. In der Bundesrepublik Deutschland entwickelte sich die Friedensbewegung in Reaktion auf den Ende 1979 verabschiedeten *NATO-Doppelbeschluss* (▶15.30), der für den Fall erfolgloser Verhandlungen mit der Sowjetunion die Stationierung amerikanischer Mittelstreckenraketen – überwiegend in der Bundesrepublik – vorsah. Die nur locker organisierte Friedensbewegung umfasste ein breites Spektrum von Gruppen unterschiedlicher sozialer und politischer Orientierung: u.a. kirchliche und gewerkschaftliche Gruppen, Initiativen von Wissenschaftlern, Ärzten, Juristen, Parteien wie die Grünen, die DKP und Teile der SPD, auch Gruppen der CDU. Stark verflochten war die Friedensbewegung mit der Umweltschutz-, der Frauen- und der alternativen Bewegung. Mitentscheidend für die Breitenwirkung in der Bevölkerung wurden die vielen lokal bezogenen Aktivitäten der örtlichen Friedensgruppen sowie die Tatsache, dass die Anhänger der Friedensbewegung aus nahezu allen sozialen Schichten stammten.

An den großen Demonstrationen in Bonn nahmen 250 000 Menschen (am 10. Oktober 1981) bzw. 300 000 bis 350 000 Menschen (10. Juni 1982) teil. Kurz vor der Schlussentscheidung über die Raketenstationierung veranstalteten die Gruppen der Friedensbewegung im Oktober 1983 im ganzen Bundesgebiet eine Aktionswoche, an der sich nach Schätzungen der Veranstalter rund 3 Millionen Menschen beteiligten und deren Abschluss mehrere überregionale Demonstrationen und eine geschlossene Menschenkette von Stuttgart nach Neu-Ulm bildeten.

Der starke Widerhall, den die Friedensbewegung in der Bevölkerung fand, entstand auch dadurch, dass die lange verdrängte Angst vor der atomaren Katastrophe wieder bewusst wurde. Die Aussagen zahlreicher Wissenschaftler über die Folgen eines atomaren Konflikts, von Ärzten über ihre eigene Hilflosigkeit in einer nuklearen Katastrophe fanden öffentliche Resonanz. Die Annahme, dass die technischen Vorkehrungen gegen einen zufällig ausgelösten Atomkrieg vollkommen zuverlässig seien, stieß zunehmend auf Zweifel. Hinzu kam, dass aus Kreisen der amerikanischen Regierung Überlegungen bekannt wurden, die auf die Führbarkeit und Gewinnbarkeit eines Atomkrieges sowie auf die Begrenzung einer solchen Auseinandersetzung auf Europa hinausliefen. Die Vorstellung, dass in einem atomaren Konflikt, über den in Washington und Moskau entschieden würde, die beiden deutschen Staaten zuerst und am stärksten betroffen sein würden, verlieh dem Protest gegen die Rüstung zusätzliche Schubkraft.

Auch wenn die Friedensbewegung zunächst scheiterte und ihr vordringliches Ziel mit dem ergebnislosen Abbruch der Genfer Verhandlungen und mit der Stationierung der amerikanischen Mittelstreckenraketen seit November 1983 nicht erreichte, waren ihre politischen Wirkungen doch beträchtlich. Aus bescheidenen Anfängen war eine Massenbewegung entstanden, die in der Opposition zu sämtlichen vor 1983 im Deutschen Bundestag vertretenen Parteien stand und die schließlich die öffentliche Diskussion über die Sicherheitspolitik bis zum Ende des Ost-West-Konfliktes maßgeblich prägte.

In der DDR kam es als einzigem kommunistischem Staat zu nennenswerten Ansätzen einer eigenständigen Friedensbewegung, die neben den offiziellen, ausschließlich gegen die westliche Rüstung gerichteten Friedensaktivitäten stand. Hier arbeiteten meist christlich geprägte Friedensgruppen (»Schwerter zu Pflugscharen«) für Abrüstung in Ost und West; sie unterlagen staatlicher Repression. Aus ihnen bildete sich zusammen mit Umweltgruppen und anderen die 1989/90 erfolgreiche Opposition gegen die Herrschaft der SED.

15.30 NATO-Doppelbeschluss und Stationierungsdebatte

1976/77 hatte die Sowjetunion begonnen, ihre auf Westeuropa gerichteten älteren Mittelstreckenraketen durch moderne Raketen vom Typ SS20 mit jeweils drei Sprengköpfen zu ersetzen. Die deutsche Bundesregierung unter Helmut Schmidt hielt dies für eine Gefährdung des strategischen Gleichgewichts in Europa und eröffnete im NATO-Bündnis eine Diskussion über westliche Gegenmaßnahmen. Bei der US-Regierung, die dem Problem zunächst wenig Beachtung geschenkt hatte, wuchs nun das Interesse, die eigene strategische Position gegenüber der Sowjetunion durch die erstmalige Aufstellung amerikanischer Mittelstreckenraketen in Europa zu verbessern. Der am 12. Dezember 1979 von den Außen- und Verteidigungsministern der NATO zur »Nachrüstung« gefasste Doppelbeschluss bestand aus zwei Elementen: 1. Stationierung bodengestützter atomarer Mittelstreckenwaffen (108 Pershing-II-Raketen und 464 Cruisemissiles) in Europa Ende des Jahres 1983; 2. Angebot an die Sowjetunion zu Verhandlungen mit den USA über die Mittelstreckenwaffen in Europa; das Ergebnis dieser Verhandlungen sollte über die Durchführung einer Stationierung entscheiden.

Die amerikanisch-sowjetischen Verhandlungen begannen am 30. November 1981 in Genf. Unterdessen hatte in vielen Ländern der NATO eine breite *Friedensbewegung* (▶ 15.29) begon-

◀ *Die Aufstellung sowjetischer Mittelstreckenraketen vom Typ SS 20 seit 1976/77 führte zum »Doppelbeschluss« der NATO und in der Bundesrepublik Deutschland zu einer leidenschaftlichen Debatte über das Für und Wider einer Stationierung der entsprechenden amerikanischen Waffen »Pershing II« und »Cruise-Missile«*

Die Stationierung amerikanischer Mittelstreckenwaffen in der Bundesrepublik Deutschland ab November 1983 führte zu einem Erstarken der Friedensbewegung, die vielfältige Formen des Protests gegen diese »Nachrüstung« einsetzte. Das Bild zeigt eine Sitzblockade vor dem amerikanischen Pershing-II-Stützpunkt in Mutlangen

nen, die Regierungen zur Aufgabe der Nachrüstung zu drängen. Auch innerhalb der SPD wuchs die Opposition gegen die Nachrüstung und verstärkte sich nach dem Bonner Regierungswechsel vom Herbst 1982 erheblich. Auf dem Kölner SPD-Parteitag vom November 1983 sprach sich dann eine überwältigende Mehrheit gegen die Raketenstationierung aus. CDU/CSU und FDP hielten demgegenüber am NATO-Doppelbeschluss fest. Die Bundesregierung hoffte auf einen Verhandlungserfolg in Genf, war aber im Falle des Scheiterns zur Stationierung der amerikanischen Raketen entschlossen, auch um den Zusammenhalt des westlichen Bündnisses zu sichern. Die Grünen, seit März 1983 im Bundestag, hatten von Anfang an die Friedensbewegung mitgetragen und bekämpften kompromisslos die Nachrüstung. Die Genfer Verhandlungen brachten keine Annäherung der amerikanischen und der sowjetischen Position. Ein Lösungsvorschlag, den die Verhandlungsführer beider Seiten auf einem Waldspaziergang skizziert hatten, wurde von den Regierungen in Washington und Moskau verworfen.

Der Deutsche Bundestag entschied sich am 22. November 1983 nach einer zweitägigen leidenschaftlichen Debatte mit der Mehrheit von CDU/CSU und FDP für die Raketenstationierung. Während schon am nächsten Tag die USA mit der Aufstellung von Pershing-II-Raketen in der Bundesrepublik begannen, brach die Sowjetunion die Genfer Verhandlungen ab. Die 1985 wieder aufgenommenen Verhandlungen führten zum weltweiten Abbau aller amerikanischen und sowjetischen Mittelstreckenraketen im 1987 abgeschlossenen *INF-Vertrag* (▸15.38). Möglicherweise hat die harte Haltung des Westens in der Raketenfrage auch zum späteren wirtschaftlich-politischen Zusammenbruch der UdSSR beigetragen

15.31 Flick-Spendenaffäre

Die Flick-Gruppe, eine der bedeutenden Unternehmensgruppen in der Bundesrepublik, hatte 1975 beim Verkauf von Daimler-Benz-Aktien einen Erlös von 1,9 Milliarden DM erzielt – regulär mit einem Steuersatz von 56 % zu versteuern –, von dem jedoch 1,5 Milliarden DM wieder angelegt wurden. Für diese Wiederanlage beantragte die Flick-Gruppe gemäß dem Gesetz Steuerbefreiung. Den Anträgen wurde stattgegeben, nachdem die Bundeswirtschaftsminister Hans Friderichs und – ab 1977 – Otto Graf Lambsdorff bescheinigt hatten, dass die Investition »volkswirtschaftlich besonders förderungswürdig« sei. Im November/Dezember 1983 erhob die Bonner Staatsanwaltschaft Anklage gegen Lambsdorff und Friderichs wegen Bestechlichkeit und gegen den ehemaligen persönlich haftenden Flick-Gesellschafter Eberhard von Brauchitsch wegen Bestechung. Laut Anklage sollte von Brauchitsch durch Zahlung von insgesamt 510 000 DM an Friderichs und Lambsdorff auf die Entscheidungen der Minister über die Steuervergünstigungen Einfluss genommen haben. Nach Eröffnung des Hauptverfahrens trat Lambsdorff im Juni 1984 als Minister zurück. Das Bonner Landgericht fällte im Fe-

Der damalige Außenminister Hans-Dietrich Genscher (Mitte) 1984 vor dem Flick-Untersuchungsausschuss in Bonn

bruar 1987 sein – später rechtskräftig gewordenes – Urteil: Alle drei Angeklagten wurden vom Vorwurf der Bestechung bzw. Bestechlichkeit, den auch die Staatsanwaltschaft bereits fallen gelassen hatte, freigesprochen. Wegen Steuerhinterziehung bzw. Beihilfe dazu wurde von Brauchitsch zu zwei Jahren Freiheitsstrafe auf Bewährung und 550 000 DM Geldbuße, Lambsdorff zu einer Geldstrafe von 180 000 DM und Friderichs zu einer Geldstrafe von 61 500 DM verurteilt.

Die Flick-Affäre, die im Herbst 1984 auch zum Rücktritt von Bundestagspräsident Barzel führte, steht im größeren Zusammenhang mit der Parteispendenaffäre, in deren Verlauf sich herausstellte, dass CDU, CSU, FDP und SPD entgegen den gesetzlichen Vorschriften unversteuerte Spenden – häufig auf dem Umweg über gemeinnützige Organisationen – entgegengenommen und gegen die Vorschriften zur Veröffentlichung der Namen von Großspendern verstoßen haben. Der Versuch der christlich-liberalen Koalition, im Frühjahr 1984 im Schnellverfahren ein Gesetz zur Amnestierung von Spendern und Parteifunktionären zu verabschieden, scheiterte am Protest der FDP-Basis.

Am Beispiel der Firma Flick, die schon in der Weimarer Republik durch Geldzahlungen auf politische Entscheidungen Einfluss genommen hatte, wurde in der Öffentlichkeit und im Parlament auch grundsätzlich die Verflechtung von Wirtschaft und Politik diskutiert. Dabei wurde kritisch gefragt, ob die demokratische Willensbildung im Staat durch finanzielle Einflussnahme von Einzelinteressenten verfälscht werden darf.

15.32 Richard von Weizsäcker

Richard Freiherr von Weizsäcker wurde am 15. April 1920 in Stuttgart als Sohn des Diplomaten Ernst von Weizsäcker geboren. Sein Bruder ist der Physiker und Philosoph Carl Friedrich von Weizsäcker. Nach dem Abitur begann Weizsäcker 1937/38 mit dem Studium in Oxford und Grenoble und war 1938–45 Soldat, zuletzt Hauptmann. Er studierte nach dem Krieg Jura und Geschichte in Göttingen und war dann bis 1967 als Manager in der Industrie tätig, anschließend als Rechtsanwalt in Bonn. Weizsäcker engagierte sich in der evangelischen Kirchentagsbewegung und im Weltkirchenrat; 1964–70 und 1979–81 war er Präsident des Deutschen Evangelischen Kirchentages. Seit 1950 Mitglied der CDU, wurde Weizsäcker 1969 in den Bundestag gewählt, dem er bis 1981 angehörte. Er war 1973–79 stellvertretender Vorsitzender der CDU/CSU-Fraktion und 1979–81 Vizepräsident des Bundestags. 1974 kandidierte er für die CDU/CSU erfolglos gegen Walter Scheel bei der Wahl des Bundespräsidenten. Bereits 1979 Spitzenkandidat der CDU in Berlin, wurde er nach der vorgezogenen Wahl zum Abgeordnetenhaus vom Mai 1981 Regierender Bürgermeister von Berlin. Er regierte zunächst mit einem von Teilen der FDP geduldeten CDU-Minderheitssenat, der im März 1983 in eine CDU-FDP-Koalitionsregierung umgewandelt wurde. Weizsäcker führte mit Erfolg die von seinem Vorgänger Hans-Jochen Vogel (SPD) begonnene Politik fort, in

Berlin einen Ausgleich der verschiedenen gesellschaftlichen Gruppen unter Einbeziehung der *alternativen Bewegung* (▶15.19) zu suchen. Er trat im Februar 1984 zurück, nachdem er von CDU und CSU zum Kandidaten für das Amt des Bundespräsidenten nominiert worden war. Von der Bundesversammlung wurde er am 23. Mai 1984 mit einer breiten Mehrheit zum Bundespräsidenten gewählt.

Als Bundespräsident (seit 1. Juli 1984) hat sich Richard von Weizsäcker schnell hohes Ansehen erworben, nicht zuletzt aufgrund seiner Fähigkeit, integrierend zu wirken und gleichzeitig wichtige Denkanstöße zu geben. Besondere Beachtung im In- und Ausland fand seine Rede vom *8. Mai 1985* (▶15.33), in der er 40 Jahre nach der deutschen Kapitulation auf überzeugende Weise den geschichtlichen Standort der Deutschen beschrieb.

Am 23. Mai 1989 wurde Richard von Weizsäcker für eine zweite Amtszeit zum Bundespräsidenten gewählt. Nach der Vereinigung der beiden deutschen Staaten 1990 setzte er sich für eine schnelle Integration der neuen Bundesländer ein. Sein Nachfolger wurde 1994 *Roman Herzog* (▶16.28).

▲ *Repräsentierte in zwei Amtzeiten zwischen 1984 und 1994 als Präsident die Bundesrepublik Deutschland: Richard von Weizsäcker*

15.33 8. Mai – der sperrige Gedenktag

Anders als in früheren Jahren wurde 1985 in aller Welt bei Siegern und Besiegten des 2. Weltkrieges dem Jahrestag der deutschen Kapitulation am 8. Mai 1945 besondere Beachtung geschenkt.

In der Bundesrepublik sollte sich dieser 40. Jahrestag als »sperriger Gedenktag« erweisen, wie die Wochenzeitung »Die Zeit« eine Artikelserie zum 8. Mai überschrieb. Das durch den Nationalsozialismus gebrochene Geschichtsbewusstsein der Deutschen manifestierte sich in einer Diskussion, in die die unterschiedlichsten Interpretationen dieses historischen Datums eingebracht wurden. Während vonseiten der SPD und der Gewerkschaften der 8. Mai 1945 als Tag der Befreiung vom Nationalsozialismus bezeichnet wurde, sahen Konservative in ihm den Beginn der Unfreiheit der östlichen Hälfte Europas. Für andere war der 8. Mai vornehmlich das Ende des deutschen Nationalstaats und der Beginn der deutschen Teilung.

Belastend für die Beziehungen der Bundesrepublik zu den USA, aber auch zu anderen Ländern, wirkten sich in diesem Zusammenhang die Peinlichkeiten bei der Vorbereitung des Staatsbesuchs von US-Präsident Reagan in der Bundesrepublik (Anfang Mai 1985) aus. Der von Reagan zunächst gewünschte Besuch des ehemaligen Konzentrationslagers Dachau wurde von der Bundesregierung für unpassend gehalten. Reagan seinerseits lehnte es ab, am 8. Mai eine Rede in der Bundesrepublik zu halten, und zog es schließlich vor, an diesem Tag vor dem Europäischen Parlament in Straßburg zu sprechen. Schließlich erreichte das Bundeskanzleramt, dass Reagan zusammen mit Bundeskanzler Kohl am 5. Mai den deutschen Soldatenfriedhof in Bitburg in der Eifel besuchte. Als bekannt wurde, dass dort auch SS-Angehörige begraben seien, löste dies einen Sturm der Entrüstung in der amerikanischen Öffentlichkeit aus. Schließlich wurde in das Besuchsprogramm des US-Präsidenten noch ein Besuch im ehemaligen KZ Bergen-Belsen (am Vormittag des

5. Mai) aufgenommen. Den Staatsbesuch selbst absolvierte Reagan nach dem Urteil der meisten Beobachter mit Würde und mit Respekt vor der Vergangenheit.

Nach all diesen Beklemmungen wirkte die Rede, die Bundespräsident Richard von Weizsäcker am 8. Mai 1985 im Plenarsaal des Bundestages hielt, in der deutschen und internationalen Öffentlichkeit befreiend. Mit seiner Fähigkeit zur Integration, die nicht zulasten der Eindeutigkeit seiner Aussagen ging, gelang es dem Bundespräsidenten, den geschichtlichen Standort der Deutschen 40 Jahre nach Kriegsende auf eine Art zu bestimmen, die weithin als verbindlich betrachtet wurde.

Weizsäcker erklärte: »Der 8. Mai war ein Tag der Befreiung. Er hat uns alle befreit von dem menschenverachtenden System der nationalsozialistischen Gewaltherrschaft. Niemand wird um dieser Befreiung willen vergessen, welche schweren Leiden für viele Menschen mit dem 8. Mai erst begannen und danach folgten. Aber wir dürfen nicht im Ende des Krieges die Ursache für Flucht, Vertreibung und Unfreiheit sehen. Sie liegt vielmehr in seinem Anfang und im Beginn jener Gewaltherrschaft, die zum Krieg führte. Wir dürfen den 8. Mai 1945 nicht vom 30. Januar 1933 trennen.«

Der Bundespräsident hob die Bedeutung der Erinnerung hervor, die Versöhnung erst möglich mache. Zur historischen Bedeutung des Jahres 1945 für die Deutschen sagte er: »Es gab keine ›Stunde null‹, aber wir hatten die Chance zu einem Neubeginn. Wir haben sie genutzt, so gut wir konnten. An die Stelle der Unfreiheit haben wir die demokratische Freiheit gesetzt.« Und Bezug nehmend auf die deutsche Teilung äußerte Weizsäcker »die Zuversicht, dass der 8. Mai nicht das letzte Datum unserer Geschichte bleibt, das für alle Deutschen verbindlich ist.«

15.34 Gorbatschows Perestroika und die DDR

Nach dem Tod Konstantin Tschernenkos wurde im März 1985 der 54-jährige Michail Gorbatschow neuer Generalsekretär des ZK der KPdSU. Er leitete unter dem Schlagwort »Perestroika« (Umbau) eine Politik tief greifender Veränderungen in Wirtschaft, Politik und Gesellschaft der Sowjetunion ein. In der Wirtschaft, die nach internationalen Maßstäben weit zurückgeblieben war, sollte durch Lockerung der zentralen Planung, durch begrenzte Zulassung privater Eigentumsformen (v.a. Genossenschaften) und durch marktwirtschaftliche Elemente eine nachhaltige Steigerung der Effizienz erreicht werden. Im politischen Bereich bestand das Ziel in mehr Demokratie. Das bedeutete die Auswahl unter mehreren Kandidaten bei Wahlen und die Stärkung der Eigenverantwortung der unteren Ebenen. Bei alledem sollten das Monopol und die führende Rolle der KPdSU gewahrt bleiben.

Begleitet und gestützt werden sollte der gesamte Reformprozess von einer offenen gesellschaftlichen Diskussion, in der die Rolle der Presse und der anderen Medien unter dem

▲ *Die Kernkraftwerkskatastrophe im ukrainischen Tschernobyl am 26. April 1986 bestimmte die Debatte über die Nutzung der Kernenergie in der Bundesrepublik Deutschland völlig neu. Die Luftaufnahme zeigt den durch eine unkontrollierte nukleare Kettenreaktion völlig zerstörten Reaktorblock 4*

Schlagwort »Glasnost« (Öffentlichkeit) neu beschrieben wird. Die Medien hätten die Aufgabe, unterstützt von den politischen Instanzen, den Willensbildungsprozess in Partei und Staat durchsichtig zu machen, kritische Fragen der Bevölkerung zu inneren Defiziten (z.B. Versorgungslage) oder Konflikten (z.B. Nationalitätenfragen) widerzuspiegeln und so Mitsprachemöglichkeiten zu eröffnen. Verbunden war die Reformentwicklung mit einer kritischen Aufarbeitung der sowjetischen Geschichte.
Bedeutsam wurde, dass im Zuge der Reformentwicklung die KPdSU ihren Führungsanspruch im internationalen Kommunismus aufgab und von der These der beschränkten Souveränität der kommunistischen Staaten (Breschnew-Doktrin) abrückte. Der SED ermöglichte dies, sich klar von Gorbatschows Perestroika abzusetzen und ihren bisherigen politischen Kurs beizubehalten. Für den Bereich der Wirtschaft argumentierte die SED damit, dass viele der Reformvorhaben Gorbatschows in der DDR längst durchgeführt seien und die DDR-Wirtschaft schließlich nicht die Defizite der sowjetischen Wirtschaft aufweise und im Ostblock die Spitzenposition einnehme.

15.35 Antiatomkraftbewegung nach Tschernobyl – Proteste gegen WAA Wackersdorf

Am 26. April 1986 kam es in dem sowjetischen Kernkraftwerk Tschernobyl (in der Ukrainischen SSR) zu einem schweren Störfall, in dessen Verlauf der Reaktorkern schmolz, das Kernkraftwerk brannte und große Mengen radioaktiven Materials freigesetzt wurden. Das ganze Ausmaß der Katastrophe wurde der internationalen Öffentlichkeit wegen der zögerlichen sowjetischen Informationspolitik erst Tage nach dem Unfall deutlich. In vielen Teilen Europas sowie in der Sowjetunion selbst wurde radioaktiver Niederschlag verzeichnet.
Durch Tschernobyl und die Folgen wurde die öffentliche Debatte über die Nutzung der Kernenergie in der Bundesrepublik neu belebt. Während die Grünen in der Katastrophe von Tschernobyl eine Bestätigung ihrer seit jeher erhobenen Forderung nach sofortiger Stilllegung aller Kraftwerke sahen, trat die SPD, die bisher – bei Vorrang der Kohlenutzung – einen weiteren Ausbau der Kernenergie befürwortet hatte, nun für den schrittweisen Ausstieg aus der Kernenergienutzung ein. CDU/CSU und FDP schränkten ihre Zustimmung zur Nutzung der Atomkraft ein, hielten an ihr aber als »Übergangstechnologie« über das Jahr 2000 hinaus fest.
Weit mehr als andere Atomanlagen – wie etwa der »schnelle Brüter« in Kalkar – wurde die im Bau befindliche Wiederaufarbeitungsanlage (WAA) in Wackersdorf (Oberpfalz) in der Zeit nach Tschernobyl zum Ziel des Protestes. Bei zahlreichen Massendemonstrationen kam es zu gewaltsamen Auseinandersetzungen zwischen Demonstranten und der Polizei. Dabei wurde die Kritik an der WAA mit unterschiedlichen Argumenten vorgebracht. Neben der grundsätzlichen Ablehnung der Kernenergie standen der Einwand, dass die Aufarbeitung von abgebrannten Kernbrennstäben viel teurer sei als die unmittelbare Endlagerung, und der Protest gegen die Zerstörung eines umfangreichen Waldgebiets.
Doch dann bewirkte nicht der Protest von Tausenden Atomkraftgegnern die Einstellung der Bauarbeiten an der WAA am 30. Mai 1989, sondern die kaufmännische Überlegung der deutschen Energiewirtschaft. Sie vereinbarte mit der französischen Firma Cogema eine Zusammenarbeit, in deren Rahmen abgebrannte deutsche Brennelemente in La Hague weit billiger zwischengelagert werden sollten, als dies in Wackersdorf möglich gewesen wäre.
Die Endlagerung von Atommüll stellt insofern ein Problem dar, als die Strahlung radioaktiven Urans erst nach einigen Millionen Jahren wieder auf die von Natururan gesunken sein wird. Für die Bundesrepublik soll diese Endlagerung in einem Salzstock bei Gorleben erfolgen.

15.36 Honeckers Staatsbesuch in Bonn

Für die DDR-Führung bedeutete der Besuch des Staatsratsvorsitzenden und SED-Generalsekretärs Erich Honecker in der Bundesrepublik Deutschland, der vom 7. bis 11. September 1987 stattfand, dass ein seit langem gestecktes Ziel erreicht war. Wurde Honecker doch in der Bundeshauptstadt mit allen protokollarischen Eh-

Zu Beginn seines Staatsbesuchs in der Bundesrepublik Deutschland wurde der DDR-Staatsratsvorsitzende und SED-Generalsekretär Erich Honecker am 7. September 1987 in Bonn von Bundeskanzler Helmut Kohl mit militärischen Ehren empfangen

ren empfangen, die dem Staatsoberhaupt eines souveränen Staates zustehen. Aller Welt wurde damit vor Augen geführt, dass die Bundesrepublik Deutschland die DDR als gleichberechtigten souveränen Staat anerkannte. In Bonn fanden Gespräche zwischen Honecker und dem Bundespräsidenten, dem Bundeskanzler und anderen Politikern statt. Dabei betonte Honecker, dass es sein Ziel sei, die »Normalisierung der Beziehungen voranzubringen«. Drei Tage später in Neunkirchen erklärte er allerdings, dass uns eines Tages »die Grenzen nicht mehr trennen, sondern vereinen« können. Bundeskanzler Kohl fand verbindende, aber auch deutliche Worte. In einer Tischrede am 7. September 1987 führte er u. a. aus: »Konzentrieren wir uns in diesen Tagen auf das Machbare, und bleiben wir uns auch einig, die zurzeit unlösbaren Fragen nicht in den Vordergrund zu stellen.« Er sagte aber auch: »Die Menschen in Deutschland leiden unter der Trennung. Sie leiden an einer Mauer, die ihnen buchstäblich im Wege steht und die sie abstößt.« Neben den politischen Gesprächen besuchte Honecker Nordrhein-Westfalen, Rheinland-Pfalz – das Geburtshaus von Karl Marx in Trier – und Bayern. Im saarländischen Neunkirchen-Wiebelskirchen suchte Honecker zum ersten Mal seit 39 Jahren sein Elternhaus auf.

15.37 Barschel-Affäre

Am 12. September 1987, einen Tag vor der Landtagswahl in Schleswig-Holstein, meldeten Hörfunk und Fernsehen, dass das Hamburger Magazin »Der Spiegel« am Montag seinen Lesern eine schier unglaubliche Geschichte präsentieren werde: Der schleswig-holsteinische Ministerpräsident Uwe Barschel habe im Zusammenhang mit dem Wahlkampf seinen Medienreferenten Reiner Pfeiffer beauftragt, gegen den Oppositionsführer und SPD-Spitzenkandidaten Björn Engholm eine anonyme Strafanzeige wegen Steuerhinterziehung zu stellen, Engholm durch ein Detektivbüro bespitzeln zu lassen, eine »Wanze« in Barschels Diensttelefon einbauen zu lassen, um dies dann der SPD und Engholm anzulasten, sowie die »Unabhängige Wählergemeinschaft Schleswig-Holsteins« durch eine Zersetzungskampagne zu schwächen – so die Vorwürfe Pfeiffers gegenüber dem »Spiegel«. Die Landtagswahl am 13. September brachte der CDU mit 33 Manda-

Mit einem Ehrenwort weist Uwe Barschel vor der Presse am 18. September 1987 alle gegen ihn erhobenen Beschuldigungen zurück

ten den Verlust der absoluten Mehrheit, der zur Koalition mit der CDU bereiten FDP vier Sitze, der SPD 36 Sitze und dem Südschleswigschen Wählerverband ein Mandat, sodass ein parlamentarisches Patt entstand.
Nach anfänglicher Beteuerung Barschels, dass die Anschuldigungen »erstunken und erlogen« seien, sprachen die Ergebnisse des Untersuchungsausschusses und der staatsanwaltlichen Ermittlung gegen ihn. Am 25. September 1988 übernahm Barschel die politische Verantwortung und trat am 2. Oktober als Ministerpräsident zurück.
Am 11. Oktober fanden Journalisten des »Stern« die Leiche von Uwe Barschel in einem Genfer Hotelzimmer. Die schweizerischen Justizbehörden erklärten, es handele sich um Selbstmord, und blieben auch dann bei dieser Feststellung, als die Familie des Toten angesichts der mysteriösen Umstände von Mord sprach. Die genauen Umstände sind bis heute nicht geklärt.
In seinem am 5. Februar 1988 erstatteten Abschlussbericht stellte der Untersuchungsausschuss des Kieler Landtags u. a. fest, »dass Teile der Staatskanzlei und der Pressestelle der Landesregierung ... widerrechtlich zur Wahlkampfführung für den CDU-Spitzenkandidaten missbraucht« wurden. Er lobte die »Wachsamkeit der kritischen Presse« und schlug eine Reihe von Änderungen der Landesverfassung vor.
Erst sehr viel später räumte Björn Engholm als Ministerpräsident von Schleswig-Holstein ein, dass er von dem Skandal früher gewusst habe als anfänglich zugegeben. Er trat am 3. Mai 1993 als Ministerpräsident und Bundesvorsitzender der SPD zurück.
In der Öffentlichkeit der Bundesrepublik löste die Barschel-Affäre große Betroffenheit aus und führte zu der Frage, welche wirksamen Hindernisse der demokratische Staat dem ungezügelten Machtstreben Einzelner und ihrer ergebenen Helfer entgegenstellen kann.

15.38 Der INF-Vertrag und die deutschen Staaten

Mit dem Beginn der Stationierung amerikanischer Mittelstreckenraketen in der Bundesrepublik gemäß dem *NATO-Doppelbeschluss* (▶ 15.30) hatte die Sowjetunion im November 1983 die zweiseitigen Abrüstungsverhandlungen mit den USA abgebrochen. Im März 1985 wieder aufgenommen, führten langwierige Verhandlungen sowie zwei amerikanisch-sowjetische Gipfeltreffen (im November 1985 in Genf und im Oktober 1986 in Reykjavík) am 8. Dezember 1987 in Washington zur Unterzeichnung des Vertrages über »Intermediate-Range Nuclear Forces« (INF, »Kernwaffen mittlerer Reichweite«) durch den amerikanischen Präsidenten Ronald Reagan und den sowjetischen KP-Generalsekretär Michail Gorbatschow.

▲ *Michail Gorbatschow (links) und Ronald Reagan applaudieren sich gegenseitig anlässlich der Unterzeichnung des INF-Vertrages am 8. Dezember 1987*

Das Abkommen sah den vollständigen und weltweiten Abbau aller amerikanischen und sowjetischen landgestützten Mittelstreckenraketen längerer und kürzerer Reichweite einschließlich der Abschussvorrichtungen in einem Zeitraum von drei Jahren vor.
Zu Recht wurde das Abkommen in der Weltöffentlichkeit als Durchbruch bei den Abrüstungsbemühungen bewertet. Handelte es sich doch nicht um eine Rüstungskontrollvereinbarung, bei der bestimmte Obergrenzen für atomare Waffen festgelegt wurden, sondern um die Abschaffung einer ganzen Kategorie amerikanischer und sowjetischer Raketen – verbunden mit der erstmaligen Vereinbarung wirksamer Kontrollverfahren.
In beiden deutschen Staaten, als Stationierungs- wie als mögliche Zielländer militärisch besonders exponiert, wurde der INF-Vertrag begrüßt. Beide deutsche Regierungen hatten

Im Zuge der Umsetzung des INF-Vertrages wurden bis Mai 1991 – auch auf deutschem Gebiet – sämtliche bodengestützten Mittelstreckenwaffen abgebaut und zerstört. Das Bild zeigt die Zerlegung einer Pershing-II-Rakete

auch während der Unterbrechung der amerikanisch-sowjetischen Verhandlungen ihre Kontakte aufrechterhalten und weiterentwickelt, beide hatten ihren jeweiligen Bündnispartner zur Abschaffung der Mittelstreckenraketen gedrängt. Das nun erreichte Abkommen verbesserte das Klima zwischen den Supermächten und damit auch die Perspektiven für eine Weiterentwicklung der deutsch-deutschen Beziehungen.

Im Vorfeld des Abschlusses des INF-Vertrages war es allerdings im Frühjahr/Sommer 1987 zu deutsch-amerikanischen Unstimmigkeiten und zu einer innenpolitischen Kontroverse gekommen. Die amerikanisch-sowjetischen Verhandlungen hatten sich auf eine »doppelte Nulllösung« zubewegt, d. h., nicht nur Mittelstreckenraketen längerer Reichweite (1 000–5 500 km), sondern auch solche kürzerer Reichweite (150–1 000 km) sollten abgebaut werden. Zur letzteren Kategorie gehörten auch 72 Pershing-IA-Raketen der Bundeswehr, die über einen unter amerikanischem Verschluss stehenden Atomsprengkopf verfügten. Die CSU und Teile der CDU wollten die Pershing IA nicht in die Nulllösung aufgenommen wissen und eine Option für eine Modernisierung dieser Waffen behalten. Hingegen trat die FDP (wie auch die Opposition aus SPD und Grünen) für den Verzicht auf diesen Waffentyp ein. Den öffentlich ausgetragenen Streit in der Regierungskoalition entschied im August 1987 schließlich Bundeskanzler Kohl unter ausdrücklicher Berufung auf seine grundgesetzliche Richtlinienkompetenz: Die Zustimmung der Bundesrepublik Deutschland zur doppelten Nulllösung ebnete den Weg für die Einigung der USA und der Sowjetunion auf den INF-Vertrag.

15.39 Die Aussiedler

Auch nach der *Vertreibung und Aussiedlung* (▶ 12.5) lebten noch Millionen von Menschen mit deutscher Volkszugehörigkeit in Ländern des Ostblocks, insbesondere in Polen und in der Sowjetunion.

Nach dem Grundgesetz (Art. 116 Abs. 1) steht diesen Personen, ihren Ehegatten und Kindern die deutsche Staatsangehörigkeit zu. Bei ihrem Zuzug in die Bundesrepublik werden sie amtlich als »Aussiedler« bezeichnet. Alle Bundesregierungen hatten mit Appellen und zum Teil mit vertraglichen Regelungen (so etwa 1975/76 mit Polen) darauf hingewirkt, dass die Ostblockstaaten diesen Menschen die Ausreise ermöglichten. Gegen Ende der 80er-Jahre nun zeigten die osteuropäischen Regierungen verstärkt Bereitschaft, deutschstämmige Bürger ausreisen zu lassen. So kamen 1988 in die Bundesrepublik aus Polen 140 226 Aussiedler (1987: 48 423), aus der Sowjetunion 47 552 (1987: 14 488), aus Rumänien 12 902 (1987: 13 994) und aus der Tschechoslowakei, Ungarn und Jugoslawien jeweils unter tausend Aussiedler. Viele Aussiedler, vor allem die jüngeren, sprachen kein Deutsch, und beim Entschluss zur Ausreise hat wohl auch die wirtschaftliche Anziehungskraft der Bundesrepublik eine Rolle gespielt.

Die deutschen Behörden wurden angesichts des großen Andrangs vor Aufgaben gestellt, auf die sie zunächst nicht vorbereitet waren. Die Probleme reichten von der vorläufigen Aufnahme der Aussiedler über die Organisierung von Deutschkursen bis zur Wohnungs- und Arbeitsvermittlung. Bei einem enger werdenden Wohnungsmarkt und rund 2 Millionen Arbeitslosen kam es verschiedentlich zu sozialen Spannungen. Um »Neid und Missgunst den Boden« zu entziehen, sah sich die Bundesregierung veranlasst, im September 1989 einen Gesetzentwurf vorzulegen, in dem u.a. die Zahlung von Arbeitslosengeld an Aussiedler (ebenso an Übersiedler) durch Gewährung eines einheitlichen Übergangsgeldes von rund 1 000 DM monatlich abgelöst wurde.
Eine Neuregelung des Asylrechts im Grundgesetz (▶ 16.21) wurde 1993 vor dem Hintergrund eines starken Zustroms von Asyl Suchenden einerseits und einer Verschärfung der *sozialen Krise* (▶ 16.22) andererseits vorgenommen.

15.40 Rosa-Luxemburg-Gedenkfeiern in Ost-Berlin – Verhaftungen und Abschiebungen

Rosa Luxemburg und Karl Liebknecht, 1919 Gründer der Kommunistischen Partei Deutschlands, gehörten zu den historischen Persönlichkeiten, auf die die DDR als erster sozialistischer Staat auf deutschem Boden ihre Existenz zurückführte. Der Jahrestag ihrer Ermordung (15. Januar 1919) wurde daher jährlich mit einer offiziellen Demonstration in Ost-Berlin begangen. Im Verlauf dieser Demonstration am 17. Januar 1988 kam es zu einer Gegendemonstration von Menschen- und Bürgerrechtsgruppen der DDR, die sich auf das demokratische Erbe von Rosa Luxemburg beriefen (»Freiheit ist immer die Freiheit des anders Denkenden«). Auch ausreisewillige DDR-Bürger nahmen an der Gegendemonstration teil. Die Staatsführung, die bereits in den Wochen vorher zahlreiche Mitglieder von Oppositionsgruppen zeitweise festgenommen hatte, fasste die Gegendemonstration als ungeheuerliche Provokation auf und reagierte äußerst hart. Etwa 120 Demonstranten wurden festgenommen; ein Teil von ihnen wurde wegen »Zusammenrottung« im Schnellverfahren zu Haftstrafen von bis zu einem Jahr verurteilt. Insgesamt 54 DDR-Bürger, gegen die zum Teil wegen »landesverräterischer Tätigkeit« ermittelt wurde, wurden – allerdings mit der Möglichkeit einer späteren Rückkehr in die DDR – in den Westen abgeschoben, darunter der Liedermacher Stefan Krawczyk und die Regisseurin Freya Klier.

15.41 Opposition unter dem Dach der evangelischen Kirche

Am 6. März 1978 hatte der Staatsratsvorsitzende Erich Honecker bei einer Begegnung mit dem Vorstand des Evangelischen Kirchenbundes versichert, die bisherige Auffassung der Partei

◀ *Im Zusammenhang mit der offiziellen Demonstration zum Gedenken an die Ermordung von Karl Liebknecht und Rosa Luxemburg in Ost-Berlin kam es im Januar 1988 zur Verhaftung von Oppositionellen, die die Kundgebung zu einer Gegendemonstration genutzt hatten*

vom Absterben der Religion im Sozialismus bzw. Kommunismus zu korrigieren und die Kirche in der DDR als eigenständige, weitgehend autonome (und von den evangelischen Kirchen in der Bundesrepublik unabhängige) Organisation mit gesellschaftlicher Bedeutung im Sozialismus anzuerkennen. Trotz des Zugeständnisses kirchlicher Sendungen in Rundfunk und Fernsehen hielten die Konflikte und Spannungen im Verhältnis zwischen Staat und Kirche an. Als »Kirche im Sozialismus« bestand die Kirchenleitung auf dem unüberbrückbaren weltanschaulichen Gegensatz zu Staat und Partei, verzichtete aber (teilweise im Unterschied zu den Kirchenmitgliedern) auf eine grundsätzliche Oppositionsrolle.

Nach dem gewaltsamen Vorgehen der Staatsorgane gegen die Zionsgemeinde in Ost-Berlin im November 1987 und gegen oppositionelle Gruppen während der *Rosa-Luxemburg-Gedenkfeiern* im Januar 1988 (▶ 15.40) setzten sich diejenigen durch, die eine offensive Kirchenpolitik vertraten. Die Kirche, so argumentierten sie, habe für alle in der Gesellschaft da zu sein, auch für Nichtchristen, die mit der Staatsmacht in Konflikt geraten seien: für Angehörige von Friedens-, Umwelt- und Menschenrechtsgruppen, die verdächtigt wurden, zum SED-Staat in Opposition zu stehen, für Ausreisewillige, die das Regime nach Einreichung ihrer Anträge häufig beruflich und gesellschaftlich ausgrenzte.

Daher äußerte sich der Protest der meist jungen Menschen gegen willkürliche Verhaftungen, Ausgrenzungen, Überwachungen und Abschiebungen lange Zeit unter dem schützenden Dach der Kirche in überfüllten Gottesdiensten und kirchlichen Veranstaltungen. In Fürbittgottesdiensten und Mahnwachen, im Aufstellen brennender Kerzen auf öffentlichen Plätzen und vor Staatsgebäuden gedachte man der Inhaftierten und forderte ihre Freilassung.

Daten

1. Jan. 1973	Großbritannien, Irland und Dänemark EG-Mitglieder
18. Sept. 1973	Aufnahme beider deutscher Staaten in die UN
3. Okt. 1973	Willi Stoph wird Vorsitzender des DDR-Staatsrats
11. Dez. 1973	Deutsch-Tschechoslowakischer Vertrag
6. Mai 1974	Rücktritt Brandts wegen Guillaume-Affäre
16. Mai 1974	Helmut Schmidt wird Bundeskanzler
1. Juli 1974	Walter Scheel wird Bundespräsident
7. Okt. 1974	Änderung der DDR-Verfassung (»deutsche Nation« getilgt)
1975–1981	Majdanek-Prozess in Düsseldorf
21. Mai 1975	Beginn der Baader-Meinhof-Prozesse
1. Aug. 1975	Schlussakte von Helsinki
1. Juli 1976	Mitbestimmungsgesetz in Kraft
3. Okt. 1976	Bundestagswahlen bestätigen SPD-FDP-Koalitionsregierung
29. Okt. 1976	Erich Honecker wird Staatsratsvorsitzender
7. April 1977	Generalbundesanwalt Buback ermordet
30. Juli 1977	Bankier Jürgen Ponto ermordet
5. Sept. 1977	Arbeitgeberpräsident Hanns-Martin Schleyer entführt
13.–18. Okt. 1977	Anschlag auf Lufthansamaschine in Mogadischu
1. Jan. 1979	Europäisches Währungssystem in Kraft
10. Juni 1979	1. Direktwahl zum Europäischen Parlament
1. Juli 1979	Karl Carstens wird Bundespräsident
12. Dez. 1979	NATO-Doppelbeschluss
5. Okt. 1980	Bundestagswahlen bestätigen sozialliberale Koalition
1. Jan. 1981	Griechenland EG-Mitglied
21. Mai 1981	Gesetz zur Änderung der Montan-Mitbestimmung
11.–13. Dez. 1981	Treffen Schmidt–Honecker in der Schorfheide
25. März 1982	neues Wehrdienstgesetz in der DDR
17. Sept. 1982	Bruch der sozialliberalen Koalition
1. Okt. 1982	Misstrauensvotum gegen Schmidt; Helmut Kohl wird Bundeskanzler
6. März 1983	Bundestagswahlen bestätigen christlich-liberale Koalition
19. Mai 1983	Flick-Untersuchungsausschuss eingesetzt
22. Nov. 1983	Bundestagsbeschluss zur Stationierung von Pershing-II-Raketen
Mai/Juni 1984	Arbeitskampf in der Metall- und Druckindustrie (38,5-Stunden-Woche ab 1. April 1985)
1. Juli 1984	Richard von Weizsäcker wird Bundespräsident
25. Okt. 1984	Rücktritt von Bundestagspräsident Rainer Barzel
1.–6. Mai 1985	Staatsbesuch von US-Präsident Ronald Reagan
1. Jan. 1986	Spanien und Portugal EG-Mitglieder
17.–21. April 1986	XI. SED-Parteitag, Michail Gorbatschow nimmt teil
25. April 1986	1. deutsch-deutsche Städtepartnerschaft zwischen Saarlouis und Eisenhüttenstadt
26. April 1986	Reaktorunfall in Tschernobyl
6. Mai 1986	Kulturabkommen zwischen der Bundesrepublik und der DDR
25. Jan. 1987	Bundestagswahl
7.–11. Sept. 1987	Staatsbesuch von Erich Honecker in der Bundesrepublik
12. Sept. 1987	Beginn der Barschel-Affäre
17. Jan. 1988	Rosa-Luxemburg-Gedenkfeiern in Ost-Berlin, Polizei und Staatssicherheit gehen gegen Gegendemonstranten vor
25. Juni 1988	EG und RGW vereinbaren Aufnahme offizieller Beziehungen
7. Mai 1989	Kommunalwahlen in der DDR
12.–15. Juni 1989	Michail Gorbatschow zum Staatsbesuch in der Bundesrepublik

Die deutsche Einheit (ab 1989)

16

Einführung

Der Aufbruch zur Demokratie, der sich 1989 in Polen, Ungarn, in der DDR, in der Tschechoslowakei, in Bulgarien und Rumänien ereignete, hat mehrere Wurzeln und Bedingungen. Eine der wichtigsten ist zweifellos die Reformpolitik Michail Gorbatschows, der 1985 als neuer Generalsekretär der KPdSU an die Spitze der sowjetischen Politik trat. Die von ihm unter den Schlagworten Glasnost und Perestroika eingeleitete Umwälzung der sowjetischen Gesellschaft hatte auch weit reichende außenpolitische Bezüge. Sie führte nicht nur zum teilweisen Rückzug der Sowjetunion aus ihren weltweiten Engagements und zu ersten wirksamen Abrüstungsmaßnahmen, sie erlaubte auch unter Abkehr von der Breschnew-Doktrin den verbündeten kommunistischen Staaten die eigenständige Gestaltung ihrer inneren Verhältnisse. Schon seit längerer Zeit hatten sich im Weltkommunismus Veränderungen angebahnt. So konnte die freiheitliche Massenbewegung der Gewerkschaft Solidarność in Polen 1981 nur mit dem Mittel des Kriegsrechts unterdrückt und gleichwohl als wichtiger politischer Faktor nicht ausgeschaltet werden. In Ungarn hatten Reformkräfte innerhalb der KP damit begonnen, marktwirtschaftliche Elemente in der Wirtschaft durchzusetzen.

Eine andere Wurzel bildeten die oppositionellen Menschen- und Bürgerrechtsgruppen, die unter Berufung u.a. auf die KSZE-Schlussakte von Helsinki bei ihren kommunistischen Regierungen Menschenrechte und demokratische Freiheiten einklagten.

Zu den Rahmenbedingungen des Aufbruchs von 1989 gehört auch die Entwicklung im westlichen Europa. Hier hatten sich die 12 Mitgliedsstaaten der EG darauf geeinigt, bis zum 31. Dezember 1992 mit dem Binnenmarkt den größten einheitlichen Wirtschaftsraum der industrialisierten Welt zu schaffen. Der westeuropäische Einigungsprozess übte eine gewaltige Anziehungskraft auch auf die Staaten des Ostblocks aus.

Nach öffentlichen Protesten von Bürgerrechtsgruppen gegen die Wahlfälschungen, die von offiziellen Stellen bei den Kommunalwahlen vom 7. Mai 1989 vorgenommen worden waren, begann die unmittelbare Vorgeschichte der friedlichen Revolution in der DDR mit der Öffnung der ungarischen Grenze nach Westen. Damit erhielten DDR-Bürger erstmals seit dem Bau der Mauer 1961 die Möglichkeit, unabhängig vom Willen der DDR-Behörden in den Westen auszureisen. Tausende nutzten zwischen August und November 1989 diesen Weg, um in die Bundesrepublik überzusiedeln. Andere erwirkten ihre Ausreise, indem sie die Botschaften der Bundesrepublik Deutschland in Prag, Warschau und Budapest sowie die Ständige Vertretung in Ost-Berlin besetzten. Die Massenflucht aus der DDR machte deutlich, dass es der Partei- und Staatsführung auch 28 Jahre nach dem Bau der Mauer nicht gelungen war, Zustimmung und Vertrauen ihrer Bürger zu gewinnen. Die nun einsetzenden Massendemonstrationen, organisiert von den vom Staat verfolgten Oppositionsgruppen, klagten die reformfeindliche politische Führung der DDR als verantwortlich für diese Massenflucht an. »Wir bleiben hier« und »Wir sind das Volk« riefen die Demonstranten und forderten umfassende politische Reformen ein. Nach andauernden Massendemonstrationen in den Städten der DDR wurde Honecker am 18. Oktober als Generalsekretär der SED und am 24. Oktober auch als Staatsratsvorsitzender von Egon Krenz abgelöst. Damit wurde der rapide Machtverfall der SED eingeleitet, der am 8. November zunächst im Rücktritt des gesamten Zentralkomitees gipfelte. Als deutlich wurde, dass die Volkskammer das von der Regierung geplante Reisegesetz ablehnen würde, das den DDR-Bürgern Auslandsreisen gestatten sollte, diese jedoch mit bürokratischen Verfahren und finanziellen Voraussetzungen verknüpfte, trat die DDR-Führung unter Krenz die Flucht nach vorn an und öffnete am 9. November 1989 die Grenzen. Hunderttausende von DDR-Bürgern strömten nach Bekanntwerden der Grenzöffnung zu Besuchen nach West-Berlin und in die Bundesrepublik. Auf den weiterhin stattfindenden Massendemonstrationen in der DDR wurde nun der Ruf nach einem ver einigten Deutschland immer lauter. Helmut Kohl legte am 28. November dem Bundestag einen Zehnpunkteplan vor, der über einzelne, zeitlich nicht bestimmte Stufen einer Vertragsgemeinschaft und konföderativer (staatenbundlicher) Strukturen auf die Einheit Deutschlands in einer bundesstaatlichen Ordnung zielte. In Ost-Berlin trat am 7. Dezember der »runde Tisch« aus Vertretern der Oppositionsgruppen, der Volkskammerparteien und der Regierung zusammen, der bis zur Neuwahl der Volkskammer (zunächst auf den 6. Mai 1990 festgesetzt) zum entscheidenden politischen Gremium der DDR wurde. Der auch nach Jahresbeginn 1990 anhaltende Übersiedlerstrom aus der DDR, die auf Machterhalt gerichteten politischen Manöver der SED, die sich nun PDS nannte, und die Streitigkeiten um die endgültige Auflösung des Staatssicherheitsdienstes beschleunigten die Entwicklung. Die Volkskammerwahlen wurden auf den 18. März 1990 vorverlegt. Der Wahlkampf wurde von den Aktivitäten der westdeutschen Parteien und Politiker bestimmt. Während die SPD der Bundesrepublik mit der neu gegründeten, unbelasteten Sozialdemokratischen Partei in der DDR schnell einen Partner gefunden hatte, tat sich die CDU zunächst ausgesprochen schwer. Schließlich wurde unter Bonner Anleitung und Hilfe die »Allianz für Deutschland« gebildet, die aus der ehemaligen Blockpartei CDU, der mit CSU-Hilfe gegründeten Demokratisch-Sozialen Union (DSU) und der Oppositionsgruppe »Demokratischer Aufbruch« bestand. Die FDP förderte das Zustandekommen des Liberalen Bündnisses. Alle genannten Parteien strebten für die DDR eine ökologisch orientierte soziale Marktwirtschaft und ein vereinigtes Deutschland an.

Am Rande einer Konferenz von NATO und Warschauer Pakt wurde im Februar 1990 vereinbart, dass der deutsche Einigungsprozess zum Thema von »Zwei-plus-vier-Konferenzen« der vier Siegermächte von 1945 und der beiden deutschen Staaten und danach eines KSZE-Treffens gemacht werden sollte. Irritationen über die Endgültigkeit der polnischen Westgrenze wurden erst im Juni durch Bundestag und Volkskammer und abschließend durch den deutsch-polnischen Vertrag vom 14. November 1990 beseitigt.

Die Volkskammerwahlen vom 18. März machten die CDU zur stärksten Partei. Allgemein wurde in dem Wahlergebnis der überwiegende Wille der DDR-Bevölkerung zu einer raschen Vereinigung mit der Bundesrepublik gesehen. CDU-Vorsitzender de Maizière bildete eine Koalitionsregierung aus Allianz, Liberalen und Sozialdemokraten, die noch im April 1990 die Verhandlungen mit der Bundesregierung über eine Währungs-, Wirtschafts- und Sozialunion aufnahm. Im Bundestag und im Bundesrat stimmte auch der größte Teil der SPD dem ausgehandelten Staatsvertrag trotz der grundsätzlichen Einwände (Arbeitslosigkeit in der DDR, massive Staatsverschuldung), die ihr Kanzlerkandidat Oskar Lafontaine vorgetragen hatte, zu.

Die am 1. Juli 1990 erfolgte Einführung der D-Mark in der DDR legte rasch die Schwächen der DDR-Wirtschaft bloß. Die Unfähigkeit von Betrieben, die nunmehr in D-Mark auszuzahlenden Löhne und Gehälter zu erwirtschaften, konnte durch Kredite der staatlichen Treuhandanstalt nur teilweise aufgefangen werden und führte zu rasch steigender – oft als »Kurzarbeit« verschleierter – Arbeitslosigkeit. Der DDR-Staatshaushalt musste durch Zuweisungen in Milliardenhöhe aus dem Bundeshaushalt gestützt werden. Eine weitere schwere Belastung bildete das informelle Fortbestehen von Strukturen des aufgelösten Staatssicherheitsdienstes. All dies führte in der DDR zu einer weiteren Beschleunigung des Vereinigungsprozesses. Die Verhandlungen über einen zweiten Staatsvertrag, der die Bedingungen eines Beitritts der DDR zur Bundesrepublik Deutschland (nach Art. 23 GG) regeln sollte, wurden bereits im Juli aufgenommen und am 31. August 1990 mit der Unterzeichnung des Einigungsvertrages abgeschlossen. Auf diesem Wege war die staatliche Einheit zweifellos schneller zu erreichen als über die Erarbeitung einer neuen Verfassung und deren Verabschiedung durch eine Volksabstimmung gemäß Art. 146 GG. Nach einem teilweise chaotischen Verfahren beschloss die Volkskammer am 23. August den Beitritt der DDR zur Bundesrepublik für den 3. Oktober 1990.

Der rasche Beitritt war außenpolitisch möglich geworden, da es der deutschen Diplomatie unter Bundesaußenminister Genscher gelungen war, das Einverständnis aller beteiligten Mächte zur deutschen Einheit zu erreichen. Ursprüngliche Vorbehalte Frankreichs und die Ablehnung der britischen Premierministerin Thatcher konnten überwunden werden. Den Schlussstein bildete die Bundeskanzler Kohl von Gorbatschow am 16. Juli 1990 gegebene Zusage der Sowjetunion, die Mitgliedschaft des vereinten Deutschland in der NATO zu akzeptieren. So konnte der Vertrag der vier Siegermächte des 2. Weltkriegs mit den beiden deutschen Staaten, der dem vereinten Deutschland die Souveränität gab und die Rechte der Siegermächte aufhob, am 12. Sept. 1990 in Moskau unterzeichnet werden.

Der staatlichen Einheit folgte die Aufgabe, die »innere Einheit« zwischen Ost und West zu schaffen. Der mit dem Verlust der osteuropäischen Märkte einhergehende und durch die Einführung der D-Mark beschleunigte weitgehende Zusammenbruch der ostdeutschen Wirtschaft erforderte massive Hilfeleistungen aus dem Westen. Dabei blieb es nicht ohne negative Nachwirkung, dass Bundeskanzler Kohl im Bundestagswahlkampf 1990 den Eindruck erweckte, die notwendige Hilfe sei in einem normalen Finanzierungsrahmen zu erbringen, anstatt die Gunst der Stunde zu nutzen, alle sozialen Gruppen in Westdeutschland zu einer großen nationalen Anstrengung aufzurufen. Jedenfalls wurden die wenig später doch notwendigen materiellen Opfer dann von den Westdeutschen eher unwillig und missmutig erbracht.

Die noch von der DDR-Regierung 1990 errichtete Treuhandanstalt wurde mit der Sanierung, Privatisierung, aber auch Abwicklung und Schließung der volkseigenen ostdeutschen Betriebe beauftragt und spielte damit die Schlüsselrolle bei der Einführung der Marktwirtschaft. Dass dabei die großen Industrie-, Handels- und Finanzunternehmen ganz überwiegend an große westdeutsche Konzerne verkauft wurden, lag an der ungleichen Verteilung von Vermögen und wirtschaftlicher Macht zwischen Ost und West. Die entstehende hohe Arbeitslosigkeit in den ostdeutschen Ländern – als soziales Phänomen in der DDR unbekannt – verschlechterte das politische Klima nachhaltig. Der wirtschaftliche Einbruch, von dem Westdeutschland ab 1993 mit steigenden Arbeitslosenzahlen betroffen war, engte die finanziellen Spielräume des Staates auch im Hinblick auf den »Aufbau Ost« ein.

Aber auch psychologische Faktoren spielten bei den Schwierigkeiten, zur inneren Einheit zu finden, eine wichtige Rolle. Man sprach von der weiterexistierenden »Mauer in den Köpfen«. Während die politischen Systeme der Bundesrepublik und der DDR sich nicht zuletzt in der Gegnerschaft zum jeweils anderen Staat definiert und profiliert hatten, war das Verhältnis der Menschen in Ost und West ein asymmetrisches: Die Bundesbürger bejahten bei aller Kritik im Einzelnen ihren Staat und hatten wenig Interesse an den Vorgängen in der DDR; die DDR-Bürger hingegen verglichen häufig ihr Leben mit dem im Westen und waren vor allem über das Fernsehen ungleich besser über die Bundesrepublik informiert.

Auch in der Aufarbeitung der Stasivergangenheit trat häufig Trennendes zwischen Ost und West hervor. Während im Westen eine Haltung zwischen Gleichgültigkeit und Selbstgerechtigkeit zu beobachten war, zeigte sich bei den Stasi-Opfern nicht selten Verbitterung. Zeitweise drohte die Stasi-Debatte die Auseinandersetzung mit dem totalitären System der DDR und mit der Politik der SED und der Blockparteien insgesamt in den Hintergrund zu drängen. Dennoch kann acht Jahre nach der deutschen Vereinigung festgestellt werden, dass auf dem Weg zur »inneren Einheit« eine beachtliche Strecke zurückgelegt ist. Auch im Westen hat sich die Überzeugung durchgesetzt, dass das vereinigte Deutschland nicht die bloße Fortsetzung der alten Bundesrepublik ist. Offenbar im Gefolge der deutschen Vereinigung kam vor allem in den Jahren 1991 bis 1993 – zunächst in Ostdeutschland, bald auch in Westdeutschland – ein rechtsextremes Gewaltpotenzial gegenüber Ausländern und anderen Minderheiten zum Ausbruch, das zunächst die Öffentlichkeit erschreckte, die Politik lähmte

und im Ausland das Bild des »hässlichen Deutschen« wieder belebte. Lichterketten und andere Formen von Massendemonstrationen verdeutlichten die entschlossene Ablehnung von Ausländerfeindlichkeit und rechtsextremer Gewalt durch die überwiegende Mehrheit der Deutschen.
Wie schon die erste gesamtdeutsche Bundestagswahl vom 2. Dezember 1990 konnte die Regierungskoalition aus CDU, CSU und FDP unter Bundeskanzler Helmut Kohl auch die Bundestagswahl am 16. Oktober 1994 für sich entscheiden, obwohl noch zu Beginn des Superwahljahrs 1994 Demoskopen einen Vorsprung des SPD-Kanzlerkandidaten Rudolf Scharping vor dem Amtsinhaber Kohl ermittelt hatten. Gleichwohl hatte die SPD ihre Positionen in den Ländern weitgehend stabilisieren oder gar ausbauen können und somit die Mehrheit im Bundesrat und im Vermittlungsausschuss erhalten. In der FDP, die bei den Landtagswahlen 1994 in kein einziges Länderparlament einziehen konnte, und in der SPD fanden 1995 quälende Führungsdiskussionen statt.
Standort Deutschland und Krise des Sozialstaats waren seither Hauptstichworte der innenpolitischen Diskussion. Unter dem Druck der Globalisierung der Wirtschaft entwickelte sich in Politik und Gesellschaft ein massiver Konflikt um die Verteilung der Lasten und um den wirtschaftspolitischen Kurs, in dem SPD und Gewerkschaften das erhardsche Konzept der sozialen Marktwirtschaft verfochten, während insbesondere die FDP als Anwalt einer reinen, von staatlichen Einflüssen freien Marktwirtschaft auftrat.
Über die Rolle des vereinigten Deutschland in der Welt ist in den ersten Jahren nach 1990 viel gestritten worden. Aus den umwälzenden politischen Veränderungen in der Mitte und im Osten Europas sowie aus der Tatsache, dass Deutschland nun nach Russland das bevölkerungsreichste Land Europas war, leiteten manche die Chance ab, sich stärker aus den gewachsenen Bindungen der Bundesrepublik zu den westlichen Partnern, vor allem zu Frankreich, Großbritannien und den USA, zu lösen und eine selbstständigere, auf spezifisch deutsche Interessen abgestellte Außenpolitik zu treiben. Insbesondere sollte dies für die Beziehungen Deutschlands zu den ost- und südosteuropäischen Staaten gelten. Andere hielten dem entgegen, dass die Vereinigung keine Veranlassung gebe, an der bisherigen Rolle der Bundesrepublik, die durch enge Einbettung in die EG und die NATO und durch eine »Kultur der militärischen Zurückhaltung« gekennzeichnet war, etwas zu ändern.
Bereits kurz nach der deutschen Vereinigung führte der Golfkrieg (1991) in diesem Sinne zu vielerlei Erörterungen im Ausland und gab in Deutschland Anlass zu heftigen Debatten, in denen auch Veränderungen bisheriger Positionen sichtbar wurden. So plädierten angesichts der Bedrohung Israels durch Irak nicht wenige bisherige Pazifisten für eine militärische Beteiligung Deutschlands aufseiten der von den USA geführten Koalition. Letztlich blieb es bei logistischer Hilfe und einer hohen finanziellen Beteiligung an den amerikanischen Kriegskosten. Die Bundeswehreinsätze in Somalia und bei der Überwachung des bosnischen Luftraums wurden vor dem Bundesverfassungsgericht verhandelt und bei Auflagen (v. a. konstitutiver Bundestagsbeschluss) für rechtmäßig erklärt. Erst hinsichtlich der Beteiligung der Bundeswehr an der IFOR-Friedenstruppe für Bosnien und Herzegowina zeigte sich eine breitere, über die Regierungskoalition hinausreichende Mehrheit im Bundestag.
Die anfängliche Diskussion scheint mittlerweile überholt: Die deutsche Außenpolitik steht in enger Abstimmung mit den Partnern der EU und der NATO. Die von rund 500 000 auf 340 000 Soldaten verkleinerte Bundeswehr soll im Rahmen der UN oder zusammen mit anderen Bündnispartnern punktuell zur Friedenswahrung eingesetzt werden können. Innerhalb der EU ist Deutschland zum Hauptansprechpartner für die mittel-, ost- und südosteuropäischen Staaten geworden, die eine baldige EU-Mitgliedschaft anstreben.

16.1 Botschaftsbesetzungen erzwingen Ausreise

Seit in Polen und Ungarn die alten kommunistischen Machtstrukturen, befördert durch Michail Gorbatschows gesellschaftlichen und wirtschaftlichen »Umbau« (Perestroika) der Sowjetunion, zerbrachen und Formen von Demokratie entstanden, nahm auch die Unzufriedenheit der Bevölkerung in der DDR immer stärker zu. Insbesondere die Frage »bleiben oder gehen« bewegte die jüngeren Bürger. Der

Wunsch, in der Freiheit und Wohlstand versprechenden Bundesrepublik zu leben, wurde bei vielen immer stärker. Am 11. Januar 1989 gelang es einer Gruppe zur Ausreise entschlossener DDR-Bürger, mit der Besetzung der Ständigen Vertretung der Bundesrepublik in Ost-Berlin durchzusetzen, dass ihnen nicht nur Straffreiheit, sondern zugleich auch die zügige Abfertigung ihrer Ausreiseanträge zugesichert wurden. Im Februar und März wurden jedoch Fluchtversuche mit der Anwendung des Schießbefehls beantwortet. Im August 1989 wurden mehr als 100 Besetzer der bundesdeutschen Botschaft in Budapest (die am 14. August wie andere Botschaften wegen Überfüllung geschlossen wurde) nach Wien ausgeflogen. Damit setzte eine Flüchtlingsbewegung ein, die innerhalb weniger Wochen stark zunahm und sich in der Besetzung der bundesdeutschen Botschaften in Prag, Warschau und Budapest sowie der Ständigen Vertretung in Ost-Berlin vollzog. Im Laufe des Septembers 1989, als bereits die *Massenflucht über Ungarn* (► 16.2) im Gang war, drangen Tausende von DDR-Bürgern in das Gelände der deutschen Botschaft in Prag ein, Hunderte in die deutsche Botschaft in Warschau.

Am Abend des 30. September überbrachte Bundesaußenminister Hans-Dietrich Genscher persönlich den etwa 6 000 Flüchtlingen in der Prager Botschaft die Nachricht, dass sie in Sonderzügen der DDR-Reichsbahn über das Gebiet der DDR in die Bundesrepublik ausreisen dürften. Am 4. Oktober folgte mit mehr als 7600 DDR-Flüchtlingen eine zweite Massenausreise aus Prag, nachdem einen Tag zuvor der visafreie Verkehr zwischen der DDR und der Tschechoslowakei ausgesetzt worden war.

▲ *Die Botschaft der Bundesrepublik Deutschland in Prag im September 1989, Zuflucht für Tausende auf Ausreise wartende DDR-Bürger*

16.2 Massenflucht der DDR-Bevölkerung über Ungarn

In Ungarn war der Demokratisierungsprozess nächst Polen am weitesten vorangeschritten. Im Januar 1989 hatte das ungarische Parlament der Bildung neuer politischer Parteien zugestimmt. Das Zentralkomitee der kommunistischen Partei billigte im Februar 1989 den Entwurf einer neuen Verfassung, in der die führende Rolle der bisherigen Staatspartei nicht mehr festgeschrieben war. Am 25. April begannen erste sowjetische Truppen Ungarn zu verlassen.

Im Mai 1989 wurde im Beisein des österreichischen und des ungarischen Außenministers an der österreichisch-ungarischen Grenze mit dem Abbau der Grenzbefestigungen begonnen. Während in den Sommermonaten Hunderte von DDR-Bürgern in die Botschaften der Bundesrepublik Deutschland in Budapest, Prag und Warschau drängten (► 16.1), um ihre Ausreise zu erzwingen, nutzten am 19. August etwa 700 DDR-Urlauber in Ungarn eine Veranstaltung an der österreichisch-ungarischen Grenze bei Sopron zur Flucht in die Freiheit. Fünf Tage später erhielten auch die sich in der Budapester Botschaft aufhaltenden DDR-Flüchtlinge die Erlaubnis zur Ausreise.

Ungarn wies darauf hin, dass die durch die Aus- und Übersiedler geschaffene Situation von den beiden deutschen Staaten gelöst werden müsse, und setzte am 11. September ein vor Jahren mit der DDR getroffenes Abkommen über den Reiseverkehr unter Berufung auf das KSZE-Abkommen (► 15.12) außer Kraft. Damit gab die ungarische Regierung den Weg frei für alle ausrei-

▲ *Im September 1989 flohen mehrere tausend DDR-Bürger über Ungarn in den Westen. Die bei Mörbisch in Österreich entstandene Aufnahme zeigt das von den Flüchtlingen niedergetretene Gras*

sewilligen DDR-Bürger. Bis zum 1. Oktober verließen 24 500 Menschen über Ungarn die DDR. Die DDR-Regierung, die die 40-Jahr-Feier zur Gründung der DDR am 7. Oktober 1949 vorbereitete, nahm zur Massenflucht ihrer Bürger nicht Stellung. Ihre Nachrichtenagentur ADN kommentierte sie lediglich mit dem wohl von Honecker stammenden Satz: »Man sollte ihnen keine Träne nachweinen.«

16.3 40. Jahrestag der DDR – gewaltsamer Einsatz von Sicherheitskräften

Bilder von der Massenflucht der DDR-Bevölkerung waren von vielen Fernsehstationen in alle Welt gesendet worden und hatten die Krise der DDR, die sich anschickte, den 40. Jahrestag ihres Bestehens zu begehen, weltweit offenkundig gemacht. Dessen ungeachtet feierte der 77-jährige Erich Honecker im Palast der Republik am 6. Oktober 1989 in seiner Festansprache die DDR, ohne ein Wort über die Flüchtlinge oder die internen Probleme zu verlieren. Erst am folgenden Tag im Schloss Niederschönhausen kamen die innenpolitischen Probleme der DDR zur Sprache. Dort fand der Generalsekretär der KPdSU, Gorbatschow, gegenüber Honecker und dem SED-Politbüro deutliche Worte: »Kühne Entscheidungen« seien notwendig, jede Verzögerung werde zur Niederlage führen. Wörtlich sagte er: »Ich halte es für sehr wichtig, den Zeitpunkt nicht zu verpassen und keine Chance zu vertun ... Wenn wir zurückbleiben, bestraft uns das Leben sofort ... Wir sind in einer Etappe sehr wichtiger Beschlüsse. Es müssen weit reichende Beschlüsse sein, sie müssen gut durchdacht sein, damit sie reiche Früchte tragen. Unsere Erfahrungen und die Erfahrungen von Polen und Ungarn haben uns überzeugt: Wenn die Partei nicht auf das Leben reagiert, ist sie verurteilt ... Wir haben nur eine Wahl: entschieden voranzugehen.« Honecker ging mit keinem Satz auf die Äußerungen Gorbatschows ein, was diesen veranlasste, noch deutlicher zu werden und das Gespräch schließlich abrupt zu beenden.

Am Spätnachmittag desselben Tages finden sich auf dem Alexanderplatz einige Hundert Jugendliche ein, die ihren Protest gegen die Wahlfälschung bei den Kommunalwahlen vom Mai

▲ *Im Verlauf der Feierlichkeiten anlässlich des 40. Gründungstages der DDR am 7. Oktober 1989 mahnte der sowjetische Staats- und Parteichef Michail Gorbatschow (links) Erich Honecker: »Wer zu spät kommt, den bestraft das Leben«*

1989 wie an jedem 7. der letzten Monate durch Pfeifen demonstrieren. Sie ziehen von dort aus zum Palast der Republik, wo sich Honecker und seine Staatsgäste befinden. Die inzwischen auf mehrere Tausend Personen angewachsene Menge skandiert »Gorbi, Gorbi« und zieht in Richtung Gethsemanekirche, wo seit einer Woche eine Mahnwache für politische Gefangene gehalten wird. Auf der Höhe der Nachrichtenagentur ADN rufen die Demonstranten »Lügner, Lügner« und »Pressefreiheit«. Es fahren die ersten Mannschaftswagen der Polizei an. Es kommt zu Handgreiflichkeiten und Verhaftungen. Schließlich wird die Gegend um den Bahnhof Schönhauser Allee von Polizei und Staatssicherheit (»Stasi«) hermetisch abgeriegelt. Gegen Mitternacht wird losgeschlagen und die Demonstration gewaltsam aufgelöst. Das Gleiche passiert in Potsdam, Leipzig, Dresden, Plauen, Jena, Magdeburg, Arnstadt, Ilmenau und Karl-Marx-Stadt.

16.4 Massendemonstrationen erzwingen Ablösung Honeckers

Das brutale Vorgehen von Polizei- und »Stasi«-Einheiten gegen die friedlichen Demonstrationen am 7. Oktober in Ost-Berlin, Leipzig, Dresden und anderen Städten der DDR löste in der ganzen Welt Empörung aus. Als zwei Tage

▲ *Nachdem am Abend des 9. November 1989 die Grenzen zwischen der DDR und der Bundesrepublik geöffnet worden waren, strömten Tausende DDR-Bürger in fassungsloser Freude durch die Grenzübergangsstellen nach West-Berlin*

nach der missglückten DDR-Geburtstagsfeier (► 16.3) nach den traditionellen Montagsgebeten am 9. Oktober in Leipzig erneut mehr als 70 000 Menschen für eine Erneuerung der DDR auf die Straße gingen, schritten Volkspolizei und Sicherheitskräfte nicht ein. Bis heute ist ungeklärt, auf wessen Anordnung der bereits vorliegende Einsatzbefehl für die Sicherheitskräfte zurückgezogen wurde. Eine Woche später demonstrierten in der ganzen DDR bereits Hunderttausende für demokratische Reformen.

Den auf den Straßen sich machtvoll mit den Rufen »Wir bleiben hier« und »Wir sind das Volk« zu Wort meldenden Demonstranten kamen jetzt auch Schriftsteller und Schauspieler, Sänger und Rockkünstler mit eigenen Resolutionen zu Hilfe, in denen die Regierung aufgefordert wurde, endlich Reformen einzuleiten, mit denen auch die anhaltende Flüchtlingsbewegung gestoppt werden könne.

Das SED-Politbüro trat am 10. und 18. Oktober zu Krisensitzungen zusammen. Zum ersten Mal wurden kritische Stimmen zu Honeckers Führungsstil laut. Als sich der Staatsratsvorsitzende und SED-Generalsekretär allen Reformvorschlägen erneut versagte, beantragten zahlreiche Politbüromitglieder seine Ablösung. Am 18. Oktober trat Honecker als Generalsekretär zurück. Auch die Politbüromitglieder Günter Mittag und Joachim Herrmann wurden aus ihren Funktionen abberufen. Zum neuen Generalsekretär der Partei wurde Egon Krenz gewählt, der anschließend in einer Fernsehansprache die Wende ankündigte, gleichzeitig aber jeden zur »Ausgestaltung der sozialistischen Gesellschaft« aufforderte. Am 24. Oktober erfolgte die totale Entmachtung Honeckers, er verlor nun auch seine Ämter als Staatsratsvorsitzender und als Vorsitzender des Nationalen Verteidigungsrates.

16.5 9. November 1989: Öffnung der Grenzen – die neue Reisefreiheit

Nach dem Sturz Honeckers überschlugen sich die Ereignisse in der DDR. Egon Krenz, sein Nachfolger im Amt des Generalsekretärs der SED, wurde am 24. Oktober entgegen heftigen Protesten aus der Bevölkerung von der Volkskammer (bei 26 Neinstimmen) zum Staatsrats-

◀ *Am 10. November 1989 nehmen Menschen aus Ost und West am Brandenburger Tor friedlich die »Mauer« in Besitz*

vorsitzenden gewählt. Er bemühte sich um einen neuen Führungsstil, indem er sich nach allen Seiten gesprächsbereit zeigte. Er kündigte als erste Reformmaßnahme Reiseerleichterungen an und warb bei der Bevölkerung um Vertrauen. Eine Amnestie für Flüchtlinge und Demonstranten wurde erlassen (27. Oktober) und ein Ermittlungsverfahren gegen Angehörige der Polizei und Staatssicherheit wegen der Vorgänge am 7. Oktober eingeleitet. Ab 1. November wurde erneut der visafreie Reiseverkehr in die Tschechoslowakei eingeführt, wodurch die Zahl der Flüchtlinge wieder sprunghaft anstieg. Die Demonstrationen wurden in zahlreichen Städten fortgesetzt. In Ost-Berlin forderten am 4. November über eine halbe Million Menschen Reformen, freie Wahlen, Abschaffung des Machtmonopols der SED, Rechtsstaatlichkeit, Presse- und Meinungsfreiheit sowie Reisefreiheit. Deutlich kam zum Ausdruck, dass die SED-Führung ihre Glaubwürdigkeit verspielt hatte und man auch dem neuen Staatsratsvorsitzenden Krenz und der neuen Führung die Aufrichtigkeit ihres Sinneswandels nicht glaubte. Die Schriftstellerin Christa Wolf prägte für sie das Wort von den »Wendehälsen«. Am 7. November trat der Ministerrat mit seinem Vorsitzenden Willi Stoph zurück, am 8. November das gesamte Politbüro. Das Zentralkomitee wählte ein neues, auf elf (vorher 21) Mitglieder verkleinertes Politbüro (darunter der Dresdner Bezirkschef Hans Modrow) und bestätigte die Wahl von Egon Krenz zum Generalsekretär (▶ 16.4). Modrow, der sich bereits seit längerem als reformbereiter Politiker zu erkennen gegeben hatte, entwickelte sich zum neuen Hoffnungsträger (▶ 16.7).

Am Abend des 9. November gab das Politbüromitglied Günter Schabowski auf einer Pressekonferenz völlig überraschend bekannt, dass alle DDR-Grenzstellen zur Bundesrepublik und nach West-Berlin geöffnet würden. Noch in derselben Nacht strömten viele Tausende von DDR-Bürgern bei Visapflicht, aber nachlässigen Kontrollen nach West-Berlin und in die grenznahen Städte der Bundesrepublik, wo es zu volksfestartigen Wiedersehensfeiern zwischen den Deutschen aus Ost und West kam. Schätzungsweise zwei Millionen DDR-Bürger statteten bis zum Sonntagabend (12. November) West-Berlin einen Besuch ab, eine weitere Million erprobte die neue Reisefreiheit mit Besuchen in bundesdeutschen Städten. Zur Bekräftigung der Reisefreiheit informierte das DDR-Verteidigungsministerium am 13. Dezember, dass mit sofortiger Wirkung alle Sperrzonen entlang der Berliner Mauer und der gesamten Grenze zur Bundesrepublik aufgehoben seien.

16.6 Der Zehnpunkteplan des Bundeskanzlers

Am 8. November hatte Bundeskanzler Helmut Kohl vor dem Deutschen Bundestag einen Bericht zur Lage der Nation abgegeben und darin der DDR umfassende wirtschaftliche Hilfe zugesagt, wenn vorher »eine grundlegende Reform der politischen und wirtschaftlichen Verhältnisse in der DDR verbindlich festgelegt« worden sei. Dazu sollten gehören: der Verzicht der SED auf ihr Machtmonopol, die Zulassung unabhängiger Parteien und die verbindliche Zusicherung freier Wahlen.

Überraschend für die Weltöffentlichkeit wie auch für die Bonner Parteien gab Bundeskanzler Kohl am 28. November vor dem Bundestag einen im Kanzleramt entstandenen Zehnpunkteplan zur künftigen Deutschlandpolitik bekannt. Er sollte mit Sofortmaßnahmen und mit der Zusammenarbeit auf dem Gebiet des Umweltschutzes sowie mit der Erweiterung des Telefon- und des Eisenbahnnetzes beginnen. In einer nächsten Stufe sollte nach einer Verfassungsänderung in der DDR und neuem Wahlrecht die Einführung marktwirtschaftlicher Bedingungen erfolgen. In einem weiteren Schritt sollte mit gemeinsamen Institutionen auf verschiedensten Ebenen die von Ministerpräsident

▲ *Am 9. November 1989 wurde nicht nur die Mauer in Berlin geöffnet, auch die innerdeutschen Grenzen waren nun offen: Mit ihren Pkws fahren DDR-Bürger über den Grenzübergang Rudolphstein nach Bayern*

Modrow vorgeschlagene »Vertragsgemeinschaft« aufgebaut werden. Nach freien Wahlen sollte dann ein Staatenbund (»konföderative Strukturen«) geschaffen werden, mit dem Ziel einer deutschen Föderation, d. h. einer bundesstaatlichen Ordnung. Die nähere Gestalt eines »wieder vereinigten Deutschland« ließ Kohl offen, wies aber auf die Bedeutung des europäischen Rahmens für den deutsch-deutschen Vereinigungsprozess hin. Die Opposition im Bundestag stimmte dem Plan im Prinzip zu, bemängelte aber ebenso wie der Koalitionspartner FDP den mutwilligen Alleingang des Kanzlers. Vor allem kritisierte sie das Ausbleiben einer klaren Garantieerklärung des Kanzlers zur polnischen Westgrenze. Auch die Reaktion der DDR-Blockparteien fiel kritisch aus: Der angestrebten Vereinigung hielten sie den Hinweis auf die Eigenständigkeit der DDR entgegen.

16.7 Das SED-Regime wankt – die Übergangsregierung Modrow

Trotz der Öffnung der Grenzen durch die DDR-Regierung am 9. November 1989 (▶ 16.5) setzte die Bevölkerung in Leipzig und anderen Städten der DDR ihre Demonstrationen fort. Mit dem Ruf »Wir sind das Volk« forderte sie von der Regierung Reformen und meldete ihren Anspruch an, fortan an den Entscheidungen beteiligt zu werden. Auf Transparenten und in Sprechchören ließ sie deutlich erkennen, dass die SED-Führung ihre Glaubwürdigkeit nicht dadurch zurückgewinnen konnte, dass sie einige Spitzenfunktionäre ablöste und aus der Partei ausschloss. Man misstraute den vielen »Wendehälsen«. Auch die Wandlung des neuen Staatsratsvorsitzenden Egon Krenz zum Demokraten wurde als unglaubwürdig betrachtet, obwohl er um Vertrauen warb. Die DDR-Bürger machten ihn für den Wahlbetrug bei den Kommunalwahlen im Mai verantwortlich, und sie erinnerten daran, dass er noch vor kurzem die blutige Niederschlagung der Studentenbewegung am 3./4. Juni 1989 in Peking begrüßt hatte.
Am 13. November entschieden die Volkskammerabgeordneten über einen neuen Parlamentspräsidenten. Als Nachfolger von Horst Sindermann (SED) wurde der Vorsitzende der Demokratischen Bauernpartei (DBD) Günther Maleuda in dieses wichtige Amt gewählt. Nach dem Rücktritt des alten Ministerrats, der damit den Weg für eine Erneuerung des Sozialismus frei machen sollte, wählte die Volkskammer Hans Modrow zum neuen Vorsitzenden des Ministerrats. Der neue Ministerpräsident Modrow stellte am 17. November in der Volkskammer seine »Regierung des Friedens und des Sozialismus« vor und kündigte einschneidende Reformen des politischen Systems, der Wirtschaft, des Bildungswesens und der Verwaltung an. Die beiden deutschen Staaten sollten ihre »Verantwortungsgemeinschaft« mit dem Ziel »qualifizierter guter Nachbarschaft« und »kooperativer Koexistenz« zu einer »Vertragsgemeinschaft« ausbauen, die weit über die bisherigen Vereinbarungen hinausgehen sollte.

Am 1. Dezember strich die Volkskammer den Führungsanspruch der SED aus der Verfassung. Dennoch zwangen die anhaltenden Massendemonstrationen und innerparteiliche Kritik Krenz schließlich, am 3. Dezember mit der gesamten Führungsspitze der SED zurückzutreten. Am gleichen Tag wurde ein großer Teil der ehemaligen Partei- und Staatsführung, darunter Erich Honecker und Erich Mielke, aus der SED ausgeschlossen. Am 6. Dezember legte Krenz auch das Amt des Staatsratsvorsitzenden nieder. Auch Ministerpräsident Hans Modrow konnte, obwohl er sich viel Achtung erworben hatte, nur ein Regierungschef des Übergangs sein. Die Oppositionsgruppen und Bürgerinitiativen (▶ 16.8) drängten darauf, in dieser Situation des Überganges an den Entscheidungen der Regierung beteiligt zu werden. So entstand, wie schon in Polen, die Institution des »runden Tisches«.

16.8 Die Opposition formiert sich – der »runde Tisch«

Der Antrag der am 9. September gegründeten Bürgerinitiative »Neues Forum«, als politisch-gesellschaftliche Vereinigung offiziell zugelassen zu werden, war noch am 21. September vom DDR-Innenministerium verworfen und die Gruppe als »staatsfeindlich« eingestuft worden. Nach der Öffnung der Grenzen am 9. November warnte das Neue Forum vor dem Ausverkauf der DDR und erteilte der Wiedervereinigung eine Absage. Die Bürgerbewegung »Demokratie Jetzt« (gegründet am 1. Oktober) rief Christen und kritische Marxisten zur demokratischen Umgestaltung der DDR sowie zu umfassenden Schutzmaßnahmen gegen die stark verbreitete Umweltverschmutzung auf. Eine Initiativgruppe gründete am 7. Oktober die Sozialdemokratische Partei der DDR (SDP); seit der Zwangsvereinigung von SPD und KPD 1946 hatte es in der DDR keine sozialdemokratische Partei gegeben. In Ost-Berlin entstand Anfang Oktober die Initiative »Demokratischer Aufbruch«, die sich am 16./17. Dezember 1989 mit Wolfgang Schnur (der später als »Stasi-Spitzel« enttarnt wurde und wieder von der politischen Bühne verschwand) als Vorsitzendem als Partei formierte. Neben den Gründungen zahlreicher anderer Vereinigungen und Parteien begannen auch die bisherigen Blockparteien CDU, LDPD, NDPD und Bauernpartei, sich aus der Umklammerung der SED zu lösen.

Am 23. November bildete sich schließlich auch eine grüne Partei; in der »Vereinigten Linken« sammelten sich zunehmend Kräfte, die die Eigenständigkeit der DDR gegenüber den sich verstärkenden Einigungstendenzen zu erhalten suchten.

Am 7. Dezember setzten sich erstmalig Vertreter der Regierung Modrow und der oppositionellen Gruppierungen am so genannten »runden Tisch« zusammen und verabredeten als erste Maßnahmen die Ausarbeitung einer neuen Verfassung und Neuwahlen zur Volkskammer der DDR, für die zunächst der 6. Mai 1990 vorgesehen wurde. In die »Regierung der Nationalen Verantwortung« (gebildet am 5. Februar 1990) entsandte der »runde Tisch« acht

◀ *Am »runden« Tisch trafen sich ab Dezember 1989 Vertreter von Parteien, Kirchen und Bürgerrechtsbewegungen der DDR; als erste Maßnahme verabredeten sie Neuwahlen zur Volkskammer*

Minister ohne Geschäftsbereich. Nachdem der »runde Tisch« sich Anfang März auf eine Sozialcharta geeinigt hatte, die die angestrebte Währungs- und Wirtschaftsunion absichern sollte, sprach er sich auf seiner letzten Sitzung am 12. März gegen eine Übernahme des Grundgesetzes für die Bundesrepublik Deutschland aus und legte einen eigenen Entwurf für eine Verfassung der DDR vor.

16.9 Treffen Kohl – Modrow in Dresden und Bonn

Angesichts der von Sorge geprägten Aufmerksamkeit der Westmächte und der Sowjetunion gegenüber den sich überstürzenden Veränderungen im deutsch-deutschen Verhältnis kam der ersten offiziellen Begegnung des Kanzlers der Bundesrepublik Deutschland mit dem DDR-Ministerpräsidenten in Dresden (19. Dezember) eine herausragende Bedeutung zu. Kohl wie Modrow waren sich in ihrem Gespräch ihrer gemeinsamen Verantwortung bewusst. Trotz verstärkter Rufe nach der Vereinigung gingen beide von der gegenwärtigen Existenz zweier deutscher Staaten aus. Sie einigten sich auf eine Absichtserklärung zu einer Vertragsgemeinschaft, die im Frühjahr 1990 abgeschlossen werden sollte. Beide setzten sich dafür ein, 1990 eine KSZE-Gipfelkonferenz abzuhalten.

Als Ministerpräsident Modrow am 13. Februar 1990 mit 17 Ministern, darunter acht Vertretern von Oppositionsgruppen, die (seit 5. Februar) der »Regierung der Nationalen Verantwortung« angehörten, zu einem Gegenbesuch nach Bonn kam, hatte sich die politische Szene entscheidend verändert. Der Wahltermin für die erste demokratische Wahl in der DDR war vom 6. Mai auf den 18. März vorgezogen worden. Der Regierung Modrow blieben nur noch vier Wochen bis zu ihrer voraussehbaren Abwahl.

Die von Ministerpräsident Modrow und Teilnehmern des »runden Tisches« erbetene Soforthilfe von 15 Milliarden DM wurde von Bonn verweigert. Als Ergebnis der Verhandlungen wurde lediglich die Einrichtung einer Kommission beschlossen, die sich mit den Vorbereitungen für eine Währungs- und Wirtschaftsunion befassen sollte.

Unterschiedliche Auffassungen gab es u.a. in der Frage der polnischen Westgrenze und der Bündniszugehörigkeit eines vereinten Deutschland. Die DDR-Delegation reiste mit dem für sie enttäuschenden Eindruck nach Ost-Berlin zurück, die Bundesregierung akzeptiere die Regierung Modrow nicht mehr – wie noch im Dezember – als ebenbürtigen Partner und werde grundsätzliche Vereinbarungen erst mit einer demokratisch legitimierten Regierung der DDR treffen.

16.10 Öffnung des Brandenburger Tores – die neue Rolle Berlins

Bei ihrem Treffen in Dresden am 19. Dezember 1989 (▶16.9) verabredeten der Kanzler der Bundesrepublik Deutschland, Helmut Kohl, und der DDR-Ministerpräsident, Hans Modrow, noch vor Weihnachten das Brandenburger Tor für den Fußgängerverkehr zu öffnen.

Nachdem schon tage- und nächtelang vorher Tausende von Schaulustigen und zahlreiche Fernsehteams am Brandenburger Tor ausgeharrt hatten, um den symbolträchtigen Vorgang der Öffnung des berühmten Berliner Bauwerkes nicht zu versäumen, begannen am Abend des 21. Dezember Bauarbeiter auf DDR-Seite mit dem Abbruch der Mauer. Kurz nach Mitternacht, um 0.37 Uhr, gelang es ihnen, einen ersten Spalt aus der Mauer herauszubrechen.

Zur Feier der Öffnung des Brandenburger Tores am 22. Dezember waren 300 000 Berliner und Gäste aus Ost und West zusammengekommen, die bei strömendem Regen den Festrednern zuhörten. Ministerpräsident Modrow bezeichnete das Bauwerk in seiner neuen verbindenden Funktion als »Tor des Friedens«, Bundeskanzler Kohl mahnte die Deutschen auf beiden Seiten zu »Geduld und Augenmaß«. Auch die beiden Bürgermeister der Stadt, Walter Momper (West) und Erhard Krack (Ost), betonten die neue Aufgabe Berlins in der Phase des Zusammenwachsens der beiden Teile Deutschlands.

16.11 Die Erblast der Stasi-Akten

Nach dem Zusammenbruch des SED-Regimes im Herbst 1989 richtete sich der Volkszorn mit besonderer Heftigkeit gegen den Staatssicherheitsdienst (Stasi), der ein nahezu lückenloses Überwachungsnetz über die Bürger in der DDR gezogen und sie in allen Lebensbereichen observiert und terrorisiert hatte. Dem Ministerium für Staatssicherheit hatten 85 000 hauptamtliche und Hunderttausende so genannter »Inoffizieller Mitarbeiter« (IM) angehört. Die IM saßen als Spitzel in Betrieben und Universitäten, in Cafés und Kneipen, in kirchlichen Versammlungen und in Theatern, sogar in der Volksarmee und in SED-Organisationen. Mancher Politiker der neuen Parteien musste kapitulieren, wenn er Vorwürfe einer Zusammenarbeit mit der Stasi nicht zweifelsfrei entkräften konnte.

Erich Mielke, der seit über 30 Jahren an der Spitze des Ministeriums für Staatssicherheit gestanden hatte, war nach Honecker einer der Ersten, die von der Volkskammer gestürzt wurden. Am 15. Januar 1990 stürmten Demonstranten die Stasizentrale in Ost-Berlin. Grund war das Zögern der Regierung bei der Auflösung des Amtes für Nationale Sicherheit, der Nachfolgebehörde des Ministeriums für Staatssicherheit. Heftige Auseinandersetzungen gab es im Spätsommer 1990 über den Verbleib und die künftige Auswertung der Stasiakten nach der Vereinigung mit der Bundesrepublik. Um eine Verlagerung des Stasi-Materials (Dossiers über 4 Mill. DDR-Bürger und 2 Mill. Bundesbürger) in das Bundesarchiv Koblenz zu verhindern, besetzten zeitweilig Mitglieder der Bürgerrechtsbewegung die Stasizentrale in Ost-Berlin. Schließlich wurde die Lagerung der Akten in Außenstellen des Bundesarchivs auf dem Gebiet der ehemaligen DDR verfügt. Am 20. Dezember 1991 wurde mit dem Stasi-Unterlagen-Gesetz die Bundesbehörde für die Unterlagen des Staatssicherheitsdienstes der ehemaligen DDR mit Sitz in Berlin errichtet. Dem Rostocker Pfarrer Joachim Gauck, einem Oppositionellen der ersten Stunde und ehemaligen Volkskammerabgeordneten des von ihm mit begründeten Neuen Forums, wurde die Leitung der Behörde als Bundesbeauftragtem übertragen.

▲ *Bundespräsident Richard von Weizsäcker besichtigt im Februar 1992 das Aktenarchiv der ehemaligen Stasizentrale in Berlin*

16.12 Die deutsche Frage und die Weltmächte – die »Zwei-plus-vier-Gespräche«

Die friedliche Revolution und der Zusammenbruch des SED-Regimes trafen in Europa und in der Welt auf breite Zustimmung. Das Recht der Deutschen, sich nach 45 Jahren der Trennung wieder zu vereinen, wurde von niemandem bestritten. Aber die sich ankündigende rasche Entwicklung zur Vereinigung der beiden deutschen Staaten löste aus der geschichtlichen Erinnerung heraus bei einigen Nachbarstaaten, aber auch in Israel Ängste, bei den Weltmächten zwiespältige Reaktionen aus. Die kleineren europäischen Staaten fürchteten, die bereits jetzt führende Wirtschaftsmacht Bundesrepublik könne sich nach der Erweiterung auf 78 Millionen Einwohner zu einem übermächtigen Wirtschaftskoloss entwickeln.

Die Siegermächte des 2. Weltkrieges erinnerten zudem an die von ihnen gemeinsam übernommene Verantwortung für »Deutschland als Ganzes« und für den Gesamtraum Berlin (▶ 14.24). Die Tatsache, dass die Bundesrepublik Deutschland der NATO und der EG, die DDR dem Warschauer Pakt angehörte, erforderte, dass eine Vereinigung der beiden deutschen Staaten von den Deutschen nicht im Alleingang vollzogen, sondern nur in enger Abstimmung mit den vier Siegermächten sowie den Nachbarstaaten erreicht wurde. Insbesondere gestalteten sich die Verhandlungen mit der Sowjetunion schwierig, die mit ihrer Zustimmung zur deutschen Einheit die DDR, das westliche Vorfeld ihres Sicherheitsgürtels, aufgab.

Die im Februar 1990 in Ottawa auf der ersten gemeinsamen Tagung von NATO und Warschauer Pakt vereinbarten so genannten »Zwei-plus-vier-Konferenzen« zwischen beiden deutschen Regierungen und den vier Siegermächten legten die Einordnung des vereinten Deutschland in Europa fest.

Die Sowjetunion gab erst anlässlich des Treffens zwischen Staatspräsident Gorbatschow und Bundeskanzler Kohl am 16. Juli im Kaukasus endgültig ihre Zustimmung zum Verbleib Gesamtdeutschlands in der NATO. Am 12. September unterzeichneten in Moskau die Außenminister der vier Siegermächte sowie Außenminister Genscher und Ministerpräsident de Maizière den Souveränitätsvertrag (»Zwei-plus-vier-Vertrag«) für das vereinte Deutschland (▶ 16.16).

16.13 Die Garantie der polnischen Westgrenze

Die sich abzeichnende rasche Vereinigung der beiden deutschen Staaten weckte in der polnischen Bevölkerung Ängste, ein vereinigtes starkes Deutschland könnte eine Revision der deutsch-polnischen Grenze anstreben. Genährt wurden diese Befürchtungen durch die wiederholt von westdeutschen Politikern öffentlich vertretene Auffassung, völkerrechtlich bestünde Deutschland bis zu einem Friedensvertrag noch immer in den Grenzen von 1937 fort.

Die DDR hatte bereits im Görlitzer Vertrag 1950 mit der Volksrepublik Polen die Oder-Neiße-Grenze als »unantastbare Friedens- und Freundschaftsgrenze« anerkannt. Im *Warschauer Vertrag* (▶ 14.23) hatten Polen und die Bundesrepublik Deutschland 1970 die Oder-Neiße-Linie als »westliche Staatsgrenze der Volksrepublik Polen« bezeichnet und »die Unverletzlichkeit ihrer bestehenden Grenze jetzt und in Zukunft« bekräftigt.

Die neue polnische, erstmals nichtkommunistische Regierung erwartete eine definitive Garantieerklärung von der Bundesregierung und war beunruhigt, als Bundeskanzler Kohl immer wieder darauf hinwies, die Entscheidung einer zukünftigen gesamtdeutschen Regierung könne aufgrund der Rechtslage nicht präjudiziert werden. Da jedoch auch von den Weltmächten eine eindeutige Erklärung zur polnischen Westgrenze von den Deutschen erwartet wurde, erklärten schließlich am 21. Juni 1990 beide deutschen Parlamente, Bundestag und Volkskammer, in einer gleich lautenden Entschließung zur deutsch-polnischen Grenze, dass »der Verlauf der Grenze zwischen dem vereinten Deutschland und der Republik Polen durch einen völkerrechtlichen Vertrag endgültig ... bekräftigt wird«, der sich auf die Verträge Polens mit der DDR (1950) und mit der Bundesrepublik (1970) stützen wird. Abgeschlossen wurde dieser Vertrag dann am 14. November 1990.

16.14 Die Volkskammerwahl am 18. März 1990

Die Vorverlegung des Wahltermins auf den 18. März 1990 ließ den Parteien und Wählergemeinschaften in der DDR nur wenige Wochen

Am 18. März 1990 fand die erste freie Wahl zur Volkskammer der DDR statt. Das Bild zeigt eine Wahlveranstaltung der »Allianz für Deutschland« Anfang März in Magdeburg

zur Vorstellung ihrer Programme und ihrer Kandidaten. Obwohl der »runde Tisch« (▶ 16.8) Unterstützung aus der Bundesrepublik abgelehnt hatte, wurde der Wahlkampf wesentlich durch bundesdeutsche Parteien und Politiker geprägt.

Entgegen allen Prognosen ging die CDU mit 40,8 % als Sieger aus der Wahl hervor und verfehlte zusammen mit der im Wahlbündnis »Allianz für Deutschland« mit ihr verbundenen DSU (6,3 %) und dem DA (0,9 %) nur knapp die absolute Mehrheit. Die lange favorisierte SPD kam nur auf 21,9 %, während die PDS immerhin 16,4 % erzielte. Der »Bund Freier Demokraten« erreichte 5,3 %, das »Bündnis 90« nur 2,9 %. Die Wahlbeteiligung betrug 93 %. Übereinstimmend wurde das Wahlergebnis so gewertet, dass die Mehrheit der DDR-Bevölkerung für den raschen Zusammenschluss mit der Bundesrepublik und für die D-Mark gestimmt hatte.

Der CDU fiel die Aufgabe der Regierungsbildung zu. Ihr Vorsitzender Lothar de Maizière strebte eine Koalitionsregierung an, die sich auf eine breite Mehrheit stützte. Er gewann neben den Liberalen schließlich auch die Sozialdemokraten für ein Regierungsbündnis. Am 5. April 1990 trat die erste frei gewählte Volkskammer der DDR zusammen und wählte Sabine Bergmann-Pohl (CDU) zu ihrer Präsidentin, die zugleich die Funktion des Staatsoberhauptes übernahm. Als erste Maßnahme beschloss die Volkskammer die Abschaffung des Staatsrates. Am 12. April wählte sie Lothar de Maizière zum Ministerpräsidenten.

16.15 Währungsunion und Einigungsvertrag

Mit der neuen, demokratisch legitimierten DDR-Regierung nahm die Bundesregierung in Bonn sogleich Verhandlungen über die Errichtung einer Währungs-, Wirtschafts- und Sozialunion beider deutscher Staaten auf. Am 18. Mai 1990 wurde in Bonn der Staatsvertrag von den beiden Finanzministern unterzeichnet.

Mit seinem In-Kraft-Treten am 1. Juli 1990 wurde die D-Mark alleiniges, offizielles Zahlungsmittel in der DDR. Löhne, Gehälter und Renten wurden zum Kurs 1:1 umgestellt. Ebenfalls 1:1 umgetauscht wurden Sparguthaben für Kinder bis 2 000 DM, für Erwachsene bis 4 000 DM, für Senioren bis 6 000 DM. Alle weiteren Sparguthaben sowie die Schulden wurden zum Kurs 2:1 umgestellt. Zugleich erfolgte die Einführung der sozialen Marktwirtschaft sowie die Anpassung der DDR-Sozialversicherung an das bundesdeutsche Versicherungssystem.

▲ *Der Staatsvertrag, der die einzelnen Bestimmungen für die Vereinigung der beiden deutschen Staaten enthält, trat am 3. Oktober 1990 in Kraft. Im Bild die Unterschriftenseite des »Einigungsvertrages« mit den Unterschriften des Bundespräsidenten, des Bundeskanzlers und der Bundesminister*

Noch im Juli begannen zwischen beiden deutschen Regierungen Verhandlungen über einen zweiten Staatsvertrag, mit dem die volle staatliche Einheit hergestellt werden sollte. Am 23. August fasste die Volkskammer den Beschluss, den Beitritt der DDR zur Bundesrepublik Deutschland nach Art. 23 GG am 3. Oktober zu vollziehen. Am 31. August unterzeichneten die Verhandlungsführer, Bundesinnenminister Wolfgang Schäuble und DDR-Staatssekretär Günther Krause, in Ost-Berlin den Einigungsvertrag.

Mit dem Einigungsvertrag, der 45 Artikel und drei umfangreiche Anlagen umfasst, wurde das Grundgesetz in einigen Punkten geändert und gleichzeitig in der bisherigen DDR zum 3. Oktober in Kraft gesetzt. Artikel 1 beinhaltet, dass die fünf Länder Mecklenburg-Vorpommern, Brandenburg, Sachsen-Anhalt, Sachsen und Thüringen mit dem 3. Oktober Länder der Bundesrepublik werden. Artikel 2 bezeichnet Berlin

Deutschland) und Hurd (Großbritannien)

als »Hauptstadt Deutschlands« und legt fest: »Die Frage des Sitzes von Parlament und Regierung wird nach der Herstellung der Einheit Deutschlands entschieden.« Artikel 4 führt die durch den Beitritt bedingten Änderungen des Grundgesetzes auf. Bei dem umstrittenen Problem des Schwangerschaftsabbruchs blieb es auf dem Gebiet der bisherigen DDR bei der Fristenregelung. Eine Neuregelung für ganz Deutschland bis zum 31. Dezember 1992 wurde angestrebt (▶ 16.25). Erst nach Unterzeichnung des Einigungsvertrages wurde durch Gesetz vom 20. Dezember 1991 der Umgang mit den Stasiakten geregelt (▶ 16.11).

Am 12. September unterzeichneten die Außenminister der USA, der Sowjetunion, Großbritanniens, Frankreichs und beider deutscher Staaten in Moskau den »Vertrag über die abschließende Regelung in Bezug auf Deutschland«. Die Außenminister vereinbarten, die Vier-Mächte-Rechte bereits am 3. Oktober 1990 – noch vor der Ratifizierung des Vertrages durch die Parlamente – zu suspendieren. Damit erhielt das vereinte Deutschland seine volle und uneingeschränkte Souveränität. Am 13. September unterzeichneten die Außenminister Genscher und Schewardnadse einen deutsch-sowjetischen Partnerschaftsvertrag.

◀ *Nach der Unterzeichnung des Zwei-plus-Vier-Vertrages am 12. September 1990 in Moskau: Michail Gorbatschow (Bildmitte) und die Außenminister (von links) Dumas (Frankreich), Schewardnadse (UdSSR), Baker (USA), de Maizière (DDR), Genscher (Bundesrepublik Deutschland) und Hurd (Großbritannien)*

16.16 Der Souveränitätsvertrag und die deutsche Einheit

Die Zusage des sowjetischen Staatspräsidenten Michail Gorbatschow zum Verbleib des geeinten Deutschland in der NATO am 16. Juli 1990 (▶ 16.12) gab den Weg frei für den Abschluss der »Zwei-plus-vier-Gespräche« über den zukünftigen Status des vereinten Deutschland. Bei diesen Vereinbarungen zwischen Gorbatschow und Kohl in Moskau erklärte der Kanzler seinerseits für das vereinigte Deutschland den Verzicht auf ABC-Waffen und verpflichtete sich, die Streitkräfte auf 370 000 Mann zu reduzieren. Solange noch sowjetische Truppen auf dem ehemaligen DDR-Gebiet stünden, würde es dort keine der NATO unterstellten Einheiten geben.

Feierlich begingen die Deutschen am 3. Oktober ihren Tag der deutschen Einheit. Bundespräsident Richard von Weizsäcker erklärte: »Unsere Einheit wurde niemandem aufgezwungen, sondern friedlich vereinbart. Sie ist Teil eines gesamteuropäischen geschichtlichen Prozesses, der die Freiheit der Völker und eine neue Friedensordnung unseres Kontinents zum Ziel hat. Diesem Ziel wollen wir Deutschen dienen. Ihm ist unsere Einheit gewidmet. Wir haben jetzt einen Staat, den wir selbst nicht mehr als provisorisch ansehen und dessen Identität und Integrität von unseren Nachbarn nicht mehr bestritten wird. Am heutigen Tag findet die vereinte deutsche Nation ihren anerkannten Platz in Europa.

Am 4. Oktober trat der Bundestag des vereinten Deutschland, um 144 von der Volkskammer entsandte Abgeordnete erweitert, im Berliner Reichstag zu seiner ersten Sitzung zusammen.

◀ *Deutschland ist wieder vereinigt. In einer bewegenden Feierstunde wurde in der Nacht vom 2. auf den 3. Oktober 1990 um Mitternacht vor dem Reichstag in Berlin die Flagge der Bundesrepublik Deutschland gehisst, begleitet vom Beifall des Publikums*

16.17 Berlin wird Hauptstadt

Seit dem Beitritt der DDR zur Bundesrepublik gemäß Artikel 23 GG am 3. Oktober 1990 ist Berlin, das mit der Reichsgründung 1871 Hauptstadt des Deutschen Reiches geworden war, nach 40 Jahren Bonner Republik Hauptstadt der Bundesrepublik Deutschland.

Während der als Ergebnis des 2. Weltkrieges und im Zuge des kalten Krieges erfolgten Teilung Deutschlands hatte das 1944 von den Alliierten in drei, später in vier Sektoren aufgeteilte Berlin aufgrund des Viermächtestatus eine rechtliche Sonderstellung. Dennoch erklärte die DDR den sowjetischen Sektor Berlins zur »Hauptstadt der DDR«. Die am 23. Mai 1949 neu gegründete Bundesrepublik sprach sich in einer feierlichen Erklärung für Berlin als Hauptstadt aus, Sitz der Bundesregierung und des Parlaments und »provisorische Hauptstadt« wurde allerdings Bonn.

40 Jahre Bundesrepublik Deutschland von 1949 bis 1990 haben die Bonner Republik zum Synonym für eine friedliche west- und europaorientierte Politik werden lassen. Die durch die friedliche Revolution in der DDR von 1989 er-

Berlin – Hauptstadtplanung

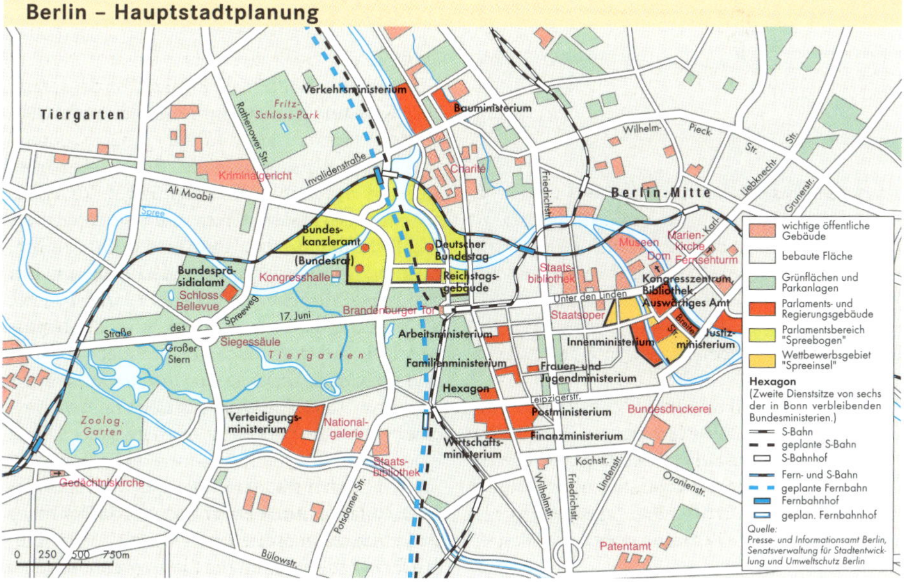

möglichte Vereinigung Deutschlands hat vor diesem Hintergrund zu einer heftigen Debatte darüber geführt, welche Stadt – Berlin oder Bonn – zukünftig Hauptstadt sein sollte. Quer durch alle Parteien machten sich Politiker für die Beibehaltung Bonns stark: Bonn habe sich in 40 Jahren bewährt und in der Welt hohes Ansehen erworben. Das vergrößerte, wieder vereinigte Deutschland würde ohnehin von seinen Nachbarn mit Sorge beobachtet. Berlin als Hauptstadt könnte bei ihnen Befürchtungen auslösen, dieses wirtschaftlich und politisch starke Deutschland strebe einen Großmachtstatus unseligen Angedenkens an. Die Berlin-Verfechter wiesen diese Ängste als unbegründet zurück. Bonn sei immer ein Provisorium bis zum Tage der deutschen Vereinigung gewesen. Zudem würde Berlin als Hauptstadt die neuen Bundesländer weit stärker in die Bundesrepublik einbinden als Bonn.
Schließlich entschied der Bundestag die Hauptstadtfrage mit einer namentlichen Abstimmung nach einer vielstündigen Debatte. Am Abend des 20. Juni 1991 sprachen sich 338 Abgeordnete für Berlin aus, 320 für Bonn. Die unterlegenen Bonn-Befürworter versuchten noch längere Zeit, vor allem mit dem Hinweis auf die hohen Umzugskosten, die Entscheidung infrage zu stellen. Die Bundesregierung aber hielt an dem Umzugsbeschluss fest und begann mit der Planung für den Neubau des Regierungsviertels im Berliner Spreebogen. Aus Kostengründen sollen indessen nicht alle Ministerien einen Neubau erhalten, das Außenministerium z. B. wird das ehemalige Gebäude des Zentralkomitees der SED nutzen. Das ehemalige Reichstagsgebäude wird für den Bundestag umgebaut (▶ 17.10). Jedoch werden in der Bundesstadt Bonn wichtige Politikbereiche erhalten bleiben und gefördert werden. Einige Bundeseinrichtungen werden nach Bonn verlagert, wie u. a. der Bundesrechnungshof. Außerdem erhält die Region Bonn Ausgleichszahlungen für den Verlust des Parlamentssitzes.
Allerdings ist Berlin mit der Hauptstadt-Entscheidung noch nicht zu einer allen Deutschen gemeinsamen Stadt zusammengewachsen. Die jahrzehntelange Teilung spiegelt sich sowohl in der politischen Landschaft wider – so ist zum Beispiel die PDS im Ostteil der Stadt stark vertreten, im Westen dagegen eher unbedeutend – als auch in dem Scheitern der Vereinigung der beiden Länder Berlin und Brandenburg. Denn es war nicht zuletzt die in DDR-Zeiten begründete Sorge vieler Brandenburger, dass Berlin erneut auf Kosten seines Umlands begünstigt werden könne, die sie am 5. Mai 1996 gegen die Vereinigung stimmen ließ.

▲ *Nachdem im November 1992 der Brandanschlag auf ein von Türken bewohntes Haus in Mölln Menschenleben gefordert hatte, demonstrierten in mehreren Städten – wie hier in München am 6. Dezember 1992 – Bürger gegen Ausländerhass*

16.18 Rostock, Mölln, Solingen – Fanale der Ausländerfeindlichkeit

Der auch als Folgeerscheinung der deutschen Wiedervereinigung 1989/90 mit brutalen Gewaltaktionen gegen Ausländer in Erscheinung tretende Rechtsextremismus schien zunächst eine auf das Gebiet der ehemaligen DDR beschränkte Erscheinung zu sein. Sozialwissenschaftler hatten schnell als Träger dieses Extremismus die »Verlierer der Vereinigung« ausgemacht, nämlich aus allen festen Bindungen des SED-Staates gerissene Jugendliche, denen eine trostlose Zukunft als Dauerarbeitslose drohte und die sich in ihrer Ohnmacht und Wut an die vermeintlich Schuldigen, die Ausländer, hielten.
Ausländische Bürger, eine kleine Minderheit in der Ex-DDR (etwa 80 000 = 0,5 %), hatte das SED-Regime seinerzeit aus »sozialistischen Bruderländern« (Vietnam, Angola, Moçambique) als Arbeitskräfte ins Land geholt, sie aber

trotz amtlich verordneter »Völkerfreundschaft« von der eigenen Bevölkerung abgesondert. Für die meisten DDR-Bürger waren Ausländer eine anonyme, abseits stehende Gruppe. Von Integration war nicht die Rede. So bot die seit 1989/90 in einigen Städten regelrecht stattfindende Jagd auf Ausländer das erschreckende Bild von rücksichtslos zuschlagenden Tätern und einer schweigend und untätig zusehenden Öffentlichkeit.

Dass die von Ausländerhass geprägten Gewaltaktionen auf die neuen Bundesländer begrenzt seien, erwies sich bald als Fehlschluss. Schnell schwappte die Welle der Gewalt auf den Westen Deutschlands über. Beinahe täglich meldeten die Medien nächtliche Überfälle und Brandanschläge auf Unterkünfte von Ausländern und Asylbewerbern.

Die tagelangen Krawalle rechtsradikaler Jugendlicher vor Ausländerunterkünften im sächsischen Hoyerswerda (September 1991) und in Rostock-Lichtenhagen (August 1992) beschädigten das Ansehen des vergrößerten Deutschlands in beträchtlichem Ausmaß: Durch die hastig angeordnete Verlegung der Ausländer in andere, fernere Unterkünfte wurden die Betroffenen nur vordergründig geschützt. Letzlich wurde damit den Forderungen der Gewaltäter, die sich des Beifalls der Menge sicher sein konnten, entsprochen. Das Versagen von Behörden und Polizei, aber vor allem die fehlende Sensibilität und Toleranz gegenüber ausländischen Mitbürgern wurden hier in krasser Weise deutlich.

Den traurigen Höhepunkt der Gewaltwelle bildeten allerdings die westdeutschen Brandanschläge von Mölln (November 1992) und Solingen (Mai 1993), bei denen insgesamt zehn türkische Mitbürger, darunter fünf Kinder, ums Leben kamen. Gegen diese Eskalation der Gewaltaktionen und den stumpfsinnigen Fremdenhass der Täter regten sich bundesweit Zorn und Empörung der Bevölkerung. In zahlreichen Städten strömten Millionen auf die Straßen und bekundeten mit machtvollen Demonstrationsmärschen und Lichterketten ihre Solidarität mit ihren ausländischen Mitbürgern. Vehement forderten sie, allen voran Bundespräsident Richard von Weizsäcker, von den Politikern in Bonn, die längst fällige Reform des Staatsbürgerrechts endlich in Angriff zu nehmen. Eine entsprechende Reform trat schließlich am 1. Januar 2000 in Kraft.

Immer wieder gibt es gewaltame Angriffe und Überfälle, so den Brandanschlag auf die Synagoge in Lübeck im März 1994 und den Überfall auf die KZ-Gedenkstätte Buchenwald im Juli 1994. Zeitweise ließ das öffentliche Interesse an diesen Vorgängen nach, bis sich 2000 nach einer Reihe schwerer Straftaten wieder eine breitere öffentliche Bewegung gegen rechte Gewalt entwickelte.

Den rechtsextremen Parteien erteilten die Wähler indessen im so genannten Superwahljahr 1994 sowie in den folgenden Landtagswahlen eine Absage. Allerdings konnten in Baden-Württemberg 1996 die Republikaner mit 9,1 % der Stimmen noch einmal in den Landtag einziehen (bis 2001), bei den Landtagswahlen in Sachsen-Anhalt errang 1998 die Deutsche Volksunion 12,9 %.

16.19 Treuhandanstalt – ökonomischer Wandel in den neuen Bundesländern

Im Prozess der Transformation der zentral gelenkten Staatswirtschaft der DDR in eine Marktwirtschaft nach westdeutschem Vorbild hatte die Treuhandanstalt eine politische und ökonomische Schlüsselstellung. Sie diente als Hauptinstrument für den marktwirtschaftlichen Neubeginn in Ostdeutschland.

Die Leitlinie ihres Transformationsauftrages wurde ihr vom ersten in der DDR frei gewählten Parlament vorgegeben. Detlev Carsten Rohwedder, der zweite Präsident der Treuhandanstalt, welcher nach knapp sieben Monaten Amtszeit am 1. April 1991 einem terroristischen Mordanschlag zum Opfer fiel, formulierte sie wie folgt: »Zügig privatisieren, entschlossen sanieren und behutsam abwickeln, was nicht mehr sanierungsfähig ist.«

Die Treuhandanstalt wurde in der ersten Phase 1990/91 zum Zwischeneigentümer von rund 8 000 ehemals staatseigenen Betriebsvereinigungen (Kombinaten) und »Volkseigenen Betrieben« mit mehr als 40 000 Betriebsstätten und 4 Millionen Beschäftigten. Durch die nachfolgende Übernahme von mehr als 4 400 sozialistischen Land- und Forstwirtschaftsbetrieben gingen dann rund 4,3 Millionen Hektar landwirtschaftlicher Nutzfläche und Forsten in

Die Privatisierung der ostdeutschen Unternehmen erfolgte durch die Treuhandanstalt. Das Bild zeigt deren letzte Präsidentin Birgit Breuel bei der Auflösung der »größten Staatsholding der Welt« im Dezember 1994

den Treuhandbesitz über. Unter den zuletzt übernommenen Vermögenswerten befanden sich u.a. auch diejenigen Objekte, welche bis dahin durch die Streitkräfte, das Ministerium für Staatssicherheit, die SED und die sozialistischen Massenorganisationen (darunter die Staatsgewerkschaft FDGB) genutzt wurden. Die Vielfalt des Vermögensbesitzes der Treuhandanstalt reichte demnach von den Werften an der Ostsee über die Chemiekombinate im Inland bis zu den Befehlsbunkern und Erholungsheimen der Stasi. Der gesamte Grundbesitz der Treuhandanstalt umfasste bei seinem Höchststand fast 60 % der Fläche der ehemaligen DDR.

Für die Transformation der Eigentums- und Wirtschaftsordnung einer ganzen Volkswirtschaft gab es keine maßgeschneiderte Theorie und keine erprobten Rezepte. Infolgedessen musste sich die Treuhandanstalt die benötigten Leitbilder und Regeln selbst schaffen. Dies ging vor allem in den Anfangsjahren im Einzelfall nicht ohne schmerzliche Fehler ab. Während ihrer gesamten viereinhalbjährigen Tätigkeit hatte die Privatisierung in der Transformationsstrategie der Treuhand stets die höchste Priorität. Grob geschätzt mussten durch den Privatisierungs- und Sanierungsprozess von den ursprünglich 4 Millionen Beschäftigten im »Wirtschaftsimperium« der Treuhand rund die Hälfte frei- und umgesetzt werden. Für 17–20 % dieser Personen konnte kein neuer Arbeitsplatz gefunden werden. Sie wurden arbeitslos. Die übrigen Arbeitnehmer gingen entweder selber neue Arbeitsverhältnisse ein, machten sich selbstständig, wurden umgeschult, fanden eine vorübergehende (Überbrückungs-)Beschäftigung in Arbeitsbeschaffungsmaßnahmen oder schieden aus dem Erwerbsleben aus (Vorruhestand/Ruhestand).

Diese schmerzlichen Frei- und Umsetzungen haben der Treuhand viel Kritik eingetragen. Vor allem in den neuen Bundesländern wurde ihr der Vorwurf gemacht, die ostdeutsche Wirtschaft rigoros »platt zu machen« und, statt Aufbauarbeit zu leisten, eine Deindustrialisierung der neuen Bundesländer zu begünstigen. Demgegenüber wurde die Treuhand von westdeutschen Bürgern häufig gescholten, sie verschwende knappe westdeutsche Steuergroschen an unrettbar sieche Ostfirmen und an neue Bundesbürger, die im Sozialismus hartes Arbeiten verlernt hätten. Bei der Kritik aus dem Osten wurde zumeist ignoriert, dass es schon zu DDR-Zeiten eine beträchtliche »verdeckte Arbeitslosigkeit« gab. Diese erstreckte sich auf etwa ein Viertel aller berufstätigen Arbeiter und Angestellten (»Arbeitslosigkeit am Arbeitsplatz«). Demgegenüber wurde im Westen nicht angemessen berücksichtigt, dass für die ostdeutschen Unternehmen, die der SED-Staat 40 Jahre lang vom internationalen Wettbewerb abgeschottet hatte, praktisch über Nacht sowohl die Westmärkte wegbrachen als auch die Ostmärkte zusammenstürzten. Eine Kompensation für den Verlust dieser Absatzmärkte durch eine umfassende Modernisierung der Produktionskapazitäten und durch eine Anpassung der Unternehmensleistungen an die neuen harten Wettbewerbsbedingungen des Weltmarktes beansprucht auf dem heutigen Entwicklungsniveau der führenden Industriewirtschaften Erneuerungs- und Umstrukturierungszeiten von

mindestens 5 bis 10 Jahren. Doch im Osten Deutschlands blieb es trotz der heftigen Proteste gegen unvermeidbare Massenentlassungen friedlich.
Die Treuhandanstalt hatte Ende 1994 nach viereinhalb Jahren Arbeit, die nach der Ermordung Rohwedders von der Präsidentin Birgit Breuel geleitet wurde, ihre Kernaufgabe abgeschlossen. Sie wurde danach aufgelöst, und ihre Restaufgaben wurden auf vier kleinere staatliche Nachfolgeinstitutionen aufgeteilt. Während ihrer Tätigkeit hat die Behörde 85 000 Verträge abgeschlossen (darunter fast 40 000 unternehmensbezogene Privatisierungsverträge). Bis zum 31. Dezember 1994 gelang es ihr, insgesamt rund 14 500 Unternehmen und Betriebsteile zu verkaufen. Dabei handelte es sich in der Regel nicht um En-bloc-Verkäufe ehemaliger Kombinate oder VEB nach DDR-Maßstab, sondern um neu zugeschnittene Betriebseinheiten, die durch Entflechtung der alten Mammutkombinate und -betriebe neu gebildet worden waren. Rund 850 Wirtschaftsbetriebe gingen in den Besitz ausländischer Investoren über. Rund 80 % der verkauften Unternehmen übernahmen mittelständische Erwerber. Etwa 3700 Betriebe/Gesellschaften (darunter 1000 Rest- und Mantelgesellschaften) mussten aufgegeben und stillgelegt werden (Liquidationen). Getrennt davon wurden weitere rund 4 300 mittlere Gewerbe- und Handwerksbetriebe, die der SED-Staat bei seiner letzten »Sozialisierungskampagne« 1972 übernommen hatte, den rechtmäßigen ehemaligen Eigentümern zurückgegeben (Reprivatisierungen). Insgesamt erhielt die Treuhand Privatisierungserlöse von 73 Mrd. DM. Viel wichtiger war jedoch, dass sie Investitionszusagen in einer Höhe von 207 Mrd. DM verbuchen und Arbeitsplatzzusagen für 1,5 Millionen Arbeitnehmer erzielen konnte. Als ein besonderer Erfolg der Treuhandarbeit muss dabei gewertet werden, dass nach statistischen Ermittlungen etwa 15 % mehr Arbeitsplätze geschaffen wurden, als zugesagt worden waren. Darüber hinaus übertreffen auch die tatsächlich investierten Summen um etwa 20 % das vertraglich vereinbarte Soll. Das Gesamtdefizit der Treuhandanstalt für alle nicht durch Einnahmen gedeckten finanziellen Beistandsleistungen (Sanierungen, Übernahme von Altlasten, Überbrückungssubventionen, Investitionshilfen, soziale Abfindungs- und Unterstützungsleistungen für Belegschaften usw.) betrug Ende 1994 etwa 270 Mrd. DM. Dies sind für die Bürger der heute größeren Bundesrepublik einerseits *Kosten der Einheit* (▶ 16.27), andererseits sind es tatsächlich jedoch Investitionen in die wirtschaftlich unumgängliche Erneuerung der ostdeutschen Wirtschaft und damit in die Zukunft Deutschlands.

16.20 Berliner Weltklimakonferenz und Umweltdebatte

1000 Delegierte aus 170 Staaten, 1000 Beobachter von 165 so genannten »Nichtregierungsorganisationen«, rund 2000 Journalisten und ein Thema: Das war die 1. Vertragsstaatenkonferenz zur Klimarahmenkonvention der Vereinten Nationen (VSK), kurz Klimakonferenz. Vom 28. März bis zum 7. April 1995 diskutierten die Teilnehmer in Berlin Maßnahmen, um den drohenden Treibhauseffekt abzuwenden. Im Klimaabkommen von Rio de Janeiro hatten sich

▲ *Kohlendioxid-Emissionen gehören zu den gravierendsten Ursachen der Klimaveränderung*

die Industrieländer 1992 bereit erklärt, im Jahr 2000 keinesfalls mehr »Treibhausgase« in die Atmosphäre gelangen zu lassen als 1990. Öffentlichkeit und Umweltverbände erwarteten nun von der Berliner Konferenz, zu deren Präsidentin die deutsche Umweltministerin Angela Merkel gewählt worden war, dass neue Vereinbarungen getroffen werden würden. Diese Hoffnungen wurden jedoch enttäuscht. Es kam lediglich zum so genannten »Berliner Mandat«, das keine neuen Vereinbarungen über verbindliche Werte für den Ausstoß an »Treibhausgasen« festsetzt, sondern lediglich die Übereinkunft enthält, dass neue Verpflichtungen einmal in einem völkerrechtlichen Vertrag niedergelegt werden müssen. Dazu sollen in einer Pilotphase Projekte im nationalen Rahmen gestartet werden. Für die Entwicklungsländer wird nicht einmal über verbindliche Regelungen verhandelt werden. Viele Entwicklungsländer hatten sich gegen Auflagen gewehrt aus Angst, damit den Ausbau ihrer Wirtschaft zu bremsen. Lediglich die »Allianz kleiner Inselstaaten« (AOSIS) hatte scharfe Regelungen gefordert und eigene Vorschläge unterbreitet. Der Grund: Die Existenz der kleinen Inselstaaten ist unmittelbar bedroht, wenn sich der Treibhauseffekt verstärkt und dadurch der Meeresspiegel steigt. Die Berliner Klimakonferenz spiegelt die Probleme der Umweltdebatte, die seit etwa einem Jahrzehnt mit zunehmender Intensität geführt wird. Das Ziel ist eindeutig formuliert – »sustainable development«, d.h. eine dauerhafte Entwicklung, die die Bedürfnisse der Gegenwart befriedigt, ohne zu riskieren, dass künftige Generationen ihre eigenen Bedürfnisse nicht befriedigen können. Vor dem Hintergrund eines hohen Verbrauchs an nicht erneuerbaren Rohstoffen und einer immensen Belastung der Umwelt mit Schadstoffen bedarf es zur Erreichung dieses Ziels grundsätzlicher Änderungen: So muss von dem Fortschrittsgedanken, dass Wohlstand auch weiterhin durch Güterproduktion erreicht werden müsse, Abstand genommen werden. Die Wirtschaft muss einem umweltentlastenden Strukturwandel unterzogen werden, und schließlich müssen entsprechende innovative Technologien entwickelt werden. Sieht man von wenigen politischen Ansätzen ab, die eher einen reparierenden als einen notwendigen vorbeugenden Umweltschutz fördern, wird dieser Weg nur sehr zögerlich beschritten.

1997 wurde im japanischen Kyoto ein Protokoll zum Klimaschutz verabschiedet, das eine Reduktion der gemeinsamen Treibhausemmissionen seitens der Industrieländer innerhalb des Zeitraums 2008 bis 2012 um mindestens 5% gegenüber dem Niveau von 1990 vorsieht. Die Bonner Klimakonferenz im Juli 2001, an der rund 180 Staaten teilnahmen, sollte Grundsätze vereinbaren, die die Ratifizierung des Kyoto-Protokolls ermöglichen. Nachdem Präsident Bush schon im Vorfeld die Ratifizierung durch die USA strikt abgelehnt hatte, kam es nun darauf an, skeptische Regierungen wichtiger Industriestaaten für die Ratifizierung zu gewinnen. Der gefundene Kompromiss sieht einige Modifikationen der ursprünglichen Ziele vor – Kritiker sprachen davon, dass die Ziele aufgegeben wurden. Die EU, die auf der Konferenz mit gemeinsamen Positionen auftrat, erklärte sich trotz der Abstriche beim Klimaschutz zur Zustimmung bereit, um ein verbindliches Abkommen zu erreichen. So dürfen z.B. nun Wälder als Kohlendioxid-Speicher angerechnet werden. Das Protokoll tritt in Kraft, 90 Tage nachdem es von mindestens 55 Vertragsparteien des Übereinkommens ratifiziert worden ist, darunter entwickelte Länder, deren Kohlendioxid-Ausstoß zusammengenommen mindestens 55% der von dieser Ländergruppe im Jahr 1990 ausgebrachten Kohlendioxid-Emissionen ausmacht.

16.21 Das Grundgesetz und die deutsche Einheit

Die Präambel des *Grundgesetzes* (▶ 13.1) enthielt in ihrem letzten Satz ein Wiedervereinigungsgebot: »Das gesamte deutsche Volk bleibt aufgefordert, in freier Selbstbestimmung die Einheit und Freiheit Deutschlands zu vollenden.« Die Einheit konnte auf zwei Wegen hergestellt werden: Nach Art. 146 hätte eine neue Verfassung ausgearbeitet werden können, die das Grundgesetz abgelöst hätte. Die andere Möglichkeit bot Art. 23. Danach konnten andere Teile Deutschlands dem Geltungsbereich des Grundgesetzes beitreten. Die schnelle Vereinigung entsprach dem Willen der überwältigenden Mehrheit der Bevölkerung der DDR. Auch außenpolitische Gründe sprachen dafür, die Gelegenheit zur Herstellung der deutschen Einheit unverzüglich zu nutzen. Mit dem 3. Oktober 1990 trat das Grundgesetz in den neu gebildeten fünf Bundesländern Brandenburg, Mecklenburg-Vorpommern, Sachsen, Sachsen-Anhalt, Thüringen und in Ost-Berlin in Kraft. Der Beitritt der DDR zur Bundesrepublik Deutschland erforderte eine Reihe von Änderungen des Grundgesetzes. Die Präambel wurde neu gefasst, nachdem die Einheit und Freiheit Deutschlands vollendet war. Der Art. 23 (Beitritt anderer Teile Deutschlands) wurde aufgehoben. Die Stimmenzahl im Bundesrat (Art. 51) wurde geändert.

Deutschland – Verwaltungsgliederung

Auch der Art. 146 wurde angepasst. Er enthält nach wie vor die Möglichkeit, aber nicht die Verpflichtung, eine neue Verfassung auszuarbeiten. In Art. 5 des *Einigungsvertrages* (▶16.15) wurde den gesetzgebenden Körperschaften des vereinten Deutschlands empfohlen, »sich innerhalb von zwei Jahren mit den im Zusammenhang mit der deutschen Einigung aufgeworfenen Fragen zur Änderung oder Ergänzung des Grundgesetzes zu befassen«. Ende 1991 wurde eine gemeinsame Verfassungskommission aus 32 Abgeordneten des Bundestages und 32 Mitgliedern des Bundesrates gebildet, die im Oktober 1993 einen Abschlussbericht vorlegte.

1994 verabschiedete der Bundestag Ergänzungen und Änderungen, die 14 Artikel betrafen. Zu den wichtigsten gehören die Förderung der tatsächlichen Gleichberechtigung von Männern und Frauen und das Verbot der Benachteiligung Behinderter (Art. 3), die Einfügung des Staatsziels »Schutz der natürlichen Lebensgrundlagen« (Art. 20a), die Gewährleistung der finanziellen Eigenverantwortung der Gemeinden (Art. 28) sowie Änderungen der Zuständigkeiten des Bundes und der Länder bei der Gesetzgebung. So erhielt der Bund die Gesetzgebungskompetenz bei Fortpflanzungsmedizin, Organtransplantation und Gentechnologie.

Andere in der Kommission und in der Öffentlichkeit diskutierte Verfassungsänderungen, insbesondere die Einführung von Elementen direkter Demokratie (Volksbegehren, Volksentscheide, Volksabstimmungen), fanden in der Verfassungskommission nicht die erforderliche Zweidrittelmehrheit.

Nach heftigen auch in der Öffentlichkeit geführten Dikussionen wurde 1993 eine einschneidende Änderung des Asylrechts, die 1996 vom Bundesverfassungsgericht im Wesentlichen bestätigt wurde, vorgenommen, um den immer weiter zunehmenden Zustrom von Asylbewerbern (1988: 103076, 1992: 438191) zu begrenzen. Neu in das Grundgesetz eingefügt wurde der Art. 16a. Danach ist das Asylrecht für politisch Verfolgte nach wie vor verbürgt (bisher Art. 16 Abs. 2 Satz 2). Neu ist, dass Personen, die aus »sicheren Drittstaaten« einreisen, sich nicht mehr auf das Asylrecht berufen können, ebenso wenig solche, die aus einem sicheren Herkunftsland einreisen. Hier wird unterstellt, dass politische Verfolgung nicht gegeben ist.

16.22 Die Krise des Sozialstaats

Das Grundgesetz für die Bundesrepublik Deutschland hat in Art. 20 den Sozialstaat – wie die Demokratie, den Rechtsstaat und die Gliederung des Bundes in Länder – als eines der tragenden Verfassungsprinzipien festgelegt, die selbst durch Verfassungsänderung nicht berührt werden dürfen (Art. 79). Die konkrete Ausgestaltung des Sozialstaats ist allerdings Sache des Gesetzgebers. Doch auch die gesellschaftlichen Kräfte sind an der Gestaltung des Sozialstaats beteiligt, nicht zuletzt die Interessengruppen der Arbeitgeber und der Gewerkschaften, die in Ausübung ihres Koalitionsrechts gemäß Art. 9 GG Abkommen und Vereinbarungen, insbesondere Tarifverträge, abschließen und die in den Selbstverwaltungsorganen der gesetzlichen Sozialversicherung zusammenarbeiten.

Seit Anfang der 90er-Jahre haben sich die ökonomischen, finanziellen und politischen Rahmenbedingungen für die Erhaltung und Fortentwicklung des Sozialstaats zunehmend verschlechtert. Die Gründe hierfür sind vielfältig. Zu nennen sind der enorme öffentliche Finanzbedarf im Zuge der deutschen Vereinigung (*Die Kosten der deutschen Einheit,* ▶16.27) – dabei wurde auch die Sozialversicherung mit hohen, zum Teil versicherungsfremden Leistungen belastet. Die anhaltend hohe Arbeitslosigkeit, die 1996 Höchstwerte von vier Millionen registrierten Arbeitslosen erreichte, engt, auch wegen der damit verbundenen Steuerausfälle, den finanziellen Spielraum der Haushalte von Bund, Ländern und Gemeinden weiter ein; der gesetzlichen Sozialversicherung fehlen die entsprechenden Beitragseinnahmen. Insgesamt hat sich trotz der angespannten sozialen Lage der Anteil der Sozialausgaben am Bruttosozialprodukt nicht erhöht, sondern ist seit vielen Jahren stabil geblieben. Wie die Wirtschaft gerät auch der Sozialstaat zunehmend unter den Druck der Globalisierung der Märkte. Ein weiterer – allerdings oft überschätzter – Faktor, der die Rahmenbedingungen für die Erhaltung und Fortentwicklung des Sozialstaats zunehmend verschlechtert, sind die Änderungen in der Altersstruktur der Bevölkerung. Dem wachsenden Anteil alter Menschen, die Rentenansprüche erworben haben und verstärkt die Leistun-

›... Versuchen Sie es doch mal gegenüber‹

Sozialstaatskrise

gen der Kranken- und Pflegeversicherung nachfragen, steht eine geringer werdende Zahl aktiv im Berufsleben stehender Menschen gegenüber, die mit ihren Sozialbeiträgen die Ansprüche der Senioren finanzieren.

Die Diskussion über einen »Umbau des Sozialstaates« wurde in den 90er-Jahren intensiver und ist mit der *Standortdebatte* (▶16.24) verknüpft worden. Insbesondere vonseiten der Arbeitgeber wird die These vertreten, das gegenwärtige Sozialleistungssystem sei nicht mehr finanzierbar und müsse durch Kürzungen und Privatisierung von Lebensrisiken auf ein erträgliches Niveau zurückgeführt werden. Die Regierungskoalition aus CDU, CSU und FDP teilt diese Einschätzung weitgehend und sucht sie in der Gesetzgebung umzusetzen. Dagegen betrachten die Oppositionsparteien und die Gewerkschaften die Leistungskürzungen als untaugliche Mittel zu Bekämpfung der Arbeitslosigkeit und zur Sicherung der wirtschaftlichen Leistungsfähigkeit und sehen Gefahren für den Zusammenhalt und die politische Stabilität. Angesichts knapper Finanzmittel plädieren sie für eine neue Prioritätenfestsetzung bei den Sozialleistungen.

Weitergehende Reformvorschläge, die allerdings bisher weniger im Parlament als in den Medien diskutiert wurden, setzen an der Tatsache an, dass die tragenden Elemente der sozialen Sicherung, insbesondere die Rentenversicherung, ausschließlich an den Faktor Arbeit und die daraus abgeleitete Beitragsfinanzierung gebunden sind. Die Rentenversicherung ist am »Normalarbeitsverhältnis«, d.h. an einem ununterbrochenen Berufsleben bei ganztägiger Beschäftigung, und an der Vollbeschäftigung orientiert. Da für eine absehbare Zukunft Vollbeschäftigung nicht zu erreichen sei und das Normalarbeitsverhältnis aus vielerlei Gründen für immer weniger Menschen bestimmend sein werde, könnten die sozialen Sicherungssysteme nicht länger überwiegend an den Faktor Arbeit gebunden bleiben. Frühere Ansätze der SPD und der Gewerkschaften, durch Erhebung einer Wertschöpfungsabgabe (»Maschinensteuer«) auch weniger arbeits- und lohnintensive Unternehmen an den Kosten der sozialen Sicherung zu beteiligen, wurden kaum weiterverfolgt. Hingegen finden Modelle einer steuerfinanzierten Grundsicherung (Bürgergeld, negative Steuer) bei ansonsten privater Vorsorge des Einzelnen, die von unterschiedlichen parteipolitischen Positionen aus, etwa vom sächsischen Ministerpräsidenten Kurt Biedenkopf (CDU) und von Bündnis 90/Die Grünen eingebracht wurden, Beachtung in der Diskussion der 90er-Jahre. Das Modell dieser Grundsicherung, die teilweise die Funktionen der heutigen Altersrente, Arbeitslosenunterstützung und Sozialhilfe übernehmen soll, wird von Kritikern insbesondere wegen der Finanzierungsprobleme während der langen Phase der Umstellung, in der die erworbenen Ansprüche im alten System der leistungsbezogenen Rente noch erfüllt werden müssen, für nicht realisierbar gehalten.

Während der Gesetzgeber in der Renten-, Kranken- und Arbeitslosenversicherung Leistungsbegrenzungen und -einschränkungen vorgenommen hat, wurde bei der 1995 neu eingeführten Pflegeversicherung erstmals das Prinzip, die Finanzierung je zur Hälfte durch Arbeitnehmer- und Arbeitgeberbeiträge zu sichern, durchbrochen und der Arbeitgeberbeitrag durch Fortfall eines gesetzlichen Feiertages kompensiert. Aber auch andere Bereiche der sozialstaatlichen Ordnung, etwa die Sozialhilfe, geraten unter ökonomischen bzw. interessenpolitischen Druck. Auch im Arbeitsrecht erfolgen Änderungen: Nachdem bereits bei der durch das Bundesverfassungsgericht erzwungenen Gleichstellung von Arbeitern und Angestellten bei den Kündigungsfristen die geltenden Regelungen für Angestellte verschlechtert wurden, unterliegen nun Betriebe mit bis zu 10 Arbeitnehmern nicht mehr dem gesetzlichen Kündigungsschutz.

16.23 Viertagewoche bei VW

Die deutsche Automobilindustrie verzeichnete 1993 die größten Absatzeinbrüche seit Jahren. Rezession und Wettbewerbsdruck ließen die Pkw-Fertigung um rund 25 % zurückgehen. Als Reaktion darauf hatten die deutschen Automobilhersteller im Laufe des Jahres ihre Belegschaften um 62 000 auf 660 000 Beschäftigte reduziert. Die Volkswagen AG ging einen anderen Weg. Im Herbst 1993 stellte der Vorstand den Arbeitnehmern und der Öffentlichkeit die Alternativen vor: Einführung der Viertagewoche oder Entlassung von 30 000 Arbeitnehmern der VW-Betriebe in Deutschland. Dabei war die Viertagewoche Teil eines umfassenden Personalkonzepts, das u.a. Regelungen über Jahresarbeitszeiten, Langzeiturlaube und Fort- und Weiterbildung enthielt.

Die öffentliche Debatte um Arbeitszeitverkürzung, die seit den 80er-Jahren unter der gewerkschaftlichen Forderung nach der 35-Stunden-Woche gestanden hatte, erhielt nun eine neue Zielrichtung. Auslöser war neben dem Vorstoß des VW-Vorstandes eine Gesetzesinitiative der bürgerlichen französischen Regierung unter Édouard Balladur, die allerdings im November 1993 in der Nationalversammlung scheiterte. Die Befürworter der Viertagewoche sahen angesichts der hohen Arbeitslosigkeit in der Verkürzung der individuellen Arbeitszeit um 20 % und der dadurch notwendigen Umverteilung der Arbeit ein geeignetes Mittel, gefährdete Arbeitsplätze zu sichern und Neueinstellungen von Arbeitslosen in größerem Umfang zu erreichen. Kontrovers wurde insbesondere die Frage des Lohnausgleichs diskutiert. Während Vertreter der Unternehmer eine proportionale Kürzung des Einkommens um 20 % forderten, verlangten die Gewerkschaften vollen Lohnausgleich, ließen aber durchblicken, dass sie unter Beschäftigungsaspekten zu Zugeständnissen bereit seien. Die für die VW-Beschäftigten zuständige Gewerkschaft, die IG Metall, wie auch Teile der Öffentlichkeit nahmen den Vorstoß der Volkswagen AG positiv als kreativen Beitrag zur Beschäftigungspolitik auf.

Bei den Verhandlungen zwischen VW und IG Metall über einen Firmentarifvertrag wurde Ende November 1993 Einigkeit über die Einführung der Viertagewoche ab Januar 1994 erzielt: Bei einer Arbeitswoche von 28,8 Std. müssen die Arbeitnehmer einen Verlust von 10 % ihres Jahreseinkommens hinnehmen; VW spart 1,8 Mrd. DM Personalkosten; Entlassungen unterbleiben. In der Folgezeit blieb die Einführung der Viertagewoche oder vergleichbarer Regelungen zur Bewältigung von Beschäftigungskrisen selten, wenngleich befristete Arbeitszeitreduzierungen mit entsprechender Lohnkürzung in zahlreiche Tarifverträge als ein Mittel der Beschäftigungssicherung aufgenommen wurden.

16.24 Standortdebatte

In der Standortdebatte geht es um Erscheinungsformen, Vorzüge und Schwächen bestimmter Produktions-, Investitions- und Beschäftigungsstandorte, z.B. einer Region oder eines Landes. Bei der Diskussion um den (Wirtschafts-)Standort Deutschland steht die Frage im Vordergrund, ob und in welchem Maße Deutschland ein wettbewerbsfähiger Produktions-, Investitions- und Beschäftigungsstandort ist. Dabei prallen unterschiedliche Sichtweisen aufeinander, die von der These der Schwäche bis zur These der Stärke des Standorts Deutschland reichen.

Der ersten These zufolge hat die Qualität des Wirtschaftsstandortes Deutschland vor allem seit den 70er-, insbesondere seit den frühen 90er-Jahren Schaden genommen. Dieser Sichtweise neigten unter anderen die Arbeitgeberverbände und die Koalitionsregierung aus CDU/CSU und FDP zu. Als Nachteile des Standortes Deutschland im Vergleich zu den Standorten der Handelspartner und Weltmarktkonkurrenten gelten vor allem die sehr hohen Arbeitskosten. Diese sind durch besonders hohe Personalzusatzkosten (von denen jeweils rund die Hälfte durch Verträge zwischen den Tarifparteien und durch gesetzliche Auflagen, z. B. die Sozialabgaben, zustande kommen) bedingt. Daneben werden kurze Arbeits- und Betriebszeiten, eine relativ hohe Unternehmensbesteuerung, übermäßige Regulierung der Wirtschaft, strenge Umweltschutzauflagen, überteuerte Energiekosten, übergroße Erhaltungssubventionen, überteuerte Produktion öffentlicher Güter und die Unterfinanzierung zukunftsorientierter Politik- und Wirtschaftsbereiche, z. B. des höheren Bildungswesens und der Forschungs- und Technologieförderung als Ursache genannt. Diese Standortnachteile seien für die verhaltene Investitionsneigung im Inland, die gefährdete internationale Wettbewerbsposition der deutschen Industrie und die Schere zwischen expandierenden Direktinvestitionen im Ausland und weiterhin stagnierenden Direktinvestitionen des Auslands in der Bundesrepublik Deutschland verantwortlich. Die Standortnachteile energisch zu beseitigen ist dieser Auffassung zufolge eine vorrangige Aufgabe der Sozial- und Wirtschaftspolitik des Staates sowie der Lohn- und Arbeitszeitpolitik der Tarifparteien.

Der Gegenposition in der Standortdebatte zufolge ist Deutschland nach wie vor ein günstiger Wirtschaftsstandort. Vertreter dieser Auffassung, unter ihnen die Gewerkschaften, verweisen auf den nach wie vor hohen Anteil der Exporte der deutschen Industrie am Sozialprodukt, ihren beachtlichen Weltmarktanteil, den beträchtlichen Ressourceneinsatz für Forschung und Entwicklung, ihre starke Position vor allem bei »mittleren« Technologien und die hohe Kreditwürdigkeit Deutschlands auf internationalen Kapitalmärkten. Zu den günstigen qualitativen Standortfaktoren in Deutschland werden aber auch der hohe Ausbildungsstand der Arbeitskräfte, die leistungsfähige öffentliche Infrastruktur, die sozialpartnerschaftlichen Beziehungen in der Arbeitswelt und die politische Stabilität gerechnet.

16.25 Paragraph 218

Der Schwangerschaftsabbruch (Abtreibung), die künstliche Herbeiführung einer Fehlgeburt, war vom späten Mittelalter bis in das 20. Jahrhundert hinein unter schwere Strafe gestellt. Das Strafgesetzbuch des Deutschen Reiches aus dem Jahre 1871 bedrohte in § 218 die Eigenabtreibung (durch die Mutter) mit Zuchthaus bis zu fünf Jahren. Seit der Jahrhundertwende und verstärkt in der Weimarer Republik wurde eine Diskussion um die Strafwürdigkeit des

▲ *Den Beginn des Kampfes gegen den § 218 in der Bundesrepublik markierte jene von der Feministin Alice Schwarzer initiierte Aktion im Juni 1971, als sich in der Zeitschrift »Stern« 374 Frauen öffentlich der illegalen Abtreibung bezichtigten*

Schwangerschaftsabbruchs geführt. 1926 wurde das Verbrechen der Abtreibung zum Vergehen gemildert und nur mehr mit Gefängnis bestraft. Das nationalsozialistische Regime verschärfte die Strafbestimmungen wieder. Seit 1943 wurde Fremdabtreibung (durch Dritte) mit dem Tode bestraft. Nach 1945 wurde die Eigenabtreibung mit Gefängnis, die Fremdabtreibung mit Zuchthaus bedroht, wenn es auch verhältnismäßig selten überhaupt zu Gerichtsverfahren kam. Man schätzt, dass pro Jahr eine sechsstellige Zahl illegaler Schwangerschaftsabbrüche vorgenommen wurden.

Nach der Bundestagswahl 1972 legten die Fraktionen der SPD und der FDP einen Gesetzentwurf vor, der das Ziel hatte, den Schwangerschaftsabbruch unter bestimmten Voraussetzungen zu legalisieren. Ein Schwangerschaftsabbruch durch einen Arzt innerhalb der ersten drei Monate nach der Empfängnis sollte straffrei bleiben, wenn zuvor eine Beratung der Schwangeren stattgefunden hatte. Diese »Fristenregelung« wurde vom Bundestag gegen die Stimmen der CDU/CSU verabschiedet, trat jedoch nicht in Kraft, weil sie vom Bundesverfassungsgericht auf Antrag der CDU/CSU-Fraktion und mehrerer Bundesländer für verfassungswidrig erklärt worden war.

Das Gesetzgebungs- wie das Verfassungsgerichtsverfahren waren von einer leidenschaftlichen öffentlichen Diskussion begleitet. Es gab Demonstrationen und Gegendemonstrationen, Unterschriftskampagnen und Selbstbezichtigungen. Gleichzeitig zeichneten sich die Debatten im Bundestag durch großes Verantwortungsbewusstsein und durch Respekt vor Gewissensentscheidungen aus. Die Positionen in der Diskussion wurden auf den Punkt gebracht durch die Forderungen, die an den äußeren Rändern des Meinungsspektrums formuliert worden waren: »Mein Bauch gehört mir« und »Abtreibung ist Mord«. Die Erstere besagt: Die Entscheidung, ob sie ein Kind austragen will oder nicht, liegt allein bei der Mutter, die Letztere: Das Leben beginnt mit der Verschmelzung von Samen und Eizelle, jeder Abbruch einer Schwangerschaft ist daher unzulässig. Zwischen diesen Extrempositionen gibt es eine Vielfalt unterschiedlicher Meinungen.

Die Neufassung des § 218, die mit den Stimmen von SPD und FDP 1976 verabschiedet worden war, sah die Straflosigkeit des Schwangerschaftsabbruchs vor, wenn bestimmte Indikationen (angezeigte Gründe) vorliegen, vor allem die medizinische (Gefahr für Leben oder Gesundheit der Mutter) und die soziale Indikation (Gefahr einer schweren Notlage der Schwangeren, die eine Fortsetzung der Schwangerschaft unzumutbar erscheinen lässt). Die DDR hatte 1972 eine weit gefasste Fristenregelung eingeführt.

Der *Einigungsvertrag* (▶ 16.15) verlangte eine einheitliche Regelung bis 1992. Bis dahin galten in den alten und in den neuen Bundesländern jeweils die bisherigen Bestimmungen. Die Neuregelung durch das Schwangerschafts- und Familienhilfegesetz von 1992, das auf eine Fristenregelung mit obligatorischer Beratung hinauslief, wurde auf Antrag Bayerns und der Mehrheit der CDU/CSU-Fraktion durch das Bundesverfassungsgericht teilweise für nichtig erklärt. Das Gericht stellte fest, dass eine Abtreibung grundsätzlich rechtswidrig ist, dass sie bei einer medizinischen Indikation erlaubt ist, dass sie auch sonst straflos bleibt, wenn sie binnen zwölf Wochen vorgenommen wird und wenn die Schwangere sich vorher hat beraten lassen. Schließlich stellte das Gericht fest, dass ein rechtswidriger Abbruch nicht von der gesetzlichen Krankenversicherung bezahlt werden darf. 1995 hat der Bundestag den § 218 im Sinne dieser Grundsätze neu gefasst.

16.26 Die Kosten der deutschen Einheit

Welche enormen Erblasten dem vereinigten Deutschland durch die Hinterlassenschaft der SED-Diktatur auferlegt wurden, ist im Vereinigungsjahr 1990 zunächst nur von wenigen erkannt worden. Allerdings stellte sich sehr bald heraus, dass die Erneuerung der Wirtschaft, des Wohnungsbestandes, der Verkehrswege, Wasserstraßen und Kommunikationsverbindungen, die Sanierung der öffentlichen Einrichtungen im Gesundheits- und Sozialwesen und die Beseitigung der riesigen Umweltschäden eine große Belastung bedeuten würden. Diese Bürde konnte unmöglich von den ostdeutschen Bundesbürgern allein getragen werden. Alle Deutschen mussten diese Erblast der Teilung zusammen übernehmen und müssen ihre Folgen gemeinsam abtragen.

Um die Finanzausstattung der neuen Bundesländer und ihrer Gemeinden sicherzustellen

▲ *Den Finanzrahmen für die deutsche Einheit bildet das Gemeinschaftswerk »Aufschwung Ost«. Das Bild zeigt Bundeskanzler Kohl und Arbeitsminister Norbert Blüm bei den Beratungen mit Vertretern von Wirtschaft und Gewerkschaften im April 1993*

und ihnen so den Aufbau einer geordneten Verwaltung und eines funktionsfähigen Justizwesens zu ermöglichen, verständigten sich Bund und Länder im Mai 1990 auf einen besonderen »Fonds Deutsche Einheit«. Aus diesem Finanztopf erhielten die neuen Bundesländer von 1990 bis 1994 insgesamt 160,7 Mrd. DM.

Bereits kurz nach der Schaffung der Währungs-, Wirtschafts- und Sozialunion (▶16.15) zeigte sich, dass die bis dahin aufgelegten wirtschaftlichen Förderprogramme bei weitem nicht ausreichten, um die Strukturkrise und Leistungsschwäche der ostdeutschen Wirtschaft zu überwinden. Um die verschiedenen bis dahin schon eingeleiteten Untertützungsaktionen zu bündeln, verabschiedete die Bundesregierung am 8. März 1991 das »Gemeinschaftswerk Aufschwung Ost«. Über dieses Gemeinschaftswerk sind in den Jahren 1991/92 insgesamt 24,4 Mrd. DM nach Ostdeutschland geflossen. Mit diesen Mitteln wurden gezielt kommunale Investitionsvorhaben unterstützt (z.B. die Instandsetzung und der Neubau von Kindergärten, Schulen, Hochschulen, Krankenhäusern, Kirchen und Kulturdenkmälern), Arbeitsbeschaffungsmaßnahmen (ABM) finanziert (u.a. durch Lohnkostenzuschüsse), die Modernisierung von Wirtschaftsunternehmen gefördert (z.B. durch Investitionszulagen) und der Ausbau und die Modernisierung des Verkehrsnetzes vorangetrieben. Weitere Förderschwerpunkte waren die Verbesserung der Standortbedingungen für Industrieansiedlungen und Technologieparks, um so die Investitionsbereitschaft privater Investoren zu erhöhen (Anschubinvestitionen in wirtschaftsnahe Infrastrukturvorhaben), die »Werftenhilfe Ost« und die Beseitigung von Altlasten im Umweltbereich. Damit sollten Investitionshemmnisse beseitigt, das Leistungsgefälle der ostdeutschen Wirtschaft abgebaut und drohende Umweltgefahren für Mensch und Natur ausgeräumt werden. Zur Teilabdeckung des gigantisch angewachsenen Finanzbedarfs des Bundes wurde u.a. am 1. Juli 1991 ein (zunächst auf 1 Jahr befristeter) Solidaritätszuschlag in Form eines Zuschlags von 7,5 % auf die Einkommen- und Körperschaftsteuer eingeführt, der seit 1. Januar 1995 erneut, jetzt unbefristet erhoben wird. In regelmäßigen Abständen soll jedoch die Notwendigkeit der weiteren Erhebung geprüft werden.

Mit dem »Solidarpakt der Vernunft zur Finanzierung der deutschen Einheit« vom 13. März 1993 stellten dann Bundesregierung und Länderregierungen den Finanzausgleich innerhalb der Föderation auf eine neue Grundlage. Eine hohe Priorität erhielten alle Fördermaßnahmen zur raschen Wiedergründung eines leistungsfähigen, innovativen Mittelstandes.

Zu den Verpflichtungen der Deutschen bei der Überwindung der Folgen der SED-Diktatur gehört letztlich auch die finanzielle Wiedergutmachung eines Teils derjenigen Schäden, die durch entschädigungslose staatliche Konfiszierung von privaten Vermögenswerten verursacht oder durch vergleichbare Eingriffe in das Eigentum von Personen entstanden sind. Eine nicht geringere moralische Verpflichtung besteht auch gegenüber den Bürgern, die durch politische Repressalien und durch folterähnliche Haftbedingungen in den Gefängnissen des SED-Staates Gesundheitsschäden erlitten haben. Hierfür wurde ein »Entschädigungsfonds« geschaffen, der aus verschiedenen Quellen gespeist wird.

Insgesamt gesehen sind zur Sicherung der finanziellen Basis der neuen Länder und Kommunen und ihres wirtschaftlichen und ökologischen Aufbaus seit 1991 gigantische Summen nach Ostdeutschland geflossen: Die Bruttotransfers betrugen von 1991 bis 1995 insgesamt 812 Mrd. DM. Nach Abzug der Steuer- und Verwaltungseinahmen des Bundes verbleibt für Ostdeutschland ein Nettozufluss von 615 Mrd. DM in lediglich fünf Jahren (1991 = 106 Mrd. DM; 1995 = 140 Mrd. DM). Mehr als die Hälfte dieser Summe wurde vom Bund aufgebracht. Der jährliche Bruttotransfer beläuft sich seit zwei Jahren auf mehr als 5 % des westdeutschen Sozialprodukts. Rund jede zweite Mark, die der Bund in den letzten 5½ Jahren für Verkehrsinfrastrukturinvestitionen aufgewendet hat, kam den neuen Ländern zugute.

Trotz dieses Transfers von Milliardensummen sind die neuen Bundesländer noch weit davon entfernt, sich zu blühenden Landschaften zu entwickeln. Diese Erwartungshaltung hatte die Bundesregierung aber in Analogie zum Wirtschaftswunder nach 1949 geweckt. Die neuen Bundesbürger konsumieren jedoch immer noch mehr, als sie produzieren. Die Wachstumsraten sinken seit 1994, und es besteht die Gefahr eines vorläufigen Endes des Aufholprozesses. Damit ist eine Beendigung hoher und höherer Transferleistungen nicht abzusehen.

16.27 Roman Herzog wird Bundespräsident

Am Pfingstmontag, dem 23. Mai 1994, trat im Plenarsaal des Berliner Reichstags die Bundesversammlung zur Wahl des ersten Bundespräsidenten des wieder vereinigten Deutschland zusammen. Im 3. Wahlgang siegte der CDU/CSU-Kandidat Roman Herzog mit 696 Stimmen über Johannes Rau, den sozialdemokratischen Ministerpräsidenten von Nordrhein-Westfalen, der 605 Stimmen der 1320 Delegierten für sich verbuchen konnte. Die beiden anderen Kandidaten – Jens Reich, von Bündnis 90/Die Grünen unterstützt, und Hildegard Hamm-Brücher (FDP) – hatten nach dem ersten bzw. zweiten Wahlgang auf eine weitere Teilnahme verzichtet. Die Kandidatur Roman Herzogs hatte die Diskussion um die Bewerbung des sächsischen Justizministers Steffen Heitmann beendet, der anfangs von der CDU vorgeschlagen worden war, aber wegen einiger seiner Äußerungen sowohl in der CDU als auch in der Öffentlichkeit umstritten war.

Roman Herzog wurde am 5. April 1934 in Landshut, in Bayern, geboren und wuchs dort gemeinsam mit seinem jüngeren Bruder auf. Nach dem Besuch des Gymnasiums studierte er Rechtswissenschaften in München, wo er 1958 promoviert wurde. Nach der zweiten juristischen Staatsprüfung, seiner Habilitation und zwei Jahren als Privatdozent erhielt er mit 32 Jahren seine erste Professur für Staatsrecht und Politik an der Freien Universität Berlin. 1969 folgte er einem Ruf an die Hochschule für Verwaltungswissenschaften in Speyer. Roman Herzog, der seit 1966 Mitherausgeber des Evangelischen Staatslexikons und über lange Jahre Mitglied der Synode der Evangelischen Kirche in Deutschland war, engagierte sich auch im Evangelischen Arbeitskreis der CDU/CSU und wurde 1978 zum Bundesvorsitzenden dieses Arbeitskreises gewählt. 1973 verlagerte er sein Wirkungsfeld in die Politik: Er wurde Staatssekretär des damaligen Ministerpräsidenten des Landes Rheinland-Pfalz, Helmut Kohl. 1978 wechselte Herzog als Kultusminister nach Baden-Württemberg und zog 1980 in den Stuttgarter Landtag ein; bei der Regierungsbildung übernahm er das Innenressort.

1983 wurde Roman Herzog zum Vizepräsidenten und vier Jahre später zum Präsidenten des Bundesverfassungsgerichts gewählt. Dieses Amt übte er bis zum 30. Juni 1994 aus. In seiner Antrittsrede am 1. Juli 1994 versprach Roman Herzog die Fortsetzung der Politik seines Vorgängers *Richard von Weizsäcker* (►15.32). In seinem persönlichen, offenen und unprätentiösen Stil erteilte Herzog jedem deutschen Sonderweg in Europa und in der Welt eine klare Absage. Ebenso entschieden war seine ablehnende Haltung all jenen gegenüber, die die deutsche Schuld an den nationalsozialistischen Verbrechen relativieren wollen.

Als »ein Präsident ohne Pose«, wie die Medien ihn anerkennend bezeichneten, verstand er es, auch in schwierigen Situationen die richtigen Worte zu finden, so bei seinen ersten und schwersten Staatsbesuchen in Polen und Israel. In Warschau, eingeladen vom polnischen Staatspräsidenten Lech Wałęsa zum 50. Jahrestag des Warschauer Aufstandes, beendete er seine Ansprache mit den Worten: »Heute aber verneige ich mich vor den Kämpfern des War-

Bundespräsident Roman Herzog. Aufnahme vom August 1994

schauer Aufstandes wie vor allen polnischen Opfern des Krieges. Ich bitte um Vergebung für das, was ihnen von Deutschen angetan worden ist.« Diese Worte haben in Polen, aber nicht nur dort, einen tiefen Eindruck hinterlassen. Auf Herzogs Anregung geht die Einführung des jährlichen Gedenktags für die Opfer des Nationalsozialismus am 27. Januar zurück. Er begründete auch die Tradition der »Berliner Rede«, in der der Bundespräsident einmal im Jahr zu einem besonderen Thema spricht – eine Tradition, die sein Nachfolger Johannes Rau (▶ 17.7) fortführte. Herzog kandidierte nicht für eine zweite Amtszeit und schied am 30. Juni 1999 aus dem Amt.

16.28 Jutta Limbach und das Bundesverfassungsgericht

Mit Jutta Limbach, bis dahin Senatorin für Justiz in Berlin, ist 1994 zum ersten Mal eine Frau zur Präsidentin des höchsten deutschen Gerichts berufen worden. Geboren am 27. März 1934 in Berlin, studierte sie Jura und promovierte 1966, die Habilitation folgte 1971. Im gleichen Jahr erhielt sie eine Professur an der Freien Universität in Berlin. 1989 wurde sie Senatorin für Justiz im rot-grünen Senat, ein Amt, das sie nach den Wahlen im Januar 1991, bei denen eine große Koalition an die Regierung kam, behielt. Am 4. März 1994 wählte sie der Richterwahlausschuss des Bundestags zur Richterin und Vizepräsidentin am Bundesverfassungsgericht, am 27. September wurde sie zur Präsidentin des Gerichts gewählt.

Das Bundesverfassungsgericht ist ein Verfassungsorgan gleichen Ranges wie die anderen Verfassungsorgane (Bundestag, Bundesrat, Bundesregierung, Bundespräsident) und zugleich ein ihnen gegenüber selbstständiger Gerichtshof. Die Errichtung eines Verfassungsgerichts ist in Art. 92 GG festgelegt, seine Organisation und seine Zuständigkeit in den Art. 93 und 94 GG und im Gesetz über das Bundesverfassungsgericht, das erst 1951 erlassen wurde. Das Gericht nahm seine Tätigkeit im Herbst 1951 auf. Es besteht aus zwei Senaten mit je acht Richtern. Seinen Sitz hat es in Karlsruhe.

Das Bundesverfassungsgericht hat sehr weit reichende Befugnisse. Sie erklären sich aus den Erfahrungen mit dem nationalsozialistischen Unrechtssystem. Das Gericht soll das Handeln der Regierung und Verwaltung und die Gesetzgebung auf ihre Verfassungsmäßigkeit überprüfen und dabei vor allem die Grundrechte der Bürger schützen.

Jeder Bürger kann mit einer Verfassungsbeschwerde das Bundesverfassungsgericht anrufen, wenn er sich durch die öffentliche Gewalt in seinen Grundrechten verletzt glaubt. Verfassungsbeschwerden machen den weit überwiegenden Teil (96 %) des Geschäftsanfalls aus, doch waren bisher nur 2,7 % erfolgreich.

Im Laufe der Geschichte der Bundesrepublik Deutschland sind vor allem die Normenkontrollverfahren außerordentlich bedeutsam gewesen. In einem solchen Verfahren prüft das Gericht, ob eine Norm, das ist ein Gesetz oder ein Vertrag, mit dem Grundgesetz übereinstimmt. Alle wichtigen politischen und gesellschaftlichen Kontroversen und viele weniger wichtige Streitfragen sind vor das Bundesverfassungsgericht gebracht und mit verfassungsrechtlichen Argumenten ausgetragen worden. So klagte die sozialdemokratische Opposition 1952/53 erfolglos gegen einen deutschen Verteidigungsbeitrag (▶13.29). Eine Klage der CDU/CSU-Opposition gegen den Grundlagenvertrag (▶14.30) wurde abgewiesen, das Gericht stellte aber fest, dass das Deutsche Reich nicht untergegangen und die DDR daher kein Ausland sei. Normenkontrollverfahren waren auch die Streitigkeiten um die *Mitbestimmung* (▶15.15), zur Reform des *§218* (▶16.25), zum Asylrecht (▶16.21), zur Kriegsdienstverweigerung (▶13.29) und zur freien Meinungsäußerung.

▲ *Mit der Berliner Justizsenatorin Jutta Limbach wurde am 18. November 1994 erstmals eine Frau zur Präsidentin des Bundesverfassungsgerichts gewählt*

Eine dritte wichtige Zuständigkeit sind die Entscheidungen in Streitigkeiten zwischen Verfassungsorganen, das sind Streitigkeiten zwischen Bund und Ländern oder zwischen Ländern sowie Streitigkeiten zwischen Verfassungsorganen des Bundes (Organstreitigkeiten). Zur ersten Kategorie gehört die Klage der hessischen Landesregierung gegen die Gründung einer Bundesfernsehanstalt, die mit dem »Fernsehurteil« des Jahres 1961 erfolgreich endete. Beispiele für Organstreitigkeiten sind die Klagen der SPD- und FDP-Bundestagsfraktionen im Jahre 1994 gegen Bundeswehreinsätze bei humanitären Missionen außerhalb des NATO-Gebietes (Somalia, ehemaliges Jugoslawien).

Wenn so wichtige politische Streitfragen gerichtlich entschieden werden, kann Kritik nicht ausbleiben. Dem Bundesverfassungsgericht wird vorgeworfen, es urteile über Fragen, die in die Kompetenz des Gesetzgebers fallen, es politisiere die Justiz oder verrechtliche die Politik. Es liegt jedoch zumeist nicht im Ermessen des Gerichts, die Behandlung einer politischen Streitfrage abzulehnen, wenn es angerufen wird. Es gibt eine zunehmende Tendenz, dem Gericht unpopuläre Entscheidungen zuzuschieben, in der Erwartung, sie würden eher akzeptiert werden, als wenn sie der Bundestag getroffen hätte. Die Anrufung des Gerichts in der Streitfrage Bundeswehreinsätze außerhalb des NATO-Gebietes ist dafür ein Beispiel.

Daten

Aug./Sept. 1989	DDR-Bürger besetzen Botschaften in Prag, Budapest und Warschau sowie die Ständige Vertretung der Bundesrepublik in Ost-Berlin
11. Sept. 1989	Ungarn öffnet Grenze nach Österreich für DDR-Ausreisende
7. Okt. 1989	40-Jahr-Feier der DDR, Stasi geht gegen Demonstranten vor
18. Okt. 1989	Ablösung Honeckers als SED-Generalsekretär durch Egon Krenz
8. Nov. 1989	Das gesamte Politbüro der SED tritt zurück
9. Nov. 1989	DDR öffnet die Grenzen zur Bundesrepublik und zu West-Berlin
13. Nov. 1989	Volkskammer wählt Hans Modrow zum Ministerpräsidenten
7. Dez. 1989	Konstituierung des »Runden Tisches«
22. Dez. 1989	Öffnung des Brandenburger Tores
18. März 1990	erste demokratische Wahl zur Volkskammer der DDR
1. Juli 1990	Währungs-, Wirtschafts- und Sozialunion tritt in Kraft
16. Juli 1990	Treffen Kohl–Gorbatschow im Kaukasus. Sowjetische Zusage zum Verbleib des vereinten Deutschland in der NATO
23. Aug. 1990	Volkskammer beschließt Beitritt zur Bundesrepublik zum 3. Oktober
12. Sept. 1990	Abschluss der »Zwei-plus-vier-Gespräche«. Souveränitätsvertrag in Moskau unterzeichnet
3. Okt. 1990	Vereinigung Deutschlands. Staatsakt in Berlin
14. Okt. 1990	Landtagswahlen in den fünf neuen Bundesländern und in Bayern
2. Dez. 1990	Gesamtdeutsche Bundestagswahlen: CDU/CSU 43,8 %, FDP 11,0 %, SPD 33,5 %, Grüne 3,8 %, PDS 2,4 %, Bündnis 90/Grüne 1,2 %
6. Jan. 1991	In der Türkei werden Bundeswehrsoldaten erstmals in einem vom Krieg bedrohten Krisengebiet eingesetzt
20. Juni 1991	Der Deutsche Bundestag bestimmt Berlin zum Regierungssitz
20. Sept. 1991	Schwere ausländerfeindliche Ausschreitungen in Hoyerswerda
7. Febr. 1992	Unterzeichnung der Verträge von Maastricht zur Politischen Union und zur Wirtschafts- und Währungsunion in den EG
22.–27. Aug. 1992	In Rostock kommt es zu schwersten ausländerfeindlichen Ausschreitungen rechtsradikaler Jugendlicher
12. Nov. 1992	In Berlin beginnt der Prozess gegen E. Honecker
1. Jan. 1993	Der EG-Binnenmarkt tritt in Kraft
21. April 1993	Die Bundesregierung beschließt auf Anforderung der UN die Entsendung von Bundeswehrsoldaten nach Somalia
26. Mai 1993	Der Bundestag verabschiedet eine Grundgesetzänderung, mit der das Grundrecht auf Asyl eingeschränkt wird (ab 1. Juli 1993 in Kraft)
26. Mai 1993	Der Bundestag beschließt Solidarpakt zum Aufbau der neuen Länder
1. Nov. 1993	Maastrichter Vertrag und damit die Europäische Union tritt in Kraft
12. Juli 1994	Das Bundesverfassungsgericht erklärt Bundeswehreinsätze im Ausland für verfassungskonform, wenn sie vom Bundestag beschlossen sind
31. Aug. 1994	Die letzten russischen Soldaten werden offiziell verabschiedet
8. Sept. 1994	Die Streitkräfte der Westalliierten werden offiziell verabschiedet
16. Okt. 1994	Bundestagswahlen: CDU/CSU 41,5 %, SPD 36,4 %, Bündnis 90/Grüne 7,3 %, FDP 6,9 %, PDS 4,4 %
26. März 1995	Schengener Abkommen – die Grenzkontrollen zwischen Deutschland, Frankreich, den Benelux-Staaten, Spanien und Portugal entfallen
26. Juni 1995	Kompromiss zur Neuregelung der §§ 218 u. 219
30. Juni 1995	Der Bundestag beschließt den Bosnien-Einsatz der Bundeswehr
8. Febr. 1996	Höchststand an Arbeitslosen seit Bestehen der Bundesrepublik mit 4,159 Millionen

Deutschland an der Jahrtausendwende

17

Einführung

Für den Übergang ins 21. Jahrhundert hatten die Deutschen 1998 ein Parlament gewählt, in dem die SPD zum zweiten Mal in der Geschichte der Bundesrepublik die stärkste Fraktion stellte. Zusammen mit Bündnis 90/Die Grünen bildete sie die neue Regierung unter Gerhard Schröder als Kanzler und mit Joschka Fischer als Außenminister und Vizekanzler. Die parlamentarische Opposition bestand aus einer deutlich geschwächten CDU/CSU, einer leicht geschwächten FDP und einer gestärkten PDS, die zum ersten Mal den Fraktionsstatus erreicht hatte. Für die Union bedeutete diese Wahl die schwerste Niederlage der Nachkriegszeit; nur in der ersten Bundestagswahl 1949 hatte sie ein schlechteres Ergebnis erzielt.

Als wichtigste Ursache dafür galt der weit verbreitete Wunsch der Bevölkerung nach einem Wechsel, vor allem im Amt des Bundeskanzlers – Helmut Kohl hatte im Vorfeld seine erneute Kandidatur gegen den Fraktionsvorsitzenden Wolfgang Schäuble durchgesetzt –, und damit verknüpft nach inhaltlichen Veränderungen. Den meisten Wählern erschien wegen ihrer Abneigung gegen ein rot-grünes Bündnis eine große Koalition unter Führung der SPD als wünschenswert. Man traute den Sozialdemokraten die wirksame Bekämpfung der seit Jahren hohen Arbeitslosigkeit eher zu als der Union. Zusätzlich erlangte der Kanzlerkandidat der SPD, Gerhard Schröder, mit seiner Forderung nach sozialer Gerechtigkeit und Innovation immer größeren Zuspruch bei der Wählerschaft. Dabei zielte er mit seinem Slogan von der »neuen Mitte« auf unzufriedene Unionsanhänger sowie auf modernisierungsorientierte Wechsel- und Jungwähler, also auf Gruppen, ohne die ein Wahlsieg der SPD angesichts der schrumpfenden Zahl an Stammwählern nicht möglich gewesen wäre. Der SPD-Vorsitzende Oskar Lafontaine setzte eher auf die sozialdemokratische Stammwählerschaft und politisch links orientierte Wähler.

Die öffentliche Zustimmung zur rot-grünen Regierung schwand überraschend schnell, auch wegen des Machtkampfs zwischen Gerhard Schröder und Oskar Lafontaine. Lafontaine, der als Parteivorsitzender seit 1995 die Geschlossenheit der SPD wieder hergestellt hatte und damit großen Anteil an dem Wahlsieg von 1998 hatte, konnte die angebotsorientierte Politik Schröders nicht mittragen und legte im März 1999 fluchtartig sämtliche politischen Ämter nieder. Neuer Finanzminister wurde der erst kurz zuvor abgewählte hessische Ministerpräsident Hans Eichel; den Parteivorsitz übernahm Bundeskanzler Schröder. Enttäuscht von der neuen Regierung waren vor allem die Arbeitslosen, da es dem von Schröder forcierten »Bündnis für Arbeit« nicht gelang, die Arbeitslosigkeit zügig abzubauen.

Von der Unzufriedenheit mit der rot-grünen Regierung profitierten bei den Landtagswahlen des Jahres 1999 die CDU im Westen und die PDS im Osten. In Hessen und im Saarland übernahm die CDU die Regierung, wodurch die rot-grüne Mehrheit im Bundesrat verloren ging. Bei der Europawahl, einem traditionellen Stimmungstest, verlor die SPD im Juni 1999 deutlich gegenüber der CDU. Erst die CDU-Parteispendenaffäre, die ab November 1999 die Öffentlichkeit beschäftigte und die Union in ihrer Handlungsfähigkeit lähmte, und die programmatische Neuorientierung der SPD hin zur »neuen Mitte« bewirkten einen erneuten Stimmungsumschwung in der Bevölkerung zugunsten der Regierung.

Die Politik der strikten Haushaltskonsolidierung von Bundesfinanzminister Eichel und die im Juli 2000 verabschiedete Steuerreform mit einem Entlastungsvolumen von 62,5 Mrd. DM stießen auf einen breiten gesellschaftlichen Konsens und festigten das Ansehen der rot-grünen Koalition weiter. Das Steuersenkungsgesetz, von der Union heftig kritisiert, weil es größere Unternehmen entlaste, den Mittelstand aber vernachlässige, war dennoch ein wichtiger Schritt auf dem Weg zu überfälligen Strukturreformen in Deutschland. Der unter der Regierung Kohl entstandene »Reformstau« begann sich aufzulösen. Die Haushaltskonsolidierung geriet allerdings wegen des fehlenden Wirtschaftswachstums bereits 2002 in Gefahr und im Jahr 2003 zeichneten sich massive Steuerausfälle ab, sodass Eichel verstärkte Schuldenaufnahme ankündigen musste.

Im Jahr 2001 konnte die rot-grüne Regierung weitere Vorhaben verwirklichen, so die Vereinbarung des Ausstiegs aus der Atomenergie mit der Elektrizitätswirtschaft und die Rentenreform, die die Altersversorgung trotz der demographischen Verschiebungen sichern soll. Die gesetzliche Rente wurde durch eine kapitalgedeckte Privatvorsorge (»Riester-Rente«) ergänzt. Die private Altersvorsorge wird vom Staat gefördert, um das absehbare Absinken des Rentenniveaus auszugleichen.

Noch in Bonn beschloss der Bundestag den ersten Kampfeinsatz der Bundesrepublik Deutschland seit dem Zweiten Weltkrieg. Wegen des serbischen Vorgehens im Kosovo, das die Menschenrechte der albanischen Bevölkerungsmehrheit massiv verletzte, drohte die NATO Jugoslawien mit Luftangriffen. Der Deutsche Bundestag stimmte im Februar 1999 der Beteiligung der Bundeswehr daran zu. Nachdem alle Schlichtungsbemühungen gescheitert waren, begann die NATO im März 1999 einen – von der UNO nicht legitimierten – Luftkrieg gegen Jugoslawien. Nach dessen Ende im Juni 1999 übernahm eine international besetzte Truppe, die KFOR, im Auftrag der UNO und unter Beteiligung deutscher Soldaten die Überwachung der Einhaltung der getroffenen Abkommen.

Der Kosovokonflikt offenbarte Defizite der europäischen Außen- und Sicherheitspolitik. Vor allem die starke militärische Abhängigkeit der Europäischen Union von den USA trat klar zutage. Dies veranlasste die EU-Staaten, ihre Kompetenz auf diesen Feldern zu stärken. Von wesentlicher Bedeutung war, dass Großbritannien nach dem Kosovokrieg seine bis dahin reservierte Haltung gegen die gemeinsame Verteidigungspolitik aufgab und seitdem trotz seiner Teilnahme am Irakkrieg 2003 mit Frankreich und Deutschland den Ausbau der gemeinsamen EU-Außen- und Sicherheitspolitik gestaltet.

Der Kosovokonflikt veränderte auch die Haltung der Bundesregierung bei der Osterweiterung der EU. In dieser Frage zunächst zurückhaltend, sah sie in der raschen Erweiterung nun ein Instrument der Stabilisierung. Der mögliche Export von politischer und wirtschaftlicher Stabilität in die östlichen Nachbarstaaten wurde zur strategischen Priorität deutscher Europapolitik. Berlin übernahm die Rolle des Anwalts für die ostmittel- und südosteuropäischen Staaten auf ihrem Weg in die EU.

Angesichts der Herausforderung durch die bevorstehende Osterweiterung stellte der Europäische Rat der Staats- und Regierungschefs im Dezember 2000 in Nizza die Weichen für die Erhaltung der institutionellen Handlungsfähigkeit der größer werdenden Gemeinschaft im 21. Jahrhundert. Für die Vertiefung der Integration hatte zuvor schon die Europäische Währungsunion gesorgt. Der Euro ersetzte die Deutsche Mark materiell schon 1999, obwohl das neue Geld erst seit Anfang 2002 die Portemonnaies der Bürger füllte. Allerdings wurde in Deutschland die Aufgabe der geldpolitischen Souveränität teilweise scharf kritisiert. Dieser Schritt der noch stärkeren Einbindung Deutschlands in Europa war allerdings auch außenpolitisch geboten. Namentlich Frankreich sah darin einen Ausgleich für das Gewicht, das Deutschland durch seine Wiedervereinigung gewonnen hatte.

Erfolgreich beenden konnte die rot-grüne Regierung die über Jahre hinweg geführte Auseinandersetzung um die Entschädigung von NS-Zwangsarbeitern. Nachdem im Juli 2000 ein entsprechendes Gesetz verabschiedet worden war und der Bundestag im Mai 2001 die notwendige Rechtssicherheit für die deutsche Wirtschaft vor künftigen Klagen festgestellt hatte, begann man im Sommer 2001 mit der Auszahlung der Entschädigung. Die Gelder in Höhe von 10 Mrd. DM kamen je zur Hälfte von der Wirtschaft und von der öffentlichen Hand.

Nach 1989 hatte mancher politische Beobachter einen neuen Größenwahn des wieder vereinigten Deutschland befürchtet. Ein ähnlich ungutes Gefühl verbreitete sich bei manchen nach der Entscheidung für die Verlegung der Bundeshauptstadt von Bonn nach Berlin. Als der Umzug 1999 aber begann, klangen die Vorbehalte schon deutlich schwächer. An der innen- und außenpolitischen Ausrichtung Deutschlands hat der Umzug nichts geändert, und mit dem 2005 feierlich eingeweihten Holocaust-Mahnmal nicht weit vom Brandenburger Tor in Berlin bestätigte Deutschland seine andauernde Abkehr von nationalistischem Denken.

Die Umstrukturierung der ostdeutschen Wirtschaft und Gesellschaft hat nicht nur zu hoher Arbeitslosigkeit, sondern auch zu vielen sozialen Problemen in den neuen Bundesländern geführt. Zwischen 1990 und 2000 waren Transferzahlungen in Höhe von 1,8 Billionen DM, netto 1,4 Billionen DM, in die neuen Bundesländer geflossen; im Rahmen des 2001 verabschiedeten Solidarpakts II werden es von 2005 bis 2020 weitere 306 Mrd. DM sein – vorausgesetzt, der Osten bleibt von einer Wiederholung der Jahrhundertflut der Elbe verschont, die im August 2002 gewaltige Schäden anrichtete.

Die Globalisierung stellt für den Sozialstaat in Deutschland wie in anderen europäischen Ländern eine Herausforderung dar. Seine Erhaltung erfordert Veränderungen, auch Einschnitte. In diesem politischen Zusammenhang formulierte Bundeskanzler Schröder in seiner Regierungserklärung am 14. März 2003 die »Agenda 2010« zur Reform der sozialen Sicherungssysteme. Der linke Flügel der SPD, der DGB, insbesondere die IG Metall und die Gewerkschaft ver.di, bekämpften das Reformprogramm auf das Heftigste. Nach Diskussionen auf allen Ebenen wurde mit der Billigung der Agenda 2010 auf dem SPD-Parteitag am 1. Juni 2003 die Voraussetzung für die geschlossene Abstimmung der SPD im Bundestag geschaffen. Die Arbeitsmarktreformen wurden um die Jahreswende 2003/04 im Kompromiss mit der im Bundesrat dominierenden CDU/CSU zum Gesetz. Das Kernstück, die so genannte Hartz-IV-Reform, die die Zusammenlegung von Arbeitslosenhilfe und Sozialhilfe auf dem Niveau der Sozialhilfe regelte, war im Herbst 2004, wenige Monate vor Inkrafttreten des Gesetzes am 1. Januar 2005, Gegenstand anhaltender Protestdemonstrationen mit Schwerpunkt in den neuen Bundesländern.

Ebenfalls für wichtig erklärte die Bundesregierung die Förderung des »Humankapitals« durch Verstärkung der Bildungs- und Weiterbildungsanstrengungen. Der Mangel an Computerspezialisten hatte Deutschland bereits seit 2001 zur Ausgabe einer »Greencard« an Fachkräfte aus dem Ausland veranlasst. In diesem Zusammenhang flammte die öffentliche Diskussion über die grundlegende Neuorientierung der Zuwanderungspolitik wieder auf. Das Zuwanderungsgesetz der ersten Regierung Schröder scheiterte freilich am 18. Dezember 2002, zwei Wochen vor seinem Inkrafttreten, vor dem Bundesverfassungsgericht wegen der unklaren Abstimmung im Bundesrat. Erst im Juni 2004 einigte sich die zweite Regierung Schröder mit der Opposition auf ein neues Gesetz, das am 1. Januar 2005 in Kraft trat.

Die Terrorangriffe auf das »World Trade Center« in New York am 11. September 2001 stellten auch die deutsche Politik vor große Herausforderungen. Der Bundeskanzler sicherte den USA »uneingeschränkte Solidarität« zu, die Bundesregierung trug die NATO-Beschlüsse mit und entfaltete diplomatische Aktivitäten zur Festigung einer weltweiten Antiterrorkoalition. Am 16. November 2001 beschloss der Bundestag nach leidenschaftlichen Kämpfen namentlich unter den Grünen, die Bundeskanzler Schröder nur durch die Vertrauensfrage überwinden konnte, die Bereitstellung von 3 900 Bundeswehrsoldaten für den Einsatz in Afghanistan, dem Zentrum des von Osama bin Laden gesteuerten internationalen Terrorismus. Innere und äußere Sicherheit bekamen höchste Priorität. So schnürte Bundesinnenminister Otto Schily im Herbst 2001 zwei Antiterrorpakete, die er in dem seit 1. Januar 2002 geltenden »Terrorismusbekämpfungsgesetz« zusammenfasste. Es sieht zur Kontrolle terroristischer Umtriebe innerhalb Deutschlands und der Einreise potenzieller Terroristen einschneidende Maßnahmen vor. Die andauernde Gefahr zeigten die Anschläge der al-Qaida in Riad und Casablanca im Mai 2003, in Madrid im März 2004 und in London im Juli 2005 mit zahlreichen Toten und Verletzten. Seitdem verhinderten die Sicherheitsbehörden mehrfach erneute Anschläge in verschiedenen Städten. Die fehlgeschlagenen Anschläge mit Kofferbomben in den Bahnhöfen von Dortmund und Koblenz Ende Juli 2006 zeigten, dass auch Deutschland

in den Fokus des islamistischen Terrors gerückt ist.
Zur nachhaltigen Beeinträchtigung des Verhältnisses zu den USA führte die Ablehnung der amerikanisch-britischen Militärintervention in Irak durch die Bundesregierung im Vorfeld und – in Zusammenarbeit mit Frankreich und Russland – im UN-Sicherheitsrat. Nach dem im März 2003 begonnenen und im Mai 2003 beendeten Krieg, der zum Sturz des diktatorischen Regimes unter Saddam Husain führte, erklärte die Bundesregierung, ohne ihre Bedenken gegen die völkerrechtliche Legitimität des Krieges aufzugeben, ihre Bereitschaft, im Rahmen der UN am Wiederaufbau des zerstörten Landes mitzuwirken. Schwerpunkt des deutschen Beitrags ist die Ausbildung irakischer Polizeibeamter. Ebenfalls zur Entlastung der amerikanischen Truppen in Irak dient die Ausweitung des Bundeswehreinsatzes in Afghanistan. Letztlich sorgten diese Maßnahmen für eine Normalisierung des deutsch-amerikanischen Verhältnisses.
Mit der Wahl Horst Köhlers zum neuen Bundespräsidenten am 23. Mai 2004 beschleunigte sich der bundesweite Machtverlust der SPD. Wichtige politische Spitzenämter lagen nun bei der CDU, zudem gingen weitere Landtagswahlen verloren. In Schleswig-Holstein wurde im Frühjahr 2005 die rot-grüne Regierung unter Heide Simonis durch eine CDU-SPD-Koalition unter Peter Harry Carstensen (CDU) abgelöst. Und am 22. Mai 2005 wurde in Nordrhein-Westfalen die letzte verbliebene rot-grüne Landesregierung unter Peer Steinbrück abgewählt. Der Sieg des CDU-Spitzenkandidaten Jürgen Rüttgers wurde am Wahlabend in den Medien überlagert durch die Ankündigung von Bundeskanzler Schröder, er strebe vorgezogene Neuwahlen zum Bundestag an. Innerhalb der rot-grünen Koalition war das Vorgehen umstritten, dennoch stellte Schröder am 1. Juli 2005 im Deutschen Bundestag die Vertrauensfrage, die er wunschgemäß verlor. Da der Bundestag kein Selbstauflösungsrecht besitzt, war dies für Schröder – wie schon für seine Vorgänger Willy Brandt und Helmut Kohl – der einzige Weg, Neuwahlen durchzusetzen, ohne zurücktreten zu müssen. Die verfassungsrechtlichen Bedenken gegen diesen »Trick« waren erheblich; nach gründlicher Prüfung löste Bundespräsident Köhler am letzten Tag der gesetzlichen Frist das Parlament auf.
Nach einem kurzen, intensiven Wahlkampf zeigte sich am Wahlabend des 18. September 2005, dass weder eine rot-grüne, noch eine schwarz-gelbe Koalition ein Mandat des Wählers erhalten hatte. So blieb als einzige Lösung eine Große Koalition aus CDU/CSU und SPD, und am 22. November 2005 wurde mit der CDU-Vorsitzenden Angela Merkel erstmals eine Frau in das Amt des Bundeskanzlers gewählt. Die wegen des Streits um die Kompetenzen im Bildungsbereich Anfang 2005 gescheiterte Föderalismusreform wurde von der neuen Regierung erneut in Angriff genommen und Ende Mai/Anfang Juni 2006 schließlich erfolgreich beendet. Zum 1. September 2006 trat die umfangreichste Änderung des Grundgesetzes seit Bestehen der Bundesrepublik in Kraft. In Sachen Gesundheitsreform legte die Große Koalition im Juli 2006 Eckpunkte und im Oktober 2006 einen Gesetzentwurf vor, war dabei allerdings heftiger Kritik ausgesetzt. In der Außen- und Sicherheitspolitik musste sich Deutschland vor allem den Konflikten im Nahen Osten und in Afghanistan sowie dem Atomstreit mit Iran stellen.

17.1 Von der EG zur EU

Der »Vertrag über die Gründung der Europäischen Union«, kurz Vertrag von Maastricht genannt, den die Staats- und Regierungschefs der EG-Staaten 1992 unterzeichneten, legte fest, dass aus der Europäischen Gemeinschaft eine politische Union und aus dem Binnenmarkt eine Wirtschafts- und Währungsunion werden sollte. Schritte zur politischen Union waren u. a. die Unionsbürgerschaft sowie die Verstärkung der Kompetenzen des Europäischen Parlaments – es erhielt größere Mitwirkungsrechte bei der Bestellung der Kommission und bei der europäischen Gesetzgebung. Ferner wurden eine Gemeinsame Außen- und Sicherheitspolitik und eine stärkere Zusammenarbeit in der Innen- und Rechtspolitik vereinbart. Ein präziser Fahrplan wurde für die Einführung einer gemeinsamen Währung, des Euro (▶ 17.2), festgelegt.
Der Amsterdamer Vertrag von 1997 beschrieb weitere Integrationsschritte. Unter anderem verankerte er ein Vetorecht des Europäischen Parlaments, wenn im Rat mit Mehrheit entschieden wird; er integrierte die Zusammenarbeit in den Bereichen Justiz und Innenpolitik in

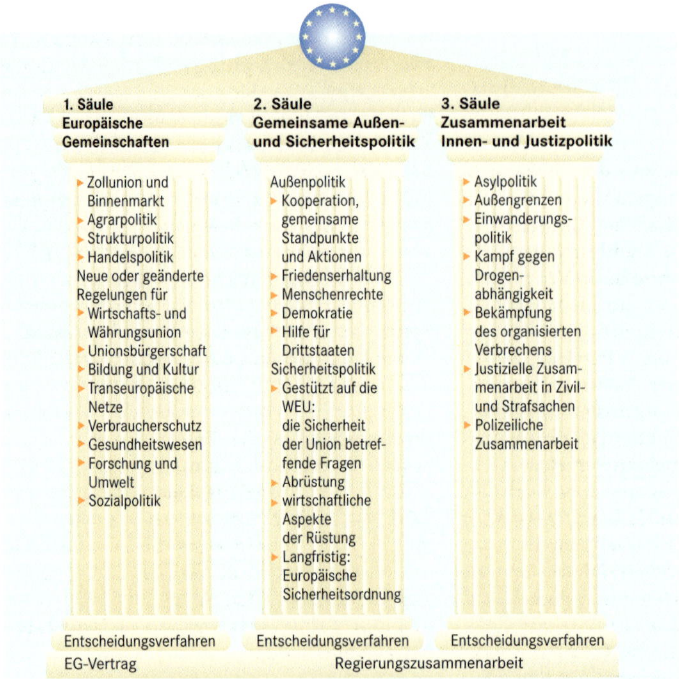

Die drei Säulen der Europäischen Union

den EG-Vertrag und schuf die Möglichkeit eines einheitlichen Asylrechts. Die außenpolitische Handlungsfähigkeit der EU wurde erweitert und eine gemeinsame Verteidigung ins Auge gefasst.
1995 wurden Finnland, Österreich und Schweden Mitglieder der EU. Der Beitritt ostmittel- und südosteuropäischer Länder wurde vorbereitet (▶ 17.15). Dem diente nicht zuletzt der Vertrag von Nizza (Ende 2000) mit Ansätzen zur Reform der inneren Strukturen der EU.

17.2 Der Euro kommt

Am 1. Januar 1999 hörte die Deutsche Mark, nach 50 Jahren des Bestehens, formal auf, als eigenständige Währung zu existieren; der Umtausch der Banknoten und Münzen Anfang 2002 bildete den Abschluss dieses Vorgangs. An ihre Stelle trat der Euro, die gemeinsame und übernationale Währung von inzwischen zwölf EU-Ländern (ohne Dänemark, Großbritannien und Schweden).
Grundlage der Einführung des Euro war der Maastrichter Vertrag von 1992 (▶ 17.1). Um die notwendige Konvergenz der beteiligten Volkswirtschaften zu sichern, wurden verschiedene Kriterien, etwa bezüglich der maximalen Inflationsrate, des Haushaltsdefizits und der Verschuldung der öffentlichen Hand, festgelegt, deren Erfüllung Voraussetzung für die Teilnahme an der Währungsunion war. Nach dem Vorbild der Deutschen Bundesbank wurde 1998 die Europäische Zentralbank (EZB mit Sitz in Frankfurt am Main) gegründet: als politisch unabhängige Institution mit der Aufgabe, die Preisstabilität zu gewährleisten.
Mit der Währungsunion gibt es nun ein Spannungsverhältnis zwischen gemeinsamer Geldpolitik und nationaler Wirtschaftspolitik, denn die Wechselkurse als Mittel zur Abfederung unterschiedlicher wirtschaftlicher Entwicklung sind entfallen. Die gleichzeitig geschaffene größere Transparenz des Preissystems lässt einen verschärften Wettbewerb erwarten, der dem Verbraucher durch sinkende Preise zugute kommt, sowie mehr Innovationstätigkeit der Unternehmen und damit eine Stärkung der Euroländer in der Weltwirtschaft. Dabei hat die exportierende Wirtschaft der Euroländer von dem zunächst massiv gesunkenen Wechselkurs des Euro gegenüber dem Dollar profitiert.

17.3 Die Bundestagswahl 1998 und die rot-grüne Koalition

Sein überwältigender Sieg in der Niedersachsenwahl vom Frühjahr 1998 sicherte Ministerpräsident Gerhard Schröder die Kanzlerkandidatur der SPD für die Bundestagswahl im Herbst 1998. Die SPD führte ihren Wahlkampf unter dem Slogan von der »neuen Mitte«. Gemeint waren damit neue Konzepte der Sozialdemokraten in Politik und Wirtschaft, die sowohl die Interessen ihrer traditionellen, also meist gewerkschaftlich organisierten Wähler als auch diejenigen von modernisierungsorientierten Bevölkerungsschichten berücksichtigen sollten. Ihren Ursprung hatten diese Konzepte in der Erkenntnis, dass es seit den 1970er-Jahren immer weniger gelungen war, zentrale wirtschaftspolitische Ziele der SPD, wie Vollbeschäftigung und soziale Gleichheit, durchzusetzen und daher eine Umorientierung notwendig geworden war. Der britische Premierminister Tony Blair hatte mit seinem Konzept vom »dritten Weg« seine Labour Party zur »New Labour« umgewandelt und damit 1997 sowie 2001 glänzende Wahlsiege errungen. An dieses Rezept knüpfte Schröder mit dem Slogan von der »neuen Mitte« an.

In Bezug auf die Wirtschaft bedeutete dieser Kurs eine marktwirtschaftskonforme Ausrichtung, mit der man den Rückstand im Wachstumstempo gegenüber den USA aufholen wollte. Damit sollte auch die Beschäftigungspolitik zulasten weiterer gesellschaftlicher Umverteilung akzentuiert werden, indem günstigere Rahmenbedingungen für wirtschaftliches Handeln geschaffen und Bildungs- und Fortbildungsanreize verbessert wurden. Gefordert wurden eine Stärkung der Selbstverantwortung und die Begrenzung der sozialstaatlichen Vorsorge. Mit dieser Neupositionierung der SPD verringerten sich die Unterschiede zur Wirtschafts- und Sozialpolitik der CDU.

Die SPD gewann mit 40,9 % der gültigen Stimmen die Wahl am 27. September 1998. Die CDU/CSU erreichte lediglich die Zustimmung von 35,1 % der Wähler, ihr schlechtestes Ergebnis seit 1949. Bündnis 90/Die Grünen blieben mit 6,7 % die drittstärkste politische Kraft vor der FDP, die 6,2 % erreichte. Die PDS überschritt mit 5,1 % die Fünfprozentklausel und gewann damit Fraktionsstatus. Keiner der rechtsradikalen Parteien gelang es, in den Bundestag einzuziehen. Der Sieg der SPD war einerseits mit dem Wunsch der Wähler nach einem neuen Kanzler zu erklären. Andererseits hielt man offenbar Schröders Konzept der »neuen Mitte« für ein wirksames Mittel im Kampf gegen die hohe Arbeitslosigkeit.

Nach der Wahl entschlossen sich SPD und Grüne zur Zusammenarbeit. Die Grünen erhielten drei Ressorts: Joschka Fischer wurde Vizekanzler und Außenminister, das Umweltschutzministerium ging an Jürgen Trittin und das Gesundheitsministerium an Andrea Fischer. Der SPD-Vorsitzende Oskar Lafontaine leitete kurze Zeit das Finanzministerium, trat jedoch bereits im März 1999 wegen grundsätzlicher politischer Differenzen mit Schröder von allen politischen Ämtern zurück. Neuer Finanzminister wurde Hans Eichel (SPD), der eine Steuerreform mit beträchtlichen Entlastungseffekten durchsetzte und die Staatsfinanzen durch einen strikten Konsolidierungskurs zu sanieren suchte.

▲ *Gerhard Schröder im Jubel über den Sieg der SPD bei der Bundestagswahl am 27. September 1998. Einen Monat später wurde er als Nachfolger von Helmut Kohl zum Kanzler der Bundesrepublik Deutschland gewählt*

1999 wurde auch der Hauptstadtbeschluss des Bundestages aus dem Jahr 1991 umgesetzt; Regierung und Parlament zogen im Sommer von Bonn nach Berlin, wo ein modernes Parlaments- und Regierungsviertel entstanden war.

Mit dem Einstieg in eine Rentenreform wurde die Privatvorsorge für das Alter (»Riester-Rente«) gefördert und sollte die gesetzliche Rentenversicherung entlastet werden. In der BSE-Krise des Jahres 2000 wurde mit Renate Künast eine rasch sehr populäre Grüne an die Spitze des Landwirtschaftsressorts berufen, das zu einem Ministerium für Verbraucherschutz und Landwirtschaft umgebildet wurde.

Im wiederbelebten Bündnis für Arbeit bemühten sich Regierung und Tarifparteien mit begrenztem Erfolg um einen Konsens für Maßnahmen zur Verminderung der Arbeitslosigkeit. Gegen verbreiteten Widerstand aus der Wirtschaft setzte die Koalition die Reform des Betriebsverfassungsgesetzes durch. Das seit 1913 geltende Staatsangehörigkeitsrecht wurde mit Unterstützung der FDP reformiert. Schließlich wurde die Ökosteuer eingeführt und ein schrittweiser Atomausstieg mit der Energiewirtschaft vereinbart.

17.4 Gerhard Schröder

Gerhard Schröder wurde am 7. April 1944 in Mossenberg (heute zu Blomberg, Kreis Lippe) geboren; der Vater fiel im Krieg. Nach einer kaufmännischen Lehre holte er über den zweiten Bildungsweg 1966 das Abitur nach und studierte Rechtswissenschaften in Göttingen. 1978–90 arbeitete er als selbstständiger Rechtsanwalt in Hannover.

Schröder trat 1963 in die SPD ein, 1978–80 war er Bundesvorsitzender der Jungsozialisten. 1980–86 und 1998–2005 gehörte er dem Bundestag an. Ab 1986 war Schröder Mitglied des Parteivorstandes, ab 1989 auch des Präsidiums der SPD; 1999–2004 war er Parteivorsitzender. 1986 wurde er Mitglied des Niedersächsischen Landtags und dort Vorsitzender der SPD-Fraktion. Bei der Landtagswahl 1990 gelang ihm die Ablösung der CDU-FDP-Koalition unter Ministerpräsident Ernst Albrecht.

Nach dem deutlichen Wahlsieg der SPD in der Bundestagswahl vom 27. September 1998 wählte der Bundestag Schröder am 27. Oktober zum Bundeskanzler einer Koalition aus SPD und Bündnis 90/Die Grünen. Er war der erste sozialdemokratische Kanzler gegen den ursprünglichen Willen der Partei. Nach einem ersten Scheitern seiner Bemühungen um Parteivorsitz und Kanzlerkandidatur 1993 hatte er sich 1998 auf einem Sonderparteitag mit seinem Konzept einer »Politik der neuen Mitte« durchsetzen und damit die Kanzlerkandidatur erringen können.

Eine wenig überzeugende Regierungspolitik im ersten Amtsjahr sowie der Konflikt mit dem Parteivorsitzenden Oskar Lafontaine führten zur Unzufriedenheit breiter Wählerschichten. Sein beherztes Eingreifen bei der Flutkatastrophe 2002 und seine klare Positionierung in der Irakkrise (► 17.16) brachten Schröder verloren gegangenes Vertrauen zurück. So konnte er die Bundestagswahl am 22. September 2002 knapp gewinnen. Befreiend wirkte im Frühjahr 2003 die »Agenda 2010« (► 17.17), obwohl sie die Gewerkschaften sowie der linke Flügel der SPD erbittert bekämpften.

Nach der SPD-Niederlage in Nordrhein-Westfalen im Mai 2005 überraschte Schröder die eigene Koalition und die Opposition mit der Absicht, die Vertrauensfrage zu stellen und Neuwahlen anzustreben. In einem kurzen, intensiven Wahlkampf konnte die SPD – auch aufgrund von Schröders persönlichem Einsatz – zwar deutlich an Boden gewinnen, dennoch musste er die Wahlniederlage akzeptieren. Nachdem die Große Koalition gebildet worden war und Angela Merkel (► 17.21) ihn im Amt des Bundeskanzlers abgelöst hatte, schied Schröder auch aus dem Bundestag aus. Heftiger Kritik sah er sich ausgesetzt, als bekannt wurde, dass er den Aufsichtsratsvorsitz der Betreibergesellschaft der neu zu bauenden Ostseegaspipeline übernehmen solle. Als Bundeskanzler hatte Schröder gemeinsam mit dem russischen Präsidenten Putin das russisch-westeuropäische Kooperationsprojekt entscheidend vorangetrieben.

17.5 Die Bundesrepublik im Krieg: Der Kosovokonflikt

Die Charta für ein neues Europa, im November 1990 in Paris von 34 Staaten, darunter allen Mitgliedern der NATO und des Warschauer Pakts, unterzeichnet, hatte den Weg in eine friedliche Zukunft Europas vorgegeben. Die Aufbruchstimmung jener Tage endete jäh schon im Frühjahr 1991. Bisher weitgehend verdeckte Rivalitäten zwischen Serben, Slowenen, Kroaten und bosnischen Muslimen entluden sich in kriegerischen Auseinandersetzungen, die in »ethnischen Säuberungen« extrem grausame Formen annahmen. Sie konnten erst durch internationales Eingreifen im Friedensabkommen von Dayton (Ohio) im November 1995 mühsam beigelegt werden.

Nach dem Scheitern seiner großserbischen Pläne wandte sich Slobodan Milošević, der Präsident Serbiens, ab 1997 Jugoslawiens, wieder dem Kosovo zu, wo er schon zu Beginn seines politischen Aufstiegs 1987 serbischen Nationalismus und Hass auf die albanische Mehrheitsbevölkerung geschürt hatte. Er hatte 1989/90 den unter Tito eingerichteten Autonomiestatus der Provinz beseitigt, der Gebrauch der albanischen Sprache war verboten und die albanische Bevölkerungsmehrheit zahllosen Unterdrückungsmaßnahmen ausgesetzt worden.

Bis Ende 1998 trieben die Gewalttaten serbischer Armee- und Polizeieinheiten sowie paramilitärischer Terrorgruppen Hunderttausende Albaner in die Flucht. Nach dem Scheitern internationaler Bemühungen um eine Konfliktlösung begann die NATO am 24. März 1999 mit den angedrohten Luftschlägen gegen Jugoslawien – allerdings ohne Mandat der UN. Auch die deutsche Bundeswehr beteiligte sich an den Kampfeinsätzen. Bundeskanzler Schröder, Außenminister Fischer und Verteidigungsminister Scharping rechtfertigten den Krieg und den Einsatz deutscher Soldaten. Trotz zahlreicher kritischer Stellungnahmen trug die deutsche Öffentlichkeit, darunter auch Aktivisten aus der Friedensbewegung der Achtzigerjahre, den Krieg weitgehend mit.

Am 9. Juni 1999 konnte der Krieg schließlich unter Einbeziehung Russlands beendet werden. Im Auftrag der UN übernahmen ab dem 12. Juni amerikanische, europäische, auch russische Soldaten als KFOR-Friedenstruppen im Kosovo die Aufgabe, die Einhaltung der Vereinbarungen zu überwachen. Ein Balkan-Stabilitätspakt verpflichtet alle europäischen und alle am Krieg beteiligten Staaten, am Wiederaufbau der kriegszerstörten Region mitzuhelfen.

17.6 Der achte Bundespräsident: Johannes Rau

Am 23. Mai 1999 wählte die Bundesversammlung den SPD-Politiker Johannes Rau zum Bundespräsidenten. Rau setzte sich damit gegen die Kandidatin der Union, die Naturwissenschaftlerin Dagmar Schipanksi, und gegen die von der PDS aufgestellte parteilose Theologin Uta Ranke-Heinemann, eine Tochter des früheren Bundespräsidenten, durch. In seiner Antrittsrede erklärte er, er wolle der Präsident aller Deutschen sein und ein Ansprechpartner für alle Menschen, die ohne deutschen Pass in Deutschland leben und arbeiten. Mit Blick auf den 50. Jahrestag der Einführung des Grundgesetzes erinnerte er daran, dass die Verfassung an erster Stelle die Würde des Menschen nennt, nicht die Würde des Deutschen.

▲ *Am 12. Juni 1999 rückten die ersten Einheiten der Bundeswehr im Rahmen der alliierten Interventionstruppe KFOR in die jugoslawische Krisenprovinz Kosovo ein*

Am 16. Januar 1931 in Wuppertal geboren, wurde Rau Verlagsbuchhändler; er schloss sich 1952 der von Gustav Heinemann gegründeten Gesamtdeutschen Volkspartei an, trat jedoch 1957 mit diesem zur SPD über. In Nordrhein-Westfalen war er 1958–99 Landtagsabgeordneter, 1964–67 Fraktionsvorsitzender der SPD; 1969/70 Oberbürgermeister von Wuppertal; ab 1970 Wissenschaftsminister. 1978–98 Ministerpräsident von Nordrhein-Westfalen, erwarb sich Rau mit seiner Lebensdevise »Versöhnen statt spalten« im In- und Ausland hohes Ansehen. Als stellvertretender Bundesvorsitzender der SPD 1982–98 managte er erfolgreich kritische Situationen seiner Partei. 1987 erfolglos als Kanzlerkandidat, unterlag er bei der Bundespräsidentenwahl 1994 dem Bewerber der CDU/CSU, Roman Herzog.

Mit leisen, aber eindringlichen Tönen begann Rau seine Amtszeit als Bundespräsident. In Israel hielt er in der Knesset als erster deutscher

▲ *Johannes Rau, Bundespräsident 1999–2004*

Politiker eine Rede in deutscher Sprache, die große Zustimmung erhielt. In den parteipolitisch motivierten Konflikten erinnerte er die Parteien mehrfach nachdrücklich an ihre Aufgaben. Einer erneuten Kandidatur 2004 versagte er sich auch aus gesundheitlichen Gründen. Rau verstarb am 27. Januar 2006 in Berlin.

17.7 Die Spendenaffäre der CDU

15 Jahre nach der Flick-Spendenaffäre (▶ 15.31) begann im Dezember 1999 ein Untersuchungsausschuss des Bundestages mit der Erforschung der so genannten CDU-Parteispendenaffäre – unter der Fragestellung, ob politische Entscheidungen der Regierung Kohl durch Geldzahlungen von Interessenten beeinflusst wurden. Viele Akteure, an ihrer Spitze Helmut Kohl und der frühere Schatzmeister der CDU, Walther Leisler Kiep, rückten das Finanzgebaren der CDU ins Zwielicht und lähmten die Partei so sehr, dass diese ihren politischen Auftrag als parlamentarische Opposition auf Bundesebene kaum erfüllen konnte. Die Angelegenheit stellte sich überaus verworren dar, aber mit der Zeit zeichneten sich einige Themenkomplexe ab.

1. Der Waffenhändler Karl-Heinz Schreiber hatte im August 1991 dem früheren Steuerberater der CDU, Horst Weyrauch, in Anwesenheit Leisler Kieps eine Mio. DM in bar übergeben. Schreiber sagte später vor Gericht aus, das Geld sei für die CDU bestimmt gewesen – dort aber kam es nicht an. In diesem Zusammenhang tauchte der Verdacht der Bestechlichkeit auf. Der ehemalige Staatssekretär im Verteidigungsministerium, Holger Pfahls, der von Schreiber Geld erhalten hatte und 1999–2004 untergetaucht war, bestritt eine Bestechung ebenso wie die zu seinem Prozess geladenen Zeugen, Altbundeskanzler Kohl und Exaußenminister Kinkel.

2. Altbundeskanzler Helmut Kohl bekannte am 16. Dezember 1999 in einem Fernsehinterview, 1993–98 Spenden von ca. 2 Mio. DM persönlich entgegengenommen und an die CDU-Schatzmeisterei weitergeleitet zu haben. In den Rechenschaftsberichten der Bundes-CDU tauchte dieses Geld aber nicht auf; die Namen der Spender nannte Kohl nie, unter Hinweis auf sein gegebenes »Ehrenwort«.

3. Beim Verkauf der Raffinerie in Leuna an den französischen Ölkonzern Elf-Aquitaine war nach französischen und schweizerischen Ermittlungen Schmiergeld in Millionenhöhe nach Deutschland geflossen, wie der ehemalige Vorstandsvorsitzende des Konzerns, Alfred Sirven, im Frühjahr 2001 bestätigte.

4. Die frühere Schatzmeisterin der CDU-Bundespartei, Brigitte Baumeister, und der ehemalige Bundesvorsitzende der CDU, Wolfgang Schäuble, beschworen widersprüchliche Versionen über die Weiterleitung einer 100 000-DM-Spende des Waffenhändlers Schreiber. Auch sie tauchte in keinem Rechenschaftsbericht der CDU auf.

5. Die CDU unterhielt seit den Sechzigerjahren Geheimkonten in Zürich und Vaduz (»Norfolk-Stiftung«). Zwischen 1989 und 1992 soll Kohl dem Generalbevollmächtigten der CDU-Schatzmeisterei, Lüthje, 2–3 Mio. DM für diese Konten übergeben haben. Dieses Geld erschien nur unvollständig im Rechnungswesen der CDU.

6. Auf Veranlassung u. a. des Generalsekretärs der CDU Hessen, Manfred Kanther, zahlte die Frankfurter Metallbank 1983 etwa 20,8 Mio. DM auf Konten der Schweizerischen Bankgesellschaft in Zürich ein. Sie flossen – zunächst als »jüdische Vermächtnisse« getarnt – wieder nach Hessen zurück, um den Landtagswahlkampf 1999 mitzufinanzieren.

◀ *Altbundeskanzler Helmut Kohl (Mitte links) am 29. Juni 2000 vor dem Untersuchungsausschuss des Bundestages zur CDU-Parteispendenaffäre in Berlin*

Zahlreiche Verfahren der Staatsanwaltschaft Bonn im Zusammenhang mit der Spendenaffäre wurden gegen Geldauflagen eingestellt, nur in acht Fällen wurde Anklage erhoben. Der Untersuchungsausschuss des Bundestages beendete im Sommer 2002 seine Arbeit: Die rotgrüne Mehrheit erhielt die Vorwürfe gegen die Regierung Kohl im Wesentlichen aufrecht, während die Ausschussminderheit die Anschuldigungen als entkräftet ansah.
Auch SPD und FDP standen im Verdacht illegaler Spendeneinnahmen. So sollen 1996–98 von unbekannten Spendern etwa 830 000 DM im Zusammenhang mit dem Bau einer Müllverbrennungsanlage in die Kasse des SPD-Unterbezirks Köln geflossen sein. Der frühere Schatzmeister des Unterbezirks räumte ein, er habe zur Verschleierung Spendenquittungen über Beträge unter 20 000 DM ausgestellt.
Im November 2002 forderte Bundestagspräsident Wolfgang Thierse die FDP auf, 839 000 Euro Strafe an die Bundestagsverwaltung zu bezahlen. So hoch lag die Summe jener Spenden ungeklärter Herkunft, mit denen der stellvertretende Bundesvorsitzende Möllemann vor der Bundestagswahl 2002 seinen gegen die israelische Politik gerichteten Flyer finanziert hatte.

17.8 Das Holocaustmahnmal in Berlin

»Mahnung wider das Vergessen«, »Kranzabwurfstelle«, »betonierter Schlusspunkt«, »Zeichen deutscher Trauer«, »Entsorgung des Grauens durch Ästhetisierung« – das sind nur einige Zitate aus elf Jahren Diskussion (1989–99) über das »Denkmal für die ermordeten Juden Europas« am Brandenburger Tor in Berlin, mit dessen Bau im Spätsommer 2001 begonnen und das am 10. Mai 2005 eingeweiht wurde. Der Architekt des im Vorfeld so stark umstrittenen Mahnmals ist der Amerikaner Peter Eisenman; den entsprechenden Beschluss fasste der Deutsche Bundestag am 15. Juni 1999.
2 711 Betonstelen, jede 2,38 m lang und 95 cm breit, jede bis zu 2 Grad geneigt und unterschiedlich tief im Boden verankert, vermitteln das Gefühl »einer Welle im wogenden Meer«. Sie stehen auf der Decke des unterirdischen Informationszentrums (»Haus der Erinnerung«), das unter anderem auch ein Register mit den Namen von 4,4 Millionen ermordeter Juden enthält.
Der Beschluss des Bundestags bestimmte das Mahnmal in mehrfacher Hinsicht: Es setzt, weil es andere Opfergruppen des nationalsozialistischen Terrors wie Sinti und Roma, Homosexuelle und politisch Verfolgte nicht einbezieht, »die Sonderbehandlung der Juden unter einem positiven Vorzeichen fort« (Henryk M. Broder). Durch den Beschluss des Parlaments wurde es tatsächlich zu einem nationalen Denkmal erhoben: Nahezu einhellig war die politische Klasse Deutschlands bereit, das nationale Selbstbild kritisch zu betrachten. Dabei handelte es sich nicht um einen »typisch deutschen Masochismus«, wie während der langen Debatte verschiedentlich behauptet wurde. Schließlich hatten auch die Staatsoberhäupter Frankreichs und Norwegens die Mithilfe ihrer Länder bei

Das Holocaust-mahnmal in Berlin am 10. Mai 2005, dem Tag seiner Einweihung. Das von dem amerikanischen Architekten Peter Eisenman gestaltete Mahnmal für die unter der NS-Herrschaft ermordeten europäischen Juden besteht aus 2711 unterschiedlich hohen Betonstelen und einem »Ort der Information«

der Deportation von Juden in die deutschen Vernichtungslager eingestanden. Deshalb war es nach den Worten der »Neuen Zürcher Zeitung« »so abwegig nicht, wenn in Deutschland die Nachkommen der Tätergeneration den Opfern ihrer Väter ein Denkmal setzen«.
So wollte denn auch Peter Eisenman einem Interview mit der Wochenzeitung »Die Zeit« zufolge »den Holocaust nicht darstellen oder veranschaulichen, sondern eine Erfahrung erzeugen, die verunsichernd wirkt. Die Besucher sollen sich fragen: Was ist das hier? Was bedeutet das? Wo befinde ich mich hier eigentlich? Genau diese Verlorenheit, diese Orientierungslosigkeit will ich erzeugen, diese vergebliche Suche nach dem klaren Sinn. Die kognitive Erfahrung tritt hinter die affektive Erfahrung zurück.«

17.9 Steuerreform – Rentenreform – Schuldenabbau

In den Koalitionsverhandlungen hatten SPD und Bündnis 90/Die Grünen eine ökologische Steuerreform vereinbart. Bereits im November 1998 wurde das Gesetz über die Ökosteuer verabschiedet und zum 1. April 1999 in Kraft gesetzt. Die Steuer verteuert den Mineralöl- und sonstigen Energieverbrauch in drei Stufen. Die Einnahmen sollten zur Reduzierung der Rentenversicherungsbeiträge verwendet werden, um die Arbeitskosten zu senken und die Beschäftigung zu fördern. Die Kritiker bestritten den ökologischen Nutzen der Ökosteuer, weil sie weder ein wirksames Lenkungssystem noch einen Anreiz enthalte, den Schadstoffausstoß zu reduzieren, sondern lediglich den Kraftstoff verteuere. Zudem belaste sie das produzierende Gewerbe geringer als die privaten Haushalte. Besonders energieintensive Betriebe wurden von der Besteuerung ausgenommen.
Mit der am 18. Mai 2000 beschlossenen Steuerreform zielte die Bundesregierung auf fühlbare Entlastung der Familien, aber auch der Unternehmen, um Arbeitsplätze zu schaffen, das Wirtschaftswachstum zu fördern und die Position Deutschlands im weltweiten Standortwettbewerb um Investitionen zu stärken. Von 2000 bis 2005 sollten der Eingangssteuersatz von 22,9 % auf 15 % und der Spitzensteuersatz von 51 % auf 42 % sinken; ab 2005 sollte er 41 % ab einem zu versteuernden Einkommen von 102 000 DM (52 000 Euro) betragen. Die Opposition hatte sogar eine Absenkung des Spitzensteuersatzes auf 35 % gefordert und kritisierte die Benachteiligung des Mittelstandes, da für Kapitalgesellschaften der Körperschaftsteuersatz bereits ab 2001 auf 25 % gesenkt wurde (von bisher 30 % bzw. 40 %), während für Personengesellschaften die volle Absenkung der Einkommensteuer erst 2005 galt. Zudem wurden Gewinne aus dem Verkauf von Beteiligungen der Kapitalgesellschaften ab 2002 steuerfrei gestellt. Nach der Flutkatastrophe 2002 wurde die zweite Stufe der Steuerreform von 2003 auf Januar 2004 verschoben. Schließlich beschloss die Bundesregierung, die

dritte Stufe von 2005 auf 2004 zur Belebung der Konjunktur vorzuziehen.
Eines der ehrgeizigsten Ziele der rot-grünen Bundesregierung war es, bis 2006 einen ausgeglichenen Haushalt ohne Neuverschuldung vorzulegen und bis 2020 die gesamte Verschuldung des Bundes – sie betrug 1450,2 Mrd. DM am 31. März 2001 – abzutragen. Ein erster Schritt in diese Richtung war die unmittelbare Verwendung der Erlöse von 98,8 Mrd. DM aus der Versteigerung der UMTS-Mobilfunklizenzen zur Schuldentilgung.
Die am 11. Mai 2001 beschlossene Rentenreform sollte es ermöglichen, den Rentenbeitragssatz (2001: 19,1 %) trotz der zunehmenden Alterung der Gesellschaft bis zum Jahre 2020 unter 20 % zu halten. Das Rentenniveau wurde von 71,2 % des Nettolohns auf 67 % bis 2030 abgesenkt. Eine zusätzliche, staatlich geförderte Privatrente (»Riester-Rente«) soll die geringeren Zuwächse bei der gesetzlichen Rente ausgleichen.

17.10 Der Atomausstieg

In ihrer Energiepolitik setzten die deutschen Regierungen und die sie tragenden Parteien bis 1998 auf einen Energieträgermix aus Öl, Gas, Kernenergie, Kohle und regenerativen Energien.
Unter dem Eindruck der Katastrophe von Tschernobyl im April 1986 verlangte der SPD-Parteitag in Nürnberg 1986 den »Ausstieg aus der Kernenergie binnen zehn Jahren«. SPD und Bündnis 90/Die Grünen verständigten sich in ihrer Koalitionsvereinbarung 1998 darauf, die Förderung und Nutzung von Kernkraftwerken (AKW) – möglichst im Konsens mit den Betreibern – zu beenden. Diese Politik wurde begründet mit der Gefahr schwerer Unfälle, mit der Freisetzung von Radioaktivität auch im Normalbetrieb sowie mit der ungeklärten langfristigen Entsorgung der radioaktiven Abfälle. Ferner ließen sich die Koalitionspartner von der Vorstellung leiten, dass mit einer Ausstiegsvereinbarung eine wesentliche Ursache für gesellschaftliche Konflikte beseitigt werde, zumal die Kernenergie von einer Mehrheit der Bevölkerung abgelehnt werde.
Der Bundesregierung und den führenden Energieversorgungsunternehmen gelang es am 14. Juni 2000, die geordnete Beendigung der Kernenergienutzung zu vereinbaren und folgende Eckpunkte des Atomausstiegs festzulegen: 1. Die Laufzeiten der AKW werden auf längstens 32 Jahre befristet. 2. Wiederaufarbeitung (WAA) als Entsorgungsweg ist nur noch bis zum 1. Juli 2005 zulässig. 3. An den Standorten der AKW werden Zwischenlager eingerichtet. Dadurch sollen die Transporte von Atommüll um bis zu zwei Drittel reduziert werden. 4. Der Bau des Endlagers Gorleben wird gestoppt, da nach den gegenwärtigen Planungen ein Endlager für hochradioaktive Abfälle erst ab dem Jahre 2030 benötigt werde.

▲ *Am 15. Juni 2000 verkündeten Wirtschaftsminister Müller, Umweltminister Trittin und Bundeskanzler Schröder die Einigung mit den Stromkonzernen über den Ausstieg aus der Kernenergienutzung*

Am 11. Juni 2001 wurde die Vereinbarung unterzeichnet. Danach laufen die 19 deutschen AKW im Durchschnitt noch 13 Jahre, wobei mithilfe eines gegenseitigen Verrechnungsverfahrens ältere AKW früher stillgelegt und AKW jüngeren Datums länger betrieben werden können. Ferner können die Energieversorgungsunternehmen abgebrannte Brennelemente noch so lange in die zentralen Zwischenlager nach Gorleben und Ahaus transportieren, bis standortnahe Interims- bzw. Zwischenlager in Betrieb gegangen sind. Der in Frankreich und Großbritannien wieder aufgearbeitete deutsche Atommüll wird wie bisher in Gorleben zwischengelagert. Als Folge des Konsenses wurden die AKW Stade (November 2004) und Obrigheim (Mai 2005) stillgelegt.

17.11 Die Globalisierung und Deutschlands Rolle in der Welt

Der Begriff »Globalisierung« tauchte erstmals Anfang der 1970er-Jahre im Zusammenhang mit Satellitenfotos vom »Blauen Planeten« Erde auf. Heute bezeichnet er hauptsächlich den Prozess der Entstehung weltweiter Märkte für Produkte, Kapital und Dienstleistungen. Die OECD, die bedeutendste Organisation der westlichen Industriestaaten, versteht daher unter Globalisierung einen Prozess, durch den Märkte und Produktion in verschiedenen Ländern immer abhängiger voneinander werden – dank der Dynamik des Handels mit Gütern und Dienstleistungen und durch die Bewegungen von Kapital und Technologie. Zu den Grundelementen der Globalisierung gehören zunehmende internationale Verflechtung und Arbeitsteilung, zwischenstaatliche Konkurrenz, kulturelle Veränderungen und der supranationale Umweltschutz.
Die wachsende internationale Verflechtung und Arbeitsteilung wurde gefördert durch einen Abbau der Schutzwälle (Zölle und importhemmende Vorschriften) um die Volkswirtschaften (außenwirtschaftliche Liberalisierung), den Abbau staatlicher Vorschriften im Innern (Deregulierung), die Befreiung der Geldwirtschaft von nahezu allen staatlichen Fesseln, die Entstehung eines dichten Informationsnetzes, sinkende Transportkosten und zunehmende Vereinheitlichung technischer Normen. Der Zusammenbruch des kommunistischen Weltsystems zu Beginn der Neunzigerjahre beschleunigte diesen Prozess ebenso wie auch die Öffnung Chinas für die Marktwirtschaft.
Die Globalisierung hat für Deutschland Folgen nach innen und außen, da neben den Waren- und Arbeitsmärkten auch die Staaten selbst aufgrund ihrer jeweils unterschiedlichen inneren Verhältnisse als Produktionsstandorte im Wettbewerb zueinander stehen. Daher wird zunehmend nach der Qualität des »Standorts Deutschland« gefragt und werden seine hohen Sozialstandards, seine Steuerlasten, ökologischen und arbeitsrechtlichen Schutzvorschriften im internationalen Wettbewerb diskutiert. Die aktiven Verfechter der Globalisierung verweisen darauf, dass sich Deutschland der Globalisierung und ihren Folgen nicht entziehen könne. Statt der Erosion sozialer Sicherungssysteme tatenlos zuzusehen oder ihnen mithilfe von bequemen Korrekturen eine falsche Richtung zu geben, sollten diese Institutionen zu einem positiven Standortfaktor umgestaltet werden. Die deutsche Politik ist bestrebt, mit einer entsprechend ausgerichteten Reformpolitik, z. B. bei Steuern und Altersvorsorge, auch innenpolitisch positive Bedingungen für die Globalisierung herzustellen.
Auch in der Außenpolitik gewinnen mit der Globalisierung wirtschaftliche Interessen immer größere Bedeutung. Die neue Rolle Deutschlands in der Welt resultiert allerdings vor allem aus dem Ende der Teilung Europas

◀ *Eines der Symbole für die Globalisierung sind die großen Wertpapierbörsen der Welt, die als Stimmungsbarometer der verflochtenen Weltwirtschaft sehr schnell positiv wie negativ reagieren. Das Bild zeigt die New Yorker Börse an der Wall Street*

und der deutschen Teilung. Erst mit dem Zwei-plus-vier-Vertrag vom 12. September 1990 (▶16.16) war Deutschland auch formell ein souveräner und gleichberechtigter Partner der internationalen Staatenwelt geworden. Heute sieht es sich von ihr sehr viel stärker gefordert als früher, z. B. bei militärischen Einsätzen der NATO oder bei Friedensmissionen der UN, als weltweit aktiver Verfechter der Menschen- und Minderheitenrechte, als Helfer bei der Bekämpfung der Armut und eines ungehemmten Bevölkerungswachstums in der Welt, als zuverlässiger Förderer einer global wirksamen Umweltpolitik (Protokoll von Kyoto), um die natürlichen Ressourcen der Menschheit zu schützen, oder als Gesprächspartner in Nahost. Die Einbettung der Interessen Deutschlands als des nach Russland bevölkerungsreichsten europäischen Staates in den Rahmen der EU hat sich dabei als außenpolitische Konstante der Regierungen Kohl, Schröder und Merkel erwiesen.

▲ *7,6 Millionen Kriegsgefangene und Zwangsarbeiter arbeiteten Mitte 1944 für die Kriegswirtschaft des Deutschen Reiches. Das Bild zeigt eine aus Osteuropa stammende Zwangsarbeiterin, die zur Kennzeichnung auf ihrer Schürze einen Aufnäher mit der Aufschrift »Ost« trägt*

17.12 Entschädigung nach über 50 Jahren: Die deutsche Wirtschaft und die Zwangsarbeiter

Eine über Jahrzehnte hinweg mit unterschiedlicher Intensität geführte Auseinandersetzung um die Entschädigung ehemaliger Zwangsarbeiter wurde nach dem Amtsantritt der rot-grünen Bundesregierung 1998 ergebnisorientiert fortgeführt und im Mai 2001 zu einem Ende gebracht.

Das nationalsozialistische Deutschland hatte ab 1939, verstärkt ab 1942, zur Sicherung der landwirtschaftlichen, industriellen und militärischen Produktion Millionen von Menschen (im August 1944: 7,65 Millionen) vor allem aus den besetzten Gebieten zur Zwangsarbeit nach Deutschland deportiert bzw. in diesen Gebieten direkt zur Zwangsarbeit herangezogen. Ihre Arbeits- und Lebensbedingungen lagen insgesamt weit unter dem für deutsche Arbeitskräfte üblichen Standard; Arbeitskräfte aus Polen (1,7 Millionen) und der UdSSR (2,8 Millionen) wurden aus rassenideologischen Gründen meist unter völlig menschenunwürdigen Bedingungen beschäftigt, Kriegsgefangene und Häftlinge in den Konzentrationslagern unter hohen Verlusten (»Vernichtung durch Arbeit«). In nahezu allen bekannten deutschen Großunternehmen, aber auch vielen mittelständischen Betrieben wurden Zwangsarbeiter eingesetzt, die Mehrzahl in der Landwirtschaft. Insgesamt waren ein Drittel der Arbeitskräfte Zwangsarbeiter, in Rüstungsbetrieben sogar die Hälfte.

Die vom NS-Regime eingesetzten Zwangsarbeiter erhielten meist Entschädigungen nach dem Bundesentschädigungsgesetz für die mit der Zwangsarbeit verbundene Freiheitsentziehung. Ihre Ansprüche gegen den Arbeitgeber auf Vergütung für geleistete Zwangsarbeit waren damit nicht erfasst. Nachdem seit Ende der 1980er-Jahre einzelne deutsche Unternehmen freiwillige Zahlungen geleistet hatten und als vor amerikanischen Gerichten weitere Entschädigungsforderungen anstanden, die das internationale Geschäft deutscher Firmen zu beeinträchtigen drohten, wurde in Verhandlungen der Bundesregierung mit den USA sowie

Regierungsvertretern aus Israel und Osteuropa Ende 1999 ein Entschädigungsfonds von 10 Mrd. DM (je zur Hälfte von der Wirtschaft und der öffentlichen Hand finanziert) vereinbart. Einige deutsche Großfirmen hatten im Februar 1999 eine Stiftungsinitiative »Erinnerung, Verantwortung und Zukunft« gegründet, die die erforderlichen Finanzmittel bei deutschen Unternehmen aufbringen sollte, die Auszahlung aber von der Sicherheit vor weiteren Entschädigungsverfahren gegen deutsche Firmen (»Rechtssicherheit«) abhängig machte. Am 6. Juli 2000 schuf der Bundestag eine gesetzliche Grundlage, am 14. Juli 2000 wurde ein deutsch-amerikanisches Abkommen über die Rechtssicherheit deutscher Unternehmen in den USA unterzeichnet. So konnte der Bundestag am 31. Mai 2001 das Vorliegen der notwendigen Voraussetzungen für die Auszahlung der Entschädigungen feststellen.

17.13 Deutschland – ein Einwanderungsland

Seit Anfang der 1960er-Jahre bis 1999 wuchsen die ethnischen Minderheiten als neues Segment der deutschen Sozialstruktur auf 7,34 Millionen Ausländerinnen und Ausländer im vereinten Deutschland (9 % der Wohnbevölkerung) an. Dieses Wachstum ist aber keine Besonderheit der deutschen Sozialstruktur, denn auch in anderen europäischen Ländern schwoll die Zahl der Zuwanderer in den letzten Jahrzehnten an.

Die Erkenntnis, dass die demographische Entwicklung der Deutschen unweigerlich in eine schrumpfende und überalterte Gesellschaft führt, und der Blick auf Entwicklungschancen der Volkswirtschaft zwangen die politischen Parteien zu einer Neubewertung der Einwanderungsfrage. Der Streit um die 1999 verabschiedete Reform des Staatsangehörigkeitsrechts (Erleichterung der Einbürgerung, doppelte Staatsangehörigkeit für Kinder) war noch einmal entlang der klassischen parteipolitischen Fronten verlaufen, doch mit der »Greencard-Initiative« des Bundeskanzlers zur Anwerbung ausländischer Spezialisten war Bewegung in dieses Politikfeld gekommen. 2000/01 erarbeiteten innerhalb kurzer Zeit CDU, SPD, Bündnis 90/Die Grünen und im Auftrag der Bundesregierung eine Kommission unter Leitung von Rita Süssmuth (CDU) Leitlinien für eine künftige Einwanderungspolitik. Die Parteien stimmten überein, dass im Gegensatz zu früher eine systematische Integrationspolitik notwendig ist.

Das CDU-Konzept betonte, dass die künftige Steuerung der Einwanderung neben supranationalen und humanitären Verpflichtungen auch die nationalen deutschen Interessen berücksichtigen müsse. Es forderte eine Beschleunigung des Asylverfahrens und befürwortete detaillierte Integrationsmaßnahmen (z. B. 600 Stunden Sprachunterricht). Das Konzept der Süssmuth-Kommission enthielt als einziger der Entwürfe konkret anzustrebende Einwandererzahlen für die nächsten Jahre: im ersten Jahr 50 000 Menschen und Kosten in Höhe von 615 Mio. DM für Integrationskurse. Es empfahl die Beibehaltung des Grundrechts auf Asyl. Die Grünen schlugen die Ausweitung des geltenden Asylrechts auf Opfer nicht staatlicher und geschlechtsspezifischer Verfolgung vor. Die SPD-Bundestagsfraktion sah Zuwanderungsbedarf erst spätestens ab 2010; sie wollte das Asylgrundrecht ohne wesentliche Änderung beibehalten.

Im März 2002 verabschiedete der Bundestag ein neues Zuwanderungsgesetz, dem der Bundesrat noch zustimmen musste. Der Regierungsentwurf wollte die Zuwanderung zum Zweck der Erwerbstätigkeit erleichtern, aber den Zuzug von Ausländern generell begrenzen. Die Bundesratssitzung am 25. März 2002 verlief turbulent. Die Vertreter der SPD-CDU-Koalition in Brandenburg votierten uneinheitlich: Während Ministerpräsident Manfred Stolpe (SPD) dem Entwurf zustimmte, lehnte ihn Innenminister Jörg Schönbohm (CDU) ab. Das Grundgesetz schreibt aber die einheitliche Stimmabgabe vor. Bundesratspräsident Klaus Wowereit wertete das »Ja« Stolpes indes als Zustimmung des Landes. Damit handelte er sich den geballten Zorn seiner konservativen Amtskollegen ein. Auch Bundespräsident Rau war zutiefst empört; er rügte öffentlich das Vorgehen der Parteien, unterzeichnete aber das Gesetz, um den Weg für eine Klage vor dem Bundesverfassungsgericht freizumachen, das das Gesetz am 18. Dezember 2002 stoppte, zwei Wochen vor dem vorgesehenen Inkrafttreten.

Erst Mitte Juni 2004 einigten sich Opposition und Regierungskoalition auf ein neues Gesetz, das zum 1. Januar 2005 in Kraft trat. Es kennt nur noch eine befristete Aufenthalts- und eine unbefristete Niederlassungserlaubnis. Höchstqualifizierte Ausländer können sofort ein Daueraufenthaltsrecht erhalten, mittelmäßig Qualifizierte sollen in begrenztem Umfang eine Aufenthaltserlaubnis erhalten, wenn sie einen Arbeitsplatz vorweisen können, für den es keine inländischen oder EU-Bewerber gibt. Selbstständige können einwandern, wenn sie mindestens 1 Mio. Euro investieren oder zehn neue Arbeitsplätze schaffen.

Eine öffentliche Debatte entwickelte sich um die bisher nur mangelhaft gelungene Integration der Einwanderer und ihrer Kinder und um mittlerweile entstandene Parallelgesellschaften. Vorkommnisse an Hauptschulen und verschiedentlich geschehene »Ehrenmorde« an jungen Frauen machten die Dringlichkeit des Problems deutlich. Konsens bestand darüber, dass im Zentrum der Integrationsbemühungen die deutschen Sprachkenntnisse und Bejahung der Werte des Grundgesetzes stehen müssen.

17.14 Herausforderung Terrorismus

Als am 11. September 2001 Terroristen des Netzwerks al-Qaida gleichzeitig vier amerikanische Passagiermaschinen entführt und zwei der Maschinen in die Türme des New Yorker World Trade Centers sowie eine weitere in das Pentagon gelenkt hatten, gerieten die vom Terrorismus ausgehenden Gefahren schlagartig wieder in den Blick der deutschen Öffentlichkeit. Die brennenden Türme und die Tausende von Opfern lösten auch in der Bundesrepublik einhelliges Entsetzen aus; Bundeskanzler Schröder sicherte den USA sofort »uneingeschränkte Solidarität« zu. Klar war von vornherein, dass die USA die Drahtzieher der Terroranschläge mit allen Mitteln zu bestrafen suchten und dafür auch die Hilfe ihrer Verbündeten beanspruchen würden. Für »Abenteuer« stehe Deutschland jedoch nicht zur Verfügung, erklärte Schröder. Die NATO stellte erstmals in ihrer Geschichte den Bündnisfall fest, und der Bundestag beschloss am 16. November 2001 die Bereitstellung von 3 900 Bundeswehrsoldaten zur logistischen Unterstützung der amerikanischen Truppen im Kampf gegen den Terrorismus.

Bundesinnenminister Otto Schily (SPD) legte noch im September ein erstes Antiterrorpaket vor: Aus dem Vereinsrecht wurde das Religionsprivileg gestrichen, das eine Verfolgung fundamentalistisch-islamischer Umtriebe bis dahin verhindert hatte. Der neue Paragraf 129b des Strafgesetzbuchs erlaubt eine Verfolgung ausländischer Terroristen auch dann, wenn im Bundesgebiet keine Teilorganisation ihrer Vereinigung besteht. Als rasch klar wurde, dass zwei der Attentäter von New York eine Zeit lang unauffällig in Hamburg (als »Schläfer«) gelebt hatten, suchten Polizei, Bundeskriminalamt (BKA) und Bundesverfassungsschutz mit allen Mitteln (Rasterfahndung, Telefonüberwachung, Verhören verdächtiger Zeugen ohne Vorwarnung, Überwachung finanzieller Transaktionen) nach weiteren Al-Qaida-Zellen im Lande. Die Banken mussten die Kapitalbewegungen Verdächtiger an den Verfassungsschutz berichten.

Mithilfe des »Terrorismusbekämpfungsgesetzes«, das am 1. Januar 2002 in Kraft trat, sollen die bereits im Land lebenden Extremisten aufgespürt und die Einreise von Terroristen aus dem Ausland in die Bundesrepublik verhindert werden. Das Gesetz sieht u. a. die Aufnahme biometrischer Daten (Fingerabdruck, Handform oder die Gestalt der Augeniris) in offizielle Ausweispapiere vor. Drei weitere Merkmale können in verschlüsselter Form zusätzlich gespeichert werden.

Das BKA und der Bundesnachrichtendienst dürfen künftig stärker im Lande ermitteln und dem Bundesamt für Verfassungsschutz steht das Recht zu, von Banken, Luftfahrtunternehmen und Postdienstleistern Daten ihrer Kunden anzufordern. Die Angestellten sicherheitsrelevanter Einrichtungen wie Energieerzeuger, Rundfunkanstalten und Krankenhäuser müssen sich künftig einer Sicherheitsprüfung unterziehen. Beide Maßnahmen wurden zunächst auf fünf Jahre begrenzt. Beamte der Bundespolizei begleiten als »Sky Marshals« ausgewählte deutsche Linienmaschinen, um Flugzeugentführungen zu verhindern.

Mit dem § 14 Absatz 3 des Luftsicherheitsgesetzes vom 11. Januar 2005 erhielten zudem die Streitkräfte die Erlaubnis, Flugzeuge abzuschießen, wenn von ihnen eine terroristische Gefahr ausgeht. Mit seiner Entscheidung vom 15. Februar 2006 erklärte das Bundesverfassungsgericht diesen Punkt des Luftsicherheitsgesetzes allerdings für verfassungswidrig, weil der Staat das Leben von Unbeteiligten oder Opfern einer Gewalttat nicht gefährden dürfe. Die übrigen Gesetzesbestimmungen, insbesondere die verschärften Sicherheitsüberprüfungen auf Flughäfen, blieben in Kraft.

Als Anfang August 2006 in den Bahnhöfen von Dortmund und Koblenz zwei Kofferbomben gefunden wurden, konnten die Sicherheitsbehörden die Sprengsätze schnell dem terroristischen Umfeld zuordnen. Als Tatverdächtige wurden zwei Libanesen identifiziert. Damit war klar, dass auch Deutschland sich im Fokus des islamistischen Terrors befand.

Politiker der CDU/CSU, allen voran Bundesinnenminister Schäuble, fordern im Zusammenhang mit der Terrorismusbekämpfung immer wieder der Einsatz der Bundeswehr im Innern. Nach ihrer Meinung soll sie vor allem Bewachungsaufgaben übernehmen; die übrigen Parteien lehnen diese Vorschläge einhellig ab, ebenso wie die Polizeibehörden, die darauf verweisen, dass Soldaten nicht für die Polizeiarbeit ausgebildet sind.

17.15 Die zweite Regierung Schröder

Fast wäre die SPD 2002 zu spät in den Wahlkampf zur Bundestagswahl gestartet. Bis Juli lag sie in Umfragen zur politischen Lage der Nation laut Politbarometer des ZDF bei 41, die CDU/CSU bei 37 Prozentpunkten. Doch dann sank die Stimmung wegen der zunehmend düster werdenden Konjunkturaussichten und der steigenden Arbeitslosenzahlen (Juli 2002: 4,1 Mio. Menschen). Die SPD verlor 2 Prozentpunkte und Bundeskanzler Schröder musste einen Sympathieverlust von 0,7 Punkten hinnehmen. Die Medien warfen ihm vor, er sitze die Probleme wie sein Amtsvorgänger Kohl einfach aus bzw. er sei ein »Zickzackkanzler«. Außerdem zwangen Pannen und Affären Schröder zu einer weiteren Kabinettsumbildung: Verteidigungsminister Rudolf Scharping wurde durch den SPD-Fraktionsvorsitzenden Peter Struck ersetzt. Um weitere Imageverluste zu verhindern, eröffnete die Partei am 5. August 2002 – drei Wochen früher als geplant – die heiße Phase ihres Wahlkampfs.

Paradoxerweise brachte die große Flut in Ostdeutschland im August 2002 dem Kanzler einen großen Popularitätsgewinn: Gerhard Schröder war bei den Opfern präsent, er sprach ihnen Mut zu und organisierte Hilfe, während sein Herausforderer Edmund Stoiber (CSU) von der Katastrophe überrascht wurde und sich tagelang nicht sehen ließ. Für Deutschland stellten diese Überschwemmungen die teuerste Naturkatastrophe aller Zeiten dar. Der volkswirtschaftliche Gesamtschaden betrug (Stand Ende 2002) 9,2 Mrd. Euro, davon waren nur 1,8 Mrd. Euro versichert. Die Katastrophe löste in Deutschland und in anderen europäischen Ländern eine Welle der Hilfsbereitschaft aus.

Im August 2002 legte der VW-Manager Peter Hartz die Vorschläge seiner Kommission vor und versprach die Wiedereingliederung von 2 Millionen Menschen ins Arbeitsleben. Nachdem Schröder im zweiten »Fernsehduell« gegen Stoiber am 8. September gewonnen und eine deutsche Beteiligung an dem sich abzeichnenden Irakkrieg zurückgewiesen hatte, kippte die Stimmung zulasten der Union.

Die Bundestagswahl am 22. September 2002 gewann die SPD gegen die Union bei gleichem Stimmenergebnis (jeweils 38,5 %) nur knapp mit drei Mandaten Vorsprung. Die erneute Koalition mit der Partei Bündnis 90/Die Grünen, die 1,9 % hinzugewonnen hatte, ermöglichte Schröder eine stabile Kanzlermehrheit. Doch schon zwei Monate nach der Wahl hatte die Regierung das in sie gesetzte Vertrauen der Bevölkerung verloren. Wohin der Kanzler das Land führen wollte, hatte er bis dahin noch nicht erklärt.

Die wachsenden Arbeitslosenzahlen sowie die andauernde Wirtschaftsflaute ließen die CDU/CSU-Opposition erstarken, die eine Landtagswahl nach der anderen gewann. Zwar verschaffte 2003 die von Bundeskanzler Schröder vorgelegte Agenda 2010 (▶ 17.17) der Regierung etwas Luft. Von der Wirtschaft wurde die Agenda als Schritt in die richtige Richtung empfunden, doch ging sie der Opposition nicht weit genug. Vor allem bei den Arbeitsmarktgesetzen wurden drastische Verschärfungen verlangt. Die Opposition verschleppte Gesetzesvorhaben der Regierung über den Bundesrat in den Vermittlungsausschuss und erschwerte so deren Arbeit. Affären, wie die so genannte Visaaffäre im Geschäftsbereich des Bundesaußenministers 2004/05, behinderten die Regierungsarbeit zusätzlich. Als schließlich im Mai

▲ *An den Massenprotesten gegen den Irakkrieg beteiligten sich auffallend viele Jugendliche. Das Bild zeigt eine Aktion von Dresdener Mittelschülern am 24. März 2003*

2005 die Landtagswahl in Nordrhein-Westfalen für die SPD verloren ging, überraschte Bundeskanzler Schröder alle Parteien mit seiner Erklärung, er strebe nun vorgezogene Neuwahlen an. Am 1. Juli 2005 stellte er im Bundestag die Vertrauensfrage, die er wunschgemäß verlor. Auf seinen Antrag hin löste Bundespräsident Köhler am 22. Juli den Bundestag auf und setzte Neuwahlen für den 18. September 2005 an, die die SPD trotz Schröders großen persönlichen Einsatzes verlor.

17.16 Deutschland und der Irakkrieg

Nach der Beendigung des Afghanistankriegs 2001 wandte sich die amerikanische Regierung Irak zu, dem sie Besitz und Entwicklung von Massenvernichtungswaffen und Verbindungen zum Terrornetzwerk al-Qaida vorwarf. Die Errichtung einer militärischen Drohkulisse der USA und Großbritanniens in der Region führte dazu, dass Irak Ende 2002 der Aufforderung des UN-Sicherheitsrats nachkam und wieder UN-Waffeninspekteure ins Land ließ. In den folgenden Wochen fand im UN-Sicherheitsrat, dem seit Januar 2003 auch Deutschland angehörte, eine heftige Auseinandersetzung darüber statt, ob die Waffeninspekteure ihre Arbeit fortsetzen sollten (Position Frankreichs, Deutschlands, Russlands) oder ob ein militärisches Vorgehen gegen den Irak für die internationale Sicherheit erforderlich sei (USA, Großbritannien, Spanien). Nachdem die USA für ihre Position keine Mehrheit im UN-Sicherheitsrat fanden, Frankreich und Russland gar ihr Veto angekündigt hatten, führte eine von den USA und Großbritannien angeführte Militärkoalition ohne UN-Mandat im 3. Golfkrieg (März/April 2003) den Sturz des Regimes Saddam Husain herbei.

In Deutschland waren das Vorgehen der USA und der Krieg bei den Parteien heftig umstritten. Während die CDU-Führung sich ausdrücklich hinter die USA stellte, lehnte die rot-grüne Bundesregierung wie auch Frankreich den »Unilateralismus« des amerikanisch-britischen Vorgehens ab und hielt am Gewaltverbot der UN-Charta als wesentliche Grundlage des Völkerrechts fest. Dass diese Haltung von der Bevölkerung geteilt wurde, zeigten die zahlreichen Demonstrationen Hunderttausender im Februar und März des Jahres. Der klare Antikriegskurs der Bundesregierung führte zur nachhaltigen Beschädigung der deutsch-amerikanischen Beziehungen und zum persönlichen Zerwürfnis zwischen Bundeskanzler Schröder und dem amerikanischen Präsidenten George W. Bush.

Gleichwohl stellte Deutschland den USA seinen Luftraum zur Verfügung und sicherte die Nutzung der amerikanischen Militäreinrichtungen im Lande. Im Rahmen der NATO beteiligte sich die Bundeswehr auch an der Überwachung des türkischen und irakischen Luftraums durch AWACS-Aufklärungsflugzeuge, deren Besatzung sie stellte.

Die rasche Beendigung des 3. Golfkriegs, der Blick auf das lädierte Bündnis und die erklärte Absicht, die Vergangenheit auf sich beruhen zu lassen und nunmehr den Blick nach vorn zu lenken, veranlassten die Bundesregierung, am 22. Mai 2003 der UN-Resolution 1483 zuzustimmen. Diese hob die Sanktionen auf und verlieh den Besatzungsmächten weit gehende Vollmachten für die Verwaltung des Irak. Auch der UN-Resolution vom Oktober 2003, die die Aufstellung einer multinationalen Schutztruppe unter amerikanischem Kommando vorsah, stimmte Deutschland im Sicherheitsrat zu. Außerdem verpflichtete sich die Bundesregierung, irakische Polizeibeamte auszubilden und so die neuen irakischen Polizeibehörden mit aufzubauen.

17.17 Die »Agenda 2010« und der Sozialstaat

Mit der »Agenda 2010« legte Bundeskanzler Schröder am 14. März 2003 in einer Regierungserklärung ein Reformprogramm vor, das bis zum Jahr 2010 die Bundesrepublik »fit für die Zukunft« machen sollte. Betroffen waren fünf Bereiche: 1. Arbeitsmarkt/Arbeitsrecht, 2. Soziale Sicherungssysteme, 3. Wirtschaft, 4. Finanzen, 5. Bildung, Ausbildung und Innovation. Geplant waren die Lockerung des Kündigungsschutzes, die Begrenzung der Bezugsdauer von Arbeitslosengeld auf 12 Monate – für Arbeitslose über 55 Jahre auf 18 Monate –, die Verschmelzung von Arbeitslosenhilfe und Sozialhilfe (Hartz-IV-Reform). Der Eigenanteil aller in gesetzlichen Krankenkassen Versicherten sollte erhöht und Leistungen wie Sterbe- und Krankengeld sowie die Kosten für Schwangerschaftsabbrüche sollten aus der paritätischen Finanzierung gestrichen werden. Den Kündigungsschutz und die Handwerksordnung wollte Schröder mit dem Ziel flexibilisieren, Neueinstellungen von Arbeitnehmern zu erleichtern.

Schröders Programm löste zunächst einen Proteststurm in der eigenen Partei und bei den Gewerkschaften aus. Auf vier großen Regionalkonferenzen der SPD warb Schröder für sein Reformprogramm und die damit verbundenen Einschnitte in das Sozialsystem. Seit 1950 waren die Beiträge zu den Sozialversicherungen von 20 % auf 42 % des versicherungspflichtigen Einkommens gestiegen – der Sozialstaat drohte unbezahlbar zu werden. Die hohe Arbeitslosigkeit hatte das Problem verschärft, da die Beiträge zu den Sozialversicherungen ausschließlich von den beschäftigten Arbeitnehmern und deren Arbeitgebern aufgebracht werden. Die Diskussion über die Agenda 2010 in der SPD

◀ *Bundeskanzler Schröder warb bei vier Regionalkonferenzen der SPD (hier in Hamburg am 7. Mai 2003) um die Zustimmung seiner Partei zu seinem in der Agenda 2010 niedergelegten Reformprogramm und suchte seine Kritiker zu überzeugen*

war intensiv und zur Überraschung vieler Beobachter fand die Politik Schröders auf einem Sonderparteitag am 1. Juni 2003 die breite Zustimmung der Delegierten. Auch der Koalitionspartner Bündnis 90/Die Grünen unterstützte die Agenda 2010.

Die Bundesvereinigung der Deutschen Arbeitgeberverbände übte, trotz einer insgesamt vorsichtig positiven Haltung, in Einzelpunkten harte Kritik, v. a. an der angedrohten Ausbildungsplatzabgabe. Die Union unter Führung von Angela Merkel sagte der Bundesregierung bei den Vorhaben, die sie selbst für vernünftig hielt, Unterstützung zu – auch im Bundesrat mit seiner Unionsmehrheit. Das entsprechende Gesetzespaket wurde am 15. Dezember 2003 im Kompromiss zwischen der Regierungsmehrheit und dem CDU-geführten Bundesrat im Vermittlungsausschuss verabschiedet.

Besonders die Hartz-IV-Reform weckte den Zorn Betroffener und potenziell Betroffener. Wenige Monate vor dem Inkrafttreten der Reform am 1. Januar 2005 kam es zu wochenlangen Protestdemonstrationen – im Osten v. a. von der PDS getragen, in den westlichen Bundesländern bildete sich aus enttäuschten SPD- und Gewerkschaftsmitgliedern die Wahlalternative Soziale Gerechtigkeit (WASG).

Auch das »Gesetz zur Modernisierung der gesetzlichen Krankenversicherung«, das am 1. Januar 2004 in Kraft trat, beruhte auf einem Kompromiss zwischen der rot-grünen Koalition und der Union, jedoch ohne Beteiligung der FDP. Hauptziel war die Senkung der Krankenkassenbeiträge, die als Lohnnebenkosten von Arbeitgebern und Arbeitnehmern gleichermaßen getragen werden. Unter anderem wurde den Patienten eine Praxisgebühr von 10 Euro pro Quartal auferlegt und ihre Zuzahlungen zu medizinischen Leistungen wurden erhöht. Der Zahnersatz und das Krankengeld wurden aus der paritätischen Finanzierung herausgenommen.

17.18 EU: Osterweiterung und Verfassungsvertrag

Der Zerfall der Sowjetunion, die Auflösung des Ostblocks und das Verschwinden des Eisernen Vorhangs sowie die Vereinigung der Deutschen im europäischen Konsens boten die realistische Möglichkeit, die politische und wirtschaftliche Teilung des Kontinents auf Dauer zu überwinden. So nahm die Europäische Union (EU) mit zwölf beitrittswilligen Ländern Verhandlungen auf: Polen, Ungarn, Tschechische Republik, Estland, Slowenien, Zypern, Slowakische Republik, Rumänien, Bulgarien, Lettland, Litauen und Malta. Die Türkei erhielt als 13. Land 1999 den Kandidatenstatus, mit ihr begannen Beitrittsverhandlungen am 3. Oktober 2005.

Die EU hatte 1993 in Kopenhagen die Bedingungen (»Kopenhagener Kriterien«) formuliert, die jedes beitrittswillige Land zum Zeitpunkt seiner Aufnahme erfüllen muss: 1. institutionelle Stabilität, demokratische und rechtsstaatliche Ordnung, Wahrung der Menschenrechte, Achtung und Schutz der Minderheiten; 2. funktionsfähige Marktwirtschaft; 3. die Fähigkeit, sich die aus einer EU-Mitgliedschaft erwachsenden Verpflichtungen und Ziele zu Eigen zu machen (Übernahme des gemeinschaftlichen Regelwerks). Die Beitrittsländer mussten grundsätzlich den Rechtsbestand der EU komplett übernehmen. 1998 begannen die konkreten Beitrittsverhandlungen zunächst mit sechs Ländern, 1999 wurden sie mit Ausnahme Rumäniens und Bulgariens auf alle anderen Kandidaten ausgedehnt und schließlich im Oktober 2002 abgeschlossen. Zum 1. Mai 2004 traten die Beitrittsverträge in Kraft.

Auch die Organisation der EU selbst musste den neuen Bedingungen angepasst werden. Die Beschlüsse des Europäischen Rates in Nizza schufen im Dezember 2000 die Voraussetzung dafür, dass die EU handlungsfähig bleibt: Ausweitung des Mehrheitsprinzips bei Ratsentscheidungen, Neuregelung der Stimmengewichtung im Rat, Anzahl der Parlamentssitze sowie die Zusammensetzung der Europäischen Kommission.

Am 29. Oktober 2004 unterzeichneten die Staats- und Regierungschefs den Verfassungsvertrag der EU, der anschließend in allen 25 Mitgliedstaaten ratifiziert werden sollte. Das Europäische Parlament nahm den Vertrag am 12. Januar 2005 ebenso an wie die Parlamente Litauens, Ungarns, Sloweniens, Italiens, Griechenlands, der Slowakischen Republik, Österreichs, Deutschlands, Lettlands und Maltas. Auch die Bürgerinnen und Bürger Spaniens und Luxemburgs stimmten dem Verfassungsvertrag zu, doch scheiterten im Mai und Juni

2005 die Referenden in Frankreich und den Niederlanden. Der Europäische Rat setzte daraufhin den Ratifizierungsprozess zunächst aus und hob dann die Befristung auf, bis zu der der Prozess abgeschlossen sein sollte.

17.19 Horst Köhler

Am 23. Mai 2004 wählte die Bundesversammlung Horst Köhler zum neunten Bundespräsidenten der Bundesrepublik Deutschland. Er gewann die Wahl gegen Gesine Schwan, die von der SPD nominierte Präsidentin der Universität Viadrina in Frankfurt/Oder, und folgte am 1. Juli 2004 Johannes Rau (▶ 17.6) im Amt.

Am 22. Februar 1943 im polnischen Skierbieszów geboren, wuchs Köhler nach der Flucht seiner Familie aus Polen und 1953 aus der DDR in Ludwigsburg auf. Nach dem Studium der Wirtschaftswissenschaften und politischen Wissenschaften 1965–69 wurde er wissenschaftlicher Referent am Institut für Angewandte Wirtschaftsforschung in Tübingen, 1976 wechselte er in die Grundsatzabteilung des Bundeswirtschaftsministeriums. 1981/82 arbeitete Köhler als Mitarbeiter des schleswig-holsteinischen Ministerpräsidenten Gerhard Stoltenberg, dem er 1982 in das Bundesfinanzministerium folgte, wo er 1990 zum beamteten Staatssekretär aufstieg. 1981 war er der CDU beigetreten. Er wurde zum wichtigsten Berater Bundeskanzler Kohls in Wirtschafts- und Finanzfragen und war 1991 an den Verhandlungen über den Maastrichter Vertrag beteiligt.

Köhler warnte früh vor den Folgen der wachsenden Staatsverschuldung. Als Präsident des Deutschen Sparkassen- und Giroverbandes (ab 1993) strukturierte er den Verband um, richtete ihn strategisch neu aus und passte ihn dem europäischen Binnenmarkt an. Nach kurzer Tätigkeit als Präsident der Europäischen Bank für Wiederaufbau und Entwicklung (ab 1998)

wurde er 2000 zum Geschäftsführenden Direktor des Internationalen Währungsfonds (IWF) gewählt. In dieser Position forderte Köhler die Marktöffnung der westlichen Industrieländer zugunsten der Entwicklungsländer und suchte die Rolle des IWF als »ökonomischer Berater« zu stärken.
Als die CDU einen Kandidaten für das Amt des Bundespräsidenten suchte, schlug die CDU-Vorsitzende Angela Merkel Köhler als gemeinsamen Kandidaten von CDU/CSU und FDP vor. In seiner Antrittsrede betonte Köhler die Notwendigkeit weiterer Reformen v. a. des deutschen Sozialstaates. Gleichzeitig kündigte er an, den diesbezüglichen Kurs der Regierung kritisch zu begleiten.

▲ *Große Koalition: Bundeskanzlerin Angela Merkel und Vizekanzler Franz Müntefering im Bundestag bei der Generaldebatte über die Regierungserklärung am 1. Dezember 2005*

17.20 Die Große Koalition 2005

Die Bundestagswahl vom 18. September 2005 brachte für die Parteien eine unangenehme Überraschung: Keine der großen Volksparteien konnte mit dem im Wahlkampf genannten potenziellen Koalitionspartner eine stabile Regierung bilden. Die Union erfüllte mit 35,2 % nicht die von den Umfragen genährten Erwartungen, die SPD schnitt mit 34,2 % besser ab als gedacht. Beide Parteien waren im neuen Bundestag etwa gleich stark vertreten: Die CDU/CSU erzielte 226 Sitze, die SPD 222; die FDP (9,8 %) erreichte 61 Sitze, Bündnis 90/Die Grünen (8,1 %) 51 und die Linkspartei.PDS (8,7 %) 54 Mandate. Sondierungen, die ein Regierungsbündnis zwischen Union, FDP und Grünen (»Jamaikakoalition«) bzw. zwischen SPD, FDP und Grünen (»Ampelkoalition«) zum Inhalt hatten, erwiesen sich als nicht tragfähig. Unter diesen Umständen konnte eine stabile Regierung nur aus einer Koalition von CDU/CSU und SPD entstehen.

▲ *Horst Köhler nach seiner Wahl zum Bundespräsidenten am 23. Mai 2004*

Bundeskanzler Schröder hatte noch am Wahlabend den Führungsanspruch der SPD und für sich selbst das Amt des Bundeskanzlers reklamiert. Am 10. Oktober einigten sich die Führungsgremien von CDU/CSU und SPD auf Gespräche zur Bildung einer Koalitionsregierung unter Angela Merkel als Bundeskanzlerin. Am 17. Oktober begannen die Verhandlungen, die von einer Führungskrise der SPD und einem Zickzackkurs des bayerischen Ministerpräsidenten Edmund Stoiber begleitet waren. Stoiber hatte sich die Entscheidung, in das neue Kabinett einzutreten, bis nach der Wahl vorbehalten; seine anfängliche Zusage, das um den Bereich Technologie erweiterte Wirtschaftsministerium zu übernehmen, zog er am 1. November zurück.
Innerhalb von vier Wochen einigten sich CDU und SPD auf ein gemeinsames Regierungsprogramm, das angesichts der leeren Kassen des Bundes neue Belastungen für die Bürger vorsah. So sollte ab 1. Januar 2007 die Mehrwertsteuer von 16 % auf 19 % erhöht und eine so genannte Reichensteuer von 3 % auf den Spitzensteuersatz eingeführt werden. Zum 1. Januar

2006 wurden die Eigenheimzulage gestrichen, der Sparerfreibetrag gesenkt und die Pendlerpauschale gekürzt. Ebenfalls verabredet wurden Kürzungen beim Arbeitslosengeld II, das allerdings auf ein bundeseinheitliches Niveau gebracht wurde. Der Arbeitsmarkt soll durch die Ausdehnung der Probezeit auf 24 Monate bei Neueinstellungen und die Absenkung des Beitrags zur Arbeitslosenversicherung um 2 Prozentpunkte belebt werden. Einig waren sich die Koalitionspartner, die Ende 2004 gescheiterte Föderalismusreform (▶ 17.24) nochmals auf den Weg zu bringen.

Im Sommer 2006 legte die Koalition die Eckpunkte der Gesundheitsreform fest, die in der Koalitionsvereinbarung zunächst ausgeklammert worden war; der Gesetzentwurf wurde Ende Oktober vorgelegt. Auf den Widerstand der Krankenkassen stieß v. a. die beabsichtigte Einführung eines Gesundheitsfonds, der den Risikostrukturausgleich ablösen soll. Er wird aus Beiträgen und Steuermitteln gespeist; die Arbeitgeber werden damit von einer Vielzahl Einzelüberweisungen entlastet. Die Krankenkassen erhalten aus diesem Fonds künftig eine Pauschale pro Versicherten, die unterschiedlichen Risiken werden durch entsprechende Zuweisungen aus dem Fonds ausgeglichen. Mittelfristig soll die Zahl der über 250 Krankenkassen sinken. Die Kassen sollen dazu – auch Kassenarten übergreifend – leichter fusionieren können. Auch die private Krankenversicherung soll nach den Plänen des Ministeriums radikal reformiert werden: Sie soll künftig einen Basistarif mit ähnlichen Leistungen wie die gesetzliche Krankenversicherung und einen Zusatztarif anbieten und für alle zugänglich sein. Arbeitgeber sollen ihren Zuschuss nur noch zum Basistarif zahlen müssen.

▲ *Zwei Wochen nach ihrer Wahl zur deutschen Bundeskanzlerin begrüßt Angela Merkel im Dezember 2005 in Berlin Condoleezza Rice, die Außenministerin der USA*

Die Unternehmenssteuerreform wurde in den Koalitionsverhandlungen auf 2008 vertagt. Als Eckpunkte beschlossen wurden die Senkung der Körperschaftssteuer und deren Umwandlung in eine föderale Unternehmenssteuer, die Senkung der Gewerbesteuer und deren Umwandlung in eine kommunale Unternehmenssteuer, die Ausweitung der Bemessungsgrundlage zur Berechnung der Steuerschuld, die Einführung einer pauschalen Abgeltungssteuer zur Besteuerung der Kapitaleinkünfte und die Reform der Erbschaftssteuer bei Unternehmensfortführungen. Vor allem die Ausweitung der steuerlichen Bemessungsgrundlage stieß bei der Wirtschaft und Teilen der Union auf Widerstand.

17.21 Angela Merkel

Mit der CDU-Vorsitzenden Angela Merkel wählte der Deutsche Bundestag am 22. November 2005 erstmals eine Frau in das Amt des Bundeskanzlers. Angela Merkel wurde am 17. Juli 1954 in Hamburg geboren, noch im gleichen Jahr siedelte die Familie in die DDR um, wo ihr Vater eine Pfarrstelle erhalten hatte; ab 1957 lebte die Familie in Templin. Angela Merkel besuchte die Polytechnische Oberschule und engagierte sich als Schülerin und Studentin in der Freien Deutschen Jugend (FDJ). Nach ihrem Physikstudium arbeitete sie bei der Akademie der Wissenschaften im Zentralinstitut für Physikalische Chemie. Hier promovierte sie auch 1984.

Angesichts der Entwicklung in der DDR schloss sie sich 1989 der Bürgerrechtspartei »Demokratischer Aufbruch« an und wurde 1990 stellvertretende Regierungssprecherin der ersten frei gewählten Regierung der DDR unter Ministerpräsident Lothar de Maizière. In dieser Eigenschaft nahm sie an zahlreichen deutsch-deutschen Verhandlungen teil, bei diesen Gelegenheiten wurde Bundeskanzler Helmut Kohl auf die junge Politikerin aufmerksam. Nach der deutsch-deutschen Vereinigung 1990 holte er Merkel als Bundesministerin für Familie, Frauen und Jugend in sein Kabinett, vier Jahre später wurde sie Ministerin für Umwelt und Reaktorsicherheit. Im August 1990 trat Merkel der CDU (Ost) bei, bereits im Dezember 1991 wurde sie zur stellvertretenden Bundesvorsitzenden gewählt.

Die unspektakulär und schüchtern wirkende Politikerin fand sich schnell in das Bonner Machtgefüge ein. Als nach der Bundestagswahl von 1998 der Posten des CDU-Generalsekretärs neu besetzt werden musste, schlug Kohls Nachfolger als Parteivorsitzender, Wolfgang Schäuble, sie für dieses Amt vor. In dieser Funktion beteiligte sich Angela Merkel an der Aufarbeitung der CDU-Spendenaffäre und sorgte für die »Abnabelung« vom Parteipatriarchen Kohl. Da Schäuble selbst in die Affäre verstrickt war, musste er als Parteivorsitzender zurücktreten, seine Nachfolge trat im Jahr 2000 Angela Merkel an, die damit die erste Frau an der Spitze einer der bundesdeutschen Parteien war. Instinktsicher baute sie ihre innerparteiliche Machtposition aus und erzwang nach der Bundestagswahl 2002 für sich den Fraktionsvorsitz der CDU/CSU im Bundestag. In den Koalitionsverhandlungen mit der SPD nach der Bundestagswahl 2005 setzte sie erfolgreich den Führungsanspruch ihrer Partei und ihren Anspruch auf das Kanzleramt durch. Als Kanzlerin der Großen Koalition profitiert sie auch von der Fähigkeit zu moderieren und gegensätzliche Positionen zusammenzuführen, die sie in ihren bisherigen politischen Ämtern bewiesen hat.

17.22 Iran und Libanon – Brennpunkte deutscher Außenpolitik

Mit dem Amtsantritt des Präsidenten Mahmud Ahmadinejad am 3. August 2005 hatte sich das konservative Lager in Iran auf ganzer Linie durchgesetzt, was sich in einem radikalen außenpolitischen Kurswechsel verdeutlichte. Iran pochte jetzt v. a. nachdrücklich auf sein Recht einer eigenständigen Atompolitik; auch die im Vertrag zur Nichtverbreitung von Atomwaffen festgelegten, unangemeldeten Kontrollen durch die Internationale Atomenergiebehörde IAEA wollte Iran nicht mehr bedingungslos hinnehmen.

Im Auftrag der EU bemühten sich Deutschland – einer der wichtigsten Handelspartner Irans –, Großbritannien und Frankreich im Streit um Irans Programm zur Urananreicherung um eine diplomatische Beilegung des Konflikts. Vor allem den USA gilt die Urananreicherung als Vorstufe zur Entwicklung von Kernwaffen. Provokante Äußerungen Irans – auch zur Vernichtung Israels – und der USA bewirkten eine Konfliktdynamik, die eine Lösung zunehmend erschwerte. Den russischen Vorschlag, Iran solle mit russischer Hilfe eine Anreicherung auf »neutralem Boden« gestattet werden, lehnte Iran, aber auch Washington ab. Anfang Juni 2006 vollzog die Regierung Bush jedoch eine Kehrtwende: Sie kündigte an, sich an den Verhandlungen über ein iranisches Atomprogramm beteiligen zu wollen; mögliche Sicherheitsgarantien für Iran untermauerten das Angebot.

Am 31. Juli 2006 beschloss der UN-Sicherheitsrat eine Resolution, in der Iran aufgefordert wird, die Auflagen der IAEA einzuhalten und die Urananreicherung einzustellen. Nachdem Iran die bis zum 31. August eingeräumte Frist hatte verstreichen lassen, wurden neue Gespräche mit den iranischen Vertretern geführt. Zusätzliche Brisanz erfuhr der Konflikt mit Iran durch den Atomtest, den Nord-Korea im Oktober 2006 durchführte.

Zur Sicherung der Grenzen Libanons von See her entsandte Deutschland im September 2006 Einheiten der Bundesmarine. Vorausgegangen war ein Krieg, in dem Israel v. a. durch Luftangriffe große Teile der libanesischen Infrastruktur zerstörte und in dem die schiitische Hisbollah, eine von Iran und Syrien unterstützte politisch-militärische Organisation, vom Südlibanon aus mehrere Tausend Kurzstreckenraketen auf den Norden Israels abfeuerte. Anlass der israelischen Offensive war die Entführung zweier israelischer Soldaten durch die Hisbollah am 12. Juli 2006. Nach zunächst erfolglosen internationalen diplomatischen Bemühungen brachte erst die Resolution 1701 des UN-Sicherheitsrats vom 11. August 2006 ein Ende der Gewalt. Sie sah u. a. die Entwaffnung aller bewaffneten Gruppen im Libanon mit Ausnahme der libanesischen Armee und eine Aufstockung der bereits im Südlibanon stationierten UN-Truppen von 2 000 auf 15 000 Mann vor.

Um eine Beteiligung der Bundeswehr an dieser UN-Mission entwickelte sich eine heftige

Diskussion in Deutschland. Einige meinten, angesichts der deutsch-jüdischen Vergangenheit müsse auf jeden Fall ausgeschlossen werden, dass sich deutsche und israelische Soldaten gegenüberstehen, doch Israels Ministerpräsident Olmert bat ausdrücklich um die Beteiligung deutscher Soldaten. Angesichts der übrigen Auslandseinsätze (Bosnien, Kosovo, Afghanistan, Horn von Afrika, Kongo) befürchteten manche eine Überforderung der Bundeswehr. Umfragen ergaben, dass die Deutschen mehrheitlich gegen den Einsatz waren. Jedoch in der Überzeugung, sich ihrer internationalen Verantwortung nicht entziehen zu können, beschloss die Bundesregierung am 13. September 2006, der UN-Truppe für den Libanon 2400 Soldaten zur Grenzsicherung zur See (Verhinderung von Waffenschmuggel) zur Verfügung zu stellen. Der Bundestag stimmte mit Mehrheit am 20. September 2006 zu.

17.23 Familienpolitik erhält Priorität

Der seit 1965 stetige Geburtenrückgang in der Bundesrepublik hatte jahrzehntelang kaum politische Konsequenzen. Lag die Geburtenrate 1915 noch bei 2,92 Kindern je Frau, sind es im statistischen Mittel heute nur noch 1,4 Kinder. Dies bedeutet, dass die Elterngeneration nur noch zu 67 % ersetzt wird. Dieser demographische Wandel hat schwerwiegende Auswirkungen, nicht zuletzt auf die Stabilität der Renten- und der Krankenversicherung.

Im familienpolitischen Teil des Koalitionsvertrags vom 11. November 2005 verabredeten CDU/CSU und SPD daher eine deutliche Stärkung der Familie, unabhängig davon, wie sich die Familie zusammensetzt: »Unser Ziel ist eine ganzheitliche Politik für Familie, Senioren, Frauen und Jugend, die den Zusammenhalt der Generationen und damit der gesamten Gesellschaft fördert und stärkt. [...] Familien sind Leistungsträger der Gesellschaft.«

Beruf und Familie sollen besser vereinbar werden, u. a. durch den Ausbau der Kinderbetreuung. Ausdrücklich sehen die Koalitionspartner in der gesetzlich geregelten Betreuung der Kinder unter drei Jahren eine unabweisbare gesellschaftspolitische Aufgabe. Die Bildungschancen der Kinder sollen nicht durch die Herkunft bestimmt werden. Aufgenommen wurde auch ein Vorschlag der ehemaligen Familienministerin Renate Schmidt, die zur wirtschaftlichen Sicherung der Familien ein Elterngeld gefordert hatte. Es wird zum 1. Januar 2007 eingeführt und beträgt für zwölf Monate jeweils 67 % des vorherigen pauschalierten Nettoeinkommens des Elternteils (maximal 1 800 Euro), der für die Betreuung des Kindes auf eine Erwerbstätigkeit verzichtet. Weitere zwei Monate Elterngeld erhält der andere Elternteil, wenn er in dieser Zeit für die Betreuung des Kindes auf Erwerbstätigkeit verzichtet.

▲ *Familienpolitik hat einen neuen Stellenwert erhalten. Die Abbildung aus dem Jahr 2004 zeigt ein Ehepaar aus Sachsen mit seinen Drillingen Yvonne, Ines und Mario. Für Kinder, die nach dem 31. Dezember 2006 geboren werden, kann Elterngeld beantragt werden; bei Mehrlingsgeburten erhöht es sich um monatlich 300 € für jedes weitere Kind*

Ebenfalls ins Blickfeld geraten ist in diesem Zusammenhang die Gleichstellung von Mann und Frau. Kinder sollen kein Hindernis für Beruf und Karriere sein, Frauen sollen deshalb nach dem Willen der Großen Koalition einen besseren Zugang zu existenzsichernder Erwerbsarbeit und bessere Aufstiegsmöglichkeiten erhalten.

17.24 Föderalismusreform

Im Bestreben, die Modernisierung von Staat und Gesellschaft der Bundesrepublik voranzutreiben, hatte die Große Koalition aus CDU/CSU und SPD Ende der 1960er-Jahre die Gemeinschaftsaufgaben eingeführt und im Grundgesetz verankert, die von Bund und Ländern gemeinsam betrieben und finanziert wurden (▶ 14.7). In der Folge verwischte sich die Trennung zwischen Bundes- und Länderaufgaben immer stärker, und es kam zu einer übermäßigen Verflechtung von Kompetenzen. Zudem war die Zahl der Gesetze, die der Zustimmung auch des Bundesrates bedürfen, nach dem Grundgesetz so gewachsen, dass der Gesetzgebungsprozess zu stocken drohte, insbesondere dann, wenn Bundestag und Bundesrat unterschiedliche politische Mehrheiten aufwiesen. Die Entscheidungswege in Deutschland waren – auch angesichts des zusammenwachsenden Europa – zu lang und zu kompliziert geworden.

Im Oktober 2003 setzten daher Bundestag und Bundesrat eine gemeinsame Kommission unter dem Vorsitz von Edmund Stoiber und Franz Müntefering ein, die Vorschläge für eine grundlegende Reform des föderalen Staatsaufbaus vorlegen sollte. Eine Neuverteilung der Zuständigkeiten zwischen Bund und Ländern sollte deren Handlungs- und Entscheidungsfreiheit, Zweckmäßigkeit und Effizienz bei der Erfüllung der Aufgaben sichern und die politische Verantwortung deutlich werden lassen. Die Kommission konnte sich jedoch bis zur abschließenden Sitzung am 17. Dezember 2004 nicht auf einen gemeinsamen Entwurf einigen – trotz der Übereinstimmung in vielen Einzelfragen.

Im Koalitionsvertrag der Großen Koalition vom 11. November 2005 wurde daher die Föderalismusreform erneut auf die Agenda gesetzt. Ende Mai/Anfang Juni 2006 verabschiedeten Bundestag und Bundesrat die Reform, die v. a. die Artikel 72, 74, 74 a, 75, 91 a, 104 a, 105 und 109 des Grundgesetzes betrifft.

Künftig kann der Bund die Errichtung von Bundesbehörden und die Erledigung von bundesstaatlichen Verwaltungsaufgaben ohne Mitwirkung des Bundesrats regeln. Allerdings erhalten die Länder das Recht, in Fragen der Verwaltungsorganisation von den Vorgaben des Bundes abweichen zu können. Bundesgesetze mit finanziellen Folgen für die Länder bedürfen künftig der Zustimmung des Bundesrats.

Abgeschafft wurde die Rahmengesetzgebung und die diesem Bereich zugewiesenen Materien wurden zwischen Bund und Ländern neu aufgeteilt. Auf die Länder wurden u. a. folgende Kompetenzen verlagert: Versammlungsrecht, Strafvollzug, Heimrecht, Ladenschluss, Hoch-

◀ *Über ihre Beratungsergebnisse informieren die Ministerpräsidenten der Länder im Dezember 2005 Bundeskanzlerin Merkel, Vizekanzler Müntefering und Bundesbildungsministerin Schavan*

▲ *Straßen und Plätze in Deutschland waren voller schwarz-rot-goldener Fahnen während der Fußball-Weltmeisterschaft im Juni und Juli 2006. Die Abbildung zeigt jubelnde Fans am 14. Juni auf dem Augustusplatz in Leipzig*

schulrecht, Besoldung, Versorgung und Laufbahnrecht der Landesbeamten und -richter.
Die Mischfinanzierung wurde deutlich verringert, die Voraussetzungen für Finanzhilfen des Bundes wurden deutlich verschärft. In einem weiteren Reformschritt sollen die Finanzbeziehungen zwischen Bund und Ländern neu geordnet und der Länderfinanzausgleich neu gestaltet werden.

17.25 Zu Gast bei Freunden – Fußballweltmeisterschaft 2006

Nach jahrelangen Vorbereitungen wurde am 9. Juni 2006 in München das Eröffnungsspiel der Fußballweltmeisterschaft 2006 zwischen Deutschland und Costa Rica angepfiffen. Bis zum Endspiel zwischen Frankreich und Italien am 9. Juli in Berlin fanden 64 Spiele statt, die deutsche Nationalmannschaft errang einen ehrenvollen dritten Platz in diesem Wettbewerb.

Im Vorfeld des Fußballereignisses hatte es wegen möglicher rassistischer und nationalistischer Ausschreitungen Befürchtungen und Warnungen an ausländische Fußballfans gegeben, bestimmte Gebiete in Deutschland zu meiden. Die Polizeibehörden der beteiligten Länder tauschten die Daten bekannter Hooligans aus; ihnen sollten der Zutritt zu den Spielstätten und die Einreise nach Deutschland möglichst untersagt bleiben. Besorgnis bei den Sicherheitsbehörden erregte auch das Missverhältnis zwischen vorhandenen Karten (rund 3 Mio.) und Kartenwünschen (rund 50 Mio.). Befürchtet wurde, dass sich die Fans aus Frustration und Verärgerung zu Ausschreitungen hinreißen ließen. Der Vorschlag, in den großen Städten öffentliche Übertragungen der Spiele (»Public Viewing«) zu ermöglichen, stieß zunächst auf wenig Gegenliebe. Das Organisationskomitee und der Weltverband FIFA erwiesen sich in diesem Punkt als recht unflexibel.
Mit dem Beginn der Weltmeisterschaft war von Sicherheitsbedenken und Verärgerung der

Fans nicht mehr viel zu spüren. Attraktive Spiele, die Möglichkeit des Public Viewing an ausgewählten Plätzen, verbunden mit zusätzlichen, einfallsreichen Attraktionen der Städte, ließen die Fans aller Nationalitäten gemeinsam ein rauschendes Fest feiern. Die deutschen Farben waren zwar an zahlreichen Fahrzeugen zu sehen und zeugten von der Identifikation mit der Nation(almannschaft), die an den sportlichen Erfolgen der deutschen Mannschaft wuchs, rassistische Ausschreitungen blieben jedoch aus.

Auffällig war das Interesse der Frauen an der Weltmeisterschaft. Zwar feiern Frauenfußballmannschaften seit einigen Jahren schon große Erfolge, doch wurden Frauen als Fußballfans in der Öffentlichkeit kaum wahrgenommen. Jetzt eroberten sie sich jedoch die Stadien bzw. die Plätze des Public Viewing. Ihr Interesse hat nach Meinung der Soziologen mit dazu beigetragen, dass der »Machosport« Fußball spielerischer wurde.

Die Welt staunte über die Deutschen: Statt eines verbiesterten Volkes war eine fast südländische Gelassenheit und Heiterkeit zu spüren. Optimismus – auch über das Ende der Weltmeisterschaft hinaus – bestimmte die Grundhaltung.

Daten

Juli 1997	Ein »Jahrhunderthochwasser« der Oder verursacht in Teilen Brandenburgs, Polens und Tschechiens eine Naturkatastrophe
27. Sept. 1998	Die SPD gewinnt mit 40,9 % der Zweitstimmen die Bundestagswahlen und bildet mit Bündnis 90/Die Grünen (6,7 %) eine Koalitionsregierung unter Bundeskanzler Gerhard Schröder. CDU/CSU (35,1 %) und FDP (6,2 %) gehen in die Opposition, die PDS erreicht 5,1 %
25. Febr. 1999	Der Bundestag stimmt dem Einsatz der Bundeswehr im Kosovo zu
23. Mai 1999	Als Kandidat von SPD und Bündnis 90/Die Grünen wird Johannes Rau zum Bundespräsidenten gewählt; Amtsantritt am 1. Juli 1999
6. Juli 2000	Der Bundestag verabschiedet ein Gesetz zur Stiftung »Erinnerung, Verantwortung und Zukunft« für die Entschädigung ehemaliger Zwangsarbeiter des nationalsozialistischen Regimes
30. Jan. 2001	Die Bundesregierung reicht beim Bundesverfassungsgericht einen Antrag auf Verbot der NPD ein
16. Nov. 2001	Der Bundestag beschließt, 3 900 Bundeswehrsoldaten für den Kampf gegen den internationalen Terrorismus (v. a. in Afghanistan) bereitzustellen
1. Jan. 2002	Der Euro löst die Deutsche Mark als Zahlungsmittel ab
August 2002	Eine »Jahrhundertflut« am Oberlauf der Elbe und ihren Zuflüssen verursacht Schäden in Milliardenhöhe
22. Sept. 2002	Bei den Bundestagswahlen gewinnen SPD (38,5 %) und Bündnis 90/Die Grünen (8,6 %) knapp vor CDU/CSU (38,5 %) und FDP (7,4 %) und setzen ihre Koalition fort
Jan. bis April 2003	Deutschland nimmt im UN-Sicherheitsrat zusammen mit Frankreich und anderen Staaten eine Gegenposition zur amerikanischen Irakpolitik ein; das deutsch-amerikanische Verhältnis ist erheblich belastet
14. März 2003	Bundeskanzler Schröder legt die »Agenda 2010« vor
1. Mai 2004	Zehn neue Staaten werden Mitglied der Europäischen Union
23. Mai 2004	Als Kandidat von CDU/CSU und FDP wird Horst Köhler zum Bundespräsidenten gewählt; Amtsantritt am 1. Juli 2004
26. Jan. 2005	Das Bundesverfassungsgericht verwirft das Bundesgesetz zum Verbot von Studiengebühren, da dem Bund dafür die Gesetzgebungskompetenz fehlt
10. Mai 2005	Das Holocaustmahnmal in Berlin wird eingeweiht
22. Mai 2005	Bei den Wahlen in Nordrhein-Westfalen wird die SPD nach 39 Jahren von der Regierung abgelöst; Bundeskanzler Schröder und SPD-Vorsitzender Müntefering sprechen sich für vorgezogene Neuwahlen zum Bundestag aus
19. Juli 2005	14 der 16 Bundesländer beschließen, den unstrittigen Teil der Rechtschreibreform zum 1. August 2006 einzuführen
18. Sept. 2005	Bei den Bundestagswahlen erreichen weder Rot-Grün noch Schwarz-Gelb eine Mehrheit: CDU/CSU 35,2 %, SPD 34,2 %, FDP 9,8 %, Linkspartei.PDS 8,7 %, Bündnis 90/Die Grünen 8,1 %
Okt. 2005	Das für den Menschen gefährliche Vogelgrippevirus H5N1 erreicht Deutschland; Umweltminister Trittin ordnet die Stallpflicht für Geflügel an
22. Nov. 2005	Die CDU-Vorsitzende Angela Merkel wird mit den Stimmen von CDU/CSU und SPD zur Bundeskanzlerin der zweiten Großen Koalition gewählt
9. Juni 2006	Die Fußballweltmeisterschaft in Deutschland wird eröffnet
12. Juli 2006	Die Große Koalition verabschiedet ihre Eckpunkte zur Gesundheitsreform
1. Sept. 2006	Föderalismusreform: Die Änderungen des Grundgesetzes treten in Kraft
20. Sept. 2006	Der Bundestag stimmt der Entsendung von 2 400 Soldaten der Bundesmarine in den Nahen Osten im Rahmen eines UN-Mandats zu

Personenregister

Vorbemerkung

Die angegebenen Seitenzahlen beziehen sich auf Personennamen, die im Text genannt sind (in Normalschrift), die in einem eigenen Artikel behandelt werden (in fett gedruckter Schrift) und die in Bildunterschriften vorkommen bzw. auf einem Bild dargestellt sind (in Kursivschrift).

A

B

C

D

E

F

G

H

I

J

K

L

M

N

O

P

R

S

T

U

V

W

Y

Z

Sachregister

Vorbemerkung

Das Sachregister enthält eine Auswahl historischer Sachbegriffe und geographischer bzw. historisch-geographischer Namen.
Bei häufig genannten Verfassungsorganen (z. B. Bundeskanzler, Reichstag) wurden nur die Nennungen aufgenommen, die das betreffende Stichwort charakterisieren.
Die Seitenzahlen sind bei im Text genannten Stichwörtern in Normalschrift, bei in einem eigenen Artikel behandelten Begriffen in fett gedruckter Schrift und bei in Bildunterschriften vorkommenden oder auf Bildern dargestellten Sachverhalten kursiv gesetzt.

A

B

C

D

E

F

H

I

J

L

M

N

O

P

Q R

S

T

U

V

W

X Y Z

Bildquellenverzeichnis

aisa, Archivo iconográfico, Barcelona *43, 49, 99*
Akademie der Wissenschaften und der Literatur – Mainz, CVMA Deutschland, Freiburg im Breisgau *82*
akg-images, Berlin *28, 145, 275*
Archiv der sozialen Demokratie der Friedrich-Ebert-Stiftung, Bonn *172*
The Associated Press, Frankfurt am Main *311, 335, 443, 471*
Bayerische Staatsbibliothek, München *78*
Bertelsmann Chronik Verlag, Gütersloh *301, 321*
Bibliographisches Institut & F. A. Brockhaus, Mannheim *19, 23, 24, 27, 34, 35, 36f., 42, 58, 60, 75, 77, 101, 102, 111, 112, 117, 119, 125, 130, 136f., 139, 142, 144, 146, 161, 174f., 181f., 187, 194, 208, 214f., 224, 235, 238, 255, 282, 290, 293, 299, 308, 318, 319, 320, 331, 333, 338, 346, 356, 407, 412, 447, 453, 468, 484*
Bibliothèque Nationale de France, Paris *33*
Bildarchiv Preußischer Kulturbesitz, Berlin *75, 79–81, 120, 127, 150, 156f., 169, 232, 237, 243, 265, 274, 289*
Bundesarchiv, Koblenz *240*
Bundesbildstelle, Berlin *343, 353, 373*
J.-L. Charmet, Paris *159*
© CORBIS/Royalty-Free *451*
CORBIS Bettmann Archive, London *427*
Deutsche Burgenvereinigung e. V., Braubach am Rhein *72*
Deutsches Historisches Museum, Berlin *85, 168, 192, 207, 218, 223, 270, 316, 335, 337, 349, 370, 477*
Dommuseum, Salerno *48*
Prof. W. Fritz, Köln *61*
Gamma, Studio X, Limours *417*
Germanisches Nationalmuseum, Nürnberg *66, 109*
Bridgeman Giraudon *20, 339*
Gruner & Jahr, München *457*
Historisches Archiv der Deutschen Bank, Frankfurt am Main *188*
Historisches Museum der Stadt Wien *203*
images.de digital photo, Berlin *376*
Jürgens, Ost + Europa Photo, Berlin *45, 419*
Keystone Pressedienst, Hamburg *345, 359, 416, 440*
Kölnisches Stadtmuseum, Köln *206*
Kulturgeschichtliches Museum, Osnabrück/ C. Grovermann, Foto Strenger, Osnabrück *82*
Kunsthistorisches Museum, Wien *40*
Prof. Dr. P. Kurmann, Pieterlen, Schweiz *92*
Kurpfälzisches Museum, Heidelberg *116*

LMZ Baden-Württemb
Albrecht Brugger, S
G. Mester, Wiesbaden
Münchner Stadtmuse
Musée d'Histoire Con
Museum Burg Linn, K
Neues Schloss, Baden
Photographies M. et C
Österreichisches Sta
Staatsarchiv, Wie
Photo Digital, Münc
picture-alliance/akg
Main *26, 29, 32, 4*
93f., 96, 98, 104f
150, 153f., 158, 16
198, 205, 210, 21
250, 252–254, 26
276–278, 280, 2
309, 312, 315, 31
362, 369, 371, 38
picture-alliance/d
295, 330, 334, 3
390, 398, 400–
428f., 436–439
469, 473–475,
picture-alliance/
Main *265*
Bildarchiv Schne
Sven Simon Fot
Staatsarchiv Bre
Stadtarchiv Frei
Stiftsbibliothek
Süddeutscher V
294, 472
ullstein bild, B
385, 396, 40
ullstein bild/
226, 239, 28
Universität u
Leipzig *8*
The Yorck Pr
R. Zöller, Kö

Künstl

© VG Bild-
The Heartf
Kunst,

Le *jambo* ou la confrontatio

Tout le monde veut s'affirmer. Le r
l'argent. Quand le gâteau à partager es
pour chaque miette. Ça commence au
provisions sur la tête, je visite tous les
fruits et légumes sont étalés à même le
ma mère à vendre ses tomates le soir
toutes les femmes, elle achète ses frui
au marché central et les revend dans l
femme m'interpelle :

– Hé, petit, viens par ici. C'est comb

Je n'ai pas le temps de répondre. Ab
accourt :

– Les siennes sont pourries, prenez l
mieux.

Forcément, on se bagarre et la client
un centime.

Voilà le marché, mais c'est cent fois p
Mes amis passent me chercher :

au Cameroun. Près de dix mille famille
entassées dans des vieilles baraques don
à la première pluie. Les maisons mal e
unes sur les autres. Tout le monde s'ép
gens vivent à dix dans deux pièces. L
soûlards pénètre à travers les planches da
« sanitaires » sont dehors, et on va puise
au puits, à la force des bras. Bienvenue

Ici, tu trouves de tout : des drogués, d
au jeu, des dealers, des filles de joie, des
des passeurs. Le quartier est contrôlé p
petites frappes armées de couteaux, qui
tion en pleine rue et en plein jour, sans
police est réfugiée dans son commissar
plainte, tu devras payer pour qu'on pre
prier pour qu'on ne te livre pas aux Rus

Mon pote, un conseil : ne t'aventur
labyrinthe, tu te retrouverais à poil en q

Deuxième joue, deuxième claque

Mon père a reçu une éducation catholique, c'est un saint, baptisé, communié et confirmé. Si tu le vois, à son premier pas, à la façon dont il te salue, tu comprends que c'est un homme bon. Seulement en Afrique, quand tu te comportes bien, tu es pauvre. Un jour je lui ai dit que, s'il avait été Jésus, ça aurait pu marcher : dommage qu'il ait été un simple humain.

Nous sommes très proches, mon père et moi, nous papotons tous les soirs, il me confie tout. Il est intransigeant sur mon éducation et veut que je fréquente l'école : je suis le fils aîné. Lui n'a pas pu y aller, il a bidouillé l'électricité et maintenant conduit le gérant de la poissonnerie. Il a plein de principes, et il croit encore à la morale. Il veut m'éloigner de l'argent et ma présence au marché après les cours, pour aider ma mère, est source de discorde à la maison. Lui a de l'ambition pour moi, il me voit faire un doctorat à l'université. On blague souvent autour d'un garçon du quartier, une légende. Un gars pauvre qui étudiait dur au lieu de parier, et qui travaille maintenant chez Guinness. Je n'ai jamais su s'il existait en vrai.

Tous les jours, ma mère est en colère contre mon père. La raison principale : l'argent. Elle se plaint, gémit, hurle : tant de misère, ce n'est pas possible. Comment peut-il se laisser si mal payer par son patron au point de ne pas pouvoir assurer la ration nécessaire à sa famille ? Les accusations de ma mère glissent sur lui sans jamais l'atteindre. Il garde un air impassible, comme si elle n'avait rien dit. Cette indifférence excite encore la colère de ma mère : est-il possible d'avoir à ce point renoncé à se battre ? Mon père ne répond jamais. Il m'a appris cette vérité : c'est le silence qui fait l'âme d'un être humain.

Le soir, il rentre avec sa baguette sous le bras. Je vais au-devant de lui et l'aide à porter son sac. Un jour, il refuse de me le donner. Il dit que ça lui fait de l'exercice. Ce n'est que le lendemain que je comprends la vraie raison : son patron lui a confié des sommes très importantes pour qu'il les transporte à la banque de Yaoundé. Mon père l'a fait. Tu te rends compte ? Il me raconte ça comme ça ! Évidemment, ça me choque. Je me dis : « Il est fou. » Tu as entre les mains assez d'argent pour mettre toute ta famille à l'abri : tu le prends ! Son patron est déjà un gros homme, il a trois enfants aux États-Unis. Ce n'est pourtant pas compliqué, tu prétends avoir subi un vol, une agression, et tu achètes une petite maison pour nous, tu payes l'école aux trois de tes quatre enfants qui n'y vont pas. Mais non ! Jamais pour nous.

Mon père a sagement exécuté la tâche qui lui était confiée et il en est fier. Est-ce qu'on récompense la loyauté quelque part ? Je ne sais pas. En tout cas, pas en Afrique. Ce n'est pas compliqué : si tu tends la deuxième joue, tu reçois la et se démène pour dénicher les ingrédients et les préparer. Je partage le repas avec ma voisine maigrichonne qui n'a rien à manger, et parfois avec la voisine plus grasse lorsque ses parents, retenus au travail, ne passent pas.

Dans le couloir, j'entends la mère de la maigrichonne et la mienne se plaindre, pleurer, piaffer, *tchiper*. Ça fait un sacré vacarme, deux femmes camerounaises : elles transforment l'hôpital en auditoire de leur complainte. Elles se demandent ce qu'elles ont fait au ciel et se repentent d'avoir épousé des maris pauvres.

– Le mien, il a arrêté de se battre, il se contente de prier Dieu.

Tu visualises la scène ? C'est leur façon de se défouler, mais c'est aussi une technique redoutable. À force d'entendre casser les oreilles de tout l'hôpital, la mère de la voisine grasse prend pitié de nous et demande à son mari de payer ma facture. C'est comme un mystère de la vie, quelqu'un qui arrive juste avant que tu ne te fracasses, et accepte de signer le chèque.

Le médecin, avec son regard bienveillant, m'annonce que je vais sortir. Il m'explique que je ne dois plus jamais prendre les sucettes glacées vendues au terrain de football du quartier ; sinon, je vais revenir avec la typhoïde ou le choléra, et je risque de mourir pour de bon. Et si les anges me repoussent une fois de plus, ce sont mes parents qui périront de dettes et de chagrin d'avoir un fils si bête. Son regard est puissant, le ton de sa voix calme, mais ferme. Il m'a fait promettre et j'ai promis. Je n'ai pas tenu quinze jours.

Planteur de chou

Tu me demandes ce qui aurait pu me faire rester, je te réponds sans hésitation : l'école. Je suis passé au collège, j'ai cette chance-là. À onze ans, mes trois amis Polusson, Armel et Bâtiment arrêtent. Ma sœur aînée non plus ne va pas au collège : mes parents n'ont pas assez d'argent. Elle travaille tous les jours avec ma mère, et coiffe des filles du quartier devant chez nous. Seul le fils aîné poursuit les études. Ça me met la pression, l'inscription se calcule en repas du soir supprimés.

Voilà comment ça se passe : le professeur dicte son cours. Nous devons l'apprendre par cœur et il nous interroge. Nous ingurgitons les leçons dans notre cerveau comme on goinfre des animaux. Ma chance, c'est que j'ai une mémoire prodigieuse. Je retiens tout ce que j'entends. Je n'ai pas trop à travailler pour avoir de bonnes notes. Par contre, je suis souvent puni. Un jour où je discute avec ma voisine, en cours d'anglais, le professeur nous surprend. Il me fait venir au tableau et me fouette dix fois le derrière avec sa ceinture.

Puis il me demande de faire le *planteur de chou*. Je suis dans un coin, je dois toucher le sol avec mon doigt, tout en levant une jambe.

– Tu vas rester comme ça une demi-heure dans la position que connaissent les enfants qui travaillent dans les champs.

Autant te dire que tu ne pipes plus un mot de la journée quand tu as souffert dans cette position qui te vrille les muscles. Les retards aussi sont sanctionnés : le soir nous devons essuyer toutes les tables-bancs, passer l'eau et la serpillière dans les classes et nettoyer les toilettes. L'établissement ne paye pas de femmes de ménage.

En cours de français, nous étudions des œuvres. Comme je n'ai pas les livres, j'ai beaucoup de mal à suivre. En sixième, l'enseignante met dehors les élèves dépourvus. Je sors sans regret : je n'aime pas le français. J'escalade alors la barrière de l'école et pars rejoindre les copains au *jambo*.

L'école a quand même un pouvoir magique. Elle te permet de progresser et de prendre confiance en toi. Je dois beaucoup à mon professeur de mathématiques, un vieux monsieur avec des cheveux blancs et des cernes sous les yeux. Il maîtrise bien son cours et parle sans notes. J'aime cette matière : je calcule vite et adore résoudre des problèmes. Le professeur m'interroge souvent, ça lui sert de test pour savoir si la classe a compris. Pour Noël, il m'offre le manuel de mathématiques. C'est un piège : à partir de ce jour, en plus de tous les exercices, il me pousse à étudier la section « Pour aller plus loin » que propose le manuel.

Selleur à gages

Certains enfants sont déposés au collège par leurs parents à moto. C'est un choc de culture.

Pourtant, c'est mon côté *bad boy* qui me permet de m'intégrer vraiment. Nous sommes au milieu de l'année de cinquième. L'un des camarades joue les voleurs. Il s'appelle Anaba et vit à New Town au carrefour Elf, haut lieu de prostitution, près de l'aéroport international de Douala. L'une des filles les plus riches, Marie, a apporté un iPod au collège. Ça fait l'animation dans la classe, l'appareil circule de mains en mains. Quand Anaba le prend à son tour, il retire la carte mémoire avant de le rendre à la jeune fille. Ce n'est qu'une heure après qu'elle s'aperçoit que son appareil ne fonctionne plus : elle pleure. Anaba ne veut pas rendre la carte. Il va la revendre et avec les sous il pourra jouer au *jambo*.

Marie se lamente : c'était un cadeau pour son grand frère. Elle vient me trouver, sans doute parce que j'ai la réputation d'être bagarreur. Elle me demande de parler à Anaba, de lui dire qu'elle est prête à le payer pour qu'il rende la carte. Au début je n'ai pas envie, je ne suis pas un justicier et je ne me mêle pas des affaires des autres ; mais ça me flatte qu'une fille riche me demande un service. À l'intercours, je vais vers Anaba :

– Est-ce que tu peux *back le wéé de la ngar*[5] ?

– En quoi c'est ton problème ?

– Elle va *te chou colo*[6].

– *Quitte devant moi*[7].

Comme je ne bouge pas, il me gifle si fort que je retombe sur le banc. Je veux répondre mais deux autres garçons, Jivé et Bao – des amis de Marie –, m'arrêtent. Anaba chauffe dans son coin. Il crie, s'agite et ricane : il joue le mec sûr de lui. Tu t'imagines bien que je ne peux pas me laisser baffer par un gars de New Town sans réagir.

À onze heures, il veut escalader le mur pour sécher les cours. Aucun surveillant en vue. Je le suis discrètement et, quand il commence à grimper, je me précipite sur lui pour le faire trébucher. Au sol, je laisse parler les cours de judo de mon oncle : je lui tords le bras, jusqu'à ce qu'il me dise où est la carte mémoire… dans son caleçon. Je la rends à Marie et deviens un héros dans la classe. À partir de ce jour, Bao et Jivé, avec leur ami Yaya, me disent de m'installer à côté d'eux en cours. Sans être riches, ils viennent de milieux plus aisés que moi. Le grand frère de Bao étudie en France grâce à l'église. Ils ont tous les livres et me permettent de recopier les cours. Je commence à traîner avec eux, sans délaisser mes

5. « Est-ce que tu peux rendre le truc de la fille ? »

6. « Elle va te donner mille francs. »

7. « Dégage. »

amis du quartier. Le midi, nous partageons le repas dans un marché en face de l'établissement. Ils deviennent mes *potes durs*. La preuve, je me frappe le cœur quand je parle d'eux devant toi. Ce sont des relations africaines, franches et fraîches, parfois un peu violentes. On se parle durement, comme des chiens qui aboient les uns contre les autres. On se compare, se renifle et se vanne, mais il y a entre nous plus de tendresse que derrière bien des sourires courtois et hypocrites. Le midi, nos discussions portent évidemment sur le foot et les filles.

Bao, c'est un dragueur de feu. Il a le sens du compliment, il sait flatter les demoiselles. Il me tape l'épaule et me glisse à l'oreille, en désignant une fille aux jolies formes :

– Hé, tu as vu le poulet, là ? Vas-y mon pote, chasse, chasse, faut chasser, il est pour toi.

Je lui réponds :

– Toi tu es vraiment *un selleur à gages*[8].

Jivé, c'est le pote qui te donne le faux courage. Il t'allume pour que tu ailles aborder une fille, puis se débine quand il faut se lancer.

– Vas-y, mec, je te suis, lance-toi, je suis avec toi ! me dit-il avec un sourire coquin quand il s'agit de draguer Marie.

– Toi tu *tchouques le rhoni*[9], mon pote.

C'est ce que je lui dis quand je reviens après qu'il m'a laissé y aller seul.

Yaya, c'est le très bon copain, excellent en classe mais plus en retrait, timide, même inhibé avec les filles.

8. « Un gros dragueur. »
9. « Tu me donnes des faux espoirs. »

– Mec, je ne crois pas qu'elle soit *free*[10], cette fille-là.

De mon côté, je suis entreprenant avec les demoiselles : je me lance pour leur parler. Je reçois de gros râteaux, comme avec Marie, la fille à qui j'ai porté secours, qui me dit juste avant d'entrer en cours de physique :

– Je t'aime bien comme ami, mais tu n'es pas trop mon genre d'homme.

Dans l'heure qui suit, mes potes s'en donnent à cœur joie :

– Mec ! Tu es un poisseux ! Un poisseux ! commence Jivé à ma gauche.

– Un gros poisseux ! ajoute Yaya, juste devant moi.

– Il faut que tu t'assoies plus loin, ça sent trop la poisse par ici, conclut Bao.

Moi je leur réponds sans me laisser faire :

– Les gars, c'est *free*, c'est *free*, je sais que je suis un poisseux, mais moi au moins j'essaye.

Le professeur m'entend répondre et je suis bon pour une demi-heure dans la position du planteur de chou. Tu imagines la tête de mes copains, hilares ! Ils murmurent avec leur bouche : « Un poisseux, un poisseux », tandis que je tiens mon doigt au sol et ma jambe en l'air.

Je continue d'être très assidu et travailleur en mathématiques, mais je sèche les cours que je ne trouve pas intéressants : français, histoire-géographie et espagnol.

À la fin de chaque trimestre je suis appelé chez le surveillant pour justifier mes heures d'absence, avec la moitié de

10. *Free* peut avoir deux sens, parfois les deux à la fois : « libre »/« bien ».

la classe. Il liste pour chacun le nombre d'heures à justifier. Quand vient mon tour il déclare :

– Cent douze.

– Wow !

À ton avis, comment on justifie de si nombreuses heures d'absence ? Tu connais l'Afrique, mon pote ! Un billet et tout est pardonné. Je viens voir le surveillant avec mon carnet de liaison, comme s'il y avait un mot justificatif des parents pour cent douze heures. À la place, il y a un billet de 1 000 francs. Il le prend et dit :

– La prochaine fois que tu dépasses les cent heures, il faudra deux fois plus de justification.

Pour le surveillant c'est un pactole.

Malgré mes absences, je progresse. Le week-end, je retrouve mes trois amis à un centre de soutien scolaire. Eux payent pour aller là-bas. Ils m'y amènent un samedi où nous devons faire un devoir collectif, et je reviens les suivants : personne ne me demande jamais de régler, ils savent que je ne peux pas.

Dans le centre, un homme, Hassen, m'explique avec patience ce que je n'ai pas compris en cours. Il éveille en moi l'intérêt et la passion pour les sciences, ouvre le champ des possibles et débloque un peu mon cerveau étriqué par la mentalité de quartier.

Je deviens l'un des meilleurs de la classe dans ces matières. En mathématiques je suis premier. Peu à peu, je me comporte face à une interrogation comme dans une bagarre : je veux gagner.

L'amour est dans le puits

Tu me demandais comment j'ai réussi à tenir aussi longtemps. Plus encore que les cours, c'est une fille qui m'a soutenu. Cette fille, c'est Kelly. Dans la puanteur et la galère, on vit avec plus d'intensité les moments de grâce. Kelly débarque dans ma vie, comme ça, sans que je l'y attende. Le bailleur nous a chassés et nous avons emménagé dans un nouveau taudis. Kelly est ma voisine, nos maisons sont enchevêtrées.

Dans la famille, c'est moi qui suis de corvée de « puits ». À six heures du matin, c'est le rendez-vous de la marmaille. Les parents envoient leurs gosses chercher l'eau pour la toilette. Il faut faire plusieurs trajets avec les seaux pour avoir suffisamment de litres, et les premiers arrivés sont les premiers servis. Dans ces allers-retours matinaux le long des chemins boueux et obscurs, Kelly et moi nous rencontrons comme des danseurs, dans un pas de chassé-croisé. On se retrouve au puits, je l'aide à tirer son eau. Ça commence comme ça. Pour me remercier, elle me fait un bisou. Et puis elle rigole, un petit rire, met sa main sur sa bouche pour cacher sa gêne, et rougit. Je ne m'y attends pas, je suis pris par surprise, une belle surprise. Elle a quatorze ans, moi douze et demi. C'est comme une blague, un secret. À chaque coup de main, elle me délivre ce baiser.

Petit à petit, j'y prends goût. On se retrouve au puits, le soir, et on cause de tout, de rien. On discute sous les étoiles, dans les heures tardives. On s'embrasse. Ses lèvres ont un goût de fraise glacée ; non, plus que ça : un parfum de grenade. C'est une bombe, belle et raffinée. Elle possède déjà tout ce qu'une fille africaine doit avoir : un gros cul, une grosse paire de seins, elle est potelée avec des petites rondeurs. Quoi ? Pourquoi tu rigoles comme une baleine ? Arrête avec tes manières, mon pote, toi aussi tu as des attirances ! J'entre dans l'adolescence, c'est comme ça. Je commence à ressentir des choses, l'envie, à chaque moment, de toucher une fille, d'agripper ses formes, de palper ses rondeurs.

Six mois s'écoulent, je viens d'entrer en quatrième. Au puits, on reste maintenant des heures et on se touche, avides de découverte sensorielle. On commence à s'embrasser plus longuement. Les gens qui passent nous voient. Elle a un peu d'embarras, moi pas du tout, je suis né avant que naisse la honte. Je me sens comblé, calé, j'ai l'impression d'avoir tout ce dont j'ai besoin, comme un repas entier.

Notre première fois vient plus tard, un peu avant mes quatorze ans. Kelly est angoissée, elle se met la pression, reporte sans cesse le moment. Moi je suis vantard, je dis aux copains qu'on l'a déjà fait, qu'ils ne savent pas ce qu'ils ratent, mais qu'un jour leur heure viendra. Bien sûr, Bâtiment, Armel et Polusson me demandent des détails. J'affabule, j'en rajoute des tonnes, dans mon récit ça dure cinq heures, on s'y reprend à quinze fois et elle en redemande, tellement je lui donne du plaisir.

– Tu mens si mal, mon frère, me lance Bâtiment.

Avec Kelly, c'est un jeu. Nous nous embrassons, et chaque fois je commence à glisser une main sous ses vêtements. Elle repousse ma main en riant, me dit « bas les pattes, le chien », et me délivre un gros baiser pour m'empêcher de protester. Ce jour-là, quand je commence à glisser ma main, je comprends qu'elle en a envie. Elle me laisse la caresser, la déshabiller, la chatouiller, la lécher, elle glousse et gémit de joie. Nos corps se serrent. Quand mon sexe approche son vagin, je sens que le stress revient soudain en elle. Elle murmure :

– J'ai peur.

Moi je lui réponds :

– On arrête si tu veux, mais tu sais, l'appétit vient en mangeant.

Elle me dit de continuer tout en pleurnichant. Elle est encore troublée. Sa voix me dit oui, son corps me dit non. Je n'insiste pas.

Dès le lendemain, on prend vraiment du plaisir. On se donne des rendez-vous secrets. Je sèche toujours les cours, mais au lieu d'aller au *jambo* je viens la voir. On se retrouve chez moi ou chez elle, quand nos pères sont au travail, nos mères au marché et nos frères au stade. C'est la belle vie.

Un mois plus tard, alors que nous sommes chez elle, sa mère entre soudainement. Elle vend les beignets au marché, et ce jour-là elle rentre plus tôt. On fait nos conneries dans le salon et le tricot de sa fille a déjà voyagé. Elle nous attrape en plein effort, hurle et nous demande ce que l'on fabrique comme ça. Cette question me fait tellement marrer que je réponds :

– On baise.

Elle pousse un cri strident. Kelly se rhabille sans me lâcher. Difficile ? Mais non, il suffit juste d'être agile et souple pour se fringuer d'une seule main. La scène est cocasse, pourtant la mère se met à pleurer. Moi, ça me paraît fou qu'elle ne soit pas au courant, depuis un mois qu'on fait l'amour à la vue du quartier. Elle parle son patois avec sa fille. À la manière dont ma copine serre plus ou moins ma main, je peux suivre la conversation. Kelly boude, elle est triste. Moi ça ne me fait ni chaud ni froid. J'attends juste que sa mère parte vite pour reprendre là où nous nous sommes arrêtés. Mais quand sa mère s'en va Kelly s'éloigne, à ma grande tristesse. Elle traduit les paroles de sa mère : nous ne devons plus nous voir. Je dis à Kelly des paroles que je regrette aussitôt :

– Je ne comprends pas qu'une femme qui a fait quatre enfants avec quatre pères différents vienne nous faire la morale.

Kelly me demande de sortir.

Qui arrête la relation ? Un peu elle, un peu moi. Nous avons passé presque deux ans ensemble, de la cinquième à la troisième pour moi, deux ans d'un bonheur innocent. Je prends mes distances, elle fait de même. Je la vois et l'entends, avec d'autres garçons, à travers les planches de nos maisons. Je ne réagis pas, aucune fille ne peut me rendre jaloux de cette façon.

Les poissons dans leur bocal

Tu veux savoir à quel moment j'ai, pour la première fois, songé à quitter le quartier ? Attends, laisse-moi me souvenir. Oui, ça me revient. Un jour, un vieux a prononcé une phrase lourde qui m'a fait beaucoup réfléchir. Il me comparait à un poisson et ça m'avait fortement vexé. Je dois la replacer dans son contexte pour que tu la comprennes bien.

Tout commence bêtement, au cyber de Soboum. Mon pote Armel détrousse des gars du quartier, comme un bandit de grand chemin. Il faut être trop con pour parier contre lui aux jeux vidéo. Contre lui, tu rentres les poches vides si t'as encore ton pantalon. À Soboum, ils ne le connaissent pas et se font dévaliser, le genre d'humiliation dont on parle pendant longtemps. Un petit de quatorze ans qui rafle la mise contre des grands à *Pro Evolution Soccer* (*PES*)[11], ça fait sensation. Quand il veut sortir du quartier, c'est impossible. Ils se

11. *Pro Evolution Soccer* est un jeu vidéo de football.

liguent à vingt contre lui et reprennent tout ce qu'il a gagné, son argent et la drogue qu'il transporte, devant témoins. Or, depuis plusieurs mois, Armel a pris attache avec les Russes. Ça s'est fait naturellement, il s'est mis à fumer et c'est eux qui tiennent le trafic. Au début, ils te font goûter, le temps que tu deviennes dépendant, ensuite tu payes. Si tu n'as pas assez d'argent pour payer, alors ils te proposent de travailler pour eux, tenir un coin, transporter de l'herbe ou commettre des vols. C'est de cette façon que la bagarre commence : Soboum, le quartier voisin, vole la drogue des Russes, les chefs de Bonaloka. Tu me demandes ce que des Russes viennent faire dans un quartier de Douala ? Mais non, tu n'as rien pigé, ils ne sont pas plus russes que moi ! On les appelle juste comme ça parce que ce sont de grands mafieux qui n'ont peur de rien.

Donc, en représailles, les Russes veulent mener une offensive de grande envergure et monter un guet-apens contre les mecs de Soboum. C'est LEUR quartier, personne n'a le droit d'agresser un petit à leur place. Ils haranguent ceux de Bonaloka, font appel au code d'honneur. Le chef des Russes, que nous surnommons Poutine, nous explique que c'est une question de dignité :

– Tous les garçons du quartier doivent prouver leur valeur, et mort aux lâches ! On va démontrer au quartier d'en face qu'on ne joue pas avec nous.

Le patriotisme vibre. C'est un sentiment irrésistible, tu te sens appartenir à une meute, un troupeau de lions qui part chasser l'antilope. Moi-même j'engueule mon pote Polusson : il ne peut pas rester chez sa mère.

– Tu es avec le quartier ou contre lui, fais ton choix.

L'attaque est préméditée. Elle se déroule à la kermesse du collège, qui mord à cheval sur les deux bidonvilles. En face, ils ne voient rien venir. Les gosses du quartier ont répondu présents. Armel est au premier rang, avec les chefs de gang, pour se venger. Bâtiment est avec moi, prêt à cogner. Les Russes nous rassemblent derrière la décharge juste avant l'attaque. Chacun pioche parmi les ordures et fabrique son arme. Certains trouvent des couvercles de boîtes de conserve. Je prends un bâton.

Le top départ est donné. Nous nous élançons comme des bœufs. Au collège, tu peux me croire, c'est la panique. Les enseignants hurlent, les mères pleurent, les décorations se déchirent, les stands volent et les *quartiezards* de Soboum décampent.

Juste avant de partir, Poutine nous dit de trouver chacun un gars du quartier d'en face et de lui mettre la raclée de sa vie. Le mien est Dadi. Il joue au *jambo* mais on ne se connaît pas trop. Je le course, lui frappe les jambes avec mon bout de bois, pour qu'il tombe. Comme une femme, j'ai un moment d'hésitation en le voyant au sol. Dans les codes de la guerre, on ne tape pas quelqu'un à terre. Il profite de ma tendresse pour me placer un coup de pied tendu dans les kiwis. « Ouch ! » Il parvient à me faire lâcher le bâton tandis que j'encaisse encore le coup. Je suis furieux, prêt à le massacrer. Je me jette sur lui et l'agrippe par la tête. Il se libère en me rendant un bon crochet dans l'œil. On se crache au visage et on se lance des mots doux :

– Je vais te tuer.

– Je vais prendre le cul de ta mère.

Nous roulons à terre l'un sur l'autre tandis que des adultes cherchent à nous séparer. On s'arrête quand on est morts tous les deux. J'ai un œil au beurre noir et le nez cassé. Lui a une dent à moitié détachée et du sang coule de sa mâchoire.

Ce soir-là, ma mère me met une torgnole.

– Tu défends la réputation du quartier et voilà comment on te remercie. Les femmes ne comprennent rien à l'art de la guerre.

Elle me remet une baffe :

– Et toi, celle-là, tu la comprends ?

Je sors. Mon petit cousin Didi me rejoint avec l'eau qui restait à la maison, et il m'aide à me laver. Nous sommes dehors. Un vieux se tient là, le vieux dont je t'ai parlé. Il porte une culotte sale et vend des chewing-gums dans la rue. Il commente à haute voix mon état et sort son refrain :

– À mon époque, les jeunes se battaient pour réussir ; maintenant, ils se combattent. Au lieu de sortir du bocal, les poissons restent dedans et se bouffent entre eux. Triste jeunesse et pauvre Cameroun.

La semaine suivante, à la sortie du collège, je croise Dadi, le gars que j'ai combattu. J'ai toujours mon œil au beurre noir et il a encore la gencive enflée. On se regarde d'abord comme des chiens enragés. Je joue au dur. À un moment, je ne tiens plus mon rôle et explose de rire. Il se marre aussi. On se dit qu'on est des gros idiots et on part jouer à *PES* au cyber.

Larissa me tire les oreilles

Pour sortir du bocal il ne suffit pas d'avoir des occasions, encore faut-il être capable de les saisir. Une fille a tout fait pour me tirer du trou. Je la rencontre le jour de Pâques, à la fin de l'année de troisième. Elle est sœur d'accueil. J'ai le coup de foudre instantané. Quand je passe devant elle, je lui murmure qu'elle est très belle. Pendant toute la messe, nous nous observons. À la sortie, elle se dirige vers moi :

– Tu as aimé la messe ? me demande-t-elle.

– Je n'en ai jamais vu d'aussi belle. Tu t'appelles comment ?

– Larissa.

Elle me donne rendez-vous au 4e Protocole, ou 4P, un snack de Douala centre, le samedi soir suivant.

Le jour dit, ça commence difficilement, je n'ai pas le courage d'affronter Larissa, ravissante et très entourée. C'est elle qui vient me saluer. D'un air de défi, elle me lance bien fort :

– Tu as honte ? Tu avais l'air moins timide à l'église.

Est-ce vraiment moi qui rougis ? Je suis tellement sous le charme que je ne trouve pas les mots. Tu as vu comme elle a pris le leadership ? Ça m'agace autant que ça m'excite. J'aime quand les filles s'affirment. On cause, puis on danse toute la soirée. On ne s'embrasse pas le premier soir, mais ça vient vite. Rapidement, elle prend une place dans ma vie. Elle vient à la maison et on se balade dans le quartier, sans s'occuper des sifflements jaloux sur notre passage. Sa grande ambition : me changer.

– Tu dois grandir et arrêter tes bêtises, laisser tes mauvaises fréquentations et ne plus parier. Tu es à moi, je te veux en entier.

Ma mère trouve en elle une alliée et l'envoie me chercher au *jambo*. Je suis accroupi au bord du stade, sucette glacée au bec, en train de jouer à pile ou face. Elle arrive par-derrière, me prend par l'oreille, et tire, tire !

– Laisse tout et viens. J'ai dit : laisse tout. Si tu touches un jeton, je pars. Si tu frôles un jeton, je pars. Redresse-toi, allons. À trois je pars pour toujours. Un. Deux…

Elle me parle comme à son disciple. Je déteste ça autant que j'adore.

– Ferme ta bouche et écoute ta copine, le soumis ! hurlent en chœur Armel et Bâtiment qui se chargent de récupérer mon argent.

Pendant les grandes vacances, on se voit tous les jours. On s'engueule et on s'embrasse, sous les regards amusés de Bonaloka. L'histoire a duré six mois. C'est elle qui arrête, au début de l'année de seconde. Elle me parle durement, me dit qu'elle a tout essayé, mais a compris que je ne changerai jamais. J'ai sévèrement *goumé*. C'est ce qu'on dit en francam quand un garçon pleure comme un bébé.

Papi Oura entre en Europe

La deuxième occasion que je laisse filer, c'est de suivre un ami et me barrer du quartier. Grosse occasion, mais je ne suis pas prêt. Je te la raconte quand même ? Ha ! ha ! je savais que tu dirais oui, j'aurais pu parier ! Tu es trop prévisible, mon pote. Un conseil : ne joue jamais au *jambo*, tu te ferais plumer. L'histoire commence un samedi au stade. C'est Bâtiment qui balance la bombe alors qu'on parie sur des tirs au but dans une ambiance animée. Il se détache du groupe et m'appelle en secret.

– Psssst, Petit Wat, viens, on va en Europe !

Lui, habituellement très brut – le genre de gars qui crie et met trop de force dans ce qu'il fait –, murmure d'une voix fluette :

– Je vais partir et je pense que, si on y va ensemble, on peut réussir.

Je lui demande :

– L'Europe ? Mais pour faire quoi ?

– Moi là-bas, je serai un businessman. Et toi ?

Je n'y ai jamais réfléchi. Je commence à rêver. Je m'imagine dans une maison en brique, sur une route avec des arbres et du goudron, avec une femme en bonne santé et des enfants qui vont à l'école. Je me vois prix Nobel de mathématiques, conduisant ma propre voiture. Ce serait cool. Je me réveille :

– On est trop jeunes.

– Il y a tous les jours des jeunes de notre âge qui réussissent à entrer, objecte-t-il.

– Comment tu entres en Europe ? On n'a ni passeport ni visa.

– C'est vrai. Dis-toi que c'est comme au stade, il y a ceux qui entrent le jour, en passant par la porte, et ceux qui entrent la nuit, en escaladant le portail.

– C'est tout ? Il suffit d'escalader un portail ?

– Oui. *Impossible is nothing. Just do it*, dit-il en citant un slogan de vêtements de foot.

J'imagine : prendre un peu d'élan et retomber en Europe.

Pour la route, il me dit qu'il a des connaissances à Deido, un autre quartier de Douala, qui vendent un papier expliquant les étapes.

– Est-ce qu'il faut de l'argent ?

– Oui, beaucoup, au moins 300 000 francs[12].

– Comment en trouver autant ?

Il me dit qu'on doit en parler à nos familles. Lui va aborder le sujet avec sa grand-mère. Il ne faut pas attendre, insiste-t-il, le portail risque de bientôt fermer.

---

12. 450 euros.

C'est une idée de fou. C'est la première fois qu'on me parle d'un tel projet. L'échange fait son effet. J'imagine une vie cool, paisible, sympa. On ignore beaucoup de choses, tu sais ; on ignore tout, en fait. Le soir, je n'ai même pas le courage d'en parler à mes parents. Je rêve d'Europe pendant deux jours, puis redescends dans la réalité de ma vie de lycéen en seconde, et prépare mon interrogation de physique.

Quinze jours plus tard, on se revoit. Bâtiment me dit qu'il n'a pas trouvé l'argent, mais qu'il va quand même suivre ses amis. Il ne rentrera plus jamais.

– Bâtiment n'existe plus, il faudra m'appeler Papi Oura désormais.

– Ok, Papi Oura, on est ensemble.

On s'embrasse. Il s'éloigne d'un pas décidé, sans se retourner.

Pendant longtemps, nous n'avons pas de nouvelles. Mais quatre mois plus tard, la rumeur se répand dans tout le quartier : Papi Oura a *boza*. Je te reparlerai de ce mot, *boza*, tout à l'heure, mais pour faire simple, ça signifie qu'il est entré en Europe.

Une photo circule. Un gars qui peut accéder au wifi avec son téléphone me la montre. Aucun doute : je vois mon ami souriant, devant un élégant bâtiment, un drapeau espagnol au poing. Avec comme légende :

Boza !!! Papi Oura, né pour briller. Je regarde devant, ma vie commence aujourd'hui.

On dirait qu'il a vieilli de dix ans, il a des cernes et des rides que je ne lui connaissais pas. Au quartier, les gens l'insultent : « Le chien va manger à la gamelle des oppresseurs coloniaux », disent-ils. Ils sont jaloux et moi aussi.

Pour te dire la vérité : je n'ai aucune joie pour mon ami, je le déteste et j'ai la rage, ça me dévore. Dans l'affrontement du quartier, il vient de nous mettre tous KO. Je repense à ce jour, pas si éloigné, où il me proposait de le suivre. *Sa chicotte me fouette*[13] et ça fait mal. Après Larissa, c'est la deuxième occasion que je rate. Est-ce qu'il y en aura une troisième ou est-ce que je vais regretter celle-là pour le restant de mes jours ?

13. Façon imagée de dire « je crève de jalousie ».

Celle qui paye le prix

Je me rends compte que j'ai oublié de te parler de ma grande sœur Banie. Je suis trop nul. Elle a un rôle central dans mon histoire : c'est elle qui finance mon départ.

Comment te décrire ma sœur ? Déjà, c'est une femme et, tu le sais bien, c'est dur d'être une femme au Cameroun. Pas besoin d'avoir un vagin pour s'en rendre compte : quand la violence règne, la différence physique compte. Toute la société est pensée pour les hommes. Ce sont eux qui sont espérés à la naissance ; eux qui héritent ; eux qui vont en priorité à l'école ; eux qui ont le plus de vrais métiers ; eux qui se promènent librement dans l'espace public ; eux qui dominent et qui se bagarrent ; eux qui sifflent quand une fille passe dans la rue ; eux qui dépensent l'argent de la famille au *jambo* ; eux qui sont assis à la terrasse des bars. Et pourtant, ce sont les femmes comme Banie qui font tenir la société, sans poste ni reconnaissance ; elles qui se démènent pour nourrir la maison ; elles qui bataillent pour joindre les deux bouts ; elles qui payent les dépenses ; elles qui travaillent sept jours sur sept au marché ; elles qui éduquent les enfants ; elles qui assurent toutes les tâches ménagères ; elles qui sont premières en classe quand elles vont à l'école. Je te jure, l'Afrique changera le jour où les femmes nous feront bouillir le derrière dans la marmite et prendront le pouvoir.

Ma grande sœur Banie a quitté l'école à dix ans. Toute la journée au marché, assise derrière le stand, elle vend. C'est encore elle qui amène mon petit cousin à l'école. Elle va aussi faire les courses au marché si quelques sous sont rentrés, pour préparer le repas du soir. Le week-end, ma sœur devient coiffeuse, elle s'installe devant chez nous, et en travaillant bien elle peut gagner 2 000 francs[14].

Ma mère et ma sœur aînée ont une relation de coépouses, elles s'entendent très bien. La différence d'âge n'est pas si importante, et ma grande sœur soutient ma mère dans toutes ses décisions. Elle prend partout la place de l'assistante. Elle apporte une aide psychologique permanente : conseillère au travail, trait d'union avec les enfants. C'est elle qui gagne le plus d'argent de toute la famille. Grâce à elle, ma mère peut acheter les fruits et légumes en gros au marché central de Douala qu'elle revend dans les rues du quartier. Banie comprend très vite ma mère et sent quand le point de rupture approche. Alors, avant que la cheffe de famille ne pète les plombs, elle va chercher deux grandes bières et les deux complices décompressent.

À la maison, c'est beaucoup plus simple de passer par ma sœur que par ma mère pour demander quelque chose. Mon

14. 3 euros.

petit cousin Didi ne s'y trompe pas. S'il veut manger une sucrerie ou du poisson braisé avec des bâtons de manioc, il se blottit contre ma sœur et lui accroche la jambe, pleure dans ses bras et écoute sagement une histoire. À la fin, ma sœur au grand cœur l'emmène au marché sans rien dire à ma mère, et lui achète une friandise.

Banie, elle est ma pote autant qu'elle est ma sœur, c'est le genre de personne qui parle peu, mais à qui l'on dit tout. Elle me donne le sentiment que je raconte toujours des choses passionnantes ; elle prête l'oreille à mes histoires de cœur, donne des conseils, me dit ce qu'une fille pourrait ressentir dans telle ou telle situation. Moi, je suis une vraie pipelette : je lui dis tout. Elle, en revanche, a hérité du silence de mon père. Elle garde ses soucis pour elle.

Ma sœur est une belle fille et, quand elle se fait draguer par un garçon, ça me plaît. Elle, elle reste toujours tendue : elle ne vit pas cette période d'adolescence si facilement. Quand je suis avec elle dans la rue et qu'un garçon la siffle, je suis heureux pour elle : c'est une jolie femme, c'est normal qu'elle attire les regards. Elle, elle vit ça difficilement. Elle manque de confiance en elle, alors j'essaye de lui en donner. Elle doit accepter toutes ses qualités, sans avoir peur de montrer fièrement qui elle est, sans se cacher.

Tu le sais, dans bien des familles africaines, les filles subissent une grosse pression sociale : elles sont surveillées, contrôlées, oppressées. Alors que nous, les garçons, sommes très vite laissés à nous-mêmes, libres de vagabonder dans le quartier dès nos trois ans, les filles sortent moins. Elles ont plus de comptes à rendre. On leur demande où elles vont. Quand elles rencontrent quelqu'un, on veut savoir qui.

Quand elles ont un copain, on leur dit : « Tout le monde, mais pas celui-là. »

Pour Banie, le souci c'est qu'elle donne trop pour la famille. Elle livre tout l'argent qu'elle gagne à ma mère. La daronne en joue, la relation entre elles est déséquilibrée : ma mère la flatte. Elle lui dit : « Je n'ai pas de mari : ma vraie épouse c'est toi. » Quand papa perd son travail et se met à boire, ma sœur est mise encore plus à contribution. Je lui dis qu'elle doit s'affirmer face à maman, mais nous nous engueulons. Et pourtant, il faut qu'elle pense à prendre du temps pour elle. Son premier copain la largue parce qu'il n'a pas de place auprès d'elle : elle n'est jamais avec lui. Le jour où Banie trouve enfin son conjoint, je suis super-content. Elle le mérite vraiment. Elle parvient peu à peu à tout concilier, à conserver sa relation puissante avec ma mère tout en vivant sa vie à côté. Son copain est un garçon bien, il a même une moto : c'est la classe !

Beaucoup de filles attendent tout de leur mari : elles passent la journée à se pommader, se maquiller et se faire belles, pour épouser un prince charmant qui travaillera tandis qu'elles feront des enfants. En réalité, on les y pousse. Elles seront déshéritées. Leur vrai avenir est à l'extérieur : elles doivent tout faire pour sortir. Et si Dieu ne veut pas leur donner de quoi vivre dignement, qui peut leur reprocher de chercher une autre forme de richesse : faire plein d'enfants pour recevoir plus d'amour ?

Ma sœur a refusé cette vie-là. C'est une battante, elle ne sera jamais dépendante de son homme. Je vais te reparler d'elle, mais avant je dois te donner des détails sur le lycée. Sauf, peut-être, si tu ne veux pas connaître le fait déclencheur de mon départ ?

Équation insoluble

Tu es curieux de savoir ce qui entraîne mon départ? Je te confirme que le lycée a quelque chose à y voir. Je suis maintenant en seconde. J'ai obtenu mon brevet sans jamais tenir en main le diplôme: pour le retirer, il faut de l'argent et je n'en ai pas. Les années de lycée se déroulent dans le même établissement que celles du collège. Bien sûr, je multiplie les bêtises, comme tous les jeunes. Tu crois quoi?

Mon pote Bao prend la présidence de l'association sportive du lycée. Nous organisons les interclasses, des tournois de foot. Nous empochons les sous. L'argent est collecté pour les maillots et le droit d'arbitrage, mais nous récoltons bien davantage et ne payons jamais l'arbitre. Bao me donne toujours une part du butin. Avec 6 000 francs[15] je m'achète deux paires de chaussures: une blanche et une rose. Je me promène exprès au bahut en chaussures dépareillées! Le reste de l'argent, je l'utilise, bien

15. 9 euros.

sûr, au *jambo*. Je suis de plus en plus dépendant. Depuis que Larissa m'a quitté, j'y vais davantage encore et les sommes en jeu grossissent.

Lors du tournoi, on veut truquer le tirage au sort pour tomber sur l'équipe la plus faible. Le nom de notre équipe est écrit sur le plus petit des papiers pliés. Notre comédie est tellement ridicule que Bao, chargé du tirage au sort, se trompe, et nous tombons contre l'équipe la plus forte. Nous voilà éliminés dès le premier tour ! Le match se tient le 1er décembre, journée mondiale de lutte contre le sida. Alors, au lieu de jouer la finale, Bao, Jivé, Yaya et moi, nous soufflons dans les préservatifs pour les transformer en ballons et les regardons s'envoler dans le vent au-dessus du terrain, ce qui fait bien rire tout le monde.

Évidemment, mon exclusion du lycée n'a rien à voir dans l'histoire. Tu peux faire un maximum de conneries, tout le monde s'en fout. Les problèmes ont une seule origine : l'argent.

Mon prof de maths a tenté d'empêcher ça. Toute l'année, il m'a suivi de près. Il faut dire que pour moi c'est instinctif. Quand je vois une équation, je parviens de tête à trouver les valeurs de *x* et *y*. L'enseignant est un gaucher d'une cinquantaine d'années qui arbore de longues moustaches, et que l'on surnomme la « patte gauche ». Il a essayé de m'alerter, mais sur le moment je n'ai pas compris. Plusieurs fois il m'a dit qu'il aimerait s'entretenir avec mes parents, que c'était très important. Malheureusement, mon père n'était plus en état de le voir et ma mère, elle, n'a pas vu l'intérêt de perdre une heure de travail au marché.

Deux semaines avant la fin de l'année scolaire, un vendredi, le verdict tombe. Ma mère m'annonce à la fin du repas :

– Tu n'iras pas au lycée demain.

Tu vois un autre choix ?

Ma mère me fixe droit dans les yeux. À côté d'elle, mon père baisse la tête. Elle bredouille que c'est la dèche : depuis que mon père a perdu son travail, ils n'ont plus un rond et n'ont pas payé le lycée. Le proviseur nous a accordé du temps, mais l'année scolaire s'achève et le délai est écoulé : je suis exclu.

Un monde s'écroule sous mes pieds. Ces crétins ont déjà gâché ma vie en me faisant vivre dans ce quartier pourri et maintenant ils m'enlèvent l'école. Ma mère ne me laisse rien dire, elle me mitraille :

– Comme tes frères et ta sœur, tu vas te trouver un travail. Je crois que les Chinois cherchent des gosses pour ramasser les poubelles !

Cette nuit-là, je pleure toute l'eau de mon corps. L'école était une bouée. Sans elle, je suis un *quartiezard* comme un autre, un débile sans avenir. Je sens que ma vie bascule et je sombre dans des eaux troubles qui me tirent vers les ténèbres. Mon avenir ressemble au quotidien d'Armel et Polusson, les déscolarisés, et regarde un peu ce qu'ils deviennent.

Armel trace sa voie chez les Russes. Il a toujours besoin d'argent et l'obtient en brutalisant les gens. Il vadrouille dans le quartier *en bandit* avec déjà une grosse réputation. Son avenir est tracé : il va devenir un *donman* du ghetto, un grand qui contrôle et domine. Un jour il sera le plus craint de Bonaloka.

Polusson, lui, reste un gars bien qui ne fait jamais de conneries. Ce qui le fait vibrer, c'est le travail : il vend sacs et friperies. Il les achète au déballage dans des ventes aux enchères et les revend au marché central. Son commerce ne lui rapporte rien de plus que la survie : dormir, boire et manger. Il habite chez ses parents. Jusqu'à quand ? J'imagine qu'il aura une vie comme mon père, une vie de pauvre.

Enfin, il y a Papi Oura. C'est mon pote, et le seul du quartier qui a réussi. Ce n'est pas une légende. Je ne connais personne ayant un vrai travail à Douala, mais j'ai un pote qui a réussi à entrer en Europe.

Pour ne pas me tromper, je balaye une dernière fois toutes mes options : je ne serai jamais propriétaire. Je ne suis pas un héritier. Je n'irai plus au lycée. Je n'aurai pas le bac. Je n'obtiendrai jamais un vrai métier. Je ne veux pas être un *quartiezard* qui zone. Je n'ai pas envie de devenir le *donman* qui agresse. Je ne veux pas ramasser les poubelles des Chinois pour que dalle. Je ne me ferai pas exploiter comme mon père. Je veux une maison, une femme qui m'aime, des enfants en bonne santé qui fréquentent l'école, et le prix Nobel de mathématiques.

Oui, partir est la meilleure option. Toi qui me parlais de choix, tu en vois un autre ? Papi Oura, attends-moi s'il te plaît, j'arrive.

Un *boy* ne pleure pas

Voilà, tu sais tout. Il me reste juste à te raconter comment s'organise le départ. Tu t'en doutes, c'est un déchirement, un point de non-retour. Et pourtant, c'est mon destin. Je dois partir. Je préviens ma famille une semaine avant et ma tante ne perd pas le nord :

– Quand tu seras en Europe, tu penseras à m'envoyer de l'argent pour que je m'achète une machine à laver, me dit-elle.

Mon père sonde la détermination dans mon regard et comprend que je suis sérieux. Après un long silence, il me dit que c'est à moi de prendre mes décisions et qu'il respectera mon choix. Il me dit que je dois tout faire pour reprendre mes études une fois là-bas, refuser les boulots faciles et continuer d'étudier les mathématiques. Il me donne 1 000 francs[16]. Tout ce qu'il a. Je le remercie, c'est l'intention qui compte. Il me souhaite bonne chance.

16. 1,50 euro.

J'ai encore deux questions à traiter, et non des moindres : trouver quelqu'un pour m'emmener et dénicher l'argent pour le payer. Au quartier il y a un grand nommé Kaba Kaba, connu pour avoir fait le Maroc. Je le croise parfois au terrain de foot. Deux ans avant, il a organisé un match de gala en présence d'un ami venu du Brésil. Je lui dis que je veux partir et lui demande de m'aider.

– Entre Boko Haram au Niger et la guerre au Mali, la route devient dangereuse. Tu es prêt à prendre le risque ? Oui ? Ok. Je vais bientôt amener un convoi. C'est 300 000 francs. Par personne.

Comme toujours, ma grande sœur Banie se sacrifie pour moi. Elle sait que je veux partir et comprend que je n'ai pas d'autre option. Elle me donne toutes ses économies, une somme considérable : 100 000 francs[17].

– J'ai confiance en toi, me dit-elle, tu ne m'oublieras pas quand tu seras dans le grand monde.

Le passeur accepte de me prendre avec ce montant. Il me prévient qu'il ne m'emmènera pas jusqu'au bout : un tiers de la somme, c'est un tiers du trajet ! Le départ est prévu trois jours plus tard, à six heures du matin. Il m'autorise à venir dormir chez lui la veille. Quand je quitte la maison, je dis au revoir à mes parents :

– Je vais vous laisser, je pense qu'on va se revoir dans quelque temps. J'espère que, quand on se retrouvera, tout se sera bien passé.

Mon père me sourit :

---

17. 150 euros.

– On se retrouvera demain, je le sais.

Ma sœur me fait un gros câlin et me fait promettre d'être sage.

Je prends la direction de la maison du passeur quand je tombe sur Apa, mon petit frère. Il rentre du *jambo*. Il comprend que je pars et se met à pleurer.

– À qui tu vas me laisser, grand ? S'il te plaît, ne pars pas.

– Ça va aller, mon petit. Sèche tes larmes, un *boy* ne pleure pas.

Il me donne toutes ses économies, 1 500 francs[18]. Il a plus d'argent que mon père. Il veut me montrer qu'il participe et désire mon succès. Avec Apa, on n'a pas toujours été proches. Je lui ai souvent mené la vie dure. Ça l'a fortifié. C'est un costaud, mon frère, pas le genre à s'épancher facilement ni à montrer ses sentiments, et surtout pas devant moi. Il lui en faut beaucoup pour qu'il coule des larmes. J'en ai la chair de poule. Tu sais, c'est dur de voir son petit frère pleurer. Je prends conscience de la déchirure causée par mon exil. Je ne veux pas le laisser seul dans cet état et je l'emmène chez ma tante. Je lui dis que je lui donne tous mes habits : j'ai gardé dans mon sac uniquement un pantalon, deux tricots, une paire de chaussures, une All Star de couleur rose, et une bible.

Je prends la direction de la maison de ce gars, Kaba Kaba le passeur, quand Apa me rattrape : mon petit frère veut m'accompagner, prolonger le temps avec moi, retarder le moment crucial. On s'approche de la maison et, plus on s'avance vers

18. 2,25 euros.

l'heure de la séparation, plus il pleure. J'essaye de le rassurer, de lui dire qu'une fois là-bas tout pourra marcher.

– Alors c'est certain, tu pars, tu vas me laisser ? me demande-t-il encore.

C'est très dur, jusqu'au bout il espère me faire changer d'avis.

On fait un *check*, j'essuie ses larmes et lui répète :

– Rappelle-toi, un *boy* ne pleure pas. On se retrouve bientôt.

Je marche vers la maison et sonne. Je ne me retourne pas, je ne veux surtout pas qu'Apa voie mon visage, car c'est moi, à présent, qui pleure, sentant la puissance de cette présence fraternelle derrière moi, et la violence de notre inéluctable séparation. Crois-moi, tu n'abandonnes pas les gens que tu aimes par gaieté de cœur. On ouvre. Je couvre mes yeux pour dissimuler mes larmes et entre dans une très bonne maison de deux étages. Le passeur vit avec sa mère, son père et ses frères. La maison détonne par rapport aux taudis de paille et de tôle à côté.

Cette nuit-là, je ne trouve pas le sommeil. Je revois ma famille et tous les gens qui me sont chers ; je pense à eux toute la nuit, je me demande si je vais les revoir un jour. Je chiale, mon frère m'a transmis le virus, ses larmes ne me quittent plus. Je me dis dans ma tête : « Ça ne sert à rien de pleurer, tu dois faire ton choix, tu peux encore renoncer, mais si c'est le cas, décide-toi vite, car quand tu auras pris la route tu ne pourras plus revenir en arrière. Plus jamais. Tu dois prendre une décision et l'assumer. » Je pleure toujours comme un mouton, repasse de nouveau toutes les options possibles pour mon avenir, et j'en arrive toujours à cette conclusion : je n'ai aucun autre choix possible. Tu crois que j'envisage d'échouer ? Jamais ! L'abandon avant le départ est une hypothèse, mais pas l'échec dans la traversée. J'ai une forte tête, je finis toujours par réussir si je m'en donne les moyens. Je me rassure et commence à me coacher moi-même : « Ça va le faire, ça va le faire, ça va le faire. » La seule chose qui m'ennuie, c'est le manque d'argent ; mais je ne sais pas encore à quel point ça va me mettre en péril.

Nous sommes un matin d'août et c'est le jour J. Je prends une dernière douche chez le passeur : c'est grand luxe, avec toilettes dans la maison, où en plus on peut s'asseoir, comme un roi sur son trône. Quand, au petit déjeuner, le passeur découvre mon vieux sac à dos, déchiré et délavé, il me dit que je suis fou. Il m'« offre » le sac de son cousin, un grand sac noir, presque neuf, en précisant qu'il en ajoutera le prix à celui de mon trajet.

Nous prenons la direction du rond-point où nous retrouvons les autres. Tout le monde est à l'heure, qui voudrait arriver en retard en Europe ? Je ne connais aucun de mes sept compagnons de voyage. Du haut de mes quinze ans, je suis le plus jeune. Les autres ont entre dix-huit et trente ans, que des hommes. Nous embarquons pour notre première étape, trois par moto. Le vent chaud frappe mon corps et caresse les poils naissants sur mes bras. Les doutes de la nuit s'envolent au vent. Je suis sûr maintenant. Je prends la route, le chemin de la grande aventure. Je ne sais pas encore ce qui adviendra, mais déjà j'ai gagné la première manche ; j'ai pris une décision hors norme, celle de me barrer, de quitter le *jambo*, d'abandonner les bastons, les flaques et les ordures, les bars, les Russes et les taudis. Je quitte Bonaloka, et c'est un déchirement car ma famille reste sur le bord de la route, mais je vais m'en sortir d'abord, puis les tirer tous de là, eux aussi. Nous allons réussir, Papa, je te promets, nous allons nous en sortir, je vais arriver en Europe et vous serez demain avec moi.

Je ne suis plus assigné au bidonville. Appelle-moi Freeboy. Je laisse mon passé derrière moi et regarde l'avenir incertain avec excitation. Les odeurs de la route dégagent un nouveau parfum, une aube nouvelle, comme un grand vent de liberté.

La Nouvelle Liberté

Que te dire sur mon départ ? Quitter le Cameroun, c'est affronter une dernière fois le lent défilé des paysages familiers, des scènes habituelles ; remarquer les petits détails, les habitudes de la vie quotidienne qui dessinent une ambiance et qui soudain sautent au visage. C'est quand tu pars que tu comprends ce que tu laisses. De la moto, j'aperçois des commerçants à même le sol, des jeunes qui jouent aux cartes, des anciens qui ne font rien, des gamins qui courent pieds nus en culotte courte, deux vendeuses qui se frappent à cause d'un client. Nous laissons les motos et embarquons dans des voitures, et au carrefour Bessengue nous empruntons une route bien bitumée à deux voies. Le long du chemin, peu de monde s'arrête devant les stands des petits commerces tenus par des gosses. Nous descendons dans la vallée et passons un gigantesque rond-point avec plein de banques et un hôtel trois étoiles, l'hôtel de la Vallée des Princes. Soudain apparaît le rond-point Deido, impossible de le rater. En plein centre, une immense statue dressée à base de déchets métalliques et de caoutchouc rend hommage à l'art de la débrouille des Camerounais. La figure est à notre image, cabossée et recyclée, mais elle tient debout. Ce qu'elle porte sur la tête, on dirait un globe. Elle s'appelle *La Nouvelle Liberté*.

La statue est loin derrière, déjà, quand la voiture atteint le pont Wouri, long de deux kilomètres, construit par les Français à l'époque coloniale. Nous arrivons finalement à Bonabéri, où un nouvel ouvrage se construit juste à côté, comme s'il fallait deux ponts. De Bonabéri, nous prenons le bus pour Bamenda, au nord-ouest du Cameroun. Ce sont les bus blanc et bleu d'une compagnie privée. Les membres du convoi ne s'assoient pas les uns à côté des autres, c'est la base. La compagnie dira qu'elle ne savait pas. On va tous rendre visite à un proche malade. Kaba Kaba le passeur nous a bien expliqué les règles : on ne le nomme pas ; on ne fait jamais comprendre qu'on est avec lui et on ne parle à personne. Si quelqu'un joue les fortes têtes, il reste au bord de la route.

Dans le bus, collé à la fenêtre, je souris à ma voisine et m'amuse avec son enfant de cinq ans. Je regarde les paysages, les papayes de Njombé, les bananeraies de Penja, les ruches de Mbouda. Le bus emprunte la vallée de Dschang, en lacet, pour descendre sur Bamenda. Des avocatiers jalonnent le chemin. Le bus n'est pas climatisé, j'ai chaud au début, mais je frissonne quand nous contournons les vallées de l'ouest. Le trajet dure sept heures, dans une ambiance bruyante, camerounaise. Certains crient, d'autres téléphonent ou écoutent de la musique. Le passeur est tranquille, devant. Les passagers du convoi, dispersés dans différentes parties du bus, se contrôlent *en bandit*, ils se surveillent discrètement du coin de l'œil.

Arrivés à Bamenda à vingt heures, nous profitons de la demi-heure d'escale pour dîner : porc braisé et bananes plantains, le passeur nous a gâtés. Tu me diras, si on te donne sept fois plusieurs années de salaire, tu peux faire un effort sur la bouffe ! Nous prenons ensuite un autre bus pour Mamfé, proche de la frontière entre le Cameroun et le Nigeria. Encore sept heures. Pendant ce trajet, je reste dans ma bulle. J'esquive la conversation entamée par ma voisine. Je suis concentré et j'imagine avec anxiété ce qui nous attend à la frontière. Et c'est comme ça que nous arrivons à Mamfé, la dernière ville de mon pays. Une voiture vient nous chercher pour faire les ultimes kilomètres. Nous distinguons vite les deux barrages, à Ekok côté camerounais, et Ikom côté nigérian ; mais la nuit, les postes sont fermés. Nous dormons quelques heures avant le passage de la frontière, dans un hangar à l'extérieur d'un bar fermé, constitué de lamelles de bois. Nous ne sommes pas seuls, une foule attend le lendemain pour traverser.

Tu me demandes s'il y a des moustiques ? Tu n'es pas sérieux ? Mais c'est l'Afrique, mon pote, tu sais bien qu'il y en a partout ! Ils sont attirés par le fleuve, où se trouve le poste-frontière. En arrivant, chacun cherche le meilleur angle pour se poser loin des ronfleurs et des courants d'air. Je médite plus que je dors. Depuis le hangar, on distingue le poste-frontière et ses policiers qui arrivent, nombreux, habillés en tenue militaire verte. Ils me font peur.

Au petit matin, nous reprenons la voiture et empruntons le pont, assis confortablement. Nous passons devant le poste de garde camerounais. Le policier salue notre chauffeur et lui sourit. Il est connu sur la route. L'agent fait signe de passer, nous ne descendons même pas. Nous avançons jusqu'au contrôle suivant. Du côté nigérian, la voiture est arrêtée par la police des frontières. Le passeur sort, discute avec les policiers et les suit dans leur bureau. Dans la voiture, le stress des passagers est palpable, j'entends les cœurs de mes voisins battre en rythme avec le mien. Dix minutes plus tard, le chauffeur revient, souriant. La barrière s'ouvre et nous entrons au Nigeria.

Voilà comment ça se passe. Ça a été très facile, je suis euphorique. Dans la voiture, j'en tire des conclusions définitives : c'est plus simple que ce qu'on raconte ; toutes ces histoires sur la route dangereuse sont un complot pour te faire peur et te garder dans ta crasse ; à ce rythme, je serai en Europe dans une semaine. Tu vois combien je suis naïf.

Nous passons en deux tours, à bord de la belle Toyota. Le chauffeur nous dépose au marché d'Ikom, à l'entrée du Nigeria, pour aller chercher le second groupe.

Le passeur *mouille la barbe*

Tu es surpris que l'on puisse passer une frontière sans papiers aussi facilement ? Nous aussi. Avec les deux autres passagers, nous commentons, enjoués, la prestation de la police camerounaise, en attendant nos camarades. Le marché d'Ikom se réveille, c'est le lever du jour et les commerçants ouvrent boutique. Les voitures affluent depuis le poste-frontière, les stands s'installent. C'est un marché frontalier, où les Camerounais vendent aux Nigérians des fruits, des épices et des tissus.

À l'arrivée de nos compagnons, le passeur, toujours serein, change son argent dans une station d'essence et nous sert à manger. C'est le ventre plein que nous redémarrons avec la même voiture, direction Abuja, au centre du Nigeria, pour un long trajet de douze heures – neuf heures de route et trois heures de déviation dans les villages – afin d'esquiver les contrôles. Certains sont inévitables et, chaque fois, on *mouille la barbe* de la barrière de police. Tu sais ce que ça signifie ? Ça veut dire qu'on les paye. Flic rime avec fric. C'est facile : ils réclament les papiers du véhicule. Le chauffeur parle doucement et glisse dans ses papiers cent nairas, parfois deux cents[19]. Pour notre passeur, c'est insignifiant. Pour eux, c'est une fortune.

Dans la voiture, l'ambiance est cool, un mauvais son de musique nigériane grésille dans l'auto-radio, le chauffeur fredonne. Chacun écoute et bouge la tête en rythme. On est détendus mais silencieux. À l'entrée d'Abuja ça se corse. Un policier entre dans la voiture, tandis que passeur et chauffeur sont dans la guérite en train de payer. Le petit homme à la peau très noire, vêtu d'un uniforme et d'un casque militaires, est armé d'une kalachnikov. De sa voix rude, il nous avertit : « C'est un interrogatoire, celui qui ment je le bute. » Il parle en anglais. « Qui vous conduit ? » – « Où allez-vous ? » Mon cœur bat très fort, j'ai les grosses pétoches, c'est la première fois que je subis une agression d'un homme armé qui me braque dans une langue étrangère. Je transpire, tremble des pieds et des mains, mon œil se dérobe comme s'il voulait sortir de son orbite. Ça se voit. Le soldat braque son arme sur moi. Je frissonne davantage encore, il se sent puissant. Il me demande : « Est-ce que ta mère sait que tu vas en Algérie ? »

Je balbutie en français que non.

– Parle-moi en anglais.

– Je ne le parle pas, je réponds en français.

Je ne parviens pas à articuler, les mots restent coincés dans ma bouche.

---

19. 1 euro.

– Tu te moques de moi, si tu réponds, c'est que tu comprends. Comme tu te moques, tu vas descendre et rester avec nous.

– *No, please.*

Je baisse la tête.

Il me harcèle de questions et me fait le *up-eye*, la domination des yeux. Il finit par me demander combien j'ai payé pour l'Algérie. Je lui dis la vérité, tu crois quoi ? Je suis prêt à me pisser dessus, un homme braque une arme sur moi, la vérité dégueule de ma bouche sans que je puisse la contrôler. Il se marre en entendant la somme et me dit qu'avec ça je n'atteindrai jamais l'Algérie. Au mieux, je périrai dans le désert.

Quand nos transporteurs reviennent, l'homme armé se retire. C'était juste un ballon d'essai pour nous intimider. Mon cœur hurlait « sortez-moi de là », prêt à s'échapper par les oreilles ou le nombril. Je ressens son avertissement, ma pulsation garde un rythme maximal pendant trente minutes. Jamais je n'ai eu autant la trouille de ma vie. On démarre, je souffle fort et montre trop que je suis affecté. Tu t'attends à ce que les autres m'adressent des gestes fraternels de soutien ? Tu es à côté de la plaque, mon pote. Ils sont furieux. Ils savent maintenant que j'ai payé trois fois moins qu'eux, et personne n'aime la compagnie des maillons faibles. Le plus vieux me dit :

– Le gosse, fallait rester chez ta maman laver les assiettes.

Je n'ai même pas le temps de reprendre mon souffle qu'au milieu de la ville d'Abuja se dresse un nouveau contrôle. Pendant que le chauffeur et le passeur payent dans la guérite, trois policiers armés montent à l'avant de la voiture. Leurs consignes sont précises : nous devons déclarer ce que nous avons sur nous, et si nous oublions quelque chose nous passerons devant le juge d'instruction. Chacun obtempère. Pour moi c'est rapide : deux tricots, un pantalon et une bible. Les autres déclarent leur argent et leur téléphone. Une fois nos réponses notées, ils nous demandent de vider nos poches et nos sacs pour vérifier. Eh bien, devine quoi : *ils ont lavé ça.* Tu comprends ce que ça veut dire ? C'est une expression de la route pour dire qu'ils ont tout pris : l'argent, les téléphones et les chargeurs, tout. À tour de rôle, ils braquent leur arme sur chaque passager et ramassent le pactole. Ils veulent tout. Ils relisent ta déclaration et, s'il manque des sous, ils hurlent : « Dépouille-toi ! » Ils ne bluffent pas. Le plus vieux, celui qui m'a interpellé quelques minutes avant, pleurniche en retirant les billets de ses chaussettes. Il se fait voler ses deux téléphones et 325 euros, toutes ses économies.

Quand la voiture redémarre, c'est concert de pleurs en canon chez les passagers. Je reste muet, je les regarde avec pitié. Je ne me réjouis pas car leur argent aurait pu m'aider à poursuivre mon voyage. Le chauffeur s'énerve, demande si l'on va se calmer, nous dit que nous sommes trop bêtes, qu'il ne fallait rien donner. Facile à dire quand personne ne braque une arme sur toi. Chacun interroge son voisin sur ce qu'on lui a pris, mais le chauffeur interrompt la conversation : « C'est fait, on n'y changera plus rien, l'aventure n'est pas faite pour les pleureuses. »

Nous arrivons dans une petite agence de voyages. Le chauffeur nous dit au revoir, sa mission est achevée, il repart et c'est un autre homme qui nous transportera demain. Le passeur, lui, continue avec nous. Il nous paye les toilettes publiques, dans un hangar à côté de l'agence, pour que l'on puisse se laver, puis nous sert à manger, un repas généreux pour nous remettre de nos mésaventures.

On passe notre première vraie soirée ensemble, dans l'agence. On cause de tout, du Cameroun et des mauvaises conditions de vie, de la corruption du gouvernement, de l'insécurité générale, des Chinois qui achètent tout. Chacun raconte sa situation, critique le président, raconte des rêves ou des illusions jamais tangibles, la merde nous colle encore trop à la peau. Je ne parle presque pas, je me sens comme un imposteur au milieu d'eux, un petit qui a voulu se faire passer pour un grand et qui n'est pas à la hauteur. Quand quelqu'un me questionne, je dis juste que je m'appelle Freeboy et que je suis parti pour construire un avenir meilleur. D'autres ont fait du foot dans des centres de formation et veulent devenir footballeurs en Europe. Un jeune explique qu'il est missionné par ses proches pour arriver en Europe et envoyer de l'argent au village. Quinze familles se sont cotisées pour lui, il ne peut pas échouer.

Dans la nuit, vers quatre heures du matin, un bus de ligne régulière se gare devant l'agence : notre nouveau chauffeur vient d'arriver. Nous nous allongeons à l'intérieur sur quatre sièges côte à côte. Je suis fatigué par les deux premières journées de voyage et j'ai mal à la tête. Je veux dormir vite et reprendre des forces, mais mon cerveau résiste, c'est impossible de trouver le sommeil quand tu éprouves autant d'émotions.

À neuf heures, le bus part, avec des passagers locaux à bord, direction Kano, une ville au nord du Nigeria, proche de la frontière avec le Niger. Le trajet se déroule sans souci, le chauffeur paie sept contrôles pour qu'aucun policier ne monte dans le bus. Assis à la cabine, le passeur est tranquille, il a la tête d'un honnête homme.

Le Nigeria, tu sais, je n'y prête pas trop attention. Les routes que nous traversons, au rythme des musiques traditionnelles, sont en bon état, mais tout change quand nous pénétrons dans les villages : chemins boueux, eau stagnante, montagnes de déchets et gamins sales forment le paysage. De retour sur l'axe routier principal, nous longeons des arbres alignés sur le bas-côté, mais nous avançons vers le désert et la sécheresse. Bientôt, la verdure se fait plus rare et la chaleur augmente.

Vers quatre heures de l'après-midi, nous arrivons à Kano. À la sortie de la gare routière, des tricycles nous amènent au marché. Là-bas, le passeur me prend à part.

– Viens mon petit, on va parler, je dois te dire quelque chose.

On se met à l'écart. Il place sa main sur ma tête et me dit :

– Je t'ai prévenu que je ne t'amènerai pas jusqu'au bout. J'ai tenu ma promesse. Ton argent se termine ici, il faut te débrouiller seul maintenant.

Dieu et le couteau

En vain j'implore le passeur. Il écrit les prochaines étapes que je dois parcourir sur un ticket de bus : Kano – Maradi ; Maradi – Agadez ; Agadez – Arlit ; Arlit – Tamanrasset. « Là, tu es en Algérie. » Dans des moments pareils, tu dois te calmer. Tant qu'il est encore là, tu dois tout tenter, insister, pleurer, supplier. Hélas, ça ne marche pas, il me dit qu'il a respecté sa parole. Il me laisse quelques nairas, l'équivalent de 2 euros, achète à manger pour les autres, et ils embarquent.

Je suis sur le marché, debout, en train de regarder la voiture partir et je prends conscience que je suis tout seul au milieu de nulle part. Je tremble, j'ai envie de pleurer, j'ai peur de mourir cette nuit. Il paraît que certaines tribus du Nigeria mangent la chair humaine. Je suis invisible, perdu dans le va-et-vient des passants de ce grand marché. Les marchands ont étalé leurs produits partout. Téléphones, sacs, nourriture ou vêtements, il y a de tout.

Une grande femme vend des beignets. Elle est dépigmentée et maquillée, au point de paraître avoir la peau claire, mais ses mains la trahissent. Tu es noire, ma cocotte! Elle arbore une robe-pagne aux tons bleus et porte une greffe, ces chevelures artificielles dont les femmes noires raffolent. J'utilise un tiers de mon argent pour acheter des beignets. Le stand est situé à l'entrée du marché et la femme a placé, tout autour de sa cuisinière, des bancs en carré pour accueillir les clients. Posé là, j'avale mes beignets et me demande comment je vais m'en sortir. Travailler? Oui, mais où? Agresser quelqu'un? En suis-je capable? Escroquer? La police locale l'a fait, pourquoi devrais-je hésiter? Je suis tourmenté, je n'ai aucun plan, je ne peux compter que sur la chance.

Soudain j'aperçois un couteau, un bon gros couteau marron, manche en bois, posé dans un seau, juste à un mètre de moi. Il est long de trente centimètres, aiguisé des deux côtés, pointu au bout, avec de la pâte de beignet collée sur les bords. Mon regard est fixé dessus, c'est comme si un enchantement venait de le faire apparaître ici. Dois-je le prendre? Mon père dirait que c'est le serpent devant Ève. Je n'ai jamais agressé, jamais volé, mais là je joue ma vie. Je n'ai rien et je ne sais pas où je dormirai ce soir. Mon cerveau part dans tous les sens. Il me dit: « Ce n'est pas le moment de penser comme un saint, ce n'est pas bien compliqué, tu prends ce couteau, tu détrousses un passant cette nuit et tu avances. » Et toi, à ma place, tu ferais quoi?

Je tourne la tête de tous les côtés, j'ai l'impression que l'on m'observe. Deux hommes derrière moi sont en train de causer dans leur dialecte. Un monsieur fait une blague à la patronne. Tout le monde s'esclaffe. C'est le moment ou jamais. Je me dis « allez, tu dois prendre ce couteau », « tu dois le faire », « vas-y, prends-le ». « Mais prends-le putain! »

Le calme revient. Le couteau est à sa place. Je n'ai pas bougé, je n'ai pas pu. Je m'insulte. Abattu, je reste là, jusqu'à la tombée de la nuit. La dame m'interpelle, le marché est presque fermé, je suis le dernier client.

– Tu n'as pas où aller ?

Je dis non. J'explose en larmes, je raconte mon histoire, ce qui s'est passé, comment j'ai été abandonné par un passeur. Je suis en panique et ça se voit. Elle avait tout compris à l'avance, à ma façon d'être plongé dans des pensées lointaines. C'est elle qui me remet en confiance :

– Bien d'autres ont connu ça avant toi ; si tu as eu le courage de venir jusqu'ici, tu peux continuer. Je suis mariée, je ne peux rien faire pour toi ce soir, mon mari te frapperait si je te ramenais à la maison. Je ne te promets rien… Mais demain, j'ai un cousin qui vient à moto et qui fait la ligne Zinder-Kano. Il achète des choses au marché ici et les revend au Niger. Je vais parler avec lui pour voir s'il peut t'amener.

Je la remercie. Tu y crois ? Elle va m'aider ! Et dire qu'une heure avant j'envisageais de voler son couteau. Quel imbécile ! Je l'aide à ranger son magasin, elle me souhaite bonne nuit et me dit « à demain ».

Il est presque dix-neuf heures et il fait déjà noir quand elle ferme boutique. Je marche jusqu'à une heure du matin, je visite le marché dans ses moindres recoins. Tout est fermé, ça sent la pourriture. Il y a plein de saletés et de plastique, les chiens errants règnent au milieu des peaux de banane, des papiers et des poubelles non vidées. Je m'assois par terre dans un coin, en désespoir de cause. Le combat en moi-même reprend, une voix me dit : « Tu devras voler pour t'en sortir » ; une autre répond : « Calme-toi, demain cette dame va t'aider. » Je m'endors finalement sans résoudre ce combat intérieur.

Je suis réveillé au petit matin par les bruits des premiers commerçants qui déballent leurs cartons. Je m'installe à côté du stand de beignets, encore fermé, et remarque un homme assis sur sa bécane garée à l'entrée du couloir. C'est une moto du désert, puissante, importée de Chine, un modèle qu'on surnomme « Boko Haram » au Cameroun parce qu'elles rebondissent bien sur le sable et que le groupe terroriste les utilise. Je me cale un peu plus loin. La vendeuse arrive avant le lever du soleil, me reconnaît immédiatement et me fait un sourire. Je m'approche d'elle et on se salue. Le monsieur vient à sa rencontre. Il est aussi grand qu'elle, porte un keffieh bleu et une gandoura, un vêtement traditionnel musulman en Afrique fait en lin. Sous ses yeux noirs, trois cicatrices abîment son visage entre la bouche et l'oreille. Il la salue et ils causent.

Elle se tourne maintenant vers moi, me présente et explique ma situation, toujours en dialecte. Il sourit, je me dis que c'est bon signe. Il me dit : « Petit, je veux bien t'aider, mais je ne te promets rien. Tu ne passeras pas la douane si tu n'as pas d'argent. Est-ce que tu peux avoir le courage de traverser le désert ? » Je fais le Grand et dis : « Oui, pas de problème. » Il me demande de l'attendre ici la journée et de faire attention car les bandits sont légion.

Je reste là, près de sa moto, à étudier le mouvement des gens. Tu crois que je m'ennuie ? Tu te trompes. C'est le début d'un apprentissage, j'analyse les situations, guette les passages, comprends les rythmes et les cadences. Toutes les trente minutes, un nouveau groupe de voyageurs arrive. Ils ne remettre ma confiance entre ses mains et m'engouffre dans l'inconnu ; de toute façon, je n'ai pas le choix.

J'avance vite, j'ai peur d'être repéré par les policiers. Ils sont à plus de trois cents mètres, mais leurs torches éclairent loin. Voilà de nouveau que mon cœur bat la chamade, je l'entends et marche à sa cadence. Quand je me rends compte que la piste contourne les policiers, je suis rassuré, l'homme ne m'a pas menti. Une dizaine de minutes plus tard, le sentier rejoint enfin le goudron. J'attends le signal. Deux coups de klaxon, j'y vais. Il est là et me rassure.

– Calme-toi, c'est bon, tu viens de traverser la frontière. À partir d'ici, c'est le Niger, et c'est simple : si tu payes, tu passes.

De loin on voit des groupes amassés au bord de la route.

– Tu vois ces gens-là ? me demande-t-il.

– Oui. Que font-ils assis par terre ?

– Ce sont des gens comme toi, qui ont été arrêtés. La seule chose à faire est de payer, sinon ils seront *déportés*[20].

Je comprends que j'ai été un imbécile de dépenser le reste d'argent du passeur pour des friandises de gamin. L'homme essaye de me calmer, il sent mon stress.

– Voilà ce qu'on va faire, on va prendre un risque. On remet tout dans les mains d'Allah. Est-ce que tu es croyant ?

– Oui, vraiment depuis hier.

– Pas loin devant, là, tu vois, il y a une piste pour dévier la douane. Je prends ce risque avec toi, on coupe dans le

20. Dans le vocabulaire migratoire, « déporté » signifie « expulsé de force dans son pays d'origine ».

désert, tu es prêt ? Si on croise quelqu'un, tu fais comme si tu étais sourd, tu ne parles pas, tu n'exprimes pas un mot sinon on saura que tu ne parles pas haoussa. Tu es mon fils sourd-muet.

On s'engage sur la route. La moto roule dans le sable. La roue arrière dérape, le sable la bloque, la soulève, mais la moto est puissante, et continue d'avancer. Je saute dans tous les sens, je voltige comme un acrobate : si je ne m'accroche pas solidement à lui, je vais tomber et me broyer le crâne. Nous ne sommes pas seuls : d'autres motos transportent des migrants. Il m'explique, en roulant, que tout se passe la nuit aux frontières du Niger. À mesure que nous avançons, j'entends moins de bruits de moteur et ne distingue plus de traces de pneus.

À minuit, il s'arrête. Il me dit qu'il s'est planté, il n'a pas trop l'habitude. On s'assoit par terre, trente minutes. J'ai peur. Lui est tranquille. Il sort une bouteille d'eau, fait ses ablutions, prie et on repart. Le vent est sec. Quand je respire, je sens combien ça chauffe à l'entrée des narines. Les petits grains de sable entrent dans les yeux. Ça me démange mais je ne peux pas les essuyer avec mes mains, couvertes de sable elles aussi, sinon en me décramponnant je pourrais tomber. Nous roulons quarante-cinq minutes et arrivons devant un bassin d'eau. Il me dit :

– Tu descends et tu traverses ça à pied.

– J'ai peur, je ne sais pas nager.

L'eau m'arrive jusqu'au nombril, je frissonne et me demande ce que je fais là. J'ai envie de pleurer, mais je me retiens. Si je pleure, ça ne changera rien. Lui traverse à pied en poussant la moto. De l'autre côté, l'engin ne veut plus décomplètement mes problèmes d'argent. Ce n'est pas fini, les Guinéens entrent dans le jeu.

– Toi la grande, tu serais bien pour moi.

Elle le renvoie dans ses buts :

– Oui, mais désolée, tu n'es pas mon genre, j'aime les gars géants qui chaussent du 52.

La mère donne le coup final et tout le monde se roule par terre :

– Ça suffit, on vous laisse, on va se faire les gardiens. Je préfère encore leurs orteils tout riquiqui à vos grosses pattes sur mes filles.

Quel bon repas ! Les mots et les rires nous ont fait oublier un temps notre condition.

L'ambiance change du tout au tout à l'arrivée du patron. Les employés, qui mataient un film sur son écran plat, s'affolent. L'un va ouvrir tandis que l'autre se glisse près de nous comme s'il nous avait surveillés toute la nuit. Les rires envolés ont laissé place à un silence de cimetière. Tous baissent la tête. Le patron me fait signe :

– Le petit, dans ma chambre ! braille-t-il.

La chaleur est suffocante et il faut payer pour un seau d'eau. Ma dernière douche remonte à mon entrée au Nigeria, il y a trois jours. Je pue le chacal. Quand j'entre dans la chambre, le pistolet est déjà sorti. Un des gardiens apporte une cravache en plastique, comme si j'étais un cheval à fouetter. Je ne peux pas me retenir : je chiale direct.

– Écoute-moi, gamin, je vais te tuer si tu ne me dis pas qui t'envoie. Avoue, c'est la police ?

– Non, non, je vous jure, je voyageais et j'ai été abandonné par celui qui m'amenait.

L'arme a le même effet sur moi qu'à Abuja. Je vomis toute mon histoire. Il appelle ma mère, qui décroche, mais refuse toujours. Non, c'est non. Il hurle :

– Votre situation ne m'intéresse pas. Votre fils est chez moi. Si vous n'envoyez pas l'argent, je vais le tuer. Je vous laisse deux heures, pas une minute de plus, top chrono.

Il me ramène, en rage, dans la salle commune et hurle au gardien :

– Celui-là travaille pour la police. S'il sort, je te bute.

Il claque la porte en sortant. Je suis assis dans un coin de la salle. Un nouveau garde du corps s'est planté devant moi. Je suis fâché et triste, je vais mourir, il n'y a aucune chance que ma mère trouve cet argent. La Malienne, toujours courageuse, interpelle le garde. Elle a compris qu'il n'était pas un monstre, juste quelqu'un qui obéit aux ordres.

– Laisse-le sortir.

– Tu sais bien que je ne peux pas, le patron me tuerait pour de bon.

Il nous raconte que trois ans auparavant le patron a tué trois de ses employés. La police l'a pris en flagrant délit. Deux jours plus tard, il était relâché. Après ces assassinats, il s'est fait oublier. Devine où ? Bingo : en France ! Il a obtenu passeport, visa et billets d'avion, les doigts dans le nez. Il a repris son trafic comme si de rien n'était. Le gardien n'est pas très fier de travailler ici, il aimerait mieux avoir un vrai métier. Mais il a un salaire, donc il ferme sa gueule.

Une heure et demie plus tard, le garde reçoit un coup de fil : c'est le patron. Il est content, l'argent des deux Guinéens est arrivé : 2 000 euros, comme prévu.

Un peu plus tard, un grincement de roues de moto retentit. On frappe, l'employé qui me surveille va ouvrir. Le moment ou jamais pour fuir? Non, il faudrait passer devant lui, puis contourner celui qui se tient dehors, c'est trop dangereux. À la porte, les hommes discutent en dialecte, le gardien semble affolé. La police et la gendarmerie fouillent le quartier, des migrants seraient cachés dans les ghettos! Les gardes préviennent immédiatement le boss: « Il faut évacuer le ghetto, visite de la police à vingt-deux heures ce soir. » À l'autre bout du téléphone, le boss annonce: « Ok, j'arrive. »

Comment tu veux que je réagisse? Le patron va me tuer, c'est sûr. Dans la pièce, tout le monde est angoissé. Notre pasteur demande:

– On nous rendra notre argent si la police nous arrête?

La réponse est dans la question. Les gens ont laissé des sommes considérables, tu imagines: les Guinéens ont donné 2000 euros, c'est quatre ans de revenu de ma mère. Si ça foire, ils sont ruinés. Tout le monde joue gros. Nous finissons les restes du repas du matin sans appétit, dans une ambiance de fin du monde. J'aurais préféré une mort plus épique, mais c'est comme ça.

Je prie.

Oh! Dieu, c'est Toi qui m'as mené ici, c'est à Toi de m'en sortir.

Dans ma tête je prononce le mot *amen* avec une force particulière, les anges doivent comprendre que c'est une lettre prioritaire.

Le patron débarque vers vingt heures. Il demande à tous mes compagnons de se lever, en rang deux par deux. Il les regroupe dans la cour, tandis que je reste seul à l'intérieur. Il commence, de sa voix grave, à expliquer les règles du voyage. Toujours aussi courageuse, la Malienne l'interrompt :

– Vous n'allez tout de même pas nous laisser partir sans le petit.

Les autres l'approuvent. Le pasteur ivoirien dit qu'il n'est pas d'accord pour qu'on me laisse. Le passeur le coupe :

– Tu te tais, sauf si tu veux rester ici aussi.

Le silence revient, de nouveau brisé par la Malienne.

– Monsieur, on va trouver une solution, ce serait mieux pour lui, pour nous et même pour vous. Imaginez si la police arrive et que le petit vous dénonce.

– Impossible. Quand vous serez partis, je vais le tuer.

Je n'ai pas le temps de digérer ces mots, la Malienne hurle, de façon stridente et continue.

– Tais-toi ! On va se faire repérer, ordonne le patron.

– Non. Vous êtes un malade, un gros malade dans votre tête. On va trouver une autre solution, on va se concerter, on va se cotiser.

– C'était avant qu'il fallait y penser.

La Malienne ne se laisse pas faire et organise la collecte. Ils aboutissent à 5 000 francs[26].

– C'est peu, mais vous savez qu'on a fait ce qu'on a pu.

Le passeur, sur la défensive, se justifie :

– Vous êtes fous, ça ne peut pas fonctionner comme ça. Comment je paye mes employés, moi ? Comment je paye les

26. 7,50 euros.

deux policiers qui m'ont averti de la perquisition ? D'ailleurs, assez discuté, il faut partir maintenant.

Il enjoint à la troupe de monter dans la voiture. Tous protestent, la Malienne résiste encore un peu, mais finit par monter. Même le plus grand cœur d'Afrique ne peut pas laisser les fourmis manger son sucre.

J'ai entendu cette scène depuis l'intérieur. Maintenant je sais que c'est fini. Mon heure de gloire est arrivée. J'aurais aimé dire à ma mère « je t'aime » avant de mourir, mais c'est trop tard. Je pleure comme une fontaine.

Il entre.

J'entends ses pas qui s'approchent.

La tête contre le mur, recroquevillé sur moi-même en chien de fusil, je sens l'ombre géante de mon assassin au-dessus de moi. Il se penche et murmure :

– Tu sais ce qu'on va faire maintenant ? On va appeler ta maman une dernière fois. Si elle accepte de t'envoyer l'argent demain, tu voyages aujourd'hui.

Il ferait confiance ? Dur d'y croire. Pour l'appel de la dernière chance, il met le haut-parleur et m'ordonne de me redresser. Ma mère décroche et attaque d'emblée.

– Allô, monsieur, j'ai tout fait, tout essayé, mais je n'ai pas d'argent.

– Non, maman, c'est moi. Le monsieur est tout près de moi, il va me tuer. S'il te plaît, je t'en supplie, maman, rassure le monsieur et dis-lui que tu vas m'envoyer l'argent demain, je t'en prie maman, j'ai vraiment besoin que tu le lui dises.

– Non. Je ne peux pas dire ça. L'argent n'arrivera pas, je ne veux pas raconter des bêtises.

Elle vient d'anéantir la dernière chance. L'homme change de ton, son visage se crispe, son corps se tend.

– Très bien, votre fils ne vous coûte pas cher. Vous ne lui reparlerez plus.

Ma mère lance une de ces répliques cinglantes dont elle seule a le secret :

– S'il te plaît, monsieur, quand tu auras tué mon fils, pense à nous envoyer la tête au Cameroun, on va l'enterrer au village.

Et elle raccroche.

Sous le choc, je ne peux pas croire à ses paroles. Ma propre mère ! Le passeur lui-même n'en revient pas. Il veut m'entendre les répéter pour être sûr d'avoir bien entendu. J'en suis incapable, je redouble de pleurs. Le passeur n'a jamais vécu pareille situation. Il me regarde fixement. La dernière minute de ma vie.

C'est fou le nombre de choses auxquelles on pense en une minute. Ta vie entière défile sous tes yeux, le bon et le mauvais : le jugement dernier commence.

Tu penses à tes amis du quartier, les jeux, les chamailleries, les chambrages, les bagarres. Tu penses aux copines, Kelly, Larissa, à leurs baisers. Tu penses à ton père le jour où il te donne 1 000 francs avant le départ, tu penses à lui quand il te dit que tu es comme lui dans le nouveau monde. Tu penses à ta grande sœur et à tout son amour, à ton petit frère, à ses pleurs le jour de ton départ. Tu penses à ta mère qui te gronde quand tu fais des conneries. Tu penses aux étoiles, tu rêvais d'en devenir une. Tu penses à l'école que tu as quittée, aux enseignants qui ont cru en toi. Tu penses que tu es encore en vie et c'est étonnant. Il n'a pas d'arme sur lui ? Non je n'en vois pas. Pas de pistolet automatique.

– Ok. Lève-toi. Est-ce que tu as mangé ?

Je dis non, alors qu'en fait j'ai fini les restes avec les autres. Le stress me fait dire n'importe quoi devant mon tueur.

– Prends de l'eau, lave-toi un peu le visage et bois. Il faut beaucoup prier durant ce voyage. Tu es musulman ou chrétien ?

– Chrétien.

Il soupire. Encore une fois, ce n'est pas la réponse qu'il attendait.

– Ok, petit, il faut beaucoup prier ton Dieu. Je devrais te tuer, j'ai déjà tué beaucoup d'hommes, mais je ne sais pas pourquoi quelque chose me retient. Tu vas voyager avec les autres… J'espère que tu te souviendras de moi toute ta vie.

– Oui, papa.

Ça me vient comme ça, mon esprit est dans l'au-delà, c'est comme si j'avais parlé à Dieu, qu'Il avait décidé de me donner une chance.

Voilà la voiture : elle est petite, les gens y sont entassés les uns sur les autres. Ils me regardent comme un zombie. La Malienne m'adresse son plus beau sourire. Le passeur donne des instructions au chauffeur en dialecte, et nous souhaite bon voyage.

Le chauffeur sort de la cour en marche arrière. Les passagers tombent les uns sur les autres. Il est bientôt vingt-deux heures. On roule à grande vitesse pour quitter ce quartier sombre. Collé au pare-brise, je vois disparaître le ghetto et toutes les maisons sans toit construites en terre cuite. Je m'éloigne des femmes en pagne, des hommes en haillons et des enfants nus qui se tiennent devant leur maison pour échapper à la fournaise intérieure. Les moutons et les ânes, nombreux dans la ville, disparaissent. Je distingue, sur le bord de la route, le reflet des ombres et la mort qui n'a pas voulu de moi. J'ai compris une chose : la mort n'est rien d'autre que le résumé de toute notre vie. Mais pour l'instant, je suis toujours vivant.

En Libye avec le Biafra ?

Je somnole. Les gémissements de la plus jeune des filles maliennes me réveillent. Elle a des crampes, sa mère la frappe pour soulager ses muscles. On a dû bien avancer : dans la lumière des phares, on ne distingue pas d'habitations, uniquement des animaux au bord des routes, moutons ou bœufs, et des bergers couchés sous les arbres trop rares. C'est un paysage de steppe avec peu de végétation. Le vent sec et brûlant qui souffle violemment entre par les fenêtres ouvertes à l'avant. La chaleur m'étourdit, c'est comme si ma tête allait exploser. Soudain le convoyeur arrête la voiture et me dit : « Toi, le petit, tu descends. » Il fait nuit noire. J'encaisse le coup. La mère malienne proteste :

– Pourquoi juste lui ? Et nous, qu'est-ce qu'on fait ?

Le convoyeur dit que je n'ai pas payé le transport et que je ne verrai donc pas le ghetto, ce sont les consignes du chef. J'ai très peur. Il fait nuit noire et nous sommes au milieu de nulle part. L'endroit idéal pour me placer une balle dans la tête. Mais on veut « seulement » m'abandonner. Quelques kilomètres plus loin, me dit-on, c'est Agadez. Le chauffeur précise que le jour ne va pas tarder à se lever et que tout autour il y a des maisons de passeurs, je n'ai qu'à toquer. La voiture démarre, je l'entends s'éloigner. Adieu, la Malienne, et merci, je ne t'oublierai jamais.

Tout recommence à zéro. Je commence à paniquer, mais je prends mon courage à deux mains et m'élance vers l'inconnu. Bientôt, je tombe sur une maison aux travaux inachevés qui ressemble à un ghetto. J'hésite. Réfléchis à ce que tu vas pouvoir dire. As-tu vraiment envie de tomber dans le piège ? As-tu un autre choix ? Non. Je sonne. Un monsieur sort, un Touareg. À ma vue, il s'affole – « Qu'est-ce que tu fais là ? » demande-t-il en mauvais français.

– Je veux voyager.

– Ah ! Ok, fallait le dire. Entre.

Son visage se relâche, son débit ralentit.

– Quand tu voyages, il ne faut pas rester dehors, sinon la police peut te tomber dessus. Bon, j'espère pour toi que tu as de l'argent.

– Non.

De nouveau, son visage se tend, il me répond direct :

– Tu sais ce qu'on va faire ? Le patron dort, on ne lui dit pas que tu es venu, tu rentres d'où tu viens et tu ne reviens jamais.

– Je pensais que j'aurais pu appeler ma famille pour qu'on m'envoie de l'argent.

Son visage s'illumine.

– Combien ?

– 120 000 francs[27].

27. 180 euros.

– C'est une bonne idée. Entre.

Tu as bien compris que je bluffe ! Je n'ai pas un centime, et je ne suis pas près de rappeler ma mère. Il va falloir improviser.

– Tu devais commencer par là, mon ami. Est-ce que tu as mangé ?

Le voilà aux petits soins, il m'envoie me laver et me verse du thé brûlant. Je m'empresse de le boire et me brûle la langue.

– Tu comptes faire comment pour l'argent ?

– J'appelle au Cameroun et on va me le donner.

Il écrit le nom du boss, Mamadou, sur un carton. Je dois faire envoyer l'argent sur son compte. Une idée diabolique me traverse l'esprit. J'appelle Polusson, mon pote du quartier, celui qui me fait la morale quand je parie. Nous parlons en francam.

– *Yo, c'est Wat !*

– *Ouais, Petit Wat, ça dit quoi alors, position*[28] *?*

– *Non, ce n'est pas utile, daba peh, je suis dans une position champ choubacaille. Ce qu'on va do, c'est que je vais te joss comme si tu es mon tepa, et tu vas joss que tu vas me send le jeton. Mais tu ne joss pas si c'est oday ou morrow. Tu vas joss avec eux, mais tu vas un peu changer ta voix, fais-la un peu rock, combi ne fuck-up pas*[29].

---

28. « Comment ça va, tu es où ? »

29. « Non, ce n'est pas utile, maintenant, mec, je suis dans une situation très mauvaise. Ce qu'on va faire, c'est que je vais te parler comme si tu étais mon père, et tu vas dire que tu vas m'envoyer de l'argent, sans préciser si ce sera aujourd'hui ou demain. Tu vas parler un peu avec eux, mais tu vas changer ta voix, fais-la un peu rock, ne fais pas tout foirer, mon pote. »

Je donne le téléphone aux gardiens. Polusson prend tellement la voix d'un soûlard que j'ai envie d'exploser de rire.

– Oui, monsieur, vous avez avec vous mon fils, il aimerait continuer le voyage, je vais me battre pour vous envoyer 120 000 francs, aujourd'hui ou demain.

– Je vous donne le nom pour faire l'envoi, vous avez de quoi noter ?

– Oui – on aurait dit qu'il rotait en prononçant le mot. En attendant, prenez soin de lui.

– On va lui donner un bon couscous, concentrez-vous sur l'argent.

Le gardien m'apporte des gâteaux, du pain brioché avec du lait sucré. C'est incroyable, ça a marché. Ce coup de bluff instinctif m'offre un sursis. Je rejoins le groupe dans la pièce centrale. Huit personnes sont là. Un Camerounais de vingt ans transporte de la nourriture du Cameroun vers l'Algérie. Il ne dit pas qu'il est passeur, mais les deux filles avec lui, vingt-cinq et vingt-deux ans, semblent être ses clientes. Il y a encore quatre Guinéens, l'un se dit « guide » des autres et tout le monde comprend ce que ça signifie. Les trois passagers sont des clients importants qui veulent un voyage de confort. Ils sortent des liasses de gros billets. Ils transportent un sac volumineux, toujours fermé. Ils obtiennent satisfaction aussitôt qu'ils veulent quelque chose. Dans la salle, on ne manque pas de nourriture : il y a gâteaux, pains et jus pour tout le monde, des fruits en abondance, tout payé par les Guinéens. Un ghetto première classe.

Il y a aussi un Biafra : c'est la façon dont on nomme les Nigérians au Cameroun, même si ça ne leur plaît pas. Vieux et violent, l'homme fait la route depuis dix-huit ans et affirme qu'il ne transporte que des filles. Il est affreux, avec ses yeux rouges et sa peau décapée. Quand il te serre la main, il pourrait te briser les os. Il transporte six filles, mais elles ont été séparées de lui trois jours auparavant lors d'un contrôle qui a mal tourné à Agadez. Elles doivent revenir le lendemain du commissariat. Il a confié à Mamadou, le propriétaire du ghetto, le soin de transiger avec la police.

Dès le début, je subis ses foudres. Il a besoin d'un bouc émissaire, petit et faible, pour affirmer son agressivité. Je suis la victime idéale. Il me crie dessus à mon arrivée, sous prétexte que je voyage seul et pour la première fois. Il se plante devant moi, et me dit en roulant ses yeux rouges :

– Ça se voit que tu ne connais rien au code de la route.

– Le code de la route ? C'est quoi ? je balbutie.

– Le code de la route, c'est fixer l'homme dans les yeux. Si tu baisses la tête, tu montres ta peur ! Dans ce cas, il fallait rester chez ta mère.

Il fait des grands gestes et me pousse contre le mur.

– Tu vois ? Si tu as peur devant moi, devant les agresseurs du désert tu vas faire comment ? Parce qu'ils seront tous masqués, ils auront des kalachnikovs, ils ne te parleront pas deux fois.

J'ai peur, il est laid, affreux même, dépigmenté, avec des cicatrices partout.

– Tu vas où ? En Algérie ? Pour faire quoi ?

– Je ne sais pas, travailler ?

– Tu ne sais pas ? Ça veut dire que je t'emmène en Libye.

– C'est où, la Libye ?

– Tu sais pas que c'est en Libye maintenant qu'on emmène les gens pour l'Europe ? Moi j'y vais avec les femmes, et deux semaines plus tard nous sommes en Italie.

Je ne dis rien. J'ai peur de donner une mauvaise réponse.

– Assois-toi. Tu as combien sur toi ? En Libye, c'est 400 euros pour traverser par bateau, et moi je ne te demande même pas un rond pour t'emmener là-bas.

Je ne réponds rien. Il fume son joint, ça indispose tout le monde, mais qui va le lui dire ? Les Guinéens cherchent à se rendre discrets, ils ont peur que quelqu'un vole leur argent. Le Camerounais ne parle pas, il est assis à côté des deux filles. Quand le Biafra sort se promener, l'ambiance redevient agréable, mais dès son retour la tension remonte, chacun se tait. À neuf heures, il décide l'extinction des feux, et tout le monde doit dormir à son rythme.

Le lendemain matin, le Biafra reprend ses manœuvres de tous les instants pour que je le suive. Il veut me rendre redevable, paye pour mon eau, demande qu'on m'achète brosse à dents et dentifrice. Sa technique semble bien rodée : m'accabler, me faire trébucher d'abord, pour me forcer à prendre sa main et dépendre de lui. Quand il part se promener, je réfléchis à son offre. Mon seul objectif, c'est avancer. Cet homme affreux me propose de le suivre, c'est la première fois qu'un plan se présente à moi pour aller en Europe, est-ce une chance à saisir ? Le troisième jour, Mamadou lui-même me dit :

– On va bientôt voyager et ton père n'a pas encore envoyé l'argent.

– Moi je ne sais pas, il a parlé avec tes gens.

– Je ne veux pas aller en Libye.

– Ce n'est pas mon problème. Tu n'as qu'à payer.

Je me retrouve dehors, devant la maison vide. La voiture démarre, je la regarde s'éloigner. C'est une scène déjà vue. Je fixe l'un des Guinéens, lui aussi me regarde. Je vois qu'il parle aux autres. Je me prends à rêver : et s'il disait un mot pour moi ? La camionnette n'a pas dépassé deux cents mètres quand elle freine et fait marche arrière. Est-ce que quelqu'un a payé pour moi ou est-ce que Mamadou a eu peur que je le dénonce à la police ? Je ne saurai jamais.

– Bon, je t'amène jusqu'à Arlit, me dit le passeur. Mais tu t'arrangeras avec la douane, je ne la paierai pas pour toi. Allez, monte.

Je suis miraculé. Peu avant l'entrée d'Arlit, Mamadou passe un coup de fil pour savoir qui est en poste au barrage. Il s'énerve : c'est un de ses ennemis. Il nous prévient que nous allons nous camoufler, délaisse la voie goudronnée et dévie dans le désert. Le sable pénètre immédiatement dans la camionnette et nous colle à la peau. Apparaît un berger qui conduit ses moutons. Mamadou freine immédiatement : tu sais, ces hommes-là ont beaucoup d'imagination et ne manquent jamais d'une ruse pour duper la police. Mamadou propose au berger de les emmener gratuitement, lui et ses bêtes. Le berger accepte sans hésiter. Les vingt moutons nous rejoignent dans le camion. Mamadou nous demande de nous pencher. Pourquoi pas bêler, aussi ! Nous roulons quarante minutes dans cette position insolite. Tout n'est pas rose : un mouton chie sur le talon d'un Guinéen, l'une des filles vomit dans la voiture mais on a gagné l'essentiel : au contrôle, le policier jette une tête dans la camionnette, voit ce qu'il voit, sent ce qu'il sent, et nous laisse passer. C'est donc dans la puanteur et tout tordu que j'arrive à Arlit, la dernière ville du Niger avant la traversée du désert et l'entrée en Algérie.

Comme avec Polusson à Agadez, je lui demande, dans notre français à nous, de faire comme s'il était mon oncle et de dire qu'il va envoyer 50 000 francs[32] dans cinq jours. Il s'y reprend à trois fois car le passeur ne comprend pas.

– Tamanrasset, Algérie, dit le passeur, c'est 100 000.

– Ok. Au lieu de 100 000, je vais vous envoyer 300 000[33].

Bao est fou ! Je vais être démasqué. Le passeur, lui, est super-content.

– J'envoie l'argent dans cinq jours, poursuit Bao. Prenez soin de lui et notez ce qu'il mange, je vous rembourserai ça aussi.

Quel bandit, ce Bao !

Le passeur m'emmène dans une boutique et me dit de prendre tout ce dont j'ai envie. Je ne m'en prive pas et opte pour un grand yaourt à la fraise, à 1 000 francs l'unité – le salaire journalier de ma mère –, du pain, des galettes et un fourré au chocolat. Le passeur insiste : « Prends, prends. » Je n'ai aucun scrupule, j'aurais tort de ne pas manger à ma faim. De retour au ghetto, mon logeur, aux petits soins, m'annonce que je dormirai dans une chambre à part, à côté ; et que j'ai le droit d'aller et venir aussi librement que je le souhaite. Trop content, je pars aussitôt faire un tour en ville.

J'arpente les rues au hasard, plongé dans mes pensées. Devant le magasin où j'ai fait mes achats, le jeune vendeur touareg discute avec ses amis. Ils parlent leur langue et font de grands gestes : j'essaye d'imaginer ce qu'ils se disent.

32. 75 euros.
33. 150 euros, 450 euros.

Quand ils rient, je rigole comme eux, et je finis par susciter leur curiosité. Le jeune vendeur sort un paquet de gâteaux, des fourrés au chocolat, en offre à tous ses amis, et comble les quelques mètres d'écart qui nous séparent pour m'en proposer un aussi.

Quand ses amis s'en vont, il vient s'asseoir à côté de moi et entame la conversation en français. Il dit qu'il s'appelle Ibrahim. « Moi, c'est Freeboy. » Je lui raconte que je suis camerounais et que je cherche à me rendre en Algérie. Nos échanges sont hésitants, mais dès qu'on parle football, ça devient facile. Il me demande si je suis musulman. Comme je réponds non, je sens qu'il est déçu. Il m'explique que son père est imam et que les musulmans sont des gens bien.

– Est-ce que tu manges le porc ? me demande-t-il.

Je dis non. C'est un mensonge, mais je veux sympathiser avec lui. Il retrouve un grand sourire :

– Tu as raison, il ne faut pas manger le porc, ça te laisse une chance de devenir musulman !

– Je préfère le mouton et le bœuf.

– Voilà ! s'exclame-t-il en me serrant la main.

Il est jeune, cheveux gominés, peau claire de Touareg. Il me propose d'aller faire un tour à moto avec lui et je comprends qu'il n'éprouve aucune gêne à ce que je sois noir et étranger. Sur la moto de son grand frère, il roule très vite et joue les acrobates. Il me montre Arlit : quelques belles maisons en brique et une rare luminosité, mais trop de fils électriques pendants et de poteaux mal placés, trop de gamins abandonnés et de poussière dans le sol sableux. À chaque voiture qui passe, cette poussière monte et forme un nuage qui couvre les murs. À la fin du tour à moto, nous sommes rouges jusqu'aux paupières.

Chacun des jours suivants je retourne le voir à la boutique, où on se donne rendez-vous vers midi. Sa sœur, qui arbore un voile beige, apporte le repas – ignames, veau et haricots : je mange trop bien chez eux. Elle ne me parle jamais directement car elle ne connaît pas le français, c'est lui qui traduit. Nous terminons le repas par un verre d'eau glacée, de l'eau avec des glaçons. C'est le plus grand luxe au Niger. La plupart des gens n'ont même pas l'électricité.

C'est dans le boucan du moteur trafiqué de la moto, roue avant redressée, que mon ami me mène, le quatrième jour, sur une plate-forme d'extraction d'uranium exploitée par les Français où travaille son oncle. Sais-tu à quoi ça ressemble ? C'est une grande zone où quatre mille personnes descendent jusqu'à deux cent cinquante mètres sous terre. L'endroit est surveillé, mais le gardien noir à l'entrée du site nous laisse entrer, sans nous quitter du regard cependant. Sur le chantier, les tâches sont réparties : les Noirs creusent le minerai dans des galeries et concassent les pierres ; les Touaregs font le manœuvrage et traitent les pierres avec de l'acide sulfurique et de l'eau tirée des nappes phréatiques ; les Chinois organisent les activités ; les Français prennent les décisions et récoltent les fruits du travail.

Sur le chemin du retour, Ibrahim se fait interpeller par les filles qui crient son nom. Avoir une moto au Niger, c'est comme être Brad Pitt. Il s'arrête et distribue 100 francs, grand prince, mais il reste timide dans ses relations avec les filles, je ressens son appréhension. Il n'est pas affirmé face à elles, comme s'il était encore dans sa coquille.

Le soir, je rentre au ghetto, salue les gardiens et retrouve mon coin, tranquille. Le deuxième soir, le passeur ramène huit personnes de la gare routière. Entassés dans le ghetto, de l'autre côté du mur de ma chambre, ils parlent fort. Je joue mon rôle de diva à fond et me plains auprès des sbires :

– Les voisins sont trop bruyants. Si ça continue, je vais trouver un endroit plus calme pour crécher.

Les gardiens me supplient de rester et hurlent contre les nouveaux venus. Médusé, je viens de découvrir un nouveau pouvoir – grisant.

Une fenêtre de ma chambre donne sur la cour. Un gars du ghetto jette un papier par la fenêtre qui tombe dans ma pièce. C'est un grand, la trentaine, longue barbe. Je continue mon numéro :

– Hé ! tu te crois où ? Ramasse ton papier. Ici, c'est pas la poubelle.

L'homme me regarde de haut, comme un père de famille s'adresse à un enfant :

– Mon petit, tu ne me parles pas comme ça.

Je beugle en imitant le Biafra :

– Y a pas ton petit ici, grand-père. Tu ramasses.

Le passeur accourt et menace l'homme de le fouetter. Tout ça parce qu'il pense que j'ai de l'argent. Tu y crois ? L'homme barbu, deux fois ma taille et mon âge, ramasse le papier. Estomaqué, je m'efforce de maîtriser mes angoisses et affiche le dédain.

Pendant dix jours, je vis dans les mêmes conditions que les gardiens, mange avec eux et partage leur nourriture. Quand ils font partir des convois, je les aide en écrivant le nom des passagers sur le registre: aucun d'entre eux ne sait lire ni écrire. Mais il devient évident pour tout le monde que l'argent n'arrivera pas. Je ne me dégonfle pas. Je persiste à affirmer au garde que l'argent va arriver sur le ton d'un prince parlant à un courtisan. Le passeur n'ose pas me faire du mal, mais il me demande gentiment de partir et de revenir quand l'argent sera arrivé.

Hors du ghetto, je me demande quoi faire. Tu me diras que j'aurais dû y réfléchir avant? Il était inévitable que cette vie de pacha se termine. Je vivais trop pleinement l'instant pour anticiper. Et si je retournais chez Ibrahim? Si je lui propose de me convertir à sa religion, il pourra peut-être financer mon voyage vers l'Algérie? Dans cette ville, c'est lui l'envoyé de Dieu à mon secours. Malheureusement, Ibrahim est absent, c'est sa sœur qui tient le magasin. Mon ami s'est rendu avec son père à un mariage, il ne rentrera que le lendemain. Mon plan s'effondre, la panique revient, je ne sais pas où dormir cette nuit, mes genoux se cognent, mon cœur bat, mon corps tremble.

Je retourne où je suis arrivé, à la gare routière, ce hangar hideux écarté de la ville comme une tumeur, où l'on charge les pick-up pour migrants à destination de l'Algérie. Toute l'Afrique subsaharienne est là, dormant à même le sol dans la poussière. Les embrouilles n'en finissent pas. Deux hommes se disputent un angle du hangar, ils en viennent aux mains. Pourtant, c'est une mauvaise place en plein courant d'air. Je m'assois d'abord sur un banc pour observer les mouvements. Les gens se répartissent en groupes, en clans, par nationalité. Ils parlent de leur pays avec nostalgie – « Moi en Côte-d'Ivoire j'étais ceci », « Moi au Burkina j'étais cela ».

Vers la tombée de la nuit, un Touareg apporte à manger pour les Noirs, deux Thermos de couscous algérien avec de bons morceaux de viande. Les musulmans donnent l'aumône. Quand la bouffe arrive, pas de pitié, personne ne pense à se laver les mains. Ceux qui se pelaient la peau, se suçaient le sang, se frottaient les pieds, se tripotaient les orteils, se rongeaient les ongles, se grattaient la tête, oui, tous ceux-là se ruent sur les Thermos et glissent leurs mains dégueulasses dans la nourriture. Ça se bouscule, ça se bagarre, ça s'injurie et ça crie. Il faut s'affirmer pour survivre. Ce jour-là, je ne me suis pas affirmé. Les autres ont bouffé ma part.

Très vite, je ressemble à ces zombies. Il suffit de dormir une nuit dehors dans le sable. Ici, ce n'est même pas l'enfer, c'est la station d'après. Sur une terre sèche et aride, des fissures s'ouvrent dans le sol. La peau, c'est pareil : aux talons et au bord des mains, des plissures se forment, une seconde couche apparaît : c'est la chair morte qui monte, et je passe mon temps à la gratter. J'ai honte de mon propre corps, je fais vraiment pitié. Tout en moi est rouge, même mes crottes de nez. Le matin, c'est un concours d'éternuements, tout le monde a avalé la poussière sous le vent de sable. La nuit, j'ai des démangeaisons horribles. Le premier soir j'annonce à mon voisin que je ne veux plus coucher ici.

– Si tu ne supportes pas, va signer ta déportation volontaire à Niamey, et rentre. Sinon, ferme ton clapet et laisse-nous dormir.

Le lendemain matin, à six heures, une femme musulmane apporte des beignets. Tout le monde se précipite. Un homme, pas le plus grand, pas le plus costaud, hurle :

– Celui qui se sert avant moi recevra douze coups de couteau dans son sommeil cette nuit.

Il est entouré d'une clique nombreuse. La foule le laisse se servir le premier.

Je reste là durant quatre jours, parle peu et ne retourne plus en ville, j'ai trop honte, j'ai la flemme de marcher et je ne veux pas perdre le coin que j'ai trouvé pour dormir. Les convois qui partent chaque jour te rendent très jaloux, tu les envies, ces aventuriers qui avancent. La prochaine destination, c'est l'Algérie, c'est ton but. Tu perds la tête, tu as des hallucinations. Tu te vois dans la voiture, au milieu des passagers, célébrant ton arrivée à Tamanrasset. Tes mauvais démons t'embrouillent le cerveau. Concrètement ? Tu fixes un homme, prêt à partir, debout à l'intérieur d'un convoi, et tu rêves de le voir gisant au sol, et toi à sa place. Pourquoi il part lui, et pas toi ? Attention, tu ne dois pas sombrer dans la folie.

Je me ressaisis et prends soudain la décision qui va faire basculer ma vie. De l'autre côté, une voiture est en train de charger. Je demande à mon voisin de garder mes affaires et vais rejoindre les vingt-trois personnes qui attendent à la queue leu leu. Le passeur les appelle par leurs noms, certaines sont déjà montées. Une dispute éclate pour une histoire d'eau, les deux adversaires se bousculent et se cravatent, un attroupement se forme, tout le monde suit la bagarre. Et si c'était ma chance ? Oui, je dois me glisser dans les rangs. Oui, je dois le faire, je dois le faire. « Vas-y, c'est maintenant, fais-le. »

Sans trembler, je me faufile derrière le deuxième voyageur qui patiente pour entrer dans la voiture. Est-ce bien moi qui viens de commettre cette folie ? Je ne sais pas si quelqu'un m'a vu. L'homme qui se trouve derrière moi ne me trahit pas.

L'embrouille n'en finit pas. Les premiers de la file se fâchent, il fait chaud, ils décident de monter ; j'embarque avec eux. Les deux suivants m'emboîtent le pas et nous nous installons. À l'arrière du pick-up, des bancs ont été installés en carré, surmontés de poteaux permettant de se tenir debout et de transporter plus de monde. Je suis calé dans un angle. Le convoyeur apostrophe le dernier monté, qui n'est pas encore assis.

– Attends, toi : quel est ton nom ?

L'homme donne son identité, le passeur le contrôle sur la liste – « C'est bon, monte » –, puis il continue l'appel jusqu'au douzième voyageur. Il n'y a plus de places assises, les hommes debout devant nous nous dissimulent. Je ne suis plus à portée de vue.

C'est fou, ce que je viens de faire ! Si le contrôleur s'aperçoit qu'il y a un passager en trop, je suis mort. Mon corps est en train de bouillir intérieurement, ça monte, je suis euphorique, ça monte très fort, je dois me calmer, contrôler l'adrénaline. Mon corps veut trembler mais il n'a pas le droit de me trahir, pas maintenant. Mon cerveau hésite, l'hémisphère gauche me hurle : « Tu es un génie, tu l'as fait, tu l'as fait ! » et l'hémisphère droit me dit : « Ne crie pas victoire trop vite, on peut te repérer, calme-toi. » C'est un sentiment unique, d'excitation et d'appréhension. Tu ne sais pas si tu dois rire ou pleurer.

– Ok, c'est tout bon, on démarre ! hurle le convoyeur au chauffeur. Direction l'Algérie !

Poubelle de l'humanité

Nous roulons six heures avant d'atteindre Assamaka, dernière ville du Niger. À l'intérieur de la voiture, l'ambiance est concentrée sans être nerveuse. J'ai enlevé mon tricot pour l'enrouler autour de mon visage. Mon sac est resté à la gare routière d'Arlit et je n'ai pas d'eau. Mon esprit vagabonde, j'en oublie presque la chaleur écrasante qui frappe mon torse nu. Soudain, le chauffeur donne un tour de volant très sec vers la droite en mettant un coup d'accélérateur. Nous sommes tous déséquilibrés, mais le chauffeur, en panique, accélère encore. Face à lui, un convoi militaire est apparu et, pour l'éviter, il a quitté le goudron et s'est engouffré dans le désert.

La course-poursuite s'engage, le pick-up roule à toute allure dans le sable. Les hommes debout nous étouffent, collant leurs corps aux nôtres, par cinquante degrés. L'inquiétude grandit : l'armée va nous arrêter et nous allons être *déportés*. Non, ce n'est pas possible. Je prie.

Oh ! mon Dieu, pardon, j'ai écouté mon démon, je suis dans cette voiture par effraction, mais c'est ma première erreur du voyage, s'il Te plaît, ne me punis pas, amen.

Après deux heures de course-poursuite, la voiture ralentit, le chauffeur a semé les militaires, mais il est perdu. Dans le sable, les pneus s'enfoncent et c'est de nouveau la panique. Le chauffeur accélère, les roues s'emballent, ça chauffe et ça saute : nous voilà hors du sable. L'incident se répète plusieurs fois.

Soudain un cri éclate, et bientôt un hurlement général. Horreur ! Sous un vieux tas d'habits, au bord de la route, un crâne. Un ossement humain. J'en vois d'abord un, puis deux, et soudain ce sont des centaines. Des corps humains, des tas de corps décomposés. Je mets mes mains sur mes yeux, c'est épouvantable. Nous sommes dans la plus grande poubelle de l'humanité, où gisent les hommes dont personne ne veut. Ces morts ont été un jour à ma place. La prière reprend, il n'y a pas un homme qui n'implore pas son dieu. Les musulmans prient en musulmans. Les chrétiens prient en chrétiens. Les athées prient en athées.

La voiture poursuit son chemin, il y a de plus en plus de corps dans le sable. On croise un véhicule qui a été attaqué et brûlé. On distingue encore le chauffeur, adossé au volant. Derrière, les passagers sont couchés les uns sur les autres, le sable recouvre en grande partie ce qui reste de leurs corps. La voiture a été criblée de balles. C'est le même spectacle pendant des heures. Mes larmes coulent, au fond de moi une voix me dit : « Regarde, regarde en face la vérité du monde » : le cimetière vivant des rêveurs innocents. Je continue de prier.

Je n'ai pas le temps de finir ma prière, une vision abominable m'arrête : une femme couchée sur le dos, tuée d'une balle dans la tête. Les assassins ont figé à jamais une expression de peur sur son visage doux que le sable n'a pas encore abîmé. Sur sa poitrine, un bébé couché. Non, c'est pas possible… Mon esprit part dans tous les sens. Je pense à ces jeunes, à leurs familles, à ces mères, qui jusqu'à la fin de leur vie surveilleront leur téléphone, dans l'espoir d'un appel inespéré, celui de leur enfant qui leur dirait « maman je vais bien, maman je t'aime, maman ne t'en fais pas, nous serons bientôt rassemblés », cet appel qui ne viendra jamais. La pleine lune s'ajoute à la lumière des phares et, dans le lumineux sable rouge, l'horreur de l'humanité s'expose sans filtre.

Peu à peu, les cadavres s'espacent. Le chauffeur freine, s'arrête dans un endroit vide et sort du véhicule :

– Nous allons dormir ici. Descendez tous.

D'un seul coup, mon cœur accélère. Et s'il profitait de notre sommeil pour s'enfuir ? Un des hommes appelle à la vigilance : nous ne devons pas tous dormir en même temps et nous devons bloquer les accès au véhicule. J'ai très peur. Je m'appuie sur une roue avant, des hommes sont adossés à trois contre les portières. Je ne suis pas rassuré. Les chauffeurs se sont installés plus loin, avec leurs kalachnikovs, et ne dorment pas : ils ont allumé un feu et prennent le thé.

Ils nous observent et nous les guettons. Ils ont compris qu'on a compris : on ne dormira pas, ils ne nous abandonneront pas ici. Je prie encore. Ici, le rapport à la foi est étrange. Devant tous ces corps, tu te dis que Dieu n'existe pas. Sinon, pourquoi laisser faire ça ? Et pourtant tu pries, tu pries plus que tu n'as jamais prié dans ta vie. Qui, à part Dieu, peut te tirer de cet enfer ? Alors tu proclames : « C'est Dieu la Force » – la devise de l'immigration.

Nous repartons au matin et roulons bien, entre montagnes et roches qui longent les sables du désert. Le soleil est haut dans le ciel. Soudain surgit de nulle part un groupe armé de Touaregs, accompagnant un troupeau de chameaux. Un silence de mort tombe sur notre convoi. Les gouttes de sueur inondent mon corps. Le chauffeur s'est arrêté et je comprends qu'il demande simplement son chemin. Ouf! Il n'y a plus de corps maintenant, mais nous devons traverser une montagne de roches pointues. Soudain, la voiture fait un petit bond. Pouf! La roue a éclaté.

– Descendez! ordonne le chauffeur.

Je suis en larmes. C'est ici que l'histoire s'arrête. Je vais mourir là, en plein désert, comme tous ces gens que j'ai vus. Tué par un pneu, c'est presque comique pour un gamin de la rue! Dans ma tête, je dis au revoir aux membres de ma famille. Mon âme a presque quitté mon corps quand je vois le chauffeur, qui était passé sous la voiture, ressortir en traînant une roue de secours. Il faut voir la tête de cette roue, déchirée et recousue avec du fil et des aiguilles, production artisanale garantie…

Imagine notre réaction quand le chauffeur nous demande de traverser la colline à pied et de l'attendre de l'autre côté. Personne ne bouge. Alors le grand chauffeur nous dit: « Ok, je viens avec vous. » C'est ce qu'on voulait entendre. Le petit a pris le volant. Nous, nous partons à pied, avec le convoyeur dans notre cortège, une heure de marche sous la chaleur accablante. De l'autre côté, nous retrouvons enfin la route, nous pouvons embarquer. Les passagers chantent les louanges de Dieu dans tous les dialectes. On roule à vive allure plusieurs heures puis soudain surgit un premier poteau électrique, le plus beau poteau du monde. Quelques kilomètres plus loin, le chauffeur ralentit, baisse la vitre de sa fenêtre, glisse la tête dans notre direction, pointe son doigt vers la ville que l'on devine au loin et dit :

– Tamanrasset.

Alors on s'embrasse et on se serre les uns contre les autres, on ne se lâche plus, on est des frères, on a survécu ensemble, on est revenus de la mort, et notre amitié c'est pour la vie. Le chauffeur s'arrête, nous fait descendre. Nous ne sommes plus qu'à dix kilomètres de Tamanrasset. Des taxis vont venir nous chercher pour finir le trajet. Le chauffeur commence à organiser la répartition dans les taxis. Il sort un papier de sa poche. J'ai un mauvais pressentiment. Pourvu que je me trompe ! Tu penses à ce que je pense ? Oui, c'est bien ce que je crains. Il a sorti la liste des passagers.

Ça va vite dans ma tête, mais je reste serein. Je suis en Algérie, l'objectif est atteint. Ce qui doit arriver arrivera. Le jeune chauffeur termine de pointer sa liste, bute devant moi et me fixe pendant trois secondes. Puis il part en courant prévenir le grand convoyeur qui accourt et me plaque contre la voiture.

– Qui es-tu, qu'est-ce que tu fais là ? Tu es de la police ?

Je le regarde dans les yeux et lui explique que je n'avais pas d'argent, que je suis monté à bord pendant la bagarre à la gare routière. Il est tellement surpris qu'il me lâche. Autour de nous, les hommes ont les yeux écarquillés.

– Respect, lance l'homme qui me suivait dans la file, qui savait tout durant le trajet sans me dénoncer et qui m'a donné un peu de son eau.

Les convoyeurs sont en colère. Ils délibèrent entre eux. Finalement, le grand s'approche de moi :

– Enlève ça.

Il désigne mon tricot tout poussiéreux, que j'avais remis. J'obéis.

– Ça aussi.

Il désigne mes chaussures et mon pantalon. Je fais ce qu'il me demande.

– Tout ! hurle-t-il.

Alors j'enlève aussi mon caleçon et les regarde mettre mes vêtements dans le pick-up. Je suis tout nu dans le désert.

Je ne ressens aucune honte. Dans mon quartier, les gamins courent pieds nus en caleçon, l'intimité n'existe pas. La seule chose que je ressens, c'est ce soleil qui me fissure la peau et me brûle le sang. C'est comme si mes pieds nus marchaient sur des braises. Quand les voitures algériennes arrivent, les chauffeurs repartent avec leur pick-up et mes vêtements, et nous laissent avec nos nouveaux transporteurs. Les Algériens me lancent en s'esclaffant :

– On ne prend pas les voleurs.

Aucun passager ne m'a donné un vêtement. Quand les voitures s'éloignent, je les regarde serpenter dans la montagne, j'essaye de repérer la route qu'elles empruntent. Je reste longtemps en haut de la colline. Soudain, je suis pris d'un fou rire. Je voulais atteindre l'Algérie et j'ai réussi. J'y suis, à poil. Ni sac, ni argent, ni vêtement. Pour moi qui aime me faire remarquer, c'est une sacrée entrée. Je me reprends, je dois réfléchir. Tu es coincé, nu dans le désert, à l'entrée d'une ville arabe, tu fais quoi ? Tu descends à pied ? Avec tous les risques ?

Mieux vaut attendre. Les traces de pneus sont nombreuses : je fais le pari qu'une autre voiture ne tardera pas à arriver du désert.

Deux bonnes heures plus tard, une voiture s'engouffre en bas de la colline sur la route en lacet. Je la suis de loin sur le trajet sinueux. À son approche, je me place au milieu de la route, à genoux, mains en l'air. Le chauffeur stoppe à deux cents mètres. Le convoyeur descend avec sa kalachnikov et se dirige vers moi.

– Couche, couche.

Je m'allonge immédiatement, tout aplati sur le ventre, bras tendus devant moi. Il s'approche, pose son pied sur mon cou, l'arme braquée sur moi. Il demande à son collègue d'avancer. Je retiens mon souffle. Le chauffeur m'interroge et je lui dis qu'on m'a abandonné, sans expliquer les détails. Chauffeurs et passagers sont rassurés maintenant, ils voient bien que je n'ai rien sur moi, je suis seul et je fais terriblement pitié. Un passager me donne un caleçon, un autre des tongs.

Un taxi se présente pour parcourir les dix derniers kilomètres. Le passeur me dit « Monte » et je m'engouffre dans le véhicule. Je pense à tout ce que je viens de vivre et, en pénétrant dans le ghetto, je n'ai plus peur de rien. Je ne suis plus un petit garçon, je suis un homme.

Les *déportés* vendent le rêve

Te raconter la suite me met en rage, la violence monte en moi, ce monde est trop barbare. J'ai besoin d'un verre de jus d'ananas pour ne pas exploser. Prends-en un aussi pour toi, il faut que tu digères ça. Non, ne t'inquiète pas, je ne vais pas m'arrêter, je voulais juste souffler. Il faut continuer, c'est reparti.

Je suis arrivé en Algérie, mon objectif! Je m'attends à trouver un bel endroit et du travail partout. L'Algérie, c'est déjà un pays de Blancs, non? Quelle n'est pas ma surprise de découvrir le ghetto le plus infâme de toute l'aventure: le ghetto camerounais de Tamanrasset. Le chauffeur nous dépose dans nos hébergements, par nationalité. J'avance près de la salle commune, le souffle coupé. Dans les quarante mètres carrés, au moins deux cent cinquante hommes sont massés par terre, les uns sur les autres, parfois sur des matelas gris crasse. Certains fument, d'autres boivent ou parient. Je reste bouche bée, la tête dans les mains : ce n'est pas possible d'avoir fait autant d'efforts pour en arriver là !

Je ne suis pas au bout de mes surprises. Nous autres, les cinq nouveaux arrivants camerounais, déjà surnommés les « *passas*[34] », sommes amenés dans une salle à part, où une dizaine d'hommes nous suivent. Nous voilà face au gouvernement camerounais de Tamanrasset.

– Moi je suis le *Chairmo*[35], je contrôle vos vies et vous fais fouetter quand je veux. Voici mon gouvernement et mes gardes du corps.

– Moi je suis le scanneur. C'est moi qui vais vous fouiller partout, jusque dans votre sang.

L'homme a des dreadlocks très sales et le corps couvert d'une épaisse croûte blanche. Ça fait combien de mois qu'il ne s'est pas lavé ?

C'est maintenant le Premier ministre qui nous récite la leçon : on doit lui donner notre argent et ne jamais jouer les fortes têtes. Il nous désigne un par un et demande combien nous avons sur nous. Deux sortent de l'argent, trois disent qu'ils n'ont pas de sous, moi compris. La fouille commence. Le scanneur palpe tout le monde jusque dans le trou du cul. Il me frappe car j'oublie de dire « monsieur le ministre », mais s'acharne surtout sur les deux hommes qui ont déclaré ne rien posséder, alors qu'il trouve sur eux des billets et un bijou.

– Vous allez comprendre notre pouvoir sur vous, déclare le *Chairmo*. Vous allez passer à la corvée caca.

---

34. Dans le vocabulaire migratoire, surnom donné aux nouveaux arrivants par les plus anciens.

35. « Le Président. »

Les deux hommes sont emmenés dans la fosse d'aisance, contraints de plonger dans la merde. À leur retour, ils puent de très loin. C'est ça, l'Algérie ? Tous ces risques pris pour aboutir à tant de souffrances ! Des Noirs torturent des Noirs chez les Blancs. Le ministre des Finances en rajoute encore. Tout est payant, l'entrée, le droit de ghetto, l'accès à l'eau, l'appel à la famille, et bien sûr le passage vers Oran. On peut travailler ou demander la charité pour rembourser.

Nous entrons dans la pièce infâme et trouvons une place là où il reste un trou. La salle se remplit à mesure que des gens rentrent du travail. Leurs paroles me désespèrent :

– Il n'y a plus de travail, les conditions ne sont pas possibles, on ne veut même pas nous donner des salaires décents.

Le soir, la salle est un énorme brouhaha fumant. Je suis obnubilé par le « Normand », un *déporté* d'Europe, il a été renvoyé de force et par avion en Afrique. C'est la première fois que j'en rencontre un. Il avait réussi à *boza* par la mer depuis le Maroc, a vécu en Espagne et en France, à Paris et à Caen avant d'être renvoyé au Cameroun, d'où il est immédiatement reparti. Il nous assure que Tamanrasset est la ville la plus compliquée d'Algérie, mais qu'après ce passage les policiers ne se préoccupent plus des Africains.

Mon pote, tu dois savoir que les *déportés* sont les plus grands ambassadeurs de France. Je te jure : ils vendent le rêve. Le « Normand » nous fait saliver : en France, les gens ne se frappent pas ; les filles sont belles ; les Français ne prennent pas les travaux manuels, donc c'est facile pour les étrangers de travailler ; c'est très bien payé. Il prétend même que le salaire minimum par mois c'est 1 000 euros. Quand j'entends ce chiffre, je me dis que c'est un grand menteur, c'est ce que gagne ma mère en deux ans, il nous jette de la poudre aux yeux! Pourtant, l'écouter est la plus délicieuse des drogues. Quand il te décrit la tour Eiffel, grande, fière et élégante, tes yeux s'écarquillent. Quand il te dit que les plus belles femmes du monde entier viennent à Paris, une envie irrépressible de poursuivre la route te reprend. L'Algérie était un objectif intermédiaire, mais il n'y a qu'une seule destination: l'Europe et, pour un francophone, c'est la France, c'est Paris, ses charmes et ses délices.

Ce ghetto n'est pas seulement un coin crade où les *déportés* vendent du rêve. C'est aussi la meilleure agence de voyages du Maghreb. Crois-en mon expérience: les meilleurs passeurs, ce sont les autres passagers. Les trucs et astuces se refilent. Beaucoup ici ont déjà vécu au Maroc ou en Libye. Chacun témoigne de son expérience. Un gars nous raconte son séjour en Libye. Il confirme ce que m'avait dit le transporteur camerounais d'Agadez: dans ce pays on vend les Noirs. Il m'explique que c'est simple. Le matin, tu pars chercher du travail, on t'embauche, on te promet un bon salaire, et le soir on ne te laisse pas sortir, on braque une arme sur toi et on réclame une rançon à ta famille; si tu ne peux pas payer, tu es vendu à une autre personne. Le Normand confirme: la Libye, c'est pile ou face. Tu peux entrer en Europe très vite, comme être retenu en esclavage pendant des années, c'est Dieu qui choisit. Mais c'est quand même la meilleure route pour entrer en Europe. Sinon, il y a le Maroc mais la Force auxiliaire – la police de l'immigration marocaine – n'hésite pas à te frapper.

Le Normand me raconte les différentes façons de *boza* par ce pays. C'est la première fois que j'apprends vraiment comment ça fonctionne.

Si tu as de l'argent, tu prends un bateau grand convoi : il faut compter entre 1 000 et 2 000 euros par personne, gilet de sauvetage non inclus. C'est la meilleure option, il y a peu de ratés et de noyades, mais c'est très cher.

Si tu n'as pas trop d'argent et que tu es courageux, tu peux acheter un matelas pneumatique, une pagaie et repérer un bon coin pour te lancer. Là, il faut environ 200 euros pour un équipage de sept ou huit personnes, et surtout un bon entraînement car on risque de mourir noyé si le bateau se renverse. Il y a quatorze kilomètres à franchir pour rejoindre l'île de Tarifa, en Espagne, depuis Tanger.

Enfin, si tu n'as pas d'argent et beaucoup de courage, tu peux aller dans l'une des deux forêts, à Gourougou ou à Cassiago. Elles sont situées à moins de dix kilomètres de l'Europe. Le principe est d'organiser une frappe, un assaut groupé, à mille contre une barrière, pour permettre aux plus chanceux de passer. Ça suppose d'être bien entraîné, car on parle de trois barrières de sept mètres de haut, entourées de fils barbelés et de nombreux policiers armés.

Je n'ai pas bien compris :

– Si l'on doit franchir dix kilomètres en bateau, comment peut-on entrer en Europe par une barrière ?

– Parce que de l'autre côté de la barrière, Melilla et Ceuta sont deux villes espagnoles en Afrique, me répond le Normand.

– Elles sont en Afrique ou en Europe ? Je ne comprends pas.

– Un peu les deux. Ce sont des colonies européennes au Maroc.

J'essaye d'emmagasiner les informations. Le sommeil m'attrape, je me couche, tête-bêche avec mes voisins. Levé aux aurores le lendemain, je sors avec un objectif clair : travailler et me barrer au plus vite de ce taudis.

Le travail se distribue autour d'un vaste carrefour. Plus de mille Noirs attendent dès six heures du matin. Chaque voiture qui arrive déclenche une bagarre. Un camion s'arrête. Je cours dans sa direction et me jette dedans, parmi les premiers, suivi d'une quinzaine de candidats. Finalement nous sommes vingt à l'intérieur.

– Je n'ai besoin que de huit personnes, déclare le patron. Douze doivent descendre.

Le travail consiste à charger du ciment.

Un gros bras hurle que les anciens sont prioritaires, ceux qui ne sont pas de son gang doivent sortir. Dix descendent. C'est dans ces moments-là qu'il faut t'affirmer si tu veux survivre.

– Toi, tu descends ! me hurle le type devant ses acolytes.

Le désert m'a décomplexé. Je le regarde dans les yeux et lui dis non.

– Je suis monté parmi les huit premiers, je ne céderai pas ma place : si tu traînes à monter dans le camion, tu traîneras au travail.

– Je vais compter jusqu'à trois, et si à trois tu n'es pas descendu, on te fracasse le crâne. Un. Deux…

– Trois.

Je suis toujours là. J'ai subi les ghettos et le désert, le petit chef et sa bande ne me font plus peur.

Le patron interrompt la scène, il ne veut pas de bagarre dans son camion, il me dit : « Petit, tu descends. » Je lui réponds que j'obéis toujours aux ordres des patrons, et je sors. Beaucoup de gens ont assisté à la scène. Je viens de marquer des points. Je reprends ma position. D'autres voitures et camions arrivent, mais ils se garent trop loin de moi. Il y a toujours au moins cent personnes qui peuvent les atteindre plus rapidement. Le temps passe : il est maintenant huit heures, et je commence à craindre de ne pas trouver de travail aujourd'hui. Des femmes viennent partager de la nourriture, un couscous algérien plein de viande. C'est le *zakât*, l'aumône que donnent les musulmans pour être bien vus de Dieu. Je me régale et prends des forces.

Je suis prêt à changer de place quand un camion se gare à proximité de moi. En moins de deux, je bondis et parviens à monter dans le véhicule le premier. Je suis fou de joie comme un gosse et crie : « Je suis déjà là, je suis déjà là ! » en direction du patron qui me voit et me sourit. La foule se ramène et bientôt nous sommes trente pour quatre places. La bagarre éclate, le chauffeur se fâche et il ordonne à tout le monde de descendre, mais les gens refusent. Il rentre dans sa voiture et réapparaît avec une épée.

– Sortez !

Tout le monde s'enfuit. Il range son épée et me dit : « Toi, le petit, tu as été le plus vif, monte, et prends trois autres personnes. » Tous se pressent maintenant auprès de moi. Je sélectionne trois hommes normaux : je ne veux ni des anciens qui hurlent ni des grands qui frappent. Certains se fâchent :

– Tu vas voir ce que tu vas prendre ce soir quand tu rentreras au ghetto. Il est arrivé aujourd'hui, le petit, et il trouve du travail direct !

– Et déjà il ne respecte pas les anciens, il va falloir lui apprendre les bonnes valeurs.

Leurs mots doux me galvanisent. J'ai l'esprit de compétition, j'aime battre les forts.

On part travailler, sans savoir ce que l'on va faire ni combien on sera payés. Quarante minutes de route nous conduisent à une grande maison décorée de motifs arabes. Nous entrons dans une pièce d'environ dix mètres carrés. Il faut faire le décrépissage. L'homme nous demande de finir le travail en deux jours, 500 dinars[36] par jour. Je suis prêt à accepter mais l'un de mes compagnons de travail sénégalais, indigné, apostrophe le patron, qu'il traite de fou :

– Tu vas nous payer 35 000 dinars[37] au total, on va travailler une semaine et on va faire ça bien, tu seras content de la qualité.

– Jamais. Disons, 20 000[38] au total.

– 28 000[39] au total, c'est notre dernière offre.

– Ok, ça va, ça va, allez, travaillez.

Moi qui étais prêt à accepter la première offre, je comprends que je n'ai pas encore toutes les armes pour survivre dans le monde des Blancs. Le patron nous donne à tous un marteau et on se répartit le travail, chacun sur une partie du mur. Je ne sais pas comment m'y prendre. Dans le groupe, un Malien a déjà réalisé des travaux de maçonnerie. Il m'explique que je

36. 3,50 euros.
37. 250 euros.
38. 143 euros
39. 200 euros.

dois incliner le marteau et taper en même temps pour que le crépi se fissure.

– Si tu frappes tout droit, tu risques de percer la brique.

Le midi, le patron, souriant, nous offre du couscous. La négociation est oubliée : c'est un homme charmant. Le soir, il nous ramène au rond-point et nous demande de prier Allah en sa faveur pour le remercier de nous avoir donné du travail. Le Sénégalais me demande :

– Tu rentres direct au ghetto ?

– Non, je voudrais marcher un peu.

– Viens, on va *taper la salam*.

Je ne comprends pas.

Il rigole. Décidément, ça se voit que je suis un *passa* et que je ne connais rien. Il m'explique. *Taper la salam*, ça veut dire mendier, demander la charité, s'incliner bien bas et parler au cœur des honnêtes gens.

– On fait comment ?

– Je vais t'apprendre. Tu cibles une personne, la salues en inclinant le cou d'un côté. Puis tu poses une main sur l'autre : tu demandes pardon pour le dérangement. Enfin, tu fais le signe de manger : tu dessines un petit rond avec ta main, paume ouverte, au niveau de ton ventre. Tu prends un air triste, tu ne dois être ni souriant ni agressif. Surtout, tu ne parles pas, tu ne déranges pas. Regarde-moi faire, et ce sera ton tour à la table suivante.

Pour ma première demande, l'homme me donne 200 dinars[40]. Dans le même café, un monsieur et sa femme nous

40. 1,40 euro.

proposent à manger. Le Sénégalais m'explique que les tables avec des couples sont les meilleures car les femmes ont plus de cœur et les hommes arabes veulent exhiber devant elles leur argent. C'est la toute première fois de ma vie que je mendie. Je n'y vois rien de déshonorant. Je m'en sors bien et ça devient pour moi un travail. Je le fais tous les soirs. Tu crois que j'ai honte? Tu es fou. Honte de quoi? Je ne connais personne et il me faut de l'argent pour avancer. Quand tu es jeune, tu parviens plus facilement à émouvoir les gens. Ils nous appellent les *miskines*, les enfants abandonnés.

Avant de rentrer au ghetto, je décide de cacher mon argent. J'ai bien compris comment ça fonctionne, la raison d'être du gouvernement est de prendre ton fric. Dans les rues, les murs en parpaings ne sont pas crépis et il y a des trous entre les briques. Je glisse mon argent au hasard d'un trou et, avec un noyau d'avocat que je trouve par terre, je dessine une minuscule croix rouge en vérifiant que personne ne me voit. De retour au ghetto, je suis fouetté car je rentre sans argent. On me dit que le lendemain, en revenant, je devrai demander la charité.

Les jours se suivent à l'identique: je travaille, je demande la charité et je rentre au ghetto. Je donne un peu d'argent au gouvernement, 200 dinars tous les soirs, et je garde l'essentiel dans ma cachette. Chaque nuit, les passagers se racontent des histoires. Quand ils ne parlent pas de la traversée du désert, les hommes évoquent leur misère sexuelle: ils n'ont pas baisé depuis des mois et ne le supportent pas.

La veille du jour où nous devons finir le boulot, le patron, content du travail, nous invite dans son salon. Il nous dit, en fumant sa chicha, qu'il a un frère qui fait la route Oran-Tamanrasset en camion pour son commerce. Son frère vient le lendemain et, si on le souhaite, au lieu de nous payer, il nous fait passer. La proposition est inespérée. C'est très dur pour un Noir de sortir de Tamanrasset, tu sais. Les bus sont interdits aux sans-papiers. Les chefs de ghetto qui organisent le trajet exercent un racket inouï. Aucune hésitation n'est possible, tout le monde accepte. Rentré au ghetto, je donne tout l'argent de la charité gagné le soir. Je ne veux pas de problème, ils doivent être en confiance. Ce soir-là, comme d'habitude, ça pète, ça rote, ça boit, ça se bagarre, puis le gouvernement inflige des amendes. Des gens sont malades, il y a la gale, on appelle ça la « pièce » : ça commence comme une petite tache sur un bras, et ça s'agrandit peu à peu. Quand tu vois l'état du matelas, tu te doutes que tu ne peux pas t'allonger là-dessus sans attraper quelque chose de mauvais. Je reste à l'écart, seul dans mes pensées. Demain, je me fais la belle.

Le lendemain matin, je récupère mon argent dans sa cachette et prie pour que l'homme n'ait pas changé d'avis. Quand il nous retrouve au rond-point, notre patron nous confirme que son frère nous emmènera à Oran après le travail. Avec sa gandoura brodée et sa montre dorée, il est vraiment de la haute classe. Nous mettons le plus grand soin à bien terminer notre travail, il y a trop d'enjeu.

Son frère arrive à cinq heures du soir. C'est un petit homme avec un très gros ventre, en tenue arabe, avec pantalon ample et tarbouche rouge. Nous l'aidons à charger sa voiture et nous nous installons derrière des casiers, couchés à plat ventre.

– Pas le droit de parler, pas le droit de tousser, on part.

Au démarrage, j'ai une montée d'adrénaline. Au bout d'une demi-heure, on aborde le premier péage. Le conducteur doit être connu car il n'y a même pas de contrôle. On l'entend rire avec les douaniers, puis il redémarre. Dans ma tête je me dis : « Ça y est, c'est fait. » Je n'avais pas compris qu'il y en avait deux. Quand la voiture s'arrête au second, je suis en état de panique. Le frère parle en arabe avec les gardiens. J'entends très bien le son de leurs voix. Je me maîtrise, mon cœur tambourine, mais je contrôle les réactions de mon corps. Est-ce qu'à force on s'habitue ? Pas complètement. La peur ne disparaît jamais.

La porte du camion s'ouvre, quelqu'un plonge une torche. Je suis sûr qu'il nous a vus. Nous sommes silencieux comme des tombes, ce n'est pas le moment de faire un mouvement. Il termine son inspection, claque la portière et frappe la voiture, un bon coup, poum ! Mon cœur tombe dans mon ventre. J'imagine le retour en enfer, j'essaye déjà de trouver ce que je vais dire aux tarés. Finalement, la voiture démarre. Si le garde nous a vus, il ne nous a pas dénoncés.

Un peu plus tard, en plein désert, notre chauffeur nous annonce que nous pouvons nous asseoir normalement : nous ne craignons plus rien. Dehors c'est toujours un paysage de sécheresse, mais le désert est longé de chaque côté par des montagnes et des volcans. Nous roulons sur une route goudronnée, une allée d'honneur au milieu de ce décor époustouflant. C'est la première fois que je prends le temps de l'admirer vraiment.

Miskine

Quand tu arrives à Oran, ta situation change, tu n'es plus en état de survie. Les policiers ne se préoccupent pas de toi. Tu reprends ton souffle, avec le risque de céder aux tentations et de te détourner de tes objectifs.

Nous arrivons de nuit. Le chauffeur nous dépose à la gare routière d'Oran. Je laisse mes compagnons qui veulent trouver un ghetto, moi je refuse de mettre encore un pied dans ces endroits où l'on t'exploite. Il fait bon, la terrible chaleur du Sahara s'est éloignée. Des clochards algériens dorment là, je m'installe sur le gazon parmi eux. Je me réveille le lendemain la tête dans le brouillard et je retourne à la gare, où je me renseigne auprès d'une femme noire qui attend à l'arrêt :

– Bonjour ! Je viens d'arriver. Le quartier des Noirs, c'est où ?

– Les Amandiers, bus 21.

C'est un quartier très urbain, où les blocs de tours se succèdent, vingt appartements par étage, sur quinze étages, comme si les quartiers de Douala avaient été superposés.

Les façades orangées sont couvertes par les vêtements que les mères ont mis à sécher. L'ambiance est sonore, s'y mêlent musiques arabisantes et rappeurs subsahariens au rythme des klaxons de voiture. Je suis un nouveau visage dans le quartier, donc j'attire les regards. Soudain, j'entends quelqu'un s'écrier :

– Hé ! Petit Wat !

Tu imagines ma stupéfaction ! Je me retourne et reconnais Dadi, le gars du quartier de Soboum, mon adversaire dans la grande bagarre entre Bonaloka et le quartier voisin. Il a vieilli et porte une longue crête. Qu'est-ce qu'il peut bien faire là ? Dadi m'explique qu'il était dans le même groupe que Papi Oura ; ils sont partis ensemble, ils étaient à Tanger dans le même ghetto, mais il a préféré revenir en Algérie. Bien sûr, c'est improbable de le retrouver ici, mais pas tant que ça, en fait. Les gars de Douala 3e sont très nombreux à se lancer en aventure, et Oran est la première ville-escale après le désert, le premier endroit où tu peux souffler. Sans surprise, tu y croises d'abord les gamins sans avenir issus des quartiers.

À ce moment du trajet, ça fait du bien de ne pas être seul au monde ; mais c'est aussi la première tentation de cette ville : te laisser embarquer par des gens qui ont refait leur vie ici, alors que toi, tu veux avancer. Il me convainc de le suivre :

– C'est le ghetto d'Ordinateur, me dit-il. Il demande juste que tu lui payes 1 000 dinars[41] par semaine, accès au cyber inclus.

---

41. 7,80 euros.

C'est ici que je découvre vraiment Internet. Tous les jours, j'écoute sur YouTube des musiques d'aventuriers : « Sur ma route », de Black M et « Maman j'ai mal » de MHD. Je connais les paroles par cœur.

Maman j'ai mal. J'essaye de tracer mon chemin mais les jaloux sont là

Le soir j'me demande quel sera le souci de demain

Et puis Facebook. Je me crée un compte. Le premier ami que j'ajoute, c'est Papi Oura. Tu enrages devant sa photo de couverture, lui devant la tour Eiffel qui brille. Tu te dis non, ce n'est pas possible, c'est mon pote du quartier qui a réussi à aller là ! J'y arriverai moi aussi.

La deuxième tentation à Oran, c'est l'argent facile. Tandis que nous nous baladons, Dadi m'explique comment il gagne des sous.

– Je vis du *fait*. C'est l'escroquerie. *Je chouque les Mougous*[42].

J'explose de rire. Le jeu consiste à prétendre que tu peux multiplier les billets.

– Tu démarches n'importe où, dans un café ou à la mosquée. Si ta victime est intéressée, vous vous donnez rendez-vous. Tu prépares des coupons blancs format 2000 dinars, et tu prépares un vrai billet que tu caches. Tu joues les maîtres sorciers devant ta victime : tu mets devant toi un seau d'eau que tu fais mousser avec de la pâte de dentifrice. Tu trempes dans la mousse ton billet blanc et tu remues. Tu veux lui montrer que, quand tu laves bien, ça devient de l'argent. Tu le distrais un moment…

42. « J'escroque les Arabes. »

– Comment ?

– Par exemple, tu lui demandes de te servir un verre d'eau, et là tu places le vrai billet dans le seau. Quand il revient, tu fais mousser, et tu sors le billet de 2 000 dinars.

– Ha ! ha ! ha ! Et ça marche ?

– Oui. Tu lui dis d'acheter à manger à la boutique à côté, il voit son commerçant qui met le billet dans son scanner et qui le garde. À partir de ce moment, il te prend pour un demi-dieu. Tu lui demandes combien d'argent il veut que tu lui multiplies par deux. Tu prends l'argent et il ne te revoit plus jamais.

– Il n'y a pas de représailles ?

– Non, l'Algérien n'ose pas en parler à son frère, il a trop de fierté.

J'ai évité de tomber dans ce piège-là grâce à Papi Oura. Sur Facebook, il me dit d'être vigilant et de ne pas trop traîner avec les *slackmen.*

– C'est quoi un *slackman* ?

– C'est un mec qui oublie son objectif, un gars qui *chouque le Mougou* en Algérie au lieu d'aller en Europe. Genre Dadi.

– Dadi, c'est un *slackman* ?

– Oui, ce gars n'entrera jamais en Europe. On était ensemble au Maroc. Un jour je lui ai dit : « *Allons choquer en forêt*[43] », il m'a dit : « Vas-y, j'arrive. » Tu sais, Petit Wat, les gars qui te disent « j'arrive » n'arrivent jamais.

43. « Allons rejoindre un groupe qui va tenter un assaut contre la barrière-frontière. »

J'ai donc cherché un vrai travail. Les patrons nous embauchent à Canastel, sur un rond-point. Je ramasse des déchets sur la route pendant un mois. On travaille sans pression. Mains nues, évidemment. Nous sommes les *miskines*, les enfants abandonnés, tu ne crois quand même pas qu'ils vont nous donner des gants ?

Je ne dois pas perdre de vue mon objectif, ne pas dépenser mon argent bêtement. Simple à dire, plus dur à faire. Au ghetto, ce sont des bonnes conditions, chacun a son matelas. Le soir, on fait une collecte. Les Sénégalais cuisinent du riz sauté avec de la viande et on achète du Coca. Certains fument la poudre ou la coke. On organise des paris sur les cartes. Tu comprends ? Ici, on recrée à distance le quartier. La nuit, beaucoup de gars partent voir les prostituées. Ils y dépensent tout l'argent qu'ils ont gagné. Quand tu es seul depuis trop longtemps, tu le vis mal. Je ne les accompagne pas dans les bordels, mais leurs conversations me donnent le cafard ; je repense à Kelly et Larissa, et ça me rend triste. Ça me fait perdre ma pêche. Si tu n'as pas la foi, c'est impossible d'avancer sur les routes de l'aventure.

Il y a encore un plus gros risque à Oran, ce sont les mauvaises rencontres. Un vendredi que je traîne avec Dadi, je croise pour la première fois trois grands gars algériens, autour de trente ans. Je les trouve très bien sapés : baskets Nike, pantalon Nike et T-shirt Nike, le rêve de tous les gosses ! Dadi cherche leur compagnie pour qu'ils lui passent gratuitement des joints. Il les salue dans un arabe balbutiant, et on se pose sur le bord d'un trottoir. Dans la conversation, l'un d'eux me demande :

– Tu es musulman ?

– Non.

– Et tu aimes la religion musulmane ?

– Oui, j'ai pas de problème.

– T'inquiète, je vais t'initier, tu vas voir, c'est très simple. Répète après moi.

Il dit un truc incompréhensible en arabe. Je répète en me marrant, sans savoir ce que je prononce.

– C'est la Shahada. Voilà, t'es musulman, mec.

– Ok, cool.

Ça ne signifie rien pour moi, ce sont des paroles. Je leur fais plaisir pour ne pas être mal vu. Tous les Noirs se font « islamiser » *entre parenthèses* sur le trajet : ça veut dire qu'on est musulman pour mendier, survivre ou leur faire plaisir, mais on ne va pas à la mosquée, et dans nos cœurs rien ne change.

Le vendredi suivant, Dadi les retrouve pour obtenir son joint. L'un d'eux, le plus petit, me pose des questions sur ma nouvelle foi :

– Tu as prié Dieu cette semaine ? Oui ? C'est bien mon frère, tu es un bon *muslim*. Est-ce que tu as mangé du porc ? Non ? Bravo.

– Mais toi, tu es en train de fumer, c'est autorisé ? lui dis-je.

– Oui, ça va, ça va. Tu sais, la France, ici, en quarante ans, elle a tout pris. L'Algérie, les Français sont partis avec le pétrole, l'argent, tout. Maintenant, nous, quand on veut partir en France, ils disent : non, retour en Algérie. Moi, je déteste les Français.

Je dis à Dadi que je ne veux plus les revoir et qu'il faut se barrer. À la fin d'un mois de travail, j'ai suffisamment d'argent pour partir, mais je tombe dans un chausse-trappe : j'utilise mon argent pour m'acheter le smartphone chinois premier prix. Je suis trop content : j'ai le monde en poche et peux discuter tous les soirs avec Papi Oura sur Facebook grâce au wifi ; mais voilà que mon ami m'engueule pour avoir préféré le téléphone au passage au Maroc. Je lui jure que je ne serai pas un *slackman*, que c'était une histoire de quinze jours de travail en plus. Il m'explique à quoi ressemble la frontière entre l'Algérie et le Maroc et comment la franchir au mieux, il me harangue et me remet en confiance.

Mon départ se précise un soir de septembre. Je découvre sur YouTube qu'une frappe a eu lieu à l'entrée de Melilla en Espagne : les Africains ont lancé un assaut groupé et deux cents d'entre eux ont réussi à rentrer en Europe. Je me maudis d'avoir manqué la frappe pour un téléphone et me précipite à la recherche d'un guide qui voudra bien m'amener à Oujda, à la frontière entre l'Algérie et le Maroc. Ma rage est de retour.

Trou noir

Tout se discute au rond-point. Justement, Pitou et Douglas, deux frères originaires de Deido, organisent un départ. Ils ont un guide et cherchent des volontaires pour faire baisser le prix par personne du passage. Ce sont des grands, vingt-huit et vingt-deux ans, très noirs, bien robustes. Au début, Douglas ne veut pas de moi, il pense que je suis trop jeune. Je lui demande :

– T'as mis combien de temps pour arriver ici depuis Douala ?

– Six mois, pourquoi ?

– Moi j'ai mis un mois. Je suis plus jeune, mais visiblement, je suis surtout plus rapide que toi.

Tu vois ? Il faut leur clouer le bec. C'est comme ça que tu te fais respecter. Pitou vient me voir trois jours après pour me dire que je peux me joindre à eux, le départ sera le lendemain, nous serons cinq. Ils ont trouvé deux autres mecs de Yaoundé.

Depuis trois jours, je parle de ce départ à mon pote Dadi. Au début, il me dit : « Oui, pourquoi pas ? » Quand ça devient réel, je le vois qui se dérobe.

– C'est que j'ai mon business ici, Petit Wat.

– Mec, c'est l'appel de l'Europe.

Ce soir-là, au ghetto, arrivent deux gars, Fally et Fongang. Ils ont connu Dadi au Maroc et même Papi Oura, et ils nous désespèrent. Ils viennent de quitter le pays après deux ans là-bas, et pour eux c'est clair, le Maroc a fermé ses frontières, c'est en Libye que ça se passe maintenant.

– Mais j'ai vu qu'il y en a qui sont encore entrés il y a une semaine.

Je sors mon téléphone pour qu'ils regardent la vidéo.

C'est trop dangereux, petit frère, la vidéo ne te montre pas ceux qui se sont fait casser les jambes et ouvrir le crâne par la police.

Tu crois qu'ils me découragent ? C'est tout l'inverse. Je suis trop borné, je n'ai pas envie d'écouter les pleureuses. Ils ont échoué, moi je vais réussir. Quand un gars te dit que c'est trop difficile, il décuple ton envie et te galvanise. Par contre Dadi me lâche, il me dit qu'on se rejoindra à Paris.

Au rond-point, je retrouve Douglas, Pitou, les deux autres passagers – Roland et Ferdinand, la vingtaine tous les deux – et enfin le guide, un gars de Bilongué, encore un quartier de Douala. C'est un géant avec un seul œil. On l'a payé 10 500 dinars[44] chacun. En chemin vers la gare ferroviaire d'Oran, Roland demande au guide ce qui est arrivé à son œil.

– Je l'ai perdu dans une frappe au Maroc qui a mal tourné pour moi.

– Comment c'est possible ?

---

44. 75 euros.

– Tu fermes ta gueule et tu arrêtes de poser des questions, ok ?!

Nous prenons le train pour Maghnia, ville proche de la frontière, où nous arrivons de nuit. Le guide appelle son *auto-mafia*[45]. Elle vient nous chercher et nous amène en deux tours de roues à proximité de la frontière. Notre guide nous prévient :

– Quand vous serez au Maroc, vous atteindrez Oujda. C'est une ville dangereuse, il y a les « jumeaux », des policiers en civil qui traquent les Africains. Partez pour Tanger aussi vite que possible.

La voiture nous dépose un peu plus loin et nous marchons en suivant notre guide, de vingt heures à minuit. Je m'impatiente :

– C'est encore loin ?

– Non, pas trop. On va arriver au rail, il faudra le longer.

L'ambiance est concentrée, nous marchons parmi les plants d'oliviers. À minuit, il fait nuit noire. Notre guide se met un peu en retrait pour aller pisser. Nous l'attendons cinq minutes, qui durent.

– Vous croyez qu'il chie ? demande Ferdinand.

– Je crois qu'il nous chie dessus, oui, répond Pitou.

Branle-bas de combat, nous courons partout, examinons les recoins, en vain : il n'y a plus aucune trace de notre guide.

– Il nous a semés, le bâtard !

– On s'est fait avoir comme des mômes.

---

45. Dans le vocabulaire migratoire, c'est la voiture qui transporte illégalement les migrants jusqu'à la frontière.

– Les passeurs, c'est comme les politiciens : ils te font plein de promesses et à la fin ils te baisent.

Je répète ce qu'il avait dit, il faut trouver les rails. On longe donc la voie ferrée, en parallèle depuis les champs d'oliviers qui nous dépassent et nous couvrent. Soudain, le grillage de la frontière se dresse juste devant nous, à trois mètres. Autour du grillage, un trou profond a été creusé pour dissuader l'escalade. Si tu tombes, tu t'engloutis. Il n'y a aucun policier en vue. Je cherche à m'avancer près du trou, examiner sa longueur et envisager les moyens de le franchir. Il fait environ quatre mètres de profondeur.

Un grondement soudain : des chiens nous ont repérés !

– Je t'avais dit qu'il ne fallait pas l'emmener ! lance Douglas à son frère en parlant de moi.

C'est maintenant une symphonie d'aboiements. Nous sommes piégés. Je grimpe dans un arbre et ne bouge plus. Les pitbulls nous reniflent illico. J'attends que les policiers arrivent pour sortir de ma cachette : les matraques me font moins peur que les crocs. Quand nous sommes mis en rang par la police algérienne, je sens bien que tout le monde m'en veut. Les policiers tiennent des kalachnikovs et se mettent à frapper Pitou.

– Tu es le plus grand, tu es responsable des conneries du groupe.

Ils prennent l'argent que nous avons dans nos poches. Personne n'a de gros billets. Ils ne fouillent pas dans les cachettes secrètes des aventuriers. L'un d'eux nous dit :

– La prochaine fois, vous passez chez le procureur et vous serez enfermés cinq ans, pour destruction de matériel.

Nous décampons vite et trouvons, à une heure de marche, une maison vide dont on a monté uniquement les parpaings. Nous dormons à l'intérieur. L'atmosphère reste tendue toute la matinée, je suis le mouton noir, responsable de l'échec de la veille. Vers deux heures de l'après-midi, nous décidons d'y retourner. On se dit que les policiers doivent être en train de manger.

– Voilà ce qu'on va faire, nous dit Pitou. Chacun enlève son vêtement, on va en faire une chaîne pour descendre dans le trou et remonter.

Dès que la voiture de patrouille s'éloigne, nous nous élançons. Étant le plus léger, j'y vais le premier. Je me laisse descendre dans le trou tandis que les autres tiennent la corde. Chacun à son tour s'engouffre sous terre. Le dernier nous lance la cordelette d'habits, s'agenouille, s'agrippe sur les rebords du trou et se laisse tomber sur nous.

Maintenant il faut remonter. Je me hisse sur les épaules de Ferdinand et lance la chaîne d'habits, tout en retenant l'extrémité. À ma deuxième tentative, la corde frotte le barbelé. Espérant que les nœuds sont solides et que l'extrémité est bien accrochée, je me tire en dehors du trou, juste en dessous de la barrière haute de deux mètres. Je renvoie la chaîne de vêtements et, un par un, mes compères montent. Quand nous sommes tous à la surface, Pitou donne le signal : « À trois, on escalade la barrière en même temps. Un. Deux. Trois. »

On se lance. C'est la première fois qu'on affronte les barbelés, on se déchire mains et pieds. Quand tu saisis fermement, tu ne ressens rien, mais dès que tu retires ta main, ça t'arrache la peau. Ils sont devant moi, je termine l'escalade en essayant d'utiliser les prises de Pitou. Une fois en haut, je me dis qu'il faut y aller en faisant attention à se réceptionner. Je saute.

Personne ne semble m'avoir vu, et pourtant nous sommes en pleine journée. Je saigne, mon cœur bat très fort, je ressens la peur mais pas la peau déchirée, je suis anesthésié par l'excitation. De l'autre côté, je distingue un espace vide, parsemé de végétaux piquants. Nous nous couchons d'un seul coup dans ces herbes, car voilà que nous entendons une voiture approcher, côté marocain.

– Calmez-vous, nous dit Pitou. C'est une patrouille normale, elle roule doucement.

Nous n'avons pas encore bougé. Soudain deux Algériens escaladent la barrière. Ce sont des pros, ils mettent cinq secondes à franchir le mur et viennent s'aplatir avec nous. Ils n'ont pas une égratignure.

– Vous avez besoin d'aide pour aller à Oujda, la première ville côté marocain ? On appelle l'*automafia* pour vous y conduire si vous voulez. C'est impossible à pied.

Il est près de quatre heures de l'après-midi. On se cotise mais notre argent ne leur suffit pas. Depuis le début de la discussion, un des Algériens a vu Roland et Douglas utiliser leur téléphone. Il dit : « On vous amène à Oujda contre le fric et les deux téléphones. » Sur le moment, je suis content d'avoir laissé le mien dans mon caleçon. L'Algérien passe un coup de fil.

– La voiture arrive. Vous allez voir, elle prendra cette route tout droit, puis dans trois kilomètres ce sera à gauche.

Quand la voiture se présente, les deux gars bondissent de leur cachette dans le véhicule qui démarre en trombe. Encore une arnaque ! Adieu les sous et les téléphones. Roland et

Douglas sont dégoûtés. Pas le moment pourtant de se décourager, nous devons quitter cet endroit le plus vite possible. On avance dans la végétation parallèlement à la route, cassant les branches de nos mains meurtries. On a peur, tous les bruits qui parviennent à nos oreilles nous font tressaillir : gyrophares de police, aboiements de chiens, crissements de pneus. Nous avançons à vive allure, il est dix-sept heures et la nuit tombe mais nous distinguons au loin les lumières de la ville. Nous continuons inlassablement et l'atteignons vers deux heures du matin. La mise en garde du guide nous revient à l'esprit : Oujda est rempli de policiers qui traquent les Africains. On est fatigués et ensanglantés, mais on doit encore trouver où crécher cette nuit.

– Là, une église. On peut demander l'hospitalité, dis-je.

On sonne. Pas de réponse.

– Tentons la mosquée, propose Ferdinand en nous désignant le minaret que l'on distingue au-dessus des toits.

Quelqu'un répond au coup de sonnette.

– Bonjour, nous sommes des voyageurs fatigués, nous voulons prendre du repos dans la demeure de Dieu avant de partir demain.

– Trouvez-vous un hôtel.

On marche toute la nuit. Ma peau brûle et j'ai envie de m'endormir sur place. Finalement, nous repérons un petit coin dans des buissons où nous nous cachons pour dormir un peu.

Le lendemain matin, Douglas et Pitou se connectent sur Facebook dans un cybercafé pour demander de l'argent à leur grand frère qui vit à Paris. Il est d'accord pour leur envoyer 100 euros. Avec Douglas, nous partons au bureau de

Western Union et causons avec la caissière. C'est une Marocaine très jolie, jeune, arborant un voile blanc qui couvre un visage doux, aux lèvres fines, rondes comme des fraises. Elle est sans maquillage, naturelle, souriante et avec de tout petits doigts. Je me dis que les femmes marocaines sont les plus belles. Celle-ci, en plus, est généreuse. Elle accepte que le grand-frère de Douglas transfère l'argent sur son compte à elle, qui nous le donnera. Elle nous laisse même utiliser le lavabo de l'agence pour nous nettoyer. Douglas lui propose de garder 20 euros de commission mais elle refuse. Quand nous repartons, direction la gare routière, Douglas et moi sommes amoureux.

Pitou et Douglas, dans un élan de générosité, acceptent de nous avancer l'argent des billets. Nous arrivons à Tanger à cinq heures de l'après-midi. Derrière la fenêtre du bus l'Europe surgit face à moi, de l'autre côté de la mer.

Les poussins picorent les termites

Tanger est une ville de fous. Tu es face à l'Europe, mais en Afrique. Pour certains, c'est un trait d'union; pour toi, c'est un cul-de-sac. Tu es tellement proche du Graal que tu brûles. Pour bien des Africains, Tanger, qui ne devait être qu'une étape sur le chemin de l'Europe, est devenu leur prison, leur purgatoire, tout le monde entre au paradis mais pas eux. Pas étonnant que la violence entre Noirs, ici, soit décomplexée.

On retrouve le contact de Pitou dans le quartier Boukhalef, devant le magasin Aswak Assalam. Le gars nous demande de payer l'intégration à son ghetto immédiatement. De mauvaise grâce, Douglas lui donne le reste de ses dinars algériens, l'équivalent de 20 euros.

– C'est la dernière fois que je vous avance du fric, nous dit-il.

À Boukhalef, un dealer tient chaque angle de rue: tout le monde fume du haschisch, on dirait que c'est légalisé. Il y a des Noirs partout. Quand nous arrivons au ghetto après avoir gravi une colline, nous constatons que c'est un chantier sans fenêtre, à l'air libre. Il y avait sans doute mieux ailleurs. Tant pis, je suis tellement fatigué et abîmé que je m'endors immédiatement. Le lendemain, le *chairman* du ghetto nous réveille. C'est un petit homme pas très impressionnant, un bon paresseux :

– Salut, *Freeboys*, nous dit-il, j'ai trois choses à vous dire. Un : vous êtes au Maroc, et au Maroc ce n'est pas le plus fort qui commande, c'est le premier arrivé. Deux : il y a deux façons de travailler au Maroc, soit tu *tapes la salam*, soit tu agresses ceux qui *tapent la salam*. Il y a un groupe qu'on appelle les Kankannébas, ils pillent les mendiants, méfiez-vous d'eux. Trois : si la Force auxiliaire, la police de l'immigration du Maroc, vous attrape, elle vous fouillera, les flics vous prendront tout et vous refouleront dans une ville aussi loin que possible de Tanger. Vous savez tout, bonne chance.

Nous allons nous asseoir devant le petit cyber. C'est le centre de Boukhalef pour les Noirs, le lieu de rencontre et de connexion. Quand quelqu'un arrive, il salue tout le monde, on fait des *checks* en frappant dans nos mains. L'heure de cybercafé, c'est 4 dirhams[46] mais je n'ai pas d'argent et plein de dettes envers Douglas. Je laisse mon groupe pour partir avec d'autres gars *taper la salam* devant le supermarché.

Pour demander la charité, nous proposons aux gens qui sortent de porter les courses jusqu'à leur voiture, puis de ramener le Caddie et de récupérer le jeton. Pour une première

46. 0,40 euro.

journée, je travaille bien, je récolte 75 dirhams[47]. Soudain, un groupe arrive au loin. Je vois plein de têtes connues de mon enfance, des gars de Bonaloka, de Soboum ou Bilongué, c'est tout Douala 3e qui se ramène, le quartier des brigands. Parmi eux, je distingue des gens du groupe des Russes et Abdou, le gars qui avait frappé mon petit frère quelques années plus tôt. Autour de moi, les gars s'affolent :

– Voilà les Kankannébas, vite, on file !

Quoi ? C'est eux les terreurs ? Les assaillants, une dizaine, ont de treize à dix-huit ans, des gamins de mon âge, hauts comme trois pommes. Un petit que je ne connais pas, avec des chaussures rouges, s'approche de moi :

– Hé, le nouveau, donne-moi 20[48] dirhams.

– Pourquoi ? Tu as fait quel travail pour le mériter ?

– Tu veux pas donner ? Alors on va devoir gérer ton *fuck-up*.

– Pourquoi tu dis on ? Dis plutôt je, si tu es un homme, tu vas m'affronter seul.

Il s'énerve, commence à crier, appelle ses amis, deux grands dont Abdou.

– Petit Wat, bienvenue au Maroc, mais tu ne dois pas parler à un ancien comme ça. Ici au Maroc, c'est celui qui a balayé le premier la route sur laquelle tu vas marcher que tu respectes, donc dis-lui que tu t'excuses.

Le gars aux chaussures rouges surenchérit.

47. 7,50 euros.
48. 2 euros.

– En plus des excuses, tu dois me donner 50 dirhams[49] de *fuck-up*.

– C'est de la bouillie dans ta tête ! Tu crois que je peux te donner 50 dirhams ? Dégage, lui dis-je.

Abdou sort un sermon :

– Tu vois comment tu lui parles ? T'es un fou. Allez donne-lui son argent et on passe à autre chose.

Tout autour, les gens qui demandaient la charité avec moi ont fichu le camp pour se cacher un peu plus loin. Ils me laissent à un contre trois. Je me dis que, si je fléchis maintenant, je serai leur viande à vie.

– Non, ce n'est pas son argent, c'est le mien. S'il le veut, il peut toujours venir le chercher.

Le petit aux chaussures rouges s'affole, fouille partout dans ses vêtements et sort une lame de rasoir. Il la présente en l'air, pour m'intimider. J'ignore le garçon et m'adresse à Abdou.

– Abdou, tu me connais, je suis né à Bonaloka et je sais me battre. Préviens ton pote que nous avons un code d'honneur : quand il aura pris sa propre lame dans le ventre, ce sera trop tard pour pleurer.

Autant tu peux être effrayé par les passeurs, les policiers et le désert, autant tu n'as pas le droit d'être faible devant un type qui se croit fort parce qu'il tient une lame. Je connais trop ces mecs-là pour qu'ils puissent m'effrayer.

Le gamin s'avance dans ma direction, cherchant à m'empoigner le tricot. Je me dis dans ma tête : « Mouillé c'est mouillé, il n'y a pas de mouillé sec. » Et, avant qu'il ne pipe

49. 5 euros.

mot, je lui colle une patate dans la tête dont il se souviendra longtemps. Abdou et son comparse rigolent sans lui venir en aide. Les gars qui se sont cachés commentent la scène. J'entends l'un d'eux me dire, de loin :

– Vas-y, coupe-lui la joue avec sa lame pour qu'il comprenne.

Je ramasse sa lame, que je range dans ma poche. Je suis venu pour entrer en Europe, pas pour aller en prison. Abdou me dit :

– Petit Wat, toi tu viens de Bonaloka, tu es courageux. Eux là-bas ce sont des lâches. Je te propose un *deal*: aucun de nous ne t'attaque plus, même pas lui – il désigne le gars qui vient de se relever –, et en échange tu ne te mêles pas de nos affaires.

– Vous faites tout ce que vous voulez aux autres, je ne mourrai pas pour eux. Par contre, ce n'est pas ce petit qui va me faire peur.

Le groupe des Kankannébas revient à la tombée de la nuit, à dix. Ils font le tour des mendiants, armés d'une nouvelle lame, et demandent à chacun 20 dirhams[50]. Nous sommes vingt à mendier, deux fois plus qu'eux. Eh bien, aucun ne résiste, tous donnent. Je suis dépassé. Tu comprends, toi ? Dix gamins rackettent le groupe devant les caméras de vidéosurveillance, et les victimes coopèrent. Comme convenu, personne ne me demande d'argent. Le petit aux chaussures rouges me regarde avec haine, mais ne s'approche pas de moi.

50. 2 euros.

C'est lui qui fouille les adultes, sa lame sous leur gorge, et les dévalise avec brutalité. Ici, les victimes ont peur des enfants.

J'assiste à ce genre de scène sans intervenir. Tu me trouves lâche ? Ne me juge pas. Il ne faut pas se tromper d'objectif. Je ne suis pas venu apporter plus de justice dans les relations entre Noirs à Tanger-Boukhalef. Non, je suis ici pour entrer en Europe. Celui qui oublie son objectif devient un *slackman.*

Au cyber, les enfants agresseurs jouent sur les ordinateurs, à côté des agressés, en toute impunité. Personne n'a l'idée de leur mettre une grosse claque pour récupérer l'argent. Ils ont agi en plein jour devant les caméras, que craignent-ils ? C'est la réalité du voyage : les termites se font picorer par les poussins.

Le *polo* est *free*

Je t'ai déjà dit comment je découvre un passage secret vers l'Europe grâce à la police ? Non ? Il faut que je te raconte ça ! Je suis à Tanger depuis quinze jours. Le *boumla* retentit. Quand tu entends : *boumla*, lève-toi et cours : c'est le signal que les policiers débarquent. On se disperse très vite, on court là où ils ne nous suivront pas, dans la brousse, l'eau ou la boue. Souvent, ils prennent un gars en chasse et s'acharnent sur lui. Ce jour-là, je comprends que c'est moi la cible. L'un d'eux se rapproche et, soudain, je sens qu'il m'attrape la jambe par-derrière, et je tombe.

Durant les vingt minutes qui suivent, mes assaillants me piétinent sans ménagement. Puis ils me traînent dans leur fourgon. Deux autres jeunes se sont fait prendre eux aussi. Ces gardes-côtes de la Force auxiliaire marocaine qui frappent ont vingt ans, et tu peux voir combien ils y prennent du plaisir. L'un des gars arrêtés, sénégalais, implore leur pitié :

– Me touche pas, mon frère, je suis *muslim*, je suis *muslim*.

La religion ne change rien. Les coups redoublent.

– Tais-toi ! Jamais tu es mon frère, tu as vraiment cru qu'Allah était noir ?

Tu es choqué ? Sors de ton quartier, mon pote. Dehors, le monde est violent.

Mais ils sont tellement bêtes que je découvre le passage secret grâce à eux. Ils sont de garde sur un point d'eau où mouillent des Zodiacs. En retard, ils n'ont pas le temps de nous ramener au commissariat. « Tant pis, vous allez passer la soirée avec nous », dit celui qui conduit. J'en oublie mes douleurs et me concentre sur la route. Les mecs sont en train de me donner le chemin de l'endroit d'où partent les bateaux. Cadeau.

Nous arrivons près d'une plage et ils nous demandent de nous asseoir sur le sable. Je me soumets, tête baissée, et ils me laissent tranquille, ce qui me permet d'accumuler un maximum d'informations : plage paradisiaque, deux rochers, en contrebas d'un village où je distingue deux minarets. Finalement, ils nous enferment pour la nuit dans le fourgon, tandis qu'ils restent dehors sur leur point de garde.

Ils nous amènent au commissariat le lendemain à midi. Je suis gelé et affamé. Un policier généreux apporte du lait, du pain et une boîte de sardines. Il se désole en voyant mon état et me rassure : personne ne me frappera ici. Il prend mes empreintes, me demande prénom, nom, date de naissance et identité de mes parents. Devine ce que j'ai dit ! Samuel Eto'o ! Le Malien et le Sénégalais explosent de rire. Eux s'appellent Georges Weah et Youssou N'Dour. Le policier n'est pas dupe, il sourit lui aussi. Il marque les noms tels quels et nous explique que nos données sont enregistrées, puis transmises à l'Union européenne, qui paye cher pour ça.

Il doit maintenant nous conduire au loin, dans une ville au sud du Maroc. La voiture prend la route de Boukhalef. Dix minutes plus tard, il nous dit :

– Bon, allez, descendez et soignez-vous.

On le remercie. Aujourd'hui, le visage de Dieu a pris la forme d'un policier marocain.

Mon retour au ghetto déclenche une sacrée ambiance. Les gars ne s'attendaient pas à me revoir de sitôt, ils me posent plein de questions.

– Ces policiers sont trop bêtes, ils m'ont montré le chemin. Ça y est, j'ai mon *polo*[51] secret, je vais mettre le bateau à l'eau et me lancer.

Les *slackmen* n'en reviennent pas.

– Toi, tu viens d'arriver, tu es encore un *passa*, et tu as déjà un *polo* ? Tu ferais mieux d'écouter les conseils de tes grands frères qui ont l'expérience de la ville.

Je n'essaye même pas de les convaincre, je ne veux pas faire équipe avec des amateurs. Au cyber, je trouve un autre cibleur qu'un gars du ghetto me présente :

– Salut, mec. J'ai un *polo*, je voudrais que tu m'accompagnes. On organise et on part.

Max a déjà ciblé trois fois, et ça me rassure d'avancer avec quelqu'un qui a de l'expérience. Il est un peu plus grand que moi.

– Il ressemble à quoi, ton *polo* ?

– Une plage magnifique, des rochers, deux mosquées et…

51. Point de passage vers l'Europe.

– Ça va, je connais, c'est aux deux rochers, la plage de Dalia.

Il a l'air pro. Ça me plaît. C'est un garçon très mince, à la peau claire, presque métisse. On part cibler, munis de provisions. À la descente du bus, nous marchons huit kilomètres jusqu'au *polo*. Là, nous attendons la nuit dans les champs. Mon compère me recommande de mettre mes pas dans les siens pour ne pas faire craquer les branches. Il est très méticuleux. On arrive derrière la mosquée d'où on distingue, en bas, la Force auxiliaire. On surnomme les gardes les *Alites*. Ils sont quatre et font des va-et-vient sur la plage avec leurs chiens. Allongés à plat ventre, au-dessus d'eux, nous analysons leurs mouvements et calculons combien de temps ils mettent à faire un tour. Nous les regardons déambuler jusqu'à quatre heures du matin. J'ai sommeil et manque plusieurs fois de m'endormir.

– Hé ! Freeboy, réveille-toi, si tu voulais dormir il fallait rester au ghetto, me dit Max.

Soudain, c'est le bon moment : ils partent se coucher. Leurs torches allumées devant leur tente, balancées au gré du vent, font illusion : ils dorment.

– Tu comprends le travail de ciblage ? me demande Max. Il faut être éveillé. Si tu t'endors, tu rates le meilleur moment et si tu emmènes les gens au *polo* ils se font casser les jambes.

À six heures, une voiture en forme de tortue vient les relever. Le *polo* est entièrement *free* pendant trois heures, entre six heures et neuf heures. Incroyable ! Nous nous approchons peu à peu, rampant dans la végétation. Ni patrouille, ni *Alite*, ni chien : si j'avais su nager, je me serais lancé. À neuf heures une nouvelle voiture arrive et la patrouille reprend sa garde, mais le soir les gardes se couchent et ne contrôlent plus rien. Nous rentrons en échangeant nos interprétations sur ces deux jours de ciblage.

– La garde dépend des gens et des relais : il y a des groupes qui font leur travail, comme le premier soir, et d'autres qui ne le font pas, comme le second.

Max et moi, on se lie d'amitié, on *tape la salam* ensemble les deux jours suivants. On prévoit de revenir la semaine d'après au *polo* pour voir si ce sont les mêmes gardes qui surveillent la plage les mêmes jours. Si oui, on organisera un départ un soir où les fainéants sont en poste.

Pour une fois que j'élabore un plan, il tombe à l'eau. Trois jours après notre retour, deux Sénégalais géants débarquent à Boukhalef, devant le cybercafé. Ils ont leur Zodiac, leurs pagaies et huit passagers, ils en cherchent trois autres pour un départ le soir même. La place est à 700 dirhams[52] avec une chambre à air de moto en guise de gilet de sauvetage. Mon pote Max, assis devant moi au cybercafé, me lance :

– On y va ?

– Je n'ai pas l'argent.

J'ai remboursé uniquement la moitié de ma dette à Douglas.

– Ok. Bon, je tente ma chance, je te raconterai comment ça s'est passé demain.

52. 70 euros.

Il se porte volontaire, avec deux autres gars de Boukhalef. Je lui dis : « Ça va le faire *combi*, le *polo* est *free.* » Il me répond par un clin d'œil.

Le lendemain matin je suis à huit heures au cyber, où je sens une excitation. Des gens rient, pleurent et ragent. Elena, une femme qui publie les *boza* en Espagne, a mis un post sur Facebook :

L'équipe de sauvetage vient de secourir onze migrants subsahariens sur les rives de Tarifa.

Sur la photo, tu peux reconnaître Max à l'avant, il lève les bras comme s'il avait gagné la coupe du monde. Il a le plus grand sourire de la terre, et j'imagine qu'il hurle : « *Boza !* »

Hier on mendiait ensemble au purgatoire, aujourd'hui le paradis s'ouvre à lui tandis que je vais devoir encore me courber pour dix centimes. Je ne suis pas d'un naturel jaloux, mais crois-moi, dans ces moments-là tu es traumatisé, *sa chicotte te fouette*, ça te donne la rage. Ils auraient pu mourir. C'était leur jour de chance et on n'était pas sur la liste.

– Il a *boza* sans moi, le bâtard !

Je me connecte sur Facebook pour raconter mes mésaventures à Papi Oura, qui en rajoute :

– Petit Wat, je suis sûr que les *mamadia*[53] prennent ton argent, tu deviens un *slackman*, arrête tout et va en forêt.

Tant pis pour les droits d'entrée que je ne pourrai pas payer. C'est décidé : demain, je pars au Gourougou.

53. « Prostituées. »

Le Monstre-à-Trois-Têtes

Si tu pars en forêt c'est pour affronter le Monstre-à-Trois-Têtes, trois barrières massives, surmontées par des quantités de fils barbelés. Elles séparent Nador de Melilla, le Maroc de l'Espagne, l'Afrique de l'Europe. Elles sont gigantesques et scintillent dans le ciel, éclairées par les nombreux miradors qui les surmontent. Comme tous les aventuriers qui viennent ici, tu te dis que tu vas affronter ton destin. Certains ont été estropiés, d'autres sont entrés au paradis : c'est Dieu qui décide.

Tu comprends pourquoi on part en forêt ? Si tu te lances tout seul face au monstre, tu n'as aucune chance de le vaincre. Il faut former une armée. La forêt du Gourougou est un bon terrain de jeux : elle se tient à dix kilomètres de la frontière, constituée d'une végétation suffisamment dense pour que nous puissions nous cacher et nous organiser.

Pour partir, je contacte Abdou au cybercafé.

– Abdou, je veux aller en forêt et on m'a dit que toi aussi. Tu pars quand ?

Il me teste.

– Pour que je t'emmène, il faut me payer le transport et un paquet de cigarettes.

– Ok.

Je vais prendre sur l'argent prévu pour le remboursement de Douglas.

– Papi Oura me dit que je dois m'y rendre sans tarder.

Mon empressement le fait sourire.

– Ça me fait plaisir de te voir, Petit Wat, le sang neuf fait du bien. Papi Oura est passé à sa première tentative, c'est facile pour lui. Mais oui, tu as raison, il est temps d'y retourner. Mon pote Bédia, ancien chef d'état-major de toute la forêt, veut venir aussi. Je vais monter le départ avec lui.

Nous partons deux jours après. Roland, avec qui j'ai passé la frontière du Maroc, nous accompagne et paye pour Bédia, tandis que je finance le trajet d'Abdou. Après, je n'ai plus que 20 dirhams[54]. Nous prenons le bus pour le centre-ville, puis pour Nador. Il faut encore marcher près de dix kilomètres sur une colline. Il fait froid. Nous nous hâtons, pas rassurés : nous ne pouvons fuir ni par le ravin, à gauche, ni par la montagne de pierre très raide, à droite. Si la police arrive en face de nous maintenant, nous sommes perdus. Heureusement, il n'y a aucun *Alite* à l'horizon.

Nous atteignons l'entrée de la forêt. C'est un choc : le panorama est époustouflant. Les couleurs d'automne dominent. Je distingue, à quelques kilomètres, les trois barrières massives. Nous prenons un sentier étroit et sinueux. La végétation

54. 2 euros.

dense ne permet pas de trouver où les ghettos sont cachés. Ça me paraît fou que des gens puissent vivre là-dedans pendant des mois. Les lianes s'accrochent à nos vêtements. La piste étroite est dangereuse : c'est le ravin de part et d'autre. Tu n'as pas intérêt à avoir le vertige. En contrebas coule une rivière, dans laquelle Bédia et Abdou se rafraîchissent. L'eau boueuse a une apparence de jus d'ananas. À gauche, un troupeau de moutons boit la même eau que mes camarades. Je demande :

– Est-ce que l'eau est potable ?

– On boit cette eau et en forêt on prépare la nourriture avec, murmure Bédia. Un conseil, petit : tourne ta langue sept fois dans ta bouche avant de parler. Si tu sors ce genre de question au camp, tu seras crucifié.

Bientôt nous croisons quatre Guinéens armés de couteaux, qui nous informent que des *Alites* fouillent notre camp et nous accordent l'asile dans le leur. Abdou m'explique que tous les matins les *Alites* remuent la forêt, pillent la nourriture et les marmites, et cassent les *bunkers*[55]. Les forestiers se cachent dans des grottes et ressortent à leur départ. Nous mangeons donc avec les Guinéens, nous sommes bien reçus car Bédia connaît leur général. Par contre, rien qu'à voir la marmite, tu es rassasié. La couleur et l'odeur te donnent envie de vomir. C'est de la bouillie de farine. Tu chauffes l'eau, tu y verses la poudre de farine et tu sucres : c'est infect. Je vois Abdou et Bédia manger, je me force aussi. Nous sommes servis dans des vieilles boîtes de conserve rouillées. Le camp est

55. Dans le vocabulaire migratoire, un *bunker* est une tente.

très sale : tu manges, tu jettes, et tu ramasses quand tu en as besoin. Roland et moi, nous nous lançons des regards pour nous donner le courage d'avaler.

Après le repas, nous reprenons la route du ghetto camerounais. Nous devons escalader un mur de pierre pentu. Il faut se courber, ramper, tâter les pierres avec nos mains et nos pieds, tout en évitant les lianes et flaques qui barrent parfois le chemin et gênent notre avancée. Et nous atteignons notre but. À l'entrée du ghetto camerounais, un accueil de fortune a été installé dans une tente. Bédia répond à un Camerounais qui nous ordonne de nous asseoir :

– Non. C'est moi qui ai créé cette forêt, jamais je pose mon cul ici, c'est indigne.

Moi et Roland nous asseyons. Abdou et Bédia restent debout. On nous ordonne de déposer les droits de forêt et de dévoiler ce que nous avons apporté à la communauté. Je pose mon paquet de cigarettes et 20 dirhams[56]. Aussitôt, l'homme me frappe. Roland pose 150 dirhams[57] et un paquet de cigarettes. Bédia et Abdou ne sortent rien, ils ne parleront à personne d'autre qu'au général. Et voilà justement qu'il arrive, le général, accompagné de sept officiers. Tous sont très jeunes. Tous sont des Kankannébas. C'est le clan issu de l'ethnie musulmane haoussa au nord du Cameroun. Entre eux, ils parlent leur dialecte. J'en reconnais quelques-uns. Certains, comme le petit aux chaussures rouges, sont des agresseurs, mais pas tous. D'autres appartiennent au clan, mais ils restaient tranquilles

56. 2 euros.
57. 15 euros.

à Tanger. Le général fait signe à Abdou et Bédia d'entrer. À Roland et moi il demande si nous sommes déjà venus en forêt:

– Jamais.

– On ne dit pas « jamais ». On dit: « Non, mon général. »

Le général Sang-Froid est un géant, vieux de vingt-sept ans. Sa voix grave et lourde gronde, comme s'il avait un porte-voix à la bouche. Je mesure, en quelques secondes, combien il est craint. Il nous fusille du regard et rend son verdict.

– Vous n'êtes pas les bienvenus dans ma forêt. Vous êtes des *passas*, vous allez tout gâter lors de notre frappe. Si vous voulez faire partie de la communauté, revenez avec 300 dirhams[58] chacun, de la nourriture, de l'alcool, de la drogue et des vêtements noirs, on pourra envisager de vous accueillir parmi nous. Est-ce clair?

La forêt est un clan. Tu t'alignes ou tu sors. Il n'y a rien à faire une fois que le général a rendu son jugement. Sur le chemin, nous trouvons beaucoup d'autres jeunes chassés. Ils vivent cachés dans des forêts proches d'où ils espionnent les jours de frappe pour se mêler au groupe. En sortant de la forêt, nous revenons au point haut. De l'autre côté de la barrière, je peux distinguer un petit marché où des Européens font leurs courses. Je les vois nettement! Ici, tu as déjà un pied en Europe, il ne te reste plus qu'à faire valider ton billet par Dieu pour y accéder.

58. 30 euros.

Trois jours plus tard se produit un *boza*, le plus grand de l'histoire : cinq cents personnes entrent en Europe, alliance entre Guinéens et Camerounais. Tout Tanger pleure. Sur les images de la télévision, nous distinguons Bédia. Roland est inconsolable : « Il est entré avec mon argent. » Au ghetto, une dizaine de gars ont la rage. Ils se nomment Major, Poulet ou John Cool. Ils veulent repartir immédiatement en forêt récupérer le matériel et former un nouveau gouvernement. John Cool nous dit, à Roland et moi, de les suivre. Ils veulent être aussi nombreux que possible pour prendre le pouvoir. Ceux qui gardent la forêt et protègent le matériel sont dispensés des droits d'entrée. Je repars avec eux, ils me payent même mon billet.

Le général peaufine sa défense

Nous sommes parmi les premiers à arriver en forêt. La prise de pouvoir par les entrants de Tanger est immédiate. Major s'autoproclame général et nomme tous ses amis officiers. Ils sont les plus nombreux, armés de couteaux. Le général fait immédiatement fouetter tous les recalés de la frappe précédente et les nouveaux entrants comme moi. Il fixe les règles collectives et interdit toute frappe contre la frontière *à la Sicilienne*[59]. Pour avoir une chance de succès, nous devons faire masse contre les gardes marocains et espagnols. Les nouveaux despotes sont enragés. Bien sûr, comme tout gouvernement qui se respecte, ils volent l'argent. Ils fument pour 100 euros de cannabis et boivent chacun une bouteille de whisky par jour, grâce à l'instauration des droits de forêt. Mais, en plus, ils sont méchants et nous balancent des coups tous les jours. Ce sont encore les Kankannébas qui contrôlent la plupart des

59. Tentative isolée de franchir irrégulièrement la frontière, autorisée exclusivement lorsque aucun gouvernement n'est formé en forêt.

meilleures positions. Parmi eux, Pororo, le petit aux chaussures rouges, occupe un rôle d'officier. Notre hostilité n'a pas disparu. « Toi si tu *fuck-up*, je t'applique direct », me dit-il. Comme tous les officiers, il porte un bâton et, au cours des marches, il me donne des coups dans les jambes.

À quoi ressemble une journée type en forêt ? Nous arrivons au camp vers quatorze ou quinze heures. Nous devons commencer par reconstruire notre campement : chaque matin, les *Alites* viennent tout détruire. Nous bâtissons de nouvelles cabanes. Quand il pleut, les couvertures que nous plaçons au sol absorbent l'eau de la terre. Aucun repos n'est possible, tout est trempé. Ensuite, nous nous rassemblons à l'Alouette, un creux à proximité de notre campement qui fait office d'agora. En rang, nous faisons des prières universelles, chrétiens et musulmans réunis, puis écoutons les discours et instructions du général et de sa hiérarchie militaire. Le général nous ordonne de faire preuve de bravoure et de discipline, et nous acquiesçons en chœur : « Oui, mon général. » « Nous entrerons car c'est Dieu la Force », proclame-t-il. Puis John Cool, le chef d'état-major, nous fait faire de nombreux exercices d'entraînement militaire : pompes, gainage, courses à pied et barre fixe sur des branches. Nous devrons être forts quand nous affronterons la barrière. Les faibles sont frappés davantage et subissent plus de corvées. Notre entraîneur est un homme déjà âgé, la quarantaine, mince et dur. Ce n'est pas un Kankannéba, mais le clan majoritaire s'allie à lui pour faire régner la discipline.

Au camp, les tâches sont réparties. Certains, chargés de missions particulières, s'entraînent à part : ce sont les cibleurs et les ingénieurs. Les cibleurs sont les stratèges militaires. Ils secondent le général pour mettre au point le schéma d'attaque. Selon leur repérage, ils doivent proposer un jour, une heure et un itinéraire pour se rendre à la barrière et lancer l'assaut. Les ingénieurs manient les outils qui seront utiles pour le franchissement. Pour les simples soldats comme moi, il faut aller puiser l'eau au ruisseau, chasser, préparer le repas, ramasser du bois pour faire le feu, jouer les gardes du corps du général, descendre en ville faire les courses, aller fouiller la décharge de la commune – que nous nommons le Supermarché – pour y trier ce qui est encore consommable. C'est le rôle principal qui m'est attribué.

Nous prenons vers minuit notre seul repas de la journée, que des officiers délégués ordonnent. Ils passent en ordre, par *bunker*. Quand on t'appelle, tu t'alignes, peu importe si tu étais en train de déféquer. Chacun pioche avec ses mains sales dans la gamelle et mange la nourriture brûlante. Le général demande : « Soldats, c'était *free* ? » Et tout le monde hurle : « Oui, mon général, trop *free* ! » Un soir, un nouveau venu à qui le colonel pose la question répond : « Bof, ça manquait de sel. » Le camp explose de rire. Le chef d'état-major veut le frapper mais le général, amusé, l'interrompt : « Eh bien, à partir d'aujourd'hui, tu iras en cuisine, et nous verrons bien ce que tu vas nous proposer. » L'homme se révèle être un excellent cuisinier et parvient même à donner du goût à notre bouillie.

Vers trois heures du matin, nous nous rassemblons et partons nous cacher dans l'une des grottes qui se dissimulent sous les branchages, seul endroit où nous sommes autorisés à dormir. C'est très désagréable, nous sommes serrés les uns contre les autres. L'eau nous arrive aux chevilles quand il pleut et le sol n'est pas lisse. Les stalagmites percent le corps et empêchent le sommeil. Dans la grotte, c'est interdit de parler, de fumer, d'allumer la lumière et de se plaindre. Tu es seul dans tes pensées. Tu alternes nostalgie et anticipation. Tu repenses à ta famille et à tes amis, tu t'inventes des dialogues avec eux.

En forêt, tu restes sur le qui-vive. Tu portes en permanence une bouteille d'eau accrochée à la ceinture. Elle te rappelle que tout est précaire. La police peut arriver n'importe quand et te contraindre à sauter dans un ravin pour l'éviter. Avoir de l'eau te permettra de survivre le temps que le groupe te porte assistance. Plusieurs fois, la première semaine, je suis sur le point de craquer et de rentrer à Tanger. Ce qui me fait tenir, ce sont les récits de la vie dans le camp de Melilla, de l'autre côté de la barrière. Tout le monde connaît quelqu'un là-bas. Nous bavons devant leurs photos, pouces levés, dans une cafétéria, on les imagine en train de manger une cuisse de poulet chacun, à côté de filles plus magnifiques les unes que les autres. Il paraît même qu'au camp, à notre arrivée, les Européens offrent à chacun un téléphone, plein d'argent et de vêtements.

Une semaine après mon arrivée, Abdou retourne en forêt. Il avait pris part à la frappe précédente, mais il a été refoulé à Fès et a dû revenir. Comme il appartient au clan du général et connaît personnellement le colonel Poulet, il devient cibleur. Je discute souvent avec lui et il m'explique son rôle : il est guide, mais l'essentiel de son travail n'est pas, comme je le crois, de trouver le chemin.

– Petit Wat, en forêt, la ligne droite pour l'Europe n'existe pas. Mon travail n'est pas de trouver le bon chemin, c'est de le construire.

Presque tous les soirs, il part cibler. Il ne me donne aucun détail : secret-défense.

Avec le temps, je m'habitue à la forêt. Elle dégage des ondes positives. Ton corps s'adapte. En ville, tout le monde serait malade, à dormir dans des couvertures mouillées et avaler l'eau boueuse ou les produits périmés. Pourtant, ici, ton corps est plus sain que jamais. Les maladies passagères se soignent avec une menthe que l'on ramasse en haut de la colline. La forêt a des pouvoirs magiques. Les moments de méditation sont de plus en plus nombreux. Ils ne préviennent pas. Il peut suffire d'un battement d'ailes d'oiseaux dans le ciel pour que ton esprit vagabonde plusieurs minutes. Ce sont des moments spirituels, ils allègent et adoucissent nos cœurs. Nous nous sentons partie prenante de la nature.

Le jour J approche. Nous le comprenons car une délégation, emmenée par John Cool, est envoyée chez le berger voisin pour acheter et sacrifier un mouton. Chacun mange un morceau de viande. Le général nous annonce donc que le moment est venu. Nous prononçons une prière universelle, puis nous sommes fouillés et mélangés avec les Guinéens : un accord a pu être conclu entre les deux gouvernements. On s'aperçoit, en revanche, qu'au lieu d'acheter le mouton John Cool a volé l'animal et gardé l'argent pour lui. On l'attache à un arbre et il va manquer l'assaut, une fois de plus.

Les généraux appellent à la solidarité. Il y aura toujours un Guinéen derrière un Camerounais et vice versa. Le général camerounais déclare que celui qui ne respecte pas les ordres encourt la mort. Personne n'a le droit de briser le rêve des autres. Le groupe est séparé en deux. Je suis dans le premier. Nous marchons de huit heures du soir jusqu'à quatre heures du matin. Nous campons ensuite toute la journée pour attendre la seconde partie du convoi. Les officiers sont restés au camp et font diversion : si les *Alites* ne voyaient plus personne, ils sauraient que la frappe est lancée. Je suis angoissé : j'ai peur de me déchiqueter contre les barrières. Personne ne m'explique comment ça se passera quand le Monstre-à-Trois-Têtes se dressera face à nous.

Quand le regroupement se forme en file indienne pour la dernière marche, il y a facilement six cents personnes devant moi. Je suis au fond du groupe. Le convoi se scinde après deux heures de marche. Tout le monde panique :

– Ils sont passés par où ?

– Ils nous ont jetés.

Des coups de feu retentissent au loin, tirés du mirador marocain qui a vu la première partie de la masse et qui alerte la *guardia civil.* J'ai la rage : nos camarades lancent l'assaut alors que nous sommes perdus en forêt.

– C'est fini, c'est fini, rentrons, dit quelqu'un.

Je ne veux pas abandonner, pas maintenant, je veux voir le monstre de près. Je suis comme un taureau, la forêt a développé mon instinct animal. Guidé par le bruit, je me dirige vers la barrière, avec d'autres camarades. Nous n'y sommes pas encore. Devant nous se dresse une grande colline. Nous sommes soixante Noirs et six *Alites* nous font face. Nous fonçons droit devant comme des enragés. Les *Alites* s'écartent, mais tendent le pied pour nous faire trébucher. Je fais un faux pas et c'est en roulé-boulé que je redescends de l'autre côté de la colline, tout étourdi. Et soudain je la vois. Elle est là, face à moi, cette barrière gigantesque, cette ferraille ignoble, cette broyeuse de destin. Elle est là, cette ligne de séparation entre le paradis et l'enfer. Tout est flou, je suis aveuglé par les lumières, les phares et les reflets, mais une chose apparaît nettement : le monstre géant. Les assaillants s'agitent dans tous les sens. Certains cherchent, en vain, à regrouper la masse pour agir ensemble. La bête est blessée. Un trou a éventré la barrière, mais il est maintenant protégé par trois *Alites* armés, dont les corps font écran. Au lieu de les attaquer en groupe, chacun cherche dans son coin à tenter l'escalade.

Je refuse d'entendre ceux qui conseillent de rentrer, je veux toucher cette barrière, la palper, je veux courir au-devant d'elle pour voir et comprendre. Je ne veux pas abandonner, malgré l'arrivée massive de renforts chez les *Alites*. Quand je m'approche pour grimper, je distingue le trou piégeux juste devant la barrière, ainsi que les fils barbelés truffés de piques qui surmontent entièrement la ligne de séparation. Je n'ai pas le temps d'hésiter : je m'élance comme une araignée. Je fais quatre prises, avec mes mains et mes pieds, et ressens soudain une profonde blessure dans une côte. Une pique m'a ouvert le ventre. Je ne peux pas aller plus loin, j'ai l'impression qu'un poignard s'est enfoncé dans ma chair. Mais comment descendre ? Impossible de sauter à cause du trou sous la barrière. Si je lâche, je vais me briser les jambes. Je me force à faire le chemin inverse.

Un *Alite* se tient déjà en dessous de moi. Voyant que je redescends, il ne cherche pas à me frapper. Mes camarades qui insistent sont tabassés. Quand je touche le sol, le Marocain m'aide à éviter le trou et me fait asseoir. Je ne lui cause pas de problème, et lui non plus.

– Ça y est, mon ami, c'est fini. *Walou* mon ami, *Espana Walou*[60], *inch'Allah* la prochaine fois.

Assis par terre, à un mètre de la barrière, je ne suis pas encore dans la lamentation. Avant de déprimer, j'analyse tout, remarque chaque détail, imprime chaque élément. Là où je suis, je respire l'air qui vient d'Espagne. De l'autre côté des trois grilles, côté espagnol, je reconnais les vêtements d'Abdou. Il s'en est débarrassé en entrant.

Quand le colonel de l'armée marocaine informe ses hommes que quatre cents Africains sont entrés en Espagne, je suis abattu. Plus de la moitié des hommes de la forêt ont *boza*. Parmi les soldats recalés comme moi, certains sont sélectionnés au hasard et interrogés brutalement. La police veut les noms du général et du guide, mais personne ne les donnera, sous peine d'être traité de *noka*[61] et banni à vie des communautés africaines du Maroc. J'ai beaucoup de regrets, mais je suis content d'être venu à la barrière. Je l'ai jaugée, touchée et me suis mesuré à elle. Elle m'a blessé et j'ai la rage. J'ai vu mes amis Abdou et Roland la vaincre. Le Monstre-à-Trois-Têtes est à ma portée. La prochaine fois, plus rien ne pourra me surprendre.

60. « Pas d'Espagne. »
61. « Traître. »

Chant du désespoir

À l'issue de la frappe, les *Alites* nous apportent de la nourriture : du pain, des boîtes de sardines et de l'eau. Une faiblesse nous saisit tous après consommation. Tu crois que c'est le contrecoup de l'échec ? Moi, je pense que c'est un empoisonnement. Étrangement dociles, nous embarquons dans des grands bus de refoulement. Les véhicules nous conduisent loin de la forêt, à Fès. Là-bas, les chauffeurs nous ordonnent de sortir, puis repartent en nous laissant en plan. Je ne connais pas la ville, mais je suis le groupe. Les refoulés m'emmènent à la gare. C'est la cour des miracles : les dealers vendent de la drogue, les prostituées enchaînent les clients, les vendeurs ambulants proposent du riz bouilli, les tentes sont montées n'importe où. C'est tout au fond de ce tunnel nauséabond qu'est implanté le ghetto de Fès, dans une impasse coupe-gorge où même la police marocaine n'ose pas se rendre. Pirlo, le *Chairmo* du ghetto, nous accueille dignement. Il porte du Nike de la tête aux pieds, des lunettes de soleil et beaucoup de bracelets.

– Bonjour, mon *Chairmo*, je peux dormir où ?

– Prends le *bunker*-ci, petit, le gars qui logeait là a *boza*. C'est le tien maintenant.

Je dors quatorze heures de suite. Le lendemain, c'est l'effondrement. Tu te réveilles et tu pleures ! Tout recommence de zéro : dormir sous la pluie, manger la saleté et fuir la police. Je vois, sur les réseaux sociaux, le défilé des « *Boza !* » sur les fils d'actualité. Et dire qu'hier ils étaient mes voisins, que nous dormions dans la même grotte ! Aujourd'hui ils sont dégueulasses, mais ils sont Grands. Ce sont des vedettes en Afrique. Plus de mille personnes likent la photo d'Abdou sur les réseaux sociaux. Il suscite fierté de sa famille et jalousie de Bonaloka. Moi aussi je suis laid, mais je ne suis qu'un mendiant seul et sale dans un pays étranger hostile.

L'avantage de mon jeune âge, c'est que je suscite l'empathie. Pirlo, le *Chairmo* mafieux, et Booba, le premier mirador en forêt, tentent, en vain, de me consoler. Booba a échoué car il a bu trop d'alcool au cours du trajet et n'a pas vu le trou juste devant la barrière. Ce n'est pas toujours bon d'être placé devant dans le cortège. Ils m'offrent du riz : « Je n'ai pas faim. » Ils me proposent un joint : « Je ne fume pas. » Ils me payent une prostituée : « Non, je ne baise pas les putes. » Ils écoutent attentivement mon récit, en particulier Booba, et ne me regardent plus uniquement comme un *passa*. J'ai affronté la barrière, j'ai parlé à Abdou le cibleur, je connais le chemin et je suis encore parmi eux. Même le plus puissant gouvernement camerounais du Maroc n'insulte pas l'avenir. Je révise dans ma tête tout le détail de la frappe. Je refais le chemin, sans arrêt, comme un traumatisé. Je me remémore aussi précisément que possible chaque détail, chaque recoin.

Le plus dur, c'est de te remettre à *taper la salam* pour payer les droits de ghetto. C'est une relégation, mais tu n'as pas le choix. Après avoir mangé des sandwichs offerts par une association catholique, je me place à un feu rouge, sur une grande voie de circulation. Je vais de voiture en voiture pour obtenir un ou deux dirhams. Heureusement, ça ne dure pas trop longtemps. Un homme me donne un billet de 200 dirhams[62] et, après trois jours de mendicité à Fès, j'ai assez d'argent pour payer mon trajet en bus. Cette barrière, c'est comme un aimant. Une fois que tu l'as approchée, tu es irrésistiblement attiré.

Quand j'entre en forêt, un nouveau gouvernement a été formé. Les Kankannébas n'ont pas le pouvoir, cette fois. Les premiers à être entrés sont les gars de Tétouan, qui tentent aussi des frappes depuis une autre forêt, celle de Cassiago. Les nouveaux venus ont changé de forêt et ne connaissent pas leur nouveau terrain de jeu. C'est la raison pour laquelle ils laissent Booba, arrivé un jour avant moi, diriger l'armée, tout en conservant tous les postes clés. Booba endosse vite son rôle de général impitoyable. Ce n'est plus l'homme qui, trois jours plus tôt, me consolait à Fès. Il me fouette immédiatement car je suis entré sans droits de forêt.

– Mon général, je n'ai pas d'argent, mais je peux être utile.

– Ouais, Petit Wat, c'est bien parce que c'est toi. Bon allez, prends le bâton, tu es officier.

62. 20 euros.

Je ne suis pas entièrement satisfait :

– Mon général, j'aimerais être guide. Je suis fatigué de ne pas partir.

– Tu as déjà été guide un jour ? Non. J'ai déjà une idée pour le guide, ce sera Shérif, le frère du gars qui a conduit le convoi l'an dernier : il bénéficiera de tous les conseils de son frère depuis l'Europe. Tu es beaucoup trop jeune pour être guide.

Je suis désigné pour faire les achats à la boutique, à trois kilomètres du camp. Je puise dans les impôts payés par les autres pour faire les achats.

Ce soir-là, la pleine lune illumine le ciel et un nouvel entrant, rayonnant, arrive en forêt. Il est jeune, de petite taille, le regard déterminé et son arrivée suscite, chez les gars de Tétouan, des cris de joie. C'est l'un des leurs, un garçon très apprécié. Il doit avoir le même âge que moi. Quand il déclare qu'il n'a pas apporté de droits de forêt, le général Booba ordonne qu'il soit fouetté. Ses amis, qui tiennent la guérite d'entrée, refusent.

– Mon général, on ne peut pas frapper le gamin. Ça fait quatre ans qu'il vit en brousse, il est arrivé à Cassiago à onze ans. C'est le petit frère de la forêt, la mascotte des Noirs.

Agacé que l'on contredise ses ordres, Booba fouette lui-même le nouveau. Pour l'éloigner des gars de Tétouan, il lui demande de rejoindre mon *bunker* : je suis l'un des seuls qui ne le connaissent pas encore.

– Salut mon *Toomi*[63], ça dit quoi ? me demande-t-il d'une voix simple, comme si l'on se connaissait depuis toujours.

---

63. *Toomi* (« too-me »), mon « semblable », mon « frère ».

Il parle à chacun avec douceur et opiniâtreté, et tout le monde, dans le camp, est son *Toomi*. Au début je comprends mal : je crois que c'est son prénom, et je l'appelle Moutoumi. Ça nous fait rigoler et je continue à le surnommer ainsi. Il devient vite un ami très proche ; il a la main sur le cœur, il partage tout. C'est le genre de garçon qui te donne la moitié de son gâteau, même s'il n'a pas mangé depuis deux jours. Orphelin, il s'est retrouvé à la rue très jeune. Il a pris la route de l'aventure, puis est entré en forêt. À Cassiago, il a failli passer au cours d'une frappe, mais il a calé sur l'ultime barrière. Il est resté cinq heures à cheval dessus.

– Mais, Moutoumi, pourquoi tu es descendu ?

– Tu sais, *mon Toomi*, au début tu penses que tu vas tenir. Et puis le soleil chauffe, ton ventre se vide, et les policiers te matraquent les jambes. Au bout de cinq heures, une femme de la *guardia civil* m'a dit de descendre, et m'a promis qu'elle me laisserait passer. J'avais treize ans, j'y ai cru. Quand j'ai posé le pied par terre, elle m'a agrippé le bras, m'a fait traverser à pied la frontière en sens inverse et m'a livré aux Marocains.

Nous restons souvent ensemble le soir avant le repas, sans parler, à contempler la nature. Je me sens de mieux en mieux en forêt. Je perçois la force qui pénètre en moi. Quand le vent se lève, c'est comme si des frissons de pureté caressaient mon corps. Nous contemplons le ciel, l'un face à l'autre. Mon regard et bientôt mon esprit sont emportés par le lent défilé des nuages. Avec Moutoumi, nous partageons nos repas, puis partons faire les courses pour le camp vers deux heures du matin. Ahmed, qui tient l'épicerie du village en bas de la forêt, vient nous saluer. Il ouvre la nuit et nous sommes ses meilleurs clients. Nous pouvons acheter pour 3 000 dirhams[64] de provisions chaque soir. Pendant que nous sélectionnons les victuailles, nous rechargeons nos batteries de téléphone.

Le rythme de la forêt reprend : grotte, rassemblements, exercices, tâches du camp, repas et courses au magasin. Cette monotonie est brisée par le surgissement des Tangériens. Ils arrivent à quarante, une majorité de Kankannébas, emmenés par Jules César. Armés de couteaux, de machettes et de bâtons, ils brutalisent les présents. « C'est un coup d'État. » Les Kankannébas destituent Booba et proclament Jules César général. Pendant deux jours, tout est instable. Le schéma d'attaque préparé est remis en cause. Puis les nouveaux entrants veulent y revenir, tout en plaçant leurs hommes. Ils reconstituent l'ancienne hiérarchie sans supprimer la nouvelle : il y a un général et un vice-général. Un colonel et un vice-colonel. Tous les postes sont doublés, les ordres sont contradictoires, les soldats n'y comprennent rien. Seul point positif : Shérif, le guide, confirme tous les soirs que le *polo* est *free*.

Avec Moutoumi, nous commentons surtout l'entrée avec Jules César d'une prostituée. Pour sceller son alliance avec son nouveau vice-général Booba, il lui fait venir une fille. Nous ne pouvons pas bavarder au camp mais nous commentons, dans nos promenades nocturnes vers la boutique, ces présences féminines.

64. 300 euros.

– Moutoumi, tu as vu qu'elles ont le droit à leur liste de courses personnelle ? Non, mais regarde, il faut même qu'on prenne pour elles de l'eau minérale : c'est une blague !

– Tu sais, mon *Toomi*, une fille en forêt ce n'est pas un problème si c'est une guerrière.

– Moutoumi, tu as vu comment la fille s'assoit, devant nous, sur les cuisses de Jules César ? On dirait qu'elle nous nargue. Et voilà que le général maintenant nous fait sortir de la grotte à midi au lieu de quinze heures, alors même que les *Alites* ne sont pas encore partis. Il nous met en danger pour aller baiser tranquillement au lieu de diriger les entraînements militaires.

– Oui, mon *Toomi*, et elles portent les vêtements les plus moulants de la terre ! En forêt ! Comme si on venait ici pour être beaux et propres. Le général baise au lieu de se concentrer sur son schéma militaire et tous les hommes sont jaloux. D'habitude, en forêt, on ne ressent pas la jachère, mais sa présence change tout.

– Moutoumi, et si c'était un coup monté des *Alites* pour semer le désordre ?

– Non, mon *Toomi*, les *Alites* sont trop bêtes pour avoir une idée aussi brillante et les Camerounais sont assez cons pour se saborder eux-mêmes.

Nous continuons de discuter en nous approchant de la boutique d'Ahmed. Dans l'obscurité, une petite forme surgit. C'est la fille du patron, elle a cinq ans. Elle dit « police, police » de sa petite voix et croise les bras devant sa tête pour nous encourager à rebrousser chemin. Ahmed a aussi peu intérêt que nous à notre arrestation. Tu crois que, s'il gare une nouvelle voiture Toyota rouge fluo devant sa boutique, c'est par la grâce de Dieu ? Nous repartons en courant.

Le désordre en forêt s'ébruite à mesure que des marins quittent le navire. Un matin, les *Chairmo* de Meknès et Fès entrent en forêt avec tout leur gouvernement et leurs vêtements Nike. Ils arrivent à quatre-vingts, lourdement armés. Ce sont les plus puissants du Maroc. Après une frappe ratée, tout le monde est refoulé dans une de ces villes. Ils sont influents et contrôlent la vie des hommes au Maroc. Ils poussent tout le monde dans l'Alouette et expliquent qu'ils sont venus mettre de l'ordre.

Ils font élire Chacha général et John Cool colonel. Chacha est un homme très discret. On le nomme, mais lui n'a rien demandé. Il est le compromis idéal. C'est un Kankannéba, mais pas un agresseur, pas un homme brutal. Chacha a été en forêt de Cassiago et il est respecté des gars de Tétouan. Moutoumi l'apprécie beaucoup. John Cool, le nouveau colonel désigné, est un ancien, et l'ordre d'arrivée compte au Maroc. Il a déjà été chef d'état-major et c'est un homme dur. C'est lui qui va faire le sale boulot. La présence d'un colonel non kankannéba permet aussi d'éviter les affrontements ethniques. Les deux gouvernements proclament les nouveaux chefs et récupèrent en partant les sacs de téléphones.

Tu crois que ça suffit ? Tu te trompes. La zizanie ne cesse pas. Le général Chacha ne se fait pas respecter. Il menace plusieurs fois de démissionner devant l'indiscipline des soldats. Il répète qu'il se moque d'être général, ce qu'il veut, lui, c'est entrer en Europe. Il accorde parfois des journées entières de temps libre. Il n'ordonne pas aux femmes de sortir de la forêt, pour ne pas heurter ses prédécesseurs. Booba continue de négocier la frappe avec le gouvernement guinéen. Les rôles ne sont pas clairs même au moment où l'assaut se lance. C'est Booba qui nous décrit le schéma.

– Les Guinéens ont acheté des bouteilles de gaz. Dans notre groupe, des chaudronniers ont fait un petit montage, de telle sorte qu'arrivés là-bas nous allons faire exploser la barrière et nous entrerons en marchant, après avoir vu le plus grand feu d'artifice.

Il y a beaucoup de monde en forêt. Nous sommes près de deux mille avec les Guinéens. Je fais partie du second convoi, celui qui part le lendemain du premier groupe pour détourner l'attention des *Alites*. Le premier acheminement est bruyant. Les Guinéens sont deux fois plus nombreux et n'acceptent plus la règle visant à alterner les nationalités. Ils se chamaillent tellement que les voix montent au goudron. De notre camp, nous les entendons alors qu'ils sont à huit heures de marche.

– C'est certain, ils ont déjà tout gâté, me dit Moutoumi.

Quand nous arrivons, nous en croisons certains qui rentrent. Ils ne veulent même pas essayer. Sur notre trajet, les chefs se crament au whisky. Booba et Jules César poussent le vice jusqu'à demander à de simples soldats de porter leurs femmes sur les chemins de traverse que nous suivons.

Nous reformons le convoi massif, avant le dernier départ. Le volume sonore diminue maintenant, mais c'est trop tard. Quand nous arrivons, trois cents *Alites* sont déjà positionnés face à nous sur la dernière colline, armés de matraques et protégés par des casques et gilets. Notre convoi se disloque en deux. Les hommes devant moi courent en essayant de les contourner dans tous les sens ; les gardiens ne les poursuivent pas et se contentent de jeter leur puissante lumière dans les yeux avec leurs torches. Le haut du convoi disparaît soudain, comme des dominos qui s'effondrent, et c'est un concert de « ouille », de « aïe, mon pied », de « je me suis cassé la jambe », « il y a un trou », « reculez, reculez », « attention le trou ».

De part et d'autre de la colline où ils se sont massés, les *Alites* ont creusé deux trous géants. Tous les premiers arrivants du convoi tombent les uns sur les autres. L'impréparation de la frappe saute aux yeux. Comment les *Alites* ont-ils pu creuser ces trous sans que les guides et les généraux ne s'en rendent compte ? Voilà qu'un hélicoptère nous survole et lâche des gaz qui dégagent des odeurs toxiques. On tousse, personne n'y voit clair. Les gardes sont protégés par des lunettes.

Quand la partie de mon convoi arrive en bas de la colline, je reste en retrait, je n'ai même pas envie de me lancer. La bataille est déjà perdue, nous étions attendus. Ma rage est anéantie. Je m'assois par terre, la tête dans les mains. Devant moi, des hommes lancent des cailloux contre les gardes. Un groupe décide de courir droit devant. Le général Chacha, brave dans la bataille, veut lancer un baroud d'honneur. Un groupe d'une soixantaine d'hommes court sur les gardiens, et la plupart d'entre eux prennent de violents coups de matraque. Une dizaine parvient à passer la première ligne de défense. Ils courent à grandes enjambées vers la frontière. Parmi eux le général Chacha et Moutoumi. Je vois mon ami feinter son vis-à-vis, esquiver deux plaquages et accélérer. Il sort un moment de mon champ de vision et évite la deuxième ligne, celle qui tire des balles en caoutchouc, car le voilà qui apparaît sur la première barrière. Il la grimpe prodigieusement vite. Chacha le rejoint. Ils sont coincés là et ne bougent plus. Impossible de descendre de l'autre côté : les gardiens vont les cueillir.

Côtés marocain et espagnol, les voitures arrivent les unes après les autres, les gyrophares scintillent. Bientôt nous sommes encerclés. Les gardes viennent nous chercher chacun notre tour, à quatre, nous attrapent par les pieds et les mains et nous jettent dans le trou. Nous sommes tous tombés dans leur piège. J'atterris sur la tête des camarades quatre mètres en dessous. Soudain, j'entends une voix. Une voix trop pure, trop insolente. Elle vient de la barrière.

– Ouvrez les frontières, ouvrez les frontières !

Tu devines qui c'est ? Aucun doute : Moutoumi, évidemment ! Il lance la chanson de Tiken Jah Fakoli et Soprano. Du fond du trou, tu ne peux pas le voir ; mais tu l'imagines, libre, les jambes en l'air au sommet de la barrière, lever les bras et hurler. C'est la complainte de l'enfant de la rue, adressée aux anges :

– Ouvrez les frontières, ouvrez les frontières ! reprend Moutoumi.

– Laissez-nous passer, lui répond le trou.

Tout le monde connaît la chanson, deux mille personnes l'entonnent. C'est le chant du désespoir, la bataille est perdue, mais je suis très ému. On vit un intense moment de communion. Les journalistes espagnols filment, les *Alites* s'affolent. Plus ils nous ordonnent de nous taire, plus nous chantons fort. Alors ils ramassent des cailloux et nous bombardent.

Nous nous faisons lapider à bout portant, comme des lapins qui ont sorti la tête de leur terrier. Le sang coule. Je reçois un caillou sur la tempe et m'évanouis plusieurs minutes.

Procureur moustachu ou fille du tunnel

J'ai repris connaissance, mais le sang pisse toujours de mon crâne. J'utilise mon maillot pour protéger les plaies. Nous sortons du trou après avoir pris les sandwichs anesthésiants et embarquons dans un bus de refoulement, direction le commissariat de Nador. Avec les vingt autres passagers, nous sommes enfermés en prison. Un policier me permet, après une heure d'incarcération, de me débarbouiller. Nous dormons par terre et recevons un seul maigre repas par jour. Un garçon d'une vingtaine d'années, Beauga, rouspète contre la nourriture et se plaint auprès des gardes des mauvaises conditions de vie. Le policier lui répond sèchement :

– Ah ! tu aimes parler fort, toi, tu dois être influent, tu devais être le général ? T'inquiète pas, on ne va pas te rater.

Beauga, je l'avais à peine remarqué en forêt. On dissèque ensemble le fiasco de la dernière frappe.

– *Combi*, comment les guides ont pu ne pas voir les trous ?

– Ils ne sont jamais allés cibler. Ils ramassaient notre argent et trouvaient un coin peinard la nuit pour baiser.

Chaque demi-journée, un gendarme appelle l'un des compagnons de cellule. Beauga est interrogé le premier, cinq autres gars le sont à sa suite. Au retour de son interrogatoire, le plus âgé nous apprend qu'un *Alite* s'est fracturé la mâchoire, et que l'on fait partie des sélectionnés au hasard pour passer devant le tribunal.

– Je n'ai rien fait, je me suis juste assis par terre.

– Ce n'est pas leur problème.

Le quatrième jour nous sommes transférés au tribunal, menottés deux par deux. Les gyrophares tournent et des motards, devant et derrière nous, protègent le convoi. Tu croirais un déplacement de Mohammed VI. À l'entrée du bâtiment, on nous photographie sous tous les angles. À l'intérieur, un procureur vient nous expliquer que la police marocaine a porté plainte pour « coups et violences » contre nous, mais que tout peut s'arranger facilement, à condition que nous coopérions.

Beauga hurle :

– Et vous, vous n'êtes pas violents contre nous ? Vous nous bloquez nos rêves, vous nous jetez des pierres quand on est coincés dans un trou. Vous ne vous trouvez pas lâches ?

Dans la salle d'audience, nous sommes appelés un par un. Certains partent, puis reviennent, d'autres ne reviennent pas. Beauga, passé avant moi, réapparaît. Il me dit :

– C'est tranquille. Ils m'ont proposé de me laver, me faire coiffer et de m'acheter des habits en échange d'une signature sur un bout de papier reconnaissant que j'ai lancé un caillou.

– Et tu as signé ?

– Oui, je suis trop crade, j'ai trop besoin d'une douche et je veux me faire des dreadlocks blonds. Ça va ! C'est juste un caillou, mille personnes en ont lancé ! Eux aussi, ils nous ont caillassés, ça fait un partout.

Quand on m'emmène devant le procureur, le vieil homme chauve aux petites moustaches interpelle immédiatement le policier :

– Pourquoi il est là, lui ?

– Mais, monsieur, vous nous avez dit d'en prendre vingt au hasard.

– Crétin, vous voyez bien qu'il est mineur et qu'en plus il est blessé. S'il se retrouve à la une du journal demain avec cette tache rouge sur le front, qu'est-ce qu'on va entendre ? Sortez-le discrètement.

Je suis reconduit et attends dans le bus de refoulement près de six heures, le temps que le véhicule se remplisse. Je retrouve le gars âgé qui était avec moi en cellule. Nous commentons le passage dans le bureau du procureur.

– Il ne fallait vraiment pas signer leur papier, dit-il.

– Moi, le procureur ne me l'a même pas proposé ! Mais tu crois que c'était grave ? Beauga m'a dit que c'était juste pour reconnaître qu'il avait lancé un caillou. Tous les gamins de la terre l'ont fait.

– Tu es un idiot ! Et Beauga est un imbécile qui n'aura que ses yeux pour pleurer. Qu'est-ce qui va se passer ? Ils vont faire le lien entre les cailloux et la mâchoire fracturée de l'*Alite*. Ceux qui ont signé le papier vont être jugés coupables. Beauga va être condamné à de la prison ferme. Et ensuite, adieu l'Europe et bonjour la *déportation*. Signer ce bout de papier, c'est accepter de prendre la place du con.

Je ne suis pas armé contre cette violence-là, celle qui se dissimule derrière des sourires, celle que l'on ne voit pas venir mais qui frappe le plus fort.

Le bus se remplit peu à peu, avec des Camerounais et Guinéens qui avaient rebroussé chemin avant l'assaut. Le véhicule démarre et nous roulons toute la nuit. Nous sommes emmenés à Tiznit, près du Sahara occidental. Nous sommes affreux et nous attirons tous les regards. Nous nous entassons autour des feux de circulation pour mendier. Heureusement, un homme donne le lendemain de mon arrivée 50 dirhams[65] à cinquante d'entre nous, en nous demandant de prier Allah en sa faveur et de partir vite. J'embarque pour Fès avec une dizaine d'autres gars, car je n'ai pas assez d'argent pour payer le billet jusqu'à Nador. Et, surprise, à l'approche du ghetto du tunnel de la gare je tombe sur mon pote. La moitié du groupe de la forêt a été déplacée ici.

– Moutoumi !

On se tombe dans les bras, comme des frangins qui ne se seraient pas vus depuis dix ans.

– Ça va, tu as réussi à récupérer du jeton ? je lui demande.

– Tu sais, j'ai vu passer tellement de *Toomis* en Europe qu'il y en a toujours un qui accepte de m'envoyer quelques euros.

– Moutoumi, on repart quand ? J'ai la rage, je veux retourner là-bas direct.

65. 5 euros.

– Mon *Toomi*, je te propose qu'on fasse quelques courses et que l'on se *mette free*[66] deux ou trois jours avant de retourner *choquer*.

– Tu es sûr ? Je n'ai pas l'argent… Et puis je ne l'ai jamais fait de cette façon.

– Mon *Toomi*, c'est moi qui t'invite. Ne stresse pas et laisse-toi aller. Crois-moi, ça fait du bien de se décharger les kiwis avant de retourner dans les bois.

On va d'abord au marché. Moutoumi a reçu 2 000[67] dinars par des anciens de Cassiago qui travaillent en Europe : ça nous permet de faire de bons achats – et il partage tout avec moi. Nous prenons ce qui nous sera utile en forêt : des sacs, du riz, une casserole, des couvertures, des collants, des jeans et des chaussures – avec une paire de Timberland, je ressemble à un cow-boy : j'adore ma dégaine. Puis nous allons voir les filles. Nous n'avons pas trop à marcher. Dans le sombre tunnel de la gare, toutes les activités souterraines sont présentes. Maria, la proxénète, qui se fait nommer *bienfaitrice*, présente une nouvelle de notre âge.

– Go, go, on y va, elle est bien, me dit Moutoumi.

Je le suis. On se met, en file indienne, derrière les autres clients, comme si l'on attendait le bus. La patronne est assise à la porte avec un chronomètre. Ça coûte 5 dirhams[68] pour cinq minutes. À la chaîne. Quand son alarme retentit, elle ouvre toutes les portes et crie : « Suivant ! » Moutoumi passe avant moi.

66. « Que l'on aille voir des prostituées. »
67. 200 euros.
68. 0,50 euro.

Quand vient mon tour, la *bienfaitrice* me donne un préservatif et prend mon argent. J'entre et me retrouve face à la jeune femme. Allongée sur le lit, elle porte une jupe sans culotte et écarte les jambes. Elle a de belles formes. Je jette un regard dans ses yeux. Je lis de l'engagement, je sens que c'est son travail. Elle ne cherche pas à me séduire, elle attend que je vienne. Je n'enlève pas mes vêtements ; je baisse juste mon pantalon. Je bande immédiatement, enfile le préservatif, commence à la pénétrer et j'ai l'impression que ça fait à peine une seconde, quand une sonnerie retentit.

– C'est fini, suivant ! glisse la patronne de l'autre côté de la porte.

Voilà. C'est sale, c'est rapide, c'est le fast-food du sexe. Il n'y a pas de fellation, pour cela il fallait ajouter 10 dirhams[69] et je n'ai pas voulu prendre l'argent de Moutoumi. J'essaye de faire bonne figure devant mon pote, mais je ressens un dégoût mortel en sortant. Ça n'a rien à voir avec l'amour que je faisais avec mes ex-copines. Quand tu es avec ta chérie, tu as le temps de jouer, de l'embrasser, de la lécher. Elle prend du plaisir. Il y a des goûts et des odeurs, des délices et des saveurs. Avec la prostituée, tu plantes un coup et tu sors.

Sois-en sûr, ces filles-là, je les respecte. Avec elles, il n'y a aucun faux-semblant, elles sont là pour l'argent, tu le sais en entrant. Alors, dis-moi, qui est la salope ? Une femme franche qui se bat pour se nourrir, ou ce procureur qui exploite la vulnérabilité d'un jeune pour lui faire signer un papier, sans lui expliquer qu'il signe là son arrêt de mort, qu'il se livre pour

69. 1 euro.

un crime qu'il n'a même pas commis ? Oui, c'est lui, la vraie pute, comme toutes ces personnes qui dissimulent la réalité de leurs intentions et trompent la sincérité des autres pour leur nuire.

Love d'un voyou

Deux jours plus tard, nous reprenons un bus pour Nador. Nous payons un chauffeur de taxi cinq fois le prix et il nous conduit au pied du Gourougou. Nous terminons les courses chez Ahmed, qui nous délivre son plus grand sourire. Nous entamons les dix derniers kilomètres vers la forêt en écoutant de la musique, « Love d'un voyou[70] », sur le téléphone de Moutoumi, un écouteur dans chaque oreille. Je suis content qu'il soit là. Ça me rassure d'avoir un ange gardien à mes côtés. Nous arrivons devant la décharge du Gourougou, notre *supermarché*. Nous ramassons tout ce dont nous avons besoin : la forêt doit être vide car on trouve même des ailes de poulet.

Nous remontons la colline, encastrée entre le ravin et la montagne de pierre, en rapides enjambées. Nous nous assurons qu'il n'y a aucun *Alite* en chemin et atteignons l'esplanade centrale, là où surgit l'Europe et, devant elle, le

70. Fababy, Aya Nakamura, « Love d'un voyou ».

Monstre-à-Trois-Têtes qui nous en sépare. La vue est toujours imprenable. Le côté marocain est sombre, les lumières sont éteintes. Côté espagnol, l'éclairage public illumine la nuit. Les barrières brillent, scintillent même sous l'effet des puissants jets luisants des miradors. Tu as des frissons. Tu penses à tous ceux qui sont partis là-bas avec jalousie. Moutoumi pleure. Moi aussi. Ça fait du bien, ce sont nos frustrations et nos amertumes qui sortent. Aucune frappe ne ressemble à la précédente. Une nouvelle partie démarre.

– Je suis maudit, me dit Moutoumi. Dieu ne veut pas de moi au paradis. J'ai échoué neuf fois.

– Je te fais la promesse : ce tour-ci sera le bon.

Nous restons deux heures, assis à contempler cette vue, en contrebas de l'esplanade. Nous regardons, hypnotisés, les voitures de la Force auxiliaire et de la *guardia civil*, de part et d'autre, qui ne font que passer. Devant ce spectacle, tu te projettes, tu t'imagines de l'autre côté et t'inventes la vie que tu pourrais avoir dans le continent éclairé, là où les étoiles brillent et où les enfants mangent à leur faim.

– Moutoumi, si nous voulons vraiment partir là-bas, nous devons tracer la route nous-mêmes. Il faut que nous soyons guides, lui dis-je.

– Mon *Toomi*, ce n'est pas un jeu : si ça foire, tout le monde cherche le guide et le lynche. Le général Booba a dû s'exiler en Algérie : il a failli se faire poignarder à Fès.

– Tous les deux, nous ne pouvons pas foirer. Si nous sommes guides, nous prenons notre destin en main, nous sommes bien placés, nous avons 80 % de chances. Moi je pars en forêt pour travailler, pas pour jouer.

– C'est joli de parler, mais être guide c'est dangereux.

– J'ai failli *go a ngata*[71] pour un guide qui n'a pas fait son boulot. Cette fois-ci, je rentre ou je meurs. Crois-moi, Moutoumi, à nous deux, nous sommes les plus forts du monde.

Quand nous rejoignons le ghetto, un seul *bunker* a été dressé, les branches à l'entrée recouvertes par des plastiques bleus. On entend une voix :

– C'est qui ?

On reconnaît la voix du général Chacha.

– Chacha, c'est moi, je suis avec Petit Wat, dit Moutoumi.

Chacha sort et nous serre dans ses bras, comme un père.

– J'espère que vous vous êtes bien mis à l'aise, nous dit-il en nous faisant un clin d'œil.

– T'inquiète, on s'est bien *rendus free*, répond Moutoumi.

On sort notre nourriture. Chacha est satisfait que nous apportions à manger. Je profite de son sourire pour me lancer :

– Mon général, nous voudrions aller travailler le *polo*.

Moutoumi me regarde, énervé. Il n'a pas donné son accord. Le général parle à mon ami en haoussa, puis se tourne de nouveau vers moi.

– Tu veux être guide ? Pour nous amener où ? Tu as déjà ton *polo* ?

– Non, mais on va créer un nouveau repaire, d'où personne n'est encore jamais parti. Mon général, j'ai fait deux fois la route, je connais le chemin vers les barrières et j'ai trop la rage.

71. Aller en prison.

– Ok, Petit Wat, je te fais confiance. On veut ta rage. Si tu as le courage d'être guide, c'est bon.

On mange autour du feu et on dort tous ensemble. Le lendemain matin, le général m'appelle et me dit qu'il a décidé avec qui je vais cibler le *polo.*

– Mais, mon général, je vais travailler avec Moutoumi, lui dis-je.

– Ton *Toomi* n'est pas trop d'accord, mais laisse-le, ce n'est pas grave. Toi, tu es d'accord et c'est ça qui compte. Tu travailleras avec Shérif, il *tape la salam* à Nador, il va arriver.

– Encore lui ? Mais c'est le guide de la frappe précédente qui a foiré !

– Petit Wat, on ne discute pas les ordres du général : tu feras cinquante pompes pour la peine.

Chacha n'est pas un homme violent. D'autres généraux m'auraient frappé.

Le soir, le général m'appelle et me présente à Shérif. Il nous dit : « Voilà, vous allez faire équipe à deux, je veux que vous alliez voir ce soir si le *polo* est encore *free* ou s'il faut en créer un autre. » Tu l'as compris : je suis mécontent de devoir faire équipe avec ce type, et je ne vais pas tarder à lui donner une bonne leçon.

Arbres, ruisseaux et paire de kiwis

Nous partons de nuit dans la forêt sombre. Nous avançons dans l'obscurité, le long du chemin que nous avons pris lors des précédentes frappes. J'ai du dégoût en voyant Shérif devant moi. Il ne mérite pas sa place. Il a beau être un Kankanéba, il est responsable du plus grand fiasco de l'histoire des aventuriers. Le long du chemin, je suis impitoyable à son égard. Il a peur au premier craquement d'arbre :

– Il y a quelqu'un, arrêtons-nous ! me dit-il.

– Mais qu'est-ce qui t'arrive, tu as peur des fantômes ?

On entend un ruissellement, « touk touk touk ».

– Stop, arrêtons-nous, il y a quelqu'un, répète-t-il.

– Non, mon frère, il ne faut pas avoir peur d'un cours d'eau.

Nous arrivons sur une plate-forme d'où l'on peut voir, au loin, le mirador du camp militaire. Il est à plus d'un kilomètre de nous. Un homme, dans la cabine éclairée, a les yeux rivés sur son ordinateur. Shérif ne veut pas aller plus loin : « Ce ne sera pas bon s'il nous voit. » Il a trop peur.

– Il fallait t'acheter une paire de kiwis à la boutique avant de venir cibler, lui dis-je méchamment.

Je rampe doucement. Soudain Shérif me rejoint en courant. C'est une grosse faute : il ne faut jamais bouger brusquement. C'est de cette façon que tu te fais prendre. Heureusement, le gardien ne l'a pas vu.

Nous atteignons une grotte. Il dit qu'il veut dormir quelques heures avant d'aller cibler le *polo*.

– Est-ce que tu sais que j'ai failli aller en prison à cause de tes siestes ?

Tu me trouves dur avec lui ? C'est l'armée, mon pote. Et lui joue avec nos rêves. Personne ne l'oblige à être guide. Il pourrait puiser l'eau ou ramasser à manger à la décharge. Si tu n'es pas capable de faire un travail aussi important, tu dois le dire. Beauga est en prison à cause de la trouille de ce mec. Rends-toi compte, il a conduit la plus grande masse d'hommes de l'histoire migratoire du Maroc et il a peur des arbres et des ruisseaux.

Nous sommes adossés au pied de la dernière colline, côté forêt. De l'autre côté, c'est la frontière. Des lumières sont projetées dans toutes les directions, mais nos habits noirs se confondent avec la végétation obscure.

– Je résume : quand nous allons monter sur la colline, nous devrons être vigilants. À gauche et à droite il y a les trous géants.

– Ah bon, il y a des trous ?

Oui ! Tu as bien entendu ! Il me demande s'il y a des trous ! Je suis hors de moi. Il n'a même pas eu le courage de venir ici le jour de la frappe. Il est hors de question que je travaille avec lui. Je commence à ramper vers le sommet de la colline. Il me suit.

Un aboiement éclate.

Dès qu'il entend les chiens, mon camarade se lève et trace. Une vingtaine de torches s'allument. Les gardiens ont repéré l'ombre qui bouge et la poursuivent avec leur puissante lumière. Je suis calé, et là j'ai vraiment peur, car tous sont en alerte maintenant. Je me tourne sur le ventre et descends en rampant, doucement. Je parviens enfin à m'engouffrer dans les zones de végétation plus denses, à l'abri. C'est fini pour ce soir, ils vont être sur le qui-vive. Shérif m'attend très loin, à la grotte. Je l'invective :

– J'ai une dernière question à te poser. Dis-moi, la dernière fois, tu ciblais le *polo* ou tu guettais les putes du Gourougou ?

Au retour, je m'installe dans ma tente, et lui part dans le *bunker* du général. Ils discutent ensemble une heure. Le général Chacha vient ensuite me trouver et me dit, devant dix autres personnes :

– Shérif me dit que le *polo* est *free* : il faut cibler là-bas.

– Ah bon ? C'est ce qu'il a dit ?

Je hausse les épaules.

Ce sont deux Kankannébas et il m'est impossible de contredire le général en public. Il ne m'a même pas demandé mon point de vue. Aucun doute n'est pourtant possible, vu ma réponse : il y a anguille sous roche. Une heure plus tard, Moutoumi vient me voir :

– Mon *Toomi*, Chacha me demande de te questionner en secret. Dis-moi ce qui s'est passé, il veut connaître ta version des faits.

Je lui raconte tout, en détail. Il me regarde dans les yeux, hésite et déclare qu'il ne me croit pas. J'ai la rage, il le sait mais ça ne m'autorise pas à dire du mal du guide sans raison. Comment veux-tu que je réagisse ? Je suis super-vexé ! Si même mon meilleur ami ne me fait pas confiance, personne ne me croira jamais : je n'ai plus qu'à sortir de la forêt.

Il réfléchit trois minutes sans prononcer une parole. Puis il me dit :

– Tu n'es pas du clan. Si je raconte ta version au général, il te traitera de menteur et te fera fouetter. Pour lui, tu as la rage du désespoir, mais il fait mille fois plus confiance à Shérif qu'à toi.

– Moutoumi, tu es comme son fils. Viens avec nous, une seule nuit, pour voir par toi-même. Toi, il te croira.

Nous repartons avec Moutoumi trois jours après. Le général Chacha précise que c'est Shérif qui dirige notre convoi. Il me regarde droit dans les yeux : « Il est ton capitaine. C'est clair ? »

Deux cents personnes sont arrivées, l'argent entre dans la caisse de la communauté. Les guides ont droit à leur liste particulière de courses, c'est le privilège de la fonction. Déjà, Shérif fait une liste pas possible. Je me permets un commentaire, mais Moutoumi me reprend. Nous partons. Après une heure, Shérif nous dit : « Asseyons-nous quinze minutes. » On prend des langues de chat et des yaourts. Moutoumi regarde le ciel, dépassé. Moi, je rigole. Il me dit :

– Il est sérieux ? Il mange alors que nous n'avons pas commencé ?

Comme convenu, nous repartons. Nous arrivons à la plate-forme : dans le mirador marocain en surplomb, deux hommes jouent sur leur téléphone.

– Il faut qu'on rentre ! S'ils nous voient, c'est fini, dit Shérif.

– Rentrer ? Le gros cul de ta mère ! On va t'attacher en forêt si ça continue, répond Moutoumi. On ne joue pas avec l'Europe !

Moi je ne dis rien. Je souris devant l'exaspération de mon pote. Lui s'énerve et me demande pourquoi je rigole bêtement. Tu ne crois tout de même pas que je vais passer l'éponge si vite sur son manque de confiance ?

On rampe sur cinquante mètres pour passer ce coin exposé. Arrivés dans une vallée couverte d'herbes hautes, Shérif sort sa torche et l'allume pour y voir clair. Moutoumi, furieux, lui attrape le bras et frappe violemment sa main.

– Mais tu es fou ? Un guide qui torche ? J'ai fait quatre ans de forêt et je n'ai jamais vu ça.

Nous atteignons la grotte et y posons nos sacs. Impossible de s'approcher de la barrière avec de la nourriture, les chiens la reniflent de très loin. Voilà maintenant que Shérif veut faire un petit somme.

– Dors si tu veux, nous, nous avons un travail à accomplir, lui dit Moutoumi.

Il nous rejoint. Nous marchons dans les herbes mouillées, de la boue jusqu'aux chevilles. On évite les chemins tracés. Au pied de la dernière colline, on s'adosse côté forêt. Les chiens aboient sur l'autre versant, côté barrière.

– Qu'est-ce qu'on fait ? Mets ton plan par terre, demande Moutoumi.

– On reste ici pour analyser leurs mouvements, répond Shérif.

– On ne va pas de l'autre côté ?

Mon pote n'en croit pas ses oreilles :

– Tu es un peureux et moi-même je vais le dire au général.

Et il me glisse :

– Mon *Toomi,* on va en face ?

– Moutoumi, c'est lui le capitaine : je le laisse faire, c'est un ancien, moi je suis un *passa* et je ne sais pas comment m'y prendre.

Ma réponse le met en rogne :

– Mais qu'est-ce qu'on est venus faire ? C'est pas ici que ça se passe ; c'est de l'autre côté de la colline que l'on peut analyser les mouvements.

Il demande à Shérif :

– C'est comme ça que tu as ciblé la dernière fois ?

– Oui ! Et la dernière fois, il y a soixante-treize personnes qui ont touché la barrière.

– Ok, c'est ça, tu te vantes. J'ai toutes les informations dont j'ai besoin et je ne vais pas rester ici toute la nuit pour rien.

Moutoumi se lève, comme s'il était au café. Immédiatement toutes les lumières des torches se braquent sur lui. Il n'accélère pas son rythme et sort progressivement de mon angle de vue, comme un passant part tranquillement se promener en forêt. Je reste avec Shérif jusqu'à deux heures du matin, sans bouger. Il me dit alors : « Rentrons, ce n'est pas bien que notre camarade soit seul. »

À la grotte, nous le retrouvons :

– Moutoumi, ça dit quoi ?

– Tranquille, posé dans mon *bendo*[72]. Et vous ? Vous êtes allés faire votre travail finalement ?

Je lève les mains :

– Moi j'ai respecté les instructions du capitaine, je n'ai pas bougé.

Il me lance un regard noir.

– Mon *Toomi*, ferme ton clapet, on est en train de vouloir partir en Europe, on ne rigole pas.

Shérif ouvre son sac, se déshabille, mange toutes ses provisions, rote, s'endort et ronfle. Moutoumi le regarde, il fait non avec la tête et moi, ça me fait rigoler. Je suis content qu'il voie tout ça.

– Mon *Toomi*, tu connais la route pour rentrer ?

– Oui, mais on doit attendre Shérif. Nous sommes sous ses ordres.

– Ta gueule. Toi tu es fou comme lui, et tu te moques de moi. Je sens que je vais vous faire pendre tous les deux quand je vais rentrer.

– Mais toi, tu peux faire des choses que je ne peux pas faire. Critiquer le capitaine, par exemple. Je ne suis pas membre du clan.

Il convient que c'est une importante différence.

Quand nous rentrons à l'aube, Shérif va faire son rapport au général. Il lui dit qu'il y avait moins de va-et-vient chez les gardes aujourd'hui, et que c'était une bonne soirée de ciblage. Le général monte vers notre *bunker* au moment où nous

72. Façon de dire « posé dans mon coin ».

allumons le feu. Il parle en dialecte avec mon ami. Je ne comprends rien à ce qu'ils se disent, mais c'est une discussion mouvementée. Enfin, le général se tourne vers moi :

– Petit Wat, il faut que tu m'excuses, j'ai trop douté de toi. Tu vas t'occuper du ciblage, on va te trouver un ou deux autres bons coéquipiers.

Le lendemain, il me dit qu'il a trouvé un excellent cibleur de *polo* 14[73], un guetteur de l'eau reconnu qui se lance en forêt et qui est prêt à m'accompagner. Il me connaît déjà.

– Et comment il s'appelle ?

– Max.

---

73. Pour franchir les quatorze kilomètres qui séparent Tanger de Tarifa.

Gigantesque ravin, nouveau chemin

Tu ne te souviens pas de Max ? C'est lui qui m'a appris à cibler. La dernière fois que je l'ai vu, c'était sur une vidéo YouTube, les bras en l'air. Il criait « *Boza !* » et entrait sur un matelas pneumatique à Tarifa. Je suis très étonné de le voir, je pensais qu'il était en Europe. Mon pote a toujours la peau claire, comme un métisse. Il est grand et maigre, très beau gosse. Même emmitouflé comme un mendiant en forêt, il pourrait faire chavirer des cœurs.

– Max ! Ça alors ! Je croyais que tu étais entré en Espagne.

– L'Europe n'a pas voulu de moi, Petit Wat. Je suis resté au camp une semaine et j'ai été *déporté.*

Je sens la rage dans sa voix, l'épisode est douloureux, je n'insiste pas. Au fond de moi, je suis heureux de retrouver un bon partenaire de ciblage.

La forêt se remplit très vite : au bout d'une semaine nous sommes trois cents Camerounais. Je suis exempté des contraintes de la vie communautaire. Le cibleur a un rôle protégé. Tout le monde est aux petits soins : je donne ma propre liste de courses aux acheteurs. L'organisation du camp est plus claire que la fois précédente. Personne ne conteste le pouvoir en place. L'assaut mené par Chacha, sur le champ de bataille, lui donne plus de crédit. Il a été le plus brave de toute la hiérarchie face aux *Alites*. Dans ses discours à l'Alouette, il insiste sur le besoin de ne pas reproduire les mêmes erreurs deux fois. Le camp doit être uni, les filles sont interdites et chacun doit empêcher les coups d'État. John Cool est reconduit colonel.

Nous sortons, le lendemain de l'entrée de Max, à quinze heures, en plein soleil. Nous empruntons la route en journée car il ne pourra pas apprendre le chemin de nuit. Il est toujours aussi méticuleux. À chaque bruit, il se couche au sol et avance en rampant. Il est vigilant sans être peureux. Il fait très attention aux endroits où il marche, repère chaque arbre et chaque brindille, pointe chaque caillou et chaque sentier. Pour tous les chemins tracés, il envisage des voies de contournement au cas où l'entrée principale ne serait pas accessible. Quand nous arrivons à la grotte pour y déposer nos sacs, nous apercevons un homme. C'est le berger de la forêt. Nous nous cachons, allongés dans les herbes, au hasard d'un petit creux sous la végétation. Ça ressemble à l'entrée d'un ancien sentier que la nature a reconquis. Max me propose de suivre cet ancien chemin pour voir où il mène. Je le suis et nous grimpons la pente rude pour nous hisser en haut d'un rocher.

– Oh putain !

Nous débouchons sur une esplanade d'où l'on voit toute la colline, une partie des barrières de séparation luisantes, ainsi que les petits villages en contrebas. De là, tu distingues précisément les box et les maisonnettes où sont postés les miradors. Tu peux identifier la position de chacun d'entre eux. Nous venons de dénicher notre tour de contrôle. À plat ventre, nous analysons la situation. D'emblée, Max dit qu'il ne faut plus frapper le *polo* habituel. C'est trop dangereux, vu les emplacements des miradors et les trous. Je contemple la perspective, en appréciant le souffle du vent qui vient laver mon visage. Soudain, Max a une illumination :

– *Combi*, tu as vu, toute la partie droite du petit village, là, n'est presque pas surveillée. C'est une zone immense avec un seul mirador.

Je n'y avais pas prêté attention, mais maintenant qu'il me le dit ça saute aux yeux. C'est une grande brousse, comportant un gigantesque ravin. Ils ont dû croire que c'était impossible qu'on passe par là, que la nature constituait déjà une frontière. Max poursuit :

– Regarde là-bas, juste en dessous du seul mirador de la zone : il y a un jardin qui plonge dans la brousse. C'est un *polo* de fou furieux, mon pote. Tu as vu la petite rivière à gauche : on dirait qu'elle mène directement à notre destination. On pourrait suivre un peu le torrent pour voir où ça sort. Il faudra être prudent dans l'escalade.

– C'est parti.

Tu vois comment un bon cibleur peut tout changer ? Après avoir attendu la tombée de la nuit nous nous engouffrons dans le chemin que nous avons repéré, en suivant le fil du torrent et en évitant, comme convenu, un petit village en contrebas. Nous montons à tâtons, en palpant les pierres avec nos mains. Les appuis sont parfois instables, rendus glissants par le torrent. Nous nous hissons, courbés, vers le sommet de la roche. Max n'est pas un casse-cou : il vérifie la solidité de chaque prise avant de grimper. Moi aussi : si je trébuche maintenant, je plonge dans le ténébreux abîme. Pendant cette prudente ascension, seul le tumulte de l'eau couvre le silence nocturne. Tu es fondu dans un paysage grandiose, même si tu ne peux pas vraiment profiter de la vue. En haut de la côte, nous débouchons dans une forêt dense. La végétation luxuriante nous arrive jusqu'aux cuisses.

Nous progressons sans hâte, en veillant à éviter tout faux pas dans les herbes opaques. Nous crapahutons depuis une heure quand nous apercevons soudainement un trou dans la brousse, où plonge un puissant filet lumineux. Nous nous couchons immédiatement sur le sol, et rampons prudemment jusqu'à la dernière touffe d'herbes hautes qui peut nous dissimuler. Devant nous s'ouvre une clairière. Nous avons trouvé, du premier coup, le jardin.

Nous sommes à moins de dix mètres du mirador. Sa box se tient juste en face de nous. Mon cœur palpite : derrière, c'est la barrière. Elle brille dans l'obscurité. Je ne m'attendais pas à la revoir aussi vite. Il est juste là, face à moi, le monstre endormi. Nous arrivons dans son dos, planqués par la forêt, notre alliée ; grâce à l'observation avisée de Max, nous venons d'identifier son talon d'Achille. C'est ici que nous devrons frapper. Dans sa box éclairée, l'*Alite* esseulé a les yeux rivés sur son téléphone. Il est ébloui par le halo autant que nous. Il tue la monotonie en prenant des selfies dans la cabine. Je suis euphorique. Aucun renfort ne peut arriver ici rapidement. Le plus dur sera de grimper ; mais si nous y parvenons, nous pourrons tous passer.

Max calme mon enthousiasme tandis que nous rebroussons chemin :

– Jamais nous ne réussirons à les faire tous monter ici silencieusement, c'est trop accidenté.

– Ne les sous-estime pas. Ce sont des soldats, et en face c'est l'Europe. Ce soir-là, nous aurons tous des ailes.

– Le chemin arrive trop frontalement sur le garde. Nous débouchons face à lui. Il nous verra venir et aura le temps de sonner l'alerte. Il faudrait créer un chemin pour arriver dans son angle mort.

C'est quand tu es trop en confiance que tu commets des erreurs. Nous discutons trop, passons le cours du torrent sans remarquer que l'eau coule de toute part et descendons la paroi à l'aveuglette. Au bout d'une demi-heure, nous commençons à nous inquiéter. La pente est de plus en plus raide, nous n'avons pas souvenir d'avoir escaladé une partie si dangereuse. Quand le ravin sec se manifeste sous nos jambes, sans que nous ne puissions distinguer un quelconque sol dans les ténèbres, nous devons reconnaître que nous nous sommes trompés. Nous allons devoir tout remonter.

Crois-moi, l'escalade au bord du précipice n'a plus la même saveur quand la fatigue s'accumule. L'excitation est retombée. Nous multiplions les allers-retours depuis la forêt tout en haut, mais nous ne trouvons plus notre chemin. Après notre quatrième tentative infructueuse, Max me dit que nous devons faire une pause. J'en ai besoin autant que lui. Je suis nerveux, et même fébrile chaque fois que je me retrouve inéluctablement face au ravin. C'est dans ces moments que tu peux commettre une faute : tu t'agaces et tu te crispes, tu te décourages et tu manques de vigilance. Voilà qu'il se met maintenant à pleuvoir, comme si ça ne suffisait pas.

Nous décidons de repartir vite : quand l'eau aura tout trempé, le risque de glissade sera accentué. Nous redescendons la paroi, agrippant les pierres avec nos mains, plaçant nos pieds sur les encoches creusées par le torrent. Pas de chance : nous débouchons de nouveau sur un petit ravin. Je parviens à deviner de la brousse en dessous, grâce à la lumière de mon téléphone. J'ai bien envie de sauter, mais Max commence à remonter. Je suis démoralisé. Je prends appui sur ma jambe et me cramponne à une pierre devant moi, sans vérifier sa stabilité. J'ai mon pied gauche dans le vide, quand je sens mon appui qui se dérobe. La pierre vacille. Je perds mon équilibre. En désespoir de cause je lance ma main gauche, contre la paroi, mais elle glisse fatalement contre la falaise. Je lâche prise et tombe, émettant un cri dans ma chute. Splash !

– Petit Wat, ça va ? s'affole Max.

Le creux n'était pas si profond. Je suis tombé de trois mètres, dans une végétation hostile. Je suis comme retenu prisonnier par de méchantes épines qui pénètrent dans mes vêtements et entaillent ma peau.

– Oui, ça va, je suis entier, lui dis-je.

Je parviens à sortir mon téléphone et éclaire les alentours brièvement, le temps que Max me repère. La brousse où j'ai plongé débouche non loin du petit village. Ouf ! Je suis à bout de forces, je ne peux plus remonter. Max le comprend et décide courageusement de me suivre. Délibérément, il lâche prise et tombe au milieu des feuilles piquantes.

Quand nous extirpons nos habits des griffes de ces plantes carnivores, notre peau nous brûle. Nous mettons près d'une heure à nous extraire et retrouver le chemin du village. Le jour commence déjà à se lever. Nous devons vite déguerpir pour ne pas être vus. L'aube facilite nos mouvements. Nous parvenons enfin à la grotte. Nous n'avons rien mangé depuis quinze heures de l'après-midi la veille. Nous nous ruons sur nos sacs et grignotons en route pour rentrer le plus rapidement possible et ne pas affoler le camp. La psychose démarre vite en forêt et notre retard va inquiéter. Je bois mon yaourt en marchant : ça change des ciblages avec Shérif. Quand je jette mon emballage par terre, Max me reprend.

– Ramasse.

– Quoi, tu es écolo ?

– Tu es en train de tracer la route, c'est à cause de toi qu'ils vont nous repérer.

Forcé de reconnaître qu'il a raison, je m'incline et je remets le détritus dans ma poche.

Nous atteignons le camp, c'est déjà le matin et nous sommes exténués. Les officiers supérieurs nous accueillent dans leur *bunker*. Le général Chacha, le colonel John Cool, les influents *Chairmo* de Fès et Meknès qui ont rejoint la forêt et Moutoumi forment le club des cinq habilités à écouter notre récit. Autour de nous, nos camarades posent mille questions : « Quelles sont ces traces nombreuses sur vos corps ? », « Pourquoi rentrez-vous si tard ? », « Pourquoi vous n'avez pas mangé ? », « Comment ça s'est passé ? », « Est-ce que le *polo* est *free* ? »

Nous reprenons nos esprits et dévorons les barres chocolatées comme des morfals. Nous racontons nos aventures avec passion, montrons que le binôme fonctionne et concluons avec enthousiasme : nous allons tracer un nouveau chemin vers l'Europe sur un *polo* jamais encore utilisé. Le club des cinq est ébahi, nous leur avons vendu du rêve ! Tous veulent venir voir le *polo*, mais nous leur demandons un peu de temps pour sécuriser le chemin. Le général nous accorde ce délai, en proposant à Moutoumi de nous accompagner lors de notre prochain départ, pour donner son avis personnel au général avant qu'il valide ce schéma d'attaque.

Nous restons à l'écart de la vie du groupe, tous les trois dans notre *bunker*, Max, Moutoumi et moi. Notre fonction nous protège. Au camp, le colonel John Cool fait régner une discipline sévère. Il frappe à la première occasion. Nous nous amusons, tous les trois, à le voir s'énerver : il devient tout rouge, mange la moitié des mots et utilise des expressions drôles :

– Baise le sol ! hurle-t-il, quand il s'apprête à frapper le derrière d'un camarade.

Nous devenons influents. Ce sont les guides qui placent les hommes dans le convoi : l'ordre a son importance pour entrer en Europe. Suivant ton appartenance à un clan et ton ancienneté, tu as plus ou moins de chances d'être bien placé. Ceux qui ne sont pas des Kankannébas cherchent des occasions pour se rapprocher de moi. Plusieurs hommes me rapportent que Shérif est jaloux et moucharde derrière mon dos. D'autres me proposent de la nourriture ou viennent me flatter. Ils se découvrent des amis communs avec moi. La lumière attire les moustiques.

Angle mort

Au sein du club des cinq, c'est tendu. Pirlo le *Chairmo* de Fès et Mandela le *Chairmo* de Meknès n'ont aucune position officielle, mais sont très influents. Chacha l'a bien compris : il les associe aux décisions stratégiques et s'assure à tout instant de leur loyauté. John Cool a plus de mal. Il veut imposer la hiérarchie militaire et, d'après celle-ci, ils ne sont rien d'autre que de simples soldats. Lui est colonel, et ils ne respectent pas son autorité. Ils vont se servir, à la vue de tous, dans les provisions de la communauté.

– Qui vous a autorisés à prendre la nourriture des camarades ? Vous-mêmes, vous n'avez rien payé en entrant, hurle John Cool.

– Ton général te dira que nous pouvons nous servir, répond Mandela, entouré de ses sbires. Tu as plutôt intérêt à entrer en Europe parce que tu seras pendu si tu passes par Meknès.

Nous laissons les querelles politiques et repartons à trois, Max, Moutoumi et moi, à notre travail en forêt. Nous avançons sans difficultés jusqu'à la grotte : je maîtrise désormais tous les détails de ce chemin. Soudain Moutoumi nous fait signe : il a entendu un sifflement. Vigilants, nous nous enfouissons dans les herbes. La stridulation des insectes retentit, mais mon compère n'en démord pas : un autre son a été émis. Nous prêtons une oreille attentive et entendons des murmures, comme un écho. Nous nous rapprochons et distinguons quatre hommes, probablement maliens et burkinabés à en juger par leur façon de parler. Ils sont en train de préparer une frappe *à la Sicilienne*. C'est formellement interdit quand un gouvernement est installé en forêt : ils brisent l'unité du groupe et révèlent notre présence. Nous nous séparons, sortons nos couteaux et nous élançons autour d'eux en cercle. L'un d'eux est en train de prier. Ils sont effrayés. Max crie, insiste sur le crime qu'ils sont en train de commettre, le manque de respect à l'égard du groupe.

Nous prenons tout ce qu'ils ont, téléphones, chargeurs et argent : près de 1 400 dirhams[74] à eux quatre. Max et moi les répartissons. Je t'avoue que je ne fais pas le fier quand Moutoumi refuse de prendre sa part. Nous leur demandons de nous attendre là : nous les conduirons au camp à notre retour pour y être jugés. Nous ne les ligotons pas, de telle sorte que nous les entendons s'enfuir dans la direction inverse de la frontière dès que nous les quittons.

Il se met à pleuvoir violemment. Quand nous arrivons sur le chemin, près du petit village, nous ne parvenons plus à retrouver le sentier qui nous a conduits face au garde. Tu imagines notre frustration ! Nous sommes trempés. À quel

74. 140 euros.

endroit avons-nous entamé notre folle escalade la fois précédente ? Impossible de trouver trace du cours d'eau. Le déluge frappe les pierres, l'eau ruisselle de partout. Nous confondons les montées. La végétation mouillée ne ressemble plus à celle que nous avons vue par temps sec. Nous ne sommes plus sûrs de nous. Nous passons notre temps à monter et descendre. Nos vêtements inondés pèsent des tonnes. De nos cheveux imbibés coule un liquide crasseux sur nos visages. Nos yeux sont irrités. Notre peau nous démange. Nous nous fatiguons, las de nos allers-retours infructueux. À la cinquième tentative, Moutoumi, mouillé de la tête aux pieds, s'agace :

– Vous mentez, vous n'êtes pas différents de Shérif, vous n'avez jamais trouvé le *polo*, tout ça c'était des conneries.

Mon ami ne parle plus : il est crispé, recroquevillé dans son silence. Le général lui a confié la mission de vérifier l'existence du *polo* pour confirmer notre schéma militaire, et il a l'impression que son meilleur ami lui a menti. Plus je lui jure que le bon chemin existe, plus il s'emmure dans sa mauvaise humeur. Je commence moi-même à douter.

Nous persistons à ne pas prendre l'un des raidillons étroits, car l'herbe y est couchée. Max jure qu'elle était levée, la première fois que nous avons pisté, quand nous avons suivi le torrent. L'eau se déverse abondamment, et j'ai pourtant l'intuition d'être venu là. J'insiste, malgré les protestations de Max, et propose, en désespoir de cause, que nous tentions tout de même ce passage. Très vite, Max et moi comprenons que c'est le bon : aucun doute au regard des branchages, des feuilles, des herbes et bientôt des pierres et de la paroi pentue. Le décor se reforme. Moutoumi reste morose. Il attend de voir pour croire. Il boude toujours, comme si nous l'avions emmené dans un traquenard. Nous sommes plus vigilants dans l'escalade, attentifs, cette fois, à tous les détails qui faciliteront notre descente. Nous nous hissons en haut de la roche et, quand nous approchons de la clairière, nous laissons Moutoumi s'avancer doucement en rampant derrière la touffe d'herbes hautes, à dix mètres du garde. Il reste en face un quart d'heure, immobile et silencieux, puis revient vers nous.

Tu aurais vu son visage! L'eau de pluie éclabousse sa courte chevelure scintillante et dégouline sur ses yeux brillants et charmés. Il est fou de joie. Sa petite bouille illumine l'obscurité. C'est comme si une fleur venait d'éclore. Certaines personnes ont des expressions impassibles. Moutoumi, c'est tout l'inverse. Avant même qu'il n'ouvre la bouche, son visage, son regard, tout en lui a déjà parlé. Nous passons hors de portée du gardien en marchant accroupis dans les feuilles sans les faire craquer. Quand nous sommes assez loin, il s'exclame:

– Je n'ai jamais vu un aussi bon *polo* en neuf tentatives. Il est tout seul. Tout seul. C'est incroyable. Bravo, mes *Toomis*, vous êtes géniaux, j'ai même envie de vous embrasser.

Suivant l'avis de Max, nous commençons discrètement à creuser une seconde route avec nos couteaux, afin de ne pas déboucher directement face au garde. À mille, il risque de nous apercevoir et de lancer l'alerte. Complètement à sa gauche, dans un angle mort pour lui, nous débroussaillons, creusons et taillons pour faciliter un passage et acheminer nos camarades.

L'obstacle reste l'escalade au bord du ravin, dans la partie précédente. Certes, à cet endroit nous sommes invisibles pour les miradors, mais nous mettons nos camarades en danger.

Sur le chemin du retour, nous détaillons, observons et finissons par repérer une petite piste creusée par le torrent dans le ravin dix mètres plus bas, qui débouche un peu plus loin dans la forêt. Elle est moins dangereuse, ce n'est pas de l'escalade. L'accès au chemin est plus enfoui, moins repérable. Nous suivons la piste : elle mène au village. Nous décidons que ce sera notre route. À nous de créer de toutes pièces la déviation évitant le village. La clameur du groupe devant les habitations risquerait de nous trahir. Nous parcourons plusieurs fois la route que nous analysons encore et plaçons un gros caillou à l'entrée pour retrouver notre chemin la fois suivante.

Nous remontons examiner le mouvement du garde. Moutoumi veut se lancer sur la frontière pour voir s'il sera seul à éclairer de sa torche. Il ne parvient pas à croire qu'un homme seul se tient ici et pense que des renforts insoupçonnés doivent se dissimuler quelque part. Max s'y oppose :

– Non, si tu sors par là, ils vont voir que nous construisons ce chemin et vont renforcer leurs moyens. C'est une mauvaise idée.

Je finis à mon tour par le convaincre. Nous restons couchés de trois à cinq heures du matin, non plus face au garde, mais de façon presque parallèle à sa box, près d'une petite poubelle, non loin de la route goudronnée qui longe la frontière. Nous sommes tout près de lui, mais hors de son champ de vision. Il pleut toujours beaucoup et, si l'un de nous éternue, le garde nous entendra. De là où nous sommes, nous voyons tout. Les autres *Alites* sont à cinq cents mètres minimum. Le vent souffle fort, et le garde a des écouteurs dans les oreilles.

Nous distinguons bientôt une voiture de patrouille qui serpente dans la montagne et arrive à proximité du garde. Nous la flairons de loin, tournoyant dans le paysage. Nous sommes aplatis dans la brousse quand les phares du véhicule éclairent la forêt. Le conducteur passe à moins de deux mètres de nous, sans nous voir. Le gardien sort de sa box, part à la rencontre de l'automobiliste et se fait immédiatement tremper. Le conducteur de la voiture ouvre sa vitre et entame la conversation, en arabe. Nous entendons distinctement ce qu'ils se disent. Moutoumi, au Maroc depuis quatre ans, traduit :

– On a fait du thé, tu veux venir en prendre avec nous ?

– Oui, j'arrive, acquiesce l'homme, qui monte dans le véhicule.

La voiture repart au loin vers le mirador suivant : nous la suivons s'éloigner du regard. Tu y crois ? La frontière est entièrement libre ! Un sentiment de jubilation intense nous saisit. Le monstre est nu.

De retour au camp, nous rendons notre rapport sous les regards ébahis de la hiérarchie militaire. Moutoumi est dithyrambique et nous couvre d'éloges, comme s'il voulait se faire pardonner les doutes du début de la nuit. Chacha valide le schéma. Il va évoquer notre *polo* avec les Guinéens et fixer le jour de la frappe.

Je parviens à convaincre Moutoumi de se joindre à nous pour continuer le travail. Nous formons un trio infernal. Notre complicité se renforce. Deux ou trois fois par semaine, nous sortons. Ne crois pas que nous ayons fait le plus dur : tout un travail de dentelle reste à accomplir, nous devons défricher et creuser la route. Ça prend du temps de baliser avec délicatesse : personne ne doit savoir que nous sommes venus. À nous de donner l'illusion que le vent et la pluie ont pu causer pareils dégâts. Nous réfléchissons à tous les détails : nous devrons acheminer sur des pistes de traverse et des pentes ardues un convoi de plusieurs centaines d'hommes. Si c'est glissant, il y aura des glissades. Si c'est bruyant, il y aura du bruit. Si l'on risque de perdre le chemin, la chaîne sera brisée. Alors tu places discrètement des cailloux à des endroits stratégiques. Tu coupes les lianes trop gênantes, tu attaches les branches et tu éclaircis la broussaille trop dense.

Nous réfléchissons à la façon dont nous positionnerons les officiers au bord de la route pour servir de repères aux soldats lors de l'acheminement ; nous identifions quels seront les *pambings*, les points d'étape où les hommes souffleront et attendront en sécurité que le convoi se regroupe. Tu comprends comment ça fonctionne ? Tout le secret du ciblage est de placer des points de repère, invisibles ou incompréhensibles pour les autres, mais qui nous guideront le jour de la frappe. C'est comme un code entre nous, une énigme, une chasse au trésor. Avec le nouveau sentier au creux du ravin, nous avons supprimé la partie la plus dangereuse. Notre parcours reste compliqué, mais accessible pour des soldats qui s'entraînent tous les jours.

Un matin, nous dormons au camp après une nuit de ciblage. C'est normalement interdit, mais toléré pour nous, vu notre travail. Quand le *boumla* sonne, nous sommeillons encore. Des officiers viennent nous réveiller, tard, car les *Alites* sont déjà là quand nous prenons la fuite. J'escalade en hâte la montagne de pierre derrière le camp. Ils ne m'y poursuivent pas. Ils savent que c'est piégeux : nous sommes au-dessus d'eux et pouvons les caillasser d'en haut pendant qu'ils grimpent.

Comme à leur habitude, ils orientent la chasse en meute sur un seul homme et se lancent tous à la poursuite de Moutoumi, parti dans la direction inverse de la mienne. Puis je les vois revenir, entraînant mon ami. Je suis désespéré. Ce n'est pas possible, l'assaut est imminent, il ne va pas rater cette frappe maintenant !

Rupture diplomatique

Avec Max, nous nous mettons d'accord. Nous ne conduirons personne au *polo* tant que Moutoumi ne sera pas de retour. Aux réunions du club des cinq, nous sommes intransigeants. Personne d'autre que nous ne connaît le chemin. Les relations avec les Guinéens vont se tendre, mais nous n'en démordons pas. Mis à part le farouche John Cool, personne ne nous reproche notre choix. Je sens que Chacha est soulagé de voir notre détermination. Le général râle pour le principe, mais cède vite. Lui non plus n'a pas envie d'abandonner le petit frère de la forêt. Pirlo et Mandela le connaissent depuis quatre ans. « On ne peut pas lâcher le mioche », tranche Pirlo, apportant au général le soutien dont il avait besoin. La décision de report est prise : on attendra son retour.

Les Guinéens sont presque deux mille en forêt et, tu l'imagines bien, ils sont fous de rage que nous reportions l'assaut. Ils surenchérissent, fixent des conditions plus dures pour consolider l'alliance. Nos partenaires veulent une rangée de soldats composée de trois Guinéens pour un Camerounais. C'est la logique numérique, mais c'est impossible. Le général a délégué le *Chairmo* de Fès pour mener la négociation sur les conditions de la frappe et apaiser les difficultés. Dans les réunions du club des cinq, j'entends Pirlo, dont l'air mafieux résiste à la forêt, préciser les difficultés et s'interroger. Est-on plus fort à deux mille qu'à six cents ? La masse apporte l'avantage du nombre, mais un convoi trop massif se repère de loin.

Tandis que les discussions se poursuivent, les généraux conviennent qu'un cibleur de chaque communauté va montrer le *polo* à son alter ego afin de déterminer les meilleures conditions pour lancer l'assaut. Désigné, je descends jusqu'à leur campement. À la guérite de l'entrée, trois hommes se présentent devant moi.

– C'est une blague ? Les généraux ont dit un homme chacun.

– Nous venons à trois, il y a trois fois plus de Guinéens en forêt.

Je prétexte un oubli de couteau pour faire une escale à mon ghetto. Moutoumi vient enfin de rentrer de son refoulement à Fès, il n'en finit pas de pleurer de joie qu'on l'ait attendu. Je lui demande, ainsi qu'à Max, de me rejoindre. Il n'est pas question que je parte au *polo* seul avec trois Guinéens. On retrouve les cibleurs guinéens en colère. Je leur dis :

– Vous êtes trois, on est trois. Ça s'appelle l'égalité, les amis.

– Nous sommes deux mille en forêt et vous êtes six cents. D'où tu me parles d'égalité ?

Nous finissons par nous calmer et notre délégation part en direction de la frontière. À l'approche de la grotte, nous commençons à nous observer.

– Où est votre *polo* ? demande Moutoumi.

Ils ne veulent pas nous le montrer, tergiversent et nous désignent finalement l'ancien passage, la petite colline avec les gros trous, l'endroit le plus protégé par les gardes-frontières.

– Et vous ?

Je n'ai pas le temps de répondre : Max affirme que nous avons le même.

Le lendemain, nous comprenons que les Guinéens veulent nous doubler. Ils lancent seuls l'assaut, de façon bruyante. C'est la première fois depuis près d'un an que les Africains ne jouent pas groupés. Le club des cinq, Max et moi délibérons rapidement. Nous convenons de les laisser partir sans rien faire. Leur attaque est une chance pour nous. Ils vont concentrer l'attention des gardiens sur l'emplacement habituel. Nous n'avons pas vraiment besoin d'eux pour réussir notre frappe : nous sommes assez nombreux. Nous nous attendons à ce qu'ils se fassent massivement refouler.

Au petit matin, Chacha nous rejoint, Max, Moutoumi et moi, dans notre *bunker*. Il tient son téléphone en main, la mine défaite. Il nous montre un article en arabe intitulé « 1 000 Guinéens entrent en Europe ». C'est Moutoumi qui traduit. Nous encaissons le choc. Ils ont explosé le record historique d'entrées en Espagne en une seule nuit. Chacha nous demande s'ils ont pu emprunter notre *polo*. Nous lui jurons que nous ne leur avons pas montré. Eux aussi avaient peut-être un itinéraire secret.

La nouvelle se répand. La déprime est totale chez les Camerounais. La forêt se vide de cent hommes : pour eux, c'est sûr, les renforts vont arriver. L'autorité du général est remise en cause. Max et moi sommes accusés d'avoir sacrifié les hommes pour protéger Moutoumi. En forêt, tu peux être vénéré comme un dieu un jour, et pendu par les pieds le lendemain.

Le club des cinq reste solidaire. Pirlo nous montre sur son téléphone un article qu'il a trouvé en arabe. Il traduit : « Le Maroc fait pression sur l'Europe à propos du Sahara occidental en laissant passer les migrants. »

– Ils n'avaient pas un *polo* secret, conclut-il. Ils sont passés parce que les *Alites* ne sont pas intervenus. Les Marocains ont laissé la *guardia civil* se débrouiller toute seule. C'est notre chance. Chacha, mon général, il faut lancer la frappe maintenant. Toi-même, tu vois bien que tu vas te faire destituer.

Chacha nous sonde du regard. Nous approuvons tous en silence, en hochant la tête : oui, c'est le bon moment. Le chemin est prêt. Alors notre général se tourne vers John Cool :

– Ok. Allons-y. Colonel, rassemble tous les hommes à l'Alouette : nous lançons la frappe maintenant.

Il pose sa main sur la tête de Max, Moutoumi et moi, et nous dit :

– Les enfants, à vous de jouer.

Réveiller les lions

Tu vois comment se prend une décision militaire ? Tu planifies tout, et un imprévu bouleverse ton calendrier. C'est ainsi que nous nous retrouvons à cinq cents à l'Alouette. Il règne un silence absolu. Le club des cinq est solennellement aligné. Tu comprends que c'est un moment décisif.

– Salut, les soldats ! commence Chacha.

– Salut, mon général ! répond tout le monde.

Le général n'a pas une grosse voix, mais il se fait écouter de tous, même ceux qui hier lui aboyaient dessus.

– Soldats ! Aujourd'hui est le jour que Dieu a choisi pour que l'on arrache le *Nbeng*[75] ! Nous devons agir en lions indomptables. Les Guinéens sont entrés à mille. C'est vrai, c'est le record, mais nous, nous allons tous entrer parce que c'est Dieu la Force. Notre frappe sera la frappe à cent pour cent. Si vous êtes prêts, dites-le-moi.

– Prêts, mon général ! hurle la foule des voix graves.

75. L'Europe.

– Ok. Je passe la parole aux guides, ils vous donnent les consignes.

Pendant que Max commence à parler, je parcours les rangs. Je veux identifier les soldats fébriles, ressentir leur peur. Je leur donnerai un bâton d'officier, je les mettrai devant pour leur donner du courage plutôt que les laisser se morfondre à la fin du convoi. J'ai analysé les frappes ratées : les guides n'avaient rien fait pour nous mettre en confiance. Je connais bien ce phénomène : le mental compte beaucoup. Je veux qu'ils sachent que c'est possible. Moi, j'ai de l'adrénaline, je ne me suis jamais senti autant en vie.

De son côté, Max galvanise les troupes :

– Soldats, nous avons travaillé durement pendant un mois, et maintenant nous avons tous besoin les uns des autres. Aujourd'hui tout le monde suit les consignes. Si on dit « couchés », tout le monde se couche, personne ne joue au plus fort. On joue groupés et on va passer.

Il règne un silence de cimetière sans oiseau. Max m'appelle à la tribune. Je mesure, au moment où je dois m'exprimer devant cinq cents personnes, la responsabilité que nous avons prise en demandant à être guides. Si l'opération foire, pas un ne me ratera.

– Soldats, je me frappe la poitrine devant vous, dans quelques heures, sûr et certain, nous sommes en Europe.

J'éprouve une sensation étrange. Les gens devant moi sourient. Ils me font confiance. J'ai fait tout ce travail pour des gens qui vont au bout de leurs rêves. J'ai toujours aimé être regardé, mais là, je m'affirme.

– Soldats, il faudra que vous fassiez ce que l'on vous dit. On a trouvé le meilleur *polo* de l'histoire grâce à Dieu et c'est la seule chose qui compte. Maintenant on part cueillir le *Nbeng*.

Je vois les gens hocher la tête. Je sors de scène, fier de moi. Moutoumi me succède à la tribune. Il n'aime pas trop s'exprimer en public, mais son style est authentique.

– Voilà quatre ans que vous me voyez comme votre petit frère. Mais, cette nuit, vous devez m'obéir comme si j'étais votre père. Nous inaugurons un nouveau passage. Soldats, mes *Toomis*, la main sur le cœur ! Tout le monde sera solidaire avec son *Toomi* cette nuit. Si l'un tombe, on le remonte.

Au tour de John Cool, qui réveille l'instinct animal des soldats :

– Soldats, je veux voir en vous des lions prêts à mordre. Laissez s'exprimer votre rage, toutes vos souffrances, toutes vos colères : laissez-les remonter à la surface. Ceux qui ont connu les frappes ratées, laissez-vous envahir par la fureur. Ceux qui se sont fait cracher dessus en *tapant la salam*, laissez parler votre rancœur. L'heure de la revanche a sonné. Laissez-vous envahir par l'esprit de la forêt. Nous sommes des prédateurs. Je vous le jure, quand ils verront cinq cents lions indomptables foncer sur eux, ce sont les *Alites* qui auront peur.

Les discours s'enchaînent. Le Premier ministre prend la parole. Il avait pour mission d'entraîner les ingénieurs. Il demande à chacun de ne pas escalader. « On entre à pied, personne ne doit se blesser, personne ne grimpe. »

Maintenant, dix par dix, les soldats se font servir du riz avec des morceaux de mouton. Nous en profitons pour nous mettre à l'écart, Max, Moutoumi et moi, afin de régler les derniers détails. On s'embrasse tous les trois, on sait ce qu'on doit faire. Le jour le plus important de notre vie va commencer.

Pendant que les gens mangent, nous passons dans la foule avec Moutoumi. Mon ami est le meilleur pour mettre en confiance les camarades. Il les galvanise, les rassure, leur dit que c'est dans la tête, que c'est le dernier repas ici, que demain nous aurons tous des poulets entiers au *campo*. Tout le monde se marre en l'entendant dire que demain, nous allons manger bio !

Tous les deux, nous continuons à parler aux officiers. Je copie le général et j'en rajoute sur la dimension sacrée du moment.

– Ce n'est pas nous qui vous avons désigné officiers aujourd'hui, c'est Dieu lui-même qui a voulu que vous ayez un rôle particulier cette nuit. Si vous voyez un soldat qui tremble, ne le frappez pas, redonnez-lui la confiance, c'est une frappe à cent pour cent.

Le repas terminé, nous regroupons les hommes qui forment le premier convoi, le nôtre. Ils s'assoient par terre, jambes écartées. Chacun s'emboîte dans le camarade précédent, sur l'esplanade qui surplombe le camp. Ça nous permet de tous y tenir. Avant de partir, nous allons prier tous ensemble.

C'est Moutoumi qui prononce la prière musulmane. Il parle en arabe. Sa voix douce chante et monte au ciel. Je ne comprends pas ce qu'il dit, mais je ressens toute la force et l'intensité de cette prière musicale. C'est une louange et une complainte. Les musulmans se mettent à pleurer, et moi aussi, rien qu'en les regardant, en admirant mon ami si jeune, si immense. Un cadeau de Dieu.

Max se propose pour la prière chrétienne. Ses mots sont touchants. Il nous parle de son refoulement, des humiliations, de la misère et du désert, de tout ce que nous avons vécu. Personne n'a cru en nous, mais Dieu reconnaît notre valeur. Aucune brebis n'est abandonnée. À nous d'être à la hauteur, cette nuit, car Dieu porte un projet pour nous.

Il poursuit sa prière avec beaucoup d'intensité. Même les musulmans pleurent. Rien ne peut nous arriver, nous dit-il, car nous sommes sous la grâce et la bénédiction de la Vierge Marie, notre mère à tous, la maman des orphelins. Elle nous aime et nous embrasse, peu importe notre religion. Ce soir, nous sommes tous l'enfant Jésus et nous allons accomplir un miracle. Dieu sait que nous sommes braves, Il sait que ce que nous faisons est juste. Oui, demain, nous entrons. Nous entrons pour être dignes ; nous entrons pour nourrir nos familles et nos villages ; nous entrons pour goûter tout ce que Dieu a construit de bon ; nous entrons pour bénir Son nom. Nous devons être confiants. Dieu a ouvert les eaux devant Moïse, pour permettre à son peuple de fuir les souffrances et l'esclavage. Demain, miraculeusement, Dieu ouvrira les barrières monstrueuses et nous entrerons dans la Terre promise.

Premier convoi

L'attaque est lancée.

– Wat, tu sais ce que tu dois faire. Il est vingt heures trente, vas-y. Tu sais qu'avant deux heures du matin ton convoi doit être couché au premier *pambing*.

– Oui, mon général.

– Pirlo sera le chef des officiers de ta troupe et Mandela, le chef des soldats. Si l'un des hommes joue les fortes têtes, reste bien concentré sur ta mission et compte sur Pirlo et Mandela pour s'occuper du reste.

Je vais acheminer quatre cents personnes jusqu'à notre tour de contrôle qui surmonte la grotte : cent officiers et trois cents soldats. Les autres restent au camp une journée de plus. J'ai une grosse responsabilité sur les épaules. Je demande aux officiers de se lever un par un, dans l'ordre où ils ont été emboîtés lors de la prière. Déjà certains discutent le classement. Je commence à peine à expliquer que cet ordre ne dit rien sur la position finale que Pirlo tend la main et gifle sauvagement le contestataire. Il sort son couteau et le met sous la gorge de l'homme, tout tremblant maintenant.

– Le prochain qui discute un ordre du petit, je le bute, tout le monde a bien entendu ?

Je demande aux officiers de me suivre. Tous les dix mètres environ, je claque dans mes doigts, et l'officier derrière moi s'arrête pour baliser le chemin à l'intention des soldats. Tu comprends ? Ça nous permet d'avancer dans la nuit sans nous perdre. Je neutralise tous les sentiers détournés qui pourraient égarer ma troupe. Chaque officier doit se poster sur le bord de la route et tenir son bâton à deux mains, à l'horizontale, pour indiquer le chemin aux soldats. Nous avons parcouru moins d'un dixième de la distance jusqu'au point d'étape quand j'ai classé tous les officiers une première fois.

Je parcours le chemin en sens inverse pour aller chercher les soldats. En chemin, je vérifie que chaque officier porte correctement son bâton.

Au point de départ où je suis revenu, Max fait lever un à un chaque soldat derrière moi, et chacun va suivre son camarade. Max fermera le convoi.

– Ensuite, Moutoumi, tu connais ta mission : quand tous les soldats sont passés, tu fais avancer les officiers devant toi. Tu n'en laisses aucun derrière. Mandela reste avec toi pour faire respecter l'autorité. Quand je te vois, je sais que tous nos hommes sont devant et que nous pouvons poursuivre la route vers le *pambing*.

– Mon *Toomi*, c'est clair comme de l'eau de roche.

Une heure plus tard, Moutoumi lève le pouce pour me confirmer que tout est bon. Nous recommençons l'opération à cinq reprises. Le cheminement est plus lent que prévu. La procession est ralentie par l'obscurité. Les hommes avancent prudemment dans le noir. Avec angoisse, je prends conscience que nous avançons comme des escargots.

Nous arrivons à la traversée d'une route goudronnée empruntée par les voitures. De l'autre côté, c'est le ravin dans lequel les soldats doivent s'élancer sans peur. Max se place à l'entrée, regarde Pirlo, en face, qui garde son bâton baissé si la voie est libre. Alors Max lance les hommes, cinq par cinq, qui traversent la route d'un seul jet et s'élancent sur les fesses dans le ravin, se laissent glisser une dizaine de secondes pour tomber dans la mousse. C'est le seul vrai obstacle de la première soirée.

Je me lance le premier et glisse sur les fesses. Ce n'est pas un petit ravin, c'est un bon creux profond. Je m'y engouffre comme un enfant sur un toboggan, et atterris dans la mousse qui recouvre une petite rigole. J'ai le derrière trempé. Les officiers me suivent cinq par cinq, puis vient le tour des soldats. Il faut une heure pour que tout le monde franchisse l'obstacle et que je retrouve enfin Moutoumi et Max. Nous venons de traverser la route qui relie Nador à Melilla, où beaucoup de commerçants transitent tous les jours. Je ne gronde pas les anxieux, j'essaye de les rassurer. Ça t'étonne ? Quand un homme est terrifié, ça ne sert à rien d'ajouter du stress à son angoisse.

Nous reprenons notre marche nocturne, sur un terrain accidenté, car nous ne prenons aucune ligne droite. Nous alternons des collines à grimper et des ravins à descendre. Nous cheminons dans les vallées, en suivant les rigoles. La pluie menace. Pirlo joue très bien sa partition. Il ne discute jamais mes consignes et s'assure que chaque homme les respecte à la lettre.

Tandis que la nuit devient très sombre, nous avançons sur les gros cailloux d'un torrent. Je colle les officiers les uns aux autres pour que personne ne se perde. Il est déjà deux heures du matin, et nous n'avons fait que les deux tiers du trajet prévu pour cette première nuit. Je prends conscience de notre erreur : nous n'avons pas assez d'officiers. L'imprévu m'angoisse, mais Pirlo, concentré, me rassure.

– Ne t'en fais pas, Wat. C'est *free* si nous arrivons deux ou trois heures plus tard, nous dormirons un peu moins et voilà tout : l'important est d'être au *pambing* avant le lever du jour, et nous y serons.

Tu n'as pas le droit de montrer une hésitation quand tu conduis les hommes. Tous tes gestes sont analysés et seule ta propre assurance peut les rassurer.

À notre rythme de tortue et au stress de la troupe s'ajoute maintenant la pluie, une averse – et bientôt un déluge. Nous poursuivons notre avancée au bord des torrents et le long des précipices. Les chemins ne sont pas difficiles, mais les conditions climatiques rendent le parcours dangereux. La terre devient boueuse. Dans l'obscurité, chacun doit vérifier où il met le pied, ce qui ralentit encore le rythme. Je pensais que cinq heures suffiraient pour conduire les hommes, mais je mesure combien la masse modifie le timing.

À un moment, tandis que nous prenons un chemin à gauche, un soldat est parti à droite : il a dit qu'il connaissait la route. L'officier a couru pour venir m'informer. Trente personnes ont suivi le contestataire. Je suis fou de rage. Tu vois, c'est de cette façon qu'un gars peut tout faire foirer. Je cours dans le noir pour les rattraper après avoir demandé à l'officier de prévenir Pirlo. Dès que je distingue le dernier des trente hommes partis sur le mauvais chemin, je lui assène une méchante gifle.

– Vous allez où ?

– Vous vous trompez de route ! lance un homme devant. La dernière fois nous sommes pas allés par ici, j'en suis sûr.

– Ok. Prends cette route. Mais écoute-moi bien : si la frappe rate à cause de toi, tu quitteras le Maroc pour toujours. Les autres, suivez-moi.

Tous me suivent. Le rebelle aussi. Quand je rejoins le chemin, Moutoumi, Max et Pirlo me demandent ce qui se passe. Je raconte, furieux, les événements. Pirlo est prêt à tuer l'insubordonné.

– Toi, tu ne mérites pas l'Europe, lui dit-il en sortant son couteau.

C'est Moutoumi qui protège le têtu en se plaçant devant lui.

– Mon *Toomi*, dit-il à Pirlo, c'est le jour que Dieu a béni pour notre entrée en Europe. Nous ne tuerons personne.

En attendant, la troupe perd patience : vingt minutes à l'arrêt sous le déluge, ce n'est pas normal. La tension monte, les mécontents s'agitent, le malaise est palpable : les hommes marmonnent, chuchotent et la rumeur grandit dans la forêt. Nous devenons bruyants. Quand les soldats nous voient enfin, leurs cœurs s'apaisent : ils reprennent confiance.

Nous parvenons à la dernière montée avant la tour de contrôle, au-dessus de la grotte qui va nous servir de *pambing*. Il n'y a aucune difficulté particulière, si ce n'est que les feuilles mortes détrempées jonchent un sol gadouilleux.

Nous nous y enfonçons jusqu'aux mollets. J'entends un homme râler de devoir mettre son pied dans l'eau boueuse.

– Comment ? Tu veux entrer en Europe et tu as peur de mouiller ta chaussette ?

Obstiné, l'homme persiste et, au lieu de marcher sur le sol trempé, comme nous l'avons ordonné, il saute de pierre en pierre, quitte à s'écarter du chemin. Je le pousse sans pitié. Il tombe de tout son long dans l'eau. Il est sale, gluant comme un asticot quand il se relève. Je lui jette un regard noir. Il baisse la tête.

Nous arrivons enfin au niveau de la grotte, et empruntons le passage secret vers notre tour de contrôle qui nous sert de refuge pour la nuit. C'est un endroit un peu ouvert, mais aucun mirador ne l'éclaire. De là, nous avons une vue panoramique. Nous distinguons bien la barrière qui scintille. Mais, sous le déluge, le *pambing* est horrible. Les feuilles mortes sont si mouillées que personne ne veut s'asseoir. Les soldats râlent : ils veulent redescendre dans la grotte. Je m'y oppose fermement : nous avons déjà vu des *Alites* venir se rafraîchir à la petite fontaine juste à côté. Nous ne pouvons pas prendre le risque de descendre nous abriter. À quatre cents, nous serions repérés immédiatement.

Les hommes restent debout, sous la pluie battante. Je les recompte avec Moutoumi : ils sont tous là. Max et Pirlo doivent rentrer au camp pour rendre compte au général de notre avancée et acheminer le second convoi. « Repose-toi, me dit Pirlo, Mandela va s'occuper de la discipline, ils resteront tranquilles. » Nous avons accompli la première partie de notre mission. Je jette un regard sur le *polo* que nous allons attaquer : tout semble calme. Je m'écroule dans la terre mouillée, prie Dieu de m'aider demain, le jour le plus important de mon existence. Malgré les trombes d'eau qui s'abattent sur moi, je m'endors comme un bébé.

Déluge

Quand je me réveille, à huit heures, il fait jour. Il pleut à verse et je me rends compte que des officiers roulent des feuilles sèches pour fumer. Tout le monde tremble. Les paroles de découragement se multiplient :

– C'est bon, je rentre, commence un homme.

– Moi aussi, je ne veux pas mourir de froid, enchaîne un autre.

Je les raisonne :

– Les gars, on est à trois heures de la barrière, vous n'allez pas faire tout foirer. Les bien-nés entrent en *Nbeng* sous un parapluie. Pour nous, c'est toujours plus dur, nous devons être encore plus forts.

Les murmures ne cessent pas. Le déluge s'intensifie et nous devons rester toute la journée immobiles, à découvert, pour attendre le second convoi. L'inaction ronge les hommes. Comment les occuper ? Je décide de prendre la parole, pour leur expliquer la suite des événements. Je monte sur une petite pierre.

– Salut à vous, mes soldats ! Je vous félicite pour votre courage. Ça n'a pas été facile d'arriver jusqu'ici, mais demain nous aurons de l'or en bouche. On va camper ici aujourd'hui et reprendre des forces pour passer la barrière ce soir.

– On va rester ici toute la journée ? Tu es fou ! hurle un homme.

– Oui, courage ! La prochaine nuit, je vous jure qu'il n'y aura aucune Force auxiliaire, aucune *guardia civil*, je le jure par tous les dieux de la terre.

– On n'a même pas de quoi manger ! proteste quelqu'un.

– Max et Pirlo vont nous rejoindre d'ici deux heures avec de la nourriture.

– Ramène-nous au camp, on veut rentrer, lance un gars.

– Rentre tout seul. Je ne veux pas de lâches dans les derniers moments.

– On va se déchirer la peau à escalader la barrière avec ce temps de chien, crie un homme.

– Non, le général vous a expliqué que personne ne doit escalader. On coupe la barrière, on met les portes par terre, et on entre dignement, en marchant. Personne ne se blessera. Ce sera le plus beau *boza* de l'histoire, un *boza* écrit et signé par la main de Dieu Lui-même. Tous nos péchés nous seront pardonnés.

– On te fait confiance, Petit Wat, gueule un des cuisiniers désireux de manifester son soutien.

Voilà maintenant que Mandela, membre du club des cinq, *Chairmo* de Meknès, censé assurer la discipline au camp en attendant le retour de Pirlo, sort sa drogue et s'apprête à fumer, avec ses trois gardes du corps. Quel *fuck-up* ! Si mon chef de sécurité enfreint les règles, comment vais-je maîtriser la troupe ? Je m'approche de lui, lui parle avec respect. Il est trop puissant pour que je l'engueule.

– Grands, quand vous fumez comme ça, vous donnez envie aux autres. S'il vous plaît, ne faites pas ça, sinon je perds toute autorité.

– Petit, me dit Mandela, on ne peut pas avancer sans la drogue. C'est trop dur. On a besoin de se shooter pour tenir.

– Je comprends, mais comprenez-moi aussi : si les autres vous voient, ils vont tous avoir envie d'en faire autant.

– Ok, petit. On va aller fumer plus loin dans un buisson.

Je ne peux rien faire pour les en empêcher. Évidemment, les tensions ne tardent pas à apparaître.

– Pourquoi certains ont le droit de fumer et pas nous ? demande un homme. Si personne ne fume, je ne fume pas. Mais tu as laissé fumer Mandela et moi je suis aussi puissant que son clan ! Tiens regarde !

Et devant moi il roule son joint. À mesure que je perds le contrôle, je m'énerve et m'épuise. Je leur lance :

– Allez-y, fumez. Et toute votre vie, assumez ! Si on n'entre pas en Europe, ce sera votre faute.

Tu sais ce qu'ils ont fait ? Ils se sont tous mis à rouler des feuilles, du haschisch mouillé et ils ont fumé ça. Je suis dépité. Moutoumi me rassure :

– Mon *Toomi*, ça va les occuper. Viens, on va voir notre *polo*.

C'est une bonne idée. Je préviens avant de partir, car je sais que l'angoisse survient vite en forêt quand les soldats ne voient plus le guide. Moutoumi a bien fait de m'entraîner, j'étais sur le point de craquer.

– Tu es bon, mon *Toomi*, je te jure, dit mon ami en caressant ma tête. Le principal dans une frappe, c'est la confiance. Toutes les frappes que j'ai faites et qui ont foiré ont un point commun : à un moment la confiance s'est rompue et les soldats ont fait n'importe quoi. Tu leur parles, tu les rassures, c'est bon, tu fais bien ton travail. Il fallait céder sur la drogue : ils ont besoin de se relaxer.

– Moutoumi, je perds patience. Ils ont dix ans de plus que nous et se comportent comme des gamins. Il y en a même un qui a laissé tomber son bâton devant moi. Et il ose m'appeler « mon petit » !

Moutoumi et moi reprenons l'étroit chemin creusé sous le ravin. La route reste praticable mais beaucoup plus dangereuse. Même en connaissant bien la route, nous manquons de perdre notre équilibre et d'être emportés par le flot qui coule vers le ravin. Nous parvenons dans la dernière brousse, en traversant les hautes herbes, jusqu'à la dernière touffe qui donne sur la clairière. La situation n'est pas modifiée. L'*Alite* est toujours seul dans sa box. L'eau qui tombe lui bouche la vue. Il a froid, porte trois couches de vêtements sur lui. Il est à peine plus vieux que moi. Il tape frénétiquement sur son téléphone. Nous sortons rassurés, la route est toujours libre : enfin une bonne nouvelle.

Nous prenons le chemin du retour, le petit sentier sous le ravin, de plus en plus noyé par le torrent. Nous décidons, à l'endroit le plus dangereux, de construire à la hâte une déviation pour éviter la partie la plus inondée.

Il est quinze heures quand nous retrouvons notre troupe. La nourriture n'est pas arrivée, aucune trace de Max et Pirlo. Mandela se jette sur nous :

– Je veux rentrer. J'exige que vous me rameniez.

Nous lui proposons de l'accompagner dans la petite grotte en contrebas, près de la fontaine. Il sera à l'abri. Il descend avec ses sbires qui le portent. Une cinquantaine d'hommes leur emboîtent le pas, sans que nous puissions les retenir. Moutoumi reste avec eux, pour les empêcher de faire un feu. La fumée se détecterait de loin.

Max et Pirlo arrivent enfin à dix-huit heures, les mains presque vides, seuls. Ils ont huit heures de retard. On les interroge.

– Les *Alites* sont arrivés au camp à quatre cents, ils ont tout fouillé et découvert notre grotte. C'est sûr, un *noka* leur a donné l'information.

– Il y a de la casse derrière ? demande Moutoumi.

– Cinquante hommes arrêtés. Tous ceux qui dormaient dans la cachette, répond Max. Ils ont eu aussi tous les sacs de provisions sauf celui-ci. Le général, le colonel et les cinquante officiers restants sont en chemin, nous les avons devancés.

– Heureusement, aucun *noka* ne peut connaître notre *polo*, ajoute Pirlo. Si un Guinéen nous a livrés contre un laisser-passer, il a plutôt intérêt à ne jamais me croiser en Espagne.

Nous distribuons le seul sac de nourriture contenant des langues de chat, des madeleines et des cigarettes – une pour deux personnes.

Moutoumi remonte vers dix-huit heures trente.

– Qu'est-ce que tu as fait de Mandela ?

– Lui et ses hommes ont décidé de rentrer seuls. J'ai tout fait pour les en empêcher mais ils n'ont pas voulu m'écouter.

– Rentrer ? Mais comment ? Ils ne connaissent pas la route.

– Je leur ai dit de suivre les pas. Tant pis pour eux s'ils se perdent.

Il est maintenant dix-neuf heures, l'heure prévue pour notre ascension.

– Que fait-on ? Pourquoi le général n'est pas là ? dis-je en m'adressant à Moutoumi, Max et Pirlo.

– Partons, tranche Pirlo. Nous sommes quatre cents et ils sont cinquante. Le temps que l'on se mette en route, ils nous auront rattrapés.

Le parrain de Fès se met à chantonner, devant nous, tel MHD[76] : « Gros c'est la puissance, c'est la puissance, ah, la puissance ! »

76. MHD, « Afro-trap partie 7 » : « La Puissance ».

Ascension

Avec Moutoumi, je pars classer les officiers sur la route. Nous devons d'abord descendre jusqu'à la grotte, puis aller jusqu'au petit chemin qui contourne le village avant de commencer l'étape la plus compliquée : la grimpette. Nous demandons aux hommes de ne plus rien emporter : ni sac, ni nourriture, ni pièce de monnaie. Nous devons être légers, inodores et silencieux. Pirlo enjoint à chacun de prendre ses responsabilités. Je place un officier tous les dix mètres, et ainsi chacun, muni de son bâton, balise par sa présence la nuit sombre et les chemins sinueux. Les hommes essaient de calculer le meilleur emplacement dans la file. Avec ma méthode, c'est juste impossible.

Le déferlement d'eau rend chaque sentier glissant, chaque pas risqué, chaque soldat méfiant. Nous avançons précautionneusement. Nos corps sont meurtris par le froid, engourdis par la terre boueuse et tourmentés par le vent. Malgré mes gants, je sens que mes doigts deviennent douloureux, raides. L'humidité a pénétré mes trois paires de chaussettes, et mes orteils sont maintenant des blocs de glace. Je retiens une forte envie d'éternuer : c'est interdit. À mesure que l'on se rapproche du but, la moindre erreur devient impardonnable.

Nous mettons deux heures à atteindre le début du petit sentier inondé sous le ravin. Il n'y a toujours aucune trace du général et des cinquante officiers qui cheminent avec lui. Max ne comprend pas : ils n'étaient pas si loin derrière quand il les a laissés. Shérif devait les conduire jusqu'à nous. Je hausse les sourcils :

– Vous avez laissé cette poule mouillée guider le général le jour de la frappe ? Vous n'avez peur de rien !

Max, penaud, propose de retourner sur ses pas les chercher. Je lui jure que nous attendrons son retour, une fois en haut, avant d'entamer la dernière heure dans les herbes hautes jusqu'à la clairière finale.

Nous commençons la montée. La route est étroite. Les hommes se bousculent, le classement final de la file est en train de se jouer ici, pensent-ils. Moutoumi reste derrière pour clôturer le convoi. Sa présence, en fin de parcours, les rassure. Tous savent qu'il sera à l'avant lors de l'assaut final. Nous devons longer le mur de profil à pas chassés, pour éviter le ravin sur la gauche, sur le sol boueux où nos jambes s'enfoncent jusqu'aux genoux.

J'arrive au point le plus difficile. L'eau se déverse en deux endroits, à la fois face à nous, sur le sentier, mais aussi depuis le haut de la montagne sur le ravin. Les jets sont puissants et je crains qu'un camarade ne soit entraîné dans l'abîme. J'enjambe la pierre que nous avons taillée, Moutoumi et moi, et je suis la voie de contournement tracée à la hâte dans l'après-midi. J'avance prudemment, attentif aux détails, mais voilà que je suis soudain pris d'un doute : je ne sais plus si je dois prendre à gauche ou à droite de la branche qui se tient devant moi. Je me retourne et fais part à Pirlo de mon incertitude. J'aimerais demander son avis à Moutoumi, mais il est tout à l'arrière. Les hommes commencent à murmurer. Pirlo n'hésite pas une seconde :

– Redescends sur le chemin. Tant pis si la route est gâtée. Ce sont des soldats, ils sont entraînés pour ça, et nous partons en Europe.

Je coupe à gauche et redescends par la zone dangereuse. Tout est devenu boue. L'eau ruisselle le long de mon corps. Je transporte vingt kilos de terre sur moi.

J'ai l'impression d'évoluer dans un jeu vidéo grandeur nature. Nous sommes des héros acharnés ; nous évoluons dans des décors aussi époustouflants qu'effrayants ; les éléments brutalisent nos corps, des démons multiplient les pièges sur la route et nous devons bondir ou ramper, nous aplatir ou nous agripper pour les déjouer avant la bataille finale contre le monstre géant. Depuis le début du jeu, nous n'avons qu'une seule vie.

Le chemin cauchemardesque et la météo apocalyptique ne m'abattent pas. Je suis convaincu que Pirlo a pris la bonne décision en m'ordonnant de revenir sur le tracé initial. C'est celui que je connais sur le bout des doigts. En intervenant vite, il a empêché la panique de s'installer. La remontée me prend une heure. Quand j'arrive en haut du sentier, il est près de vingt-deux heures. La forêt dense surgit et je reprends mon souffle en atteignant ce point-étape, le dernier avant la petite clairière qui précède la frontière. J'ordonne aux hommes qui me suivent de s'asseoir dans le marécage et tout le monde obtempère. De ma position, je distingue à peine chaque officier, chaque soldat, je les imagine seulement longeant le mur. Aucune lune n'est venue éclairer notre parcours. Je salue d'une frappe sur l'épaule, l'un après l'autre, ceux qui arrivent en haut. Je leur murmure à l'oreille que nous sommes maintenant tout proches de la frontière ; nous allons attendre que chacun ait franchi l'obstacle pour nous regrouper. C'est le bon moment pour se taire et reprendre des forces. Soudain, je ne vois plus personne arriver. Trois cent cinquante hommes sont parvenus jusqu'à moi, mais il manque la fin des troupes. Moutoumi doit être le dernier, et il n'est pas là. J'imagine le scénario du pire, une glissade de l'un des hommes au mauvais moment.

Je veux redescendre, mais Pirlo me bloque : « Tu ne vas nulle part ! » me somme-t-il fermement. Je suis le seul, ici, qui connaît la route vers la frontière et il n'est pas question que je me brise la nuque maintenant. Les hommes se relaxent, moins stressés que moi. L'absence de leurs camarades est une péripétie : ils sont habitués à la sélection injuste opérée par le trajet. Eux sont avec le guide, au bon endroit, au bon moment et tant mieux pour eux.

Une heure passe, puis je commence à entendre de nouveau des pas tapoter la paroi pierreuse et, soudain, une première silhouette se dessine, une ligne, une esquisse, une ombre fine dans ce théâtre crépusculaire. Ce corps svelte, ces doigts délicats, cette allure de gamin : aucun doute, c'est Moutoumi. Il s'arrête devant moi, avec un grand sourire. J'ai vraiment eu peur de le perdre. Il m'explique que devant lui les hommes se sont trompés de route. Ils ont voulu suivre la déviation du torrent sans revenir au tracé initial et se sont perdus. Quand il s'en est rendu compte, il a rattrapé celui qui le précédait pour qu'il fasse demi-tour, et lui a demandé de faire pivoter chacun des autres. Il a ainsi retourné le convoi. Lui qui était le dernier est devenu le premier. À la tête de la petite troupe, le bonhomme les a remis sur le droit chemin, et le voici qui arrive enfin.

Un à un, tous les hommes franchissent le dernier obstacle. Le responsable de l'erreur, dernier arrivé, est accueilli par des regards féroces. Pirlo lui ordonne de s'installer tout au bout du convoi. Il sera dernier de la file lorsque nous lancerons l'assaut.

Les hommes, concentrés et nerveux, comprennent la puissance du moment. Pirlo leur ordonne de se reposer et de laisser monter en eux l'instinct animal. Si près du but, c'est comme s'ils se découvraient un super-pouvoir, une carapace.

Pirlo, Moutoumi et moi discutons ensemble de la marche à suivre. Pirlo veut que nous lancions rapidement la frappe. Les retardataires n'ont qu'à s'en prendre à eux-mêmes. Les absents ont toujours tort. Moutoumi s'y oppose âprement. Le général l'a attendu quand il a été refoulé, il n'est pas question qu'il parte sans son protecteur. Lui, l'orphelin, s'est trouvé un père et il ne compte pas l'abandonner.

– C'est toi qui décides, me dit Pirlo, droit dans les yeux. Si tu veux nous emmener, je dis aux hommes de te suivre et nous partons maintenant.

– Je t'en supplie, mon *Toomi*, ne fais pas ça, gémit Moutoumi.

Ils ne me lâchent pas des yeux tandis que je pèse le pour et le contre. Il est une heure du matin. L'aube éclairera le jour à six heures. L'étape finale ne prendra qu'une heure, nous ne ferons plus d'allers-retours, nous serons en file indienne et les hommes seront survoltés. Je tranche pour Moutoumi :

– Au plus tard, nous devons lancer l'assaut à cinq heures pour éviter le jour. Donc nous attendons ici jusqu'à quatre heures dernier délai. À ce moment il faudra nous lancer.

– Merci, mon *Toomi*.

– Réfléchis bien, reprend Pirlo, ces hommes ne sont rien pour toi et tu ne les reverras plus en Europe. C'est bien de penser aux absents, mais c'est bien aussi de penser aux présents.

– C'est Max qui a déniché ce *polo* et je ne pars pas sans lui. Moi-même j'ai besoin de reprendre quelques forces, dis-je fermement, en soutenant son regard.

Il s'incline.

Je suis assis, le cul dans l'eau, à l'avant de la troupe avec Moutoumi. On se dit des mots doux, on se donne confiance :

– Moutoumi, je te jure, ce tour-ci, c'est le vrai, c'est le tour de Dieu.

– On va prendre le *Nbeng-là*, c'est sûr ! Ces grillages ne vont pas nous arrêter.

On se fait des *check*, on se touche, on manifeste l'un à l'autre notre présence. On se frappe les doigts pour réveiller nos membres engourdis.

– J'espère que personne ne va faire un *fuck-up* maintenant, dis-je.

– Mon *Toomi*, j'ai foi en ces hommes ; mais attention, la confiance n'exclut pas la méfiance.

On continue plusieurs minutes à s'encourager, à se dire les mots qui réchauffent le cœur et donnent du courage. La pression monte, nous sommes à deux pas de l'Europe. C'est maintenant que tout se joue ; et crois-moi, dans les moments clés, ton stress revient comme jamais. Toutes ces convulsions que j'avais réussi à maîtriser, les mains qui tremblent, le cœur qui accélère, les yeux qui se dérobent, la chair de poule qui glace le sang… Tous les spasmes qui te paralysent sont de retour. Voilà même que j'ai le hoquet. Pourquoi ? Je ne veux pas faiblir, tout gâcher maintenant. Moutoumi ressent ma peur. Il me frotte le dos, me prend dans ses bras, trouve les mots et les gestes pour me rassurer.

– Mon *Toomi*, il n'y a pas d'heure pour entrer ; nous allons faire le *boza* le plus spectaculaire de l'histoire, dès que Max et Chacha nous auront rejoints.

À peine a-t-il prononcé ses mots que les voilà comme par magie. Max, en tête, déploie un très large sourire. Il m'embrasse et me dit :

– Merci, Petit Wat, je savais que tu nous attendrais.

À sa suite arrive le général Chacha, comme un charbon ardent, qui s'approche de moi et me lance une gifle colérique qui me cloue à terre. Derrière lui, le colonel John Cool me place un coup de pied dans les kiwis.

– Petit Wat, comment as-tu osé monter jusqu'ici sans nous ? Tu devais nous attendre à la grotte ! Nous, nous protégeons le groupe, et toi, tu avances sans moi.

Je suis pris de rage ! Pirlo s'interpose :

– Garde ta folie pour les *Alites*, vieux fou. Le seul *fuck-up* du petit, c'est de vous avoir attendus. Si ça n'avait tenu qu'à moi, nous serions déjà partis. Pourquoi tu as dix heures de retard ?

– Nous avons semé les *Alites* qui nous poursuivaient pour ne pas mettre en danger le groupe en dévoilant notre *polo*. Et vous, vous osez partir sans nous !

Moutoumi s'adresse au général en haoussa. Chacha est toujours furieux, pas prêt à me pardonner ce qu'il juge comme un affront. Sa gifle m'a bien réveillé. Le général et le colonel se placent devant le convoi, juste derrière Max qui ouvre la route, devant Pirlo, Moutoumi et moi ; Chacha ordonne à chaque homme de se déshabiller. Nous devons être lestes. Il retire ses pulls trempés, et même son maillot, son bonnet et ses gants.

Il se redresse, torse nu, bête exaltée, lion indomptable, dont le corps rugit devant nous. Les dreadlocks sont devenus crinière. Aucun soldat ne peut douter de la signification de son geste quand il lève le poing et se rue en avant dans la brousse.

Nous avançons très vite dans la végétation dense et les herbes hautes. En quarante minutes nous arrivons à quelques mètres de la dernière clairière. Quand Max se jette au sol, aucun indocile ne tergiverse. La seconde d'après, quatre cent cinquante hommes noirs, avides et enragés, s'aplatissent, se confondent à la terre et rampent fougueusement vers notre jardin, dans un silence de cathédrale.

Frappe

Nous sommes à l'embranchement que nous avons nous-mêmes fabriqué, cette déviation que nous avons tracée, moi, Max et Moutoumi. Devant nous, la lumière du mirador éclaire le sol. Si nous rampons tout droit, nous arriverons sous la dernière touffe d'herbes hautes, à dix mètres face à la cabine de l'*Alite*, avec vue plongeante sur la barrière. Nous avons convenu que Moutoumi et moi seuls allions avancer jusqu'à notre planque trop exposée pour des nouveaux venus, tandis que le reste des troupes prendrait l'itinéraire de circonvolution pour déboucher dans l'angle mort du gardien, conduit par Chacha. Les soldats s'élancent un par un, dès que Max leur a donné le *go*.

C'est l'instant de vérité. Tandis que nous crapahutons sur les derniers mètres, Moutoumi et moi, aplatis comme des limaces, nous nous demandons si le *polo* est encore *free*. Parvenus à notre repère, nous jetons prudemment des regards vers la cabine et jaugeons la situation. Le même jeune homme se tient dans sa box. Il semble seul, assoupi. Une torche statique posée sur sa table illumine uniquement un coin de la forêt. Moutoumi le surveille, tandis que je m'allonge sur le dos pour faire signe à Max : avec des petits gestes des mains, doux, presque imperceptibles, je signale que la route est libre. Attentif à mes mouvements, Max envoie les hommes un par un. Ils se lancent dans la déviation et vont rejoindre Chacha, John Cool et Pirlo qui sont arrivés les premiers dans l'angle mort, à quelques mètres à peine de la box du garde. Près de cent cinquante hommes passent.

Soudain Moutoumi me touche l'épaule. Aussitôt je baisse ma main pour dire stop. Max bloque l'officier qui s'apprêtait à s'élancer. L'*Alite* vient de se réveiller. Il s'est levé de la cabine, a pris en main sa torche et lance des jets de lumière dans tous les sens. Je sens les faisceaux lumineux projetés sur moi, de manière continue, pendant deux minutes. Je ne bouge pas. Tu essayes de te rassurer : tu es Noir, habillé en noir, couché dans la boue noire, dans la nuit noire : fondu dans le décor, tu es un homme invisible. La lumière ne faiblit pas et, à l'arrière, j'entends des murmures.

– C'est le *jetage*, c'est le *jetage*.

Comment est-ce possible ? Les hommes, terrifiés, ont peur d'être coincés et distancés. Le tohu-bohu gronde en sourdine. L'*Alite* a entendu un bruit. Pris d'un doute, il sort de sa cabine, sa lampe en main. L'officier qui était arrêté devant Max se lance dans la déviation. Les suivants s'engouffrent eux aussi dans le chemin, et le garde maintenant s'agite en tous sens. Son mirador éclaire le passage, et il a vu des ombres. Il torche frénétiquement, s'affole et court vers sa cabine sonner l'alerte.

Chacha se lève et hurle :

– Plus un geste, ou tu es un homme mort.

D'un seul coup, les corps se redressent. La boue se transforme et le garde voit, médusé, surgir des ombres abominables, des formes effrayantes germées du sol, des silhouettes dégoûtantes, trop longtemps collées sous terre et qui percent maintenant l'horizon, debout. C'est une masse qui se soulève, mue par l'envie de vaincre, de s'en sortir, et cette apparition déchaîne une clameur immense.

Max et les hommes restés à l'arrière nous rejoignent et se regroupent autour de Moutoumi et moi : il n'y a plus besoin de prendre la déviation. Face à lui, le jeune *Alite* découvre une armée : quatre cent cinquante hommes agressifs et affamés dont l'instinct animal, cultivé par un mois de forêt dans des conditions épouvantables, est à son paroxysme. Dans son visage, je lis une angoisse mortelle. Je distingue son corps qui tremble, ses muscles pétrifiés, son regard terrifié, et j'imagine les palpitations de son cœur qui s'emballe. Je connais trop bien ce qu'il vit. Nous sommes des prédateurs, et il voit face à lui ses assassins.

– Baise le sol ! hurle John Cool.

L'homme ne se le fait pas répéter : il jette sa torche, s'écrase au sol comme une crêpe, les mains en évidence devant lui. Moutoumi prend de vitesse le colonel, s'avance dans la direction du garde, retire un lacet de son soulier et le ligote, tout en l'écartant de la troupe. La meute ne lui passera pas dessus.

Alors, emmenés par Max toujours vaillant, Chacha et son torse nu, John Cool et son air suffisant, l'armée avance, les pas militaires retentissent, tac, tac, tac, le sol gronde. Est-ce l'orage qui éclate dans le ciel ou s'agit-il du vacarme de la troupe qui progresse ? Les quatre cent cinquante hommes se dirigent vers le monstre pour donner le dernier coup de massue à ce Goliath luisant.

Max se met à courir. Une barrière de barbelés se présente devant lui. Il donne un coup de pied pour les écarter du passage. La troupe accélère dans la clairière, tout le monde court, enjambe les nouveaux barbelés qui parsèment le chemin, comme dans une course de haies. Et maintenant, la masse galope à grandes foulées vers la barrière. Je suis emporté par le mouvement, projeté vers l'avant par cette meute qui s'abat vers notre adversaire sans défense.

Max a vu le tendeur de la barrière, qui maintient les barbelés. Il tourne brutalement à gauche pour se diriger vers le point névralgique de la bête, celui que nous voulons frapper. Les hommes s'éparpillent déjà dans tous les sens, certains l'ont doublé sans faire attention et courent tout droit. Les voix s'élèvent sous le déluge :

– Non, à gauche, à gauche, c'est à gauche !

– Attention au trou, attention au trou sous la barrière !

Max est très loin devant, beaucoup de soldats me dépassent maintenant. Je suis épuisé, à bout de forces. C'est l'élan collectif qui me pousse encore vers l'avant. Je suis dans les premiers du convoi, mais plus en tête. Max, déjà devant la barrière, hurle :

– Où est le matériel, où est le matériel ?

– Laissez passer le matériel, laissez passer le matériel, grondent des voix derrière lui.

Alors la foule se divise en deux blocs, ouvrant un espace pour laisser passer les ingénieurs avec leurs clés, leurs pinces, leurs crochets et leurs marteaux. Des soldats commencent à escalader la barrière, pas ceux qui étaient prévus. Les premiers arrivés ne résistent pas à la tentation de grimper, ils en meurent d'envie. Ils se jettent sur cette barrière et sortent des crochets qu'ils avaient dissimulés Dieu seul sait où lors de la fouille. Prince, le plus rapide, se hisse le premier. Il arrive au-dessus des huit mètres, et entame la descente. Brusquement, son crochet, mal fixé, se détache. L'homme d'une trentaine d'années glisse et chute de très haut. Boum. Il atterrit sur le goudron, dans la zone internationale. Tout le monde se tait.

– Prince, t'es mort ? demande Max.

– Non, répond l'homme qui se relève péniblement.

– Alors fais attention, on te lance le marteau.

– Ok, je vais briser ce cadenas.

Dans le même temps, les ingénieurs commencent à tirer le barbelé avec des pinces. Tsing, tsing. Un homme grimpe jusqu'au tendeur et le coupe. Cric! On sent que la barrière vacille, on dirait qu'elle danse, les fers se détendent, et munis de leurs pinces les hommes tirent et déchirent le fil barbelé en faisant un gros trou, comme dans un morceau de gruyère. Chacun commence à s'y engouffrer et ça forme un embouteillage.

Prince continue de frapper avec un marteau de dix kilos sur le cadenas. Poum ! Poum ! Poum ! Il tape, encore et encore, mais le cadenas résiste. Et soudain, tsouk! il saute : Prince nous ouvre la porte de la zone internationale. Alors tous se précipitent et se bousculent pour sortir d'Afrique et se mettre hors de portée des *Alites*.

À la seconde barrière, comme le même procédé se met en place, un homme hurle :

– C'est ouvert par ici, c'est ouvert par ici, venez, venez !

Un trou fait par les Guinéens n'a pas été rebouché. Nous y pénétrons tous. Ça joue des épaules, les bousculades sont nombreuses, certains hommes se retrouvent même à terre, mais tout le monde se relève aussitôt pour foncer vers la sortie. De l'autre côté de la barrière marocaine, les sirènes hurlent, une dizaine de voitures arrivent, les *Alites* se précipitent dehors, mais c'est trop tard pour eux, nous ne sommes plus en territoire marocain.

– Ils entrent dans la zone internationale ! gueule un soldat.

– Vite, vite, vite ! hurlent les hommes.

L'apparition des *Alites* pousse de nombreux camarades à escalader l'ultime barrière. C'est un immense vacarme, un concert de trompettes, des bruits d'araignées qui grimpent, sautent et frappent, le son des ingénieurs qui pincent, tirent et coupent, l'écho d'une masse géante qui pousse, danse et voltige. Les barbelés se détendent et un bout de muraille s'effondre. La voie est libre. Je m'y précipite, j'entre en Europe.

Je n'ai pas encore le temps d'apprécier car de nouveaux cris retentissent :

– Voilà la *guardia civil* !

– Regroupons-nous, regroupons-nous !

– Personne ne sort du rang !

Quatre voitures sont arrivées. Les hommes munis de boucliers, de matraques et de fusils à balles en caoutchouc foncent vers nous pour nous repousser. Un sbire de Pirlo sort de la foule, déboule sur eux tel Obélix fonçant sur les

Romains et lance un énorme coup à un garde qui tombe à terre. Les autres se jettent au sol en tournant sur eux-mêmes pour s'écarter du passage et ne pas se faire piétiner.

Nous courons tout droit pour atteindre le goudron et entamer le chemin vers le camp des réfugiés.

Un grondement démarre :

– *Boza !*

– *Boza !*

– *Boza !*

BOZA !

Nous courons en Europe, groupés et ahuris
Un prélude bourdonne, s'élève et retentit
J'entends les hommes frémir : « *Boza ! Boza ! Boza !* »
Je ne réalise pas. Est-ce bien moi qui glisse là ?

Amère, grave, la voix gronde, le cri chagrin grossit :
Misère, embûches, galères ; faim, froid, pleurs ;
peines et sueurs ;
Cinq mois de pourriture, incorporés, enfouis
S'évacuent, se libèrent, se dissipent et se meurent
*

Mon cœur bat un rythme de *Boza ! Boza !* serein
C'est la danse, la cadence des enfants africains
Le chœur des sacrifiés, l'écho des malmenés
Le ronflement des pères, l'tapage des vies brisées

Mon cœur bat un rythme de *Boza ! Boza !* serein
C'est la danse, la cadence des enfants africains
La risée des familles, les orphelins butés,
Rendent un hommage digne aux aventuriers jetés.
*
La poussière quitte mon corps, je me vois dans les airs
Je plane – retour sur terre. Je prie – peur de l'impair
Est-ce que je rêve ou ai-je bien franchi cette barrière ?
C'est réel ? C'est *free* ? Suis-je du bon côté d'la terre ?

Un contre-pied bicolore pénètre âme et corps
Douleur crue – beau trésor ; pleurs fiévreux – rires sonores
Seul au monde – entouré ; retenu – propulsé
Amertume – doux espoir ; ver de terre – aigle noir
*
Mon cœur bat un rythme de *Boza ! Boza !* serein
C'est la danse, la cadence des enfants africains
La foi des ambitieux, le fracas des soldats
Le raffut des chanceux, la force des petits bras

Mon cœur bat un rythme de *Boza ! Boza !* serein
C'est la danse, la cadence des enfants africains
Le chahut des battants, l'audace des conquérants
Le barouf des vainqueurs, mélodie du bonheur
*
Plus léger que jamais, je vole comme un oiseau
Svelte, fort et délivré, un poids plume sans fardeau
Je chante, danse et virevolte, ce beau jour de ma vie
Je renais de mes cendres, mon destin pousse ici

Les anges sur leurs nuages, les yeux rivés sur nous
Assistent médusés à ce spectacle fou
Leurs douces larmes de joie coulent sur nos fronts rafraîchis
Lavent le passé et tutoient l'espérance infinie

Les enfants des bidonvilles ont pris le *Nbeng-là*
Mon Toomi, c'est l'Europe ! Un avenir s'ouvre à toi
Un rayon perce le ciel, chaque enjambée m'avance
Plus loin dans mon futur qui s'ouvre, ce soir on danse !

*

Mon cœur bat un rythme de *Boza ! Boza !* serein
C'est la danse, la cadence des enfants africains.
Le ramdam truculent des héros combattants
Le swing majestueux du mérite victorieux

Mon cœur bat un rythme de *Boza ! Boza !* serein
C'est la danse, la cadence des enfants africains.
Le tumulte impensable d'un jour inoubliable
La clameur d'un baiser, je suis né pour briller.

C'est complètement fou. Je viens de changer de continent, à pied ! Tu y crois ? Cinq mois de souffrance explosent en joie. Voilà ce que signifie « boza ». C'est un mot qu'il faut chérir, le plus beau de la langue française. Ne crois pas que ce soit simplement « Hourra ! » C'est une jubilation triste, le basculement d'un monde à l'autre : un soulagement de victoire et une projection de liberté. Une seconde naissance. Ça remonte par les orteils, traverse le corps, mousse en toi et te libère de toutes les oppressions.

C'est un goût raffiné, séduisant, plus sucré encore qu'un mélange de miel et de betterave. Je commence à prendre conscience de ce que je vis, quand je vois « Union européenne » inscrit sur le matricule de la police qui nous escorte au camp de réfugiés. Alors j'embrasse le sol et ressens, sur mes lèvres, un frisson vertigineux. Devant moi, au loin, j'entends une voix crier :

– Mon *Toomi* ! Mon *Toomi* ! Mon *Toomi* !

Le son caresse mes oreilles, comme une langue qui chatouille mon tympan. Je ne vois pas encore Moutoumi, je le cherche, cours plus vite que jamais pour le rejoindre. Mes jambes et mes bras battent comme les ailes d'un aigle qui remonte vers le ciel. Et enfin il apparaît. Je pensais que j'avais atteint l'état maximal de bonheur. C'était sans compter le regard de mon ami en pleurs. Nous courons l'un vers l'autre, tombons à genoux, puis par terre, roulons d'allégresse. On chante, danse et célèbre.

– Mon *Toomi*, on a pris le *Nbeng-là* ! J'ai passé quatre ans, quatre ans au Maroc !

– Moutoumi, c'est bon, c'est *free* ! On a réussi ! Toi et moi on est les plus forts du monde.

Je le serre dans mes bras, essuie ses larmes et les goûte. Une saveur aigre-douce.

On se relève et on court en se tenant la main. Devant nous, le général ramasse un drapeau espagnol, lancé depuis un balcon, et le fait voltiger au bout de ses bras. On le renifle et l'embrasse, on sent un air de pureté, comme une bénédiction. Le vent est violent, la pluie redouble d'intensité. Ce n'est plus un déluge, c'est un baptême.

Chacha prend Moutoumi sur ses épaules, Pirlo m'élève à son tour et nous levons les poings pour célébrer notre triomphe. La troupe, regroupée autour de nous, acclame et hurle « Boza! Boza! Boza! » On dirait que nous sommes un milliard à chanter. Ça y est, voilà que mes larmes coulent aussi, des pleurs de délivrance, de rêve absolu. Tout était écrit, la prophétie s'est accomplie.

Moutoumi et moi redescendons au sol, mais nous sommes toujours sur un nuage. Nous prions ensemble, musulman et chrétien, en serrant nos doigts.

Merci, merci, Seigneur, mais pourquoi autant de souffrance pour nous donner cela, Seigneur?

Nos camarades nous font maintenant une haie d'honneur. Les cris « Boza! Boza! Boza! » ne s'arrêtent pas. Ils ne cesseront jamais. Nous courons ensemble, c'est le futur qui nous fait face, et chaque minute, chaque seconde nous éloignent des souffrances et nous rapprochent de cet avenir voulu, adoré, fantasmé, et désormais réel.

Tout ce qui brille n'est pas or

Et voilà, mon pote, tu sais comment j'ai réussi à entrer en Europe ! Tu n'as pas le choix quand tu n'as pas de visa. Pour moi, tout est toujours compliqué mais, comme dirait mon père, « seul l'effort fait le fort ». Cette entrée, c'est plus qu'une victoire, c'est une conquête. Quand tu nais de l'autre côté du globe, la liberté ne t'est pas donnée, tu dois te battre si tu la veux vraiment et être prêt à mourir pour elle. Tu veux savoir comment les Noirs sont accueillis en Europe quand ils n'ont pas de papiers ? Si le jeu en vaut la chandelle ? Si toutes les barrières sont franchies ? Tant pis si je contreviens aux versions officielles, autant que tu éprouves jusqu'au bout ce que je vis, après tout, ce n'est rien d'autre que ma vérité. Pour commencer, n'oublie pas que je ne suis pas encore en Europe. Pas tout à fait. Je suis à Melilla, une ville espagnole, mais toujours sur le continent africain.

Après notre entrée nous courons cinq kilomètres, dans un sentiment d'euphorie maximale, et déboulons au camp après avoir réveillé toute la ville. La police bloque l'entrée et nous empêche de passer. Les portes sont fermées et nous restons devant, sur un parking dans la cour. Derrière les grilles des fenêtres, les Guinéens et les Camerounais des frappes précédentes que j'avais ratées sont debout et hurlent « Boza ! » avec nous. Malgré leur soutien, nous ne nous sentons pas sécurisés tant que nous ne sommes pas dans le camp. La police identifie tout le monde, nous fait asseoir par terre et nous compte. Les gardes nous accrochent un matricule au cou.

Deux heures plus tard, les portes s'ouvrent enfin. Le camp est plein à craquer. Il a été pensé pour quatre cents et nous sommes près de deux mille.

On nous dirige vers un grand foyer, une salle à manger collective. Il y a de la magie dans cette pièce aux longues tables. La musique, qui s'était interrompue le temps de l'identification policière, reprend. Tous ensemble, on crie, danse et célèbre le boza. Un homme a déjà piraté le wifi et je chauffe la piste de danse, sur les rythmes de Fally Ipupa : « Tout le monde danse, ce soir c'est la folie, oh oh, la folie la folie. » Je me sens sur le toit du monde. Les Camerounais et les Guinéens déjà présents nous rejoignent et font la fête jusqu'à sept heures du matin. On chante, braille et tonne notre bonheur dans tout le camp. Abdou est là. Il saute dans tous les sens, aussi heureux que moi. Tu devines pourquoi ? En entrant, nous délivrons les plus anciens. Abdou va partir pour Madrid grâce à moi. Le camp a atteint sa capacité sécuritaire maximale : ceux qui sont entrés trois mois plus tôt vont être transférés dans un autre camp, situé vraiment en Europe. À Melilla, on est encore dans le *Petit Nbeng*[77], dans l'Europe en Afrique. Abdou a calculé : demain, il va entrer dans le *Grand Nbeng*[78], il va embarquer légalement pour le continent afin de désengorger le camp. L'entrée fait la sortie. La fête s'estompe au petit matin : nous partons, cinq par cinq, nous enregistrer, nous laver et passer des tests de santé.

Comment te décrire mes premières impressions de l'Europe ? J'ai les yeux grands ouverts, désireux de savourer chaque seconde d'Europe dans un état d'ivresse naturelle. L'enregistrement est à la hauteur de mes espérances. On doit faire les *taquitas*, les cartes qui permettent d'entrer dans le camp. On te dit : « Regarde la webcam » et on te photographie ; on te dit : « Pose tes doigts ici » et tes empreintes sont relevées. Ils scannent ça, trois minutes plus tard tu entends le bruit de l'imprimante et ta carte sort. C'est magique, je n'ai jamais vu une telle prouesse ! Au Cameroun, il aurait fallu six mois pour qu'on te délivre ta carte, avec ton nom mal orthographié.

Je vais me laver et je découvre une salle de bains géante que j'avais vue sur les photos de Papi Oura. Effectivement, il y a plein de douches, de lavabos, de toilettes où tu peux t'asseoir et même une baignoire. C'est luxueux, mais je suis déçu. Quand il avait écrit « ma salle de bains en Europe » sur Facebook, il avait oublié de préciser qu'il la partageait avec

77. À prononcer comme le « petit bain ». Le *Petit Nbeng*, c'est l'Europe en Afrique.

78. Le *Grand Nbeng*, c'est le continent européen. Les aventuriers entrent dans le *Grand Nbeng* quand ils traversent la Méditerranée et entrent géographiquement en Europe.

trois mille personnes. Tu vas me trouver naïf, mais je pensais qu'il avait ça pour lui tout seul.

À la sortie, nous recevons draps et couverture, tongs et produits de toilette. Ah, et aussi une combinaison de la Croix-Rouge en guise de pyjama. C'est tout. Tu sais, je suis frustré : je pensais vraiment qu'on allait me donner de l'argent et un nouveau téléphone. Ce sont les rumeurs qui couraient en forêt. Je découvre aussi mon lit provisoire. En attendant que les anciens libèrent le camp, nous sommes installés dans des tentes montées sur le terrain de football et le parking. Nous terminons les démarches en passant devant un médecin qui nous examine de la tête aux pieds et nous soumet à une batterie de tests. Il fait une tête bizarre quand je lui dis que j'ai eu le paludisme à dix ans.

Nous partons manger à la queue leu leu. Là encore, c'est une désillusion. Dans le cadrage des photos postées par mes amis sur Facebook, avec les jolis fourchettes et couteaux, j'avais l'impression qu'ils mangeaient au restaurant des mets succulents. En forêt, tu bouffes avec les doigts. Quand quelqu'un se prend en photo à côté de couverts qui brillent, tu t'imagines qu'il est dans un restaurant trois étoiles. Les gens qui sont entrés vendent le rêve. Au lieu d'un poulet entier, on me sert un plat infâme à base de petits pois pas cuits et un morceau de poisson riquiqui à l'odeur épouvantable. Je mange parce que j'ai trop faim, mais je regrette presque la bouillie de farine sucrée de la forêt. Les couverts scintillent, mais tout ce qui brille n'est pas or.

Le point positif, c'est que nous pouvons de nouveau aller et venir librement dans la ville. Abdou et le colonel Poulet m'invitent avec Pirlo et ses sbires au Tranquillo, le surnom donné à une grande maison vide devenue un squat, à l'écart de la ville et du camp, près de la forêt. C'est le lieu central de la vie nocturne locale, où les bozailleurs se regroupent, mangent, dansent, dealent, invitent des prostituées et boivent de l'alcool. Le lieu est resté longtemps secret mais progressivement c'est devenu une institution connue de tous, comme un casino. Les gardiens du camp et la mairie tolèrent le lieu : ça leur convient que les Noirs se défoulent hors du camp, dans une maison abandonnée, tant qu'ils se tiennent tranquilles à l'intérieur du camp et en ville.

– On part demain, c'est confirmé, dit Poulet. On va vous laisser le lieu. Pirlo, tu as géré le ghetto de Fès, tu me sembles le mieux à même de prendre notre suite.

– Compte sur moi pour bien m'en occuper, dit Pirlo, très assuré.

– Et tu dois prendre soin de Petit Wat, ajoute Abdou.

Pirlo fait un clin d'œil :

– Dors tranquille, et prends l'habitude de le nommer Grand Wat, parce que c'est lui qui nous a menés en Europe. Il est mon protégé ici.

Il est midi, Poulet et Abdou sont déjà bourrés. Il n'y a aucun jus de fruits. Je prends ma première bière.

De retour au camp, je retrouve Moutoumi et nous partons nous promener en ville. Nous portons tous les deux notre combinaison de la Croix-Rouge. On se prend pour des cosmonautes, on écarquille les yeux et on s'extasie devant un rien. Tout est forcément beau, nous sommes en Europe. Sur le chemin, les passants nous matent. À nos vêtements, ils comprennent que nous sommes nouveaux. Ils nous adressent des sourires de soutien et crient « Boza ! » à notre passage.

On s'installe à la terrasse d'une villa magnifique, aux murs blancs sur lesquels le soleil frappe et se reflète en harmonie avec la porte et les fenêtres dorées. On se prend dix fois en photo, sous tous les angles, pour pouvoir choisir le portrait le plus élégant, la photo d'une vie, un cliché pour l'histoire. Je me trouve sublime, avec le drapeau de la Croix-Rouge sur ma tunique seyante, devant cette villa richement ornée.

Dès que nous trouvons une connexion wifi, nous annonçons la nouvelle au monde, via Facebook. Moutoumi a l'idée d'ajouter un texte à sa photo : « Boza ! C'est Dieu la Force ! »

Bonne idée, je le copie. En légende de ma frimousse, j'ajoute : « Bienvenue en Terre promise. »

Papi Oura est le premier à liker et ajouter un commentaire. Il écrit : « Boza ! Seuls les oiseaux traversent les frontières. Fier de toi, Petit Wat. »

À qui la faute ?

Au camp, l'euphorie ne dure pas longtemps avant que la cohésion des soldats vole en mille morceaux. La tragédie est précédée de trois avertissements.

Déjà, la hiérarchie militaire se décompose le soir même de l'entrée. Nous dînons dans la grande salle à manger, avec Max, Moutoumi, Pirlo et ses sbires, en nous moquant de Mandela qui a abandonné la frappe si près du but. C'est un self-service. John Cool vient de poser son plateau à la table des anciens. Ils sont une vingtaine, dont le colonel, à avoir dépassé trente-cinq ans. Lui, c'est l'un des doyens, il approche quarante-cinq balais. Cinq Kankannébas, la vingtaine, lui sautent dessus. C'étaient des indisciplinés en forêt, et le colonel les a redressés en fouettant méchamment leurs fesses tous les jours. Le général Chacha le laissait faire : il avait besoin de discipline pour faire entrer les hommes en Europe. Les cinq jeunes l'entourent et s'emparent de son pain, de son yaourt et de sa banane. À peine John Cool s'est-il levé pour en découdre que l'un des jeunes lui place deux doigts en fourchette dans les yeux. Le suivant tire son pantalon et deux autres cognent, très fort, le derrière du vieux colonel. Le dernier prend son assiette de purée verte et la lui colle sur la figure.

– Baise le sol ! hurle l'un des revanchards.

Je vois le colonel qui cherche Chacha du regard. Le général détourne la tête et reprend la conversation avec son voisin. Jamais il ne va montrer, devant des Européens, son autorité de général. Les autres vieux ne parviennent pas à le secourir et le colonel n'a plus d'officiers pour le protéger. Il se fait tabasser. Vingt heures après l'entrée en Europe, l'ex-numéro deux est déchu.

J'ai envie d'intervenir. Je le déteste, mais sans la discipline qu'il a imposée nous ne serions pas entrés. Comme je me lève pour l'aider, Pirlo pose sa main sur mon épaule et me dit de rester tranquille. « On ne peut rien faire pour lui. » Je connais leur inimitié. Dans le regard mauvais de Pirlo, je comprends qu'il me dit en creux : « Choisis ton camp, camarade. » Je me rassois. Dès le premier soir, tu te rends compte que l'ordre qui prévalait en forêt n'existe plus. L'unité se dissipe et les nouvelles règles du camp restent à construire.

Le lendemain, Moutoumi et moi allons « faire les boutiques » ensemble. Nous n'achetons rien, évidemment, mais nous avons une dispute alors que nous testons dans les cabines tous les looks extravagants : chaussures fluo, casquette de baseball et lunettes de frimeur. Je me vexe quand il me reproche de publier sur Facebook une nouvelle photo de moi habillé en prince. Il rouspète, dit que j'envoie un mauvais signal à l'Afrique, on va croire que ces vêtements avec lesquels je me photographie, on me les a donnés. L'orage passe. Moutoumi et moi nous rendons à la plage les après-midi suivants, nous ne cessons de nous dire des mots doux. Nous revivons chacun des moments de notre assaut. On se projette dans l'avenir, on se dit qu'on vivra ensemble avec nos femmes et nos enfants quand on en aura. On ne se quittera plus. C'est Dieu qui a voulu notre rencontre et notre entrée en Europe.

Je te parlais de trois avertissements. Le premier, c'est la déchéance du colonel John Cool. Le deuxième, c'est la dispute avec Moutoumi. Le troisième, c'est la nouvelle division du camp le soir. Pour ma part, je retrouve Pirlo au Tranquillo, tandis que Moutoumi rejoint un autre squat géré par les Kankannébas. Le camp camerounais s'organise peu à peu en trois. Il y a les Kankannébas, le Gang de Fès que Pirlo ouvre à tous les non-Kankannébas et qui regroupe les deux tiers des hommes, enfin les anciens, autour de John Cool.

Dans les boza, il y a des traditions. L'une d'elles veut que le butin de la frappe, l'argent des droits de forêt qui n'a pas été dépensé, soit partagé entre la hiérarchie militaire et les guides. Tu comprends donc ma surprise quand un matin, quinze jours après notre entrée, Max m'annonce :

– Wat, je voudrais te dire quelque chose dont je ne suis pas fier… Chacha a réparti l'argent de la frappe : elle devait être divisée en sept. Une pour moi, une pour Moutoumi, une pour le Premier ministre qui a formé les ingénieurs, une pour lui. Il devait aussi y en avoir une pour toi, une pour Pirlo et une pour John Cool. Chacha a donné ta part à Shérif car il juge que tu n'as pas conduit correctement la frappe, que tu ne l'as pas attendu à la grotte. J'ai essayé de le convaincre qu'il se trompait mais il n'a rien voulu entendre. Et il a distribué les parts de Pirlo et de John Cool à tous les Kankannébas.

Autant te dire que je prends très mal ce coup de poignard. Chacha ne peut pas m'accuser: au contraire, je l'ai attendu! Max est mal à l'aise, il me propose la moitié de sa part, mais je décline: si je n'ai pas d'argent malgré tout mon travail, c'est que Dieu ne voulait pas m'en donner. Si j'avais prévu les conséquences, j'aurais accepté les sous et fermé ma gueule.

Dans l'après-midi, je retrouve Moutoumi pour aller à la plage et nous restons silencieux sur le trajet. On ne sait pas comment aborder la chose. Finalement, c'est moi qui lance enfin la discussion:

– Il paraît que vous vous êtes réparti le trésor de la victoire sans moi?

– Euh… Non…

Il est embêté. Je perçois sa gêne.

– Non?

Il ne répond pas. Ça m'énerve.

– Dis-moi, pourquoi on se répète qu'on est les plus forts du monde si c'est pour que tu laisses le général m'injurier?

Il regarde ses pieds.

– Tu sais quoi? Vas-y tout seul!

Je fais demi-tour. J'aurais dû recevoir 300 euros, et ma famille les attendait avec impatience. Ça correspond à six mois de salaire de ma mère; je ne pouvais pas rester indifférent à un tel vol. Le pire, c'est que Moutoumi est tout sauf radin. Il a tout partagé avec moi, son argent, sa nourriture et ses vêtements. Pourtant, il n'a pas eu la force de s'opposer au général. Il me rappelle qu'il est membre d'un clan puissant dont je ne fais pas partie.

Je suis furieux, et tu devines la tête de Pirlo quand je lui apprends que l'argent a été partagé sans nous! L'après-midi, au Tranquillo, il regroupe les deux cents hommes qui forment désormais le Gang de Fès et parle avec des mots durs :

– Les Kankannébas nous ont volés. Ils ont partagé entre eux l'argent qui aurait dû être redistribué à tous les soldats. Cette nuit, nous allons reprendre ce qui nous revient.

Selon le plan qu'il a présenté, nous nous levons à cinq heures du matin pour ramasser les chaussures des Kankannébas. Pirlo précise que nous les revendrons sur Internet. La plupart des hommes portent de bonnes chaussures quand ils entrent en forêt.

– Quelqu'un n'est pas d'accord pour laver l'affront ?

– Nous sommes prêts, mon *Chairmo* ! hurle le Gang.

Je veux que Max soit épargné, lui qui m'a prévenu, mais Pirlo me dissuade :

– Si on vole tout le Gang sauf lui, il passera pour un *noka* et crois-moi, ce n'est pas un service à lui rendre. Il a eu des sous, il se rachètera d'autres souliers.

Nous menons l'opération. Les chaussures sont le plus souvent au bord des lits que nous venons d'intégrer, dix par chambres, après le départ des précédents bozailleurs vers le continent européen. Je me concentre sur une seule cible : Moutoumi. Il a son lit à côté du mien. Nous dormons l'un près de l'autre depuis plusieurs mois, je sais reconnaître quand il est endormi. Alors je prends sa paire de rangers, celle de la frappe, ses chaussures porte-bonheur de l'entrée en Europe, et les apporte discrètement au Tranquillo.

Sur le chemin, je pleure de honte. C'est la première fois que je vole, et c'est mon meilleur ami. J'aimerais revenir sur mes pas, mais trop de gars du Gang me suivent, ils me traiteraient de *noka* si je renonçais. Je ne peux plus faire marche arrière.

Au petit déjeuner, les Kankannébas sont regroupés entre eux, pieds nus. Max m'adresse un regard noir. Je comprends instantanément que j'ai tué ma relation avec lui. Tu peux mettre six mois à bâtir une amitié solide et l'anéantir en une nuit. Chacha reste calme. Pirlo et lui sont les grands gagnants. Tous deux affichent un sourire discret mais triomphant. Ils ont soudé les hommes autour d'eux et ont construit la barrière invisible qui sépare Roméo de Juliette, les Kankannébas du Gang de Fès, et les musulmans des chrétiens. Le regard de Moutoumi et le mien se croisent. Des larmes coulent sur nos joues. Chacha le force à détourner la tête. Tout s'enchaîne. Les Kankannébas se rassemblent dans les dortoirs : ils ont leur étage et nous le nôtre. Ils mangent entre eux à la cantine, ils ont leurs tables et nous les nôtres. Ils vont se balader ensemble, ils organisent leurs soirées ensemble : ils ont leur Tranquillo et nous le nôtre.

Voilà comment l'argent anéantit la plus belle des amitiés. Pourquoi, alors même que nous sommes entrés en Europe, réussissons-nous à tout gâcher ?

Le Tranquillo dans la guerre des gangs

L'intensité de l'aventure s'estompe, les journées monotones se succèdent à l'infini. Pour tromper mon ennui, je me suis inscrit en espagnol. J'ai cours tous les matins, on est quinze dans ma classe de débutants. Si j'avais su que je vivrais en Espagne un jour, je n'aurais pas séché les cours au collège ! Je suis mélangé avec des Guinéens, Arabes, Pakistanais, Bangladais, Syriens et Afghans. La plupart d'entre eux entrent à Melilla dissimulés dans le coffre d'une voiture, dans le tableau de bord ou dans un double fond et, une fois en Espagne, déposent leur demande d'asile.

En cours, je fais la connaissance de Jimmy. Il a un an de plus que moi et son parcours est incroyable : il a quitté le Cameroun il y a trois semaines. Le reste est une succession d'événements heureux : coincé dans les ghettos du Niger, il a appelé ses parents qui ont envoyé assez d'argent pour le mener jusqu'en Algérie. Le jour de son arrivée à Oran, des gens partaient à la frontière du Maroc, ils ont escaladé les barbelés du premier coup. Arrivé à Oujda, il a choisi de se rendre immédiatement à Nador. Il est entré en forêt la veille de la frappe. La tête que sa mère a dû faire quand il lui a dit : « Maman, je suis en Europe ! » Des gens vivront dix ans en aventures sans jamais entrer, lui n'est resté que trois jours au Maghreb. Il n'y a pas d'explication, donc on dit que c'est Dieu seul qui décide.

Notre enseignante, Saïna, est une petite Marocaine-Libanaise de dix-huit ans. Elle est jolie, et pas qu'un peu. Avec une prof comme elle, tous les hommes ont envie d'être bilingues. Quand elle écrit les conjugaisons avec sa craie, personne ne regarde le tableau. Son cours est très dynamique. Elle parle une heure pour nous apprendre les bases grammaticales et le vocabulaire, puis nous fait discuter deux heures en petits groupes. La dernière heure, elle nous montre *Prison Break* en espagnol, parlé et sous-titré. Forcément, nous sommes tous passionnés par cette série : je m'identifie au héros qui planifie une évasion de prison. Il a le plan de la prison tatoué sur lui et, tous les soirs, il part cibler ! La méthode de la prof est très efficace. Par groupes de cinq, on fait des petits sketchs, on joue des situations de la vie de tous les jours, déposer une demande d'asile, rechercher un itinéraire, acheter à manger…

Après nos cours d'espagnol, Jimmy et moi rentrons au camp pour manger. Jimmy est un garçon drôle, il se balade dans la rue avec son haut-parleur portatif. Il met du bon son, bien fort, et il danse dans la rue comme s'il était en boîte de nuit. Je suis trop fan ! Après le repas, je me pose à la plage, seul, avec mes cours d'espagnol et mon téléphone. J'échange tous les jours avec Papi Oura grâce au wifi. Il est connecté vingt-quatre heures sur vingt-quatre. Il me pousse à bien travailler en cours d'espagnol, ça pourra m'aider à avoir un laisser-passer pour le *Grand Nbeng* avant les autres. Il a un nouveau rêve : il veut devenir rappeur. Il m'envoie des vidéos qu'il a mises sur YouTube. C'est du tapage qui casse les oreilles, mais il est très content du son. Je le félicite. Il me demande quel est mon nouveau rêve, maintenant que je suis entré en Europe.

– Je ne rêve même plus, lui dis-je, en pensant à Max et Moutoumi.

– Ne laisse pas la réalité changer tes rêves, laisse tes rêves changer la réalité, me répond mon ami.

Il me dit qu'il est à Rennes, en France, au « Conseil » car il est mineur. L'intégration, me dit-il, n'est pas si simple : il y a trop de *quartiezards*. Ils sont tous logés, entre eux, dans des chambres d'hôtel sordides.

– Je te rejoins vite.

– Toi, tu es un intello, en France tu as de vraies chances de réussir. Mon pote, je te déconseille de venir à Rennes, va plutôt à Quimper, Brest ou Vannes, c'est plus tranquille par là-bas, tu seras protégé des *quartiezards*, tu auras des amis français et tu seras près de moi.

Au camp, certains ont reconstitué le *jambo*, mais je n'y vais jamais. Je suis bien, seul dans mon coin, en bord de mer. Après la plage, pendant deux heures je vais faire le *dallé-dallé* dans un parking. Tu ne sais pas ce que c'est ? Tu aides les gens à se garer en leur donnant des indications pour faire un créneau. S'ils sont sympas, ils te laissent une pièce.

Et puis, vers sept heures, je me rends au Tranquillo pour passer les soirées avec le Gang de Fès, de grands moments de débauche et d'évasion. Depuis ma rupture affective avec

Moutoumi, je consomme trop d'alcool. Ce n'est plus une bière de temps en temps : je bois une bouteille de whisky tous les soirs. Dès six heures au *dallé-dallé*, j'éprouve le manque. Je ressens le goût de l'alcool dans ma bouche, je me visualise en train de boire et ça me donne trop envie. Dès que j'ai assez d'argent pour acheter ma bouteille, je rejoins le Gang. Pirlo a réorganisé la vie du ghetto de Fès. On mange des spaghettis, on boit comme des trous et on passe de la musique africaine ou espagnole.

Une fois par semaine, l'un des sbires de Pirlo fait venir des prostituées. Ce sont des Marocaines de Nador, elles peuvent entrer à Melilla pour la journée. Elles viennent à trois, sont payées 100 euros la soirée, et elles enchaînent les Noirs. Eh oui, je vois ta stupéfaction, mais ça se passe comme ça. Environ un tiers des hommes s'y adonnent ; mais si tu n'as pas envie, personne ne t'oblige. La soirée commence de la même façon : on passe des sons espagnols, de type « Despacito », on boit de l'alcool, on danse et elles sont parmi nous, comme des amies. Puis, quand tout le monde est bien chaud, elles vont dans leur coin, et si tu veux leur rendre visite, tu y vas.

Moi je n'y vais pas. Ne crois pas que j'éprouve l'once d'une gêne. C'est leur métier et il est aussi digne que le tien. Non, si je n'y vais pas c'est juste que je trouve ça trop nul : je n'y ai pris aucun plaisir quand j'ai essayé au Maroc. Je préfère rêver sur la professeure d'espagnol. Tous les soirs, en revanche, je me défoule en dansant comme un fou avec mon pote Jimmy : je saute partout, ça me permet de garder mon corps leste et de me vider la tête.

Les réveils sont plus douloureux. Chaque matin, quelqu'un hurle : « On a volé mon téléphone », « On a chouré mon argent », « On a pris mon caleçon », « On a piqué ma brosse à dents ». Tu as cru qu'elles étaient payées comment, les putes ? Le camp, c'est le plus grand espace de racket. Les Kankannébas et le Gang de Fès volent tout le temps. Les deux factions évitent de s'attaquer directement l'une à l'autre car toute attaque donnera lieu à des représailles. Les cibles, ce sont tous les autres. John Cool est devenu la plus grande victime de l'histoire. Les Guinéens se font dépouiller, et surtout ceux qui viennent de pays comme le Pakistan, l'Afghanistan, le Bangladesh ou la Syrie. Eux, ils ont le code à dix chiffres[79] : leurs familles envoient beaucoup d'argent. Certains sont riches comme des Européens. Alors pendant qu'ils se douchent, quatre hommes cassent le cadenas du petit casier qui protège leurs affaires personnelles et ramassent l'argent.

Tu comprends ? Nous avons cru que nous étions entrés en Europe, mais nous sommes toujours en Afrique, prisonniers de nos organisations claniques. Je dois m'y faire. Au sein du Gang de Fès, chaque homme doit rapporter de l'argent à la communauté, comme des droits de ghetto. Étant donné que je n'ai pas recours à la prostitution, que je ne touche pas à la drogue et que j'apporte chaque soir ma bouteille d'alcool, Pirlo ne me demande rien. Je suis l'homme qui l'a fait entrer en Europe, ça me dispense de droits de ghetto. Le week-end, il m'entraîne à la plage. Il veut m'apprendre à nager pour me remercier. On se place d'abord sur le sable et il me montre les gestes, fait des mouvements bizarres avec ses bras. Puis

79. Code qui permet les virements bancaires.

j'essaye de reproduire les gestes dans l'eau, près du bord. Il me relève dès que je coule. J'ai du mal, la seule chose que je parviens rapidement à faire, c'est la planche. Je suis allongé sur le dos dans l'eau, mains et bras écartés, et je flotte. C'est un sentiment magique, j'ai l'impression de dominer la mer.

Nous y allons souvent seuls, tous les deux ; si les sbires de Pirlo nous accompagnent, ça part en cacahuète. Ce sont ses gardes du corps depuis trois ans : ni les plus doux ni les plus raffinés. À la plage, devant les filles, ils s'agitent comme des frites dans l'huile. Ils sifflent et interpellent les demoiselles. Les policiers accourent et nous éloignent vers des rochers à l'écart, dans un coin envahi par les algues. Pirlo les traite de racistes. Eux ont une formule magique : « Si vous ne coopérez pas, on va bloquer votre *taquita.* » Pas le choix, on obtempère.

Voilà ma vie : les matins, je vais en cours et les soirs, je bois au Tranquillo.

Un soir, Pirlo, parce que l'une des prostituées n'est pas venue, me demande de mettre à profit mes cours d'espagnol pour l'engueuler à cause de son *fuck-up.*

J'arrive à mener la conversation : je progresse très vite en espagnol. Elle s'appelle Yousra, ne me laisse pas piper mot et m'explique qu'elle a gardé son fils malade.

– Je veux qu'il aille à l'école et qu'il soit en bonne santé. Le jour où il est malade, je reste avec lui, il est prioritaire.

– Il n'a pas un père pour le garder quand tu travailles ? lui dis-je.

– Son père, c'est un type d'Oujda qui m'a baisée et m'a abandonnée quand j'avais quinze ans. Mes parents m'ont jetée quand ils ont su que j'étais souillée. Je veille sur mon fils toute seule. Si vous n'êtes pas contents, je vous emmerde.

Je convaincs Pirlo de passer l'éponge.

– Cette fille, c'est nous en femme arabe.

Six allers-retours dans l'ascenseur

Tous les matins, en cours d'espagnol, j'ai la tête dans le brouillard et je me fais charrier. Ça ne m'empêche pas de progresser vite. Tous les mois, je change de groupe. Au bout du quatrième, je me retrouve dans le niveau le plus élevé. Tu as compris d'où je tire ma motivation ? De la belle Saïna, bien sûr ! C'est la jeune enseignante de dix-huit ans qui donne le cours pour débutants. Je quitte sa classe, mais elle me propose d'écrire avec elle un article pour raconter la vie des migrants au Gourougou. J'accepte immédiatement. Cette fille est trop belle. Elle est succulente et raffinée, majestueuse comme un burger avec un steak très croustillant. Elle est sensuelle et se laisse emporter par ses mouvements. Elle bouge avec grâce, comme si elle avait été touchée par un bon vin doux du tropique du Cancer.

Nous mangeons ensemble le midi – elle m'offre un sandwich dans une salle de cours, et nous nous rendons ensuite à la bibliothèque. La première fois, on parle des frontières, toutes celles qui existent sur la terre. Les frontières terrestres et maritimes, mais aussi les barrières virtuelles. Nous parlons en espagnol, et elle me fait remarquer que la langue aussi est une barrière. Grâce à mes efforts, ajoute-t-elle, c'est la deuxième que je franchis en quelques mois. Quand tu es amoureux d'une fille et qu'elle te fait un tel compliment, c'est impossible de ne pas rougir. Chaque mot qui sort de sa bouche est une caresse. Elle porte un voile coloré, éclatant, en harmonie avec son visage et assorti à ses tongs. On se retrouve cinq fois. Elle a toujours la hantise que son père nous surprenne ensemble. Rien à voir avec ma couleur de peau, s'empresse-t-elle d'ajouter, tout homme qui parle à sa fille suscite sa colère.

– Je comprends ton père : quel papa peut espérer que sa fille traîne avec un migrant de la forêt qui mange dans la poubelle et gagne son pain en faisant le *dallé-dallé* ?

– Ne dis pas ça, dit-elle, gênée. C'est une question de génération, pas de couleur de peau !

Pour apprendre une langue, converser avec une jolie fille c'est la base. Ça te donne une motivation de feu pour approfondir ton vocabulaire. Il m'arrive même de délaisser le Tranquillo et les danses nocturnes pour passer ma soirée sur mon téléphone avec Google Traduction, c'est dire ! Un midi, elle me propose des frites avec du poulet. On sort même dehors se promener ensemble. Cet après-midi-là, nous évoquons les conditions de vie en forêt. Mon histoire l'émeut, elle s'est passée à quelques kilomètres de chez elle. C'est une fille sensible, elle ne pense pas qu'à sa gueule, elle éprouve l'injustice et la violence subies par les autres. Quand je lui raconte le jour de mon entrée à Melilla, la sensation de boza, ses chaudes larmes adoucissent encore plus son visage délicat. Je pars chercher une serviette et essuie délicatement les petites gouttes. Elle frémit. C'est un premier contact. À la fin de la séance, nous entrons dans l'ascenseur. Ses yeux marron me fixent avec envie : je sais lire le regard d'une fille.

Je m'approche doucement d'elle et dépose un premier baiser sur sa joue, fraîche comme une pomme. Elle me sourit. Alors j'approche ma bouche de ses lèvres et dépose un bisou plein de tendresse. Elle prend peur, souffle fort. C'est un tabou, une barrière. Je ressens sa gêne, je bafouille des mots d'excuse, mais c'est elle qui pose sa main derrière ma tête et me rapproche d'elle pour m'embrasser. Nous arrivons trop rapidement au rez-de-chaussée. Avant que les portes s'ouvrent, elle appuie vite sur le numéro quatre et l'ascenseur remonte. C'est reparti. Nos lèvres s'attirent comme des aimants. Les siennes ont un trop bon goût, fraîches et innocentes. Je ressens la force et la sincérité d'une femme qui embrasse un homme pour la première fois. Nous faisons six fois l'aller-retour entre le quatrième étage et le rez-de-chaussée. Notre manège est interrompu par un connard qui monte au troisième. Elle me demande de faire comme si nous ne nous connaissions pas.

La semaine qui suit, on se croise le matin, mais elle est toujours pressée. Elle m'appelle sur WhatsApp. Elle me dit que nous n'aurions pas dû nous embrasser, que c'était une erreur. Son père risque de la déshériter, c'est mieux si on arrête de se voir. Cette fille, elle a une sincérité. Je vois qu'elle se débat, qu'elle lutte contre ce père autoritaire qui l'enferme et l'emmure. À chacun sa barrière à franchir. Dans cette quête, ce tiraillement, ce combat intérieur, sa beauté me foudroie. Comment ne pas s'émerveiller devant une femme qui lutte ?

Je pleure avec elle au téléphone. Je lui dis qu'il faut attaquer de front la société qui nous oppresse, sinon rien ne changera jamais. Ce qui m'attriste le plus, c'est que je n'aurai plus ses baisers.

Une semaine après, elle m'envoie un texto pour me dire qu'elle s'est battue auprès du camp de réfugiés pour que je puisse avoir très vite mon laisser-passer pour le *Grand Nbeng*, la grande Espagne, compte tenu de ma progression spectaculaire en espagnol. Je suis convoqué au bureau de la responsable du centre, une femme de cinquante ans portant un chignon. On se parle en espagnol. Elle me félicite pour mes progrès et m'annonce que j'ai été placé parmi les prioritaires pour rejoindre le continent. Dès que des gens entreront au camp, je partirai d'ici. Je suis super-content, je lui dis même merci !

« Déconnecté depuis deux heures »

En quelques secondes, ton rêve peut devenir un cauchemar. Ce samedi de juillet, tout a changé. La journée commence par une conversation anodine. Je suis dans ma chambre, j'échange avec Papi Oura sur Facebook.

– Salut, ça dit quoi ?

– Tranquille.

– C'est confirmé, ton laisser-passer ?

– Toujours pas. Le prochain boza se fait attendre.

– Garde confiance, ça va venir. Ils t'enverront à Madrid ou Barcelone. Ne t'y attarde pas et viens en France direct. Évite les bus et prend plutôt un covoit'.

– C'est quoi le covoit' ?

– Tape Blablacar sur Google.

– Ok, je regarde. Je vais au *comidor*[80], je te laisse.

Je prends mon petit déjeuner, puis pars me baigner avec Pirlo. Le chef du Gang de Fès me pousse à faire les gestes

---

80. « Salle à manger. »

des bras et des jambes. Dans l'eau, je me sens libre, puissant. Quand mon corps baigne dans la mer turquoise, toutes mes douleurs se dissipent.

Vers quinze heures, de retour au camp, je me connecte au wifi. Un gars inconnu, « Rubis noir », m'a ajouté comme ami sur Facebook. J'accepte son invitation. Moins de dix secondes après, il me demande si je suis de Bonaloka. Comme je réponds positivement, il m'envoie une photo de Papi Oura et veut savoir si je le connais :

– Oui, bien sûr, c'est mon pote, pourquoi ?

– Il s'est noyé, il est mort, tu es au courant ?

– C'est une blague ?

Je ne comprends rien. Comment il est mort ? Où ça, il est mort ? Je vais sur la page de mon ami. Il était connecté jusqu'à treize heures trente. Pourquoi ce mec m'a contacté, moi ? On ne meurt pas comme ça ! Je regarde la page de « Rubis noir » : il a quelques photos avec Papi Oura. En voyant l'une d'elles où ils se marrent ensemble sur un terrain de foot, j'explose de rire. Quel roublard, ce Papi Oura ! À son air souriant, je comprends que c'est une blague pas drôle de mon pote. Il n'a jamais eu l'humour le plus fin. Il a monté une vilaine farce avec son voisin pour tester ma réaction. Bien tenté, mais c'est trop grillé.

Toute la journée je regarde mon téléphone mais il n'y a aucune réponse. Dans la barre de dialogue, le temps défile. « Déconnecté depuis 2 heures ». « Déconnecté depuis 3 heures ». « Déconnecté depuis 4 heures ». Là, je panique vraiment. Papi Oura ne se déconnecte jamais. À une heure du matin, ça fait douze heures. Ce n'est pas possible, il ne va pas me faire ça, il ne va pas mourir quelques semaines avant que je le retrouve. Non, il a dû se faire voler son téléphone. Je veille toute la nuit en espérant qu'il se connectera. Il ne se connecte pas. À huit heures le lendemain, il est « déconnecté depuis 20 heures ». Je reçois un nouveau message de « Rubis noir ». C'est une photo de Papi Oura sur une civière, dans une couverture de survie avec huit pompiers autour, et le lien vers un article de presse intitulé « Un jeune meurt noyé dans la Villaine ».

Mon âme fuit mon corps. Je perds l'équilibre. Mon cœur tambourine. Je tombe par terre. Je n'y crois pas. Je ne veux pas y croire. Comment c'est possible ? Je lui ai parlé hier matin. Il est vraiment mort, alors ?

Je ressemble à un fantôme quand j'annonce ça au camp. Jimmy me montre une vidéo d'un de ses potes de quartier, à Rennes, qui a posté un Facebook-live en pleurant. Il a appris la mort de Papi Oura. Pirlo, quant à lui, accède à une autre photo. On voit le corps de Papi Oura enveloppé dans un linceul. On distingue encore son visage, crispé, avec du coton dans les narines. Quatre hommes en noir sont en train de refermer la toile.

Il n'y a plus d'espoir. Mon pote Bâtiment, mon guide vers l'Europe, mon coach, mon mentor, mon ange gardien pendant toute cette traversée, mon ami qui s'était renommé Papi Oura le jour de son départ du Cameroun, est mort. Il est mort. Pourquoi Dieu est-Il si méchant ?

Je vois Polusson connecté sur Facebook. Je lui répète ce qu'on m'a dit :

– Polusson, j'ai parlé avec des gens qui sont avec Papi Oura à Rennes. Ils m'ont dit qu'il était mort, il s'est noyé. Et dire que j'allais le rejoindre dans quelques semaines ! S'il te plaît, Polusson, il faut que tu annonces ça à sa grand-mère.

– Si ça se trouve, il n'est pas vraiment mort. Il a juste perdu connaissance et il va se réveiller ? Je ne peux pas annoncer ça.

Je lui envoie la photo et le lien vers l'article.

Dix minutes après, mon téléphone sonne. C'est Polusson. Il pleure et me dit qu'il est avec la grand-mère de notre ami d'enfance. Je reconnais immédiatement ses sanglots. J'ai passé beaucoup de soirées chez eux, tu sais. Je la connais bien, cette femme. Elle l'a élevé comme son fils, avec les moyens du bord. Je ne veux pas lui parler, mais Polusson insiste. Il me dit qu'elle a besoin de m'entendre le dire. Alors je prends sur moi et je glisse ces mots horribles, ces mots hideux, la pire chose que l'on puisse dire à une personne qui a élevé un enfant comme son fils : « Bâtiment est mort. »

Elle gémit, bafouille, me pose plein de questions que je ne comprends pas. Je l'entends qui hurle et supplie Dieu que ce soit un autre, n'importe qui mais pas lui. Au pays, tout le monde me contacte sur les réseaux sociaux. Moi, je suis à Melilla, je ne sais rien. Ce n'est pas bon d'être celui qui annonce la mort.

Je pleure quatre jours et quatre nuits. Je sèche les cours d'espagnol, je n'ai pas la force de me lever. Je repense à tout ce que l'on a vécu ensemble avec Bâtiment, de notre naissance jusqu'à cette conversation, le matin de sa mort. Mes derniers mots : « Je vais au *comidor*, je te laisse. » Et voilà, je suis parti faire un tour à la salle à manger et il s'est envolé. J'étais chez lui tous les jours quand nous étions gosses : on regardait la télévision, les dessins animés et le foot, on se bagarrait, on se courait après. On a fait tant de choses. Ce qui le rendait fier, c'est le ballon. La vérité, c'est qu'il était bien meilleur que moi au foot. Il jouait meneur de jeu, c'était un 10 talentueux. Si tu savais combien d'argent il m'a piqué au *jambo* ! Il raffolait des sucettes glacées du quartier. En grandissant, c'était devenu un très beau garçon. Pas un gros dragueur, pas le genre de gars à aller à la rencontre des demoiselles sur un coup de tête. Il n'avait pas ce côté glissant, ce petit sens de l'humour et du compliment qui permet d'aborder les filles facilement. Mais quand il était en couple avec une fille, il pouvait tout faire pour elle. Il était parfois raide, mais tellement fidèle ! Tu as vu tout ce qu'il a fait pour moi ? Il m'a tout décodé et m'a donné les bons conseils au bon moment. Un ami rare, une force de la nature. Et dire que je n'ai même pas vu son corps. Il a été rapatrié au Cameroun. Si seulement j'avais pu le voir, le revoir un seul jour…

À Rennes, ils disent qu'ils vont faire une veillée sans corps à sa mémoire.

Nous décidons d'organiser la même chose au camp. Tout le monde est là, même les Kankannébas. C'est un bozailleur qui est mort, on est tous en deuil. On l'enterre à notre manière : on danse toute la nuit. C'est ce qu'on fait quand un ami meurt au Cameroun. Nous cachons plein de bouteilles de whisky dans les toilettes du camp. Chacun se recharge dès qu'il le veut. Cette nuit-là, je danse et bois avec excès, au point de tout vomir. Moutoumi me parle pour la première fois depuis cinq mois :

– Mon *Toomi*, je pense à toi et partage ta peine. Que la terre de nos ancêtres soit légère à ton ami.

Je le remercie avec les yeux mais, avant que j'aie le temps de lui répondre, il s'éloigne.

Les quinze jours qui suivent, je n'avale rien. Je n'ai aucun appétit. Je perds sept kilos, on voit tous mes os. J'en veux beaucoup à Dieu. Voilà un jeune même pas majeur et qui est déjà parti. Je connais son enfance, j'ai vécu la même. Un peu de bonheur, c'est trop demander ? Pourquoi l'arracher du grand monde alors qu'il venait à peine d'y entrer ?

Je revois toutes les photos de Papi Oura sur Facebook. Il adore les chemises à carreaux, il se donne un style bûcheron. Jc rcgardc à l'infini sur YouTubc lcs raps qu'il avait tournés. Je ne comprends rien, c'est du tapage pur et dur, mais ça me fait du bien de l'entendre cracher sa rage, je passe sa musique en boucle pour entendre le son de sa voix. Et puis je relis, en entier, notre fil de conversation Facebook. Je l'ai ajouté comme ami à partir d'Oran. C'est là que j'ai créé mon compte. C'était mon premier ami. Il me donnait déjà des indications précises sur le franchissement de la frontière entre l'Algérie et le Maroc.

La vie est dure. Tu vieillis beaucoup en une journée. Tu apprends que ton meilleur ami peut vivre à midi et mourir à midi une.

Après mon boza, je pensais que le monde était illimité, mais je découvre qu'il y a une barrière définitive, une frontière contre laquelle on ne peut rien. J'aurais tellement aimé le voir, le revoir en France, rien qu'une fois, me photographier devant la tour Eiffel avec lui et lui dire : Merci. Merci, mon ami. Merci, c'est grâce à toi que je suis ici. Je te dois tout.

On se reverra, on se reverra dans l'au-delà ; c'est sûr, il ne peut pas en être autrement. « Seuls les oiseaux traversent les frontières », m'avais-tu dit. Sois fort, sois fort, mon ami, et déploie tes plus belles ailes dans ton dernier envol. Au paradis, tu vas les éblouir.

Dans le *Grand Nbeng*

Deux mois se sont écoulés et je ne rêve plus. Je n'ai goût à rien, je bois chaque jour plus d'alcool. Ce soir, il y a un très grand brouillard. Au camp, c'est une journée inutile comme une autre. Au Tranquillo, je chauffe la piste de danse, siffle les bouteilles et mets l'ambiance avec Jimmy. À une heure du matin, nous rentrons et je m'endors. Quelqu'un me réveille dans la nuit :

– Hé, Petit Wat, tu entends ?

C'est Jimmy qui ameute tout le monde.

– Vous n'entendez pas la musique ? Tendez l'oreille ! Y a du boza dans l'air, les mecs.

Les cris retentissent distinctement maintenant. Aucun doute. On se dirige à la fenêtre et on se met à hurler : « Boza ! Boza ! Boza ! » Oh, je ne sais pas comment t'expliquer, rien que de prononcer ce mot ça m'émoustille. C'est un mot magique. Un mot sacré. Tu oublies tout, tu entres en transe. Tout le camp est à la fenêtre maintenant. On hurle et ce n'est pas seulement un cri nostalgique. L'entrée fait la sortie. Tu prononces ce mot et tu délires, tu te vois en Europe, la vraie Europe. Le grondement se rapproche. Boza !

Avec Pirlo, Jimmy et tout le Gang, on descend à la grille qui surplombe l'entrée du camp. Les Kankannébas nous rejoignent, les Guinéens, le clan des vieux, on est tous là, réunis dans une fête géante. Que de souvenirs ! Est-ce que Moutoumi est par ici ? Oui, je le vois. Il est en train de chanter avec Max. Tant pis pour les barrières, elles sont faites pour être franchies. Je m'avance vers eux et crie :

– Boza ! Boza ! Boza !

Moutoumi me répond :

– Boza ! Boza !

Max me fixe d'un regard maussade et s'éloigne. Il ne me pardonnera jamais. Tant pis. Avec Moutoumi, on se prend par le bras et on danse tous les deux, on fait les pitres, on grimace, on rattrape le temps perdu.

Les policiers accourent, bloquent la grille. Ils veulent empêcher les nouveaux arrivants d'entrer. Un gars arrive en courant.

Pirlo s'écrie :

– C'est Campagnard ! Le plus grand *slackman* de l'histoire ! Ça faisait douze ans qu'il était au Maroc !

Un petit bonhomme se présente, la quarantaine, noir très foncé, le crâne chauve, une tête toute ronde. Il est supercomique.

– Vous êtes combien ? demande Moutoumi.

– Dix mille ! hurle Campagnard. On va noircir l'Europe !

Il pousse des petits hurlements trop drôles. Moi, je me suis accoudé sur l'épaule de Moutoumi.

Ils sont cinq cents. On leur fait une haie d'honneur : « Boza ! » Je suis éveillé comme jamais, c'est une autre ivresse qui me chatouille, l'espoir d'entrer vraiment en Europe demain. On danse toute la nuit, tous mélangés. Je vois même Pirlo, Chacha et John Cool se déhancher ensemble sur les sons de DJ Arafat. Moutoumi chante face à moi « L'enfant béni », en changeant légèrement les paroles :

Soyez forts ; soyez toujours forts ; faut jamais baisser les bras
Yéyi oh léee ! Mon Toomi *c'est l'enfant béni de Dieu.*

Et pendant que la voix de mon ami illumine la chanson, je fais les plus beaux pas de rap coupé décalé. Le lendemain, je suis enfin appelé dans le bureau de la directrice. Elle me confirme que je pars deux jours plus tard et me donne un laisser-passer. C'est un document qui m'autorise à titre exceptionnel à prendre le bateau, puis le bus, pour me rendre dans un autre camp de réfugiés, à Barcelone, afin de désengorger celui de Melilla.

– Ne le perds pas, me dit-elle.

Qui perdrait un tel papier ? Il vaut de l'or. C'est le passeport du pauvre. Mais mon statut de cibleur ne me protège plus de rien : quiconque sait que je possède ce document va m'agresser. Je le place au milieu de mes noyaux sous mon caleçon, bien au chaud.

La veille au soir du départ, j'envoie un message à deux personnes pour les prévenir : Saïna et Moutoumi. À six heures et demie du matin, le jour J, je sors discrètement de la chambre. Devant la grille où le bus attend, seule Saïna est là. Je pleure instantanément. Chaque séparation me déchire les entrailles.

– C'est toi qui m'as appris l'espagnol, et qui m'as aidé à obtenir le laisser-passer. Comment te remercier ? Tu vas beaucoup me manquer. Le plus probable, c'est qu'on ne se reverra jamais.

– Ne dis pas ça ! Dès que tu auras tes papiers, tu reviendras me voir. Tu sais, tu m'as apporté beaucoup aussi, plus que tu ne le crois.

Elle me fait un bisou sur la joue, plus frais que le lait de coco. J'entre dans le bus qui doit nous emmener à l'embarcadère. J'ai fait deux pas à l'intérieur quand j'entends derrière moi une voix, essoufflée. Un petit bonhomme accourt en s'écriant :

– Mon *Toomi*, mon *Toomi* !

Je suis trop heureux qu'il soit là. Il est en pyjama, il porte sa combinaison seyante de la Croix-Rouge, celle que nous avons arborée ensemble si fièrement notre premier jour. Je voudrais reculer pour lui faire un câlin mais le chauffeur de bus refuse :

– Choisis : soit tu entres, soit tu sors.

Alors, séparé de moi, il me glisse de sa petite voix :

– Sois heureux, mon *Toomi*, et éclaire le monde : tu es né pour briller.

Il me connaît bien. Il sait que je suis tourmenté. Est-ce que je serai heureux un seul jour dans ma vie ?

On entre dans le bateau. Je ne parle à personne. À côté de moi, les Guinéens enchaînent les selfies. Tu vois comme la vie est étrange ? Je voyage en Européen et je suis triste. Un milliard d'Africains voudraient ma place. Sauf que je pars sans savoir où je vais. Jusqu'à présent j'avais une obsession, l'Europe. Et maintenant ? L'ami que je voulais retrouver est mort et j'ai l'âme en peine, j'ai laissé deux cœurs à Melilla.

À la sortie du bateau, nous montons dans le bus pour Barcelone. Le camp est en dehors de la ville. Je repasse par toutes les étapes habituelles. Un stand de la Croix-Rouge permet de se fournir en vêtements. Une dame, à l'accueil, me dit qu'on me donnera mes 200 euros dans quinze jours. Wow, 200 euros, pour moi ? La dame rigole :

– Chaque réfugié reçoit 200 euros. On est gentils avec vous ici.

Tu crois qu'ils sont généreux ? Moi, ça me fait penser à ce que j'ai vécu à Tiznit au Maroc. Les gens nous donnaient de l'argent pour que nous partions le plus vite possible.

Pendant les quinze jours suivants, je fais du tourisme. Le premier endroit où je vais, c'est le Camp Nou, le stade du FC Barcelone. Les entraînements sont gratuits, je m'y rends tous les matins. Je suis à quelques mètres à peine de Messi ! Les après-midi, je me pose près de l'animation, je regarde les gens, je mate les filles. Les Espagnoles sont sexy. Les jupes sont courtes, les décolletés plongeants et tu sens qu'elles sont émancipées d'une morale qui leur imposerait des tenues couvertes. Le soir, je vais dans les *ferias* et me mêle à la fête, comme n'importe quel touriste. La nouveauté du continent européen me redonne peu à peu le sourire.

Sur Facebook, les gens du camp me demandent où je suis et où je vais. Pirlo est furieux que je ne l'aie pas prévenu de mon départ. Je dis à Jimmy que je pars en Pologne, que j'ai un proche là-bas. On a bien rigolé et dansé ensemble, mais je ne veux pas faire ma vie avec lui. Oui, c'est du *jetage*. Je ne veux ni mafieux ni adeptes du *jambo* avec moi, sinon je ne changerai jamais. Quand tu connais la mentalité du camp, tu préfères être seul. Tous les bozailleurs veulent s'affirmer et te rabaisser, ce sont les plus grands casse-kiwis de la terre, avec leur grande gueule. Je n'attends rien du Gang de Fès, je veux vivre mon aventure pleinement, ça passe ou ça casse, mais ça dépend de moi.

C'est décidé, dès que je touche mes 200 euros je pars pour la France. Je vais commencer par saluer Paris, la capitale du monde.

De la sorcellerie dans l'air

Pour aller à Paris, j'ai choisi Blablacar comme me l'a conseillé Papi Oura, le matin de sa mort. Je sélectionne un trajet de nuit. Juan, le chauffeur de vingt-huit ans, nous a donné rendez-vous Plaza España.

Je m'installe à l'arrière avec deux filles françaises. Elles se tiennent la main, se caressent et s'embrassent. Je suis choqué ! Avoue, tu ne fais pas ça dans la voiture des autres ! Je n'ai jamais rien vu de pareil. Les Européennes sont sans-gêne. J'adore leur liberté, mais là ça va trop loin. De si belles filles, c'est vraiment du gâchis ! Je garde mes pensées pour moi, elles sont dans leur bulle et ça me va bien. Je réponds « oui » à la fille qui me demande si je suis un Erasmus sans savoir ce que ça signifie, j'appuie ma tête contre la portière et je m'endors comme un bébé. Quand je me réveille, le soleil est en train de se lever. Le chauffeur nous propose une petite halte pour prendre un café. On est à Bordeaux.

– Tu as bien dormi, toi, me dit l'une des filles.

Ça alors! J'ai franchi la frontière en dormant! Que l'Europe est douce! Nous approchons de Paris. Tu y crois! Me voici à dix kilomètres de la tour Eiffel. C'est fou!

Juan me dépose tout près du monument vers lequel je me dirige à pied. Je commence à sourire, la tour Eiffel est là, j'hallucine. Je la contemple. Tant de risques pris pour elle! La chasse était rude, mais quel trésor! Des Noirs vendent des petites tours devant la grande. Ils me dévisagent, mais je ne m'occupe pas d'eux. Derrière la tour il y a de grandes pelouses. Je m'assois avec délicatesse, j'entre au jardin d'Éden. Contempler la tour Eiffel une fois dans sa vie, pour un Africain, c'est comme aller à La Mecque pour un musulman.

Tout en elle m'attire: sa couleur, son scintillement et, surtout, son équilibre. Il y a une beauté géométrique dans ce chef-d'œuvre, elle crée une attirance féminine. Elle est canon, croustillante et croquante, j'ai envie de l'embrasser. Je prends des photos, des selfies, dans toutes les positions, sans prêter attention aux policiers. J'ai envie de pleurer. Je lui parle directement: « Belle Tour, je veux passer deux jours près de toi. » C'est sûr, c'est sous la tour Eiffel que Jésus-Christ a partagé son dernier repas. Cette tour a un caractère sacré, elle est divine, elle communique instantanément avec ton âme. C'est magique: si nous étions en Afrique, je parlerais de sorcellerie. Des Chinois me demandent de les photographier. Ils signent mon entrée dans le grand monde. Paris nous égalise, le monde entier célèbre la beauté.

Je reste bouche bée toute la journée. La nuit, je marche avec allégresse. Je cherche une boîte de nuit, sans succès. Tant pis, je préfère ne pas m'éloigner, j'ai trop peur de perdre la tour.

Devant moi, un homme entre dans un immeuble. La porte grince, comme si elle hésitait à se refermer. C'est un signe. Je glisse mon pied et entre au chaud. Sous la cage d'escalier, il y a un petit espace caché, où des poussettes ont été laissées. Je m'y faufile pour passer la nuit au calme. Le lendemain, je me lève aux aurores et repars saluer la tour. Je remonte sur l'esplanade et prends ma plus belle photo de tous les temps, devant une tour Eiffel qui scintille en bleu tandis que le soleil levant rougit le ciel.

Je veux tester le métro. Tout m'excite ! Pour acheter des tickets, il n'y a pas de guichets et je ne comprends rien aux machines automatiques. Derrière moi, un homme s'impatiente puis finit par m'aider. Je fais des tours de métro au hasard, comme un enfant au manège. La foule me réchauffe. En sortant, je me perds dans les labyrinthes. Il y a des panneaux « Sortie » dans tous les sens, mais je termine toujours dans une impasse. Je finis par suivre de loin quatre jeunes, et ce sont eux qui me conduisent dehors. Je déambule au hasard, trouve un cybercafé pour recharger mon téléphone et préparer mon itinéraire. Évidemment, je frime sur Facebook avec la photo prise devant la tour Eiffel. Le monde entier doit être au courant. C'est un triomphe. À moi la gloire, et tant pis si les autres en crèvent de jalousie.

Facebook me rappelle que je suis ami avec Papi Oura depuis un an. Tout est là, sa page Facebook est intacte. Sa grand-mère s'est créé un compte après son décès et laisse des commentaires tristes sous chaque photo, en s'adressant à lui au présent. Je relis nos anciennes conversations. Il me conseillait d'éviter Rennes et m'avait suggéré plusieurs villes. Je sélectionne la première qu'il avait citée : Quimper ! C'est sûr, c'est là que je vais ! Je demande de l'aide au patron. Médusé, l'homme me conseille de prendre le train gare Montparnasse. Il m'écrit sur un papier le trajet à suivre en métro. J'y arrive à treize heures, après plein de détours.

Une dame m'aide à acheter mon billet. Je prends aussi à manger, et ça épuise l'argent de l'Espagne. La gare Montparnasse est un lieu bien rempli. Les enfants courent dans tous les sens, on dirait un marché africain. Je ne comprends rien aux écrans qui indiquent les voyages. Quelqu'un me montre le train pour Quimper et me dit de descendre au terminus. Je grimpe dedans, et bientôt nous quittons la gare à grande vitesse. Je n'ai aucune idée d'où je vais. Je n'ai personne à retrouver. Ça sort comme ça sort. C'est Dieu la Force.

En boule sous un auvent

Avoue, je l'ai bien mérité, le droit de montrer aux Français ce que je vaux ! Tu connais beaucoup de personnes qui ont autant risqué pour ce pays ? La seule chose que je demande, c'est qu'on me donne la chance de faire mes preuves. Personne ne sera déçu de m'avoir dans son équipe. Faire pont entre l'Afrique et la France, voilà mon nouveau rêve. Mais si tu crois que c'est facile, que l'on récompense tes efforts et qu'on te déroule le tapis rouge, tu te trompes. As-tu déjà dormi dans une rue glaciale quand il pleut ? Non ? Eh bien, mon pote, c'est de cette manière que commence mon histoire avec la Bretagne. Bienvenue dans l'envers du décor.

Au sortir du train, je me demande où sont passés les gens, je découvre une ville morte. Le gouvernement a dû instaurer un couvre-feu, je ne croise personne dans les rues hormis deux Noirs qui me jettent quand je leur demande de l'aide. Les nuages bas et le clapotis de la pluie sur les pavés annoncent la fin du monde, un mauvais décor de manga. Je finis par retourner dans la gare déserte, je vais dormir ici et j'aviserai demain.

Un vélo permet de recharger la batterie de téléphone à la force de la pédale : je roule et me connecte à Facebook. Ma photo devant la tour Eiffel explose les records, j'ai 900 « j'aime » et 305 messages non lus, dont un de mon frère et une moitié écrite par des gens que je ne connais pas. Ils me demandent tous l'itinéraire vers la France et veulent connaître le réseau qui m'a transporté. À qui la tour Eiffel ne *chicotterait* pas le cerveau ? Si toi, tu as pu y arriver, pourquoi pas eux ? Voilà ce qu'ils se disent. Le problème, c'est qu'ils ne savent rien. L'itinéraire direct entre Douala et Paris n'existe pas. Que leur répondre ? Que le jeu n'en vaut pas la chandelle ? Impossible. Si tu dis ça, ils seront partis demain. Si tu expliques que c'est dur, ils penseront que tu les snobes, que tu veux l'Europe pour toi seul, et ils partiront pour prouver qu'ils sont costauds. Le mieux est encore de ne rien répondre.

Je suis en pleine lecture quand un agent de sécurité entre dans la gare pour la fermer. Il est minuit, je dois déguerpir de là. Dehors, ça souffle fort, le climat breton est horrible. Je marche dans la nuit, à la recherche d'un abri. À quelques foulées de la gare, un escalier descend vers un parking. La porte est fermée, mais l'escalier forme un rempart contre le vent, et le léger auvent abrite de la pluie. Je me blottis là. J'ai déjà dormi dehors, mais jamais frigorifié, sauf la nuit de la frappe. J'enfile tous mes vêtements espagnols, cinq T-shirts et un polo, mais ça ne suffit pas.

Comment te décrire le froid ? Tu trembles des pieds à la tête, toutes les parties de ton corps t'envoient des signaux de détresse, ça vibre. Tes dents grincent, elles claquent si vite et si fort qu'elles risquent de se briser. Tu te blottis et te serres contre toi-même. Tu entoures tes pieds de tes mains pour former une boule et te réchauffer, en glissant tes doigts dans tes chaussettes. Peine perdue, tu es paralysé par le vent glacial. Tu as trop peur de mourir de froid pour roupiller.

Je bouge dès cinq heures du matin, congelé et désespéré. Et dire que sur les réseaux sociaux, je suis un dieu ! Qu'est-ce que je fous là ? Papi Oura, pourquoi tu m'as envoyé ici ? Où sont les gens qui pourront m'aider ? Vers sept heures, je croise un homme âgé et l'interpelle depuis le trottoir d'en face. Il prend peur : avec mes couches de vêtements je parais louche. Je lui demande, de loin, s'il connaît un endroit où je pourrais m'abriter.

– Va à la police.

Il me montre le chemin. La femme à l'accueil du commissariat m'indique un lieu d'accueil pour SDF et me donne un plan. C'est la première fois de ma vie que j'entends ces mots. SDF.

À l'abri, il y a des gens assis, Blancs et Noirs. Jeunes et surtout vieux. Alors ça ressemble à ça, les lieux où l'on aide ceux qui n'ont pas où dormir ? Tu sais, le plus choquant, ce n'est ni leur odeur ni leurs vêtements sales. Quand tu les vois, tristes, seuls, un café devant eux, tu comprends que la société a broyé leur amour-propre. Un homme blanc âgé me dit : « Faut tenir le coup, petit, ça va aller, tu peux encore t'en sortir. »

La responsable de l'accueil de jour me reçoit tout de suite et me parle très gentiment.

– Quand as-tu mangé pour la dernière fois ?

Je me mets à calculer. Elle dépose sur la table un sachet de pains au chocolat. Le froid m'a affamé, je les dévore devant elle. Elle me dit de me resservir, et que l'on s'occupera ensuite de ma situation. Elle est choquée qu'un mineur soit à la rue. Elle m'amène elle-même au « Conseil », où, me dit-elle, on va m'aider.

Au Conseil

Le Conseil, je ne sais pas ce que c'est, mais Papi Oura m'en avait parlé et j'avais trouvé ce nom mystérieux. J'ai l'impression d'entrer dans une société secrète. Sur le trajet, la femme de l'accueil de jour m'explique que les mineurs en détresse sont accompagnés par la France, et le Conseil est l'institution chargée de les aider. Ça, c'est la théorie. Laisse-moi t'expliquer la réalité.

La dame entre avec moi et explique ma situation à la réceptionniste. Puis elle me laisse et je m'assois. Adossé au siège, je somnole, c'est le contrecoup de la nuit dehors. Un homme immense et très maigre passe par là et me crie :

– Hé, garçon, vous n'êtes pas chez vous, on ne dort pas ici.

Deux heures plus tard, le même homme reparaît accompagné d'un autre, bien gras, et me conduit dans une pièce où je leur fais mon récit. Ils me harcèlent de questions. Moi, j'ai sommeil et je rêve d'une douche. Je suis encore congelé, leur café chaud me fait envie mais ils ne m'en proposent pas.

Je commence mon histoire. Ce n'est pas simple, ça tire dans tous les sens : je n'arrive pas à finir une phrase.

– Pourquoi tu es venu à Quimper ?

Je parle des conseils de Papi Oura.

– C'est un passeur, c'est ça ?

Il me faut moins de trois minutes pour comprendre que l'exercice est impossible : les questions s'enchaînent comme des haies pour me faire trébucher.

– Pourquoi vous venez en France ? Pourquoi vous n'allez pas en Suisse plutôt ?

Je raconte que toute ma vie j'ai rêvé, fantasmé la France.

Une heure de répit. Ils demandent à un Ivoirien qui sort d'un rendez-vous avec son éducatrice de m'emmener manger avec lui au foyer des jeunes travailleurs. Je m'assois à table avec sa communauté, sans participer aux échanges. Ils parlent leur dialecte et je suis perdu dans mes pensées. Les toilettes me permettent de me débarbouiller. Je reviens à treize heures trente et l'interrogatoire reprend.

– Et tes parents, ils dorment ensemble la nuit ? Tu as plus ou moins de cinq frères et sœurs ? Tu es venu parce que tu veux devenir footballeur, je suis sûr !

Ils sont là pour m'énerver. Heureusement, je suis trop comateux, incapable de hausser le ton. J'ai froid et sommeil. À plein de questions je réponds « oui » pour qu'ils me laissent tranquille, sans même comprendre ce qu'ils me demandent. Eux, ils s'agitent en prenant tout plein de notes. À dix-huit heures, ils m'emmènent dans un hôtel. À l'accueil, ils expliquent qu'ils me logent pour une urgence et qu'ils régleront tout.

Le lendemain matin, je suis de retour au Conseil. J'arrive en avance, déterminé à être mielleux. Le grand passe devant moi pour boire son café et me demande comment ma nuit s'est déroulée.

– Impeccable ! Merci.

– Impeccable ? Wow, t'es surprenant, tu as beaucoup de vocabulaire.

– Merci, ça me va droit au cœur, dis-je, sincèrement.

– Tu as dit quoi ? Ça te va droit au cœur ? Ça signifie quoi ?

– Ça veut dire que ça m'affecte, ça me touche.

– Tu es très poli et tu parles très bien français. C'est impressionnant.

Ses encouragements me mettent en confiance. Hélas, dès l'arrivée de son collègue l'échange reprend la même forme que la veille. Le gras me lance :

– Vous croyez que c'est facile, la France, mais détrompez-vous. On ne fait pas ce qu'on veut. Vous devez respecter nos règles, et la laïcité s'applique aussi à vous. Nous ne vous laisserons pas islamiser notre pays. Tu es musulman, je suis sûr !

– Non, je suis chrétien, enfin je crois, mais les musulmans sont aussi mes frères.

Il hausse les sourcils, et me pose une série de questions sur ma traversée.

– Tu as réussi à parcourir le Nigeria et le Niger en un mois ? Tu as réussi sans argent ? Tu as mis seulement six mois à entrer en Europe ? Tu ne crois pas que tu mens ?

J'ai une pensée pour mon pote Jimmy qui a fait la route du Cameroun en Espagne en trois semaines. Bon courage à lui pour expliquer ça aux Français.

Quand je raconte que je me suis fait frapper et fouetter dans les ghettos, le gras réplique :

– Eh oui, tu n'es pas le premier à nous raconter ça. Nous on est trop gentils avec vous.

Quand je sors de mon entretien, je regarde tous les papiers collés au mur. Il y a plein d'informations sur les islamistes et ce qui se passe en Syrie. Derrière moi, j'entends le gras qui dit au grand : « Tu as vu, il sait lire ! » Je pars manger et retrouve Ivoirio, le gars dont je t'ai parlé, au même endroit que la veille.

L'après-midi, l'entretien reprend. Je comprends peu à peu que *j'ai le front du maquereau*. C'est une expression camerounaise pour dire que tout ce que tu fais est mal. Tu parles bien français ? C'est suspect. Tu sais lire ? C'est étrange. Tu es poli ? C'est louche. Les autres jeunes, disent-ils, ne parlent pas aussi bien que moi. Qu'est-ce que tu veux que je leur dise ? Je ne vais pas m'excuser de parler le français. Est-ce que ça a du sens de comparer mon niveau à celui des jeunes dont la langue maternelle est le peul, le bambara ou l'haoussa ? Le gras attaque très fort l'interrogatoire :

– Est-ce que tu as un compte Facebook ? Oui ? C'est quoi, ton identifiant ?

Je ne veux pas lui donner, c'est trop intime, un compte Facebook, c'est comme un journal personnel.

– Ah ! On ne pourra pas te garder si tu ne veux pas coopérer.

Je n'ai pas le choix, je lui donne mon compte. Il commence à regarder mes photos personnelles et les commente. Je suis très fâché, mais ça ne l'empêche pas de reprendre ses questions sur le Cameroun, en ricanant. Il me demande s'il y avait

« l'électricité dans ma brousse ». Ça m'agace de plus en plus ! Il y a près de trois millions d'habitants à Douala. Je lui répète que j'ai grandi dans une banlieue, pas une campagne.

– Tout ça, c'est le village, on va pas en faire un fromage. Bon, ça va, tu peux nous laisser.

Je sors et retrouve Ivoirio avec qui j'ai mangé le midi. On traîne devant un petit centre commercial où les jeunes se connectent, car le wifi de Célio est gratuit. C'est là qu'il me raconte comment ça marche si tu es pris au Conseil. Il est logé avec un Guinéen et ils vivent à deux dans une petite chambre d'hôtel depuis plus de neuf mois. On ne s'occupe pas de lui, il n'est toujours pas scolarisé et ne travaille pas, il passe sa journée à regarder des vidéos sur YouTube, à traîner en ville et à prier à la mosquée. Chaque fois qu'il a demandé quand on pourrait le scolariser, les hommes lui ont répondu : « Plus tard, on a trop de travail, reviens le mois prochain. » Au dernier entretien, ils lui ont indiqué qu'il avait plus de seize ans et que l'école n'était pas obligatoire. D'autres jeunes étrangers plus âgés vont en cours, pas lui, il ne comprend pas pourquoi.

– Si ça se trouve, ils n'ont pas d'argent pour nous envoyer tous au lycée ! lui dis-je.

– Tu rigoles ? Le Conseil paye 120 euros par nuit la chambre d'hôtel. C'est le gérant qui me l'a dit. Ça fait 3 600 euros le mois. Sur leboncoin, tu trouves des appartements de quarante mètres carrés pour 450 euros, avec douche, toilettes, cuisine, eau et électricité !

– Ça fait trente fois moins ! Ils veulent aider les hôteliers à faire fortune ou quoi ?

– Après, ils disent qu'on leur coûte trop cher. Les seuls qui s'en sortent, ce sont ceux qui vont dans les foyers. Là, il y a un accompagnement. Mais pourquoi certains y accèdent et pas d'autres ? Je n'ai jamais compris, c'est à leur bon vouloir, je crois.

Je lui raconte mes interrogatoires. Il me répond :

– Ah oui, ces deux hommes, ce sont des sorciers, des bouffeurs de chats. Mais tu n'as pas encore vu leur cheffe. Elle est pire.

Voilà quatre jours que durent les entretiens. Aujourd'hui c'est vendredi et on doit me dire définitivement si l'on pourra m'« accompagner ». Assis à l'accueil, j'entends des bruits de talons cogner sur les marches d'un escalier. Tac. Tac. Tac. C'est une machine à tuer qui descend. Une femme se présente, visage sec, sans rondeur. Immédiatement je me dis que cette femme fut belle dans sa jeunesse. Que lui est-il arrivé ?

– Monsieur, veuillez me suivre, s'il vous plaît.

Nous entrons dans son bureau. C'est la directrice adjointe.

– Bien. Monsieur, dans notre institution, nous prenons en charge les mineurs isolés. Toutefois, parvenus au terme de notre analyse, nous avons constaté que vous n'êtes pas mineur.

Je suis très étonné, j'ouvre la bouche, mais elle reprend :

– D'abord, nous constatons que vous avez un bon niveau en français. Vous parvenez à lire et à vous exprimer correctement. Vous utilisez des expressions comme « impeccable » ou « ça me va droit au cœur ». Votre vocabulaire n'est pas celui d'un mineur.

Alors ça! Papa, tu y crois! Je veux lui dire que c'est ma langue maternelle, mais elle ne me laisse pas m'exprimer.

– Ensuite, reprend-elle, vous êtes poli, vous dites bonjour et merci, il semble que vous connaissiez bien les codes sociaux français. Sur les réseaux sociaux, vous affichez une photo de Paris. C'est étrange pour quelqu'un qui n'a visité cette ville que deux jours. Nous pensons plutôt que vous êtes en France depuis un moment.

Ça me met en rage. Je peux facilement prouver l'inverse. Le boza a été filmé sur toutes les chaînes espagnoles, les vidéos sont nombreuses sur YouTube. On me distingue facilement et personne ne peut contester ma date d'entrée en Europe : il y a la preuve en image. Et j'ai, sur mon téléphone, des photos de l'entraînement du FC Barcelone qui datent d'une semaine. Et ma photo de la tour Eiffel, je l'ai partagée parce qu'elle m'a toujours fait rêver. Je veux lui expliquer, mais elle ne me laisse aucune chance :

– Jeune homme, la décision est prise, ça ne sert à rien de discuter. De surcroît, votre récit n'est pas crédible. Nous ne vous croyons pas quand vous prétendez que vous avez traversé le Niger sans argent.

Et pourtant c'est vrai. Qu'est-ce que tu peux faire contre ça ?

– Bien, dit-elle, je vais vous demander de signer ce document et de quitter les lieux. Vous ne retournerez pas à l'hôtel, ils ont interdiction de vous héberger dorénavant.

– Où je vais ?

– Ce n'est pas mon problème. Appelez le 115.

Je sors, abattu. C'est ça, la France ? J'ai un grave dégoût, comme un homme qui a désiré une femme de toute son âme, de tout son cœur, et qui se fait insulter et jeter comme un malpropre.

La bouteille ou la rue

Les clochards doivent choisir entre peste et choléra. Voilà comment j'ai encore préféré ce « choix » : dormir dans la rue, malgré le vent qui transperce, la pluie qui taillade et le froid qui assassine.

Je retourne à l'accueil de jour où j'explique ma situation. La femme blonde est là, toujours soucieuse d'aider. Elle cherche un hébergement d'urgence pour la nuit et appelle le 115. À Quimper : c'est complet. À Brest : aussi. Elle a finalement une réponse positive à Carhaix. Elle me donne deux cartes de bus, deux paquets de chips, deux paquets de pains au chocolat, dix bananes et un gros pull bien chaud. Quand je débarque là-bas, il est dix-neuf heures. Je tourne en rond. Je suis fatigué, je ne trouve pas. Par bonheur, je croise un clochard, un semblable, un *Toomi*, dirait Moutoumi. Je le suis, et c'est comme ça que j'atteins le dortoir. Il n'y a personne à l'accueil. Mon nom est écrit au-dessus d'un des cinq lits de la pièce. Il y a des toilettes, très crades, et un réfrigérateur. Mes quatre compères sont là, deux Blancs et deux Noirs. Ils sont tous âgés, autour de la cinquantaine, sauf un gars de vingt-sept ans. Ils parlent entre eux, sortent des bouteilles d'alcool et commencent à boire. Je n'avais pas pensé à l'alcool depuis mon entrée en France, mais rien que la vue de cette bouteille m'excite. Quand je pense à ma vie, j'ai envie de boire pour me cramer et oublier. Mais si je cède maintenant, je suis perdu.

Si j'arrive à tenir une nuit sans alcool, c'est grâce à Ivan, le gars de vingt-sept ans, Centrafricain et demandeur d'asile. Ça fait six mois qu'il est là. Il prend soin de moi, me montre comment ça fonctionne et m'encourage à être fort. Je lui parle de ma situation, il me dit que c'est la vie. Si j'ai accepté de venir ici, je dois supporter ça. Tous les jours, depuis six mois, il est déplacé dans un autre centre du département, selon les places disponibles. Hier il était à Morlaix, avant-hier à Concarneau.

Il me parle de sa vie. Il a fui la guerre dans son pays. Il est entré par la Libye en Italie, où ses empreintes ont été relevées. Ses amis devant lui se sont brûlé les doigts pour empêcher leur enregistrement, mais lui a manqué de courage. Quand ils sont entrés en France, eux ont obtenu l'asile, mais pas lui. La préfecture lui a dit qu'il était « dubliné[81] », que seule l'Italie pouvait examiner sa demande. L'ennui c'est qu'il ne

81. En vertu des accords de Dublin, les demandeurs d'asile ne peuvent formuler leur demande que dans le premier pays européen de l'espace Schengen où leurs empreintes digitales ont été relevées. Un « dubliné » est un demandeur d'asile en France dont les empreintes ont été relevées préalablement dans un autre pays européen. Il doit en principe retourner dans cet autre pays européen pour que sa demande soit examinée.

parle pas un mot d'italien et qu'il ne connaît personne là-bas. Il s'est rendu à la Cimade, une association protestante, pour demander de l'aide. Il veut rester avec ses amis à Brest. Tu dois le comprendre : il a tout quitté ; ses potes et la langue française, ce sont ses derniers repères. Une avocate lui a expliqué que, s'il vivait un an en France, la règle de Dublin ne s'appliquerait plus et que sa demande pourrait être examinée ici. Alors il s'accroche. Il lui reste encore six mois à tenir, expulsable à tout moment. Ensuite, il pourra demander l'asile en France. C'est la vie.

Le lendemain matin, je repars pour Quimper. J'ai eu la nausée toute la nuit. Si je dors encore une nuit ici, je vais boire, c'est sûr ; je préfère dormir dans la rue. Je me pose devant le petit centre commercial pour tuer le temps et guetter. On ne se refait pas : j'observe et admire les filles qui entrent. Elles sont douces et sensuelles. Elles exposent moins leurs formes qu'en Espagne, mais il y a, chez les Françaises, une tendresse que je n'ai jamais vue avant. Les couples sont ensemble, ils se tiennent par la main, l'épaule ou la hanche sans complexe. Les filles assument, les relations ne sont pas cachées. Elles ne sont ni provocantes comme en Espagne ni invisibles comme au Maghreb. Évidemment, tout le monde est propre. Quatre jeunes sur cinq portent des vêtements à la mode. La virgule s'exhibe sur toutes les chaussures des garçons : j'ai envie de leur couper le pied.

Avec Ivoirio, on passe la journée devant ce centre commercial, et on parle de tout et de rien : du Conseil, qui casse les jeunes ; de l'Afrique, qui ne nous a pas trouvé de place ; de l'Europe, où nos rêves se fracassent ; de nos familles, qui ne comprennent rien et s'attendent à ce qu'on leur envoie des millions d'euros ; de nos vies, qui ressemblent à des balles de ping-pong, frappées et renvoyées de toute part, malgré nos rebonds ; de cette ville morte, sans ambiance, sans musique et sans partage ; des gens d'ici, qui sont riches et pourtant semblent toujours tristes.

Quand tu es dans la merde, tu ne manques pas de dénigrer les Français de ton âge, c'est humain. Ivoirio et moi, nous nous trouvons beaucoup plus hommes qu'eux. Même les enfants africains de trois ans sont plus affirmés. Pour tout te dire, je les trouve efféminés. Ça me saute aux yeux, les gars ne se défendent pas quand on insulte leurs mères : ça me choque ! Quand tu viens d'arriver, tu as encore en toi ta mentalité. J'essaye de comprendre. Pourquoi sont-ils si craintifs ? Il me faut moins d'une journée pour comprendre ce qu'il y a de bon dans cette douceur : aucune bagarre, pas de violence, pas de séquelles et pas de rancœur. Rien qui va déranger les commerçants, casser les services ou insulter l'avenir. Ça caractérise vraiment l'Europe.

La soirée arrive ; mes compagnons partent manger sans moi. J'entre dans le centre commercial et avale difficilement un pain au chocolat et une banane. Dans ces moments, tu déprimes à mort. Tu regrettes d'avoir quitté tes proches pour un monde mystérieux qui devient amer. Tout ce qui était beau devient flou ; tout ce qui était savoureux n'a plus de goût. Tu perds l'appétit de la France avec lequel tu as grandi et respiré, cette épice que tu as sentie depuis un autre continent. Tu regrettes même d'avoir engueulé ceux qui tenaient des discours haineux sur l'oppresseur colonial au terrain de football de ton quartier.

Il est dix heures du soir et je commence à avoir froid, dehors, devant le centre commercial qui vient de fermer, quand un bus vide passe devant moi. J'entre et demande au chauffeur jusqu'à quelle heure il roule. Il répond minuit. Alors j'enchaîne les trajets, de terminus en terminus. Le chauffeur m'épie dans son rétroviseur, mais ne dit rien. J'emmagasine de la chaleur et tourne dans les communes de la banlieue de Quimper sans penser à rien. De retour devant le centre commercial à minuit trente, je retrouve mon « abri » du premier jour. Il fait un froid de canard. Malgré l'auvent, la pluie tombe sur moi. C'est impossible de dormir. Tu médites seulement. À cinq heures du matin, je vais à la gare. Elle vient d'ouvrir, des femmes font le ménage. Je charge mon téléphone en faisant du vélo. Je me connecte au wifi, j'écoute « Avant qu'elle ne parte » de Sexion d'Assaut, une chanson sur la maman. Je revisionne les images de mon boza sur YouTube. J'en ai besoin, pour mon amour-propre.

Mes journées se répètent à l'identique, entre le centre commercial, les bus, la pluie et la gare. Mon seul espoir vient d'un monsieur blanc aveugle de soixante ans qu'Ivoirio m'a fait rencontrer. Il me donne 15 euros et contacte une avocate. Il me dit qu'il s'en moque de savoir si je suis Beau ou Moche, Grand ou Petit, Blanc ou Noir. Tout ça n'a aucune importance. De toute façon il ne voit rien, pour lui tout le monde est noir ! Il est le premier Français qui me réconforte, il regarde avec son cœur. Il ne peut pas m'accueillir chez lui car il héberge déjà deux jeunes, mais il m'apporte deux couvertures bien chaudes qui me permettent de dormir un peu les nuits suivantes. Surtout, il me dit d'aller mardi après-midi à l'ASTI, une association où des gens pourront m'aider.

Le lundi, je retourne à l'accueil de jour pour me réchauffer. Je refuse de retourner au 115 mais accepte que la femme blonde m'inscrive au Resto du cœur pour le soir. Quand tu arrives là-bas, dans une petite pièce à côté d'une salle de spectacle, tout est déjà servi sur une table. C'est là que je découvre les gens que les Français appellent les SDF. Dans le français de France, on ne nomme jamais la réalité en face. Tu ne dois surtout pas dire un « clochard » ! Tu n'améliores pas la dure vie de ces hommes, tu adoucis la façon dont tu les désignes. Tu te donnes bonne conscience, mais eux, ça ne leur sert à rien. Au Resto du cœur, je suis assis à côté d'un homme blanc de quarante ans, Patrick. Il est costaud et porte plein d'habits sur lui. Il a les cheveux crépus, décolorés par la saleté. Bien sûr, il ne sent pas la rose, mais moi aussi je pue. Il veut me donner sa part de poisson. Il n'a rien, mais il le partage quand même.

On discute avec les deux femmes bénévoles, nous partageons le repas. Le fait d'être entouré me réconforte, je n'avais aucun appétit à manger seul. Patrick dit tout le mal qu'il pense des politiciens.

– Ils s'en foutent de nous. Ils baissent l'impôt des milliardaires et se vendent aux multinationales ! Et le pire, c'est qu'ils vont venir m'expliquer que si je vais mal, c'est à cause de toi !

– Ah bon ? dis-je, étonné.

– Oui, tu leur es très utile. Ils vont dire au bon peuple que si les gens vont mal c'est ta faute, toi l'immigré, et pas la leur, eux les riches qui s'engraissent.

J'ai couché dans la rue pour éviter l'alcool. Patrick aussi, il dort dehors. Lui, c'est parce qu'il ne veut pas se séparer de son chien ; et les animaux ne sont pas autorisés au 115. Ensemble, ils ont une complicité, une sensibilité. C'est si cruel de demander à un clochard, s'il veut dormir au chaud, d'abandonner le seul être vivant qui le comprend et lui apporte du réconfort.

Le lendemain, dans l'après-midi, je pars à l'ASTI, comme me l'a conseillé le monsieur aveugle. Trente personnes attendent. Nous avons tous le même visage, celui du désespoir.

Choc de culture

Pour un jeune Africain, la France ressemble à des montagnes russes : tu descends très bas et tu montes très haut, alternant tourment et réconfort, angoisse et sérénité. Il y a des gens fantastiques en France, j'avais déjà rencontré le monsieur aveugle, et c'est maintenant une dame à l'accueil de l'ASTI qui va tout changer. Elle me reçoit immédiatement : j'ai l'allure d'un prioritaire. Cette grande rousse d'une soixantaine d'années m'écoute d'une oreille attentive tandis que je raconte péniblement mes mésaventures et mes nuits dans les rues de la ville. Après une semaine dehors, je suis à un point de bascule. Mon corps est lourd, chaque pas est raide, comme si des boulets de cinquante kilos étaient accrochés à mes pieds. De l'intérieur de mes yeux suinte un liquide crasseux qui les colle tellement à mes paupières que je ne parviens même plus à les ouvrir en entier, je dois ressembler à un mort-vivant. Cette femme qui me parle est courageuse : je prendrais la fuite, je suppose, si je me voyais dans un miroir.

Quand j'ai terminé mon récit, elle me dit :

– Je t'emmène chez moi. Tu vas prendre une bonne douche, manger et dormir, et on va voir comment t'inscrire en cours et tout le reste demain. Ça va aller mon petit, c'est fini, c'est fini.

Elle laisse ses collègues en disant qu'il y a une « urgence », m'embarque dans sa voiture et m'amène chez elle, un petit pavillon de la banlieue de Quimper. Même comateux, je comprends que c'est fou ce qu'elle fait pour moi. Elle me présente à son mari, me donne des vêtements et un pack complet pour me laver. Elle me présente une belle chambre bien chaude – celle de son fils qui vit à Paris – avec un lit tellement immense que je peux rouler sur moi-même sept fois dedans. Je me douche plus d'une demi-heure. Après six jours sans me laver, j'ai l'impression que même mon sang est sale. Je dors vingt heures d'affilée. J'étais vraiment mal en point. Cette femme m'a sauvé la vie. Le lendemain, elle vient me réveiller vers midi, pour me dire que ce sera bientôt l'heure du déjeuner. Elle s'appelle Lucienne, elle a une voix douce et mélodieuse. Elle héberge déjà un Ivoirien, Mousse, et elle nous materne, tu sens qu'elle est enchantée de pouvoir aider des jeunes. Le plus drôle, c'est qu'elle nous protège et organise nos journées comme pour des enfants français.

– Il faut lire, venez, venez, c'est l'heure de la lecture. Les garçons, il y a un rayon de soleil, allez jouer dans le jardin avec les balles et les raquettes. Faites attention à ne pas vous salir. Les enfants, on va ramasser les framboises. Les p'tits gars, vous avez le droit à une heure d'ordinateur…

Tout est balisé, organisé, sécurisé. Tu imagines le choc de culture ? Je comprends mieux les comportements de bébé des jeunes Français. Ils sont dorlotés ! Quelle chance ! Chez Lucienne, je cicatrise. Mousse accepte bien mon arrivée. Il vit là en permanence depuis un an et demi. C'est une vraie relation mère-fils. Avoir la compagnie d'un autre jeune pour cueillir les framboises l'enchante.

On part au jardin chasser des taupes avec Lucienne et son mari. Tu n'as jamais fait ça ? Il y a des trous, une entrée et une sortie. Tu bouches le trou de sortie, et tu mets de la fumée dans l'entrée pour forcer la taupe à sortir. On fait ça en Afrique en brûlant des feuilles de bananier que l'on allume avec un briquet. Je rêve d'attraper la taupe et de la pendre. Je ferais coup double : je leur serais utile tout en restant un vilain garnement. C'est peine perdue : les taupes sont plus fortes. Dans le jardin, elles ont creusé, dans l'ombre, un véritable réseau souterrain et parviennent à s'échapper sous notre nez.

Lucienne parle tout le temps d'une femme : Soizig. Il y a un sujet juridique ? Un problème matériel ? Un souci familial ? Une occasion éducative ? Il faut appeler Soizig. Mais qui est donc cette Soizig ? Elle travaille à la mairie ? Au Conseil ? « Non. »

Lucienne me dit : « C'est une petite femme toute simple qui fait des actions incroyables. C'est le moteur du réseau. »

Je reste chez Lucienne pendant deux semaines. Il y a tout ce qu'il faut, sauf de la viande. Elle est végétarienne.

– Nous, les Africains, nous sommes les plus grands écolos de la terre, on est végétariens malgré nous ! lui dis-je un jour, amusé.

Puis elle m'informe que je vais partir dans une autre famille. Pour ne rien te cacher, je ne veux pas partir, mais je comprends que je n'ai pas le choix. Ce n'est jamais rigolo de revivre une rupture. C'est ainsi que j'arrive chez Fernand et Marie-Christine, deux jeunes retraités, anciens médecins.

Rien qu'à la façon dont ils se tiennent droits, tu sens que ce sont des gens importants. Ils sont ravis de mon souhait d'aller au lycée et font toutes les démarches. Le lendemain de mon arrivée chez eux, ils m'amènent au Centre d'information et d'orientation pour évaluer mon niveau. Je suis très agacé quand ils disent que je dois être inscrit en seconde : j'ai déjà suivi presque en entier cette année-là au Cameroun. Je conteste en vain : le monsieur les convainc que je ne suis pas bon en français, et que je vais me planter au bac en fin d'année si je passe en première. Ah bon, je n'ai pas le niveau en français ? Il faudrait dire ça au Conseil !

Fernand se démène pour mener toutes les démarches auprès du lycée et fait le pied de grue devant l'inspection académique pour accélérer mon inscription. Il se décarcasse pour m'obtenir une carte de transport et me conduit à l'assurance maladie pour remplir les formalités en matière de santé. Il m'explique que ça me permettra d'acquérir une carte pour me soigner gratuitement à l'hôpital ou chez le médecin. Je n'en reviens pas ! C'est gratuit de se soigner ? Il m'explique comment fonctionne la Sécurité sociale, qui permet aux femmes et hommes de bénéficier d'un salaire au chômage, d'une pension à la retraite et d'une prise en charge des frais de santé. C'est la plus grande idée dont j'aie entendu parler de toute ma vie. Les présidents africains devraient en prendre de la graine. Il n'y a pas de honte à copier ce qui marche.

– Même les étrangers peuvent en bénéficier ?

– Oui. Tu pourras accéder aux soins dans trois mois. On ne le fait pas pour toi, on le fait pour nous. Si tu ne te soignes pas, tu vas être contagieux et propager les maladies.

Tu sais ce qui est dur ? C'est que tu ne peux pas toujours exprimer tes désaccords ou tes émotions quand des gens t'hébergent gratuitement, tu n'es pas en situation de discuter. Je me vexe terriblement le jour où je vois Marie-Christine fouiller mon sac. Ça leur arrive aussi de raconter toute ma vie à leurs amis qui viennent manger. Ils me prennent pour une bête de foire ou quoi ? J'ai le droit à la dignité. Et surtout, chez eux je me sens presque en prison ! C'est bien de me donner des repères, mais il y a trop de règles à respecter. Le téléphone doit être déposé à l'entrée de la maison, on n'a pas le droit de le consulter le soir quand on mange, et on doit goûter la nourriture même quand on n'aime pas, même le fromage qui pue. Je ne dis rien : j'avale, puisque je n'ai pas le choix, et me fais vomir quelques minutes plus tard. Personne ne peut me forcer. Le pire, c'est quand, à vingt-deux heures, Marie-Christine éteint le wifi. Mais c'est un crime ! Comment peut-on faire ça à des jeunes ? Enfin, je ne supporte pas quand Fernand commente ma tenue, et pourtant il ne s'en prive pas :

– Non, ne mets pas ça, il y a un trou dans ton pantalon au niveau du genou, c'est vulgaire, me dit-il quand je porte les vêtements que je préfère. Je dirai à Soizig qu'on doit être vigilants sur votre tenue.

Lui aussi parle de Soizig ! Je commence à être agacé ! Qui est donc cette femme qui a autant de prise sur ma vie ? Pourquoi tout le monde me parle d'elle ? On dirait qu'ils veulent tous son parfum.

Tu trouves que je suis idiot de critiquer les gens qui me soutiennent ? Et encore, je ne t'ai pas parlé de nos disputes sur le forfait de téléphone et l'argent de poche. Mais ne te méprends pas. Je sais combien ils me portent, je veux juste que tu comprennes que tout n'est pas noir ou blanc, et que ce n'est pas simple, pour moi qui erre depuis plusieurs mois, de m'habituer à un mode de vie plus normé. Pour moi qui ai obtenu tout ce que j'ai en me battant, c'est dur de ne plus batailler.

Non seulement mes hôtes ne me lâchent pas, mais ils me font même une magnifique surprise : un soir, Marie-Christine rentre avec toutes les fournitures scolaires. Des feuilles simples, doubles, petit format, grand format, des cahiers, des crayons, des stylos et même un compas ! Tout ce dont un élève peut avoir besoin. Je pleure d'émotion, je n'ai jamais eu ça au Cameroun. Je ne m'en remets pas. Tu te rends compte, il y a une gomme et de la colle ! C'est grand luxe. Cette femme est magique. Elle m'annonce que le lendemain, jeudi, je vais rencontrer le proviseur, et que je commencerai les cours à partir de vendredi. Une petite boule me chatouille le ventre. Je crois qu'on appelle ça l'espoir.

En neuf mois le Conseil n'a pas scolarisé Ivoirio. Ces femmes et hommes ont mis trois semaines pour obtenir mon inscription. Maintenant, je suis au milieu des figures de Dieu. Mais ce n'est pas une raison pour me forcer à bouffer du fromage.

Villageois en métropole

Tu crois aux miracles? Je ne sais pas comment nommer autrement ma rescolarisation. J'arrive au lycée trente minutes avant le rendez-vous, je veux profiter de l'instant. On me fait patienter. Soudain, un homme au visage sérieux, sans lunettes, s'approche et me salue. Il est le proviseur du lycée. Déjà, je n'en reviens pas. Le proviseur lui-même me reçoit? De toute ma scolarité au Cameroun, je n'ai jamais échangé avec un personnage si important. Nos interlocuteurs, ce sont les surveillants qui prennent notre argent. Le proviseur me précise les règles du lycée, sans hausser la voix, et m'annonce que le lendemain il viendra lui-même m'accompagner et me présenter à la classe. C'est fou! Qui suis-je pour que le proviseur prenne sur son temps et se déplace pour m'emmener en salle de classe?

– Vous aurez de bonnes conditions d'études ici, jeune homme.

Quand il me raccompagne en bas de l'escalier, j'ai l'impression d'être un diplomate.

Le vendredi matin, très tôt, c'est le moment le plus fatidique de ma vie en France : ma rentrée des classes ! C'est le deuxième plus beau jour de ma vie après le boza. Je souris, chante et danse tout seul dans la rue. J'aimerais appeler mes parents, leur envoyer une photo de leur fils, pour leur permettre de savourer ce moment à distance. Sur la route, je me délecte de ce vent breton qui me pénètre et me transporte, de ce petit crachin qui me chatouille et me galvanise. J'arrive à huit heures vingt, pour humer l'ambiance du lycée avant le début des cours à neuf heures. Entre la France et le Cameroun, c'est le jour et la nuit. Dans le hall, aucun surveillant n'oppresse les élèves, filles et garçons rient en groupe, insouciants. Tu plonges dans un monde doux qui te caresse, te lèche et te donne envie de l'embrasser. Je fréquente l'école en France ! Tu es sûr que c'est vraiment moi qui te parle ? C'est dur d'y croire. Merci, Seigneur, et pourvu que ça ne s'arrête jamais. À huit heures quarante-cinq, je frappe à la porte du bureau du proviseur. Comme convenu, il me donne mon emploi du temps et nous nous rendons en classe. Il me tient par l'épaule, comme un père accompagne son fils au jardin. C'est un cours de géographie avec la professeure principale ; elle me dit de prendre place où je veux. Je me dirige vers le fond.

Un garçon, Robin, me propose : « Tu peux t'asseoir avec nous », désignant une place libre à côté de lui.

Quand j'entre, je ne sais pas à quoi m'attendre. Je suis rempli de préjugés et j'ai peur d'être jeté. Après être passé par le Conseil, tu as une mauvaise image des Français. Est-ce que ma couleur de peau va les déranger ? Robin, en une réplique, fait tomber les clichés. Il multiplie les petits gestes, partage son livre et me propose de prendre son cahier pour photocopier les cours que j'ai manqués.

Ce n'est pas dur de constater que les cours en France n'ont rien à voir avec ceux d'Afrique. Tout est projeté grâce à Internet haut débit. Le cours d'histoire-géographie ne se donne pas en dictée, il s'explique et se comprend. Ce jour-là il porte sur l'agriculture au Brésil et tu sens que la professeure connaît bien son sujet : elle cherche à intéresser les élèves et fait des comparaisons avec l'agriculture en Bretagne. Comme devoir, nous n'avons pas à réciter bêtement des choses apprises par cœur. Non, nous devons faire des recherches à la maison, en nous appuyant sur les livres et le CDI. Internet est autorisé, mais attention à la fiabilité des sources ! Je suis tout étourdi, comme un villageois qui débarque en métropole.

Pendant la petite pause, Gaël vient me voir. C'est un jeune gars de ma classe, toujours souriant, avec un grand cœur qui dépasse largement sa taille.

– Tu sais, moi je ne suis pas non plus de Quimper, me dit-il. Je suis de Locunolé. C'est un village qui comporte plus de vaches que d'habitants !

On rigole. C'est une *punchline*. Il a beaucoup de finesse et d'autodérision. D'autres garçons de la classe nous rejoignent et surenchérissent :

– À Locunolé, il y a trois aéroports, déclare Colin.

– Ah bon ? dis-je, surpris.

– Mais non, il dit n'importe quoi, c'est de l'ironie, rectifie Robin.

– Déjà, il faudrait commencer par construire les routes pour les voitures, ajoute Gaël, amusé.

Le midi on mange au self, ils m'expliquent comment tout fonctionne. Je suis très surpris par le langage de mes nouveaux potes. Les insultes comme « nique ta mère », « fils de pute », ou « putain de merde » coulent de leur bouche comme l'eau dans leur salle de bains. Au Cameroun, ils mettraient leur vie en danger. Ce sont des mots violents, prononcés sans méchanceté. Les enfants doux jouent les durs, mais personne n'est dupe. En sortant de la cantine, je veux jeter tous les détritus dans la poubelle, mais Gaël m'explique que je dois faire le tri.

– Tu places ce que tu n'as pas mangé ici, comme ton pain. Le lycée le donnera à des personnes qui ont faim.

Je n'avais jamais compris à quoi ça servait. L'écologie, pour moi, c'est la préoccupation des Occidentaux pour les Blancs qui naîtront demain, quand des Africains bien en vie crèvent de faim sous leurs yeux. Quand Gaël m'explique que mon pain sera donné aux Restos du cœur, ça devient plus concret. C'est grâce à eux que j'ai mangé il y a trois semaines.

L'après-midi, nous avons cours de français. La prof parle de *Boule de suif*, dans un immense brouhaha, quand un surveillant entre dans la classe avec un mot pour moi. Je dois aller chercher mes livres au CDI. Je suis très gêné :

– Vous devez faire erreur, je n'ai pas payé les livres.

– Non, c'est gratuit, répond l'enseignante.

– Gratuit ?

Toute la classe se marre. Oui, c'est gratuit. Un truc de fou !

Baiser du matin

Nous sommes, Fernand et moi, dans le hall du lycée, pour faire le point avec le proviseur sur ma première semaine de cours, quand une femme de petite taille ouvre la porte du lycée. Tout de suite je me dis : « Voilà Soizig. » Je ne l'ai encore jamais vue, mais j'en ai tellement entendu parler ! Une femme avance timidement, souriante. Son regard est généreux, sa chevelure argentée et son poignet fin comme une madeleine. Elle salue deux autres jeunes au passage, se pointe devant nous, claque la bise à Fernand, serre la pince du proviseur, et arrive à moi. Elle m'embrasse directement et me frotte le dos, comme une lionne protège son lionceau. Une connexion automatique s'installe. Tu comprends qu'elle ne joue pas, elle est authentique et t'enveloppe de son instinct maternel au premier geste. Tu la prends au sérieux tout de suite. Elle me dit que j'irai chez elle la semaine suivante.

Quand elle s'éloigne, je suis abasourdi, je n'avais jamais rencontré une personne qui pouvait dégager autant de chaleur si vite.

Elle vient me chercher le dimanche suivant chez Fernand et Marie-Christine. Dès qu'elle arrive, elle nous embrasse tous les trois et me dit :

– Roland, mon mari, t'a préparé un petit repas, poulet et pommes de terre, ça devrait te plaire !

Dans la voiture jusqu'à son domicile, elle reçoit trois coups de fil de jeunes. Je l'entends répondre patiemment à toutes les questions, sans jamais jeter personne. Elle s'inquiète aussi pour moi. Est-ce que j'ai besoin de quelque chose ? Est-ce que je dors bien ? Est-ce que tout le monde s'est bien comporté avec moi ? Nous arrivons devant la maison. Roland son mari et Noémie sa fille sont présents pour m'accueillir.

– Voilà la maison, fais comme chez toi, me dit Soizig.

C'est une maison calme, un peu à l'abri, dans une ville qui jouxte Quimper. La bâtisse est simple, à l'image de mes hôtes, tu sens qu'ils se moquent du grand luxe, mais c'est une maison qu'ils ont construite eux-mêmes et qui inspire : il y a beaucoup de vie. Je remarque un jeu de fléchettes à l'entrée et un coin derrière la table où les bébés peuvent gambader. Ce sont des grands-parents. Il y a plein de livres dans des étagères fabriquées à la main, des photos de leur vie et de leur famille. Roland me souhaite la bienvenue, tout souriant. Il a un air farceur, toujours prêt à lancer une blague pour détendre l'atmosphère. C'est un grand monsieur barbu qui en impose par son gabarit. Il me montre ma chambre et me propose de m'installer tranquillement. Quand je serai prêt, je pourrai redescendre prendre un jus et trinquer à mon arrivée. Une heure plus tard, nous mangeons tous les quatre. Leur fille de trente ans est de passage et il y a beaucoup d'ambiance pendant le repas. C'est comme si je n'étais pas nouveau dans la maison. Ce soir-là, on ne me force pas à manger. Si tu n'aimes pas, tu ne manges pas. C'est Égalité, Fraternité et même Liberté.

Chaque matin je me lève, je prends ma douche et je descends. Tout est déjà prêt, Soizig a préparé un chocolat au lait et une crêpe au caramel. Quand j'arrive au salon, elle me fait un bisou pour me dire bonjour. Tu te rends compte ? Un bisou ! Ce baiser, il n'a pas de prix. Je me sens comme un membre de la famille. Au Cameroun, le bisou s'arrête à trois ans, on embrasse les bébés pour qu'ils ne pleurent pas. Ce baiser fait plaisir, il prouve qu'on a changé de continent. Il galvanise, motive et rassure.

Soizig est une ancienne infirmière, jeune retraitée, qui occupe ses journées à prendre soin de nous. Elle fait dix allers-retours en ville par jour et règle tous les problèmes. Aux barrières nouvelles créées par l'administration elle trouve des réponses et les franchit. Roland, quand il rentre du lycée où il enseigne, me propose de bricoler ou jardiner avec lui. Chez eux, je vis comme un prince, avec leur amour qui vaut tout l'or du monde. Quel adolescent ne rêverait pas de cette vie-là ? J'ai déjà envie de leur demander si je peux rester chez eux pour toujours, mais je n'ose pas.

Le week-end suivant, trois jeunes qui se sont fait jeter par le Conseil arrivent à la maison et Soizig active ses réseaux pour trouver des hébergements dans des nouvelles familles ou des colocations. Elle consulte un tableau Doodle et multiplie les appels. L'un des jeunes est très autoritaire, brutal, il réclame de l'argent et jette les vêtements qu'on lui donne parce qu'ils ne sont pas à la mode. J'ai peur que Soizig se fasse dévorer.

Pourquoi vient-il tout gâcher ? Si l'un des jeunes se comporte mal, il met les autres en danger.

Je me trompe quand je crois mon hôte vulnérable. Tout en lui donnant autant d'amour qu'aux autres, elle se défend à sa manière. Quand il dit : « C'est pas bon », elle lui répond : « Alors tu vas m'apprendre à cuisiner. Montre-moi comment préparer des bons plats de chez toi. » Le gars est pris à contre-pied : il voulait jouer le dur, il se retrouve à faire la cuisine. Quand il réclame de l'argent, elle lui dit que pour ça il va devoir travailler et il se retrouve au CIO, à discuter des possibilités d'apprentissage. Soizig, elle met tout le monde sur le droit chemin. Et quand un jeune se prend trop au sérieux, Roland lui envoie des vannes bien placées. Il n'a pas besoin de couteau, il a son humour, beaucoup plus tranchant. Je suis sûr qu'il a utilisé cette gaieté et cette malice, ce goût pour la plaisanterie, il y a trente ans, quand il a dragué Soizig !

Soizig, elle donne de l'Amour. Ce mot a même été trop dévoyé pour qu'il soit suffisant. C'est un mélange d'altruisme et de tendresse, de cœur et de conviction, de dévouement et de sensibilité. J'avais une grand-mère qui se nommait Rose. Je ne l'ai presque pas connue mais ma mère la décrivait comme une généreuse battante. Soizig, c'est ma Rose. Elle est inconnue à Quimper, mais elle fait chavirer les cœurs du Pakistan et de la Guinée, du Bangladesh et de la Côte-d'Ivoire, de l'Afghanistan et du Mali.

Je reviens régulièrement chez Soizig et Roland. Je passe quinze jours par mois chez eux désormais.

Chatons contre chaos

L'autre moitié du temps, je la passe donc chez toi ! Il faut que je raconte notre première rencontre. Quand Soizig m'amène et que tu ouvres la porte, je me dis : « Ça ne va pas être possible. » Tu es habillé comme un clown avec une chemise rouge au col froissé, un pantalon vert kaki trop large et des baskets noires montantes à la semelle décollée. Même au milieu du XXe siècle, on n'aurait pas osé ! Tout de suite, j'imagine qu'on va devoir marcher côte à côte dans la rue pour faire les courses et je ne pourrai pas, tu comprends, je suis un beau gosse et j'ai une réputation à tenir.

Au début, je te sens timoré, tu marches de façon raide et tu te retiens trop, comme si tu voulais éviter d'utiliser un mot qui blesse. Tu es original, le genre de gars qui s'assure que tout ce qui est incassable ne va pas se casser. Tu vérifies trois fois si le four est vide et la cafetière éteinte, si les plaques chauffantes sont sur « zéro » et la lumière fermée quand on sort. Les Français sont naturellement craintifs, mais là j'ai tiré le gros lot !

Ma description te fait glousser comme une baleine ? Ok, ton rire gras me donne des ailes, alors je continue ! La première fois que je te vois, je me dis que tu dois être demandeur d'emploi. Chez toi il n'y a ni télé, ni console, ni voiture. Tu pousses le vice jusqu'à rouler à vélo. Maintenant qu'on se connaît un peu, je peux te le dire : tu abuses vraiment, même nous, au Cameroun, on avait une télé ! Tu pourrais en acheter une, pas trop chère, la placer face à mon lit et prendre un abonnement à Canal et BeIn. Ce serait tellement agréable pour les soirées Ligue des champions, ça m'éviterait de m'arracher les yeux et de m'écorcher les oreilles devant les vidéos floues de *streaming* en arabe ! Ton appartement est bien équipé, sans luxe, avec quelques tableaux au mur. Ce qui marque au premier regard chez toi, c'est la harpe qui trône majestueusement dans ton salon. N'en abuse pas non plus, tu joues un morceau, après je remets du rap.

À mon grand étonnement, tu as en fait un emploi, et vivre avec un jeune actif c'est un mode de vie différent de celui des familles retraitées. Je me régale avec les soirées films au dîner. Dommage qu'on les visionne sur le petit écran de ton ordinateur ! J'adore *Django Unchained* et *Slumdog Millionnaire*. Celui-là, c'est l'histoire de ma vie. Un gamin qui part de rien et devient millionnaire. Moi, je te montre des films d'action ou d'évasion que j'affectionne, comme *Le Labyrinthe*.

Quand il y a des soirées chez toi, j'aime bien que chacun à tour de rôle sélectionne la musique. Je découvre de très bons sons, comme Slimane (« Paname, Paname, on arrive »), Boulevard des Airs (« J'suis comme l'eau des courants, fatigué d'ignorer, si je coule dans le vent, si je fais que passer »). Moi je fais découvrir à tes amis Maalhox le Vibeur. (*Vis ta vie, car on ne vit qu'une fois.*)

Tu oses m'emmener dans des expositions. Tu ne t'en souviens pas ? Mais si, la galerie de photos sur les relations entre les femmes et les hommes ! Tu aurais pu m'en parler directement, on dirait que tu as du mal à aborder frontalement les sujets. Je sais que les relations entre filles et garçons ne sont pas les mêmes au Cameroun et en France, mais je suis très prudent, tu sais, j'hésite même à aller aborder des filles ici. Je fais comme les garçons français, je leur parle sur les réseaux sociaux, mais je ne suis pas sûr que ce soit mieux que les échanges en vrai.

Quand tu me fais tes leçons de morale, je te trouve moins sympa. Quand ? Eh bien, par exemple lorsque je laisse traîner ma canette de Breizh Cola en sortant du stade de foot. Tu pourrais juste m'engueuler un coup et me dire de ramasser. Mais non, tu en rajoutes des tonnes sur l'environnement alors que tu sais que je n'accroche pas à tes idées à propos de notre « responsabilité » pour l'avenir de la planète. Ah bon, pour toi ce n'est pas une question de morale ? Alors c'est quoi ? Tu fais mon « éducation » ? Voilà, quand tu me dis ça, je te déteste ! Tu n'es pas mon père.

Tu m'aides à lire *Germinal*, de Zola : je ne comprends pas un mot sur deux. Pourquoi nous fait-on lire de si vieux livres ? Toi, pour m'aider à comprendre le roman, tu me fais des dictées des principaux passages et insistes sur la portée du texte. Tu exploses de rire quand tu comprends que j'ai trouvé une vidéo sur YouTube où le roman est lu en intégralité pendant dix heures. Est-on vraiment obligé de lire avec les yeux ?

Bon, je dois te dire une chose encore : je ne comprends rien à ta philosophie. Quand tu m'expliques que tu diriges une équipe, j'ai peine à le croire. Tu pourrais avoir un Wikipédia de fou, mais tu t'acharnes à rester discret. Soizig, elle, on la connaît avant même de l'avoir vue. Ce que je comprends le moins, c'est pourquoi tu joues les modestes. Tu as un bon travail, tu devrais avoir la plus grosse maison, la plus grosse voiture et les plus grosses chaussures. Pourquoi être plus modeste qu'un balayeur de rue ? On dirait qu'il y a dans ta vie comme une rature, un renoncement, quelque chose dans ton passé qui t'a fait tel que tu es aujourd'hui.

– Est-ce que tu trouves que je suis un homme du XXe siècle ?

C'est toi qui me poses cette question. Je vais te répondre sérieusement. Non, pour moi tu es plutôt un homme du XXIIe siècle. Tu fais des choses qui te plaisent sans lien avec l'air du temps. Ton siècle n'est pas encore arrivé, mais prépare-toi car il y aura bientôt un combat entre le chaos et les chatons, et tu seras au premier rang pour faire triompher l'amour. J'espère que tu verras ton siècle de ton vivant.

Finalement, tu es comme une rivière, une source d'eau qui parcourt des kilomètres, dont personne ne sait d'où elle vient ni où elle va. Tu traverses une ville, dissimulé au creux d'une vallée, sans faire de bruit. Cette eau, elle est utile à ceux qui cultivent. La végétation et les fleurs en ont besoin pour éclore et les oiseaux migrateurs viennent s'y ravitailler.

Loyer ou papiers

Tu sais c'est quoi le problème avec la Bretagne ? Le temps change dix fois par jour. Après l'orage, tu peux croire que le ciel bleu est de retour, mais l'approche de mon procès l'assombrit : la juge va décider si je suis ou non bienvenu en France. Mon avocate insiste sur les papiers : je dois apporter mon acte de naissance et mon brevet pour prouver mon identité. Je dois donc contacter ma famille et, franchement, je n'en ai aucune envie. Ma mère instrumentalise déjà mon ami Polusson. Il passe son temps, sur Facebook, à me rappeler que ça va mal à la maison. Ils attendent de l'argent, mais qu'est-ce que je peux faire ? Pour eux, la France est un pays facile. Ils s'imaginent qu'il y a du travail partout et que l'argent coule à flots.

J'explore toutes les pistes pour obtenir les papiers sans m'adresser à ma mère.

Ma première idée était de demander à Banie, seulement sa vie a bien changé depuis mon départ : ma sœur s'est mariée et a suivi son mari dans l'ouest du Cameroun. Elle ne vit plus dans la métropole et c'est impossible de lui demander de trouver des papiers à Douala dans des délais si courts. Mon père non plus ne peut pas s'en charger : il est devenu trop accro à la boisson. Les dernières fois que je l'ai eu au téléphone, il me répétait le même message. « Tu vas t'en sortir, car je t'ai déjà tout appris. » Comme si, avec tout ce qu'on avait subi ensemble, plus rien ne pouvait m'atteindre.

J'ai aussi pensé à mon pote Bao : il y a de la complicité entre nous, on n'est pas juste dans la vanne. J'ai vécu avec lui des moments durs, comme la mort de son papa, et c'est lui qui m'a représenté au pays le jour du mariage de ma sœur. Mais il y aurait de l'indécence à lui raconter mes problèmes. Si j'ouvre une conversation sur la France avec lui, que je lui explique pourquoi j'ai besoin de papiers et combien je suis prêt à mettre pour les obtenir, soit je le tue, soit il prendra la route dès le lendemain.

Il y a une personne qui aurait été parfaite pour faire le travail, c'est mon cousin Guigui. C'est avec lui que j'ai le plus d'échanges, on se parle une fois par semaine sur WhatsApp, il me donne des nouvelles de la famille. Mon petit frère Apa, me dit-il, est devenu très fort en soudure. Il fait des bricolages à gauche, à droite : ça lui donne de quoi manger, rien de plus. C'est pareil pour ma sœur. Si elle avait les sous pour acheter un salon de coiffure dans Douala centre, elle ne serait pas obligée de s'enterrer dans l'ouest du Cameroun. Guigui parle peu de lui, mais je sais qu'il travaille dur dans la maçonnerie. Il est toujours en déplacement pour chercher un chantier et touche l'équivalent de 20 euros la semaine quand il a du boulot.

Pourquoi alors ne peut-il pas m'aider ? Parce qu'il sait à peine lire. Mes proches sont dans la survie. Il leur manque trois choses pour s'en sortir : l'argent, les relations et l'éducation basique. Avec un mois de salaire français, ils seraient des dieux au Cameroun. Ils ne l'ont pas. C'est pour ça que les Chinois rachètent tout pour une bouchée de pain. Ce sont eux qui ouvrent, dans Douala centre, l'atelier de soudure, le salon de coiffure et l'entreprise de maçonnerie. Au lieu d'être à leur compte dans leur ville, mes proches vont travailler chez eux pour une miette s'ils ont la chance d'avoir du boulot. Ma famille et mes amis espèrent que je m'en sorte en France pour jouer ce rôle de financeur de projets.

Ce n'est pas non plus grâce à Moutoumi que j'aurai mes documents, mais il m'apporte motivation et réconfort sur WhatsApp. Il est toujours à Melilla, on se parle davantage depuis que j'ai quitté le camp. Il trouve le temps long, les Camerounais partent au compte-gouttes sur le continent et son tour tarde à venir. Il me dit que la forêt lui manque, il s'y sentait dans son élément.

Après avoir balayé toutes les options, il faut me résoudre à l'évidence : je dois demander à ma mère. Ça me coûte de l'appeler. Chaque fois que je l'ai au téléphone, elle me dit qu'elle a six mois de retard sur le loyer, que mon cousin va mourir de faim et que je les abandonne. Ça me met dans un état pas possible et je n'en dors pas pendant quinze jours. Sans surprise, ça se passe mal une fois de plus. Je lui explique que c'est vital pour moi d'obtenir l'acte de naissance et le brevet des collèges.

– Ça pourra te permettre de penser à nous ? me demande-t-elle.

Je réponds « oui ». Sinon elle ne se bougera pas.

Quinze jours plus tard, elle me dit qu'elle est allée à la mairie et au collège. Je dois envoyer 200 euros pour obtenir les papiers. Quand je reçois ce message, je suis consterné. Là-bas, tout le monde veut des miettes d'Europe. Je demande aux bénévoles, mais ce n'est pas facile. Comment peuvent-ils comprendre ? En France, c'est gratuit et ça s'obtient sur Internet en deux clics. Ils me donnent 100 euros et j'envoie l'argent. L'avocate insiste pour que les documents soient transmis par voie postale, à l'adresse de la Cimade. Surtout, dit-elle, ne pas jeter l'enveloppe, c'est une preuve que les documents viennent bien du Cameroun. L'acte de naissance doit être tamponné par la mairie pour être « authentifié ».

L'envoi se fait attendre et finalement, une semaine avant le procès, une enveloppe pour moi arrive à la Cimade. Quand j'ouvre les papiers, comme un enfant français déballe des cadeaux à Noël, je suis abattu. Il y a uniquement mon acte de naissance non tamponné. J'appelle ma mère, furieux, mais elle ne me laisse même pas exprimer ma colère :

– Tu as cru qu'on allait gaspiller des sous pour deux bouts de papier et un tampon ? hurle-t-elle. Avec ton fric, on a payé le loyer, la nourriture et une petite formation à ton frère.

– Je te hais. Tu aurais dû te mettre la corde au cou pour m'obtenir les papiers.

– Tu es un gros égoïste. Le prochain envoi, ce sera pour ta sœur et ne t'avise pas de rappeler si tu n'as rien à transférer.

Quand je raconte mon histoire à Ivoirio, devant le petit centre commercial, mon pote me console :

– Tu as de la chance, toi. Moi je n'ai pas été déclaré à la naissance, je n'ai aucun acte à leur présenter. J'ai été obligé de passer par un professionnel pour obtenir leur bout de papier.

Le procès et la musique touareg

Les jeux sont faits. Aujourd'hui c'est le jour du procès et j'ai fait tout ce que je pouvais. J'ai eu 17 sur 20 à mon dernier contrôle de maths. Le lycée et le club de foot ont même écrit un papier pour dire que j'avais un comportement exemplaire, mais l'avocate ne me rassure pas :

– Ce n'est pas un procès sur ton intégration, c'est un débat sur ton âge. Si la juge pense que tu as moins de dix-huit ans, tu gagnes ; si elle pense que tu es majeur, tu perds.

Moi je ne comprends pas ; il y a des gens qui ne font aucun effort et à qui la France dit « oui » parce qu'ils présentent les papiers qu'il faut. Et d'autres qui se battent comme des fous pour se conformer au moule français et qu'on envoie promener. Je suis très stressé avant le procès. Je ne trouve pas le sommeil les trois nuits qui précèdent. J'ai déjà subi un interrogatoire du Conseil, et l'avocate m'a prévenu que la directrice adjointe serait là pour plaider contre moi.

Quand Soizig vient me chercher au lycée à midi, je lui demande une faveur : je voudrais manger au McDo. Si on me jette comme une chaussette à la fin du procès, je veux y avoir mangé une fois dans ma vie. Aujourd'hui elle ne peut rien me refuser. Je dévore mes nuggets de poulet, mais je suis quand même dégoûté : tous les burgers contiennent du fromage.

Nous entrons au tribunal au début de l'après-midi, dans un édifice humide et sombre qui annonce la désolation. La directrice adjointe est parmi nous, elle m'adresse un sourire bien faux-cul. Trente minutes plus tard, une femme au visage très sérieux se présente et nous fait entrer. C'est parti. Le décor est moins théâtral que ce que je m'imaginais. La juge me donne la parole et me demande de faire mon récit. Je commence mon histoire depuis le Cameroun, mais j'ai du mal à m'exprimer. Pendant que je parle, la directrice adjointe passe son temps à m'interrompre. Elle n'a jamais bien compris, elle demande sans cesse des précisions qui me font perdre le fil.

– Il me semblait que c'était la juge qui posait les questions, finit par dire mon avocate à sa cinquième intervention.

– C'est juste, dit la juge. Poursuivez, jeune homme.

Malgré tout, je suis plutôt en confiance quand je vois la juge qui fait plein de petits « oui » avec la tête, pendant que je raconte ma vie. Mon avocate présente ensuite mon acte de naissance.

– Vous l'avez acheté à Barbès ? demande la directrice adjointe avec un grand sourire.

L'avocate présente l'enveloppe du Cameroun. La juge opine du chef. À son tour, la chargée de mission commence son réquisitoire. Elle reprend ce qu'elle a écrit sur le papier le jour où elle m'a jeté dehors. Quand elle dit que « j'ai visité tout Paris avant de venir à Quimper, plutôt deux ans que deux jours », ça me rend fou. Je réplique qu'avec les vidéos sur YouTube on peut prouver la date à laquelle je suis entré en Europe.

– Jeune homme, tenez votre langue, ce n'est pas votre tour de parole, me dit la juge.

La directrice adjointe enchaîne :

– Vous voyez le niveau zéro d'authenticité, madame la juge. Le monsieur remplace des preuves qu'il n'a pas par une vidéo. Au rythme où nous allons, on finira par fonder des jurisprudences sur des *fake news.*

Je n'ai pas le droit de répondre, j'encaisse les coups en silence. Elle explique que mon récit au Niger est faux. C'est impossible de traverser ce pays sans argent en un mois, dit-elle dans son tailleur Chanel. Moi je ne comprends pas. J'ai raconté la vérité et, si j'avais voulu rendre crédible mon discours, j'aurais dit qu'on m'avait envoyé de l'argent du pays, ça aurait été plus simple. Seulement ce n'est pas ce qui s'est produit ! Pour exprimer mon mépris, je prends un air dédaigneux et fais « non » avec la tête.

– Voyez, madame la juge, s'exclame la directrice adjointe, il fait des grimaces tandis que je parle du Niger. Tout cela est une farce. C'est la preuve qu'il ne les a pas vécus, ces prétendus ghettos, ces soi-disant violences. C'est juste un comédien raté. Enfin, ajoute-t-elle, s'il a des bons résultats à l'école, c'est bien normal, ça prouve juste qu'il est plus vieux que les autres.

Quand je retourne en cours, je n'écoute rien. Une seule idée me taraude : comment cette femme a-t-elle osé dire que je n'ai pas vécu mes souffrances ? Quand bien même elle ne veut pas de moi en France, pourquoi a-t-elle besoin de nier ce que j'ai enduré ? Je passe mon après-midi à revoir des images dans ma tête, des images qui me hantent.

Le soir, je me retrouve dans un traquenard et c'est ta faute. Tu m'as promis un concert de musique africaine pour me détendre. Je m'attends à danser à corps perdu et me vider la tête, et voilà que démarre un concert de guitaristes touaregs. Ça me rend fou. Je vois toutes les images du désert qui défilent sous mes yeux. Les cadavres qui s'empilent. Les voitures mitraillées. Cette femme, et ce bébé.

Ce passage dans le désert, je l'avais enfoui sans jamais en reparler. Dans mon récit au Conseil, aux bénévoles et à la juge, je l'ai évité. Je n'ai pas menti, j'ai dit que j'avais traversé le désert et personne ne m'a posé de questions sur ce trajet. Ce soir-là, tout dégueule au son de la musique touareg. Tu ne m'interromps pas et n'écoutes plus la musique. Je te raconte comment cette femme a nié mes blessures alors que je n'avais même pas raconté le pire. Alors je crache cette angoisse accumulée et te raconte tous les détails du désert pendant deux heures.

– Tu sais, c'était des jeunes comme moi. Des jeunes. Des hommes. Des Noirs. Des migrants. Je me suis tellement vu à travers eux. Le monde ne veut pas de nous. Ces jeunes, ils pourrissent et tout le monde s'en fout.

Je crois que c'est ce soir-là que tu m'as proposé pour la première fois d'écrire un livre, pour raconter.

L'écrivain qui ne gaspille pas ses mercis

En France, les livres semblent se vendre bien. Chez Soizig et son mari, et chez toi, il y en a partout. Quand tu me proposes d'écrire un roman, je suis très partant: j'ai envie de devenir glorieux, riche et célèbre. Quand tu m'expliques que la plupart des écrivains sont seuls, incompris et fauchés, ça ne me décourage pas, je ne suis pas n'importe qui ! Mon livre va marcher et sera adapté au cinéma. Le générique fera un milliard de vues sur YouTube. C'est sûr.

L'écriture démarre. Ça se passe souvent le soir après le repas, comme une veillée. Tu t'installes sur la table en bois de ton salon avec ton ordinateur, et moi je suis vautré sur le canapé, téléphone en main. Au début je te parle des temps forts. Le désert. La mort de Papi Oura. La frappe. Je te la raconte trois fois, au cas où tu aurais mal noté. Je te décris mes actions et tu me demandes ce que je ressens. Est-ce que je ris ? Est-ce que j'ai peur ? Alors je me replonge dans mes émotions et essaye de restituer ce que j'ai éprouvé. Tu me questionnes sur les autres. Qui sont-ils ? Suis-je en danger ou en sécurité ?

Par contre, je te préviens dès le début : l'aventure, ce n'est pas propre. Tu ne vas pas retirer un passage juste parce qu'il te choque. Ce livre, j'en ai besoin pour extérioriser ce que j'ai vécu. Quand je pose pour de bon mon téléphone, je deviens un moulin à paroles. Je mime les scènes. Je les joue. Toi, tu es bon public et tu rigoles à pleins poumons devant ton ordinateur en tapant avec frénésie sur ton clavier. Quand je rampe sur ton parquet pour te raconter la frappe, tes rires réveillent les voisins. Ensuite, tu moulines tout ce que je t'ai dit et tu adaptes le livre à l'écrit. Tu me condamnes même à tout relire, alors que je déteste le français. Moi, je voulais être un écrivain flemmard, mais tu rétorques que je ne peux pas être le premier auteur de l'histoire à écrire un livre sans l'avoir jamais lu.

Je suis obligé de reprendre ton premier jet. C'est coquet, mais ce n'est pas Bonaloka. Ne te vexe pas, tu es trop doux quand tu écris ! Tu en parles comme d'une destination touristique ! Ne change pas mes mots, mon pote. Tu écris que l'odeur du quartier est « indescriptible ». Tu te trompes, elle se décrit parfaitement : ça pue la merde. C'est violent, mais c'est vrai. Avec ton français à tout adoucir, les lecteurs ne comprendront jamais pourquoi les jeunes se barrent de là.

Tu dois aussi enlever les dialogues où tu me fais dire « merci » à un vendeur. Il prend déjà mon fric, plutôt crever que de lui dire merci.

Si avec tout ce travail le livre n'est pas adapté au cinéma, je ne comprendrai pas ! Tu me demandes sérieusement si quelqu'un d'autre que moi peut interpréter mon personnage ? Forcément, l'acteur c'est moi. Qui d'autre ? Si je fais ce livre, c'est pour écrire mon propre rôle !

Chaussures clignotantes
et moutarde de Dijon

Les résultats de mon procès tardent à arriver, et en attendant je savoure chaque jour parce que la vie est une fête. J'aime trop la France et je la déguste gloutonnement, comme une glace au caramel au beurre salé.

Tu veux que je te raconte un moment de joie ? Forcément, je dois te parler de l'anniversaire de Soizig, il est emblématique de l'enchantement breton. Ma Rose a invité Noémie, sa fille, et tous les jeunes qu'elle a hébergés depuis deux ans. À table, il y a la Bretagne, la France, le Mali, la Guinée Conakry, le Cameroun et le Bangladesh, et plein de partages et d'émotions. C'est un sacré mélange d'allégresse. Le Guinéen et le Bangladais ont plus de dix-huit ans désormais et sont en apprentissage, l'un dans la maçonnerie, l'autre dans la cuisine. Après avoir été accompagnés un an par les familles, ils vivent autonomes, en colocation. Ils s'en sortent, ils ont une formation, un salaire, un permis de séjour en règle et un appartement. De quoi peuvent-ils rêver de plus ? Soizig réussit des exploits incroyables !

Cet anniversaire, on l'organise bien. Roland et moi préparons le festin ensemble, un repas du monde. À partir du dessert, nous dansons dans une ambiance enjouée. Chacun passe sa musique préférée à tour de rôle. Le Malien choisit « Joyeux anniversaire » de Sidiki Diabaté et Roland nous met un son breton de biniou électro. Dix secondes et je crois que je vais mourir.

– Ça dure quarante-cinq minutes, ajoute-t-il insolemment en laissant sortir un sourire coquin de sa barbe.

Évidemment je fais le beau gosse à cette soirée, comme au lycée où je me pointe avec mes baskets qui clignotent en bleu, vert ou rouge. Avec Soizig, nous les avons dénichées sur un marché. Tous les soirs, je les lave pour qu'elles soient propres et rayonnantes, et je les embrasse très fort. J'ai même incrusté une virgule dessus. Les baskets n'ont pas la même saveur sans la virgule. Elles ne provoquent pas en toi le même désir. Une chaussure sans virgule, c'est un peu comme une fille qui a perdu sa virginité. Quoi ? Tu n'aimes pas ma comparaison ? Elles restent très attirantes, mais il y a une petite épice qui disparaît. Tu me juges encore ! Bien sûr que je me fais niquer, c'est le nom de la marque ! C'est comme ça, j'ai ce côté bling-bling et je me plais quand je peux l'afficher. Je me sens moi et je fais le malin devant les copains.

Est-ce que je fais le zouave en classe ? Non, je sais être studieux quand il le faut ; mais c'est dur de se concentrer dans le vacarme. Les professeurs n'ont pas d'autorité et les élèves leur répondent. Au Cameroun, ils se feraient fouetter. Les jeunes Français de mon âge jouent et testent, tirent sur la corde et repoussent les limites. Un élève peut mettre cinq minutes à râler au lieu d'aller au tableau ; et si un enseignant écorche un nom, la classe va en faire un drame pendant une heure. Alors j'en profite pour te le dire : je ne supporte plus qu'on me dise de me comporter comme les enfants français. Devant leurs parents ils jouent les anges, mais au lycée ce sont des sales mioches. Je respecte l'école infiniment plus qu'eux.

Au lycée le midi, avec les copains, évidemment on parle des filles. Ça ne change pas entre la France et le Cameroun. Au self, je suis souvent en face de Gaël, avec Colin et Robin. Ils adorent quand je décris une fille qui passe portant son plateau. Mes expressions imagées du Cameroun les rendent hilares.

– Elle a un boule rond comme deux oranges bien pelées. Elle a des seins croquants comme des avocats ! Elle est épicée comme la moutarde de Dijon.

Ils passent la journée à rigoler de mes superlatifs. Les copains français sont affectueux, ils me remontent le moral quand ça ne va pas. Ça ne les empêche pas de me charrier sévèrement pour mon style vestimentaire, mon retentissant amour-propre ou mes râteaux désopilants. Un jour, Robin m'a offert un cadeau pour blaguer : un pot de moutarde de Dijon, pour rendre hommage à mes formules poétiques !

Comme j'ai compris que c'est mal vu de courtiser une fille en France, je me suis inscrit sur Tinder pour m'adapter aux pratiques locales. Il y a quand même un gros problème dans ces relations : on ne se rencontre pas. Au lycée, j'ai des potes qui ont des copines, mais ils ne se sont jamais vus ! Bien sûr que j'aimerais avoir une vraie copine ! Mais je fais comment ? Rien que les conditions ne sont pas simples. Déjà, la fille, je l'amène où ? Au restaurant ? Tu m'as vu avec de l'argent ? Je ne peux même pas accompagner mes potes pendant les deux heures de permanence le jeudi, quand ils vont au KFC ! Chez Soizig ? J'ai débarqué avec une fille, un jour où nous nous promenions et où la pluie s'est abattue sur nous. Soizig n'a pas aimé. Chez toi ? Tu m'as toi-même dit que je ne devais pas faire venir à ton domicile des gens sans ton autorisation. Ce n'est pas simple de construire une relation amoureuse avec une fille quand tu n'as pas d'endroit où la retrouver.

Tu me demandes quel âge j'ai mis sur Tinder ? Dix-huit ans, pourquoi ? Non, je ne pouvais pas indiquer seize ans, j'ai mis l'âge le plus jeune possible pour s'inscrire. Ne t'inquiète pas, c'est Robin et Gaël qui m'ont fait découvrir cette application. Toute ma classe de seconde y est. C'est comme au Cameroun : tout le monde est au courant, sauf les parents ! Je vois que tu paniques. Qu'est-ce qui ne va pas ? Quoi ? Tu penses que c'est un problème d'avoir menti sur mon âge et d'avoir mis que j'avais dix-huit ans ? Mais tous les Français le font !

Arrête de me dire que c'est une connerie ! Tu crois que, si la juge trouve mon profil, elle va en conclure que je suis majeur et que le Conseil a eu raison de me jeter dehors ? Tu crois qu'on peut me traquer jusque-là ? Arrête de t'affoler, tu me fais peur ! Non, je ne fermerai pas mon compte Tinder ! C'est non ! Si la juge fouille les profils des ados, c'est elle qu'il faut interner, pas moi !

Poison froid et précipice

Il y a une affaire que j'ai trop longtemps retardée : me rendre à Rennes et me renseigner sur le décès de Papi Oura, voir où ça s'est passé. J'ai rendez-vous avec « Rubis noir », le gars qui m'a annoncé sa mort sur Facebook. Il vient me chercher à la gare routière et nous commençons notre marche, silencieux. C'est un petit Camerounais de Yaoundé, avec des lunettes et des cheveux tirés vers l'arrière. Nos langues se délient quand nous arrivons face au lieu du drame. Nous échangeons sur le destin de notre ami, assis au bord de la Villaine. L'atmosphère est sereine, l'eau coule de façon paisible. Je lui raconte notre enfance à Bonaloka et nos bagarres légendaires, lui me retrace la bravoure de mon ami en forêt du Maroc. Il est aussi ému que moi : ils étaient très proches ces dernières années. Quand mon pote du quartier est arrivé à Rennes, il a déniché un club de football, s'est casé avec une copine, une fille guyanaise, et ils étaient heureux. Il a été pris en charge par le Conseil. C'est vrai que son ambition de devenir joueur de foot n'avait pas aboutie. Mais Papi Oura avait rebondi. Il s'était relancé dans le rap pour conquérir le monde. Il venait de commencer un apprentissage en menuiserie et avait pu envoyer un peu d'argent à sa famille. Tout allait bien dans sa vie.

Alors que s'est-il passé? « Rubis noir » me raconte qu'ils étaient ensemble quand ils sont partis nager, avec un troisième gars. Ils venaient là tous les week-ends, ils allaient loin quand ils faisaient leur crawl. Papi Oura était le meilleur nageur des trois. À un moment, lui et son pote ont voulu faire demi-tour, mais ce jour-là Papi Oura voulait aller encore plus loin. Il ne semblait pas fatigué. Chacun a suivi son chemin. Ils ont tourné le dos deux minutes, et ne l'ont plus revu.

Que s'est-il passé pendant ces deux minutes? A-t-il pu avoir un élan de découragement? Nous les aventuriers, nous en avons tous. Quand tu es très tendu, la tentation du relâchement te guette. Alors, c'est ça? Avait-il reçu une mauvaise nouvelle? Avait-il touché du doigt le risque de tout perdre?

– J'ai rencontré sa copine, me dit « Rubis noir ». Elle dit que tout allait bien. Peut-être a-t-il fait un malaise. Ou devons-nous juste admettre que le courant a été trop fort? On se croit puissant quand on a franchi la barrière, et Dieu nous rappelle que c'est Lui qui décide.

Je rentre triste. Je n'en saurai jamais plus. Face à la mort, il y a tant de questions et si peu de réponses. Adieu, Papi Oura, repose en paix.

Je n'ai pas le temps de gamberger car mon propre sort me rattrape. Je suis dans le bus de retour quand je reçois un appel de Soizig. Elle a, me dit-elle, une nouvelle importante à me dire. Arrivé chez elle, je remarque ses larmes.

– On a reçu les résultats du jugement, dit-elle. La juge a dit que le Conseil n'avait pas à te reprendre.

– Ça veut dire que j'ai perdu ?

– Non, ce n'est pas fini. On va faire appel !

Ce n'est pas une peur vive, comme face à un danger imminent. C'est pire. Tu reçois, impuissant, la sentence fatale. Un poison froid se répand dans tes veines, glace tes espoirs, gèle tes projets et pétrifie ton avenir. Soizig est encore plus touchée que moi, elle me serre dans ses bras et promet qu'elle ne me laissera jamais tomber. Mes insomnies reprennent. Je rouspète toutes les nuits contre la justice française. Je suis énervé quand je revois mon avocate :

– Alors j'ai perdu, lui dis-je, avec le ton amer du reproche.

– C'est compliqué, répond-elle. La juge dit que tu es mineur, mais que tu n'as pas à aller au Conseil. En gros, il y a un partout.

– Elle a quand même dit que j'avais perdu !

– Non, elle reconnaît que tu es mineur : ça laisse la porte ouverte pour la suite.

– Qu'est-ce que ça veut dire ?

– Il faudra que tu sollicites un permis de séjour étudiant à la préfecture à tes dix-huit ans. Ce n'est pas gagné, mais tu as tes chances. En attendant, tu es dans une situation juridique floue.

Vous êtes horribles avec vos règles, les Français. Moi j'ai l'impression d'avoir fait des efforts de fou. J'ai changé mes habitudes alimentaires et mes façons de me comporter, je me formate à la douceur européenne, je contiens ma rage, je suis poli, j'écris un roman, j'écoute même Vianney et Big Flo et Oli, et je vais encore être dans le flou. Est-ce que ça va s'arrêter un jour ?

Mon moral est atteint. Je ne parviens plus à me concentrer, je me demande si j'ai fait tous ces efforts en vain. Je n'ai plus goût à rien et ne veux plus avaler quoi que ce soit. Je ne fais plus mes devoirs ; de toute façon, mes bonnes notes jouent contre moi. Je veux rester seul et, quand les enseignants donnent leurs cours, j'ai la tête ailleurs. C'est comme si j'avais été maudit. Chaque fois que je franchis un obstacle, un nouveau rocher s'ajoute sur mon chemin pour bloquer ma route. Qu'ai-je fait pour mériter cette vie-là ?

Quinze jours après le verdict du procès, à la sortie des cours, je monte dans le bus. Les lycéens s'amassent au milieu de la rame sans occuper tout l'espace. J'entends une fille dire à une autre :

– Comment il schlingue, le mec !

Quarante personnes sont regroupées dans la première partie de la navette, tandis que le fond du bus est vide. Un seul homme se tient là, son chien blotti contre lui : Patrick, mon ami clochard. Je m'avance dans sa direction sans me préoccuper des regards surpris ou gênés de mes camarades :

– Bonjour Patrick, tu permets que je m'assoie à côté de toi ?

– Salut, Petit Wat ! Ça fait un moment ! Tu as l'air en forme, mais je sens que tu es contrarié. T'en fais pas, ça va aller ! Tiens, j'ai un paquet de cookies, tu veux un gâteau ?

Les châteaux de sable à l'épreuve du temps

Neuf mois se sont écoulés. Le temps est tantôt un allié, tantôt un ennemi zélé, il peut transformer un mendiant en milliardaire et vice versa.

Le temps a joué en faveur d'Ivan – que j'avais rencontré au 115. Il s'est fait balader pendant un an, à dormir dans les hébergements d'urgence tristes, à risquer l'expulsion à chaque mauvaise rencontre. Au bout d'un an de présence ici, d'après les accords européens de Dublin, la France est de nouveau responsable de l'examen de sa demande d'asile. Il est centrafricain et la zone d'où il est originaire a été bombardée. Déposer une demande d'asile relève du parcours du combattant. Ivan a résisté bravement à toutes les étapes, avec des papiers à fournir dans cinq endroits différents. Au final, il s'est rendu à Paris et a obtenu la protection subsidiaire. Il pourra rester en France jusqu'à ce que la situation se calme dans son pays. Il a même trouvé un travail de nuit dans une entreprise agroalimentaire. Un peu de stabilité s'ouvre à lui, il a fini de ramper ; il se tient derrière les dernières herbes hautes et devant lui apparaît enfin la clairière.

Pour Ivoirio, c'est l'inverse : le temps a joué contre lui. Le jour de ses dix-huit ans, la prise en charge du Conseil s'est terminée et Ivoirio a été jeté. Certains jeunes accompagnés ont eu des « contrats jeunes majeurs » mais pas lui. Il a dormi à gauche, à droite, chez des jeunes étrangers qui s'en sont mieux sortis que lui et qui l'ont dépanné deux ou trois nuits. Mais il n'a pas de réseau français. Il n'a connu aucun club, aucune association culturelle, aucune famille. Le Conseil a versé beaucoup d'argent à l'hôtel mais ne l'a pas intégré. Sans travail, sans études et sans ressources, il a vu sa demande de permis de séjour rejetée et a reçu une « OQTF » – sigle hideux qu'utilisent les Français pour désigner un avis de *déportation*.

Il n'a pas attendu qu'on le renvoie dans le bidonville qu'il a quitté à quatorze ans. Il a pris ses cliques et ses claques et s'est retrouvé sur la route. Pour aller où ? Je n'en sais rien. Il n'a même pas eu le temps de me dire au revoir. L'instinct de survie de l'aventurier ne disparaît jamais. L'étoile filante s'est évanouie dans l'exil perpétuel. Elle erre, l'âme en peine, rejetée de partout, chez elle nulle part. Le château de sable qu'Ivoirio avait patiemment construit dans cette ville deux années durant s'est effondré.

Dadi, que j'ai rencontré en Algérie, est toujours à Oran. Il m'a parlé l'autre jour sur les réseaux sociaux. Il m'a demandé de bien lui chauffer la place, parce qu'il « arrive bientôt ».

Fally et Fongang, que j'ai furtivement croisés à Oran, ont tenté leur chance en Libye, après avoir vécu plusieurs années au Maroc. Dieu leur a réservé un destin opposé. Le même jour, ils ont embarqué dans deux navires différents à destination de l'Europe. Celui de Fally a vogué sans subir d'attaques. Fally a été secouru par les sauveteurs des associations d'aide aux migrants. Il vit aujourd'hui en sécurité en Italie. L'embarcation de Fongang, elle, a subi l'abordage de la mafia libyenne. Son navire a été détourné et ramené en Libye. Tous les passagers ont été transformés en esclaves, vendus de patrons en patrons comme des marchandises. Fongang a été pris au piège là-bas pendant deux ans. Il a récemment été rapatrié au Nigeria.

Beauga, que j'ai croisé en cellule à Nador, et qui a signé le papier du procureur lui faisant reconnaître avoir lancé un caillou, a été condamné à six mois de prison. À sa sortie, il a été *déporté* au Cameroun. Il est reparti le lendemain. Il est de retour au Maroc, caché quelque part en forêt.

Je n'ai aucune nouvelle de Max. Je sais juste qu'il a obtenu son laisser-passer et rejoint le continent européen. Il ne m'a jamais pardonné la bagarre entre le Gang de Fès et les Kankannébas.

Sur Facebook, je reçois un message qui me fait chaud au cœur. C'est Moutoumi.

– Mon *Toomi*, je suis à Paris ! J'ai enfin reçu mon laisser-passer. Redis-moi où tu es ? Je te rejoins, si tu veux bien de moi.

– Moutoumi ! Je suis à Quimper, en Bretagne. Il ne manque que toi !

– Cette nuit, je la passe avec la tour Eiffel, et demain nous serons ensemble, réunis pour toujours.

– Je t'attendrai toute la journée devant la gare. Je suis trop heureux.

– Moi aussi, mon *Toomi*, plus rien ne pourra jamais nous séparer.

Je pleure de joie. Je vais revoir Moutoumi. Une petite flamme réchauffe mon cœur. J'ai hâte de le serrer dans mes bras, j'ai envie de sentir son odeur et de revoir ses expressions de visage si prononcées. Je vais l'énerver juste par plaisir de retrouver son air grognon. Je sais que je reconnaîtrai sa silhouette frêle et son allure fougueuse au premier pas qu'il fera en Bretagne.

À Quimper, pour moi, ça frôle le plus que parfait. J'ai une vie familiale chez les bénévoles qui m'accueillent depuis plus d'un an ; les enseignants croient en moi ; je fais du sport dans un club et je suis en bonne santé. Je termine un roman et je commence le rap, mes textes crachent le feu. Il ne manque que Moutoumi. Nos retrouvailles se tiendront demain. Je suis au paradis.

C'est la première fois, depuis mon arrivée à Quimper, que le ciel bleu ne comporte aucun nuage. En plus, l'année scolaire s'achève. Mes copains de classe me proposent de faire la fiesta en ville ce soir. J'accepte volontiers. De ma vie, je n'ai jamais eu autant envie de danser !

Dans la boîte

L'Éclipse, la boîte de nuit gratuite du centre-ville, est pleine à craquer, bourrée de lycéens qui célèbrent la fin des cours. On appelle ça la « Soirée Cartable », c'est une tradition en Bretagne. Mes copains ont une sacrée descente.

On peut se le dire sans que ça te vexe : en France, les boîtes sont trop nulles. Les garçons n'aiment pas danser, ils restent assis au lieu de s'éclater. Pire : les groupes ne se mélangent pas. Robin m'explique qu'on va me prendre pour un fou si je m'incruste au milieu d'un groupe de filles. Je ne comprends pas : pourquoi tu viens ici ? Si c'est pour bouger uniquement avec tes amis, pourquoi tu ne les invites pas directement chez toi ? Quand le son « La pluie » d'Orelsan et Stromae retentit, tout le monde s'agite enfin et tous ceux qui étaient assis soudain bondissent. Les lycéens braillent les paroles, on dirait que cette chanson a été écrite pour la Bretagne.

« Toujours autant de pluie chez moi. Mais il fait quand même beau, il fait beau, il fait beau, il fait beau, il fait beau chez moi. »

Filles et garçons sautent et crient en levant les bras, les taches de sueur sous les aisselles grandissent. Au milieu, je passe presque inaperçu. Je porte une chemise d'un ton vert foncé, de type militaire, c'est mon côté prédateur. Je me trouve sexy dans ma tenue de soldat. Avec les copains, nous matons les filles et j'ai flashé sur une rousse aux longs cheveux bouclés. Ses vêtements très moulants mettent en valeur ses rondeurs, elle est appétissante comme une cuisse de poulet. Je la désigne du regard à Gaël, qui lève le pouce et m'adresse un sourire complice. Je me lance.

Les regards des copains sont braqués sur moi, ça me stimule. Je les entends dans mon dos qui disent : « Mais il va où ? » Je me fraye un passage en écartant la foule. C'est le moment de sortir le grand jeu. J'active les lumières clignotantes et voilà que mes chaussures brillent, je scintille dans l'ambiance nocturne. J'entends des rires et des moqueries, mais moi, j'arrive devant la belle demoiselle et délivre mes plus beaux pas. J'utilise mon corps pour libérer l'espace, et bien sûr je joue des coudes. Si c'est juste pour bouger un orteil, ça ne sert à rien : quand on entreprend quelque chose, il faut le faire à fond.

Je tends une main et la fille accepte d'entrer dans la danse. Elle me sourit et je chavire de bonheur. Autour de nous, ça crie et ça applaudit, on suscite admiration et jalousie ; et moi, je me dis que rien n'est impossible. Même la plus jolie fille de Bretagne bouge avec moi. Au début, elle est un peu tendue dans ses mouvements mais peu à peu elle se libère, ses gestes deviennent amples et souples. Entraîné par ma folle danse, je ne remarque pas immédiatement l'inquiétude de la foule. Soudain, la lumière s'allume et la musique s'éteint. Il y a un mouvement de panique. Trois policiers sont entrés. L'un d'entre eux ordonne le silence et s'exclame :

– Contrôle : asseyez-vous là où vous vous trouvez et sortez vos pièces d'identité.

Mon esprit bouillonne. Mon instinct de survie reprend le dessus. Je tapote vite le talon de mes chaussures pour éteindre les lumières de mes pieds, et en jetant deux coups d'œil dans la pièce je remarque le bar, cet abri qui me permettrait de me dissimuler. Je lâche ma nouvelle copine, fais quelques mouvements pour sortir ma carte de lycéen de ma poche, en profite pour me rapprocher du coin discret et me blottis là, dans un angle ténébreux, espérant être invisible dans ma tenue camouflée.

Tout le monde s'est assis. Seuls les trois policiers sont debout maintenant. Ils déambulent parmi nous. Beaucoup de Français pleurent, surtout des garçons. C'est interdit de sortir en boîte quand tu es mineur, et ils ont très peur de ce qui va leur arriver. J'entends les policiers parler au patron.

– Ils sont tous mineurs, certains n'ont pas de pièce d'identité. Il va falloir nous expliquer, monsieur.

– C'est que…

– La boîte est bondée et vous ne respectez pas les normes de sécurité, ajoute le second. Allez, on vous embarque.

Moi je ne comprends pas. En France, tout est normé, au point de périr. La ville est morte, et on embête le seul homme qui la fait bouger.

– On fait quoi des ados ? demande le plus jeune des trois policiers.

– On en prend trois pour l'exemple, dit le plus ancien. Ça leur fera une bonne leçon.

Nous sommes mille coincés dans ce trou. Je calcule mon pourcentage de chances. Les policiers font de grands pas et circulent au milieu de nous, le plus jeune approche dans ma direction.

– Vous, levez-vous.

Il a pointé deux personnes bourrées, qui se lèvent en titubant. Il semble s'éloigner, mais soudain il se retourne et m'aperçoit, blotti dans mon angle.

– Toi ! On dirait que tu te caches ! Tu as une pièce d'identité ?

Je garde mon calme. Je lui présente ma carte de lycéen. Il la regarde, la retourne et me la rend.

– Allez, suis-nous.

Est-ce bien à moi qu'il a parlé ? Oui. Aucun doute possible. J'ai envie de trembler maintenant, mon cœur palpite, mes yeux se dérobent, mais je ne dois surtout pas faiblir. Tout en m'apprêtant à me lever, je jette des coups d'œil discrets dans la salle, croise les regards anxieux de mes amis et repère les sorties. La principale est bloquée par les deux policiers. L'issue de secours est libre, mais loin. Il me faudrait enjamber une cinquantaine de personnes et le vieux policier atteindrait la porte avant moi. Dois-je la prendre ? Faut-il que je sorte à la dérobée ? Est-ce ainsi que l'histoire doit se terminer ?

J'ai peu de temps et mon esprit vagabonde dans tous les sens. Un milliard de pensées déboulent dans mon cerveau et inondent ma réflexion. Mes battements de cœur s'accélèrent dangereusement. Si je suis ces hommes au poste de police, pourrai-je ressortir en France ? Si je prends la fuite, arriverai-je à l'issue de secours le premier ? J'ai une seconde pour choisir. Je fais quoi ?

Tandis que je me redresse en évaluant mes options, une voix que je reconnais retentit. Un garçon s'exclame distinctement :

– C'est bon, vous avez fini, les keufs, on peut rentrer ?

Ça ressemble à la voix d'un homme bourré, mais il y a un petit quelque chose, imperceptible, qui donne une impression étrange. La voix se veut dure, mais elle n'est pas assez sèche. Comme si un petit se prenait pour un gros lourd. Je tourne la tête et remarque mon ami Gaël qui s'est levé. Les policiers mettent du temps à le repérer : il est à peine plus grand assis que debout. Mon petit pote, d'habitude si discret, s'affiche et s'expose. Il est fou ! Il joue le dur et personne ne peut y croire. Le jeune policier s'affole et accourt dans sa direction.

– Ah oui ! Tu veux jouer les malins, le minus ! Eh bien, tu vas nous accompagner au poste. Une nuit en garde à vue, ça t'apprendra.

Je commence à comprendre. Mon pote continue à jouer la comédie de façon incroyable. Il se fait passer pour l'idiot qu'il n'est pas.

– Toi, me dit le jeune policier en me désignant du doigt, rassois-toi. Toi, ajoute le même homme, en désignant Gaël, rejoins mes collègues près de la porte.

Je trouve une place par terre pour déposer mes fesses et suis, de loin, mon ami qui s'éloigne en me glissant un clin d'œil. Quel comédien ! Je reste bouche bée devant ce qu'il vient de faire. Personne ne doit se méprendre sur sa taille. C'est un géant.

En sortant, le vieux policier s'écrie :

– Les autres, rentrez chez vous ! Et qu'on ne vous y reprenne plus !

Je sors, exténué mais libre, sans oublier de prendre le numéro de la belle rousse. Cette nuit, j'arpente seul les rues sombres pour me remettre de mes émotions. L'éclairage public est éteint, je suis invisible le long de ces routes mouillées, désertes et anonymes. Je me perds dans mes pensées. Pourquoi est-ce toujours si dur pour moi ? Pour me fortifier ? Peut-être, mais quand même, pourquoi certains ont-ils des vies si simples et pas moi ? Est-ce qu'un jour j'aurai un peu de tranquillité ? En ai-je seulement envie ?

À quoi tient un destin ? À pas grand-chose. À un acte de solidarité. Un garçon qui se lève. Une main qui se tend. Un geste qui change tout et ma vie continue. Pour combien de temps ? Seul Dieu le sait.

En attendant, je vais draguer cette jolie fille et m'élever, toujours plus haut, avec mes amis Gaël, Moutoumi et tous les autres ; je vais briller en illuminant avec moi ces femmes et hommes qui me soutiennent solidement dans l'ombre.

Cette liberté, je l'ai conquise, et je savoure son doux parfum à chaque pulsation de mon cœur.

Merci à nos familles, merci à Françoise, reine de Bretagne, et aux copains de la rue de l'Aubépine.

Merci à nos relecteurs sans qui ce livre n'aurait pas été le même, en particulier Sandra qui a toujours cru en ce projet et nous a apporté son soutien amical, ses conseils précieux et sa relecture avisée tout au long de la rédaction. Merci encore à Arnaud, pour l'entraide entre écrivains en herbe, à Camille, Hichame, Marie-Christine, Raphaël, Pascal, Blandine, Arthur, Denis, Évelyne, Roberte, Élisabeth, Bertrand, Arnaud et Armelle.

Merci à notre éditeur, Philippe, d'avoir répondu à notre « déclaration d'amour » et d'avoir retenu ce texte transmis par le service des manuscrits : merci à lui pour sa confiance, son écoute, ses conseils et sa patience. Merci à l'ensemble des professionnels qui ont œuvré avec lui à améliorer le texte et à mener le travail d'édition : Mélanie, Thérèse-Marie, Nathalie, Benoit, Anne et l'atelier Cheeri.

Ulrich et Étienne

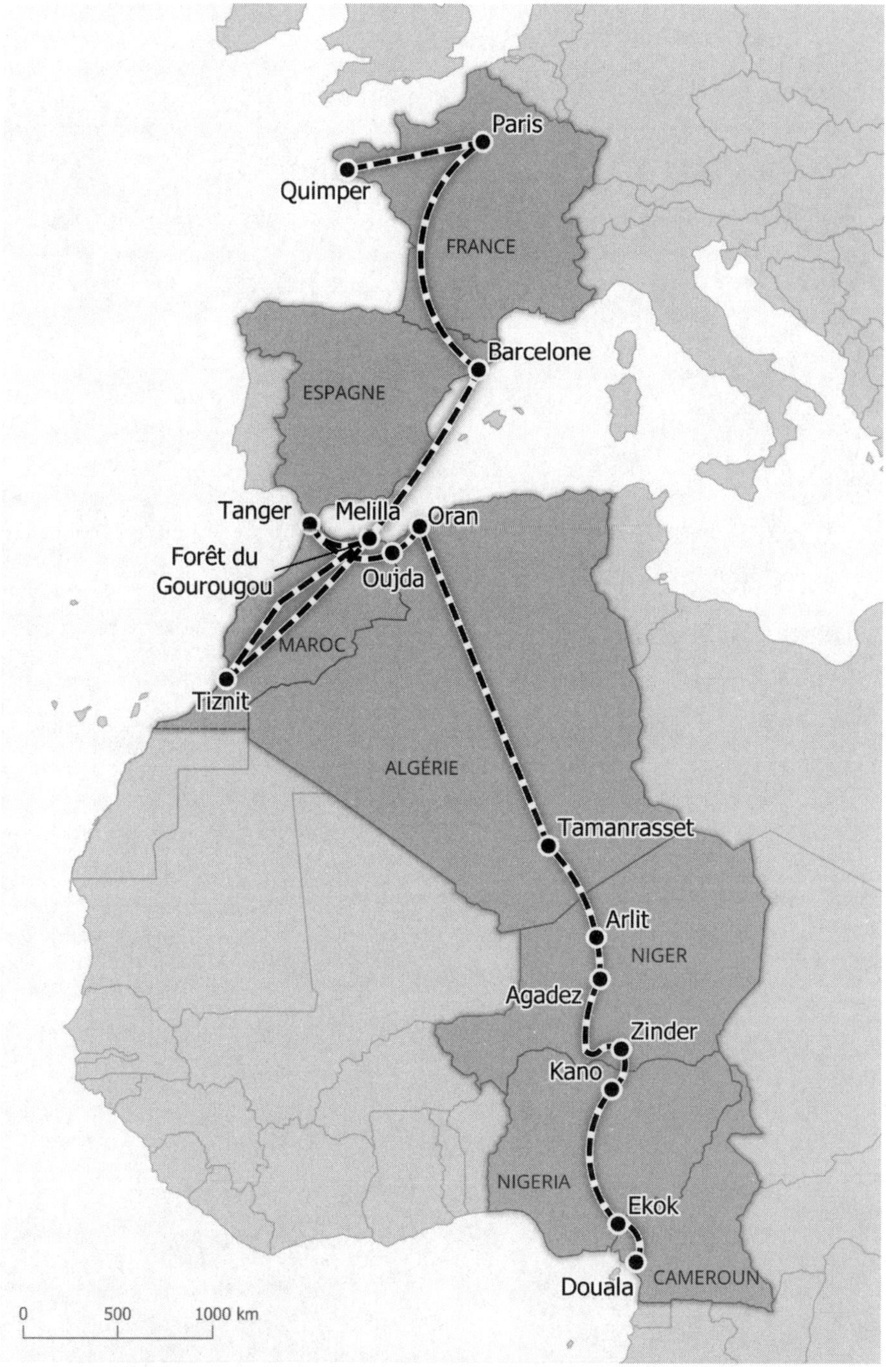

De Douala à Quimper, itinéraire de Petit Wat (devenu Grand).

Table